상표법

[제7판]

윤 선 희 저

法 文 社

• 제7판 머리말 •

상표제도는 현대 사회의 끊임없는 발전과 진보에 부응하여 변화하고 있으며, 새롭게 등장하는 법적 쟁점과 도전에 지속적으로 대응해야 한다. 본서는 2006년 동경대학 객원교수로 있을 당시 집필할 시간을 할애할 수 있게 해 주신 中山(나카야마) 선생님의 배려로 집필을 마치고 2007년 세상에 빛을 보게 되었다. 그 후 5번의 개정을 거쳐 지난 2021년 1월 제6판을 출간한 이래 어느덧 3년이라는 세월이 흘렀고, 그 기간에 무려 7번의 상표법 개정이 있었고, 그중 2번의 개정법률은 2024년 3월과 5월 시행을 앞두고 있다.

주요 개정 내용을 간략하게 살펴보면, 지난 상표법 개정법률들은 ⓐ 특허심판원 절차에서 산업재산권분쟁조정위원회에 회부하는 이른바 '심판-조정 연계제도'를 도입함으로써 비용·시간을 많이 들여도 양 당사자를 만족시킬 수 없는 일도양단식의 사건 종결이 아닌 대체적 분쟁 해결 수단으로서 조정제도를 활성화할 수 있도록 관련 제도를 정비하였고, ⓑ 분할·변경출원 시 우선권 주장 의제, 거절결정에 대한 불복심판 기간 연장, 부분거절제도 및 재심사청구제도 도입 등을 통하여 출원인의 절차권을 보다 두텁게 보호하고 절차적 편의를 증진시켰으며, ⓒ 온라인상 다양한 방식의 디지털 상품(digital goods)이 유통되는 현실을 고려하여 전기통신회선을 통하여 상품이 제공되는 행위를 상표의 사용으로 포섭하였고, ⓓ 이른바 '상표 공존동의제도'를 도입함으로써 유사범위 내에서 선출원 또는 선등록이 있는 후출원인 경우에도, 먼저 출원한 상표등록출원인 또는 상표권자의 동의를 받는 경우 상표등록을 받을 수 있게 하였고, 이와 같은 제도 도입에 따른 일반수요자의 혼동을 방지하고자 취소심판제도 등을 보완하였다.

이처럼 지난 3년간의 상표법 개정은 실체적인 면이나 절차적인 면 모두에서, 또한 실무적인 관점에서도 작지 않은 상표제도의 변화를 가져올 것이라 예상한다. 특히, 2024년 5월 1일 시행을 앞둔 상표 공존동의제도는 우리나라에서 거절되는 상표등록출원의 약 40%가 선출원·선등록상표와의 저촉 때문인 실무를 고려할 때(2022년 자료), 향후 우리나라 상표제도에 큰 영향을 미칠 것이라 생각하며 우리보다 앞서 상표 동의공존제도를 운영하고 있는 미국, 중국, 대만, 싱가포르 등의 실무를 면밀히 살펴 안정적으로 해당 제도가 안착되어 실제 거래사회의 사정이 적극적으로 반영되는 상표제도가 될 수 있도록 노력할 필요가 있다.

끝으로 본서가 출간되기까지 법문사 편집부 김제원 이사님, 기획영업부 김성주 과장님을 비롯한 많은 분들의 도움을 받았다. 그리고 교정을 도와준 이승훈 박사를 비롯한 전공자들에게도 감사의 뜻을 전한다.

본서가 앞으로도 개정판이 계속 이어져 기본서로 활용될 수 있도록 정년 없이 연구하는 학자가 되어, 이 분야에서 한 톨의 밑거름으로 남기를 희망한다.

2024년 元旦

지재&정보연구소에서

尹 宣 熙

• 제6판 머리말 •

코로나19(COVID-19)의 세계적인 대유행으로 인하여 지구촌은 언택트 시대를 맞이하고 있다. 언택트 시대로 말미암아 사람 간의 소통에 제약이 생기면서 이로 인해 발생하는 여러 가지 문제가 사회적 문제로 대두되고 있다. 언택트 시대는 또한 상표와 관련된 생태에도 큰 영향을 미치고 있다. 상품의 구매형태가 빠르게 온라인화 함으로써 상표의 역할이 그 어느 때보다 중요하게 부각되고 있다. 특히 다른 지적재산권법과의 조화를 통한 상표법의 역할 강화가 요구되고 있는 실정이다.

이와 같은 의미에서 이번 상표법 개정은 큰 의의를 가진다. 이번 상표법 개정판에서는 2020년 9월 24일 국회 본회의에서 통과되어 2021년 4월부터 시행되는 개정법과 2020년 12월 22일 개정되어 2021년 6월 23일 시행되는 개정법을 반영하였다. 이러한 개정안은 지난 2018년 특허법과 부정경쟁방지법에 도입된 특허와 영업비밀 침해에 대한 징벌적 손해배상제도를 상표 분야에까지 확대하는 것을 골자로 하고 있다.

상표법 제6판은 2020년 연이어 개정된 내용을 모두 반영하는 동시에 본서의 내용 전반에 대한 윤문(潤文) 작업을 하여 독자들이 상표법을 이해하기 쉽게 편의성을 도모하였다.

본서가 출간되기까지 법문사 편집부의 예상현 과장, 기획영업부의 김성주 대리를 비롯한 많은 분들의 도움을 받았다. 그리고 본서의 교정을 도와준 이

영훈 박사와 박지현 조교, 한양대학교 대학원 지적재산권법 석사과정생인 이성민 군을 비롯한 전공자들과 변리사 수험생들에게도 감사의 뜻을 전한다.

2021년 1월 19일

행당동 연구실에서

尹 宣 熙

• 제5판 머리말 •

최근 인공 지능(AI), 사물 인터넷(IoT), 빅데이터, 모바일 등 지능정보기술이 기존 산업과 서비스에 융합되거나 3D 프린팅, 로봇공학, 생명공학, 나노기술 등 여러 분야의 새로운 기술과 결합되어 모든 제품·서비스를 네트워크로 연결하고 사물을 지능화하고 있다. 이러한 것을 총칭하여 제4차 산업시대라고 한다. 이러한 제4차 산업시대는 초연결(hyperconnectivity)과 초지능(superintelligence)을 특징으로 하고 있다. 상표 역시 전형적인 상표에서 비전형적인 상표로 보호대상의 범위를 확대하고 있으며, 우리나라도 싱가포르조약에도 가입하였다.

상표법 제5판은 제4판에 존재하던 오탈자들을 바로잡음으로써, 이 책을 통하여 상표법에 대한 이해를 도모하고자 하는 독자들에게 발생할 수 있는 상표법에 관한 이른바 "오인 내지 혼동의 우려"를 해소하고자 하였다. 이와 함께 법조계 및 변리사업계, 기업의 지재담당자 등의 실무자들의 의견과 여러 대학에서 상표법을 강의하시는 강사님들의 의견을 반영하여 추가가 필요하다고 생각하였던 사항, 특히 본문의 내용을 이해하는데 있어 도움이 될 만한 판례를 추가하는 한편 상표법제도에 관한 몇 가지 사항을 추가하였다.

상표법에 대한 지식을 연마하는 데 열과 성을 다하는 독자들의 노력에 부합하고자 하는 나름의 노력의 결과로 본서가 출간되었다. 본서가 출간되기까지 편집부 예상현 과장, 기획영업부 김성주 씨를 비롯한 많은 분들의 도움을 받았다. 그리고 본서의 교정을 도와준 이영훈 박사를 비롯한 한양대학교 대학원 지적재산권법 전공자들과 변리사 수험생들에게도 감사의 뜻을 전한다.

2018년 6월 16일

한양대학교 법학전문대학원 연구실에서

尹 宣 熙

• 제4판 머리말 •

하루가 다르게 발전하는 시대에서 상표법 또한 이와 같은 시대의 흐름에 따라 빠르게 발전하고 있다. 특히 상표법은 제정 이래로 단발성의 제도 개선에 따른 잦은 부분개정으로 법률의 복잡성이 가중되게 되었다. 이에 상표법에 대한 전부개정에 이르게 되었고, 그 대략적인 개정사항을 살펴보면 다음과 같다.

구체적으로 상표의 정의, 표장의 개념, 사용개념 등을 정비하여 개념상 중첩되고 확장가능성 없는 설명을 삭제하고, 표장의 유형을 예시적으로 열거하여 상표권의 보호범위가 확대 될 수 있도록 하였으며, 서비스표의 정의를 삭제하여 상표로 일원화되었다. 이와 함께 상표부등록사유에 해당하는지 여부의 판단시점을 변경하여 상표부등록사유의 존재에 관한 판단시점을 공익· 사익의 구별없이 등록여부결정시로 변경하였다. 그리고 상표권 소멸 후 1년간 출원금지에 관한 규정을 삭제하여 구 상표법 제7조 제1항 제8호 및 제8호의2 및 그 규정의 적용 예외를 규정하고 있는 제7조 제4항을 삭제하여, 상표권 소멸 후 1년을 기다림 없이 상표등록을 할 수 있도록 하였다. 또한 불사용취소심판 제도를 보완하여 불사용취소심결이 확정되면 '그 심판청구일에 소급'하여 권리가 소멸되도록 하였고, 심판의 청구를 '누구든지' 가능할 수 있게 하였다. 이와 같은 상표법 개정사항에 따라 그 변화된 내용을 담아내기 위해 본서를 개정하게 된 것이다.

끝으로 본서가 출간되기까지 법문사 사장님 그리고 편집부 예상현 과장, 영업부 김성주 선생을 비롯한 많은 분들의 도움을 받았다. 또한 본서의 교정을 도와준 이영훈 박사, 김린수 변리사, 정진우 조교 비롯한 한양대학교 대학원 지적재산권법 전공자들과 한양대학교 변리사반 김반비 조교, 김향림 조교 그리고 이상훈 학생을 비롯한 변리사반 반원들에게도 감사의 뜻을 전한다.

2016년 7월 29일

한양대학교 법학전문대학원 연구실에서

尹 宣 熙

· 제3판 머리말 ·

지난 2014년 상표법 제2판이 출간된 이후 1년이 지났다. 1년이라는 기간 동안에도 상표법 분야는 계속하여 변화와 발전이 진행되고 있다. 상표법에 있어서는 제6조 제2항이 개정되어 상표의 사용에 의한 식별력 인정요건이 완화되었다. 그리고 수요자 간에 현저하게 인식되어 있는 상표의 희석화 방지조항을 마련하고자 제7조 제1항 제10호가 개정되는 한편, 제7조 제1항 제18호 및 제53조 제2항이 신설되어 신의칙에 반하는 출원의 상표등록 방지 및 사용권의 제한을 위한 근거규정이 마련되었다.

상표법 제3판에서는 지난 2014년 상표법 제2판이 출간된 이후 발생한 상표법 분야의 변화와 저자가 대학에서 강의를 하면서 다소 부족하거나 추가가 필요하다고 생각하였던 내용 및 새로운 판례에 대한 보충과 함께 내용 상 순화가 필요하다고 판단되는 용어 및 문장에 대하여 수정을 가하였다. 상표법 분야의 변화와 발전에 발맞추어 그 변화상을 담아내기 위해 본서의 개정판을 출간하면서 연구자로서의 의무감과 함께 본서를 통해 상표법 분야를 접하고 있는 독자들에 대한 책임감의 무게를 다시 한 번 느끼게 되는 계기가 되었다.

상표법에 관한 학문적·실무적 문제점들을 해결하고 싶은 욕구를 충족하고자 상표법 초판을 집필한지 벌써 8년이 지났다. 그 사이 상표 분야에 있어서도 시대의 흐름에 따라 많은 제도들이 제·개정되기도 하는 한편, 폐지되기도 하였다. 상표법 분야를 둘러싼 크고 작은 소용돌이 속에서 단순히 상표법에 대한 전반적인 이해를 도모하기 위해 집필하였던 본서의 개정 필요성은 다소의 부담감과 함께 항상 머릿속에서 숙제로 남아있었다. 그리고 이와 같은 의무감을 해소하고자 본서의 세 번째 개정판을 출간하게 되었고, 본서의 출간을 통하여 그 동안 보여 준 독자들의 뜨거운 관심에 대한 보답과 깊은 감사의 말씀을 대신하고자 한다.

끝으로 본서가 출간되기까지 법문사 사장님 그리고 편집부 예상현 과장, 영업부 김성주 선생을 비롯한 많은 분들의 도움을 받았다. 또한 본서의 교정을 도와준 한세대학교 조용순 교수, 한국지식재산연구원 이헌희 부연구위원, 이영훈 박사 및 한양대학교 지적재산권법 전공자들과 한양대학교 변리사반 자치위원인 주민수 학생을 비롯한 반원들에게도 감사의 뜻을 전한다.

2015년 7월 29일

한양대학교 법학전문대학원 연구실에서

尹 宣 熙

• 제2판 머리말 •

우리 속담에 "십년이면 강산이 변한다"는 말이 있다. 그러나 요즘과 같이 급변하는 시대에서는 십년은 옛말이 되었다. 이는 상표법에 있어서도 마찬가지일 것이다. 문자나 도형을 중심으로 한 전통적인 상표법상 상표의 정의가 입체상표의 도입으로 확대된 것이 불과 십여년 전의 일인데 최근 소리상표 및 냄새상표의 도입으로 상표법의 보호범위가 더욱 확대되었다. 이렇게 상표도 기술의 발달에 따라 시각적인 판단에 한정되었던 것에서 청각 또는 후각으로 식별할 수 있는 것에까지 확대되었다. 이러한 이유로 상표법상 많은 제도들이 제·개정 또는 폐지되면서 상표법 교과서의 개정을 재촉함에 따라 그동안 미뤄왔던 본서의 개정을 하게 되었다.

본서는 그 동안의 상표법 개정사항을 반영하여 소리상표 및 냄새상표에 관한 내용을 추가하는 한편, 진정상품의 병행수입 및 상표의 희석화 문제를 다루어 상표법과 관련된 이슈에 대한 이해를 도모하였다. 또한 각 주제와 관련된 최근의 판례를 보강함으로써 상표법 전반에 관한 최근의 경향이 반영되도록 하였다. 그러나 하루가 다르게 변화하는 작금의 현실과 이에 부응하여 상표법을 둘러싼 환경 또한 빠르게 변화하는 상황에서 끊임없이 저자 자신을 채찍질하며 정진할 것임을 다짐한다.

끝으로 본서가 출간되기까지 법문사 사장님 그리고 영업부 장지훈 차장님, 김성주 선생 그리고 편집부의 예상현 과장님을 비롯한 많은 분들의 도움을 받았다. 또한 본서의 교정을 도와준 한세대학교 조용순 교수, 한국지식재산연구원 이헌희 부연구위원, 이영훈 박사 및 한양대학교 지적재산권법 전공자들에게도 감사의 뜻을 전한다.

2014년 2월 14일

한양대학교 법과대학 연구실에서

尹 宣 熙

·머 리 말·

작년 연구안식년에 동경대학의 객원교수로 지내면서 東京大學의 中山선생님과 함께 한 약속이 있었다. 저자는 2006년 내에 10년간 미뤄왔던 상표법 교과서를 출간하는 것이고, 中山선생님은 그동안 미루어 왔던 저작권법의 교과서를 탈고하는 것이었다. 하지만 저자와 中山선생님 두 사람 모두 그 약속을 지키지 못 하다 올 여름이 되어서야 그 숙원을 이루게 되었다.

10년 전부터 상표법 교과서를 집필하기로 결심한 이후 상표법은 10여 차례의 개정이 되었다. 그 사이 상표에 관한 많은 제도들이 제·개정되기도 하고 폐지되기도 하였다. 즉, 상표도 시대의 흐름에 따라 또한 기술의 발달에 따라 상표의 식별력은 시각적인 판단에 한정되었던 것에서 청각적으로 식별할 수 있는 것까지 확대되었으며, 그 외에도 기능과 구성요소들도 확대되었다. 이와 더불어 상표의 동일유사와 상표의 사용을 둘러싼 분쟁사례들이 기존에는 생각하지도 못 한 분야에서 발생하고 있다.

이렇게 급박하게 변화하고 있는 사회 속에서 상표가 가지고 있는 의미는 무엇이며 그 기능은 어떻게 되는지를 설명하기 위해 많은 연구와 논의가 있지만 그 어느 하나 손쉽게 설명되는 것이 없는 듯하다.

본서는 이러한 상표법에 관해 수많은 의문을 품고 있는 저자와 동료 학자, 실무가, 학생들의 학문적·실무적 문제점들을 해결하고 싶은 욕구를 미약하게나마 충족시키기고, 2009년에 개원될 예정인 법학전문대학원 학생들의 상표법에 대한 전반적인 이해를 도모하기 위해 집필되었다. 특히 본서의 집필초기에는 상표법 특유의 제도와 타 법률과의 관계 등을 저자의 시각에서 심도 있는 연구논문집 형식으로 다루고 싶었지만, 국내 시장이 아직 선진국 수준만큼 성숙되어 있지를 않아 교과서 형태로 출간하게 된 것이 아쉬움으로 남는다. 또한 잦은 법 개정과 정책의 변화로 인해 어느 한 시점에서 상표법 전체를 논한다는 것이 매우 어려운 일이었기에, 저자의 생각을 온전히 글로 담아내지 못한 것은 아닌가 하고 우려된다. 하지만 저자가 이전에 문제점으로 지적했던 사안이나 견해들이 현재 활발하게 논의되거나 입법이 되는 것을 바라볼 때 이에 자만하지 않고 끊임없이 정진할 것을 다짐한다.

끝으로 본서가 출간되기까지 법문사 배효선 사장님 그리고, 영업부 유지훈 차장님과 편집부의 김용석 과장님을 비롯한 많은 분들의 도움을 받았다. 특히 소송과 판례 부분을 꼼꼼히 살펴봐 준 김철환 판사, 박종학 판사와 차상육 변호사, 심사 절차 부분을 검토해주신 특허청의 이범석 심사관, 권경희 변리사, 편집을 맡은 이헌희 박사과정생, 끝으로 본서의 전반적인 교정을 본 김훈건 석사과정생을 비롯한 지적재산권법 전공자들에게 감사의 뜻을 전한다.

2007년 7월 29일

한양대학교 법과대학 연구실에서

尹 宣 熙

·차 례·

제1편 상표법 총론

제3편 상표의 등록요건

제4편 상표의 사용 및 동일·유사 여부의 판단

제 5 편　상표등록출원절차

제 6 편 상표에 관한 권리

제 1 장 상 표 권 (489~522)

제8편 심판 및 소송

part
01

상표법 총론

- 제 1 장 식별표식으로서의 상표
- 제 2 장 상표법의 보호대상
- 제 3 장 상표법과 타법의 관계
- 제 4 장 상표관련 국제조약 및 각국의 상표법
- 제 5 장 현행 상표법의 체계

c·h·a·p·t·e·r

01 식별표시으로서의 상표

상표는 발명, 고안, 디자인과 같이 산업재산권의 한 부분으로서 특허청에 등록출원하여 심사를 거쳐 권리를 취득하는 절차나 권리의 효력 등은 동일하다. 발명이나 고안, 디자인은 산업상 이용할 수 있는 지적(知的)으로 창작된 무체재산을 객체로 하는 권리이나, 상표권은 표식(標識)[1]을 객체로 하는 권리이다. 표식은 식별력이 있는 것을 기본으로 보호하고 있으나 창작은 상표법 보호의 대상이 아니다. 즉 상표권은 상호권과 같이 표식권(標識權)이나 저작권이나 특허권, 실용신안권, 디자인권과 같은 창작한 대가로 보호되는 권리는 아니다. 상표는 표장이며 시각적 표식으로서의 형상을 보호하는 것이 원칙이다. 이러한 상표는 영업활동 중에서 사용된 신용이 축적되어 경제적인 가치를 창출한다. 이러한 경제적 가치는 상표와 관련이 있고, 신용은 지적인 산업상의 활동에 의해 형성되는 무형의 재산이기 때문에 지적재산이라고도 한다. 또한 상표는 생산된 물품이나 서비스의 유통과정에서 그 역할을 담당한다. 즉 상품이나 서비스의 권리를 이전하는 과정에서 사용되는 유통촉진수단이라고 볼 수 있다. 그러므로 도로표지판이라든가 공중이 알아야 하는 표식(화장실, 위험표시, 지하철역, 병원 등), 지도상의 각종 기구 및 기관의 표시

1) 標識이라는 한자는 표지 혹은 표식으로 읽기도 하지만 본서에서는 시각의 의미뿐만 아니라 청각이나 후각 등으로도 식별할 수 있으므로 "표식"으로 하겠다.

(♨⛳卍⚓⊕), 그리고 가문의 문장(, , ) 등은 아무리 표식의 기능을 한다고 하여도 목적이 다르기 때문에 상표법상의 상표나 서비스표로서의 표식은 될 수 없다.

상표법의 보호대상은 상표이다. 상표법은 등록에 의한 상표에 대해 독점적인 권리인 상표권을 부여한다. 상표권자 등은 제3자가 무단으로 등록상표를 사용하는 경우 그 상표의 사용을 금지할 수 있고, 발생한 손해에 대하여 손해배상을 청구할 수 있다.

상표를 법률로서 보호하는 경우, 크게 둘로 나누어 생각할 수 있다. 즉 지적재산권법으로서의 상표보호와 경쟁질서법으로서의 상표보호로 나누어 생각할 수 있다. 우리나라의 상표법은 원칙적으로는 지적재산권법적 접근방법을 채택하면서 경쟁질서법적 접근방법을 가미하고 있다.

제1절 표장과 상표보호제도의 의의

1. 표 장

2016년 상표법 전부개정 전에는 상표법상 표장에 대한 정의가 없었다. 국어사전은 표장(標章)을 "무엇을 표시하기 위한 부호나 휘장[2]"이라 정의하고 있으며, 또는 "어떤 표지(標識)로 나타내 보이는 부호나 그림[휘장(徽章)이나 문장(紋章) 따위][3]"이라고 정의한다.

그러나 2016년 상표법 전부개정을 통해 상표법은 제2조 제1항 제2호에서 "'표장'이란 기호, 문자, 도형, 소리, 냄새, 입체적 형상, 홀로그램·동작 또는 색채 등으로서 그 구성이나 표현방식에 상관없이 상품의 출처(出處)를 나타내기 위하여 사용하는 모든 표시를 말한다." 라고 정의하기에 이르렀다.

2) http://krdic.naver.com/detail.nhn?docid=40776900.

3) http://alldic.daum.net/dic/search_result_total.do?q=표장; http://search.empas.com/search/alldic.html?qn=&s=&f=&bd=&bw=&z=H&q=%C7%A5%C0%E5.

2. 상 표

(1) 상표의 의의

국어사전은 상표를 "사업자가 자기 상품에 대하여, 경쟁 업체의 것과 구별하기 위하여 사용하는 기호·문자·도형 따위의 일정한 표지[4]", 또는 "사업자가, 자기가 취급하는 상품을 남의 상품과 구별하기 위하여 붙이는 고유의 표지[5]"라고 정의하고 있다. 1908년 대한제국 상표령에서는 서비스표라는 것을 별도로 구별하지 않았고, 1910년부터 1945년까지는 일본 상표법이 우리에게도 적용되었다. 1973년 개정법에는 '영업을 하는 자가 자기의 영업을 타영업자의 영업과 식별시키기 위하여 사용하는 표장으로서 특별현저한 것을 영업표'라고 정의하였다가, 1980년 개정법에는 '서비스표라 함은 서비스업을 하는 자가 자기의 서비스업을 다른 자의 서비스업과 식별시키기 위하여 사용하는 표장으로서 특별현저한 것'으로 서비스표의 개념을 도입하였다. 그러나 2016년 상표법 전부개정에서는 상품의 유·무형의 차이 이외에는 서비스와의 구별할 실익이 없어서 서비스표의 개념을 삭제하고 상표의 정의에 포함시켰다.

상표법 제2조 제1항 제1호에서는 "상표"를 자기의 상품(지리적 표시가 사용되는 상품의 경우를 제외하고는 서비스 또는 서비스의 제공에 관련된 물건을 포함한다. 이하 같다)과 타인의 상품을 식별하기 위하여 사용하는 표장으로 정의한다. 여기서 "표장"이란 기호, 문자, 도형, 소리, 냄새, 입체적 형상, 홀로그램·동작 또는 색채 등으로서 그 구성이나 표현방식에 상관없이 상품의 출처(出處)를 나타내기 위하여 사용하는 모든 표시를 말한다(상§2①ii).

이상에서와 같이 사전적 의미의 상표와 법률적 의미의 상표는 본원적 의미에서 큰 차이가 없다. 상표의 의미는 기본적인 기능인 자타상품의 식별기능을 그 의미로 하고 있다.

즉 상표법 제2조 제1항 제1호는 그 보호 객체인 상표에 대하여 정의하고 있다. 그러나 상표는 이러한 상표법의 보호대상에 한정되는 것이 아니라, 상

4) http://dic.search.naver.com/search.naver?where=krdic&query=%BB%F3%C7%A5&sm=tab_hty&x=30&y=14.
5) http://alldic.daum.net/dic/search_result_total.do?q=%BB%F3%C7%A5&x=31&y=3.

표와 관련하여 사용되는 일정한 사회현상 내지 사회사실이라고 할 수 있다. 이러한 점에서 일부 교과서에서는 사실로서의 상표와 상표법에서의 상표 개념을 나누어 설명하고 있다. 사회적 사실로서 상표를 이해하면, 이는 다시 무엇을 상표라 할 것인가 하는 접근과 어떤 작용·효과를 갖는 것을 상표라 할 것인가 하는 접근이 가능하다. 이는 소위 상표의 대상범위의 문제와 상표의 본질·기능의 문제로 설명될 수 있다.

우리는 상표를 상표법의 그것과 사실로서의 상표로 굳이 구분할 필요는 없다. 우리 상표법은 이미 일정한 요소를 요건으로 하는 상표를 규정하고 있으며, 또한 그 상표를 "식별하기" 위한 것으로 규정함으로써 본질 내지 목적까지 포함하는 규정형식을 취하고 있다. 따라서 우리는 사실로서의 상표와 상표법에서의 상표를 굳이 나누어, 상표의 기능을 사실로서의 상표에 한정한 설명으로 이해하지 않는다.

상표란 사업자가 자기가 취급하는 상품과 타인의 상품을 구별하기 위하여 상품에 대해 사용하는 표식을 말한다. 이러한 상표의 식별기능을 통하여 상표는 상품의 동일성을 표시하게 된다. 견해에 따라서는 이러한 상표의 식별기능은 상표의 구성요소로 기능과는 별개의 것으로 설명하는 견해도 있으나, 식별력을 갖지 않는다고 하여 사회적 현상으로서 존재하는 상표를 부정할 수 없으며, 사용에 의해 식별력을 취득하기 이전의 상태를 설명할 수 없다는 점에서 식별력 그 자체를 상표의 구성요소로서 파악하는 것은 옳지 않다. 여하튼 상표는 식별기능을 수행하기 위하여 상품을 전제로 사용되는 것이다. 이때 식별기능에 사용되는 것은 인간의 감각으로 인식할 수 있는 것이다. 예컨대, 도형이나 기호 등과 같이 시각을 통하여 인식할 수 있는 것이 있으며, 소리와 같이 청각을 통하여 인식할 수 있는 것도 마찬가지로 식별기능을 수행한다면, 상표를 이루는 구성요소가 될 수 있다. 따라서 소리, 냄새, 입체적 형상, 홀로그램·동작 또는 색채 등으로서 그 구성이나 표현방식에 상관없이 상품의 출처(出處)를 나타내기 위하여 사용하는 모든 표시는 상표법상 표장에 해당한다. 이는 기술의 발전으로 시장 거래형태 등이 변화됨에 따라 상표의 보호 대상을 소리·냄새상표 등 비전형(非典型)상표에까지 확대함으로써 수요자들에게 새롭게 형성·인식되는 상표 유형들을 보호하여 기업의 브랜드 창출·관리전략을 시장 현실에 맞게 뒷받침하기 위함이다.

또한 상품에 사용이란 상표법 제2조 제1항 제11호에서 규정한 ① 상품 또는 상품의 포장에 상표를 표시하는 행위, ② 상품 또는 상품의 포장에 상표를 표시한 것을 양도·인도하거나 전기통신회선을 통하여 제공하는 행위 또는 이를 목적으로 전시하거나 수출·수입하는 행위, ③ 상품에 관한 광고·정가표·거래서류, 그 밖의 수단에 상표를 표시하고 전시하거나 널리 알리는 행위에 해당하는 행위를 말한다. 그리고 상품을 생산·가공 또는 판매하는 것을 업으로[6] 영위하는 자[7]가 자기의 업무에 관련된 상품에[8] 대하여 사용하는 것이다. 따라서 상품[9]이 아닌 물건에 사용되는 것은 상표라 할 수 없다.

(2) 상표의 본질

상표는 판매자나 제조자 등(이하 "상표권자"라 함)이 자신의 상품이나 제조품 등에 자신을 형상화하고자 사용하는 매개체이다. 즉 상표는 타인의 상품으로부터 자신의 상품 등을 구별시켜 주는 것으로, 상표권자가 자신과의 관계를

---

6) 상품을 생산·가공·증명·판매하는 자의 행위는 업으로서의 행위임을 요하는데, "업으로서"라 함은 일정한 목적하에 계속 반복적으로 하는 행위를 말하며 영리를 전제로 한 사업으로서의 행위를 말한다. 계속 반복적인 행위가 아니라도 그것이 영리를 목적으로 사업적으로 한 경우에는 상표의 사용이 된다.

7) 상표는 상품을 생산·가공·증명 또는 판매하는 것을 업으로 하는 자가 자기의 업무에 관련된 상품에 사용하는 것이어야 한다. 따라서 상품을 생산·가공·증명 또는 판매하는 것을 업으로 하는 자가 아닌 자에 의한 사용이나 자기의 업무와 무관한 상품에 사용하는 것은 상표법상 상표로서의 사용이라 할 수 없다.

8) "자기의 업무에 관련된 상품"이라 함은 자기의 업으로서 목적하는 상품을 말한다. 예컨대 술을 제조·판매하는 자가 술의 포장용기에 표장을 부착 사용하는 것은 상표로서의 사용이나 그 술을 광고·선전하기 위하여 성냥이나 수건 등 판촉물을 만들어 그 판촉물에 표장을 사용하는 것은 상표로서의 사용이 아니다. 그러나 이때 그 판촉물을 상품으로 취급하는 자는 상표를 사용하는 것이 되므로 그 판촉물에 타인의 등록상표와 동일 또는 유사한 상표를 사용하는 경우에는 타인의 상표권 침해가 된다.

9) 상품이 무엇인지 상표법에서 상품의 개념에 대하여 따로 규정한 바 없이 이에 대한 판단은 거래사회의 통념에 따라 결정될 수밖에 없다 하겠으나, 일반적으로 상품이라 함은 대량생산될 수 있는 것으로서 상거래의 대상이 되거나 유통될 수 있는 것이어야 하며 대체성이 있어야 한다. 오직 하나밖에 없는 것으로서 대체성이 없는 것이거나 상거래의 대상이 될 수 없는 정도로 수나 양이 적은 경우에는 상품이라 할 수 없다. 따라서 서화나 골동품 등은 상품이라 할 수 없으므로 서예가, 화가 등이 서화 등에 낙관이나 아호 등을 표시한 것은 상표가 아니다. 또한 상품은 유체물이 대부분이나 무체물이라도 그것이 상거래의 대상이 되는 것은 상품이라 할 수 있다. 그러나 아파트, 건축물 등 부동산이나 운수업·금융업 등 서비스업은 물류유통시장에서 상거래의 대상이 아니므로 상품이 아니라 하겠으나, 천연가스·산소 등은 비록 그것이 무체물이기는 하나 상거래의 대상이 되므로 상표법상의 상품이다(이인종, 상표법(제4판), 21C법경사, pp.65~66).

나타내기 위하여 의도적으로 선택·사용하는 상품의 얼굴이다.

생산자와 소비자를 연결하여 주는 이러한 상표는 경제사회의 발전과 정치체제의 변화에 따라 그 기능과 관념이 변하는 사회적·역사적 존재이다. 예컨대 고대에 있어서는 상업적 정직과 성실commercial honesty and integrity을 나타내는 거래상의 역할을 수행하기도 하였고, 중세에 있어서는 인격권적 성격의 재산권으로 역할하기도 하였으며, 길드 조직 내에서는 원료의 품질 또는 기술의 빈약 등에 대한 책임소재를 명백히 하기 위한 책임요소로서 역할하기도 하였다. 또한 18세기 후반 산업혁명에 의한 근대자본주의사회가 성립하면서 대량 생산된 규격화 상품의 유통과 유통과정의 분화 및 길드 조직의 붕괴에 따른 영업자의 자유경쟁을 배경으로 상표는 근대적 의의에 있어서 상품식별표지로서의 적극적 기능을 인정받게 되었으며, 부정경쟁행위나 불공정거래행위에 관한 법령의 일부로서 또는 독립된 상표법의 형태로서 상표제도를 두어 상표를 보호하였다. 우리 상표법 역시 시대사회적 상황에 따른 상대적 개념인 상표를 보호하기 위해 1908년 대한제국 상표령으로 시작하여, 일본 상표법의 적용 그리고, 대한민국 정부수립 후 1949년에 법률 제71호로 제정되어 시행된 이래 사회경제적인 요청과 국제조약에의 가입 등 시대변화에 부응하기 위한 여러 개정을 걸쳐 오늘에 이르고 있다.

(3) 상표제도의 필요성

근대 자본주의경제하에서는 복잡한 유통기구를 통하여 많은 종류의 상품이나 서비스가 대량으로 생산·판매·제공되고 있다. 그러나 상품이나 서비스의 거래마다 생산자나 제공자의 출처를 확인한다거나 그 품질을 조사한다거나 하는 것은 현실적으로 불가능하며, 만약 모든 상품마다 확인한다면 유통이 정체될 뿐만 아니라 수요자도 안심하고 상품이나 서비스를 구입 또는 제공받기가 어렵다. 이러한 경우에 필요한 것(標識)이 상표이다. 상표는 상품을 구입하거나 서비스를 제공받을 경우에 수단이 된다.

이러한 상표는 다른 회사의 상품이나 서비스와 식별(識別)할 수 있고, 상품 등의 출처나 품질을 알 수 있으며, 동일한 상표를 동일한 상품에 계속 사용함으로써 일정한 품질을 보증함과 더불어 상품의 유통까지도 원활하게 한다. 그렇기 때문에 상표를 보호할 필요가 있어, 각국은 상표법을 제정하여 운영하고 있다.

제2절 상표법의 목적

상표법은 제1조 목적 조항에서 상표를 보호함으로써 상표사용자의 업무상의 신용유지를 도모하여 산업발전에 이바지하고, 수요자의 이익을 보호함을 목적으로 한다고 규정하고 있다. 즉 상표법은 상품의 식별표식(標識)인 상표를 권리로서 보호함으로써 상표권자에게는 상표에 화체된 신용과 이익을 보호·유지하게 하며, 수요자에게는 원하는 상품을 손쉽고 정확하게 선택할 수 있게 하며, 국가적 차원에서는 공정한 경쟁을 통한 건전한 상거래 질서를 유도하여 국가 산업발전에 기여하고자 한다.

대법원 1984. 9. 25. 선고, 83후65 판결	상표제도의 목적은 상표와 상품과의 관계를 유지케 하므로써 상표의 오인 내지는 상품의 혼동으로 인하여 발생될 부정경쟁을 방지하고 그 혼동으로 피해를 입은 상표권자의 영업상의 신용을 보전함과 아울러 거래자 및 수요자를 보호하려는 데 있다.
대법원 1996. 7. 30. 선고, 95후1821 판결	**[상표법의 목적]** 상표법이 등록상표권에 대하여 상표 사용의 독점적 권리를 부여하는 것은 제3자에 의한 지정상품 또는 유사상품에 대하여 동일 또는 유사상표의 사용에 의하여 당해 등록상표가 가지는 출처표시작용 및 품질보증작용이 저해되는 것을 방지하려는 것이고, 상표법은 이와 같이 상표의 출처식별 및 품질보증의 각 기능을 보호함으로써 당해 상표의 사용에 의하여 축조된 상품의 출처의 동일성을 식별하게 하여 수요자가 요구하는 일정한 품질의 상품구입을 가능하게 함으로써 수요자의 이익을 보호하려는 것이다.

1. 상표의 보호

상표의 보호는 상표제도의 목적을 달성하기 위한 1차적 수단이자 출발점이다. 상표법은 법률이 정한 절차에 의해 등록받은 등록상표를 보호함으로써 적극적으로는 등록상표를 지정상품에 독점적으로 사용할 수 있도록 하고, 소극적으로는 정당한 권원이 없는 타인의 상표 사용을 금지시키고 있다. 이러한 상표의 보호는 상표 그 자체만을 보호하는 것이 아니라, 상표가 현실적으로 상품에 직·간접적으로 사용되어 자타상품의 식별 및 출처표시나 품질보증의 기능을 할 수 있도록 보호한다는 점에서 다른 지적재산권법과 구별된다.

2. 상표사용자의 업무상의 신용 유지

상표법은 상표를 보호함으로써 경쟁업자에 의한 상표의 모방이나 침해를 배제한다. 이를 통하여 상표법은 상표에 화체된 상표사용자의 업무상 신용을 보호하고 유지하게 된다. 이때, 상표사용자는 원칙적으로는 등록된 상표권자와 그 사용권자를 의미하나, 미등록 주지·저명상표의 상표사용자도 타인에 대한 등록을 배제하여 반사적 효과를 받은 상표사용자라 할 수 있다.

3. 경업질서유지

상표사용자는 상표에 화체된 업무상의 신용을 바탕으로 활발한 상품활동을 전개하고 상품품질의 향상을 도모하게 되며, 경쟁업자간에는 자타상표를 식별하여 사용함으로써 소비자들이 오인·혼동을 하지 않고 선택할 수 있다. 이렇게 함으로써 공정한 거래질서가 유지되며, 수요자는 안심하고 상품거래에 동참함으로써 궁극적으로 산업발전에 기여하게 된다.

4. 상표사용자의 보호와 수요자의 이익 보호

상표의 보호는 상표사용자의 신용유지라는 사익적 목적을 가진다. 또한 상표의 보호는 상표가 나타내는 상품출처와 상품품질에 대한 수요자의 신뢰이익을 보장함으로써 수요자로 하여금 상표라는 수단을 통해 원하는 상품을 선택할 수 있도록 하는 공익적 목적을 갖는다. 수요자의 신뢰이익 보호라는 공익적 목적을 위해 상표법은 상표권자 기타 정당권리자에 의해서만 등록상표의 지정상품에 대한 사용을 인정하고 있으며, 제3자의 상표사용시 민사상·형사상 제재를 가할 수 있도록 하고 있다. 또한 부(不)등록사유를 규정하고(상§34), 동일상표의 유사한 상품은 함께 이전하도록 하고 있고(상§93①단), 상표권자나 사용권자의 정당사용의무를 위반한 경우에 수요자의 품질오인이나 출처혼동의 염려가 있다면 상표등록을 취소할 수 있게 하였다(상§119①i, ii).

5. 산업발전에의 이바지

국가는 특정인의 상표를 특정의 상품에 독점적으로 사용하도록 하고 이를 위반하여 사용하는 경우에는 국가가 규제를 가하여 공정한 질서유지를 함으로써 기업은 안심하고 자신의 상표를 걸고 보다 좋은 품질의 상품을 개발할 것이다. 즉 식별표지인 상표를 권리로서 보호함으로써 상표권자에게는 상표에 화체된 신용과 이익을 보호·유지하게 하며, 수요자에게는 원하는 상품을 손쉽고 정확하게 선택할 수 있게 하며, 국가적 차원에서는 공정한 경쟁을 통한 건전한 상거래 질서를 유도하여 국가 산업발전에 기여하도록 하고 있다.

제3절 상표법의 원리

일반적으로 지적재산권을 보호하는 논거로서는 지적 활동의 산물인 발명 또는 저작물에 대하여 그에 투입된 노력, 시간과 비용을 보상하여 주고자 국가가 독점배타적인 권리를 부여하고 나아가 국가 산업발전에 기여토록 하는 것이라고 한다. 그러나 상표권 보호에 있어서는 이러한 일반적인 지적재산권 보호의 의의가 관철되지는 않는다. 상표권자는 단순히 상표 그 자체를 소유하는 것뿐만 아니라 상표권자가 상표를 통하여 그 상표가 표창하는 동일성이나 판매력 또는 Goodwill 등을 향유하게 된다.[10] 상표가 가지는 독특한 특성에 따라 그 보호가치 역시 발명 또는 저작물은 권리보호 기간의 경과와 함께 약화되는 것에 반하여 상표는 기간이 경과하면 할수록 보호가치가 강화된다.

영업상의 신용 내지 Goodwill의 보호라는 상표제도의 기능과 관련하여 단순히 영업상의 신용보호라면 이는 부정경쟁방지법상의 법리로서도 충분히 해결할 수 있다는 비판이 있다. 특히 상표사용자가 상표가 부착된 상품의 품질관리나 품질개선 또는 Goodwill 형성에 노력과 비용을 투입하는 것은 일차적으로 판매량의 증가와 이윤증대를 위한 것이며 현실적 매출의 증가나 이윤증대로써 그에 대한 일차적인 보상을 받는다. 게다가 품질관리나 품질개선과 관계없이 광고선전에 투입된 막대한 비용이 상표의 인지도 확대를 통한 Goodwill 형성에 크게 기여하고 있는 것이 현실인바 단순히 광고선전으로 형성된 영업상의 신용 보호에 지적재산권법이 원용되는 것이 타당한가는 의문을 제기하기도 한다.[11] 그러나 상표보호에 있어 영업상의 신용보호는 상표권자뿐만 아니라 소비자의 보호에 있어서도 중요하다. 즉 상표의 침해는 생산자[12] 사이의 공정한 경쟁을 저해하며 소비자로서는 제품을 구별할 수 없어 선택권을 침해받는 것이다. 이에 실제 상표분쟁에 있어서도 분쟁의 당사자는 서로 충돌하는 상표를 사용하는 기업이지만 분쟁의 해결은 주로 소비자의 관점에 의존하게 된다. 나아가 상표의 침해에 있어 진정 침해당하는 것은 상표 그 자체가 아니라, 기만당하지 않을 공중의 권리이며 그와 관련하여 상표권자가 자기 제품의 명성을 통제하는 권리라고 설명하기도 한다.[13]

다만 상표법은 소비자의 선택을 경제적으로 평가할 의무를 지지는 않는다.

10) 물론 인터넷 도메인 네임과 관련하여 Toeppen이란 사람이 타인의 유명상표 등을 주로 포함한 240여개의 도메인 네임을 등록하고, 상표권자들에게 이를 되팔려함으로써 상표권 침해가 문제된 경우도 있다.

11) 양명조, "상표보호의 본질", 창작과 권리, 1996 여름호, p.91.

12) 여기서 "생산자"란 광의의 생산자로서의 생산에서 판매까지를 포함하고 있다.

13) James Burrough, Ltd. v. Sign of Beerfeater, Inc 930 F. 2d 266(7th Cir. 1976).

상표 보호와 관련하여 법이 주목하는 것은 선택에 따른 소비자의 경제적 손실 여부가 아니라 그의 선택 과정이 기망이나 혼동으로부터 보호받았는가 하는 것이다. 소비자[14]는 그들이 선택하고 원한 상품을 취득할 권리를 가지는 것이며, 그러한 선택이 일시적 기분이나 유행 때문이라거나 감정적인 것 또는 상품지식의 부족에서 비롯된 것인지 여부는 문제되지 않다. 따라서 어떤 제품이 특정의 제조업자가 생산했기 때문에 그것의 구입을 선호한다면 소비자는 그 제품을 구입할 권리를 가지는 것이고, 품질의 우열여부에 관계없이 출처가 다른 제품을 제공하였다면 소비자의 권리는 충족될 수 없다. 상표법은 이러한 소비자의 권익보호에 기여하기 위하여 상표의 본원적 기능인 자타상품의 식별기능과 기본적인 기능인 출처표시기능을 보호하는 것이다.

상표의 보호는 특허나 실용신안과 같이 새로운 창조활동이 아니라, 상표가 형성한 영업상의 신용과 그를 전제로 한 공정한 경쟁질서 유지를 목적으로 한다. 따라서 어떤 것이 시장에서 상표로서 기능을 한다면, 즉 어떤 것이 소비자로 하여금 상품과 그 배후의 일정한 자를 연상케 한다면 그것을 상표로서 보호하여야 할 것이며, 이것이 상표법의 역할이다. 따라서 원칙적으로 상표법의 보호대상은 그 출처표시기능 여부에 따라 판단되어야 할 것이다.

앞에서 살펴본 바와 같이 상표의 보호는 그 권리보호 기간의 경과와 함께 상표가 형성하는 보호가치도 강화된다. 따라서 만약 발명이나 고안 또는 저작물을 상표로서 보호하게 된다면 반영구적인 독점을 허용하게 되는 것으로써 경쟁원리가 지나치게 제한되어 산업발전에 오히려 장애가 될 수 있다. 따라서 특허권이나 저작권 등의 보호는 상표권의 보호에 우선한다. 이에 상표법은 '상표권자 · 전용사용권자 또는 통상사용권자가 그 등록상표를 사용할 경우에 그 사용상태에 따라 그 상표등록출원일 전에 출원된 타인의 특허권 · 실용신안권 · 디자인권 또는 그 상표등록출원일 전에 발생한 타인의 저작권과 저촉되는 경우에는 지정상품 중 저촉되는 지정상품에 대한 상표의 사용은 특허권자 · 실용신안권자 · 디자인권자 또는 저작권자의 동의를 얻지 아니하고는 그

14) 이때 보호의 객체가 되는 소비자는 주의 깊은 구별을 할 수 있는 해당 전문 지식을 갖추고 있지 못하며, 사려 깊지 못하여 남을 쉽게 믿는 경향이 있으며 구매단계에서는 멈춰서 분석을 하기보다는 물품의 외관이나 전체적인 인상에 좌우되는 타입의 평균적인 소비자를 가리킨다(Fleishment Distilling Crop v. Maier Brewing Co. 314 F. 2d 149(9th Cir 1963).

등록상표를 사용할 수 없다(상§92①)라고 규정하고 있는 것이다.

제4절 상표의 역사

상표가 상거래에서 등장한 것은 지금으로 2000여년 전 고대 로마시대로 거슬러 올라간다. 표식(標識)의 기원・역사는 대단히 오래되었는데 고대 이집트시대의 발굴품이나 그리스・로마시대의 도기 등에 보이는 도공표(陶工標)라고 하는 표지, 중세에 해양사고・도난 등을 당했을 때 상품의 소유권을 입증하기 위해서 붙여진 상인표(商人標) 또는 소유권(所有標)이라고 하는 표식(標識), 상품의 무게・품질・기술에 대한 책임소재를 확실히 하기 위한 책임표(責任標) 또는 경찰표(警察標)라고 하는 것 등이 있었다고 한다.[15)][16)][17)] 이 시기는 상품의 유통이 국내외로 거래가 활발하게 유통되지 않았으나, 제 외국간의 거래시에는 출처를 증명하는 것으로 상표가 이용되었거나 길드(동업자조합)에 의해 수공업자가 조악품(粗惡品)을 세상에 나오지 못하게 하기 위하여 강제로 사용하였다고 한다.[18)] 이는 출처표시와 품질을 유지하기 위하여 사용된 것으로 본다. 그러나 모두가 현대처럼 상표 자체가 재산권으로 인정되는 법 아래서 보호되는 것이 아니었다. 근대적인 상표의 역할은 18세기 후반에 산업혁명으로 자본주의사회가 성립된 뒤 생산수단이 기계화되고 유통기구가 정비됨에 따라 확립되었다. 그리고 상표가 수요자는 물론 생산자와 판매자에 필연적으

---

15) http://100.empas.com/dicsearch/pentry.html?i=1466430.

16) 10세기경의 중세 유럽에서는 선상(線狀)의 도형이나 모노그램(성명의 첫 글자 등을 두 문자 이상 조합하여 도안한 것)등으로 구성된 "商人標"가 보급되어, 배가 난파되거나 해적 등의 재해가 있은 경우에 그 상품이 원래 누구의 것인가를 나타내기 위해 마크를 사용하였다고 한다. 그리고 14세기에는 "생산표"가 등장하여 서유럽에서 사용되었다고 한다(特許庁, 産業財産権標準テキスト, (社)発明協会(2004), p.3).

17) 중세중엽 수공업중심의 도시국가에서 길드(Guild)라고 하는 상인단체가 동업조합원의 상품생산활동에 대한 독점과 상품의 질과 양을 통제하기 위한 수단으로서 그 상품에 '생산표(production mark)'를 사용하였다. 이러한 '생산표'는 거래시장에서 특정인의 출처를 표시하고 품질을 보증하는 기능을 일부 수행하기도 하였으나 이는 고객흡인력에 목적을 둔 것이 아니라 길드의 대외적인 독점을 유지하기 위한 목적에서 부착되거나 길드가 요구하는 최소한의 조건을 충족하지 못한 소속상인을 색출하기 위하여 부착한 표지라는 점에서 오히려 표시자에게는 부담과 의무로 작용하였다(문삼섭, 상표법(제2판), 세창출판사(2004), p.16).

18) 特許庁, 産業財産権標準テキスト, (社)発明協会(2004), p.3.

로 재산권으로서 존재하게 됨에 따라 자타상품의 식별기능을 가진 상표를 보호하는 제도가 필요하게 되었다.

1803년 프랑스에서 『공장 · 제조장 및 작업장에 대한 법률』이 제정되고 제16조에 상표의 도용이 사문서위조죄에 해당된다고 규정되었으나, 상표 자체를 재산권으로 인정하기까지는 이르지 못했다. 그 뒤 역시 프랑스에서 세계 최초의 상표법이라고 할 『사용주의(使用主義) 및 무심사주의(無審査主義)를 내용으로 하는 제조표 및 상품표에 관한 법률』이 1857년에 제정되어, 현행법인 『등록주의를 내용으로 하는 서비스표에 관한 법률(1964)』로 승계되고 있다. 영국에서는 1862년에 허위표시자에 대한 형벌중심의 『상품표법The Merchandise Marks Act』을 제정하였고, 1875년에는 선사용주의를 중심으로 한 『상표등록법Trade Marks Registration Act』이 제정되었으며 1905년에는 보다 정비된 『상표법』이 제정되었다. 그 뒤 여러 차례 개정을 거듭해서 사용주의 · 심사주의 · 공고제도를 채용하는 현행법(1938)으로 되었다. 독일에서는 1876년에 상표보호법이 제정되었고, 1894년에 심사주의를 채용한 『상품표시의 보호법』으로 변경되었다가, 개정을 거듭한 뒤에 1936년 현행의 『상표법』으로 변경, 1967년 전면개정 후 현재에 이르게 되었다. 미국은 1870년 연방상표조례가 제정되었고 개정을 거듭해서 1946년에 사용주의를 채용한 현행법이 성립했다. 그리고 일본 상표제도는 1884년 『상표조례』를 제정한 후 1899년 『상표조례』를 『상표법』으로 개정하여 여러 번의 개정을 거쳐 오늘에 이르렀다.

우리나라의 상표제도는 1908년(순종 2) 8월 12일 공포되고 동년 8월 16일에 시행된 내각고시 제4호에 의한 한국상표령(勅令 제198호)에서부터 비롯되어 1910년 8월 29일 한일합방이 되어 일본칙령 제337호에 의해 폐지되고 일본의 상표법이 그대로 적용되었다. 그 후 1945년 8월 15일 해방을 맞이하였으나, 곧 미군정통치에 들어가게 되었고 미군정법령 제44호로 특허원이 설립된 후 특허법보다 3년 후인 1949년 11월 28일에 상표법이 법률 제71호로 제정, 공포되기에 이르렀다. 그 후 구 법령 정비사업의 일환으로 1961년 12월 31일 특허법, 실용신안법, 의장법(현 디자인 보호법)을 개별법으로 독립함과 더불어 상표법도 1963년 3월 5일 법률 제1295호로 개정하게 된 것이 현행법의 근간이 된 것이다.[19] 그 후 1973년 2월 8일 법률 제2506호로 전부개정된 후 여러 차례의 일부 개정을 거쳐, 1990년 1월 13일 법률 제4210호로 전부개정 후 여러 차례의 개정을 거쳐 현재 2016년 2월 29일 전부개정 상표법(법률 제14033호)이 2016년 9월 1일부터 시행되기에 이르렀다.

제5절 상표법상의 제 원칙

1. 사용주의와 등록주의

우리 상표법은 "상표권은 설정등록에 의하여 발생한다.(상§82①)"라고 규정하고 있어 등록주의를 채택하고 있다. 예외적으로 미등록주지·저명상표에 대한 타인의 등록배제나 미등록주지·저명상표 사용자에 대한 우선적 출원권과 같이 일부 사용주의적 요소를 인정하고 있다(상§33②).

상표권의 형성 내지 성립과 관계하여 상표제도에는 사용주의와 등록주의라는 두 사고(思考)가 있다. 먼저 사용주의는 사회적 사실로서 현실적으로 사용되고 있는 상표 중에서 식별표지로서의 기능을 영위하여 사회적 이익을 가져오는 것에 대하여 공익상·사익상의 장애가 없는 한 이것을 권리로서 확인하고 법에 의하여 독점배타권으로 보호하는 동시에 그 기능을 촉진하고자 하는 태도이다. 반면, 등록주의는 현실적으로 사회적 사실로서 존재하는가의 여부를 불문하고 사회적으로 가치있는 기능을 하기 위한 상표로서 필요한 조건을 법으로써 미리 설정하여 놓고, 그 조건에 해당하는 것에 대해서는 그것을 취득하고자 하는 자에 대하여 그 사용의 유무를 불문하고 독점배타권을 부여하고자 하는 주의로 우리 상표제도가 취하고 있는 태도이다.

2. 심사주의와 무심사주의

우리 상표법은 심사주의를 취하고 있다. 즉 우리 상표법은 "특허청장은 심사관으로 하여금 상표등록출원 및 상표등록이의신청을 심사하게 한다.(상§50

19) http://100.empas.com/dicsearch/pentry.html?i=1466430.

①)"고 규정하고 있어 심사주의를 채택하고 있다.

무심사주의란 상표권의 발생과 관련하여 출원의 형식적 요건이 구비되어 있으면 그대로 수리하여 등록을 하여 주고 상표권에 하자가 있으면 사후(事後)에 실질적 요건의 유무(有無)에 대해서는 이의신청이나 무효심판 등으로 해결하는 것을 말한다. 심사주의란 상표권의 발생에 관하여 법정요건이 구비되어 있는지의 여부를 행정관청인 특허청이 심사한 후에 등록 여부를 결정하는 것을 말한다. 심사주의는 부실권리의 등록을 사전에 방지하여 사후 분쟁의 소지를 줄일 수 있는 장점이 있는 반면 권리행사가 지연되는 단점이 있다.

3. 선출원주의와 선사용주의

우리 상표법은 선출원주의를 채택하고 있다. 즉 우리 상표법은 "동일 또는 유사한 상품에 사용할 동일 또는 유사한 상표에 관하여 다른 날에 둘 이상의 상표등록출원이 있는 때에는 먼저 출원한 자만이 그 상표에 관하여 상표등록을 받을 수 있다.(상§35①)"고 규정하고 있어 선출원주의를 채택하고 있다.

동일한 요건을 구비하고 있는 둘 이상의 상표출원이 경합되어 있는 경우에 그 권리자를 인정하는 데에는 가장 먼저 출원한 자를 권리자로서 등록하는 주의(선출원주의)와 먼저 사용하고 있는 자에게 상표등록을 인정하는 주의(선사용주의)가 있다. 사용주의하에서의 등록은 권리의 확인으로서의 성격이 강하므로 이론상 당연히 선사용주의가 채용되나, 등록주의하에서는 심사의 편의와 권리의 안정을 기하기 위하여 선원주의가 채용되는 것이 일반적이다.

4. 출원공고주의 및 이의신청주의

출원공고주의란 심사관의 심사 후에도 공고를 통한 공중의 심사를 거쳐야만 등록을 받을 수 있다는 원칙을 말한다.

상표를 심사한 결과 거절이유를 발견한 경우에는 거절결정을 하여야 하지만, 이 경우에 등록결정 전에 출원공고를 하여야 한다. 특허법이나 디자인보호법의 구법(의장법)은 출원공고주의를 채택하였었지만, 현재는 조속한 권리화를 위해 등록 후 공고주의에 의하고 있다. 하지만 상표등록출원을 심사하는 경우에는 기술·창작 내용의 파악이 필요하지 않기 때문에 심사의 지연이 문제되지 않으므로 출원공고주의에 의하고 있다.

출원공고된 상표등록출원에 대해 거절이유가 있는 경우 누구든지 그 이유로 이의신청을 할 수 있다. 이의신청절차는 공중의 심사를 통해 심사의 공정성을 높이는데 의의가 있지만, 심사관 단독으로 심사하거나 결정하기 어려운 이유의 경우, 즉 인용상표의 주지·저명성의 판단이나 상표법 제34조 제1항 제13호의 부정한 목적의 판단 및 동법 제54조의 거절이유를 적용할 수 있다는 데에 부가적 의의를 둘 수 있다.

5. 권리주의

상표법은 권리주의를 채택하는바, 상표권을 통해 상표를 보호한다. 상표는 일정한 법정요건을 갖추어 국가인 행정청(특허청)에 등록 출원되고 행정청(특허청)은 그 출원이 법정요건을 구비한 것이라면 상표권을 부여하여야 한다. 상표권자는 국가(특허청)로부터 부여받은 상표권을 통해 등록상표를 독점적으로 사용할 수 있고, 제3자의 무단 사용을 금지할 수 있다(상§89, §107).

c·h·a·p·t·e·r

02 상표법의 보호대상

제1절 상표법상의 상표

상표권의 형성 내지 성립과 관계하여 우리 상표법은 등록주의를 채택하고 있다. 등록주의 아래에서 상표는 그것을 사용한 사실의 유무를 불문하고 등록에 의해 권리가 창설되는 것이다. 따라서 상표 개념 역시 사회현상으로서의 표식과 등록의 과정을 통하여야 하는 상표법상의 상표는 구별되어야 한다. 이에 상표의 개념은 사회현상으로서의 표식과 법률상의 상표를 구분하여 판단하여야 한다.

일반 사회에서 말하는 상표란 기업의 상품이나 서비스에 붙이는 마크(標) 또는 심볼symbol 등을 총칭하는 것으로서 상품이나 서비스의 얼굴이라고 말할 정도로 중요한 것이다. 즉 상표는 어떤 기업이 자사의 상품 또는 업무를 개성화함으로써 자사의 상품과 타사의 상품이 구별되고, 또한 소비자들은 상품 또는 업무에 대하여 품질, 성능, 출처 등을 믿고 그 상품을 선택하게 된다. 따라서 상표는 상품거래에서 생산 및 제조자와 소비자를 연결하여 주는 일종의 도구이다. 이에 사회통념상의 상표란 자타상품의 식별표시이며 영업상의 신용을 확보하려는 목적하에 사용대상으로서의 관용상표, 보통명칭의 상표를 포괄하는 개념이다.

상표법은 제2조 제1항 제1호에서 상표를 "자기의 상품(지리적 표시가 사용되는 상품의 경우를 제외하고는 서비스 또는 서비스의 제공에 관련된 물건을 포함한다. 이하 같다)과 타인의 상품을 식별하기 위하여 사용하는 표장(標章)을 말한다."고 정의하고 있다. 따라서 상표법상의 상표는 ① 상품을 ② 식별하기 위하여 ③ 사용하는 ④ 표장을 말한다.[1)]

즉 현행 상표법에서는 "상표라 함은 자기의 상품과 타인의 상품을 식별하기 위하여 사용하는 표장(標章)을 말하는 것으로 그 구성이나 표현방식에 상관없이 상품의 출처를 나타내기 위하여 사용하는 모든 표시"를 말한다. 특히 기호, 문자, 도형, 소리, 냄새, 입체적 형상, 홀로그램·동작 또는 색채 등으로 구성된다. 표장에는 소리·냄새 등 시각적으로 인식할 수 없는 것도 포함되는 것으로 하고 있다. 이는 기술의 발달 등에 따라 홀로그램, 소리상표 등 비전형적 상표가 유용한 상표로 대두되는 한편, 주요국가와 동일하게 상표법에 의하여 보호가능한 상표의 범위를 확대함으로써 기업 등의 상표선택범위가 확대되고 브랜드를 통한 기업의 부가가치창출 노력을 촉진시킬 필요에 따라 도입되게 된 것이다. 유럽공동체상표제도의 경우 비시각적으로 표현할 수 있는 식별력 있는 모든 표장으로 규정(소리, 냄새 등도 가능)하고 있으며, 미국도 유

1) WTO/TRIPs협정에서는 제2장 상표(Trademarks)규정에서 상표의 보호와 관련한 규정들을 두고 있다. 협정 제15조 제1항에서는 보호대상(Protectable Subject Matter)으로서의 상표가 "자타 상품 및 서비스의 식별력을 가진 표시(sign) 또는 표시의 결합으로 구성된다."고 규정하고 이러한 표시는 "성명, 문자, 숫자, 도형과 색채의 조합(combination of colors) 및 이들의 결합은 상표로서 등록될 수 있다."고 규정하고 있다. 또한 회원국은 자체로서 식별력이 없는 표시도 사용에 의한 특별현저성을 취득한 경우 등록을 인정할 수 있다.

최소한의 보호 기준을 규정한 TRIPs협정상의 상표는 시각적으로 인식할 수 있는 자타상품 및 서비스의 식별력을 가진 표시 내지 표시의 결합이다. 즉 등록 보호될 수 있는 상표는 상표가 부착된 다른 상품과 구분할 수 있는 식별력(distinctiveness)을 가져야 하며, 성명(personal names), 문자(letters), 숫자(numerals), 도형(figurative elements) 및 색채의 조합(combination of colors) 등으로 구성된다. 또한 회원국은 시각적으로 인식될 수 있는(visually perceptible) 표시만을 등록요건으로 요구할 수 있도록 규정하고 있다. 따라서 TRIPs협정상 음향상표(sound marks)나 냄새상표 등은 그 보호가 인정되지 않으며, 나아가 주지상표보호규정에 의한 보호 역시 인정되지 않는다. 우리의 상표법 운영에 있어서 역시 비록 주지상표보호를 위한 규정(상표법 제34조 제1항 제13호)을 신설하였다 할지라도 제2조 소정의 상표 개념 판단을 전제한 상표보호만을 인정한다. 따라서 비록 외국에서 주지된 상표라 할지라도 주지상표보호규정만을 이유로 시각적으로 파악될 수 없는 상표까지 보호할 의무는 부담하지 않는다 하겠다.

럽공동체상표제도와 유사하게 개방적인 규정으로 운영하고 있다.

1. 표 장

상표는 상인이 자신의 상품을 식별하기 위해 사용하는 수단이다. 상표법상 상표라 함은 자기의 상품과 타인의 상품을 식별하기 위하여 사용하는 표장(標章)을 말한다. 표장이란 기호, 문자, 도형, 소리, 냄새, 입체적 형상, 홀로그램·동작 또는 색채 등으로서 그 구성이나 표현방식에 상관없이 상품의 출처(出處)를 나타내기 위하여 사용하는 모든 표시를 말한다.

상표는 상표권자가 자신과의 관계를 나타내기 위하여 의도적으로 선택·사용하는 수단이다. 따라서 원칙적으로 상표권자가 선택·사용한 수단이라면 그러한 수단이 구성요소에 제한되지 않는다. 즉 상표권자와의 관계를 나타내는 것이라면 시각·청각·후각·미각·촉각 등 감각적으로 파악할 수 있는 일체의 수단이 상표를 구성한다.

상표법이 그 보호 대상인 상표의 범위를 확정함은 경제거래의 발전상황을 기초한 입법정책적 판단이다. 따라서 상표법상의 상표 개념은 고정된 것이 아니라 사회 경제의 거래 실정에 따라 변화하는 것이다. 또한 상표범위에 대한 입법판단은 사회현상으로서의 모든 상표개념에 구속될 필요도 없으며, 이는 상표보호와 관련한 등록주의의 당연한 현상이기도 하다. 따라서 현행 상표법의 규정은 상표 보호범위와 관련한 입법정책적 판단의 결과이다.

연혁적으로 상표의 기원은 옥호(屋號)·문장(紋章) 등에서 유래하는 기호상표로부터 시작되어 도형상표·문자상표의 순서로 발전하였다고 한다(예컨대 1894년 이전의 독일 상표법은 문자상표를 인정하지 않았다).[2] 우리의 상표법 역시 1995년 9차 개정이래 색채를 하나의 상표구성요소로 보았으며, 입체적 형상 역시 현행법(문자상표+도형상표+기호상표+입체상표+색채상표+동작상표+홀로그램+결합상표 등)에 도입된 상표구성요소이다. 현재는 그 상표의 구성이나 표현방식에 상관없이 상품의 출처(出處)를 나타내기 위하여 사용하는 모든 표시를 상표를 구성하는 표장으로 인정하고 있다.

---

2) 송영식·황종환·김원오, 상표법, 한빛지적소유권센터(1997), p.119.

2. 상품을 식별하기 위해 사용하는 표장

상표는 상품을 전제한다. 이때 상품은 영업적 거래를 목적으로 하는 유형재화를 의미한다. 특히 유형재화는 동산에 한정한다는 것이 일반적인 견해이며, 서비스를 배제한다. 영업적 거래는 매매업에 국한되지 않고 임대와 교환 등 거래계에 재화를 내놓는 일체의 행위를 뜻하나, 개인[私人]이 일회적(一回的)으로 매각하는 물품은 비록 그것이 유상일지라도 순수한 개인적 활동에 불과한바 상품에 해당하지 않는다. 또한 상품은 일반소비자에 제공되는 것에 국한되지 않고, 업무용 상품과 중간재 또는 자본재에 해당하는 상품을 포함한다.

3. 상인[3]이 사용하는 표장

상표는 상품을 생산·가공 또는 판매하는 것을 업으로 하는 자가 자기의 업무에 관련된 상품을 타인의 상품과 식별되도록 하기 위하여 사용하는 것이다. '생산'이란 자연물에 인력을 가하여 상품을 만들어내거나 증가시키는 것으로 제조업뿐만 아니라 제1차 산업을 포함한다. '가공'이란 기존의 물건에 도장이나 조각 등의 수공을 가하여 새로운 물건을 만드는 것을 말하며, 상표권자는 이러한 행위들을 업으로 하여야 하며 영리목적의 유무에 상관없이 일정의 목적 아래 반복하여 계속 생산·가공 등의 행위에 종사하여야 한다.

상표권은 상품과 일정 요건을 만족하는 상표권자를 전제로 한다. 따라서 상표권 자체의 판매·양도 등만을 목적으로 한 상표권자의 상표 등록은 인정되지 않는다. 다만 상표권은 현실적인 상품이나 상표권자가 현재 상품을 생산하고 있음을 전제하지는 않는다. 따라서 상표권자는 상품의 생산이전에도 상표권을 취득할 수 있으며, 기존의 상품 생산을 계속하는 가운데 상표권만을 양도할 수도 있다.

---

3) 여기서 상인이란 상법상의 상인이 아니라 넓은 의미에서 상인을 뜻한다.

4. 사용하는 표장

상표는 상품에 관하여 사용하는 것이다. '사용'은 상품 자체 또는 상품의 포장 등에 붙여서 사용하는 경우뿐만 아니라 상품을 표창하고 상품의 동일성을 나타내기 위하여 사용하는 모든 양태를 포함한다. 특히 미국 상표법 권리취득요건상의 '사용'개념이 요구하는 '상품에 대한 상표의 부착'과 '당해 상품의 상업적 반포'라는 요소를 요구하지는 않는다. 현행 상표법에서는 상표의 사용(상§2①xi)에 표장의 형상이나 소리 또는 냄새로 상표를 표시하는 행위 또는 전기통신회선을 통하여 제공되는 정보에 전자적 방법으로 표시하는 행위 어느 하나의 방법으로 표시하는 행위가 포함된다고 규정하고 있다(상§2② i, ii).

5. 식별하기 위해 사용하는 표장

상표는 상표사용자가 자신의 상품이나 제조품 등에 자신을 형상화하고자 사용하는 매개체이다. 이러한 상표사용자의 상표 사용에는 자기의 상품을 다른 업자의 상품과 식별하고자 하는 의도가 포함되어 있고 상표의 요건으로서도 이러한 식별의사를 요하고 있다.[4] 그러나 어떠한 자가 자신의 상품에 자신을 형상화하기 위하여(식별의사) 어떤 감각수단을 사용하는가와 이러한 감각수단이 실제 그러한 역할을 수행하는가(식별력) 그리고 상표법이 이에 대하여 그 보호를 인정할 것인가의 문제를 구별하여 생각하여야 할 것이다.

상표는 상품을 개별화하고 다른 상품으로부터 식별 또는 구별하기 위하여 그 상표권자가 사용하는 것이다. 따라서 원칙적으로 상표는 상표권자의 식별의사와 객관적인 식별력을 갖추어야 할 것이다. 그런데 사용에 의하여 객관적으로 식별력이 결여되었던 어떤 상징물이 거래계에서 어느 특정 기업에 대한 일의적 관련성을 연상케 한다면 이 역시 상표로서 보호를 마련하여야 할 것

---

4) 한편 상품의 요건으로서 객관적으로 상품거래사회에서 자타상품을 구별하는 힘 즉 식별력 내지 특별현저성을 가져야 한다고 설명하는 견해들이 있다.

이다. 나아가 사용에 의한 통용력(通用力)을 취득하기 이전이라 할지라도 어떤 업자가 자신과의 관계를 나타내기 위하여 의도적으로 어떤 상징물을 반복하여 사용하고 있다면 이를 상표로서 인정하여야 한다. 따라서 상표는 객관적인 식별력을 상표의 요건으로 요구하지 않는다.

상표법의 태도 역시 객관적 식별력을 상표의 구성요건으로 요구하고 있지 않다. 즉 우리 상표법은 상표의 정의규정(상§2①)에서 '식별력' 내지 '특별현저성'과 관련한 규정을 두고 있지 않다. 오히려 우리 상표법은 제정법이래 견지해 오던 상표의 정의규정[5]을 1990년 제7차 개정 과정에서 변경하면서 '특별현저'란 용어를 삭제하여 상표를 사회통념에 따라 소박하게 정의하고 독점배타권으로서의 구비요건은 등록요건에서 따지기로 하였다. 이러한 입법의 태도는 특별현저성은 상표의 성립요건이 아니라 등록요건이라는 판단 때문이라 하겠다. 한편 상표의 등록과 관련한 특별현저성의 위치와 관련하여서도 상표법의 입법에 주목할 것이다. 특별현저성을 등록요건으로 판단하면서 설령 특별현저성을 갖추어 등록이 가능한 상표라 할지라도 일정한 경우에는 그 등록을 인정하지 않는다는 다단계적인 입법태도를 취하고 있다. 즉 상표법 제2조 소정의 상표를 전제로 상표등록의 요건(상§33) 규정에서 특별현저성 관련 사항을 규정하고 다시 특별현저성을 갖춘 상표라 할지라도 일정 사유가 있는 상표에 대하여서는 상표등록을 받을 수 없는 상표(상§34) 규정을 두어 등록을 받을 수 없다는 입법정책적 판단을 하고 있다.

제2절 상표의 분류

상표는 표시(標識)의 일종이다. 표시에는 상품표시, 서비스표시, 영업표시, 기업표시, 미각표시, 청각표시, 후각표시, 평면표시, 입체표시, 상품의 형상표시 등의 유형이 있다.[6] 어떤 표시를 상표법으로 보호할까에 대해서는 법정책적인 문제이다.

---

5) 구법에서는 상표를 "자타상품을 식별시키기 위하여 사용하는 기호·문자·도형 또는 이들의 결합으로서 特別顯著한 것을 말한다."라고 규정하고 있었다.

6) 渋谷達紀, 知的財産法講義III, 有斐閣(2005), p.192.

그러나 최근 정보통신기술, 첨단기술의 발달로 멀티미디어, 디지털화, 초고속정보통신망 등의 신기술시대를 맞이하여 새로운 표식(標識)들이 등장하였고, 또 생활에서 활용되고 있다.

여기에 새로운 상표란 우리가 현실에서 생각할 수 없었던 새로운 유형의 상표를 말하는 것이나, 기존의 것이나 우리의 기술수준 및 문화·종교 등에 의해 정책으로 받아들여지지 않았던 상표까지 포함하는 것이 일반적이다.

일반 사회에서 말하는 상표란 기업의 상품이나 서비스에 붙이는 마크(標) 또는 심볼symbol 등을 총칭하는 것으로서 상품이나 서비스의 얼굴이라고 말할 정도로 중요한 것이다. 즉 상표는 어떤 기업이 자사의 상품 또는 업무를 개성화함으로써 자사의 상품과 타사의 상품이 식별되도록 하는 기능을 한다. 이에 따라 소비자들은 상표를 통해 상품 또는 업무에 대하여 품질, 성능, 출처 등을 믿고 그 상품을 선택하게 된다. 따라서 상표는 상품거래에서 생산 및 제조자와 소비자를 연결하여 주는 일종의 도구이다.

이러한 상표는 계속 사용함으로써 신용이 축적되어 재산적 가치를 지니게 된다.[7] 그러나 상표법상의 상표는 사회통념상의 상표[8]와 반드시 동일한 개념은 아니다.

상표법상의 상표란 자기의 상품과 타인의 상품[9]을 식별하기 위하여 사용하는 표장(標章)을 말한다(상§2① i). 따라서 자타(自他)상품을 식별하기 위하여 사용되는 것이 아닌 표장은 상표가 아니다.

원칙적으로 상표는 상표사용자가 선택·사용한 수단이라면 그러한 수단이 구성요소에 제한되지 않는다. 즉 상표사용자와의 관계를 나타내는 것이라면 시각·청각·촉각·미각, 후각 등 감각적으로 파악할 수 있는 일체의 수단이 상표를 구성한다 하겠다.

상표의 구성요소는 기호, 문자, 도형, 소리, 냄새, 입체적 형상, 홀로그램·

7) 중앙일보, 1998. 4. 23. "빚 못 받을 때 부동산 챙기는 게 아니라 … 상표 내놔라"; 한국경제신문, 1998. 6. 5. "천자칼럼 … 파이낸셜 월드에 따르면, 상표값이 코카콜라(4백79억달러), 말보로(4백76억달러), IBM(2백37억달러), 맥도널드(1백99억달러), 디즈니(1백70억달러)이고, 국내의 진로소주는 4조원, 삼성전자의 애니콜은 4억달러…" 등으로 평가하고 있다.

8) 사회통념상의 상표란 자타상품의 구별표시이며 영업상의 신용을 확보하려는 목적하에 사용대상으로서의 관용상표, 보통명칭의 상표를 포괄하는 개념이다.

9) 지리적 표시가 사용되는 상품의 경우를 제외하고는 서비스 또는 서비스의 제공에 관련된 물건을 포함한다.

동작 또는 색채 등으로서 그 구성이나 표현방식에 상관없이 상품의 출처(出處)를 나타내기 위하여 사용하는 모든 표시를 포함한다(상§2①ii).

상표는 상품에 사용하는 표지이지만 그 구성과 기능 또는 등록 여부에 따라 나누어 볼 수 있다.

1. 상표의 구성

상표는 원래 자타(自他)상품을 식별하는 것이므로, 시각(視覺)만으로 식별할 수 있는 것이 아니라 미각(味覺), 촉각(觸覺), 청각(聽覺) 등의 방법으로 식별할 수 있다. 상표의 구성요소는 각국의 기술수준과 그 기술의 정착정도, 문화·종교 등에 의하여 정책적으로 결정된다. 예를 들면 미키마우스, 피카츄, 아기공룡 둘리 등의 캐릭터는 원래 만화의 주인공이었으나, 상표로서도 사용되고 있다. 그러나 이러한 캐릭터는 상표법상의 보호만을 받는 것이 아니라, 저작권법이나 부정경쟁방지법으로 보호를 받고 있다. 이러한 캐릭터는 현행 우리 상표법상의 방법으로 분류하면 도형상표에 해당된다.

상표를 분류하는 방법은 구성에 의한 방법, 기능에 의한 방법, 목적에 의한 방법, 등록 유·무에 의한 방법, 법률에 의한 방법, 주체에 의한 방법, 전형적 상표와 비전형적인 상표, 전통적 상표와 비전통적인 상표, 새로운 상표와 기존상표 등의 방법으로 분류할 수 있다. 여기서는 상표구성 자체에 의한 방법과 목적에 의한 방법, 기능에 의한 방법을 중심으로 살펴보기로 한다.

(1) 구성요소에 의한 분류

상표법 제2조 제1항 제2호에서는 "표장이란 기호, 문자, 도형, 소리, 냄새, 입체적 형상, 홀로그램·동작 또는 색채 등으로서 그 구성이나 표현방식에 상관없이 상품의 출처를 나타내기 위하여 사용하는 모든 표시를 말한다."고 규정하고 있다. 상표는 그 구성요소에 따라 시각, 미각, 촉각, 청각, 후각기능에 의해 분류할 수도 있다.

1) 문자상표

문자라 함은 인간의 의사소통을 위한 시각적인 기호 체계를 말하며, 문자

상표라 함은 문자로 구성된 상표를 말한다. 문자는 한글, 영어, 일본어, 중국어를 비롯하여 여러 문자가 있으며 그 외에 숫자로 된 상표도 문자상표에 포함된다. 상표법상 문자라 함은 한글에 한정하지 않는다. 예컨대 LG, 삼성, 현대, 松下, ひや子、OB, KAL, IBM 등이다. 이때 문자는 국적이나 언어에 제한받지 않으며, 반드시 신조어일 필요도 없다. 따라서 인명이나 사물의 명칭, 지리적 명칭, 상호 또는 특정의 형용사나 표어적 어구만으로도 상표를 구성할 수 있다. 다만 입법정책적인 이유로 지리적 명칭이나 상품의 품질·성분·재료 등을 기술한 것에 불과한 기술적 상표의 경우에는 보호되지 않거나 제한된다.

등록이 된 문자상표		
Lee	캉가루운수	SK
코뿔소	신기한 한글나라	Rinnai
HYUNDAI	ACTIV	BANG BANG
HELLFIRE Ⅱ	brother	KING
CASTEC CAST TECHNOLOGY	BNX	

등록이 거절된 문자상표		
REGGIO®	씨제이	CJ
CJ Corp.	좋은세상	PLASMACELL
플라즈마	PLASMA	FLEXOFLATOR

* 여기서 소개한 상표는 특허청 홈페이지에서 인용.

2) 도형상표

도형이란 점·선·면·입체 또는 이들 집합으로 이루어진 것을 말하며, 특히, 점·선·면·입체의 4개를 기초도형이라고 한다. 모든 물체는 위치·모양·크기·빛깔·무게 등을 가지고 있으며, 평면 위에 있는 도형은 평면도형, 공간에 있는 도형은 공간도형이라 한다. 또, 공간도형에서 위치와 모양·길이·폭·두께를 가지는 것을 입체도형이라고 한다. 현행 우리 상표법에서는 평면도형과 입체도형을 보호대상으로 하고 있으며, 도형상표는 도형만으로 구성된 상표로서 사실적 현상을 형상화한 사실적 도형과 추상적 도형 및 기하학적 도형 등을 포함한다. 즉 도형은 구체적인 도형도 가능하고, 허구적인 도형도 가능하다. 사람의 얼굴이나 동·식물, 자연풍경, 물체형상, 천체 등 사실적 도형을 도안화한 것 또는 기하학적 도형(幾何學的圖形), 기호도형(記號圖形)

등록이 된 문자상표		
	케이비	KB
		CJ
CJ		CAU 중앙대학교
	TG	
KYOBO	Snecma Propulsion Solide	

등록이 거절된 도형상표		
CHUKACHUKA 추카추카		ANSCHÜTZ
	* 여기서 소개한 상표는 특허청 홈페이지에서 인용.	

을 사용하여 상품을 표지하는 암시적 상표 등이 있다.

3) 기호상표

기호란 무슨 뜻을 나타내거나 적어 보이는 표로 대체로 문자나 도형을 간략히 한 것이다. 기호상표는 이러한 기호로 구성된 상표로 문장(紋章)이나 옥호(屋號) 등에 사용되었으며 지금도 상품에 사용되는 경우 사표(社標)로서 문자 등과 결합되어 쓰이는 것이 보통이다. 넓은 의미에서는 문자도 기호의 하나인 만큼 문자상표도 기호상표에 포함된다고 볼 수 있다.

4) 입체상표

전통적인 상표의 형태는 평면적인 것이었다. 그러나 대량생산체제하에서 상품이 평준화, 규격화되면서 기업으로서는 기능면에서 자신의 상품에 식별력을 부여하는 것뿐만 아니라 비기능적인 면에서도 차별적 특징을 부여하려 노력하였다. 이러한 노력은 상품뿐만 아니라 상표에까지 이르렀으며, 입체적 형상을 통한 상표의 개별화 노력이 시도되었다. 이에 상표의 형태는 평면적인 것에서 입체적인 것까지 포함하게 되었으며, 많은 외국의 입법례가 입체상표의 보호등록을 인정하고 있다. 우리나라에서도 마드리드 의정서 가입을 전제로 한 우리 국민의 평등한 보호 및 상표제도의 국제적인 조화라는 관점에서 입체상표를 상표법상의 등록가능한 상표로 인정하자는 요구가 제기되었다. 이에 현행 상표법에서는 상표의 정의 규정에 입체적 형상이 포함되도록 규정하여 입체적 형상이 그 자체의 독립적 구성요소 또는 다른 구성요소와 결합한 경우도 상표 등록의 대상이 될 수 있도록 하였다. 특히 입체상표의 도입은 새로이 논의되고 있는 Trade dress와 관련하여 그 보호의 근거를 제공하였다고 평가하기도 한다. 그러나 입체상표의 보호가 곧 미국판례법상 Trade dress의 보호를 의미한다고 보기는 힘들다.

종래에도 입체적 형상이 특정 상품 또는 서비스를 식별할 수 있는 표지로서 국내에서 널리 인식되게 된 경우, 즉 주지성을 취득한 경우 부정경쟁방지법상의 주지상품표지로서 보호될 수 있었다. 그러나 이는 공정한 경쟁의 보호라는 부정경쟁방지법상의 법리에서 인정되는 것이지, 입체적 형상에 대한 일종의 권리 보호를 인정하는 것은 아니었다. 또한 그 보호에 있어서도 고도의 주지성을 요구하였다.

<table>
<tr>
<td>
</td>
<td>
</td>
<td>
</td>
</tr>
<tr>
<td>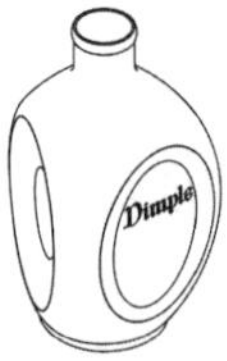
</td>
<td>
</td>
<td></td>
</tr>
<tr>
<td></td>
<td></td>
<td></td>
</tr>
</table>

5) 색채상표

상표법은 색채를 상표를 구성하는 하나의 요소로서 보고 있다. 다만 색채 자체만의 상표 등록은 일반적으로 어렵다. 그러나 어떤 색채가 사용에 의하여 그 자체로서 식별력을 지니면서 상표로서의 기능을 수행한다면 그 보호를 받을 수 있다. 아울러 영국이나 미국에 있어서도 2차적 의미secondary meaning의 식별력을 취득한 색채에 대해서는 그 보호를 인정하고 있다.

한편 상표법은 색채가 상표의 구성요소가 됨에 따라 등록상표와 다른 구성요소가 모두 동일하고 색채만 다른 상표의 경우에 초래되는 문제점과 분쟁의 소지를 입법적으로 해결하고자 특칙을 마련하고 있다. 즉 법이 한정적으로 열거하는 일정 경우[10]에는 색채만이 다른 유사상표를 등록상표와 동일하게 취급하도록 하고 있다(상§225①). 한편 동조 제2항에서는 '침해로 보는 행위(상§108①i)'와 '부정사용에 의한 취소심판(상§119①i)'에서 규정하는 '등록상표와 유사한 상표'에는 그 등록상표와 유사한 상표로서 색채를 등록상표와 동일하게 표시하면 등록상표와 동일한 상표라고 인정되는 상표를 배제한다는 규정을 추가하고 있다. 이 규정의 입법취지와 관련하여서는 등록상표와 색채만이 다른 유사상표는 당연히 등록상표권의 침해에 해당하므로 굳이 침해로 보는 의제규정에 포함시킬 필요가 없다는 법기술상의 견지에서 '침해로 보는 행위'의 유사범위 해석대상에서 제외시키고 있는 것이며, 상표권자가 등록상표와 색채만이 다른 유사상표를 사용한다고 해서 유사범위 내의 부정사용으로 보아 상표권을 취소시키면 불합리하므로 '부정사용에 의한 취소심판'에서 규정하는 '등록상표와 유사한 상표'에는 그 등록상표와 색채만이 다른 상표라고 인정되는 상표를 포함시키지 않는 것으로 규정하게 되었다고 설명한다. 그러나 본항의 규정은 이미 제225조 제1항의 규정만으로 충분한 사항을 다시 확인하는 것에 불과한 불필요한 규정이라 하겠다.

6) 결합상표

결합상표는 위에서 언급된 상표의 구성요소들이 결합하여 상표를 구성하는 상표이다. 따라서 그 형태는 다양하다 하겠으며, 우리가 일반적으로 볼 수 있는 일반적인 상표의 모습이기도 하다. 특히 사표(社標)인 기호나 도형과 상품표시로서의 문자상표가 결합되어 하나의 상표를 구성하는 예가 많다. 2012

10) 상표법 제89조・제92조・제95조 3항・제97조 2항・제104조・제110조 4항・제119조 1항 3호 및 3항・제160조・제222조・제224조.

년 법률 제11113호 상표법이 시행되기 전에는 단순한 색채만으로 이루어진 색채상표의 경우에는 상표 구성요소로서 인정하지 않았으나 2012년 법률 제11113호로 상표법 개정을 통하여 색채만으로 이루어진 상표의 경우에도 상표의 구성요소로서 인정하게 되었다. 그러나 심사 실무상 색채만으로 이루어진 상표의 경우에는 본질적 식별력을 인정하기 어려워 사용에 의한 식별력을 취득한 경우에 등록을 해주고 있다. 그리고 문자상표나 도형상표 등에 색채가 결합된 상표의 경우 결합상표라 하겠다.

이상에서 살펴 본 바와 같이 우리 상표법은 눈으로서 판단할 수 있는 표식을 원칙으로 소리・냄새도 식별력을 가지고 있는 경우에는 그 보호대상으로 하고 있다. 기술의 진보에 따라 미각(味覺), 촉각(觸覺), 시각(聽覺), 후각(嗅覺) 등의 방법으로도 상품을 식별할 수 있다. 이 경우 청각에 의한 방법은 소리상표(후술), 촉각에 의한 방법은 감촉상표, 미각에 의한 맛 상표, 후각에 의한 방법은 냄새상표 등을 생각할 수 있다. 그 외에도 빛 상표는 시각에 해당하나 현행법에서는 인정하지 않고 있다. 이런 빛 상표도 기술수준을 고려하여 볼 필요가 있다고 본다.

KFC	MUSSO	Lacoste
신기한 한글나라	참眞이슬露 JINRO	롯데 LOTTE

7) 홀로그램 상표

홀로그램hologram[11] 상표는 홀로그래피에서, 입체상(立體像)을 재생하는 간섭

11) 1. 홀로그램의 의의와 연혁

홀로그램은 사진투영 기법에 의해 만들어지는 3차원 이미지이다. 이 용어는 "전체"라는 의미를 가지는 그리스어 holos와 "메시지"라는 의미를 가지는 gramma가 합쳐서 만들어졌다. 홀로그램은 2차원 컴퓨터 화면상에서 나타나는 3D나 가상현실과는 달리, 입체 효과를 흉내낸 것이 아닌 실제로 스스로 서있는 3차원 이미지로서, 이를 보기 위해 특별한 장치를 필요로 하지 않는다. 이론상으로, 홀로그램은 언젠가는 가정이나 회사에 있는 특수 표시장치로 전송될 수 있을 것이다. 입체사진

줄무늬를 기록한 매체, 즉 문자 또는 도형적 요소에 3차원적[12]인 동작효과를 결합한 표장을 말한다. 예를 들면, 신용카드인 VISA카드의 새모양, 그리고 Master Card의 지구모양 등이다.

유럽상표청OHIM : The Office of Harmonization for the Internal Market의 경우 홀로그램에 관한 상표출원[13]이 2000년도에 있었으며[14] 현재 등록이 되어 있는 상태에 있다.

술 이론은 1947년에 데이스 가보가 개발하였으며, 레이저 기술의 발전에 따라 입체사진술이 가능하게 되었다.

2. 홀로그램의 종류

홀로그램을 복제시에 여러 장의 마스터 홀로그램을 다른 각도로 배치하고 동시에 조명하여 얻어지는 상을 한 장의 홀로그램판에 복제하거나, 각기 따로 촬영한 여러 가지 홀로그램을 모자이크 형태로 배열하고 색깔이 다른 두 개의 레이저 빔을 동시에 사용하여 홀로그램을 복제하면 상을 보는 방향이나 거리에 따라 다른 물체나 형태의 상이 보이는 특수효과 홀로그램을 만들 수가 있다.

무지개 홀로그램은 투과형 마스터를 이용한 복제 홀로그램의 하나이다. 무지개 홀로그램 복제시는 마스터 홀로그램을 폭이 수mm 이하의 슬릿(slit)을 가진 마스크로 가리고 이 슬릿을 통해서 상이 재생되도록 하여 홀로그램을 복제하는 것이다. 이 경우 물체는 재생상과 슬릿이다. 복제된 홀로그램을 백색광으로 조사하고 원래 슬릿이 있던 위치 바로 앞에 눈을 두고 상을 보게 되면 무지개 색상을 가진 상이 재생된다. 눈을 위로 들면 청색에서 적색으로 색상이 변한다. 무지개 홀로그램은 마스터를 사용하지 않고 물체의 렌즈에 의한 상을 이용하여 직접 만들 수 있다.

현재 가장 손쉽게 접할 수 있는 크레디트 카드에 있는 무지개 엠보싱 홀로그램은 무지개 홀로그램을 마스터로 하여 인쇄에 의한 대량생산이 가능하도록 한 것이다. 일반적인 엠보싱 홀로그램의 제작은 포토레지스터를 감광물질로 사용하여 표면 요철형의 홀로그램을 만든다. 이때 표면 요철의 깊이는 0.4㎛ 이하가 된다. 포토레지스터 표면은 강하지 못하여 대량 인쇄가 불가능하므로 이 요철을 이용하여 금속금형을 떠야 한다. 이 금속금형은 보통 니켈을 사용하는데, 니켈금형을 만들기 위해서는 현상된 포토레지스터 위에 금이나 은을 증착하여 전도성을 부가하고 니켈도금을 200에서 300㎛ 정도로 하여 니켈판을 벗겨 낸다. 이 니켈금형을 이용하여 열가소성 플라스틱에다 열을 가하면서 인쇄해 낸 것이 엠보스 홀로그램이다. 포토레지스터 대신에 포토폴리머를 이용하면 도금과정을 생략할 수 있어 간단하나 인쇄할 수 있는 매수가 니켈금형에 비해 십분의 1 이하로 줄어든다. 포토폴리머는 광감응성 고분자물질로 적정 이상의 청색에 노출되면 굳어지므로 현상이 필요 없다. 그 외 홀로그램은 감광물질의 종류에 따라 다이크로매틱 젤라틴, 서모플라스틱 등으로 구분한다(http://211.40.429.13/book_file/ke27/ke027-008.htm#홀로그래피에%20의한%20예술, 오픈 백과, 구글 재인용).

12) 보통의 홀로그램은 신호광이나 참조광이나 다 건판(乾板)에 대해 같은 쪽에서 조사(照射)하여 만들므로 간섭무늬의 조건은 건판면에 평행인 면 위에서 성립하며 명암의 무늬는 평면적인 것이라 생각된다. 가령 신호광과 참조광을 건판에 대해 서로 반대의 방향에서 조사하여 홀로그램을 만들면 리프만(Lippmann) 사진과 같은 원리로서 건판의 두께 방향으로 정상파(定常波)가 생기고, 명암의 무늬가 두께 방향으로도 생겨서 3차원적인 간섭 무늬가 형성되므로 이것을 3차원 홀로그램이라 한다.

3차원 홀로그램으로부터 상(像)을 재생하기 위해서는 백색광을 쬐기만 하면 된다. 백색광 중 두께 방향으로 생긴 명암의 층을 빠져나갈 수 있는 것은 신호광과 같은 파장인 단색광뿐이므로, 단색광을 쬐었을 때와 같은 효과를 나타낸다(네이버 백과사전에서 인용).

13) 상표등록출원일 2000. 8. 1., 상표등록일 2003. 2. 28., 상표등록번호 0042812056.

14) 김원오, “비전통적 상표의 보호필요성 및 보호방안”, 지식재산권연구센터 정기세미나 자료(2001. 12. 18.), p.5.

만원권 지폐에 있는 홀로그램 문양

〈우리나라지도〉

〈액면 숫자와 태극〉

〈4괘〉

8) 동작상표(動作商標)

동작상표Motion Marks는 일정한 시간의 흐름에 따라서 변화하는 일련의 그림이나 동적 이미지 등을 통하여 자타상품이나 서비스업을 식별하는 표장이다. 즉 동작상표는 이미지의 움직임을 통하여 상품이나 서비스업을 표시하고 식별하는 표장을 말한다.[15] 예를 들면, 이미지의 움직임을 통하여 서비스나 상품을 구별하는 標識으로 MS사의 s/w와 같이 컴퓨터 화면상에서 지구와 같이 생긴 이미지가 사용하고 있는 동안에 계속 움직이는 것과 같은 표장을 말한다.

미국[16]과 영국에서 동작상표로 등록된 상표가 있으며, 최초는 1957년의 "Audio and visual representation of a coin spinning on a hard surface"에 대한 상표등록(제641872호)이며, 콜롬비아 트라이스타 영화사의 로고화면(제1975999호), 인터넷 브라우저인 넷스케이프의 로고(제2077148호), 대만 Garmin Corporation사의 회전하는 지구의 이미지(제2106424호) 등 10건이 등록되었다고 한다.[17]

동작상표의 도면은 개정규칙(37 C.F.R. §2.52)에 따르면 동작의 어느 한 순

15) 김병일, "상표법에 의한 동작상표의 보호", 산업재산권 제22호, 한국산업재산권법학회(2007. 4.), p.132.

16) 미국 상표법은 동작상표에 관하여 명시적으로 규정하고 있지는 않지만, 동작상표는 원칙적으로 보호적격이 있는 것으로 취급되고 있다. 즉 동작상표는 랜햄법 제45조에서 광범위하게 상표개념을 파악하고 있는 "any symbol or device"에 기초하여 1946년부터 상표의 법적 개념 속에 포함되어 있다고 볼 수 있다(나종갑, 미국상표법연구, 글누리(2006), p.79; 김병일, '상표법에 의한 동작상표의 보호' 산업재산권 제22호, 한국산업재산권법학회(2007. 4.), p.132 재인용).

17) 김원오, "비전통적 상표의 보호필요성 및 보호방안", 지식재산권연구센터 정기세미나 자료(2001. 12. 18.), p.23.

간을 나타내는 1개의 상표의 도면 또는 동작의 다양한 순간을 나타내는 최대 5개까지의 정지화상을 담은 1개의 도면과 그에 대한 설명서를 제출하도록 요구하고 있다.[18]

미국 특허상표청은 상표의 사용사실 입증견본Specimen제출과 관련하여 종전에는 3개 이상의 상표의 사용사실 입증견본을 제출하여야 했지만, 상표법조약 시행후인 1999년 10월 30일 이후의 상표등록출원부터는 사용견본을 1개만 제출하면 된다.[19] 또한 동작상표 등과 같은 새로운 유형의 상표는 오디오카세트 테이프, 비디오 테이프, CD-ROM, 기타 적절한 매체를 제출하여 사용사실을 입증하면 된다.[20]

		 21)

9) 냄새상표

우리 생활 속에는 많은 상품이 있고 그러한 상품들은 제품 원재료의 냄새에서 향수에 이르기까지 일정한 냄새를 갖고 있다. 이러한 냄새상표와 관련하여 미국은 Clarke Osewez 사건[22]에서 그 상표등록을 인정하였다. 즉 자수용

18) Trademark Rules of Practice(37 C.F.R. §2.52(a)(4)) 김원오, "비전통적 상표의 보호필요성 및 보호방안", 지식재산권연구센터 정기세미나 자료(2001. 12. 18.), p.24 재인용.

19) 이 자료는 미국특허청의 홈페이지에서 다운 받은 2007년 4월 23일 사법연수원 특강자료임.

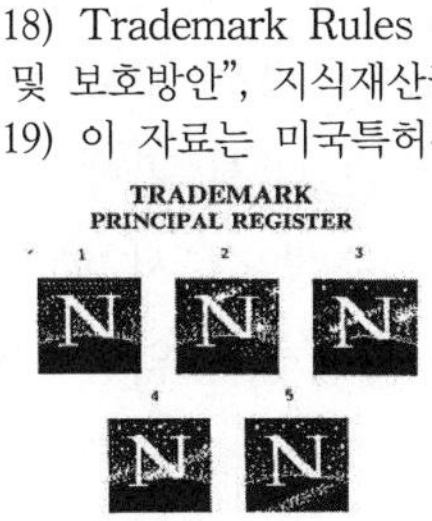

20) Trademark Rules of Practice(37 C.F.R. §2.56(d)(3)) 김원오, "비전통적 상표의 보호필요성 및 보호방안", 지식재산권연구센터 정기세미나 자료(2001. 12. 18.), p.24; 김병일, "상표법에 의한 동작상표의 보호", 산업재산권 제22호, 한국산업재산권법학회(2007. 4.), p.142 재인용.

21) http://www.roseplaza.co.kr/winesang/wine_24.htm.

실 및 바느질용실이 지닌 특징적 냄새에 대하여 사용에 의한 식별력을 인정하여 냄새에 대하여 상표 등록을 인정하였다. 홍콩정부도 홍콩의 지적재산권법을 WTO/TRIPs 협정의 기준에 합당하도록 하기 위해 1996년 입법안을 발표하면서 상품과 상표소유자의 서비스와 다른 상표를 구별할 수 있는 모든 상표가 만약 그래픽으로 표현될 수만 있다면 상표로서 등록할 수 있도록 하였다. 지적재산권침해로부터 가장 모호한 항목을 보호하기 위한 홍콩의 개정운동은 등록될 수 있는 많은 상품과 서비스를 보호하려는 국제적 운동의 일부이다. 이에 우리나라도 2007년도에 타결된 『대한민국과 미합중국 간의 자유무역협정(FTA)』의 합의사항을 이행하기 위하여 소리・냄새를 '상표'에 포함하게 되었다. 이에 소리・냄새 등 비시각적인 표장이라 하더라도 상표의 범위에 포함되어 상표법에 의해 등록되고 보호받을 수 있게 되었다. 그러나 맛과 냄새 같은 잘 잊혀지는 물건을 정의하기는 본질적으로 어려움이 따르므로 이러한 정의는 법률적 논쟁을 유발할 것이라고 예언되기도 한다.[23] 또한 상표로서 기능하기 위해서는 생산품 그 자체로부터 분리된 인상을 창조하여야 한다는 전통적인 상표개념에서 냄새상표는 그 충족여부가 의문시되며, 상품과 관련한 냄새의 고정문제, 냄새의 고갈, 혼동가능성의 입증 곤란 등의 문제가 있다.

Bettina Elias는 냄새상표가 가지는 상표로서의 기능에 대해 부정적인 견해를 취하고 있다.[24] 즉 전통적 상표법하에서 상표는 판매되기 이전에 브랜드를 특징짓는 것에 이바지하여야 한다고 보면서, 상품의 판매 이전에 냄새가 상표로서 기능하기 위해서는 ① 소비자가 상품을 구입하기 이전에 상품의 냄새에 접근할 수 있어야 하며 ② 소비자는 이러한 냄새를 상품의 특성으로 연관시킬 수 있어야 한다고 설명하고 있다. 그리고 대부분의 경우 소위 냄새상표는 이러한 조건을 충족시키기 어렵다고 본다. 즉 냄새는 실제 판매의 시점에 상표로서의 기능을 발휘할 기회를 상실하며, 냄새가 특성으로서 기능하는 경우에도 제조업자는 이 냄새가 친근한 향기와 혼란을 초래하지 않을 것이라는 것을 입증해야 한다고 한다.

---

22) Clarke, 42 USPQ 2d 1238(T.T.A.B. 1990).

23) Copyright 1995 by Aspen Law & Business, a Division of Aspen Publisher, Inc.

24) Bettani Elias, Do Scents Signify Source? … an Argument Against Trademark Protection for Fragrances.

반면 상품에 냄새상표를 어떻게 고정할 것인가의 문제에 대하여 Jerome Gilson은 다음과 같이 서술하고 있다.[25] 법률은 상품의 표면에 부호가 위치하는 것을 요구하는 것은 아니라고 하면서, 어떤 방식으로든[26] 냄새가 상품에 고정되어 있으면 상표로서 기능할 수 있다고 한다. Hawes[27]도 비록 냄새가 빈번하게 접할 수 있는 상표로 많은 기능을 수행할 것 같지는 않지만 문제는 소비자의 인식이라고 보면서, ① 냄새상표가 secondary meaning을 얻고,[28] ② 소비자가 구입하기 이전에 쉽게 접할 수 있다는 사실을 그 상표 소유자가 증명한다면 상표로서 등록되어 보호될 수 있음을 인정하고 있다.

냄새상표의 보호 여부와 관련하여서는 색채상표의 보호와 관련한 색채고갈이론과 같이 냄새고갈이론이 적용될 수 있다. 가정청소용품과 개인생활용품 시장에서 향기에 대한 요구는 향기의 실제적 사용과 향기상품에 대한 소비자의 강한 선호에 의해 입증되었다.[29] 그런데 냄새의 고갈이 만약 가능하다면 이는 산업에서의 경쟁에 저해가 될 것이다. 한편 이러한 고갈의 가능성은 냄새혼동의 문제와도 관련되는 문제이다. 색채와 같이 등록자가 그의 고유한 냄새를 보호할 뿐만 아니라 혼동되는 유사한 냄새로부터 보호되어야 한다면 이용할 수 있는 많은 수의 명백하고 좋은 냄새들은 급속하게 사라질 것이다. 따라서 냄새상표의 무제한적인 보호는 인정되지 않으며, TTAB(Trademark Trial and Appeal Board)도 향수나 코롱(cologne), 혹은 향기있는 가정용품과 같은 특징을 가진 냄새있고 향수를 가진 생산품의 등록에 대해서는 적용되지 아니한다고 그 범위를 제한하고 있다. 또한 일반적인 냄새는 냄새상표로서 보호받을 수 없을 것이다. 예컨대 사과 냄새는 사과와 관련한 제품에 일반적이기 때문에 보호받을 수 없으며, 소나무나 레몬냄새는 가정의 청소제품에서 표준적으로 사용되는바 일반적이어서 보호받을 수 없다. 또한 냄새를 가진 상품이 시장에서 경쟁자를 방해하지 않고 독점될 수 없는 유용한 기능을 가지고 있어야 한다. 이러한 냄

---

25) Jermon Gilson, Trademark Protection and Practice, Mathew Bender & Company Inc., 1989, Vol. 1. pp.2~104 참조.

26) 예컨대 제조과정을 통하거나 나중에 부가될 수 있으며, 생산품에 결합되든지 또는 실제로 상품 안에 있을 수 있다.

27) James E. Hawes, Fragrance as Trademarks, 79 TMR 134(1989).

28) 친근한 향기를 냄새맡은 후에 오랫동안 잊은 기억을 자세히 연상할 수 있는 정도이면 족하다.

29) 16 USPQ 2d at 1962.

새의 기능이 요구되지 않는 상품에 냄새가 첨가된 경우 유용성의 기능요구는 적다.

한편 제조업자가 유효한 냄새상표를 획득하더라도 그 상표의 보호를 위해서는 어려움이 있다. 즉 원고는 자기의 상표가 2차적 의미를 획득했다는 것을 입증하여야 하며, 피고의 상표가 판매에 있어서 혼동을 초래한다는 사실을 입증해야 한다. 그러나 색채와 달리 냄새는 인쇄매체나 TV를 통해 소비자에게 쉽게 전달되지 않고 냄새상표소유자나 등록자는 2차적 의미를 광고에 의해 발전시키고 입증하여야 하는 어려움이 있다. 또한 냄새상표의 침해에 관련한 냄새의 유사성 판단은 개개인의 다양함에 따라 그 냄새 판단의 동일성을 유지하기 어렵다는 문제점을 갖는다.[30]

10) 소리상표

사회통념상의 상표라 함은 출처(出處)의 동일성(同一性)을 나타내기 위해 상품에 사용되는 일체의 표현수단을 말한다. 따라서 기호, 문자, 도형, 입체적 형상, 색채, 홀로그램, 동작 등 시각적(視覺的)으로만 표시될 수 있는 것뿐만 아니라 청각, 후각, 미각, 촉각 등을 통해 지각할 수 있거나 동적으로 구성된 것이라도 그것이 자타상품을 식별하는 기능을 수행할 수 있다면 상표로 여겨질 수 있다. 상표의 기본적 기능은 식별기능으로 기술의 변화로 인하여 시각적으로 식별할 수 있는 유체물만을 식별기능으로 파악하였으나 최근 기술의 발달에 의해 시각 이외도 청각이나 후각 등으로도 상품의 식별이 가능하여졌다.

한편 상표의 범위에 대한 국제조약의 규정을 살펴보면, 1994년에 채택된 상표법조약Trademark Law Treaty은 시각적으로 감지할 수 있는 기호로 구성된 표장에 한하여 적용되므로 홀로그램 표장과 소리상표 및 냄새상표에는 적용되지 않는 것으로 하고 있다. WTO/TRIPs도 제15조 제1항에서 "상표는 자타 상품 및 서비스의 식별력을 가진 표지 또는 표지의 결합으로 구성된다. 성명, 문자, 숫자, 도형과 색채의 조합 및 이들의 결합은 상표로서 등록될 수 있다."고 하면서도 "회원국은 시각적으로 인식될 수 있는 표지만을 등록요건으

30) 대체로 여자들이 남자보다 더 정확한 냄새감각을 가지며, 노인들보다는 젊은 사람들이 냄새감각에 예민하다고 한다. 또한 냄새를 맡을 수 있는 여성들의 감각능력도 호르몬의 변화와 임신여부 등에 따라 변화가 많다고 한다.

로 요구할 수 있다."고 규정하여 소리상표나 냄새상표의 보호 여부를 국내법령에 위임하고 있다. WTO/TRIPs 제15조 제1항의 마지막 문장은 협상 막바지인 1991년 10월에 브라질이 제기한 우려에 대한 해결책으로 추가된 것이다. 즉 브라질이 제기한 우려는, WTO/TRIPs 협정은 최소한의 기준minium standard을 규정하는 것이므로 제1항의 상표정의에 없는 소리상표나 냄새상표 등을 보호하는 것은 각 회원국의 자유인데, 소리상표가 유명해질 경우에는 유명상표 보호규정(동 협정 제16조 제2항 및 제3항)에 의해 소리상표를 소리상표의 보호를 인정하지 않는 국가에서도 인정해야만 하는 경우가 생길 수 있다는 것이며, 이러한 경우를 막기 위해 WTO/TRIPs는 회원국이 상표 등록시 시각적으로 인지 가능해야 함을 요구할 수 있는 별도의 근거를 마련하고 있는 것이다.

그러나 미국 랜햄법Lanham Act 제45조(제1127조), 유럽공동체(EU의 공동체상표규칙의 제4조)에서 소리 등이 구성요건에 해당한다는 규정은 없지만 일정한 요건하에 판사의 판결에 의해 기속력을 가지게 되어 등록이 될 수 있다. 소리상표의 경우도 서비스표에 한하여 등록시켜 주고 있고 악보를 제출할 수 있게 되어 사실상 악보에 의해 등록을 받을 수 있도록 하고 있다. 또한 우리나라 상표법은 제2조 제1항 제1호 및 제2호에서 소리에 대해 상표구성요소에 포함하고 있다. 따라서 소리와 같은 비시각적인 표장이라 하더라도 기호·문자·도형 또는 그 밖의 방법에 의해 시각적으로 인식할 수 있도록 표현한 것은 상표법에 따라 등록되고 보호받을 수 있다. 이는 기술의 발전으로 시장 거래형태 등의 변화에 따라 수요자들에게 새롭게 형성·인식되는 상표 유형들을 보호하여 기업의 브랜드 창출·관리전략을 시장 현실에 맞게 뒷받침하기 위한 것이다.

상표가 시각적으로 구별할 수 있는 상징이어야만 한다는 이유는 없다. 즉 소리가 서비스의 동일성을 식별하고 소비자로 하여금 특정 서비스와의 관련을 연상케 하면 상표로서의 기능을 부정할 수 없을 것이다. 이에 미국에서는 (1) 일련의 음조 혹은 음악적 기록; (2) 음악이 동반하는 단어들; (3) 단순히 구두로 사용되는 단어나 단어들(예컨대 라디오나 TV 오락프로그램을 식별하는 용어)을 소리상표로서 등록하여 보호하고 있다. 미국의 현행 상표법은 시각적으로 상표를 표시하는 행위를 중심으로 '사용'을 규정하고 있기 때문에 상표의 시청각적인 표현은 '사용'에 해당하지 않으며 따라서 타인이 상표를 음성으로 표현하여 광고활동 등을 하여도 상표권침해가 되지 않는다고 해석하고 있다.

11) 위치상표

위치상표라 함은 '기호·문자·도형 각각 또는 그 결합이 일정한 형상이나 모양을 이루고, 이러한 일정한 형상이나 모양이 지정상품의 특정 위치에 부착되는 것에 의하여 자타상품을 식별하게 되는 표장'을 말한다. 위치상표는 i) 기호·문자·도형 각각 또는 그 결합이 일정한 형상이나 모양을 이루고, ii) 이러한 일정한 형상이나 모양이 지정상품의 특정 위치에 부착되어야 하며, iii) 지정상품에 일정한 형상이나 모양 등이 부착되는 특정 위치를 설명하기 위하여 지정상품의 형상을 표시하는 부분(매개체)이라는 구성요건을 필요로 하게 된다.

위치상표에서는 지정상품에 일정한 형상이나 모양 등이 부착되는 특정 위치를 설명하기 위하여 지정상품의 형상을 표시하는 부분을 필요로 하게 된다. 이때 표장의 전체적인 구성, 표장의 각 부분에 사용된 선의 종류, 지정상품의 종류 및 그 특성 등에 비추어 출원인의 의사가 지정상품의 형상을 표시하는 부분에 대하여는 위와 같은 설명의 의미를 부여한 것뿐임을 쉽사리 알 수 있는 한 이 부분은 위치상표의 표장 자체의 외형을 이루는 도형이 아니라고 파악하여야 한다. 그에 있어서는 출원인이 심사과정 중에 특허청 심사관에게 위와 같은 의사를 의견제출통지에 대한 의견서 제출 등의 방법으로 밝힌 바가 있는지 등의 사정도 고려되어야 할 것이다.31)

한편 위치상표가 상표법상 상표 등록이 되기 위해서는 상표법상 상표 등록의 요건인 식별력을 갖추고 있어야 한다. 그리고 그 자체로는 식별력을 가지고 있지 아니한 경우 상표등록출원 전에 사용에 의한 식별력을 취득하여야 한다. 따라서 위치상표가 비록 일정한 형상이나 모양 등이 그 자체로는 식별력을 가지지 아니하더라도 지정상품의 특정 위치에 부착되어 사용됨으로써 당해 상품에 대한 거래자 및 수요자 대다수에게 특정인의 상품을 표시하는 것으로 인식되기에 이르렀다면, 사용에 의한 식별력을 취득한 것으로 인정받아 상표로서 등록될 수 있다.

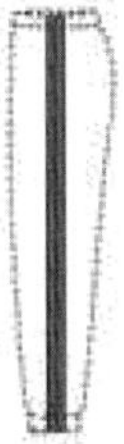

대법원 2012. 12. 20. 선고, 2010후2339 전원합의체 판결

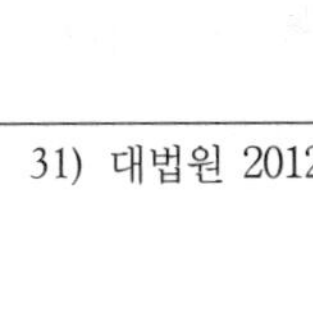

갑 외국회사가 출원상표 “”를 출원하자 특허청 심사관이 출원상표가 구 상표법 제6조 제1항 제3호, 제7호에 해당한다는 이유로 거절결정을 한 사안에서, 위 표장의 전체적인 구성 및 표장의 각 부분에 사용된 선의 종류, 지정상품의 종류 및 특성 등에 비추어 보면, 위 출원상표를 출원한 갑 회사의 의사는 지정상품의 형상을 표시하는 부분에 대하여는 세 개의 굵은 선이 부착되는 위치를 나타내기 위한 설명의 의미를 부여한 것뿐임을 쉽사리 알 수 있으므로, 위 출원상표는 세 개의 굵은 선이 지정상품의 옆구리에서 허리까지의 위치에 부착되는 것에 의하여 자타상품을 식별하게 되는 위치상표이고, 위 일점쇄선 부분은 출원상표의 표장 자체의 외형을 이루는 도형이 아니라고 봄이 상당한데도, 이와 달리 본 원심판결에 법리오해의 위법이 있다고 한 사례.

31) 대법원 2012. 12. 20. 선고, 2010후2339 전원합의체 판결.

(2) 기능에 의한 분류

상표자체의 기능성 여부에 의한 분류는 상품자체의 기능성 여부에 의한 분류와 상표의 일반적인 기능에 의한 분류로 나눌 수 있을 것이다. 전자는 상표자체가 일정한 기능을 가진 것으로 입체 상표, 냄새상표, 맛 상표, 소리상표 등이고, 후자는 상표자체로서의 기능이 아니라 일반적 상표의 기능인 식별기능, 출처표시기능, 품질보증기능, 재산적 기능 등으로 분류할 수 있다.

우리 상표법은 "상표는 문자·도형·기호·입체적 형상(形狀)·색채·홀로그램·동작 또는 이들의 결합한 것 또는 그 밖에 시각적으로 인식할 수 있는 것 그리고 소리·냄새"를 말한다고 규정하고 있듯이, 우리 상표법은 문자상표, 도형상표, 기호상표, 결합상표, 색채상표, 입체상표, 동작상표, 소리상표, 냄새상표로 구분할 수 있다. 우리 상표법은 구성요소에 따라 분류하고 있다. 이외에도 여러 형태로 분류하기도 한다.

1) 상품상표

상품상표란 상품의 출처를 식별하는 것을 목적으로 하는 상표를 말한다. 즉 영업자가 제조·판매하는 특정의 상품에 사용되어 상품의 동일성(同一性)을 표시하는 것으로 자동차의 소나타, 프린스, 프라이드, 아벨라, 캐피탈, 액셀, 그랜저, 에쿠스, 체어맨, 제니스 등이 여기에 해당된다.

상품상표는 다시 세분하면, 상품상표, 등급상표, 단체상표(표장), 증명상표(표장), 방호상표 등으로 나눌 수 있다. 상품상표는 다시 단일상표와 결합상표로 나눌 수 있다. 그러나 우리 현행 상표법은 상품상표 중에서 단일상표와 결합상표, 그리고 단체상표(표장), 증명상표만을 보호하고 있다.

단일상표	결합상표
	천 마/天 馬

① **단체표장** 단체표장이란 각종 조합, 협회 등 일정한 목적하에서 구성된 단체가 그 감독하에 있는 단체원의 영업에 관한 상품 또는 서비스업에

사용하게 하기 위한 표장을 말한다. 이 경우 상표법 제36조 제1항의 각호에 의해 정하는 사항 외에 대통령령이 정하는 단체사용에 관한 사항을 준수하여야 한다.

이러한 단체표장은 단체설립의 목적이 영리냐 비영리냐에 따라 단체표장과 업무표장(후술)으로 나눌 수도 있다.[32)]

431996000011 가 보 로	가보로	GaBoRo

② **연합상표** 연합상표제도란 자기의 등록상표권과 유사한 범위에 속하는 상표의 등록을 허용하는 제도를 말한다. 즉 상표권자가 원(原)등록상표나 그와 유사한 상표를 지정상품 및 그와 유사한 상품에 두루 사용하기로 상표권 등록을 한 상표를 말한다. 이 제도는 1997년 개정시 삭제되어 현재는 없는 제도이다.

구 상표법은 이미 등록된 상표와 유사한 상표를, 이미 등록된 지정상품과 동일하거나 유사한 상품에 사용하려는 경우 등록을 할 수 없도록 하고 있다(舊상§7①vii). 그러나 상표등록을 한 자에 대하여도 그 상표와 유사한 상표의 등록을 제한할 필요는 없으므로 상표권자 또는 상표등록출원자가 자기의 등록상표나 등록출원한 상표와 유사한 상표로서, 지정상품과 동일 구분 내의 상품에 사용하는 것에 대해서는 등록을 받되, 연합상표로서만 등록을 받을 수 있도록 하고 있다. 이 경우 본래의 등록상표와 이와 유사한 등록상표는 서로 연합상표가 된다(舊상§11).

연합상표는 서로 별개의 상표이므로 따로따로 등록되지만, 각 상표의 등록원부에는 서로 연합되는 다른 등록상표의 등록번호를 기재하게 하고 있다(구 상표등록령 시행규칙 5조). 다만, 서로 유사하다는 점에서 동일인이 연합되는 상

32) 등록번호: 000084호, 등록일: 97. 12. 24., 단체표장권자: 서울특별시가구공업협동조합
상품: 서비스업 제26류(의장외 26건) GaBoRo
본 단체표장은 정부의 중소기업 육성방책의 일환인 공동상표 정책에 따라 본 조합에서는 자손대대로 가보로 사용하는 장인정신이 깃든 품질좋은 가구라는 의미의 '가보로'라는 상표를 특허청에 단체표장으로 등록하고 조합원사 중에서 생산기술이나 품질관리능력은 우수하지만 상품인지도가 미약한 소기업들이 협동하여 '가보로' 상표로 유통시장을 공동대응하며 판매처를 개발하여 제품판매 기회를 부여하는 공동판매 사업임.

표를 함께 사용해야 하므로 연합상표는 분리하여 이전할 수 없으며(구 상§54), 상표는 정당한 이유 없이 국내에서 3년 이상 사용하지 아니한 때에는 등록취소의 사유가 되나, 연합상표의 경우에는 그 중 어느 하나라도 사용되었으면 다른 상표까지도 등록취소할 수 없다는 점에서는 1개의 상표로 취급된다.

③ **등급상표** 등급상표란 품질별 자체 등급을 설정, 등급별 상표화를 실시하는 것 등의 용도로 사용하는 상표를 말한다. 예를 들면, 독일의 와인등급은 포도수확기의 성숙정도가 품질의 수준을 결정하는데, 다양한 성숙의 단계에 따라 와인의 공식적 품질의 구분을 결정짓고 또한 와인을 구매할 때 중요한 지침이 된다. 북쪽으로 치우친 독일의 위치는 온화한 기후를 가졌으며 포도들은 남쪽 지역에서 보다 긴 성숙기간을 갖는다. 이것이 다른 곳에서는 수확이 끝난 후인 10월과 11월에 포도수확을 하는 이유이다. 포도가 나무에 더 오래 머물수록 더욱 성숙한다. 그것은 더 많은 향취와 더 많은 맛을 의미한다. 수확시의 품질과 품종은 라벨 위에 표시되는데 이와 같은 용도로 사용되는 것이 등급상표이다. 독일의 법에 따르면 품질에는 두 가지 구분이 있다. Tafelwein[33]과 Qualitaswein[34]으로 분류된다.

④ **증명상표(표장)** 증명상표(표장)는 상품의 품질검사 등을 업으로 행하는 자가 자신이 취급한 상품의 원산지(출처), 제조방법, 품질·성분 등을 보증하기 위하여 사용되는 표장이다.[35] 이러한 증명상표는 ① 일반 상표와 달리 등록주체가 개인이나 생산·서비스 기업이 아니라, 검사 측정 및 감독능력을

---

33) 정상적으로 익은 포도를 생산.

a) Deutscher Tafelwein은 매일 음미하기에 적합한 평범한 식탁용 포도주로 독일에서 대부분 소비된다. 네 곳의 넓은 Tafelwein 지역에서 생산된다.

b) Deutscher landwein는 평범한 Tafelwein보다 그 포도들이 수확시에 더 성숙해 있기 때문에 더 높은 알콜도수와 개성을 가진 풍부하고 신선한 식탁용 포도주이다. 약간 단맛이 있는 Landwein은 42개의 Landwein지역 중에서 생산되고 그에 따라 명명되었다.

34) 충분한 성숙, 또는 과숙의 포도로부터 만들어진다.

a) 독일 포도주의 가장 많은 양이 Qualitatswein bestimmter Anbaugebiete(QbA)의 범주에 포함된다. 독일 13개 포도재배 지역에서 생산되고 포도주가 그 지역의 특성과 전통적인 맛을 갖도록 보증할 수 있기에 충분할 만큼 성숙되고 인정된 포도로 만들어진다. 가볍고 상쾌하며 풍미있는 이 포도주들은 미숙시에도 식사와 곁들여 즐길 수 있는 포도주이다.

b) Qualitatswein mit Pradikat는 특별이 구별되는 품질등급표(Kabinet, Spatlese, Auslese, BA, Eiswein, TBA)가 있는 독일의 최고급 포도주를 포함하는 범주이다. 이 포도주들은 라벨 위에 6개의 품질등급표를 붙이게 된다.

35) 윤선희, "현행 상표법상의 상표와 국내에 도입되지 않은 상표", 과학기술법연구 제4집, 한남대학교 과학기술법연구소(1998. 12.), p.144.

가진 조직체이고, ② 상표사용에서의 일반상표의 사용자는 상표등록주체이지만 증명상표의 사용자는 등록주체로부터 인증·증명 등을 받은 자이며, ③ 일정 수준이나 서비스 내용 등을 나타내는 것으로서 수요자에 대한 신뢰확보를 위한 기능을 가지고 있다. 2011년 한미 FTA의 타결로 인해 증명표장제도의 도입되었으며 중국, 영국, 프랑스, 스위스, 미국, 캐나다, 호주 등의 주요 국가에서도 본 제도가 사용되고 있다.

WOOLMARK [36]	COTTON USA Licensee	GOOD DESIGN

⑤ **방호상표** 과거에는 타인이 저명한 상표와 동일한 또는 유사한 상표를 비유사품에 사용함으로써 상품의 출처 혼동을 일으키고 있다고 보이는 경우에도 심사, 심결의 실무면에서는 상품의 출처 혼동을 일으키지 않는다고 인정하는 사례가 많았다. 이 때문에 저명상표에 대한 타인의 편승효과를 방지하는 것이 어렵게 되어 저명 상표의 권리자로부터 비난이 일어나자 일본에서는 방호표장제도라고 하는 독자적인 제도를 신설하여 상품의 출처 혼동을 일으키는 범위를 확정하는 것과 동시에 비유사품에 대한 금지적 효과를 명확히 하였다. 즉 특정 상품과 관련하여 저명하여 제3자가 타상품에 표장을 사용할 경우, 상품의 출처에 혼란을 야기시킬 수 있는 상표는 추가 상품에 관해서까지 등록될 수 있으며, 불사용으로 인해 취소되지 않는다.

상표권을 침해하는 행위는 원칙적으로 등록상표와 동일 또는 유사한 상표를 동일 또는 유사한 상품에 사용하는 것이나, 등록방호표장에 한해서는 종래의 원칙을 깨뜨리고 등록방호표장과 완전히 동일한 상표의 사용일 것 같으면, 기본등록상표를 사용할 의사가 없는 비유사상품(즉 등록방호표장의 지정상품)에 대해서도 기본의 상표권을 침해하는 행위로 보게 되는 것이다. 이를 통하여 타인의 사용 및 상표등록을 금지하고 상품의 출처 혼동을 확인할 수 있는 효

36) 울마크는 The Woolmark Company의 국제적 품질규격에 합격한 100% 순모제품에만 사용되는 품질증명 등록상표이다. 울마크는 The Woolmark Company가 소유권을 지니고, 업체의 사용권을 인가하며 품질규격의 설정 및 관리를 한다.

과를 가지고 온다.

현재 방호상표를 사용하고 있는 국가는 앞에서 살펴본 일본을 비롯하여 호주, 인도, 말레이시아, 영국, 대만으로 알려져 있다.

일본에서는 방호표장등록출원의 건수가 감소하고 있는 사실과 함께, 방호표장제도의 효과를 의문시하는 소리가 높아지고 있으며, 일본 최고재판소의 판결에서 "현실적으로 사용하고 있는 저명상표와 출원된 방호표장이 엄밀한 의미에서의 동일할 것을 요하지는 않는다."라고 판단함으로써 이들의 동일성 판단에는 어느 정도의 문제가 있다.[37]

2) 영업상표

영업상표란 영업을 기초로 하는 유기적 재산의 전체 또는 영업활동을 식별하기 위한 표시이다. 영업상표가 서비스표시나 상품표시기능을 겸하는 경우에는 상표등록이 될 수 있으나, 상표의 기능을 겸할 수 없는 경우에는 상표법의 보호대상이 될 수 없다.

영업상표는 상호 또는 상호의 약칭으로 사용되거나 사표(社標)로 사용되고 있는 상표로서 영업자가 제조·판매하는 모든 상품에 사용되고 영업자의 출처 외에 신용도 함께 나타내는 기능을 한다. 예를 들면 신세계, IBM, SONY, 린나이, SK, LG 등이 여기에 해당된다고 본다. 이를 세분하여 보면, 서비스표나 업무표장, 상호상표, 사표(社標) 등이 여기에 포함된다고 본다.

① **서비스표** 서비스표란 서비스업을 영위하는 자가 자기의 서비스를 타인의 서비스와 식별되도록 하기 위하여 사용하는 표장을 말한다. 서비스표는 자타상품의 식별을 하기 위한 것이 아니므로 출처표시기능이 그 주된 기능이며 유통성의 성질을 잘 띠며 광고에서 그 기능이 주로 발휘된다.

37) 江口俊夫, 新商標法解說, 정완섭 역, 법경출판사(1989), p.164.

② **업무표장** 업무표장이란 영리를 목적으로 하지 아니하는 업무를 영위하는 자가 그 업무에 표상하기 위하여 사용하는 표장을 말한다. 업무표장을 상표법상 등록받기 위해서는 등록시 경영사실을 입증하는 증명서를 제출하여야 한다. 등록을 위한 실체적 요건으로는 타인의 업무와 식별력을 갖출 것, 부등록사유에 해당되지 않을 것, 자기의 업무표장이어야 한다. 비영리를 목적으로 해야 한다.

대한적십자사 KOREAN RED CROSS	The 14th Asian Games BUSAN 2002	
International Olympic Committee	2002 FIFA WORLD CUP KOREA JAPAN	Korean Olympic Committee

③ **상호상표** 상호상표는 상호가 상품표지로 사용되고 상표로서 등록요건을 갖추어 등록된 경우 상표법상 보호를 받는 상표가 된다. 상호의 약칭인 경우(예, 미원, 삼양라면)가 대부분이지만 상호가 그대로 상표로 등록된 경우도 있다.

SONY	IBM	
Rinnai	HYUNDAI	SK

④ **사 표** 사표(社標)란 기업(단체)의 표지라고 정의할 수 있다. 국어사전에서는 명확한 정의를 내리고 있지 않으나, 일반적으로는 기업의 전체적인 이미지를 표현하는 심볼마크 또는 영업표시로 이해되며, 특히 기업 이미지 통합 과정에서 제기된 개념이라 할 수 있다.

오늘날 기업활동 내지 영업활동을 하는 기업은 하나의 영업분야에만 머무르는 경우가 극히 드물다. 오히려 한 분야에서의 성공은 다른 분야로의 확장으로 연결되고 그와 같은 확장을 통하여 기업의 규모를 넓히고 있다. 이러한 확장과정에서 기업으로서는 자사의 기업 활동의 통일성 내지 용이성을 위해 새로운 심볼마크나 영업표시를 사용하거나 확고한 지위를 차지하고 있는 기존의 것을 이용하는 경우가 있다. 예컨대 삼성의 SAMSUNG, 에스케이의 SK 이나 엘지의 LG이 그 예가 될 수 있으며, 이러한 개념을 사표라고 할 수 있다. 다만 이 社標라는 용어는 과거의 것으로, 오늘날에 있어서는 회사의 심볼마크 내지는 CI(後述)라는 표현으로 대체되어 있다.

적십자 적신월	HYUNDAI
SAMSUNG	

⑤ 동작상표(전술)

(3) 등록 여부에 의한 분류

상표의 등록 여부에 따라 등록이 되었으면 등록상표라고 하고, 등록되지 않은 것은 미등록상표라고 한다. 전자는 상표법상 독점배타적인 권리에 의해 보호를 받고, 후자는 상표법상 독점배타적인 권리에 의한 보호를 받지는 않지만 주지(周知)상표인 경우에는 부정경쟁방지법에 의해 보호를 받을 수도 있다.

(4) 사용주체에 의한 분류

1) 제조표

제조표란 상품의 제조자가 자신이 생산하는 상품을 표시하는 상표를 말한다. 제조업자는 제조표를 통해 상품제조 출처를 밝힘으로써 소비자로 하여금 상품에 대한 신뢰를 가지게 한다. 상표의 대다수는 제조표라 볼 수 있다.

2) 판매표

오늘날의 유통구조는 제조 및 판매를 같이하는 경우도 있지만 제조와 판매를 달리하는 경우도 많이 있다. 판매표란 판매업자가 자신이 판매하는 상품임을 표시하는 상표이다.

3) 증명표

증명표는 상품의 품질검사를 행하는 영업자가 자신이 취급한 상품의 품질·성분 등을 보증하기 위하여 사용하는 표장이다. 증명표는 전 세계적으로 중국, 영국, 프랑스, 스위스, 미국, 캐나다, 호주 등에서 사용하고 있다. 이는 상품의 원산지(출처), 제조방법, 품질 또는 성질 등을 증명하는 기능을 한다.[38]

2. 국내에서 사용되고 있는 상표

국내에서 사용되고 있는 상표는 상표법 제2조 제1항 제1호에 의한 상품상표외에 기능에 따라 서비스업자에게 사용하도록 하는 서비스표와 특정목적에 부여하는 단체표장과 업무표장 그리고 증명표장으로 분류된다.

(1) 상표(전술)

(2) 서비스표

서비스표service mark란 서비스업[39]을 영위하는 자가 자기의 서비스업을 타인의 서비스업과 식별되도록 하기 위하여 사용하는 표장을 말한다(2016년 전부개정 이전 상§2① i).[40] 서비스표는 상표와 달리 서비스라는 무형의 업무에 대하여 그 제공하는 서비스의 동일성을 표시하고, 다른 서비스와 식별하기 위하여 사용하는 것으로서 일반인에게 서비스의 출처를 식별하게 하고 서비스 내용을 보증하며, 또 서비스를 광고·선전하는 기능을 가지는데 서비스표에 신용이 화체되어 재산적 가치를 갖게 된다. 2016년 상표법 전부개정에서 상품의 유·무형의 차이 이외에는 상품과 서비스를 구별할 실익이 없어서 서비스표

38) 윤선희, "현행 상표법상의 상표와 국내에 도입되지 않은 상표", 과학기술법연구 제4집, 한남대학교 과학기술법연구소(1998. 12.), p.144. 최근 한미FTA에서 증명표장의 도입이 타결되었다고 한다. 앞으로 한미FTA협정이 국회를 통과하면 우리 상표법에도 도입된다.

39) 상표법은 서비스표로 등록을 받을 수 있는 서비스업을 광고업, 금융업, 보험업, 토목·건축업, 수선업, 통신업, 방송업, 운송업, 창고업, 특수가공업, 연예업, 교육업, 음식물제공업, 기타의 11종류로 나누고 있다(상규칙§28①).

40) 서비스표는 우리나라가 파리조약에 가입하기 전까지는 '營業標'라고 칭하였으나, 가입 후부터 법률용어를 '서비스표'로 개칭하였다.

의 개념을 삭제하고 상표의 정의에 포함시켰다.

서비스표가 서비스표 등록을 받기 위해서는 서비스표 등록을 받을 수 있는 서비스표이어야 한다. 즉 ① 서비스의 제공이 독립하여 상거래의 대상이 되어야 하며,41) ② 타인의 이익을 위하여 제공되는 것이어야 한다.42) ③ 서비스의 제공 또는 상품 판매에 부수되는 물품 또는 서비스의 제공이 아니어야 하며,43) ④ 현실적으로 존재하는 서비스업이어야 한다.

서비스표도 상표와 마찬가지로 서비스표와 동일한 서비스표를 지정서비스업과 동일한 서비스업에 사용하는 것은 서비스표권자만이 독점적으로 사용할 수 있다. 서비스표권자는 서비스표와 동일·유사한 서비스표를 지정(指定)서비스업과 동일·유사한 서비스업에 제3자가 정당한 권한 없이 사용하는 경우에는 배타적 금지권을 행사할 수 있다.44)

(3) 단체표장(지리적 표시의 단체포장 포함)

단체표장이란 각종 조합, 각종협회 등 일정한 목적하에 구성된 단체(法人)가 그 감독하에 있는 단체원의 영업에 관한 상품 또는 서비스에 사용하게 하기 위한 표장45)을 말한다. 우리 상표법상의 '단체표장'이란 동종업자46) 및 이

---

41) 서비스의 제공이 독립하여 상거래의 대상이 될 것. 따라서, 상품 제조업자 또는 농·축·수산업자 및 임업자 등이 상품 판매를 위하여 부수적으로 광고나 운송배달 등 서비스를 제공하는 것은 여기에 해당하지 않는 것으로 본다(상표심사기준 제2부 제1장 1.2.1.(p.56).

42) 타인의 이익을 위하여 제공되는 서비스일 것. 따라서, 자기 기업체 내부의 인사관리나 교육, 책자 발간 등의 업무를 수행하는 것은 여기에 해당하지 않는 것으로 본다.(상표심사기준 제2부 제1장 1.2.2.(p.56).

43) 서비스 제공 또는 상품 판매에 부수하는 물품이나 서비스 제공이 아닐 것. 따라서, 서비스업을 하는 자가 서비스 제공을 위하여 물품을 제공하거나 상품판매를 위하여 서비스를 제공하는 것은 여기에 해당하지 않는 것으로 본다(상표심사기준 제2부 제1장 1.2.3.(p.56).

44) 제한적 효력은 오직 서비스표를 지정서비스업에 사용할 수 있는 권리이므로 서비스표와 동일·유사한 표장을 타인의 등록상표의 지정상품과 동일·유사한 상품에 사용할 경우에는 전용권의 범위를 벗어난 것으로 타인 상표권의 침해가 된다(서울고등법원 1987. 12. 24. 선고, 84나4257 판결). 확장적 효력도 서비스표와 동일·유사한 표지를 지정서비스업과 동일·유사한 서비스업에 사용할 때 미치는 것이며, 타인이 서비스표와 동일·유사한 표장을 상품에 사용하는 경우에는 상표로서의 사용이므로 서비스표권의 침해를 구상하지 않음이 원칙이다(반대 대법원 1996. 6. 11. 선고, 95도1770 판결). 이와 관련된 판례로서 남북의료기 사건에 관한 것으로서 서비스표와 상표의 판단은 거래사회의 통념에 따라 이를 결정하여야 한다고 했다(대법원 1999. 2. 23. 선고, 98후1587 판결).

45) 단체표장에 대해 파리조약에서는 본국의 법령에 반하지 않는 단체에 대해 단체표장의 등록을 허여하도록 하고 있다(파리조약§7의2).

46) 동종업자란 동종상품을 업으로서 생산·가공·증명·판매하는 자 또는 동종서비스업자를 말한다.

와 밀접한 관계가 있는 업자[47]가 설립한 법인이 그 감독하에 있는 단체원의 영업에 관한 상품에 사용하게 하기 위한 표장이라고 규정하고 있다. 단체표장은 일반적인 단체표장과 지리적 표시의 단체표장으로 나뉜다. "단체표장"이란 상품을 생산·제조·가공·판매하거나 서비스를 제공하는 자가 공동으로 설립한 법인이 직접 사용하거나 그 소속 단체원에게 사용하게 하기 위한 표장을 말한다(상§2①iii). "지리적 표시 단체표장"이란 지리적 표시를 사용할 수 있는 상품을 생산·제조 또는 가공하는 자가 공동으로 설립한 법인이 직접 사용하거나 그 소속 단체원에게 사용하게 하기 위한 표장을 말한다(상§2①vi).

지리적 표시 단체표장은 지방특산물(풍기 인삼, 완도 김, 대구 능금, 영광 굴비 등)을 공동으로 생산·판매하는 업자 등이 설립한 법인이 그 감독하에 있는 단체원의 영업에 관한 상품 또는 서비스업에 사용하게 하기 위하여 단체가 정하는 내부규약에 따라 단체표장을 사용할 권리를 인정함으로써 수요자로 하여금 단체의 신용을 믿고 거래를 하도록 하기 위해 사용된다. 이러한 단체표장은 자본력과 영업신용도가 낮은 지방적 특산물을 생산하는 업자끼리 뭉쳐진 조합(축산물가공협동조합, 풍기인삼협동조합, 문구협동조합 등)·단체의 표장으로서 품질보증과 신용유지를 위하여 이들 단체의 표장을 내건 많은 선전광고를 통해 Good Will(고객흡인력)을 획득하는 데 사용된다. 이러한 단체표장의 특징은 품질보증의 기능, 중소기업의 신용확보, 고객흡인력 획득, 상품 및 서비스에 화체(化體)의 기능이 강하다는 것이다.

단체표장의 등록을 받을 수 있는 자는 상품을 생산·제조·가공·판매하거나 서비스를 제공하는 자가 공동으로 설립한 법인(지리적 표시 단체표장의 경우에는 그 지리적 표시를 사용할 수 있는 상품을 생산·제조 또는 가공하는 자만으로 구성된 법인으로 한정한다)이다(상§3②). 단체표장을 등록받고자 하는 자는 상표등록출원요건 외에도 대통령령이 정하는 단체표장의 사용에 관한 사항을 정한 정관[48]을 첨부한 단체표장등록출원서를 제출하여야 하고(상§36③), 만약 정

47) 업자란 동종상품의 생사업자와 판매업자간 또는 제조업자와 가공업자간 또는 제조업자와 증명업자간의 관계와 같은 경우를 말한다.

48) 상표법시행령 제3조(단체표장의 사용에 관한 정관의 기재사항) ① 「상표법」(이하 "법"이라 한다) 제36조제3항 전단에서 "대통령령이 정하는 단체표장의 사용에 관한 사항"이라 함은 다음 각 호의 사항을 말한다.

1. 단체표장을 사용하는 소속 단체원의 가입자격·가입조건 및 탈퇴에 관한사항

관의 수정이 필요한 때에는 제40조 제1항(출원공고결정 전의 보정, 출원공고결정 후의 보정)에 따른 기간 이내에 특허청장에게 수정정관을 제출할 수 있다(상 §43①).

KM Korean Medicine	KO MACHINE	WEZES
(사)대한한의사협회	한국기계공업협동조합연합회	한국전기공업협동조합

단체표장은 법인 자신이 사용하기 위한 것뿐만 아니라 그의 감독하에 있는 단체원이 그들의 영업에 관한 상품 또는 서비스업에 사용하게 하기 위한 표장이라는 점에서 권리자 스스로의 직접적인 사용을 목적으로 하는 상표 및 서비스표와 구별되고, 영리성을 목적으로 하지 않는 업무표장과도 다르다. 그리고 단체표장은 다수의 단체원이 다 같이 공동으로 사용한다는 점에서 출처표시적인 기능 및 품질보증기능이 상표에 비해 강하다. 따라서 상표법은 상품이나 서비스업의 출처혼동이나 품질의 오인을 방지하기 위하여 단체표장을 사용할 자의 범위와 조건을 요구하는 등 제한을 두고 있다.[49]

(4) 업무표장

업무표장이란 영리를 목적으로 하지 아니하는 업무를 하는 자가 그 업무를 나타내기 위하여 사용하는 표장을 말한다. 즉 공익법인 등을 포함하여 대한변호사회, 한국소비자원, YMCA, 보이스카웃, 올림픽조직위원회, 적십자 등과 같이 영리를 목적으로 하지 아니하는 업무를 영위하는 자가 타인의 업무로부터 자신의 업무를 식별하도록 하기 위하여 사용하는 표장으로, 올림픽조직위원회의 휘장, 적십자사의 표지 등과 같은 것이다.

업무표장은 비영리를 기본으로 하고 있기 때문에 상표가 영리를 목적으로 하는 부분과 차이가 있다.[50] 영리의 목적과 관련하여 판례는 업무표장을 타사

2. 단체표장의 사용조건에 관한 사항
3. 제2호의 규정을 위반한 자에 대한 제재에 관한 사항
4. 그 밖에 단체표장의 사용에 관하여 필요한 사항

49) 상표심사기준 제7부 제2장 1.3.(p.356)

50) 국내에서 영리를 목적으로 하지 아니하는 업무를 영위하는 자만 업무표장의 등록을 받을

의 상표와 함께 부착시켜 사용하도록 하고 그 대가로 약간의 수수료를 받은 경우는 영리를 목적으로 한 것이라고 보기 어렵다고 했다.[51)]

업무표장은 그 표장과 동일·유사한 표장을 상품이나 서비스에 사용함으로써 수요자가 출처의 오인·혼동을 일으키는 것을 방지하고, 업무자 자신의 신용을 구축·유지토록 하기 위해 독점권을 인정하는 표장이므로 일반적으로 상표에 관한 규정이 준용된다. 다만, 업무표장의 공익성으로 인하여 상표법은 출원변경, 이전, 사용권 설정, 질권에 대해서는 별도의 제한 규정을 두고 있다.

Hi Seoul SOUL OF ASIA	NPS	KIPO	노동부 Ministry of Labor
서울특별시	국민연금공단	대한민국(특허청장)	대한민국(고용노동부장관)

출원표장	인용표장	판결내용(유사로 판단한 사례)	관련판례
HYOSUNG	축협	출원상표는 인용 업무표장과 외관이 유사하여 그 상품이 축산업협동조합중앙회나 그와 밀접한 관계가 있는 회사에 의하여 생산된 상품으로 인식됨으로써 상품출처의 오인·혼동 우려가 있음	2010후3578

(5) 증명표장(證明商標)

증명표장이란 상품이나 서비스업의 품질, 원산지, 생산방법 또는 그 밖의 특성을 증명하고 관리하는 것을 업(業)으로 하는 자가 타인의 상품에 대하여

수 있다(상§3⑥). 따라서 외국에서만 비영리업무를 영위하는 자,비영리업무를 영위하고자 하는 자, 영리업무를 주 목적으로 영위하는 자는 업무표장의 등록을 받을 수 없다.

51) 원심이 유지한 제1심판결이 채용한 증거들을 살펴보면, 사단법인 한국귀금속감정원의 업무표장인 판시 태극마크의 지정업무는 귀금속 및 보석제품에 대한 품질조증제도 확립지도업, 귀금속 및 보석가공상품의 품질향상과 유통질서 확립지도업인바, 피고들의 광주직할시 귀금속 시계판매업 감정위원회 회장 및 검사실장으로서 광주직할시 지역의 귀금속 및 시계의 부당한 감정을 막고 감정의 권위를 높이기 위한 감정업무를 행한다고 하면서, 무등산 마크와 함께 태극마크를 귀금속판매상인들이 가지고 온 금반지 등에 귀금속의 함량을 확인보증한다는 취지로 각인하여 사용한 행위는 이 사건등록 업무표장의 지정업무와 동일·유사한 업무를 수행한 것이고, 이러한 각인행위를 행사하면서 그 대가로 약간의 감정수수료를 받았다고 하여 그 업무의 성질을 달리 볼 수 없다고 할 것이므로 피고인들의 위 각인행위가 영리행위로서 이 사건 업무표장의 지정업무와 유사하지 않다는 주장은 받아들일 수 없다(대법원 1995. 6. 16. 선고, 94도1793 판결).

그 상품이 품질, 원산지, 생산방법 또는 그 밖의 특성을 충족한다는 것을 증명하는 데 사용하는 표장을 말한다(상§2①vii). 증명표장Certification Mark은 상품이나 서비스업의 품질을 증명하기 위하여 사용하는 표장으로, 미국, 영국, 중국, 호주, 독일, 프랑스 등이 관련 제도를 도입 또는 운용 중이다. 동 제도 도입은 정부 · 지자체 · 민간단체 등에서 시행되고 있는 인증 마크제를 활성화시키고 소비자에게 올바른 상품 선택의 정보 및 기준을 제공하여 소비 촉진에 기여할 것으로 기대된다.[52]

양모제품의 품질보증	국가통합인증	식품위해요소중점관리기준	미국 전자제품 등의 안전인증

증명표장은 일반적 증명표장과 지리적표시 증명표장으로 나뉜다. "지리적표시 증명표장"이란 지리적 표시를 증명하는 것을 업으로 하는 자가 타인의 상품에 대하여 그 상품이 정해진 지리적 특성을 충족한다는 것을 증명하는 데 사용하는 표장을 말한다(상§2①viii). 여기서 "지리적 표시"란 단순한 지명이 아니라 '영광굴비'와 같이 특정 품질 · 명성 등이 본질적으로 해당 지역의 기후, 토양, 지형 등의 지리적 환경에 기인한 경우에 그 상품이 생산 · 제조 또는 가공된 지역을 나타내는 표시이다. 즉, 다른 지역과 구별되는 품질이나 명성 등의 특성이 그 지역의 기후, 토양, 지형 등의 자연적 조건이나 전통적인 생산비법 등의 인적 조건을 포함하는 지리적 환경에서 본질적으로 비롯되는 경우에 그 지역에서 생산 · 제조 또는 가공된 상품임을 나타내는 표시인 것이다.

지리적 표시 증명표장에 관하여는 이 법에서 특별히 규정한 것을 제외하고는 이 법 중 지리적 표시 단체표장에 관한 규정을 적용한다(상§2④).

52) http://kipo.korea.kr/kipo/jsp/kipo1_branch.jsp?_action=news_view&_property=tmp_sec_2&_id=155193930.

보성녹차	영덕대게	한산소곡주	이천도자기	고흥 유자	장흥 표고버섯

단체표장과 증명표장의 비교

구분	단체표장	증명표장
기능	사용자가 단체원이라는 출처표시	품질 및 특성 등을 증명·보증
사용주체	단체원만 사용 가능	정관에서 정한 기준을 충족한 타인
	표장권자인 단체도 사용 가능	증명표장권자는 사용불가
예시	WEZES	KC

출처: 상표심사기준, p.365 재인용.

상표 및 서비스표와 증명표장의 비교

구분	상표·서비스표	증명표장
기능	상품, 서비스업의 출처표시	품질 및 특성 등을 증명·보증
사용주체	소유자 본인	정관에서 정한 기준을 충족한 타인
관리	관리·통제 필요성이 낮음	관리·통제의 필요성이 높음(일반 공중의 이익보호)
사용허락	상표권자의 재량적 권한	정관에서 정한 기준을 사용자가 충족하는 경우 차별 없이 사용을 허락하여야 함

출처: 상표심사기준, p.365 재인용.

3. 국내에서 사용되고 있지 않는 상표

(1) House Mark

House Mark는 개별 상표에 의해 "식별력(識別力)을 획득(獲得)한" 상품의 출처(出處)를 구별하기 위해 사용되는 표장으로서 상표에 동반하여서만 사용될 수 있다.

HouseMark
Performance Improvement

HouseMark
STAR

현재 House Mark를 사용하고 있는 국가는 브라질만으로 알려져 있다.

(2) 저명표장(Notoriety of Mark/Well-known Mark/著名商標)

저명상표라 함은 특정의 상품이나 경영에 관계없이 모든 상품이나 경영이 속하는 거래사회에서 그것이 누구의 상표인지 수요자간에 현저하게 인식된 상표를 말한다. 저명상표는 상표법 제34조 제11호에 의해 보호된다. 상표법 제34조 제11호는 등록주의에 대한 예외규정으로서 사용주의적 요소를 가미한 것으로 미등록저명상표를 보호하기 위한 규정이다.

상표법은 국내에서 수요자간에 현저하게 인식된 상표, 소위 저명상표에 대하여 별도의 보호규정을 마련하고 있으나, 어느 정도로 알려진 상표가 저명상표인지 여부는 일의적으로 단정짓기는 어렵기 때문에 상표마다 구체적·개별적으로 판단하여야 한다.

저명상표제도는 그 상표를 다년간 사용한 결과 지금은 그것이 누구의 상표인지 수요자에게 널리 인식되어 있고 또 그 상품에 상표사용자의 사용이 일반화되어 있어 이에 편승하고자 하는 자가 많음에 비추어 이를 금지함으로써 상품사용자는 물론 수요자를 보호하고자 마련된 제도이다. 따라서 저명상표제도는 상품출처의 오인·혼동으로 인한 거래질서가 혼란케 되는 것을 방지하고, 상표사용자의 이익을 보호하기 위한 규정이다. 그러나 수요자에게 어느 정도로 알려진 상표가 저명상표인지에 대하여 판단(저명성 판단)이 어렵기 때문에 저명상표의 보호에는 한계가 있다. 저명상표라 하더라도 이미 등록된 타인의 등록상표를 배제할 수는 없고 저명상표를 계속하여 사용하는 경우에는 타인의 상표권을 침해하는 것으로 된다. 또한 국제적으로 널리 알려진 상표에 대하여 국내에서 저명상표로 인정되지 않았을 경우 상표권분쟁을 통한

통상마찰의 주요 원인이 되기도 한다.[53)]

대만의 경우, 미국정부와 대만정부 간의 회담결과 1985년 상표법에는 대만에서 등록되지 아니한 해외의 저명상표를 보호하는 규정이 추가되었고, 타인을 기만하려는 의도로 등록되지 아니한 해외의 저명상표와 동일하거나 유사한 상표를 사용하는 개인은 형사처벌과 벌금형에 처해지며 침해상품은 몰수하도록 하였다.

멕시코는 문제되는 특정 경우에 있어서 문제된 상표가 멕시코 이외의 지역에서 저명한 상표에 해당하는지 여부를 판단하도록 상표법을 개정하였다. 현재 著名商標를 사용하고 있는 국가는 앞에서 살펴본 대만, 멕시코와 브라질, 중국으로 알려져 있다.

(3) 시리즈상표Series of Mark

말레이시아에서는 중요부분은 서로 유사하나 식별력이 있는 부분이 다른 여러 개의 상표 소유자는 동일한 상품에 대해 하나의 등록으로 시리즈로서 상품을 등록할 수 있다고 규정하고 있다.

인도의 경우 특히 재료가 서로 같은 여러 상품에 대하여 다수의 상표권을 가지고 있는 소유권자는 단일 등록에 의한 시리즈상표로 등록받을 수 있으나 여러 언어로 쓴 표장은 개별 표장으로 등록받아야 한다.

사우디아라비아는 본질적으로 동일하나 색상, 동일 분류에서의 지정 상품이나 지정서비스의 항목에 약간의 차이를 보이는 상표는 시리즈상표로써 1출원으로 출원할 수 있도록 하고 있다.

이집트도 미세한 차이는 있으나 색채, 상품의 설명, 가격, 수량, 원산지 등과 관련하여 상표의 동일성에 영향을 주지 않는 상표는 시리즈상표로 등록할

53) 이인종, 상표법(제4판), 21C법경사(2004), p.277.

수 있도록 하고 있으며 시리즈상표는 단독 출원으로도 가능하다. 현재 시리즈상표를 사용하고 있는 국가는 앞에서 살펴본 말레이시아, 인도, 사우디아라비아, 이집트와 영국, 호주로 알려져 있다.

(4) 방호표장[防護標章](전술)

(5) 약제상표(藥劑商標)

약제상표를 인정하고 있는 나라로는 인도가 있으며 도입배경은 다음과 같다. 중앙정부가 약품검사관에게 선택된 범주(예를 들어, analgin, 아스피린, chloropromazine, 철분성분이 있는 황산염ferrous sulphate, piperaine, adipate citrate와 phosphate 같은 염분)의 단일 성분 약품과 상표 영향으로 그 나라에 처음 소개된 기타 단일 성분 약품을 판매하기 위한 상표등록을 허용해서는 안 되었다고 언급했을 때, 중앙정부의 소송은 두 곳의 고등법원에서 열리고 있었으나 헌법에 위반된 것이었다. 정부는 그 문제에 있어 대법원에 항소를 제출했다. 그러나 그러한 시기동안 약품검사관은 그 상표에 해당한 단일성분 약품의 판매를 허용하기 시작했다. (인도 상표법령 제23항의 영향으로) 중앙정부가 상표심판관에게 그러한 약품 선택 범주에 한하여는 상표를 등록하지 못하게 하는 지시사항을 제시하였고, 그것은 지금도 유효하다. 그러므로 심판관은 등록신청된 표장이 특별 범주의 약품이나 인도에 처음으로 소개된 단일 성분 신약품에 관하여는 상용되지 않은 것이라는 진술서를 지속적으로 요구하고 있다. 또한 현재 그 상표를 갖고 있는 이러한 약품 판매가 허용되고 있다. 그러나 제23항에 근거한 중앙 정부의 지시사항이 철회되지 않고 법원에 위한 이의제기가 없기 때문에 이러한 선택 범주에 속하는 약품에 대한 상표는 여전히 등록받을 수 없다. 약품에 관한 수정된 법률과 규칙에 의하면 약품의 라벨은 상표명보다 더 탁월한 방법으로 포괄적인 명칭을 제시해야만 한다.

현재 약제상표를 사용하고 있는 국가는 인도로 알려져 있다.

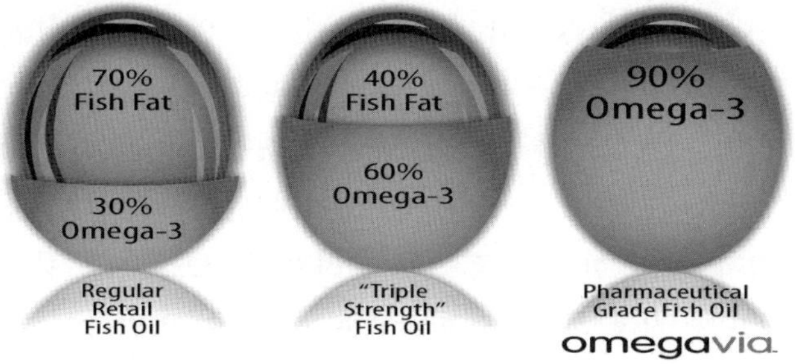

(6) 저장상표(貯藏商標)

저장상표란 현재에는 사용되고 있지 않지만 장래 사용할 의도로 등록받은 상표를 말한다. 이러한 상표는 사용의사가 인정되므로 등록주의 법제 아래에서는 얼마든지 그 등록이 허용된다. 다만, 사용되지 않는 상표에 대해 언제까지나 그러한 불사용상표를 무기한 보호할 수는 없으므로 일정한 기간 동안 사용되지 아니한 상표에 대해서는 취소절차에 따라 그 등록을 말소할 수 있다.

과거에는 실제로 상표의 사용을 개시한 후에 이를 보강하는 뜻에서 등록이 이루어지는 경우가 많았다. 그러나 오늘날에는 상품 판매에 앞서서 미리 등록에 의하여 상표권을 확보하여 둔 다음 대대적인 광고선전과 함께 신제품을 판매하는 경향에 있어 등록상표 중에는 저장상표인 경우도 많다. 다만, 이 경우에도 등록 후 합리적인 저장기간(독일 · 영국 · 프랑스는 5년, 일본 및 한국은 3년) 내에 영업을 시작하여 상품에 사용하지 아니하는 경우 그 불사용상표는 그 이해관계인이 제기한 취소절차에 의하여 등록이 말소될 수 있다.[54] 현재 저장상표제도를 운용하고 있는 국가는 독일, 영국, 프랑스, 일본으로 알려져 있다.

(7) 기타의 분류

위의 분류 이외에도 family mark, 조어(造語)상표coined mark,[55] 광고상표, 기

54) 송영식 · 황종환 · 김원오, 상표법, 한빛지적소유권센터(1997), p.342.

업상표(企業商標) 등이 있다. 종전의 상표법에서는 연합상표제도라 하여 자기의 등록상표권과 유사한 범위에 속하는 상표의 등록을 허용하는 제도를 두고 있었다. 즉 상표법상 등록상표와 유사한 상표로서 등록상표의 지정상품과 유사한 상품에 대한 타인의 상표가 등록출원된 경우에는 등록상표와의 식별력이 곤란하게 되고 등록된 상표가 손상되며 상품의 출처에 대해서 혼동(混同)될 염려가 있기 때문에 그러한 상표는 등록을 허용하지 않으나(상§34①vii), 이러한 상표라도 상표권자가 스스로 출원하는 경우에는 타인의 등록상표의 권리범위에 저촉되지 않는 한 출처혼동의 우려가 없으므로 그 등록을 허용하고 있었다. 이에 상표를 기본상표와 연합상표로 나눌 수 있었다.

4. 기술발전으로 인하여 새로운 표식(標識)

(1) 전화번호표장Phone Mark

최근 미국 특허·상표청은 문자로 된 전화번호를 등록해주기 시작했다. 미국 전화기에는 ABCD 등이 아라비아숫자 1234와 병행하여 한 버튼에 지정되고 있고, 예를 들면 Bank of America의 전화번호 843-2632는 THE B-OF-A가 된다. 따라서 이와 같은 넘버는 수신자 부담번호인 800으로 시작되는 번호에 효과적인 마케팅 수단으로 널리 알려져 있다. 또 남캘리포니아주의 한 회사는 아파트를 구하는 사람들을 위해 714-750-RENT라는 전화번호를 사용하여 편의를 제공하고 있다. 문제점은 성질표시 등의 부등록요건에 해당하는 Phone Mark를 사용하여 등록한 경우 다른 회사의 상표사용을 금지할 수 있는지의 여부이고 이는 법원마다 해석이 다르다.

알파벳으로 표기된 전환된 전화번호는 상표가 될 수 있다.[56] 물건의 고유이름을 포함한 문자표기식 전화번호조차도 상표로서 보호될 수 있다고 판시한 법원도 존재한다. 매트리스 소매상인 원고가 슬로건 "Dial-A-Mattress"

55) 사전적 의미를 갖지 않는 구성요소로 이루어진 표장으로서 새로이 창작된 것이다. 즉 기존에 존재하지 않는 단어로서, 일반적으로 영문자 단어의 첫 글자를 따서 만들거나 기존에 존재하는 단어 몇 개를 결합하여 만들기도 한다.

56) 미국에서 Touch tone phone은 2를 a, b, c로 3을 d, e, f로 4를 g, h, i로 5를 j, k, l로 6을 m, n, o로 7을 p, r, s로 8을 t, u, v로 9를 w, x, y로 지정하고 있다.

를 뜻하는—제일 끝 알파벳인 s는 의미전달에 지장이 없으므로 전화번호에서 제외됨—전화번호인 628-81197을 뉴욕주의 여러 지방에서 사용한 사례에서 연방 제2순회법원은 피고가 이러한 지역에서 "1-800-Mattress"의 전화번호를 사용할 수 없도록 한 가처분을 인정하였다. 이 법원은 아래와 같이 판시하였다.

전화번호는 상표로서 보호받을 수 있다. 이러한 전화번호를 경쟁업자가 사용하는 것은 상표침해 및 부정경쟁행위를 한 것으로 금지시킬 수 있다. 전화번호인 1-800-628-81197은 원고의 전화번호인 628-81197과 혼동을 초래할 정도로 유사하다. 용어가 고유한 의미를 지니고 있다고 하더라도 그러한 용어가 전화번호와 연관되어 원고가 전화번호에 사용한 용어와 혼동을 초래하거나 아니면 피고가 혼동을 초래할 정도로 유사한 전화번호를 사용한 경우에 원고는 그의 권리를 보호하기 위해 피고의 이러한 사용을 금지할 수 있다.

미네소타에 거주하는 원고인 변호사가 등록한 표장인 DIAL LAWYERS를 (612)529-9377의 전화번호와 연관지어 광고하고 있는 사례에서 피고인 뉴욕변호사는 DIAL LAWYERS와 연관지어 사용한 무료장거리전화번호를 뉴욕이외의 지역에서 사용할 수 없다는 가처분을 내렸다. 피고가 뉴욕이외의 지역에 위의 전화번호를 사용하는 것은 원고의 표장을 침해한다고 판시하였다.

그러나 연방 제3순회법원은 전화번호에 상응하는 글자가 단어의 고유한 의미Generic term를 뜻한다고 하더라도 그 용어를 상표로서 보호받을 수 있다는 견해에 대해 명시적으로 반대하였다. 그렇지만 고유한 의미의 단어를 포함하는 용어의 조합이 묘사적descriptive인 것으로 분류되고 제2차적 의미를 획득한 것으로 증명되는 경우에는 보호받을 수 있다.

1994년 특허·상표국the Patent and Trademark Office은 출원인이 고유한 의미를 가지거나 묘사적 의미를 지닌 용어를 800 또는 900 같은 국번 뒤에 함께 사용한 전화번호의 사례에서 그 국번과 함께 사용된 고유한 의미 또는 묘사적 의미의 단어를 등록하기 위해 출원하는 경우에 심사변호인은 등록을 거부하여야 한다는 입장을 취하였다. 특허·상표국의 입장은 표장이 전화번호의 형태로 되어 있다는 사실 그 자체만으로는 그 표장의 차별성을 부여하기에 충분하지 않다는 것이다. 이러한 형태의 전화번호는 전통적 단어표장의 침해도 초래할 수 있다. 예컨대 1-800-AMERICA(N)로서 다이얼을 돌릴 수 있는 A-1-800-263-12022의 전화번호가 "Airline Companies"의 표제하에 직업별로 구분되는 전화번호부에 들어 있을 경우에 표장침해가 발생한다고 판시하였다. 소비자가 피고의 전화번호를 이용하여 원고인 American Airlines에 비행기 예약을 하는 것으로 착각하게 하려는 고의가 있다고 판단되기 때문이다.

1-800-Flowers와 같은 전화번호가 현재 다수의 법원에 의해 상표로서 보호받고 있다. 이러한 유형의 상표보호는 이미 확립된 역사를 지니고 있는 전통적 알파벳과 숫자의 조합에 인정되는 보호와 유사하다. 전혀 의미가 통하지 않게 구성된 A.1 이나 V-8 같은 것이 물건의 출처를 가리키는 역할을 하는 경우에 이러한 조합을 상표로서 보호하여 왔던 것이다. 하지만 전화표장은 전술한 알파벳과 숫자의 조합과는 중요한 차이가 있다. 첫째 전화표장이 전화의 다이얼에 미리 지정된 대로만 사용할 수 있다는 점에서 완전히 임의적으로arbitrary 사용될 수 없다는 점이다. 둘째 전화번호를 기억할 수 있도록 문자선택을 하기 때문에 전화표장은 상품과 직접 관련되지 않고 그 번호를 사용하는 영업과 연관되는 경우가 흔하다. 셋째 A.1 같은 전혀 의미가 통하지 않는 용어와는 달리 전화표장은 기억코드뿐만 아니라 그 이상의 의미를 가지는 것으로 해석된다.

전화표장의 사용은 미국의 광고세계를 장악하기 위한 최근의 현상이다. 장식한 자동차번호판이 유행하면서 특히 캘리포니아주에서 전화회사는 전화번호를 광고에 사용할 단어에 일치하게끔 사용하는 방법을 가지고 시장을 타진하기 시작하였다. 이러한 착상이 새로운 것은 아니다. AT&T전화회사는 1967년에 대기업인 고객을 위한 800의 무료장거리전화서비스를 도입하였다. 그 이후 800의 무료장거리전화서비스를 사용하지 않는 기업은 경쟁력에 있어 열세에 처할 입장에 이르게 되었다. 전화표장의 증가는 800의 무료장거리전화서비스의 급속한 확장과 함께 이루어졌다.

AT&T의 독점이 1982년에 해제되었을 때 무료장거리전화서비스는 특히 가격 및 특성에 급속한 변화를 겪기 시작하였다. 이러한 변화는 대기업뿐만 아니라 다수의 중소기업이 800의 무료장거리전화서비스를 그들의 사업에 이용하게끔 만들었다.

Ma Bell회사의 해산 이후에도 800국번시스템은 그 한계를 가졌다. 800국번시스템의 가장 큰 약점은 전화회사로부터 7글자의 번호를 얻을 수 없었다는 점이다. 3자리 국번은 이미 특정한 전화회사에 할당되어 있었기 때문에 고객은 그 전화회사에 할당된 국번을 선택하거나 아니면 그 자신이 전화번호를 할당해 주는 회사를 선택하여야 했다. 1991년 9월 연방통신성Federal Com-munications Commission은 고객이 전화회사를 교체하지 않고 그의 전화번호를 바꿀 수 있도록 1993년 3월까지 전화사업기술을 보완할 것을 요구하였다. 1993년 5월까지 그러한 기술이 보완되지 않았다. 그러나 이제는 고객이 강한 광고효과를 가진 전화번호를 교체하지 않고서도 전화회사를 변경할 수 있게 되었다. 이러한 기술의 보완으로 이제는 고객이 전화번호를 소유하는 것이지 전화회사가 전화번호를 소유하는 것이 아니게 되었다.

(2) 口號slogan

미국의 랜햄법은 상표로서 기능하고 있는 슬로건의 등록을 허용하고 있다. 슬로건이 상품을 구별하여 식별하고 그것의 원천을 가리키거나 슬로건이 그러한 역할을 할 수 있으면 슬로건은 상표로서 기능할 수 있다. 구호의 구별은 소비자 계층에 의해 부호의 인식 정도로 나타난다. 법원과 특허청은 다른 부호에 부여되는 정도의 동일한 보호를 슬로건에도 똑같이 부여하고 있다.

구호는 상표로서의 역할을 하나 대부분의 구호가 성질표시의 성격을 가지고 있으므로 등록되기 위하여는 사용에 의한 식별력을 증명하여야 한다. 자동차회사는 “Have you driven a Ford lately”라는 구호를 등록하고 광고에 집중적으로 사용하고 있다. “Above and beyond”라는 구호는 보험회사에서 광고전략으로 로고송처럼 사용하여 시각적, 청각적인 자타상품 식별력을 창조하고 있다. 가장 널리 알려진 “Extra Strength Pain Reliever”라는 문구는 Excedrin사의 해열진통제 상표로서 등록되어 있다. 이들 구호는 사용에 의한 식별력을 증명하여 등록된 상표이다.

1946년 Martin J. Bearn은 랜햄법 아래에서 상표등록과 관련하여 슬로건은 3단계의 발전단계를 밟았다고 열거하였다. 처음에는 법률의 문제로서 슬로건의 등록을 허용하지 않다가, 두 번째 단계에서는 슬로건 소유자에 대한 무거운 입증책임을 전제로 슬로건의 등록을 허용하였다. 3번째 단계로 현재 랜햄법 아래에서 법원과 특허청은 더 이상 슬로건과 비슬로건 상표 사이에 차이를 두고 있지 않다.

여기에서는 랜햄법 아래에서 슬로건에 대한 법원과 특허청의 견해, 상표등록과 보호에 대한 그들의 점진적 경향에 대해 검토하기로 한다. 즉 랜햄법에서 어떻게 부호가 상표보호를 받을 수 있는지를 포함하여 고려될 수 있는 적당한 요소와 랜햄법의 현재 구성, 랜햄법 아래에서 슬로건 상표진화의 3단계 중 첫 번째를 통하여 슬로건에 대한 상표등록과 보호에 대하여 법원과 특허청의 조심스러운 접근, 그리고 4번째 단계와 마지막 단계에서 법원과 특허청이 결국 슬로건을 관례적인 상표로서 동일한 지위를 승인하는 현재의 자유의견을 검토한다.

1946년 미국 의회는 랜햄법을 통과시켰다. 이 법은 “주요등록”에서 신청자의 상품과 다른 상품을 구별하는 부호의 등록을 허용하고, “보조등록”에서 신청자의 상품과 다른 상품을 구별할 수 있는 부호의 등록을 허용한다.

슬로건의 상표진화에 있어 1970년 유명한 사건 *Roux Laboratories, Inc. v. Clarol, Inc. Clarol*에서 머리염색상품을 위한 주요한 등록으로 “HAIR COLOR SO NATURAL ONLY HER HAIR HAIRDRESSER KNOWS FOR SURE”라는 슬로건의 등록을 시도한 사건이 있다. 경쟁자인 Roux는 Clarol의 슬로건의 등록에 반대하였고 그 슬로건은 단순히 묘사적이고 상표로서의 기능이 없고 등록을 허용하게 되면 머리염색산업에서 Roux나 다른 회사들이 사용하는 언어를 강탈하는 것이라고 주장하였다.

법원은 슬로건이 상품에 대해 “묘사적”이라고 가정하였다. 그러나 슬로건이 "단순히 묘사적"인지를 결정하기 위하여는 법원은 슬로건에 대한 소비자의 반응을 확인하는 것이 필요로 한다. 슬로건의 "창작성"이나 "반복성"을 조사하기보다도 법원은 결국 슬로건이 상표로서 기능하는지에 초점을 맞추어 판단하였다. Clarol은 슬로건이 소비자의 시각에서 secondary meaning을 획득하였다고 법원이 추론할 수 있는 강한 환경적 증거를 제출하였으며, 법원은 Roux와 다른 경쟁자들이 과거에 비슷한 묘사적 표현을 사용하였더라도, 그들 상품의 특징을 묘사하기 위해 전체 슬로건을 필요로 하지 않는다고 판결하였다.

(3) 빛 상표

빛 상표는 서울랜드나 롯데월드 등에서 저녁(어두운)시간에 벽이나 공중에 행사의 심볼이나 동물 등의 모양을 빛으로 나타내는 것을 예로 들 수 있다. 그러나, 소리, 냄새상표와 달리 국제적으로 구체적인 논의가 없어 정확한 식별기준이나 출원 및 공고, 등록증의 표시방법 등에 대한 앞으로의 연구검토가 필요하다. 현재 사용국가로는 헝가리라고 하나 정확한 출원서 작성, 공고 등의 방법은 알 수 없다.

(4) 아이콘

아이콘이란 컴퓨터 디스플레이 화면에 조그마한 그림 또는 기호를 만들어 표시한 것으로 쉽고 직관적으로 기능을 표시해 주는 것을 말한다. 그래픽 사용자 인터페이스가 발달함에 따라 언어의 대안으로서 연구개발되고 있으며 컴퓨터 문화 보급의 상징이 되고 있다. 이러한 아이콘이라는 말은 그림을 의미하는 그리스어 'eikoon'에서 왔고,[57] 그 어원은 회화·조각의 像, 초상, 우상, 교회의 기독교·성모·성인 등의 聖畵像, 성상, 철학의 아이콘, 畵像을 말한다. 이러한 아이콘도 물품을 떠난 보호대상의 하나이다. 각종 프로그램, 명령어, 또는 데이터 파일들을 쉽게 지정할 수 있도록 하기 위해 각각에 해당되는 조그만 그림 또는 기호를 만들어 화면에 표시한 것이다.

예를 들면 화면에 어떤 파일에 대한 그림과 쓰레기통 모양의 그림이 나와

57) 네이버 백과사전에서 인용.

있을 때 마우스로 그 파일의 그림을 선택한 다음 그것을 쓰레기통으로 끌고 가면 그 파일을 지우는 작용을 한다. 이때 쓰레기통 그림은 파일 지움 기능에 해당되는 아이콘이다. 이는 그 기능이나 프로그램, 데이터 파일을 사용자가 쉽게 알아볼 수 있게 하며 초보자들도 컴퓨터를 사용하기 쉽게 해준다.

이러한 아이콘의 창작에 있어서도 그 나름대로의 자금과 시간을 요하므로 제3자가 어떤 노력이나 자금을 투자하지 않고 사용하는 것은 무임승차에 해당되며, 일정한 요건을 갖추면 현행법으로도 보호가 가능하다고 본다.

한편, 아이콘에 대해서는 디자인법적 접근방법과 저작권법적 접근방법, 그리고 컴퓨터 화면상에서 구현되는 상표로서 취급하는 상표법적 접근방법이 있다. 그 외에도 부정경쟁방지법적 접근방법도 필요하다.

(5) CI Corporate Identity

Corporate Identity CI란 기업의 인식, 기업의 특질 · 전체상을 대중에게 인식시키기 위한 것이다. 이러한 CI는 단순히 기업의 심볼 마크를 새롭게 하는 것일 뿐만 아니라 기업의 토털 커뮤니케이션 전략에서 '기업문화의 혁신'이나 '미래의 비전확립' 등을 요구하는 기업변혁전략으로 진화하고 있다.[58] 이러한 정의가 통일된 개념은 아니므로 CI를 명확하게 정의하기는 곤란하지만, CI는 기업 그 자체를 표시하는 것이라고 할 수 있을 것이다.

CI는 아직 우리에게 생소한 개념이고 가까운 일본에서도 1990년대 초까지는 광고회사나 직접 CI를 행한 기업인을 제외하고는 대부분이 알지 못하였다. 그러나 최근에는 CI 전문회사가 일본 NHK의 TV 취재대상이

58) 田代貞之, 田中忠雄, 豊田彰, "廣告と知的所有権", (株)電通(1994), p.159.

되고 CI가 신문의 경제면뿐만 아니라 사회면, 문화면에도 거론될 정도로 일반화된 개념이다.

이러한 CI는 기업이 ① 사업의 다각화 등에 의한 사업영역의 변화, ② 社名變更, ③ 브랜드의 활성화, ④ 기업문화의 확립 혹은 활성화 등의 계기 또는 목표로 이루어지며, 특히 최근 일부 기업들은 기업의 목표를 명확히 정하여 기업이미지, 의식・체질 등을 토털 매력화하기 위한 경영전략프로그램이다. 그 성공한 예로는 1958년 東京通信工業(株)에서 SONY(株)로, 1984년 東京芝浦電氣(株)에서 (株)東芝로, 1988년 日本光學工業(株)에서 (株)NIKON으로, 그 외에도 기코만, 京セラ, TDK 등이 유명하다. 국내의 예로서는 크라운 제과가 창립 50돌을 맞이하여 새 CI・21세기 비전 선포식을 가졌다. 이는 상표의 새로운 사용방법이라고 말할 수 있고, 상표를 활용하는 새로운 전략이라고 할 수 있다. 이러한 CI도 상표법상의 등록요건을 갖추면 상표법으로 보호를 받을 수 있다.

CI는 회사명칭 변경이나 심볼마크의 변경 등의 경우에 상법상의 상호권 문제, 상표법상의 상표권 문제, 저작권법상의 저작권 보호문제, 부정경쟁방지법상의 문제 등을 야기할 염려가 있다.[59]

(6) 기 타

이상의 것 외에도 감촉상표Touch marks, 맛상표Taste marks 등을 생각해 볼 수 있다. 이러한 것들은 감촉이나 미각적인 수단에 의하여 자타상품을 식별하는 것이나, 감촉이나 맛으로 자타상품을 구별한다는 것도 기술발전의 수준에 따라 도입을 검토할 필요가 있다고 판단된다.

---

59) http://myhome.hananet.net/~madeweb/ci.html.

한편, 현시점에서 이러한 것들이 보호되기 위해서 식별력의 기준이나 출원이나 공고, 그리고 등록증에 이르기까지 기준을 정하는데 어려운 부분이 있을 것이다.

5. 상표기능을 하는 유사한 표식(標識)제도

(1) 상 호

상호란 상인의 영업활동에서 자신을 나타내는 명칭이다(예: 商號 -㈜LG생활건강-클링스 치약(상표)). 이런 상호는 명칭이므로 구두로 발음할 수 있고 문자로 기록할 수 있어야 한다.

상호는 상법 제18조 내지 제28조에서 규정하고 있다. 상법 제18조 내지 제28조는 상호의 선정 및 사용, 그리고 상호등기의 효력 등 상호와 관련한 권리 의무를 정하고 있다. 그 중 상법 제23조는 누구든지 부정한 목적으로 타인의 영업으로 오인할 수 있는 상호를 사용하지 못하도록 하고, 이를 위반하여 상호를 사용하는 자가 있는 경우에 이로 인하여 손해를 받을 염려가 있는 자 또는 상호를 등기한 자는 그 폐지를 청구할 수 있도록 하고 있다.

지적재산권법 중에서 상호가 문제가 되는 것은 상표와 서비스표와의 저촉되는 부분이다.[60] 상호는 상품의 동일성을 표시하는 상표나 영업의 대외적인 인상을 부각시키기 위해 사용하는 표장인 서비스표와 구별된다. 여기서는 우리 상법상에서 정의한 상호와 상표법에서 정의한 상표·서비스표를 간단히 비교하여 보기로 한다.

상표와 상호의 차이점은 첫째, 상호는 상인의 명칭 즉 제조자·가공자나 판매자의 명칭(이름)이다. 이에 반하여 상표는 상품의 이름, 즉 자기의 상품과 타인의 상품을 용이하게 식별하기 위하여 상품에 부착된 상품의 이름이다. 둘째, 상호는 상법의 보호를 받고 상표는 상표법의 보호를 받는다. 물론 상호를 상표로써 등록을 받으면 양법의 보호를 다 받게 된다. 셋째, 관할관청이 다르다. 상호의 등기관청은 법원이지만 상표는 특허청이다. 넷째, 효력범위에 있어서 다르다. 상호는 일정한 지역적 범위 내 즉 등기된 서울특별시, 광역시, 시,

60) SONY, IBM, 하이트.

군에서 행정구역 단위로 효력을 미친다. 이와 달리 상표는 일단 등록되면 10년 동안 대한민국 어디에서나 독점배타적인 권리가 발생하는, 더욱 강력한 권리가 보장되는 장점이 있다. 따라서 상호는 행정구역의 변경 등으로 인하여 동일한 지역에서 두 개 이상의 상호가 존재할 수도 있으나, 상표는 대한민국 내에서는 동일한 상표가 두 개 이상 존재할 수 없다. 그리고 상표는 타인에게 빌려줄 수도 있는 재산권이다. 다섯째, 상호는 극히 유사한 선등기된 상호가 없으면 상호등기가 가능하나 상표는 출원에서부터 등록까지 여러 절차를 거쳐 비교적 까다로운 심사를 받은 후에야 상표권 등록을 받을 수 있다.

또, 우리 상법은 국어주의를 취하고 있어 외국기업은 국내에 현지법인을 설립하는 경우에는 한글로 표기하고 괄호 속에 원어를 표기할 수 있다. 이러한 상호는 상인만이 사용할 수 있고, 상인이 아닌 자가 사용하는 것은 상호가 아니다.

상표법은 지적재산권법의 한 부분으로써 최근에 중요성이 강조되고 있는 한 영역이다. 특히 상표법 중에서도 서비스표는 상호와 유사한 부분이 많아 혼돈을 가져올 수 있다. 상표법에서는 서비스표의 권리범위, 상표의 유사여부, 상품의 품질, 효능 또는 향상을 보통으로 사용하는 방법을 표시한 상표의 독점사용권, 상표권의 효력, 상표권의 침해 여부를 주로 규정하고 있다. 서비스표는 눈에 보이지 않는 영업상 일정한 서비스를 나타내는 표지이다. 서비스표의 예로는 대한항공의 태극마크 같은 것들이 대표적이다. 서비스업에는 식당업, 레스토랑업, 출판업, 당구장 경영업, 자동차 정비업 등이 있다. 상호를 상표로 등록하여 사용하는 경우도 있는데 이런 경우는 상호상표라고 일컫는다. 이런 예로는 Ford, SONY, 미원, 삼양라면 등으로 주식회사라는 법인격을 나타내는 문자를 제외한 부분으로 구성되는 경우가 많다.

이상의 양 제도를 비교하여 보면 상호는 문자로만 구성되므로 문자상표·문자서비스표의 경우에 상표법과 저촉의 문제가 발생할 수 있다. 이러한 문제는 각국도 동일한 문제이다. 또, 미등기상호와 미등록상표는 부정경쟁방지법상의 문제이기도 하다.

(2) 도메인 이름(상표와 도메인 네임과의 관계 참조)

(3) 캐릭터(상표와 저작권법상의 캐릭터와의 관계 참조)

(4) 트레이드 드레스Trade Dress

트레이드 드레스란 용어는 상품 또는 서비스의 출처표지로 자리잡은 특징적인 외관 등에 대한 보호와 관련하여 미국 판례법을 통하여 형성된 개념이다.[61] 즉 "다른 상품이나 서비스와 구별하게 해 주는 어떤 상품이나 서비스의 전체적인 시각적 이미지"를 말하는 것으로서, "물품의 크기, 형상, 색채 또는 색채의 조합, 소재(질감), 도형, 설계, 광고주제 등을 포함하는 다수의 상이한 물리적 형태 등으로 구성"되는 것을 말한다. 여기에는 '물품의 포장이나 라벨링'도 포함됨은 물론 다른 물품과의 식별기능을 발휘하는 '물품 자체의 디자인이나 외관'도 포함되며, 심지어는 식당의 실내장식, 메뉴, 서비스방식, 판매기법 등까지 트레이드 드레스의 일종으로 파악되기도 한다.[62][63]

이러한 트레이드 드레스는 외관의 식별력과 출처에 대한 표창력을 갖게 되면서, 하나의 출처표지로서의 물품 형상과 거기에 축적된 Goodwill을 보호하기 위한 측면에서 논의되기 시작된 것이다. 특히 미국에서는 1986년 11월 16일 발효된 개정법 제43조(a)(3)[64]을 통하여 트레이드 드레스 보호의 법적 근거를 마련하였으며, EU의 공동체상표의 창설을 위한 이사회 규정 역시 상품의 형상 또는 포장을 포함하고 있어 Trade Dress(영국은 get-up, 독일은 Ausstattung으로 표현)를 보호하고 있다. 우리 상표법은 상품출처표시 기능을

61) 板恒忠文, "米国における「TRADE DRESS」について保護", パテント Vol.60 No.4 (2007. 4.), p.76.

62) 오세중, "TRADE DRESS의 보호제도에 대한 비교고찰(상)", 변시연구(97. 3.), p.57.

63) 김원오 교수는 "비전통적 상표의 보호필요성 및 보호방안", 지식재산권연구센터 정기세미나 자료(2001. 12. 18.), p.12에서 "Trade dress는 상품의 포장, 형성 및 소리, 냄새, 동작, 색채를 포괄하는 전체적 이미지를 지칭하므로 트레이드 드레스의 보호문제는 결국 비전형적인 상표로서 거론된 색채, 입체상표 및 소리, 냄새, 동작상표의 보호를 총괄하는 개념으로 볼 수 있다"고 한다.

64) 상품과 서비스 또는 상품의 용기에 단어, 문자, 기호, 고안 또는 이들의 결합을 상업적으로 사용하여 출처의 허위표시, 상품출처의 오인혼동을 야기하거나, 상업적 광고행위에서 타인의 영업과의 관계, 연관관계 또는 후원관계가 있다는 혼동을 야기하거나 기만할 우려가 있는 행위를 한 자에 대해서는 그러한 행위로 인하여 침해를 받았거나 또는 받을 우려가 있는 자는 민사소송을 제기할 수 있다.

갖는 일체의 물품 외관 보호를 인정하지는 않는다. 다만 현행 상표법에서 입체적 형상을 하나의 상표구성요소로 인정하고 있어 이를 트레이드 드레스를 상표로서 보호할 수 있는 근거규정을 마련한 것으로 이해하려는 견해도 있다.

미국 판례법상 트레이드 드레스로서 보호되기 위해서는 그것이 비기능성과 식별력 그리고 오인·혼동의 가능성이 있어야 한다고 한다. 트레이드 드레스가 하나의 상표로서 보호받기 위해서는 전제적으로 일반 수요자가 그 물품의 외관을 그 물품 자체와 구별하여 하나의 단일 출처로서 인식할 수 있어야 한다. 이때 트레이드 드레스가 식별력을 갖는 경우는 원래부터 '고유한 식별력'이 있거나 상당 기간 사용에 의해 '2차적 의미secondary meaning'를 가져야 한다.

트레이드 드레스가 고유한 식별력을 가지느냐의 여부는 "① 그것이 평범한 형상 또는 디자인인가, ② 독특하고 특이한 점이 있는가, ③ 평범한 장식의 형상을 좀 더 세련화한 것에 불과한 것일 뿐인가" 여부 등에 의해 판단된다.[65] 한편 고유한 식별력이 없는 기술적인 트레이드 드레스라 하더라도 사용에 의해 2차적 의미를 획득한 경우, 즉 소비자들이 그 트레이드 드레스를 단일 출처표지로 인식하게 되는 경우에는 식별력이 인정된다. 2차적 의미 획득을 나타내는 증거로서는 ① 장기간의 사용, ② 판매의 성공(대량판매), ③ 실질적인 광고지출, ④ 디자인의 형태를 강조하는(광범위한 선전), ⑤ 매체의 자발적인 게재, ⑥ 디자인에 대한 제3자의 라이선스 요청, ⑦ 피고나 다른 경업자에 의한 트레이드 드레스의 고의적인 모방, ⑧ 조사survey에 의한 증거 등이 있다.

공중이 그것을 단일 출처를 나타내는 외관이나 디자인으로 인식하고 있더라도 경업자가 효율적인 경쟁을 위해서 사용할 필요가 있다고 판단되면 트레이드 드레스로서의 보호가 인정되지 않는다.[66] 기능적인 트레이드 드레스에 대해 독점을 허용하면 이는 보통명칭에 대한 독점을 허용하는 것과 마찬가지로 제3자가 기능적인 디자인 형태를 사용할 수 있는 기회를 박탈함으로써 경업자 사이의 공정한 경쟁을 실질적으로 제한할 수 있기 때문이다. 이때 기능

65) Robarb Inc. v. Pool Builders Supply of Carlinas Inc., 696 FSupp 621. ND GA 1988.
66) Application of Deister oncentrater Co., 289 F. 2d 496 CCPA 1962.

성의 정의에 대하여 미 연방대법원의 판례는 "일반적인 의미에서, 물품의 형태가 그 물품의 사용 또는 목적에 필수적이거나, 그 물품의 가격 또는 품질에 영향을 끼치는 경우, 그 물품의 형태는 기능적이라고 할 수 있다."고 정의한다.[67] 일반 상표의 침해 소송에서와 마찬가지로 트레이드 드레스의 보호에서 역시 혼동을 야기할 가능성이 문제되며, 이에는 물품의 혼동, 물품 출처의 혼동, 후원관계의 혼동 등이 포함된다.

EU의 각국에서 역시 트레이드 드레스가 보호받기 위해서는 식별력 등 상표등록 요건을 갖추어야 하며, ① 상품 그 자체의 성질로부터 파생하는 형상, ② 기술적인 결과를 얻기 위해 필요한 상품의 형상, ③ 상품에 실질적인 가치를 부여하는 형상 등에 해당할 경우에는 상표로서 등록이 거절된다(상표에 관련된 회원국 법률을 접근시키기 위한 이사회 지침 제7조).

우리 상표법은 입체적 형상을 다른 상표 구성요소와 구별하여 취급하지는 않는다. 따라서 자신의 업무에 관련된 상품을 타인의 상품과 식별되도록 하기 위하여 어떠한 입체적 형상을 사용하였다면 이를 상표로서 등록하여 보호받을 수 있다. 다만 상표법은 상품의 형상 및 그 포장의 형상만으로 구성된 상표는 이를 성질표시상표로 보아 식별력을 인정하지 않고 있다(상§33①iii). 이는 어떤 표장이 일정 지정상품이나 상품의 포장 그 자체의 형상으로 인식될 수 있는 경우, 이러한 표장을 통한 자타상품의 식별이 어려울 뿐만 아니라 독점배타적인 상표권을 부여하는 것이 경업자의 자유사용의 필요성에 반한다는 이유 등에서 이루어진 입법이다. 또한 상표법은 필연적인 기능성이 있는 입체상표에 대한 그 등록보호를 부정하고 있다. 즉 "상표등록을 받고자 하는 상품 또는 그 상품의 포장의 기술적 성과를 얻는데 불가결한 입체적 형상만으로 된 상표"를 부(不)등록사유의 하나로 명시하는 규정을 신설하여(상§34①xv), 비록 자타상품식별력을 갖춘 경우라 할지라도 그 상품 또는 그 상품의 포장의 기능을 위해서는 필연적으로 그러한 형상으로 구성될 수밖에 없는 경우에는 소위 법률상의 기능성de jure functionality[68]이 있는 표장으로 보아 독점적응성의 견지에서 그 등록을 배제할 수 있도록 하고 있다. 법률상의 기능성이 있는 표

67) Inwood Laboratories, Inc. v. Ives Laboratories, Inc., 456 U.S. 844, 850 n. 10 1982.

68) 사실상의 기능성이 단순히 물품 또는 포장의 의도된 기능을 가리키는 반면, 법률상의 기능성은 경업자가 효율적인 경쟁을 위해서 사용할 필요가 있는 경우를 말한다.

장에 대하여 상표권을 부여한다면 반영구적인 독점을 허용하게 됨에 따라 경쟁원리가 지나치게 제한되어 산업발전에 오히려 장애가 될 수 있다는 입법정책적 판단 아래 그 등록을 배제하고 있다.[69]

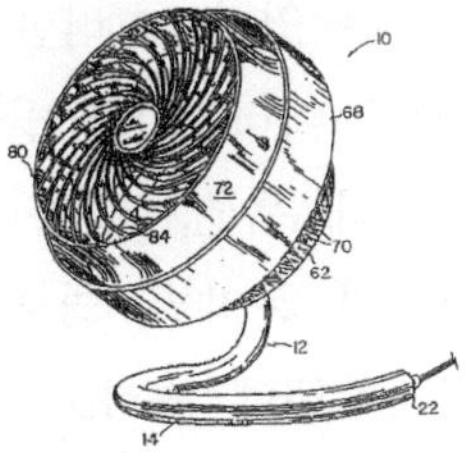

이상에서 살펴본 것과 같이 트레이드 드레스가 본래적인 "상품의 포장"인가 아니면 "상품 자체의 디자인"인가 아니면 "비즈니스 전체의 이미지"인가에 따라 식별력의 인정에 큰 차이가 있다고 본다.

(5) 프랜차이즈

최근 들어 급속적으로 발전하기 시작한 프랜차이즈 계약은 이제 모든 영역에 이르기까지 두루 관련을 맺고 있다. 이러한 프랜차이즈는 상호나 상표 그리고 서비스표 등의 영업표식을 이용하여 사업을 확장하고 자금을 조달하

---

69) Vornado Air Circulation System사("Vornado")는 그림과 같은 나선형 그릴로 된 선풍기를 제작하여 수년간 독점적으로 판매하였다. 비록 나선형 그릴이 선행 기술에 있었지만 Vornado사는 선풍기와의 결합으로 특허를 받았다. Vornado사는 특허에서 나선형 그릴에 의하여 최적의 바람을 만들 수 있다고 기술하였고 그 그릴의 디자인이 고도의 안전과 성능을 달성하기 위하여 기체동학적으로 설계된 것이라고 광고하였다.

Vornado사의 특허가 등록된 이후 Duracraft사가 Vornado사의 그릴과 같은 나선형 그릴의 선풍기를 제작, 판매하였으나 이는 Vornado사의 특허를 침해하는 것은 아니었다.

Vornado사는 랜햄 Act §43(a)에 의거 위 Duracraft사가 Vornado사의 나선형 그릴의 선풍기에 대한 Trade Dress를 침해하였다는 이유로 소를 제기하였다.

이에 대하여 연방지방법원은 선풍기 그릴의 나선구조는 비기능적(nonfunctional)이므로 랜햄 Act §43(a)의 트레이드 드레스로 보호받을 수 있다고 하였으나, 제10 연방항소법원은 트레이드 드레스로 보호되기 위해서는 제품의 형태가 반드시 비기능적이어야 하지만 비기능적이라고 하여 항상 트레이드 드레스로 보호되는 것은 아니고, 제품 외형이 특허발명의 중요한 구성요소여서 그것 없이는 동일한 발명으로 보기가 어려운 경우라면 그 제품 외형은 특허기간 만료 후에는 public domain의 영역으로 들어간다고 보는 것이 특허정책에 부합한다는 이유로 그 제품 외형은 더 이상 랜햄 Act §43(a)의 트레이드 드레스의 보호를 받지 못한다고 하면서 연방지방법원의 판결을 파기하였고, 이에 대하여 상고가 제기되었으나 연방대법원의 심리허가(certiorari)를 받지 못하여 그대로 확정되었다(참고자료: 제10 연방항소법원 판결문). http://www.law.uconn.edu/homes/swilf/ip/cases/vornado.htm.

는 새로운 유형의 경영방식이다. 프랜차이즈 설정자는 이것을 통하여 소자본으로 전국적으로 사업망을 구축할 수 있고 프랜차이즈 이용자는 유명상표·상호·서비스표 등의 명성과 프랜차이즈 설정자의 지원을 받아 독립적인 점주 내지 기업가로 쉽게 성장할 수 있다. 이러한 현상은 세계적으로 확산되고 있고 또한 우리나라도 마찬가지로 이러한 영향을 받고 있다.

프랜차이즈franchise란 용어는 본래 특권, 자유, 권리, 권한, 면책 등 매우 광범위한 의미를 가지고 있기 때문에 분야별, 법률관계에 의하여 파악할 수밖에 없다. 공법상 프랜차이즈는 국가주권에 속하는 권리를 개인(私人)에게 특별히 부여한 일종의 특권이나 특허를 의미하고, 상사법상으로는 타인의 상표 등을 사용하여 그의 지도와 통제하에 특정한 사업을 배타적으로 영위할 수 있는 권리를 의미한다. 우리 '가맹사업거래의공정화에관한법률' 제2조 제1호에서는 가맹사업이라는 용어로 사용하고 있다. 즉 "가맹사업"이라 함은 가맹본부가 가맹점사업자로 하여금 자기의 상표·서비스표·상호·간판 그 밖의 영업표지(이하 "영업표지"라 한다)를 사용하여 일정한 품질기준에 따라 상품(원재료 및 부재료를 포함한다. 이하 같다) 또는 용역을 판매하도록 함과 아울러 이에 따른 경영 및 영업활동 등에 대한 지원·교육과 통제를 하며, 가맹점사업자는 영업표지의 사용과 경영 및 영업활동 등에 대한 지원·교육의 대가로 가맹본부에 가맹금을 지급하는 계속적인 거래관계를 말한다. 이런 경우 가맹사업을 타인에게 부여하는 자를 프랜차이즈 설정자 또는 제공자(가맹본부franchisor)라 하고 프랜차이즈를 부여받는 자를 프랜차이즈 이용자(가맹점사업자franchisee)라 한다.

가맹사업이 본격적으로 등장하게 된 것은 1930년대 미국이다.[70)] 그러나 그 원초적 기원이 어디에 있는지에 대하여는 학설이 대립되고 있다.[71)] 어쨌든

---

70) 金重孝, "신지적재산권, 프랜차이즈에 관한 연구", 발명특허(1995. 1.), p.41; 鄭埼漢, "프랜차이즈시스템에 관한 연구", 서울대 경영학석사학위논문(1980), p.18; 崔永洪, "加盟商契約의 法律問題에 관한 硏究", 高麗大學校 大學院 法學博士學位論文(1990), p.14.

71) 프랜차이즈의 기원에 대하여 학설은 나누어지고 있다.

프랜차이즈는 로마시대 또는 중세 모험사업에서 비롯되었다는 설(Golden Square Service, The successful Franchise: A Working Strategy{East Bourn: Gower, 1985}, p.3)과 1865년경 Singer재봉틀회사가 판매권을 가지는 소매점을 전국적으로 설치한 데서 비롯되었다는 설(G. Golzen, Collin Barron and J. Severn, Taking Up A Franchise, 2nd ed.{London: Kogan Page, 1984}, pp.42~18), 1880년경 영국에서 도시 인구의 증가에 따른 술의 수요인구증가로 여러 술집을 직영하지 않고도 그러한 수요에 대응하기 위하여 개발한 연쇄주점(Tied Pub, Tied House)에서 시작되었다는 설(Golden Square Service, The Successful Franchise: A Working

교통・통신의 발달로 1900년경부터 자동차와 석유메이저 등이 이 방식을 통하여 새로운 판매망을 개척해 나갔고 1920~1930년경 fast-food industry와 soft drink industry가 이를 채택하면서부터 프랜차이즈시스템이 본격적으로 발전하기 시작하였다. 그 후 1950년대부터 유통업계에 뿌리를 내리게 되어 거의 모든 업종에 제한이 없을 정도로 대상사업을 확대하고 있고 국제적으로도 계속 발전하고 있다.[72]

프랜차이즈(가맹사업) 사업방식은 기존의 계약형태나 사업방식에 비하여 관련당사자에게 여러 가지 이점이 있다. 먼저 프랜차이저(가맹본부)의 입장에서 보면 소규모의 중앙조직만으로 커다란 위험부담 없이 이윤을 얻을 수 있고, 프랜차이지(가맹점사업자)의 자금으로 판매창구가 개설되기 때문에 프랜차이저는 대자본을 투입하지 않고도 신속히 사업을 확장할 수 있으며 지점이나 지사의 운영에 따르는 판매창구에서의 사원관리문제를 벗어날 수 있고, 지역사정에 밝은 프랜차이지가 열성적으로 점포를 운영하기 때문에 영업성과가 더 커지게 된다.

다음으로 프랜차이지의 입장에서 보면 유명한 상호나 상표・서비스표 등을 이용하여 업계에 쉽게 등장할 수 있고, 비교적 적은 자본으로 영업을 개시할 수 있으며, 영업상 필요한 전문지식이나 경험을 프랜차이저로부터 전수받을 수 있고, 대규모 광고나 대량구매력에 따르는 부수적 이익을 누릴 수 있으며 프랜차이저가 제공하는 비밀공장이나 노하우, 기타 시장정보 등의 영업비밀을 이용할 수 있기 때문에 사업에 실패할 위험이 적다는 것이다.

한편 프랜차이즈 관련당사자들에게 불리한 점을 살펴보면 프랜차이저는 중요한 영업비밀이나 노하우를 제공함으로써 장차 자기와 경쟁관계에 있을

Strategy{East Bourn: Gower, 1985}, pp.3~4) 등이 있다.

한편 국내에서는 李銀榮 教授가 1995년 9월 21일 經濟正義實踐市民聯合 主催 "프랜차이즈 계약의 문제점과 개선방향" 공청회에서 "프랜차이즈라는 용어는 프랑스어의 'francher' 또는 'affrancher'에 유래하는 것으로서 [국왕에 의해 개인에게 부여되는 특권]을 의미했으나, 근래에 사업용어로서 이용되면서 고유한 뜻을 갖게 되었다."고 한다(李銀榮, "프랜차이즈계약의 내용과 법적 규제", 民法學論叢 : 厚巖 郭潤直先生 古稀記念 第2集/ 厚巖 郭潤直先生 古稀記念論文集 編纂委員會(서울), 博英社(1995), p.584.

72) 2019년 말 기준 50여개 업종(외식업, 도소매업, 서비스업 등)에 5,100여개의 가맹본부와 250,000개 이상의 가맹점이 프랜차이즈 사업을 영위하고 있는 것으로 파악된다(공정거래위원회, "2019년 기준 가맹현황 분석 자료(2020)", p.1~2, p.21 참조).

수도 있는 자를 지도하는 우를 범할 수 있으며 사업능력이나 감각이 뒤지는 자가 모집되어 자기의 명성에 오히려 해를 끼칠 수도 있고, 프랜차이지는 독립한 상인이기 때문에 일사불란한 지휘체계 및 의사전달과정이 확립되기 어렵고, 품질관리 및 운영교범의 준수여부를 감독하여야 하고, 로열티 산정에 따르는 프랜차이지의 속임수 행위를 감시하여야 하는 등의 불리한 점이 있다.

그리고, 여기서 문제가 되는 것은 상표법에 의한 규제이다.

프랜차이즈 계약에 등록상표나 서비스표의 사용이 포함된 경우에는 계약 발효일로부터 6개월 이내에 반드시 상표사용권 등록을 특허청에 하여야 한다. 상표의 전용사용권과 통상사용권은 등록이 대항요건이다. 전용사용권[73]이 허여된 경우에는 특약이 없는 한 상표권자 자신도 허락지역 내에서 동일 상표를 사용할 수 없게 되고, 또 제3자에게 동일한 내용의 사용권을 허여하는 것도 금지된다. 이에 반하여 통상사용권이 설정된 경우에는 상표권자는 물론 동일한 내용의 사용권을 제3자에게 중복하여 허여할 수도 있고, 사용할 수도 있다. 이러한 통상사용권자(프랜차이지)는 상표법상 전용사용권자가 가지는 침해금지권, 손해배상청구권, 신용회복청구권 등의 권리는 갖지 못 한다.

이와 관련하여 대법원은 체인점의 경우 영업상 상호 보완관계에 있는 것이라 하더라도 상표권자와 체인점은 별개의 영업주체로서 각자 자기의 책임하에 독자적으로 영업활동 등을 하면서 상표를 사용하였다고 인정되므로 이러한 체인점은 구 상표법 제45조 제1항 제1호에 규정된 타인에 해당된다고 판시하고 있으며,[74] 나아가 운송업자인 상표권자와의 배달 서비스 계약에 따라 자유계약자의 지위에서 상표권자의 국내에 배달되는 상품, 문서, 소포의 배달업무를 수행하고 그와 별도로 의뢰자로부터 국내 상품, 문서, 소포를 국외에 배달하는 송달업무를 의뢰받아 상표권자의 네트워크를 통하는 등의 방법으로 송달업무를 하던 자를 상표권자와는 별개의 영업주체로 보고 자신의 계산과 책임하에 독자적으로 영업활동을 하면서 상표를 사용한 것이므로 위

73) 전용사용권이라는 제도는 우리나라와 일본의 특유한 제도이며, 독점적 통상사용권이라 하여 미국에 유사한 제도가 있다. 그러므로 미국의 프랜차이저와 우리나라의 프랜차이지와의 국제계약인 경우에는 문제가 될 수 있다.

74) Car Master 사건(대법원 1993. 3. 23. 선고, 92후1431 판결).

상표사용은 상표권자 본인의 사용으로 볼 수 없다고 하여 상표등록을 취소한[75] 바도 있다.

그런데 프랜차이즈 계약의 경우 수십 개, 수백 개의 가맹점이 있게 되고, 이들 가맹점들 모두가 프랜차이저의 상표나 서비스표를 사용하게 된다.

(6) CI(위 참조)

(7) 퍼블리시티권

퍼블리시티권의 개념은 다양하게 정의되고 있으나 일반적으로 자신의 성명, 초상 기타 자기 동일성을 상업적으로 이용하고 통제할 수 있는 배타적 권리이다. 상표법이 퍼블리시티권을 별도로 보호하고 있는 것은 아니나, 우리 상표법 제34조 제1항 제2호에는 저명한 고인과의 관계를 허위표시·비방 또는 모욕하거나 악평을 받게 할 염려가 있는 상표는 등록될 수 없다고 규정하고 있다. 또한 제34조 제1항 제6호에는 저명한 타인의 성명·명칭 또는 상호·초상·서명·인장·아호·예명·필명 또는 이들의 약칭을 포함하는 상표는 승낙을 얻지 않은 경우에는 사용할 수 없다고 규정하고 있다. 이는 저명한 타인의 성명 또는 상호, 초상, 서명, 인장, 아호, 예명, 필명 또는 이들의 약칭이 상표의 부기적인 부분으로 포함되어 있는 경우에도 상표가 될 수 없다고 해석된다.

그러나 패러디한 초상권도 여기에 포함하여 해석하여야 하는지에 대해서는 명확하지 않다.

(8) 품질표시

상품의 품질과 용법 등에 관하여 소비자의 올바른 이해를 돕기 위해, 상품의 제조업자·판매업자가 자사상품에 이를 기재 또는 첨부하는 것을 품질표시라 한다.

품질표시를 하면 제조업자는 품질에 대한 보증 내지 책임 소재가 분명해지기 때문에 조악품(粗惡品)을 생산할 수 없게 되며, 소비자가 실제로 사용해

75) Federal Express사건(대법원 1992. 7. 28. 선고, 92후162,429 병합 판결).

본 결과 그 편리성과 품질의 우수성을 인정하게 되는 경우 계속적인 구매와 호평에 의하여 판매를 촉진시키고, 판매업자는 조악품을 점포의 신용을 이용해서 판매했다는 나쁜 평판이나 품질과 가격에 얽힌 시비를 회피할 수 있다. 그리고 소비자는 구입에 앞서 상품을 선택하는 신용자료가 되며, 조악품의 구입을 회피하고 나아가서는 적절한 소비·사용을 돕는 등의 이점이 있다.

또한, 품질표시의 종류에는 다음과 같은 것이 있으며 상품에 기재하거나 인쇄물로 별첨되어 있다. ㉠ 명세표시는 품질의 양부를 종합적으로 표시하기는 어려운 일이므로 품질을 구성하는 각 요소에 관한 사실만을 나타낸다. 의류품에서의 'All Wool', '폴리에스테르 65%, 면 35%' 등의 성분표시가 이에 해당한다. ㉡ 등급표시는 농산물에서의 1등·2등이나 수출품에서의 A grade (class), B grade(class)가 이에 해당한다. ㉢ 증명표시는 정부 또는 각종 검사기관에서 실시한 검사에 합격했음을 나타낸다. ㉣ 설명표시 또는 정보표시는 성능·용도·용법·안전성·보관법 등에 관한 표시, 각종 설명서나 의류에 붙어 있는 세탁방법의 표시 등이 이에 해당한다. ㉤ 규격표시 마크는 KS마크 등이 이에 해당한다. 상표는 품질표시와 직접적인 관련은 없지만, 소비자가 품질과 관련시켜 기억하게 되면 상표는 소비자에 대하여 품질을 명시하고 보증한다는 점에서 품질표시와 같은 효과를 가져온다.

상표는 1사 특정상품에 하나로서 표시하는 것이 원칙이다. 품질표시는 1社의 1상품만이 아니라 여러 회사 여러 상품에 표시한다. 따라서 품질표시와 상표의 가장 큰 차이점은 품질표시에 상표의 기본기능인 자타상품의 식별기능이 없다는 것이다.

c·h·a·p·t·e·r

03 상표법과 타법의 관계

제1절 상표와 상법상의 상호의 관계

상호는 상인이 영업에 관하여 자기를 표창하는 명칭(상법§18)으로 사용하는 것이며(인적 표시), 상표는 상품의 출처표시·자타상품의 식별기능 등을 나타내기 위한 표장(標章)이다(물적 표시). 그러나 상호를 상표로, 상표를 상호로 일치시켜 사용할 수 있는데, 예를 들면 LG, IBM, SK, SONY 등이 있다. 상호는 문자만으로 표현되므로 문자상표로서 사용할 수도 있으나, 상표는 문자상표 이외에는 상호가 될 수 없다. 그 대표적인 예로 삼양라면, 야쿠르트, Pilot 등이 있다. 또 상표는 특허청에 등록함으로써 국내에서의 독점배타적인 권리가 발생하나, 상호는 등기함으로써 동일 특별시, 광역시, 시·군 내에서 동종(同種)영업으로 동일 상호를 등기하지 못하게 하는 효력을 가진다.[1)]

1) 두 개념을 비교하면 다음과 같다.

상호는 등기(사용에 의해서만 발생하는 상호권의 성립요건은 아님), 인적 표현으로 문자만을 사용하며 상법 및 부정경쟁방지법에 의한 보호를 받으며 지역적 제한과 상법 제23조 제1항 및 제2항에 의해 사용폐기청구권·등기말소청구권 등을 인정하며 양도시 영업이나 영업의 폐지와 함께 이전된다. 상호사용은 기업활동시 강제성을 띤다.

상표는 등록에 의해 성립하는 물적(物的) 표현으로 문자 이외에 도형, 기호, 입체적 형상, 색채, 홀로그램, 동작 또는 이들과의 결합 및 그 밖에 시각적으로 인식할 수 있는 것의 사용에 의해서도 즉 상법상 상호는 등기소에 등기(사용에 의해서만 발생하는 상호권의 성립요건은 아님)함으로써 상법에 의해 보호를 받을 수 있으며, 상호의 구성은 문자만으로 구성하여 사용하여야 한다. 그러나 등기하지 아니하고 사용하여 저명하여진 상호라면 부정경쟁방지법에 의해 보호를 받을 수 있다. 또 상호는 지역적 제한과 상법 제23조 제1항 및 제2항에 의해 사용폐기청구권·등기말소청구권 등을 인정하며 양도시 영업이나 영업의 폐지와 함께 이전된다. 상호사용은 기업활동시 강제성을 띤다.

그러나 상표법상의 상표는 특허청에 등록에 의해 성립하는 물적(物的) 표현으로 문자 이외에 도형, 기호, 입체적 형상, 색채, 홀로그램, 동작 또는 이들과의 결합 및 색채의 사용에 의해서도 발생되며 국내에서 지역적 제한이 없으며 영업과 별도로 양도가 자유로우며 상표법에 의해 보호된다. 물론 등록하지 아니하고 사용하여 저명한 상표라면 상호와 같이 부정경쟁방지법에 의해 보호를 받을 수 있다.

그 외에도 상호를 상표(주식회사 농심→농심 등)로 사용하거나 반대로 상표를 상호(오비맥주:(동양맥주주식회사)→오비맥주회사; 하이트맥주:(조선맥주주식회사→하이트맥주주식회사 등)로 사용하는 경우도 있어 상호와 상표의 개념이 구별하기도 어려운 경우(IBM, LG 등)도 있어 상호에 의한 상표권의 침해, 상표에 의한 상호권의 침해 등이 발생한다.

대법원 2005. 10. 14. 선고, 2005도5358 판결	**[자신의 상호를 보통으로 사용하는 방법]** 구 상표법(2004. 12. 31. 법률 제7290호로 개정되기 전의 것) 제51조 제1호 본문에 의하면, 자기의 상호 또는 그 상호의 저명한 약칭을 보통으로 사용하는 방법으로 표시하는 상표에 대하여는 그것이 상표권설정의 등록이 있은 후에 부정경쟁의 목적으로 사용하는 경우가 아닌 한 등록상표권의 효력이 미치지 아니하는바, 여기에서 '상호를 보통으로 사용하는 방법으로 표시한다.'함은 상호를 독특한 글씨체나 색채, 도안화된 문자 등 특수한 태양으로 표시하는 등으로 특별한 식별력을 갖도록 함이 없이 표시하는 것을 의미할 뿐만 아니라, 그 표장을 보고 일반 수요자가 상호임을 인식할 수 있도록 표시하는 것을 전제로 한다 할 것

발생되며 국내에서 지역적 제한이 없으며 영업과 별도로 양도가 자유로우며 상표법에 의해 보호된다.

이므로, 법인인 회사가 그 상호를 표시하면서 회사의 종류를 표시하는 부분을 생략한 경우에는 그것이 널리 알려져 있지 않은 이상 일반 수요자가 반드시 상호로 인식한다고 할 수 없어 이를 회사의 상호를 보통으로 사용하는 방법으로 표시한 것으로 볼 수 없고, 단지 상호의 약칭에 불과하다고 할 것이고, 이러한 약칭의 표시는 위 법규정에 따라 그것이 저명하지 않는 한 특수한 태양으로 표시되어 있지 않다고 하더라도 상표권의 효력이 미친다.

대법원 2005. 8. 25. 선고, 2003후2096 판결

[저명한 상호의 판단]

구 상표법 제7조 제1항 제6호는 저명한 타인의 성명·명칭 또는 상호·초상·서명·인장·아호·예명·필명 또는 이들의 약칭을 포함하는 상표는 등록을 받을 수 없다고 규정하고 있는바, 위 규정이 말하는 저명한 상호인지 여부는 그 상호의 사용의 기간, 방법, 태양, 사용량, 거래범위 등과 상품거래의 실정 및 사회통념상 객관적으로 널리 알려졌느냐의 여부에 따라야 한다.

제2절 상표와 디자인보호법상의 디자인과의 관계

디자인은 물품의 형상·모양·색채 또는 이들의 결합으로서 시각(視覺)을 통하여 미감(美感)을 일으키게 하는 것을 생명으로 하는 데 대하여 상표는 특정한 업자가 자타상품을 식별시키기 위하여 사용하는 기호, 문자, 도형, 소리, 냄새, 입체적 형상, 홀로그램, 동작 또는 색채 등으로서 그 구성이나 표현방식에 상관없이 상품의 출처(出處)를 나타내기 위하여 사용하는 모든 표시를 말한다(상§2① i). 디자인은 물품의 형상 등이 물품에 화체(化體)되어 물품의 외관을 구성하며 상표는 상품에 부착되어 사용되지만 물품 그 자체를 구성하는 것은 아니다.

상표법상 타인의 디자인권과 저촉되는 경우 디자인권자의 동의를 받아 등록상표를 사용할 수 있도록 하여(상§92①) 상표법으로도 디자인권을 보호받을 수 있게 되었다. 이외에도 트레이드 드레스의 문제와 주지 저명한 경우에는 부정경쟁방지법에 의해 보호를 받을 수도 있다.

대법원 2003. 2. 14. 선고, 2002후1324 판결

[등록상표와 유사한 표장을 디자인으로만 사용한 경우]

타인의 등록상표와 유사한 표장을 이용한 경우라고 하더라도 그것이 상표의 본질적인 기능이라고 할 수 있는 출처 표시를 위한 것이 아니라 순전히 의장적으로만 사용되는 등으로 상표의 사용으로 인식될 수 없는 경우에는 등록상표의 상표권을 침해한 행위로 볼 수 없다(대법원 1997. 2. 14. 선고, 96도1424 판결 참조). 원심판결 이유에 의하면, 원심은 (가)호 표장의 사용상품인 장롱과 같은 가구에 있어서 문 손잡이에 사용되는 무늬나 모양은 가구 전체의 디자인이나 장식무늬 등과의 조화를 고려하여 결정되는 의장적인 요소라고 할 수 있을 뿐이고, 나아가 장롱 등의 상품의 특성상 문 손잡이의 문양 자체가 당해 상품의 출처를 표시하기 위한 목적으로 사용되는 것이 일반적이라고 할 만한 아무런 근거가 없으며, 그 밖에 원고가 제출한 증거들만으로는 장롱과 같은 가구의 수요자나 거래자들이 문짝 손잡이의 문양으로 상품의 출처를 식별하는 것이 거래계의 현실이라고 인정하기 부족하므로, (가)호 표장은 피고가 이를 상표로서 사용한 것이라고 할 수 없어 이 사건 등록상표의 권리범위에 속하지 아니한다고 판단하였다.

대법원 2000. 12. 26. 선고, 98도2743 판결

[디자인의 상표적 사용]

디자인과 상표는 배타적, 선택적인 관계에 있는 것이 아니므로 디자인이 될 수 있는 형상이나 모양이라고 하더라도 그것이 상표의 본질적인 기능이라고 할 수 있는 자타상품의 출처표시를 위하여 사용되는 것으로 볼 수 있는 경우에는 위 사용은 상표로서의 사용이라고 보아야 할 것이다(대법원 1997. 2. 14. 선고, 96도1424 판결 참조).

대법원 1997. 2. 14. 선고, 96도1424 판결

[타인의 등록상표와 유사한 표장을 의장적으로만 사용한 경우, 상표권 침해로 볼 수 있는지 여부(소극)]

타인의 등록상표와 유사한 표장을 그 지정상품과 동일 또는 유사한 상품에 사용하면 타인의 상표권을 침해하는 행위가 된다고 할 것이나, 타인의 등록상표와 유사한 표장을 이용한 경우라고 하더라도 그것이 상표의 본질적인 기능이라고 할 수 있는 출처표시를 위한 것이 아니라 순전히 의장적으로만 사용되는 등으로 상표의 사용으로 인식될 수 없는 경우에는 등록상표의 상표권을 침해한 행위로 볼 수 없다.

제 3 절 상표와 민법상의 성명의 관계

성명은 인간이 자기와 타인간을 구별하기 위하여 사용하는 명칭으로 사용하는 명칭(표시)이나, 상표는 자타상품을 식별시키기 위하여 표시하는 기호·문자·도형·입체적 형상·색채·홀로그램·동작 또는 이들을 결합한 것 및 그 밖에 시각적으로 인식할 수 있는 것을 말한다. 또한 성명은 문자로서 발음이 가능하여야 하나 상표는 문자 이외의 것이어서 발음할 수 없는 경우라도 등록이 가능하다. 다만 상표법 제34조 제1항 제6호에 의해 저명한 타인의 성명 등을 포함하는 경우 그 타인의 승낙을 얻은 경우에는 성명을 상표로 사용할 수 있다.

우리나라의 성(姓)만은 식별력이 없어 상표로 등록이 될 수 없고[2][3](상§33 ①ⅴ), 이러한 성만을 사용하면 출처의 오인, 혼동을 일으킬 수 있다.

상표법 제33조 제1항 제5호의 흔히 있는 성 또는 명칭인지의 여부의 판단은 전화번호부 또는 인명록 등에 상당수가 있는지를 참고로 하여, 특정인에게 독점시킬 때 거래상의 혼란을 가져올 우려가 있거나 같은 성이나 명칭을 가진 자에게 불측의 피해를 줄 우려가 있다고 인정되는지 여부를 기준으로 하며,[4] 외국인의 성은 비록 당해 국가에서 흔히 있는 성이라고 하더라도 국내에서 흔히 볼 수 있는 외국인의 성이 아닌 한 여기에 포함되지 아니한다. 세계적으로 유명한 자동차의 ホンダ(本田: 혼다), ヤマハ(山浜: 야마하), カシオ(樫尾: 가시오), 마쯔시다(松下), 브리지스톤(石橋)은 일본 사람의 성(姓)에서 출발하여 유명해진 상표이다.

성명은 일반적으로 식별력이 인정되지 않지만, 상표로서의 이차적인 의미를 획득하여 식별력을 갖추게 된다면 상표법으로 보호받을 수 있다. 성명을 상표로서 사용하거나 상표법상 상표등록을 받고자 할 경우에는 상품의 출처를 나타낼 수 있을 정도로 식별력을 가져야 할 것이다.

2) 흔히 있는 姓 또는 명칭을 보통으로 사용하는 방법으로 표시한 標章만으로 된 상표.
3) 특허법원 2000. 11. 23. 선고, 2000허2392 판결.
4) 사법연수원(2003. 2.), 상표법, p.65; 상표심사기준 제10조 해석참고자료 2.

대법원 2000. 4. 21. 선고, 97후860, 877, 884 판결

화가가 그의 미술저작물에 표시한 서명은 그 저작물이 자신의 작품임을 표시하는 수단에 불과하여 특별한 사정이 없는 한 그 자체가 예술적 감정이나 사상의 표현을 위한 것이라고는 할 수 없어 저작권법상의 독립된 저작물이라고 보기 어려우나, 이러한 서명은 저작자인 화가가 저작권법 제12조 제1항에 의한 성명표시권에 의하여 자기 저작물의 내용에 대한 책임의 귀속을 명백히 함과 동시에 저작물에 대하여 주어지는 사회적 평가를 저작자 자신에게 귀속시키려는 의도로 표시하는 것이므로, 그 서명이 세계적으로 주지·저명한 화가의 것으로서 그의 미술저작물에 주로 사용해 왔던 관계로 널리 알려진 경우라면, 그 서명과 동일·유사한 상표를 무단으로 출원등록하여 사용하는 행위는 저명한 화가로서의 명성을 떨어뜨려 그 화가의 저작물들에 대한 평가는 물론 그 화가의 명예를 훼손하는 것으로서, 그 유족의 고인에 대한 추모경애의 마음을 손상하는 행위에 해당하여 사회 일반의 도덕관념인 선량한 풍속에 반할 뿐만 아니라, 이러한 상표는 저명한 고인의 명성에 편승하여 수요자의 구매를 불공정하게 흡인하고자 하는 것으로서 공정하고 신용있는 상품의 유통질서를 침해할 염려가 있다 할 것이므로 이러한 상표는 구 상표법 제7조 제1항 제4호에 해당한다고 봄이 상당하고, 이러한 경우에 그 저명한 화가가 생존해 있었더라면 자신의 저작물임을 나타내기 위하여 표시해 오던 서명을 타인이 자신과 전혀 무관한 상품의 상표로 무단등록하여 공표하고 사용하는 것은 저명한 미술저작자로서의 인격권을 침해하는 불법행위에 해당한다 할 것이고, 저작권법 제96조, 제14조 제2항에 의하면 사망한 저작자의 저작인격권을 침해하는 행위에 대하여 그 저작자의 유족이 그 침해행위의 금지를 청구하는 등의 조치를 취할 수 있음에 비추어, 그 저명한 화가의 유족으로서는 고인의 인격권과 유족 자신의 고인에 대한 추모경애의 마음을 침해하는 상표의 사용금지를 청구할 수 있음은 물론 그 등록무효심판을 청구할 이해관계가 있다고 봄이 상당하다.

대법원 1993. 4. 13. 선고, 92후1967 판결

[흔한 성으로의 분리관찰 여부]

"LEE"가 "이"씨 라는 성으로, "HAUS"는 "집"이라는 의미로 인식되어 일반수요자나 거래자가 "이씨의 집"으로 인식한다고 보기 어려워 위 각 단어를 분리 관찰함이 부자연스러울 뿐만 아니라 "하우스"는 집을 뜻하는 흔히 사용되는 포괄적, 일반적 용어로서 "LEE"가 포괄적, 일반적 용어인 "HAUS"를 단순히 수식하는 것이 아니라 두 부분이 일련 불가분하게 합쳐져서 아무런 의미가 없는 조어상표를 이룬다 할 것이므로 리하우스가 하우스로

약칭될 수 없고, 출원상표와 [LEEHAUS 리하우스 인용상표]를 객관적, 전체적, 이격적으로 관찰하여 볼 때 외관은 물론 칭호 및 관념이 상이하여 각기 별개의 식별력이 있어 두 상표가 동일한 지정상품에 사용될 경우에도 상품출처의 오인, 혼동을 일으킬 염려가 없다.

대법원 1994. 7. 29. 선고, 94후333 판결

[외국에 흔한 성이라도 국내에 흔하지 않은 경우 등록될 수 있다는 사례]

우리나라에서 "Johnson"이 흔히 있는 성으로서 식별력이 없다고 할 수 없다.

제 4 절 상표와 도메인 네임과의 관계

1. 서

오늘날 인터넷은 우리 생활의 전 범위에 걸쳐 영향력을 미치고 있다. 개인마다 한 두 개씩의 이메일을 가지고 있으며 컴퓨터 앞에 앉아 인터넷을 통해 이메일을 확인하고 정보검색도 한다. 지난 수년 사이에 우리의 주변은 정보통신 기술의 발전으로 인하여 엄청난 변화를 겪었으며 인터넷 사용인구의 급증은 인터넷을 단순한 문서 교환이나 검색의 수단이 아니라 비즈니스의 중요한 수단으로 인식하게 하였다. 그 결과 전자상거래와 같은 e-Business의 급속한 성장이 있었고 이러한 배경 속에서 도메인 네임의 중요성과 관련 분쟁이 발생하게 되었다.

구 분	도메인 네임(.kr)	상 표
법 률	인터넷주소자원관리법	상표법
정 의	인터넷상 연결되어 있는 컴퓨터들의 기계적인 주소인 IP Address대신 이용자가 쉽게 알 수 있도록 문자로 표기한 것	자기의 업무에 관련된 상품을 타인의 상품과 식별되도록 하기 위하여 사용하는 것으로 기호·문자·도형·입체적 형상 또는 이들을 결합한 것과 이들 각각에 색채를 결합한 것
관할기관	KR도메인→한국인터넷진흥원(NIDA)	특허청
목 적	인터넷상에서 데이터를 전송할 때, 송수신 컴퓨터의 위치를 우편번호처럼 쉽게 파악할 수 있게 하기 위함.	상표사용자의 업무상의 신용유지를 도모하여 산업발전에 이바지함과 아울러 수요자의 이익보호를 목적으로 함.
상품과의 관련성	상품과 관련 없이 등록	상품을 지정하여 등록
보호범위 및 효력	·인터넷상의 동일한 도메인 이름은 단 하나밖에 없음 ·독점적으로 사용할 수 있으나 유사한 도메인네임을 배척할 권리는 없음	·국내에서만 보호되는 것이 원칙. ·독점권과 동일 또는 유사상표의 등록을 금지시키는 배타권이 발생
등록원칙	·선신청주의(first come, first served) ·비동일성(기계적 판단에 의함)	·선출원주의 ·상표법에서 정하는 부등록사유 및 선등록 여부 등을 심사하는 실체심사를 거쳐서 등록
존속기간	등록비, 유지비 등을 납부할 경우 계속 사용 가능	등록일로부터 10년간
동 일·유사판단	비록 유사하더라도 동일하지만 않으면 타인간에 등록 가능	타인간에는 동일·유사상표를 동일·유사 상품에 등록할 수 없도록 배제하고 있음

출처: 윤선희, 지적재산권법(제8정판), 세창출판사(2006), p.265 참조.

2. 의의 및 기능, 등록요건

도메인 네임Internet Domain Name이란 "컴퓨터 사용자가 인터넷 상에서 메시지를 송수신할 수 있도록 하는 전화번호와 비슷한 영문자와 숫자의 주소alphanumeric addresses analogous to telephone number that enable computer users to transmit and receive message"를 말한다.5)

5) Michael A. Farber, "Advertising and Marketing in Cyberspace－A U.S. Law Perspective", INTA 119th Annual Meeting(New York, International Trademark Association,

이는 계층적으로 구성이 되며 최상위 도메인 네임에서부터 단계별로 나뉘게 된다. 최상위 도메인 네임은 지역별, 국가별, 기관별로 구분되며 그 아래 단계는 학교, 정부기관, 회사 등으로 나뉘어 구분된다. 인터넷 사용이 폭발적으로 증가하고 이를 기반으로 한 전자상거래가 활발해지면서 도메인 네임이 온라인상에서 출처를 나타내는 기능을 하게 되었고 이는 도메인 네임이 단순히 IP주소의 기능만이 아니라 회사의 상호나 상품명으로 사용됨으로써 상호·상표적 기능을 하기에 이르고 도메인 네임을 확보하지 못한 기업들은 도메인 네임을 찾아오기 위한 법적인 조치를 강구하기에 이르고 이와 관련한 분쟁 사례는 증가하고 있다.

우리나라 인터넷주소자원에 관한 법률 제2조(정의) 제1호에서는 "인터넷주소"라 함은 인터넷에서 국제표준방식에 의하여 일정한 통신규약에 따라 특정 정보시스템을 식별하여 접근할 수 있도록 하는 숫자·문자·부호 또는 이들의 조합으로 구성되는 정보체계로서 인터넷 프로토콜protocol 주소(인터넷 프로토콜 주소란 인터넷상에서 컴퓨터 및 정보통신설비가 인식하도록 만들어진 것이다)와 도메인domain이름(도메인이름이란 인터넷상에서 인터넷 프로토콜 주소를 사람이 기억하기 쉽도록 하기 위하여 만들어진 것을 말한다), 그리고 그 밖에 인터넷상에서 특정 정보시스템을 식별할 수 있도록 하기 위하여 만들어진 것에 해당하는 것을 말한다. 이러한 도메인 이름에 대하여 국내의 도입초기단계에서는 상표로 보는 경우[6]와 전자상호로 보는 경우[7]도 있었으나, 이는 새로운 하나의 영업표식으로 보아야 할 것이다.[8]

최근에는 영어 이외에도 한글이나 중국어, 일본어 등도 사용이 가능하도록 하고 있다. 이러한 인터넷 도메인 네임은 기능적으로 컴퓨터 사용자의 접속주소에 불과하나 그 주소의 구성이 문자로 구성되어 있기 때문에 도메인이라는 가상공간을 지칭하는 출처표시의 기능을 수행하고 있어 상호 또는 상표와

1997), p.578.

6) 이대희, "전자상거래와 도메인문제에 관한 연구", 디지털경제와 상사법, 2000년 한국상사법학회 하계학술발표지(제19권 제2호), p.182.

7) 손경한, 도메인이름의 선점과 법적 과제, 도메인분쟁협의회(2000), p.2 및 p.8; 인터넷진흥원, 2006년 도메인이름분쟁백서, 디지털타임즈(2006), p.13 재인용.

8) 同旨: 조정욱, "인터넷도메인이름의 법적 문제에 관한 연구", 서울대학교 대학원 법학박사학위논문(2003. 2.), pp.23~24 참조.

유사한 성격을 띠고 있다. 특히 도메인 네임의 부여가 타인의 상호나 상표의 저촉을 고려하지 않고 단지 선착순으로 부여되는 가운데 인터넷의 등장이 전 세계적인 온라인 상품과 서비스의 판매와 제공을 가능하게 하면서 인터넷 도메인 네임과 상호 및 상표권의 법적 충돌이 문제되고 있다.

인터넷 도메인 네임이 출처표시기능을 수행하는바 타인의 등록상표와 유사한 인터넷 도메인 네임을 이용하여 그와 동일 또는 유사한 상품·서비스를 판매하거나 제공하는 경우에는 2016년 전부개정 상표법상의 상표 사용에 해당되어 상표법에 의한 상표권의 침해로 제재할 수 있다(상§2②ii). 캘리포니아 지방법원 역시 인터넷 도메인 네임이 상표로서 기능할 수 있음을 명시적으로 인정하고 있으며,[9] 미국 특허상표청USPTO 또한 도메인 네임이 상표로서 기능할 수 있음을 확인하였다. 즉 도메인 네임이 상표의 등록요건을 갖추는 한 상표로서 등록가능하며 www. http://, @, com, net, gov, edu, org, kr, pe와 같은 최상위 도메인 네임은 식별력이 없으나,[10] 다른 식별력이 있는 하위 도메인 네임과 결합된 경우에는 등록받을 수 있다고 하며, 서비스의 제공과 관련한 website에서의 도메인 네임의 사용은 서비스표의 사용으로 인정된다고 한다.[11]

우리나라 법제에서도 도메인 네임이 일반적인 상표등록요건을 갖춘다면 이를 상표로서 등록하여 보호받을 수 있다. 상품이나 서비스의 거래를 전제하지 않더라도 제38류 "인터넷 통신서비스"를 지정 서비스로 하여 상표 등록을 할 수도 있으며, 상품이나 서비스를 거래대상으로 한다면 해당 웹사이트를 통하여 거래하고자 하는 상품이나 서비스를 지정하여 상표 등록을 하거나 제35류 "인터넷 통신을 통한 상품의 판매대행업, 판매알선업, 제공업, 거래업, 중개업 등"을 지정하여 상표 등록을 하여 보호를 받을 수 있다.

반면 도메인 네임을 사용하지 아니하고 단지 등록하여 보유하고 있거나, 상품이나 서비스의 거래는 하지 않고 일반적 목적의 웹사이트website만 운영한

---

9) The Comp Examiner Agency v. Juris, Inc., No. 96 Civ. 0213(C.D. Cal. 1996).

10) 상표심사기준 제4부 제7장 1.1.7.(p.165).

11) Michael A. Farber, "Advertising and Marketing in Cyberspace－A U.S. Law Perspective", INTA 119th Annual Meeting(New York, International Trademark Association, 1997), p.580.

다면 상표의 사용으로 인정하기 어려울 것이다. 따라서 도메인 네임의 유사만으로 상표권의 침해가 인정되는 것은 아니다. 그러나 인터넷상의 광고를 일반 광고와 달리 취급할 이유가 없는 바, 타인의 등록상표와 동일 또는 유사한 도메인 네임을 사용하는 것은 상표의 사용이며, 상표권의 침해를 구성할 수 있다.

대법원 2004. 2. 13. 선고, 2001다57709 판결

[상표적 사용을 부정한 사례]

[1] 도메인 이름의 요부가 저명한 등록상표와 동일하기는 하나, 상표법에서 규정하는 상표권 침해행위가 되기 위해서는 타인의 등록상표와 동일한 상표를 그 지정상품과 유사한 상품에 사용하거나, 타인의 등록상표와 유사한 상표를 그 지정상품과 동일 또는 유사한 상품에 사용하는 행위가 있어야 하는데, 위 도메인 이름하에 운용되는 웹사이트에서 등록상표권의 지정상품과 동일 또는 유사한 상품을 취급하거나, 등록서비스표의 지정서비스업과 동일·유사한 영업을 취급한 사실이 전혀 없다면 위 웹사이트를 통해 등록상표권을 침해하였거나 침해할 우려가 있다고 볼 수 없고, 등록상표와 동일한 이름을 도메인 이름으로 사용한 것만으로는 구 상표법 제66조에서 규정하는 상표권 침해행위에 해당한다고 보기 어렵다고 한 사례.

[2] 부정경쟁방지및영업비밀보호에관한법률 제2조 제1호 (가)목의 상품주체 혼동행위에 해당하는 표지의 사용은 '상품에 관련된 일체의 사용행위'를, 같은 호 (나)목의 영업주체 혼동행위에 해당하는 표지의 사용은 '영업에 관련된 일체의 사용행위'를, 비상업적 사용을 그 적용대상에서 제외하고 있는 같은 호 (다)목의 식별력이나 명성 손상행위에 해당하는 표지의 사용은 '상업적 사용'을, 각 의미하는 것으로 해석하여야 할 것이고, 도메인 이름의 양도에 대한 대가로 금원 등을 요구하는 행위는 도메인 이름을 상품 또는 영업임을 표시하는 표지로 사용한 것이라고는 할 수 없어서, 같은 법 제2조 제1호 (가)목, (나)목의 혼동행위나 같은 호 (다)목 소정의 식별력 또는 명성의 손상행위에 해당하지 아니한다.

대법원 2004. 5. 14. 선고, 2002다13782 판결

[상표적 사용을 인정한 사례]

[1] 부정경쟁방지및영업비밀보호에관한법률 제4조에 의한 금지청구에 있어서 같은 법 제2조 제1호 (가)목 소정의 타인의 성명·상호·상표·상품의 용기·포장 기타 타인의 상품임을 표시한 표지가 국내에 널리 인식되었는지 여부는 사실심변론종결시

대법원 2004. 5. 14. 선고, 2002다13782 판결

를 기준으로 판단하여야 하며, 같은 법 제2조 제1호 (다)목의 경우에도 마찬가지이다.

[2] 도메인 이름은 원래 인터넷상에 서로 연결되어 존재하는 컴퓨터 및 통신장비가 인식하도록 만들어진 인터넷 프로토콜 주소(IP 주소)를 사람들이 인식·기억하기 쉽도록 숫자·문자·기호 또는 이들을 결합하여 만든 것으로, 상품이나 영업의 표지로서 사용할 목적으로 한 것이 아니었으므로, 특정한 도메인 이름으로 웹사이트를 개설하여 제품을 판매하는 영업을 하면서 그 웹사이트에서 취급하는 제품에 독자적인 상표를 부착·사용하고 있는 경우에는 특단의 사정이 없는 한 그 도메인 이름이 일반인들을 그 도메인 이름으로 운영하는 웹사이트로 유인하는 역할을 한다고 하더라도, 도메인 이름 자체가 곧바로 상품의 출처표시로서 기능한다고 할 수는 없다.

[3] 부정경쟁방지및영업비밀보호에관한법률 제2조 제1호 (다)목은 2001. 7. 10. 시행된 현행 부정경쟁방지및영업비밀보호에관한법률에 신설된 규정으로서, "(가)목 또는 (나)목의 규정에 의한 혼동을 하게 하는 행위 외에 비상업적 사용 등 대통령령이 정하는 정당한 사유 없이 국내에 널리 인식된 타인의 성명·상호·상표·상품의 용기·포장 그 밖에 타인의 상품 또는 영업임을 표시한 표지와 동일하거나 이와 유사한 것을 사용하거나 이러한 것을 사용한 상품을 판매·반포 또는 수입·수출하여 타인의 표지의 식별력이나 명성을 손상하게 하는 행위"를 부정경쟁행위로 규정하고 있는바, 위 규정의 입법 취지와 그 입법 과정에 비추어 볼 때, 위 규정에서 사용하고 있는 '국내에 널리 인식된'이라는 용어는 '주지의 정도를 넘어 저명 정도에 이른 것'을, '식별력의 손상'은 '특정한 표지가 상품표지나 영업표지로서의 출처표시 기능이 손상되는 것'을 의미하는 것으로 해석함이 상당하며, 이러한 식별력의 손상은 저명한 상품표지가 다른 사람에 의하여 영업표지로 사용되는 경우에도 생긴다.

[4] 저명 상표인 'viagra'와 유사한 'viagra.co.kr'이라는 도메인 이름의 사용이 부정경쟁방지및영업비밀보호에관한법률 제2조 제1호 (가)목의 부정경쟁행위(상품주체혼동행위)에는 해당하지 아니하나, 같은 호 (다)목의 부정경쟁행위(식별력 손상행위)에는 해당한다고 한 사례.

우리나라의 도메인 네임은 한국인터넷진흥원에서 등록을 받아야 하며, 도메인 네임 중 최상위 3단계까지는 한국인터넷진흥원이 관장한다. 그런데 도메

인 네임의 등록은 혼동가능성과 관계없이[12] 먼저 신청한 자가 먼저 취득하는 first-to-file system 것에 기초하므로 상표권자로서는 자신의 상표를 도메인 네임으로 등록하는 것을 반대할 법적 방어수단이 없으며, 소위 '도메인 네임 브로커' 들이 주지 상표나 상호를 도메인 네임으로 선점하는 경우에는 당해 상표나 상호의 실소유자들은 자기의 상호나 상표마저 도메인 네임으로 사용할 수 없다는 문제가 생길 수 있다. 물론 주지·저명 상표나 상호의 보호와 관련하여 부정경쟁방지 및 영업비밀에 관한 법률(이하 『부정경쟁방지법』이라 한다) 제2조 제1호 아목[13]으로 보호를 받을 수 있겠으나,[14] 이 또한 단지 등록만을 이유로 부정경쟁방지법 위반을 구성한다고 보기 힘들며, 판례의 일반적인 경향 역시 당사자가 경업관계에 있는 경우에 한하여 부정경쟁행위를 인정하고 있다.[15] 한편 우리 상표법 역시 여러 주지상표의 보호규정[16]을 마련하고 있으며, 특히 현행 상표법에서는 상품에 대한 아무런 제한 없이 '국내 또는 외국의 수요자간에 특정인의 상품을 표시하는 것이라고 인식되어 있는 상표와 동일 또는 유사한 상표로서 부당한 이익을 얻으려 하거나 그 특정인에게 손해를 가하려고 하는 등 부정한 목적을 가지고 사용하는 상표'는 등록을 불허하며(상§34①xiii), 이에 해당하는 경우에는 무효사유로 추가하고 있다(상§117).[17] 그러나 이는 등록단계에서 후출원 배제권을 인정하고 있는 정도에 그치고 상표권 침해로서는 인정하지 않고 있다.

---

12) 한국인터넷정보센터에서 도메인 네임을 등록할 경우 선등록 동일 도메인 네임과 저촉되는 명칭이나 기타 법적인 분쟁을 야기할 것이 예상되는 이름은 그 등록을 허용하지 아니하고 있다.

13) 정당한 권원이 없는 자가 다음의 어느 하나의 목적으로 국내에 널리 인식된 타인의 성명·상호·상표 그 밖의 표지와 동일하거나 유사한 도메인이름을 등록·보유·이전 또는 사용하는 행위

(1) 상표 등 표지에 대하여 정당한 권원이 있는 자 또는 제3자에게 판매하거나 대여할 목적

(2) 정당한 권원이 있는 자의 도메인이름의 등록 및 사용을 방해할 목적

(3) 그 밖의 상업적 이익을 얻을 목적

14) 부정경쟁방지법 第4條 (不正競爭行爲의 禁止請求權등) ① 不正競爭行爲로 인하여 자신의 營業상의 이익이 침해되거나 침해될 우려가 있는 자는 不正競爭行爲를 하거나 하고자 하는 者에 대하여 法院에 그 행위의 금지 또는 豫防을 請求할 수 있다. <개정 2001. 2. 3>

② 第1項의 規定에 의한 請求를 할 때에는 그 不正競爭行爲를 조성한 물건의 廢棄, 不正競爭行爲에 제공된 設備의 제거, 부정경쟁행위의 대상이 된 도메인이름의 등록말소 그 밖에 不正競爭行爲의 금지 또는 豫防을 위하여 필요한 措置를 함께 請求할 수 있다.

15) 정호열, 부정경쟁방지법론, 삼지원(1993), pp.422~1119 참조.

16) 상표법 제34조 제1항 9호·11호·12호·13호.

17) 특히 본 규정은 부정한 목적 등의 주관적 판단을 요하며, 그 판단시점과 관련한 규정 역시 불명확하다.

도메인 네임과 상호, 상표와의 관계로 분쟁이 많이 발생하자, 우리나라는 2001년 2월 3일 부정경쟁방지법을 개정하여 동법 제2조 제1항 다목에 희석화와 관련된 조항을 도입하였고, 일본도 2001년 6월 29일 부정경쟁방지법을 개정하여 동법 제2조 제1항 제12호에 "도메인 네임의 부정취득 등의 행위(오인야기행위)"를 "부정경쟁"의 새로운 유형으로 추가하였다. 여기서 '희석화이론(稀釋化理論)'을 도입했다.[18] 즉 전통적으로 출처를 표시하는 기능을 수행하는 상표에 있어 그 침해는 동일한 종류의 상품을 전제로 혼동가능성의 야기에 의한 것이다. 이에 반하여 타인이 상표를 사용함으로써 그 상표가 어떠한 독특하거나 단일의 특정한 무엇을 더 이상 나타내는 것이 아니라, 여러 출처로부터 여러 가지의 무엇을 나타내거나 나타낼 수도 있다는 인식으로 변화하여 상표가 갖는 식별력이 감소되면 그 상표는 희석된 것이며, 당사자간의 경쟁이 존재하지 않더라도 동일하거나 상당히 유사한 상표를 허락받지 않고 사용하는 경우에는 혼동을 야기하지 않더라도 상표권의 침해를 인정함으로써 상표권자를 보호하자는 이론이 희석화이론[19]이다. 미국의 연방상표법 역시 이러한 희석화이론을 수용하여 저명한 상표의 소유자senior user는 그 상표가 저명해진 이후에 타인junior user이 상거래에서 상표나 상호를 상업적으로 사용하여 그 상표의 식별력을 희석시킨 경우에 금지명령 기타 구제수단을 활용할 수 있다고 규정하였다. 이는 전통적인 상표 보호가 소비자의 혼동 방지에 주목하던 반면 상표소유자가 상표에 투자한 것과 상표가 획득한 Goodwill의 보호를 목적으로 한 규정이라 하겠다. 이미 지적한 바와 같이 상표보호가 출처표시기능 여부에 의해 판단되어야 한다고 할 때, 주지상표의 보호 역시 그 출처표시기능이 침해되었는가에 의해 판단되어야 할 것이다.

그 외에 인터넷주소자원에 관한 법률 제12조 제1항은 "누구든지 정당한 권원이 있는 자의 도메인이름 등의 등록을 방해하거나 정당한 권원이 있는 자로부터 부당한 이득을 얻을 목적으로 도메인이름 등을 등록하여서는 아니된다"고 규정하고 있다.

---

18) 미국의 경우 역시 도메인 네임과 관련한 주지상표보호의 문제가 미국 연방상표법이 희석에 관한 규정(연방 상표법 제43조 (c), 15U.S.C. §1125 (c))을 신설하게 된 요인이 된다.

19) 따라서 희석화이론은 상표가 가지는 상업적 흡인력(commercial magnetism)이나 판매력(selling power)을 보호하는 법이론이다.

도메인네임과 관련하여 상표법상 논의의 초점은 과연 도메인 네임의 사용을 상표의 사용으로 볼 수 있는가 하는 것인데 우리 상표법이나 법원의 판결에서는 통일된 규정이나 입장보다는 각 사안별로 검토를 하여 적용되는 경향이다. 앞으로 관련 판례의 축적 및 법률적 연구와 검토를 거쳐 분쟁을 원만하게 해결할 필요가 있을 것이다.

3. 도메인이름 분쟁의 유형

도메인이름에 관한 실제 분쟁은 도메인이름 등록인의 등록 행위로 인하여 성명, 상호, 상표 등 타인의 표지를 침해한 경우에 발생한다. 따라서 도메인이름 분쟁의 유형은 도메인이름 등록인의 침해형태에 따라 다음의 네 가지로 분류할 수 있다.[20]

(1) 도메인이름을 등록만 하고 아무런 영업을 하지 않은 경우

등록인이 타인의 성명, 상호, 상표 등으로 구성된 도메인이름을 등록하고 웹사이트를 개설하고도 아무런 영업을 하지 않은 경우이다. 구체적으로 다음의 세 가지 유형이 있다.

첫째 등록인이 타인의 성명, 상호, 상표 등을 도메인이름으로 등록만 하고 웹사이트도 개설하지 않고 있는 경우, 둘째 도메인 이름 등록 후 웹사이트까지는 개설하였으나 웹사이트에 아무런 내용이 없는 경우blank site, 셋째 도메인 이름 등록 후 웹사이트를 개설하여 영업이라고 볼 수 없는 단순한 정보제공만을 한 경우 등이다.

이러한 유형들은 상표법상 규정하고 있는 상표의 사용행위[21]로 볼 수 없

---

20) 한국인터넷진흥원, 디지털타임즈, 2006 도메인이름 분쟁백서, 디지털타임즈, pp.33~36; 문삼섭, 상표법, 세창출판사(2002), pp.933~935 참조.

21) 第2條 (定義) ① 이 法에서 사용하는 用語의 뜻은 다음과 같다.

7. "商標의 사용"이라 함은 다음 各目의 1에 해당하는 행위를 말한다.

가. 商品 또는 商品의 포장에 商標를 표시하는 행위

나. 商品 또는 商品의 포장에 商標를 표시한 것을 讓渡 또는 引渡하거나 그 目的으로 展示·輸出 또는 輸入하는 행위

다. 商品에 관한 廣告·定價表·去來書類·看板 또는 標札에 商標를 표시하고 展示 또는 頒布하는 행위.

기 때문에 상표권의 침해행위라고 할 수 없다.[22)]

(2) 지정 상품과 비유사한 상품으로 영업을 한 경우

등록인이 타인의 상표 등으로 구성된 도메인이름을 등록한 후 그 도메인이름에 따라 개설된 웹사이트에서 지정상품과 동일 또는 유사하지 않은 상품을 판매하는 등 상표권자 등의 영업과는 다른 영업을 하는 경우이다. 이 경우는 지정상품과 동일 또는 유사한 상품들로 영업을 하는 것과는 달리 상품의 출처에 대한 혼동가능성이 야기되지 않으므로 상표권자 등에 대하여 직접적인 침해에 해당하지 않는다. 따라서 도메인이름 등록인의 이러한 행위는 실제로 규제되지 않고 있다.[23)]

(3) 지정상품과 동일하거나 유사한 상품으로 영업을 한 경우

등록인이 상호, 상표 등 기타 타인의 표지로 구성된 도메인이름을 등록한 후 웹사이트를 개설하여 그 표지에 대한 정당한 권리자와 동일하거나 유사한 상품을 판매하는 등 영업행위를 한 경우이다. 또한 타인의 표지로 된 도메인이름을 웹사이트 주소창에 입력하면 곧바로 자신이 개설한 다른 도메인 이름의 웹사이트로 이동하도록 하는 소위 포워딩 방식을 채택하여 지정상품과 동일하거나 유사한 상품으로 영업을 한 경우도 있다. 이러한 경우에는 타인의 표지로 구성된 도메인이름 하에서는 영업을 하지 아니하였지만 포워딩 방식을 채택함으로써 실질은 그 타인의 도메인이름 하에서 영업을 하고 있는 것과 다를 바가 없으므로 여기에 해당한다. 이러한 웹사이트에서의 행위들은 상표의 광고적 사용행위 등에 해당하므로 상표의 사용으로서 상표권의 침해행위를 구성한다고 한 판례[24)]가 있다. 즉, 상품의 출처에 관한 혼동이 발생함으로써 타인의 상표권 등이 침해된다. 특히 웹사이트 상에서 상표권자 등의 상표나 상호까지 사용되었다면 상품의 출처에 관한 혼동은 더욱 심화되며 타인

22) 창원지법 2000. 5. 18. 선고, 99가합9363 판결(rolls-royce.co.kr 사건); 서울지법 2000. 12. 8. 선고, 2000가합37185 판결(fedex.co.kr 판결).

23) 서울지법 2000. 12. 8. 선고, 2000가합 37185 판결.

24) 서울고법 2000. 11. 15. 선고, 99나61196 판결(chanel.co.kr 사건); 서울지법 북부지원 2001. 7. 6. 선고, 2001가합1397 판결(amzone.ne.kr 사건).

의 상표를 도메인이름으로 등록한 자가 타인의 상품과 동일하거나 유사한 상품(서비스)들로 영업준비행위를 한 경우에도 영업행위를 한 경우와 마찬가지로 취급된다. 이른바 '혼동가능성이 야기'된 경우들이다.

(4) 타인의 표지의 식별력이나 명성을 손상한 경우

등록인이 타인의 성명, 상호, 상표 등을 도메인이름으로 등록한 후 웹사이트를 개설하여 그 식별력이나 명성을 손상시키는 행위를 한 경우이다. 즉 도메인이름 등록인이 웹사이트 상에서 타인의 상표 등을 비방하거나 타인의 상품보다 열등한 품질의 것을 판매하는 등의 행위를 하는 것이다. 이러한 행위의 결과 출처의 혼동가능성은 야기되지 않지만 타인의 상표 등은 그 식별력이 약해지거나 본래 가지고 있던 명성 또는 신용에 손상을 입게 된다. 도메인이름 등록인의 이러한 행위들은 상표가 나타내는 품질과 관련된 긍정적인 이미지를 감소시키거나 부정적인 것으로 만든다.

서울지법 2000. 9. 8. 선고, 2000가합6471 판결

[1] '마스타카드(MasterCard)'는 국내에 널리 인식된 마스타카드 인터내셔널 인코포레이티드의 상표 또는 서비스표이고, 위 회사가 'mastercard. com'이라는 인터넷 도메인 네임을 이용한 홈페이지에서 홈쇼핑업을 영위하고 있는 점과 신용카드업체가 인터넷 홈쇼핑업을 함께 영위하는 것이 일반적인 추세인 점 등에 비추어 볼 때, 'mastercard.co.kr'이라는 도메인 네임으로 접속되는 홈페이지에서 홈쇼핑업 또는 이와 유사한 영업을 하게 된다면 이는 부정경쟁방지및영업비밀보호에관한법률 제2조 제1호 (나)목의 '타인의 영업상의 시설 또는 활동과 혼동을 일으키게 하는 행위'에 해당한다고 할 것이다

[2] 'mastercard.co.kr'이라는 도메인 네임을 등록하고 홈쇼핑업무와 유사한 웹메일카드서비스 업무를 준비한 행위를 부정경쟁행위의 준비행위로 보아 금지 또는 예방을 청구할 수 있다고 한 사례.

제5절 상표와 저작물과의 관계

상표권과 저작권은 모두 무체재산권이다. 저작권은 인간의 사상 또는 감정을 표현한 창작물인 문학, 학술 또는 예술 등을 객체로 하는 권리이고, 문학, 학술, 예술 등의 범위 내에 속한 저작물의 저작자가 그 저작물을 독점적으로 복제할 수 있는 권리라는 점에서 상표권과 동일하다. 그러나 상표권은 상품에 표시한 상표를 사용함으로써 얻어진 영업상의 신용을 보호하기 위한 것이고, 저작권은 인간의 사상 또는 감정을 표현한 창작물을 보호하기 위한 것인 점에 양자의 차이가 있다.

상표제도의 목적은 상표법 제1조에서 규정한 바와 같이 상표를 보호함으로써 상표사용자의 업무상의 신용유지를 도모하여 국가산업발전에 이바지함과 동시에 수요자의 이익을 보호함에 있다. 이에 반하여 저작권법은 제1조에서 "저작권자의 권리와 이에 인접하는 권리를 보호하고 저작물의 공정한 이용을 도모함으로써 문화의 향상·발전에 이바지함을 목적으로 한다."고 규정하고 있다.

권리의 존속기간은 상표권은 국가로부터 권리를 취득하면 10년간 독점·배타적으로 상표권자만이 사용할 수 있는 권리가 있으며, 정당한 권원이 없는 타인이 무단 사용하게 되면 침해가 되어 민·형사상의 제재를 가할 권리가 있다. 이에 반하여 저작권은 상표권과 달리 심사등록 없이 창작이 완성됨과 동시에 권리가 발생하고 권리의 존속기간도 상표와 달리 저작권자의 생존기간과 사망 후 70년이다. 이러한 저작권도 타인이 무단으로 사용하면 저작권법에 의하여 민·형사상 제재할 권리가 발생한다는 점에서 양자가 동일하다고 볼 수 있다.

그리고 상표권이 저작권에 저촉되기 위해서는 저촉의 대상이 상표의 내용과 저작물의 내용이 동일 유사하여야 하고, 모방관계에 있어야 한다. 따라서 상표의 구성에 해당하더라도 저작권의 대상이 되지 아니하는 경우에는 저촉문제가 발생하지 아니한다.

한편, 서적의 제호와 제명은 여러 가지 점에서 일반 상표와는 다른 특수한 성질을 가진다. 일반적으로 서적의 제호, 제명은 서적의 내용을 표시하며 출판사 등 출처를 표시하는 기능은 갖지 아니한다. 그러므로 서적(일반의 단행본)의 제호는 상표로서 등록될 수 없음이 원칙이다.25) 그러나 신문, 잡지26) 등과 같은 정기간행물 및 백과사전이나 사전 등의 제호는 통상의 서적과는 달리 출판사나 편집자의 상품임을 표시하는 기능을 가질 뿐만 아니라 거기에는 편집의 노력 등에 의하여 축적된 신용이 화체(化體)되고 품질보증기능도 갖기 때문에 상표로서 등록이 가능하다.

저작권은 문학, 학술 또는 예술 등의 창작된 저작물이 외부로 표현된 것을 보호대상으로 하고 있으나, 상표권은 이러한 요건이 없어도 가능하다. 또한 저작물 중에는 문학, 도형 등의 일부로서 상품의 상표로 사용 가능한 경우도 있으나 저작물 자체는 상품과는 다를 뿐만 아니라 또 상품의 표지도 아니기 때문에 상표와는 다르다 할 것이다.

대법원 2014. 12. 11. 선고, 2012다76829 판결

[상표법상 상표를 구성할 수 있는 도형 등이 저작권법에 의하여 보호되는 저작물의 요건을 갖춘 경우, 저작권법상의 저작물로 보호받을 수 있는지 여부(적극)]

저작물과 상표는 배타적·택일적인 관계에 있지 아니하므로, 상표법상 상표를 구성할 수 있는 도형 등이라도 저작권법에 의하여 보호되는 저작물의 요건을 갖춘 경우에는 저작권법상의 저작물로 보호받을 수 있고, 그것이 상품의 출처표시를 위하여 사용되고 있거나 사용될 수 있다는 사정이 있다고 하여 저작권법에 의한 보호 여부가 달라진다고 할 수는 없다.

---

25) 서적의 제호, 제명은 스위스나 프랑스 저작권법 등을 제외하면 저작권의 보호대상이 되지 아니한다고 봄이 각국의 통설적 견해이다. 우리나라 심사실무는 상표등록을 인정하고 있다. 다만, 서적의 제호를 상표등록하여 저작물에 대한 영구적 독점을 꽈는 것은 저작권법의 원리와 충돌되므로 그 효력은 제한되어야 할 것이다(李東治, "상표의 특별현저성, "지적소유권법의 제문제(下), p.44)

26) 등록상표 "주간만화"는 지정상품인 잡지가 만화작품을 게재하거나 기타 만화에 관련한 내용을 담는 것임을 인식시키고, 또 잡지가 주간을 단위로 하여 생산, 판매된다는 것을 인식시키는 점에서 지정상품인 잡지의 내용, 품질, 용도나 생산판매시기 등 상품의 성질을 보통으로 사용하는 기술적 상표이므로, 자타상품을 식별하는 기능을 결여하고 또 이러한 상표를 특정인에게 독점하도록 하는 것이 공익상 타당하지 않다고 판단된다(대법원 1992. 11. 27. 선고, 92후384 판결).

대법원 2005. 8. 25. 선고, 2005다22770 판결

[서적류에 사용된 제호에 대하여도 상표권의 효력이 미치는 경우]

서적류의 제호는 특별한 사정이 없는 한 해당 저작물의 창작물로서의 명칭 내지는 그 내용을 함축적으로 나타내는 것이며 그러한 창작물을 출판하고 제조·판매하고자 하는 자는 저작권법에 저촉되지 않는 한은 누구든지 사용할 수 있는 것으로서 품질을 나타내는 보통명칭 또는 관용상표와 같은 성격을 가지는 것이므로 제호로서의 사용에 대하여는 구 상표법 제51조의 규정에 의하여 상표권의 효력이 미치지 않는 것이 원칙이기는 하나, 타인의 등록상표를 정기간행물이나 시리즈물의 제호로 사용하는 등 특별한 경우에는 사용 태양, 사용자의 의도, 사용 경위 등 구체적인 사정에 따라 실제 거래계에서 제호의 사용이 서적의 출처를 표시하는 식별표지로서 인식될 수도 있으므로, 그러한 경우에까지 상표권의 효력이 미치지 않는 것으로 볼 수는 없다.

대법원 1987. 8. 18. 선고, 86후190 판결

[서적의 제호를 상표로 부정한 사례]

등록상표가 한자로 '생활정보'라고 횡서표기한 문자상표라면 그 '생활정보'라는 용어는 우리의 생활 주변에서 일어나는 여러 가지 뜻을 전달하는 뜻이 있으므로 이 사건 등록상표는 그 지정상품인 잡지와의 관계에 있어서 그 효능이나 용도 등 상품의 성질을 보통으로 사용하는 방법으로 표시한 표장만으로 된 상표이므로 자타 상품을 식별할 수 있는 기능이 결여되는 것으로서 상표로서의 특별현저성이 없다.

대법원 1986. 10. 28. 선고, 85후75 판결

[서적의 제호는 기술적 표장에 해당한다는 사례]

서적에 사용된 표장인 "역대 王妃列傳"이 역대왕비의 전기를 차례로 기록한 책제명의 보통명사나 관용상표라고 까지는 할 수 없어도 그와 같은 책의 내용을 함축성 있게 보통으로 기재한 것에 불과한 이른바 기술적 상표에 해당하는 것이어서 비록 같은 서적 등을 지정상품으로 하여 등록된 상표 "王妃列傳"과 그 관념, 칭호 및 외관이 서로 유사하다 하더라도 구 상표법 제26조 제2호의 규정에 의하여 위 등록상표의 상표권의 효력은 기술적 상표인 위 표장에는 미치지 아니한다.

제 6 절 상표와 저작권법상의 캐릭터와의 관계

캐릭터는 원래 소설이나 만화, 영화 등에 등장하는 미키마우스, 피카츄, 디지몬, 영심이, 아기공룡 둘리 등과 같은 가공적 인물을 지칭하는 것과 현사회에서 등장하는 실제인물(박찬호)인 스포츠선수나 연예인 등[27]을 지칭하기도 한다. 이러한 캐릭터는 정보통신의 발달로 빠른 시간에 대중들에게 전파되어 우리가 사용하는 생활용품인 티셔츠나 문구류, 장난감 등의 상품에 부착됨으로써 친숙하게 느끼게 되어 구매의 충동을 느끼게 한다. 이러한 것을 고객흡인력이라고 한다. 이러한 고객흡인력을 가진 캐릭터는 상표와 마찬가지로 상품에 사용되고 있으나, 이는 상품의 식별표시로서가 아니라 고객흡인력에 의한 것이다. 물론 캐릭터를 상표로서 등록하는 경우에는 상표로서 보호를 받을 수 있다. 일반적으로 시중에서 상품에 부착되어 판매되고 있는 캐릭터는 저작권자와 상품생산 및 제조자 사이의 사용허락에 관한 계약을 통하여 상품생산 및 제조자에 의해 사용되고 있는 상품화권의 대상이라고 볼 수 있다.

대법원 1996. 9. 6. 선고, 96도139 판결	만화, 텔레비전, 영화, 신문, 잡지 등 대중이 접하는 매체를 통하여 등장하는 가공적인 또는 실재하는 인물, 동물 등의 형상과 명칭을 뜻하는 이른바 캐릭터(character)는 그것이 가지고 있는 고객흡인력(고객흡인력) 때문에 이를 상품에 이용하는 상품화(이른바 캐릭터 머천다이징, character merchandising)가 이루어지게 되는 것이고, 상표처럼 상품의 출처를 표시하는 것을 그 본질적인 기능으로 하는 것은 아니어서, 캐릭터 자체가 널리 알려져 있다고 하더라도 그것이 상품화된 경우에 곧바로 타인의 상품임을 표시한 표지로 되거나 그러한 표지로서도 널리 알려진 상태에 이르게 되는 것은 아니라고 할 것이므로, 캐릭터가 상품화되어 부정경쟁방지법 제2조 제1호 가목에 규정된 국내에 널리 인식된 타인의 상품임을 표시한 표지가 되기 위하여는 캐릭터 자체가 국내에 널리 알려져 있는 것만으로는 부족하고, 그 캐

27) 실제인물의 성명, 캐릭터의 제명, 명칭 등은 저작권의 대상이 되지 않으므로(대판 1997. 7. 12, 77다90 "또복이") 이를 상표로서 등록하여 보호받을 수 있는지의 여부가 문제이다(宋永植·李相埕, 四訂版 知的財産權法, 세창출판사(2000), p.428.

릭터에 대한 상품화 사업이 이루어지고 이에 대한 지속적인 선전, 광고 및 품질관리 등으로 그 캐릭터가 이를 상품화할 수 있는 권리를 가진 자의 상품표지이거나 위 상품화권자와 그로부터 상품화 계약에 따라 캐릭터사용허락을 받은 사용권자 및 재사용권자 등 그 캐릭터에 관한 상품화 사업을 영위하는 집단(group)의 상품표지로서 수요자들에게 널리 인식되어 있을 것을 요한다.

캐릭터는 이 세상에 실재 여부에 따라 ① 연예인이나 운동선수 등과 같이 실재인물에 관한 캐릭터(실재캐릭터)와 ② 순수하게 창작된 캐릭터(창작캐릭터), 그리고 ③ 시각적으로 인식할 수 있도록 도화로 표현된 것(시각적 캐릭터; 아바타 등)과 ④ 소설 등에 등장하는 주인공과 같이 언어로 표현된 것(어문적 캐릭터: 돈키호테), 그 외에 ⑤ 신문이나 잡지, TV 등에 시리즈로 등장하는 것(시리즈 캐릭터)와 ⑥ 처음부터 상품화를 목적으로 창작되는 캐릭터(오리지널 캐릭터) 등으로 분류하고 있다.[28] 그 외의 분류방법으로 픽셔날 캐릭터 fictional character와 팬시플 캐릭터 fanciful character로 분류하는 경우[29]와 공상의 캐릭터 fanciful character와 가공의 캐릭터, 실재인물로 분류하는 방법[30]이 있다.

이러한 캐릭터의 보호와 관련하여서는 저작권법이나 부정경쟁방지법에 의한 상품화권에 의한 보호가 논의되고 있다. 한편 캐릭터는 그 독특한 개성에 의하여 상표로서의 기능이 가능하며, 부정경쟁방지법상의 보호 역시 상품표지 또는 영업표지로서의 기능을 전제로 하는 것이다. 따라서 캐릭터의 모양이나 이름을 상표로 등록할 경우 상표등록요건에 해당되면 상표법에 의한 보호를 받을 수 있다. 이를 위해서는 캐릭터를 상표로서 사용했을 경우 자타상품 식별력 등의 요건을 만족해야 하며 다른 지적재산권과 달리 상표권의 설정등록이 있은 날로부터 10년간 존속하며 존속기간 갱신등록출원에 의하여 10년마

28) 최성우, "캐릭터의 산업재산권법에 의한 보호", 저작권법연구 제3호, pp.291~292; 이상정, "캐릭터(character)의 보호", 지식재산 21, 특허청(1997. 7.), pp.7~8; 박성호, 캐릭터 상품화의 법적 보호, 현암사(2006), pp.20~31.

29) 신문·잡지·책 등에 연재되는 만화영화(정지화)나 TV·극장에서 상영되는 만화영화(동화·에니메이션) 등에 등장하는 인물·동물 등을 팬시플 캐릭터라고 함에 대하여, 소설·각본 등에 등장하는 주인공 등을 픽셔널 캐릭터라고 한다(이상정, "캐릭터(character)의 보호", 지식재산 21, 특허청(1997. 7.), p.8).

30) 협의의 캐릭터를 공상의 캐릭터로 번역되는 팬시플 캐릭터와 가공의 캐릭터로 번역되는 픽셔널 캐릭터로 나누고, 여기에 실재인물을 더하여 광의의 캐릭터라고 한다(박성호, 캐릭터 상품화의 법적 보호, 현암사(2006), p.22 재인용).

다 갱신할 수 있어 영구적으로 사용할 수 있는 장점이 있다.

캐릭터가 상표로서 등록요건을 갖추어 지정상품군에 등록되었다 하더라도 이는 상품의 출처표시를 위하여 사용된 경우에만 상표법으로 보호될 수 있다. 이와 관련하여 우리나라에서는 아직 판례가 없으나 일본에서는 뽀빠이 캐릭터에 관한 판례가 있다. 일본 오사카 고등법원은 뽀빠이 상표를 등록하고 있는 원고가 뽀빠이를 표시한 셔츠를 제조하는 피고를 상대로 상표침해를 이유로 셔츠의 제조금지를 청구한 것에 대하여 피고가 셔츠에 뽀빠이 캐릭터를 사용한 것은 장식적·디자인적으로 사용한 것이고, 출처표시기능을 가지는 상표로 사용한 것이 아니므로 원고의 청구는 이유없다고 주장하였으나 최고재판소에서는 캐릭터의 사용이 다소 장식적·디자인적인 경우에도 상표로서의 사용으로 볼 수 있다고 판결을 내렸다.

한편 타인의 저작권을 침해하는 상표등록이 상표등록거절사유에 해당하는지의 문제가 있다. 일본특허심판소(1960. 4. 25. 심결)는 연필 등 문구류에 대하여 미키마우스의 도형과 MICKEY MOUSE라는 상표를 등록한 사안에 대하여 월트디즈니 프로덕션의 상표등록무효주장에 대해 비록 저작권을 침해하는 상표등록이라 하더라도 공서양속에 반한다고 볼 수 없다는 이유로 받아들이지 아니하였다. 그러나 현재는 타인의 저작권을 침해하는 상표등록은 저작자의 승낙없이 한 범죄행위인 만큼 공서양속위반(상§34①ⅳ) 또는 기만적 상표(상§34①xi)에 해당하므로 무효라는 것이 타당하다.[31)]

31) 송영식, 우리나라 실정법상 캐릭터의 보호, 문화부 주최 캐릭터의 법적 보호방안에 관한 세미나(1991), p.33.

상표는 특정상품군에 대하여 등록되어야 하는데 캐릭터 소유자가 자신의 캐릭터를 사용할 것이 예상되는 상품에 대하여 전부 상표등록을 한다는 것은 불가능하다. 더욱이 상표등록출원은 그 표장을 실제로 사용할 필요는 없다고 하더라도 적어도 등록된 상품에 당해 표장을 사용할 의사가 있어야 하므로(상§3①) 등록된 상품이외의 상품에 캐릭터가 사용된 경우에는 상표등록을 통하여 캐릭터를 보호할 수 없을 것이다. 또한 일정기간(3년) 사용실적이 없는 상표는 상표등록 취소사유가 되므로(상§119①iii) 상표법에 의한 캐릭터의 보호에는 한계가 있다.

캐릭터의 저작권자가 상표법에 의한 상표등록을 할 경우 저작물로서 저작권법에 의하여 여전히 보호되는지의 문제가 있다.32) 이는 해석상 상표법상의 상표등록을 하더라도 저작권법상의 보호를 받는 것이 타당하다.

대법원 2000. 5. 30. 선고, 98후843 판결 	인용상표가 캐릭터(Character)를 주제로 한 상표인 경우, 캐릭터는 그것이 가지고 있는 고객흡인력 때문에 이를 상품에 이용하는 상품화(이른바 캐릭터 머천다이징; character merchandising)가 이루어지게 되는 것이고 상표처럼 상품의 출처를 표시하는 것을 그 본질적인 기능으로 하는 것은 아니므로, 그 캐릭터 자체가 널리 알려져 있다 하더라도 그러한 사정만으로는 곧바로 인용상표가 일반 수요자나 거래자들에게 특정인의 상표로서 널리 인식되어 있다고 보기 어렵다.
특허법원 2003. 5. 1. 선고, 2002허6671 판결	[1] 인용상표들의 SMURF 캐릭터(Character)들이 널리 알려져 있고, 또 미국을 비롯한 여러 나라에서 여러 가지 상품들을 지정상품으로 하여 등록되었을 뿐만 아니라, 그 상품들에 널리 사용되었다고 하여 인용상표들이 우리나라에서 그 지정상품에 널리 사용되어 등록상표의 출원시 또는 등록결정시를 기준으로 주지·저명하였다거나 일반 수요자나 거래자들에게 특정인의 상표로서 널리 인식되었다고 할 수 없다고 한 사례. [2] 상표법에는 타인의 저작권의 목적이 되는 도형을 포함하는 표장의 등록을 금지하는 규정이 없고, 저작권은 상표권과는 달리 그 발생에 있어 무방식주의를 채택하고 있어 상표 심사단계에서 그 출원상표가 이미 발생한 저작권과 저촉되는지 여부를 심

32) 구체적인 논의는 박성호, 캐릭터 상품화의 법적보호, 현암사(2006), pp.116~276; 최성우, “캐릭터의 산업재산권법에 의한 보호”, 저작권법연구 제3호, pp.306~339; 이상정, “캐릭터(character)의 보호”, 지식재산 21, 특허청(1997. 7.), pp.8~18 참조.

사하기가 현실적으로 곤란하며, 상표법 제53조가 상표권과 저작권의 저촉관계에 관하여 별도로 규정하고 있는 점 등에 비추어 볼 때, 타인의 저작권의 목적인 도형 등을 상표로서 등록하는 것 자체를 공공의 질서나 선량한 풍속을 문란케 하는 것으로서 곧바로 구 상표법 제7조 제1항 제4호의 부등록사유에 해당한다고 하기는 어렵다.

대법원 2005. 4. 29. 선고, 2005도70 판결

[1] 저작물인 만화영화의 캐릭터가 특정분야 또는 일반대중에게 널리 알려진 것이라거나 고객흡인력을 가졌는지 여부는 저작물의 저작권법에 의한 보호 여부를 판단함에 있어서 고려할 사항이 아니라고 한 사례

[2] 저작물인 만화영화에 등장하는 캐릭터가 부착된 팽이를 수입한 행위가 저작권 침해행위에 해당한다고 한 사례

제 7 절 부정경쟁방지법과의 관계

산업재산권법에서 상표법이나 독점규제 및 공정거래에 관한 법률(이하 '독점규제법' 또는 '공정거래법'이라 한다), 그리고 부정경쟁방지 및 영업비밀에 관한 법률(이하 '부정경쟁방지법' 또는 '영업비밀법'이라 한다)은 민법상의 불법행위법에서 발전한 것으로서 부정경쟁을 방지하고 경업질서를 사적 자치의 원칙에 의하여 유지·형성하려는 것이다. 상표법은 상표심사·등록이라고 하는 절차적 수단을 통해서 제1차적으로 등록상표권자의 이익을 보호하고자 하는 점에서 독점규제법이나 부정경쟁방지법과 그 방법이 다르다. 예컨대 상표법은 등록이라고 하는 법적 안정을 목적으로 하는 제도적 수단에 의해 재산권적 보호를 하는 것이다. 즉 상표는 등록에 의해 독점·배타적인 권리로서의 상표권을 설정하고 타인의 침해로부터 상표권침해를 배제한다고 하는 구성에 의해 정적(靜的)인 면부터 부정경쟁방지를 꾀하고 있다. 반면 부정경쟁방지법은 유통시장에서 주지된 상표, 상호, 성명 등의 표지와 혼동이 생길 염려가 있는 행위를 개별·구체적으로 파악해서 금지하고, 이로써 공정한 경업질서를 유지한다고 하는 구성에 의해 동적(動的)인 면으로부터 부정경쟁방지를 도모하고 있

다.[33]

양자는 중복적용이 인정되나 부정경쟁방지법은 그 규정이 상표법의 규정에 저촉되는 경우에는 상표법에 의한다고 규정하고 있다(부§15). 즉 양자는 영업상 표식보호에 관한 일반법과 특별법의 관계에 있다고 볼 수 있다. 따라서 상표법상의 상표는 타인의 상품과 자기의 상품을 식별하기 위한 목적, 즉, 상품간의 오인, 혼동을 방지하기 위한 것이고, 또 상표권은 상표를 독점·배타적으로 지배할 수 있는 권리이므로 상품의 유통질서를 유지하기 위한 것이다. 이에 대하여 부정경쟁방지법은 널리 인식된 상표뿐만 아니라 용기, 상호 기타 널리 인식된 포장 등을 부정경쟁의 목적으로 사용하는 행위를 하는 자에게 제재를 가하는 것이다. 이 부정경쟁방지법의 대상은 등록 유무와 상관없이 표장이나, 상호 기타 용기 등이 널리 인식되어 있는 상태라면 족하고 그러한 것을 보호받을 수 있는 것이다. 양법은 동일의 법 목적을 달성하기 위한 것이고, 그 수단에 있어서 차이가 있을 뿐이다.

한편 상표권침해가 인정되려면 상표를 상업적으로 사용하여 오인·혼동을 초래할 것을 요한다. 이에 우리 상표법은 타인의 등록상표와 동일한 상표를 그 지정상품과 유사한 상품에 사용하거나 타인의 등록상표와 유사한 상표를 그 지정상품과 동일 또는 유사한 상품에 사용하는 행위는 상표권을 침해하는 행위로 규정하고 있다. 예를 들어 화장품 및 의류 등을 지정상품으로 하는 "샤넬"이라는 상표를 제3자가 의류에 무단으로 사용하는 경우 당해 상표권을 침해하는 행위에 해당된다. 그런데 위의 "샤넬"이라는 상표를 주점이나 음식점 등을 지정상품으로 사용한 경우에는 문제가 되는데 이 경우가 희석화 이론의 대표적 영역이 된다. 여기서 희석화란 저명한 상표를 동일 내지 유사하지 아니한 상품에 사용함으로써, 그 저명한 상표가 그 동안의 광고나 노력으로 쌓아놓은 신용에 편승하여 부당한 이득을 얻는 행위를 말한다. 희석화 이론은 상표의 재산적 가치를 보호하기 위한 이론으로서, 상표 희석의 본질은 유명상표와 동일·유사한 상표가 제3자에 의해 사용됨으로써 그 고객흡인력 등의 재산적 가치가 감소한다는 점에 있다. 즉 저명한 상표의 경우 혼동의 위험이 없다고 하여 비유사품에 자유롭게 사용할 수 있게 하면 당해 상표의 신

33) 이한상·김준학, 지식재산권법, 第一法規(2001), p.498.

용, 고객흡인력 등이 각종의 상품에 분산되고 그로 인하여 저명상표의 이미지, 광고선전력, 고객흡인력 등이 다른 상품에 흡수되어 희박하게 된다. 이에 희석화 이론은 상표의 재산적 가치에 초점을 맞추어 혼동가능성이 존재하지 않는 경우에도 상표를 보호하여야 한다는 이론이다.

한편 희석화 이론과 관련하여 우리나라는 상표법과 부정경쟁방지법을 통하여 입법화하고 있다. 즉 상표법 제34조 제1항 11호 후단에서 "수요자간에 현저하게 인식되어 있는 타인의 상품이나 영업의 식별력 또는 명성을 손상시킬 염려가 있는 상표" 및 상표법 제34조 제1항 13호에서 "국내 또는 외국의 수요자간에 특정인의 상품을 표시하는 것이라고 인식되어 있는 상표(지리적 표시를 제외한다)와 동일 또는 유사한 상표로서 부당한 이익을 얻으려 하거나 그 특정인에게 손해를 가하려고 하는 등 부정한 목적을 가지고 사용하는 상표"를 명시하여 지정상품의 동일·유사 여부를 묻지 아니하고 등록 거절 및 동법 제117조에서의 무효 사유로 규정하고 있다. 또한 부정경쟁방지법 제2조 1호 다목은 "비상업적 사용 등 대통령령으로 정하는 정당한 사유 없이 국내에 널리 인식된 타인의 성명, 상호, 상표, 상품의 용기·포장, 그 밖에 타인의 상품 또는 영업임을 표시한 표지와 동일하거나 유사한 것을 사용하거나 이러한 것을 사용한 상품을 판매·반포 또는 수입·수출하여 타인의 표지의 식별력이나 명성을 손상하는 행위"를 부정경쟁행위의 한 유형으로 규정하고 있다. 동 규정은 상표법조약(Trademark Law Treaty) 가입을 위하여 2001년 2월 개정시 추가된 부정경쟁행위의 유형 중 하나로 일반적으로 이를 "저명상표 희석행위"라 한다. 저명상표 희석행위란 국내에 널리 인식된 타인의 상품 또는 영업표지를 비상업적 사용 등 대통령령이 정하는 정당한 사유 없이 사용하거나, 사용한 상품을 판매·반포 등을 하여 타인표지의 식별력이나 명성 등을 손상시키는 행위를 말하며, 전술한 혼동초래행위와의 차이점은 혼동초래행위가 소비자 혼동에 주안점을 두고 있는 데 반하여, 희석행위는 상표와 관련된 식별력 또는 신용(good will)을 약화시키는 희석화(dilution) 행위에 중점을 둔다.[34)]

34) 특허청, 부정경쟁방지 및 영업비밀보호에 관한 법률 조문별 해설서(2008), p.42.

헌법재판소 2001. 9. 27. 99헌바77 전원재판부

부정경쟁방지법과 상표법과의 관계, 이 사건 법률조항의 입법배경 및 판례의 해석에 의해 구체화된 내용 등을 종합하여 보면, 이 사건 법률조항은 서로 밀접한 관계에 있으면서도 구체적 입법목적과 규율방법을 달리함으로써 상호간의 저촉, 충돌의 가능성을 가지고 있는 위 양 법의 관계를 분명히 함으로써 이러한 저촉, 충돌에 대비하기 위한 것임을 알 수 있다.

당해 사건과 같이 상표법위반이 성립되지 않는 경우는 양법이 경합 또는 저촉되는 경우를 대비한 이 사건 법률조항의 규율대상에 포함되지 않으며, 이 사건 법률조항이 청구인의 주장과 같이 상표법상 상표나 서비스표로 등록될 수 없는 표지는 부정경쟁방지법의 보호대상도 될 수 없다거나, 상표법상 상표나 서비스표로 일단 등록이 된 표지에 관한 권리 침해 여부에 대해서는 상표법만 적용되고 부정경쟁방지법은 적용될 수 없다는 의미로 해석될 여지는 없다.

결국, 상표법위반이 성립되지 않고 부정경쟁방지법위반 여부만 문제되는 당해사건에 대해서는 이 사건 법률조항이 적용되지 아니하며, 이 사건 법률조항의 위헌여부에 따라 당해사건 재판의 주문이 달라지거나 재판의 내용과 효력에 관한 법률적 의미가 달라질 수 없으므로 이 심판청구는 재판의 전제성을 갖추지 못하여 부적법하다.

대법원 1997. 4. 22. 선고, 96도1727 판결

[캐릭터가 보호되기 위한 요건]

캐릭터(character)는 그것이 가지고 있는 고객흡인력 때문에 이를 상품에 이용하는 상품화(이른바 캐릭터 머천다이징; character merchandising)가 이루어지게 되는 것이고, 상표처럼 상품의 출처를 표시하는 것을 그 본질적인 기능으로 하는 것은 아니어서 캐릭터 자체가 널리 알려져 있다고 하더라도 그것이 상품화된 경우에 곧바로 타인의 상품임을 표시한 표지로 되거나 그러한 표지로서도 널리 알려진 상태에 이르게 되는 것은 아니라고 할 것이므로, 캐릭터가 상품화되어 부정경쟁방지법 제2조 제1호 (가)목에 규정된 "국내에 널리 인식된 타인의 상품임을 표시한 표지"가 되기 위하여는 캐릭터 자체가 국내에 널리 알려져 있는 것만으로는 부족하고, 그 캐릭터에 대한 상품화사업이 이루어지고 이에 대한 지속적인 선전, 광고 및 품질관리 등으로 그 캐릭터가 이를 상품화할 수 있는 권리를 가진 자의 상품표지이거나 위 상품화권자와 그로부터 상품화계약에 따라 캐릭터사용허락을 받은 사용권자 및 재사용권자 등 그 캐릭터에 관한 상품화사업을 영위하는 집단(group)의 상품표지로서 수요자들에게 널리 인식되어 있을 것을 요한다.

대법원 1999. 4. 23. 선고, 97도322 판결	**[상표법상 식별력 없는 상표의 부정경쟁방지법상 보호 가부]** 상표법상 보호를 받지 못하는 기술적 표장이나 현저한 지리적 명칭만으로 된 상표라 할지라도 그것이 오랫동안 사용됨으로써 일반 수요자들에게 특정인의 영업을 표시하는 것으로 널리 인식된 경우에는 부정경쟁방지법이 보호하는 상품표지 내지 영업표지에 해당한다.
대법원 1996. 5. 13. 선고, 96마217 결정	**[상표법과 부정경쟁방지법의 관계]** 상표법상 보호를 받지 못하는 기술적 표장이나 현저한 지리적 명칭만으로 된 상표라 할지라도 그것이 오랫동안 사용됨으로써 일반 수요자들에게 특정인의 영업을 표시하는 것으로 널리 인식된 경우에는 부정경쟁방지법이 보호하는 상품표지 내지 영업표지에 해당한다. 부정경쟁방지법 제15조는 상표법 등에 부정경쟁방지법 제2조 내지 제6조, 제10조 내지 제14조 및 제18조 제1항의 규정과 다른 규정이 있는 경우에는 그 법에 의한다고 규정하고 있는바, 그 규정의 취지는 상표법 등에 부정경쟁방지법의 위 규정들과 다른 규정이 있는 경우에는 그 법에 의하도록 한 것에 지나지 아니하므로, 상표법 등 다른 법률에 의하여 보호되는 권리일지라도 그 법에 저촉되지 아니하는 범위 안에서는 부정경쟁방지법을 적용할 수 있다.

제 8 절 기타(상표법상의 상표와 다른 의미의 상표표시)

1. 상표와 지리적 표시

지리적 표시라 함은 상품의 특정 품질·명성 또는 그 밖의 특성이 본질적으로 특정지역에서 비롯된 경우에 그 지역에서 생산·제조 또는 가공된 상품임을 나타내는 표시이다(상§2①ⅳ).

상표와 지리적 표시[35]는 양자 모두 출처표시 기능 및 품질표시적 기능,

35) 여기서 지리적 표시는 단순한 지명이 아니며, 다른 지역의 상품과 구별되는 특정 품질이나

영업상의 이익과 관련되며 지식재산권의 범주 내에서 보호되는 표장이라는 점에서는 상표와 유사한 점이 있다. 이러한 유사점 때문에 지리적 표시를 상표제도 내로 포괄하여 상표 및 지리적 표시 보호법으로 규정하는 나라가 있는가 하면 지리적 표시를 상표법상 단체표장 내지 증명표장으로 보호하는 나라도 있다.

그러나 상표는 상품 또는 서비스업을 제공하는 "특정 사업주체"를 식별시켜 주는 표장인데 반하여 지리적 표시는 당해 표시가 사용되고 있는 제품을 생산하는 사업주체들이 위치하고 있는 "특정지역"을 확인시켜 주는 표장이므로 특정상품의 품질, 명성 기타 특징이 본질적으로 특정지역의 지리적 특성에 기인함을 요건으로 하며, 지리적 표시는 상표와는 다르게 하나의 업자가 다른 경업자들을 사용으로부터 배제시킨다는 의미에서의 "독점적 소유자"가 없는 점에서 차이가 있다고 볼 수 있다.

우리나라는 2004년 개정상표법[36]을 통해 2005년 7월 1일부터 "지리적 표시"를 단체표장으로 보호하고 있으며, 대외무역법 제33조 제1항에서 "산업통상자원부장관이 공정한 거래질서의 확립과 소비자보호를 도모하기 위하여 원산지를 표시하여야 하는 대상으로 공고한 물품등(이하 "원산지표시대상물품"이라 한다)을 수출 또는 수입하고자 하는 자는 그 물품등에 대하여 원산지의 표시를 하여야 한다"고 규정하고 있으며 제4항에서 무역거래자 또는 물품등의 판매업자는 ① 원산지를 허위로 표시하거나 이를 오인하게 하는 표시를 하는 행위 ② 원산지의 표시를 손상하거나 변경하는 행위 ③ 원산지표시대상물품에 대하여 원산지 표시를 하지 아니하는 행위 ④ ①에서 ③까지의 규정에 위반되는 원산지표시대상물품을 국내에서 거래하는 행위를 해서는 안 된다.[37]

지리적 표시의 요건은 ① 상품임을 나타내는 표시이어야 하고, ② 상품의 품질뿐만 아니라 명성이나 그 밖의 특성이 지리적 환경에 기인하여야 하고,

명성이나 그 밖의 특성이 그 지역의 기후, 토양, 지형 등의 자연적 조건이나 전통적인 생산비법 등의 인적조건을 포함하는 지리적 환경에서 본질적으로 비롯되는 경우에 그 지역에서 생산·제조 또는 가공된 상품임을 나타내는 표시로서 일반적인 산지표시와는 구별된다..

36) 2004. 12. 31. 법률 제7290호.

37) 구체적 기준은 대외무역관리규정(산업자원부 고시), 관세법·시행령·시행규칙, 원산지제도운영에관한고시(관세청 고시), 농산물품질관리법·시행령·시행규칙 및 수산물품질관리법·시행령·시행규칙, 농산물원산지표시요령(농림부 고시), 수산물원산지표시업무처리요령(해양수산부 고시)에 의한다.

③ 상품의 품질, 명성 또는 그 밖의 특성이 특정 지역의 자연적, 인적 요소를 포함하는 지리적 환경에 결정적으로 좌우되어야 한다. 그 외에도 ④ 그 지역에서 생산·제조 또는 가공된 상품임을 나타내어야 한다.

"지리적 표시 단체표장"이란 지리적 표시를 사용할 수 있는 상품을 생산·제조 또는 가공하는 자가 공동으로 설립한 법인이 직접 사용하거나 그 소속 단체원에게 사용하게 하기 위한 표장을 말한다(상§2①vi).

지리적 표시 단체표장을 등록받기 위해서는 그 지리적 표시를 사용할 수 있는 상품을 생산·제조 또는 가공하는 자만으로 구성된 법인이 자기의 단체표장을 등록받을 수 있고(상§3②), 지리적 표시 단체표장 등록을 받고자 하는 취지를 단체표장등록출원서에 기재하여야 하고, 단체표장의 사용에 관한 사항을 정한 정관을 첨부하여야 하며, 지리적 표시의 정의에 합치함을 입증할 수 있는 소정의 서류를 제출하여야 한다(상§36⑤). 만약, 지리적 표시 및 지리적 표시의 단체표장의 정의에 불합치하는 경우(상§54 i), 국내 또는 외국의 수요자간에 특정 지역의 상품을 표시하는 것이라고 현저하게 인식되어 있는 지리적 표시와 동일 또는 유사한 상표로서 부정한 목적을 가지고 사용하는 상표는 등록을 받을 수 없다(상§34① x iv). 다만, WTO 회원국 내의 포도주 및 증류주의 산지에 관한 지리적 표시라도 그 지리적 표시의 정당한 사용자가 해당상품을 지정상품으로 한 지리적 표시 단체표장 등록출원을 한 때에는 등록이 가능하다(상§34① x vi).

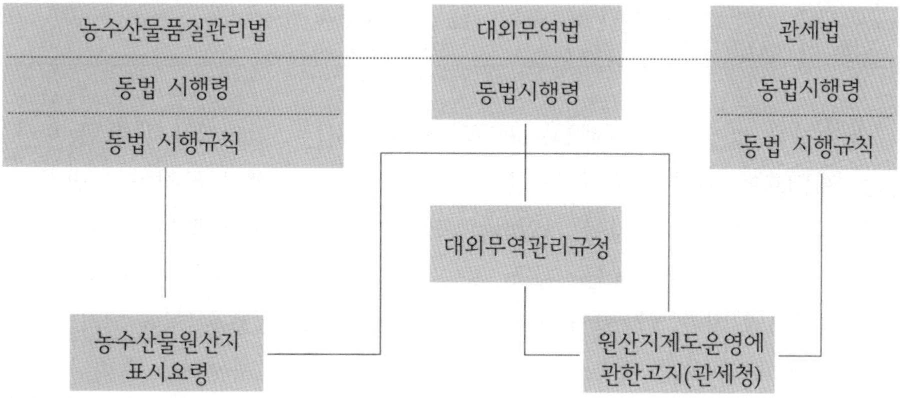

출처 : 산업자원부 홈페이지 인용.

상표법과 농산물품질관리법상의 지리적 표시 관련제도 비교

구분	지리적 표시 단체표장	지리적표시
보호 법규	상표법	농수산물 품질관리법
목적	상표(지리적 표시)를 보호함으로써 상표(지리적 표시)사용자의 업무상의 신용유지도모 및 산업발전에 이바지함과 아울러 수요자의 이익을 보호(§1)	이 법은 농수산물의 적절한 품질관리를 통하여 농수산물의 안전성을 확보하고 상품성을 향상하며 공정하고 투명한 거래를 유도함으로써 농어업인의 소득 증대와 소비자 보호에 이바지하는 것을 목적으로 한다.
등록 대상	• 제한없음 (농산물, 수산물및 그 가공품 외에도 수공예품도 가능)(33③)	• 지리적 특성을 가진 농산물 및 그 가공품으로 한정(32①)
등록 절차	• 출원 → 심사 → 출원공고 → (이의신청 → 3인 합의체 심사) → 등록공고	• 신청 → 심의회 심사 및 현장조사 → 공고 → (이의신청 → 심의회심사) → 등록공고
권리 구제	• 민사적: 침해금지, 손해배상, 신용회복청구권 • 형사적: 거짓표시죄, 침해죄	• 민사적: 침해금지, 손해배상, 신용회복청구권 • 형사적: 거짓표시죄(§117), 침해죄(§119iii)
등록 효과	• 단체표장 효력발생 – 권리자인 법인은 부당한 사용자에 대하여 민·형사적 구제수단 주장 가능 • 단체표장권 효력의 제한 – 정당한 사용자에 대하여는 권리주장이 불가능(§90②)	• 지리적 표시 효력 발생 … 좌동 – 등록을 받지 않은 제3자는 이와 동일 또는 유사한 마크 사용 불가(거짓표시죄로 처벌) • 지리적 표시권 효력 제한 – 법 제34조 제2항의 사유
등록 무효 및 취소	• 특허심판원에 대한 심판절차에 의하여 무효(§117) 및 취소 가능(§119)	• 직권 취소 가능(§40)

농수산물 품질관리법 제2조 제1항 제8호에서는 "지리적표시"란 농수산물 또는 제13호에 따른 농수산가공품의 명성·품질, 그 밖의 특징이 본질적으로 특정 지역의 지리적 특성에 기인하는 경우 해당 농수산물 또는 농수산가공품이 그 특정 지역에서 생산·제조 및 가공되었음을 나타내는 표시를 말하고, "지리적표시권"이란 이 법에 따라 등록된 지리적표시(동음이의어 지리적표시를 포함한다. 이하 같다)를 배타적으로 사용할 수 있는 지식재산권을 말한다(농수산

물 품질관리법§2①x). 지리적표시의 등록은 농림축산식품부장관 또는 해양수산부장관은 지리적 특성을 가진 농수산물 또는 농수산가공품의 품질 향상과 지역특화산업 육성 및 소비자 보호를 위하여 지리적표시의 등록 제도를 실시하고(농수산물 품질관리법§32①), 제1항에 따른 지리적표시의 등록은 특정지역에서 지리적 특성을 가진 농수산물 또는 농수산가공품을 생산하거나 제조·가공하는 자로 구성된 법인만 신청할 수 있다. 다만, 지리적 특성을 가진 농수산물 또는 농수산가공품의 생산자 또는 가공업자가 1인인 경우에는 법인이 아니라도 등록신청을 할 수 있다(농수산물 품질관리법§32②). 예를 들면, 보성녹차, 하동녹차, 영주사과, 진도홍주, 영동포도 등 2015년 3월 현 96개가 농수산물 품질관리법에 따라 등록되어 보호를 받고 있다. 그 외의 지리적표시에 관하여는 「특허법」 제3조부터 제5조까지, 제6조[제1호(특허출원의 포기는 제외한다), 제5호, 제7호 및 제8호에 한정한다], 제7조, 제7조의2, 제8조, 제9조, 제10조(제3항은 제외한다), 제11조(제1항제1호부터 제3호까지, 제5호 및 제6호는 제외한다), 제12조부터 제15조까지, 제16조(제1항 단서는 제외한다), 제17조부터 제26조까지, 제28조(제2항 단서는 제외한다), 제28조의2부터 제28조의5까지 및 제46조를 준용한다(농수산물 품질관리법§41①).

농림산물			축산물		가공식품
유기농산물	무농약농산물	저농약농산물	유기축산물	무항생제축산물	유기가공식품
유기농 (ORGANIC) 농림축산식품부	무농약 (NON PESTICIDE) 농림축산식품부	저농약농산물	유기농 (ORGANIC) 농림축산식품부	무항생제 (NON ANTIBIOTIC) 농림축산식품부	유기농 (ORGANIC) 농림축산식품부

2. 상표와 서비스표의 관계

구법상 서비스표는 서비스업자(광고업, 금융업, 보험업, 토목·건축업, 수선업, 통신업, 방송업, 운송업, 창고업, 특수가공업, 연예업 등의 서비스업을 하는 자)가 자기의 영업의 동일성을 표시하고 그것을 타인의 서비스와 식별시키기 위하여 사용하는 표(標)를 말한다. 즉 서비스표는 무형인 서비스를 대상으로 하나, 상표는 유형인 상품을 대상으로 하고 있다.

그러나 2016년 전부개정 상표법에서는 상품의 유·무형의 차이 외에는 구별할 실익이 없어서 상품의 서비스 또는 서비스 제공에 관련된 물건을 포함한다고 하여(상§2① i) 상품에 서비스를 포함하였다.

c·h·a·p·t·e·r

04 상표관련 국제조약 및 각국의 상표법

상표의 보호와 관련한 국제적인 노력은 1883년 체결된 공업소유권 보호를 위한 파리조약PARIS CONVENTION for the Protection of Industrial Property of March 20, 1883이나 1891년에 체결된 국제등록을 위한 마드리드 협약MADRID AGREEMENT Concerning International Registration of Marks 등에까지 거슬러 올라간다. 지적재산권 전반에 걸친 보호의 기본원칙을 선언한 WTO/TRIPs 협정도 발효되었으며, 상표국제등록제도에 가입을 유인하기 위한 마드리드 의정서가 발효되었다. 1994년 10월 27일에는 스위스 제네바에서 상표법통일화조약TLT: Trademark Law Treaty이 체결되었다. 유럽공동체 역시 공동체 시장의 성립에 대비하여 Council Directive 및 Council Regulation을 정리하여 통일된 상표보호를 기하고 있다.

제1절 상표관련 조약 및 협약

1. 파리조약

지적재산권의 다국간 체제를 확립한 파리조약은 기존의 속지주의 원칙을 유지하면서 국제협조체제를 형성하는 기본구조를 취하고 있다. 상표와 관련하여 파리조약은 그 보호대상으로서 상표를 명기한 제1조 제2항과 제6조 이하의 상표 보호 관련 규정 등을 두고 있으며, 내국민대우의 원칙, 텔켈telle quelle 조항의 채택, 우선권제도 등을 기본원칙으로 채택하고 있다.

파리조약에서는 상표의 정의에 대해서 특별히 정하지 않고 각국의 해석에 위임하고(파리조약§6①), 이에 대한 상표보호의 독립을 명확히 하고 있다. 즉 동일한 상표가 둘 이상의 동맹국에 있어서 등록출원되고 정상적으로 등록된 경우 그들은 상호 독립적이고, 출원절차, 등록요건, 권리의 발생 · 이전 · 효력 등에 대해서 당해 상표등록을 부여하는 각 동맹국의 법제에 따라서 개별적으로 취급되도록 하고 있다. 그러나 상품유통이 국제적인 규모로 행하여지고 있기 때문에 본국에서 등록된 상표가 다른 나라에서도 그대로 보호되는 것이 상표의 국제적 성격에서 생각하면 극히 이상적이다. 이에 상표독립의 원칙의 예외로서 외국등록상표에 대한 특별규정을 설치하고 있다(파리조약§6조의5). 즉 '본국에 있어서 정식으로 등록된 상표는 이 조약에서 특별히 규정하는 경우를 제외하고는 다른 동맹국에 있어서도 그대로telle quelle 등록이 인정되고 보호된다'는 규정을 두어 상표에 대한 국제적 보호를 도모하고 있다. 다만 이 규정은 해석에 있어서 방식심사만 행하면 보호를 요구하는 상표의 실체에 대해서는 아무 심사도 하지 않고 등록이 인정된다는 설과 각국의 국내법령에 있어서 상표 개념에까지 영향을 미치는 것은 아니라는 설이 대립한다.[1)]

이러한 파리조약은 각국 법제의 상이(相異)를 전제로 속지주의를 인정한 위에서의 조정법적인 조약에 머물러 있어 당초의 이상인 세계 통일법을 실현하는 것에는 이르지 못하고 있다. 또한 조약의 개정에 대해서는 전원일치의 원칙에 기초하고 있기 때문에 특정국간에 합의할 수 있는 경우가 있어도 모든 동의를 얻을 수 없는 경우에는 타협의 산물로서의 개정밖에 할 수 없다. 그래서 조약의 탄력적인 운용의 여지를 남겨 산업재산권보호의 규정에 저촉하지 아니 하는 별도로 동맹국 상호간에 산업재산권의 보호에 관한 특별동맹의 체결을 행할 권리의 유보를 인정하고 있고(파리조약§19), 이를 근거로 하여

1) 각국 법제의 相異를 전제로 그들의 조화를 도모하려고 하는 파리조약 본래의 취지에서 보아 상표를 어디까지 인정할 것인가는 각국의 자유이어서 상표의 개념에 대하여 당해 동맹국에 있어서 국내법령과는 상이할 해석을 적용할 필요는 없다 하겠다.

상표에 관하여서도 그 국제적 보호를 강화하기 위하여 몇 개의 특별동맹이 체결되어 있다.

2. 표장의 국제등록에 관한 마드리드 협약

파리조약에 의해 각국에서 보호를 받으려면 6개월의 우선권 혜택이 있을지라도 결국 희망하는 개별국가에 일일이 출원하지 않을 수 없다. 이에 단일 기관WIPO이 단일 언어와 일원화된 절차를 통하여 동맹국간 상표출원을 관장하도록 함으로써 국가간 상표 출원과 등록을 용이하게 하고자 하는 노력이 시도되었고, 파리조약 제19조의 특별협약으로서 1891년 4월 14일 상표의 국제출원제도를 창설하는 마드리드 협약이 체결되었다. 마드리드 협약은 체약국의 국민은 본국에 있어서 등록된 표장을 기본등록으로 하여 통일된 절차에 의하여 복수의 가맹국에 표장의 국제등록을 받는 것이 가능하고 각 가맹국에 있어서 당해 표장이 당해국에 직접 출원된 경우와 동일한 보호를 받을 수 있도록 하고 있다. 다만 마드리드 협약 경로로 출원된 표장이라도 당해국에 직접 출원된 경우에 적용되는 것과 동일한 절차를 거쳐 등록된다. 즉 각국에 있어서 실제로 등록되는가 아닌가는 각국이 독자의 법률에 기초하여 판단한다. 따라서 일단 자국(自國)이든 거주지국(居住地國)이든 본국관청에서 상표등록을 필요로 하므로 지정 국가가 등록을 위하여 실질심사를 하는 나라라면 심사기간 때문에 파리조약의 우선권(6개월)을 거의 이용할 수 없다는 문제점을 갖고 있다. 특히 최초에 출원한 국가, 즉 국제출원의 기초가 된 국가에서 5년 이내에 취소 등으로 실효(失效)되면 모든 국제등록이 무효가 되는 집중식 공격 Central Attack 방식이 본 협약에 대한 가입의 기피 원인이 되고 있다.

3. 상표등록조약

상표등록조약TRT: Trademark Registration Treaty은 본국에서의 등록을 기다리지 않고 곧바로 국제출원을 할 수 있도록 함으로써 실질심사국, 특히 미국과 영국의 반대를 피할 수 있도록 1973년에 만들어진 조약이다. 처음에는 미국 특허상표청과 WIPO의 지지를 얻었으나, 집중식 공격의 존재와 국제적 심사기준의 미비를 이유로 비준국이 소수이며 그 실질적인 활동이 이루어지고 있지 않다.

4. 마드리드 의정서

상표등록조약이 실질적인 활동을 하고 있지 못하는 상황에서 상표의 국제적 보호의 방향은 표장의 국제등록에 관한 마드리드 협약의 시스템을 확장하는 것을 모색하게 되었다. 마드리드 협약의 문제점을 보완하고 상표의 국제등록제도를 탄력적으로 운용하기 위한 마드리드 의정서는 협약과는 다음과 같은 차이점을 갖고 있다.

첫째 마드리드 의정서에 의한 국제출원은 국가출원으로 충분하며 반드시 등록을 필요로 하지 않는다. 따라서 본국이 등록을 위해 실질심사를 하고 있더라도 국제출원에는 크게 지장이 없으며, 파리조약상의 우선권주장도 가능하게 된다.

둘째 마드리드 협약이 규정하던 집중식 공격의 불합리를 보완하였다. 즉 기본 출원·등록이 무효·취소되더라도 국제등록을 가진 자는 국제등록의 우선권을 그대로 보유하면서 3개월 이내에 국가등록을 위하여 지정한 각지정체약국의 국내출원으로 전환할 수 있도록 허용하고 있다. 따라서 일단 본국출원에 문제가 생겨도 3개월 이내에는 우선권을 그대로 가지면서 이미 국제출원에서 지정한 국가라면 개별국가에 다시 출원할 수 있다.

셋째, 지정국에 있어 상표등록의 거절이나 잠정적 거절을 할 수 있는 기간을 18개월로 연장할 수 있다(원칙적으로 12개월이나 18개월로 대체선언가능하며 우리나라의 경우 18개월로 하고 있다). 또한 18개월의 제한기간 이후에도 이의신청이 있을 수 있다고 앞의 18개월 이내에 지정국의 특허청이 국제사무국에 알려주면 이의신청에 기초한 거절에 대해서는 부가기간(附加期間)이 허용된다. 이외에도 지정국이 독자적인 상표등록제도에 있어서 수수료의 총액과 동액의 청구가 가능하게 되며, 상표권의 존속기간을 10년으로 변경하였으며, 사용언어도 프랑스어 이외에 영어를 추가하였다.

그러한 시도의 일환으로서 의정서Protocol에 의한 협정의 개정을 통하여 기존

마드리드 협약 가입국(加入國)에는 어떠한 영향을 미치지 않으면서도 다음과 같은 사항을 포함함으로써 아직 가입하지 않은 나라를 유인하려 하였다. 즉 마드리드 의정서 제9조의6은 당해 국제출원이나 등록의 본국관청이 의정서와 협약의 양당사자인 경우는 의정서의 규정이 의정서와 협약의 양당사자인 다른 나라의 지역에는 효력을 미치지 못한다고 규정하여 의정서의 효력이 의정서에만 가입한 나라 사이나 또는 의정서에 가입한 나라와 의정서와 협약에 가입한 나라 사이에 미치도록 하였으며, 의정서의 당사국은 마드리드 동맹 및 총회의 구성원이 되도록 하였다.[2)]

5. 상표법통일화조약

이 조약TLT: Trademark Law Treaty은 제도이용자의 편리성을 도모하는 관점에서 상표에 관한 절차의 간소화 및 국제적 조화를 목적으로 1994년 10월 27일 스위스 제네바에서 개최된 외교회의에서 채택된 조약이다. 이 조약은 각종 증명서 요구의 간소화, 다류 1출원, 다건 1통 방식의 채용, 출원분할, 갱신등록의 실체심사금지 및 등록의 동일한 오류정정, 방식심사의 의견 진술 등을 내용으로 하고 있다.

6. WTO/TRIPs 협정

GATT/UR의 체결로 인하여 1995년 1월 1일부터 WTO(세계무역기구)가 정식으로 발족하고, 그 부속서로 상품무역에 관한 사항이외에 서비스, 무역관련 투자조치, 무역관련 지적재산권 협정TRIPs이 확정되었다. TRIPs협정은 특허권, 저작권, 컴퓨터프로그램, 반도체칩법, 영업비밀 등 8개 분야의 지적재산권과 관련한 최소한의 보호 기준을 마련하고 있다. 제2장 상표Trademarks 규정에서 상표의 보호와 관련한 규정들을 두고 있는 TRIPs협정은 상표의 의의, 상표권의 내용, 보호기간, 사용의무, 사용권 설정 및 양도 등을 규정하고 있으며, 제3장에서는 지리적 표시Geographical Indications의 보호 규정을 두고 있다. 또한 제2조

2) 다만 의결권은 서명한 조약 내용에 포함된 주제로 한정된다.

지적재산권 협정에서는 본 협정의 보호기준, 시행절차, 권리획득 및 유지절차와 관련하여서는 파리조약 제1조 내지 제12조와 제19조를 준용하도록 하고 있어 상표에 관한 파리조약의 조항들을 준용하도록 하고 있다.

TRIPs협정에서는 제2장 상표Trademarks규정에서 상표의 보호와 관련한 규정들을 두고 있다. 협정 제15조 제1항에서는 보호대상Protectable Subject Matter으로서의 상표가 '자타 상품 및 서비스의 식별력을 가진 표시sign[3] 또는 표시의 결합으로 구성된다'고 규정하고 이러한 표시는 "성명, 문자, 숫자, 도형과 색채의 조합combination of colors 및 이들의 결합은 상표로서 등록될 수 있다."고 규정하고 있다. 또한 회원국은 자체로서 식별력이 없는 표시도 사용에 의한 특별현저성을 취득한 경우 등록을 인정할 수 있다.

최소한의 보호 기준을 규정한 TRIPs협정상의 상표는 시각적으로 인식할 수 있는 자타상품 및 서비스의 식별력을 가진 표시 내지 표시의 결합이다. 즉 등록 보호될 수 있는 상표는 상표가 부착된 다른 상품과 구분할 수 있는 식별력distinctiveness을 가져야 하며, 성명personal names, 문자letters, 숫자numerals, 도형figurative elements 및 색채의 조합combination of colors 등으로 구성된다. 또한 회원국은 시각적으로 인식될 수 있는visually perceptible 표시만을 등록요건으로 요구할 수 있도록 규정하고 있다. 따라서 TRIPs협정상 음향상표sound marks나 냄새상표 등은 그 보호가 인정되지 않으며, 나아가 주지상표보호규정에 의한 보호 역시 인정되지 않는다. 우리 상표법 운영에 있어서 역시 비록 주지상표보호를 위한 규정(상 §34①xiii)을 신설하였다 할지라도 제2조 소정의 상표 개념 판단을 전제한 상표보호만을 인정한다. 따라서 비록 외국에서 주지된 상표라 할지라도 주지상표보호규정만을 이유로 시각적으로 파악될 수 없는 상표까지 보호할 의무는 부담하지 않는다.

3) sign을 해석함에 있어 標識, 標章 등의 여러 용어가 사용되나, 이를 '일정한 의미를 나타내는 mark 내지 shape'라는 의미에서 標示로서 표현하였다.

7. CTM(공동체상표법)[4)]

유럽공동체 이사회는 상표의 보호와 관련하여 회원국간의 상표법이 상이함으로 인하여 상품 및 서비스의 자유로운 거래가 방해를 받고 또한 EU공동체 시장 내에서의 경쟁이 왜곡될 수 있음을 알고, 지역 시장의 설립과 그 기능발휘를 위해서는 회원국의 법이 통일되어야 한다는 필요성을 느꼈다. 이에 유럽공동체이사회에서는 1988년 12월 21일, 상표에 관련된 회원국법률을 접근시키기 위한 이사회 지침[5)]을 마련하였으며, 1993년 12월 20일 공동체상표의 창설을 위한 이사회규정[6)]을 발표하였다.

상표의 정의는 EC지침상의 의무조항인 제2조에서 규정되고 있으며, 이는 다시 개정없이 이사회 규정 제4조에서 채택되고 있다. 지침 제2조에서는 "상표는 어떤 기업의 상품 또는 서비스를 다른 기업의 상품 또는 서비스와 식별하기 위하여, 명확히 표현할 수 있는capable of being represented graphically 모든 표시들, 특히 성명을 포함한 단어, 도안, 문자, 숫자 그리고 상품의 형태나 상품포장의 형태로 구성된다. 다만, 그러한 표시는 한 기업의 상품 또는 서비스를 다른 기업의 그것과 식별하기에 적합한 것이어야 한다[7)]"라고 규정하고 있다. 따라서 EU의 상표는 자타상품식별력이 있고 명확히 표현할 수 있는 모든 표시sign 라고 정의할 수 있다. 표시라 함은 특정한 물건 또는 사항을 표창하기 위한, 감각적으로 파악할 수 있는 수단material means으로 지침에서 예시하고 있는 서명,

4) 유럽공동체의 상표제도는 공동체상표제도와 국별상표제도의 병존이라는 이원적 구조를 취하고 있다. 즉 개별국가의 상표제도와 병존하는 공동체상표제도(The Community Trade Mark)를 창설하며, 필요한 범위 내에서 각국 상표법의 조화를 모색하고 있다. 이는 특허보호와 관련하여 유럽특허청을 통한 출원과 국별 특허청을 통한 출원이라는 이원적 제도의 병존과 이에 대한 자유로운 선택이 유럽 특허제도가 성공하게 된 요인이 되었다는 경험과 실제 EU전역에서 보호받아야 할 필요가 있는 상표는 비교적 적고, 80% 이상의 상표가 소수의 국가 내지 기업이 소재하는 국가에서만 보호받으면 충분하다는 현실적인 이유에 기인한다.

5) First Council Directive 89/104 of 21 December 1988 to approximate the laws of the Member States relating to trade mark.

6) Council Regulation 40/94 of 20 December 1993 on the Community trade mark.

7) A trade mark may consist of any sign capable of being represented graphically, particularly words, including personal names, designs, letters, numerals, the shape of goods or of their packaging, provided that such signs are capable of distinguishing the goods or services of one undertaking from those of other undertaking.

도안, 문자, 숫자나 상품 또는 상품포장의 형태 등과 같이 시각적으로 파악할 수 있는 것뿐만 아니라 청각, 후각, 미각 등에 의하여 파악할 수 있는 것을 포함한다.8) 이에 따라서 EU각국은 색채상표나 입체상표 등의 시각상표뿐만 아니라 소리상표, 냄새상표제도를 도입하고 있다. 한편 graphically representation의 해석과 관련하여 '사실적으로 나타낼 수 있는',9) '시각적으로 표현할 수 있는',10) '도면상 표현가능한11)' 등 그 견해가 다양하다. 그러나 '사실적으로 나타낼 수 있는' 것이란 해석은 그 의미가 모호하고, '시각적으로 표현할 수 있는' 것이란 해석 역시 이미 TRIPs협정에서 그와 같이 해석함에 있어서는 visually란 표현을 사용하였으며, EU의 상표 범위가 TRIPs협정상의 상표 범위보다 광범위함을 인정할 때 받아들이기 힘든 해석들이다. 또한 '도면상 표현가능한' 해석 역시 EU 상표제도가 인정하는 냄새상표나 소리상표에 있어 그 특정의 방법으로는 부적절하다 생각된다. 따라서 이 글에서는 '명확하게 표현할 수 있는'으로 해석한다.

어떤 표시가 명확하게 표현할 수 있는 것이기 위해서는 다음의 세 가지 요건을 필요로 한다. 즉 ① 침해의 인정이 될 수 있는 정도로 권리의 객체가 명확한 형태로 표시되어야 한다. ② 공고·공보로부터 실체 상표의 내용이 파악될 수 있는 것이어야 한다. ③ 상표 및 그 설명만을 보고 그 내용이 파악될 수 있어야 한다. 샘플이나 다른 문헌을 보아야만 내용을 알 수 있는 것은 등록될 수 없다.12) 예컨대 소리상표의 경우에는 악보나 소노그램을 통해 표시할 수 있으며, 냄새상표에는 아주 간단하고 또 그것을 말하면 누구나 그 냄새가 머리에 떠오르는 것 같은 경우13)에 명확하게 표현할 수 있다고 할 수 있겠다.

---

8) 이상정, "유럽연합의 상표법에 관한 연구", 창작과 권리, 1997년 여름호, p.103.
9) 이상정, "유럽연합의 상표법에 관한 연구", 창작과 권리, 1997년 여름호, p.103.
10) 이상정, "EU의 공동체상표에 관한 이사회 규정", 창작과 권리, 1996년 가을호, p.118.
11) 오세중, "TRADE DRESS의 보호제도에 대한 비교고찰(하)", 변시연구(97. 4.), p.57.
12) 天井作次 外, "ヨ-ロパにおける新しい商品に関する調査報告書", 「パテント」 1996. 6, p.55.
13) 天井作次 外, "ヨ-ロパにおける新しい商品に関する調査報告書", 「パテント」 1996. 6, p.58.

8. 국제상품분류(NICE분류)제도

(1) 의 의

국제상품분류란 상품 및 서비스분류를 국제적으로 통일화하기 위하여 1957년 프랑스 니스Nice지방에서 체결된 "표장등록을 위한 상품 및 서비스의 국제분류에 관한 니스협정[14]"에서 정한 상품 및 서비스에 관한 국제분류로서 일명 니스분류NICE Classification라 한다. NICE분류는 산업의 발달 및 변화를 반영하기 위해 매 5년마다 새로운 개정판이 출간되며, 현재 니스분류 제11판이 2017년 1월 1일부터 국제적으로 시행되고 있다.

우리나라는 1998년 10월 8일 기탁서를 제출하여 1999년 1월 8일 발효되었다. 우리나라가 NICE분류에 가입하기 위해 1988년 NICE분류 도입 기본계획 수립하고, 1998년 3월 1일 시행하였다.

(2) NICE분류제도 채택효과

우리나라가 NICE분류에 가입한 것은 우리 상품분류체계와 NICE분류체계의 상이로 인하여 내국인의 해외출원시 또는 외국인의 국내출원시 상품을 재분류해야 하는 등의 번잡성을 해소하여 출원인의 편익을 도모하기 위한 것이다. 또한 상표법조약 및 마드리드 의정서 가입을 위한 전제조건을 충족시킴으로써 상표제도의 선진화 도모와 더불어 세계적으로 통일화하고 있는 국제분류를 채택함으로써 선진외국의 상표정보 및 자료의 획득과 활용이 용이하여지기 때문에 우리나라도 도입하게 된 것이다. 우리나라가 WIPO 니스동맹의 정식 회원국이 됨으로써 우리나라의 고유문화상품(김치, 인삼, 고추장 등)을 국제상품분류에 포함시킬 수 있게 되었다.

---

14) 2016년 9월 기준 84개국이 니스 협정 가입국이며(출처: 특허청-NICE분류제도(HOME-지식재산제도-주요제도-상표/디자인제도-NICE제도)), 이러한 니스 협정에 가입하지 않은 여러 국가는 물론 ① 아프리카지식재산권기구(OAPI), ② 아프리카지역산업재산권기구(ARIPO), ③ 베네룩스지식재산권기구(BOIP), ④ 유럽지식재산청(EUIPO) 및 ⑤ WIPO(세계지적소유권기구)의 국제사무국이 니스 분류체계를 사용하고 있다(www.wipo.int/classfications/nice/en/preface.html#revisions 접속일자 2021.01.28.).

9. 싱가포르 조약

(1) 의 의

상표법에 관한 싱가포르 조약[15)]은 2006년 3월 27일 싱가포르에서 채택되어 2009년 3월 16일 발효되었다. 우리나라의 경우 2016년 7월 1일부터 발효되었다. 싱가포르 조약은 절차의 신속보다는 출원인의 권리를 우선시하는 국제상표 조약으로, 지난 1994년 채택된 '상표법 조약'에서 한층 업그레이드된 국제적 표준을 제시한 것이다.

(2) 효 과

동 조약의 특징은 비전형 상표(Non-Traditional Mark: 시각적으로 인식할 수 없는 상표로, 소리·냄새 상표를 말함)를 보호가능하게 한 조약이다.

또한, 상표 출원 및 등록과정에서 출원인의 착오로 기한을 지키지 못한 경우에도 구제받을 수 있는 수단을 부여하는 것을 의무화해 출원인의 권리가 도중에 소멸·사장되는 것을 방지, 출원인의 편익을 극대화하였다. 예를 들어 상표 출원에 거절이유가 있어 심사관이 의견제출통지서를 보냈으나, 주어진 기한 내에 답변을 못한 경우 현재는 거절결정을 바로 하지만, 조약에 가입하면 추가적인 답변 기한(최소 2개월)을 부여해야 한다.

특히 싱가포르 조약은 인터넷을 이용한 전자출원 방식을 자유롭게 선택할 수 있도록 하였으며, 출원인 임의로 작성된 출원서라도 그 내용이 국제표준서식과 일치하는 경우에는 적법한 출원으로 인정하여 불이익이 없도록 함으로써 사용자의 편의를 도모하게 되었다.

---

15) 정식명칭은 STLT(Singapore Treaty on the Law of Trademarks, 상표법에 관한 싱가포르 조약)이며, 현재 미국, 영국, 프랑스 등 45개국이 가입하였다.

제 2 절 주요국의 상표제도

1. 미국 연방 상표법

미국에서의 상표보호는 랜햄법(15U.S.C.§§1051-1127)이 적용되는 연방법과 주 제정법 내지 common law에 의한 이원적 체제를 취하고 있다. 미의회는 랜햄법이 주간(州間)이나 외국과의 거래를 규율하도록 헌법적으로 보장하고 있어, 랜햄법에 의해 등록된 상표는 국가적으로 보호되도록 하고 있다. 랜햄법에서는 상표권자는 상표를 특허상표청US PTO에 등록신청하여야 하며, 이 상표는 사용되거나 장래에 사용될 수 있는 것이다. 한편 주 common law에 의한 상표보호는 부정경쟁 법리의 일부로서 인정되고 있으며, 상표관련 주 제정법의 규정은 대체로 모델상표법안Model Trademark Bill: MTB이나 통일상거래법Uniform Deceptive Trade Practice Act: UDTPA을 채택하고 있다.[16)]

랜햄법에서는 상표를 다음과 같이 정의하고 있다15 USCS Sect.1127.Construction and Definitions. 즉 상표는 "타인이 제작하거나 판매하는 제품으로부터 특이한 상품을 포함한 자신의 제품을 증명하고 식별하며, 출처를 표시하기 위하여 사용되거나, 상업적으로 사용하고자 하는 성실한 의도를 가진 자가 본법에 따른 주등록부principal register에 등록신청한 것으로 문자, 성명, 기호 및 도안device 또는 이들의 조합"을 포함한다고 정의하고 있다. 따라서 일반적으로 상표는 제품의 출처를 식별하고 증명하기 위해 판매자가 부착하는 특이한 기호, 그림 또는 문자를 의미한다. 또한 특이한 형태의 포장, 색채의 조합, 제품 유형 및 전체적인 외양을 상표로서 보호하고 있다.

그 보호를 위한 요건으로서 랜햄법은 상표의 개념 그 자체보다는 보호의 대상이 되는 상표가 실제로 상업적으로 사용되는가라는 사용 개념에 주목하고 있다. 즉 랜햄법이 대상으로 하는 표장mark[17)]은 등록신청인에 의해 사용되

16) MTB가 상표등록 규정을 두고 있는 반면, UDTPA는 그러하지 않다.

17) 상표(trademark), 서비스표(service mark), 증명표(certification mark), 단체표(collective mark)를 포함한다.

었거나 상업적 사용을 목적으로 등록신청된 것이도록 하고 있다. 이때 상업적 사용은 단순히 표장에 대한 권리를 갖기 위한 것이 아니라 일반 거래상 성실히 사용되는 것bona fide use을 의미하며, 제품에 사용될 때에는 제품이나 그 용기 또는 전시와 관련하여 또는 그에 부착된 정가표나 라벨에 배치하거나 제품의 성질상 위의 배치가 불가능할 때에는 제품이나 그 판매와 관련한 문서에 배치하며, 이러한 제품이 상업적으로 판매되거나 운송되어야 한다.

2. 일본 상표법

일본 상표법은 明治42년(1884년) 6월 7일 상표조례로 출발하여 파리조약을 비롯하여 관련조약 가입과 더불어 개정을 거쳐 현재는 제1장 총칙(제1조・제2조), 제2장 상표등록 및 상표등록출원(제3조~제3조의2), 제3장 심사(제14조~제42조의2), 제4장 상표권 제1절 상표권(제18조~제35조), 제2절 권리침해(제36조~제39조), 제3절 등록료(제40조~제43조), 제4장의 2 등록이의신청(제43조의2~제43조의14), 제5장 심판(제44조~제56조의2), 제6장 재심 및 소송(제57조~제63조의2), 제7장 방호표장(제64조~제68조), 제7장의 2 마드리드협정의 의정서에 근거한 특례, 제1절 국제 등록출원(제68조의2~제68조의8), 제2절 국제 상표등록출원에 관계된 특례(제68조의9~제68조의31), 제3절 상표등록출원등의 특례(제68조의32~제68조의39), 제8장 잡칙(제68조의40~제77조의2), 제9장 벌칙(제78조~제85조), 부칙으로 구성되어 있다.

일본 상표법은 우리 상표법과 같이 실체법과 절차법으로 구성되어 있으며, 권리주의와 등록주의, 그리고 선출원주의, 심사주의, 1상표 1출원주의, 심판주의 등으로 우리 상표법의 모델이 되기도 하였다. 일본 상표법은 일본 국내의 사정과 국제환경의 변화에 따라 우리 상표법과 달리 방호표장제도를 도입하여 운영하거나 심판에서 권리범위확인심판을 폐지하고 판정제도로 대체하여 운영하고 있으며, 최근에는 출원공고제도를 폐지하는 등의 운영상에 약간에 상이점은 있으나 기본적인 내용의 체계는 우리 상표법과 동일하다.

3. 우리나라의 상표제도

우리나라의 상표제도는 상표를 법률로서 보호하려는 취지로 앞에서 상표에 화체(化體)된 업무상의 신용과 이익을 보호하는 한편, 상품의 출처와 품질에 대한 수요자의 신뢰이익을 보호함으로서 국가전체적인 차원에서 건전한 상거래의 활성화를 통하여 산업발전에 이바지함을 목적으로 하고 있다. 이러한 목적을 달성하기 위해 우리 상표법은 상표의 보호방법을 크게 둘로 나누어 접근하고 있다. 즉 지적재산권법으로서의 상표보호와 경쟁질서법으로서의 상표보호로 나누어 볼 수 있다. 우리나라의 상표법은 원칙적으로는 지적재산권법적 접근방법을 채택하면서 경쟁질서법적 접근방법을 가미하고 하고 있다.

c·h·a·p·t·e·r

05 현행 상표법의 체계

제1장 총칙	
제1조(목적)	제17조(기간의 연장 등)
제2조(정의)	제18조(절차의 무효)
제3조(상표등록을 받을 수 있는 자)	제19조(절차의 추후보완)
제4조(미성년자등의 행위 능력)	제20조(절차의 효력승계)
제5조(법인이 아닌 사단 등)	제21조(절차의 속행)
제6조(재외자의 상표관리인)	제22조(절차의 중단)
제7조(대리권의 범위)	제23조(중단된 절차의 수계)
제8조(대리권의 증명)	제24조(수계신청)
제9조(행위능력 등의 흠에 대한 추인)	제25조(절차의 중지)
제10조(대리권의 불소멸)	제26조(중단 또는 중지의 효과)
제11조(개별대리)	제27조(외국인의 권리능력)
제12조(대리인의 선임 또는 교체명령등)	제28조(서류 제출의 효력 발생시기)
제13조(복수당사자의 대표)	제29조(고유번호의 기재)
제14조(민사소송법의 준용)	제30조(전자문서에 의한 상표에 관한 절차의 수행)

제15조(재외자의 재판관할)	제31조(전자문서 이용신고 및 전자서명)
제16조(기간의 계산)	제32조(정보통신망을 이용한 통지 등의 수행)
제2장 상표등록요건 및 상표등록출원	
제33조(상표등록의 요건)	제42조(보정의 각하)
제34조(상표등록을 받을 수 없는 상표)	제43조(수정정관 등의 제출)
제35조(선출원)	제44조(출원의 변경)
제36조(상표등록출원)	제45조(출원의 분할)
제37조(상표등록출원인의 인정등)	제46조(조약에 따른 우선권 주장)
제38조(1상표 1출원)	제47조(출원시의 특례)
제39조(절차의 보정)	제48조(출원의 승계 및 분할이전 등)
제40조(출원공고결정 전의 보정)	제49조(정보의 제공)
제41조(출원공고결정 후의 보정)	
제3장 심사	
제50조(심사관에 의한 심사)	제61조(이의신청 이유 등의 보정)
제51조(상표전문기관의 지정 등)	제62조(이의신청에 대한 심사 등)
제52조(상표전문기관의 지정취소 등)	제63조(이의신청에 대한 심사의 범위)
제53조(심사의 순위 및 우선심사)	제64조(이의신청의 병합 또는 분리)
제54조(상표등록거절결정)	제65조(이의신청의 경합)
제55조(거절이유통지)	제66조(이의신청에 대한 결정)
제55조의2(재심사의 청구)	제67조(상표등록 출원공고 후의 직권에 의한 상표등록거절결정)
제56조(서류의 제출 등)	제68조(상표등록결정)
제57조(출원공고)	제68조의2(상표등록결정 이후의 직권 재심사)
제58조(손실보상청구권)	제69조(상표등록여부결정의 방식)
제59조(직권보정 등)	제70조(심사 또는 소송 절차의 중지)
제60조(이의신청)	제71조(심판 규정의 이의신청 심사 및 결정에의 준용)
제4장 상표등록료 및 상표등록 등	
제72조(상표등록료)	제77조(상표등록료 납부 또는 보전에 의한 상표등록출원의 회복 등)
제73조(상표등록료를 납부할 때의 일부 지정상품의 포기)	제78조(수수료)
제74조(상표등록료의 납부기간 연장)	제79조(상표등록료 및 수수료의 반환)
제75조(상표등록료의 미납으로 인한 출원 또는 신청의 포기)	제80조(상표원부)

제76조(상표등록료의 보전 등)	제81조(상표등록증의 발급)
제5장 상표권	
제82조(상표권의 설정등록)	제95조(전용사용권)
제83조(상표권의 존속기간)	제96조(상표권 등의 등록의 효력)
제84조(존속기간갱신등록신청)	제97조(통상사용권)
제85조(존속기간갱신등록신청 등의 효력)	제98조(특허권 등의 존속기간 만료 후 상표를 사용하는 권리)
제86조(지정상품추가등록출원)	제99조(선사용에 따른 상표를 계속 사용할 권리)
제87조(지정상품의 추가등록거절결정 및 거절이유통지)	제100조(전용사용권·통상사용권 등의 등록의 효력)
제88조(존속기간갱신등록신청 절차 등에 관한 준용)	제101조(상표권의 포기)
제89조(상표권의 효력)	제102조(상표권 등의 포기의 제한)
제90조(상표권의 효력이 미치지 아니하는 범위)	제103조(포기의 효과)
제91조(등록상표 등의 보호범위)	제104조(질권)
제92조(타인의 디자인권 등과의 관계)	제104조의2(질권행사 등으로 인한 상표권의 이전에 따른 통상사용권)
제93조(상표권 등의 이전 및 공유)	제105조(질권의 물상대위)
제94조(상표권의 분할)	제106조(상표권의 소멸)
제6장 상표권자의 보호	
제107조(권리침해에 대한 금지청구권 등)	제111조(법정손해배상의 청구)
제108조(침해로 보는 행위)	제112조(고의의 추정)
제109조(손해배상의 청구)	제113조(상표권자 등의 신용회복)
제110조(손해액의 추정 등)	제114조(서류의 제출)
제7장 심판	
제115조(보정각하결정에 대한 심판)	제137조(제척 또는 기피의 소명)
제116조(거절결정에 대한 심판)	제138조(제척 또는 기피 신청에 관한 결정)
제117조(상표등록의 무효심판)	제139조(심판절차의 중지)
제118조(존속기간갱신등록의 무효심판)	제140조(심판관의 회피)
제119조(상표등록의 취소심판)	제141조(심리 등)
제120조(전용사용권 또는 통상사용권 등록의 취소심판)	제141조의2(참고인 의견서의 제출)
제121조(권리범위 확인심판)	제142조(참가)

제122조(제척기간)	제143조(참가의 신청 및 결정)
제123조(심사규정의 상표등록거절결정에 대한 심판에 관한 준용)	제144조(증거조사 및 증거보전)
제124조(공동심판의 청구 등)	제145조(심판의 진행)
제124조의2(국선대리인)	제145조의2(적시제출주의)
제125조(상표등록의 무효심판 등에 대한 심판청구방식)	제146조(직권심리)
제126조(보정각하결정 등에 대한 심판청구방식)	제147조(심리·심결의 병합 또는 분리)
제127조(심판청구서 등의 각하)	제148조(심판청구의 취하)
제128조(보정할 수 없는 심판청구의 심결 각하)	제149조(심결)
제129조(심판관)	제150조(일사부재리)
제130조(심판관의 지정)	제151조(소송과의 관계)
제131조(심판장)	제151조의2(산업재산권분쟁조정위원회 회부)
제132조(심판의 합의체)	제152조(심판비용)
제133조(답변서 제출 등)	제153조(심판비용의 금액에 대한 집행권원)
제134조(심판관의 제척)	제154조(보정각하결정 및 거절결정에 대한 심판의 특칙)
제135조(제척신청)	제155조(심사 또는 이의신청 절차의 효력)
제136조(심판관의 기피)	제156조(보정각하결정 등의 취소)
제8장 재심 및 소송	
제157조(재심의 청구)	제162조(심결 등에 대한 소)
제158조(사해심결에 대한 불복청구)	제163조(피고적격)
제159조(재심의 청구기간)	제164조(소 제기 통지 및 재판서 정본 송부)
제160조(재심에 의하여 회복한 상표권의 효력 제한)	제165조(심결 또는 결정의 취소)
제161조(재심에서의 심판 절차 규정의 준용)	제166조(변리사의 보수와 소송비용)
제9장 「표장의 국제등록에 관한 마드리드협정에 대한 의정서」에 따른 국제출원	
제1절 국제출원 등	
제167조(국제출원)	제174조(국제등록의 명의변경)
제168조(국제출원인의 자격)	제175조(수수료의 납부)
제169조(국제출원의 절차)	제176조(수수료 미납에 대한 보정)

제170조(국제출원서 등 서류제출의 효력발생 시기)	제177조(절차의 무효)
제171조(기재사항의 심사 등)	제178조(국제등록 사항의 변경등록 등)
제172조(사후지정)	제179조(업무표장에 대한 적용 제외)
제173조(존속기간의 갱신)	
제2절 국제상표등록출원에 관한 특례	
제180조(국제상표등록출원)	제193조(상표등록결정 및 직권에 의한 보정의 특례)
제181조(업무표장의 특례)	제193조의2(재심사 청구의 특례) 제193조의3(상표등록여부결정의 방식에 관한 특례)
제182조(국제상표등록출원의 특례)	제194조(상표등록료 등의 특례)
제183조(국내등록상표가 있는 경우의 국제상표등록출원의 효과)	제195조(상표등록료 등의 반환의 특례)
제184조(출원의 승계 및 분할이전 등의 특례)	제196조(상표원부에의 등록의 특례)
제185조(보정의 특례)	제197조(상표권 설정등록의 특례)
제186조(출원 변경의 특례)	제198조(상표권 존속기간 등의 특례)
제187조(출원 분할의 특례)	제199조(지정상품추가등록출원의 특례)
제188조(파리협약에 따른 우선권 주장의 특례)	제200조 삭제 〈2023. 10. 31.〉 [2024. 5. 1. 시행]
제189조(출원 시 및 우선심사의 특례)	제201조(상표권등록 효력의 특례)
제190조(거절이유 통지의 특례)	제202조(국제등록 소멸의 효과)
제191조(출원공고의 특례)	제203조(상표권 포기의 특례)
제192조(손실보상청구권의 특례)	제204조(존속기간갱신등록의 무효심판 등의 특례)
제3절 상표등록출원의 특례	
제205조(국제등록 소멸 후의 상표등록출원의 특례)	제207조(심사의 특례)
제206조(마드리드 의정서 폐기 후의 상표등록출원의 특례)	제208조(제척기간의 특례)
제10장 상품분류전환의 등록	
제209조(상품분류전환등록의 신청)	제212조(상품분류전환등록신청에 관한 준용)
제210조(상품분류전환등록의 거절결정 및 거절이유의 통지)	제213조(상품분류전환등록이 없는 경우 등의 상표권의 소멸)
제211조(상품분류전환등록)	제214조(상품분류전환등록의 무효심판)

제11장 보칙	
제215조(서류의 열람 등)	제223조(동음이의어 지리적 표시 등록단체표장의 표시)
제216조(상표등록출원·심사·심판 등에 관한 서류의 반출과 공개 금지)	제224조(거짓 표시의 금지)
제217조(상표문서 전자화업무의 대행)	제225조(등록상표와 유사한 상표 등에 대한 특칙)
제218조(서류의 송달)	제226조(불복의 제한)
제219조(공시송달)	제227조(비밀유지명령)
제220조(재외자에 대한 송달)	제228조(비밀유지명령의 취소)
제221조(상표공보)	제229조(소송기록 열람 등의 청구 통지 등)
제222조(등록상표의 표시)	
제12장 벌칙	
제230조(침해죄)	제234조(거짓 행위의 죄)
제231조(비밀유지명령 위반죄)	제235조(양벌규정)
제232조(위증죄)	제236조(몰수)
제233조(거짓 표시의 죄)	제237조(과태료)

part
02

상표법상의 표장

c·h·a·p·t·e·r

01 현행 상표법상의 상표

대법원 1984. 9. 25. 선고, 83후65 판결	상표제도의 목적은 상표와 상품과의 관계를 유지케 함으로써 상표의 오인 내지는 상품의 혼동으로 인하여 발생될 부정경쟁을 방지하고 그 혼동으로 피해를 입은 상표권자의 영업상의 신용을 보전함과 아울러 거래자 및 수요자를 보호하려는 데 있다.

현행 상표법에 의해 보호되는 표장(標章)으로는 상표, 서비스표, 업무표장, 단체표장, 증명표장 등이 있다.

제1절 상 표

일반적으로 상표trade mark란 상품이나 서비스에 붙이는 마크 또는 심벌을 말하는 것으로서 상품이나 서비스의 얼굴이라고 할 수 있다. 이는 상품 출처의 동일성을 나타내기 위하여 상품에 사용되는 문자, 도형 등을 말하는 것으로 상품의 식별은 물론이고 출처·품질·성능 등을 나타낸다. 일반적 의미의 상표 개념은 시대에 따라 변하는 상대적 개념이다.

상표법상의 상표란 상품을 생산·가공 또는 판매하는 것을 업으로 하는 자가 자기의 상품을 타인의 상품과 식별되도록 하기 위하여 사용하는 표장을 말한다.

상표의 요건은 상표법상의 상표의 구성요건과 상표등록요건 외에도 일반적 요건이 필요하다. 상표의 일반적 요건은 ① "상품"이어야 하고,[1] ② "업으로"[2] 사용하여야 하고, ③ "자타(自他)상품의 식별의사(識別意思)"[3]가 있어야 한다. 이와 함께 ④ "사용(使用)"[4]의 의사(意思) 및 사용하여야 하고, ⑤ "표장(標章)"이어야 한다.

"상품"이란 상거래에서 반복거래되는 유체물을 말한다. 상표법상의 상품이 되기 위해서는 ① "유체물(有體物)"이어야 하고(有體性), ② "운반 가능한 것"이어야 하고(流通性),[5] ③ "반복거래가 가능한 것"이어야 하며(繼續性 및 去來性), ④ "식별의 가치(識別力)"가 있어야 한다.[6] 이러한 요건을 갖추어야만 상표가 될 수 있다. 예를 들면 전기제품, 양복, 자동차, 가구 등의 유체동산이

---

1) 横浜地裁 川崎支部 昭和63. 4. 28. 昭和61年(ワ)363号(土肥一史, "商標法にいう商品の意義", 特許管理 Vol.40 No.12, p.1479).

2) "업으로 영위한다"라는 의미는 일정한 목적을 가지고 계속 반복할 의사를 가지고 일정한 사업을 한다는 의미이다. 이는 반복 계속해서 사용하지 않는 경우에는 상표법의 보호대상인 업무상의 신용이 상표에 화체되지 않기 때문이다(상표심사기준(2015년 1월) 제2부 제1장 1.1.2.(p.55)).

3) 상표는 자기의 업무에 관련된 상품을 타인의 상품과 구별하기 위하여 사용하는 것으로 상품에 사용하는 표장이라도 상인이 법률관계의 귀속주체를 표시하기 위하여 사용하는 상호(商號)적 사용이나, 단순히 물품에 심미감을 주기 위한 디자인적 사용이나, 상품의 특성을 나타내는 단순한 가격표시나 등급표시 등은 상표로서의 사용이 아니다(상표심사기준(2015년 1월) 제2부 제1장 1.1.3.(p.55)).

4) "상표의 사용"이란 상표를 상품과 관련하여 그 기능을 발휘할 수 있도록 하는 것을 말하는데, 이러한 상표의 사용행위를 어느 범위까지 인정하여야 하는지는 상표권의 보호범위, 상표권의 침해, 불사용취소심판 등에 있어서 매우 중요한 사항이므로 거래의 실정을 고려하여 그 범위를 명확히 해둘 필요가 있다(상표심사기준(2015년 1월) 제2부 제1장 1.1.4. (p.55).

5) 神谷嚴, "商標法上の商品", 知財管理 Vol.48 No.4, pp.479~486.

6) 일반적으로 상표법상의 "상품"이란 '그 자체가 교환가치를 가지고 독립된 상거래의 목적물이 되는 물품'을 의미하는 것으로, 따라서 열·향기와 같은 무체물, 운반이 불가능한 부동산, 반복거래의 대상이 될 수 없는 골동품·예술품, 법령상 거래가 금지된 마약류·유가증권 등은 상표법상의 상품에 해당하지 않는다. 다만, 용기에 담아 독립거래의 대상이 되는 '술', '가스', 운반 가능한 '조립가옥' 등은 상품으로 인정되며, '다운로드가 가능한 컴퓨터프로그램'과 같이 온라인상에서 내려받을 수 있는 디지털 상품(digital goods)의 경우에는 유체성에 대한 논란이 있을 수 있으나 정보통신기술의 발달에 따른 시대적 여건 변화와 거래실정을 반영하여 상표법상의 상품으로 인정된다. 상표법에는 상품의 개념에 대한 명문의 규정이 없으므로 상표제도의 목적과 시행규칙상의 상품류 구분 등을 참고하여 사회경제적 통념에 따라 상품을 결정하여야 한다.(상표심사기준(2015년1월) 제2부 제1장 1.1.1. (p.93).

전형적인 것들로서, 양산(量産) 가능한 상품이어야 하며 골동품 등은 상품의 대상이 되지 않는다. 그러나 전기, 빛(光)이나 열(熱) 등도 상품이 될 수 없으나 산소, 천연가스 등을 통에 넣으면 상품이 될 수 있다. 또 최근 정보통신기술의 발달로 인터넷이 생활화되었고, 무형의 전자정보재(電子情報財)도 직접거래가 되면서 컴퓨터 프로그램이나 전자출판물 등도 다운로드가 가능하면 상품으로 본다. 2016년 전부개정 상표법에서는 상품의 개념에 서비스를 포함하였다(상§2①i).

이상에서 살펴 본 바와 같이 일반적인 물품은 상표법상의 상품과 반드시 일치하는 것이 아니며, 상표는 상품(서비스)에 사용하여야 상표법상 상표로서 보호를 받을 수 있다. 이러한 것은 권리 침해시에 문제가 된다.

상표권은 지정상품에 대하여 등록상표를 독점적으로 사용할 수 있는 권리이기 때문에 상품(商品)이라고 할 수 없는 물품(物品)에 대하여 상표를 사용하여도 권리침해는 성립하지 않는다. 그러나 최근 기술의 발전으로 인하여 상품의 개념도 변화하고 있다. 예를 들면, 상품은 유체성(有體性)과 유통성이 있어야 하는데 아파트의 명칭을 상표로 등록하여 주고 있으며,[7] 음식점 내에 판매되고 있는 음식을 식당 내에서 먹는 경우와 포장하여 식당 밖에서 먹는 경우는 상품에 해당하는지 여부와 관련하여 그 결과가 나뉠 수가 있다.[8]

특허법원 2004. 3. 11. 선고, 2003허4887 판결	상표법에서 말하는 상품이란 "그 자체가 교환가치를 가지고 독립된 상거래의 목적물이 되는 물품"을 말하며, 상품의 선전광고나 판매촉진 등을 목적으로 하는 "광고매체가 되는 물품"은 비록 그 물품에 상표가 표시되었다 하더라도 그 자체가 교환가치를

7) 건설사들의 아파트 브랜드 상표권 등록 건수가 많아지고 있다. 예를 들어 '래미안' 아파트 브랜드로 유명한 삼성물산은 이 같은 상표권을 상당수 등록했다. '래미안 리베뉴', '래미안 마포 리버웰', '래미안 크레시티', '래미안 하이리버', '래미안 타워스카이', '래미안 아름숲', '래미안 이스트팰리스', '래미안 노블클래스' 등등 다양하다. 또 삼성물산만 쓸 수 있는 별칭은 '가든스위트', '에버뉴', '힐탑팰리스', '화이트팰리스' 등이다. 삼성물산은 6개 대형건설사 중 주택 브랜드를 포함한 전체 상표권 수가 가장 많다. 특허청에 따르면 지난 6월까지 삼성물산은 1428건의 상표권을 보유하고 있다. 이어 대우건설(435건), 대림산업(294건), 현대건설(191건), 포스코건설(148건), GS건설(98건) 순이다(http://view.asiae.co.kr/news/view.htm?idxno=2013080208232456852&nvr=Y(2014년 2월 7일 최종방문)).

8) 상품으로 인정한 사례로는 名古屋地裁 昭和60. 7. 26(東天紅事件); 부정한 사례는 東京地裁 昭和62. 4. 27(天一事件).

가지고 독립된 상거래의 목적물이 되는 물품이라 볼 수 없고, 상표의 사용이라 볼 수 없다.

대법원 2004. 5. 28. 선고, 2002후123 판결

'상표의 사용'이라 함은 상품 또는 상품의 포장에 상표를 표시하는 행위, 상품 또는 상품의 포장에 상표를 표시한 것을 양도 또는 인도하거나 그 목적으로 전시 · 수출 또는 수입하는 행위, 상품에 관한 광고 · 정가표 · 거래서류 · 간판 또는 표찰에 상표를 표시하고 전시 또는 반포하는 행위 중 어느 하나에 해당하는 행위를 말하며, 여기에서 말하는 '상품'은 그 자체가 교환가치를 가지고 독립된 상거래의 목적물이 되는 물품을 의미한다(대법원 1999. 6. 25. 선고 98후58 판결 참조).

대법원 1999. 6. 25. 선고, 98후58 판결

상표법상 '상표의 사용'이라고 함은 상품 또는 상품의 포장에 상표를 표시하는 행위 등을 의미하고(구 상표법 제2조 제6호 각목 참조), 여기에서 말하는 '상품'은 그 자체가 교환가치를 가지고 독립된 상거래의 목적물이 되는 물품을 의미한다 할 것이므로, 상품의 선전광고나 판매촉진 또는 고객에 대한 서비스 제공 등의 목적으로 그 상품과 함께 또는 이와 별도로 고객에게 무상으로 배부되어 거래시장에서 유통될 가능성이 없는 이른바 '광고매체가 되는 물품'은, 비록 그 물품에 상표가 표시되어 있다고 하더라도, 물품에 표시된 상표 이외의 다른 문자나 도형 등에 의하여 광고하고자 하는 상품의 출처표시로 사용된 것으로 인식할 수 있는 등의 특별한 사정이 없는 한, 그 자체가 교환가치를 가지고 독립된 상거래의 목적물이 되는 물품이라고 볼 수 없고, 따라서 이러한 물품에 상표를 표시한 것은 상표의 사용이라고 할 수 없다고 할 것이다.

名古屋地裁 昭和60. 7. 26.

[상품으로 인정한 사례: 東天紅事件]

식당 내에서 먹는 것을 주로 취급하지만, 토산물로서 만두나 슈마이(중국식 찐만두)를 종이 도시락에 넣어서 판매하고 있던 유한회사 東天紅이 상표권 침해로 소(訴)를 제기했다. 원고 東天紅은 "東天紅"의 등록상표(지정상품에는 가공식료품으로서 만두나 슈마이도 포함)의 상표권자이다. 피고는 종이 도시락에 "東天紅"의 레벨을 붙여서 만두와 슈마이를 판매하기도 하고 "東天紅"의 표장을 붙인 광고용 전단지를 배포하였다. 또 점포에서 오세치(정월이나 명절에 먹는 음식)요리를 판매하고 있었고, 광고탑에도 東天紅의 문자판과 천막부분에는 東天紅本店이라고 쓰여져 있었다.

그러나 피고는 점포 내에서 음식을 판매하는 것이 기본이며, 소비자가 직접 들고 가는 요리는 상표법의 상품이 아니라고 주장하였지만, 名古屋지방법원은 상표권 침해라고 판단했다.

東京地裁
昭和62. 4. 27.

[상품으로 부정한 사례: 天一事件]

일본식요리점의 연회장에서 유상으로 제공되는 요리, 요리점에서 고객의 주문에 의해 들고 갈 수 있는 것으로 제공된 요리, 또 연회요리에서 남은 음식을 넣은 것은 시장에서 판매하기 위하여 만든 것이 아니기 때문에 상표법에서의 상품이라고 볼 수 없다고 판단했다.

포장용기나 광고에 "天一"의 표장을 붙인 행위는 피고의 영업표시로서의 사용이고, 상품으로서의 사용은 아니라고 판단했다.

제2절 서비스표

1. 의 의

서비스(用役)란 ① 생산된 재화를 운반·배급하거나 생산·소비에 필요한 노무를 제공하는 경우와 ② 개인적으로 남을 위하여 돕거나 시중을 드는 것으로 '봉사', '접대'라는 뜻으로 사용하는 것이 일반적이다.[9] 백과사전[10]에서 서비스(용역)이라 함은 타인을 위하여 하는 봉사활동을 뜻하나, 경제학에서도 토지·자본·노동이라는 각 생산요소나 정부 등이 재(財)를 생산하거나 또는 직접 인간의 욕망을 충족시키고자 하는 봉사활동을 가리킨다. 예컨대 토지는 ① 생산활동을 위한 일정한 지표의 제공, ② 역학적·화학적 작용으로 지력(地力)의 제공, ③ 교통관계에서의 특정위치의 제공이라는 봉사활동을 한다고 한다.

상표법상의 서비스표service mark란 자기의 서비스 또는 서비스의 제공에 관련

9) 네이버 국어사전에서 인용.
10) http://100.naver.com/100.nhn?docid=118446.

된 물건과 타인의 서비스 또는 서비스의 제공에 관련된 물건을 식별하기 위하여 사용하는 표장을 말한다(상§2①ⅰ).[11] 서비스표는 상표와 달리 서비스라는 무형의 업무에 대하여 그 제공하는 서비스의 동일성을 표시하고, 다른 서비스와 구별하기 위하여 사용하는 것으로서 일반인에게 서비스의 출처를 식별하게 하고 서비스 내용을 보증하며, 또 서비스를 광고·선전하는 기능을 가지는데 서비스표에 신용이 화체되어 재산적 가치를 갖게 된다.

상표법에서는 서비스service라는 용어에 대해 용역(用役)이라고 번역하여 사용하다가 최근에는 용역보다는 서비스라는 용어를 그대로 법률용어로 사용하고 있다. 상표법상의 서비스란 서비스업자가 유상으로 서비스를 업으로 하는 경우에 한하여 적용이 되며, 무상으로 하는 경우에는 상표법상의 대상이 될 수 없다고 본다. 후자인 경우에는 주부가 자기 집에서 가사를 하는 경우라던가 호텔 보이가 화물을 방까지 배달하는 경우 호텔서비스업의 부수하는 경우이기 때문에 독립한 운송업이라고 보기 어렵기 때문에 상표법의 서비스업에 해당되지 않는다. 그러나 최근 전자출판물이나 프로그램, 온라인 게임 등의 인터넷상에서 제공되는 것도 서비스에 포함시키고 있다. 즉 인터넷상에서 전송하는 행위가 서비스가 된다. 그러나 전자출판물이나 프로그램을 네트워크상에서 제공하는 경우 상품에 해당하는지 서비스에 해당하는지의 판단은 어렵다. 이러한 것을 다운로드하여 컴퓨터에 기록하고 보존하는 경우에는 상품이 되고, 이것을 단지 컴퓨터 화면에서만 이용하는 경우에는 프로그램이나 전자출판물이 제공된 것이기 때문에 서비스가 된다.[12]

서비스표는 상표의 기능과 유사하나 서비스 제공자를 떠나 서비스의 품질을 표시하는 것으로 보지 못하며, 서비스표의 품질표시로서의 기능은 상표처럼 독립적 존재로서가 아니라 출처표시기능을 통해서만 발휘되므로 종속적인 존재이다. 이는 서비스의 유통성의 성질로서 나타나며, 서비스표의 기능이 가장 잘 나타나는 것은 광고이다.

---

11) 서비스표는 우리나라가 파리조약에 가입하기 전까지는 '營業標'라고 칭하였으나, 가입 후부터 법률용어를 '서비스표'로 개칭하였다.

12) 奧田百子, 商標法のしくみ, 中央經濟社(2006), p.24.

NAVER	NCSOFT	neowiz

대법원 2013. 7. 12. 선고, 2012후3077 판결

상표법상 '서비스표'라 함은 서비스업을 영위하는 자가 자기의 서비스업을 타인의 서비스업과 식별되도록 하기 위하여 사용하는 표장을 말하는데(구 상표법 제2조 제1항 제2호), 여기서 '서비스업'을 영위한다고 함은 독립하여 상거래의 대상이 되는 서비스를 타인의 이익을 위하여 제공하는 것을 업으로 영위한다는 의미이므로, 아무런 대가를 받지 아니하는 자원봉사나 단순한 호의에 의한 노무 또는 편익의 제공 등과 같이 상거래의 대상이 되지 아니하는 용역을 일정한 목적 아래 계속적·반복적으로 제공하였다고 하더라도 상표법상의 서비스업을 영위하였다고 할 수 없다.

특허법원 2005. 6. 42. 선고, 2004허4952 판결

[1] 구 상표법 제2조 제1항 제2호에서 말하는 서비스표를 등록받아 사용할 수 있는 '서비스업'은 타인의 이익을 위해서 서비스를 제공하고 그 대가를 받아 자신의 수입으로 하는 것을 업으로 하는 것을 말하고, 여기에서의 서비스는 타인의 서비스와 구별시키기 위한 식별표지로서 서비스표를 사용할 수 있을 정도로 독립하여 상거래의 대상이 되는 것을 말한다고 할 것이다.

[2] 구 상표법시행규칙 제6조 제2항 [별표 2]에 정한 서비스업류 구분상의 각 서비스업이 어떠한 내용의 업종을 의미하는 것인지에 관하여 서비스업류 구분에서 별도의 규정을 두고 있지 아니하므로, 이는 서비스표를 등록받아 사용할 수 있는 서비스업의 정의, 서비스업류 구분의 전체적인 분류 체계, 특정서비스업의 명칭이 나타내는 일반적인 의미 등을 종합적으로 고려하여 판단할 수밖에 없다.

[3] 구 상표법시행규칙 제6조 제2항 [별표 2]에 정한 서비스업류 구분상의 '뉴스공급업'은 '자신이 취재하거나 제3자로부터 얻은 뉴스리포터, 뉴스사진을 신문 또는 정기간행물의 발행사, 방송사, 정보제공업자 등에 제공하고 그 대가를 받아 이를 자신의 수입으로 삼는 것을 업으로 하는 것'을 의미한다고 보아, 서비스표권자가 자신이 발행하는 월간잡지에 기사를 게재한 행위가 위 '뉴스공급업'에 해당하지 않는다고 한 사례.

2. 등록요건

서비스표도 상표와 같이 절차적 요건과 실체적 요건을 갖추어야 상표법에 의한 보호를 받을 수 있다.[13] 요건은 전술한 바와 같다.

3. 효 력

서비스표도 상표와 마찬가지로 등록받은 서비스와 동일한 서비스를 지정서비스업과 동일한 지정서비스업에 사용하는 것은 서비스표권자만이 독점적으로 행사할 수 있고, 서비스표와 동일·유사한 서비스표를 지정서비스업과 동일·유사한 서비스업에 제3자가 정당한 권한 없이 사용하는 경우에는 배타적 금지권을 행사할 수 있다.[14]

대법원 1986. 3. 25. 선고, 85후20 판결

서비스표(구 상표법상의 영업표)가 선출원에 의한 타인상표인 인용상표와 그 외관, 칭호 또는 관념등에서 유사하고 서비스표의 지정영업에 사용되는 재료가 인용상표의 지정상품과 동일하여 그 제품의 포장 등에 서비스표를 붙이거나 그 서비스표에 의하여 광고를 하는 경우 일반수요자로 하여금 서비스표의 지정영업을 인용상표권리자의 영업으로 오인, 혼동시킬 우려가 있는 때에는 그 서비스표의 등록은 구 상표법 제9조 제1항 제7호에 의하여 거절되어야 하고 일단 등록이 되었다고 하더라도 동법 제46조 제1호에 의하여 무효로 된다.

---

13) 상표에 관한 권리는 그 사용대상에 따라 상표, 서비스표 외에 상표서비스표, 단체표장, 증명표장, 지리적 표시 단체표장, 지리적 표시 증명표장, 업무표장 등으로 구분된다.

14) 제한적 효력은 오직 서비스표를 지정서비스업에 사용할 수 있는 권리이므로 서비스표와 동일·유사한 표장을 타인의 등록상표의 지정상품과 동일·유사한 상품에 사용할 경우에는 전용권의 범위를 벗어난 것으로 타인 상표권의 침해가 된다(서울고등법원 1987. 12. 24. 선고, 84나4257 판결).

확장적 효력도 서비스표와 동일·유사한 표지를 지정서비스업과 동일·유사한 서비스업에 사용할 때 미치는 것이며, 타인이 서비스표와 동일·유사한 표장을 상품에 사용하는 경우에는 상표로서의 사용이므로 서비스표권의 침해를 구성하지 않음이 원칙이다(반대: 대법원 1996. 6. 11. 선고, 95도1770 판결).

최근 이와 관련된 판례로서 남북의료기 사건에 관한 것으로서 서비스표와 상표의 판단은 거래사회의 통념에 따라 이를 결정하여야 한다고 했다(대법원 1999. 2. 23. 선고, 98후1587 판결).

대법원 1996. 6. 11. 선고, 95도1770 판결

[1] 서비스업 중에서 상품과 관계 있는 서비스업에 대해서는 어느 상품에 사용되는 표장과 동일 또는 유사한 표장을 그 상품과 밀접한 관련 있는 서비스업에 그 서비스표로 사용할 경우 일반 수요자가 그 서비스업과 제공자를 상품의 제조판매자와 동일인인 것처럼 서비스표의 출처에 대하여 혼동을 일으킬 우려가 있고, 특히 거래사회의 실정으로 보아 서비스업의 제공과 상품의 제조 판매가 동일한 업자에 의하여 이루어지는 때가 많고, 일반인들 또한 그렇게 생각하는 경향이 있는 경우에는 그와 같은 혼동의 우려는 더욱 많아진다.

[2] 전기 전자용품의 제조 판매업자가 그 대리점 등을 통하여 유통업이나 판매전략업, 고장수리업 등 관련 서비스업에도 다양하게 진출하고 있는 거래사회의 실정 등에 비추어 보면 피고인이 "삼성수원도매센타"라는 서비스표로 전기 전자용품의 판매 등 관계 서비스업을 영위하는 경우 일반 수요자에게 등록상표권자인 삼성전자 주식회사의 대리점으로 오인케 하여 그 서비스업의 출처나 신용 및 품질 등에 관하여 오인, 혼동을 초래할 가능성이 있다고 보아야 할 것이므로, 위와 같은 경우에는 상표의 서비스표적인 사용도 등록상표의 권리범위에 속한다고 보아 상표법위반죄에 대하여 유죄를 선고한 원심판결을 수긍한 사례.

대법원 2006. 7. 28. 선고, 2004후1304 판결

[등록무효(상)]

[1] 상표는 상품 그 자체를, 서비스표는 서비스의 출처를 식별시키기 위한 표장으로서 각자 수행하는 기능이 다르므로 상품과 서비스업 사이의 동종·유사성을 지나치게 광범위하게 인정하여서는 아니 되고, 따라서 상품과 서비스 사이의 동종·유사성은 서비스와 상품간의 밀접한 관계 유무, 상품의 제조·판매와 서비스의 제공이 동일 사업자에 의하여 이루어지는 것이 일반적인가, 그리고 일반인이 그와 같이 생각하는 것이 당연하다고 인정되는가, 상품과 서비스의 용도가 일치하는가, 상품의 판매장소와 서비스의 제공장소가 일치하는가, 수요자의 범위가 일치하는가, 유사한 표장을 사용할 경우 출처의 혼동을 초래할 우려가 있는가 하는 점 등을 따져 보아 거래사회의 통념에 따라 이를 인정하여야 한다.

[2] 등록상표 "LG TRAUM"의 지정상품인 건축자재의 제조·판매와 선등록서비스표 "트라움하우스 TRAUM HAUS"의 지정서비스업인 건축업의 제공이 일반적으로 동일한 사업자에 의하여 이루어진다고 볼 수 없고, 등록상표 지정상품의 판매장소와 선등록서비스표 지정서비스업의 제공장소, 수요자 등 거래실정이 서로 다르므로, 등록상

대법원 2006. 7. 28. 선고, 2004후1304 판결

표의 지정상품과 선등록서비스표의 지정서비스업은 서로 동종·유사하다고 볼 수 없다.

[3] 등록무효 심판청구의 대상이 된 등록상표가 구 상표법 제7조 제1항 제11호에서 규정하고 있는 수요자를 기만할 염려가 있는 상표에 해당하려면, 그 등록상표나 지정상품과 대비되는 다른 상표·서비스표나 그 사용상품·서비스업이 반드시 저명하여야 하는 것은 아니지만 적어도 국내의 일반거래에 있어서 수요자나 거래자에게 그 상표·서비스표 또는 상품·서비스업이라고 하면 곧 특정인의 상표·서비스표나 상품·서비스업이라고 인식될 수 있을 정도로는 알려져 있어야 하고, 그 판단은 등록상표의 등록결정시를 기준으로 판단하여야 한다.

특허법원 2006. 4. 6. 선고, 2005허9053 판결

[권리범위확인(상)] : 확정

[1] 상표법상 '서비스표의 사용'의 개념에는 서비스를 제공하는 장소에 부착한 간판에 서비스표를 표시하는 행위, 지정서비스업에 관한 광고전단, 정가표 또는 거래서류에 서비스표를 붙여서 배포·사용하는 행위가 이에 포함되고, 나아가 서비스 제공시 수요자에게 제공하는 물건에 서비스표를 붙이는 행위, 서비스 제공시 수요자에게 제공하는 물건에 서비스표를 붙인 것을 사용하여 서비스를 제공하는 행위, 서비스의 제공시 그 제공에 수반되는 등 필수적으로 관계된 물건에 서비스표를 붙이는 행위도 이에 포함된다.

[2] 등록서비스표와 유사한 표장을 상품에 사용하는 행위가 등록서비스표의 권리범위에 속하기 위해서는 그 상품이 지정서비스업과 관련 광범위하게 판단하여서는 아니 되고, 제공되는 서비스의 성질이나 내용,하여 '서비스표의 사용'의 개념범위 내에 속하는 물건과 서로 동일하거나 유사하여야 한다. 다만, 서비스업과 상품 사이의 유사성을 지나치게성질이나 내용, 제공수단, 제공장소와 상품의 밀접한 관계 여부, 서비스의 제공과 상품의 제조·판매가 동일 사업자에 의하여 행하여지는 것으로 인식되는지 여부, 유사한 표장을 사용할 경우 출처의 혼동을 초래할 우려가 있는지 여부 등을 따져 보아 거래사회의 통념에 따라 종합적으로 판단하여야 한다.

[3] 등록서비스표 " "의 지정서비스업인 한식점경영업에서의 '서비스표의 사용'의 범위에는 확인대상표장 " "의 사용상품인 '죽용기 포장용 쇼핑백, 죽용기, 젓가락, 냅킨'에 표장을 붙이는 행위도 포함된다는 이유로 확인대상표장이 등록서비스표의 권리범위에 속한다고 한 사례.

서울고법 1987. 12. 24. 선고, 84나4257 제14민사부판결	**[서비스표권의 범위]** 등록된 서비스표의 효력은 지정된 서비스업에만 미치는 것이므로 서비스표를 유형물인 상품에 부착하는 행위는 서비스표의 권리범위를 넘는 것이고, 따라서 다른 사람이 먼저 등록한 상표와 동일 또는 유사한 서비스표를 그 등록상표의 지정상품과 동일 또는 유사한 상품에 부착하여 사용하면 그 서비스표가 상표법 소정의 확정심판에 의하여 무효로 선언되었는지 여부에 관계없이 그 등록상표와 상표권을 침해한다.

제3절 단체표장

1. 의 의

단체표장이란 각종 조합, 각종 협회, 특정지역의 지리적 표시[15] 등 일정한 목적 하에 구성된 단체(法人)가 그 감독 하에 있는 단체원의 영업에 관한 상품 또는 서비스업에 사용하게 하기 위한 표장[16]을 말한다. 우리 상표법 제2조 제1항 제3호에서 "단체표장"이라 함은 상품을 생산·제조·가공 판매하거나 서비스를 제공하는 자가 공동으로 설립한 법인이 직접 사용하거나 그 소속단체원에게 사용하게 하기 위한 표장을 말한다고 규정되어 있다. 구법(2004년 개정전법)에서는 "단체표장"이란 동종업자[17] 또는 동종업자 및 이와 밀접한 관계가 있는 업자[18]가 설립한 법인이 그 감독 하에 있는 단체원의 영업에 관한 상품 또는 서비스업에 사용하게 하기 위한 표장이라고 규정되어 있었다. 즉 지방특산물(풍기 인삼, 완도 김, 대구 능금, 영광 굴비 등)을 공동으로 생산·

15) "지리적 표시"라 함은 상품의 특정 품질·명성 또는 그 밖의 특성이 본질적으로 특정 지역에서 비롯된 경우에 그 지역에서 생산·제조 또는 가공된 상품임을 나타내는 표시를 말한다.

16) 단체표장에 대해 파리조약에서는 본국의 법령에 반하지 않는 단체에 대해 단체표장의 등록을 허여하도록 하고 있다(파리조약§7의2).

17) 동종업자란 동종상품을 업으로서 생산·가공·증명·판매하는 자 또는 동종서비스업자를 말한다.

18) 업자란 동종상품의 생사업자와 판매업자간 또는 제조업자와 가공업자간 또는 제조업자와 증명업자간의 관계와 같은 경우를 말한다.

판매하는 업자 등이 설립한 법인이 그 감독 하에 있는 단체원의 영업에 관한 상품 또는 서비스업에 사용하게 하기 위하여 단체가 정하는 내부규약에 따라 단체표장을 사용할 권리를 인정함으로써 품질보증의 기능, 중소기업의 신용확보, 고객흡인력 획득, 상품 및 서비스에 화체(化體)의 기능이 강하다는 것이다. 이를 통하여 수요자로 하여금 단체의 신용을 믿고 거래를 하도록 하는 것이 단체표장에 해당한다. 이러한 단체표장은 자본력과 영업신용도가 낮은 지방적 특산물을 생산하는 업자끼리 뭉쳐진 조합(축산물가공협동조합, 풍기인삼협동조합, 문구협동조합 등)·단체의 표장으로서 품질보증과 신용유지를 위하여 이들 단체의 표장을 내건 많은 선전광고를 통해 Goodwill(고객흡인력)을 획득하는 데 사용된다. 예로는 귀족, 가파치, 가보로 등이 유명하다.

GaBoRo	가보로

이러한 단체표장은 일반 상표와 달리 많은 구성원에 의해 사용이 예정되어 있고, 다수의 구성원에 의한 집단적 노력에 의해 품질보증기능과 광고선전기능을 확대할 수 있고, 다수의 구성원이 집단적으로 그 이익을 향유할 수 있다. 이 규정은 파리조약 제7조의2에서도 규정하고 있다.

로터리 인터내셔널	사단법인새마을금고연합회

2004년 개정법에서는 지리적 표시 단체표장 제도를 도입하여, 단체표장과 지리적 표시 단체표장으로 구별하고 있다. “지리적 표시 단체표장”이라 함은 지리적 표시를 사용할 수 있는 상품을 생산·제조 또는 가공하는 자가 공동으로 설립한 법인이 직접 사용하거나 그 소속 단체원에게 사용하게 하기 위한 표장을 말한다(상§2①vi).

동법에서 지리적 표시의 정의를 “상품의 특정 품질·명성 또는 그 밖의 특성이 본질적으로 특정지역에서 비롯된 경우에 그 지역에서 생산·제조 또

지방자치단체 출원 · 등록 상표 사례

Nareda	CR CHIMERIC	EAU DE ROSÉE
함평군	대구광역시	완주군
안성마춤	그 명성 그대로 명실상주 MYUNG SIL SANG JU	남도미향 Namdo Mihyang
안성시	상주시	전라남도
Hi Seoul	It's Daejeon	Dynamic BUSAN
서울특별시	대전광역시	부산광역시
CHUNGNAM Heart of Korea	Colorful DAEGU	Now JEONBUK
충청남도	대구광역시	전라북도
구례산수유꽃축제	담양대나무축제	순창고추장축제 YEASTOPIA SUNCHANG
구례군	담양군	순창군
고추문화축제 Yeong Yang	광주충장로축제 GWANGJU CHUNGJANGRO FESTIVAL	전어축제
영양군	광주 동구	서천군
세계 충주무술축제	서산6쪽 마늘축제 Seosan Six-Cloves Garlic Festival	보령머드축제
충주시	서산시	보령시

출처: 특허청, 지방자치단체 브랜드 지원사업 백서 인용.

는 가공된 상품임을 나타내는 표시"(상§2①ⅳ)로 규정하면서 '품질, 명성, 본질적으로 비롯된' 등 불확정 개념을 사용하고 있다. 요건 구성에 있어 이러한 개념의 불가피성은 이해가 되나, 이를 명확히 하기 위해서는 구체적인 지리적 표시 단체표장출원 심사시 그 출원이 지리적 표시의 정의에 합치하는지 여부에 관하여 관계기관 및 전문가의 의견을 충분히 청취하는 과정을 거치도록 해야 할 것이다.

또한, '생산 · 제조 또는 가공'이라는 표현을 사용하여 지리적 표시의 특성상 생산 · 제조 · 가공이 모두 동일한 지역에서 이루어 져야 하는 경우에도 그 중 하나의 행위만 그 지역에서 있으면 지리적 표시로 인정될 수 있는 것처럼 보인다. 따라서 지리적 표시에 해당되는지 여부를 심사함에 있어서는 상품의 품질 · 명성 또는 기타 특성이 생산 · 제조 및 가공의 전 과정에 의하여 비롯되는 경우도 있음을 고려하여 경우에 따라 '생산 · 제조 및 가공'으로 해석하여야 할 것이다.[19)]

농산물, 수산물 및 그 가공품으로 지리적 표시 등록대상을 한정하고 있는 프랑스 등과 달리, 2004년 개정법에서는 TRIPs 협정을 충실히 반영하여 지리적 표시로 보호받을 수 있는 상품의 종류를 제한하지 않음으로써, 농산물 · 수산물 및 그 가공품 외에 수공예품(예: 이천 도자기, 안성 유기, 강화 화문석 등)도 지리적 표시로 보호받을 수 있다.

따라서 지리적 표시의 단체표장은 ① 지역명칭과 그 구성원의 업무에 관한 상품 또는 서비스의 보통명칭을 일반적 방법으로 표시한 문자만으로 된 상표(지역명칭+보통명칭: 이천 도자기), ② 지역명칭과 그 구성원의 업무에 관한 상표(지역명칭+관용명칭: 안성 유기), ③ 지역명칭과 그 구성원의 업무에 관한 상품 또는 서비스의 보통명칭 또는 관용명칭을 보통의 방법으로 표시한 문자와 상품의 산지(서비스의 제공장소)를 표시할 때에 관용된 문자를 보통으로 사용된 방법으로 표시만으로 된 상표(지역명칭+보통명칭(관용명칭)+관용산지(서비스제공장소)의 표시문자: 서산6쪽마늘축제)로 구분할 수 있다. 이러한 지리적 명칭이 사용된 결과 그 구성원의 업무에 관한 상품 또는 서비스라는 표시인 것을 수요자들 사이에 널리 인식되어야 한다.

19) 국회 산업자원위원회, 상표법중개정법률안 심사보고서(2004. 12.), p.6.

2. 단체표장의 등록

(1) 단체표장의 등록을 받을 수 있는 자

상품을 생산·제조·가공 또는 판매하거나 서비스를 제공하는 자가 공동으로 설립한 법인(지리적 표시 단체표장의 경우에는 그 지리적 표시를 사용할 수 있는 상품을 생산·제조 또는 가공하는 것을 업으로 영위하는 자로 구성된 법인에 한한다)은 자기의 단체표장을 등록받을 수 있다(상§3②).

단체표장의 등록을 받고자 하는 자는 상표법 제36조 제1항 각호의 사항 이외에 대통령령이 정하는 단체표장의 사용에 관한 사항을 정한 정관을 첨부한 단체표장등록출원서를 제출하여야 한다. 이 경우 제2조 제1항 제6호의 규정에 의한 지리적 표시 단체표장을 등록받고자 하는 자는 그 취지를 단체표장등록출원서에 기재하여야 하고, 제2조 제1항 제6호의 규정에 의한 지리적 표시의 정의에 합치함을 입증할 수 있는 대통령령이 정하는 서류를 함께 제출하여야 한다(상§36⑤). 또 단체표장등록출원인은 제36조 제3항에 규정된 정관의 수정이 필요한 때에는 제40조 제1항 또는 제41조 제1항 각호의 규정에 의한 기간 이내에 특허청장에게 수정정관을 제출할 수 있다(상§43).

이때 정관에는 i) 단체표장을 사용하는 소속 단체원의 가입자격·가입조건 및 탈퇴에 관한 사항, ii) 단체표장의 사용조건에 관한 사항, iii) 단체표장의 사용조건을 위반한 자에 대한 제재에 관한 사항, iv) 그밖에 단체표장의 사용에 관하여 필요한 사항 등을 기재하여야 한다(상령§3①).

(2) 등록요건

단체표장은 다른 상표와 같이 일정 상표등록 요건(상§33①각호, §34①각호)을 구비하여야 한다. 즉 단체표장으로 등록받기 위해서는 먼저, ① 민법에 의해 설립된 사단법인이어야 하고, ② 사업협동조합이거나 그 외 특별법에 의해 설립된 조합으로서 법인격을 가질 것, ③ 이에 해당하는 외국법인에 한하여 등록을 받을 수 있다. 그러나 재단법인이나 주식회사, 상공회의소 등은 단체표장으로 등록을 받을 수 없다.[20]

그 외에도 단체표장은 i) 법인명의의 출원이어야 하고, ii) 단체구성원의 영업에 관한 상품이나 서비스업에 사용하기 위한 표장(標章)이어야 하며, iii) 단체의 구성원은 그 법인의 감독하에 있어야 한다.

한편, 지리적 표시인 경우에는 iv) 상품의 산지 또는 현저한 지리적 명칭 및 그 약어 또는 지도만으로 된 상표에 해당하는 표장이라도 그 표장이 특정 상품에 대한 지리적 표시인 경우에는 그 지리적 표시를 사용한 상품을 지정상품으로 하여 지리적 표시 단체표장등록을 받을 수 있다(상§33③). v) 선출원에 의한 타인의 지리적 표시 등록단체표장과 동일 또는 유사한 상표로서 그 지정상품과 동일한 상품에 사용하는 상표(상§34①vii), vi) 특정 지역의 상품을 표시하는 것이라고 수요자간에 현저하게 인식되어 있는 타인의 지리적 표시와 동일 또는 유사한 상표로서 그 지리적 표시를 사용하는 상품과 동일하거나 동일하다고 인식되어 있는 상품에 사용하는 상표(상§34①x), vii) 국내 또는 외국의 수요자간에 특정 지역의 상품을 표시하는 것이라고 현저하게 인식되어 있는 지리적 표시와 동일 또는 유사한 상표로서 부당한 이익을 얻으려하거나 그 지리적 표시의 정당한 사용자에게 손해를 가하려고 하는 등 부정한 목적을 가지고 사용하는 상표(상§34①xiv), viii) 세계무역기구 회원국내의 포도주 및 증류주의 산지에 관한 지리적 표시로서 구성되거나 동 표시를 포함하는 상표로서 포도주·증류주에 사용하고자 하는 상표, 다만, 지리적 표시의 정당한 사용자가 그 해당 상품을 지정상품으로 하여 제36조 제5항의 규정에 따른 지리적 표시 단체표장등록출원을 한 때에는 그러하지 아니하다(상§34①xvi), ix) 동음이의어 지리적 표시 단체표장 상호간에는 제34조 제1항 제8호 및 제10호를 적용하지 아니한다(상§34④).

또한 지리적 표시인 경우에는 선출원이 적용되지 않는다. 즉 상표법 제35조 제5항에서는 ① 동일하지 아니한 상품에 대하여 동일 또는 유사한 표장으로 2 이상의 지리적 표시 단체표장등록출원 또는 지리적 표시 단체표장등록출원과 상표등록출원이 있는 경우와, ② 서로 동음이의어 지리적 표시에 해당하는 표장으로 2 이상의 지리적 표시 단체표장등록출원이 있는 경우에는 선출원(상§35①②)이 적용받지 아니한다.

---

20) 平尾正樹, 商標法, 學陽書房(2006), p.30.

그 외에 상표등록요건에 합당하여야 한다. 즉 상표법 제33조(상표등록요건) 제1항 각호와 제34조(상표등록을 받을 수 없는 상품) 제1항 각호에 저촉되지 않아야 한다.

3. 특 성

단체표장은 원칙적으로 사용주체와 권리주체가 분리된다. 그러나 2004년 개정법에서는 법인도 단체표장을 직접 사용할 수 있도록 하고 있다. 이는 단체표장제도의 활성화를 위한 것으로 단체표장권자인 법인도 단체원을 위해 단체표장을 부착한 상품의 광고 등의 행위를 할 수 있도록 한 것이다. 법인은 영업의 전문성 확보, 적극적 마케팅 경영 및 상표권의 보호강화에 있어서 영세한 개별 소속단체원보다 더 유리한 위치에 있다고 할 수 있다. 따라서 법인도 단체표장을 사용할 수 있도록 인정하는 것이 상품의 시장확대에 도움이 될 것으로 보고 개정하였다.[21] 이러한 단체표장은 이전할 수 없다. 다만 법인의 합병의 경우에는 특허청장의 허가를 받아 이전할 수 있다(상§48⑦, §93⑥). 또한 단체표장권은 전용사용권과 통상사용권을 설정할 수 없으며(상§95②, §97⑤), 질권의 설정 역시 인정되지 않는다(상§93⑧).

단체표장권의 취소사유는 일반취소사유 외에도 i) 회사의 합병으로 인하여 단체표장을 특허청장의 허가 없이 이전한 경우(상§119①iv), ii) 소속단체원이 정관(定款)의 규정에 위반하여 타인에게 단체표장을 사용하게 하거나 단체원이 정관의 규정을 위반하여 사용함으로써 수요자로 하여금 상품의 품질 또는 지리적 출처에 관하여 오인을 초래하게 하거나 타인의 업무에 관련된 상품과 혼동을 생기게 한 경우, 단 단체표장권자가 소속단체원의 감독에 상당한 주의를 한 경우에는 그러하지 않다(상§119①vii가), iii) 단체표장을 설정등록한 후 출원시 제출한 정관을 변경함으로써 수요자로 하여금 상품의 품질 또는 타인의 업무에 관련된 상품과 혼동을 일으키게 할 염려가 있는 경우(상§119①vii나), iv) 단체표장에 있어서 제3자가 단체표장을 사용함으로써 수요자로 하여금 상품의 품질 또는 지리적 출처에 관하여 오인을 초래하게 하거나 타인의

21) 국회 산업자원위원회, 상표법중개정법률안 심사보고서(2004. 12.), p.5.

업무에 관련된 상품과 혼동을 생기게 하였음에도 단체표장권자가 고의로 상당한 조치를 취하지 아니한 경우(상§119①ⅶ다), v) 지리적 표시 단체표장등록출원의 경우에 그 소속단체원의 가입에 관하여 정관에 의하여 단체의 가입을 금지하거나 정관에 충족하기 어려운 가입조건을 규정하는 등 단체의 가입을 실질적으로 허용하지 아니하거나 그 지리적 표시를 사용할 수 없는 자에게 단체의 가입을 허용한 경우(상§119①ⅷ가), vi) 지리적 표시 단체표장에 있어서 단체표장권자 또는 그 소속단체원이 제223조의 규정에 위반하여 단체표장을 사용함으로써 수요자로 하여금 상품의 품질에 대한 오인 또는 지리적 출처에 대한 혼동을 초래하게 한 경우(상§119①ⅷ나), 등이 취소사유가 된다.

그 외에도 단체표장제도는 증명표장과는 유사하지만 구별해야 한다. 증명표장은 생산업자가 아닌 증명업자가 상품자체에 관하여 일정한 품질성능을 갖추고 있음을 증명하는 표장이다. 그리하여 증명표장은 보증기능을 가진 보증표이나 단체표장은 보증기능보다 출처기능이 강한 표장이라 할 수 있다.

4. 효 력

단체표장권의 효력도 상표권의 효력과 본질적으로 동일하나, 단체표장권의 특성상 단체표장권은 법인에게 성립하고, 사용권은 법인 또는 단체의 구성원이 사용한다. 그렇지만 단체표장권자인 법인도 단체원을 위하여 단체표장을 부착한 상품의 광고 등의 행위는 할 수 있다. 그러나 단체표장권의 소극적 효력인 독점배타적인 사용금지청구권은 단체표장권자인 법인만이 행사할 수 있고, 단체의 구성원이 직접적으로 이러한 권리를 행사할 수는 없다고 본다.

대법원 1998. 7. 24. 선고, 97후2309 판결

[단체표장 등록이 무효로 된 사례]

1991. 5. 28. 출원하여 1993. 1. 4. 등록된 이 사건 등록단체표장⊜(등록 제28호)과 1990. 2. 9. 출원하여 1991. 6. 5. 등록된 인용상표]⊜를 대비하면서, 양 표장은 다 같이 특별한 호칭이나 관념을 가지지 않는 도형만으로 된 표장으로서 외관에 있어서 양 표장 모두 원으로 된 테두리 속에 두 개의 반원형이 서로 대칭되어 있는 점 등 그 전체적인 윤곽이 유사하고 기타

대법원 1998. 7. 24. 선고, 97후2309 판결

이므로, 법인인 회사가 그 상호를 표시하면서 회사의 종류를 표시하는 부분을 생략한 경우에는 그것이 널리 알려져 있지 않은 이상 일반 수요자가 반드시 상호로 인식한다고 할 수 없어 이를 회사의 상호를 보통으로 사용하는 방법으로 표시한 것으로 볼 수 없고, 단지 상호의 약칭에 불과하다고 할 것이고, 이러한 약칭의 표시는 위 법규정에 따라 그것이 저명하지 않는 한 특수한 태양으로 표시되어 있지 않다고 하더라도 상표권의 효력이 미친다. 선의 굵기와 흰 색과 검은 색의 대비 등으로 인한 차이점은 미세한 차이에 불과하므로 전체적, 객관적, 이격적으로 관찰할 경우 유사한 표장이라 할 것이고, 한편 이 사건 등록단체표장은 상표법 시행규칙상의 서비스업류 구분 제112류인 "귀금속 및 보석디자인업, 귀금속 및 보석감정업" 등 5개 서비스업을 그 지정서비스업으로 하고, 인용상표는 상표법시행규칙상의 상품류 구분 제45류인 "목걸이, 귀걸이, 반지" 등 10개 상품을 지정상품으로 하고 있는데, 이 사건 등록단체표장의 지정서비스업의 취급 대상 물품은 인용상표의 지정상품에 해당되는 "목걸이, 귀걸이, 반지" 등과 같은 귀금속 및 보석류라고 할 수 있으므로 인용상표의 지정상품과 이 사건 등록단체표장의 지정서비스업은 밀접한 관련이 있다 할 것이어서, 이 사건 등록단체표장이 인용상표의 지정상품과 밀접한 관련이 있는 그 지정서비스업 등에 사용될 경우 일반 수요자가 그 지정서비스업의 제공자를 인용상표의 지정상품의 제조판매자와 동일인인 것으로 지정서비스업의 출처에 관하여 오인·혼동을 일으킬 우려가 있으므로, 이 사건 등록단체표장은 상표법 제8조 제1항에 위배되어 등록된 것으로서 그 등록이 무효이다.

5. 효력의 제한

단체표장권은 이전할 수 없다. 다만, 법인의 합병의 경우에는 특허청장의 허가를 받아 이전할 수 있고(상§93⑥), 단체표장권에 관하여는 전용사용권 및 통상사용권을 설정할 수 없다(상§95②, 상§97⑤). 또 단체표장권을 목적으로 하는 질권은 이를 설정할 수 없다(상§93⑧).

상표법 제90조 제2항[22]은 지리적 표시 등록단체표장의 지정상품과 동일한

22) 상표법 제90조 ② 지리적 표시 단체표장권은 다음 각호의 1에 해당하는 경우에는 그 효력이 미치지 아니한다.

1. 제1항 제1호·제2호(산지에 해당하는 경우를 제외한다) 또는 제4호에 해당하는 상표
2. 지리적 표시 등록단체표장의 지정상품과 동일한 상품에 대하여 관용하는 상표

상품을 생산·제조 또는 가공하는 것을 업으로 영위하는 자가 지리적 표시를 사용하는 경우와 선출원에 의한 등록상표가 지리적 표시 등록단체표장과 동일 또는 유사한 지리적 표시를 포함하고 있는 경우에 상표권자 등이 그 등록상표를 사용하는 경우 등에는 지리적 표시 단체표장권의 효력이 미치지 않도록 제한하고 있다.

지리적 표시의 특성상 지리적 표시 단체표장으로 등록된 지정상품과 동일한 품질·명성 또는 기타 특성을 가지고 있는 상품을 해당 특정지역에서 생산·제조 또는 가공하는 자는 해당법인에 단체원으로 가입하고 있지 않더라도 지리적 표시를 사용할 수 있어야 하므로 지리적 표시 등록단체표장의 효력은 미치지 않도록 하는 것은 타당하다고 본다.[23]

또한 선등록 상표권자의 경우 선등록 받은 상표와 동일한 상표를 지정상품에 사용하면 지리적 표시 단체표장권의 효력이 미치지 않도록 규정하고 있는데, 이미 상표를 등록받은 기득권자를 보호하기 위하여는 이러한 규정이 필요하다고 생각되며 TRIPs 제24조에서도 동일한 취지의 내용을 규정하고 있다.

6. 단체표장권의 취소사유

등록된 단체상표가 다음 1에 해당하는 경우에는 그 상표등록의 취소심판을 청구할 수 있다(상§119①).

① 상표법 제93조 제1항 후단·제2항·제4항 내지 제7항의 규정에 위반된 경우

② 단체표장에 있어서 소속단체원이 그 단체의 정관의 규정을 위반하여 단체표장을 타인에게 사용하게 한 경우 또는 소속단체원이 그 단체의 정관의 규정을 위반하여 단체표장을 사용함으로써 수요자로 하여금 상품의 품질 또는 지리적 출처에 관하여 오인을 초래하게 하거나 타인의 업무에 관련된 상

3. 지리적 표시 등록단체표장의 지정상품과 동일한 상품에 사용하는 지리적 표시로서 당해 지역에서 그 상품을 생산·제조 또는 가공하는 것을 업으로 영위하는 자가 사용하는 지리적 표시 또는 동음이의어 지리적 표시

4. 선출원에 의한 등록상표가 지리적 표시 등록단체표장과 동일 또는 유사한 지리적 표시를 포함하고 있는 경우에 상표권자·전용사용권자 또는 통상사용권자가 지정상품에 사용하는 등록상표.

23) 국회 산업자원위원회, 상표법중개정법률안 심사보고서(2004. 12.), pp.11~12.

품과 혼동을 불러일으키게 한 경우. 다만, 단체표장권자가 소속단체원의 감독에 상당한 주의를 한 경우에는 그러하지 아니하다.

③ 단체표장의 설정등록을 한 후 제36조 제3항의 규정에 의한 정관을 변경함으로써 수요자로 하여금 상품의 품질의 오인 또는 타인의 업무에 관련된 상품과의 혼동을 불러일으키게 할 염려가 있는 경우

④ 단체표장에 있어서 제3자가 단체표장을 사용함으로써 수요자로 하여금 상품의 품질 또는 지리적 출처에 관하여 오인을 초래하게 하거나 타인의 업무에 관련된 상품과 혼동을 불러일으키게 하였음에도 단체표장권자가 고의로 상당한 조치를 취하지 아니한 경우.

⑤ 지리적 표시 단체표장등록을 한 후 단체표장권자가 지리적 표시를 사용할 수 있는 지정상품을 생산·제조 또는 가공하는 것을 업으로 영위하는 자에 대하여 정관에 의하여 단체의 가입을 금지하거나 정관에 충족하기 어려운 가입조건을 규정하는 등 단체의 가입을 실질적으로 허용하지 아니한 경우 또는 그 지리적 표시를 사용할 수 없는 자에 대하여 단체의 가입을 허용한 경우

⑥ 지리적 표시 단체표장에 있어서 단체표장권자 또는 그 소속단체원이 제223조의 규정을 위반하여 단체표장을 사용함으로써 수요자로 하여금 상품의 품질에 대한 오인 또는 지리적 출처에 대한 혼동을 초래하게 한 경우

7. 단체표장권의 침해에 대한 구제

(1) 청구권자

위에서 살펴본 바와 같이 단체표장은 권리주체와 사용주체가 분리되는 것이 일반적이기 때문에 단체표장이 침해된 경우에는 단체표장권자인 단체(조합 또는 법인)만이 구제를 청구할 수 있다.

만약 대표자가 침해에 대한 구제청구가 없는 경우에 대해서, 구성원이 침해구제에 대한 청구를 직접 할 수 있는 방안이 있는가에 대한 검토할 필요성이 있다.

(2) 손해배상범위

단체표장의 침해 행위에 대한 손해배상의 범위의 확정에 있어 단체의 소속구성원 전체에게 발생된 통상의 손해액으로 해석해야 할 것이다.

8. 파리조약 및 WTO/TRIPs협정상의 규정

단체표장에 대해 파리조약에서는 본국의 법령에 반하지 않는 단체에 대해 단체표장의 등록을 허여하도록 하고 있다(파리조약§7의2).

TRIPs협정 제22조에 지리적 표시의 보호규정을 두고 있다. 즉, 이 협정의 목적상 지리적 표시란 상품의 특정품질, 명성 또는 그 밖의 특성이 본질적으로 지리적 근원에서 비롯되는 경우, 회원국의 영토 또는 회원국의 지역 또는 지방을 원산지로 하는 상품임을 명시하는 표시이다(TRIPs협정§22).

제 4 절 업무표장

1. 의 의

업무표장이란 국내에서 영리를 목적으로 하지 아니하는 업무를 영위하는 자가 그 업무를 표상(表象)하기 위하여 사용하는 표장(標章)을 말한다(상§2① ix). 즉 공익법인 등을 포함하여 YMCA, YWCA, 보이스카웃, 걸스카웃, 올림픽조직위원회, 적십자 등과 같이 영리를 목적으로 하지 아니하는 업무를 영위하는 자가 타인의 업무로부터 자신의 업무를 식별하도록 하기 위하여 사용하는 표장으로, 올림픽조직위원회의 휘장, 적십자사의 표지 등과 같은 것이다. 이러한 업무표장은 비영리를 기본으로 하고 있기 때문에 상표의 영리를 목적으로 하는 부분에 있어서는 차이가 있다. 판례는 업무표장을 타사의 상표와 함께 부착시켜 사용하도록 하고 그 대가로 약간의 수수료를 받은 경우는 영리를 목적으로 한 것이라고 보기 어렵다고 했다.[24)]

---

24) 원심이 유지한 제1심 판결이 채용한 증거들을 살펴보면, 사단법인 한국귀금속감정원의 업무

대한적십자사	새마을	러브米
대한적십자사	새마을운동중앙회	농림부
KIPO		
특허청(대한민국)	(사)국제태권도연맹	경찰청(대한민국)

2. 특　　성

업무표장은 양도할 수 없다. 다만 그 업무와 함께 양도하는 경우에는 양도할 수 있다(상§48⑥, §93④). 비영리법인 중 공익사업을 표시하는 표장으로서 저명한 표장을 그 공익법인이 출원하는 경우에는 상표등록도 가능하나, 이 표장은 출원등록 여부와 관계없이 양도할 수 없다. 다만 표장(標章)과 관련된 업무와 함께 양도하는 경우에는 가능하다(상§48⑥, §93④).

업무표장권은 전용사용권과 통상사용권을 설정할 수 없다(상§95②, §97⑤). 이 외에도 질권(質權)의 대상이 될 수 없다(상§93⑧).

표장인 판시 태극마크의 지정업무는 귀금속 및 보석제품에 대한 품질보증제도 확립지도업, 귀금속 및 보석가공상품의 품질향상과 유통질서 확립지도업인 바, 피고들의 광주직할시 귀금속 시계판매업 감정위원회 회장 및 검사실장으로서 광주직할시 지역의 귀금속 및 시계의 부당한 감정을 막고 감정의 권위를 높이기 위한 감정업무를 행한다고 하면서, 무등산 마크와 함께 태극마크를 귀금속판매 상인들이 가지고 온 금반지 등에 귀금속의 함량을 확인보증한다는 취지로 각인하여 사용한 행위는 이 사건등록 업무표장의 지정업무와 동일·유사한 업무를 수행한 것이고, 이러한 각인행위를 행사하면서 그 대가로 약간의 감정수수료를 받았다고 하여 그 업무의 성질을 달리 볼 수 없다고 할 것이므로 피고인들의 위 각인행위가 영리행위로서 이 사건 업무표장의 지정업무와 유사하지 않다는 주장은 받아들일 수 없다(대법원 1995. 6. 16. 선고, 94도1793 판결).

3. 출원 및 등록요건

(1) 절차적 요건(등록절차)

업무표장을 받고자 하는 자는 상표등록요건 이외에 경영사실을 입증하는 증명서를 첨부하여 업무표장등록출원서를 제출하여야 한다(상§36⑥). 업무의 경영사실을 증명하는 서면은 법인의 경우에는 정관, 국가 및 지방자치단체의 경우에는 관련 법령, 조례, 규칙 등을 말하며, 이는 업무표장이 영리업무에 사용되는 것을 방지하기 위한 것이다.

(2) 등록의 구체적 요건(실체적 요건)

① 타인의 업무와 식별력을 갖출 것(상§33)
② 부등록사유에 해당하지 않을 것. 단서 규정은 제외한다(상§34③단).
③ 자기의 업무표장이어야 한다.
④ 비영리를 그 목적으로 해야 한다.

4. 취소 및 소멸사유

업무표장은 일반적 취소사유 이외에 업무와 분리양도한 경우 취소사유가 된다(상§93④, §119①iv). 또한 등록업무표장의 지정업무를 폐지하였을 경우 업무표장은 소멸한다. 업무표장은 지정업무에 대하여 독점배타적인 권리를 가지며, 등록된 등록표장과 동일·유사한 표장은 업종이 다르더라도 원칙적으로 등록을 받지 못한다.

5. 효　　력

업무표장의 효력은 적극적 효력과 소극적 효력으로 나누면, 적극적 효력은 지정업무에 대하여 독점배타적인 권리를 가지며, 등록된 등록표장과 동일·유사한 표장은 업종이 다르더라도 원칙적으로 등록을 받지 못한다.

소극적 효력으로 제3자가 정당한 권원 없이 타인의 등록업무표장과 동일 또는 유사한 표장을 그 지정업무와 동일 또는 유사한 업무에 사용하는 경우에는 업무표장권의 침해에 해당하여 제3자의 권원 없는 사용행위를 배제할 수 있다.

6. 기 타

일반적 사항은 상표등록과 동일하지만 업무표장권자가 그 부대업무에 대해 상표(표장)를 사용하고자 하는 경우 별도의 등록절차를 밟아야 한다.

대법원 1998. 4. 24. 선고, 97후1320 판결

구 상표법 제7조 제1항 제3호는 "국가 · 공공단체 또는 이들의 기관과 공익법인의 영리를 목적으로 하지 아니하는 업무 또는 영리를 목적으로 하지 아니하는 공익사업을 표시하는 표장으로서 저명한 것과 동일 또는 유사한 상표"는 상표등록을 받을 수 없다고 규정하고 있는바, 위 규정의 취지는 저명한 업무표장을 가진 공익단체의 업무상의 신용과 권위를 보호함과 동시에 그것이 상품에 사용되면 일반 수요자나 거래자에게 상품의 출처에 관한 혼동을 일으키게 할 염려가 있으므로 일반 공중을 보호하는 데에 있다고 할 것이다(대법원 1996.3.22. 선고 95후1104 판결 참조).

원심심결 이유에 의하면 원심은, 축산업협동조합중앙회는 축산업협동조합법 제6조 제2항에 의하여 영리를 목적으로 하는 업무를 하여서는 아니 되는 공공단체로서, 그 업무표장 (이하 인용 업무표장이라 한다)은 1985. 11. 7. 등록이 된 이래 계속 사용되어 일반인들에게 축산업협동조합중앙회를 표시하는 표장으로 널리 알려져 있는바, 이 사건 출원상표 (이하 본원상표라고 한다)는 인용 업무표장과 그 외관이 유사하여 본원상표가 그 지정상품에 사용될 경우에 일반 수요자 및 거래자에게 그 상품이 축산업협동조합중앙회나 그와 밀접한 관계가 있는 회사에 의하여 생산된 상품으로 인식됨으로써 상품출처의 오인 · 혼동의 우려가 있고, 본원상표가 효성그룹의 심벌마크(symbol mark)로서 인용 업무표장보다 훨씬 이전부터 그 지정상품에 사용되어 인용 업무표장과의 사이에 상품의 출처에 관하여 혼동을 일으키지 아니하고 구별이 가능할 정도로 일반 수요자에게 널리 인식되었다

대법원
1998. 4. 24.
선고, 97후1320
판결

고 볼 만한 증거도 없다는 이유로 구 상표법 제7조 제1항 제3호에 의하여 본원상표의 등록을 거절한 원사정은 정당하다고 판단하였는바, 기록에 비추어 살펴보면, 원심의 위와 같은 조치는 옳다 고 여겨지고, 거기에 구 상표법 제7조 제1항 제3호에 관한 법리를 오해하였거나 양 표장의 유사 여부에 관한 심리를 다하지 아니한 위법이 있다고 할 수 없다. 그리고 본원상표의 지정상품과 인용 업무표장에 의하여 표시되는 업무가 유사하지 아니하거나 견련관계가 없다고 하더라도 그러한 사정만으로 위 규정의 적용이 배제된다고 볼 것은 아니므로, 원심이 그러한 지정상품과 업무 상호간의 유사 여부 내지 견련관계 여부에 대하여 별도로 판단하지 아니하였다고 하더라도 위 규정의 적용에 있어서 심리를 다하지 아니한 잘못이 있다고 할 것은 아니다. 상고이유의 주장은 모두 받아들일 수 없다.

대법원
1990. 5. 11.
선고, 89후483
판결

[업무표장과 동일·유사한 상표]

본원 상표 와 인용표장인 소외 재단법인 한국생활용품시험검사소의 업무표장 ""을 대비하여 볼 때, 인용표장은 영문자 'Q'자의 도형내부에 "" 도형이 들어 있기는 하나, 전체적으로 보아 양자는 모두 영문자 'Q'자를 도형화 한 것으로서 그 칭호와 외관에 있어서 유사하고, 한국생활용품시험검사소는 수출검사법 및 공산품품질관리법 기타 법령에 의하여 정부가 지정하는 잡화제품류 및 기타 공업제품류에 대한 품질검사와 시험연구, 교육훈련 및 기술지도를 함으로써 제품의 품질향상을 도모하여 소비자보호 등에 기여함을 목적으로 하여 설립된 비영리 공익법인으로서, 생활용품에 대한 품질검사에 합격한 상품에 대하여 품질보증마크로 인용표장을 사용하고 있으므로, 본원상표를 지정상품에 사용하는 것 자체가 공공의 질서를 문란하게 할 염려가 있을 뿐만 아니라, 본원상표를 지정상품에 사용할 경우 그 지정상품이 한국생활용품시험검사소의 품질검사에 합격한 제품으로 상품의 품질을 오인케 하거나 수요자를 기만할 염려가 있다고 할 것이어서, 본원상표는 구 상표법 제9조 제1항 제4호 및 제11호에 해당하는 상표로서 등록을 받을 수 없다.

대법원
1994. 5. 24.
선고, 93후2011
판결

[상표등록을 인정한 사례]

원상표 "KSB"와 한국방송공사의 저명한 업무표장인 인용표장 "KBS"의 외관이 유사하다고 하더라도 관념과 칭호가 다르고, 한국방송공사는 방송업무 및 그 부대사업만을 시행하고 있음에 비추어 출원상표의 지정상품인 기계류의 수요자들이 그 상품을 한국방송공사에서 제조 또는 수입, 판매하는 것이라거나 그 상품의 출처와 한국방송공사 사이에 어떠한 견련관계가 있다고 오인 혼동할 가능성은 없다고 할 것이므로 전체적으로 보아 출원상표와 인용표장은 유사하다고 할 수 없다.

제5절 증명표장

증명표장이란 상품의 품질, 원산지, 생산방법 또는 그 밖의 특성을 증명하고 관리하는 것을 업(業)으로 하는 자가 타인의 상품에 대하여 그 상품이 품질, 원산지, 생산방법 또는 그 밖의 특성을 충족한다는 것을 증명하는 데 사용하는 표장을 말한다(상§2①vii). 증명표장Certification Mark은 상품이나 서비스업의 품질을 증명하기 위하여 사용하는 표장으로, 미국, 영국, 중국, 호주, 독일, 프랑스 등이 관련 제도를 도입 또는 운용 중이다. 동 제도 도입은 정부·지자체·민간단체 등에서 시행되고 있는 인증 마크제를 활성화시키고 소비자에게 올바른 상품 선택의 정보 및 기준을 제공하여 소비 촉진에 기여할 것으로 기대된다.[25] 즉 증명표장 제도[26]는 상표의 품질보호 기능의 강화추세를 반영한 것으로서, 수요자 및 거래자들에게 올바른 상품정보를 제공함으로써 소비자 및 거래자의 최선의 선택과 소비를 보장하기 위한 제도이다.

WOOLMARK	KC	HACCP	UL
양모제품의 품질보증	국가통합인증	식품위해요소중점 관리기준	미국 전자제품 등의 안전인증

증명표장으로는 일반적 증명표장과 지리적표시 증명표장이 있다. "지리적

25) http://kipo.korea.kr/kipo/jsp/kipo1_branch.jsp?_action=news_view&_property=tmp_sec_2&_id=155193930.

26) 증명표장제도는 2012. 3. 15. 발효된 한·미 FTA의 이행을 위해 상표법에 반영(시행)되었으며, 한·미 FTA 협정문 제18.2조 2는 "각 당사국은 상표가 증명표장을 포함하도록 규정한다."라고 규정하고 있다(상표심사기준 제7부 제3장 1.3.(p.364)).

표시 증명표장"이란 지리적 표시 단체표장등록출원의 경우에 그 소속 단체원의 가입에 관하여 정관에 의하여 단체의 가입을 금지하거나 정관에 충족하기 어려운 가입조건을 규정하는 등 단체의 가입을 실질적으로 허용하지 아니하거나 그 지리적 표시를 사용할 수 없는 자에게 단체의 가입을 허용한 경우를 말한다(상§2①viii). 여기서 "지리적 표시"란 단순한 지명이 아니라 '영광굴비'와 같이 특정 품질·명성 등이 본질적으로 해당 지역의 기후, 토양, 지형 등의 지리적 환경에 기인한 경우에 그 상품이 생산·제조 또는 가공된 지역을 나타내는 표시이다. 즉, 다른 지역과 구별되는 품질이나 명성 등의 특성이 그 지역의 기후, 토양, 지형 등의 자연적 조건이나 전통적인 생산비법 등의 인적 조건을 포함하는 지리적 환경에서 본질적으로 비롯되는 경우에 그 지역에서 생산·제조 또는 가공된 상품임을 나타내는 표시인 것이다.

상품의 품질, 원산지, 생산방법 또는 그 밖의 특성을 증명하고 관리하는 것을 업으로 할 수 있는 자는 타인의 상품에 대하여 그 상품이 정해진 품질, 원산지, 생산방법 또는 그 밖의 특성을 충족하는 것을 증명하는 데 사용하기 위해서만 증명표장을 등록받을 수 있다. 다만, 자기의 영업에 관한 상품에 사용하려는 경우에는 증명표장의 등록을 받을 수 없다(상§3③). 그러나 상표·단체표장 또는 업무표장을 출원(出願)하거나 등록을 받은 자는 그 상표 등과 동일·유사한 표장을 증명표장으로 등록받을 수 없다(상§3④). 또한 증명표장을 출원하거나 등록을 받은 자는 그 증명표장과 동일·유사한 포장을 상표·단체표장 또는 업무표장으로 등록받을 수 없다(상§3⑤).

증명표장등록을 받으려는 자는 상표등록출원의 사항 외에 대통령령으로 정하는 증명표장의 사용에 관한 사항을 정한 서류(법인인 경우에는 정관을 말하고, 법인이 아닌 경우에는 규약을 말한다. 이하 "정관 또는 규약"이라 한다)와 증명하려는 상품 또는 서비스업의 품질, 원산지, 생산방법이나 그 밖의 특성을 증명하고 관리할 수 있음을 입증하는 서류를 첨부한 증명표장등록출원서를 제출하여야 한다(상§36④). 심사관은 증명표장등록출원이 상표법 제54조 제6호, 제7호에 해당하는 경우에는 그 상표등록출원에 대하여 상표등록거절결정을 하여야 한다.

증명표장권은 원칙적으로 이전할 수 없다. 다만, 해당 증명표장에 대해 등록받을 수 있는 자에게 그 업무와 함께 이전할 경우에는 특허청장의 허가를 받아 이전할 수 있고(상§93⑦), 증명표장권에 대하여는 전용사용권이나 통상사용권을 설정할 수 없다(상§95②, §97⑤). 또 증명표장권을 목적으로 하는 질권의 설정을 할 수 없다(상§93⑧).

상표법 제119조 제1항 제9호 가목 내지 마목에 해당하는 경우에는 증명표장등록 취소사유가 된다. 그리고 증명표장은 수요자에게 그 상품 또는 서비스가 어떤 특성을 구비하고 있거나 증명표장권자가 요구하는 품질과 기준을 충족하고 있다는 정보를 제공하기 위한 것이므로, 증명표장권의 양도에 대한 제한 또는 품질오인이나 출처의 혼동을 방지하는 것을 요구하는 등 제한을 두고 있다.

지리적 표시 증명표장에 관하여는 이 법에서 특별히 규정한 것을 제외하고는 이 법 중 지리적 표시 단체표장에 관한 규정을 적용한다(상§2④).

c·h·a·p·t·e·r

02 상표의 기능

제1절 서　설

지적재산권법의 대상으로서 상표는 발명이나 저작물과는 차이가 있다. 즉 인간의 정신적 창작물로서 그 자체가 가치있는 것으로 인정되는 후자의 것들과는 달리, 상표는 기존의 것으로부터의 선택에 불과하여 처음부터 그 보호의 필요성이 인정되는 것은 아니다. 즉 상표는 그것이 상표로서 제 기능을 발휘할 때 비로소 법적 보호의 가치가 있는 것이며, 이는 사용이라는 것을 통하여 보다 강화된다.

한편 상표 보호의 근거 내지 상표 자체의 인식 근거가 될 수 있는 상표 기능은 전통적인 식별기능에 머무르지 않고 오늘날 다양하게 표출되고 있다. 예컨대 마케팅 전략으로서 자리잡은 CI Corporate Image or Corporate Identity 전략과 함께 상표와 관련한 "브랜드 전략"은 새로운 상표의 기능을 엿볼 수 있는 것이다. 즉 전통적인 기업 경영전략에서 상표는 단순히 자신의 상품과 타인의 상품을 식별하고, 그 위에 출처를 표시하고 나아가 일정한 품질까지를 보증하기 위한 것으로 이해되어 왔다. 그러나 최근에는 많은 기업이 자신의 상표를 브랜드화하여 이를 매개로 자기 기업의 가치를 반영하고 형성하는 데 노력하고 있다. 다양한 사업영역에서 활동하는 기업으로서는 브랜드화된 상표를 매개로 새로운 시장을 개척할 수 있다. 즉 전통적인 상표는 단지 하나의 상품 내지 사업영역에 한정되어 사용되는 것이었다. 그러나 그와 같이 형성된 상표의 가치는 당해 기업이 다른 영역으로 사업을 확장하는 데 있어 기반이 될 수 있다. 일정한 사업영역에서 신용을 갖는 우량 기업으로서의 이미지를 구축하게 되면, 이와 유사한 사업영역 나아가서는 이와 특별한 관련이 없어 보이는 사업 영역 내지 상품에까지 이러한 이미지를 구축할 수 있게 된다. 그러한 이미지는 기존의 사업영역을 보호하는 데 있어서뿐만 아니라 새로운 사업영역을 개척하는 데 있어 훌륭한 기반이 되는 것이다. 이와 같이 기업이 상품을 시장에 제공하는 과정에서 제품에 붙여지는 상표는 하나의 상품에 한정된 기능만 있는 것이 아니라 비유사 상품에까지 폭넓게 사용될 수 있기 때문에 기업 전체로서 신용 및 책임을 갖는 우량 기업의 이미지를 표시·전달하는 기업의 상징으로 기능하고 있는 것이다. 즉 상표는 수요자에게 기업의 힘과 신용을 이미지로서 각인시키는 것이며 한편 기업에 있어서는 기업책임을 보증하는 상징이기도 하다.

이러한 과정에서 수요자는 하나의 상표에서 상품의 가치뿐만 아니라 그 배후에 있는 기업 자체의 가치까지를 평가하게 된다. 즉 기업이 상표를 매개로 "광고"라는 방법을 구사하여 발신하는 정보와 기업이 제공하는 정보와는 독립된 수요자의 경험[1]을 통하여 수요자는 상품 하나의 가치(출처표시, 품질보증)는 물론 사회에 있어 그 기업 자체의 가치[2]를 평가하게 되는 것이다. 이에 기업으로서는 어떻게 하면 자신이 좋은 기업으로서의 가치를 갖는지를 밝히고자 하며, 그러한 가치를 제고하고자 노력한다. 즉 이제 기업은 그 사활을 걸고 제품에 소비자와의 접점이 되는 상표를 부착하고 '광고'라는 정보전달 수단에 의해 기업의 정보를 제공하고 있는 것이다. 이와 같이 상표를 통하여 기업에 관한 정보를 제공하는 현상은 기존의 상표 기능론에서는 찾을 수 없

1) 이는 당해 상표 상품의 실제적 사용을 통한 개인적 경험과 사용에 의해 시장에서 축적된 평판 등의 것들을 상정할 수 있다.

2) 물론 기업의 이미지 내지 가치는 상표만을 통하여 형성되는 것은 아니다. 예컨대 CEO에 대한 사회적 평판 같은 것 역시 기업의 가치를 형성하게 된다.

던 것으로, 일응 "광의의 광고기능"이라 할 수 있는 것이다.

이제는 상표의 광고기능은 출처표시, 품질보증, 광고기능에 대한 인과(因果)의 흐름 관계는 물론, 소비자와의 관계까지 아우를 수 있게 그 폭과 깊이가 확장됨으로써 상표에 있어 필요불가결한 기능으로 크게 성장하였다.[3] 이에 따라 상표는 브랜드로서 종전의 출처표시, 품질보증, 광고의 각 기능만으로는 설명할 수 없는 기업과 소비자와의 관계성을 높이기 위한 중요한 역할을 맡고 또한 기업과 소비자를 연결하는 연결점으로 기능하고 있는 것이다.

이와 같이 다양하게 발달하고 있는 상표의 기능을 전통적인 이론적 설명과 같이 본원적 기능과 파생적 기능 등으로 나누어 설명하는 것은 진부한 논의처럼 보이기도 한다. 특히 여러 기능이 혼재되어 역할하고 있는 가운데, 실제 그러한 기능의 분별이 쉽지도 않은 상황이라 상표의 기능에 대한 논의가 오늘날 과거만큼 흥미로운 주제가 아닌 듯도 보인다. 그러나 상표가 다양한 기능을 수행하면서, 어느 일정 기능 수행의 부재나 강조가 상표의 사용으로서 문제될 수 있다. 즉 광고기능으로서의 상표 기능의 침해는 인정되나, 식별기능으로서의 사용 기능의 침해에는 논란의 여지가 있을 때 이를 상표권 침해를 인정할 수 있는가 하는 등 혼재되어 있는 것만 같은 상표의 기능이 분리되는 상황에서 어떤 것에 착안하여 상표를 보호할 것인가 하는 문제가 발생할 것이다.

대법원 2005. 6. 10. 선고, 2005도1637 판결	**[상표법위반]** [1] 공산품인 상품의 내부 부품에만 표시된 표장으로서 그 상품을 분해하여야만 일반수요자들이 인식할 수 있는 표장을 그 상품의 상표라고 할 수 있는지 여부(소극) 상표는 특정한 영업주체의 상품을 표창하는 것으로서 그 출처의 동일성을 식별하게 함으로써 그 상품의 품위 및 성질을 보증하는 작용을 하며, 상표법은 이와 같은 상표의 출처 식별 및 품질 보증의 기능을 보호함으로써 당해 상표의 사용에 의하여 축적된 상표권자의 기업신뢰이익을 보호하고 유통질서를 유지하며 수요자의 이익도 보호하는 것이므로, 공산품인 상품의 내부에 조립되어 기능하는 부품에 표시된 표장으로서 그 상품의 유통이나

3) 提信夫, "商標機能の現代的考察", 知財管理 Vol.93 No.4, p.625.

대법원 2005. 6. 10. 선고, 2005도1637 판결

통상적인 사용 혹은 유지행위에 있어서는 그 존재조차 알 수 없고, 오로지 그 상품을 분해하여야만 거래자나 일반 수요자들이 인식할 수 있는 표장은 그 상품에 있어서 상표로서의 기능을 다할 수 없을 것이므로 이를 가리켜 상표법에서 말하는 상표라고 할 수 없다.

[2] 타인의 등록상표와 유사한 표장을 상품의 기능설명이나 상품의 기능이 적용되는 기종을 밝히기 위하여 사용한 경우, 상표권 침해로 볼 수 있는지 여부(소극)

타인의 등록상표와 유사한 표장을 이용한 경우라고 하더라도 그것이 상표의 본질적인 기능이라고 할 수 있는 출처표시를 위한 것이 아니라 상품의 기능을 설명하거나 상품의 기능이 적용되는 기종을 밝히기 위한 것으로서 상표의 사용으로 인식될 수 없는 경우에는 등록상표의 상표권을 침해한 것이라고 할 수 없다.

대법원 2003. 4. 11. 선고, 2002도3455 판결

타인의 등록상표를 그 지정상품과 동일 또는 유사한 상품에 사용하면 타인의 상표권을 침해하는 행위가 된다고 할 것이나, 타인의 등록상표를 이용한 경우라고 하더라도 그것이 상표의 본질적인 기능이라고 할 수 있는 출처표시를 위한 것이 아니어서 상표의 사용으로 인식될 수 없는 경우에는 등록상표의 상표권을 침해한 행위로 볼 수 없다고 할 것이고, 그것이 상표로서 사용되고 있는지의 여부를 판단하기 위하여는, 상품과의 관계, 당해 표장의 사용 태양(즉, 상품 등에 표시된 위치, 크기 등), 등록상표의 주지저명성 그리고 사용자의 의도와 사용경위 등을 종합하여 실제 거래계에서 그 표시된 표장이 상품의 식별표지로서 사용되고 있는지 여부를 종합하여 판단하여야 한다.

제 2 절 상표의 기능 역할

상표의 기능 또는 역할이란 상표를 상품에 사용하는 경우에 그 상품과의 관계에서 어떻게 인식되고 작용하는가의 문제를 말한다. 자신의 상품을 식별하기 위하여 사용하는 상표라고 할지라도 그 자체만으로 상표가 어떤 기능을 갖는 것은 아니다. 즉 상표가 갖는 기능이 역할을 하게 될 때, 그러한 역할수행을 통하여 발현되는 상표의 기능을 보호하게 되는 것이지, 처음부터 상표

자체에 보호의 필요성이 인정되는 것은 아니다. 이러한 상표의 기능 역할은 상표가 사용됨으로써 비로소 발휘되며, 경제사회의 변화나 거래 현실상의 요청에 따라 변천하는 상대적인 개념으로서 사용기간·범위·빈도 등이 증대될수록 강화되는 경향이 있다.

일반적으로 이러한 상표가 수행하는 기능 역할은 자타상품의 식별기능이 본원적 기능이며, 본원적 기능과 밀접·유사한 기본적 기능으로서 출처표시기능 및 품질보증기능을 가진다. 나아가 상표는 파생된 기능 역할로서 광고선전기능, 보호적 기능 및 경쟁적 기능, 재산적 기능 등을 수행하게 된다고 설명되고 있다.[4] 또한 상표제도가 인정하는 독점에 주목한 경쟁법이나 경제법 관련 학자들이 상표보호를 언급하면서 새로운 상표 기능으로서 품질개선기능과 구매자의 상품정보수집비용 절감기능 등이 경제적으로 중요한 시장기능을 가지게 되었다고 한다.

한편 이러한 상표의 기능 역할을 통하여 생산자 및 제조자는 자기의 상품을 타인의 것과 비교하여 우수성 내지 특이성을 소비자에게 쉽게 전달할 수 있으며, 소비자 역시 비슷한 상품들 사이에서 자신이 원하는 상품을 용이하게 식별할 수 있게 된다. 그리고 이렇게 함으로써 시장질서가 확립되어 수요자(소비자)는 상표를 통한 상품의 신뢰 이익을 보호받게 되며, 이를 통하여 상품의 거래가 질서 있고 원활하게 이루어진다면 결과적으로 국가산업발전에 이바지하게 되는 것이다.

제 3 절 일반론으로서의 상표의 기능

1. 식별기능으로서의 상표

상표는 개성화된 일군(一群)의 상품을 다른 상품군으로부터 식별하게 하는

4) 최성우, 상표법, 한빛지적소유권센터(2000), pp.42~20에서는 상표의 기능을 본원적 기능과 파생적 기능으로 분류하고, 본원적 기능을 ㉠ 자타상품식별기능과 ㉡ 출처표시기능, 그리고 ㉢ 품질보증기능으로 분류하고, 파생적 기능을 다시 ㉠ 광고선전기능, ㉡ 재산적기능, ㉢ 보호적 기능, ㉣ 경쟁적 기능으로 분류하고 있다.

기능을 수행하며, 이를 상표의 식별기능이라 한다. 이러한 상표의 식별기능에 의해 상품의 동일성을 표시하게 된다. 하나의 상표를 어떤 일정한 상품에 사용함으로써 상표는 어떤 일정한 상품의 동일성을 표상하게 된다. 생산자는 자신의 땀과 노력을 생산품에 쏟지만, 상품의 선택과정에서 소비자는 이러한 노력을 확인할 수 없다. 결국 소비자는 도박에 가까운 선택을 한 후 당해 상품을 사용하면서 그 제품에 대한 일정한 인식을 형성하게 된다. 그리고 이와 같이 경험을 통하여 형성된 지식을 그 다음 소비 선택에 반영하게 된다. 그러나 만약 상표란 것이 없다면, 즉 생산자가 자기 상품을 식별하기 위하여 사용하였던 상표란 것이 없다면, 소비자로서는 자신의 과거 지식을 활용할 수 없으며, 결국은 다시 선택이라는 도박을 하게 된다. 이러한 면에서 상표는 상품의 동일성을 표상함으로써 소비자로 하여금 상품에 대한 정보를 구축할 수 있도록 한다.

상표가 이러한 식별기능을 수행할 수 있기 위해서는 상표는 생산자와 소비자 모두에게 있어 일정한 것이어야 한다. 즉 생산자는 자기 상품의 동일성을 표상케 할 수 있는 것이어야 하며, 또한 소비자로서도 소비 선택을 위한 정보의 매개체가 될 수 있는 것이어야 한다. 따라서 상표는 일정한 내용을 표시하거나 일정한 연상을 작동시키는 기호여야 한다. 또한 이러한 기호는 자신의 상품과 다른 상품을 식별시켜 줄 수 있어야 한다.

(1) 기호로서의 상표

기호[記號, symbol]란 일정한 내용을 표시하기 위한 문자・표장(標章)・부호 따위 등을 말한다. 즉 일정한 내용을 표시하기 위한 문자・표장(標章)・부호 따위로, 철학적으로 이에 대응하는 유럽어는 그리스어의 σύμβοσσον/sσỳ mboion에서 유래하였다.[5] 다시 말해 a를 보고 b를 알 수 있을 때에 a는 b의 기호가 된다. 이러한 의미에서 상형문자・숫자(數字)・그림 등은 대표적인 기호의 예로 들 수 있다. 나아가 표음문자로 철자된 글도 전체로서 하나의 정보를 나타내고 있는 한은 기호이며, 음악도 기호의 역할을 하는 경우가 있다. 뿐만 아니라 표음문자와 같이 그 자체로는 의미가 없으나 글의 소재가 되는

5) 여기에는 "부신(符信)"이란 뜻이 있었다.

것도 기호라고 할 수 있다. 논리기호나 화학기호와 같이 전문가가 아니면 그 사용방법을 잘 알 수 없는 것을 대표적인 기호로 생각하는 사람도 많다. 커뮤니케이션에 사용되는 것뿐만 아니라 의식(儀式)과 같이 공유된다는 데 뜻이 있는 사물이나 현상을 기호에 포함시키는 경우도 있어, 현대에 있어서 "기호"는 매우 넓은 개념이 되었다.[6)]

기호를 가장 간단하게 설명하자면 위에서 본 바와 같이 "a를 보고 b를 알 수 있을 때에 a가 b의 기호"라고 설명할 수 있다. 즉 기호는 물질적인 형상 a와 그것이 나타내는 의미 b로 구성된다. 상표는 상품에 사용되는 표시이지만, 기호로서의 상표는 기본적으로는 사용되는 상표와 관계가 없다. 관련성이 없는 것이 상표의 기능인 식별력을 발휘하기 위한 전제조건이 된다. 미국의 판례는 상표와 상품 또는 서비스와의 관계성을, 일반적, 기술적, 암시적, 자의적, 독창적의 5단계로 분류하고 일반명칭이나 기술적인 마크에는 본래적인 식별력은 없다고 판단하고 있다.[7)] 식별력을 효과적으로 발휘할 수 있다고 생각되는 것은 조어(造語)나 추상도형과 같은 독창적인 마크이며 이러한 것들이 강한 상표가 된다.[8)] 이와 같이 기호로서의 상표는 상품에 관련하여 사용되면서 양자간에 필연적인 관계는 없다. 상표는 그 의미에서 자유로이 채택된다. 물질적인 형상과 그것이 담당하는 의미가 상품에 관련지어 사용되는 특수성을 가지면서 기호의 본래적인 성질에서 기호에 담겨지는 의미는 상품과 관계없이 결정될 수 있는 것이다.

상표의 기본적인 기능은 그것이 부착된 상품의 제조자·판매자를 표시하고 동일한 상품이 일정한 품질을 보증하는 것으로 충분했다. 한편 선전·광고는 상품에 관한 구체적인 정보로 구성되어 있었다. 그것이 미디어의 발달과 '마케팅'이라는 경영학의 진보로 상표는 마케팅의 주요한 도구가 되어 '브랜딩 Branding'[9)]이라는 개념을 낳았다. 기호로서의 상표는 선전, 광고라는 기법을 통

6) http://100.empas.com/dicsearch/pentry.html?i=1165350.

7) Abercrombie & Fitch Co. v. Hunting World Inc., 537 F. 2d. 4,9(CA2 1976).

8) バナー&アレグレッティ法律事務所編, 鹿又弘子訳, 米国知的財産権入門, 日刊工業新聞社(1995), p.105.

9) 브랜딩이라는 단어는 미국의 카우보이가 소에 새긴 낙인(燒印)을 기원으로 한다고도 하지만 현재는 '경합상품에 대하여 자사브랜드에 차별적 우위성을 부여하기 위한 장기적인 이미지 창조활동' 이라 정의되고 있다. 구체적으로는 브랜드의 창조에서 시작하여 브랜드 포지셔닝, 브랜드 마케팅, 브랜드 매니지먼트 등 기업의 일련의 종합적인 활동으로 구성된다. 심리학적, 사회학전 조사에

하여 모든 의미를 담을 수 있다는 특성을 충분히 발휘함으로써 합의의 범위를 계속 확대하고 있다. 이와 같은 상황 속에서 전통적인 상표기능의 분석을 벗어나 상표가 사회적으로 완수하고 있는 역할을 주시하는 것은 큰 의미가 있다. '물건에서 이미지로' 혹은 '라이프 스타일로' 기업은 소비자와의 '커뮤니케이션'을 심화·확대함으로써 시장의 우위를 획득하려고 하지만 출처표시와 품질보증기능에 의해 경업질서를 지키고 또한 수요자의 보호를 도모한다고 하는 공익적 사명도 법 목적으로 하고 있다.[10)]

(2) 식별기능으로서의 상표

상표는 자신의 상품을 타인의 상품과 식별하여 주어야 한다. 이러한 식별력은 상품에 어떤 기호를 고정함으로써 즉시 발생하는 것이어야 하는 것은 아니다. 상표사용자의 의사에도 불구하고 어떤 기호는 일정한 기간 동안 소비자로 하여금 상표로서 인식되지 않을 수도 있다. 이러한 상태에 대하여 법은 그 보호를 인정하지 않지만, 식별 기능을 아직 발휘하지 못하고 있다고 하여 그 기호가 그 자체로 상표가 되지 않는 것은 아니다. 상표사용자가 상표로서의 사용을 강화함으로써 당해 기호는 식별력을 갖게 될 수 있으며, 이때에는 법에 의한 보호까지도 인정되는 상표가 될 수 있다. 이에 상표법은 상표의 식별력과 관련하여 자타상품식별의 주관적 의사를 상표의 구성요건으로 하면서, 객관적으로 자타상품식별력을 결한 상표는 상표법 제33조 제1항 각호에 해당하는 것으로서 상표등록을 받지 못하는 것으로 하고 있다.

2. 출처표시기능으로서의 상표

상표는 상표권자가 어떤 상품이 자신의 상품임을 확인시켜 주기 위하여 사용하는 표지이다. 따라서 상표권자에게 있어 상표는 본원적으로 자신의 상품을 타인의 그것과 구별케 하는 기능을 갖는다.[11)] 전통적으로 상표보호와 관

의거한 분석을 중심으로 발달해 온 미국을 기원으로 하는 경영학의 한 장르를 이루고 있다. 선전·광고는 상품을 넘어 '이미지'나 '라이프스타일'의 세계에 자유로이 넘나들며 '꿈'을 내세운다.

10) 鳥羽みさを, "商標の機能グローバリゼーション", パテント Vol.55 No.7, pp.35~36 재인용.

11) 이에 '객관적 식별력'을 상표의 구성요소로 이해하는 견해도 있다. 그러나 위에서 살펴본 바

련한 상표의 기능은 소유표시(所有標識) 내지 재산표시(財産標識)로 일정한 출처를 나타내는 출처표시기능만이 인정되었다.

상표의 출처표시기능은 상품에 부착된 상표에 대한 책임의 소재를 명확히 함으로써 공정한 경쟁질서 형성의 기초를 제공한다. 본래 이러한 상표의 출처표시기능은 일정의 상품이 특정의 기업에서 비롯하였음을 의미하였다. 즉 상품의 품질이 특정인이나 기업의 전래적인 숙련된 기술·명성과 밀접한 관계를 갖던 상품생산사회에서는 출처의 상이는 상품 품질의 차이를 의미하였으며, 상표는 그러한 특정의 출처를 표시하기 위해 사용되었다. 따라서 상표에 대한 권리는 영업과 분리하여 이전할 수도 없던 인격적 색채의 권리였으며, 상표에 대한 출처표시기능 보호는 상품의 품질을 보증한다는 공익적 성격의 것이었다.

그러나 오늘날에 있어서는 산업분야 전반에 걸쳐 기술이 향상되어 특수한 업계를 제외하고는 상품은 점차 균질화하는 경향에 있다. 이에 상품의 품질과 관련한 상표의 출처표시기능은 약화되었으며, 상표는 그 상표를 부착한 상품이 동일한 출처와 관련이 있다거나 그러한 출처에 의하여 지원을 받고 있음을 공중에게 알려 줄 뿐이다. 따라서 상표에 의하여 표시되는 출처가 항상 제조업자를 가리키지는 않으며, 때로는 상표가 판매상이나 수입업자 등을 상품의 공급자로 지정함으로써 상표를 보아도 출처를 확인할 수 없는 경우도 있다. 오히려 오늘날 강조되는 상표의 출처표시기능은 상표권자가 당해 상표에 갖는 영업상의 신용Goodwill[12]과 관련한 것이다.

대법원 2001. 4. 10. 선고, 98도2250 판결	일반적으로 상품의 용기나 포장은 상품의 출처를 표시하는 기능을 가진 것은 아니고, 다만 어떤 용기나 포장의 형상과 구조 또는 문양과 색상 등이 상품에 독특한 개성을 부여하는 수단으로 사용되고, 그것이 장기간 계속적, 독점적, 배타적으로 사용되거나 지속적인 선전광고 등에 의하여 그 형상과 구조 또는 색상 등이 갖는 차별적 특징이 거래자 또는 수요자에게 특정한 품질을

와 같이 '객관적 식별력'은 상표의 등록단계에서 상표로서 등록하여 상표권이라는 독점권을 인정할 만한 독점적응성의 문제에 불과하다.

12) 고객흡인력의 다른 말로서 영미법에서 유래하였다. 영국에서는 1810년, 미국에서는 1936년 영에서부터 시작되었고, 독일은 '가치 있는 경업(競業)상의 자산'으로 규정하고 보호하고 있다.

가지는 특정 출처의 상품임을 연상시킬 정도로 현저하게 개별화되기에 이른 경우에만 비로소 구 부정경쟁방지법(1998.12.31. 법률 제5621호 부정경쟁방지및영업비밀보호에관한법률로 개정되기 전의 것) 제2조 제1호 (가)목에서 정하는 '타인의 상품임을 표시한 표지(표지)'에 해당된다.

반복되는 거래 속에서 상표라는 상징에 대하여 고객이 호의적인 반응을 보이게 되는데, 이 경우 상표권자는 그 상표에 대하여 Goodwill이라 하여 일정한 가치를 인정받게 된다. 상표에 대한 소비자의 인식과 그 상표의 고객흡인력을 나타내는 용어로 '고객의 호의적인 태도와 후원관계'[13]라고 정의되기도 하는 Goodwill을 Story판사는 다음과 같이 설명하기도 하였다. 사업체가 그에 투입된 자본이나 자금 또는 재산의 단순한 가치를 넘어서 그 사업체의 지리적 위치나 명성으로 인하여 계속적인 고객 또는 단골손님으로부터 받은 일반 대중적인 선호나 격려의 결과인 유리함이나 우위가 Goodwill이다. 그 명성은 당해 사업체의 기술과 풍부한 자원 또는 시간적 정확성으로부터 나오기도 하고 다른 현실적 상황이나 필요성에서 생기기도 하며 때로는 편애나 편견의 결과로 생길 수도 있다.[14] 특히 상표에 형성된 이러한 Goodwill의 보호는 상표 보호의 본질과 관련한 상표권자의 영업상의 신용보호와 소비자 보호 논쟁이 중복되는 부분이라 하겠다. 따라서 오늘날에 있어도 상표의 출처표시기능은 중요하며, 특히 소비자가 상표에 형성한 Goodwill을 당해 상표에 부착된 상품 배후의 제조업자나 판매업자와 연결시켜주는 형태로 그 기능을 수행하고 있다 하겠다.

3. 수요자(소비자) 보호 기능으로서의 상표

상표는 국가가 특정인에게 자기의 상품(서비스)과 타인의 상품(서비스)과 구별 내지는 식별 되도록 하여 상표권자를 보호함과 더불어 구매자인 소비자가

13) Broad v. Jollyfe, Cro. Jac. 596, 79 Eng. Reprint 509(1620).

14) Story on Partnership §99(1868). 양명조, "상표보호의 본질", 창작과 권리, 1996 여름호, p.88 재인용.

원하는 상품(서비스)을 구매하는 하는 과정에서 오인・혼동하지 않고 구매하도록 하기 위하여 국가가 법으로서 보호하여 주고 있다.

등록상표는 상표법상 독점・배타적으로 보호되며(상§89, §107, §108), 미등록의 상표라도 주지・저명한 것은 타인의 등록을 배제할 수 있다(상§34①ix, xi). 또한 상표는 소비자 보호적 기능을 수행하게 된다.

즉 상표는 수요자를 보호하는 기능을 갖는다. 즉 상표는 자타상품의 식별기능이 기본적 기능이기 때문에 상표권자는 자신의 상품을 타인의 상품보다 좋은 상품이라는 것을 수요자(소비자)에게 인식시키기 위하여 매스컴을 통하여 선전광고를 하며, 수요자는 이러한 선전광고 등을 통하여 특정상표가 좋은 상품이라는 인식을 받게 된다.

상표는 거래과정에서 수요자를 보호한다. 즉 상품생산과 상품유통이 발달함에 따라 상표의 신용이 필연적으로 발생하고 거래과정에서 상표와 관련하여 수요자가 갖는 신용을 보증한다. 신용은 상품유통의 속도, 따라서 자본의 회전을 증진시키고 아울러 자본의 재생산과정을 촉진시킨다.[15] 이러한 신용은 일정한 상품이 일정한 출처로부터 유래하였다는 믿음을 의미하기도 하며, 어떤 일정한 상표가 부착된 상품은 어떤 일정한 수준의 품질을 갖는다는 믿음을 의미하기도 하며, 또한 어떤 일정한 상표는 일정한 품질을 보증한다는 믿음을 의미한다. 나아가서는 일정한 상표가 부착된 상품의 사용은 일정한 사회적 명성내지 문화까지도 보장한다는 믿음을 의미한다. 즉 이러한 소비자의 다양한 믿음이 본래적인 상표 보호제도의 대상은 아닐지라도 분화・발전된 상표의 기능에 착안하여 소비자가 갖게 되는 신용이며, 이러한 신용 형성의 매개체가 되는 것이 상표라고 볼 수 있다.

일부 경제학자들은 상표가 소비자의 주관적 환상과 감정적 기대를 발생시키는데 이용되고 있으며, 소비자의 수요에 경제적으로 불합리한 요소를 주입하는데 이용되고 있다고 비판하기도 한다.[16] 또한 선전을 통한 상표에 대한 신뢰형성은 불합리한 것이며 다른 기업의 시장진입을 방해한다고 주장하기도 한다. 그러나 불합리한 선택을 야기하는 것은 선전 행위이지 상표 그 자체가

15) http://100.empas.com/dicsearch/pentry.html?i=19311970.
16) 양명조, "상표보호의 본질", 창작과 권리, 1996 여름호, p.81 참조.

아니라는 점에서 이러한 지적은 부당하며, 오히려 상표가 새로운 기업의 시장 진입을 용이하게 할 수도 있다. 특히 정보전달기능으로서의 상표가 제대로 작용하게 된다면 소비자의 합리적인 선택을 보증할 수 있다.

4. 품질보증기능으로서의 상표

상표는 제품 품질의 하자와 관련하여 그 책임의 소재를 분명히 하며, 동일한 상표가 부착된 상품간의 품질이 균일함을 보장하는 품질보증기능을 갖는다. 따라서 상표권자로서는 좋은 평판을 유지하고 노력하며, 소비자로서도 같은 상표가 부착된 모든 상품은 같은 품질을 가질 것으로 기대하게 된다. 이에 상표는 제품의 품질 유지 및 개선기능을 수행하게 된다. 한편 상표가 이러한 기능을 제대로 실현시키기 위하여는 우수제품을 공급하는 자의 상표를 도용하여 무임승차free ride하는 행위를 엄격히 금지하여야 한다. 성공기업의 상표와 명성에 아무나 무임승차할 수 있다면 누구도 자신의 제품과 서비스의 수준 유지에 성의를 기울이려 하지 않을 것이다.[17)]

이러한 품질보증기능은 어떤 상표를 부착한 상품이 일정한 품질을 가지고 있다는 것이 수요자에게 경험적으로 인식되기 시작하여 생기는 것으로, '품질'의 구체적인 내용이 특정되어 이루어지는 것은 아니다. 특히 이러한 기능은 상표가 수요자의 눈에 드러나는 기회가 많아지는 것에 비례하며, 상표에 의해 많은 의미가 담겨지게 됨으로써 상품을 초월하여 정신적인 가치가 상표에 형성되고 고객흡인력을 증대시키게 된다.

이러한 상표의 품질보증기능은 구매자의 상품정보수집비용을 절감케 하는 기능을 함께 한다. 소비자는 상표를 통하여 일정한 수준의 품질을 기대할 수 있게 되며, 상표는 또한 상품의 품질이나 가격, 기타 속성 등 상품에 관한 정보를 소비자에게 제공한다. 일정한 상품의 과거 사용경험에 바탕을 둔 명성은 그 상품의 장래에 있어서의 성과에 대한 정보수집비용과 시간을 절약시켜 준다. 즉 과거에 그 상품을 소비한 경험이 있는 소비자는 다른 종류의 상품에

17) McCarthy, "Compulsory Licensing of a Trademark: Remedy or Penalty", 67 TMR 197, 231(1977).

대한 정보를 모두 조사할 필요가 없게 되며, 상표를 상품선택의 판단자료로 이용할 수 있다. 한편 상품의 품질이 지속적으로 일정하게 유지되지 않는다면 그 상품에 사용되는 상표는 소비자가 가지는 상품에 대한 과거 소비경험과 미래의 소비를 연결시키는 기능을 발휘하지 못한다. 그렇다면 소비자로서는 상표가 사용된 상품에 대하여 상표 없는 상품보다 더 많이 지불하지 않으려고 할 것이고, 상표권자로서는 상표에 대한 투자로부터 충분한 보상을 받지 못하게 된다. 따라서 상표의 사용을 통하여 상표권자는 상품의 품질을 유지하기 위한 동기를 갖게 된다.

상표의 품질보증기능과 관련하여 상품 품질의 균일성은 동일 시장 내에서의 균일성을 의미한다. 따라서 상표권자가 시장을 분할할 수 있다면 서로 다른 시장에 대하여 그 품질에 차등을 두면서 동일한 상표를 사용할 수 있다. 시장의 분할관리는 독점배타적인 상표권의 인정과 결합하여 새로운 상표의 기능으로서 경쟁적 기능을 형성하고 있다. 즉 국제상품 경쟁사회에서 상품의 생산자와 판매자가 상표권을 무기로 선전광고로서 해외에 시장을 개척하고, 분할된 각국의 시장에서 그 지역에 적합한 품질의 상품을 적정한 가격으로 공급하는 시장의 조작을 통하여 그 신용을 축적하고 있다.

대법원 2005. 6. 10. 선고, 2005도1637 판결

상표는 특정한 영업주체의 상품을 표창하는 것으로서 그 출처의 동일성을 식별하게 함으로써 그 상품의 품위 및 성질을 보증하는 작용을 하며, 상표법은 이와 같은 상표의 출처 식별 및 품질 보증의 기능을 보호함으로써 당해 상표의 사용에 의하여 축조된 상표권자의 기업신뢰이익을 보호하고 유통질서를 유지하며 수요자의 이익도 보호하는 것이므로, 공산품인 상품의 내부에 조립되어 기능하는 부품에 표시된 표장으로서 그 상품의 유통이나 통상적인 사용 혹은 유지행위에 있어서는 그 존재조차 알 수 없고, 오로지 그 상품을 분해하여야만 거래자나 일반 수요자들이 인식할 수 있는 표장은 그 상품에 있어서 상표로서의 기능을 다할 수 없을 것이므로 이를 가리켜 상표법에서 말하는 상표라고 할 수 없다.

5. 정보전달기능으로서의 상표

생산자와 소비자는 상품을 통하여 관계를 맺는다. 소비자로서 일정의 상품을 특정하여 반복 구매함으로써 당해 제품을 선호하고 또한 특정 생산자와 관계를 유지하고자 한다. 그런데 상표가 없다면 어떤 일정 상품을 특정할 수 없으며, 소비자로서는 그가 선택한 상품 내지 그 배후의 생산자와의 관계를 형성할 수 없게 된다. 특히 어떤 상품에 부착된 상표에 친숙한 소비자는 그 상표를 생산자의 능력과 신용의 상징으로 생각하기 때문에, 이러한 상표가 없다면 생산자와 소비자의 관계형성이란 있을 수 없다. 따라서 상표는 생산자와 소비자의 관계를 유지케 하는 매개체라 할 수 있겠다.[18)]

또한 이러한 상표는 생산자와 소비자의 관계 형성을 유인하기도 한다. 즉 상품의 표지와 제조업자의 이름을 소비자에게 기억시킴으로써 광고선전기능을 수행하며, 상표에 대한 광고를 통하여 형성된 상품에 대한 심리적 연상작용이 구매동기를 불러일으키기도 한다. 특히 오늘날에 있어서는 대중매체의 발달로 소비대중에게 상표를 용이하게 광고선전할 수 있으며, 상품품질의 균질화 경향에 따라 상품판매경쟁은 품질보다도 선전광고에 의존하는 경향이 뚜렷해져 상품의 판매량 역시 상표의 광고선전적 기능에 좌우되고 있다. 이에 상표권자는 상표 자체의 광고를 통하여 상품을 선전하고 그 수요를 창출하려고 막대한 투자를 하고 있다.

한편 우리 상표법이 저명상표의 광고선전기능의 보호와 관련하여서는 충분하지 못하다는 지적도 있다. 즉 상표의 광고선전기능은 저명상표, 그 중에서도 특히 상표와 상품의 유일 절대적인 관념적 결합관계가 인정되는 경우에 강하게 나타난다. 이러한 저명상표에 있어 상품과의 관념적 결합관계가 약해지면 고객흡인력과 양질감이 훼손되는 희석화의 문제가 발생하게 되는데, 우리 상표법은 저명상표와 혼동을 일으킬 염려가 있는 상표, 수요자간에 현저하게 인식되어 있는 타인의 상품이나 영업의 식별력 또는 명성을 손상시킬 염

---

18) 물론 상표를 통하여 유인된 생산자와 소비자와의 관계라 할지라도 소비자가 제품에 만족하지 않는다면 그 관계는 유지되지 못할 것이다.

려가 있는 상표(상§34①xi) 및 국내외에서 주지·저명한 상표와 동일 또는 유사한 상표로서 부정한 목적을 가지고 사용하는 상표를 거절이유로 하고 있을 뿐(상§34①xiii), 부당편승이나 희석화를 방지하기 위한 별도의 규정을 두고 있지 않다는 점에서 그 보호가 충분하지 못하다는 지적도 있다.

오늘날 상표는 수요자에게 기업의 신용을 이미지화하는 것이며, 기업에 있어서는 기업책임을 보증하는 상징이기도 한다. 또 기업이 "광고"라는 방법을 구사하여 상표를 매개로 발신하는 정보에 의해 수요자는 상품 하나의 가치는 물론 사회에 있어 그 기업 자체의 가치를 평가하게 되었다. 이러한 것들을 보호하는 것이 상표법의 목적으로 어떤 상표의 사용을 하는 자의 업무상의 신용 유지를 도모하게 되며, 아울러 수요자의 이익을 보호하는 것으로 이어지는 것이다. 그러나 상표는 브랜드로서 종전의 기능론으로는 집약할 수 없는 다이내믹하고 글로벌한 개념으로 발전하였으며 종전의 출처표시, 품질보증, 광고 등, 각 기능만으로는 설명할 수 없는 기업과 소비자의 관계성을 높이기 위한 중요한 역할 및 기업과 소비자를 연결하는 접점으로 기능하고 있는 것이다. 이러한 것을 종합적으로 생각해 보면, 광의의 광고 기능 내지 "정보전달기능"으로 설명할 수 있다.

6. 문화로서의 상표

사회 현상만큼이나 인간은 자신을 외부와 동일시하고자 하는 경향을 갖고 있다. 즉 혈연이나 지연 등의 공통점을 통하여 동료의식을 가지려 하며, 자신을 그러한 외부 현상에 투영하려고 한다. 이와 같은 인간의 경향과 작용하여 상표는 하나의 문화로서 기능한다. 즉 어떤 일정한 상표가 형성하는 가치를 매개로 타자와 자신을 통합하려 하며, 자신을 투영하려 한다. 예컨대 같은 독일제 자동차는 제품의 속도감을 바탕으로 시장을 형성하는가 하면 어떤 제품은 안전성과 안락함을 바탕으로 또 다른 시장을 형성하는 것이 그 좋은 예이다. 인간은 경제적인 여유가 허용하는 한 누구나 좋은 디자인의 상품에, 선호하는 버버리, 샤넬 등의 상표의 상품을 입고, 에쿠스, 체어맨, 벤츠, 푸조 등의 유명상표의 자동차를 타고 삼원가든, 삼청각 등의 유명 상표의 고급레스토랑에 가서 식사를 하고 고급 골프장에서 골프를 즐기기를 원할 것이다. 그리고 어떤 특정상표에 매료되는 경우에는 특정(피에르가르댕)의 옷을 입고, 특정(피에르가르댕) 상표가 부착된 시계, 펜 등을 사용하며, 특정상표(피에르가르댕)의 라이터로 불을 붙여 특정(피에르가르댕)상표의 담배를 피우면서 특정(피에르가르댕)회사의 크레딧카드로 특정(피에르가르댕)회사의 실내체육관과 온갖 일류 상품군이 모여 하나의 문화공간을 형성하는 특정(피에르가르댕) 회사의 문화관을 드나들면서 하루 생활을 즐기는 것이 마치 선진화된 문화생활을 하는 것[19]이라고 생각할 수도 있다. 이와 같은 행위의 공유는 문화를 형성하게 되며, 전파성이라는 문화의 성질에 더더욱 이러한 문화는 확대되어 하나의 문화권을 형성하게 된다. 예컨대 일부 강남 지역을 중심으로 형성되어 이제는 일반화되었다고까지 할 수 있는 애완동물 기르기라든지, 명품족이라는 사회 현상도 그 좋은 예라 할 수 있다.

7. 재산적 기능으로서의 상표

상표는 계속 사용함으로써 신용이 축적되어 재산적 가치를 지니게 된다.[20] 소비자는 여러 차례의 소비경험을 통하여 어떤 상표의 상품이 가장 큰 만족을 준다는 것을 알게 되고 이후에는 그 상표에 대하여 좋은 선입관을 갖게 되므로 특별한 이유가 없는 한 그 상표의 제품을 비판 없이 선호하게 되면서 상표충성도를 높여 간다. 상표충성도가 높은 상표는 그 만큼 생산업자에게 많은 이익을 가져다주므로 이러한 상표는 생산업자에게 있어 재산적 기능을 하고 있다고 볼 수 있다. 즉 상표가 사용됨으로써 본원적 기능과 광고선전기능이 장기간 발휘되어 상표에 goodwill이 축적되어 그 상표는 재산적 가치가 증대되어 상표권은 하나의 독립된 재산권으로 보호받게 된다고 한다.

19) 김철수, 상표와 브랜드, 한국발명특허협회(1993), p.255.

20) 인터브랜드가 미국 경제 주간지 비즈니스위크에 발표한 2006년 세계 100대 브랜드' 평가 결과에 따르면 브랜드 가치가 코카콜라(6백70억달러), Microsoft(5백69억달러), IBM(5백62억달러), GE(4백89억달러), Intel(3백23억달러)이고, 국내의 삼성은 20위(1백61억달러), 현대자동차 75위(47억달러), LG 94위 (31억달러)의 순으로 평가되었다.

출처: 조선일보, 2015년 3월 15일 재인용.

8. 경쟁적 기능으로서의 상표

상표는 자기상품과 타인의 상품을 구별 내지는 식별하기 위하여 도입된 것이다. 근래에 와서는 기술의 발전과 더불어 상표의 기능도 변하여 기본적인 식별기능뿐만 아니라 재산적 기능과 함께 경쟁적 기능도 중요하게 되었다.

상표가 반복적으로 사용됨에 따라 소비자는 상표사용자에 대하여 일정한 신뢰를 가지게 된다. 즉 상표에 상표사용자에 대한 신용이 화체되어 상표는 재산재로서 작용할 뿐만 아니라, 지적재산으로서 상표법 등에 의한 보호를 받아 유리한 경쟁도구로 시장독점적인 기능을 발휘하게 된다.[21] 즉 상표가 독점적·계속적으로 사용되어 고객흡인력을 획득하고, goodwill을 형성하게 되면 그 상표는 경쟁에서 유용한 수단으로 작용하게 되는 것이다. 따라서 현대사회에서는 기술이나 디자인 외에도 상표가 유력한 경쟁수단이 된다.

21) 송영식·이상정·황종환, 지적소유권법(제8판), 육법사, 2003, pp.63~64.

제4절 상표기능의 분류

상표의 기능에 대해 국내 학설[22]은 상표의 기능을 먼저 본원적 기능(본질적 기능)과 파생적 기능(부수적 기능)으로 나누어 설명하고 있다. 대부분 자타상품 식별기능, 출처표시기능 및 품질보증기능을 본원적 기능을 설명하고 있으며, 파생적 기능에 있어서만 약간의 차이를 보이고 있다. 즉 광고선전기능, 보호적 기능, 재산적 기능[23] 및 경쟁적 기능 등을 파생적 기능으로 설명하고 있다.

그러나 이들 견해는 왜 상표의 기능이 본원적인 것과 파생적으로 나누어지는지에 대한 특별한 언급은 없다. 다만 장을 달리하는 곳에서 상표의 연혁에 대한 설명을 하고 있으며, 이에 대한 설명을 간접적인 배경으로 상표의 기능을 설명하는 것으로 이해할 수 있기도 하나, 적어도 위에서 소개된 견해는 왜 그 기능이 본원적인 것인지 아니면 파생적인 것인지에 대한 충분한 설명을 하고 있지는 않다.

오히려 위와 같은 다수 견해의 태도와 달리 특별한 구분 없이 출처표시기능, 품질보증기능 및 광고선전기능 등으로 상표의 기능을 설명하는 견해[24]가 논리적이라 할 수 있다. 그러나 오늘날 강조되고 있는 광고선전기능이 상표가 갖는 식별기능과 함께 이해될 수 있는지는 의문이다. 즉 비록 오늘날 상표의 광고선전기능이 강조되고 있으나, 그러한 기능을 저해하는 방식으로 상표를 사용하였을 때, 곧 상표의 침해행위로서 처벌할 수 있는지에 대하여는 논란의 여지가 있다. 즉 상표의 식별기능을 침해하지 않는 가운데 새로이 강조되는 상표의 광고선전기능만이 저촉되었을 때 상표 사용의 저촉을 인정하기에는

22) 송영식·황종환·김원오, 상표법, 한빛지적소유권센터(1994), p.82 이하; 오승건, 상표법특강, 세창출판사(1998), p.26 이하; 최성우, 상표법, 한빛지적소유권센터(2000), p.42 이하; 이수웅·홍봉규, 상표법, 한국지적재산권법학연구소(2000), p.427 이하.

23) 다만 송영식 외 2인 상표법에서는 재산적 기능에 대한 언급을 특별히 하고 있지는 않다; 송영식·황종환·김원오, 상표법, 한빛지적소유권센터(1994), p.82 이하.

24) 송영식·이상정·황종환, 지적소유권법, 육법사(2003), p.63 이하; 최덕규, 상표법, 세창출판사(1999), p.8 이하.

무리가 있으며, 이러한 점에서 상표의 여러 기능을 동등한 위치에서 설명하는 것은 옳지 않다. 이러한 면에서 상표의 기능을 다시 본원적인 것과 파생적인 것으로 나누는 일반적인 견해의 타당성을 긍정할 수 있을 것이다.

상표는 공업화와 더불어 출발한 제도로 가축등에 부착하여 사용한 것이 아닌 제조된 상품에 부착하여 사용한 것을 상표의 기원으로 본다. 따라서 상표의 기본적 기능은 자신의 상품과 타인의 상품과 "識別"하는 것이고, "출처표시기능"은 "식별기능"에서 파생된 기능으로 볼 수 있다. 즉 상품[25]이란 시장에서의 상거래를 목적으로 하여 생산된 유형 또는 무형의 재화(財貨)를 말하고, 우리 구 상표법 제2조 제1항 제1호에서 상표란 "상품을 생산·가공·증명 또는 판매하는 것을 業으로 영위하는 者가 자기의 업무에 관련된 상품을 타인의 상품과 식별되도록 하기 위하여 사용하는 기호·문자·도형·입체적 형장 또는 이들을 결합한 것과 이의 각각에 색채를 결합한 것에 해당하는 것(이하 "標章"이라 한다)을 말한다."고 하는 것을 보더라도 상표의 기원은 가축 등의 소인(燒印)에서 그 유래를 찾기는 어려울 것이다.

굳이 상표의 연원에서 찾지 않더라도 상표의 기능은 식별기능을 기본적인

25) 상품의 분류

시장에서 유통되는 상품은 다종다양하고 수없이 많으므로 일정한 기준을 정하여 분류·정리할 필요가 있다. 다음은 일반적으로 사용되는 분류방법이다.

(1) 상품의 물리적·화학적 성질에 의한 분류:부패성과 손상성의 유무에 따라 신선상품과 내구성 상품, 중량·용적에 비해 가치집약도가 낮은 면화·철강·곡식 등의 종량품(從量品)과 중량과 용적에 관계없이 보석·정밀기기와 같이 가치집약도가 높은 종가품(從價品), 그리고 단위형태에 따라서 고체·액체·기체·분체(粉體)·점체(粘體)·입체(粒體) 상품 등으로 분류된다.

(2) 상품의 생산방식·산출원(産出源)에 의한 분류:산업의 업태(業態)에 따라 농산품·수산품·임산품·광산품·공산품으로 나누고, 공산품은 다시 양조공업품·섬유공업품·화학공업품·기계공업품·요업품(窯業品) 등으로 세분되며, 가공의 정도에 따라 조제품(粗製品)·반제품(半製品)·완성품(完成品)으로 나누어진다.

(3) 상품의 소비양식과 용도에 따른 분류:상품이 생산적 소비에 충당되는가 최종적 소비에 충당되는가에 따른 분류로 가장 널리 사용되는 분류방법이다. 생산적 소비에 충당되는 상품은 생산재라고 하며, 원료품·재료품·부분품·보조품·설비품으로 나눈다. 이중 원료품은 화학적 가공을, 재료품은 물리적 가공을 가하여 새로운 상품을 만들며, 또한 진위(眞僞)와 혼합(混合)에 따라서 진품(眞品)·혼합품·위칭품(僞稱品)·모조품(模造品)으로 나누어진다. 최종적 소비에 충당되는 상품은 소비재라고 하며, 필수품과 사치품, 소모품과 내구품으로 나뉘고, 용도에 따라서 식료품·의료품·주택용품 등 다양하게 분류된다.

(4) 상품의 유통양식에 따른 분류:수요자의 구매관습에 따라 일용품·잡화·비교구매품·전문품·규격품·의장품(意匠品)·유표품(有標品)·무표품(無標品) 등으로 분류된다. 한국에서는 1993년 <대한민국표준상품분류>가 성안(成案)되었고, 64년·77년에는 각각 <한국표준상품분류> <한국표준무역분류> 등이 제정되었다(http://100.empas.com/dicsearch/pentry.html?i=1466440 인용).

기능으로 하고, 상품은 그 동일성이 상표의 식별기능으로 표상된다. 어떤 상품 자체에 대한 정보를 형성하는 것은 그러한 정보를 형성할 수 있는 어떤 인식 근거를 필요로 한다. 즉 소비자가 어떤 상품에 대한 출처나 품질이라는 정보를 형성하기 위해서는 그 상품을 인식할 수 있어야 한다. 기능적으로 차이가 없는 상품 사이에서 상품간의 선택은 상표를 매개로 할 수밖에 없는 것이며, 이와 같이 상품의 정체성 내지 동일 상표를 사용하는 상품에 대한 동일성을 인식하게 하고 또한 표상하는 것이다.

이러한 상표의 식별기능을 전제로 출처표시 기능과 품질보증 기능을 수행하는 것이며, 이에 부수적으로 파생되는 기능이 광고선전기능과 경쟁적 기능, 재산적 기능, 문화적 기능, 수요자보호 기능 등이 있을 수 있으며, 기술이 발전하면 발전할수록 상표도 새로운 기능이 생길 수 있다.

한편 오늘날의 상표의 기능은 자타상품(서비스) 식별기능(광의의 상품·서비스와의 식별기능)을 기초로 혹은 전제로 하여 그 위에 출처책임기능과 정보전달 기능, 수요자보호 기능, 품질보증기능, 재산적 기능 등이 공존하고 있는 형태인 것이다. 즉, 출처책임기능은 상표권자가 신용을 유지하기 위한 책임의 소재를 묵시적으로 명기한 출처표시 및 품질보증도 당연히 포함하는 것이며 나아가서는 상표권자의 신용·명성 등을 포함한 기업의 사회적으로 의의 있는 존재로서 수요자(소비자)로부터 인지된 것을 증명하는 기능이다. 또한 정보전달 기능은 종전의 단순한 상품(서비스)의 선전을 위한 광고의 역할과는 그 의의·내용을 달리하며 기업이 갖는 사회적 책임정보를 브랜드에 맡기거나 대신 발신하기 위한 역할을 가지기 때문에 상표의 책임기능의 존재를 수요자에게 발신하고 수요자(소비자)의 반응을 수신하는 기능까지도 가진다.

제 5 절 상표기능의 변화

1. 영역확대

상표는 어떤 상품을 전제로 그 생산자나 판매자가 다른 사람들의 그것과 구별하여 식별하기 위한 표지라고 하는 감각 현상이며, 이러한 감각 현상을 보호하는 법률이 상표법이다. 이와 같이 식별기능을 수행하기 위한 상표는 품질보증기능이나 광고 선전기능, 재산적 기능 등의 다양한 기능을 갖는 것으로 발달하고 있다. 즉 상표는 유사한 제품 사이에서 소비자가 혼동하지 않도록 자신의 상품을 식별케 하고 별도의 출처임을 구별하기 위한 것이었다. 그러나 소비자가 더 이상 누가 생산자인지에 대하여 알지도 못하고 관심도 없는 시장이라면, 상표는 어떤 출처를 나타내는 것으로 취급되기보다는 어떤 생산 라인인지와 같이 소유 출처를 나타내는 것으로 이해될 것이다. 그런데 실제 상표의 반복적인 사용과 함께 상표는 상품을 전제로 타인의 것과 자신의 것을 식별한다는 종된 기능에서 그 독자적인 지위가 인정되게 되었다. 즉 전통적으로는 거래과정에서 상품의 뒤에 자리잡고 있던 상표가 오히려 상품의 전면에 위치하게 되었고, 따라서 소비자의 선택은 상표가 형성하는 이미지에 기반하여 그러한 상표를 중심으로 상품을 선택하게 되었다. 요컨대 소비자는 소비자가 중요시하는 어느 특정 출처를 확인시켜 주기 때문에 상표에 의지하는 것이 아니라, 상표 그 자체가 어떤 특정한 가치를 갖고 있기 때문에 소비자는 어떤 상표를 부착한 특정 제품을 선호하게 된 것이다. 이와 같이 상표는 상품을 전제로 그 출처를 식별한다는 기능과 함께 상표 자체가 갖는 품질보증기능, 재산적 기능, 광고 선전기능 등의 여러 기능을 갖게 되었다.

한편 식별기능이라고 하는 상표의 본원적 기능에 착안하여 식별기능을 수행하는 일체의 감각 현상이 상표의 범주에 포섭되고 있다. 즉 과거 상표는 표지 내지 심볼symbol이라고 하는 2차원적 감각 현상에 한정되었던데 반하여, 입체적 형상이나 소리, 냄새 등 인간의 감각 기관으로 인식할 수 있는 일체의 현상이 반복적으로 사용됨으로써 그 후면의 제품이나 소유자를 연상케 한다면, 상표의 본원적인 기능이라 할 수 있는 식별력을 갖게 된다. 이에 이를 상표로서 법률이 보호할 것인가 하는 논의가 있으며, 적어도 사회 현상으로서의 상표로서 그 보호의 필요성이 인정되기도 한다.

2. 타법과의 충돌

이와 같이 그 기능에 있어서의 상표 확대와 그 기능을 수행하는 객체로서의 상표의 확대는 필연적으로 타법과의 충돌을 낳고 있다. 예컨대 상표의 본원적 기능이라고 할 수 있는 식별 기능과 관련하여 식별 기능이 인정되는 감각 현상에 대한 상표법의 보호는 특허법이나 디자인보호법 또는 저작권법 등의 다른 지적재산권법이나 부정경쟁방지법과의 충돌을 낳는다. 예컨대 식별 기능을 갖게 된 입체적 형상 내지 트레이드 드레스의 경우를 상정하자. 부정경쟁방지법상의 원리상 기능성을 갖는 트레이드 드레스는 원칙적으로 보호받을 수 없다. 그러나 트레이드 드레스가 일정한 식별력을 갖는 가운데 보호받을 수 없다는 이유로 타인이 함부로 사용할 수 있다면 소비자의 혼동이 야기될 수 있다. 이처럼 디자인 고안자의 보호와 자유로운 모방의 가능성, 특허받지 않은 혁신의 이용가능성을 포함한 효과적인 경쟁 정책의 선택이라고 하는 소위 기능성 이론이 상표와 관련하여 논의될 수 있다.

상표가 다양한 기능을 수행하면서 발생하는 타법과의 충돌 역시 예상할 수 있다. 예컨대 오늘날 새로운 상표수단으로서 자리잡고 있는 캐릭터에 대한 보호를 상정하여 보자. 전통적으로 캐릭터가 저작권법상의 보호대상이 됨은 특별한 설명을 요하지 않는다. 그러나 캐릭터가 고객흡인력이라는 일정한 기능을 수행하면서 상표의 새로운 기능을 형성하여 상표로서의 보호도 함께 논의되고 있다. 그러나 아직 상표법상의 제도를 통하여 다양한 형태의 캐릭터를 보호하기에는 충분하지 않으며,[26] 일정한 경우에 우회적으로 부정경쟁방지법을 의율하게 된다. 물론 이 역시 제한적이라는 문제가 있다. 특히 부정경쟁방지법상의 보호를 위하여는 캐릭터 자체의 주지성과 함께 당해 캐릭터와 상품화권자와의 관련성에 대한 주지성이 함께 요구된다는 법원의 판단에 의하면 부정경쟁방지법으로서의 보호 역시 제한적일 수밖에 없다.

---

26) 대법원 2005. 2. 18. 선고, 2004도394 판결.

3. 중복보호

상표법은 역사적으로 상품 거래과정에서 소비자를 혼동가능성으로부터 보호하기 위하여 시작되었다. 그리고 이러한 기능은 오늘날 상표법과 부정경쟁방지법이 함께 수행하고 있다. 즉 보호를 위하여 등록을 전제로 하는 상표법과 함께 널리 인식된 식별력을 갖는 사회 현상을 상표로서 부정경쟁방지법이 보호하는 형태를 취하고 있다. 다양한 기능을 지니는 상표의 보호는 단순히 등록된 것에만 한하여 인정될 이유는 없으며, 그러한 면에서 상표법과 부정경쟁방지법의 병행은 당연한 현상이라 할 수 있다. 특히 상표가 갖는 식별 기능과 함께 품질보증기능에 대한 보호는 부정경쟁방지법이 갖는 소비자 보호 기능이라는 측면에서도 함께 중요한 역할에 해당한다.

한편 상표는 그 본원적 기능인 식별기능과 함께 다양한 형태의 감각 현상을 포섭하고 있음을 보았다. 이에 감각 현상으로 파악되는 표현을 보호하는 저작권법과의 관계가 논의될 필요가 있다. 저작권법이 갖는 한계성과 상표법이 갖는 한계성을 조화를 이루어 때로는 저작권법이 미치지 않는 부분은 그 감각 현상이 갖는 기능에 착안하여 상표로서 보호할 수 있으며, 상표법이 미치지 않는 부분에 있어서는 그 표현성에 착안하여 저작권법으로 보호할 수도 있을 것이다.

part

03

상표의 등록요건

■ 제 1 장 상표의 등록요건

c·h·a·p·t·e·r

01 상표의 등록요건

우리나라 상표법은 등록주의를 채용하고 있으며, 상표권은 설정등록에 의하여 권리가 발생한다. 그렇다고 상표를 출원하면 모두 등록을 하여 주는 것은 아니며, 심사를 거쳐 등록된 상표를 제3자가 무단으로 사용하면 상표권의 침해가 된다. 우선, 상표등록을 받기 위하여는 소정의 방식에 따른 출원절차를 거쳐, 실체적인 등록요건을 갖추고 있는지 여부를 심사 받아야 한다.

등록을 받기 위하여 상표법상 요구되는 요건은, ① 인적 요건으로 첫째, 출원인이 상표를 사용할 의사가 있는 자이어야 한다. 즉, 출원인이 자기의 업무에 관한 상품・서비스에 현실적으로 사용하거나, 또는 장래 사용할 의사가 있는 상표가 아니면,[1] 상표등록을 받을 수 없다(상§3①).

따라서 처음부터 타인이 사용하게 할 목적으로 상표등록을 받을 수는 없다. 현행법은 권리의 안정성 견지에서 상표의 사용 사실을 판단하지 않고 등록을 인정하는 등록주의(상§82)를 채용하고 있다. 그러나 상표는 실제로 사용되어야만 그 기능을 발휘할 수 있는 것이다. 상표는 법의 보호대상인 업무상 신용의 화체이기도 하기 때문에 설령 등록주의 하에서라도 장래 사용되지 않

1) 심사관은 출원인이 상표를 사용한 사실이나, 사용할 의사가 없거나 법령 등에 의하여 객관적으로 사용할 수 없다고 합리적인 의심이 드는 경우 상표법제3조 위반을 이유로 거절이유통지를 하여 이를 확인할 수 있다(상표심사기준 제2부 제2장 2.2.2(p.60)).

을 상표는 업무상의 신용이 축적될 수 없어 보호가치가 없다고 생각되기 때문이다.

또, 출원인의 업무와 원서에 기재된 지정상품 등과의 사이에 사용의 관계가 인정되지 않는 것이 명백한 경우에는 상표등록을 받을 수 없다. 예컨대, 법무법인, 은행이나 보험회사는 상품의 제조나 판매를 업으로 하는 것이 금지되어 있기 때문에 스스로 상표를 상품에 대하여 사용할 의사가 있다고 생각할 수 없다. 다만, 법무법인, 은행이나 보험회사라 하더라도 금융이나 보험서비스에 대하여 서비스표의 등록을 받을 수 있는 것은 물론 가능하다.

둘째, 출원인은 권리능력을 갖는 자이어야 한다. 즉 우리나라에서 상표등록을 받을 수 있는 자는 자연인 또는 법인으로 한정된다. 외국인 또는 외국법인은 상표법 제27조(외국인의 권리능력), 제6조(재외자의 상표관리인)의 경우를 제외하고는 상표권 기타 상표에 관한 권리를 향유할 수 없다. 그러나 파리조약 동맹국의 국민, 파리조약동맹국에 주소, 영업소를 갖는 비동맹국의 국민(파리조약§2, §3) 등에 대하여는 "조약에 별도 정함이 있을 때"에 해당하기 때문에, 그에 따라야 한다(특§25iii).

② 물적 요건으로 상표법에서 정하는 상표(상§2)이어야 하며, 일반적 등록요건은 상품·서비스의 식별력을 갖추고 있어야 한다(상§33).

③ 그 밖의 등록요건으로 등록요건은 상표부(不)등록사유에 해당하지 아니하여야 하며(상§34), 먼저 출원된 것(선출원(상§35))이어야 한다. 또 1상표 1출원을 위반하지 아니하여야 한다(상§38).

우리 상표법은 등록주의를 채택하고 있기 때문에 등록에 의해 권리가 발생한다. 세상에는 많은 상표들이 존재하며 그 중에는 전혀 재산적 가치가 없는 것부터 시작하여 아주 비싼 평가를 받는 상표까지 존재한다. 이러한 재산적 가치는 사용에 의해 축적되는 것이며, 재산적 가치가 있다고 하여 상표등록출원된 상표가 모두 다 등록될 수 있는 것도 아니며 상표법이 규정하고 있는 일정한 요건을 갖추어야 등록을 받을 수 있다.

제1절 주체적 요건

우리나라에서 상표권자가 될 수 있는 자격을 갖는 자(개인 또는 법인)로서 국내에서 상표를 사용하는 자(법인·개인·공동사업자) 또는 사용하려고 하는 자는 상표법 제3조가 정하는 바에 의하여 자기의 상표를 등록받을 수 있다.

1. 일반적 요건(인적 요건)

상표 등록을 받기 위해서 출원인은 상표법상의 권리능력과 행위능력을 갖추어야 한다. 상표법상의 권리능력이란 상표등록에 관한 권리를 향유할 수 있는 능력으로 내국인과 외국인으로서 국내에 주소 또는 영업소를 가진 자라면 자연인, 법인 모두 권리능력이 인정된다. 다만 외국인은 상표법 제6조, 제27조의 규정에 의하여 재내자인 경우 평등주의·상호주의 및 조약의 규정에 해당하는 경우에 한하여 상표등록을 받을 수 있다(상§6, §27).

법인이 아닌 사단이나 재단은 상표권 및 상표등록에 관한 권리를 향유하지 못하나, 특허법에서와 같이 그 대표자 또는 관리인이 정하여져 있는 경우[2]에는 그 사단이나 재단의 이름으로 이의신청인, 심판의 청구인 또는 피청구인 또는 재심의 청구인 또는 피청구인이 될 수 있다(상§13, 상시규§6). 다만 이 규정은 일정한 경우에 당사자능력이 인정되는 것으로서 제한적으로 해석되어야 하므로 법인이 아닌 단체는 상표등록출원이나 상표등록을 받을 수 없다.

(1) 권리능력

1) 의 의

권리능력(權利能力)[3]이란 권리의 주체가 될 수 있는 추상적·잠재적인 법

---

2) 대표자를 선정하여 신고한 경우라도 출원의 변경, 상표등록출원의 포기 또는 취하, 상표권 존속기간의 갱신등록신청, 지정상품추가등록출원 또는 상품분류전환등록신청의 취하, 신청의 취하, 청구의 취하 및 제115조(보정각하결정에 대한 심판) 또는 제116조(거절결정에 대한 심판)에 따른 심판청구는 복수당사자 전원의 동의가 필요하다.

률상의 지위를 말하며, 상표법상의 권리능력이란 상표에 관한 권리를 향유할 수 있는 상표법상의 지위 또는 자격으로 해석할 수 있다. 다만 그 구체적인 내용과 관련하여 법률은 명확한 규정을 두고 있지 않다. 예컨대 민법은 "사람은 생존한 동안 권리와 의무의 주체가 된다.(민§3)"고 규정하고 있으며, "법인은 법률의 규정에 좇아 정관으로 정한 목적의 범위 내에서 권리와 의무의 주체가 된다(민§34)"고 규정하고 있어, 사람(자연인)과 일정한 사람의 집단(사단) 및 일정한 목적을 가진 재산의 집단(재단)에 대하여 그 권리능력을 인정하고 있다. 상표법 역시 법인이 아닌 사단 등 규정(상§5)과 외국인의 권리능력 규정(상§27)을 두고 있는 것 이외에는 특별히 그 권리능력에 관한 규정을 두고 있지 않다. 이러한 규정 역시 민법상의 권리능력 규정이 적용될 것이다. 따라서 자연인과 법인은 상표법상의 권리능력이 인정될 것이다.

2) 법인 등 단체의 권리능력

① 법인의 권리능력 법인은 구성원과 독립되어 법률에 의해 부여받은 권리·의무의 주체로서 법인격을 갖는다. 그러나 법인은 자연인처럼 스스로 행동할 수 없기 때문에 기관(예: 대표이사)을 선정하고 그 기관의 행위를 곧 법인의 행위로 간주하는 방식을 취하고 있다.

상표법에서도 법인의 권리능력은 민법에서의 권리능력과 같으며, 법인이 상표에 관한 절차를 밟을 경우 법인의 명칭과 영업소의 소재지를 기재하여야 한다.

한편, 국가의 권리능력은 법률에 특별한 규정은 없지만 법인으로 의제되어 권리주체가 된다. 입법부, 사법부 및 행정각부는 물론, 그 산하기관과 소속기관, 국립연구기관, 국립대학 등은 법인격이 없으므로 상표에 관한 권리의 주체가 될 수 없다.

대법원 1997. 9. 26. 선고, 96후825 판결	**[국가기관의 특허에 관한 권리능력]** 특허법에서는 특허출원의 주체가 될 수 있는 자나 당사자 능력에 관한 규정을 따로 두고 있지 않으므로 특허권과 특허법의

3) 견해에 따라서는 권리능력과 당사자 능력이 동일한 것으로 보고 설명하는 것도 있다. 그러나 비록 당사자능력이 소송상의 권리능력이라고도 불리기는 하나, 양자가 반드시 일치하는 것이 아니라는 점에서 이러한 태도는 옳지 않다.

대법원 1997. 9. 26. 선고, 96후825 판결 	성질에 비추어 민법과 민사소송법에 따라 거기에서 정하고 있는 권리능력과 당사자 능력이 있는 자라야 특허출원인이나 그 심판, 소송의 당사자가 될 수 있다고 할 것인바, 이 사건 출원인인 경북대학교는 국립대학으로서 민사법상의 권리능력이나 당사자 능력이 없음이 명백하므로 특허출원인이나 항고심판청구인, 상고인이 될 수 없다 할 것이다. 국가기관인 경북대학교를 통하여 국가를 출원인으로 하려는 의도였다면 "대한민국" 명의로, 그렇지 않고 그 총장 개인을 출원인으로 하고자 했을 경우에는 그 개인 명의로 출원과 심판청구인의 명의를 보정하여 당사자 표시를 바로 잡도록 하였어야 할 것이다.
대법원 1993. 11. 23. 선고, 93후275 판결	**[정부기관의 권리 능력]** 구 특허법(1990. 1. 13. 법률 제4207호로 전문 개정되기 전의 것) 제97조 제2항, 제1항에 의하면 특허무효심판은 이해관계인 또는 심사관에 한하여 청구할 수 있다고 규정되어 있는데 행정관청인 철도청장은 권리의무의 주체가 아니므로 이해관계인이라고 볼 수 없다.

② **법인이 아닌 사단 등의 권리능력** 민법은 법인이라 하여 일정한 사람의 조직체나 재산에 권리능력을 인정하고 있다. 한편 이러한 법인 이외에도 현실적으로 사단의 실질을 갖추고 있으나 법인등기를 하지 아니하여 권리능력을 가지지 않는 단체나 재단법인으로서의 실질, 즉 목적재산은 존재하되 아직 등기를 하지 아니하여 법인격을 취득하지 못한 재단이 있는데, 이들을 법인이 아닌 사단·재단 또는 법인격 없는 사단·재단이라 한다. 현실적으로 이러한 법인격 없는 사단·재단과 관련하여 모든 거래관계에서 그 주체성을 부인하면 불합리한 결과가 발생할 수 있다. 이에 상표법에서는 일정한 경우 절차수행의 주체가 될 수 있도록 허용하고 있다. 즉 상표법 제5조(법인이 아닌 사단 등(상§5))에서는 법인이 아닌 사단 등의 규정을 두어 일정한 경우 그 이름으로 청구인 및 피청구인이 될 수 있도록 하고 있다. 이러한 규정은 민사소송법이 비법인의 당사자능력 규정(민소§52)을 두고 있는 것과 비교할 수 있다. 즉 민사소송법이 민법의 규정과는 달리 법인격 없는 사단이나 재단이라 하여도 대표자나 관리인이 있어서 외부에 대해 명확한 조직을 갖고 있는 경우에는 당사자능력을 인정하여 그 자체의 이름으로 원고나 피고가 될 수 있도록

한 것과 비교할 수 있다.

법인이 아닌 사단 등의 권리능력을 규정한 상표법 제5조의 "법인이 아닌 사단[4] 또는 재단[5]으로서 대표자 또는 관리인이 정하여져 있는 경우에는 그 사단 또는 재단의 이름으로 출원심사의 청구인, 상표이의신청인, 심판의 청구인 및 피청구인 또는 재심의 청구인 및 피청구인이 될 수 있다"는 규정은 이상과 같은 판단에 따라 원칙적으로 권리능력을 인정할 수 없는 법인이 아닌 사단 등에 대하여 예외를 규정한 것이다. 따라서 그 적용의 범위는 상표법 제7조의 규정 범위에 제한된다.

상표법은 법인이 아닌 사단 등은 심판청구인 및 피청구인이 될 수 있다고 규정하고 있다. 따라서 권리능력이 없는 사단 등도 그 사단 등의 이름으로 심사청구를 할 수 있다. 무효심판, 취소심판, 권리범위확인심판 등을 청구할 수 있고, 법인격 없는 사단[6] 등이 피청구인이 될 수도 있다. 그러나 실제로 법인격 없는 사단 등은 상표권자가 될 수 없음을 전제로 할 때 상표권자로서 밟을 수 있는 상표심판의 절차는 불가능하다. 즉 상표절차와 관련한 법인격 없는 사단 등의 권리능력은 능동적으로 i) 이의신청, ii) 무효심판·존속기간의 갱신등록무효심판·취소심판, iii) 소극적 권리범위확인심판의 청구 및 iv) 이러한 심판의 확정심결에 대한 재심의 청구 등이다. 그리고 심판의 피청구인이 될 수 있는 경우는 적극적 권리범위확인심판의 피청구인과 같이 상표권의 주체가 아닌 심판에 한정된다.

특허법원 2003. 4. 25. 선고, 2002허8035 판결	**[공익법인에 해당하지 않는다고 한 사례]** 대한축구협회는 대한체육회의 가맹단체로서 축구 경기를 국민에게 널리 보급하여 국민체력을 향상하게 하며, 산하 · 가맹단체를 통할 · 지도하고 우수한 지도자와 선수를 양성하여 국위 선

4) "사단"이란 일정한 목적을 위하여 조직된 다수인의 결합체로서 구성원 개개인의 생활 활동으로부터 독립된 사회활동을 영위하는 것으로 인정되는 정도에 달한 단체를 말한다.

5) "재단"이란 일정한 목적을 가지고 관리되는 재산의 집합을 말한다.

6) 법인격 없는 단체란 법인설립등기 등을 하지 아니하여 법인격을 부여받지 못한 단체로 종친회, 동창회, 교회, 학회 등이 이에 속한다. 이러한 법인격 없는 단체는 권리능력을 갖지 못하기 때문에 원칙적으로 출원 등의 특허에 관한 절차를 밟을 수 없다. 그러나 법인이 아닌 사단 또는 재단으로서 대표자 또는 관리인이 정하여져 있는 경우에는 그 사단 또는 재단의 이름으로 출원심사청구, 이의신청인, 심판청구 및 피청구, 재심청구 및 피청구에 한하여 절차의 당사자가 될 수 있다(상§5).

양을 도모함으로써 한국 축구의 건전한 육성 발전에 기여함을 목적으로 1933. 9. 19. 설립된 권리능력 없는 사단으로 위 목적을 달성하기 위한 범위 내의 사업을 행하고 있다는 사정만으로는 대한축구협회를 구 상표법 제7조 제1항 제3호 소정의 공공단체나 그 기관 또는 공익법인으로 보기 어렵다고 한 사례.

대법원 1997. 12. 9. 선고, 97다18547 판결

[비법인 사단의 당사자능력의 인정근거, 요건]

구 민사소송법 제48조가 비법인 사단의 당사자능력을 인정하는 것은 법인이 아니라도 사단으로서의 실체를 갖추고 그 대표자 또는 관리인을 통하여 사회적 활동이나 거래를 하는 경우에는, 그로 인하여 발생하는 분쟁은 그 단체가 자기 이름으로 당사자가 되어 소송을 통하여 해결하도록 하기 위한 것이다. 그러므로 여기서 말하는 사단이라 함은 일정한 목적을 위하여 조직된 다수인의 결합체로서 대외적으로 사단을 대표할 기관에 관한 정함이 있는 단체를 말하고, 어떤 단체가 비법인사단으로서 당사자능력을 가지는가 하는 것은 소송요건에 과한 것으로서 사실심의 변론종결일을 기준으로 판단하여야 한다.

3) 외국인의 권리능력

헌법 제6조 제1항은 "헌법에 의하여 체결·공포된 조약과 일반적으로 승인된 국제법규는 국내법과 같은 효력을 가진다."라고 규정함으로써 조약이 국내법과 동일한 효력을 가지는 것으로 규정하고 있다. 그러나 조약이 국내법과 충돌할 때에는 어떠한 효력을 가지는가에 대하여 학설간 견해가 일치하지 않고 있다. 따라서 상표법 제27조(외국인의 권리능력)는 상표법과 조약이 상충될 경우 조약이 우선함을 명확히 한 점에서 의의가 있다(상§27).

현재 우리나라가 상표(특허)제도와 관련하여 가입한 조약은 WIPO 설립조약(1979. 3. 1.), 파리조약(1980. 5. 4.) 등이 있다.

① **국내에 주소나 영업소를 가진 외국인** 파리조약에서는 내외국민 평등주의를 원칙으로 하고 있다(파리조약§2①). 또한 무역관련 지적재산권(WTO/TRIPs) 협정의 기본정신으로도 내외국민 평등주의를 표방하고 있다. 즉 "각 회원국은 지적재산권보호에 관하여 자국민에 대하여 부여하는 것과 최소한 동등한 대우를 타회원국의 국민에게 하여야 한다"고 규정하고 있다. 이에 원칙적으로 상표법은 외국인의 상표에 관한 권리능력을 내국인의 그것과 구별하고 있지

않다. 다만 일정한 경우의 외국인에 대하여 그 권리능력을 부정하고 있다. 즉 상표법 제27조(외국인의 권리능력)는 "재외자 중 외국인은 ① 그 자가 속하는 국가에서 대한민국 국민에 대하여 그 국민과 동일한 조건으로 상표권 또는 상표에 관한 권리의 향유를 인정하는 경우, ② 대한민국이 그 외국인에 대하여 상표권 또는 상표에 관한 권리의 향유를 인정하는 경우에는 그 자가 속하는 국가에서 대한민국 국민에 대하여 그 국민과 동일한 조건으로 상표권 또는 상표에 관한 권리의 향유를 인정하는 경우, ③ 조약 및 이에 준하는 것(이하 "조약"이라 한다)에 의하여 상표권 또는 상표에 관한 권리의 향유를 인정하고 있는 경우의 1에 해당하는 경우를 제외하고 상표권 또는 상표에 관한 권리를 향유할 수 없다."고 규정하고 있다.

② 국내에 주소나 영업소가 없는 외국인 국내에 주소 또는 영업소[7]를 갖고 있지 아니한 외국인은 상표에 관한 권리능력을 상호주의[8]에 의해서만 향유할 수 있다. 즉 ① 상대국에서 우리나라 국민에게 권리능력을 인정해 주는 경우, ② 우리나라에서 상대국민의 권리능력을 인정해 주면 상대국에서도 그 나라 국민과 같은 조건으로 우리나라 국민에게 권리능력을 인정해 주는 경우 및 ③ 조약[9]으로 상호인정을 정한 경우에만 재외 외국인은 상표절차상의 권리능력을 인정받을 수 있다.

외국인이란 대한민국 국적을 가지지 않은 자로 자연인은 물론 외국에서 인가된 법인도 포함한다. 대한민국의 국적은 물론 외국의 국적도 가지지 아니한 무국적자 역시 외국인이며, 그 권리능력은 준동맹국 국민에 준하여 인정된다. 따라서 국내에 주소 또는 영업소를 가졌거나 조약 협정국의 국내에 주소 또는 영업소를 가진 자는 무국적자라도 우리나라에서 상표에 관한 권리능력이 인정된다.

내외국민을 불문하고 권리능력이 없는 상태에서 밟은 상표에 관한 절차는

7) 영업소는 반드시 주된 영업소일 필요는 없고, 지점·공장 등도 포함되는 것으로 해석된다. 다만 출원서에는 법인의 주된 사무소의 주소를 기재해야 한다.

8) 외국인의 권리능력에 대하여는 그 나라가 자국민에게 대하여 어떠한 대우를 하느냐에 관계없이 자국민과 평등하게 권리능력을 인정하는 평등주의와 그 나라가 자국민에 대하여 인정하는 것만큼 인정하는 상호주의가 있다. 전통적으로 이러한 상호주의는 자국민의 이익을 최대한 보장하기 위한 외국인에 대한 조건부 권리부여라 하겠다.

9) 이때 조약은 특허에 관한 다자조약뿐만 아니라 국가 대 국가의 조약 등도 포함하는 의미이다.

그 절차가 지속될 수 없다. 따라서 외국인이 상표법 제27조에서 규정하는 바에 의한 권리능력이 없는 상태에서 상표출원을 했다면 거절이유, 이의신청의 이유 및 무효사유가 된다. 다만 권리능력이 없는 자가 출원 절차를 밟았을 경우 출원서에 대한 방식심사단계에서 그 출원에 대한 처리방법에 대하여는 견해가 대립하고 있다. 즉 ① 불수리처분해야 한다는 견해, ② 심사관의 실질적 심사에 맡겨야 한다는 견해, ③ 절차보정 후 무효처분해야 한다는 견해 등이 있다.[10]

한편 상표권자로부터 권리의 향유가 인정되지 않는 외국인에게 상표권이 양도된 경우에는 상표권 자체가 무효가 되는 것이 아니고, 당해 양도가 무효로 된다고 해석해야 할 것이다.

대법원 1976. 4. 27. 선고, 74후61 판결

[외국인의 권리능력]

외국인으로서 우리나라에 주소나 영업소가 없을 때에는 원칙적으로 산업재산권에 관한 권리능력을 인정하지 아니하지만 그 예외로서 조약이나 협정이 체결되어 있거나 또 그 외국인이 속하는 나라의 법률의 규정에 의하여 우리나라의 국민에게 그 나라안에 주소나 영업소가 없더라도 산업재산권에 관한 권리를 허용하는 국가의 국민에 대하여는 우리나라도 산업재산권에 관한 권리를 향유하게 한다고 보아야 할 것이다(이때 그 외국인이 속하는 나라의 법률이 상표에 관한 권리를 허용하는 국가로서 우리나라를 특정하여 규정하고 있음을 요하지는 아니한다).

대법원 1982. 9. 28. 선고, 80누414 판결

[권리능력이 없는 외국인 출원의 처리]

이 사건 처분 당시에 시행하던 특허법시행규칙(1980. 12. 31. 상공부령 제616호로 개정되기 전의 것) 제14조 제1항은, 특허청장은 다음 각호의 1에 해당하는 경우에는 법령에 특별한 규정이 있는 경우를 제외하고는 그 출원, 청구 기타의 절차에 관한 서류, 견본 또는 기타의 물건을 수리하지 아니한다고 규정하고, 그 제11호로서, 출원, 청구기타의 절차를 밟는 서류가 방식

10) 실무적으로 법인격 유무 및 외국인의 권리능력은 방식심사사항으로 하고 있고 파리조약 당사국 또는 상호주의 국가의 국민이 아닌 자가 출원한 경우 권리능력을 인정할 만한 증명서류의 제출을 지시할 수 있도록 하고 있다. 또한 출원시 법인격의 존부가 불분명한 사업체나 단체명으로 출원한 경우 특허청장 등은 출원인에게 법인증명을 제출하게 하고 있고 주어진 기간 내에 법인임을 증명하지 못하면 당해 출원을 무효로 처리하고 있다(특규§8①, 출원규정§4④, 출원방식심사편람).

대법원 1982. 9. 28. 선고, 80누414 판결

에 적합하지 아니한 경우를 들고 있는바, 위에 규정된 서류가 '방식에 적합하지 아니한 경우라 함은 서류의 기재사항에 흠결이 있거나 구비서류가 갖추어져 있지 아니하는 경우 등 서류가 법령상 요구되는 형식적인 방식에 적합하지 아니한 경우를 뜻하고, 위와 같은 형식적인 문제를 벗어나서 출원이나 발명자가 구 특허법 제40조에 규정된 권리능력을 가지는가 또는 출원인이 같은 법 제2조 제1항에 규정된 특허를 받을 수 있는 자인가의 여부 등 실질적인 사항에 관한 것을 포함하지 아니한다고 볼 것이며, 따라서 그와 같은 실질적인 사항에 관한 것은 위 특허법시행규칙 제14조 제1항 제11호에 의거하여 바로 이를 수리하지 아니하는 처분을 할 수는 없고, 일단 출원서류를 수리하여 심사관으로 하여금 실질적인 심사를 하게 하여야 한다고 해석함이 타당하다.

(2) 행위능력

1) 의 의

행위능력이란 단독으로 유효한 법률행위를 할 수 있는 능력을 의미한다. 이러한 행위능력과 관련하여 민법은 적극적으로 규정하고 있지 않고, 대신 무능력제도를 두어 획일적으로 규정하고 있다. 상표법 역시 제4조에서 민법의 규정을 기초로 하여 상표에 관한 절차 수행에 관한 무능력자의 행위능력에 대하여 규정하고 있다(상§4). 즉 상표에 관한 절차를 스스로 행할 수 없는 자는 법정대리인 등에 의하여 상표절차를 수행하도록 함으로써 자기의 권리주장 또는 방어를 제대로 하지 못하는 자를 보호하고 있다. 다만 상표법에서는 '행위능력'이란 표제를 사용하고 있으나, 상표등록절차과정에서의 수행능력을 의미한다. 따라서 민법상의 행위능력과는 반드시 일치한다고는 볼 수 없다. 이에 절차능력이란 표현을 쓰기도 한다. 다만 본서에는 민법상의 행위무능력제도를 전제로 상표(특허)법상의 행위능력제도를 파악하도록 한다.

2) 상표법상 행위능력이 없는 자(무능력자)

민법에서는 미성년자, 피한정후견인 또는 피성년후견인을 무능력자로 규정하고 이들 무능력자가 법률행위를 하기 위해서는 법정대리인의 동의를 얻도록 규정하고 있다(민§5,상§4). 즉 민법의 규정에 의한 무능력자는 ① 만 19세가 되지 않은 자(미성년자), ② 질병, 장애, 노령, 그 밖의 사유로 인한 정신적 제약으로 사무를 처리할 능력이 부족한 사람으로서 가정법원으로부터 심판을 받은 자(피한정후견인), ③ 질병, 장애, 노령, 그 밖의 사유로 인한 정신적 제약으로 사무를 처리할 능력이 지속적으로 결여된 사람으로서 가정법원으로부터 심판을 받은 자(피성년후견인)이다.

상표법에서는 이러한 민법의 규정에 기초하여 미성년자, 피한정후견인 또는 피성년후견인은 법정대리인에 의하지 아니하면 상표에 관한 절차를 밟을 수 없도록 함으로써 무능력자를 보호하고 있다(상§4). 즉 상표법 제4조는 "미성년자 · 피한정후견인 또는 피성년후견인은 법정대리인에 의하지 아니하면 상표에 관한 절차를 밟을 수 없다."라고 규정하고 있어, 절차무능력자는 법정대리인에 의해서만 상표에 관한 절차를 밟을 수 있다.

다만, 상표법 제4조 단서에서는 "미성년자와 피한정후견인이 독립하여 법률행위를 할 수 있는 경우는 그러하지 아니하다."고 규정하여 미성년자 및 피한정후견인이 법정대리인에 의하지 아니하고 직접 상표에 관한 절차를 밟을 수 있는 경우를 규정하고 있다.

이와 같은 예로서 무능력자가 독립하여 법률행위를 할 수 있는 경우는 권리만 얻거나 의무만 면하는 행위(민§5①), 처분이 허락된 재산의 처분행위(민§6), 영업의 허락을 받은 경우 그 영업에 관한 행위(민§8①), 대리인의 행위능력(민§117), 유언행위(민§1062) 등이 있다.

상표에 관한 절차와 관련하여 예상되는 행위는 영업에 관한 행위와 만19세에 달하지 않았으나 혼인하여 성년으로 의제된 자의 행위 등이 있을 수 있다.

① **미성년자** 민법에서는 만19세가 되지 아니한 자를 미성년자로 본다. 이때 연령의 계산은 민법 제155조 이하의 기간의 계산에 관한 규정에도 불구하고, 출생일을 산입한다(민§158). 한편 상표법은 독립하여 법률행위를 할 수 있는 경우에는 단독으로 절차를 유효하게 수행할 수 있다고 규정하고 있다. 즉 ① 법정대리인으로부터 허락을 얻은 특정한 영업에 관한 행위, ② 혼인을 한 미성년자의 행위, ③ 법정대리인의 허락을 얻어 회사의 무한책임사원이 된 미성년자가 그 사원자격에 기하여 행하는 행위 등의 경우에는 행위능력이 인정된다.

② **피한정후견인(한정치산자)** 피한정후견인(被限定後見人)은 질병, 장애, 노

령, 그 밖의 사유로 인한 정신적 제약으로 사무를 처리할 능력이 부족하여 가정법원이 한정후견개시의 심판을 한 사람을 말한다(민§12). 한정후견개시의 심판은 본인, 배우자, 4촌 이내의 친족, 후견인, 후견감독인, 검사 또는 지방자치단체의 장이 청구할 수 있다.

한정후견인은 미성년자와 같은 행위능력을 갖는다(민§12). 다만 가족법상의 행위능력과 관련하여서 한정후견인은 완전한 능력자로 취급된다 하겠다.

③ **피성년후견인(금치산자)** 피성년후견인(被成年後見人)은 질병, 장애, 노령, 그 밖의 사유로 인한 정신적 제약으로 사무를 처리할 능력이 지속적으로 결여되어 가정법원이 성년후견개시의 심판을 한 사람을 말한다(민§9). 성년후견개시는 본인, 배우자, 4촌 이내의 친족, 후견인, 후견감독인, 검사 또는 지방자치단체의 장이 청구할 수 있다.

성년후견을 개시할 때는 신경정신과 의사가 그 감정인으로서 관여하는데, 단순한 성격장애나 기벽자(奇癖者)는 성년후견의 대상이 되지 않는다. 피성년후견인은 민법상 독립하여 법률행위를 할 수 없는 행위무능력자로, 후견인은 피성년후견인의 법률행위를 취소할 수 있다(민§10①). 다만, 가정법원은 취소할 수 없는 피성년후견인의 법률행위의 범위를 정할 수 있고, 일용품의 구입 등 일상생활에 필요하고 대가가 과도하지 아니한 법률행위는 후견인이 취소할 수 없다(민§10②~④).

3) 무능력자의 대리 및 추인

상표법은 민법의 무능력자 제도에 근거를 두고 상표 및 특허행정의 특성에 맞는 규정을 두고 있다. 즉 상표법은 제4조에서 미성년자 등의 행위능력 규정을 두고 있어, 무능력자가 상표에 관한 절차를 수행함에 있어서는 법정대리인에 의해서만 행할 수 있다고 하고 있다. 따라서 상표법상의 무능력자는 법정대리인의 동의하에서도 상표에 관한 절차를 직접 수행할 수 없다. 즉 상표법상의 법정대리인의 권한은 민법상 법정대리인이 무능력자에 대한 동의권을 행사할 수 있는 것과는 달리 동의권은 존재하지 않고 대리권만을 인정하고 있다. 이는 민사소송법상의 무능력자에 대한 법정대리인의 권한과 동일하다(상§14).

① **법정대리인의 권한** 미성년자의 법정대리인은 1차로 친권자이고 다

음은 후견인이다. 즉 미성년자는 1차로 친권자가 법정대리인이 되고 친권자가 없거나 친권을 행사할 수 없을 때 후견인을 두어야 한다. 피한정후견인(한정치산자)과 피성년후견인(금치산자)의 법정대리인은 후견인이다. 민법상 법정대리인의 권한에는 무능력자의 법률행위에 대한 동의권과 이들에 대한 법률행위의 대리권, 그리고 무능력자의 행위와 동의에 대한 취소권을 가지고 있다.

한편 상표법은 법정대리인의 권한과 관련하여 "법정대리인은 후견감독인의 동의 없이 상대방이 청구한 상표등록이의신청·심판 또는 재심에 대한 절차를 밟을 수 있다.(상§4②)"고 규정하고 있다. 즉 상표법상의 심판은 일종의 행정소송과 유사한 것으로 원칙적으로 무능력자를 위해서는 후견감독인(친족회의) 동의를 얻어야 한다. 그러나 법정대리인이 직접 능동적·적극적으로 심판을 청구하는 것이 아니라 심판의 상대방이 청구한 사항에 대하여 수동적·소극적으로 절차를 밟는 것이고, 직권주의와 같은 특허심판에 관한 절차의 특수성에 후견감독인(친족회의) 동의 의무규정에 해당하지 않는다고 규정하고 있다.

대법원 1997. 6. 27. 선고, 97다3828 판결

[법정대리인의 권한]

[1] 민법 제126조 소정의 권한을 넘는 표현대리 규정은 거래의 안전을 도모하여 거래상대방의 이익을 보호하려는 데에 그 취지가 있으므로 법정대리라고 하여 임의대리와는 달리 그 적용이 없다고 할 수 없고, 따라서 한정치산자의 후견인이 친족회의 동의를 얻지 않고 피후견인의 부동산을 처분하는 행위를 한 경우에도 상대방이 친족회의 동의가 있다고 믿은 데에 정당한 사유가 있는 때에는 본인인 한정치산자에게 그 효력이 미친다.

[2] 한정치산자의 후견인이 친족회의 동의 없이 피후견인인 한정치산자의 부동산을 처분한 경우에 발생하는 취소권은 민법 제146조에 의하여 추인할 수 있는 날로부터 3년 내에, 법률행위를 한 날로부터 10년 내에 행사하여야 하지만, 여기에서 '추인할 수 있는 날'이라 함은 취소의 원인이 종료한 후를 의미하므로, 피후견인이 스스로 법률행위를 취소함에 있어서는 한정치산선고가 취소되어 피후견인이 능력자로 복귀한 날로부터 3년 내에 그 취소권을 행사하여야 한다.

② **추 인**　　행위능력이 없는 자가 밟은 절차는 효력이 발생하지 아니하고 무효이며, 그 절차에 의하여 성립한 행위도 무효로 되는 것이다.

민법은 추인제도라 하여 취소할 수 있는 권리에 대하여 포기의사를 밝힘으로써 법률관계를 마감시키기 위한 제도를 운용하고 있다. 즉 취소할 수 있는 무능력자의 법률행위로 인한 불안한 법률상태로부터 가급적 빨리 벗어나고자 하는 방안 중의 하나로서 추인제도를 두고 있다. 상표법에서도 역시 무능력자등의 상표절차 등에 대하여 추후에 행위시까지 소급하여 절차효력을 인정받을 수 있도록 무능력자의 행위를 인정해 주는 제도를 두고 있다.

즉 상표법 제9조에서는 "행위능력 또는 법정대리권이 없거나 상표에 관한 절차를 밟는 데 필요한 권한의 위임이 흠결된 자가 밟은 절차는 보정된 당사자나 법정대리인의 추인이 있으면 행위 시로 소급하여 그 효력이 발생한다." 고 규정하고 있어, 무능력자·무권대리인 또는 기타 특허에 관한 절차를 밟음에 필요한 수권이 없는 자가 특허청에 대하여 밟은 절차는 추후에 한 보정에 의하여 적법한 절차로서 인정되도록 하고 있다. 다만 상표법상 행위능력 또는 법정대리권이 없거나 대리권에 관한 수권이 흠결된 자가 밟은 절차는 취소할 수 있는 행위가 아니고, 그 절차의 효과는 무효로 보아야 한다. 따라서 상표법상의 "추인" 개념은 취소권을 포기하는 의미보다는 무효인 절차를 특별히 행위개시시부터 유효한 것으로 인정하는 의사표시로 보아야 한다.

대법원 1980. 4. 22. 선고, 80다308 판결

[무권대리에 의한 소송행위를 묵시적으로 추인한 경우의 효력]

피고 이태식이 1960. 5. 28.생으로 현재에도 미성년자이므로 이 사건의 제1심에서 소송행위를 위한 대리인을 그 법정대리인으로 하여금 선임케 하여야 할 것인데 그렇지 아니하고 같은 피고가 직접 변호사를 소송대리인으로 선임하여 제1심의 소송수행을 한 것은 위법이라 할 것이다. 그러나 같은 피고는 원심에 이르러서 친권자 법정대리인인 피고 이동판으로 하여금 다시 소송대리인을 선임케 하고 그 대리인이 원심에서의 모든 소송행위를 하면서도 아무런 이의를 제기한 바 없이 제1심의 소송결과를 진술한 것으로 보아 논지에서 말하는 무권대리에 의한 소송행위는 묵시적으로 추인된 것이라 못 볼 바 아니다.

4) 행위무능력자가 밟은 절차의 처리

특허청장 또는 특허심판원장은 상표등록출원 청구 및 기타에 관한 절차가 행위능력이 없는 자가 절차를 밟았거나, 절차를 밟음에 필요한 수권(授權)이 흠결된 경우, 납부하여야 할 수수료를 납부하지 아니한 경우에는 상당한 기간을 정하여 그 보정을 명하여야 한다(상§39). 특허청장 또는 특허심판원장은 출원인 등에게 보정을 명하였으나 이에 불응하거나 또는 흠결을 보정할 수 없을 때에는 출원 및 기타 절차를 무효로 할 수 있다(상§18).

심판장은 심판청구인 등 당사자가 밟은 절차에 대하여 행위능력 흠결을 이유로 보정을 명하였음에도 이에 불응하거나 또는 흠결을 보정할 수 없을 때에는 심판청구서를 결정으로 각하하여야 한다.

대법원 1997. 3. 14. 선고, 96다25227 판결	**[대표자 자격이 없는 대표자가 행한 소송행위에 대한 적법한 대표자의 추인시 효력]** 적법한 대표자 자격이 없는 비법인 사단의 대표자가 한 소송행위는 대표자 자격을 적법하게 취득한 대표자가 그 소송행위를 추인하면 행위시에 소급하여 효력을 갖게 되고, 이러한 추인은 상고심에서도 할 수 있다.

(3) 권리적격

상표등록을 받고자 하는 자는 위에서 살펴본 바와 같이 자연인[11] 또는 법인[12]으로서의 권리능력과 행위능력을 갖추어야 하고, 이러한 요건을 갖춘 자는 상표를 상품에 사용할 의사(意思)가 있어야 하고, 그 표장이 식별력이 있어야만 상표로서 출원할 수 있다. 다만, 특허청직원 및 특허심판원직원은 상속 또는 유증의 경우를 제외하고는 재직 중 상표를 등록받을 수 없다(상§3단).

그 외에도 상표법 제119조 제1항 제1호부터 제3호까지 및 제5호부터 제9

11) 상표법 제3조 제1항 본문(국내에서 상표를 사용하는 者 또는 사용하고자 하는 者는 자기의 상표를 등록받을 수 있다.).

12) 상표법 제3조 제2항(상품을 생산·제조·가공·판매하거나 서비스를 제공하는 자가 공동으로 설립한 법인(지리적 표시 단체표장의 경우에는 그 지리적 표시를 사용할 수 있는 상품을 생산·제조 또는 가공하는 자로 구성된 법인으로 한정한다)은 자기의 단체표장을 등록받을 수 있다.)

또, 동법 제6항에서는 업무표장의 등록을 받을 수 있는 者에 대하여, 국내에서 영리를 목적으로 하지 아니하는 업무를 하는 者는 자기의 업무표장을 등록받을 수 있다고 규정하고 있다.

호의 규정에 해당한다는 것을 이유로 상표등록의 취소심판이 청구되고 그 청구일 이후에 ① 존속기간의 만료로 인하여 상표권이 소멸한 경우, ② 상표권자가 상표권 또는 지정상품의 일부를 포기한 경우, ③ 상표등록 취소의 심결이 확정된 경우의 1에 해당하게 된 때에는 상표권자 및 그 상표를 사용한 者는 그 해당하게 된 날부터 3년이 경과한 후에 상표등록출원을 하지 아니하면 소멸된 등록상표와 동일 또는 유사한 상표를 그 지정상품과 동일 또는 유사한 상품(지리적 표시 단체표장의 경우에는 동일한 상품에 한한다)에 대하여 상표등록을 받을 수 없다(상§34③).

대법원
1999. 10. 26.
선고, 97후2453
판결

상표등록출원서에 상표로 표시된 “”는 점선으로 표시된 신발의 형상에 그 일부를 실선으로 표시한 것으로서 외관이 지정상품인 신발의 형상이고, 관념 또는 신발로 직감되며, 실선 표시 부분은 신발의 형상에 의장적 장식을 한 것으로 출처표시 기능이 있다고 볼 수 없어, 결국 이 사건 출원상표는 그 지정상품의 성질(형상, 모양)을 직접적으로 표시하는 표장에 불과하므로 구 상표법 제6조 제1항 제3호에 해당하여 상표등록을 받을 수 없고, 나아가 상표의 등록 가부는 그 지정상품과 관련하여 상표마다 독자적으로 판단하여야 하므로 다른 상표의 등록례는 특정상표가 등록되어야 할 근거가 될 수 없다고 판단한 것은 정당하다.

2. 절차적 요건

상표법에서 정하여진 절차방식에 따라 출원절차를 진행하여야 한다. 이 부분은 출원절차에서 구체적으로 살펴보기로 한다.

제 2 절 상표의 사용의사

우리 상표법은 등록주의를 취하고 있어 상표로 등록을 받기 위해서는 상표를 사용하는 자뿐만 아니라 '사용하고자 하는 자'도 상표등록을 받을 수 있도록 하고 있다(상§3). 즉 상표등록출원의 상표 사용사실 또는 사용의사가 없이 방어적인 목적만으로 출원하는 경우에는 등록거절의 대상이 되어야 하며, 착오로 등록시에는 무효심판의 대상이 되어야 함이 원칙이다. 그러나 출원단계에서 심사관이 상표등록출원자의 사용의지(意志)를 판단하는 것은 불가능하므로 등록요건으로서 사용의사를 판단하지는 않고,[13] 등록 후에 일정기간 동안 불사용 사실이 지속되는 경우 상표권을 취소시킬 수 있게 하고 있어 상표권자의 상표 사용을 강제하고 있다(상§119①iii).

이러한 상표사용 의사와 관련하여 우리나라에서는 도입되지 않은 저장상표[14]와 방호상표를 살펴볼 수 있다. 저장상표란 현실로 사용되고 있지 않지만 장래에 사용할 의도에서 등록되어 있는 상표를 말하며, 방호상표는 기본상표의 보호범위를 확장하기 위해서 출원된 상표를 말한다. 방호상표의 경우 상표의 사용은 없고 오로지 방호(防護)만을 목적으로 하기 위한 것이 되는데, 일본 상표법 제64조[15]에서는 방호표장제도를 규정하면서 방호표장은 실제 사용하지 않더라도 불사용 취소의 대상이 되지 않도록 하고 있다.

한편, 단체표장의 경우 단체표장을 등록받으려는 법인이 직접 사용할 수도 있지만, 구성원에게 사용하게 하기 위한 경우에도 상표등록이 가능하며, 불사용 취소심판의 대상이 되지 않는다.

---

13) 同旨, 渋谷達紀, 知的財産法講義Ⅲ, 有斐閣(2005), p.198.

14) 渋谷達紀, 商標法の理論, 東京大學出版會(1973), p.24.

15) 第六十四条　商標権者は、商品に係る登録商標が自己の業務に係る指定商品を表示するものとして需要者の間に広く認識されている場合において、その登録商標に係る指定商品及びこれに類似する商品以外の商品又は指定商品に類似する役務以外の役務について他人が登録商標の使用をすることによりその商品又は役務と自己の業務に係る指定商品とが混同を生ずるおそれがあるときは、そのおそれがある商品又は役務について、その登録商標と同一の標章についての防護標章登録を受けることができる。

2　商標権者は、役務に係る登録商標が自己の業務に係る指定役務を表示するものとして需要者の間に広く認識されている場合において、その登録商標に係る指定役務及びこれに類似する役務以外の役務又は指定役務に類似する商品以外の商品について他人が登録商標の使用をすることによりその役務又は商品と自己の業務に係る指定役務とが混同を生ずるおそれがあるときは、そのおそれがある役務又は商品について、その登録商標と同一の標章についての防護標章登録を受けることができる。

3　地域団体商標に係る商標権に係る防護標章登録についての前二項の規定の適用については、これらの規定中「自己の」とあるのは、「自己又はその構成員の」とする。

대법원 1999. 6. 25. 선고, 98후58 판결

[상표의 사용]

상표법상 '상표의 사용'이라고 함은 상품 또는 상품의 포장에 상표를 표시하는 행위 등을 의미하고(구 상표법 제2조 제1항 제6호 각 목 참조), 여기에서 말하는 '상품'은 그 자체가 교환가치를 가지고 독립된 상거래의 목적물이 되는 물품을 의미한다 할 것이므로, 상품의 선전광고나 판매촉진 또는 고객에 대한 서비스 제공 등의 목적으로 그 상품과 함께 또는 이와 별도로 고객에게 무상으로 배부되어 거래시장에서 유통될 가능성이 없는 이른바 '광고매체가 되는 물품'은 비록 그 물품에 상표가 표시되어 있다고 하더라도, 물품에 표시된 상표 이외의 다른 문자나 도형 등에 의하여 광고하고자 하는 상품의 출처표시로 사용된 것으로 인식할 수 있는 등의 특별한 사정이 없는 한, 그 자체가 교환가치를 가지고 독립된 상거래의 목적물이 되는 물품이라고 볼 수 없고, 따라서 이러한 물품에 상표를 표시한 것은 상표의 사용이라고 할 수 없다.

대법원 2005. 6. 10. 선고, 2005도1637 판결

[상표의 사용여부]

상표는 특정한 영업주체의 상품을 표창하는 것으로서 그 출처의 동일성을 식별하게 함으로써 그 상품의 품위 및 성질을 보증하는 작용을 하며, 상표법은 이와 같은 상표의 출처 식별 및 품질 보증의 기능을 보호함으로써 당해 상표의 사용에 의하여 축조된 상표권자의 기업신뢰이익을 보호하고 유통질서를 유지하며 수요자의 이익도 보호하는 것이므로, 공산품인 상품의 내부에 조립되어 기능하는 부품에 표시된 표장으로서 그 상품의 유통이나 통상적인 사용 혹은 유지행위에 있어서는 그 존재조차 알 수 없고, 오로지 그 상품을 분해하여야만 거래자나 일반 수요자들이 인식할 수 있는 표장은 그 상품에 있어서 상표로서의 기능을 다할 수 없을 것이므로 이를 가리켜 상표법에서 말하는 상표라고 할 수 없다.

제3절 자타상품(서비스)의 식별력

1. 식별력의 의미

상표법은 상표권자의 사익보호와 더불어 상표가 나타내는 상품의 출처와 품질에 대한 수요자의 신뢰이익을 보호함으로써 국가전체적인 차원에서 건전한 상거래의 활성화를 통한 산업발전에 기여하는 것을 목적으로 한다. 상표법이 자기의 상품과 타인의 상품과의 식별을 하기 위하여 법률로써 상표를 보호함을 목적으로 함에 따라 자타상품을 식별할 능력이 없는 상표나 서비스표는 상표법상 등록을 받을 수 없다. 식별력[16]이 없는 상표는 출처표시기능이나 품질보증기능 등의 상표의 기능적인 역할을 기대할 수 없기 때문에 상표등록을 허용하면 어느 것이 누가 생산 또는 서비스하는 상품 또는 서비스인지를 알 수가 없어 거래에 있어서 소비자들의 혼동을 초래할 수 있다.

상표법 제33조 제1항의 상표등록요건에서는 식별력을 갖춘 상표를 적극적으로 정의하지 않고, 식별력이 없거나 식별력을 충분히 갖추지 못한 상표를 열거하고(상§33①i~vi), 동법 동조 동항 제7호에서는 "제1호 내지 제6호 외에 수요자가 누구의 업무에 관련된 상품을 표시하는 것인가를 식별할 수 없는 상표"에 대해서도 상표등록을 허용하지 않는 것으로 규정하고 있어 자타상품 식별력을 구비하는 것을 등록요건으로 명확하게 규정하고 있다.

식별력의 주체적 판단기준은 당해 지정상품에 관한 거래사회에서의『일반수요자 및 거래자의 평균적 인식』을 기준으로 하고, 지역적 판단기준으로는 "국내"의 거래실정을 기준으로 판단하고, 시간적 기준으로는 "상표등록여부 결정시"를 기준으로 한다.[17]

어느 상표가 식별력이 있는지 여부에 대한 판단은 그 상표를 구성하는 각

16) "식별력"이란 자기의 상품과 타인의 상품을 구별하게 해주는 힘(自他商品識別力)을 의미하며, 나아가 특정인에게 독점배타적인 권리를 주는 것이 공익상 적합한지 여부(自由使用의 必要性)까지 포함하는 개념으로 사용된다.

17) 특허청, 조문별 상표법해설(2004. 4.), p.34.

부분을 분리하여 판단할 것이 아니라 당해 상표 전체를 하나로 보아 판단한다. 즉 어떤 상표가 식별력을 가진 상표인지의 여부는 그 상표가 지니고 있는 관념, 지정상품과의 관계 및 거래사회에서의 실정 등을 감안하여 객관적으로 결정한다.[18]

대법원 1997. 2. 28. 선고, 96후979 판결

[식별력이 없는 표장에 대한 판단]

구 상표법 제6조 제1항 제7호 소정의 "제1호 내지 제6호 외에 수요자가 누구의 업무에 관련된 상품을 표시하는 것인가를 식별할 수 없는 상표"라 함은 같은 조항의 제1호 내지 제6호에 해당하지 아니하는 상표라도 자기의 상품과 타인의 상품 사이의 출처를 식별할 수 없는, 즉 특별현저성이 없는 상표는 등록을 받을 수 없다는 의미인데, 어떤 상표가 특별현저성을 가진 상표인지 여부는 그 상표가 지니고 있는 관념, 지정상품과의 관계 및 거래사회의 실정 등을 감안하여 객관적으로 결정하여야 한다.

2. 식별력의 법적 성질

상표는 상표사용자가 자기의 상품과 타인의 상품을 식별하기 위해 사용하는 표장(상§2① i)이므로, 이러한 상표가 제 기능을 하기 위해서 상표는 상표사용자가 생산·가공 또는 판매하는 상품의 출처와 품질을 타인의 것과 구별할 수 있는 식별력을 갖고 있어야 한다. 즉 상표의 식별력[19]이란 그 상표가 사용된 상품의 출처를 표시할 수 있고 그러한 표시에 의해 자기의 상품과 타인의 상품을 구별할 수 있는 기능을 의미한다.

자기의 상품(서비스)과 타인의 상품(서비스)과의 식별을 할 수 있는 것을 특별현저성이라고 한다. 특별현저성의 법적 성질에 대하여 상표는 상품을 식별하게 하는 것이므로 그 자체가 명료성을 가지고 있어야 하며, 상표의 본질을 상품의 출처표시에 있다고 보고, 이러한 기능이 없는 것은 상표가 될 수

18) 특허청, 조문별 상표법해설(2004. 4.), p.34.

19) 상표는 식별력 정도에 따라 보통명칭 표장(generic mark), 기술적 표장(descriptive mark), 암시적 표장(suggestive mark), 임의선택 표장(arbitrary mark), 조어(창작) 표장(coined or fanciful mark)으로 구분할수 있다(Abercrombie test).(상표심사기준 제4부 p.123 인용)

없다고 보는 성립요건설과 특별현저성은 상표 자체의 속성은 아니며 단지 이를 구비하지 않은 상표는 자타상품식별력이 없어 상표로 등록될 수 없을 뿐이라는 등록요건설의 다툼이 있었다. 구법에서 상표법 정의 규정에서 명시하고 있던 '특별현저성'을 현행법에서는 삭제하고 있는 점 및 제33조가 자타상품식별력이 없어서 등록될 수 없는 상표의 예를 들면서 그들도 상표라고 명시하고 있는 점 등에 비추어 등록요건설이 타당할 것이다. 현재 이러한 학설에는 대립이 없다. 다만 이때 특별현저성의 개념에 대하여는 견해가 나뉜다.

(1) 외관구성설

외관구성설은 상표란 그 자체만으로도 거래사회에서 모든 사람의 주의를 끌 수 있을 만큼 특별하고 타인의 상품과 식별될 수 있는 것이어야 한다는 것으로, 특별현저성이란 상표의 구성요소인 기호·문자·도형 등 표장 그 자체의 명료성을 의미한다는 견해이다. 이미 사용 중인 상표가 아닌 한 거래상 식별력을 가질리 없으므로 등록주의 하에서의 상표의 특별현저성은 상표의 외관구성 자체로 판단하는 것이 타당할 것이라는 것이다. 하지만 이 견해에 따르면 상표의 등록대상이 외관의 명료성에 치우쳐 극히 좁아지게 되고, 사용에 의한 식별력 획득으로 인한 예외적인 등록 인정을 설명할 수 없는 단점이 있다.

구분	보통명칭 표장	기술적 표장	암시적 표장	임의선택 표장	조어(창작) 표장
의미	상품명칭 그 자체	상품의 특성을 직접적으로 설명	상품의 특성을 간접적으로 암시	지정상품과 관계없는 용어를 상표로 선택	없던 용어를 만들어 상표로 사용
예시(지정상품 "캔디")	CANDY	SWEET	SWEETARTS	PRINCE	HONIVAL
식별력	항상 식별력 없음	원칙) 식별력 없음(예외) 사용에 의한 식별력 획득 가능	원래 식별력 있음	원래 식별력 있음	원래 식별력 있음
상표등록 가능성	어떠한 경우도 등록 불가	사용에 의한 식별력 획득시 등록 가능	등록 가능	등록 가능	등록 가능

(2) 자타상품식별설

자타상품식별설은 상표란 거래사회에서 자타상품을 식별케 하는 것이어야 하고 출처를 구별할 수 있는 것이어야 하며, 이를 상표의 특별현저성이라고 하는 견해이다. 이 견해에 의하면 자타상품의 식별력은 상품, 상표의 사용 기타 거래사회의 요건에 따라 달라질 수 있는 상대적인 개념이며, 상표의 외관 구성이 불명료한 경우에도 사용에 의한 식별력 취득이 인정되게 된다.

대법원 2014. 3. 20. 선고, 2011후3698 전원합의체 판결

[상표의 식별력]

상표의 유사 여부는 외관, 호칭 및 관념을 객관적, 전체적, 이격적으로 관찰하여 지정상품의 거래에서 일반 수요자들이 상표에 대하여 느끼는 직관적 인식을 기준으로 상품의 출처에 관하여 오인·혼동을 일으키게 할 우려가 있는지에 따라 판단하여야 한다. 그리고 그 판단에서는 자타상품을 구별할 수 있게 하는 식별력의 유무와 강약이 주요한 고려요소가 된다 할 것인데, 상표의 식별력은 상표가 가지고 있는 관념, 상품과의 관계, 당해 상품이 거래되는 시장의 성질, 거래 실태 및 거래 방법, 상품의 속성, 수요자의 구성, 상표 사용의 정도 등에 따라 달라질 수 있는 상대적·유동적인 것이므로, 이는 상표의 유사 여부와 동일한 시점을 기준으로 그 유무와 강약을 판단하여야 한다.

따라서 상표권의 권리범위확인심판 및 그 심결취소청구 사건에서 등록상표와 확인대상표장의 유사 여부를 판단하기 위한 요소가 되는 등록상표의 식별력은 상표의 유사 여부를 판단하는 기준시인 심결 시를 기준으로 판단하여야 한다. 그러므로 등록상표의 전부 또는 일부 구성이 등록결정 당시에는 식별력이 없거나 미약하였다고 하더라도 등록상표를 전체로서 또는 일부 구성 부분을 분리하여 사용함으로써 권리범위확인심판의 심결 시점에 이르러서는 수요자 사이에 누구의 상품을 표시하는 것인지 현저하게 인식될 정도가 되어 중심적 식별력을 가지게 된 경우에는, 이를 기초로 상표의 유사 여부를 판단하여야 한다.

(3) 독점적응성설

독점적응성설은 특별현저성에 대해 상표의 독점적응성의 문제로 보아야 하며, 독점적응성의 유무는 상표 자체의 구성상의 현저성, 상표로서의 상품표시력의 크기, 경업자에 의한 자유사용의 필요성의 정도 여하에 따라 결정하여야 한다는 견해이다. 즉 상표제도의 취지에 비추어 상표가 자타상품의 식별력이 없거나 특정인에게 독점적 권리를 인정하는 것이 공익상 부당하다고 판단되면 상표보호 대상에서 제외시켜야 하며, 보통명칭이나 기술적 표장 등을 특정인의 등록상표로서 독점시키는 것은 부적합하므로 상표보호의 대상에서 제외시켜야 한다는 것이다. 따라서 당장 상품의 식별력이 있다고 해도 공익적인 이유로 등록이 부당한 경우라면 상표등록을 받을 수 없게 될 수도 있다.

3. 식별력이 없는 상표

상표법 제33조의 특별현저성은 상표로서 갖추어야 할 일반적·적극적인 등록요건으로서 상표마다 구체적인 판단을 달리할 수밖에 없다. 하지만 상표법은 심사의 신속성과 공정성 및 예측가능성 등을 도모하기 위해 제33조 제1항 각호에서 "식별력 없는 표장"들을 열거하고 거기에 해당하면 상표등록을 받지 못하는 것으로 하고 있다.

(1) 보통명칭상표

1) 의 의

상표법상에서 '보통명칭'이란 그 상품을 취급하는 거래계에서 당해 업자 또는 일반 수요자 사이에 일반적으로 그 상품을 지칭하는 것으로 실제로 사용되고 인식되어 있는 일반적인 약칭, 속칭 기타의 명칭을 말한다.[20] 특히 보통명칭은 처음부터 그 상품의 보통명칭이었던 것과 처음에는 자타상품을 식별하는 특정인의 상표이었던 것이 소비자 및 동종업자들이 그 상표를 자유롭게 사용한 결과 그 상품이 보통명칭화되어 자타상품의 식별력을 상실하게 된 것이 있다.[21]

특정인에게 보통명칭상표에 대한 독점배타적인 권리를 부여한다면 소비자들의 오인·혼동을 초래할 뿐만 아니라 상표법의 목적에도 반하게 될 것이다. 이에 상표법 제33조 제1항 제1호는 '그 상품의 보통명칭을 보통으로 사용하는

---

20) 대법원 2003. 8. 19. 선고, 2002마3845 결정(카페라떼 사건).
21) 대법원 1997. 2. 28. 선고, 96후979 판결; 대법원 1997. 8. 29. 선고, 96후2104 판결.

방법으로 표시한 표장(標章)만으로 된 상표'는 상품의 식별력이 없는 상표로서 등록될 수 없음을 규정하고 있다.

여기서 "그 상품의 보통명칭"이란 그 상품의 명칭, 약칭, 속칭, 기타 당해 상품을 취급하는 거래사회에서 그 상품을 지칭하는 것으로 실제로 사용되고 인식되어 있는 명칭을 말한다. 따라서 상표의 관념으로부터 유추하여 단순히 일반수요자가 상품의 보통명칭으로 인식할 우려가 있다는 것만으로는 이에 해당하지 않는다.[22] 그러나 식별력을 인정한 경우에도 당해 지정상품과 관련하여 상품에 대한 오인·혼동의 우려가 있을 때에는 지정상품의 범위를 그 보통명칭과 관련된 것에 한정하도록 상표법 제34조 제1항 제12호를 적용한다.

"보통으로 사용하는 방법으로 표시(상표법 제33조 제1항 제3호와 제5호에서 규정하는 것을 포함한다)되어 있다는 것"은 상표의 외관, 칭호, 관념을 통해 상품의 "보통명칭 등(보통명칭, 성질표시, 흔한 성 또는 명칭을 말한다.)"으로 직감할 수 있도록 표시된 경우를 의미한다. 따라서 출원상표가 일반인의 특별한 주의를 끌 정도로 독특한 서체·도안 및 구성으로 표시되어 있어 문자의 의미를 직감할 수 없을 정도로 도안화된 경우에는 이에 해당하지 않는 것으로 본다.[23] 그리고 본 호를 적용하기 위해서는 출원상표가 지정상품의 보통명칭『만』으로 구성되어 있어야 한다. 따라서 보통명칭에 다른 식별력 있는 문자나 도형 등이 결합되어 있어 전체적으로 식별력이 인정될 때에는 이에 해당하지 않는 것으로 본다.[24]

대법원 1987. 2. 24. 선고, 86후42 판결	**[보통명칭으로 실제 사용되어야 하는지 여부]** 구 상표법 제8조 제1항 제1호 소정의 상표 및 서비스표 등록조각요건에 해당하기 위하여서는 상표나 서비스표의 명칭이 가지는 관념으로부터 유추하여 일반 소비자들이 지정상품의 보통명

22) 보통명칭의 상표라 하더라도 "보통으로 사용하는 방법으로 표시한 표장만"이 아니고 특수한 방법으로 표시한 표장이거나 그 보통명칭이 부기적 사항으로 상표의 주요부분에 해당되지 않고 다른 부분에 의하여 식별력이 있는 경우에는 본 호를 적용하지 아니한다(상표심사기준 제4부 제1장 1.1.(p.125).)

23) 상표심사기준 제4부 제1장 1.1.(p.126).

24) 상표심사기준 제4부 제1장 1.1.(p.126).

칭으로 인식할 우려가 있는 것만으로는 부족하고 실제거래에 있어서 일반 소비자들이 지정상품의 보통명칭으로서 그와 같은 명칭을 보통으로 사용하고 있는 사실이 인정되어야 한다.

2) 보통명칭상표의 판단

보통명칭상표 여부의 판단은 그 상품에 관한 일반 수요자 및 거래자의 평균적 지식을 기준으로 판단한다. 다만 대법원 판례는 '상품의 보통명칭은 그 동업자들만이 아니라 실제거래에 있어서 일반 소비자들까지도 지정상품의 보통명칭으로서 그와 같은 명칭을 보통으로 사용하고 있는 것을 말한다'고 하여 일반 수요자를 기준으로 함에 반하여, 상표심사기준은 '관련 거래업계에서는 보통명칭이지만 일반 소비자에게는 보통명칭이 아닌 것은 보통명칭으로 보지만, 반대의 경우에는 보통명칭이 아닌 것으로 본다(제6조 해석참고자료1. 참조)'고 하여 거래업계를 기준으로 하는 듯한 태도를 취하고 있다.[25)]

판단의 지역적 범위와 관련하여 국내에서 당해 상품의 거래실정에 따라 결정하여야 하며, 외국에서의 등록 사실은 고려의 대상이 되지 않는다.[26)] 시간적 기준과 관련하여서는 상표등록여부 결정시를 기준으로 상표등록 여부를 판단함이 원칙이다.

대법원 2002. 11. 26. 선고, 2001후2283 판결

[종자관리법상의 품종명의 보통명칭 여부]

구 상표법 제6조 제1항 제1호에서 규정하는 '상품의 보통명칭'이라 함은 그 지정상품을 취급하는 거래계에서 그 상품을 지칭하는 것으로 실제로 사용되고 인식되어져 있는 일반적인 명칭, 약칭, 속칭 등을 뜻하고, 상품의 보통명칭에 해당하는지 여부는 상표의 등록사정시를 기준으로 판단하여야 한다.

등록상표 "Red Sandra"의 등록사정일인 1997. 1. 29.

25) 관련거래업계에 종사하는 자는 그 상품과 상표에 관하여 일반수요자보다 많은 정보와 지식을 가지고 있기 때문에 어떤 상표가 자유롭게 사용되는 경우에도 그것이 특정인의 상표라는 사실을 인식할 수 있다는 점에서 일응 그 타당성을 인정할 수 있으나, 일반수요자의 이익보호라는 측면에서는 대법원의 태도가 타당하다 하겠다.

26) 어느 상표가 지정상품의 보통명칭화 내지 관용하는 상표로 되었는가의 여부는 그 나라에 있어서 당해 상품의 거래실정에 따라 이를 결정하여야 하고, 비록 외국의 여러 나라에 등록된 외국의 상표라 하더라도 우리나라에서 그 지정상품의 보통명칭 또는 지정상품에 관용하는 표장이 되지 아니한다고 할 수는 없다(대법원 1987. 2. 10. 선고, 85후94 판결; 1992. 11. 10. 선고, 92후414 판결 등).

경에는 등록상표의 지정상품을 취급하는 거래계 즉, 그 상품의 생산자, 도매상, 소매상, 품종을 구별하여 장미를 구입하는 수요자 사이에서 등록상표가 특정인의 상품의 출처를 표시하는 식별력이 있는 상표로서가 아니라 장미의 한 품종의 일반적 명칭으로 사용되고 인식되어져 있어 결국 등록상표는 그 지정상품의 보통명칭을 보통으로 사용하는 방법으로 표시한 표장만으로 된 상표에 해당한다.

〈보통명칭에 해당〉

이 건 상표	사건번호
화 랑 상표출원 제2000-49112호	심판원 2002. 10. 31.자 2002원431 심결 (원심결) 특허법원 2003. 5. 15. 선고, 2002허7650 판결 (원심판결 : 심결취소) 대법원 2004. 9. 24. 선고, 2003후1314 판결27) (확정판결 : 원심판결 파기 → 심결지지) (소 취하로 심결 확정)
제31류 : 사과, 배, 복숭아, 포도, 사과묘목, 배묘목, 복숭아묘목, 포도묘목 등	

출처: 특허청 상표심사매뉴얼 재인용.

『식물신품종 보호법』 제109조에 따라 등록된 품종명칭과 동일하거나 유사한 상표로서 그 품종명칭과 동일하거나 유사한 상품에 출원한 상표에 대하여는 상표법 제34조 제1항 제17호(2010. 1. 27 개정 상표법에서 신설)를 적용한다.

3) 상표의 보통명칭화

상표의 보통명칭화란 본래는 자타상품을 식별하게 하는 상표였으나 일반수요자 및 동종업자들이 그 상표를 자유롭게 사용한 결과 그 상품의 보통명칭으로 인식되고 현실로 그렇게 사용됨으로써 자타상품의 식별력을 상실하게

27) [1] 종자산업법 소정의 품종보호의 대상이 된 품종을 상품으로서 거래하는 경우에 거래계에서는 그 상품에 관하여 등록된 품종명칭 외의 다른 명칭으로 그 상품을 지칭할 수는 없고, 품종명칭으로 등록된 표장을 그 품종의 보통명칭으로 보지 않는다면, 누구든지 그 표장을 그 품종의 상표로 별도로 등록할 수 있게 되어, 등록상표와 품종명칭의 오인·혼동을 방지하려는 구 종자산업법 제109조 제1항 제9호의 취지에 위배되는 결과를 가져오게 되어 부당하므로, 같은 법에 의하여 품종의 명칭으로 등록된 표장은 등록이 됨과 동시에 그 품종을 대상으로 하는 상품에 대하여 구 상표법 제6조 제1항 제1호의 보통명칭으로 되었다고 봄이 상당하다.

[2] 종자산업법에 의하여 사과품종의 명칭으로 등록된 "화랑"이라는 표장을 그 지정상품인 '사과, 사과묘목'의 보통명칭으로 인정한 사례.

되는 경우를 말한다. 이와 같이 상표가 보통명칭화되는 경우로는 i) '호치키스'나 '스카치'와 같이 상표가 신상품과 더불어 유명해져 보통명칭으로 잘못 인식되는 경우, ii) '호마이카'와 같이 상표관리 소홀을 틈타 경업자가 무단사용함으로써 보통명칭화되는 경우, 및 iii) '나일론', '셀로판'과 같이 상품명이 길고 불편하여 수요자가 상표를 상품명으로 사용하는 경우 등이 있다.[28)]

4) 상표법상의 취급

보통명칭상표는 등록요건을 흠결한 것이므로 상표등록거절이유(상§54iii), 정보제공이유(상§49), 이의신청이유(상§60①) 등에 해당한다. 또한 착오로 등록된 경우에도 상표등록무효사유에 해당하며, 상표권의 배타적 효력 역시 제한된다(상§90①ii).

적법하게 등록된 상표가 상표등록 후에 보통명칭으로 된 경우에는 그때부터 상표권의 효력이 미치지 아니하며(상§90①i), 후발적인 무효사유에 해당하게 된다(상§117①vi).[29)] 다만 처음부터 보통명칭이었던 경우와 달리 상표등록 후에 보통명칭화된 상표가 식별력을 다시 회복한 경우에는 상표권의 효력이 제한되지 않으며 상표등록무효사유에도 해당하지 않게 된다.

---

28)

(지정상품)	(상표)
① 자동차	: CAR
② 자동차용 전구	: Truck Lite(대판 96후986)
③ 피복	: 청바지
④ 옥수수 건과자	: 콘치프(대판 88후455, 462) (併合)
⑤ 호도로 만든과자	: 호도과자(대판 68후31)
⑥ 복사기	: 코피아, COPYER(대판 86후67)
⑦ 가구의 플라스틱 적층판	: 호마이카(대판 86후93)
⑧ 구레오소드함유 위장약	: 정로환(대판 92후827)
⑨ 유산균 발효유	: YOGURT(대판 92후1943)
⑩ 파운데이션 크림	: Foundation(대판 2001후89)
⑪ 광고업	: 라디오광고업, 텔레비전광고업
⑫ 통신업	: 컴퓨터통신, 전화통신
⑬ 보험업	: 생명보험, 자동차보험
⑭ 요식업	: 레스토랑, 카페, 그릴(특허법원 99허2068)

29) 상표법 제33조 제1항 각호는 식별력이 없거나 특정인에게 독점배타적인 보호를 주기에 부적당한 상표를 열거한 것으로서 공익보호를 위한 규정이므로, 출원상표가 각호의 규정에 해당하는지를 판단함에 있어서는 등록사정시를 기준으로 하여야 한다는 것이 통설적인 태도이다. 그러나 특허법원 1999. 7. 15. 선고, 99허1744 판결은 디지털비디오테이프레코더를 지정상품으로 하는 DVC-PRO라는 상표와 관련하여 위 상표의 '출원 당시'는 우리나라에서는 거래자나 일반수요자들이 DVC를 디지털비디오카메라에 대한 보통명칭으로 인식하고 있다고 인정하기에는 부족하므로 DVC는 보통명칭에 해당하지 아니한다고 하여 '출원시'를 기준으로 판시한 바 있다.

5) 관용상표와의 비교

관용표장은 처음에는 특정인의 상표였던 것이 주지·저명의 상표로 되었다가 상표권자가 상표관리를 허술히 함으로써 동종업자들 사이에 자유롭고 관용적으로 사용하게 된 상표를 말하는 것이고, 보통명칭은 그 동업자들만이 아니라 실제거래에 있어서 일반 소비자들까지도 지정상품의 보통명칭으로서 그와 같은 명칭을 보통으로 사용하고 있는 것을 말한다.[30]

대법원 2003. 8. 19. 선고, 2002후321 판결

매일유업 주식회사(다음부터 '매일유업'이라 한다)가 "카페라테"와 "Caffe Latte"라는 표장을 사용한 커피음료를 생산하여 1997. 4.경부터 이 사건 심결시인 2001. 7. 무렵까지 약 900억 원 상당을 판매하고, 그 기간 동안 광고비 1120억 원 상당을 들여 광고를 함으로써 위 표장들이 사용된 상품이 일반소비자들 사이에서 어느 정도 알려진 것은 사실이나, 위 표장들은 본래 이탈리아 사람들이 즐겨 마시는 진한 커피인 에스프레소 커피에 우유를 넣은 밀크 커피를 뜻하는 이탈리아어인 Caffe Latte의 한글음역과 그 영문표기로서 커피전문점의 메뉴판이나 안내 책자에도 밀크 커피의 한 종류로 들고 있고, 서울에 있는 약 100여 개의 커피전문점에서도 늦어도 1998. 무렵부터 Caffe Latte(카페라떼)를 커피음료의 한 종류로 판매하고 있으며, 매일유업도 1998. 4.에 발행된 각종 신문에 위 표장들이 사용된 커피음료를 광고하면서 광고 하단에 '에스프레소와 같은 진한 커피를 즐기는 이태리인들이 아침에 커피를 마실 때 위의 부담을 덜기 위해 우유를 넣어 마시게 된 것이 카페라떼의 시작입니다'라고 적고 있으며, 그 후에 발간된 신문에서도 카페라떼가 커피와 우유를 혼합한 상품이라는 내용을 싣고 있으며, 엣센스 영한사전(민중서림 발행, 2001. 2. 15. 발행 제8판)에도 Caffe Latte가 이탈리아어에서 비롯된 단어로 밀크 커피의 뜻을 갖는 것이라고 올라 있다는 사실을 인정한 다음, 적어도 이 사건 심결 당시에는 매일유업이 사용한 표장들은 이탈리아식 에스프레소 커피에 우유를 넣은 커피를 가리키는 보통명칭의 식별력이 없는 표장으로서 매일유업이 이를 특정상품에 사용함으로써 그의 상표나 상품을 표시하는 것으로 식별력을 취득하였다고 볼 수 없다.

30) 대법원 1992. 1. 21. 선고, 91후882 판결.

대법원 1987. 12. 22. 선고, 85후130 판결

[보통명칭으로 실제 사용되어야 하는지 여부]

보통명칭이란, 거래계에 있어서 그 상품의 일반적인 명칭인 것으로 인식되어져 있는 명칭을 뜻하는 것으로서, 어떤 명칭이 상표법상의 보통명칭이 되기 위하여는 단지 일반소비자가 이를 보통명칭으로 의식할 우려가 있다는 것만으로는 부족하고, 거래계에서 그 명칭이 특정의 상품의 일반명칭으로서 현실적으로 사용되고 있는 사실이 인정될 수 있어야 할 것이므로, 현재 우리나라의 거래실정에 비추어 보면, PUBLIC CAR가 차량의 보통명칭으로서 일반적으로, 또 현실적으로 사용되고 있다고 볼 수 없다.

대법원 1993. 4. 23. 선고, 92후1943 판결

[보통명칭에 해당한다고 한 사례]

출원상표 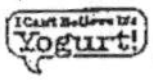

가 구 상표법(1990. 1. 13. 법률 제4210호로 전문 개정되기 전의 것) 제8조 제1항 제1호 소정의 "보통명칭을 보통으로 사용하는 방법으로 표시한 표장만으로 된 상표"에 해당한다.

대법원 1992. 1. 21. 선고, 91후882 판결

[보통명칭에 해당하지 않는다고 한 사례]

'모시메리'라는 상표의 등록 및 사용경위에 비추어 '모시메리'가 동업자들 사이에 자유롭고 관용적으로 사용하게 된 상표라고 할 수 없고, 나아가 일간신문에 '모시메리'를 보통명칭으로 사용한 기사가 수 회 게재된 일이 있다 하더라도 이 점만으로 '모시메리'가 지정상품의 보통명칭화 되었다고 단정할 수 없으므로 '모시메리'는 상품의 보통명칭이나 관용표장이 되었다고 할 수 없다.

대법원 1997. 10. 10. 선고, 97후594 판결

[보통명칭에 해당하지 않는다고 한 사례]

'폴로'가 사전에 말을 타고 하는 경기의 일종으로 소개되어 있고, 상표법시행규칙상의 상품류구분 제45류의 제3군에 상품세목으로 폴로 셔츠가 명기되어 있으며, 사전에 폴로 셔츠는 폴로경기를 할 때 입었던 데서 유래한 반소매 셔츠라고 기재되어 있다고 하더라도 그러한 사정만으로는 '폴로'가 의류를 취급하는 거래계에서 당해 업자 또는 일반 수요자 사이에 일반적으로 반소매 셔츠를 지칭하는 것으로 실제로 사용되고 인식되어져 있는 명칭이라고 볼 수는 없으므로, 상표 "폴로"는 구 상표법 제6조 제1항 제1호소정의 상품의 보통명칭이라고 할 수 없다.

(2) 관용상표

상표법 제33조 제1항 제2호는 "그 상품에 대하여 관용(慣用)하는 상표"는 상품의 식별력이 없는 상표라고 한다. 본 호에서 "그 상품에 대하여 관용하는 상표"라 함은 당해 상품을 취급하는 동업자들 사이에 어떤 표장을 그 상품의 명칭 등으로 일반적으로 자유롭게 사용한 표장을 말하며, 반드시 전국적으로 알려져 있을 필요는 없다. 즉 관용상표란 전국 또는 한 지역의 동업자(同業者)가 장기간 사용함으로써 동업자(同業者)의 상품과 타종류의 상품과의 구별은 가능하나 자타상품의 식별력이 없는 상표를 말한다. 관용상표는 본래 상표로서 기능을 하였던 것이 주지·저명상표로 되었다가 상표권자가 관리를 소홀히 함으로써 동업자들 사이에 자유롭고 관용적으로 사용하게 된 상표를 뜻한다. 그러나 당초부터 자타상품의 식별력을 갖춘 상표만이 후에 관용상표가 되는 것은 아니다.[31)]

한편 보통명칭상표와는 달리 관용표장상표에 있어서는 '보통으로 사용하는 방법으로 표시한 표장만'이라는 한정어구가 없다. 하지만 관용어구라는 말 자체가 보통으로 사용하는 방법으로 표시한 표장만을 의미한다고 봄이 일반적이다. 따라서 관용표장이 포함된 상표라 하더라도 그 관용표장이 부기적 사항으로 상표의 주요 부분으로 볼 수 없고 그 나머지 부분이 식별력이 있어 상표의 구성 전체로서 식별력이 인정되는 경우라면 상표등록을 받을 수 있다.[32)]

특허청 실무는 관용상표가 되려면 i) 그 상표가 특정상품에 대해서 그 상품의 제조업자 및 판매업자 등 불특정 다수인이 일반적으로 자유롭게 사용한 것일 것, ii) i)의 결과 그 상표가 출처표시기능 또는 식별력을 상실하였을 것, iii) 상표권자가 당해 상표의 보호를 위하여 필요한 조치를 취하지 아니하였을 것이 요구된다고 하며, iii)의 필요한 조치가 있는 때에는 ii)의 사실이 발생하지 않는 것으로 보고 있다. 그 외에도 관용표장과 유사한 상표의 등록여부도 연구검토가 필요하다.

---

31) 대법원 1999. 11. 12. 선고, 99후24 판결; 다만 상표심사기준은 제5조 제1항에서 "관용표장이라 함은 당해 상품을 취급하는 거래사회에서 그 상품의 명칭 등으로 일반적으로 사용한 결과 자타상품의 식별력을 상실한 표장을 말한다."고 하여 판례와 다른 태도를 취하고 있다(최성우, 주제별 상표법, 한빛지적소유권센터(2000), p.108).

32) 구 상표심사기준 제7조 제2항.

대판원 1999. 11. 12. 선고, 99후24 판결	**[관용상표의 의미]** 관용상표라고 함은 특정종류에 속하는 상품에 대하여 동업자들 사이에 자유롭고 관용적으로 사용되고 있는 표장을 말하는바, 그 대부분은 본래 상표로서 기능을 하였던 것이 많다고 할 것이나, 그렇다고 하여 당초부터 자타 상품의 식별력을 갖춘 상표만이 후에 관용상표가 되는 것은 아니다.
대법원 1996. 5. 14. 선고, 95후1463 판결	**[관용표장에 해당하는 경우]** 국내 일반 수요자나 거래자들은 바세린을 일명 와세린이라고 호칭하며 손등이 트거나 피부가 건조하여 거칠어질 때 바르는 크림, 또는 그러한 화장품이나 약품의 원료로 널리 인식하여 왔으므로 상표 "VASELINE"을 그 지정상품 중 콜드 크림, 클린싱 크림, 베니싱 크림, 약용 크림 등에 사용할 경우에는 이는 그 지정상품의 보통명칭이나 원재료를 표시한 표장만으로 된 상표, 또는 관용상표에 해당한다.

보통명칭 또는 관용표장에 해당한다고 한 판례(특허청 심사기준 재인용)

상표/서비스표	상품/서비스업	사건번호 및 선고일
호도과자	호도로 만든 과자	1969. 3. 4. 선고, 68후31 판결
깡	과자	1975. 1. 14. 선고, 119후43 판결
ASPIRIN	약품	1977. 5. 10. 선고, 76다1721 판결
코피아(COPYER)	복사기	1987. 6. 23. 선고, 86후67 판결
호마이카	장식용 플라스틱적층판	1987. 7. 7. 선고, 86후93 판결
만령단	환제	1987. 8. 25. 선고, 84후49 판결
콘칩, 콘치프	옥수수 건과자	1989. 4. 25. 선고, 88후455,462 병합
코롱	샴푸의 액체방향제	1992. 9. 14. 선고, 91후1250 판결
JEEP	자동차	1992. 11. 10. 선고, 92후414 판결
정로환	위장약	1993. 1. 19. 선고, 92후827 판결
Yogurt	냉동요구르트	1993. 4. 23. 선고, 92후1943 판결
VASELINE	콜드크림, 약용크림	1996. 5. 14. 선고, 95후1463 판결
TruckLite	자동차용 방향표시등	1997. 2. 28. 선고, 96후986 판결
각. 장. 성. 원	요식업	특허법원 1998. 10. 1. 선고, 98허4111 판결
net	통신업	특허법원 1998. 11. 20. 선고, 98허7233 판결

GRILL	서양음식점경영업	특허법원 1999. 4. 23. 선고, 99허2069 판결
초코파이	건과자	특허법원 1999. 7. 8. 선고, 99허208 판결

보통명칭 또는 관용표장이 아니라고 한 판례(특허청 심사기준 재인용)

상표/ 서비스표	상품/서비스업	사건번호 및 선고일
RELAY	통신업	1987. 2. 24. 선고, 86후42 판결
PUBLIC CAR	차량	1987. 12. 22. 선고, 85후130 판결
코롱	방향제	1990. 2. 23. 선고, 89후193 판결
2566	컨테이너 문짝 결속장치	1996. 9. 24. 선고, 96후245 판결
3-NITRO	동물성장자극제용 약제	1997. 2. 28. 선고, 96후979 판결
UBR	조립형 욕조	1997. 8. 29. 선고, 96후2104 판결
POLO	반소매 셔츠	1997. 10. 10. 선고, 97후594 판결
DVC	디지털비디오카메라	특허법원 1999. 7. 15. 선고, 99허1744 판결
카페라떼33)	밀크커피	특허법원 1999. 9. 16. 선고, 99허1287 판결

대법원 2002. 12. 26. 선고, 2002후2143 판결

[보통명칭·관용표장에 해당하지 않는다고 한 사례]

구 상표법 제6조 제1항 제2호가 규정하는 상품의 관용표장은 처음에는 특정인의 상표이던 것이 주지 저명의 상표로 되었다가 상표권자가 상표관리를 허술히 함으로써 동업자들 사이에 자유롭고 관용적으로 사용하게 된 상표를 말하는 것이고, 같은 항 제1호가 규정하는 상품의 보통명칭은 그 동업자들만이 아니라 실제 거래상 일반 소비자들까지도 지정상품의 보통명칭으로서 그와 같은 명칭을 보통으로 사용하고 있는 것을 말하며(대법원 2000. 7. 6. 선고, 98후1822, 1839 판결 등 참조), 이는 상표등록출원에 대하여 등록결정을 할 때를 기준으로 판단하여야 한다.

'티라미수' 또는 'TIRAMISU'라는 용어의 유래와 그 의미, 우리나라에 알려지게 된 경위, 주지의 정도 등에 대하여 그 판시와 같은 사실을 인정한 다음, 이 사건 등록상표가 그 등록결정 당시에 지정상품의 보통명칭이나 관용표장으로 사용되고 있었다고 볼 수 없다.

33) 특허법원 2001허4746; 대법원 2002후321.

"관용표장"과 "보통명칭"의 차이 <상표심사기준 2014. 12. 30.>

1. 관용표장은 처음에는 특정인의 상표였던 것이 주지 · 저명한 상표로 되었다가 상표권자가 상표관리를 허술히 함으로써 동업자들이 자유롭게 사용하게 된 상표를 말하는 것이고, 보통명칭은 그 동업자들만이 아니라 일반수요자들까지도 지정상품의 보통명칭으로 사용하고 있는 것을 말한다.
2. 관용표장은 문자 이외에 기호, 도형, 입체적 형상 등 실제 거래사회에서 사용하고 있는 모든 형태의 표장을 포함하지만, 보통명칭은 문자만을 의미하는『명칭』만 포함한다.
3. 관용표장은 표장의 사용태양을 의미하는 것으로 실제 거래사회에서 사용하고 있는 것이면 모든 형태를 포함하지만, 보통명칭은 표장의 구성태양을 의미하는 것으로 그 보통명칭을 보통의 사용방법으로 표시되어야 하고, 일반인의 특별한 주의를 끌 정도로 독특한 서체 · 도안 및 구성으로 표시된 것은 이에 해당하지 않는다.

(3) 기술적(성질표시 상표) 표장

1) 의 의

상품이나 서비스의 특성이나 산지 등을 나타내는 표지를 기술적 표장 또는 성질표시 표장이라 한다. 이와 같은 표장만으로 구성된 상표는 상표등록을 받을 수 없으며, 설사 등록이 되더라도 상표권의 효력이 제한된다. 즉 상표법 제33조 제1항 제3호는 '그 상품의 산지(産地) · 품질 · 원재료 · 효능 · 용도 · 수량 · 형상(포장의 형상을 포함) · 가격 · 생산방법 · 가공방법 · 사용방법 또는 시기를 보통으로 사용하는 방법으로 표시한 표장(標章)만으로 된 상표'는 상품의 식별력이 없는 상표로 등록되지 않는다고 규정하고 있다.[34] 이는 통상 상품의 유통과정에서 필요한 표시이기 때문에 이를 특정인에게 독점배타적으로 사용케 할 수 없다는 공익상의 요청과 이와 같은 상표는 일반적으로 타인의 동종상품과의 관계에서 식별이 어렵다는 점에 그 이유가 있다.[35]

34) 등록을 인정하지 않는 이유로 식별력이 없다는 것 외에 특정인에 의해 독점하는 것이 공익에 반하며 타인의 상품과의 관계에 있어 식별력을 갖기 어렵다는 점이다. 상기 열거사항은 예시적 열거사항이므로 이에 한정되지 아니한다.

35) 관용표장과 마찬가지로 파리협약 제6조의5B 제2항을 반영한 규정이다.

대법원 1992. 4. 24. 선고, 91후1205 판결	**[기술적 표장의 등록불허 취지]** 상표법이 기술적인 상표를 등록받을 수 있는 상표에서 제외한다고 규정한 취지는 상품의 품질, 효능, 용도 등을 표시하는 내용으로 된 상표에 대하여 전적으로 등록을 금하는 것이 아니라 그 상표가 보통으로 사용하는 방법으로 상품의 품질, 효능, 용도 등을 표현하는 경우에 한하여 그 등록을 금하는 취지이다.

2) 기술적 표장의 판단

기술적인 표장의 판단방법은 i) 그 상표가 지니고 있는 관념, 지정상품과의 관계 및 거래사회실정 등을 감안하여 객관적으로 판단하여야 하고,[36] ii) 상품의 특성을 직감하게 하는 것이어야 하고,[37][38] iii) '해당 상품의 성질을 보통으로 사용하는 방법으로 표시'한 표장이어야 하고, iv) 해당 상품의 성질을 보통으로 사용하는 방법으로 표시한 표장'만'으로 된 상표이어야 하고, v) 상표의 구성부분 전체를 기준으로 판단하는 것이 원칙이고,[39] vi) 상표의 실제사용 여부는 묻지 않는다.

기술적 표장은 문자로써 기술되는 것만으로 한정되지 않는다. 문자, 도형 또는 기호나 이들이 문자와 결합, 그리고 색채와 결합한 경우에도 해당된다. 또한 본 호의 규정은 예시적인 규정이므로 품위, 등급, 색채[40] 등을 나타내는 경우도 포함된다고 본다. 다만 사용에 의한 식별력 취득 인정의 경우 등록을 인정하고 성질표시상표가 과오로 등록된 경우 무효사유에 해당하며 상표권의 효력도 제한받는다(상§90①ii).

36) 대법원 1985. 9. 10. 선고, 84후36 판결; 대법원 1989. 7. 26. 선고, 81후75 판결.

37) 대법원 1996. 7. 3. 선고, 95후1821 판결. 일반 수요자가 그 상표를 보고 직관적으로 깨달을 수 있는 것이어야 하고 심사숙고하거나 사전을 찾아보고서 비로소 그 뜻을 알 수 있는 것은 고려의 대상이 되지 않는다.

38) 본 호에 해당하기 위해서는 출원상표가 지정상품과의 관계에서 산지·품질·원재료·효능·용도·수량·형상·가격·생산방법·가공방법·사용방법 또는 시기 등을 직접적으로 표시하여 상품의 출처표시로 인식될 수 없거나, 특정인에게 독점시킬 경우 당 업계의 경쟁을 제한할 우려가 있는 경우에 적용한다. 따라서 상품의 성질을 간접적·암시적으로 표시하는 것에 지나지 않는 경우에는 본 호를 적용하지 않는다(상표심사기준 제4부 제3장1.1.1.(p.133)).

39) 간접적, 암시적인 표장은 원칙적으로 식별력이 있는 것으로 보되 간접적, 암시적인지 여부에 대한 판단이 어려운 경우 동종업계에 종사하는 타인의 자유로운 사용을 제한할 우려가 있는지 여부를 기준으로 판단할 수 있다. 이 경우 타인의 자유사용을 제한할 우려가 없으면 간접적, 암시적인 표장으로 볼 수 있다(상표심사기준 제4부 제3장 2.2.(p.136)).

40) Special, Best, great, very, Deluxe, Europoint 등.

성질표시 표장인지 여부는 상표등록여부결정시 당해 상품 거래계의 실정을 중시하여 판단하여야 한다. 과거의 판례, 심결례, 심사례, 외국의 등록 등은 고려대상은 될 수 있으나 이에 구속받지 아니한다.

대법원 2002. 6. 11. 선고, 2000후2569 판결

[기술적 표장임을 부정한 사례]

기술적 문자상표가 도형화(도안화)되어 있어 일반인이 보통의 주의력을 가지고 있는 경우 전체적으로 보아 그 도형화된 정도가 일반인의 특별한 주의를 끌 정도에 이르러 문자의 기술적 또는 설명적인 의미를 직감할 수 없을 만큼 문자인식력을 압도할 경우에는 특별한 식별력을 가진 것으로 보아야 하므로 이러한 경우에는 구 상표법 제6조 제1항 제3호에서 정하는 '보통으로 사용하는 방법으로 표시하는' 표장이라고 볼 수 없다.

출원상표 "ORIGINAL+Jazz+CLASSIC"의 구성 중 필기체로 표기된 'Jazz' 부분의 도안화 정도가 문자의 기술적 또는 설명적인 의미를 직감할 수 없을 만큼 문자인식력을 압도하여 일반인의 특별한 주의를 끌 정도이므로 출원상표는 전체적으로 '지정상품의 품질·효능을 보통으로 사용하는 방법으로 표시하는' 표장이라고 단정할 수 없다.

대법원 2000. 2. 25. 선고, 98후1679 판결

[문자인식력을 압도할 경우 기술적 표시가 아니라는 사례]

기술적 문자상표가 도형화(도안화)되어 있어 일반인이 보통의 주의력을 가지고 있는 경우 전체적으로 보아 그 도형화된 정도가 일반인의 특별한 주의를 끌 정도에 이르러 문자의 기술적 또는 설명적인 의미를 직감할 수 없을 만큼 문자인식력을 압도할 경우에는 특별한 식별력을 가진 것으로 보아야 하므로 이러한 경우에는 구 상표법 제8조 제1항 제3호에서 정하는 '보통으로 사용하는 방법으로 표시하는' 표장이라고 볼 수 없다.

일반 수요자가 이 사건 등록상표 "premiere"(지정상품:신사복)를 불어나 영어 또는 그 밖의 다른 나라의 문자를 도형화하여 표기한 것으로 인식할 수는 있다고 하겠으나, 전체적으로 각 문자가 특정됨이없이 연결되어 있고 또 도형화되어 있어 그 각 문자의 윤곽이 불분명하여 일반 수요자가 'premiere'라는 불어 또는 영어 단어를 표기한 것으로 직감할 수 없을 정도이어서 그 도형화의 정도가 일반인의 특별한 주의를 끌 만큼 문자인식력을 압도한다고 보여지므로, 이 사건 등록상표가 '보통으로 사용하는 방법으로 표시하는' 표장이라고 단정할 수는 없다.

3) 기술적 표장의 구체적인 예

① **산지표시** 그 상품의 "산지표시"라 함은 해당지역의 기후, 토양 등의 지리적 조건 등과 관련하여 해당 상품의 특성을 직감할 수 있는 지역을 표시하는 것으로서 해당 상품이 해당 지방에서 과거에 생산되었거나 현실적으로 생산되고 있는 경우는 물론 그 지방에서 생산되고 있는 것으로 일반수요자가 인식할 수 있는 경우에도 이에 해당하는 것으로 본다. 예컨대 풍기-인삼, 영광-굴비, 울릉도-오징어, 대구-사과, 청진동-해장국, 춘천-막국수와 닭갈비, 마산-아구찜, 차-보성녹차 등이 있다.

한편 특정 상품의 산지를 포함하는 상표로서 지정상품과 관련하여 그 상표를 해당 상품에 사용할 경우 일반수요자로 하여금 지리적 표시에 해당하는 것으로 지리적 출처 또는 상품의 품질을 오인·혼동케 할 우려가 있는 유명산지의 경우에는 다른 식별력있는 부분이 결합되어 있는 경우에도 이를 부기적·보조적인 부분으로 보아 산지표시에 해당하는 것으로 한다. 이 경우 상품의 품질을 오인케 하거나 수요자를 기만할 염려가 있는 경우에는 상표법 제34조 제1항 제12호가 함께 적용된다.

특허법원 2000허 4701 판결	**[산지표시를 인정한 사례]** "안흥찐빵"이 '안흥' 지역에서 생산되는 찐빵을 가리키는 관용어처럼 사용되고 있는 점, 횡성군의 홍보실적 등에 비춰 볼 때, 일반수요자들에게는 "안흥"이 '안흥 지역에서만 생산되는 찐빵'의 제조, 판매지 이름으로 인식되었다고 봄이 상당하다.

다만, 지리적 표시 단체표장등록출원의 경우에는 "산지표시"에 해당하는 경우에도 상표법 제33조 제3항에 따라 본 호를 적용하지 않으며, 포도주 및 증류주의 산지에 관한 지리적 표시에 해당하는 상표등록출원을 한 경우(제34조 제1항 제16호의 단서규정에 해당하는 경우를 제외한다)에는 상표법 제34조 제1항 제16호를 적용한다(상표심사기준[2021] 제4부 제3장 4.1.3(p. 158)).

대법원
2004후240
특허법원
2003허3471
화정똥돼지

[산지표시를 인정하지 않은 사례]

고양시 "화정동"은 작은 동 이름으로 "화정"이란 상호를 사용하는 식당이 다수 있으나, 똥돼지의 전국적 산지로 인식되거나 똥돼지를 원료로 사용하는 식당들이 상당한 규모로 행해지고 있다고 볼 수 없다.

② 상품의 성질을 기술하는 상표

대법원
2004. 5. 13.
선고, 2002후2006
판결

[기술적 표장임을 인정한 사례]

'큰글'은 국어사전에 풀이가 나와있지 아니한 조어(造語)이지만, '크다'는 낱말은 "어떤 표준에 비하여 길이나 부피가 많은 공간을 차지하다. 중대하다. 위대하다."로 풀이되어 있고, '글'이라는 낱말은 '여러 말이 모여 하나의 완전한 감상·경험 및 여러 현상을 나타낸 것의 총칭. 문장. 말을 글자로 나타낸 적발(적어 놓은 글)'로 풀이하면서 사용례로 '글 잘 쓰는 사람은 필묵을 탓 안한다.'를 들고 있음을 알 수 있는바, 이와 같이 '크다'와 '글'이 지닌 관념을 이 사건 등록상표의 지정상품들의 내용 및 거래실정 등과 함께 고려하여 보면 일반 수요자나 거래자들은 '큰글'을 '외형적 크기(길이, 넓이, 높이)가 큰 글자' 또는 '훌륭한 글'이라는 뜻으로 인식하여 이 사건 등록상표의 의미를 '큰 글씨로 쓴 성경' 또는 '훌륭한 글인 성경' 등으로 직감할 것이라고 봄이 상당하다.

그렇다면 이 사건 등록상표는 '서적, 잡지, 팸플릿' 등과 같은 지정상품에 사용될 경우 알아보기 쉽도록 큰 글씨로 쓰인 성경에 관한 서적 등으로 인식될 뿐만 아니라, 그 나머지 지정상품에 사용될 경우에도 '(훌륭한 글인) 성경'에 관한 내용을 다룬 것으로 인식됨으로써 결국 이 사건 등록상표는 그 지정상품 전부에 관하여 품질이나 용도 등을 보통으로 사용하는 방법으로 표시한 표장만으로 구성된 상표에 해당한다.

상표의 그 성질을 기술적으로 표시하는 표장

품질표시	의의	지정상품과의 관계에서 그 상품의 품질 상태 또는 우수성을 직접적으로 표시하는 것
	예	품질등급표시-상·중·하, 수·우·미·양·가; 품질우수표시-원조, 명품, 순정, 특별; 품질보증표시-KS, JIS; 환경친화표시-청정, 무공해, Green, BIO, ECO, 유기농, Organic 등; 상품미감표시-Soft(초콜릿), Mild(커피) 등

원재료표시41)	의의	원재료가 당해 지정상품에 현실적으로 사용되고 있거나 사용될 수 있다고 인정되는 것
	예	두부-콩, 양복-WOOL, 블라우스-SILK
효능표시42)	의의	지정상품과의 관계에서 직접적인 물품의 성능 또는 효과를 직접적으로 표시하는 것
	예	본드-강력, 가구-우아미, 의류-베이비, 운동용품-프로용, 약-잘나, 화장품-보들보들, 환경관련 상품-청정·무공해·Green·BIO, 런닝셔츠-하이런닝
용도표시43)	의의	상품의 사용목적·사용처(수요계층, 다용도, 전천후, 필수품, 편의용품, 오락용 또는 레저용) 등 용도에 관한 기술적 또는 설명적인 표시하는 것
	예	비료-원예
수량표시	의의	거래사회에서 사용되고 있거나 사용될 수 있는 해당 상품의 개수, 크기 또는 규격, 중량의표시하는 것
	예	연필-1다스, 신발-한 켤레, 비디오테이프 - L-830

41) 원재료표시 사례

지정상품	상 표	지정상품	상표
샴푸, 화장품	KERATIN(2002후192)	색종이	종이나라(2001후41)
고량주	죽엽청주(2007허9132)	식당업	오뎅사께(2006허10012)
냉면	야콘(2004허8152)	두유	비타두유(2001허52120)

42) 효능표시 사례

지정상품	상 표	지정상품	상표
광천수	생명물(1987후93)	구두	키높이(2005허1646)
마스카라	Decoration Eyes (2002후2235)	의료진단용 테스트기	원터치 (1995후26)
통신 S/W, 통신용 컴퓨터	Efficient Network (2003후151)	그림물감, 염료	Glass Deco (2003후2133)
립스틱, 매니큐어	Color Wearing (2002후2402)	신용카드업	BLACKCARD (2011허10955)

43) 용도표시 사례

지정상품	상 표	지정상품	상표
가정용 물분배기	WATERLINE (07후3042)	이메일 송수신 서비스를 위한 소프트웨어 등	SOCIAL HUB (12허481)
자동차 장식업	AutoLife (12허214)	피부질환치료제	(03허2423)

형상표시44)	의의	상품이나 상품의 포장 및 용기의 외형,모양, 크기 또는 규격, 무늬, 색깔, 구조 등에 관한 기술적 또는 설명적인 표시를 하는 것
	예	일반상품 – 소형, slim 연필 – 4각표, 신발 – 235 · 10문, 의약품 – 상품의 형상에 캡슐, 포장의 형상에 약병 등
가격표시	의의	거래사회에서 현실적으로 유통되고 있는 가격과 가격표시로 인식되고 있는 단위 및 그 단위의 기호 등을 표시하는 것
	예	100원, 100dollar, 500円
생산 · 가공 · 사용 방법45)	의의	지정상품의 생산방법, 가공방법 및 사용방법을 직접적으로 표시하는 것
	예	책상 – 조립, 신발 – 수제(手製), 농축산업 – 자연농법
시기표시	의의	지정상품과의 계절상품에 있어서 춘하추동의 표시, 상품의 특성상 오전, 오후, 주간, 야간, 식전, 식후, 맑은날 또는 우천, 전천후 등 상품의 판매 또는 사용의 특정 또는 불특정시기를 기술적 또는 설명적으로관계에서 표시하는 것
	예	약품 – 식전 · 후, 케이크 – 크리스마스, 의류–춘하추동; 신문–조간

※ 모든 상품에 공통적인 기술적 표장인 'BEST', 'No.1', 'NICE', 'SUPER', 'DELUXE', '최고', '정상', '제일' 등과 이와 유사한 것은 지정상품을 불문하고 여기에 해당하는 것으로 한다.

심판번호	본원상표	결 과
90후4229	SMART & SOFT	품질 · 효능표시 아님
86후55	MICROSOFT	용도 · 형상품질표시

44) 형상표시 사례

지정상품	상 표	지정상품	상표
신 발	265㎜	페이스파우더	True Beige (2001후2436)
아이스크림	 (2011허3568)	휴대용 모바일 디지털전자기기	 (2012원4227)

45) 생산방법 · 가공방법 · 사용방법 사례

지정상품	상 표	지정상품	상표
햄	훈제	치킨전문점	멕시칸
책상	조립	구두	수제
수지침술 강좌업	수족침(94후1312)	운송배달업	 (00허8208)

89후2298	digital	성질표시
88후1007	하이테크, HITEK 123 VIDEO HITEK 비 데 오하이테크	품질 · 효능 표시
90후1208	한글	식별력 있음
94후708	Mini Disc	효능 · 형상 표시
94후838	AlphaGraphics	성질표시
90후2379	NEWS	용도표시 아님
91후813	D . 2 Composite Digital	성질표시
91후1861	CARDIOTEC	성질용도표시 아님
91후1205	DIGITAL DIARY	효능표시 아님
92후124	GAME BOY	암시적 표장 품질오인 없다

출처: 특허청 상표심사매뉴얼 pp.129~130 재인용.

대법원
2003. 7. 11.
선고, 2002후2464
판결

[산지표시가 기술적 표장에 해당한다고 한 사례]

등록상표 "일동"은 '막걸리'의 산지로서 일반 수요자 및 거래자에게 널리 알려져 있고, 청계산, 백운산 등 주변의 명산과 계곡, 온천 등이 있는 관광지인 경기 포천군 일동면으로 널리 알려져 있으므로, 구 상표법 제6조 제1항 제4호가 규정하는 현저한 지리적 명칭만으로 된 표장에 해당될 뿐 아니라, 그 지정상품 중 약주에 대하여는 같은 법 제6조 제1항 제3호의 산지를 보통으로 사용하는 표장에 해당되므로 위 등록상표를 경기 포천군 일동면 이외의 지역에서 생산되는 약주에 사용하는 경우 일반 수요자 또는 거래자는 일동면에서 생산되는 약주로 그 품질을 오인할 가능성이 커 같은 법 제7조 제1항 제11호의 규정에도 해당된다.

대법원
1997. 2. 28. 선고,
96후986 판결

[기술적 표시에 해당한다고 한 사례]

출원상표 "Truck-Lite"는 특히 일반의 주의를 끌만한 특별한 서체나 도안에 의하여 구성된 것이 아니어서 전체적으로 볼 때 문자 부분이 요부라 할 것이고, 이는 '트럭용 등(전구)'이라는 의미의 영문자 'TRUCK-LIGHT'와 그 칭호가 동일 또는 유사하며, 자동차용 방향표시등, 자동차용 차폭등 등 '자동차용 등(전구)'과 관련되는 상품을 그 지정상품으로 하고 있어 그 지정상품과 관련하여 관찰할 때 '자동차용 라이트' 즉 '자동차용 등(전구)'이라는 의미를 직감케 하는 것이므로, 결국 위 상표는 그 지정상품의 보통명칭에 해당하거나 그 지정상품의 용도를 보통으로 사용하는 방법으로 표시한 표장만으로 된 것이어서 구 상표법 제6조 제1항 제1호 또는 제3호에 의하여 등록될 수 없다.

대법원 1999. 12. 24. 선고, 99후2563 판결

[기술적 표장에 해당하는 사례]

출원서비스표 "HOTMAIL"은 '더운, 열이 나는, 매운, 격렬한' 등을 의미하는 'HOT'과 '우편, 우편물' 등을 의미하는 'MAIL'이라는 단어가 결합된 상표로서, 일반 수요자들이 그 지정서비스업인 컴퓨터통신업, 전자메일서비스업, 전자우편업 등과 관련하여 생각할 때 긴급 직통 전화선을 의미하는 'hot line'을 떠올려, 출원서비스표로부터 '활발한 우편물 전달, 빠른 우편물 전달, 긴급한 우편, 빠른 우편'이라는 의미를 직감하게 되어 기술적 표장에 해당한다.

③ **서적의 제호** 서적의 내용은 저작물로서 저작권에 의해 보호받을 수 있지만, 서적의 제호는 창작의 작업을 통한 것이라 해도 독창적인 사상과 감정의 표현이라고 하기에는 부족한 점이 있어 저작권에 의한 보호를 받지 못한다. 이에 상표법에서는 정기간행물과 관련하여 정기간행물에 사용되는 제호는 제33조 제1항 제3호에 해당하지 아니하는 것으로 보며,[46] 단행본 서적과 관련하여서는 단행본 서적의 제호가 직접 서적의 내용을 나타내는 것으로 인정될 때에는 본 호에서 규정하는 품질을 표시한 것으로 본다.[47] 예를 들면, 식별력 없는 것으로는 산업재산권법, 경제학, 행정학, 민법총칙, 국문법, 영어, 현대문학전집, 영한사전 등이며, 식별력 있는 것으로 판단한 것은 빙점, 서울야곡, 삼화영한사전 등이다.

46) '주간경제', '월간예술', '매일경제', '일간스포츠' 등에 대해 식별력을 인정하고 등록을 받을 수 있다고 하고 있다. 다만 순수한 학습자료 또는 상업광고만을 기재하는 카탈로그 및 팸플릿 등은 정기간행물에 속하지 아니하는 것으로 하여 성질표시표장의 상표등록을 배제한다.

47) 상표심사기준 제8조 제11항.

대법원 2002. 12. 10. 선고, 2000후3418 판결

[거래실정에 비추어 기술적 표장이 아니라고 한 사례]

서적 등과 같이 창작물이 수록되는 상품을 지정하는 상표는 그 상표가 지정상품에 수록된 내용을 단순히 암시하거나 강조하는 정도를 넘어 일반 수요자로 하여금 그 상표가 지정상품에 수록된 내용을 보통으로 사용하는 방법으로 표시한 것으로 인식하게 할 정도에 이르러야만 구 상표법 제6조 제1항 제3호의 지정상품의 품질·용도 등을 보통으로 사용하는 방법으로 표시한 표장만으로 된 상표에 해당한다.

컴퓨터 운영체제 프로그램의 보통명칭 내지 관용표장으로 널리 알려진 등록상표 "Linux"가 그 지정상품 중 '서적, 팸플릿, 학습지, 녹화된 테이프(음악이 아닌 것), 녹화된 콤팩트디스크{음악이 아닌 시디(CD)}'에 사용될 경우 그 상품의 내용이 그 프로그램에 관련된 것임을 암시할 가능성이 없는 것은 아니지만, 위 지정상품의 일반 수요자가 상표보다는 그 상품에 수록된 창작물의 내용이나 그 내용을 나타내는 제목에 중점을 두고 상품을 거래하는 점 등에 비추어 볼 때, 위 컴퓨터 운영체제 프로그램에 관한 내용이 위 지정상품에 수록될 수 있다는 사정만으로 일반 수요자가 등록상표를 보고 위 지정상품에 수록된 내용을 보통으로 사용하는 방법으로 표시한 것으로 인식한다고 보기 어려워, 등록상표가 구 상표법 제6조 제1항 제3호의 상표에 해당한다고 볼 수 없고, 또 등록상표가 위 지정상품의 용도나 효용 등을 보통으로 사용하는 방법으로 표시한 표장만으로 된 상표에 해당하지 아니하는 이상, 등록상표의 사용으로 수요자들이 상품의 품질을 오인할 염려가 있다고 볼 수도 없어 등록상표가 구 상표법 제7조 제1항 제11호의 상품의 품질을 오인하게 하거나 수요자를 기만할 염려가 있는 상표에 해당한다고 볼 수도 없다.

(4) 현저한 지리적 명칭 및 약어 등으로 된 상표

1) 의 의

상표법 제33조 제1항 제4호는 "현저한 지리적 명칭·그 약어 또는 지도만으로 된 상표"는 상품의 식별력이 없는 상표로 등록되지 않는다고 규정하고 있다. 즉 현저한 지리적 명칭·그 약어 또는 지도 그 자체는 자타상품 식별력이 없어 상표법상 보호가치가 없으며 특정인에게 독점시키는 것이 공익의 견지에서 부당하다는 생각에서 상표법은 이와 같이 규정하고 있다.

지리적 명칭이라 하여 모두 본 호의 규정에 해당하는 것은 아니다. "현저한 지리적 명칭·그 약어"라 함은 국가명, 국내의 특별시, 광역시 또는 도의 명칭, 특별시·광역시·도의 시·군·구의 명칭, 저명한 외국의 수도명, 대도시명, 주 또는 이에 상당하는 행정구역의 명칭 그리고 현저하게 알려진 국내외의 고적지, 관광지, 번화가 등의 명칭 등과 이들의 약칭을 말한다. 다만, 특별시·광역시·도의 시, 군, 구의 명칭이 다의적인 의미를 지니고 있는 경우 사용실태 등을 감안하여 현저한 지리적 명칭으로 보지 아니할 수 있으며, 시, 군, 구보다 낮은 행정구역 명칭이라도 현저하게 알려져 있는 경우에는 본 호를 적용할 수 있다. 즉 현저한 지리적 명칭은 일반소비자에게 널리 인식된 경우를 말하며 소수의 특정인만이 알고 있는 지리적 명칭은 포함되지 않는다.[48] 또한 '현저한 지리적 명칭, 그 약어 또는 지도'가 포함된 상표라도 그 '현저한 지리적 명칭 등'을 상표의 주요 부분으로 볼 수 없고, 그 나머지 부분에 의하여 식별력이 있는 경우에는 상표로서 등록이 가능하다고 본다. '지도'라 함은 세계지도 또는 국내외 국가의 지도 등을 의미하며 정확한 지도는 물론 사회통념상 이러한 지도임을 인식할 수 있는 정도이면 된다. 예를 들면 현저한 지리적 명칭인 경우로는 핀란디아, OXFORD, VIENNA LINE, HEIDELBERG, 뉴욕, MANHATTAN, GEORGIA, LONDON TOWN, BRITISH-AMERICAN, INNSBRUCK(인스브룩), HALLA(한라), 장충동왕족발, 종로학원, NIPPON EXPRESS, **VENEZIA® 베네치아** (특허법원 2003후175) 등이고, 현저한 지리적 명칭이 아닌 경우로는 예천(藝泉), 중동GASTECH 등을 들 수 있고, 역사적 문화재로 현저한 명칭으로 본 예는 남대문, 동대문, 불국사, 해인사, 현충사 등이고, 현저하지 않다고 본 예로는 첨성대(대판 2003후1260)이다.

특허법원 2000. 12. 8. 선고, 2000허624 판결 藝泉 예 천	**[현저한 지리적 명칭이 아닌 사례]** 경북 "禮泉"과 한글이 동일하지만 한자가 다르고, 예천이 군 명칭에 해당하고 비행장이 있으나 널리 알려진 증거가 없다.

48) 다만 국가명은 일반인이 알지 못하더라도 언제나 등록하지 못한다.

한편 산지만으로 된 상표를 규정하고 있는 상표법 제33조 제1항 3호와의 관계에 있어 판단하면, 3호의 산지는 생산지를 의미하고, 그 산지가 일반인에게 널리 알려질 필요는 없으며 다만 객관적으로 생산지로 인식되는 명칭이면 족한 반면, 본 호의 현저한 지리적 명칭은 일반인에게 널리 알려져 있어야 함을 전제로 생산지인지 여부는 불문한다. 따라서 양자는 서로 중복되는 부분이 발생할 수 있으며, 그 경우 어느 하나의 규정을 적용하거나 또는 두 규정 모두를 다 적용할 수도 있다.

"현저한 지리적 명칭·그 약어 또는 지도"(이하 "지리적 명칭 등"이라 한다)가 포함된 상표라 하더라도 지리적 표시 단체표장등록출원의 경우와 그 지리적 명칭 등이 상표의 주요 부분으로 볼 수 없고 그 나머지 부분에 의하여 식별력이 있는 경우에는 본 호를 적용하지 아니한다. 다만, 지리적 명칭 등이 포함된 상표로서 그 지리적 명칭 등 이외의 부분이 지리적 명칭 등의 부기적 부분이거나 지리적 명칭 등에 흡수되어 불가분의 일체를 구성하고 있는 때에는 그러하지 아니하다. 다만, 지리적 명칭 등(지리적 명칭 등이 부기적인 경우를 포함한다)이 지정상품과의 관계에서 출처의 혼동을 일으킬 우려가 있다고 인정될 때에는 상표법 제34조 제1항 제12호의 규정도 아울러 적용된다.

한편 본 호가 규정하는 지리적 명칭과 업종명을 결합하여 만든 협회, 조합, 연구소 등 비영리단체와 상법상의 회사의 명칭과 이들의 약칭에 대해서는 본 호의 규정은 이를 적용하지 아니한다.

심판번호	상표	지정상품	판결내용
82후33, '84. 1. 24.	ROCHAS PARIS	화장품류	ROCHAS가 회사명을 표시하더라도 "PARIS"가현저한 지리적 명칭으로 부각됨

식별력 있는 부분을 포함하더라도 현저한 지리적 명칭이 부각되면 지리적 명칭인 표장에 해당함

상표	지정상품	비고
오거스타(Augusta)	골프용품(골프공, 골프가방, 골프장갑 등)	오거스타는 미국 메인주(州)의 도시로 골프용품과 관련하여 현저한 지리적 명칭에 해당

대법원
1984. 5. 15. 선고, 83후90 판결

[산지표시와 현저한 지리적 명칭의 관계]

구 상표법(1973. 12. 31 법률 제2659호) 제8조 제1항 제4호는 현저한 지리적 명칭, 그 약어 또는 지도만으로 된 상표는 상표등록을 받을 수 없는 상표라고 규정하고 있는 바 그 취지는 그 상품의 식별력이 없음은 물론 어느 특정인에게 지리적 명칭 등을 독점 배타적으로 사용케 할 수 없다는데 있고 또 같은 제3호에 그 상품의 산지를 보통으로 사용하는 방법으로 표시한 포장만으로 된 상표 역시 상표등록을 받을 수 없다고 규정하고 있는 점에 비추어 이에 지리적 명칭이라 함은 단순히 지리적, 지역적 명칭을 말하는 것일 뿐 특정상품과 지리적인 명칭을 연관하여 그 지방의 특산물의 산지표시로서의 지리적 명칭임을 요하지 않는다.

특허청 항고심판소
1997. 12. 30 자 94항당370

[부기적 표현이 있더라도 현저한 지리적 명칭이라는 사례]

상표의 구성이 현저한 지리적 명칭 자체와 그 지정상품과 관련하여 식별력이 없는 부기적 표현의 결합으로 이루어진 경우에도 그 상표를 전체적으로 볼 때 일반수요자나 거래자에게 그 두드러진 요부는 현저한 지리적 명칭만으로 인식될 여지가 충분히 있다고 인정되면 같은 법조가 적용된다.

2) 판 단

현저한 지리적 명칭은 산지표시와는 달리 지정상품과의 관계에서 상대적으로 결정되는 것은 아니라는 점에서 통상적인 일반인의 평균적인 인식을 기준으로 현저성 여부를 판단하면 족하다. 그 시적 기준은 상표등록여부 결정시가 되며, 국내에서의 거래실정에 따라 판단하게 된다. 한편 지정상품과의 관련성과 관련하여 현저한 지리적 명칭이란 단순히 지리적·지역적 명칭을 말하는 것일 뿐 특정상품과 지리적 명칭을 연관하여 그 지방의 특산물의 산지표시로서의 지리적 명칭임을 요하는 것은 아니다. 따라서 그 지리적 명칭이 현저하기만 하면 여기에 해당하고 지정상품과의 사이에 특수한 관계가 있음을 인식할 수 있어야만 하는 것은 아니다.

[현저한 지리적 명칭에 해당한다고 한 사례]

긴자(銀座)는 일본국 동경에 있는 번화가의 이름으로서 본원 상표의 지정상품이 향수나 콤팩트 등 화장품인 점을 고려하여 볼

대법원 1992. 11. 10. 선고, 92후452 판결

때 그 일반 거래자나 수요자는 유행에 민감한 여성으로 보여지고 그들은 긴자에 대하여 잘 인식하고 있다고 보여지므로 긴자는 그 일반 수요자나 거래자에 대한 관계에 있어서 현저하게 인식된 지리적 명칭이라 할 수 있다.

3) 상표법상의 취급

현저한 지리적 명칭만으로 된 상표에 해당하는 경우에는 상표로서의 일반적 등록요건을 흠결한 것이므로 상표등록거절이유(상§54iii), 정보제공이유(상§49), 이의신청이유(상§60①) 등에 해당한다. 지리적 명칭이 부기인 경우라도 그것이 지정상품과의 관계에서 출처의 혼동을 일으킬 우려가 있다고 인정되면 제34조 제1항 제12호의 규정을 함께 적용한다.[49]

현저한 지리적 명칭이나 그 약어 또는 지도만으로 된 상표는 상표등록을 받은 경우에도 상표권의 소극적 효력이 제한된다. 상표의 유사여부를 판단함에 있어서도 이러한 부분은 자타상품의 식별력이 없어서 이를 제외한 나머지 부분만을 대비하여 관찰함이 일반적이다. 따라서 현저한 지리적 명칭만으로 된 상표는 그와 동일·유사한 부분을 포함한 타인의 후출원상표등록을 배제하지 못 한다.

대법원 1999. 4. 23. 선고, 97도322 판결

[현저한 지리적 명칭에 해당하는 상표가 부정경쟁방지법상 보호대상이 된다는 사례]

비록 현저한 지리적 명칭만으로 된 상표나 서비스표이어서 상표법상 보호받지 못한다고 하더라도 그것이 오랫동안 사용됨으로써 거래자나 일반 수요자들이 어떤 특정인의 영업을 표시하는 것으로 널리 알려져 인식하게 된 경우에는 구 부정경쟁방지법이 보호하는 영업표지(서비스표에 한정되지 아니하고, 타인의 성명이나 상호, 표장 기타 타인의 영업임을 표시하는 일체의 표지를 포함한다)에 해당한다고 할 것이며, 두 영업자의 시설이나 활동 사이에 영업상, 조직상, 재정상 또는 계약상 어떤 관계가 있는 것으로 오인될 경우에도 타인의 영업상의 시설 또는 활동과 혼동을 일으키게 하는 부정경쟁행위에 해당한다(종로학원사건).

49) 상표심사기준 제4부 제4장 3.(p.151).

특허법원 2006. 3. 31. 선고, 2005허10244 판결	**[현저한 지리적 명칭에 해당한다고 한 사례]** 한글 '대구'와 영어 'DAEGU'는 현저한 지리적 명칭인 "대구광역시"의 약어에 해당하고, 한글 '신문'과 영어 'NEWS'는 모두 지정상품인 "신문"의 보통명칭에 해당하여 식별력이 없으므로, 출원상표는 전체적으로 볼 때 현저한 지리적 명칭을 표시하는 상표로서 구 상표법 제6조 제1항 제4호에 해당하고, 신문의 제호라 하더라도 그 제호 자체만으로 식별력이 인정되거나 사용에 의한 식별력이 인정되는 경우에 개별적, 구체적으로 상표로 등록될 수 있다고 볼 것인데, 출원 상표가 사용에 의한 식별력을 획득하였다고도 인정하기 어렵다고 본 사례.

(5) 흔히 있는 姓 또는 명칭

1) 의 의

상표법 제33조 제1항 제5호는 '흔히 있는 성(姓) 또는 명칭을 보통으로 사용하는 방법으로 표시한 표장만으로 된 상표'는 상표로서 등록될 수 없다고 규정하고 있다. 이와 같은 상표는 많은 사람들이 사용하고 있어 자타상품의 식별력이 없을 뿐만 아니라 특정인에게 독점권을 부여하면 이러한 명칭을 자유롭게 사용하는 영업자에게 뜻밖의 손해를 줄 염려도 있다는 생각에서 불허하고 있다. 여기서 '흔히 있는 성 또는 명칭'이라 함은 현실적으로 다수가 존재하는 것으로 인식되고 있는 자연인의 성[50] 또는 법인, 단체, 상호임을 표시하는 명칭, 아호, 예명, 필명 또는 그 약칭 등을 말하고, '보통의 방법으로 표시하는 표장'이라 함은 한글이나 한자 또는 로마자로 표시하거나 또는 이들 문자를 병기하여 표시한 것과 흔히 있는 성 또는 명칭 '만'으로 된 상표일 것을 말한다. 예컨대 '金' '李' '崔' '尹' '朴' 등의 성(姓)과 상사, 회사, 상회, 조합, 협회, 연구소, 회장, 사장, 이사장, 총장, 대통령[51] 등이 있다. 다만, 표장

50) 윤씨농방사례(특허법원 2000. 11. 23. 선고, 2000허2392 판결).

51) 본건 상표 "PRESIDENT"는 상표법 제8조 제1항 제5호에 규정된 흔히 있는 명칭을 보통으로 사용하는 방법으로 표시한 표장만으로 된 상표에 해당하고, 그 해당 여부를 반드시 지정상품과의 관계에서 판단하여야 하는 것은 아니며, 본건 상표가 각국에서 출원인 회사의 시계줄에 사용되고 선전된 일이 있다는 점만으로는 그 출원 전에 국내에서 수요자간에 누구의 상표인지에 대해 현저히 인식되어 있었다고 여겨지지 아니하므로 등록받을 수 없다(대법원 1990. 7. 10. 선고, 87후54 판결).

이 도형화하는 등 특수하게 사용하는 방법으로 표시되거나 다른 식별력 있는 표장과 결합함으로써, 상표전체로서 자타상품의 식별력이 있는 경우에는 본 호를 적용하지 아니한다.

2) 판 단

본 호 적용 여부의 판단시점은 등록여부결정시이며, 판단방법으로 지정상품과의 관련성은 불문한다.[52] 외국인의 姓은 우리나라에서는 흔한 것으로 보지 않는다. 예컨대 하이트맥주의 HITE(하이트), 혼다(ホンダ) 등이 그 예이다. 주의할 것은 흔히 있는 명칭 중 상품명과 지리적 명칭은 포함되지 않으며, "흔히 있는 성 또는 명칭"이 포함된 상표로서 "흔히 있는 성 또는 명칭" 이외의 부분이 부기적 부분(식별력이 있는 경우)이거나 이러한 부기적 부분이 "흔히 있는 성 또는 명칭"에 흡수되어 불가분의 일체를 구성하고 있는 때에는 식별력이 있는 것으로 판단하여야 한다.

대법원 1993. 4. 13. 선고, 92후1967 판결

[흔한 성으로 인식되지 않는다고 한 사례]

출원상표 중 "LEE"가 "이"씨 라는 성으로, "HAUS"는 "집"이라는 의미로 인식되어 일반수요자나 거래자가 "이씨의 집"으로 인식한다고 보기 어려워 위 각 단어를 분리 관찰함이 부자연스러울 뿐만 아니라 "하우스"는 집을 뜻하는 흔히 사용되는 포괄적, 일반적 용어로서 "LEE"가 포괄적, 일반적 용어인 "HAUS"를 단순히 수식하는 것이 아니라 두 부분이 일련 불가분하게 합쳐져서 아무런 의미가 없는 조어상표를 이룬다 할 것이다. LEEHAUS 리하우스

대법원 1990. 7. 10. 선고, 87후54 판결

[흔히 있는 명칭에 해당한다는 사례]

본건 상표 "PRESIDENT"는 상표법 제8조 제1항 제5호에 규정된 흔히 있는 명칭을 보통으로 사용하는 방법으로 표시한 표장만으로 된 상표에 해당하고, 그 해당 여부를 반드시 지정상품과의 관계에서 판단하여야 하는 것은 아니며, 본건 상표가 각국에서 출원인 회사의 시계줄에 사용되고 선전된 일이 있다는 점만으로는 그 출원전에 국내에서 수요자간에 누구의 상표인지에 대해 현저히 인식되어 있었다고 여겨지지 아니하므로 등록받을 수 없다.

52) 대법원 1990. 7. 10. 선고, 87후54 판결.

대법원 1994. 7. 29. 선고, 94후333 판결	**[외국의 흔한 성도 국내에 흔하지 않은 경우 식별력이 있다고 한 사례]** 우리나라에서 "Johnson"이 흔히 있는 성으로서 식별력이 없다고 할 수 없다.

(6) 간단하고 흔한 標章

1) 의 의

상표법 제33조 제1항 제6호는 '간단하고 흔히 있는 표장만으로 된 상표'는 상표로서 등록을 받을 수 없다고 규정하고 있다. 본 호는 간단하고 흔한 표장(標章)만으로 된 상표는 등록받을 수 없다는 것이지 간단하거나 흔히 있는 표장만으로 된 상표일 때도 등록을 받을 수 없다는 뜻이 아니다.[53] 따라서 본 호의 적용대상이 되는 표장은 간단하면서도 흔한 표장만을 말한다.[54]

본 호는 간단하고 흔한 표장만으로 구성된 상표에 한하여 적용된다. 따라서 간단하고 흔한 표장이 다른 식별력 있는 표장과 결합하여 상표 전체로써 식별력이 인정될 때에는 상표등록을 받을 수 있다. 즉 간단한 표장(標章)과 결합한 상표에 대해 구체적으로 판단했을 때 식별력 있는 상표가 되는 경우 등록이 허용된다. 문자상표인 경우에는 1자의 한글로 구성된 표장이거나 2자 이내의 알파벳(이를 다른 외국어로 표시한 경우를 포함한다)으로 구성된 표장은 원칙적으로 이에 해당하는 것으로 본다. 다만, 구체적인 관념으로 직감될 수 있거나, 특정인의 출처표시로 직감되는 경우[55]에는 이에 해당하지 않는 것으로 본다. 따라서 한글 1자도 거래사회에서 사물의 관념을 직감할 수 있는 경우에는 식별력이 있는 것으로 본다. 다만, 그 관념이 모호한 때에는 그러하지 아니하다.[56] 반대로 다른 구성부분과 결합한 경우라도 다른 부분이 간단하고 흔한 표장의 부기적 부분이거나 간단하고 흔한 표장에 흡수되어 상표전체로서 간단하고 흔한 표장임을 직감케 하는 경우에는 본 호를 적용할 수 있다.[57]

---

53) 대법원 1985. 1. 29. 선고, 84후93판결; 대법원 1990. 12. 26. 선고, 90후793 판결; 대법원 1993. 2. 26. 선고, 92후1442 판결.

54) 상표심사기준 제4부 제6장 1.1.1.(p.157).

55) "특정인의 출처표시로 직감되는 경우"라 함은 실제 사용에 의하여 특정인의 상표라는 것이 일반수요자에게 널리 알려져 있어 특별히 증명할 필요가 없는 경우를 말한다.

56) 1998년 상표심사기준의 해석참고자료(특허청, 상표관계법령집(1998. 3.)).

2) 판 단

본 호의 적용 여부는 상표등록여부 결정시를 기준으로 판단한다. 그 지정상품과 관계없이 당해 상표의 구성자체만에 의하여 판단되며, 간단하고 흔한 표장일지라도 이러한 표장이 도형화 또는 모노그램화되었거나 색채와 결합하여 새로운 식별력이 있다고 인정될 때에는 상표등록을 받을 수 있다.

문자상표	A, K, 취, 윤 Co., 윤 Ltd.의 경우에는 식별력이 없어 등록을 받을 수 없다. 그러나 P&G, ACF,갑을, 닭, 별 등은 식별력이 있는 것이다.
숫자상표	+, −, ×, ÷, 1, 2, 3, 4, 5, 15+ 12, 50÷ 25 등의 경우에는 식별력이 없어 등록을 받을 수 없다. 그러나 777, 2& 2, one and one, 콘택 600, 3000리호 자전거, 0909, 파이브 원 파이브는 식별력이 있는 것이다.
도형상표	식별력이 없는 표장에는 &, ○, □, △, 卍, ⊙, ◎, ◬, ⧈, ◈, ▰ 등이 있다. 그러나 Ⓝ Ⓟ ☯ 등은 식별력이 있는 것으로 본다.
입체상표	흔히 있는 공, 정육면체, 직육면체, 원기둥, 삼각기둥 등의 표장

대법원 2003. 5. 27. 선고, 2002후291 판결

[간단하고 흔한 표장이 아니라는 사례]

알파벳 두 글자를 결합한 상표는 그 구성이 특별히 사람의 주의를 끌 정도이거나 새로운 관념이 형성되는 경우에는 그 상표를 구성하는 문자를 직감할 수 있다고 하더라도 간단하고 흔히 있는 표장만으로 된 상표에 해당한다고 할 수 없는 것인바, "CP"와 같이 구성된 이 사건 출원상표는 그 표장이 'C'와 'P'를 가로로 붙여 놓은 것으로 인식될 수도 있기는 하지만, 위 표장은 글자의 크기를 동일하게 하고 글자 사이에는 일정한 간격을 두는 알파벳의 일반적인 표기방법과 달리, 왼쪽의 곡선을 강조하기 위하여 'C'자의 폭을 'P'자보다 훨씬 넓게 표현하고 있으며, 오른쪽의 'P'는 세로선과 곡선부의 끝이 떨어지도록 하고 그 부위에 따라 선의 굵기를 달리하는 등으로 구성되어 있기 때문에 그 표장의 외관상 크기가 서로 다른 반원을 세로로 된 직선에 의하여 연결한 추상적인 도안으로 여겨질 정도이므로 위 표장은 그 구성 자체가 거래상 자타상품의 식별력이 있는 것이라고 할 것이다.

57) 대법원 1993. 2. 26. 선고, 92후1442 판결.

대법원 1995. 3. 42. 선고, 94후2070 판결

[간단하고 흔한 표장이라도 유사판단시 요부가 된다는 사례]

간단하고 흔한 표장이라 할지라도 그 하나만으로는 식별력이 부족하여 등록받을 수 없다는 것에 그칠 뿐 다른 것과 결합하여 전체상표중 일부로 되어 있는 경우에도 전혀 식별력을 가지지 못하는 것은 아니므로 상표의 유사여부를 판단함에 있어서 이 부분은 무조건 식별력이 없다고 하여 비교대상에서 제외할 수는 없다.

대법원 1992. 11. 24. 선고, 92후919 판결

[간단하고 흔히 있는 표장만으로 된 서비스표에 해당한다고 한 사례]

출원서비스표는 ""로 표기된 도형서비스표로서, 흔히 있는 사각모양을 상하로 2분하여 회색과 흑색으로 구분하고 상하 사이에 흰색의 가는 선을 도시한 것으로 간단하고 흔히 볼 수 있는 2가지 색이 대비된 표장일 뿐 아니라, 지정서비스업에 사용되었을 경우 수요자에게는 간단한 의장 정도로 인식된다고 할 것이어서 식별력을 인정하기 어렵다고 할 것이므로, 출원서비스표들은 구 상표법(1990.1.13. 법률 제4210호로 전문 개정되기 전의 것) 제2조 제5항 및 제8조 제1항 제6호소정의 '간단하고 흔히 있는 표장만으로 된 서비스표'에 해당한다.

특허법원 2000. 7. 13. 선고, 99허9236 판결

[간단하고 흔한 표장에 해당한다고 한 사례]

본원 상표  외관에 있어서는 두터운 붓으로 굵게 그린 듯한 불연속적인 둥근 테두리 모양으로 자음의 "ㅇ(이응)"으로 인식될 뿐이라고 판단하였으며 출원상표가 사용에 의하여 식별력을 획득하였는지 여부에 있어 국내 신문 및 잡지 등에서 원고회사의 사업내용을 소개하거나 원고회사의 캐리어 네트워크 부문 사장인 한국인 김종훈을 소개하는 기사들을 모은 자료에 불과한 것이고 광고시기는 모두 이 건 출원서비스표의 출원일(1996. 5. 14.)은 물론이고 거절사정일(1998. 1. 26.)이후에 이루어진 것들이기 때문에 사용에 의한 식별력을 획득하지 못하였다고 판단하였다.

상표법 제33조 제1항 제1호 내지 제6호는 보통명칭(제1호)·관용표장(제2호)·성질표시(제3호)는 "상품과 관련"하여 식별력 유무를 판단하여야 하나, 현저한 지리적 명칭(제4호)·흔한 성이나 명칭(제5호)·간단하고 흔한 표장(제6호)은 "상품과 관련없이" 특정인에게 독점 배타적인 권리를 부여하는 것이 공익상 부당하다는 정책적인 고려에서 식별력이 없는 것으로 보고 있다.[58]

(7) 기타 상품의 식별력이 없는 상표(일반규정)

상표법 제33조 제1항 제7호는 '제1호 내지 제6호 외에 수요자가 누구의 업무에 관련된 상품을 표시하는 것인가를 식별할 수 없는 상표'는 상표로서 등록될 수 없다고 규정하고 있다. 즉 상표법은 제33조 제1항 제1호 내지 제6호에는 해당되지 않으나 그 각호의 취지로 보아 거절하는 것이 적당한 것으로 인정되는 상표들에 대하여 등록을 받아주지 아니하도록 한 취지의 보충적 규정으로서 제7호의 규정을 마련하고 있다. 그러나 이 규정은 등록을 받을 수 없는 상표, 즉 상표법 제33조 제1항의 일반규정으로서 제1호에서 제6호까지는 해당하지 않고, 또 식별력이 없는 표장이면 모두 본 호에 해당된다. 즉 일반적으로 쓰이는 구호, 표어, 인사말이나 인칭대명사 또는 유행어로 표시한 표장이나 사람, 동식물, 자연물 또는 문화재를 사진, 인쇄 또는 복사하는 등의 형태로 구성된 표장으로 외관상 식별이 곤란한 것 등등이 모두 본 호에 해당된다. 어떤 상표가 상표법 제33조 제1항 제7호에 해당하는지 여부는 그 상표가 지니고 있는 관념, 지정상품과의 관계, 거래사회의 실정, 특정인에게 그 상표를 독점시키는 것이 공익상 적당한지 여부 등을 감안하여 객관적으로 결정하여야 한다.

본 호의 지역적 판단은 지금까지는 국내주의를 취하여 국내의 거래상황을 기준으로 하고 있으나 기술의 발달로 많은 부분이 국제화되어 있어 재검토가 필요하다. 인적기준도 일반 수요자와 거래의 평균적 인식을 기준으로 하고, 일반 수요자의 범위는 최종 소비자가 일반적이라고 보고 있으나 원재료의 경우에는 도매상이 수요자가 될 수도 있고, 또 평균적 인식이라는 표현도 너무 추상적인 표현이다. 식별력이 없는 표장인지 여부의 시간적 판단은 상표등록 여부 결정시를 기준으로 판단한다.[59]

구체적으로 i) 외관상으로 보아 사회통념상 식별력을 인정하기 곤란한 경우,[60] ii) 다수인이 현실적으로 사용하고 있어 식별력이 인정되지 않는 경

---

58) 상표심사기준 제4부 p.124.

59) 문삼섭, 상표법(제2판), 세창출판사(2004), p.288.

60) 외관상으로 보아 사회통념상 식별력을 인정하기 곤란한 경우, 다수인이 현실적으로 사용하고 있어 식별력이 인정되지 않는 경우, 법 제33조제1항제1호 내지 제6호 중 어느 하나의 항목에 해당함이 분명하지 아니한 표장으로서 법 제33조의 식별력에 관한 취지로 보아 등록을 거부하는 것이 합리적이라고 판단되는 경우에는 원칙적으로 본 호에 해당하는 것으로 본다.

우,[61] iii) 공익상 특정인에게 독점시키는 것이 적합하지 않다고 인정되는 경우[62]로 구분할 수 있다. 즉 일반적 표어(인류를 아름답게 사회를 아름답게), 유행어로 표시한 상표(따봉), 연도로 기술된 상표(1988년, 2002년), 장소(LAND, MART, CLUB, PLAZA, WORLD, 마을, 마당, 촌, BANK, HOUSE, CITY, TOWN, PARK, 나라), 통신관련업(CYBER, NET, COM, TEL, WEB, http://www), 정보자료제공업(NEWS, DATA), 금융관련업(CASH, CARD), 인간문화재・천연기념물・자연물을 사진이나 이와 유사하게 표시한 상표를 예시하여 심사기준으로 삼고 있다.

1) 장소적 의미가 있는 표장으로 식별력이 없는 표장

LAND, MART, CLUB, PLAZA, WORLD, OUTLET, DEPOT, 마을, 마당, 촌, BANK, VILLAGE, HOUSE, CITY, TOWN, PARK, 나라 등.

심판번호	상표	지정상품	판결내용
2002허5999, 2003. 1. 17.	Water In	화장품류	"Water"는 성질표시에 해당하고 "In"은 간단하고 흔한 표장으로 식별력 없는 부분들의 결합

특허법원 2006. 4. 28. 선고, 2005허10671 판결	**[구호·슬로건 등의 기타 식별력없는 표장임을 인정한 사례]** 본원상표 IT'S MAGIC 잇스매직은 영문 "IT'S MAGIC"과 이를 발음대로 표기한 국문 "잇스매직"을 2단으로 병기하여 이루어진 표장으로서 영문 부분은 간단한 2형식(주어+술어+보어)의 단문으로서 "마술같다, 신비하다" 등의 의미를 가지는바, 이러한 문구는 모든 사람에게 그 사용이 개방되어야 하는 표현이므로 공익상 어느 한 사람에게 독점시키는 것은 적절하지 않다 할 것이고, 또한 지정상품인 가스레인지/가스오븐레인지/가스그릴 등과의 관계에서 볼 때도 위 문구는 상품의 품질, 효능 등의 특성을 과시하는 의미가 있음을 부인하기 어려워 본원상표는 이 점에서 지정상품의

61) 다수인이 사용하고 있어 식별력 없는 표장 사례

지정상품	상 표	지정상품	상 표
통신 관련 상품	CYBER, NET, COM, TEL, WEB	금융 관련 상품	CASH, CARD, PASS
정보 제공 관련	NEWS, DATA	교육 관련 상품	몬테소리(2012후2951)

62) 다수가 사용하는 종교단체의 명칭이나 긴급(안내)전화번호로 인식될 수 있는 숫자는 누구나가 자유롭게 사용할 필요가 있어 이에 해당하는 것으로 본다(상표심사기준 제4부 제7장).

선전문으로서의 기술에 불과하다고 할 것이어서 전체적으로 보아 자타상품의 식별력이 인정된다고 보기 어렵다.

대법원 2000. 12. 12. 선고, 2000후1696 판결

[기타 식별력없는 상표에 해당한다고 한 사례]

지정상품을 구 상표법시행규칙 제6조 제1항의 [별표 1] 상품류 구분 제29류에 속하는 '땅콩, 아몬드, 호두, 잣, 피캄, 피스타치오, 코코넛, 바나나칩, 건포도, 강정'으로 하여 출원된 출원상표 "너트랜드"는 '호두, 개암, 밤과 같은 견과류, 어려운 일, 고정나사' 등의 뜻을 가지는 영문자 'NUT'의 한글음 표기인 '너트'와 '뭍, 육지, 토지, 나라, 시골, 지방' 등의 사전적 의미와 문자로 된 결합상표의 뒷부분에 위치하여 앞에 위치한 단어가 의미하는 것의 집합, 또는 그러한 것이 (모여)있는 곳 등의 의미로 사용되는 영문자 'LAND'의 한글음 표기인 '랜드'가 결합하여 이루어진 문자상표이고, 현재 우리나라의 영어보급 수준을 감안하면, 상당수의 일반 수요자들이 출원상표가 위와 같은 의미를 가지는 영문자의 결합으로 이루어졌음을 인식할 수 있으므로, 출원상표를 보면 그로부터 '견과류의 나라, 견과류의 세계' 등의 의미를 연상하거나, 또는 그 지정상품이 모두 견과류의 집합임을 암시한다고 이해할 개연성이 크므로, 출원상표는 그 지정상품인 견과류 자체의 보통명칭을 직접 표시한 것은 아니라고 할지라도, 그 지정상품과 매우 밀접한 내용을 담고 있어 전체적으로 수요자가 누구의 업무에 관련된 상품을 표시하는 것인지 식별할 수 없는 상표에 해당하여, 구 상표법 제6조 제1항 제7호의 규정에 의하여 상표등록을 받을 수 없다.

대법원 1999. 4. 13. 선고, 97후3616 판결

[기타 식별력없는 상표에 해당한다고 한 사례]

출원서비스표 "CO-LAN"은 문자와 문자로 구성된 결합서비스표로서 각 문자부분들은 외관상 서로 분리되어 있고 이들의 결합으로 인하여 새로운 관념을 낳는 것도 아니며 이를 분리하여 관찰하면 자연스럽지 못할 정도로 일체불가분적으로 결합되어 있다고 보기도 어려우므로 일반 수요자들에게 각 문자부분으로 분리 관찰될 수 있고, 이와 같이 분리 관찰된 경우 'LAN'은 사전적으로 '근거리정보 통신망(기업 내 종합 정보망)' 등의 뜻이 있어 그 지정서비스업인 '전화통신업, 전보통신업' 등과 관련하여 보면 일반 수요자들에게 '근거리 통신망으로 이루어지는' 전화통신업, 전보통신업 등의 뜻으로 직감될 것이고, 또 'CO'는 간단하고 흔히 있는 영문자 2자에 불과하므로, 출원서비스표는 수요자가 누구의 업무에 관련된 서비스업인가를 식별할 수 없는 표장으로서 구 상표법 제6조 제1항 제7호에 해당한다.

2) 슬로건

문자가 둘 이상의 단어로 이루어진 표어적 어구를 슬로건slogan 또는 어절phrase라고 하는데, 주로 상품이나 서비스업의 광고에 사용된다. 대체로 슬로건 등은 식별력이 없어 등록되지 않는 것이 원칙이지만, 예외적으로 상표로서의 적격성을 갖추거나 사용에 의해 식별력을 취득한 경우 등록을 인정하는 입법례도 있다.

대법원 2007. 11. 29. 선고, 2005후2793 판결

[1] 출원상표나 출원서비스표가 여러 개의 단어로 이루어진 문구 혹은 문장으로 구성되었다는 이유만으로 식별력이 없게 되어 구 상표법 제6조 제1항 제7호에 해당한다고 할 수는 없고, 나아가 지정상품이나 지정서비스업과 관련하여 볼 때 그 출처를 표시한다기보다는 거래사회에서 흔히 사용되는 구호나 광고문안으로 인식되는 등의 사정이 있어 이를 특정인이 독점적으로 사용하도록 하는 것이 부적절하게 되는 경우에 비로소 위 규정에 의하여 그 등록을 거절하여야 한다.

[2] 4개의 영어단어로 이루어진 출원상표/서비스표 "engineering your competitive edge"는 일반 수요자나 거래자가 그 의미를 직감하기 어렵고, 그 지정상품이나 지정서비스업의 품질, 용도, 형상 등을 나타내는 기술적인 표장이라거나 거래계에서 흔히 쓰일 수 있는 구호나 광고문안 정도로 인식될 것이라고 단정하기도 어려워, 구 상표법 제6조 제1항 제7호의 식별력이 없는 상표에 해당하지 않는다고 한 사례.

대법원 1987. 1. 20. 선고, 86후85 판결

[기타 식별력없는 상표에 해당한다고 한 사례]

한글 가로쓰기로 "인류를 아름답게, 사회를 아름답게"라고 한 본원상표는 구 상표법 제6조 제1항 제7호가 정하는 자기의 상표와 타인의 상표를 식별할 수 없는 상표에 해당하여 상표등록의 요건을 구비하였다고 할 수 없다.

상표가 자기의 상품과 타인의 상품을 구별함에 족한 특별 현저성을 가진 상표인가의 여부는 어느 상표가 일정한 상품과의 관계가 있어서 일반수요자가 당해상품에 대하여 그 상품의 출처를 인식할 수 있느냐 없느냐에 따라 결정하여야 한다.

대법원 1994. 12. 22. 선고, 94후555 판결

[기타 식별력없는 상표에 해당한다고 한 사례]

출원상표 "Drink in the Sun"은 그 지정상품인 과일주스 등과 관련하여 볼 때 "태양 아래에서 마셔라"라는 뜻의 단순한 권유문으로 직감될 것이어서 일반수요자들로서는 이를 흔히 쓰일 수 있는 구호나 광고문안 정도로 인식할 수 있어 상표만에 의하여 그 상품의 출처를 인식하기 어렵다고 할 것이므로 상표법상의 식별력을 인정할 수 없다.

대법원
1994. 11. 18.
선고, 94후173 판결

[기타 식별력없는 상표에 해당한다고 한 사례]

출원서비스표 "Believe It or Not"은 "믿거나 말거나, 거짓이라고 생각하겠지만"의 관념이 직감되는 문장으로서 사실임을 강조하기 위하여 흔히 쓰이는 표현이므로 이와 같은 표장을 그 지정서비스업인 박물관, 미술관 등의 경영업, 특히 세계 각지의 신기한 동·식물, 지리, 풍습, 전통 등을 전시하는 곳에 사용하는 경우, 일반수요자들이 이를 그 지정서비스업의 출처를 표시하는 것이라고 인식하기 어렵다고 할 것이어서 출원서비스표는 구 상표법 제6조 제1항 제7호 소정의 자기의 서비스업과 타인의 서비스업을 식별할 수 없는 서비스표에 해당하여 등록을 받을 수 없다.

출원서비스표의 등록 가부는 우리 상표법에 의하여 그 지정서비스업과 관련하여 독립적으로 판단하여야 할 것이지 다른 나라나 우리나라의 다른 등록례에 구애받을 것이 아니다.

(8) 식별력이 없는 표장간의 결합상표

식별력이 없는 표장으로만 결합된 표장[63]은 식별력이 없어 상표로서 등록을 받을 수 없다. 다만, 결합에 의하여 새로운 관념 또는 새로운 식별력을 형성하는 경우에는 그러하지 않다.[64] 그 예로 지정상품을 일반상품에 SC special이라 하는 경우이다.

물론 식별력이 없는 표장 간의 결합상표가 식별력을 가지는지 여부를 판단함에 있어서도 표장의 요부만을 가지고 판단하는 것이 아니라 전체적으로 판단하는 것이 원칙이다.[65] 전체적으로 식별력을 가지는지 여부에 대하여 판

63) 구 상표심사기준 제13조 ① 결합된 표장이 법 제6조 제1항 각호에 해당하는 거절이유가 2개이상 있는 경우에는 해당 각호를 모두 적용하여 거절한다. ② 결합된 표장중 특정부분이 현저하게 인식되는 경우에는 그 부분에 관련된 각호를 적용하여 거절한다. ③ 결합된 표장이 식별력을 인정할 수 없고 명백한 거절근거조항의 선택이 곤란한 경우에는 제6조 제1항 제7호를 적용하여 거절한다(1999. 7. 27. 개정).

64) 상표심사기준 제4부 제8장.

65) 전체관찰에 의해서도 식별력이 없다고 인정되는 경우 거절하도록 한다. 이 경우 상표법 제6조제1항 각호에 해당하는 거절이유가 2개 이상 있으면 해당 각호를 모두 적용하되, 명백한 거절근거조항의 선택이 곤란한 경우에는 상표법 제6조 제1항 제7호를 적용한다(상표심사기준 제4부 제8

단하기 어려울 때에 요부 등을 나누어 판단하여야 한다.

결합표장으로서 식별력 없는 사례

지정상품	상표	지정상품	상표
청바지	BEST JEAN	금융업	SWISSONE (2006허3755)
피자전문식당업	피자생각 (2011허5991)	자기디스크드라이브	SUPERSTORE (94후2241)

출처: 상표심사기준 제4부 제8장 인용.

대법원 1997. 5. 30. 선고, 96후1477 판결

[식별력 없는 상표의 결합에 해당한다고 본 사례]

출원상표 "Mr. 토스트" 중의 '토스트'는 그 지정상품인 '토스트용 식빵'의 용도를 표시하는 것이며, 'Mr'는 '…씨, …님' 등의 의미로 일반적으로 널리 사용되는 것으로서 자타상품의 식별력이 없는 단어이며, 또한 'Mr'와 '토스트'라는 식별력이 없는 단어가 결합하더라도 새로운 관념이나 새로운 식별력을 형성하는 것도 아니므로 출원상표는 전체적으로 볼 때 수요자가 누구의 업무에 관련된 상품을 표시하는 것인가를 식별할 수 없는 상표에 해당한다.

4. 사용에 의한 식별력(상§ 33②)(등록을 받을 수 있는 상표=특별현저성)

상표법의 목적은 자기의 상품(서비스)과 타인의 상품(서비스)과의 식별을 하기 위한 것이 기본적인 기능이다. 그래서 식별할 수 없는 표장은 상표법상의 상표가 될 수 없다. 그러나 상표출원시에는 식별력이 없었으나 계속 사용으로 인하여 식별력을 취득할 수도 있다. 그런 경우 특별현저성이 있다고 보고 그 표장에 대해 상표등록을 허여하는 것이다. 즉 특정인이 상당기간에 걸쳐 독점배타적으로 당해 상표를 사용함으로 인하여 특정 상품의 표장으로 인식된 것을 요하고, 또 사용한 결과 수요자에게 그 상표가 누구의 상표인가가 인식되어 있는 것임을 요한다.[66] 이 경우에도 사용에 의하여 식별력을 취

장 1.2.).

득하는 것은 실제로 사용된 상표 그 자체이고 그에 유사한 상표에까지 식별력이 취득되는 것은 아니다. 상표법 제33조 제2항에서 상표를 출원 전에 사용한 결과 수요자 간에 특정인의 상품에 관한 출처를 표시하는 것으로 식별할 수 있게 된 경우 그 제1항 제3호 내지 제7호[67]의 각 규정에도 불구하고 등록을 받을 수 있게 한 것은 원래 특정인의 독점사용이 부적당한 표장에 대세적인 권리를 부여하는 것이므로 그 기준은 엄격하게 해석·적용되어야 한다.[68]

이러한 상표를 보호하여 주지 않는다면 이미 널리 인식되어 주지(周知)된 상표와 유사한 상표가 시중에 범람하여 소비자들이 오인(誤認)·혼동(混同)할 우려가 있고, 더 나아가 상거래질서를 문란케 하게 되고, 또 상품출처의 혼동으로 인하여 소비자에게도 손해를 입히게 되므로 이러한 경우에는 상표로서 등록을 하여 주게 된다.[69][70] 예를 들면 자동차 포드(인명), 현대자동차의 엑셀 등이 있다. 이러한 사용에 의한 식별력의 판단기준은 ① 수요자[71]들이 인식하고 있는지[72] ② 출원전 상당기간[73] 사용한 결과 전국적으로 알려져 있는 경

66) "특정인의 상품에 관한 출처"란 반드시 구체적인 특정인의 성명이나 명칭까지 인식하여야 하는 것은 아니고, 익명의 존재로서 추상적인 출처 정도로 수요자가 인식할 수 있을 정도면 충분하다. 다만, 그 사용상표와 동일·유사한 상표가 해당 상품의 거래자 사이에서 출처표시로써 사용되지 않아야 자타상품의 구별표지로서 식별력을 구비하였다고 할 수 있다.

67) 2024. 5. 1. 시행

68) 대법원 1996. 12. 23. 선고 96후771 판결.

69) 사용에 의한 식별력이 있다고 주장하는 자는 (① 사용한 상표, ② 사용한 상품, ③ 상당기간 계속 사용한 사실, ④ 전국 또는 일정지역에서 사용한 사실, ⑤ 해당 상품의 생산·제조·가공·증명·판매량, 매출액, 시장점유율, ⑥ 사용의 방법·횟수 및 내용, ⑦ 광고선전의 방법·횟수·내용·기간, ⑧ 객관적인 소비자 인지도조사, ⑨ 상품품질이나 명성을 입증할 수 있는 자료, ⑩ 사용상표를 독점배타적으로 사용하고 있다는 자료 등을 제출할 수 있다. 상표심사기준 제4부 제9장 2.4.2).

70) 파리협약은 상표의 등록적격성을 판단함에 있어서는 당해 상표를 사용하여 온 기간을 고려하지 않으면 안 되는 것으로 규정하고 있다(§6의5c①).

미국상표법은 출원인이 5년간 실질적으로 독점적·계속적인 사용(substantially exlcusive and continuous use as a mark by the applicant in commerce)을 하였음을 입증하면 식별력을 취득한 일응의 증거로 인정한다(§2(f)).

EU의 공동체상표에 관한 이사회규정은 식별력이 없는 상표, 기술적 표장이나 관용표장만으로 구성된 상표를 절대적 거절이유로 규정하면서도(§7①(b)(c)(d)), 사용을 통해 식별력을 취득한 상표에는 적용하지 않도록 예외를 인정하고 있다(§7③).

71) "수요자"란 해당 상품의 일반수요자와 거래자를 의미한다.

72) '수요자간'에 그 상표가 '특정인의 상품에 관한 출처를 표시'하는 것으로 '식별할 수 있게' 되어 있을 것을 요구한다.

73) 사용기간은 따로 정해져 있지는 않으며, 지정상품의 특성이나 광고선전 실적, 매출 실적 등

우[74] 또는 일정지역에서 수요자들이 현저하게 인식하고 있는 경우에 해당하는지이다. 다만 현저하게 인식하고 있는 지역의 범위에 대해서는 지정상품과의 관계를 충분히 고려하여야 한다.[75] 그리고 ③ 실제로 사용[76]한 상표와 상품이 출원한 상표 및 그 지정상품과 동일하여야 하며, ④ 사용에 의한 식별력을 주장하는 자는 입증자료를 제출하여야 한다.[77] 출원인은 상표등록을 하고자 하는 상표가 제33조 제2항의 규정에 해당하는 경우 ㉠ 사용한 상표, ㉡ 사용기간, ㉢ 사용지역, ㉣ 지정상품의 생산·가공·증명 또는 판매량 등, ㉤ 사용방법 및 횟수, ㉥ 광고선전 실적 등의 사용사실을 증명하는 사항과 그 사항을 증명하는 서류 및 증거물을 특허청장에게 제출할 수 있다.[78] 이의 판단시기[79]는 등록결정시를 그 기준으로 하고 있다.[80] 인정범위는 그 사용에 의해 식별력을 취득한 상표에 한하므로 유사상표에 대한 등록은 불허(不許)하고,[81] 당해 상품에 사용된 상표에 의해 식별력이 인정되므로 사용된 상품에만 한정하여 등록을 허여한다.

코카콜라 일본 현지법인이 애틀랜타 올림픽 전에 일본에서 조지아라는 상

에 따라 단기간에도 일반수요자에게 널리 인식될 수 있음을 고려하여 판단한다.

74) 대법원 1994. 5. 24. 선고, 92후2274 판결.

75) 구 상표심사기준 제14조 제5항.

76) 사용에 의한 식별력은 원칙적으로 실제로 사용한 상표와 동일한 상표를 사용한 상품과 동일한 상품에 출원한 경우에 한하여 인정할 수 있으며, 유사한 상표나 상품에 대하여는 인정할 수 없다. 이 경우 상표와 상품이 동일한지 여부는 『물리적 동일성』을 의미하는 것이 아니라 『실질적 동일성』을 의미하는 것으로 거래사회의 통념상 일반수요자나 거래자가 동일하다고 인식할 수 있는 상표 및 상품을 말한다.

77) 사용에 의한 식별력을 입증하기 위해서는 출원인이 적절한 입증자료를 제출해야 하지만, 지정상품의 거래실정이나 특성에 따라 입증자료가 다를 수 있으므로 너무 과다하거나 불필요한 자료를 요구해서는 안되며, 사용상표가 상표법 제33조 제2항에서 요구하는 식별력 인정 요건을 넘어 널리 알려져 있음이 명백한 경우 일부 입증자료를 생략할 수 있다.

78) 특허청, 상표법해설(2004), p.38.

79) 구 상표법(1997. 8. 22. 법률 제5355호로 개정되기 전의 것) 제2조 제2항, 제6조 제2항에서 서비스표를 출원 전에 사용한 결과 수요자간에 그 서비스표가 누구의 서비스표인가를 현저하게 인식되었을 경우 같은 법 제33조 제2항 제3, 5, 6호의 규정에 불구하고 등록받을 수 있도록 규정한 것은, 원래 특정인에게 독점사용시킬 수 없는 표장에 대세적인 권리를 부여하는 것이므로 그 기준은 엄격하게 해석 적용되어야 할 것인바, 수요자간에 그 서비스표가 누구의 서비스표인지 현저하게 인식되었다는 사실은 그 서비스표가 어느 정도 선전광고된 사실이 있다거나 또는 외국에서 등록된 사실이 있다는 것만으로는 이를 추정할 수 없고 구체적으로 그 서비스표 자체가 수요자간에 현저하게 인식되었다는 것이 증거에 의하여 명확하게 되어야 할 것이다(대법원 1999. 9. 42. 선고, 99후1645 판결).

80) 특허법원 1998. 8. 13. 선고, 98허4982 판결.

81) 특허법원 1999. 2. 11. 선고, 98허95120 판결.

표를 붙여 캔 커피를 제조·판매하기 위하여 "조지아"를 일본 특허청에 등록신청하였으나, 조지아는 코카콜라의 본사가 있는 미국 애틀랜타의 명칭이기 때문에 상표등록을 인정하지 않았으나,[82] 등록이 거절된 후에도 계속 사용함으로써 일본에 거주하는 사람 대부분이 캔 커피 조지아라고 하면 코카콜라 일본법인의 상품이라는 것을 인식하면서, 사용에 의한 등록이 가능해졌다. 이를 특별현저성[83]이라고 한다.

상표는 선출원이 원칙이나 사후적 사용에 의해 식별력을 취득한 경우라면 예외적으로 상표등록을 인정하여 독점배타적 권리를 부여하고, 상표가 등록된 후 식별능력을 상실한 상표는 무효심판을 청구할 수 있도록 하였다[84](상§117①vi). 사용에 의한 식별력을 인정받은 상표의 효력은 상표법 제90조(상표권의 효력이 미치지 아니하는 범위)에도 불구하고 일반적인 등록상표와 동일하게 동일한 상표를 동일한 상품에 사용할 독점배타적 효력이 발생하고 동일·유사한 상표를 동일·유사한 상품에 타인이 상표등록하는 것을 배제할 수 있는 소극적 효력이 발생한다.

그리고 사용에 의한 식별력이 인정된 경우 제3자가 권원없이 자기의 상표를 동일 또는 유사한 상품에 사용하는 경우에는 부정경쟁방지법에 의해 보호를 받을 수도 있을 것이다.[85]

대법원 2003. 7. 11. 선고, 2001후2863 판결	**[제6조 제1항 7호와 사용에 의한 식별력 취득의 관계]** 구 상표법 제6조 제1항 제7호는 같은 조 제1항 제1호 내지 제6호에 해당하지 아니하는 상표라도 자기의 상품과 타인의 상품 사이의 출처를 식별할 수 없는, 즉 특별현저성이 없는 상표는 등록을 받을 수 없다는 것을 의미할 뿐이므로, 어떤 표장이 그 사용상태를 고려하지 않고 그 자체의 관념이나 지정상품과의 관계 등만을 객관적으로 살펴볼 때에는 특별현저성이 없는 것으로 보이더라도, 출원인이 그 표장을 사용한 결과 수요자나 거래자 사이에 그 표장이 누구의 업무에 관련된 상품을 표시하는 것으로 현저하게 인식되기에 이른 경우에는 특별한 사정이 없는 한 그

82) 日最高裁, 昭和61. 1. 23., 判タ 593號, p.71.
83) 특별현저성은 각국의 법제, 거래사회의 실정, 시대변천에 따라 독자적으로 판단하여야 한다(대법원 1994. 9. 27. 선고, 94후708 판결).
84) 2001. 2. 3. 개정시 신설(상표법 제71조 제1항 제5호).
85) 대법원 1990. 12. 21. 선고, 90후38 판결.

표장은 상표법 제6조 제1항 제7호의 특별현저성이 없는 상표에 해당하지 않게 되고, 그 결과 상표등록을 받는 데 아무런 지장이 없으며, 같은 조 제2항에 같은 조 제1항 제7호가 포함되어 있지 않다는 사정만으로 이를 달리 볼 것은 아니다.

대법원 2003. 5. 16. 선고, 2002후1768 판결

[사용에 의한 식별력 취득의 판단의 전제]

구 상표법 제6조 제2항, 제2조 제3항에서 상표·서비스표를 출원 전에 사용한 결과 수요자간에 그 상표·서비스표가 누구의 상표·서비스표인가가 현저하게 인식되어 있을 경우 같은 조 제1항 제3, 5, 6호의 규정에 불구하고 등록을 받을 수 있도록 규정한 취지는, 원래 특정인에게 독점사용시킬 수 없는 표장에 대세적인 권리를 부여하는 것이므로 그 기준은 엄격하게 해석·적용되어야 할 것인바(대법원 1999. 9. 42. 선고, 99후1645 판결 등 참조), 수요자간에 그 상표·서비스표가 누구의 상표·서비스표인지 현저하게 인식되었다는 사실은 그 상표·서비스표가 어느 정도 선전 광고된 사실이 있다거나 또는 외국에서 등록된 사실이 있다는 것만으로는 이를 추정할 수 없고 구체적으로 그 상표·서비스표 자체가 수요자간에 현저하게 인식되었다는 것이 증거에 의하여 명확하게 되어야 할 것이며, 한편 이와 같은 사용에 의한 식별력의 구비 여부는 등록사정시 또는 거절사정시를 기준으로 하여 판단되어야 할 것이다(대법원 1999. 9. 42. 선고, 99후1645 판결 등 참조).

대법원 1990. 12. 21. 선고, 90후38 판결

[사용에 의한 식별력 취득을 인정한 사례]

문자의 결합으로 이루어진 상표에 관한 특별현저성의 판단은 상표구성을 분리판단할 것이 아니라 전체적으로 관찰하여야 할 것인 바, 이 사건 등록상표 "새우깡"의 구성요소 중 "새우"는 지정상품의 원재료 표시이어서 구 상표법 제8조 제1항 제3호의 규정에 해당되고 "깡"은 지정상품이 과자류인 경우에는 관용화된 표장이지만 "새우깡" 자체가 관용표시이어서 구 상표법 제8조 제1항 제3호의 규정에 해당되고 "깡"은 지정상품이 과자류인 경우에는 관용화된 표장이지만 "새우깡" 자체가 관용표장이라고 할 수 없고, "새우깡"에 대한 선전. 광고 사실과 1973년 이래 현재까지 이 사건 등록상표가 계속 사용되어 온 사실에 비추어 이 사건 등록상표가 수요자 간에 널리 인식되었고, 또한 현실적으로도 우리의 주위에서 이 사건 등록상표가 피심판청구인의 상표인지 쉽게 알 수 있을 정도로 널리 알려져 있음이 거래실정이라면, 이 사건 등록상표는 그 전체를 하나의 상표로 봄이 타당하며, 소정의 장기간의 사용에 의한 특별현저성이 형성된 상표라고 판시한 원심결에 법리오해의 위법이 없다.

대법원 1996. 5. 31. 선고, 95후1968 판결

[사용에 의한 식별력 취득을 부정한 사례]

등록서비스표인 “수지침”은 그 지정서비스업의 성질을 보통으로 표시하는 서비스표에 해당한다.

등록서비스표인 “수지침”의 출원자는 주로 “고려수지침”, “고려수지요법(학회)”이라는 용어로 각종 수지침술에 관한 서적과 교재, 팸플릿 등을 발행하였고, 여러 차례 수지침술 강의를 해왔으며, 이를 광고 선전한 점이 인정될 뿐이어서 위 등록서비스표 그 자체가 일반 수요자나 거래자 사이에 위 출원자의 서비스표로 널리 알려졌다고 인정하기에 부족하다.

서비스표의 사용에 의하여 식별력이 획득되는 것은 실제로 그 서비스표가 사용된 서비스업에 한하여 그 서비스업에 대한 서비스표로서만 등록을 받을 수 있는데, 등록서비스표인 “수지침”은 “침이나 쑥뜸, 지압 등의 방법으로 손가락과 손바닥, 손등 등에 자극을 주어 병을 치료하는 침술 또는 침술학”으로서 알려져 있는 것이지 위 등록서비스표의 출원인의 서비스업인 “한방수지침술 강좌업, 세미나업”으로 현저하게 인식되어 있지는 아니하다.

대법원 1987. 6. 23. 선고, 86후4 판결

[제33조 제2항과 제90조의 관계]

구 상표법 제51조는 상표권자가 등록상표를 지정상품에 사용할 수 있는 권리(전용권)와 타인이 그 등록상표와 동종 내지 유사한 상표를 사용하는 경우 그 침해의 금지 또는 예방을 청구할 수 있는 권리(금지권)등 상표법상 가지는 권리에 대하여 그 각호에 해당하는 경우에는 그 상표권자에게 그와 같은 권리를 독점적으로 부여하는 것이 적당하지 아니하다고 인정하여 상표권의 효력이 미치지 아니하는 것으로 규정한 것이므로, 그 상표 또는 상표구성상의 요부라고 인정되는 부분이 상품의 품질, 원재료등을 보통으로 사용하거나 그 상품의 보통명칭을 보통으로 사용하는 방법으로 표시한 표장만으로 된 것은 비록 그 상표가 주지저명한 상표로서 상표등록이 가능하더라도 부정경쟁의 목적으로 사용하는 여부에 관계없이 구 상표법 제51조에 의하여 상표권의 효력이 미치지 아니하는 것이다.

이 사건 상표 “물파스”는 수제로 된 파스 또는 물을 혼합한 파스로 인식되어 그 지정상품의 형상 또는 원재료등 그 성질을 표시하는 “물”이라는 부분과 그 지정상품의 보통명칭인 “파스”만으로 구성된 상표라 아니할 수 없으므로 단순한 조어상표라 할 수 없고, 또한 (가)호 표장 “대일화학 물 네오 파스”의 요부인 “물파스”라는 부분도 그 지정상품의 보통명칭과 그 상품의 형상 또는 원재료를 표시하는 것으로 보통으로 사용하는 방법으로 표시한 표장에 불

대법원 1987. 6. 23. 선고, 86후4 판결

과하다 하여 이는 구 상표법 제26조 제2호의 규정에 해당되어 상표권의 효력이 미치지 아니하는 것이라고 인정하고, 가사 이 사건 상표가 주지저명 상표라하더라도 이와 같은 사유가 있을 경우에는 동 규정이 배제된다는 명문규정이 없는 한 (가)호 표장은 이 사건 상표의 권리범위에 속하지 아니한다고 판단한 것은 위 법리에 따른 것으로 정당하고, 거기에는 소론과 같은 상표구성에 관한 사실오인의 위법이나 상표권의 권리범위에 관한 법리오해의 위법이 없다.

(가)호 표장

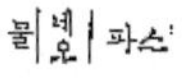

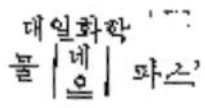

대법원 1990. 11. 27. 선고, 90후816 판결

[사용에 의한 식별력 취득을 인정한 사례]

상표등록을 받기 위하여는 특정인이 상당한 기간동안 독점적, 계속적으로 상표로 사용하여 특정상품의 표지로 인식되고, 사용한 결과 수요자들이 그 상표를 누구인가의 상품표지로 승인하고 있어야 하지만, 현실로 특정한 자의 상품이라고 인식될 필요까지는 없어서 구체적으로 그 성명이나 명칭 등이 알려져야 하는 것은 아닌 것인바, 이 사건 등록상표가 그 지정상품인 갑이 저작한 영어참고서(영어실력기초)의 제호 내지 상표로서 출원전부터 계속하여 사용되어 옴으로써 소비자에게 현저하게 인식되었다면, 비록 그 출원당시 소비자간에 이 사건 상표가 갑으로부터 위 참고서의 저작권을 양수한 을의 상표라는 사실이 널리 알려지지 아니하였더라도, 소비자로서는 이 사건 상표가 위 영어참고서의 저자이든, 그로부터 저작권을 양수한 자이든 간에 위 영어참고서를 적법하게 제작 판매할 수 있는 저작권자의 상표임을 능히 알 수 있었을 것이므로 이 사건 등록상표는 위 상표법의 규정에 의하여 적법하게 등록될 수 있는 상표라고 할 것이다.

제4절 법률상 등록을 받을 수 없는 상표(입법정책상의 배제조건)

1. 서 설

상표를 등록받기 위해서 상표법 제33조(특별현저성)에 규정된 식별력을 갖춘 상표라도 법이 규정하는 부등록사유(상§34)에 해당할 때에는 그 등록을 받을 수 없다. 즉 상표법은 부등록사유라 하여 상표로서 사용될 수 있는 표장이 그 자체로서 식별력을 갖고 있어도 그 표장이 공공단체를 표시하는 표장(標章) 또는 타인의 상표 등과 동일 또는 유사한 경우 등에는 공익적인 차원에서 등록을 배제시키는 것을 말한다.[86]

2. 공익적 관점에서 등록을 받을 수 없는 상표

(1) 국기·국장 등과 동일 또는 유사한 상표

1) 의 의

대한민국의 국기·국장·군기·훈장·포장(褒章)·기장(記章), 외국의 국기·국장(國章), 공업소유권보호를 위한 파리협약 동맹국·세계무역기구 회원국 또는 상표법조약TLT 체약국의 훈장·포장(褒章)·기장(記章),[87] 적십자·올림픽 또는 저명한 국제기관 등의 명칭이나 표장(標章)과 동일 또는 유사한 상표, 대한민국·파리협약동맹국·세계무역기구 회원국 또는 상표법조약TLT 체약국·그 국가의 공공기관이 사용하는 감독용이나 증명용 인장 또는 기호와 동일하거나 이와 유사한 상표는 식별력 유·무에도 불구하고 등록을 받을 수 없다(상§34①i). 이는 국가·훈공자 등의 존엄성을 보호함과 아울러 저명한 국제기관의 칭호나 표장과 동일·유사한 상표의 등록을 인정하게 되면 마치

86) 부등록사유는 공익적 사유 외에 사익적 사유에 의한 경우가 있다.

87) 파리협약 가맹국의 훈장·포장·기장은 특허청장이 직권으로 인정하는 것 이외에는 동 조약 제6조의3 (3)(a)규정에 따라 동맹국이 국제사무국을 통하여 우리나라에 통지한 것만을 보호한다(대법원 1999. 12. 7. 선고, 97후3289 판결).

그 지정상품이 이들 기관과 특수한 관계에 있는 것처럼 오인·혼동을 일으킬 염려가 있어 그 권위를 해치게 되므로 공익적 견지에서 국제기관의 존엄을 유지하고 국제적인 신의를 지키고자 하는 것[88]이며, 특히 후단의 감독용이나 증명용 인장과 기호는 품질보증적인 성격이 강하므로 수요자 보호차원에서 절대적 거절이유로 한 것이다.

한편, 본 호는 원칙적으로 상표등록여부 결정시를 기준으로 하여 판단한다.

2) 구체적 내용

① **대한민국의 국기, 국장, 훈장, 포장, 기장** 국기는 대한민국 국기에 관한 규정, 국장은 나라 문장에 관한 규정, 훈장 및 포장은 상훈법이 규정하는 것을 말하며, 군기는 육·해·공군기는 물론 그 예하부대의 군기를 포함하고, 기장은 훈장, 포장 이외의 국가기관이 수여하는 표창을 의미한다.

국기·국장·군기·훈장·포장의 예시

국기	국장	군기	보국훈장	건국포장
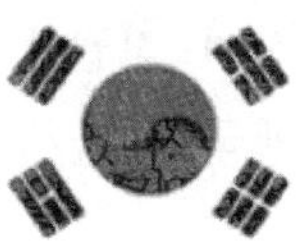	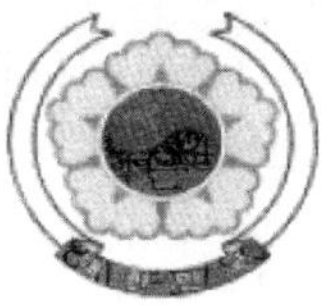			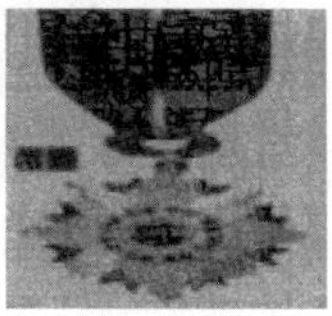

대법원 1971. 11. 30. 선고, 71후34 판결	등록출원한 상표가 태극도형과 유사한가의 여부는 본원 상표를 원상대로 태극도형과 대비하여 전체의 외관에서 주는 인상이 유사한 것인가를 관찰함이 상당하다 할 것이고 본원 상표의 상하에 있는 반달모양을 결합시키는 가정 아래에 태극도형과 대비함은 타당치 못하다 할 것이고 반달모양의 색채가 윗 부분이 적색, 아랫 부분이 청색이라는 사실만으로 양자가 동일한 인상을 준다고 할 수 없을 뿐더러 원심이 인정한 본원 상표는 상하 부분의

88) 대법원 1998. 6. 26. 선고, 97후1443 판결("E. E. C. IN'TL KOREA" 중 'E. E. C.'는 프랑스 등 유럽 다수 국가들이 지역 관세 철폐, 자본과 노동의 이동 자유화, 무역 확대 등 경제협력을 위하여 설립한 유럽경제공동체, 즉 'European Economic Community'의 약칭과 동일·유사하며, 여기서 말하는 저명한 국제기관이라 함은 원칙적으로 상표등록 사정 당시 존재하는 기관으로서 그 조직이나 활동상황 등에 의해 국제적으로 널리 알려질 것을 요하고, 이미 오래 전에 폐지되어 위 사정 당시에 활동을 하지 않는 경우에는 이에 해당하지 않는다고 할 것이다).

반달모양의 떨어진 부분(전체로 보아 상하 부분을 하나의 원둘레로 한 원형의 중간 부분을 원면적의 1/2 이상을 파상의 백색띠로 떼 놓은 부분)에 "PEPSI COLA"라는 영문을 횡서한 것으로서 우리 나라 국기의 태극도형과 유사한 도형이라고 하기 어렵다.

② **외국의 국기, 국장** 외국이란 우리나라의 국가승인여부를 불문하고 대한민국을 제외한 모든 국가를 말하며, 교황청 등도 외국에 준하여 여기에 포함된다. 동맹국  등의 국기는 제1호의4의 동맹국 등의 문장, 기, 훈장 등과는 달리 WIPO로부터의 통지 여부와 상관없이 보호대상이 된다. 예를 들면, 일장기, UN, WTO, OPEC, IAEA(국제원자력기구), WHO(세계보건기구), BIRPI(지적재산권보호 합동국제사무국), ILO(국제노동기구), IMF(국제통화기금), WIPO(세계지적재산권기구) 등이고, 국화인 무궁화의 도형과 동일 또는 유사한 표장 등은 특별현저성이 있어도 상표등록을 받을 수 없다. 또한 부정경쟁방지법 제3조에서도 동일한 규정을 두고 있다.

③ **파리협약 동맹국의 훈장, 포장, 기장** 파리협약 동맹국・세계무역기구 회원국 또는 상표법 조약 체약국의 훈장・포장・기장은 특허청장이 직권으로 인정하는 것 이외에는 동 조약 제6조의3(3)(a) 규정에 따라 동맹국이 국제사무국을 통하여 우리나라에 통지한 것만을 보호한다.

대법원 1999. 12. 7. 선고, 97후3289 판결

[보호되는 훈장·포장·기장의 범위]

원심심결 당시에도 미합중국 공군의 공식기장이고, 이 사건 등록상표와 인용표장이 유사한 것은 원심이 판단한 바와 같으나, 인용표장에 관하여 위 시점까지 파리조약가맹국인 미합중국으로부터 같은 가맹국인 우리나라에 대하여 국제사무국을 통한 통지가 있었음을 인정할 아무런 자료가 없으므로, 결국 인용표장은 구 상표법 제7조 제1항 제1호 소정의 '파리조약동맹국의 기장(記章)'에 해당한다고 볼 수 없어 그 등록이 무효라고 할 수 없다.

④ **적십자[89]・올림픽 또는 저명한 국제기관의 명칭이나 표장** '저명한 국제

---

89) 적십자(✚)라 함은 흰 바탕 적십자의 표장 또는 적십자와 제네바십자의 명칭과 동일 또는 유사한 것을 말한다.

기관'이란 국제연합UN 및 산하 기구와 EU, WTO, OPEC와 같은 국제기구 등 국제사회에서 일반적으로 인식되고 있는 국가간의 단체를 말하며, 정부간 국제기구와 비정부간국제기구를 포함한다.[90] 원칙적으로 상표등록여부 결정 당시 존재하는 기관으로서 그 조직이나 활동상황 등에 의해 국제적으로 널리 알려질 것을 요하고, 이미 오래 전에 폐지되어 위 결정 당시 활동을 하지 않을 경우에는 이에 해당하지 않는다.

대법원 1997. 6. 13. 선고, 96후1774 판결

[IOC의 올림픽 표장의 등록여부(부정)]

원심이 구 상표법 제7조 제1항 1호에서 규정하는 표장들은 공익적 측면에서 존엄성의 정도가 높아 그 권위훼손 여부를 기준으로 하는 상표법 제7조 제1항 3호의 규정과는 달리 상표등록출원의 주체가 누구인가를 가리지 아니하고 이에 해당할 경우에는 상표로서 등록받을 수 없는 것으로 규정한 것인데, 이 사건 출원 서비스표 'OLYMPIC'은 구 상표법 제7조 제1항 1호, 제2조 제2항에서 규정하고 있는 올림픽 대회, 올림픽 경기, 국제올림픽경기대회를 의미하는 '올림픽OLYMPIC'과 동일하므로 그 출원인이 비록 국제올림픽경기대회를 운영·주관하는 국제올림픽조직위원회IOC라 하더라도 등록을 받을 수 없다고 한 조치는 정당하고, 거기에 상고이유에 주장하는 법리오해등의 위법은 없다.

대법원 1987. 4. 28. 선고, 85후11 판결

[국제기관의 범위]

원심에서 심판청구인은 1961.9.11 설립된 비정부간 국제기구로서 세계 26개국이 회원으로 가입되어 있으며, 우리나라는 비

90) 저명한 국제기관이라 함은 국제원자력기구(IAEA), 국제형사경찰기구(INTERPOL), 세계보건기구(WHO), 지적소유권보호합동국제사무국(BIRPI), 구주원자력공동체(EAG), 국제부흥개발은행(IBRD), 국제금융공사(IFC), 국제개발협회(IDA), 국제연합식량농업기구(FAO), 세계기상기구(WMO), 국제민간항공기구(ICAO), 국제연합교육과문화기구(UNESCO), 아프리카·마다카스카르공업소유권사무국(OAMPI), 박람회국제사무국국제결재은행(BRI), 라틴아메리카자유연합(ALALE), 국제올리브유회의(CDI), 국제노동기구(ILO), 국제통화기금(IMF), 구주원자핵연구기구(CERN), 만국우편연합(UPU), 구주자유무역연합(EFTA), 아프리카마다카스카르공동기구(OCAM), 세계지적소유권기구(WIPO)와 기타 특허청장이 인정하는 국제기관을 말한다.

세계보건기구 | WTO 세계무역기구 | OPEC 세계석유수출국기구 | NATO 북대서양조약기구 | LAEA 국제원자력기구

대법원
1987. 4. 28.
선고, 85후11 판결

록 동 기구에 가입하고 있지 않으나 심판청구인의 상위 국제기구로서 세계 119개 국가가 회원으로 되어 있는 I.U.C.N.Internationanl Union for Conservation of Nature and Natural Resources에는 우리나라의 내무부, 자연보호중앙회, 자연보존협회, 청소년지도자협회, 국립공원협회, 야생동물보호협회등이 가입하고 있는 우리나라의 관계기관 및 동 관련종사자에게도 잘 알려져 있는 저명한 국제기관이라고 판시하고 있다.

구 상표법 제7조 제1항 제1호의 입법취지는 공익적 견지에서 국제기관의 존엄을 유지하기 위하여 그 칭호나 표장과 동일, 유사한 상표에 대하여 등록을 인정하여 사인의 독점적 사용을 하게 하는 것은 국제신의 의 입장에서 적당하지 않기 때문이라 할 것이므로 위 법조에서 규정한 국제기관에는 제국이 공통적인 목적을 위하여 국가간의 조약으로 설치하는 이른바 국가(정부)간의 국제기관뿐만 아니라 정부간의 합의에 의하지 않고 창설된 이른바 비정부단체Non-governmental Organization나 국제적 민간단체International Non-governmental Organization도 이에 포함될 수 있다.

국제기관이라도 저명하다면 그 국제기관의 표장과 유사한 상표를 등록한 자를 상대로 상표무효심판을 구할 이해관계인에 해당한다.

⑤ **감독용이나 증명용 인장 또는 기호** '감독용이나 증명용 인장 또는 기호'라 함은 내외국의 공공기관[91]이 상품 등의 규격·품질 등을 관리, 통제,

국가별 감독용이나 증명용 인장(印章) 또는 기호 예시

미국	EU	일본	중국
미국 연방통신위원회 (FCC, Federal Communications Commission)의 통신기기 인증마크	유럽 연합(EU)의 제품 안전마크 (conformite europeenne)	일본 공업규격 (Japanese Industrial Standards)	중국 품질안전인증마크 (China Compulsory Certification)

91) "공공기관"이라 함은 파리협약 동맹국, 세계무역기구회원국 또는 상표법조약체약국의 중앙 또는 지방행정기관과 지방자치단체, 공공조합, 공법상 영조물법인과 그 대표기관 및 산하기관, 주정부 및 그 산하기관이 이에 해당하는 것으로 본다.

증명하기 위하여 동맹국 국가 자체가 채택한 표장을 말한다. 따라서 국가가 아닌 국가의 하위기관 또는 공법상 기관에서 채택한 것은 포함되지 않는다. 예컨대 'KS', 'JIS', 'UL' 등이다.

동맹국 등 또는 그 공공기관이 감독용이나 증명용 인장 또는 기호를 증명표장으로 출원하는 경우에는 등록이 가능한 것으로 본다. 본 호에의 해당 여부는 상표등록여부결정시를 기준으로 판단한다.

(2) 국가 등과의 관계를 허위로 표시하거나 비방하는 상표

국가[92]·인종·민족·공공단체·종교 또는 저명한 고인(故人)[93]과의 관계를 허위로 표시하거나 이들을 비방 또는 모욕하거나 이들에 대하여 나쁜 평판을 받게 할 염려가 있는 상표는 식별력 유무에도 불구하고 등록을 받을 수 없다(상 §34①ii).[94] 이 규정은 국가, 인종 등에 대한 권위와 존엄을 인정하여 국제신의를 보호하고 저명한 고인과 그 유족의 명예감정과 인격을 보호하기 위한 것이다.

여기서 '공공단체'라 함은 지방자치단체, 공공조합, 공법상 영조물법인과 그 대표기관 및 산하기관을 포함하며 주정부 및 그 산하기관도 이에 해당하는 것으로 본다. 이때 국가·인종[95]·민족·공공단체 및 종교는 현존하는 것에 한하며, 저명한 고인은 사회통념상 또는 거래사회에서 일반적으로 인식할 수 있는 정도이면 족하다고 본다.

저명한 고인의 성명 그 자체를 상표로 사용한 것만으로는 고인과의 관계를 허위로 표시한 것으로 볼 수 없으므로 본 호를 적용하지 아니한다. 즉, 고인과의 관계를 허위로 표시하거나 비방, 모욕 또는 나쁜 평판을 받게 할 염려가 있는 경우에 한하여 본 호를 적용한다.

'허위표시나 비방, 모욕, 나쁜 평판을 받게 할 염려'는 상표의 구성 자체 또는 지정상품과의 관계를 고려하여 현저히 부정적인 영향을 주거나 줄 우려

92) "국가"라 함은 대한민국은 물론 외국을 포함하며 이 경우 외국은 대한민국의 국가 승인 여부와 관계없이 실질적으로 영토·국민·통치권을 가지는 통치단체를 모두 포함하며, 교황청은 외국에 준하여 포함되는 것으로 본다. 현존하지 않는 국가명은 그 등록이 허용되고 있다.

93) "저명한 고인"이라 함은 일반수요자에게 대체로 인식되고 있는 고인은 물론 지정상품과 관련하여 거래사회에서 일반적으로 인식되고 있는 고인을 말하며, 외국인도 포함한다.

94) 반드시 그 명칭이 아니더라도 관념, 명칭에서 쉽게 파악되어 허위 또는 모욕을 나타내는 경우라면 그 등록을 받을 수 없다.

95) 대법원 1989. 7. 11. 선고, 89후346 판결.

가 있는 경우에 이에 해당하는 것으로 본다. 예컨대 양키, 쪽바리, Negro 등이 이에 해당한다. 그러나 건과자에 인디언, 의류에 제임스딘JAMES DEAN,[96] 다방업에서 모차르트[97]는 해당되지 않는다고 본다.

대법원 1989. 7. 11. 선고, 89후346 판결

상품구분 제3류를 지정상품으로 하는 본건 등록상표인 '인디안'이라는 표장은 인도사람 또는 아메리카 인디안종족의 약칭을 통상적인 방법으로 호칭하는 것으로 보여지고, 위와 같은 기준에서 관찰할 때 그것이 귀 종족과의 관계를 허위로 표시하거나 이를 비방, 모독 또는 악평을 받게할 염려가 있는 상표라고 볼 사정은 엿보이지 아니한다. 그럼에도 불구하고 원심은 비록 위 표장자체가 특정민족, 국가와의 관계를 허위로 표시하거나 비방, 모욕 또는 악평하는 것이 아니라 할지라도 그 지정상품에 관한 그 설시와 같은 이유를 들어 구 상표법 제9조의 제1항 제2호의 규정에 해당하는 것이어서 무효의 상표라고 판단하였음은 같은 법조의 법리를 오해하여 판결에 영향을 미친 위법을 저질렀다할 것이니 이 점을 지적하는 논지는 이유 있다.

대법원 1990. 9. 28. 선고, 89후711 판결

종교 등을 표시하는 상표가 이를 비방 또는 모욕하거나 악평을 받게 할 염려가 있는 지의 여부는 그 상표의 구성을 전체적으로 고찰하여 판단하여야 할 것이며 그 상표를 구성하는 일부분만을 따로 떼어내어 그 부분이 특정종교에서 숭앙받는 사람을 표시한 것에 해당된다 하여 등록결격사유로 삼을 것은 아니라 할 것인바, 신사복 등 의류를 지정상품으로 하는 본원상표 " " 중 영문자 부분인 "CARDINAL"은 형용사적 의미로, "주요한, 심홍색의" 뜻이 있고, 명사적 의미로 "추기경, 후드 달린 짧은 외투, 심홍색, 데운 붉은 포도주" 등 여러가지 뜻을 가지고 있어 영어권이 아닌 우리나라에서 카톨릭의 추기경을 의미하는 것으로 일반인에게 인식된다 할 수 없고, 또 본원상표가 부착된 지정상품이 그 용도를 다하고 걸레로 사용되거나 쓰레기통에 들어가는 일이 있다 해서 카톨릭 종교를 모욕하거나 악평을 받게 하는 것이라고 단정할 수 없을뿐만 아니라 본원상표가 그 문자부분과 카톨릭종교와 아무런 관계가 없는 도형으로 구성된 결합상표인 점을 감안하고 그것이 가지고 있는 외관, 칭호, 관념과 지정상품 및 거래실정 등에 비추어 종합적으로 볼 때 카톨릭종교를 비방 또는 모욕하거나 악평을 받게 할 염려가 있는 상표라 할 수 없다.

96) 대법원 1997. 7. 11. 선고, 96후2173 판결.
97) 대법원 1998. 2. 13. 선고, 97후938 판결.

대법원 1998. 2. 13. 선고, 97후938 판결

출원상표는 검은 색 바탕에 흰 오선을 긋고 그 위에 단순히 MOZART라는 고인의 성명 자체를 기재하여 상표로 사용한 것에 지나지 아니할 뿐, 고인과의 관련성에 관한 아무런 표시가 없어 이를 가리켜 구 상표법 제7조 제1항 제2호 소정의 고인과의 관계를 허위로 표시한 상표에 해당한다고 볼 수 없고, 또한 출원상표 자체의 의미에서 선량한 도덕관념이나 국제신의에 반하는 내용이 도출될 수는 없으며, 구상표법 제7조 제1항 제6호 소정의 타인이라 함은 생존자를 의미하고, 출원상표와 같은 표장을 사용한 상품이 국내에서 유통됨으로써 국내의 일반 수요자들에게 어느 정도라도 인식되었음을 인정할 자료가 없어 국내의 일반거래에서 수요자나 거래자들이 출원상표를 타인의 상품 표장으로서 인식할 가능성도 없으므로, 출원상표를 구 상표법 제7조 제1항 제4호 소정의 공공의 질서 또는 선량한 풍속을 문란하게 할 염려가 있는 상표라거나 같은 항 제6호 소정의 저명한 타인의 성명을 포함하는 상표 또는 같은 항 제11호 소정의 수요자를 기만할 염려가 있는 상표라고 보기 어렵다.

대법원 1987. 3. 24. 선고, 86후163 판결

이 건 출원상표의 영문자 'DARKIE'는 흑인을 경멸하는 의미를 지니는 영문자 'Darky'와 발음이 동일하여 같은 의미로 인식될 수 있고, 본건 출원상표 중의 한자 '黑人'은 그 의미가 피부가 검은 사람, 흑색인종에 속하는 사람으로서 전체적으로 흑인종족, 흑인민족을 비방, 모욕, 악평을 받게 할 염려를 배제할 수 없다. 따라서 구 상표법 제9조 제1항 2호의 규정과 본건 출원상표를 살펴보면 'DARKIE'가 흑인을 경멸하는 구어로서의 영문자 'Darky' 또는 'Darkey'와 동일한 발음 및 동일한 의미로 사용될 수 있음이 인정되는 바, 전체적으로 흑인종족, 흑인민족을 비방, 모욕, 악평을 받게 할 염려가 있다.

(3) 공익단체의 표장과 동일 또는 유사한 상표

국가·공공단체 또는 이들의 기관과 공익법인[98]의 비영리 업무나 공익사업[99]을 표시하는 표장[100]으로서 저명(著名)한 것과 동일 또는 유사한 상표는

98) "공익법인"이라 함은 민법 제32조에 따라 설립된 종교나 자선 또는 학술 등의 공익을 주목적으로 하는 비영리법인(사단 또는 재단)을 말하며,여기에는 외국의 공익법인도 포함된다. 다만, 지방자치단체나 공공조합 등의 공공단체인 공법인은 제외된다.

99) 요금 또는 수수료의 부과 등 부수적으로 영리업무를 하더라도 주목적이 비영리업무 또는 공익사업을 수행하는 것이면 본 호에서 규정하는 '영리를 목적으로 하지 아니하는 업무 또는 영리를 목적으로 하지 아니하는 공익사업'에 해당하는 것으로 본다.

등록을 받을 수 없다. 이는 저명한 업무표장을 가진 공익단체의 업무상 신용과 권위를 보호함과 동시에 그것이 상품에 사용되면 일반 수요자나 거래자에게 상품의 출처에 관한 혼동을 일으키게 할 염려가 있으므로 일반공중을 보호하는 데 있다. 즉 공익과 사익 양자를 모두 보호하기 위한 규정이라 할 수 있다.101)

특허법원 2003. 4. 25. 선고, 2002허8035 판결

[공익법인의 표장에 해당하지 않는다고 판단한 사례]

대한축구협회는 대한체육회의 가맹단체로서 축구 경기를 국민에게 널리 보급하여 국민체력을 향상하게 하며, 산하·가맹단체를 통할·지도하고 우수한 지도자와 선수를 양성하여 국위 선양을 도모함으로써 한국 축구의 건전한 육성 발전에 기여함을 목적으로 1933. 9. 19. 설립된 권리능력 없는 사단으로 위 목적을 달성하기 위한 범위 내의 사업을 행하고 있다는 사정만으로는 대한축구협회를 구 상표법 제7조 제1항 제3호 소정의 공공단체나 그 기관 또는 공익법인으로 보기 어렵다고 한 사례.

본 호에서 '저명한 표장(標章)'이란 사회통념상 또는 거래사회에서 일반적으로 널리 인식되고 있는 표장 또는 단체명을 말한다. 공익단체의 표장이란 예를 들면 YMCA, YWCA, Boyscout 등이다. 다만 국가 등이 자기의 표장(標章)을 상표등록출원한 때에는 그러하지 아니하다(상§34①iii).

특허법원 2006허7665 판결

이화, EWHA

[저명한 표장에 해당한다고 판단한 사례]

"이화" 또는 "EWHA"는 주지·저명한 교육기관인 "이화여자대학교"를 가리키는 것으로 현저하게 인식되었고, 등록상표는 "이화"만으로 분리관찰 가능하므로 본 호에 해당(서적 등 교육관련 재료)

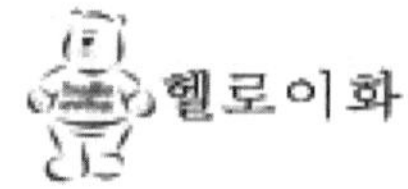

대법원 1996. 3. 22. 선고, 95후1104 판결

[상표등록을 거절한 사례]

"국가·공공단체 또는 이들의 기관과 공익법인의 영리를 목적으로 하지 아니하는 업무 또는 영리를 목적으로 하지 아니하는

100) "공익사업을 표시하는 표장"이라 함은 국가·공공단체 또는 이들의 기관 및 공익법인이 수행하는 비영리 업무 또는 공익사업을 나타내는 표장을 말한다.

101) 대법원 1996. 3. 22. 선고, 95후1104 판결.

한국통신

공익사업을 표시하는 표장으로서 저명한 것과 동일 또는 유사한 상표"는 상표등록을 받을 수 없다고 규정하고 있는바, 위 규정의 취지는 저명한 업무표장을 가진 공익단체의 업무상의 신용과 권위를 보호함과 동시에 그것이 상품에 사용되면 일반 수요자나 거래자에게 상품의 출처에 관한 혼동을 일으키게 할 염려가 있으므로 일반 공중을 보호하는 데에 있다고 할 것이다.

본건은 저명한 업무표장을 가진 공익단체의 업무상의 신용과 권위를 보호함과 동시에 그것이 상품에 사용되면 일반 수요자나 거래자에게 상품의 출처에 관한 혼동을 일으키게 할 염려가 있으므로 일반 공중을 보호하는 데에 있다(한국전기통신공사의 표장과 동일·유사하다는 이유로 출원인의 "한국통신"이라는 상표의 등록을 거절한 원심결을 정당하다고 인정한 사례).

대법원
1998. 4. 24. 선고,
97후1320 판결

[업무표장과 유사하다는 이유로 상표등록을 거절한 사례]

축산업협동조합중앙회는 축산업협동조합법 제6조 제2항에 의하여 영리를 목적으로 하는 업무를 하여서는 아니 되는 공공단체로서, 그 업무표장(이하 인용 업무표장이라 한다)은 1985. 11. 7. 등록이 된 이래 계속 사용되어 일반인들에게 축산업협동조합중앙회를 표시하는 표장으로 널리 알려져 있는바, 이 사건 출원상표(이하 본원상표라고 한다)는 인용 업무표장과 그 외관이 유사하여 본원상표가 그 지정상품에 사용될 경우에 일반 수요자 및 거래자에게 그 상품이 축산업협동조합중앙회나 그와 밀접한 관계가 있는 회사에 의하여 생산된 상품으로 인식됨으로써 상품출처의 오인·혼동의 우려가 있고, 본원상표가 효성그룹의 심벌마크symbol mark로서 인용 업무표장보다 훨씬 이전부터 그 지정상품에 사용되어 인용 업무표장과의 사이에 상품의 출처에 관하여 혼동을 일으키지 아니하고 구별이 가능할 정도로 일반 수요자에게 널리 인식되었다고 볼 만한 증거도 없다는 이유로 구 상표법 제7조 제1항 제3호에 의하여 본원상표의 등록을 거절한 원사정은 정당하다고 판단하였는바, 기록에 비추어 살펴보면, 원심의 위와 같은 조치는 옳다고 여겨지고, 거기에 구 상표법 제7조 제1항 제3호에 관한 법리를 오해하였거나 양 표장의 유사 여부에 관한 심리를 다하지 아니한 위법이 있다고 할 수 없다. 그리고 본원상표의 지정상품과 인용 업무표장에 의하여 표시되는 업무가 유사하지 아니하거나 견련관계가 없다고 하더라도 그러한 사정만으로 위 규정의 적용이 배제된다고 볼 것은 아니므로, 원심이 그러한 지정상품과 업무 상호간의 유사 여부 내지 견련관계 여부에 대하여 별도로 판단하지 아니하였다고 하더라도 위 규정의 적용에 있어서 심리를

	다하지 아니한 잘못이 있다고 할 것은 아니다. 상고이유의 주장은 모두 받아들일 수 없다.
대법원 1994. 5. 24. 선고, 93후2011 판결	**[상표등록을 인정한 사례]** 원상표 "KSB"와 한국방송공사의 저명한 업무표장인 인용표장 "KBS"의 외관이 유사하다고 하더라도 관념과 칭호가 다르고, 한국방송공사는 방송업무 및 그 부대사업만을 시행하고 있음에 비추어 출원상표의 지정상품인 기계류의 수요자들이 그 상품을 한국방송공사에서 제조 또는 수입, 판매하는 것이라거나 그 상품의 출처와 한국방송공사 사이에 어떠한 견련관계가 있다고 오인 혼동할 가능성은 없다고 할 것이므로 전체적으로 보아 출원상표와 인용표장은 유사하다고 할 수 없다.

(4) 공서양속에 反하는 상표

상표 그 자체 또는 상표가 상품에 사용되는 경우 수요자에게 주는 의미와 내용 등이 일반인의 통상적인 도덕관념인 선량한 풍속에 어긋나거나 공공의 질서를 해칠 우려가 있는 상표는 특별현저성이 있는 경우에도 상표등록을 받을 수 없다(상§34①iv).[102] 여기서 '공공의 질서'라 함은 실정법상의 공법질서, 국제신뢰 또는 일반 사회질서는 물론 공정하고 신용있는 거래질서와 인간의 존엄성과 가치, 평등권 보장 등 자유민주주의 기본질서도 포함한다.

공서양속을 문란하게 할 염려가 있는 상표라 함은 상표의 구성 자체는 물론이고, 상표의 구성 자체는 그러하지 아니하더라도 지정상품에 사용함으로써

102) [미국상표법 제1052호(a)]
부도덕한 사항, 기만적이거나 중상적인 사항 또는 다른 자(생사를 묻지 아니한다), 기관, 종교 또는 국가의 상징을 비방하거나 그 관계를 허위로 암시 또는 모욕하거나 악평을 가할 수 있는 사항으로 구성되는 것
[일본상표법 제4조제1항제7호]
공공의 질서 또는 선량한 풍속을 해칠 우려가 있는 상표
[독일상표법 제8조(2)5]
공공질서 또는 선량한 풍속을 문란하게 할 염려가 있는 상표
[프랑스상표법 Art. L. 711-3. (b)]
공공 질서 또는 선량한 풍속에 반하는 표장, 또는 그 이용이 법적으로 금지된 표장
[영국상표법 제3조(3)(a)]
공공정책이나 공중도덕에 반하는 상표
[EU공동체상표규정 제7조제1항(f)]
공공정책이나 도덕에 반하는 표장

상표법 제34조 제1항 제4호에 위반하는 경우를 말한다.[103] 예컨대 사기꾼, 소매치기, 새치기, 뇌물, 가로채기, 성적 흥분을 유발시키는 상표, 사이비종교·부적 등 미신을 조장하거나 국민간의 불신과 지역감정을 조장하는 문자나 도형으로 된 상표, 타인의 저명한 저작권을 침해하거나 저명한 고인의 성명 등을 도용하여 출원한 상표 등이다.

즉 타인의 저명한 저작권을 침해하거나 저명한 고인의 성명[104] 등을 도용하여 출원한 상표는 공정하고 신용있는 거래질서 등 국제간의 신용질서를 침해할 우려가 있는 공서양속에 반하는 상표로 본다. 다만 저명한 고인의 성명 등의 경우 고인과 관련 있는 기념사업회, 기념재단, 후원연구소나 단체 등의 동의가 있거나 고인의 성명을 관리하고 있는 기념재단, 기념사업회 등이 있는지 확인할 수 없거나 존재할 가능성이 없을 정도로 오래된 고인의 경우에는 다르게 판단할 수 있다.

공서양속은 시대의 변화에 따라 달라지는 상대적인 개념이므로 출원상표가 본 호에 해당하는지 여부는 거래실정 및 시대상황에 맞게 원칙적으로 일반수요자의 평균적인 인식수준을 기준으로 판단하며 판단시점은 상표등록여부 결정시를 기준으로 한다.

대법원 1991. 12. 10. 선고, 91후318 판결, 1993. 7. 27. 선고, 92후2311 판결

[공공의 질서 또는 선량한 풍속을 문란하게 할 염려가 있는 상표의 의의]

구 상표법 제7조 제1항 제4호에서 규정한 '공공의 질서 또는 선량한 풍속을 문란하게 할 염려가 있는 상표'라 함은 상표의 구성 자체 또는 그 상표가 지정상품에 사용되는 경우 일반 수요자에게 주는 의미나 내용이 사회공공의 질서에 위반하거나 사회 일반인의 통상적인 도덕관념인 선량한 풍속에 반하는 경우, 또는 고의로 주지·저명한 타인의 상표나 상호 등의 명성에 편승하기 위하여 무단으로 타인의 표장을 모방한 상표를 등록 사용하는 것처럼, 그 상표를 등록하여 사용하는 행위가 공정한 상품유통질서나 국제적 신의와 상도덕 등 선량한 풍속에 위배되는 경우를 말한다.

---

103) 실례로서, 이공학 박사는 등록되지 않았으나, 한자 박사는 상표등록이 허용되었다. 일본에서는, 러일전쟁 중 군인들이 설사병에 잘 걸리자, 한 제약회사가 설사약을 개발한 뒤 빨리 나아 러시아를 정복하라고 정로환(征露丸)이라는 이름을 붙였다. 이 제약회사는 정로환을 제2차세계대전 후에 상표출원하려 하였으나, 일본 특허청은 이를 거절하였다.

104) 저명한 고인의 성명을 정당한 권리자의 동의 없이 출원한 경우에 적용하고, 현존하는 저명한 타인의 성명은 법 제34조 제1항 제6호를 적용한다.

대법원 2004. 7. 9. 선고, 2002후2563 판결

[제34조 제1항 제4호의 해당여부]

특정 상표가 국내에서 저명하지 아니한 이상 그 상표를 모방하여 출원, 등록한 상표가 구 상표법 제7조 제1항 제4호에서 규정한 '공공의 질서 또는 선량한 풍속을 문란하게 할 염려가 있는 상표'에 해당한다고 할 수 없다.

명칭을 "눈높이"로 하는 등록상표의 지정상품인 칠판, 자기칠판, 필판 등은 그 속에 특정한 내용이 들어 있는 것이 아니라 교육장소에서 그림을 그리거나 글씨를 쓸 수 있도록 만든 교구재인데 반하여, '눈높이'를 주요 부분으로 하는 인용표장들의 사용상품인 학습지는 그 속에 이미 특정한 내용이 들어 있어서 그 자체로서 학습 또는 교육의 목적으로 사용되는 물건이므로 그 용도에 있어서도 상이하며, 또한, 등록상표의 지정상품은 교구제조업체가 생산하여 문구점에서 진열·판매하거나 학교, 학원 등에 직접 공급하는 반면, 학습지는 학습지 제조업체가 생산하여 서점에서 진열·판매하거나 가정으로 배달하는 것이므로 그 생산·판매 부문도 상이하며, 등록상표의 수요자는 학교, 학원, 사무실 등 교육기관인 데 비하여, 학습지의 수요자는 주로 유아나 초·중등생으로서 수요자가 다르고, 유아나 초·중등생의 학습을 위하여 학습지와 더불어 칠판, 분필, 칠판지우개 등 등록상표의 지정상품들도 함께 사용될 수 있으나, 이는 학습의 필요에 의한 것일 뿐 상품 그 자체의 특성과는 관련이 적고, 나아가 학습지를 판매하는 업체에서 등록상표의 지정상품들을 함께 제조하여 판매하고 있는 사실을 인정할 만한 증거도 없으므로, 등록상표를 그 지정상품에 대하여 사용하더라도 인용표장들과 관련하여 상품 출처의 오인·혼동을 일으켜 수요자를 기만할 염려가 없다.

대법원 2002. 7. 9. 선고, 99후451 판결

[모방상표의 상표법 제34조 제1항 제4호 해당여부(소극)]

구 상표법 제7조 제1항 제4호에서 '공공의 질서 또는 선량한 풍속을 문란하게 할 염려가 있는 상표'라 함은 상표의 구성 자체 또는 그 상표가 그 지정상품에 사용하는 경우에 일반 수요자에게 주는 의미나 내용이 사회공공의 질서에 위반하거나, 사회일반인의 통상적인 도덕관념인 선량한 풍속에 반하는 경우를 말한다고 할 것인바, 인용상표가 주지·저명하지 아니하다면 이를 모방하여 지정상품을 달리하여 출원한 것 자체만으로는 상표법 제7조 제1항 제4호에 해당한다고 할 수는 없으며, 여기서 인용상표가 주지·저명하다는 것은 국내에서 주지·저명한 것을 말한다.

외국에서는 주지·저명하나 국내에서는 주지·저명하지 않은 인용상표를 모방하여 동일·유사한 상품에 관하여 등록상표를 출

원하였다는 것만으로는 등록상표가 상표법 제7조 제1항 제4호에 해당한다고 단정할 수 없다. BURTON

대법원 2000. 4. 21. 선고, 97후860 판결

[상표법 제34조 제1항 제4호에 해당한다고 한 사례(피카소 판결)]

구 상표법 제7조 제1항 제4호에서 규정한 '공공의 질서 또는 선량한 풍속을 문란하게 할 염려가 있는 상표'라 함은 상표의 구성 자체 또는 그 상표가 지정상품에 사용되는 경우 일반 수요자에게 주는 의미나 내용이 사회공공의 질서에 위반하거나 사회 일반인의 통상적인 도덕관념인 선량한 풍속에 반하는 경우뿐만 아니라, 그 상표를 등록하여 사용하는 행위가 공정한 상품유통질서나 국제적 신의와 상도덕 등 선량한 풍속에 위배되는 경우도 포함된다.

화가가 그의 미술저작물에 표시한 서명은 그 저작물이 자신의 작품임을 표시하는 수단에 불과하여 특별한 사정이 없는 한 그 자체가 예술적 감정이나 사상의 표현을 위한 것이라고는 할 수 없어 저작권법상의 독립된 저작물이라고 보기 어려우나, 이러한 서명은 저작자인 화가가 저작권법 제12조 제1항에 의한 성명표시권에 의하여 자기 저작물의 내용에 대한 책임의 귀속을 명백히 함과 동시에 저작물에 대하여 주어지는 사회적 평가를 저작자 자신에게 귀속시키려는 의도로 표시하는 것이므로, 그 서명이 세계적으로 주지·저명한 화가의 것으로서 그의 미술저작물에 주로 사용해 왔던 관계로 널리 알려진 경우라면, 그 서명과 동일·유사한 상표를 무단으로 출원등록하여 사용하는 행위는 저명한 화가로서의 명성을 떨어뜨려 그 화가의 저작물들에 대한 평가는 물론 그 화가의 명예를 훼손하는 것으로서, 그 유족의 고인에 대한 추모경애의 마음을 손상하는 행위에 해당하여 사회 일반의 도덕관념인 선량한 풍속에 반할 뿐만 아니라, 이러한 상표는 저명한 고인의 명성에 편승하여 수요자의 구매를 불공정하게 흡인하고자 하는 것으로서 공정하고 신용있는 상품의 유통질서를 침해할 염려가 있다 할 것이므로 이러한 상표는 구 상표법 제7조 제1항 제4호에 해당한다.

대법원 1997. 7. 11. 선고, 96후2173 판결

[선량한 풍속을 문란하게 할 염려가 있는 상표가 아니라고 한 사례]

출원상표 "JAMES DEAN" 자체의 의미에서 선량한 도덕관념이나 국제신의에 반하는 내용이 도출될 수는 없으며, 출원상표와 같은 표장을 사용한 상품이 국내에서 유통됨으로써 국내의 일반 수요자들에게 어느 정도라도 인식되었음을 인정할 자료가 없는 이상 국내의 일반거래에 있어서 수요자나 거래자들이 출원상표를 타인의 상품 표장으로서 인식할 가능성은 없으므로, 위 상

표를 구 상표법 제7조 제1항 제4호 소정의 공공의 질서 또는 선량한 풍속을 문란하게 할 염려가 있는 상표라거나 구 상표법 제7조 제1항 제11호 소정의 수요자를 기만할 염려가 있는 상표라고도 볼 수 없다.

대법원 2009. 5. 28. 선고, 2007후3301 판결

이 사건 등록서비스표인 '우리은행'(이하 '서비스표 은행'이라 한다)은 자신과 관련이 있는 은행을 나타내는 일상적인 용어인 '우리 은행'(이하 '일상용어 은행'이라 한다)과 외관이 거의 동일하여 그 자체만으로는 구별이 어렵고 그 용법 또한 유사한 상황에서 사용되는 경우가 많아, 위 두 용어가 혼용될 경우 그 언급되고 있는 용어가 서비스표 은행과 일상용어 은행 중 어느 쪽을 의미하는 것인지에 관한 혼란을 피할 수 없고, 그러한 혼란을 주지 않으려면 별도의 부가적인 설명을 덧붙이거나 '우리'라는 용어를 대체할 수 있는 적절한 단어를 찾아 사용하는 번거로움을 겪어야 할 것이며, 특히 동일한 업종에 종사하는 사람에게는 그러한 불편과 제약이 가중되어 그 업무수행에도 상당한 지장을 받게 될 것으로 보인다. 이러한 결과는 '우리'라는 단어에 대한 일반인의 자유로운 사용을 방해하는 것이어서 위에서 본 사회 일반의 공익을 해하여 공공의 질서를 위반하는 것이라 하겠고, 나아가 위 서비스표 은행의 등록을 허용한다면 지정된 업종에 관련된 사람이 모두 누려야 할 '우리'라는 용어에 대한 이익을 그 등록권자에게 독점시키거나 특별한 혜택을 줌으로써 공정한 서비스업의 유통질서에도 반하는 것으로 판단된다. 따라서 이 사건 등록서비스표는 구 상표법 제7조 제1항 제4호에 해당하는 것으로서 등록을 받을 수 없는 서비스표에 해당한다고 보아야 할 것이다.

(5) 박람회의 상패 · 상장 또는 포장과 동일 · 유사한 표장

정부 · 외국정부에서 개최하는 박람회[105] 또는 정부 · 외국정부의 승인을 받아 개최하는 박람회의 상패 · 상장 또는 포장(褒章)[106]과 동일 · 유사한 표장(標章)은 상표 등록을 받을 수 없다.[107] 다만 그 상패 · 상장 또는 포장을 받은 자가 그 상표의 일부로서 표장을 사용할 때에는 그러하지 아니하다(상§34①v).

105) 박람회라 함은 전시회, 전람회, 품평회, 경진대회 등 그 용어를 불문하고 넓게 해석한다.

106) "상패, 상장, 포장"이라 함은 공로패, 표창장, 감사장 등 용어를 불문하고 주최자가 수여하는 일체의 증서 또는 기념패 등을 말한다. 본 호는 박람회의 상패, 상장, 포장과 동일 또는 유사한 표장이 있는 상표에 적용되므로, 박람회의 상패, 상장, 포장이 부기적인 부분에 포함되어 있는 경우에도 적용된다.

107) 대법원 1991. 4. 23. 선고, 89후261 판결.

이 규정은 박람회의 권위를 유지하고 상품의 품질에 대한 오인을 방지하려는 데 그 목적이 있다. 즉 박람회에서 수상하지 않은 자가 박람회에서 수상한 것처럼 그 상장·상패를 상표의 일부로 사용하면 마치 상(賞)을 받은 우수한 품질의 상품인 것처럼 보여 수요자에게 불측의 손해를 끼칠 염려가 있기 때문이다.

여기서 '정부 또는 외국정부의 승인'이란 정부 또는 외국정부의 인가, 허가, 면허, 인정, 공인, 허락 등 그 용어를 불문하고 정부가 권위를 부여하거나 이를 허용하는 일체의 행위를 말하고, '상표의 일부로서 그 표장을 사용할 때'란 상표의 한 요부 또는 부기적으로 사용하는 경우를 말하며 상표의 전부 또는 지배적인 표장으로 사용할 때에는 이에 해당하지 아니한다.

그 외에 그 상패·상장 또는 포장을 받은 자가 상표의 일부로서 그 표장을 사용하더라도 상표의 사용이 상품의 품질보증적인 기능을 가질 때에는 법 제34조 제1항 제12호에 따른 상품의 품질 오인관계를 고려하여야 한다.

대법원 1991. 4. 23. 선고, 89후261 판결

등록출원이 구 상표법 제9조 제1항 제5호의 규정에 해당한다고 하기 위하여서는 과연 인용표장을 사용한 박람회가 정부의 승인을 받은 것인지, 그 박람회에서 시상으로 상패, 상장 또는 포장을 수여한 바가 있고 또 그것들이 인용표장과 같은 것인지 여부를 먼저 심리하였어야 함에도 불구하고 위와 같은 사정을 조사하지 아니하고 출원상표와 인용표장과의 동일유사 여부만을 심리한 채 출원상표가 위 조항에 해당한다고 판단함으로써 법리오해 또는 심리미진의 위법을 저질렀다고 하여 원심결을 파기한 사례.

출원상표 "SPOREX"가 국민체육진흥재단이 주최한 "스포츠 및 레저용품 박람회"의 영문표기인 인용표장 "SPOREXKOR"와 유사하여 구 상표법 제9조 제1항 제11호에 해당하는 상표라고 하기 위하여는 먼저 인용표장이 박람회의 표장으로 거래자나 일반수요자 사이에 널리 인식되어 있다 함이 인정되어야 하고 나아가 그 표장을 상표로 사용한다면 그 박람회의 성격상 그 상품이 박람회의 개최자에 의하여 생산되었다는 등의 뜻으로 오해할 소지가 있을 것이라는 사정이 인정되어야 할 것이다.

(6) 품종명칭과 동일 · 유사한 상표

『식물신품종 보호법』 제109조에 따라 등록된 품종명칭과 일치하거나 유사한 상표로서 그 품종명칭과 동일 또는 이와 유사한 상품에 대하여 사용하는 상표는 등록을 받을 수 없다(상§34① x vii). 본 호는 『식물신품종 보호법』 제116조에서 품종명칭을 도용하여 종자를 판매 · 보급 · 수출하거나 수입할 수 없도록 규정하고 있으므로, 상표법과 『식물신품종 보호법』과의 저촉을 피하고 등록상표와 품종명칭의 중복으로 인한 오인 · 혼동을 방지하기 위해 2010년 개정 상표법에서 도입된 규정이다.

본 호의 적용요건은 ① 『식물신품종 보호법』 제109조에 따라 등록된 '품종명칭[108]과 동일하거나 유사'한 상표일 것, ② 그 품종명칭과 '동일 또는 이와 유사한 상품에 대하여 사용[109]'하는 상표일 것을 요한다. 본 호에 해당하는지 여부에 대한 판단시점은 상표등록여부결정시를 기준으로 한다.

(7) 지리적 표시와 동일 유사한 상표

『농수산물 품질관리법』 제32조에 따라 등록된 타인의 지리적 표시와 동일하거나 유사한 상표로서 그 지리적 표시를 사용하는 상품과 동일하다고 인정되는 상품에 사용하는 상표는 등록을 받을 수 없다(상§34①x viii). 본 호는 『농수산물 품질관리법』 제32조에서 상표법에 따라 먼저 출원되었거나 등록된 타인의 상표와 같거나 비슷한 지리적 표시, 국내에서 널리 알려진 타인의 상표 또는 지리적 표시와 같거나 비슷한 지리적 표시는 등록을 거절하도록 규정하고 있는 것에 반해, 상표법에는 이러한 규정이 없으므로 「농수산물 품질관리법」과의 저촉을 피하고, 아울러 「농수산물 품질관리법」에 따라 등록된 지리적 표시 중 대한민국이 체결하여 발효된 자유무역협정에 따라 보호하기로 한 지리적 표시에 반영되지 아니한 지리적 표시도 자유무역협정에 따라 보호의무가 발생한 지리적 표시와 마찬가지로 보호할 필요가 있기에 상표법 제34조

---

108) "식물신품종 보호법에 따라 등록된 품종명칭"이란 『식물신품종 보호법』 상의 품종명칭등록원부에 등록된 품종명칭을 말한다.

109) 『식물신품종 보호법』 상의 품종명칭은 해당 품종명칭이 사용되는 작물을 지정하여 등록받아야 하는데, 본 호는 해당 품종명칭이 사용되는 작물과 동일 또는 유사한 상품에 출원한 경우에 한하여 적용한다. 따라서 『식물신품종 보호법』에 따라 등록된 품종명칭과 동일 · 유사한 상표라 하더라도 해당 작물과 동일 · 유사한 상품이 아니라면 본 호를 적용하지 아니한다.

제1항 제17호와 같이 마련된 규정이다. 본 호의 적용요건은 ① 『농수산물 품질관리법』 제32조에 따라 등록된 '타인의 지리적 표시와 동일하거나 유사'한 상표일 것,[110] ② 그 지리적 표시를 사용하는 상품과 '동일하다고 인정되는 상품[111]에 사용'하는 상표일 것을 요한다.

본 호의 판단시점은 『농수산물 품질관리법』에 의하여 등록된 지리적 표시와 출원상표의 동일·유사 여부 판단은 출원시를 기준으로 한다. 다만, 타인에 해당하는지 여부판단은 등록여부결정시로 한다. 만약 『농수산물 품질관리법』에서 아직 등록이 완료되지 않은 경우 심사를 보류하였다가 최종 등록여부를 결정하도록 한다.[112]

(8) FTA에 따라 보호되는 지리적 표시와 동일 유사한 상표

대한민국이 외국과 양자간(兩者間) 또는 다자간(多者間)으로 체결하여 발효된 자유무역협정에 따라 보호하는 타인의 지리적 표시와 동일하거나 유사한 상표 또는 그 지리적 표시로 구성되거나 그 지리적 표시를 포함하는 상표로서 해당 지리적 표시를 사용하는 상품과 동일하다고 인정되는 상품에 사용하는 상표는 등록을 받을 수 없다(상§34①xix). 본 호는 한-EU FTA에서 지리적 표시의 상호 보호대상 리스트(부속서)를 교환함으로서 자국의 지리적 표시를 상대국에서 일괄적으로 보호해 주기로 하고 있으므로, 직접적으로는 한-EU FTA에서 보호의무가 발생한 지리적 표시를 보호하고자 2011년 개정 상표법에서 도입된 것이며, 나아가서는 자유무역협정에 의하여 보호의무가 발생하는 다른 지리적 표시에도 적용할 수 있도록 한 규정이다.

본 호의 적용요건은 ① 대한민국이 외국과 양자간(兩者間) 또는 다자간(多者間)으로 체결하여 발효된 '자유무역협정에 따라 보호하는 타인의 지리적 표

110) 『농수산물 품질관리법』에 따라 등록된 지리적 표시에 한하여 적용된다. 『농수산물 품질관리법』 제32조에 따라 등록된 타인의 지리적 표시에 적용되므로 본인의 지리적 표시에는 적용되지 아니한다. 따라서 『농수산물 품질관리법』에 따라 등록된 지리적 표시권자가 해당 표장을 상표법상의 지리적 표시 단체표장으로 출원하는 경우에는 본 호를 적용하지 아니한다.

111) "동일하다고 인식되어 있는 상품"이라 함은 주요 원재료에서 가공방법 등의 차이가 있는 상품이나, 소비자가 상품의 출처를 같은 생산자에게서 생산된 것이라고 인식하는 상품을 말한다. 다만, 같은 상품이라도 지리적 특성에 따라 서로 다른 품종을 생산하는 경우 동일하다고 인식되어 있는 상품으로 보지 아니한다.

112) 상표심사기준 제5부 제16장 3.(p.277).

시'일 것, ② 그 지리적 표시와 '동일하거나 유사한 상표 또는 그 지리적 표시로 구성되거나 그 지리적 표시를 포함하는 상표'로서 해당 지리적 표시를 사용하는 '상품과 동일하다고 인정되는 상품에 사용'하는 상표일 것을 요한다.

본 호는 한-EU FTA 발효일, 대한민국이 양자간 또는 다자간으로 체결하는 FTA 발효일 또는 추가적으로 보호하기로 한 지리적 표시 목록의 접수일 이후에 출원하는 상표에 대하여 적용하고, 본 호의 타인 해당 여부는 등록여부결정시를 기준으로 판단한다.

3. 사익적(私益的)인 관점에서 등록을 받을 수 없는 상표

(1) 저명인 또는 상호를 사용하는 상표

저명(著名)한 타인의 성명·명칭 또는 상호·초상(肖像)·서명·인장(印章)·아호·예명·필명 또는 이들의 약칭은 상표로서 등록을 받을 수 없다. 다만 그 타인의 승낙을 얻은 경우에는 그러하지 아니하다(상§34①vi). 본 호의 취지는 타인의 인격권을 보호하기 위한 것이라는 견해와 타인의 성명 등의 모용에 의한 수요자의 출처혼동을 방지하기 위한 것이라는 견해가 있는데, 출처혼동을 방지하기 위한 별도의 규정이 있으며 타인의 승낙 하에 등록이 가능하다는 점에서 인격권으로 보호하기 위한 규정으로 봄이 타당하다. 그리고 이 문제는 본 호 이외에 부정경쟁방지법에 의해 보호도 받을 수 있다.

저명한 타인의 성명, 명칭, 상호 등이 상표로 사용되어 유명해진 경우에는 그 타인의 승낙이 있더라도 제3자가 상표로 사용할 경우 일반수요자로 하여금 출처의 오인·혼동을 일으키게 할 염려가 있으므로 법 제34조 제1항 제9호, 제11호 또는 제12호를 적용하며, 부정한 목적을 가진 것으로 인정될 경우에는 상표법 제34조 제1항 제13호를 함께 적용한다.

여기서 '타인'이란 현존하는 자연인은 물론 법인(법인격이 없는 단체를 포함한다)도 포함되며 자국인은 물론 외국인도 포함한다. '저명'이란 사회통념상 국내 일반수요자 또는 관련 거래업계에서 일반적으로 널리 인지될 수 있는 정도를 말한다. 다만, 저명성 요건은 널리 알려진 연예인이나 스포츠선수 이름, 국내외 유명인사 등의 이름으로 직감할 수 있으면 충분한 것으로 본다[113]고

하나 판례는 주지성·현저성보다 훨씬 주지도가 높고 오랜 전통과 명성을 가진 경우로 보고 있다.[114)]

상표법은 성명, 초상 등이 전부 저명할 것을 요건으로 하고 있지만 구체적으로 저명성[115)]의 정도는 인격권보호의 측면에서 탄력적으로 해석해야 할 것이다. 예컨대 성명이나 상호는 약칭이나 서명, 인장보다 저명성이 낮아도 본 호를 적용할 것이며, 초상은 타인의 상표의 일부로 사용할 경우에는 인격훼손의 우려가 크므로 저명성의 요건을 더욱 완화해서 판단해야 할 것이다.[116)]

자기의 성명·명칭과 저명한 타인의 성명·명칭이 동일한 때에는 타인의 승낙이 필요하다. 이 규정은 인격권의 보호를 목적으로 한 규정이다. 따라서 본인의 승낙을 받은 경우는 가능하다. 예를 들면 Chanel, Pierre Cardin, 국립과학수사연구원⇒국과수, 한국전력주식회사⇒한전, 육군사관학교⇒육사 등이다.

대법원 1984. 1. 24. 선고, 83후34 판결

[상표법 제34조 제1항 제6호의 저명성 정도]

저명하고, 널리 알려진 주지상표(상호)인 여부는 그 사용의 기간, 방법, 태양, 사용량, 거래범위 등과 상품거래의 실정 및 사회통념상 객관적으로 널리 알려졌느냐의 여부가 일응의 기준이 된다 할 것이다.

현대 대중매체를 통한 광고선전효과의 급속, 광범성을 염두에 둔다 하더라도 불과 4개월 남짓의 몇 개의 일간지에 각 6회 이하씩의 신문광고와 회수 미상의 TV 및 AM, FM방송광고 그리고 3개월 남짓의 영업활동실적이 있었다 하더라도 그것만으로는 그 시점에서 거래의 실정에 비추어 객관적으로 수요자간에 인용상호가 구 상표법 제9조 제1항 제9호 소정의 현저하게 인식된 것이라고 단정하기 어렵다.

구 상표법 제9조 제1항 제6호 소정의 상호의 저명성은 동조항 제9호 소정의 주지성 현저성보다도 훨씬 당해 상호의 주지도가 높을 뿐 아니라 나아가 오랜 전통 내지 명성을 지닌 경우를 가리킨다고 볼 것이다.

---

113) 상표심사기준 제5부 제6장 1.1.1.(p.205).

114) 대법원 1984. 1. 24. 선고, 83후34 판결.

115) 저명성은 상표의 출원시를 기준으로 판단한다.

116) 최성우, 주제별 상표법, 한빛지적소유권센터(2000. 5.), p.204.

대법원 2013. 10. 31. 선고, 2012후1033 판결 2NE1	**[저명한 연예인 명칭으로 판단한 사례]** 저명한 타인의 성명·명칭 또는 상호·초상·서명·인장·아호·예명·필명 또는 이들의 약칭을 포함하는 상표는 등록을 받을 수 없다고 규정하고 있다. 여기서 타인의 명칭 등이 저명한지는 그 사용기간, 방법, 태양, 사용량 및 거래의 범위와 상품거래의 실정 등을 고려하여 사회통념상 또는 지정상품과 관련한 거래사회에서 타인의 명칭 등이 널리 인식될 수 있는 정도에 이르렀는지 여부에 따라 판단하여야 한다. "2NE1이라는 여성 아이돌 그룹의 활동기간이 출원일까지 약 2개월여 불과하다 하더라도, 음악에 대해 일반인의 접근이 용이하다는 점을 고려했을 때, 출원일 무렵 국내의 수요자 사이에 널리 알려져 있어 저명성을 획득"하였다고 판단하였다.

심판번호	본원상표	인용상표	결과	비고
2000허 375	BOSS AUDIO SYSTEMS	HUGO HUGO BOSS	거절사정	분리관찰 호칭동일
99허 2112	T · ·Net·	TINET	거절사정	칭호유사
99허 1744	DVCPRO DATA	DVC	거절사정	분리관찰
99허 6527	NEWTEC	TEC	거절사정	칭호유사
98허 5107	MOBILE ASSISTAN	ASSISTAN MOBILE MAR	거절사정	MOBILE 약칭
98허 9741	StarTAC	STARTEC	비유사 ("TAC" 식별력 인정)	대법원 (칭호유사)
99허 9236	COCOS	COCO	이종상품 비유사	
97후 1993	SAVINGS	SAVE	칭호관념 유사	
95후 4293	HI-VU	HIVE 하이브	이종상품 비유사	

90후 1734	애 플	APPLEBOX 애플박스	호칭·관념 동일	
90후 1222	한글	한 글 스 타 HANGUL STAR	비유사 TALK≠STAR	

출처: 상표심사매뉴얼 pp.127~128 재인용.

(2) 타인의 선등록상표와 동일·유사한 상표

선출원(先出願)에 의한 타인의 등록상표(지리적 표시 등록단체표장을 제외한다)와 동일 또는 유사한 상표로서 그 등록상표의 지정상품과 동일 또는 유사한 상품에 사용하는 상표는 등록을 받을 수 없다(상§34①vii本). 다만, 그 타인으로부터 상표등록에 대한 동의를 받은 경우(동일한 상표로서 그 지정상품과 동일한 상품에 사용하는 상표에 대하여 동의를 받은 경우는 제외한다)에는 상표등록을 받을 수 있다(상§34①vii但). 그리고 동조 동항 제8호에 따라 선출원에 의한 타인의 지리적 표시 등록단체표장과 동일 또는 유사한 상표로서 그 지정상품과 동일하거나 동일하다고 인식되어 있는 상품에 사용하는 상표는 등록을 받을 수 없다(상§34①viii). 여기서 "타인의 등록상표"라고 함은 타인의 선출원(先出願) 등록상표를 말하며 후출원(後出願)에 의한 선등록상표는 본 호를 적용하지 않는다. 후출원에 의한 선등록상표가 심판 또는 재판에 의하여 무효가 확정되지 않는 한, 두 권리는 병존하는 것으로 본다. 이 규정의 취지와 관련하여서는 선출원 등록상표권자의 이익을 보호하기 위한 사익(私益) 규정이라는 설[117]과 중복등록으로 인한 수요자의 오인·혼동을 방지하기 위한 공익(公益) 규정이라는 설[118] 및 절충설이 있다.

---

117) 출원상표 C Time은 영문자 C를 상단에, Time을 그 하단에 표기하고 두꺼운 글자체로 도형화 하였으나, 그 도형화의 정도가 C와 Time이 가지는 문자 이외의 것을 나타내는 정도로 도형화 되었다고 볼 수도 없으므로 "C Time"을 나타내는 것이라 할 것이고, 그 중 C는 Time과 관련하여 볼 때 특별한 의미가 부여되는 것이라고는 할 수 없어 부기적인 표현에 불과하다고 보는 것이 타당하므로 출원상표의 요부는 Time이라 할 것이어서 출원상표는 그 요부가 인용상표 타임 TIME 와 유사하여 거래상 혼동, 오인의 우려가 있다고 볼 것이다.

후출원상표가 선출원에 의한 타인의 등록상표와 유사하고 그 상표의 지정상품과 유사한 상품에 사용하는 상표라면, 후출원상표가 국내외에 널리 알려진 저명상표라 하더라도 등록받을 수 없다(대법원 1991. 6. 11. 선고, 90후2034 판결).

118) 구 상표법 제7조 제1항 제7호에 의하여 등록이 허용되지 아니하는 상표는 선행의 등록상

여기서 “타인”이란 법인격이 다른 주체를 의미하므로 동일한 기업그룹 내에 속한다 할지라도 권리주체가 다른 계열회사는 타인에 해당하는 것으로 본다. 또한, 인용표장의 권리자가 2인 이상일 경우에는 그 구성원의 전부가 일치하지 않는 한 타인에 해당하는 것으로 본다.

타인의 등록상표이므로 선등록상표가 본인의 것이라면 본 호가 적용되지 않는다. 이러한 경우 양 상표가 유사상표이면 등록이 가능하지만, 동일한 상표로서 그 지정상품이 동일한 경우에는 상표법의 기본취지 및 1상표 1출원의 규정을 위반한 것으로 거절하고 있다. 본 호의 규정은 인용상표가 등록상표인 경우에만 적용되므로 타인의 선출원상표가 출원 중이면 상표법 제35조(선출원)의 규정이 적용된다.[119]

한편, 선출원에 의한 타인의 등록상표와 유사한 상표를 그 등록상표의 지정상품과 동일 유사한 상품에 출원하였거나, 타인의 등록상표와 동일한 상표를 그 지정상품과 유사한 상품에 출원하였더라도 그 타인으로부터 상표등록에 대한 동의를 받은 경우에는 법 제34조제1항제7호 단서 규정에 따라 상표등록을 받을 수 있다. 이는 2023. 10. 31. 개정법률에 의하여 상표법에 도입된 것으로 이른바 ‘상표 공존동의제도’에 따른 것이다.[120] 선출원에 의한 타인의 등록상표와 동일성이 인정되는 범위에서는 동의에 의한 상표 공존이 인정되지 않는다 점에 유의하여야 한다.

상표 공존동의제도에 의하여 상표등록이 된 경우, 공존하는 양 상표권의 상표권자는 그 등록상표를 사용함으로써 수요자에게 품질오인·출처혼동이 발생하지 않도록 주의하여야 한다. 상표 공존동의제도에 따라 등록된 상표의 권리자 또는 그 상표등록에 대한 동의를 한 자 중 1인이 자기의 등록상표의 지

표와 동일 또는 유사한 상품에 사용되는 동일 또는 유사한 상표를 말한다고 할 것이고 양상표의 지정상품이 서로 다른 경우에는 상표가 동일 또는 유사하여도 일반적으로는 상품출처의 오인 혼동은 생기지 아니하므로 같은 호에 의하여 상표등록을 거부할 수 없다 할 것인바 (다만, 수요자간에 현저하게 인식되어 있는 타인의 상품이나 영업과 혼동을 일으키게 할 염려가 있는 상표라면 동법 제7조 제1항 제10호에 의하여 이종상품이라 하더라도 등록될 수 없다) 이 사건에서의 출원상표와 인용상표는 다같이 “DIXIE”로 되어 있으나 전자의 지정상품은 컵, 접시, 밥그릇, 수저, 포오크, 젓가락 등이고 후자의 지정상품은 취사용 레인즈, 오븐, 부엌용 싱크 등이어서 양자의 지정상품이 비록 다같이 상품구분 제18류에 속하는 상품이지만 서로 이종상품이라 하겠으므로 본원상표는 등록될 수 있다(대법원 1982. 11. 23. 선고, 80후74 판결).

119) 특허청, 상표법해설(2004), p.62.

120) 시행 2024. 5. 1., 법률 제19809호, 2023. 10. 31., 일부개정

정상품과 동일·유사한 상품에 부정경쟁을 목적으로 자기의 등록상표를 사용함으로써 수요자에게 품질오인·출처혼동을 불러일으키게 한 경우 심판에 의한 등록상표취소사유에 해당한다(상§119①5의2).

상표의 유사여부는 반드시 상품출처의 오인·혼동 가능성이 있는지 여부를 고려하여 판단하여야 한다. 상표의 유사여부의 i) 관찰방법은 전체적, 객관적, 이격적(離隔的) 관찰을 원칙으로 하되 상표구성 중 인상적인 부분(要部)에 대하여 비교하여 관찰하고, ii) 유사판단은 원칙적으로 상표의 칭호, 외관, 관념 중 어느 하나가 유사하여 거래상 상품출처의 오인, 혼동의 우려가 있는 상표는 유사한 것으로 본다. 다만 전체적으로 현격한 차이가 있어 거래상 상품의 출처오인, 혼동을 일으킬 염려가 없는 때에는 그러하지 아니하다. iii) 그리고 상표의 유사여부판단은 그 상표가 사용될 상품의 주된 수요계층과 기타 상품의 거래실정을 고려하여 평균수요자의 주의력을 기준으로 판단하여야 한다.

결합상표의 유사여부는 그 결합의 강약의 정도를 고려하여 판단하여야 한다. 구체적인 것은 상표심사기준 제7장(선등록상표와 동일·유사한 상표) 3. 각 상표별 유사여부 판단기준. 3.1. 결합상표의 유사여부 판단에 의하고, 상표칭호유사의 판단은 동 기준 제21조 제6항에 의한다. 예컨대 외관유사는 白花→百花, HOP→HCP, 관념유사는 임금과 王과 King, 지리적 명칭이 결합된 상호상표로서 유사한 것은 주식회사 大成→대성 또는 대성공업사, 서울전선㈜와 서울전기㈜, 삼성중공업주식회사와 삼성공업사, 칭호유사는 千年과 天然, TVC와 TBC, 光盛과 광성, 三星과 SAMSUNG(칭호유사) 등이 이에 해당한다.

판단시점은 등록여부결정시를 기준으로 판단한다(상§34②).

대법원 2003. 2. 14. 선고, 2002후352 판결	**[제34조 제1항 제7호의 적용을 부정한 사례]** 'CD'와 'Christian Daniel'이 2단으로 병기된 등록상표의 호칭인 '크리스찬 다니엘'과 "Christian Dior"로 된 인용상표의 호칭인 '크리스찬 디오르'는 앞부분의 '크리스찬Christian'이 국내의 일반 수요자나 거래자에게 기독교도를 지칭하는 용어로서 흔히 사용되어 상품 출처를 식별시키는 표지로서의 식별력이 부족하고, 뒷부분의 호칭은 '다니엘'과 '디오르'로 현저히 상이하다 할 것이어서 결국 등록상표와 인용상표는 전체적으로 호칭이 유사하다고 보기 어려우며, 외관과 관념을 보태어 보더라도 전체적

으로 양 상표가 상품 출처의 오인·혼동을 일으킬 염려가 있을 정도로 유사하다고 보기 어렵다.

대법원 2003. 1. 10. 선고, 2001후2986 판결

[제34조 제1항 제7호의 적용을 부정한 사례]

인용상표 "NINA RICCI"는 'NINA'와 'RICCI' 부분이 일련불가분적으로 결합되어 있는 것은 아니지만 그 지정상품과 관련하여 국내 수요자 간에 널리 인식되어 있는 상표로서 실제 거래사회에서 항상 전체로서만 사용되고 인식되어져 왔을 뿐 'RICCI'만으로 분리 약칭되어 사용된 예를 찾아보기 어렵고, 'RICCI'가 특별히 식별력이 강한 부분도 아니어서 보통의 주의력을 가진 국내의 일반 수요자나 거래자들이 거래상황에서 상표를 보고 받는 직관적 인식을 기준으로 인용상표를 'RICCI'만으로 약칭된다고 보기 어려워 등록상표 "RobertoRicci"와는 유사하지 않다고 봄이 상당하다. RobertoRicci **NINA RICCI**

대법원 1998. 5. 25. 선고, 97후2262 판결

[제34조 제1항 제7호의 적용을 긍정한 사례]

출원상표 "QUICKLET"과 그보다 선출원하여 등록된 인용상표 "QUIKSET"를 대비하여 유사 여부를 판단하면서, 양 상표는 외관에 있어서 영문자 'C'가 있고 없는 차이가 있고, 후반부에 영문자 'L'과 'S'가 서로 달리 구성되어 있는 차이가 있으나 전체적인 외관이 유사하고, 호칭에 있어서도 출원상표는 '퀵렛' 또는 '퀴크레트' 등으로 호칭될 것이고, 인용상표는 '퀵셋' 또는 '퀴크세트' 등으로 호칭될 것이어서 극히 유사하게 청감된다 할 것이므로 양 상표를 전체적, 객관적, 이격적으로 관찰할 경우 서로 유사하다고 할 것이고, 따라서 양 상표가 동일 또는 유사한 지정상품에 다 같이 사용되는 경우 일반 수요자에게 상품출처에 관하여 오인·혼동을 불러 일으킬 염려가 있다.

대법원 1993. 11. 26. 선고, 93후1001 판결

[제34조 제1항 제7호의 적용을 부정한 사례]

"BODY GUARD" 및 "보디가드"는 그 구성 단어들 중 어느 하나의 단어로 약칭되거나 분리되어 어느 한 부분만이 강하게 발음되고 인식되어질 성질의 단어로는 볼 수 없고, 전체가 일체로 불리어지면서 새로운 관념을 떠올린다 할 것이므로 역시 아무런 관념을 나타내지 않는 인용상표(2)의 "가드"와는 전체적으로 유사하게 청감되지 않는 것으로 보아야 할 것이므로, 출원상표와 인용상표들과는 외관, 관념뿐만 아니라 칭호에 있어서도 유사하지 않아 상품 출처의 오인, 혼동을 가져올 우려가 없는 비유사상표로 보아야 한다.

(3) 주지상표와 동일 또는 유사한 상표

타인의 상품을 표시하는 것이라고 수요자들에게 널리 인식되어 있는 상표(지리적 표시를 제외한다)와 동일 또는 유사한 상표로서 그 타인의 상품과 동일 또는 유사한 상품에 사용하는 상표는 등록을 받을 수 없고(상§34①ix), 특정 지역의 상품을 표시하는 것이라고 수요자들에게 널리 인식되어 있는 타인의 지리적 표시와 동일 또는 유사한 상표로서 그 지리적 표시를 사용하는 상품과 동일한 상품에 사용하는 상표는 등록을 받을 수 없다(상§34①x). 본 호는 특정인의 상품을 표시하는 것이라고 수요자간에 현저하게 인식되어 있는 상표(이하 "주지상표"라 한다)와 동일 또는 유사한 표장을 동일 또는 유사한 상품에 등록받아 사용할 경우 수요자로 하여금 상품출처의 오인·혼동을 일으키게 할 염려가 있어 이를 예방하고, 나아가 그 주지상표 사용자의 이익을 보호하려는 데 그 취지가 있다. 따라서 본 호는 선출원주의의 예외이자 사용주의 요소를 가진 규정이라고 할 수 있다. 즉 본 호는 상표의 등록 및 미등록을 명확히 규정하고 있지 않으나, 동조 동항 제7호에서 등록된 주지상표에 관한 조항이 있는 것을 보면 본 호는 미등록의 주지상표를 염두에 둔 규정이라 보인다.[121)]

본 호의 적용요건은 첫째, 타인의 상품을 표시하는 것이라고 수요자들에게 널리 인식되어 있는 상표가 존재하여야 하고, 둘째, 상표법 제34조 제1항 제7호와 같이 상표와 상품이 동일·유사하여야 하고,[122)] 주지성의 판단기준[123)]은 해당 상품의 거래자 및 수요자의 인식의 정도를 기준으로 하며, 지역적 범위는 전국적이든 일정한 지역이든 관계없이 판단하며, 판단방법은 해당 상표의 사용기간, 사용방법 또는 형태, 사용량, 거래범위 등 제반 사정을 고려하여 수요자에게 일반적으로 인식되고 있다고 객관적으로 인정되는지의 여부를 기준으로 한다.[124)]

121) 주지상표에 이르지는 못했으나 식별력을 가지는 미등록상표의 경우에는 부정경쟁방지법에 의한 보호가 타당하다.

122) 본 호는 타인의 상품을 표시하는 것이라고 수요자간에 현저하게 인식되어 있는 상표와 상표 및 지정상품이 동일 또는 유사한 경우에만 적용한다.

123) 상표를 사용하는 자가 그 사용을 시작하기 전에 타인이 먼저 사용하는 상표라는 것을 알고서도 계속 사용하여 현저하게 인식된 상표로 만들어 놓은 경우 이는 주지상표로 보지 아니한다.

124) 특허청, 상표법해설(2004), pp.71~72.

여기서 '수요자'란 최종소비자는 물론 중간 수요자, 즉 제품의 생산을 위한 원료, 기계, 부품 등 중간재의 소비자나 판매를 위하여 그 상품을 구입하는 도매상 또는 소매상을 포함한다. '현저하게 인식되어 있는 상표'란 당해 상품의 거래자 및 수요자에게 누구의 상품을 표시하는 상표라고 널리 인식되어 있는 상표를 말한다. 이 규정은 상품의 출처의 혼동을 방지함과 동시에 미등록의 주지(周知)상표를 보호하는 것을 목적으로 한다.

여기서 주지상표란 특정인의 업무에 관한 상표를 상품에 사용한 결과 일반거래자 및 수요자간에 국내에 널리 인식되어 있는 상표를 말하나,[125] 판례는 주지상표라 함은 반드시 수요자 또는 거래자가 그 상표 사용인이 누구인가를 구체적으로 인식할 필요는 없다 하더라도 적어도 그 상표가 특정인의 상품에 사용되는 것임을 수요자 또는 거래자간에 널리 인식되어 있음을 필요로 하고, 주지상표인가의 여부는 그 사용, 공급 또는 영업활동의 기간, 방법, 태양 및 거래범위 등과 그 거래실정이나 사회통념상 객관적으로 널리 알려졌느냐의 여부가 일응의 기준이 된다고 판시하고 있다.[126] 상표는 계속 사용함으로써 자타상품의 식별력이 생기게 되고 또 상품의 출처에 대한 혼동(混同)을 방지할 수 있어 상품의 품질을 보증하게 된다. 따라서 상표법은 주지(周知)상표의 경우 후출원(後出願)이라 하더라도 보호를 하여 줌으로써 상거래질서를 유지하고자 하는 것이다.

주지상표는 원칙적으로 국내에서 주지되어야 하고, 지역적 범위는 전국이든 일정한 지역이든 불문하며, 상품의 특성상 일정한 지역에서만 거래되는 경우에는 그 특성을 충분히 고려하여 주지성을 판단하여야 한다. 본 호는 상표로서 현저하게 인식되어 있는 경우에 적용하므로, 캐릭터나 영화제목 등에 대해서는 적용하지 아니한다. 다만, 캐릭터나 영화제목 등이 상품화 사업을 통하여 상품식별표지로 현저하게 인식된 경우에는 본 호를 적용한다.

---

125) 구 상표심사기준 제23조 제4항, 제5항. 사용기간 사용량 및 거래범위 등은 일률적으로 정할 수 없고, 거래량의 사용밀도, 상품의 독과점성 매출량의 규모, 기타의 사정을 고려하여야 한다.

※주지(周知)상표는 원칙적으로 국내에 주지되어야 한다. 주로 신문 잡지, 라디오, TV 등의 방법에 의해서 이루어진다.

126) 대법원 1986. 12. 11. 선고, 85후92 판결; 대법원 1991. 11. 22. 선고, 91후301 판결.

대법원 2011. 7. 14. 선고, 2010후2322 판결

[주지상표의 판단기준]

구 상표법 제7조 제1항 제9호 소정의 주지상표로서 타인의 상표등록을 배제하려면 그 상표가 특정인의 상표에 사용되는 것임이 수요자 또는 거래자 간에 널리 인식되어 있을 것이 필요하고, 구체적으로 그 상표가 주지상표인가의 여부는 그 사용, 공급, 영업활동의 기간, 방법, 태양, 사용량, 거래범위 등과 거래실정이나 사회통념상 객관적으로 널리 알려졌느냐의 여부가 우선의 기준이 된다고 할 것이다.

대법원 1991. 11. 22. 선고, 916후301 판결

[주지상표의 판단기준]

구 상표법 제7조 제1항 제9호에서 말하는 주지상표라 함은 반드시 수요자 또는 거래자가 그 상표사용인이 누구인가를 구체적으로 인식할 필요는 없다 하더라도 적어도 그 상표가 특정인의 상품에 사용되는 것임을 수요자 또는 거래자 간에 널리 인식되어 있음을 필요로 하고, 주지상표인가의 여부는 그 사용, 공급 또는 영업활동의 기간, 방법, 태양 및 거래범위 등과 그 거래실정이나 사회통념상 객관적으로 널리 알려졌느냐의 여부가 일응의 기준이 된다.

일본을 비롯한 세계 각국에 인용상표 “ASCⅡ”와 동일 또는 유사한 상표가 등록되었고, 일본국에서 발행된 신문 기타 정기간행물과 팸플릿에 인용상표가 게재되었으나, 인용상표가 국내에서 주지상표라고 할 수 없어 등록상표 “A S C Ⅱ(에이 에스 씨)”가 구상표법 제7조 제1항 제9,10호규정에 해당되지 아니한다(즉, 국내에서 주지되어야 한다고 판시한 사례).

대법원 1984. 1. 24. 선고, 83후34 판결

[상호가 상표법 제34조 제1항 제9호의 보호대상인지 여부(긍정)]

구 상표법 제7조 제1항 제9호(상표등록 거절사유)는 그 규정의 문리상으로는 상표와 상표사이의 관계에 국한하는 것으로 볼 여지도 없지 아니하나 상호는 상표에 비하여 상인이 영업상 자기를 표창하는 칭호인 점에서 인격적 요소가 짙은 권리이기는 하나 등기후의 상호전용권은 재산권으로 보호되는 것이고 구 상표법 제7조 제1항 제6호에 타인의 저명한 상호의 사용을 상표등록의 소극적 요건으로 규정한 점에 비추어 보면 위 제1항 제9호의 해석에 있어서도 상표와 상호간의 대비도 포함되는 것으로 풀이함이 상당하다.

(4) 저명상품 또는 저명영업과 혼동을 일으키게 할 염려가 있는 상표

수요자들에게 현저하게 인식되어 있는 타인의 상품이나 영업과 혼동(混同)을 일으키게 하거나 그 식별력 또는 명성을 손상시킬 염려가 있는 상표는 등록을 받을 수 없다(상§34①xi). 즉, 본 호의 전단은 전통적인 혼동이론을 법제화한 것으로, 당해 상표에 관한 거래자 및 수요자뿐만 아니라 이종상품이나 이종영업에 걸친 일반수요자 대부분에까지 알려진 상표(이하 "저명상표"라 한다)와 혼동을 일으키게 할 염려가 있는 상표의 등록을 배제하여 출처의 오인·혼동으로부터 수요자를 보호하기 위한 공익적 성격이 강한 규정이고, 후단은 희석화 이론을 법제화한 것으로 수요자의 출처의 오인·혼동 우려는 없다고 하더라도 저명상표의 식별력이나 명성을 손상시킬 염려가 있는 경우 등록을 불허함으로써 상표에 화체된 재산적 가치를 보호하기 위한 사익적 성격이 강한 규정이다.

본 호는 저명상표의 영업주를 보호함을 목적으로 하는 것이 아니고, 저명한 상품 또는 영업과의 오인·혼동의 방지를 목적으로 하는 것이다.[127] 즉 경업자(競業者) 및 공중의 이익보호를 도모하기 위하여 상표의 출처표시기능을 어지럽히는 상표의 등록을 금지하는 것이다.

본 호의 적용요건은 첫째, 수요자[128]에게 현저하게 인식되어야 하고, 둘째, 타인의 상품이나 영업과 혼동의 염려가 있어야 한다. 여기서 "현저하게 인식"이란 당해 상품이나 영업에 관한 거래자 및 수요자뿐만 아니라 이종(異種)상품이나 이종영업에 걸친 일반수요자 대부분에까지 알려져 있는 것을 말한다. 이를 "저명성"이라 한다. 그리고 『혼동을 일으킬 염려가 있는 경우』라 함은 그 타인의 상품 또는 영업으로 오인하거나, 그 상품이나 서비스의 수요자가 그 상품이나 서비스의 출처에 대하여 혼동할 우려가 있는 경우는 물론, 그 타인과 계열관계 또는 경제적, 법적 상관관계가 있는 자의 상품 또는 영업으로 오인하거나 출처를 혼동할 염려가 있는 경우를 포함한다. "혼동"이란 인식과 사실의 불일치를 뜻하며, 직접혼동과 간접혼동으로 구분하기도 한다. 직접혼동이란 상품표지와 상품표지와의 사이의 혼동을 뜻하며, 상표 그 자체가 동일

127) 대법원 1980. 3. 11. 선고, 80후1 판결.

128) 『수요자』라 함은 최종소비자는 물론 중간 수요자 즉, 제품의 생산을 위한 원료, 기계, 부품 등 중간재의 소비자나, 판매를 위하여 그 상품을 구입하는 도매상 또는 소매상을 포함한다.

한 것으로 오인되는 경우로서 상표의 외관, 칭호, 관념이 형식적으로 근사하면 혼동이 발생할 수 있으므로 상표 자체가 동일한 것으로 인식될 경우에는 보통 해당 상품이 동일한 출처의 것으로 오인될 염려가 있다고 한다. 간접혼동이란 상품출처와 상품출처와의 사이의 혼동을 뜻하며, 간접혼동은 상표 자체에 대한 혼동은 없지만 양 상표의 구성의 공통성, 모티브의 동일성, 상품의 저명성 등이 계기가 되어 출처에 관한 혼동이 생기는 경우를 말한다.[129]

대법원 1980. 3. 11. 선고, 80후1 판결

[저명상표 보호의 취지]

본 호는 저명상표 영업주를 보호함을 목적으로 하는 것이 아니고, 저명한 상품 또는 영업과의 오인·혼동의 방지를 목적으로 하는데 그 입법취지가 있는 공익규정이다. 따라서 당사자간에 합의가 있더라도 위 규정의 적용을 배제할 수 없다.

대법원 2000. 5. 12. 선고, 98다49142 판결

[저명상표의 판단기준]

저명 상품표지인가의 여부는 그 표지의 사용, 공급, 영업활동의 기간, 방법, 태양 및 거래범위 등과 그 거래실정 또는 사회통념상 객관적으로 널리 알려져 있느냐의 여부 등이 일응의 기준이 된다.

대법원 2007. 2. 8. 선고, 2006후3526 판결

[저명상표의 판단기준]

'수요자 간에 현저하게 인식되어 있는 타인의 상품이나 영업'은 저명상표 등을 말하고, 저명상표 등에 해당하는지 여부는 그 상품이나 영업에 사용되는 상표 또는 상호 등의 사용기간, 사용량, 사용방법, 상품의 거래량 또는 영업의 범위 및 상표나 상호에 관한 광고 선전의 실태 등 제반 사정을 고려하여 거래실정과 사회통념상 그 상품의 출처 또는 영업주체에 관한 인식이 객관적으로 널리 퍼져 있다고 볼 수 있는지의 여부에 따라 판단하여야 한다.

여기서 '타인의 상품이나 영업과 혼동을 일으키게 할 염려가 있는 상표'란 수요자간에 상품의 출처나 영업(서비스업을 포함)의 혼동을 가져올 염려가 있는 경우를 말하며, 이 경우 혼동의 범위는 동일 또는 유사한 상품뿐만 아니라 상표의 저명도와 다른 계통의 상품 또는 영업과 관련성이 있는 것으로 오해를 유발할 우려가 있는 경우를 포함한다.

129) 특허청, 상표법해설(2004), p.120.

타인의 저명상표와 결합한 상표에 대해서는 비록 저명상표가 상표구성의 일부로서 포함되어 그것이 요부가 아니거나 부기적 부분이더라도 구성부분인 저명상표로 인하여 타인의 상품이나 영업과 혼동을 일으킬 염려가 있는 경우에는 이에 해당하는 것으로 본다. 저명상표란 동종(同種) 상품이나 영업뿐만 아니라 기타 이종(異種) 상품 및 영업에 이르기까지 특정인의 상표나 영업으로 출처의 혼동(混同)을 일으킬 우려가 있는 일반수요자에게 널리 인식[130] 되어 있는 상표를 말한다.[131][132]

저명상표가 붙어 있는 상품이나 신용 있고 명성이 높은 저명(著名)회사의 제품은 일반소비자에게 절대적 신뢰와 양질(良質)의 이미지를 가지고 있다고 볼 수 있다. 그러므로 저명(著名)상표의 소유주는 그 계열기업에서 생산되는 우수한 품질의 제품과 오인(誤認)·혼동(混同)될 가능성이 있는 상품에 대해서는 상표로서 등록되지 않도록 원한다. 본 호가 적용되기 위해서는 첫째 수요자에게 현저하게 인식되어 있을 것 즉, 저명성이 있고, 둘째 혼동의 우려가 있어야 한다.

이와 관련하여 광고실적 및 사용한 기간 등에 비추어 “雪花秀”가 등록상표의 출원시에 저명성을 취득하지 못하였다고 본 사례(대법원 2007. 2. 8. 선고 2006후3526 판결)와 “Channel COSMETIC SURGERY CENTER 샤넬성형외과”가 그 지정서비스업의 수요자로 하여금 화장품 등에 사용되는 저명상표 “CHANEL”을 쉽게 연상하게 하여 상표부등록 사유에 해당한다고 한 사례(대법원 2007. 12. 27. 선고 2006후664 판결)가 있다.

---

130) 미키마우스의 경우 널리 알려져 있어서 이종의 상품 및 영업에 이용된다고 하더라도 일반수요자의 인식에 오인, 혼동을 줄 여지가 있다.

131) 타인의 상품이나 영업과 혼동을 일으킬 염려가 있는 상표여부를 판단함에 있어서는 그 타인의 표장의 주지도(광고선전의 정도 또는 보급도, 연도별 매출액 또는 시장점유율) 그 표장의 창조성, 그 표장의 상호상표인지 여부, 그 기업의 업종범위 등을 종합적으로 고려하여야 한다.

〈참고: 주지상표와 저명상표의 비교〉

구분	주지상표	저명상표
입법취지	사용사실상태의 보호	출처혼동방지 또는 희석화 방지
인식도	당해 상표가 사용된 상품에 관한 거래자 및 관련 수요자층	이종상품·이종영업에까지 걸친 일반 수요자층
범위	상품의 동일·유사범위 내	이종상품·이종영업까지 확대
제척기간	5년	없음

132) 상표심사기준 제5부 제10장 참고자료 인용.

대법원 1988. 4. 12. 선고, 86후183 판결

[저명상표의 보호범위 판단기준]

타인의 상품이나 영업과 혼동을 일으키게 할 염려가 있는 상표라 함은 상품 또는 영업의 거래자, 수요자에게 상품의 생산자, 취급자, 판매자 등을 잘못 인식케 하는 상표를 가르키는 것이므로 특정의 상표가 저명하고 하나의 기업이 여러 가지 이질적인 산업분야에 걸쳐 이종상품을 생산·판매하는 현대의 산업구조를 감안하더라도 저명한 상표의 상표권자 또는 그와 특수관계에 있는 사람에 의하여 당해 상품이 생산·판매되거나 영업이 경영되는 것으로 인식될 염려가 없어 수요자로 하여금 상품출처나 영업의 오인·혼동을 일으키게 할 염려가 없는 상표는 상표등록이 가능하다고 하여야 할 것이다.

대법원 2002. 5. 28. 선고, 2001후2870 판결

[저명상표·영업과의 오인·혼동의 우려]

상표의 유사 여부는 동종의 상품에 사용되는 두 개의 상표를 외관, 호칭, 관념 등의 점에서 전체적, 객관적, 이격적으로 관찰하여 일반 수요자나 거래자가 상표에 대하여 느끼는 직관적 인식을 기준으로 하여 그 어느 한 가지에 있어서라도 거래상 상품의 출처에 관하여 오인·혼동을 초래할 우려가 있는지의 여부에 의하여 판단하여야 하며, 외관, 호칭, 관념 중 어느 하나가 유사하다 하더라도 다른 점도 고려할 때 전체로서는 명확히 출처의 혼동을 피할 수 있는 경우에는 유사상표라고 할 수 없다.

구 상표법 제7조 제1항 제10호 소정의 저명상표의 경우 상표 자체로서는 유사상표라고 할 수 없는 상표라도 양 상표의 구성이나 관념 등을 비교하여 그 상표에서 타인의 저명상표 또는 상품 등이 용이하게 연상되거나 타인의 상표 또는 상품 등과 밀접한 관련성이 있는 것으로 인정되어 상품의 출처에 오인·혼동을 일으키는 경우에는 등록될 수 없다.

대법원 1996. 2. 13. 선고, 95후1173 판결

[저명상표·영업과의 오인·혼동의 우려]

상표의 유사 여부는 동종상품에 사용되는 두 개의 상표를 그 외관, 칭호, 관념의 세 가지 면에서 객관적, 전체적, 이격적으로 관찰하여 거래의 통념상 상품출처에 관하여 일반소비자나 거래자로 하여금 오인, 혼동을 가져올 우려가 있는지의 여부에 의하여 판단하여야 하고, 상표 서로간에 다른 부분이 있어도 그 요부를 이루는 부분이 유사하여 그 칭호나 관념에 있어서 혼동하기 쉬운 경우에는 유사상표로 보아야 할 것이다.

등록상표(GUÉPARD 등록 제246504호)와 선등록 인용상표(등록 제576120호)의 유사 여부를 대비하여 보면, 등록상표 중

대법원 1996. 2. 13. 선고, 95후1173 판결

하단의 도형 부분이 인용상표와 유사한 점이 없지 아니하나 그 도형 부분이 상표 전체에서 차지하는 비중이나 그 관념이 특징지워지지 아니하는 점 등으로 보아 전체적 구성에 있어서 일반 수요자의 주의를 끄는 부분이 아니고 중앙의 문자 부분이 두드러지게 구성되어 이 부분이 요부라 할 것이므로 전체적으로 볼 때 양 상표가 그 도형 부분에 의하여 오인, 혼동을 일으킬 염려가 있다고 할 수 없어 양 상표는 유사하다고 보기 어렵다.

구 상표법 제7조 제1항 제10호 소정의 저명상표의 경우 상표 자체로서는 유사상표라고 할 수 없는 상표라도 양 상표의 구성이나 관념 등을 비교하여 그 상표에서 타인의 저명상표 또는 상품 등이 용이하게 연상되거나 타인의 상표 또는 상품 등과 밀접한 관련성이 있는 것으로 인정되어 상품의 출처에 오인, 혼동을 일으키는 경우에는 등록될 수 없다.

대법원 1990. 10. 10. 선고, 88후226 판결

[저명상표로 인정한 사례]

구 상표법 제7조 제1항 제10호 소정의 저명상표인가의 여부는 그 상표의 사용, 공급, 영업활동의 기간, 방법, 태양 및 거래의 범위 등과 그 거래실정 또는 사회통념상 객관적으로 널리 알려졌느냐의 여부 등이 대략 기준이 된다고 할 것인바, 심판청구인 회사는 1923. 11. 1. 프랑스에서 꼬냑의 제조 및 판매회사로서 설립된 이래 1980년도에는 상호의 약칭이자 상표인 인용상표 "HENNESSY" 꼬냑제품의 세계점유율이 42.29퍼센트에 달하고 같은 해에 우리나라에도 4,250상자가 수입되어 관광호텔 등에서 판매되었을 뿐 아니라, 96개국에 걸쳐 인용상표를 등록한 바 있으며 우리나라에도 1976년도 및 1978년도에 상품구분 제6류 지정상품으로 상표등록되어 있고, 1982년도에는 42회에 걸쳐 국내 잡지에 인용상표의 꼬냑제품을 광고선전한 이외에 인용상표가 사용된 꼬냑 등 주류와 그 선전광고물 등이 오래전부터 해외여행자의 휴대품 반입과 면세점 등에서의 유출 등으로 국내 수요자에게 널리 알려져 온 사정 등이 있다면 인용상표는 우리나라에서도 객관적으로 널리 알려진 세계적인 저명상표로 봄이 타당하다.

대법원 1986. 10. 14. 선고, 83후77 판결

[저명상표로 인정한 사례]

구 상표법 제7조 제1항 제10호의 이른바 저명상표인가의 여부를 가려내는데는 그 상표의 사용, 공급, 영업활동의 기간, 방법, 태양 및 거래범위 등과 그 거래실정 또는 사회통념상 객관적으로 널리 알려졌느냐의 여부 등이 일응의 기준이 된다.

상표사용주의 자국인 "프랑스"를 비롯한 세계 25개국에 등록이 되어 있고 우리나라에서도 1964.5.26에 향수를 지정상품으로 하여 상품등록 제8779호로 등록된 상표 "CHANEL"은 사회통념상 객관적으로 우리나라에도 널리 알려진 세계적인 저명상표이고 또 특허청에 있어서는 현저한 사실이다.

대법원 1998. 11. 13. 선고, 97후1986 판결

[저명상표에 해당되지 않는다고 판단한 사례]

1991. 1. 16. 출원하여 1993. 4. 29. 등록된 이 사건 등록서비스표 武辰建設(등록 제19831호)와 그보다 선출원하여 등록되고 벤츠 도형으로 구성된 인용상표(1)(등록 제133793호), 인용상표(2)(등록 제133067호), 인용상표(3)(등록 제30571호), 인용상표(4)(등록 제30572호), 인용상표(5)(등록 제50475호), 인용서비스표(1)(등록 제5709호), 인용서비스표(2)(등록 제5712호), 인용서비스표(3)(등록 제5708호) 및 인용서비스표(4)(등록 제5711호) 등의 인용표장들은, 도형의 형태에 있어 유사한 점이 있으나, 이 사건 등록서비스표는 도형 내에 'MJ'라는 로마자가 표기되어 있고 도형과 함께 '武辰建設'이라는 문자가 현저하게 구성되어 있어 그 전체적 외관이 인용표장들과는 명백히 구별이 되고, 호칭에 있어서도 이 사건 등록서비스표는 도형보다는 문자 부분에 의하여 '엠제이 무진건설' 또는 '무진건설'로 호칭되거나 '무진' 등으로 약칭될 것이지만 인용표장들은 특별한 호칭이 없거나 인용상표(5)의 경우 '메르세데스 벤츠'로 호칭되어 서로 유사하지 아니하며, 또한 관념에 있어서도 서로 유사하다고 할 수 없어 전체적으로 대비할 경우 양 표장들은 서로 유사한 표장이라고 할 수 없다 할 것이다.

(5) 상품의 품질오인을 일으키게 할 염려가 있는 상표

상품의 품질을 오인하게 하거나 수요자를 기만할 염려가 있는 상표는 등록을 받을 수 없다(상§34①xii). 본 호는 수요자가 상품의 품질오인과 출처의 혼동[133]으로부터 생길 수 있는 불이익을 방지하여 상거래의 질서를 유지하기 위한 규정이다.[134] 특허청은 본 호를 "대법원 1999. 9. 3. 선고, 98후2870 판결 후에 상표심사기준에서 상표의 기능 중 품질보증기능 및 출처표시기능을 보호함으로써 상품의 품질 오인 또는 출처의 오인·혼동으로부터 생길 수 있는 수요자 기만을 방지하고, 건전한 상거래질서를 유지하기 위하여 마련된 공

133) 대법원 1987. 3. 10. 선고, 86후156 판결; 대법원 1989. 11. 10. 선고, 89후353 판결.
134) 대법원 1991. 1. 11. 선고, 90후311 판결; 대법원 2007. 6. 28. 선고, 2006후3113 판결.

익적 규정"이라고 하고 있다.[135)]

여기서 '상품의 품질을 오인'[136)]이라 함은 상품의 품질의 오인(誤認)은 물론 상품 자체를 오인케 할 경우(예를 들어 양념통닭에 진흙오리라고 쓴 경우)이고, "수요자를 기만(예를 들어 중국산 인삼에 Made in Korea라고 쓴 경우)"[137)]이라 함은 그 상품 또는 상표가 수요자로 하여금 외국 또는 다른 기업의 상품 또는 상표로 오인을 유발할 우려가 있는 경우와 상품의 품질과 관계없이 상품출처의 오인을 초래할 염려가 있는 상표를 말하며, 출원인의 기만의 의사 유무(有無)를 불문한다.

상표는 상품의 품질을 보증하는 기능을 가진다. 그러므로 수요자에게 상품의 품질을 오인(誤認)하게 하거나 일반 수요자를 기만하는 상표는 등록을 받을 수 없다.[138)] 예를 들면 국내에서 제조·판매되는 위스키에 스카치Scotch 위스키란 문구를 넣은 상표를 사용하는 경우이다.

이러한 판단은 법 제34조 제1항 제11호, 제13호, 제14호, 제20호 및 제21호와는 달리 상표등록여부결정시를 기준으로 하여 판단한다(상§34②).

대법원 1991. 12. 10. 선고, 91후318 판결

[제34조 제1항 제12호 후단의 적용에 있어 대상상표가 존재해야 하는지 여부(적극)]

법인으로 된 출원인의 명칭과 다른 명칭이 상표로 출원되고 있는 경우 공공의 질서 또는 선량한 풍속을 문란하게 할 염려가 있는지의 여부는 일률적으로 판단할 수 없고 구체적인 경우에 개

135) 상표심사기준 제5부 제12장 제도의 취지.

136) "상품의 품질을 오인하게 한다."라 함은 상표의 구성 자체가 그 지정상품이 본래 가지고 있는 성질과 다른 성질을 가지는 것으로 수요자를 오인하게 할 가능성이 있는 경우(상품 품질의 오인) 또는, 상표를 당해 지정상품에 사용할 경우 상품 자체를 다른 상품으로 오인하게 할 가능성이 있는 경우(상품 자체의 오인)를 말한다.

137) "수요자를 기만한다."라 함은 자연인이 공법상 특수법인의 명칭을 출원하거나 상품의 지리적 출처를 오인하게 하는 경우와 같이, 상표의 구성이나 지정상품과의 관계에서 일반수요자에게 착오를 일으키게 하는 경우(순수한 수요자 기만) 또는, 국내 수요자에게 특정인의 상품표지로 인식되어 있는 상표와 상품출처의 오인·혼동을 일으키게 하는 경우(출처의 오인·혼동으로 인한 수요자 기만)를 말한다.

138) 지정상품과의 관계에서 상품의 품질을 오인케 하거나 수요자를 기만할 염려가 있는 상표에 대하여 거절이유를 통지한 경우에 보정에 의하여 상품의 오인과 기만을 하지 아니하는 지정상품으로 범위를 감축(지정상품의 삭제 또는 한정)하였을 때에는 출원의 요지를 변경하지 아니하는 한 이를 인정한다. 다만, 지정상품을 감축한 경우에도 품질오인 및 기만의 우려가 완전히 해소되지 아니하였다고 판단되는 경우에는 그러하지 아니하다.

별적으로 살펴보아야 할 것이며, 수요자를 기만할 염려가 있는 상표인지의 여부는 저명 또는 주지된 특정상표와 상호의 존재를 전제로 하여 그에 대비되는 유사한 상표가 주지저명상표의 상표권자의 상품이나 영업과 출처가 혼동될 염려가 있는지를 살펴서 판단하여야 할 것이고 대비되는 등록된 주지상표나 등록되지 않은 주지상표가 없을 경우에는 수요자 기만의 염려는 없다고 보아야 할 것이다.

대법원 2004. 3. 11. 선고, 2001후3187 판결

[제34조 제1항 제12호 규정의 취지(공익적)]

등록무효 심판청구의 대상이 된 등록상표가 구 상표법 제7조 제1항 제11호에서 규정하고 있는 수요자를 기만할 염려가 있는 상표에 해당하려면, 그 등록상표나 지정상품과 대비되는 다른 상표(기존의 상표)나 그 사용상품이 반드시 저명하여야 하는 것은 아니지만 적어도 국내의 일반거래에 있어서 수요자나 거래자에게 그 상표나 상품이라고 하면 곧 특정인의 상표나 상품이라고 인식될 수 있을 정도로는 알려져 있어야 하고, 이러한 경우 그 기존의 상표와 동일·유사한 상표가 그 사용상품과 동일·유사한 상품에 사용되고 있거나 이에 못지 아니할 정도로 기존의 상표의 권리자에 의하여 사용되고 있다고 오인될 만한 특별한 사정이 있으면 일반수요자로 하여금 출처의 오인·혼동을 일으켜 수요자를 기만할 염려가 있다고 보아야 한다.

구 상표법 제7조 제1항 제11호 규정의 취지는 기존의 상표를 보호하기 위한 것이 아니라 이미 특정인의 상표라고 인식된 상표를 사용하는 상품의 출처 등에 관한 일반수요자의 오인·혼동을 방지하여 이에 대한 신뢰를 보호하고자 하는 데 있고, 기존의 상표나 그 사용상품이 국내의 일반거래에서 수요자 등에게 어느 정도로 알려져 있는지에 관한 사항은 일반수요자를 표준으로 하여 거래의 실정에 따라 인정하여야 하는 객관적인 상태를 말하는 것이며, 위 규정을 적용한 결과 기존의 상표가 사실상 보호받는 것처럼 보인다고 할지라도 그것은 일반수요자의 이익을 보호함에 따른 간접적, 반사적 효과에 지나지 아니하므로, 기존의 상표의 사용자가 그 상표와 동일 또는 유사한 제3의 상표가 이미 등록되어 있는 사실을 알면서 기존의 상표를 사용하였다고 하더라도 그 사정을 들어 위 규정의 적용을 배제할 수는 없다.

대법원 2003. 2. 11. 선고, 2001후2306 판결

[수요자 기만우려가 있다고 한 사례]

인용상표권자와 등록상표권자와의 계약관계, 등록상표권자의 광고 내용 및 그 지속 정도를 종합하여 볼 때, 등록상표권자가 인용상표 “SANDOZ”와 동일·유사한 상표를 부착한 제품을 국내에서 생산·판매하였음에도 불구하고 인용상표가 국내에서 스위스회사의 상표로 널리 인식되어 있고, 인용상표와 동일·유사한 등록상표가 시계제품에 사용될 경우 일반 수요자나 거래자로 하여금 상품출처의 오인 및 혼동을 일으킬 우려가 있다.

대법원 1997. 10. 14. 선고, 96후2296 판결

[비유사 상품 사이에도 수요자 기만염려가 있는지 여부(적극)]

의류에 관한 출원상표 "도형+MUSSO"와 승용차에 관한 인용상표 "MUSSO"를 대비하면서 인용상표가 저명성을 획득할 정도로 일반 수요자 사이에 널리 알려지지 못하고 수요자나 거래자에게 특정인의 상표로 인식될 수 있을 정도로만 알려져 있다고 인정하면서도 그 지정상품이 유사할 필요가 없다는 전제하에서, 또는 인용상표의 구체적인 사용실태나 양 상표가 사용되는 상품 사이의 경제적인 견련의 정도 기타 일반적인 거래의 실정 등에 비추어 출원상표가 인용상표의 사용상품과 동일 또는 유사한 지정상품에 사용된 경우에 못지 않을 정도로 인용상표권자에 의하여 사용되는 것이라고 오인될 만한 특별한 사정이 있는지 여부를 심리하지도 아니한 채, 인용상표의 지정상품과는 유사하지 아니한 지정상품에 대하여 출원상표를 사용하여도 수요자를 기만할 염려가 있다고 인정·판단한 것은 구 상표법 제7조 제1항 제11호에 관한 법리오해 또는 심리미진의 잘못이 있다.

대법원 1997. 3. 14. 선고, 96후412 판결

[비유사 상품 사이에도 구체적 거래실정에 비추어 수요자 기만 우려가 있다고 한 사례]

여성용 의류에 인용상표 "MARZO, 마르조" 등을 사용하여 저명성 획득까지는 이르지 못하였으나 수요자나 거래자에게 특정인의 상표로 인식될 수 있는 정도로는 알려진 상태에서, 핸드백 등을 지정상품으로 하는 유사 상표의 등록사정이 이루어져 그 유사 상표가 등록된 경우, 그 등록상표의 지정상품이 인용상표의 사용상품과 동일·유사하지는 아니하나 여성용 잡화류의 토털패션화 경향 등에 비추어 그 등록상표는 "수요자를 기만할 염려가 있는 상표"에 해당한다.

대법원 1994. 3. 11. 선고, 93후527 판결

[수요자 기만염려가 있다고 한 사례]

"모시메리"를 포함하는 이 사건 상표는 "모시"와 "메리야쓰"의 결합으로 인식될 것이고 여기서 "메리야쓰"는 일반소비자들이 속내의를 총칭하는 것으로 알고 있는 것이 거래실정이므로 일반 수요자들에게는 "모시로 짠 메리야쓰" 또는 "모시를 함유한 내의" 등으로 인식되어질 것이며, 거래사회의 경험칙에 의하면 "모시"

를 "모시풀껍질의 섬유로 짠 피륙"과 함께 "모시풀껍질의 섬유"를 의미하는 것으로 인식할 수 있고 현실적으로 "모시를 함유한 내의" 또는 "모시풀껍질의 섬유를 함유한 메리야쓰"가 존재할 수도 있음이 인정되며, 이 사건 등록상표의 지정상품을 "의마사로 제조된 상품" 또는 "의마가공된 상품"으로 한정하고 있다 하여도 의마가공은 "모시"를 원재료로 하지 아니하고 "면"을 원재료로 하는 것이며 "의마"가 곧 "모시"를 의미하는 것은 아니므로 지정상품의 한정만으로는 품질오인의 문제는 배제될 수 없어 이 사건 상표는 일반수요자들로 하여금 "모시"를 함유한 상품으로 그 품질을 오인케 하거나 수요자 기만의 우려가 있다.

대법원 2000. 10. 13. 선고, 99후628 판결

[수요자 기만염려가 있다고 한 사례]

오늘날 의류업계의 거래실정을 보면, 섬유기술의 발달로 인하여 '진{Jeans, 재료는 자연섬유인 면(綿)이다}'이 아닌 다른 화학섬유 등으로 '진(Jeans)'과 거의 동일한 조직과 질감을 가지는 의류들(예컨대 잠바, 슈트, 조끼, 재킷, 모자 등)이 제조, 판매되고 있는 실정이고, 이러한 경우 일반 수요자로서는, 비록 '진(Jeans)'의 독특한 조직과 질감을 잘 알고 있고 또 의류 구입시 직접 손으로 확인하고 입어 보는 과정에서 육안이나 촉감으로 의류의 재질을 확인하는 것이 일반거래의 관행이라고 하더라도 그 구입하려는 의류가 '진(Jeans)'으로 만든 의류인지 여부를 식별하는 것은 극히 어렵다고 보여지므로, '진(Jeans)'이 아닌 다른 섬유로 만든 의류에 '진(Jeans)'이라는 출원상표를 사용할 경우, 통신판매에서 그 카탈로그에 의류가 어떤 소재의 섬유로 만들어졌는지가 반드시 표기되어 있다고 하더라도 거래통념상 일반 수요자들은 '진(Jeans)'으로 만든 의류로 그 품질을 오인할 가능성이 있다.

대법원 1995. 9. 15. 선고, 95후958 판결

[수요자 기만염려가 있다고 한 사례]

본원상표는 한글로 "거꾸로 가는 시계"라고 표시하여 구성된 것이고, 그 지정상품은 손목시계, 벽시계 등 각종 시계류로서 이러한 시계류에 있어서의 품질, 즉 본래적으로 갖추고 있는 성질이란 시간의 계측기구로서의 성질과 더불어 거래통념상 시·분침이 있는 시계의 일반적 속성으로서 "시계 방향으로 돈다"는 성질도 포함되므로 본원상표를 손목시계, 벽시계 등 지정상품에 사용하게 되면 일반 수요자로 하여금 시계가 본래적으로 가지고 있는 성질과는 반대로, 즉 거꾸로 가는 시계로 상품의 품질을 오인·혼동케 할 우려가 있다.

대법원 1997. 8. 29. 선고, 97후204 판결

[수요자 기만염려가 없다고 한 사례]

출원상표 “PARIS SPORTS CLUB”의 명칭인 파리스포츠 클럽은 실제로 존재하지 아니하는 가상의 스포츠 클럽일 뿐만 아니라 그 명칭으로부터 여성패션의 중심지로서의 지리적 명칭인 ‘파리’의 의미가 특별히 부각되지도 아니하는 이상 일반 소비자들이 출원상표를 보고 그 지정상품인 여성의류 등과 관련하여 현재 존재하지도 아니하는 스포츠 클럽에서 제조하는 상품으로 오인하거나 ‘파리’에서 제조된 상품으로 그 품질을 오인케 할 염려가 있다고는 볼 수 없다.

대법원 1995. 7. 18. 선고, 95후1821 판결

[구체적 거래실정에 비추어 수요자 기만 우려가 없다고 한 사례]

비록 2개의 상표가 상표 자체의 외관·칭호·관념에서 서로 유사하여 일반적·추상적·정형적으로는 양 상표가 서로 유사해 보인다 하더라도 당해 상품을 둘러싼 일반적인 거래실정, 즉, 시장의 성질, 고객층의 재력이나 지식 정도, 전문가인지 여부, 연령, 성별, 당해 상품의 속성과 거래방법, 거래장소, 고장수리 등 사후관리 여부, 상표의 현존 및 사용상황, 상표의 주지 정도 및 당해 상품과의 관계, 수요자의 일상 언어생활 등을 종합적·전체적으로 고려하여, 거래사회에서 수요자들이 구체적·개별적으로는 상품의 품질이나 출처에 관하여 오인·혼동할 염려가 없을 경우에는 양 상표가 공존하더라도 당해 상표권자나 수요자 및 거래자들 보호에 아무런 지장이 없으므로, 그러한 상표의 등록을 금지 하거나 등록된 상표를 무효라고 할 수 없다.

등록상표 “Rolens”와 선출원된 인용상표를 비교하면 등록상표는 그 출원 당시에는 시계류의 국내 일반 거래계에서 수요자간에 널리 알려져 있었고, 다른 한편 등록상표의 상품들은 중저가의 상품이어서 거래자 및 일반 수요자는 일반적인 보통 수준의 사람들인데 반하여, 인용상표의 상품들은 세계적으로 유명한 고가, 고품질의 시계로서 그 주요 거래자는 재력이 있는 소수의 수요자에 불과하며, 양 상표의 지정상품들은 외형과 품위에 있어서 현저한 차이가 있고, 기록상 국내에 인용상표의 지정상품들을 판매하는 대리점이 있다는 자료도 없거니와 이들 상품들을 정식으로 수입하여 판매된 자료도 나타나 있지 아니하는 등 인용상표의 지정상품은 국내에서는 공항 등의 보세구역 면세점에서 극히 소량 거래되고 있을 뿐이고 외국 여행객을 통하여 극소수 반입되는 정도에 불과한바, 위와 같은 사정과 거래실정에 비추어 보면, 양 상표가 동일한 지정상품에 다같이 사용될 경우라도 거래자나 일반 수요자에게 상품의 품질이나 출처에 대하여 오인·혼동을 일

으키게 할 염려는 없고, 이와 같이 등록상표가 상품의 품질이나 의출처에 대하여 오인·혼동을 일으킬 염려가 없는 상표에 해당한다면 구 상표법 제7조 제1항 제7호, 제9호, 제10호, 제11호가 적용될 여지가 없다.

(6) 부정한 목적을 가지고 사용하는 상표

국내 또는 외국의 수요자간에 특정인의 상품을 표시하는 것이라고 인식되어 있는 상표(지리적 표시를 제외한다)와 동일 또는 유사한 상표로서 부당하게 이익을 얻으려 하거나 그 특정인에게 손해를 가하려고 하는 등 부정한 목적을 가지고 사용하는 상표는 등록을 받을 수 없다(상§34① x iii). 본 호는 국내 또는 외국의 수요자간에 특정인의 상표라고 인식되어 있는 상표가 국내에 등록되어 있지 않음을 기화로, 정당한 상표사용자가 아닌 제3자가 부정한 방법으로 이와 동일 또는 유사한 상표를 등록받아 정당한 상표사용자의 사용을 배척하거나 부당한 이득을 얻으려고 하는 등 부정한 목적을 가지고 출원하는 상표에 대해서는 사전에 등록을 배제하여 건전한 상거래질서를 유지하고, 모방상표로 인한 일반수요자들의 오인·혼동을 방지하기 위한 규정이다. 즉 본 호는 국내에서 주지 또는 저명한 상표와 동일·유사한 상표는 상표법 제34조 제1항 제9호 및 제11호에 의해서 거절되지만, 제3자가 출처 혼동의 우려가 없는 비유사한 상품에 출원하거나, 외국에서만 현저하게 인식되어 있는 상표와 동일·유사한 상표를 출원한 경우에도 상표등록을 허용함은 상표법의 목적에 반함에도 불구하고 적절한 거절의 근거가 없었으므로 1997년 개정 상표법은 진정한 상표사용자의 신용을 보호하고 공정한 경쟁질서를 확립하기 위하여 본 호의 규정을 신설한 것이다.

여기서 본 호의 적용요건은 ① '국내 또는 외국의 수요자간에 특정인[139]의 상품을 표시하는 것이라고 인식[140]되어 있는 상표와 동일 또는 유사'한 상표

139) "특정인"이라 함은 당해 상품의 거래자나 수요자 등이 그 상표를 사용하는 자가 누구인지를 구체적으로 인식하지는 못한다 하더라도, 익명의 존재로서 당해 상품의 출처를 인식할 수 있는 경우를 말한다.

140) "특정인의 상품을 표시하는 것이라고 인식"되어 있는지 여부는 출원인이 타인의 상표라는 인식이 있었는지 여부와 부정한 기대이익을 합해서 판단할 수 있다. 즉 출원인이 타인의 상표임을 알고 출원했다는 것과 이를 통해 매출액 증가 등 편승의 이익이 기대된다면 그 거래계에서 최소한

일 것'[141]; 국내의 수요자는 물론 외국의 수요자간에 특정인의 상품을 표시하는 것이라고 인식되어 있는 상표에도 적용하며, 외국의 수요자는 반드시 복수 국가의 수요자임을 요하지는 않는다. ② '부당한 이익을 얻으려 하거나 그 특정인에게 손해를 가하려고 하는 등 부정한 목적을 가지고 사용'하는 상표일 것'; i) 외국의 정당한 상표권자가 국내시장에 진입하는 것을 저지하거나 또는 대리점 계약체결을 강제할 목적으로 상표권자가 미처 등록하지 않은 상표와 동일 또는 유사한 상표를 출원한 경우, ii) 저명상표와 동일 또는 유사한 상표로서 타인의 상품이나 영업과 혼동을 일으킬 염려는 없다 하더라도 저명상표의 출처표시기능을 희석화시키기 위한 목적으로 출원한 경우, iii) 창작성이 인정되는 타인의 상표를 동일 또는 극히 유사하게 모방하여 출원한 경우, iv) 그 밖에 타인의 선사용상표의 영업상의 신용이나 고객흡인력 등에 편승하여 부당한 이득을 얻을 목적으로 출원한 경우 등에 해당하는 경우로 볼 수 있다.

'부정(不正)의 목적'을 판단함에 있어서는 사용에 의한 식별력과 저명상표의 규정을 준용함과 동시에 상표권자의 구체적인 국내시장 진입계획에 관한 자료, 출원인으로부터 상표의 양수 또는 대리점 계약체결 등을 요구한 사실에 관한 자료, 저명상표가 갖고 있는 양질의 이미지 또는 고객흡인력을 훼손할 우려가 있음을 입증하는 구체적인 자료 등을 종합적으로 고려하여야 한다.

한편, 국내 또는 외국의 수요자간에 특정 지역의 상품을 표시하는 것이라고 현저하게 인식되어 있는 지리적 표시와 동일 또는 유사한 상표로서 부당한 이익을 얻으려 하거나 그 지리적 표시의 정당한 사용자에게 손해를 가하려고 하는 등 부정한 목적을 가지고 사용하는 상표도 등록을 받을 수 없다(상 §34① x iv). 본 호는 특정 지역의 상품을 표시하는 것이라고 인식되어 있는 지리적 표시와 동일 또는 유사한 상표에 적용하며, 특정 지리적 표시가 특정인의 상품을 표시하는 것으로 인식된 경우에는 법 제34조 제1항 제13호를 적용한다. 그리고 동일하다고 인정되는 상품에만 적용하는 다른 지리적 표시 관련

의 범위의 사람들에게는 알려져 있는 상표라는 것을 보여주는 증거로 볼 수 있으므로, 이 경우 특정인의 상품을 표시하는 것으로 인식되어 있는 상표로 볼 수 있다.

141) "특정인의 상품을 표시하는 것이라고 인식되어 있는 상표"의 인식도는 국내외의 일반거래에 있어서 의미 있는 최소한의 범위의 사람들에게 그 상표라 하면 특정인의 것이라고 알려져 있는 정도를 말한다(2011허4653 판결).

규정과는 달리, 법 제34조 제1항 제14호는 상품 면에서 제한이 없다. 다만, 부정한 목적을 판단하기 위해서는 상품간의 관계를 고려하여 판단하도록 한다.

본 호 판단시점을 판례에서는 출원시로 보았으나, 2023년 10월 31일 개정에서 상표등록출원을 한 때를 기준으로 하여 결정하되, 상표등록출원인이 제1항의 타인에 해당하는지는 상표등록여부결정을 할 때를 기준으로 하여 결정한다고 하였다(상§34②).

대법원 2006. 6. 2. 선고, 2005후1882 판결

[제34조 제1항 제13호 인정에 있어 재판상 자백의 인정여부(부정)]

등록상표가 구 상표법(2004. 12. 31. 법률 제7290호로 개정되기 전의 것) 제6조 제1항 제3호의 '상품의 산지·품질·원재료·효능·용도·수량·형상·가격·생산방법·가공방법·사용방법 또는 시기를 보통으로 사용하는 방법으로 표시한 표장만으로 된 상표'인지 여부 및 같은 법 제7조 제1항 제12호의 '국내 또는 외국의 수요자 간에 특정인의 상품을 표시하는 것이라고 현저하게 인식되어 있는 상표와 동일 또는 유사한 상표'인지 여부는 모두 법적 판단에 관한 사항이므로 자백의 대상이 될 수 없다.

원심은 그 판시와 같은 이유로 "라꾸라꾸"로 구성된 이 사건 등록상표가 설령 한자 '樂樂'의 일본어 독음과 같고, 위 한자 단어가 일본어로 '편안한, 안락한, 쉽게' 등을 의미한다고 하더라도 우리나라의 일본어 보급수준 등에 비추어 볼 때, 이 사건 등록상표의 지정상품인 침대의 일반수요자나 거래자들이 이 사건 등록상표를 보고 '편안한, 안락한' 등의 뜻을 직감한다고 보기 어려우므로, 이 사건 등록상표가 지정상품의 성질을 보통으로 사용하는 방법으로 표시한 표장만으로 된 상표라고 할 수 없고, 이 사건 등록상표와 대비되는 대상상표가 이 사건 등록상표의 출원 당시 국내는 물론 일본의 일반 수요자 간에 특정인의 상표로 현저하게 인식되었다고 할 수 없어 이 사건 등록상표가 국내 또는 외국의 수요자 간에 특정인의 상품을 표시하는 것이라고 현저하게 인식되어 있는 상표와 동일 또는 유사한 상표라고 할 수 없다.

대법원 2005. 6. 9. 선고, 2003후649 판결

[제34조 제1항 제13호 적용을 긍정한 사례]

원심은 그 채용 증거들을 종합하여, 원고의 상표인 "STARCRAFT" 스타크래프트 STARCRAFT는 원고가 'BLIZZARD ENTERTAINMET'라는 가상 상호 아래 개발하여 1998년 초 미국 시장에 처음 출시한 전략 시뮬레이션 컴퓨터게임 소프트웨어의 명칭임과 동시에 위 소프트

대법원 2005. 6. 9. 선고, 2003후649 판결

웨어에 부착한 상표로서, 1998. 4. 주식회사 엘지소프트웨어가 원고의 상표가 부착된 위 소프트웨어(이하 '원고의 상표 제품'이라 한다)를 국내에 수입하여 배포하기 시작하였고, 1999. 1.부터는 주식회사 엘지소프트웨어에서 분가한 주식회사 한빛소프트가 원고의 상표 제품의 수입배포를 담당해 온 사실, 원고의 상표 제품은 학생 층 및 직장인들 사이에서 폭발적인 인기를 누려 출시된 지 40여 일만인 1998. 4. 말경 이미 기존 게임시장에서 흥행작으로 평가되는 분기점인 2만 개를 넘어서 4만 개가 판매되고, 이어서 1998. 5.까지 약 55만 개, 1999. 7.까지 약 90만 개가 판매되었으며, 위와 같은 정품 이외에도 그 수배에 달하는 불법복제품이 일반 수요자들에게 판매된 사실, 1998. 11. 말에는 전국에서 선발된 500여 명의 선수가 참여하는 두루넷배 스타크래프트 대회가, 1998. 12.에는 SBS배 스타크래프트 대회가 전국적 규모로 개최되었고, 전국의 피시방에서 개최하는 상금 수십만 원 대의 소규모 경영대회가 수시로 개최된 사실, 1999년경 이미 '스타크래프트 100배로 즐기기' 등 게임에 관한 서적과 '스타크래프트 챔피온쉽' 등 비디오가 출시되고, 월 평균 30만 부 이상 발행되는 게임관련 잡지에도 스타크래프트 게임이 자주 소개되었으며, 원고의 상표를 이용한 티셔츠, 단추, 스티커 등 캐릭터 시장이 활성화되었고, 나아가 인터넷게임교육원 등 스타크래프트 게임방법 등을 강의하는 학원이 등장하고, 컴퓨터 게임과 관련된 학과가 4년제 대학 1개 및 2년제 대학 2개에 개설되기에 이른 사실, 그런데 피고는 1999. 2. 25. 지정상품을 '건과자, 비스켓, 비의료용추잉검, 캔디, 아이스크림, 초콜릿, 식빵, 떡, 곡물소시지, 과자용향미료'로 하여 '오리온 스타크래프트'와 'ORION STARCRAFT' 오리온 스타크래프트 ORION STARCRAFT 가 2단으로 병기된 이 사건 상표를 출원하여 2000. 2. 24. 등록된 사실 등 판시와 같은 사실을 인정하였다.

관계 법리와 기록에 비추어 살펴보면, 원심이 과자류와 컴퓨터프로그램의 수요자 층의 공유만을 들어 양 상품의 견련관계를 인정한 것은 적절하다고 할 수 없으나, 원고의 상표가 이 사건 등록상표의 출원 당시 이미 국내의 일반 수요자들 사이에 저명한 상표로 인식되어 있었으며, 원고의 상표가 저명한 이상 이 사건 등록상표의 출원, 등록이 원고의 상표의 식별력을 약화시키는 결과를 가져오고, 그에 따라 이 사건 등록상표에 구 상표법 제7조 제1항 제12호 소정의 등록무효 사유가 있다고 본 원심의 사실인정과 판단은 옳은 것으로 수긍이 가고, 거기에 상고이유에서 주장하는 바와 같은 채증법칙 위반이나 심리미진 또는 구 상표법 제7조 제1항 제12호에 관한 법리 오해 등의 위법이 있다고 할 수 없다.

구 상표법 제7조 제1항 제12호는 국내 또는 외국의 수요자간에 특정인의 상표라고 현저하게 인식되어 있는 상표(이하 '대상상표'라 한다)가 국내에서 등록되어 있지 않음을 기화로 제3자가 이를 모방한 상표를 등록하여 사용함으로써 주지상표에 화체된 영업상의 신용이나 고객흡인력 등의 무형의 가치에 손상을 입히거나 주지상표권자의 국내에서의 영업을 방해하는 등의 방법으로 주지상표권자에게 손해를 가하거나 이러한 모방상표를 이용하여 부당한 이익을 얻을 목적으로 사용하는 상표는 그 등록을 허용하지 않는다는 것이다.

대법원 2004. 5. 14. 선고, 2002후1362 판결

[부정한 목적의 사용상표에 해당하기 위한 요건 및 그 판단 시기=등록상표 출원시]

원심은, 이 사건 등록상표의 출원시인 1999. 2. 22.경을 기준으로 볼 때, 대상상표는 1995. 12. 프랑스에서 등록된 이래 1997경까지 미국, 일본 등 15여 개 국가에서 등록되고, 대상상표가 부착된 제품은 1997. 2.경부터 판매되어 대상상표의 사용기간이 3, 4년 정도로 그 선전광고 기간도 2년 남짓이며, 1998.경의 유럽, 아시아 등에 수출한 규모 및 수출액은 1,818,000개, 1,905,612유로EUROS에 불과하고, 우리나라에는 이 사건 등록상표의 출원 후인 1999. 9.경에야 수입되어 판매된 사실을 인정한 다음, 이러한 정도의 사용기간, 선전광고, 매출규모만으로는 대상상표가 이 사건 등록상표의 출원 당시 국내 또는 외국의 일반 수요자간에 특정인의 상표로 현저하게 인식되었다고 할 수 없어, 이 사건 등록상표는 구 상표법 제7조 제1항 제12호에 해당하지 아니한다고 판단하였는바, 원심판결 이유를 기록과 위 법리에 비추어 살펴보면, 원심의 사실인정과 판단은 정당한 것으로 수긍이 가고, 거기에 상고이유에서 주장하는 바와 같은 주지성 판단시기에 관한 법리오해나 사실오인 및 판단유탈 등의 위법이 없다.

대법원 2013. 5. 9. 선고, 2011후3896 판결

[부정목적 해당 요건 및 기준 시기]

등록상표가 구 상표법 제7조 제1항 제12호에 해당하려면 모방대상상표가 국내 또는 외국의 수요자에게 특정인의 상표로 인식되어 있어야 하고, 등록상표의 출원인이 모방대상상표와 동일 또는 유사한 상표를 부정한 목적을 가지고 사용하여야 하는데, (1) 모방대상상표가 국내 또는 외국의 수요자 사이에 특정인의 상표로 인식되어 있는지는 그 상표의 사용기간, 방법, 태양 및 이용범위 등과 거래실정 또는 사회통념상 객관적으로 상당한 정

도로 알려졌는지 등을 기준으로 판단하여야 하고, (2) 부정한 목적이 있는지를 판단할 때는 모방대상상표의 인지도 또는 창작의 정도, 등록상표와 모방대상상표의 동일·유사 정도, 등록상표의 출원인과 모방대상상표의 권리자 사이에 상표를 둘러싼 교섭의 유무, 교섭의 내용, 기타 양 당사자의 관계, 등록상표의 출원인이 등록상표를 이용한 사업을 구체적으로 준비하였는지 여부, 등록상표와 모방대상상표의 지정상품 간의 동일·유사 내지 경제적 견련성의 유무, 거래실정 등을 종합적으로 고려하여야 하며, (3) 위와 같은 판단은 등록상표의 출원시를 기준으로 하여야 한다.

법 제34조 제1항 제9호, 제11호, 제12호, 제13호 비교

구분	법§34①9	법§34①11	법§34①12	법§34①13
취지	출처 오인·혼동 방지, 주지상표권자 이익보호	저명상품·영업과의 오인·혼동으로부터 수요자 보호, 저명상표 희석화 방지	상품의 품질오인, 출처오인·혼동으로 인한 수요자 기만 방지(다만, 출처의 오인·혼동은 법§34① 9, 11, 13호 등을 요건에 맞게 우선 적용하고, 본호는 수요자 기만에 초점을 맞춰 적용	진정한 상표사용자 신용보호, 브로커 방지, 공정한 경쟁질서 확립
주지도	동종업종에서 수요자간에 현저하게 인식	이종상품이나 영업에 걸친 거래자 및 일반수요자 대다수에게 현저하게 인식	국내의 일반거래에 있어서 수요자나 거래자에게 인식	국내·외 수요자간에 특정인의 상품표지로 인식
상표	동일·유사	비유사하여도 모티브나 아이디어 등을 비교하여 저명상표가 용이하게 연상되는 경우	동일·유사	동일·유사
상품	동일·유사	비유사	비유사(다만, 수요자 기만 발생과 관련하여 견련관계 고려)	비유사(다만, 부정목적 추정을 위해서는 견련성 검토 필요)
인식도 판단방법	상표 사용기간, 사용 방법, 사용지역, 거래 범위, 상품 판매량, 광고선전 등을 종합 고려	좌동	좌동	좌동(다만, 특정인의 상표라는 인식+부당한 기대이익 유무를 통해 인식도 판단 가능)

시기적 기준	등록여부결정시	출원시	등록여부결정시	출원시
제척기간	5년	없음	없음	없음

출처: 상표심사기준 제5부 제13장 p.258 도표 재인용.

(7) 입체상표의 기능성

상표등록을 받으려는 상품 또는 그 상품의 포장의 기능을 확보하는 데 꼭 필요한(서비스의 경우에는 그 이용과 목적에 꼭 필요한 경우를 말한다) 입체적 형상, 색채, 색채의 조합, 소리 또는 냄새만으로 된 상표는 등록을 받을 수 없다(상§34①xv). 본 호는 1997년 8월 입체상표제도를 도입함에 따른 조치로서 입체상표 중 그 상품 또는 포장의 기능적 특성만을 나타낸 입체상표에 독점을 허용할 경우 관련산업의 발전이 저해될 수 있으므로 이를 예방하고 다른 경업자의 자유로운 사용을 보장하기 위하여 공익적인 차원에서 특정인에게 등록을 허여하지 않는 것이다.[142)]

본 호의 적용요건은 ① 상표등록을 받으려는 '상품 또는 그 상품의 포장' 일 것; 상표등록을 받으려는 지정상품뿐만 아니라 그 지정상품의 포장도 판단대상이 된다. ② 그 기능을 확보하는 데 불가결한 입체적 형상, 색채, 색채의 조합, 소리 또는 냄새'만'으로 된 상표일 것; 본 호는 상품 또는 그 상품의 포장의 기능을 확보하는 데 불가결한 입체적 형상 등에 적용하므로, 그 기능을 확보하기 위한 다른 대체적인 형상 등이 존재하는 경우에는 본 호에 해당하지 않는 것으로 본다. 상품 또는 그 상품의 포장의 기능을 확보하는 데 불가결한 입체적 형상은 상표법 제33조 제1항 제3호에서 규정하는 상품의 형상 또는 그 상품의 포장의 형상에 해당하는 것이 일반적이고 색채, 색채의 조합, 소리, 냄새는 법 제33조 제1항 제6호 또는 제7호에서 규정하는 식별력이 없는 상표에 해당하는 것이 일반적이므로, 그와 같은 상표는 원칙적으로 상표법 제33조 제1항 제3호, 제6호 또는 제7호를 적용한다. 따라서 본 호는 상품의 형상 등이나 그 상품의 포장의 형상 등이 상표법 제33조 제2항에 따라 식별력을 인정받은 경우에 주로 적용하는 것으로서, 본 호에 해당할 경우에는 식별력이 인정되더라도 등록을 받을 수 없는 것으로 본다.[143)]

142) 특허청, 상표법해설(2004), p.85.

입체상표의 기능성 판단은 모든 것을 종합적으로 판단하여야 한다. 즉 모든 상품 또는 그 상품의 포장이 채용하는 형상은 대체로 상품 또는 그 상품의 포장이 가지는 일정한 본래 기능을 수행하고 있는 것이 일반적이나 이러한 상품 자체에서 비롯된 본래의 기능을 수행하는 동종의 상품일지라도 그 형상화나 디자인의 특성으로 인하여 상품자체의 본래 기능을 넘어서 경쟁상 우월한 기능을 가져올 수 있다. 이 경우 본 호에서 규정하는 기능성 여부를 판단함에 있어서는 상품의 형상화나 디자인의 특성으로 인하여 상품자체의 본래 기능을 넘어서 경쟁상 우월한 기능이 존재하는지 여부를 판단하여야 하는 것이다. 따라서 제34조 제1항 제15호의 기능성을 판단함에 있어서는 상품 자체가 기능적인지 여부가 아니라 상품의 형상이나 디자인이 기능적인지 여부를 판단하는 것이라고 한다. 즉 기능성은 ① 대체성, ② 제조비용의 저렴성, ③ 유통과정의 편이성 및 사용의 효율성에 관한 광고 선전, ④ 특허권이나 디자인권의 존재 여부를 고려하여 판단하다. 이러한 기능성을 판단시의 심사관은 ① 그 기능을 확보할 수 있는 대체적인 형상이 따로 존재하는지 여부, ② 상품 또는 포장의 형상을 해당 대체적인 입체적 형상으로 한 경우 동등한 또는 그 이하의 비용으로 생산할 수 있는지 여부, ③ 광고 등에 의하여 해당 상품 또는 포장의 실용적 이점이 선전되고 있는지 여부, ④ 상품 또는 그 상품의 포장의 형상 등으로부터 발휘되는 기능적(실용적) 특성이 상품 자체의 본래 기능을 넘어서 월등한 경쟁상의 우위를 가지거나(이러한 기능성은 특허법의 보호영역임) 그러한 상품 또는 그 상품의 포장의 형상 등의 독점으로 인하여 거래업계의 경쟁을 부당하게 저해하는지의 여부 등을 고려하여야 한다.[144]

그 외에 색채 또는 색채의 조합만으로 된 상표가 기능적인지 여부는 ① 출원된 상표의 색채 또는 색채의 조합이 지정상품의 사용에 불가결하거나 일반적으로 사용되는지 것인지 여부 ② 지정상품의 특성으로 작용하는 특정 색채가 그 상품의 이용과 목적에 불가결하거나 상품의 가격이나 품질에 영향을 주는 것인지 여부를 고려하여 판단한다.

또한, 소리・냄새만으로 된 상표가 기능적인지 여부는 ① 상품의 특성으

143) 상표심사기준 제5부 제13장 4.(p.263).
144) 특허청, 상표법해설(2004), p.86.

로부터 발생하는 특정한 소리 또는 냄새인지 여부, ② 상품의 사용에 꼭 필요하거나 그 상품에 일반적으로 사용되는 소리 또는 냄새인지 여부, ③ 상품의 판매 증가와 밀접한 원인이 되는 소리 또는 냄새인지 여부를 고려하여 판단한다.

대법원 2015. 10. 15. 선고, 2013다84568 판결

내복용 알약에는 다양한 크기, 형상, 색깔이 존재할 수 있어 이용 가능한 대체적 형상이 다수 존재하고, 이 사건 등록상표의 지정상품인 심장혈관용 약제, 성기능장애 치료용 약제가 실제로 이 사건 등록상표와 같은 마름모 도형의 입체적 형상과 푸른색 계열의 색채가 아닌 다른 색채와 형상으로도 여러 업체에서 생산되어 판매되고 있는 점, 또한 위 형상과 색채의 결합이 알약의 본래적인 기능을 넘어서는 기술적 요소가 발휘된 것이라고 보기는 어려운 점 등을 알 수 있다. 이러한 사정에 비추어 기능을 확보하는데 불가결한 입체적 형상만으로 된 상표에 해당한다는 사유로 그 상표등록이 무효로 될 것임이 명백하다고 할 수는 없다.

(8) **포도주 및 증류주의 산지에 관한 지리적 표시**

WTO 회원국 내의 포도주 및 증류주의 산지에 관한 지리적 표시로써 구성되거나 동 표시를 포함하는 상표로서 포도주·증류주에 사용하고자 하는 상표는 등록을 받을 수 없다. 다만, 지리적 표시의 정당한 사용자가 그 해당 상품을 지정상품으로 하여 제36조 제5항의 규정에 따른 지리적 표시단체표장 등록출원을 한 때에는 그러하지 아니하다(상§34①xvi). 본 호는 우리나라가 WTO에 가입함으로서 TRIPs 협정 제23조 제1항과 제2항에서 규정한 포도주와 증류주에 대한 지리적 표시의 사용금지 및 등록금지 규정을 그대로 1997년 8월 상표법 개정시에 도입한 규정이다. WTO/TRIPs협정은 공중에게 원산지의 오인·혼동을 유발할 염려가 있는 상표의 사용을 금지하고(TRIPs §22②), 등록을 거절·무효(TRIPs§22③)로 하도록 요구하고 있다.

여기서 "포도주 및 증류주의 산지에 관한 지리적 표시로서 구성되거나 동 표시를 포함하는 상표"라 함은 당해 산지를 그 지역의 문자로 표시한 것뿐만 아니라 그에 대한 번역 및 음역을 모두 포함하는 것으로 본다. 이 경우 출처의 오인·혼동 가능성이 없다고 하더라도 해당 지리적 표시가 표시되어 있다면 본 호를 적용한다.[145][146] 상표구성에 해당 지리적 표시가 ○○종류, ○○유형, ○○풍, ○○양식 등과 같은 표현이 수반된 경우에도 이를 적용한다.[147] 다만, 당해 지리적 표시가 속한 국가에서 보호되지 아니하거나 보호가 중단된 지리적 표시이거나 또는 그 나라에서 사용하지 아니하게 된 지리적 표시에 대하여는 본 호를 적용하지 아니한다. 다만 지정상품과의 관계에서 상품의 품질이나 출처의 오인·혼동을 유발할 우려가 있는 경우에는 법 제34조 제1항 제12호를 적용한다. 즉 문자상으로는 진정한 원산지 표시가 되어있다 하더라도 수요자가 다른 영토나 지역에서 생산된 것으로 오인케 할 경우, 예컨대 캘리포니아주에서 생산하는 '보르도' 포도주에 미국산이라고 표기하는 경우이다.

(9) 신의칙에 반하여 출원한 상표

국내에서 상표사용을 준비 중에 있는 것을 알고 있는 자가 정당한 권원없이 동일·유사한 상표를 먼저 출원한 경우에 그 등록을 방지하기 위하여 2014년 개정 시에 근거 조항을 신설하였다. 즉 본조 본항 제20호에 "동업·고용 등 계약관계나 업무상 거래관계 또는 그 밖의 관계를 통하여 타인이 사용하거나 사용을 준비 중인 상표임을 알면서 그 상표와 동일·유사한 상표를 동일·유사한 상품에 등록출원한 상표"는 거절할 수 있도록 하고 있다(상§34①xx). 즉 본 호의 적용요건은 ① 동업·고용 등 계약관계나 업무상 거래관계[148] 또는 그 밖의 관계[149]에 있어야 하고, ② 타인이 사용하거나 사용을 준

145) 상표심사기준 제5부 제14장. 1.1.1.(p.265).

146) '포도주 및 증류주'의 범위는 주세법상 주류의 범위를 참고로 하되 이에는 예컨대 알코올 강화 포도주, 위스키, 보드카, 브랜디, 럼, 진, 고량주, 배갈, 막걸리, 소주 등이 포함되는 것으로 보되 리큐르는 포함되지 않는 것으로 본다.

147) 원산지 표시가 제대로 되어있다 하더라도 예컨대 캘리포니아 주에서 생산하는 '보르도' 포도주에 미국산이라고 표기하는 경우에도 이를 적용하는 것으로 한다.

148) "동업·고용 등 계약관계나 업무상 거래관계"라 함은 문서를 통해 정식으로 동업·고용·거래관계가 이루어진 경우뿐만 아니라, 기타 계약관계나 거래관계가 증명되는 경우에는 본 호에 해당하는 것으로 본다.

149) "그 밖의 관계"라 함은 동업·고용 등 계약관계나 업무상 거래관계에 준하는 일정한 신의성실관계를 말한다. 따라서, 관련 없는 제3자의 영업활동이나 대중매체 등을 통하여 상표의 사용이나 사용 준비 중임을 인지하고 이를 출원하는 경우 등은 이에 해당하지 않는 것으로 본다.

비 중인 상표[150]임을 알고 있어야 하며, ③ 그 상표와 동일·유사한 상표를 동일·유사한 상품에 등록출원한 것이어야 한다. 판단 시점은 상표등록출원을 한 때를 기준으로 하여 결정하되, 상표등록출원인이 제1항의 타인에 해당하는지는 상표등록여부결정을 할 때를 기준으로 하여 결정한 때(상§34②단)를 기준으로 하여 판단한다. 본 호는 타인에게 손해를 끼칠 부정한 목적이나 타인의 신용에 편승하여 이익을 얻을 목적이 없어도 적용이 가능하다.

본 호는 건전한 사회질서를 수호하기 위하여 신설된 것으로 정당한 권원을 가진 상표주도 본 호와 관련된 이의신청 혹은 무효심판을 청구할 수 있도록 할 필요가 있기 때문이다. 이러한 예로는 ① 종업원이 주인보다 먼저 상표등록을 한 후 주인에게 상표권을 행사하는 경우(떡담), ② 동업자가 단독으로 상표출원하여 다른 동업자에게 상표권을 행사하는 경우(이찌고야), ③ 매체를 통하여 상표출원의 동향을 인지하고 바로 상표출원을 하여 선점하는 행위(웨비게이션) 등[151]이 있다. 따라서 상표권자는 상표등록 전에는 정보제공(상§49)과 이의신청(상§60①)을 할 수 있고, 등록 후에는 등록무효심판을 청구할 수 있다(상§117①).

본 호는 타인과의 계약이나 거래관계 등 특정한 관계에 있던 자가 이를 통해 알게 된 타인의 상표를 자기가 출원하는 등 신의성실 원칙에 위반한 상표에 대하여 등록을 불허하기 위한 규정으로, 공서양속에 위반되는 상표등록출원에 대한 거절조문인 상표법 제34조 제1항 제4호가 '상표 그 자체 또는 상표가 상품에 사용되는 경우'로 한정하고 있어 신의칙(信義則)에 어긋나는 상표출원 자체를 거절할 마땅한 조문이 없다는 점을 보완하기 위해 도입한 규정이라고도 할 수 있다.

---

150) "사용하거나 사용 준비 중인 상표"라 함은 속지주의 원칙상 국내에서 사용 또는 사용 준비 중인 경우에 적용하며, 사용 또는 사용 준비 중인 상표이므로 상표로 기능하지 않는 드라마 제명이나 저작물에는 적용되지 않는다. 다만, 그 타인이 드라마 제명이나 저작물을 상표로 사용하거나 사용준비 중인 경우는 본 호를 적용할 수 있다.

151) 특허청 상표심사정책과의 2013년11월 "불합리한 관행제거와 공정한 상표제도 구축을 위한 상표법 전부개정법률(안) 주요내용" 입법예고 자료, p.37.

법 제34조 제1항 제20호와 제4호 비교

법§34①20	법§34①4
당사자간 신의칙 위반이 있는 경우 적용	상표 그 자체 또는 상품과의 관계에서 공서양속에 위반되거나, 출원·등록과정에서 사회적 타당성이 현저히 결여된 경우 적용
출원하기까지의 과정에서 신의칙 위반이 있는 경우 적용	단순한 신의칙 위반이 있었다는 이유만으로는 적용이 어렵고, 출원·등록과정에서 사회적 타당성이 현저히 결여된 경우 적용

법 제34조 제1항 제20호와 제13호 비교

법§34①20	법§34①13
모방대상상표의 인식도가 필요 없음	모방대상상표가 특정인의 상표로 인식되어야 함
모방대상상표 사용자와 출원인간 신의관계 필요	모방대상상표 사용자와 출원인간 신의관계 불요
타인의 사용, 사용 준비중인 사실만 알고 있으면 적용	부정한 목적이 있는 경우 적용
동일·유사한 상품에 적용	상품 제한 없음(다만, 부정목적 유무 판단을 위해 견련성 검토 필요)

출처: 상표심사기준 제5부 제18장 도표 재인용.

(10) 외국 상표권자의 승낙 없이 그 대리인 등이 상표등록을 출원한 상표

본 호는 동법 동조 동항의 제20호와 같이 국외의 상표권자와의 신의칙에 반하는 상표등록출원에 관한 조항으로 2016년 개정 전에는 취소심판사유 중에 하나로서 운영되어 왔으나, 2016년 상표법 전면 개정 시에 상표부등록사유 중 하나로 변경하였다. 이는 조약 당사국에 등록된 상표에 관한 권리를 권리자와 사이에 형성된 계속적 계약관계나 특별한 신뢰를 저버린 채 상표출원한 경우, 등록을 저지함으로써 공정한 국제질서 확립에 기여하기 위하여 부등록 사유로 변경하였다고 한다.[152)]

법률은 국경이 있지만 상품은 국경과 상관없이 유통되고 있어, 우리나라에도 많은 외국 상품들이 들어와 시장을 점유하고 있다. 이런 외국 상품들이 국내시장에 들어오기 위해서는 무역회사를 통하여 들어오는 경우도 있지만, 총대리점이나 총판 등의 방법으로 국내에 진출하여 시장을 독점하는 경우도 있

152) 특허청 상표심사정책과의 2013년 11월 "불합리한 관행제거와 공정한 상표제도 구축을 위한 상표법 전부개정법률(안) 주요내용" 입법예고 자료, p.42.

다. 따라서 시장의 수요가 많은 외국상품에 대하여 총판이나 무역상들이 국내에 상표를 등록하여 그 상표의 사용권을 독점할 수 있다. 이렇게 되면 해당 외국상품은 그 총판이나 무역상 등을 통하여 국내에 반입하지 아니하면 안되게 된다. 이러한 경우 다른 기업들은 그 상품에 관하여 시장에서 배제되고 특정기업만 독점하기 때문에 가격을 높이 책정할 수 있어 소비자에게도 손해가 발생할 수 있다.

특히 그 외국상품에 부착되어 있는 상표가 저명한 브랜드이고 강한 고객흡인력을 발휘하는 상표인 경우는 단지 국내에 등록한 것만으로 비즈니스에 유리하게 작용하며, 또 국내에 상표등록한 총판이나 무역상들이 외국기업에게 고가로 상표권을 매수할 것을 강요하는 경우도 있다. 그래서 1980년 리스본 개정회의시 파리조약 제6조의7로 채택하여 대리인, 대표자에 의한 상표등록을 일정한 범위에서 규제하게 된 것이다.

이 규정은 조약 당사국에 있어서의 상표에 관한 권리를 가진 자의 보호를 강화하기 위한 것으로서 파리조약 제6조의7(소유권자의 허가를 받지 않은 대리인 또는 대표자 명의의 상표등록)을 실시하기 위하여 1980년 12월 31일 법률 제3326호로 공포, 신설되었다.

대법원 2003. 4. 8. 선고, 2001후2146 판결	구 상표법 제73조 제1항 제7호, 제23조 제1항 제3호의 입법 취지에 비추어 볼 때 상표법 제23조 제1항 제3호에서 말하는 '대리인이나 대표자'라 함은 일반적으로 국외에 있는 상표에 관한 권리를 가진 자의 그 상품을 수입하여 판매·광고하는 대리점, 특약점, 위탁판매업자, 총대리점 등을 가리킨다(대법원 1996. 2. 13. 선고 95후1241 판결 참조). 그리고 대리점 등 계약의 당사자가 자신과 법인격은 다르지만 그 소유와 경영을 실질적으로 지배하고 있는 자회사의 명의로 상표등록을 하면 대리점 등이 스스로 상표를 등록한 것과 동일한 결과가 초래되어 위 규정을 잠탈하는 행위를 방지할 수 없게 되고, 나아가 공정한 국제 상거래 질서를 확보하고 수요자 사이에 혼동을 방지하고자 하는 입법 목적을 달성할 수 없는 문제가 있는 것은 원심이 판시한 바와 같지만, 그렇다고 하더라도 계약 등에 의하여 대리인이 된 자가 위 상표법 규정의 적용을 회피하기 위하여 법인을 편의상, 형식적으로 설립하였다는 등의 특별한 사정이 없는 한 별개의 법인격을 가지는 회사가 계약 당사자의 실질적 지배를 받는 관계에

있다는 사정만으로 그 회사를 계약 당사자와 동일시하여 당연히 상표소유권자의 대리인으로서의 지위를 갖게 된다고 할 수는 없다.

국외의 상표권자와의 신의칙에 반하여 등록이 된 경우에는 상표등록무효심판을 청구할 수 있다(상§117①). 무효심판의 일반적인 요건은 ① 조약당사국에 등록된 상표[153]와 동일·유사한 상표로서 ② 그 상표에 관한 권리를 가진 자[154]와의 동업·고용 등 계약관계나 업무상 거래관계 또는 그 밖의 관계에 있거나 있었던 자, ③ 상표에 관한 권리를 가진 자의 동의를 받지 아니하는 등 정당한 이유없이[155] ④ 그 상표의 지정상품과 동일하거나 이와 유사한 상품을 지정상품으로 상표등록출원한 경우이다.

대법원 1996. 2. 13. 선고, 95후1241 판결

[대리인이나 대표자]

구 상표법 제73조 제1항 제7호는 상표등록취소 심판사유의 하나로 "제23조 제1항 제3호 본문에 해당하는 상표가 등록된 경우에 그 상표에 관한 권리를 가진 자가 당해 상표등록일부터 5년 이내에 취소심판을 청구한 경우"를 들고 있고, 같은 법 제23조 제1항 제3호 본문은 "조약당사국에 등록된 상표 또는 이와 유사한 상표로서 그 상표에 관한 권리를 가진 자의 대리인이나 대표자 또는 상표등록 출원일 전 1년 이내에 대리인이나 대표자이었던 자가 상표에 관한 권리를 가진 자의 동의를 받지 아니하는 등 정당한 이유 없이 그 상표의 지정상품과 동일 또는 유사한 상품을 지정상품으로 상표등록 출원한 경우"라고 규정하고 있는바, 위 규정의 입법취지에 비추어 볼 때 여기서 말하는 "대리인 또는 대표자"라 함은 대리점, 특약점, 위탁판매업자, 총대리점 등 널리 해외에 있는 수입선(輸入先)인 상표소유권자의 상품을 수입하여 판매, 광고하는 자를 가리킨다고 보아야 할 것이다.

---

153) 법조문에는 등록된 상표로 규정하고 있어, 사용주의 국가에서의 미등록 상표권까지 포함하고 있는 파리조약의 규정과는 차이가 있다. 다만, 특허법원 98허8519(1999. 3. 19.) 판결은 법조문의 취지를 고려할 때 등록주의 국가의 등록상표와 사용주의 국가의 선사용자를 모두 의미한다고 판시한 바 있다.

154) 상표에 관한 권리를 가진 자란 등록상표권자를 의미하며, 통상사용권자·전용사용권자는 이에 포함되지 않는다.

155) 정당한 사유란 상표에 관한 권리를 가진 자가 명시적·묵시적으로 동의하거나 우리나라에서 그 상표를 포기했거나 상표 권리를 취득할 의사가 없는 경우를 말한다.

청구권자는 파리협약이나 WTO, 상표법조약의 체약국에서 상표에 관한 권리를 가진 자이며, 판단 시점은 상표등록출원을 한 때를 기준으로 하여 결정하되, 상표등록출원인이 제1항의 타인에 해당하는지는 상표등록여부결정을 할 때를 기준으로 하여 결정한 때(상§34②단)를 기준으로 하여 판단한다.

그리고 상표권자는 상표등록 전에는 정보를 제공(상§49)과 이의신청(상§60①)을 할 수 있고, 등록 후에는 등록무효심판을 청구할 수 있다(상§117).

part

04

상표의 사용 및 동일·유사 여부의 판단

- 제 1 장 상표의 사용
- 제 2 장 상표 및 상품의 동일·유사

c·h·a·p·t·e·r

01 상표의 사용

제1절 서 설

최근 IT(정보통신)기술의 발달로 인터넷이 직장은 물론이고, 가정에까지 널리 보급됨에 따라 인간의 생활환경이 변화하였다. 또한 상품이나 서비스가 특정지역에서만 보급되어 사용되던 것이 특정지역에 한정되지 않고, 글로벌화되어 세계 어디에서든지 쉽게 접근할 수 있게 되었다. 이제까지 유체물로 유통되어 오던 프로그램이나 서적 등이 CD-ROM 등의 새로운 무체물로 등장하여 인터넷 등을 통하여 거래되기에 이르렀다. 이러한 새로운 방법에 의한 거래에서 문제가 제기되어 WIPO에서 2000년 10월『표장등록을 위한 상품·서비스의 국제분류에 관한 니스협정』을 개정하여, 새롭게 등장한 정보기억매체인 "다운로드 가능한 전자출판물"·"다운로드 가능한 프로그램"을 상품분류 제9류(전자응용기계기구등)에 포함시켜 상품의 예시로 추가하였다.[1][2] 이러한 변화에 맞추어 우리 상표법에서의 "상품"과 "상표"의 의미가 변화되었으므로 "상표의 사용"의 의미도 재검토가 필요하게 되었다.

1) 특허청, 상표법해설(2004), p.6.
2) 日本商標協會誌 No.44, p.102.

상표법상 “상표의 사용”의 문제로는 첫째, 상표의 개념 자체에 있어서의 사용여부(상§2①i)와 둘째, 자기 자신의 상표권 사용여부, 그리고 셋째, 상표의 침해판단에서의 타인의 상표사용여부 등으로 나누어 볼 수 있다. 특히 상표법 제2조 제1항 제11호에서는 “상표의 사용”의 개념을 직접 규정함으로써, 상표법 전반에서 사용되는 “상표의 사용” 개념을 정의하고(상§2①xi), 법의 운용을 시도하고 있다. 그러나 이러한 상표법적 정의 개념은 때로는 사회통념상의 그것과는 일치하지 않는 경우가 있다.[3] 또한 법문의 문리 해석만으로는 상표법이 목적으로 하고 있는 바를 충분히 달성할 수 없는 경우도 발생하고 있다.

반면 IT기술 등의 발전에 의해 현실공간뿐만 아니라 가상공간에서도 상표가 사용되고 있으며, 또한 상표의 기본적인 기능이 시각을 통하여 식별되던 것이 청각이나 후각, 미각, 촉각 등에 의해서도 식별됨에 따라 ‘상표의 사용’ 개념에 대한 보다 체계적인 연구가 필요하게 되었다. 즉 상표제도의 운영과 관련하여서는 ‘상표의 기능론’이라든지 ‘상품의 동일·유사판단’, ‘상표의 동일·유사 판단’, ‘상표의 등록주의와 주지 상표의 보호론’, ‘상표권의 침해’, ‘상표의 불사용에 의한 취소’ 등이 상표와 관련한 논의의 주류를 차지하였을 뿐이다. 이러한 논의의 전반에는 ‘상표의 사용’ 개념이 자리하고 있음에도 불구하고 정작 상표의 사용 개념에 대한 논의는 충분하지 않았던 것이다.

제 2 절 상표법 제2조 제1항 제1호에서의 사용(상표의 개념에서의 사용의 의미)

『상표』의 본원적 기능은 자타상품을 식별하기 위하여 사용하는 일체의 감각적인 표현수단을 의미하지만 이러한 표장을 모두 보호하는 것은 법기술적으로 어렵기 때문에 상표법에서는 보호 가능한 상표의 구성요소를 제한하여

3) 綱野誠, “商標の使用概念をめぐって”, 宮脇幸彦編, 無体財産法と商事法の諸問題-豊崎光衛先生追悼論文集, 有斐閣(1981), p.119; 板倉集一, “商標の使用”, 日本工業所有権法学会(第26号), 2002, p.63.

기호·문자·도형·입체적 형상·색채·홀로그램·동작 또는 이들을 결합한 것과 그 밖에 시각적으로 인식할 수 있는 것으로 구성하였으나, 한미FTA체결과 더불어 우리나라도 "소리·냄새 등 시각적으로 인식할 수 없는 것 중 기호·문자·도형 또는 그 밖의 시각적인 방법으로 사실적(寫實的)으로 표현한 것"까지도 보호하게 되었다. 따라서 우리 상표법상 상표의 정의 개념에 충실할 경우, "상표"는 시각을 통하여 인식될 수 있는 것뿐만 아니라 청각이나 후각이라도 시각적인 방법으로 사실적(寫實的)으로 표현한 것이라면 상표법으로 보호를 받을 수 있다.

이러한 상표가 상표법상 보호를 받기 위해서는 상표법 제2조 제1항 제1호("『상표』라 함은 『상품』을 자기와 타인의 상품을 식별하기 위하여 사용하는…")에서 전제가 된 '상품'이어야 한다. 즉 상표는 상품을 떠나서 존재할 수 없다는 의미로서 사업자(상품을 생산·가공 또는 판매하는 것을 업으로 영위하는 자)가 상품에 붙이는 "표장"이다.[4]

현행 상표법에서는 『상품』의 개념에 대해 명문으로 규정하고 있지 않다.[5] 다만, 상표제도의 목적과 상표법시행규칙상의 상품류구분 등을 참고하여 사회통념에 따라 결정하여야 하는 상대적인 개념으로 해석하고 있다.[6] 이에 의하면, "상품"이란 반복하여 거래의 대상이 되는 유체물로서 운반가능한 것을 의미하며, 성질상 반복하여 생산되는 것으로 인정할 수 없는 상품인 골동품, 예술품과 법령에 의하여 거래가 금지되어 있는 금제품(禁制品)은 상표법상의 상품에 해당되지 않으며, 아울러 열이나 향기와 같은 무체물과 운반이 불가능한 부동산은 상표법상의 상품으로 볼 수 없다. 다만, 열이나 향기, 그리고 수소$_{H}$·산소$_{O}$·염소$_{Cl}$ 등의 비금속원소, 천연가스, 액화석유가스 등의 기체연료

4) 小野昌延, "商標の使用", 特許管理(1984) Vol.34 No.11, p.1402.

5) 일반적으로 상표법상의 "상품"이란 "그 자체가 교환가치를 가지고 독립된 상거래의 목적물이 되는 물품"을 의미하는 것으로, 따라서 열·향기와 같은 무체물, 운반이 불가능한 부동산, 반복거래의 대상이 될 수 없는 골동품·예술품, 법령상 거래가 금지된 마약류·유가증권 등은 상표법상의 상품에 해당하지 않는다. 다만, 용기에 담아 독립거래의 대상이 되는 '술', '가스', 운반 가능한 '조립가옥' 등은 상품으로 인정되며, "다운로드가 가능한 컴퓨터프로그램"과 같이 온라인상에서 내려받을 수 있는 디지털 상품(digitalgoods)의 경우에는 유체성에 대한 논란이 있을 수 있으나 정보통신기술의 발달에 따른 시대적 여건 변화와 거래실정을 반영하여 상표법상의 상품으로 인정된다. 상표법에는 상품의 개념에 대한 명문의 규정이 없으므로 상표제도의 목적과 시행규칙상의 상품류 구분 등을 참고하여 사회경제적 통념에 따라 상품을 결정하여야 한다(상표심사기준 제2부 제1장 1.1.1.).

6) 특허청, 상표법해설(2004), p.6.

도 용기에 넣으면 거래의 대상이 될 수 있다. 이 경우에는 상표법의 목적상 상품이 된다. 또 운반이 불가능한 부동산이라도 판매주택이나 조성된 택지처럼 유통대상이 될 수 있는 것은 거래상 광고 등에서 상표로서 자타(自他) 공급품을 식별할 수 있다면 상표법상 상품으로서 취급하는 것이 실익이 있고, 상표법에 의해 보호되는 상품이 된다고 본다.[7)8)] 그리고 2016년 전부개정 상표법에서는 서비스표를 상표의 개념에 포함하였다.

한편, 상표법 제2조 제1항 제1호의 상표의 개념정의에서 『표장』은 표식(標識: 표시하고 식별)에 속하며, "상표"를 포함하는 넓은 개념이다.

이러한 현행 상표법상의 상표는 "표장"에 한정되어 있다. 즉 상표는 원칙적으로 상품에 대하여 평면적이거나 입체적으로 표현된 것을 인간의 시각적으로만 볼 수 있는 것을 보호하고 있다고 할 수 있다. 그러나 위에서 살펴본 바와 같이 인터넷상 컴퓨터 네트워크를 통해서 다운받을 수 있는 『컴퓨터 프로그램』에 대해서는 예외적으로 인정하고 있다.[9)]

'상표의 사용'은 상표권의 성립과 관련하여 등록주의를 취하고 있는 우리나라에서는 상표의 구성개념으로서 '사용' 개념이 그다지 큰 의미를 갖지 않는다고 평가하는 견해[10)]도 있으나, 상표라 함은 여전히 사업자가 상품 또는 서비스에 대하여 '사용하는' 표장이므로(상§2①i), 사용 개념을 결정하는 방법에 따라 상표 개념이 결정되는 관계에 있다. 예컨대, T-셔츠의 흉부에 크게 묘사된 그림은 '사용'이 아니라고 하여 그 그림을 상표 개념에서 배제하는 것과 같다.[11)]

서울지방법원 1995. 10. 24. 선고, 95카합3529	**[상표법상의 상표의 사용]** 상표법상 상표의 사용이라고 함은 상품 또는 상품의 포장에 상표를 표시하는 행위등을 말하는데, 여기서 말하는 상품이라고 함은 그 자체가 교환가치를 가지고 독립된 상거래의 목적물이 되는 물품을 말한다고 할 것이다. 신청인들은 제45류 수영복, 티셔

7) 東京地裁 平成11. 10. 21. 平11年(ワ)438, 判タ 1019号, p.250.

8) 綱野誠, "商標の定義" 小野昌延編, 註解商標法(新版) 上卷, 青林書院(2005), pp.86~87.

9) 특허청, 상표법해설(2004), p.6.

10) 송영식 · 이상정 · 황종환, 지적소유권법(하)(제8판), 육법사(2003), p.60.

11) 대법원 2005. 10. 7. 선고, 2004후1458판결; 대법원 1997. 2. 14. 선고, 96도1424판결; 대법원 2003. 2. 14. 선고, 2002후1324판결; 平尾正樹, 商標法, 學陽書房(2006), p.51.

서울지방법원 1995. 10. 24. 선고, 95카합3529

츠 등을 지정상품으로 하는 등록상표 CASS의 상표권자이고, 피신청인은 제6류 맥주, 청주 등을 지정상품으로 하는 등록상표 CASS 카스 의 상표권자인데, 피신청인이 그 상품인 CASS 상표가 부착된 맥주의 제품출시를 기념하고 그 선전광고를 위하여 피신청인회사의 직원 및 피신청인회사의 제품을 취급하는 주류도매점의 직원들에게 CASS 상표가 부착된 티셔츠등을 무료로 배포하였고, 피신청인회사의 맥주선전광고를 위한 무료시음대회를 개최하면서 위 시음대회를 진행하는 피신청인회사 직원이나 아르바이트생 등에게 CASS 상표가 부착된 티셔츠등을 무료로 배포한 사실을 인정할 수 있다. 피신청인이 배포한 위 티셔츠등은 피신청인이 그의 상품인 카스맥주의 선전광고 또는 판매촉진의 목적으로 피신청인의 상품을 취급하는 자 또는 그에 관련되는 자에 한정하여 무상으로 배포한 것이라고 할 것이므로, 위 티셔츠등은 그 자체가 독립된 상거래의 목적물인 상품이 아니라 피신청인의 상품인 카스맥주의 단순한 광고매체에 지나지 아니한다고 보아야 할 것이다. 따라서 피신청인이 위와 같은 경위로 'CASS' 상표가 부착된 티셔츠등을 배포한 행위는 신청인의 상표의 사용에 해당하지 아니하여 이는 신청인의 상표를 침해하는 것이라고 할 수 없다.

제3절 상표법 제2조 제1항 제11호 및 제2항에서의 사용('상표의 사용'의 정의)

상표법에서의 '상표의 사용'이란 기능면으로 파악하면 자기상품과 타인의 상품과의 식별표식(識別標識)으로 사용되는 것으로 볼 수 있으나, 이러한 상표의 사용행위를 어느 범위까지 인정하여야 하는지는 상표권의 보호범위 등의 법률적 효과에서 매우 중요한 사항이다. 이는 불사용취소심판의 대상이 될 수 있고, 또한 상표권의 침해로 이어지기 때문이다. 물론 상표법은 등록된 『상표의 사용』에 대해서는 적극적 법적 효과와 소극적 법적 효과를 인정하고 있다. 그렇지만, 현실에서 상품의 식별표식으로서 거래에 사용되고 있는 상표는 상표원부에 등록되어 있는 상표와 물리적으로 동일한 것에 한정되지 않는다.[12)]

따라서 이러한 상표의 사용을 가능한 명확히 하기 위하여 상표법 제2조 제1항 제11호에서 "상표의 사용"이라 함은 ㉮ 상품 또는 상품의 포장에 상표를 표시하는 행위, ㉯ 상품 또는 상품의 포장에 상표를 표시한 것을 양도 · 인도하거나 전기통신회선을 통하여 제공하는 행위 또는 이를 목적으로 전시하거나 수출 · 수입하는 행위,[13] ㉰ 상품에 관한 광고 · 정가표(定價表) · 거래서류, 그 밖의 수단에 상표를 표시하고 전시하거나 널리 알리는 행위를 말한다고 정하고, 같은 조 제2항에서는 위 상표를 표시하는 행위는 표장(標章)의 형상이나 소리 또는 냄새로 상표를 표시하는 행위와 전기통신회선을 통하여 제공되는 정보에 전자적 방법으로 표시하는 행위를 포함한다고 '상표의 사용' 개념을 정의하고 있다. 이는 사회통념상의 상표 사용 개념과 반드시 일치하는 것은 아니다. 법이 이와 같이 그 의미를 특별히 정의하고 있다면 설령 사회통념상의 개념과 차이가 있더라도 상표법의 운용에 있어서는 이에 충실하여야 할 것이다. 즉 상표법이 법률상의 '사용' 개념을 사회통념상의 '상표의 사용'이라는 행위 또는 상태에 맡기지 않고 별도로 정의한 것은, 상표가 상품에 대하여 사용되는 경우 중에서도, 출처표시로서 기능하는 경우에 대해서만 상표법상의 사용으로서의 법적 효과를 인정함으로써, 상표권자 및 그 상표를 식별표식으로서 정당하게 사용하는 자의 이익이 충분히 보호된다고 판단하였기 때문이므로, 법문에 충실하여 상표 사용의 개념을 판단하여야 할 것이다. 여기서는 상표법 제2조 제1항 제11호와 제2항에서 규정하고 있는 상표의 '사용'을 살펴보도록 한다.

대법원 1982. 2. 23. 선고, 80후70 판결	상표의 사용에는 반드시 지정상품에 직접적으로 사용하는 경우뿐만 아니라 상품과의 구체적 관계에 있어서 구 상표법 제2조 제4항 제3호가 규정하는 방법으로 사용, 전시, 반포하는 행위를 포함하나 등록상표의 제작에 필요한 인쇄를 의뢰하고 용기제작에 필요한 금형의 제작을 의뢰하여 납품받은 사실이 있는 것만으로는 상표를 사용한 경우라고 할 수 없다.

12) 綱野誠, "商標の定義" 小野昌延編, 註解商標法(新版) 上卷, 青林書院(2005), p.103.

13) 시행 2022. 8. 4., 법률 제18817호, 2022. 2. 3., 일부개정에서 '전기통신회선을 통하여 제공하는 행위'가 상표의 사용에 포함되었다.

대법원 1995. 2. 14. 선고, 94후1015 판결

그 크기나 형상으로 보아 의류 등의 포장용으로 사용되는 것임을 알 수 있는 비닐쇼핑백의 표면에 다른 등록상표들과 함께 의류를 지정상품으로 하는 등록상표가 표시되어 있다면, 이와 같이 지정상품 자체가 아닌 그 포장에 상표를 표시하더라도 이는 상표의 사용에 해당한다 할 것이고, 또한 등록상표가 반드시 독자적으로만 사용되어야 할 이유는 없으므로, 위 비닐쇼핑백에 다른 상표와 함께 표시되었다 하여 등록상표의 사용이 아니라고 할 수 없다.

1. 상품에 상표를 표시하는 행위(가목)

상품에 상표를 표시하는 행위는 가장 기본적이며 대표적이고 직접적인 상표의 사용 행위이다. 즉 특정상품과 관련하여 특정 상표를 사용함으로써 특정의 출처를 연상케 하고 나아가 그 동일성에 신뢰를 갖게 한다면 이는 상표를 사용하는 행위가 된다. 즉 특정 상표와 특정 상품과의 관련성을 표창하는 일체의 행위가 표시행위이다. 예컨대 상품 자체에 상표를 직접 새기거나 스티커와 같은 형태로 직접 붙이거나 인쇄를 하는 것을 말한다. 의류나 가방과 같은 경우라면 의류나 가방 자체에 새기거나 끈으로 묶어두는 경우 또는 꿰매는 행위도 포함된다. 나아가 상표에 해당하는 문자, 도형 등을 입체적인 상품의 각 면에 평면적으로 표시하는 등의 경우도 있다.

상표를 상품에 새기거나 붙이는 것도 표시하는 행위인 바 이는 외부로 표출되어야 하며, 그만큼이나 상표와 상품과의 관계를 표창할 수 있는 것이어야 한다. 그러나 외부로 표출되지 않아 볼 수 없는 상품 부분에 상표를 표시한 경우라고 하여 반드시 상표의 사용을 부정할 수는 없을 것이다. 즉 거래 관행상 일반 거래 수요자들에게 상품의 출처식별표시로서 상표가 실제 인식될 수 있었다면 그 사용 행위를 인정하여야 할 것이다.[14] 즉 상품과 관련한 출처표시행위가 거래 관행상 상표의 표시행위로 인정할 수 있는가를 기준으로 표시 행위를 판단하여야 한다. 왜냐하면 상표법이 보호하고자 하는 것은 상표에

14) 김중효, "상표법상 「상표의 사용」에 관한 연구", 고려대학교 특수법무대학원(1998), p.42.

화체화된 신용이며, 그 신용의 형성이란 것은 결국 거래 과정에서 이루어지는 것이므로 거래 관계에서 인정되지 않은 상표 표시행위를 상표법이 인위적으로 상표의 표시로 보호할 이유는 없기 때문이다.

상품이라 함은 상품 그 자체만이 아니라 상품에 부속하는 물건도 포함된다고 확대하여 해석하여야 할 것이다. 자동차에 상표를 표시하는 것은 상표의 사용행위로 상표법 제2조 제1항 제11호 가목에 해당되나, 자동차의 부속품인 열쇠에 상표를 새긴 것은 과연 상표의 사용행위인지 의문이 있다. 우리 상표법에는 부속품에 대해 규정되어 있지 않다. 하지만 자동차의 열쇠는 그 자체로서의 상품으로서의 가치가 없다. 그렇기 때문에 자동차의 열쇠에 표장을 사용한다면 자동차에 표장을 사용한 것이라고 판단할 수 있을 것이다.

2. 상품의 포장에 상표를 표시하는 행위(가목 후단)

상표의 사용행위는 상품 또는 상품의 포장에 상표를 표시하는 행위를 말한다. 단순히 포장지에 상표를 붙이는 행위는 상표의 사용행위로 볼 수 없다. 즉 상표법은 상품뿐만 아니라 상품의 포장에 표장을 표시하는 행위도 법문상으로는 '사용'이라고 하고 있다. 그러나 법적효과로 보면 상품 자체에 표장을 사용한 경우가 아니라면 아직 실제 손해가 발생하지 않은 것이 일반적이라 할 수 있지만, 실제 손해가 발생하지 아니한 단계에서의 일정한 행위를 '상표의 사용'으로 다룸으로써 상표 보호에 만전을 기하는 것이다.

여기에서 포장이라 함은 과자나 담배갑, 청량음료수의 병이나 병마개, 가스통 등을 예로 들 수 있다. 상품을 포장하는 일체의 포장지나 포장상자가 여기에 해당하지 않는다고 보는 것이 일반적인 견해이다. 즉 상품을 포장하기 전의 포장지나 포장상자, 담배갑 등은 상표법 제2조 제1항 제11호 가목에 해당하지 않는다고 본다.[15] 단 포장에 넣기 전 포장상자 등이 "표장을 표시하는 것"에 해당하는 경우는 상표권 침해행위로서 상표법 제108조 제1항 제2호 내지 제4호에 적용될 수 있을 것이다.[16]

15) 綱野誠, 商標(第6版), 有斐閣(2002), p.150; 田村善之, 商標法概說(第2版), 弘文堂(2000), p.145; 小野昌延, 商標法概說(第2版), 有斐閣(1999), p.11; 平尾正樹, 商標法, 學陽書房(2006), p.46.

16) 綱野誠, "商標の定義" 小野昌延編, 註解商標法(新版) 上卷, 青林書院(2005), p.92.

포장용지 역시 문리적으로는 본조 본항 본목에 해당할 것이나, 이 역시도 주의하여야 할 것이다. 예컨대 맥도널드 햄버거나 롯데리아의 햄버거 등과 같이 한정된 상품을 다루는 전문점에서 햄버거의 포장지는 본항 본 호 본목에 해당한다고 할 것이다. 그러나 다양한 상품을 다루는 현대나 롯데, 신세계 등의 백화점에서 사용하는 포장용지의 경우에는 본항 본 호 본목에 해당하지 않는다. 즉 전자의 경우에는 포장지에 표시된 표장을 내용물인 상품의 표지로 보지만, 후자의 경우에는 특정 상품에 대한 표지가 아니라 백화점의 영업표지 정도로 이해할 뿐이기 때문이다.[17)]

상표를 표시한 포장에 해당 상품을 넣을 때 비로소 그 상품에 대한 상표의 사용행위가 존재한다고 보아야 하는 것이 있다. 즉 상품의 포장, 용기 등은 실제로 상품이 들어있는 용기·포장상자·포장지 등이어야 하며, 실제의 상품이 들어있지 않은 상태의 포장에 표시된 표장은 그 상품에 대한 상표의 사용으로 보기 어렵다는 견해가 있다. 상표 사용의 인정 여부는 기본적으로는 문리적 해석 범위 내에서의 사용 행위에 해당하는가로 판단하되 그 행위가 다시금 거래관행에서 그러한 행위가 상표권자가 갖는 상표의 출처식별표시기능을 저해하고 있는지의 여부로 판단하여야 할 것이다. 즉 실제 상품이 포장 안에 있는지 그 여부가 중요한 것은 아니다.

특허법원 2006. 7. 7. 선고, 2006허3458 판결	**[상표법 제2조 제1항 제11호의 '상표의 사용' 등에 해당되지 않는다고 본 사례]** 상표는 특정한 영업주체의 상품을 표창하는 것으로서 그 출처의 동일성을 식별하게 함으로써 그 상품의 품위 및 성질을 보증하는 작용을 하며, 상표법은 이와 같은 상표의 출처 식별 및 품질 보증의 기능을 보호함으로써 당해 상표의 사용에 의하여 축적된 상표권자의 기업 신뢰이익을 보호하고 유통질서를 유지하며 수요자의 이익도 보호하는 것이므로, 상품에 이러한 상표의 기능을 갖지 않는 표장을 사용하는 것은 상표법에서 말하는 상표의 사용이라고 할 수 없다. 확인대상표장이 자연스럽게 보일 수 있는 부분에 표시되어 있지 않아 거래자나 일반 수요자가 그 상품의 유통이나 통상적인 사용 또는 유지행위에 있어서 그 표장의 존재조차 알 수 없고,

17) 平尾正樹, 商標法, 學陽書房(2006), p.41.

오로지 빛을 반사시킨 상태에서 일정한 각도로 기울여 볼 때에만 인식될 수 있으며, 설령 그와 같이 인식할 수 있다고 하더라도 사용상품에 표시된 표장의 크기가 매우작고 희미하여 자세히 들여다보지 않고서는 그 표장을 제대로 식별해 낼 수 없고, 확인대상표장의 외관 및 관념이 사용상품의 속성과 밀접한 관련이 있다고 보기 어려우며, 확인대상표장이 사용상품 자체에 표시되어 있는 것 외에 생산, 판매, 유통 등에도 사용되고 있다고 인정할 자료가 없는 사정 등을 종합하면, 확인대상표장은 상표법에서 말하는 상표 및 상표의 사용에 해당되지 않는다.

3. 상품 또는 상품의 포장에 상표를 표시한 것을 양도·인도하거나 전기통신회선을 통하여 제공하는 행위 또는 이를 목적으로 전시하거나 수출·수입하는 행위(나목)

우리 상표법은 상품이나 상품의 포장에 상표를 표시하는 행위뿐만 아니라 이를 양도나 인도하거나 전기통신회선을 통하여 제공하는 행위 또는 이를 목적으로 전시·수출이나 수입하는 행위 역시 상표를 사용하는 행위로 보고 있다. 상품의 "양도"라 함은 소유권을 이전하는 행위이다. 법률원인으로서 유상양도인 매매, 무상양도인 증여가 전형적인 예이다. 즉 매매나 증여 등의 법률행위에 의하여 상품의 소유권을 현실적으로 이전시키는 것을 양도라고 하며, 이렇게 상품을 양도하는 것이 상표의 사용행위에 해당된다. 『인도』라 함은 물건의 지배를 이전하는 행위이다. 매매나 증여뿐만 아니라, 대여, 예치 행위도 이를 위하여 상대방에게 그 물건을 넘겼다면, 이는 인도 행위로 상표의 사용에 해당된다.

전기통신회선을 통하여 제공하는 행위는 2022년 개정 상표법[18]에 추가된 상표의 사용 행위로서, 이는 최근 온라인상 상표를 표시하거나 온라인을 통해 일방적으로 다운로드하는 방식의 다양한 디지털 상품(Digital Goods)이 유통되

18) 시행 2022. 8. 4., 법률 제18817호, 2022. 2. 3., 일부개정. 본 일부개정 이전 2016년 상표법 전부개정 시에는 '전기통신회선을 통하여 제공되는 정보에 전자적 방법으로 상표를 표시하는 행위'도 상표 사용행위에 포함되는 등 상표 사용행위의 범위를 확대하기 위한 입법적 노력이 계속되어 왔다.

고 있으나, 개정 전 상표의 사용행위는 물건의 점유·이전을 전제로 한 전통적 유형만을 규정하고 있어 이러한 시대변화를 반영하지 못하고 있으므로 디지털 상품의 온라인 유통행위를 상표의 사용 행위에 포섭시키려는 것이다.

"전시"라 함은 쇼윈도나 진열장과 같은 것에 펼쳐놓는 행위로, 양도 또는 인도라고 하는 목적을 달성하기 위한 것에 한한다. 즉 단순히 보이는 행위는 이에 해당하지 않는다. "수출"이라 함은 내국 화물을 외국으로 보내는 행위를 말하나 OEM방식에 의해 내국의 화물이 외국으로 나가는 경우도 수출로 보아야 하는지는 다시 검토하여야 할 과제이다. 이러한 단순한 수출행위는 양도나 인도에 해당하는 행위로 이해할 수 있을 것이다. 다만 우리 상표법에서는 직접 상표를 표시한 것을 양도 또는 인도의 목적으로 수출하는 행위를 규정하고 있는바, 수출 행위는 양도 또는 인도 행위에 해당하지 않는다고 하는 입법적 판단으로 볼 수 있다.[19] "수입"이라 함은 외국에서 국내로 들여놓는 행위를 말한다. 따라서 사업이라는 차원에서 본다면 수입 행위는 생산에 필적하는 행위라 할 수 있으며, 이에 상표법은 수입행위를 상표의 사용행위라고 정의하고 있는 것이다. 다만 외국으로부터 상품을 들여놓는 일체의 행위가 수입행위로서 상표 사용행위에 해당하는 것이 아니라, 수입행위가 양도나 인도를 목적으로 하는 것이라는 주관적 요건을 갖고 있어야 한다.

다만, 수입과 수출은 관세법 제235조 제1항[20]에 의해 상표법에 의하여 등록된 상표권을 침해하는 물품은 수출 또는 수입을 상표의 사용행위로 보아 국내외로 들어오는 단계에서 제재할 수 있다.[21] 상표의 수입에는 병행수입이 문제가 되나 여기에서는 생략하기로 한다.

---

19) 수출은 통례 양도와 인도를 함께 하는 것으로 수출을 사용행위로 특별히 게재할 실익이 없기 때문에 일본에서는 규정하지 않았다고 한다(網野誠, 商標(第6版), 有斐閣(2002), p.151).

20) 관세법 제235조 제1항: 상표법에 의하여 등록된 상표권을 침해하는 물품은 수출 또는 수입할 수 없다.

21) 관세법시행령 제245조(반입명령) ① 관세청장 또는 세관장은 수출입신고가 수리된 물품이 다음 각호의 1에 해당하는 경우에는 법 제238조 제1항의 규정에 의하여 당해 물품을 보세구역으로 반입할 것을 명할 수 있다. 다만, 당해 물품이 수출입신고가 수리된 후 3월이 경과하였거나 관련법령에 의하여 관계행정기관의 장의 시정조치가 있는 때에는 그러하지 아니하다.

2. 법 제230조의 규정에 의한 원산지표시가 적법하게 표시되지 아니하였거나 수출입신고수리 당시와 다르게 표시되어 있는 경우

3. 법 제235조의 규정에 의한 상표권 및 저작권을 침해한 경우.

대법원 2002. 5. 10. 선고, 2000후143 판결

[1] 주문자상표 부착방식(이른바 OEM 방식)에 의한 상표의 사용도 1997. 8. 22. 법률 제5355호로 개정되기 전의 구 상표법 제2조 제1항 제6호 소정의 상품 또는 상품의 포장에 상표를 붙이는 행위에 해당하고, 수출자유지역 내에서 수출 목적으로만 등록상표가 부착된 상품을 제조한 것이라 하더라도 국내에서의 상표 사용행위라고 볼 수 있다.

[2] 2001. 2. 3. 법률 제6414호로 개정된 상표법의 시행일인 2001. 7. 1. 이후부터는 위 상표법 부칙(2001. 2. 3.) 제4항 및 구 상표법 부칙(1997. 8. 22.) 제3조에 의하여 상표권자가 전용사용권 또는 통상사용권의 설정등록을 하지 아니한 채 타인에게 6월 이상 자기의 등록상표와 동일 또는 유사한 상표를 사용 허락하였음을 상표등록의 취소사유로 한 구 상표법(1997. 8. 22. 법률 제5355호로 개정되기 전의 것) 제73조 제1항 제1호를 계속 적용할 근거 자체가 없어졌으므로, 그 이후로는 그 취소사유 해당사실의 발생시점 여하를 막론하고 이를 상표등록취소의 사유로 삼을 수 없고, 이는 2001. 2. 3. 법률 제6414호로 개정된 상표법의 시행일인 2001. 7. 1. 이전에 상고되어 대법원에 계속중인 사건에 대하여도 마찬가지이다.

4. 상품에 관한 광고·정가표·거래서류·그 밖의 수단에 상표를 표시하고 전시하거나 널리 알리는 행위(다목)

상표법 제2조 제1항 제11호 다목은 상표법의 제정 당시에는 없던 조항이었다. 그러나 기술의 발전과 더불어 TV, 라디오, 신문, 잡지, DMB폰, 인터넷 등의 미디어가 급속히 발달하면서 상표의 광고적 기능이 중시되기 시작하였다. 그리하여 현행법에서 광고적 사용도 상표의 사용형태로 인정하게 되었다. 최근 상표는 먼저 광고를 통하여 사람 마음에 들게 하는 경우가 많아졌고, 상표의 광고적 사용에 의해 그 상표의 신용이 축적되며, 또 타인의 광고적 사용에 의해 자신의 신용이 훼손되기도 한다.

(1) 광고·정가표·거래서류·그 밖의 수단

"광고"란 구매자에게 호소하여 구매를 유발하기 위하여 상품이나 서비스에 관한 정보를 시청각 등의 감각을 통하여 소비자에게 널리 알리는 의도적 활동 또는 그 행위의 내용을 의미한다. 이는 신문, 잡지, 전단지, 카탈로그, 광고지, 캘린더, 간판, TV, 전자메일이나 홈페이지[22] 등에 의한 일체의 것에 상표를 표시하는 경우에는 상표의 사용에 포함된다.

"정가표"는 일본 상표법을 그대로 번역하여 사용하고 있는 표현으로 이는 우리 표현으로 바꿔보면 "가격표"로 보면 될 것이고, 이러한 가격표에 상표를 표시하는 것도 상표의 사용행위이다.

"거래서류"에는 물품주문서나 납품서, 수출입 송장, 물품 출하 안내서, 물품 대금 영수증, 견적서, 거래제안서 등이 포함되며, 서비스업의 경우에는 예금통장, 증권서류, 운송승차권, 입장권 등에 상표를 표시하는 것도 상표의 사용에 포함된다.[23]

"간판"에 상표를 표시하는 행위, "표찰"에 상표를 표시하는 행위도 상표의 사용행위로 본다. 그 외에 인터넷상에서 사용된 도메인 네임은 상표적 사용으로 볼 수 있는지도 문제가 된다.

서울지방법원 2004. 1. 15. 선고, 2003가합24685

[도메인이름말소의무부존재확인]

[1] 등록상표와 동일·유사한 도메인 이름을 등록한 후 웹사이트를 개설하여 등록상표의 지정상품과 동일·유사한 상품을 판매하는 경우에는 그 웹사이트 내에 등록상표를 직접 표시하거나 그 상표와 연관이 있는 듯한 표시를 하지 아니하더라도 등록상표와 동일하거나 유사한 도메인 이름에 이끌려 그 웹사이트를 방문한 수요자들로서는 그 웹사이트에서 판매하는 등록상표의 지정상품과 동일·유사한 상품을 등록상표권자의 상품으로 오인할 여지가 있으므로, 이러한 경우에는 도메인 이름의 등록·사용이 상표법상의 상표적 사용에 해당하여 상표권의 침해를 구성한다.

[2] 웹브라우저의 주소창에 도메인 이름을 입력하면 곧바로 다른 웹사이트로 이동하도록 하는 소위 포워딩 방식에 의한 도메인 이름의 사용도, 그 실질은 최초에 입력한 도메인 이름으로 웹사이트를 개설하여 상품을 판매하고 있는 것과 다를 바가 없으므로 상표법상 상표적 사용에 해당한다고 한 사례.

---

22) 名古屋地判 平成13. 11. 9. 判例タイムズ 第1101号 p.293(JAMJAM事件).

23) 綱野誠, "商標の定義", 小野昌延編, 註解商標法(新版) 上巻, 青林書院(2005), p.100.

대법원
2004. 2. 13.
선고,
2001다57709 판결

도메인 이름(원고의 도메인 이름 “rolls-royce.com”과 “rolls-royce.net”)의 요부가 저명한 등록상표와 동일하기는 하나(피고: 삼진정밀의 “rolls-royce.co.kr”도메인 이름), 상표법에서 규정하는 상표권 침해행위가 되기 위해서는 타인의 등록상표와 동일한 상표를 그 지정상품과 유사한 상품에 사용하거나, 타인의 등록상표와 유사한 상표를 그 지정상품과 동일 또는 유사한 상품에 사용하는 행위가 있어야 하는데, 위 도메인 이름하에 운용되는 웹사이트에서 등록상표권의 지정상품과 동일 또는 유사한 상품을 취급하거나, 등록서비스표의 지정서비스업과 동일 · 유사한 영업을 취급한 사실이 전혀 없다면 위 웹사이트를 통해 등록상표권을 침해하였거나 침해할 우려가 있다고 볼 수 없고, 등록상표와 동일한 이름을 도메인 이름으로 사용한 것만으로는 구 상표법 제66조에서 규정하는 상표권 침해행위에 해당한다고 보기 어렵다고 한 사례.

(2) 상표의 표시

1973년 2월 8일 상표법[24] 제2조 제3항 제3호에서는 ‘상표의 사용’을 ‘상표를 붙이고’라고 정의한 바 있으나,[25] 이는 일본 상표법의 ‘標章を付する行為’이라는 표현을 잘못 번역하여 사용하다가 1990년 1월 13일 상표법[26] 전문개정시 ‘표시하는 행위’라는 규정으로 보다 포괄적이고 추상적인 표현으로 바꾸어 쓰고 있다. 상표가 상품의 출처와 그에 따른 동일성을 표창하고, 상표로서의 기능을 발휘할 수 있는 것이라면 상표의 사용행위라 할 수 있다. 상표의 사용행위는 상표와 상품과의 연상을 일으킬 수 있는 가장 직접적인 방법은 물론 상품에 상표를 물리적으로 부착시키는 직접적인 방법도 포함하는 개념이다. 그러나 이러한 부착 행위에 한하지 않고, 상품과 상표 사이의 관련성이 나타나는 일체의 행위를 상표의 사용행위로 볼 수 있을 것이며, 이를 상표법

24) 법률 제2506호.

25) 1973년 개정 상표법(법률 제2506호 19119. 2. 8. 공포) 제2조에서는 ‘상표의 사용’을 상품 등에 ‘상표를 붙이는 행위’라고 정의하고 있었으나, 1990년 개정 상표법(법률 제4210호 90. 1. 13. 공포)이래로는 ‘상표를 표시하는 행위’로 정의하고 있는바, 보다 포괄적이라 할 수 있으며, 새로운 형태의 상표 사용행위를 포섭할 수 있는 입법이라 생각된다. 일본 상표법의 경우는 여전히 ‘標章を付する行為’이라는 표현을 씀으로써, 결국 전자적 방법에 대하여는 별도의 규정을 두는 불편함을 갖고 있다.

26) 법률 제4210호.

에서는 표시행위라고 규정하고 있다.

(3) 전시하거나 널리 알리는 행위

"전시"라 함은 위에서 서술한 바와 같이, 일반인들에게 보이게 하는 것이다. "널리 알리는 행위"의 한 유형이라 할 수 있다.27) 이러한 전시 또는 알리는 행위는 반드시 누군가 이들 간판 또는 표찰 등을 보았다는 사실을 필요로 하는 것은 아니다. 이러한 전시나 알리는 행위 역시 상표의 사용행위에 해당한다.

대법원 1994. 12. 27. 선고, 93후893 판결

상표광고가 게재된 외국의 간행물이 국내에 수입·반포되었다면 이를 광고를 통한 상표의 사용으로 볼 수 있다고 하더라도 그 간행물이 국내에 반포되었다고 하려면 어느 정도 시중에 보급되었어야 할 것이고, 미국문화원과 같은 특수한 곳에 비치되거나 소장되어 희망자에게 열람 또는 복사를 허용한 것만으로는 국내에 반포되었다고 보기 어렵다 할 것이며, 또한 "Newsweek", "Readers Digest"등의 잡지는 미국판과 아시아판, 한국판 등이 있는데 그 광고가 서로 다른 경우가 많고, 우리나라에 배포되는 잡지들은 주로 아시아판 또는 한국판이라는 것도 이미 알려진 사실이므로, 광고에 의하여 등록상표가 사용되었다고 인정하기 위해서는 위와 같이 상표광고가 실려있는 잡지들이 국내에 배포되었거나 실제로 국내에 배포된 잡지들에도 그와 같은 상표광고가 게재되어 있었다는 사실이 인정되어야만 한다.

제4절 상표법 제2조 제2항에서의 사용

"형상으로 하는 행위"는 1997년 개정 상표법28)에서 입체상표제도를 도입하면서, 그리고 "표장의 형상이나 소리 또는 냄새로 하는 것을 포함하는 것"은 한미FTA체결에 따라 2011년 12월 2일(법률 제10885호) 개정 시에 소리·

27) 2016년 전부개정 상표법 이전에는 불특정 다수인이 볼 수 있는 상태에 두는 것을 의미하는 반포(頒布)라는 용어를 사용하였으나, 2016년 전부개정에서 이를 '널리 알리는 행위'로 변경하였다.
28) 법률 제5355호 1997. 8. 22.

냄새 상표제도를 새로이 도입하면서 개정된 상표의 사용 개념이다. 이는 상품, 상품의 포장, 광고, 간판 또는 표찰을 표장의 형상으로 하는 행위 역시 상표의 사용 행위로 본다. 예를 들면, ① 상품의 특정부분에 상표를 입체적으로 표시한 경우(예: 체어맨이나 에쿠스, 벤츠의 앞부분에 상표를 입체적으로 사용한 경우), ② 포장용기를 특이하게 입체적 형상으로 나타내어 타인의 상품과 식별되도록 한 경우(예: 딤플이나 코카콜라병), ③ 광고용 인형이나 간판 등을 입체적 형상으로 나타내어 상품이나 서비스의 식별표식으로 광고적 목적으로 사용한 것(예: KFC의 Colonel Harland Sanders), ④ 입체적 상표를 상품자체의 형상으로 나타내어 상품식별표식으로 사용한 경우 등이 상표의 사용에 해당된다.[29] 물론 ②의 부분 등은 디자인보호법에 의해서도 보호를 받을 수 있다. 이 부분에 대한 논의는 여기서는 생략하기로 한다.

2016년 전부개정 상표법에서는 전기통신회선을 통하여 제공되는 정보에 전자적 방법으로 표시하는 행위를 상표를 표시하는 행위 중 하나로 포함하였다(상§2②ii).

제 5 절 상표법 제3조에서의 사용(상표등록요건에서의 사용)

우리 상표법은 다른 산업재산권과 같이 선출원제도를 취하고 있으면서, 상표사용의사를 등록요건의 하나로 하고 있다. 대부분의 국가들은 우리나라와 같이 선출원주의를 취하고, 예외적으로 미국은 사용주의를 취하고 있다. 이는 자사가 새로운 상품을 개발한 다음 새로운 상품을 시장에 내놓기 전 국내외에서 사용된 적이 없고, 상품의 내용을 잘 나타내는 좋은 상표를 선택하여 특허청에 등록한 후 TV, 라디오, 신문, 잡지 등의 미디어에 대대적으로 광고하면서 신상품을 시장에 출시하는 것이 일반적이다. 그러나 모든 상품이 다 그런 것은 아니다. 먼저 상품을 시장에 출시한 후 상표가 식별력을 취득한 후 특허청에 상표등록을 하는 경우도 있다. 이러한 문제를 해결하기 위해 우리 상표법 제3조에서 "국내에서 상표를 사용하는 자 또는 사용하고자 하는

29) 綱野誠, 商標(第6版), 有斐閣(2002), p.156.

자는 자기의 상표를 등록받을 수 있다."고 규정하여 상표법상 상표등록을 받기 위한 인적 요건으로써 "상표를 사용하고 있는 자"와 "사용하고자 하는 자"를 요구하고 있다. 따라서 사용할 의사가 없이 단순히 방어[30] 또는 상표권 자체의 판매 등을 목적으로 출원하는 상표는 거절결정이 될 것이고, 만약 상표등록이 되었다 하더라도 불사용취소심판의 대상이 되거나 무효심판의 대상이 될 것이다. 그러나 상표심사관이 출원인의 상표사용의사의 여부의 내심을 알 수 없기 때문에 상표법 제3조를 적용하여 거절결정하기는 어려울 것이다. 다만 심사관은 상표를 출원하는 행위 자체만으로도 상표의 사용의사가 있는 것으로 판단하여 권리를 부여하는 것이다. 이런 문제점을 보완하기 위해 2011년 12월 2일 상표법 개정을 통하여 상표법 제3조(상표등록을 받을 수 있는 자)를 거절사유(상§54iii) 및 무효사유(상§117① i)에 포함시키고, 사용의사 없이 상표선점 등을 목적으로 무분별하게 상표를 출원하는 것을 방지할 수 있도록 『사용의사확인제도』를 도입하여 2012년 3월 15일부터 시행하게 되었다.[31] 또, 이로 인하여 발생되는 문제점을 해결하기 위해서 상표등록 취소심판을 청구할 수 있도록 하고 있다.[32] 이 부분(불사용에 의한 취소심판)에 대해서는 뒤에 다시 다루기로 한다.

이러한 '상표의 사용'은 상표권의 발생·존속의 요건이다. 즉 상표등록을 받기 위하여는 적어도 장래에 있어 미필적인 사용의사가 요구되고, 일단 등록을 받은 상표라도 존속하기 위하여는 '사용'이 요건이 된다. 상표법은 사용에 의하여 화체된 업무상의 신용을 보호하기 위한 것이므로, 사용 여부는 상표법상의 보호를 받을 수 있는가의 요건이 된다. 여기에서는 명함에 표장을 붙이

30) 사용의사가 없는 상표로는 방호상표와 방해상표가 있다. 방호상표는 일본에서 사용되는 상표의 하나로서 기본상표의 보호범위를 명확히 하기 위하거나 이를 확대하기 위한 목적으로 출원하는 상표이다. 기본상표의 권리가 침해되었지 않았나 의심이 가는 경우에 기본상표의 권리와 함께 방호상표의 권리도 행사하지만 방호상표가 상품이나 서비스에 실제 사용하는 경우는 없다. 실제 사용하는 것은 기본 상표만이다.

방해상표는 해외의 저명상표 등을 먼저 등록 후, 이것을 상표사용에 사용하려고 하는 자에게 고액에 판매하려는 의도로 출원된 상표를 말한다. 이런 방해상표는 공서양속에 반 할 우려가 있는 상표로서 등록이 되지 않을 경우도 있다(東京高判 平成11. 12. 22. 判例時報 4210号, p.147). 渋谷達紀, 知的財産法講義Ⅲ, 有斐閣(2005), p.198.

31) 상표심사기준 제2부 제2장 2.1.

32) 등록상표가 상표권자·전용사용권자 또는 통상사용권자 중 어느 누구도 정당한 이유없이 등록상표를 그 지정상품에 대하여 취소심판청구일 전 계속하여 3年 이상 국내에서 사용하고 있지 아니한 경우에는 그 상표등록의 취소심판을 청구할 수 있다(상§119①iii).

는 것만으로는 '사용'이 아니라든지, 포장 상자에 붙인 '거봉' 표장은 내용물의 상표로서 사용되고 있는 것이지 포장 상자의 표장으로서 '사용'되고 있는 것은 아니라고 하는 등 상표법에 의한 보호대상을 선별하는 작용을 하는 것이다.[33)]

제6절 식별표지로서의 사용

상표는 사업자가 사용하는 것이므로, 상표권자가 독점하는 사용권도 업으로서의 사용에 한정된다고 해석된다. 따라서 개인적, 취미적인 사용이나 가정 내에서의 사용은 상표권 침해가 되지 않는다. 이러한 사용에 의하여 경쟁질서가 파괴된다고는 할 수 없기 때문이다.

상표는 상품이나 서비스의 출처식별표지이므로, 식별표지로서 사용하지 않는 것은 상표의 "사용"이라고 할 수 없다. 따라서 개인적 사용, 모양이나 디자인으로서의 사용[34)] 내지는 상품의 내용 표시, 서적 등의 제호, 캐치프레이즈나 단문, 용도표시로서의 사용은 설령 형식적으로 상표법 제2조 제1항 제11호에 해당하는 것이라도 상표의 사용에는 해당하지 않는다.[35)] 상표권침해가 성립하기 위해서는 표장이 상품의 출처로서의 표시되고, 자타상품의 식별기능을 하여야 한다. 그리고 상표적 사용의 여부에 대한 주장이나 입증책임을 원고 또는 피고 중 누가 부담하는지에 대해서는 학설이 대립한다.[36)]

그러면 여기서 상표법에 있어서 상표적 사용형태에 관한 판례를 부정한 사례와 긍정한 사례로 나누어 소개하기로 한다.[37)]

---

33) 平尾正樹, 商標法, 學陽書房(2006), p.52.

34) 타인의 등록상표와 유사한 표장을 이용한 경우라고 하더라도 그것이 상표의 본질적인 기능이라고 할 수 있는 출처 표시를 위한 것이 아니라 순전히 의장적으로만 사용되는 등으로 상표의 사용으로 인식될 수 없는 경우에는 등록상표의 권리범위에 속하지 않는다(대법원 1997. 2. 14. 선고, 96도1424 판결; 2003. 2. 14. 선고, 2002후1324 판결 등 참조).

35) 여기서는 우리 판례를 잘 정리하지 못한 관계로 일본 판례를 잘 정리한 平尾正樹, 商標法, 學陽書房(2006), pp.47~51의 글 참조한다.

36) 日本弁理士會 中央知的財産研究所, 『不正競争防止法における表示に関する権利の實現』報告書(2005. 3. 31.), pp.24~25.

37) 木夏戸道也, "商標としての使用", 牧野利秋・飯村敏明編, 新裁判實務體系-知的財産関係訴訟, 青林書院, p.401 이하와 平尾正樹, 商標法, 學陽書房(2006), pp.47~51를 참조하여 분류한

대법원 2005. 6. 10. 선고, 2005도1637 판결	피고인이 판매한 원격조정기(리모콘)의 내부회로기판 위에 표기된 "SONY" 표장을 상표로서 사용된 상표라고 할 수 없고, 나아가 피고인이 위 원격조정기의 표면에 '만능eZ 소니전용'이라는 표장을 표기한 것은 '여러 가지 기기에 손쉽게 사용될 수 있는 원격조정기로서 소니에서 나온 기기에 사용하기에 적합한 것'이라는 정도의 의미로 받아들여질 수 있어 위 원격조정기의 용도를 표시하는 것으로 보일 수 있을 뿐, 등록상표 "SONY"와 동일한 상표를 사용한 것으로 볼 수는 없다고 한 사례.
대법원 2004. 10. 28. 선고, 2003후2027 판결	**[권리범위확인(상)]** [1] 타인의 등록상표와 유사한 표장을 이용한 경우라고 하더라도 그것이 상표의 본질적인 기능이라고 할 수 있는 출처 표시를 위한 것이 아니라 순전히 의장적으로만 사용되는 등으로 상표의 사용으로 인식될 수 없는 경우에는 등록상표의 권리범위에 속하지 않는다. [2] 침대의 머리판 장식으로 사용된 쌍학문양의 표장이 상표로 사용된 것이라고 볼 수 없어 등록상표의 권리범위에 속하지 아니한다고 한 사례. 기록에 의하면, 원고의 사용표장은 일명 '쌍학침대'로 불리우는 침대의 머리 장식판 양쪽을 장식하고 있는 것인데(기록 378쪽 사진 참조), 이 사건 등록상표의 출원일(2000. 8. 29.) 이전인 1988.경부터 사임당가구가 이 사건 등록상표와 동일한 표장을 침대의 머리판이나 탁자의 장식으로 사용하여 오면서 이 문양을 사용한 가구를 "SANGHAK BED", "SANGHAK NIGHT STAND" 또는 "쌍학침대"와 같은 이름으로 불러 왔고, 이와 마찬가지로 침대의 머리판 장식의 쌍학문양이 위치하는 곳에 원앙을 새겨 넣은 침대는 "원앙침대"로 불러 왔는데, 사임당가구 이외의 다른 가구업체들도 "쌍학침대"라는 이름으로 이 사건 등록상표와 동일한 문양으로 장식한 침대를 제조, 판매하여 온 사실, 원고의 사용표장은 이 사건 등록상표의 상표권자가 독창적으로 창작한 것이 아니라 조선시대에 가구에 장식으로 사용되던 쌍학문을 거의 그대로 복원한 것이고, 나전칠기 등 전통가구에 학이나 거북, 대나무, 매화 등과 같은 자연물을 장식으로 널리 사용하고 있는 사실이 인정되고, 침대의 머리판 장식에 새겨진 문양이 상품출처로서의 기능을 전혀 하지 않는다고 단정할 수는 없지만, 가구를 생산, 판매하는 업체들은 대부분 자신의 상호를 상표로서 사용하면서 필요한 경우 별도로 가구에 상표를 부착하고

것이다.

대법원
2004. 10. 28.
선고, 2003후2027
판결

있을 뿐, 가구에 새겨진 문양 그 자체를 상품출처로 사용하는 경우가 드물고 그에 따라 특단의 사정이 없는 한 거래자나 일반인들이 가구에 새겨진 문양을 그 상품의 출처표시로서 인식하기는 어렵다고 보이므로, 침대의 머리판 장식에 새겨진 원고의 사용표장은 상품의 출처를 표시하는 것으로 사용된 것이라고 할 수 없다.

그럼에도 원심은 원고의 사용표장이 상표로 사용된 것이라고 보아 이 사건 등록상표의 권리범위가 원고의 사용표장에까지 미친다고 판단하였으니, 거기에는 상표의 사용에 관한 법리를 오해한 위법이 있고 이를 지적하는 상고이유 제3점은 이유가 있다.

그러므로 나머지 상고이유에 대한 판단을 생략한 채 원심판결을 파기하고, 사건을 다시 심리 · 판단하도록 원심법원에 환송하기로 하여 관여 대법관의 일치된 의견으로 주문과 같이 판결한다. [원심판결] 특허법원 2003. 7. 25. 선고, 2003허1109 판결.

1. 부정한 사례

상품의 식별표지에 해당하지 않는 것으로 판단한 사례로서는 ① 모양이나 디자인적 사용,[38] ② 상품의 속성(屬性) · 내용 · 용도의 설명적 사용,[39] ③ 용

38) 십이지 젓가락 사건(東京地判 平成10. 7. 16 判タ 983号, p.264)에서는 십이지에 해당하는 동물의 그림을 붙인 정월 기념 젓가락을 제조하는 행위가 '젓가락'을 지정상품으로 하는 '십이지 젓가락' 등의 상표권을 침해하는가를 다툰 사안으로, '정월 기념 젓가락이라고 하는 용도로 붙여진 젓가락 포장의 '십이지 젓가락'은 관습적 포장'으로서 상표권 침해를 부정하였다. 이는 일본은 정월용에 십이지의 동물을 술병이나 수저받침 등의 장식용으로 사용하여 판매하는 관행이 있다.

Marlboro 사건(東京地判 平成5. 11. 19 判タ 844号, p.247)에서는 세계적으로 저명한 'Marlboro'란 문자를 전사지의 도안으로 하여 다른 유명기업명이나 표장 등과 병기하여 사용하는 행위는 모형차 애호가가 F1 레이스용 자동차에 표시되고 있는 표장을 모형차 위에 재현표시하기 위한 seal의 도안으로 사용하고 있는 것과 같은 것으로, 상표로 사용되고 있는 것이 아니라고 하여 침해를 부정하였다. 그러나 'Marlboro'와 같은 저명상표를 그대로 그것과 똑같은 서체로 사용하는 행위는 저명상표의 고객흡인력을 자기 상품 판매에 이용하고 있는 것과 다를 바 없기 때문에 부정경쟁방지법으로 규제하여야 하는 행위이다.

뽀빠이 사건(大阪地判 昭和51. 2. 24. 無体集 8巻 1号, p.102)에서는 뽀빠이 그림을 언더셔츠의 흉부에 크게 그린 행위는 '사용'이 아니라고 하고, 뽀빠이 사건(3)(大阪地判 昭和59. 2. 28. 無体集 16巻 1号, p.138)은 머플러의 한쪽 모퉁이 부분에 원 포인트 마크로 부착된 'POPEYE'란 표장은 '사용'에 해당한다고 하였다. 일반적으로 T셔츠 등의 흉부에 크게 그림을 표시하는 것은 디자인으로서의 사용이지 상표로서의 사용은 아니라고 생각한다. 한편 뽀빠이 사건(3)에서는 'POPEYE'는 문자이지만, 이는 그림일지라도 상표의 사용에 해당한다고 생각한다. 요컨대 모퉁이 부분이나 가슴주머니에 표시된 원포인트 마크는 문자이든 그림이든 상표의 사용에 해당한다. 상표는 전통적으로 상품의 표식으로 관념되어 왔던 바, 원포인트 마크는 문자로도 그림으로도 관념될 수 있지만(그림인 경우에는 디자인, 모양의 요소가 있지만, 동시에 표식으로도 관념할 수 있다), 흉부에 크게 표시

도표시로서의 사용,[40] ④ 메시지를 표기한 것,[41] ⑤ 완성품이 아닌 재료로

된 그림은 표식으로는 관념할 수 없다. 흉부에 크게 표시된 그림도 출처식별력을 갖지만(이 모양이 붙은 T 셔츠는 특정인의 출처와 관련 있다고 인식한다), 출처 식별력을 갖고 있는 것이 모두 상표가 아니라, 흉부에 크게 표시된 것은 모양이 출처식별력을 발휘하고 있다고 본다. 이와 같이 출처식별력이 있어도 전통적인 표지개념에서 벗어나 있는 경우에는 상표의 사용에 해당하지 않는다. 유사한 사례로, 清水次郎長 사건(東京地判 昭和51. 10. 20. 判タ 353号, p.245)은 페넌트에 다소 작은 글자로 '增川仙エ門', '大政', '小政', '森の石松' 등 27인의 이름을 세로로 쓰고, 그 좌단에 조금 크게 '清水次郎長', 그 위쪽에는 좌에서 우로 '清水の二十八人衆'이라고 크게 가로로 쓴 것이 '屋内装置品'을 지정상품으로 하는 '清水一家二十八人衆', '次郎長'의 상표권을 침해하는가를 다툰 사안으로, '그 사용태양이 자타 상품을 식별하고 있는가라고 하는 기능면에서 사용되고 있는 것으로 인정되지 않는 때는 그러한 표시의 사용은 상표의 사용이라고 할 수 없다'며 침해를 부정하였다.

39) 通行手形(어느 장소의 통행을 허가하는 증명으로 교부하는 인장)사건(東京地判 昭和62. 8. 28. 無体集 19巻 2号, p.277)은 장기(將棋) 말의 목찰 윗부분에 방울 달린 끈을 설치하여 방안 각 곳에서 늘어뜨릴 수 있도록 한 상품의 목찰 한 면 중앙부에 큰 문자로 '通行手形'이라고 세로로 쓰고, 기타 신선의 가호를 받는 문자나 명승유적, 역사상 인물 등의 문자, 그림을 디자인한 행위가 '벽걸이, 기둥거리'를 지정상품으로 하는 '通行手形' 상표의 상표권을 침해하는가를 다툰 사안으로, 이 사건 상품상의 '通行手形'이란 문자는 상품이 역사상 실제로 이용된 '通行手形'을 모방한 것임을 표현하고 설명하는 데 사용된 것으로, 자타상품식별기능을 갖는 형태로 이용된 것은 아니라며 침해를 부정하였다.

텔레비전 만화 사건(東京地判 昭和55. 7. 11. 無体集 12巻 2号, p.304)은 카드의 좌측 위 모퉁이에 표시된 '텔레비전 만화'는 그 카드가 텔레비전 만화영화 '一休さん'을 근거로 제작된 것임을 표시하는 것에 불과하다며, '오락용구' 등을 지정상품으로 하는 '텔레비전 만화' 상표의 상표권 침해를 부정하였다.

텔레비전에 방영된 '一休さん'의 문자와 캐릭터가 표시되어 있고, 'テレビまんが'의 문자는 작은 글씨로 설명적으로 표시하고 있었다.

로빈슨 사건(大阪地判 平成2. 10. 9. 無体集 22巻 3号, p.651)은 일본의 'ROBINSON' 상표의 상표권자가 미국의 저명한 헬리콥터 메이커 로빈슨사의 헬리콥터를 병행수입하는 자를 상대로 소를 제기한 사안으로, 등록원부 중에 '로빈슨 헬리콥터'란 표시는 사용으로 인정하지 않고, '일본항공기전집'에 게재한 피고의 광고에 있는 '로빈슨 헬리콥터 직수입특약점'이라는 표기와 피고 소유의 콘테이너 차체 좌우 양면에 기재한 'ROBINSON/R22 Beta 헬리콥터'의 표시만을 상표의 사용으로 인정하였다. 본래라면 선전용 전단지의 표지나 설명문·서적에의 광고에 표기한 'ROBINSON/ R22 Beta'도 상표의 사용에 해당한다고 생각되지만, 사안의 성질상 상표 사용의 범위를 좁게 해석하고 있다.

巨峰事件(福岡地判 昭和46. 9. 42. 無体集 3巻 2号, p.342)은 포장용기에 출처를 표시한 경우에 내용물의 표시와 혼동하지 않게 하기 위하여 측면, 윗면과 바닥면 등에 표시하는 것이 일반적이고, 포장용 용기의 잘 보이는 위치에 잘 보이는 방법으로 표시되어 있는 표장은 내용물인 상품명이거나 그 상품의 출처를 표시하는 표장으로 보기 때문에 포장용 용기 그것의 출처를 나타내는 것으로는 보지 않는다는 것이 지금까지의 거래상의 경험칙으로 볼 수 있기 때문에 상자의 잘 보이는 위치에 사용된 피고의 표장 '巨峰'은 내용물인 포도의 상품명을 표시한 것이고, 포장용기인 종이상자에 대해서의 표장의 사용이라고 보기 어렵기 때문에 등록상표 '巨峰'(포장용기)의 상표권침해는 구성하지 않는다고 판단했다.

40) 예컨대 핸들에 '카로-라(자동차의 한 종류)용 핸들'이라든지, 소프트에 'UNIX compatible'이라 표시한 경우, 이들 표시가 핸들을 지정상품으로 하는 '카로-라' 상표, 소프트를 지정 상품으로 하는 'UNIX' 상표의 상표권을 침해하는가 하는 문제가 있다. 일반적으로는 '카로-라용 핸들'은 규격에서 '카로-라'에 부착되는 핸들이고 'UNIX compatible'은 'UNIX'로 가동하는 소프트라는 각각의 표시이고, 이 핸들이 '카로-라'와 동일한 출처이거나 그 소프트가 'UNIX'와 동일 출처라는 표시는 아니기 때문에, 상기 표시는 이들 상표권의 침해행위가 아니라고 해석된다.

서의 사용,[42] 즉 원재료나 일차 제품 또는 부품의 상표가 완성품에 표시된 경우에 완성품에 대하여 그 상표를 사용한 것으로 볼 수 없다. 즉, 완성품에 대한 사용과 부품에 대한 상표의 사용은 명확히 구별되어야 한다고 한다. 특허법원의 판결[43]도 이와 같은 입장에서 판단한 것으로 보인다.[44] ⑥ 서적 등의 제호로서의 사용,[45] ⑦ 캐치프레이즈로서의 사용[46] 등

41) Happy Wedding사건(名古屋地判 平成4. 7. 31. 判時 1451号, p.153)은 혼례용 백에 붙은 피고표장 'Happy Wedding'이 신랑신부에 대한 축하의 의미를 나타내는 말로 자타상품의 식별기능을 가진 형태로 사용하지 않았기 때문에 등록상표 'Happy Wedding'(플라스틱으로 만든 쇼핑백)의 상표권침해를 구성하지 않는다고 판시했다.

42) タカラ本みりん入事件(東京高判 平成13. 5. 29.)은 피고표장 'タカラ本みりん入り'에 피고제품인 'たし(국물맛을 내는 가루)', 'つゆ(국수를 먹을 때 사용하는 양념)'에 원재료표시로 사용되어 있는 것이고, 'たし', 'つゆ'에 대하여 그 출처를 표시하거나 자타상품의 식별기능을 하는 형태로서 사용하지 않아서 상품의 상표내지는 상품표시로서는 되지 않기 때문에 등록상표 '宝'(たし,つゆ 등)의 상표권침해에는 해당되지 않는다고 판단하였다. 피고는 다른 상표를 사용하고 있었으며, 피고 표장에는 '入り'의 표시가 있었다.

43) 특허법원 1998. 9. 18. 선고, 98허1051 판결.

44) 특허법원 지적재산소송실무연구회, 지적재산소송실무, 박영사(2006), p. 459.

45) POS 사건(東京地判 昭和63. 9. 16. 判時 1292号, p.142), 三國志武將爭覇사건(東京地判 平成6. 8. 23. 知裁集 26卷 1号, p.301), 氣功術사건(東京地判 平成6. 4. 27. 判時 1510号, p.150), UNDER THE SUN 사건(東京地判 平成 7. 2. 22. 判時 1526号, p.141)은 모두 내용표시이지 출처표시가 아니라는 이유로 타인의 'POS', '三國志', '氣功術', 'UNDER THE SUN' 상표의 침해가 아니라고 하였다.

POS 사건, 氣功術 사건은 모두 단행본으로, 그 표장도 내용 표시어로 만들어진 것이라는 점에서('POS'는 'problem oriented system'의 약칭) 이것이 출처식별표식이 아니라는 것에는 이론이 없다. 그렇지만, 제호라 하더라도 백과사전이나 사전류, 주간지나 신문 등의 제호는 상표로 인정된다. 소설 등의 단행본은 저작자와 결합이 강한 형태로 거래상 취급되고 있지만, 후자는 출판사와의 결합이 강한 형태로 취급되고 있어 출판사의 상품으로서의 성격이 강하기 때문이라 생각된다.

게임 소프트웨어는 기획, 프로그래밍, 상품화 등의 공정을 다수인이 분담 작업하여 제작되는 것으로, 그들의 상품으로서의 성격이 강하기 때문에, 기본적으로는 그 제호를 상표로 보는 게 좋다. 'ぼくは航空管制官(나는 항공관제관)' 사건(東京地判 平14. 5. 31. 判時 1800号, p.145)에서는 소프트의 겉상자의 표면, 측면 및 안쪽에 'ぼくは航空管制官(나는 항공관제관)'이란 문자가 크고 눈에 띄는 색으로 표기되어 있고, 그 위에는 상품의 보통명칭으로서 '항공관제 시뮬레이션 게임'이라고 부기되어 있어서 'ぼくは航空管制官(나는 항공관제관)'을 상표의 사용으로 보았다. 삼국지무장쟁패 사건에서는 '삼국지무장쟁패'의 문자를 상표사용의 사용이 아니라고 하였지만, 판지와 같이 내용표시어이기 때문에 상표가 아니라고 하는 것이 아니라, 채무자 게임 소프트의 제호인 '삼국지무쟁쟁패'는 상표이지만 이 중 '삼국지'는 중국의 '삼국지연의'에서 제목을 붙인 게임 소프트라는 것을 나타내는 문자로 식별력이 없고, 따라서 채권자의 '삼국지'의 상표권을 침해하지 않는다고 판단하여야 한다.

다음으로, CD의 타이틀인 'UNDER THE SUN'은 미묘하다고 생각된다. 이는 단일 악곡의 타이틀이라면 연주자와의 결합이 강한 형태로 취급되므로 상표가 아니라고 해도 좋지만, 이 사건은 11곡의 악곡의 집합체인 앨범의 타이틀이며, 게다가 아무런 내용 표시적 문자가 없기 때문이다.

46) 에티켓 사건(大阪地判 昭和60. 6. 28. 無体集 42卷 2号, p.311)은 '에티켓 양복 브러쉬 케이스 포함' '케이스는 에티켓 양복 브러쉬입니다' '케이스가 에티켓 브러시가 되었네'란 기재가 '양복 브러쉬 및 세정 브러쉬'를 지정상품으로 하는 '에티켓' 상표의 침해가 된다.

으로 나누어 볼 수 있다.

대법원 2005. 10. 7. 선고, 2004후1458 판결

[모양이나 디자인적 사용]

[1] 타인의 등록상표와 유사한 표장을 이용한 경우라고 하더라도 그것이 상표의 본질적인 기능이라고 할 수 있는 출처 표시를 위한 것이 아니라 순전히 의장적으로만 사용되는 등 상표의 사용으로 인식될 수 없는 경우에는 등록상표의 상표권을 침해한 행위로 볼 수 없다.

[2] '척주동해비' 비석의 4면에 새겨진 전체비문을 그대로 모아 도자기에 새겨 놓은 확인대상표장[47]에 있어, 그 표장에 포함된 '척추동해비'라는 표장은 도자기에 새겨진 비문의 내용을 나타내는 것일 뿐 상품의 출처표시로서 기능하는 것은 아니라고 한 사례

[원심판결] 특허법원 2004. 4. 2. 선고 2003허6388 판결.

대법원 2002. 12. 10. 선고, 2000후3395 판결

[서적 등의 제호로서의 사용]

책의 제목은 그 책의 내용을 표시할 뿐 출판사 등 그 출처를 표시하는 것은 아니어서 원칙적으로 그 상품을 다른 사람의 상품과 식별되도록 하기 위하여 사용하는 표장이 아니므로, 책의 제목으로 사용된 표장에 대하여는 그 표장과 동일 또는 유사한 등록상표의 상표권의 효력이 미치지 아니한다.

이 사건에서 피고가 "리눅스(Linux)"라는 컴퓨터 운영체제 프로그램의 사용방법 등을 설명하는 내용의 책을 출판하면서 그 책에 사용한 " 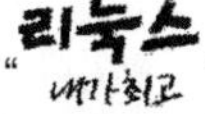

"라는 표장은 그 책의 제목으로만 사용되었고 그 책의 출처를 표시하거나 그 책을 다른 출판사의 책과 식별되도록 하기 위한 표장으로서 사용되지 아니하였으므로, 원고의 이 사건 등록상표인 "Linux"의 상표권의 효력이 피고가 책의 제목으로 사용한 위 표장에 미치지 아니한다.

'Always Coca Cola 사건(東京地判 平成10. 7. 22. 判時 1651号, p.130)'은 코카콜라 회사가 종래부터 캐치프레이즈를 광고에 일관되게 사용하여 온 'always coca-cola'는 코카 콜라를 언제나 마시고 싶은 기분을 포함하는 뜻으로 상품구매의욕을 높이는 효과를 내용으로 하는 것이기 때문에 일반수요자는 판매촉진의 한 방편으로 캐치프레이즈의 일부분인 'always'의 부분을 인식하고 있으며, 상품을 특정하는 기능 내지 출처를 표시하는 기능을 가지는 형태는 아니기 때문에 'always' 문자를 기재한 행위는 코카콜라 회사의 캠페인 중의 하나인 캐치프레이즈(always cocacola)의 일부이므로 상표의 침해가 아니라고 하였다.

47) 원심은 확인대상표장은 1661년(조선 현종 2년)에 삼척부사 허목이 조수(潮水)를 물리치려는

2. 인정한 사례

루이비통 사건[48]은 루이비통사가 자신의 상표에 대하여 상표권을 갖고 있고, 이를 가방 전면에 사용한 위조 가방을 판매하는 업자를 상대로 소를 제기한 사건으로, "디자인이 될 수 있는 모양이라도, 이것이 자타식별기능을 갖는 표장으로 사용되고 있는 한, 상표로서의 사용이 이루어지고 있다."고 하였다. 그러나 이는 피고가 구두변론에 결석하고 있는 것, 나아가 루이비통 회사가 (상표권 위반이 아니라) 부정경쟁방지법 위반 행위로 구성하였다면 모양적 사용도 불법행위가 될 수 있기 때문에 이와 같이 판시한 것으로, 이를 일반화하여서는 아니 된다.[49]

염원을 담아 세운 '척주동해비'에 새긴 비문 전체를 그대로 표시한 것으로서, 위 비석이 세워진 후 거기에 새겨진 비문의 필체와 내용 때문에 위 비문이 재앙을 물리치고 소원을 성취하게 해주며, 가정의 안녕과 번창을 가져다 준다는 전설이 사람들 사이에 전해 내려오면서 많은 사람들이 확인대상표장이 새겨진 노리개, 탁본 등을 소장해 온 사실, 우측 도면과 같이 구성된 이 사건 등록상표{등록번호 제931425호, '陟州東海碑'를 고전자체(古篆字體)로 표기한 것임}의 출원일 이전인 1990년경 전후부터 이천시 및 여주군 일원에서 피고, 김복한, 김영수, 김용균 등 몇몇의 도예가들이 확인대상표장을 도자기에 새겨 넣어 사용해 온 사실, 위 비문 내용이 새겨진 도자기에는 그 도자기를 만든 작가가 누구인지를 표시하는 작가의 예호, 낙관 등이 표기되어 있는데, 피고가 제작한 도자기에도 피고의 예호 '壽安'이 표기되어 있는 사실, 확인대상표장이 새겨진 도자기는 그 작가의 명성에 따라 그 가격이 최저 20만 원에서 최고 300만 원에 이르기까지 거래되고 있는 사실을 각 인정한 다음, 확인대상표장이 도자기에 새겨져 사용된 것은 '척주동해비'의 비문 내용과 필체 때문에 재앙을 물리치고 소원을 성취하게 해주며, 가정의 안녕과 번창을 가져다 준다는 특별한 효능이 있는 것으로 전해 내려오고 있는 주술적 내용 때문에 그러한 소망을 가진 자들의 수요를 충족시키기 위하여 장식적(의장적), 주술적 의미의 소재로 사용되었을 뿐이라고 보아야 할 것이고, 도자기에 새겨 넣은 글씨나 그림 자체가 당해 상품의 출처를 표시하기 위한 목적으로 사용되는 것이 일반적이거나 도자기의 일반수요자나 거래자들이 도자기에 새겨진 글씨나 그림의 모양만으로 상품의 출처를 식별하는 것이 거래계의 현실이라고 인정할 아무런 증거가 없고, 오히려 도자기에 글씨나 그림을 새겨 넣고 그 작가가 자기의 이름, 예명, 또는 낙관을 새겨 넣는 것이 일반적이고, 도자기를 선호하는 일반수요자들이나 소비자들은 그 이름, 예명 등에 의하여 그 도자기의 출처를 인식함과 동시에 상품의 가치를 평가하고 구매하는 것이 일반적이라고 보아야 할 것이므로, 확인대상표장은 그 사용상품인 도자기의 출처표시로서 사용된 것이라고 볼 수 없어 이 사건 등록상표의 권리범위에 속하지 않는다는 취지로 판단하였다.

48) 大阪地判 昭和62. 3. 18. 無体集 19卷 1号, p.66.

49) 반대: 田村善之, 商標法概說(第2版), 弘文堂(2000), p.153.

대법원
2005. 8. 25.
선고,
2005다22770
판결

[서적 등의 제호로서의 사용]

서적류의 제호는 특별한 사정이 없는 한 해당 저작물의 창작물로서의 명칭 내지는 그 내용을 함축적으로 나타내는 것이며 그러한 창작물을 출판하고 제조·판매하고자 하는 자는 저작권법에 저촉되지 않는 한은 누구든지 사용할 수 있는 것으로서 품질을 나타내는 보통명칭 또는 관용상표와 같은 성격을 가지는 것이므로 제호로서의 사용에 대하여는 구 상표법 제51조의 규정에 의하여 상표권의 효력이 미치지 않는 것이 원칙이기는 하나, 타인의 등록상표를 정기간행물이나 시리즈물의 제호로 사용하는 등 특별한 경우에는 사용 태양, 사용자의 의도, 사용 경위 등 구체적인 사정에 따라 실제 거래계에서 제호의 사용이 서적의 출처를 표시하는 식별표지로서 인식될 수도 있으므로, 그러한 경우에까지 상표권의 효력이 미치지 않는 것으로 볼 수는 없다.

제7절 상표등록요건에서의 사용과 상표권 침해요건으로서의 사용

1. 상표등록요건에서의 사용과 등록 후 불사용

상표법은 상표권자가 상표의 부정한 이용이나 남용을 막고 상표가 거래상 상품식별표식으로서 기능을 발휘할 수 있도록 상표권자에게 사용의 의무를 지게하고 있다. 우리 상표법 제3조는 "국내에서 상표를 사용하는 자 또는 사용하고자 하는 자는 자기의 상표를 등록받을 수 있다."고 하여 등록단계에서 "사용의 의사"가 있어야 하고, 등록 후에는 등록상표를 지정상품에 사용해야 한다. 상표법은 상표를 보호하는 동시에 소비자를 보호하는 것이 목적이므로 일단 유효하게 설정등록된 상표권이라 하더라도 거래자나 소비자를 보호하기 위하여 방어적 목적 등으로 상표등록한 후 사용하지 않는 상표에 대해서는 등록을 취소할 수 있도록 하고 있다.[50] 물론 상표출원인의 상표사용사실 또는

50) Agreement on Trade-Related Aspects of Intellectual Property Rights(이하 『WTO/TRIPs협정』이라 한다) 제15조 제3항에서 "회원국은 사용을 등록요건으로 할 수 있다. 그러나 상표의 실제사용이 등록출원의 조건이 되어서는 아니된다. 출원은 출원일로부터 3년이 경과하기 전에 의도했던 사용이 이루어지지 아니하였다는 이유만으로 거절되어서는 아니 된다."

사용의사가 없는 출원은 거절대상이 되며, 착오로 등록된 경우에는 무효심판의 대상이 됨이 원칙이지만 상표심사시 출원인의 주관적인 사용의사 유무를 판단하는 것이 불가능하므로 등록요건인 사용의사 유무는 실무에서는 판단하기 어렵다. 이런 문제점을 보완하기 위해 2011. 12. 2. 상표법 개정을 통하여 상표법 제3조(상표등록을 받을 수 있는 자)를 거절사유(상§54iii) 및 무효사유(상§117① i)에 포함시키고, 사용의사 없이 상표선점 등을 목적으로 무분별하게 상표를 출원하는 것을 방지할 수 있도록 『사용의사확인제도』를 도입하여 2012. 3. 15.부터 시행하게 되었다.[51)]

WTO/TRIPs협정 제15조 제3항 전단에도 "사용을 등록요건으로 할 수 있다. 그러나 상표의 실제사용이 등록출원의 조건이 되어서는 아니된다"고 규정하고 있다. 이는 출원인의 주관적 사용의사 유무를 심사관이 판단하는 것이 불가능하기 때문에 선언적 또는 상징적인 규정으로서의 의미밖에는 없다.[52)53)] 이러한 문제점을 보완하기 위하여 상표법 제119조 제1항 제3호를 두게 되었다고 본다.

상표법 제119조 제1항 제3호 "상표권자 · 전용사용권자 또는 통상사용권자 중 어느 누구도 정당한 이유없이 등록상표를 그 지정상품에 대하여 취소심판청구일전 계속하여 3년 이상 국내에서 사용하고 있지 아니한 경우"에는 상표등록의 취소심판을 청구할 수 있도록 하고 있다. 이 규정은 등록주의 폐해를

51) 상표심사기준 제2부 제2장 2.1.

52) 문삼섭, 상표법(제2판), 세창출판사(2004), p.183.

53) 같은 취지로 "출원시에 있어서 사용의사의 유무를 점검할 수 있는 방책을 강구할 필요가 있다는 지적이 있지만 현행 상표법은 사용의사를 인증할 수 있는 자료의 제출을 요구하지 않고 있다. 다만, 상표심사기준 제5조(등록상표의 의사적인 요건)는 "상표를 출원하는 자는 상표를 사용하고 있거나, 사용할 의사가 있어야 한다."고 규정하고, 동조 해석참고자료는 "상표제도의 목적 및 상표의 개념과 상표의 사회적 기능에 비추어 비록 등록주의를 취하고 있는 우리나라 상표제도하에서도 국내에서 상표를 사용하거나 사용하고자 하는 자가 아니면 상표를 등록받을 수 없다. 다만 상표심사과정에서의 입증 곤란으로 인하여 상표법 제6조 및 제7조 규정에서 이를 명문으로 규정하고 있지는 않지만 사용의사가 없는 것이 입증된 상표의 출원에 대해서는 법 제3조가 규정하는 상표등록을 받을 수 있는 자가 아니므로 거절결정하여야 한다."고 규정하여, 실무상으로는 상표등록출원서에 상표사용(예정)연도를 표시하도록 하고, 상표사용의 주관적 의사가 없는 상표등록출원은 거절결정하는 것으로 하고 있으나, 우리 상표법은 사용의사의 欠缺을 등록거절이유 또는 무효사유로 규정하고 있지 않아 제3조 위반을 이유로 거절할 수는 없다. 따라서 상표심사기준에서 사용할 의사가 없음이 입증된 출원상표는 거절함이 타당하다고 해설하고 있으나 사용할 의사가 없음을 심사관이 입증 확인한다는 것은 사실상 어려운 일이므로 상표심사기준에서의 해설은 상표사용을 권장하려고 하는 상표법 제3조의 입법취지를 설명한 것에 불과하다고 본다(김중효, "상표법 상 「상표의 사용」에 관한 연구", 고려대학교 특수법무대학원(1998), pp.79~80)."

시정하고 타인의 상표선택의 기회를 확대하는 사용주의 요소를 가미한 것이다. 이 규정에 의해 불사용취소심판을 적용하기 위해서는 ① 상표권자 및 상표사용권자가 사용하고 있지 아니할 것, ② 사용하지 아니한데 대한 정당한 이유가 없을 것, ③ 심판청구일 전 계속하여 3년이상 국내에서 불사용하였을 것, ④ 등록상표를 그 지정상품에 사용하지 아니한 경우에는 불사용에 의한 취소심판을 청구할 수 있다.[54) 어느 경우가 "정당한 이유"에 해당되는가에 대해서는 명문으로 규정되어 있지 않아 학설이나 판례에 따라 해석하여야 할 것이다. 우리 법원이 판결에서 인정한 "정당한 이유"에 해당하는 사유에는 ① 천재지변에 의한 경우, ② 타 법령에 의한 허가 또는 인가의 지연에 의한 것으로서 그 사유가 허가 또는 인가기관의 사정에 의한 경우, ③ 타 법령에 의한 상품의 수입금지 또는 상표사용금지 등의 사유로 인한 경우로서 상표권자의 귀책사유가 없는 경우 등이 있다.[55)][56) 또한 "국내에서 사용"이란 "상표권자가 정당한 이유없이 국내에서 등록된 상표를 지정상품에 사용하지 아니한 경우에 그 상표등록을 취소하도록 규정한 상표법 제119조 제1항 제3호의 규정은 상표의 사용을 촉진하는 한편 불사용상표에 대한 제재적 의미도 포함되는 것인 바, 이와 같은 취지에 비추어 볼 때 상표에 대한 선전, 광고행위가 있었다고 하더라도 그 지정상품이 국내에서 일반적, 정상적으로 유통되는 것을 전제로 하여(현실적으로 유통되고 있거나 적어도 유통을 예정, 준비하고 있어야 한다) 선전, 광고행위가 있어야 상표의 사용이 있었던 것으로 볼 수 있다.[57)" 라고 하여 대사관이나, 보세구역 그리고 면세점에 대해서는 국내로 보지 않고 있다. 그러나 최근 기술이 발달하고 생활수준이 달라지면서 면세점의 의미와 보세구역에서의 상표의 사용에 대해서도 검토를 해야 한다. 예를 들면 제주공항의 면세점은 내국인도 상품을 구매할 수 있기 때문에 국외로 보아야 할 이유가 없다. 그리고 생활수준의 향상으로 내국인들이 면세점에서 구입한 물품을 2~3일 후 국내에 들여와서 사용하기 때문에 점점 국내에서의 사용의 의

54) 특허청, 상표법해설(2004), p.326.

55) 대법원 1990. 6. 26. 선고, 89후599 판결; 同旨로는 綱野誠(강동수 · 강일우 역), 商標(新版), 대광서림(1992), p.715; (김중효, "상표법상 「상표의 사용」에 관한 연구", 고려대학교 특수법무대학원(1998), p.80 재인용)

56) 대법원 2001. 11. 27. 선고, 98후2962 판결.

57) 대법원 1990. 7. 10. 선고, 89후1240 판결.

미도 달라지고 있기 때문이다.

대법원 2001. 4. 24. 선고, 2001후188 판결

[등록취소(상)]

[1] 상표법 제119조 제1항 제3호 소정의 '상표의 사용' 및 '정당한 이유'의 의미

상표법 제119조 제1항 제3호, 제4항은 불사용으로 인한 상표등록취소심판에 관하여 규정하고 있는바, 여기에서 '상표의 사용'이라 함은 같은 법 제2조 제1항 제6호 각 목 소정의 행위를 의미하는 것이고, 또 상표불사용에 대한 '정당한 이유'라 함은 질병 기타 천재 등의 불가항력에 의하여 영업을 할 수 없는 경우뿐만 아니라, 법률에 의한 규제, 판매금지, 또는 국가의 수입제한조치 등에 의하여 부득이 등록상표의 지정상품이 국내에서 일반적·정상적으로 거래될 수 없는 경우와 같이 상표권자의 귀책사유로 인하지 아니한 상표 불사용의 경우도 포함된다.

[2] 소송 등을 통하여 상표권을 행사한 것을 두고 구 상표법 제2조 제1항 제6호에서 규정하는 상표의 사용이라고 할 수는 없을 뿐만 아니라, 방위적 목적의 상표라고 하여 상표권 침해자에 대하여 상표권을 행사하여 온 것만으로는 불사용으로 인한 등록취소를 면할 수 없다는 원심의 판단을 수긍한 사례

[3] 불사용으로 인한 상표등록취소심판은 이해관계인에 해당되기만 하면 누구나 청구할 수 있는 것이고, 등록상표권의 침해자라고 하나 3년 이상 사용하지 않은 등록상표의 등록을 취소시키고 또 그로 인하여 등록상표와 유사한 상표를 사용하고자 하는 것이 부당한 이익을 얻기 위한 것이라고 할 수는 없으므로, 등록취소심판청구가 심판청구권의 남용이라고 볼 수 없다고 한 원심의 판단(특허법원 2000. 12. 19. 선고 2000허5230 판결)을 수긍한 사례.

PAOLOGUCCI

2. 상표권 침해요건으로서의 사용

상표권자는 등록상표·서비스표를 지정상품 또는 지정서비스업에 독점적으로 사용할 수 있는 권리를 갖고(상§89), 상표법 제108조 제1항 제1호의 규정에 의해 침해행위를 배제할 수 있다. 이 규정은 타인이 자신의 등록상표를 사

용함으로써 상품의 식별 및 출처의 오인·혼동의 가능성을 막기 위한 것이다. 이러한 오인·혼동의 가능성은 본질적으로 타인의 상표 사용행위가 상품의 출처를 표시하는 기능을 수행하고 있어야 한다는 것이 전제된 것이다. 따라서 상표법 제89조 및 제108조 제1항 제1호에서 규정하고 있는 상표권 침해에 있어서의 "상표의 사용"에 해당하기 위해서는 타인의 행위가 원칙적으로 상표법상의 "상표의 사용"에 관한 정의규정에 해당할 뿐만 아니라 근본적으로 상품의 출처를 표시하는 기능을 수행하는 것이 전제조건이다.[58] 그러나 표지와 상품이 다양화되어 있는 현실에서 등록상표와 지정상품을 등록원부에 있는 그대로 엄격하게 해석하면 상표권자에게는 매우 가혹하게 되고 제3자에게는 상표권의 효력이 제한되어 상표등록제도의 취지에 반하게 된다.[59] 이에 상표권의 실효성을 실질적으로 확보하기 위하여 상표와 상품에 대한 판단기준을 등록상표와 동일한 상표뿐만 아니라 등록상표와 유사한 유사상표와 유사상품에까지 확대하여 상표권침해로 간주하여 타인에 의한 상표의 사용을 금지 내지 배제할 수 있는 권리를 상표권자에게 부여하고 있다(상§108).[60]

여기서 "사용할 수 있는 권리"는 상표법 제89조에 따라 "지정상품에 관하여 그 등록상표를…독점"하며, 상표법 제91조 제1항에 정해진 범위 내에서 등록상표를 사용할 수 있다. 즉 등록상표의 보호범위는 상표등록출원서에 기재된 상표에 의해 정하여진다.

대법원 2005. 8. 25. 선고, 2005다22770 판결

서적류의 제호는 특별한 사정이 없는 한 해당 저작물의 창작물로서의 명칭 내지는 그 내용을 함축적으로 나타내는 것이며 그러한 창작물을 출판하고 제조·판매하고자 하는 자는 저작권법에 저촉되지 않는 한은 누구든지 사용할 수 있는 것으로서 품질을 나타내는 보통명칭 또는 관용상표와 같은 성격을 가지는 것이므로 제호로서의 사용에 대하여는 구 상표법 제51조의 규정에 의하여 상표권의 효력이 미치지 않는 것이 원칙이기는 하나, 타인의 등록상표를 정기간행물이나 시리즈물의 제호로 사용하는 등 특별한 경우에는 사용 태양, 사용자의 의도, 사용 경위 등 구체적인 사정에 따라 실제 거래계에서 제호의 사용이 서적의 출처를

58) 김중효, "상표법상 「상표의 사용」에 관한 연구", 고려대학교 특수법무대학원(1998), p.97.
59) 특허청, 상표법해설(2004), p.296.
60) 사법연수원, 상표법(2001), p.135.

	표시하는 식별표지로서 인식될 수도 있으므로, 그러한 경우에까지 상표권의 효력이 미치지 않는 것으로 볼 수는 없다.
대법원 2003. 4. 11. 선고, 2002도3445 판결	[1] 타인의 등록상표를 그 지정상품과 동일 또는 유사한 상품에 사용하면 타인의 상표권을 침해하는 행위가 된다고 할 것이나, 타인의 등록상표를 이용한 경우라고 하더라도 그것이 상표의 본질적인 기능이라고 할 수 있는 출처표시를 위한 것이 아니어서 상표의 사용으로 인식될 수 없는 경우에는 등록상표의 상표권을 침해한 행위로 볼 수 없다고 할 것이고, 그것이 상표로서 사용되고 있는지의 여부를 판단하기 위하여는, 상품과의 관계, 당해 표장의 사용 태양(즉, 상품 등에 표시된 위치, 크기 등), 등록상표의 주지저명성 그리고 사용자의 의도와 사용경위 등을 종합하여 실제 거래계에서 그 표시된 표장이 상품의 식별표지로서 사용되고 있는지 여부를 종합하여 판단하여야 한다. [2] 피고인이 후지필름의 등록상표가 각인된 1회용 카메라의 빈 용기를 수집하여 다시 필름을 장전하고 일부 포장을 새롭게 하여 제조·판매한 행위가 후지필름의 등록상표를 침해하고 혼동을 야기하였다고 본 사례. [3] 특별한 사정이 없는 한 상표권자 등이 국내에서 등록상표가 표시된 상품을 양도한 경우에는 당해 상품에 대한 상표권은 그 목적을 달성한 것으로서 소진되고, 그로써 상표권의 효력은 당해 상품을 사용, 양도 또는 대여한 행위 등에는 미치지 않는다고 할 것이나, 원래의 상품과의 동일성을 해할 정도의 가공이나 수선을 하는 경우에는 실질적으로 생산행위를 하는 것과 마찬가지이므로 이러한 경우에는 상표권자의 권리를 침해하는 것으로 보아야 할 것이고, 동일성을 해할 정도의 가공이나 수선으로서 생산행위에 해당하는가의 여부는 당해 상품의 객관적인 성질, 이용형태 및 상표법의 규정취지와 상표의 기능 등을 종합하여 판단하여야 한다.

제 8 절 도메인네임으로서의 사용

2016년 전부개정 상표법은 전기통신회선을 통하여 제공되는 정보에 전자적 방법으로 표시하는 행위를 상표를 표시하는 행위로 포함하였다(상§2②ii). 따라서 도메인네임으로서의 사용도 상표의 사용에 해당한다. 이러한 도메인이름은 사전심사 없이 '선접수 선등록first come, first served'의 원칙에 따라 등록된다. 따라서 특정 표시에 대하여 아무런 이해관계 또는 권한이 없는 자라고 하더라도 그 표지를 먼저 등록할 수 있다. 또한 도메인이름이 일반적으로 상표등록요건을 갖추는 한 그 등록이 거절될 이유가 없다. 도메인이름을 상표로 등록하여 보호받는 방법에는 컴퓨터통신업을 지정서비스로 하여 서비스표 등록을 하는 방법과 해당 웹사이트를 통하여 거래하고자 하는 상품이나 서비스를 지정하여 상표나 서비스표 등록을 하는 방법도 있을 수 있다.[61] 이때 상표로 등록될 수 있기 위해서는 식별력이 있어야 하는바, 마지막 단계 도메인이름이 보통명칭, 기술적 표장, 현저한 지리적 명칭 등에 해당하여 식별력이 없는 경우에는 상표등록을 받을 수 없다.[62] 아울러 도메인이름은 제공되는 상품이나 서비스의 출처를 나타내 주는 중요한 기능을 행사하고 있으므로 도메인 이름은 상표로 분류 지어야 한다고 주장하는 견해[63]도 있다. 이 경우 그 표지에 대한 정당한 권한이 있는 자(성명, 상호, 서비스표 등)는 도메인이름을 권한 없이 선점하여 상표적으로 사용하는 자에 대하여 자신의 권리를 주장함으로써 도메인이름과 상표권간의 저촉에 따른 문제가 발생할 수 있다.

상표와 도메인이름에 관련된 사례를 이하에서 살펴보기로 한다. jaccs.co.jp 사건의 경우 일본지적재산중재센터가 설립 이전에 중재 과정이 없이 직접 법원에서 다룬 사건이다.

名古屋高裁 平成 13年9月10日 平成12(ネ)244

[jaccs.co.jp 사건]

원고 株式會社ジャックスJACCS는 할부구입 알선 등을 하는 회사이고 피고 有限會社日本海パクトNihonkai Pact는 간이조립 화장실을 판매 및 리스를 목적으로 하는 유한회사이다.

"JACCS"라는 영업표시를 사용하는 원고는 인터넷상에서 "Jaccs"를 포함하는 도메인 네임http://jaccs.co.jp과 "JACCS"라는 표시를 사용한 영업활동을 하는 피고에 대하여 부정경쟁방지법

61) 남효순·정상조 공편, 인터넷과 법률(최순용 집필 도메인이름과 상표권 등의 보호), 법문사(2002), p.372.

62) 최성준, "도메인이름의 법적 성격과 그 보호", 素潭金明信先生華甲紀念論文集-知的財産權의 現在와 未來-, 法文社(2004), p.856.

63) 이대희, "전자상거래와 도메인문제에 관한 연구", 디지털경제와 상사법, 2000년 한국상사법학회 하계학술발표회지(제19권 제2호), p.182.

제2조 제1항 제1호 및 제2호에 의한 부정경쟁행위로서 도메인 네임의 사용금지 및 홈페이지상의 영업활동에 있어 표시사용의 금지를 구하였다.

사단법인 일본네트워크인포메이션센터(이하 "JPNIC"라 한다)의 등록규정에 의하면 도메인 네임 등록 신청인은 (1) 기존의 등록된 도메인 네임과 일치하거나, (2) 일기관 일도메인 네임의 원칙에 위배하거나, (3) 반사회적 문구가 포함되어 있는 것이 명백한 경우라고 JPNIC가 판단한 경우에는 등록받을 수 없다. 하지만 제3자의 성명, 상호, 상표를 포함하는 도메인 네임도 등록을 받을 수 있다.

본 사건의 쟁점 사안은 다음과 같다.

(1) 피고의 도메인 네임http://jaccs.co.jp의 사용이 부정경쟁방지법 제2조 제1항 제1호 및 제2호에 의한 "상품등의 표시"로서의 "사용"의 해당여부

(2) 본건 도메인 네임과 원고의 영업표시와의 동일 또는 유사 여부

(3) 원고의 사용금지 청구가 권리남용의 해당여부

1) "상품등의 표시"로서의 "사용"

名古屋高裁 平成 13年9月10日 平成12(ネ)244

도메인 네임이 원래 의미없는 문자열로 간주됨에도 불구하고 등록자들은 가능한 한 자기 또는 자기의 사업과 관련된 문자열을 선택하려고 한다. 인터넷 이용자들은 도메인 네임이 항상 등록자의 성명이나 상호명을 나타내는 것이 아니라는 것을 알고 있어도 그 도메인 네임이 특정한 고유명사와 일치하는 경우에는 당해 고유명사의 주체가 도메인 네임의 등록자라고 생각하는 것이 일반적이다. 따라서, 등록자의 웹사이트 상에서 상품의 판매나 서비스의 제공이 이루어지는 경우 도메인 네임은 등록자의 상품의 판매나 서비스의 제공에 대한 출처표시 기능을 하게 된다. 도메인 네임의 사용이 부정경쟁방지법 제2조 제1항 제1호 및 제2호의 "상품등의 표시"로서의 "사용"의 해당여부는 일반 인터넷 사용자에게 있어 통상적으로 읽혀지는 의미와 당해 도메인 네임에 의해 도달한 웹사이트의 표시 내용을 종합적으로 판단하여야 한다. 피고의 웹사이트(링크된 URL도 포함)의 주요 내용은 휴대 전화등의 선전과 "JACCS"라고 하는 큰 글자를 웹페이지의 크게 나타내어 홈페이지의 주체로서 나타내었다.

도메인 네임 "jaccs"는 알파벳 크기를 제외하고는 "JACCS"와 같다. 위의 내용을 살펴볼 때 피고가 웹사이트 상에서 "JACCS"를 나타낸 것이 상품이나 서비스의 출처표시 기능을 가지고 있기 때문에 피고의 도메인 네임의 사용은 "상품등의 표시"로서의 "사용"에 해당한다.

2) 영업표시의 유사성 여부

도메인 네임이 원고의 서비스 명과 동일한지 여부를 판단하기 위해서는 도메인 네임에서 중요한 세번째 단계(반대로 “http://www.” 혹은 “co.jp”은 도메인 네임에서 중요한 부분이 아니다)를 비교해야 한다. 왜냐하면 “http://www.”는 통신 수단을 의미하며 “co.jp”는 JPNIC과 도메인 네임을 관리하며 등록자가 회사라는 것을 나타내기 때문에 많은 도메인 네임이 “http://www.” 와 “co.jp”를 포함하고 있다. 상기의 내용에 의해 “JACCS”와 “jaccs”를 비교하였을 때 알파벳 크기를 제외하면 차이점이 없을 뿐만 아니라 도메인 네임은 일반적으로 소문자로 구성되어 있다. 따라서 원고의 영업표시와 본건의 도메인 네임은 유사하다고 판단되었다.

3) 원고의 권리남용

등록자가 완전한 선원주의 채택에 따라 도메인 네임을 등록했을지라도 확정판결에 의하여 JPNIC가 등록을 취소할 수 있기 때문에 등록자는 사용금지를 청구할 수 없다. 따라서 선출원주의에 따라 원고가 도메인 네임을 등록받지 못하였다 하더라도 피고의 본건 도메인 네임의 등록 및 사용에 관한 사정을 비추어 볼 때 본 청구는 권리남용에 해당하지 않는다.

[goo.co.jp 사건]

東京高裁
平成 14. 10. 17.
平成14(ネ)3024

원고는 음악가창시설(가라오케)의 경영 등을 업으로 하는 회사로서 1996. 8. 16.에 JPNIC에 “goo.co.jp”라는 도메인 네임을 등록하였다. 피고 NTT-X 주식회사는 NTT의 계열사로서 통신 네트워크를 이용한 각종 정보제공 서비스등을 업으로서 하는 제공하는 회사이다.

NTT Ado 주식회사가 1997년 2월 12일 “goo.ne.jp”라는 도메인 네임으로 JPNIC에 등록하였고 1999년 4월 무렵 피고는 도메인 네임, 상표권, 웹사이트를 NTT Ado 주식회사로부터 승계받았다. 피고는 원고의 도메인 네임의 삭제를 중재 센터에 청구했으며 분쟁 처리 위원회는 피고의 청구를 받아들여 원고의 도메인 네임의 등록을 취소했다. 원고는 본 결정에 불복했으며 등록의 유지와 도메인 네임을 사용하는 권리에 대한 확인을 구하는 소송을 제기하였다.

본건의 쟁점은 원고가 도메인 네임을 사용하는 권리를 갖는지 여부와 도메인 네임 분쟁처리지침 제4조 a. (i) 내지 (iii)이 취소의 요건에 만족하였는지 여부이다.

도메인 네임 분쟁처리지침 제4조

도메인 네임 등록인은 제3자가 분쟁처리위원에 행정부에 제

東京高裁
平成 14. 10. 17.
平成14(ネ)3024

소를 할 경우 JP 도메인 네임 분쟁처리지침("분쟁처리지침")에 따른 분쟁 절차를 밟아야 한다.

(i) 등록된 도메인 네임이 정당한 권리나 이익을 갖는 원고의 상표 또는 상호와 동일하거나 혼동을 유발할 정도로 유사한 경우

(ii) 등록자가 도메인 네임에 있어 정당한 권리나 이익이 없는 경우

(iii) 등록된 도메인 네임이 부정한 목적으로 등록 또는 사용된 경우

원고는 분쟁 처리 절차에서 각각의 세 가지 요건을 입증해야 한다.

법원은 원고의 청구를 다음과 같이 기각하였다.

(1) 제4조 a. (i) 유사성

피고의 웹사이트는 인터넷 사용자 사이에서 늦어도 1997년 8월 부터는 주지 저명해졌으며 이러한 사유로 인해 피고의 상표명과 도메인 네임과 관련하여 법률상의 이익이 있다고 판단된다. "goo" 부분이 다른 도메인 네임과 구분되는 중요한 기능을 갖는 부분으로서 요부라 할 수 있다. 원고와 피고의 도메인 네임을 비교하였을 때 요부인 "goo" 부분이 외관, 칭호에 있어 동일하다. 또한 피고의 웹사이트가 주지 저명하다는 사실에서 비추어 볼 때 본건 도메인 네임이 피고의 상표등과의 유사하여 혼동 가능성이 있어 제4조 a. (i)의 요건을 충족한다고 할 수 있다.

(2) 제4조 a. (ii) 등록자의 이익

웹사이트를 통해 원고의 상표로서 "goo"라는 상표를 사용한 광고행위가 없었으며 원고가 웹사이트 상에서 도메인 네임이나 상표를 사용한 영업을 광고한 사실이 없으며 원고의 상호나 도메인 네임의 "goo"로서 인식될 만한 충분한 증거도 없다. 이러한 이유로 제4조 a. (ii)원고의 도메인 네임의 사용은 정당한 사용이 아니며 도메인 네임에 대한 어떠한 권리나 법률상 이익도 없다.

(3) 제4조 a. (iii) 부정한 목적

1999년 9월 경 원고는 실질적으로 여고생을 위한 웹사이트 커뮤니티를 폐쇄했으며 원고의 웹사이트는 단지 자동적으로 음란사이트로 포워딩되는 것을 목적으로 이용되었다. 늦어도 1997년 8월부터 인터넷 사용자들로부터 피고의 웹사이트가 주지 저명해졌다는 것을 고려할 때 비록 원고의 도메인 사용이 피고의 웹사이트가 주지 저명해지기 전부터 사용했다고 판단되지만 원고는 또 원고는 도메인 네임을 다양하게 바꾸어 개설하여 같은 도메인 네임으로 접속하게 했다. 아울러 피고의 웹사이트가 주지 저명하게 된 후 원고는 인터넷 사용자가 잘못 입력하거나 혼동하여 접

속한 도메인이 원고의 웹사이트로 포워딩하게 만들었다. 따라서 원고는 제4조 a. (iii)에 해당하는 부정한 목적을 갖고 있다고 할 수 있다.

대법원 2008. 9. 25. 선고, 2006다51577 판결

[1] 구 상표법 제66조 제1항 제1호에 정한 상표권 침해가 인정될 수 있으려면 '상표의 사용'이 전제되어야 할 것인데, 도메인이름의 등록사용의 경우에는 도메인이름의 사용태양 및 그 도메인이름으로 연결되는 웹사이트 화면의 표시 내용 등을 전체적으로 고려하여 거래통념상 상품의 출처를 표시하고 자기의 업무에 관계된 상품과 타인의 업무에 관계된 상품을 구별하는 식별표지로 기능하고 있을 때에는 '상표의 사용'으로 볼 수 있다.

[2] 구 상표법 제51조 제1항 제1호 본문에 의하면, 자기의 상호를 보통으로 사용하는 방법으로 표시하는 상표에 대하여는 그것이 상표권설정 등록이 있은 후 부정경쟁의 목적으로 사용하는 경우가 아닌 한 등록상표권의 효력이 미치지 아니하는바, 여기에서 '상호를 보통으로 사용하는 방법으로 표시한다'는 것은 상호를 독특한 글씨체나 색채, 도안화된 문자 등 특수한 태양으로 표시하는 등으로 특별한 식별력을 갖도록 함이 없이 표시하는 것을 의미할 뿐만 아니라, 일반 수요자가 그 표장을 보고 상호임을 인식할 수 있도록 표시하는 것을 전제로 한다. 그러므로 표장 자체가 특별한 식별력을 갖도록 표시되었는지 외에도 사용된 표장의 위치, 배열, 크기, 다른 문구와의 연결관계, 도형과 결합되어 사용되었는지 여부 등 실제 사용태양을 종합하여 거래통념상 자기의 상호를 보통으로 사용하는 방법으로 표시한 경우에 해당하는지 여부를 판단하여야 한다.

[3] 구 상표법 제65조 제2항의 '침해의 예방에 필요한 조치'에 상표권을 침해하는 도메인이름의 사용금지 또는 말소등록 등의 범위를 넘어서 도메인이름의 이전등록까지 포함된다고 볼 수 없다.

대법원 2007. 10. 12. 선고, 2007다31174 판결

[1] 서비스표의 침해가 인정될 수 있으려면 서비스표의 사용이 전제되어야 할 것인데, 상표법상 '상표의 사용'이라 함은 구 상표법 제2조 제1항 제6호 각 목 소정의 행위를 의미하는 것인바, 어떤 표지의 사용이 여기에 해당하기 위해서는 사회통념상 수요자에게 상품의 출처를 표시하고 자기의 업무에 관계된 상품과 타인의 업무에 관계된 상품을 구별하는 식별표지로 기능하고 있어야 하고, 이러한 법리는 상표법 제2조 제3항에 의하여 서비스표의 경우에도 마찬가지로 적용된다.

[2] "파출박사"라는 한글인터넷도메인이름을 등록하고 이를 자신이 개설한 웹사이트(www.pachulpaksa.com)에 연결

되도록 하여 그 웹사이트에서 직업정보 제공 등의 서비스를 제공한 사안에서, 위 한글인터넷도메인이름이 서비스의 출처표시로 기능하고 있다고 볼 수 없다고 한 사례.

제 9 절 인터넷상에서의 키워드 광고

2016년 전부개정 상표법은 전기통신회선을 통하여 제공되는 정보에 전자적 방법으로 표시하는 행위를 상표를 표시하는 행위로 포함하였다(상§2②ii). 따라서 인터넷상에서의 키워드 광고도 광고행위로서 상표의 사용에 해당한다. 기술이 발달함에 따라 기존의 상표사용행위도 변화하고 있다. 특히 광고의 형태도 끊임없이 발달함에 따라 최근 키워드 광고 또는 검색어 광고와 관련된 상표사용행위의 문제점이 발생하고 있다.

키워드 광고 혹은 검색어 광고라 함은 검색 사이트에서 검색어를 입력하면 검색 결과가 나오는 화면에 관련업체의 광고가 표시되도록 하는 광고기법을 말한다. 예를 들어 '이사'와 관련된 키워드를 검색하면 화면에 '포장이사', '이삿짐센터' 등 이사와 관련된 광고가 나오는데, 특정 제품이나 관심을 가진 사람에게만 광고가 표시된다는 점에서 불특정 다수를 상대로 하는 기존의 배너banner광고와는 다르다. 즉 특정 검색어에 대한 검색 결과에만 표시되는 광고로서, 기존의 배너광고가 클릭률이 낮은 반면, 관심 있는 자에게만 표시됨으로써 클릭률이 높고, 저렴한 광고비용, 포털사이트를 통한 마켓 선점효과, 다양한 활용성 등으로 소액 광고주들에게 효율적이라는 평가를 받는다.[64)]

키워드 광고가 타인의 상표에 대한 사용에 있어서 상표적 사용이 인정되는 경우, 상표의 상업적 사용으로 인하여 소비자의 출처혼동, 품질오인을 초래할 가능성이 있는 경우에는 상표권침해나 부정경쟁행위가 성립할 수 있다. 키워드 광고는 동종의 제품에 관심을 갖고 있는 잠재고객을 유인하거나, 해당 제품을 구매하고자 하는 구매자가 상표권자의 웹사이트가 아닌 다른 판매 사

64) 임혜진, "키워드 검색광고의 활용방안에 관한 연구", 한국디지털디자인학회 Vol. 7(2004), p.105 참조.

이트를 통하여 제품을 구매하도록 유인하기 때문이다. 이러한 경우에 상표 침해의 판단은 해당 광고행위가 구매자에게 혼동을 초래했는지의 여부가 쟁점이 될 것이다. 이는 타인의 상표를 메타태그로 사용하는 경우와 일견 유사한 부분이 있다.65) 타인의 상표를 메타태그로 사용하는 경우 상품의 출처에 관한 혼동가능성이 존재한다. 하지만 사용자가 검색을 하여 접속한 웹사이트가 자신이 원하지 않는 웹사이트임을 알게 되면 해당 웹사이트를 떠나게 됨으로 일반적인 상표침해에 있어서의 혼동과는 달리 혼동의 정도가 그리 크지 않다.66) 즉, 자신이 웹사이트에 접속하는 순간 사용자(소비자)의 혼동은 사라지고, 극소수의 사용자만이 혼동을 일으키게 됨으로써 일반적인 형태의 혼동가능성이 발생할 가능성은 미미하다. 따라서 키워드 광고의 경우에도 비록 광고주와 검색엔진 회사간에 판매가 이루어졌다 할지라도 사용자는 해당 웹사이트에 접속하는 순간 자신이 원하는 웹사이트인가 아닌가를 알 수 있기 때문에, 사용자가 출처의 혼동으로 인하여 구매를 하는 경우는 많지 않을 것이다. 그런데, 미국의 일부법원은 소비자의 최초의 주의를 끌어들이기 위하여 혼동이 야기될 정도로 상표가 사용된 경우, 후술하는 상표의 침해를 인정하는 최초관심혼동initial interest confusion의 이론을 원용한 사례가 있다.67)

최초관심혼동이론이란 비록 실질적인 혼동에 의하여 판매 또는 구매가 이루어지지 않는다고 하더라도, 소비자의 최초관심을 끌어들이기 위하여 혼동이 발생한 정도로 상표가 사용된 경우 상표의 침해로 인정하는 이론을 말한다.68)

---

65) 메타태그와 상표 키워드 배너는 모두 상표가 이용자에게 시각적으로 보이지 않고, 이용자의 검색어에 의존하며, 인위적으로 이용자의 주의를 특정한 웹사이트로 유인한다는 점에서 공통점을 갖고 있다. 검색어와의 관련유무에 대한 이용자의 인식에 있어 메타태그와 상표 키워드 배너는 다소 차이가 있으나 가장 큰 차이점은 검색엔진회사는 기만적으로 메타태그를 사용하는 사이트로부터 어떠한 재정적 보수도 받지 않는 반면에 배너광고를 하는 광고주로부터는 상당한 보수를 받는다는 것이다. 김성호, "인터넷배너광고의 연계에 대한 법적 문제", 인터넷법률 제11호(2002), p.142.

66) 육소영, "인터넷상의 상표보호에 관한 법률문제", 법학연구 Vol.11 No.3, 연세대 법학연구소(2001), p.98.

67) See, Brookfield Communications v. West Coast Entm't Corp., 1120 F. 3d 1036, 1062 (9th Cir. 1999)(김병일, "키워드광고와 상표권 침해", 인터넷 포털서비스의 법적 제문제 세미나, (사)한국디지털재산법학회(2007. 6.), pp.11~12 재인용).

68) 이를 '초기관심의 혼동이론'이라고 표현하는 견해도 있고(문삼섭, 상표법(제2판), 세창출판사(2004), p.418), 이를 '최초흥미의 혼동이론'이라고 표현하는 견해도 있다(송영식·이상정·황종환 공저, 지적소유권법(하)(제9판), 육법사(2005), p.515)(박복환, "周知·著名商標의 保護에 관한 硏究", 한양대학교 석사학위논문(2007), p.71 재인용).

c·h·a·p·t·e·r

02 상표 및 상품의 동일·유사

제1절 서 설

상표의 목적은 자기의 상품 또는 서비스와 타인의 상품 또는 서비스와 식별하는 것이다. 만약 동일 또는 유사한 상품이나 서비스에 대해 동일 또는 유사한 상표가 병존하는 경우에는 식별할 수 없으며 일반인들은 특정의 상표가 붙여진 상품 또는 서비스와 다른 상표의 상품 또는 서비스와의 구별이 어려워 잘못 구매할 수가 있다.

이러한 상표 또는 서비스의 식별기능이 훼손되는 것을 방지하기 위하여 상표법에서는 이미 등록된 등록상표나 주지·저명 상표와 동일하거나 유사한 상표를 동일 또는 유사한 상품에 사용하는 것을 등록하여 주지 않고 있다.

즉, 상표권은 지정상품에 독점적으로 사용할 수 있는 권리이나 상표는 특허와 달리 기술적인 부분이 아니라 시각적인 것을 비롯한 식별에 관한 권리이기 때문에 누구나 쉽게 모방할 수 있고, 또 유사하게 상표를 사용할 수도 있다. 그래서 디자인과 상표에 대하여는 특허와 달리 동일한 것뿐만 아니라 유사한 것까지 법률로서 보호해 주고 있다.

또한 상표를 동일 상품에 동일 또는 유사하게 상표를 사용하는 것도 문제이지만, 대체 상품이나 유사한 상품에 동일상표나 유사한 상표를 사용하는 경우에도 문제가 된다.

제 2 절 상표의 동일 · 유사

1. 의 의

산업재산권 중 특허와 실용신안은 기술적 사상에 관한 것이므로 상품 등의 동일성판단만으로 충분하나, 디자인과 상표는 시각적 요소를 기본으로 하고, 특히 상표는 디자인보다 그 정도가 강하고, 그 모방이 용이하여 등록상표와 지정상품에 유사한 것까지 사용을 금지하고 있다. 이는 상표권리자의 보호와 소비자(수요자)의 이익을 도모하기 위한 것이다.

상표법은 상표를 보호함으로써 상표권자의 영업상 신용을 보전함과 아울러 수요자를 보호하고자 하는 목적을 달성하고자 하고 있다. 상표와 상품의 동일 · 유사 여부판단은 부(不)등록의 판단에 필요하고, 특히 상표의 동일 · 유사여부의 판단은 상품의 오인(誤認) · 혼동(混同)을 방지하기 위하여 1상표 1등록의 원칙 하에서 상표출원의 선후(先後)관계(상§35), 부등록사유(상§34), 무효사유(상§117, §118), 취소사유(상§119), 상표권의 효력(상§89), 보호범위(상§90) 등의 판단에 필수적으로 적용된다. 또 동일 · 유사 여부의 판단에 있어서는 동일 또는 유사한 범위 내의 상품이나 상표를 대상으로 판단한다.

이를 위하여, 상품 또는 영업의 오인 · 혼동을 방지하기 위한 여러 가지 제도적 장치를 마련하고 있으며, 그 매체로서 상표 · 상품의 동일 · 유사라는 개념을 사용하고 있다. 상표 · 상품의 동일 · 유사 여부에 따라 상표등록 가부(可否)(상§34①i, iii, v, vii~x, xiii, xiv, xvi, §34③), 최선출원인지 여부(상§35), 상표등록 출원의 분리이전 가부(상§48②), 갱신등록 가부(상§83②), 상표등록 무효 또는 취소심판대상 해당여부(상§117, §119)가 결정되고, 상표권의 적극적 효력은 상표 및 상품의 동일범위에 미치되(상§89), 소극적 효력은 유사범위에

까지 미치며(상§108), 재심에 의하여 회복한 상표권의 효력이 제한된다(상§160).[1)]

이상과 같이, 상표의 동일 · 유사 개념은 상표권의 발생과 그 효력범위, 소멸 및 침해 등 상표법 전반에 걸쳐 영향을 미치는 것임에도 불구하고 상표법에는 상표의 동일 · 유사 개념에 대한 정의나 그 판단기준에 관하여 아무런 규정을 두고 있지 않아 그 해결이 학설, 판례에 일임되어 있다. 여기서는 상표의 동일 · 유사와 상품의 동일 · 유사를 살펴본다.

2. 상표의 동일(同一)

상표의 동일은 상표법상 '동일'과 일반 사회통념상의 '동일'로 나눌 수 있다. 후자인 일반 사회통념상의 '동일'은 상표법상의 동일과 완전히 일치하는 것이 아니라 일반인으로서 상표의 오인 · 혼동을 초래할 우려가 있다고 인정될 정도로 근사하고 거래의 실제에 있어서 동일의 상표로서 사용된다고 할 정도의 것을 말한다.[2)] 전자인 상표법상의 상표의 '동일'[3)]이란 상표의 구성요소인 기호 · 문자 · 도형 · 입체적 형상 · 색채 · 홀로그램 · 동작 또는 이들을 결합한 것과 이들의 결합을 대비하여 판단할 때 두 개의 상표가 동일한 상표를 말한다. 즉 두 개의 상표를 대비하여 판단한 결과 동일한 점이 있더라도 그 구성에 상이(相異)한 점이 있다면 그 상표는 유사상표로 보아야 할 것이다.

상표심사기준에서는 "상표의 동일"이라 함은 구성요소가 문자 그대로 동일한 경우를 말하는 '물리적 동일'뿐만 아니라 거래사회 통념상 동일한 상표라고 인식할 수 있는 '실질적 동일'까지 포함하는 개념으로 본다. 『실질적 동일』이란 물리적으로 완전히 동일하지는 않다고 하여도 거래사회 통념상 동일한 상표로 인식할 수 있는 정도를 의미하며 "동일성"이라는 용어로 사용한다. 동일성이 인정되는 경우는 상표의 부기적인 부분을 제외한 요부가 동일한 상표, 문자 등의 크기나 색채만을 달리하는 상표 등을 들 수 있다.[4)] 그러나 상

1) 전효숙, "상표와 상품의 동일 · 유사", 특허소송연구 1집, 특허법원(2000), p.287.
2) 송영식 · 황종환 · 김원오, 상표법, 한빛지적소유권센터(1994), p.593.
3) 상표의 동일에 대하여는 학설이 나누어져 있으므로 한 마디로 정리하기 어렵다.
4) 상표심사기준 제5부 제7장 보충기준(상표의 동일 · 유사).

표의 '동일' 개념은 '동일성'의 개념을 도입한 것인지 여부와 '유사'의 범위를 어느 정도로 볼 것인지에 따라 결정되어야 하는 상대적 개념이다. 따라서 일률적으로 해석하기보다는 각 규정의 입법취지를 고려하여 합목적으로 판단하여야 할 것인바, 유사의 개념에 의하여 뒷받침되는 경우(상§34①ⅶ, §108), 권리의 발생과 관련된 경우(상§33②)에는 엄격하게 보아야 할 것이고, 권리의 유지를 위한 경우(§119①ⅲ)에는 동일범위를 다소 탄력적으로 해석하여 권리의 안정을 꾀함이 타당할 것이다.[5)]

상표의 동일 여부에 대한 판단은 상표법 각 조문의 입법취지에 따라 탄력적으로 해석하여야 한다. 사용에 의한 식별력 인정(상§33②), 우선권주장(상§46), 요지변경 여부(상§40②), 출원시 특례(상§47) 등의 판단시에는 비교적 엄격하게 동일할 것을 요구하지만, 물리적 동일보다는 실질적으로 동일성이 인정되면 동일한 상표로 보도록 한다.[6)]

우리 상표법은 상품의 출처에 대한 혼동과 혼동가능성을 판단하다. 그러나 상표의 동일여부 판단시기는 상표등록출원시이기 때문에 실제의 혼동을 따지지 않고 혼동가능성만을 판단하게 된다. 혼동가능성의 판단은 동일 또는 유사한 상표를 동일 또는 유사한 상품에 사용할 경우 발생한다고 하는 형식적·획일적 기준에 입각하여 판단한다.[7)]

한편, 우리 상표법에는 상표의 동일을 전제로 하여 상표법 제33조 제2항에서의 사용에 의한 식별력에서 동일, 제38조에서의 1상표 1출원에서 동일, 제40조 제2항, 제44조, 제45조, 제46조, 제47조, 제84조, 제87조 제1항, 제89조, 제95조 제3항, 제97조 제2항, 제119조 제1항, 제160조, 제183조, 제205조, 제206조 등이 있다.

3. 상표의 유사(類似)

(1) 유사의 의의

『상표의 유사』라 함은 2개의 상표가 완전히 동일하지도 않고 거래사회 통

5) 최성우, 주제별 상표법, 한빛지적소유권센터(2000), p.221.
6) 상표심사기준 제5부 제7장 보충기준(상표의 동일·유사) 1.2.
7) 최성우, 상표법, 한빛지적소유권센터(2000), p.221

념상 동일한 것으로 인식되지도 않으나 양 상표가 외관, 칭호, 관념 중 어느 한 가지 이상의 점에서 유사하여 그들 상표가 동일 또는 유사한 상품에 사용될 경우 거래자나 일반수요자들이 그 상품의 출처에 오인 · 혼동을 일으킬 우려가 있는 경우를 말한다.[8] 이는 상표의 구성요소인 외관Bildwirkung, Appearance, 호칭Klangwirkung, Sound, 관념Sinnwirkung, Meaning의 근사성Ähnlichkeit을 무엇을 기준으로 판단하는가에 의하여, 또는 판단자의 주관에 따라 달라질 수 있는 상대적이고도 불확정적인 개념이다.[9] 따라서, 상표의 유사여부는 상표의 외형만을 기준으로 한 사실적 판단이 아니라 상품의 식별표지라고 하는 상표의 본질적인 기능을 고려한 법률적인 평가라 하지 않을 수 없다. 즉, 상표의 유사여부는 상표법의 목적에 비추어 합목적적 · 가치론적으로 판단할 필요가 있으며 그 기준은 상표보호의 목적인 상품의 식별표지로서의 출처혼동이 되는 것이다.[10]

이와 같이 상표의 유사여부는 상품출처의 혼동여부를 기준으로 판단해야 한다는 것은 오늘날의 지배적인 학설이자 확립된 판례의 태도이며,[11] 일본의 판례에서도 상표가 유사한지 여부는 양 상표가 동일 또는 유사한 상품에 사용되는 경우에 그 상품의 품질 또는 출처 등에서 오인 · 혼동이 초래될 염려가 있는지 여부에 따라 결정하고 있다.[12] 그런데, 상표유사의 개념은 이를 사용하고 있는 각 규정의 입법정신 및 취지에 비추어 합목적적, 가치론적으로 판단되어야 할 기술적, 상대적 개념이지 이를 획일적, 통일적으로 확정지울 수 있는 개념이 아니므로 각 규정의 취지에 맞도록 해석되어야 한다. 즉, 상표유사의 개념은 상품의 출처혼동방지를 통하여 상품수요자의 이익과 상표사용권자의 이익을 도모하려는 상표법의 목적에 합치되도록 개별적 · 상대적으로 확정지어야 할 개념이고 그것은 출처혼동의 유무라는 실질에 의하여 구체화되는 도구개념으로서 일의적 정의는 불가능하다.[13]

---

8) 상표심사기준 제5부 제7장 보충기준(상표의 동일 · 유사) 2.1.

9) 이상경, 지적재산권소송법, 육법사(1998), p.423; 송영식 · 황종환 · 김원오, 상표법, 한빛지적소유권센터(1994), p.222.

10) 이상경, 지적재산권소송법, 육법사(1998), p.423; 송영식 · 황종환 · 김원오, 상표법, 한빛지적소유권센터(1994), p.223.

11) 전효숙, "상표와 상품의 동일 유사", 특허소송연구(제1집), 특허법원, p.291.

12) 網野誠(著), 康東壽 · 康一字(譯), 상표, 대광서림(1990), p.330.

13) 이상경, 지적재산권소송법, 육법사(1998), pp.425~426.

한편, 우리 상표법에는 상표의 유사를 전제로 하여 상표법 제34조 제1항 제7호 내지 제9호, 제13호 및 제35조에 선출원 부등록사유에 관한 규정, 제98조 제2항의 특허권 등의 존속기간 만료 후 상표를 사용하는 권리, 제108조의 상표권의 침해규정, 제119조의 취소심판사유 등이 있다.

(2) 상표유사의 일반적 판단기준

1) 일반적 판단방법

상표의 유사여부는 동일 또는 유사한 상품에 사용되는 두 개의 상표를 놓고 그 외관·칭호·관념 등을 전체적[14]·객관적[15]·이격적(離隔的)[16]으로 관찰하여 일반수요자나 거래자가 상표에 대하여 느끼는 직관적 인식을 기준으로 거래상 상품출처의 오인·혼동을 일으킬 우려가 있는지 여부에 따라 판단하여야 한다. 다만, 칭호·외관·관념 중 어느 하나가 유사하다 하더라도 전체적으로는 차이가 있어 거래상 상품출처의 오인·혼동을 일으킬 염려가 없는 때에는 유사한 상표라고 할 수 없고, 반대로 각 요소에서 서로 다른 부분이 있어도 전체적으로 볼 때 일반수요자나 거래자가 오인·혼동을 일으키기 쉬운 경우에는 유사한 상표로 보아야 한다. 또한, 상표를 구성하는 일부에 칭호나 외관상 동일한 부분이 있다고 하더라도 그 동일한 부분이 상표구성의 일부에 국한된 것이라면 양 상표를 전체적으로 관찰하여 유사하지 않은 것으

---

14) "전체적 관찰"이라 함은 상표는 그 구성 전체가 하나의 상표로 인식되는 것이므로 구성요소 일부만을 따로 떼어 그 부분만을 가지고 다른 상표와 비교하여서는 아니되며, 상표를 전체로서 관찰하여 그 외관·칭호·관념을 비교하여야 함이 원칙이다. 전체적 관찰을 통해서 외관·칭호·관념 중 어느 하나가 유사하여 출처의 오인·혼동이 일어나면 원칙적으로 유사한 상표라고 판단하여야 한다. 다만, 전체로서 명확하게 출처의 오인·혼동을 피할 수 있는 경우에는 예외적으로 유사하지 않다고 판단하여야 한다.

15) "객관적 관찰"이라 함은 상표 자체의 구성을 기초로 하여 객관적으로 판단하여야 함을 말한다. 즉 인용상표 또는 출원상표의 서체나 그 밖의 표시가 변경되어 사용된 경우 또는 특수한 방법으로 사용된 경우, 부정하게 사용할 의사가 있는지 여부는 상표의 유사여부 판단에 있어서 고려대상이 아니다. 다만, 상표에 따라 그 사용형태가 상품과의 관계에서 분명한 때에는 거래상 혼동될 염려의 유무라는 관점에서 사용형태를 감안하여 유사여부를 판단하여야 한다.

16) "이격적 관찰"이라 함은 때와 장소를 달리하여 상표를 접하는 수요자의 불확실한 기억을 토대로 유사여부를 판단하는 방법을 말하는 것으로, 양 상표를 나란히 놓고 유사여부를 판단하는 방법인 대비적 관찰에 대응되는 개념이다. 두 개의 상표를 직접 놓고 대비할 때에는 구성요소가 다른 점이 있다고 하더라도, 때와 장소를 달리하여 관찰했을 때 경험칙상 서로 출처의 오인·혼동이 일어나는 경우에는 유사한 상표로 보아야 한다. 이격적 관찰은 칭호·관념을 대비하는 경우에도 적용되지만, 특히 외관의 유사여부를 판단할 때 중요하게 적용된다.

로 볼 수 있다.[17)]

대법원 2000. 4. 25. 선고, 99후1096 판결

[거절사정(상)]

[1] 상표의 유사 여부는 동종의 상품에 사용되는 두 개의 상표를 그 외관·호칭·관념 등을 객관적, 전체적, 이격적으로 관찰하여 일반 수요자나 거래자가 상표에 대하여 느끼는 직관적 인식을 기준으로 하여 그 어느 한 가지에 있어서라도 거래상 상품의 출처에 관하여 오인·혼동을 초래할 우려가 있는지의 여부에 의하여 판단하여야 하며, 외관·호칭·관념 중 어느 하나가 유사하다 하더라도 다른 점도 고려할 때 전체로서는 명확히 출처의 혼동을 피할 수 있는 경우에는 유사상표라고 할 수 없으나, 반대로 서로 다른 부분이 있어도 그 호칭이나 관념이 유사하여 일반 수요자가 오인·혼동하기 쉬운 경우에는 유사상표라고 보아야 한다.

[2] 출원상표 "크로노스"와 인용상표 "크로노도-스"는 모두 한글로 일련하여 구성되어 있고, 인용상표의 중간에 '도-'가 삽입되어 있는 외에는 앞 부분의 3글자와 마지막 글자가 서로 같으며, 출원상표 "KRONOS"는 출원상표 "크로노스"에 대한 영문표기에 불과하여 출원상표 "KRONOS", "크로노스"와 인용상표 "CHRONODOSE", "크로노도-스"는 외관이 유사하고, 호칭에 있어서도 앞 부분 3음절과 마지막 음절이 동일하며 단지 인용상표들에 '도-'라는 음절이 추가되어 있는 정도의 차이밖에 없어 이들 상표는 전체적으로 유사하다.

[3] 출원상표의 지정상품인 '중추신경계용약제, 감각기관용약제, 순환기관용약제, 혈액용제, 세포부활용약제'와 인용상표의 지정상품인 '알레르기용약제, 호흡기관용약제'는 모두 구 상표법시행규칙(1998. 2. 23. 통상산업부령 제83호로 개정되기 전의 것) 제6조 제1항의 [별표 1] 상품류 구분 제10류 제4군(약제)에 속하고 모두 인체의 질병을 치료하는 약제로서 그 용도가 유사하고, 그 품질이나 형상을 일반 수요자가 쉽게 구별할 수 없는 것이며 거래의 실정 등에 비추어 볼 때 위 양 상표의 지정상품들은 일반거래의 통념상 유사한 상품에 속한다.

상표의 유사여부를 판단함에 있어서는 칭호·외관·관념의 세 가지 요소를 대비하여 판단하되, 어느 한 가지 요소의 유사여부에 집중하기보다는 각 요소를 통해 상품출처의 오인·혼동이 일어나는지 여부를 중점적으로 고려하

17) 상표심사기준 제5부 제7장 보충기준(상표의 동일 · 유사) 2.2.1.

여 유사여부를 판단하여야 한다.[18)]

상표의 유사[19)]란 대비(對比)되는 두 상표가 완전히 동일하지는 않고 거래사회에서도 동일한 것으로 인식되지 않으나 거래의 경험칙 또는 거래의 실정에 비추어 양상표가 외관(HOP-HCP, 白花-百花)·칭호(千年-天然, TVC-TBC)·관념(임금-왕-KING) 중 어느 하나 이상에서 혼동(混同)이 일어나는 결과 그들 상표가 동일·유사한 상품에 사용될 경우에 거래자나 일반소비자들이 그 상품의 출처혼동을 일으킬 염려가 있는 상표를 말한다.

특허법원 2006. 4. 6. 선고, 2005허9756 판결	상표의 유사 여부는 상표를 전체로서 관찰하여 그 외관, 호칭, 관념을 비교 검토함으로써 판단하여야 함이 원칙이고, 상표 가운데 중심적 식별력을 가진 요부를 추출하여 두 개의 상표를 대비함으로써 유사 여부를 판단하는 이른바 '요부관찰'은 '전체관찰'의 결론을 정당하게 유도하기 위한 보충수단으로서 필요한 경우에만 행하여져야 한다.

상표의 유사여부의 관찰방법은 시각적인 경우에는 2개의 상표를 눈 앞에 놓고 비교하여 관찰(對比觀察)하는 방법이 기본적이나 대비관찰만으로 최종판단하는 것이 아니라 시간과 장소를 달리하여 관찰하는 이격적(離隔的) 관찰도 필요하다.[20)] 왜냐하면 수요자가 2개의 상품이 동일한 장소에 진열되어 있는 경우에 구입하는 경우도 있고, 2개의 상품이 동일 장소에 진열되어 있지 않은 경우에는 아무런 생각없이 과거에 구입한 상품의 이미지나 광고 등에 의하여 구입했을 수 있기 때문이다. 그리고 상표를 판단함에는 전체적이고 객관적으로 관찰을 원칙으로 하되 상표구성 중 인상적인 부분(요부)[21)]에 대하여 중점

18) 상표심사기준 제5부 제7장 보충기준(상표의 동일·유사) 2.2.2.

19) 상표의 유사의 개념은 명문으로 규정되어 있지 않은 상대적 개념이다.

20) 반대로 판단한 판결도 있다.

21) 상표는 전체관찰이 원칙이나 간이·신속을 위주로 하는 거래실제에 있어서 그 구성부분 일부만에 의하여 간략하게 호칭·관념되는 경우 요부관찰이 허용된다. 요부의 선정은 상표를 전체적으로 관찰했을 경우에 식별력을 가진 부분으로 하여 결정하여야 한다. 원칙적으로 법 제6조제1항 각호의 1에 해당하는 식별력이 없는 표장(사용에 의한 식별력을 획득한 경우는 제외)과 법 제51조 각호가 규정하는 상표권의 효력이 미치지 아니하는 표장은 요부가 아니며, 상품 또는 상품의 포장 등의 입체적 형상으로 된 상표 등에 있어서도 그 상품 또는 상품의 포장 등의 기능을 확보하는데 불가결한 입체적 형상 등은 요부가 아니므로 이 부분을 유사여부 판단의 대상으로 해서는 아니된다. 다만, 이러한 부분이 상표의 전체적 관찰에 있어서 부수적 고려사항으로서도 배제되어야 함을

적으로 비교하여야 한다. 이 경우 소리 · 냄새 등은 같은 유형의 상표간에 시각적 표현을 기준으로 유사여부를 비교하여 판단한다.[22] 상표의 유사판단은 원칙적으로 상표의 칭호, 외관, 관념 중 어느 하나가 유사하여 거래상 상품출처의 오인 · 혼동의 우려가 있는 상표는 유사한 것으로 본다. 다만, 전체적으로 현격한 차이가 있어 거래상 상품의 출처오인 · 혼동을 일으킬 염려가 없는 때에는 그러하지 아니하다. 또한 상표의 유사여부 판단은 그 상표가 사용될 상품의 주된 수요자의 일반의 주의력[23]을 기준으로 상품의 거래실정[24]을 고려하여 출처의 오인 · 혼동이 일어날 염려[25]가 있는지를 기준으로 판단하여야 한다.

칭호의 유사여부는 거래사회의 경험칙에 비추어 자연적 · 구체적으로 판단하여야 하며, 일반적으로 상표의 要部로부터 추출하는 것이 원칙이다. 특히 조어상표인 경우 관념에 의한 판단이 제한되기 때문에 칭호의 유사여부가 가

의미하지는 않는다. 상표의 요부 즉 인상적인 부분, 일반적으로 친숙해지기 쉬운 부분, 특히 주의를 끌기 쉬운 부분, 또는 특별한 의미를 가진 부분이라 하더라도 수요자에게 주는 식별력 또는 인상의 강약에 따라 요부의 강약이 인정되며 유사여부 판단에 있어서도 이를 고려하여야 한다.

22) 상표심사기준 제5부 제7장 보충기준(상표의 동일 · 유사) 2.2.3.

23) 수요자 일반의 주의력이란 상표의 유사여부는 그 상표가 사용될 지정상품의 주된 수요계층과 기타 그 상품의 거래실정을 고려하여 일반수요자의 주의력을 기준으로 판단하여야 하며, 그 일반수요자란 최종소비자는 물론이고 중간수요자 또는 그 상품판매를 위한 도 · 소매상을 포함하는 것으로 본다. 일반수요자란 현실의 구체적인 수요자가 아니라 평균적 존재로서의 수요자 일반(추상적 수요자)을 의미하며, 따라서 주의력이 부족한 경솔한 사람 또는 전문적인 관찰력, 특수한 취미, 고도의 교육을 받은 사람의 주의력을 기준으로 하여서는 아니된다. 또한 도매상들은 이해할 수 있지만 일반거래자가 이격적 관찰에 따를 경우에 오인 · 혼동의 우려가 있는 상표는 유사한 상표로 보도록 한다.

24) 거래실정이란 비록 상표 자체의 외관 · 칭호 · 관념이 서로 유사하여 일반적 · 추상적으로는 양 상표가 서로 유사해 보인다 하더라도 당해 상품을 둘러싼 일반적인 거래실정 즉, 각 상품의 종류, 성격, 형상, 구조, 크기 등 사용되는 상품의 속성이나 그 상품의 거래자층의 종류, 상품이 거래되는 업계의 상관습 등을 종합적 · 전체적으로 고려할 때 거래사회에서 수요자들이 구체적 · 개별적으로는 명백히 출처의 오인 · 혼동을 일으킬 염려가 없다고 인정에는 양 상표가 공존하더라도 당해 상표권자나 수요자 및 거래자들의 보호에 지장이 없다 할 것이므로 비유사한 상표로 판단할 수 있다. 예컨대 약제에 대해서는 독일어식 발음이, 화장품에 대해서는 프랑스어적인 발음이 많으므로 이들 상품에 대해서 사용되는 상표에 대해서는 이를 유럽어식의 칭호도 감안하여 유사여부를 판단하여야 한다.

25) 상품출처의 오인 · 혼동 우려란 상표의 유사여부는 원칙적으로 두 개의 상표가 외관 · 칭호 · 관념 중 어느 하나 이상이 유사하여 이들 상표가 동일 또는 유사한 상품에 사용될 경우에 거래자나 일반수요자로 하여금 상품출처의 오인 · 혼동을 일으킬 우려가 있으면 유사한 것으로 보는 것이 원칙이다. 상품출처의 오인 · 혼동은 거래의 경험칙에 비추어 일반수요자가 추상적 · 일반적으로 오인 · 혼동을 일으킬 우려가 있는지(일반적 출처의 혼동) 여부에 따라 판단하는 것으로 충분하고, 실제 거래에 있어서 개별적인 수요자가 구체적 · 현실적으로 오인 · 혼동을 일으키는지(구체적 출처의 혼동) 여부는 고려하지 아니한다.

장 중요한 판단요소가 될 수 있다. 외국문자 상표에 관한 칭호 유사여부의 판단은 내국인 관례상의 칭호는 물론 해당 외국인의 대표적인 칭호도 함께 고려하여야 한다.

"외관"이라 함은 상표에 표시된 기호·문자·도형 등 상표의 외관상의 형상을 말한다. 외관의 유사여부는 외관상의 형상을 시각을 통해 관찰하였을 경우 서로 오인·혼동을 일으킬 염려가 있는지 여부로 판단하며, 특히 이격적·직관적으로 관찰하여 유사여부를 판단하는 것을 원칙으로 한다. 외관의 유사성 판단은 주로 기호, 도형, 입체적 형상 또는 이들과 색채를 결합한 상표 간에 적용되나 문자상표 간에도 문자의 구성과 형태를 감안하여 외관의 유사성을 고려하여야 한다.[26]

"관념"이라 함은 상표가 가지는 의미를 말하는데, 칭호와 마찬가지로 상표의 요부로부터 나오며 어떤 의미를 가진 단어로 된 상표에 있어서는 칭호가 유사하면 관념도 유사한 경우가 보통이다. 어떤 의미를 가진 단어에 형용사 등 수식어가 결합된 경우에는 원칙적으로 수식어가 없는 단어와 관념이 유사한 것으로 본다. 그러나 아무런 뜻이 없는 조어로 된 상표는 관념이 있다고 할 수 없으므로 관념은 대비대상이 되지 아니하며, 다른 요소를 통해 유사여부를 판단해야 한다. 도형상표의 경우에는 도형이 일반수요자에 의해 이해되는 바에 따라 관념이 정해지므로 여기에서 나타나는 관념에 따라 유사여부를 판단한다.[27]

결합상표[28]의 유사여부는 그 결합의 강약의 정도를 고려하여 상표심사기준에서 제시하는 결합상표의 유사여부판단기준[29]에 따라 판단한다. 다만 상표

《외관이 유사한 표장 예시》

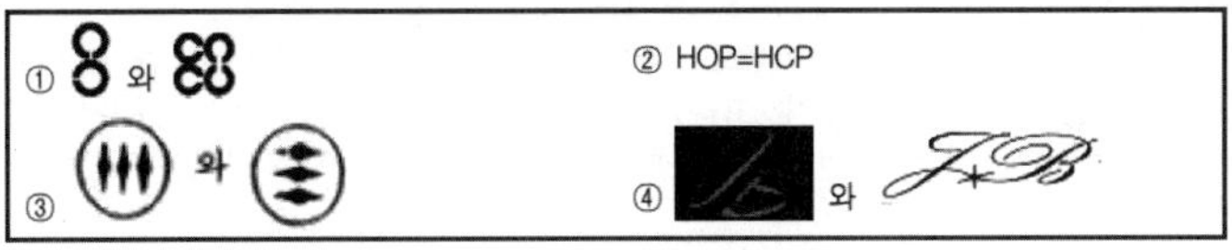

《외관이 유사하지 아니한 표장 예시》

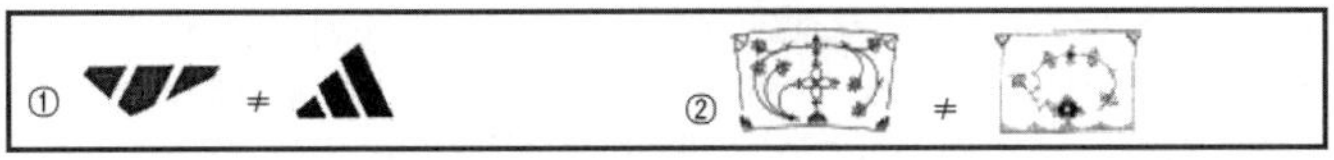

26) 상표심사기준 제5부 제7장 보충기준(상표의 동일·유사) 재인용
27) 상표심사기준 제5부 제7장 보충기준(상표의 동일·유사) 재인용

《관념이 유사한 표장 예시》

① 임금 ≒ 王 ≒ KING	② 平和 ≒ PEACE
③ VICTOR ≒ VICTORY	④ Golden Spike ≒ Golden Spur (상품:골프화)
⑤ 조개표 ≒ 	⑥ 대한제분 ≒ 곰표

《관념이 유사하지 아니한 표장 예시》

① 말(실존관념) ≠ 용마(상상관념)	② SUNSHINE ≠ 일광(대판 89후1110)
③ 동백표 ≠ Camellia (대판 92후896)	④ 화니핀 장미 ≠ WHITE ROSE 화이트 로즈 (대판 90후472)

28) "결합상표"라 함은 문자, 기호, 도형 및 입체적 형상과 이들에 색채를 결합한 표장이 각각 또는 복합적으로 서로 결합하여 구성된 상표를 말한다.

29) 1. 형용사적 문자와 결합하여 구성된 상표는 원칙적으로 그 형용사적 문자가 결합하지 아니한 상표와 유사한 것으로 본다.

2. 결합상표는 거래상 분리하여 관찰함이 자연스러울 경우 각각의 부분만으로 된 상표와 유사한 것으로 본다. 다만, 결합된 어구가 일련 불가분적으로 호칭되거나 새로운 관념을 형성할 때에는 그러하지 아니하다.

3. 긴 칭호로 인하여 현저한 어느 일부분만으로 간략하게 인식될 가능성이 있는 상표는 원칙적으로 그 현저한 어느 일부분만으로 구성된 상표와 유사한 것으로 본다.

4. 지정상품과의 관계에서 관용문자와 다른 문자가 결합하여 구성된 상표는 관용문자를 제외한 부분만으로 된 상표와 유사한 것으로 본다.

5. 상호상표(상호의 약칭으로 된 상표를 포함한다. 이하 같다)에 대해서는 상호의 일부분으로써 통상 사용하는 주식회사, 상사, 회사, CO., LTD., 사, 조합, 협동조합 등의 문자(이들의 용어를 외국어로 번역한 문자도 포함한다)가 상호의 요부에 해당하는 문자의 접두나 혹은 어느 부분에 구성되어 있든 간에 원칙적으로 이를 제외하고 상표의 유사여부를 판단하는 것으로 한다.

6. 지리적 명칭과 업종명이 결합한 상호상표는 동일한 지리적 명칭이 결합되어 있어도 업종이 다른 때에는 원칙적으로 유사하지 아니한 것으로 본다.

7. 지정상품과의 관계에 있어서 주지 또는 저명한 상표와 다른 문자가 결합된 상표는 원칙적으로 그 주지 또는 저명한 상표와 유사한 것으로 본다.

8. 기호, 문자, 도형 및 입체적 형상으로 각기 구성된 상표와 (이들과 색채를 결합한 상표를 포함한다) 이들을 결합한 상표간의 대비 또는 이들을 결합한 상표들 간에 대비를 할 때 유사판단은 기호, 도형 및 입체적 형상은 외관 · 칭호 · 관념에, 문자는 칭호와 관념에 중점을 두되 이들 표장간의 전체적 결합상태, 표장의 구성, 형태 등 전체적 외관도 부수적으로 고려하여야 한다. 다만, 도형화된 문자 상표는 외관 · 칭호 및 관념을 함께 고려하여 판단하나, 식별력이 없는 문자상표가 문자인식력을 압도할 정도로 도안화하여 등록받은 경우에는 해당 표장의 외관과 동일 · 유사한지의 여부를 중심으로 판단한다.

9. 한글과 외국어가 결합된 상표의 유사여부는 그 중 어느 한 부분과 타 상표의 해당 부분과의 비교 관찰에 의하여 판단한다.

10. 상표의 구성부분 중 식별력이 있는 부분(작게 표시된 경우를 포함한다)과 식별력이 없는 부분(크게 표시된 경우도 포함한다)이 결합되어 있는 때에는 후자를 고려대상에서 제외하고 식별력이 있는 부분을 중점적으로 고려하여 유사여부를 판단하되, 식별력이 있는 부분이라도 너무 작게 표시되어 있어 유사여부 판단 대상으로 보기 어려운 경우에는 이 부분도 판단 대상에서 제외할 수 있다.

를 이루는 각 구성부분간의 결합으로 인하여 현저하게 다른 외관, 칭호 또는 관념을 낳은 것이 명백할 때에는 그러하지 아니하다.

이하에서는 특허청에서 발간한 상표심사매뉴얼을 소개한다.[30)]

① **전체적 관찰이 원칙** 외관, 칭호, 관념 중 어느 하나가 유사하다 하더라도 다른 점도 고려할 때 전체로서는 명확히 출처의 혼동을 피할 수 있는 경우에는 유사상표라고 할 수 없고, 반대로 서로 다른 부분이 있어도 칭호나 관념이 유사하여 일반 수요자가 오인·혼동하기 쉬운 경우에는 유사상표라고 볼 수 있다.

이건상표	인용상표	사건번호
 제2001-41141호 제16류 회보, 정기간행물, 연감, 잡지, 서적, 브로마이드, 팸플릿 등	NICE 나이스 제1591198호 구52류 신문, 서적, 잡지, 연감, 회화, 프라스틱제조각, 서적, 팸플릿	2002원4078 2003허1130

상기 사건에서는 문자 부분은 각 알파벳이 분리되어 호칭되기보다는 그것들이 조합된 영어 단어인 "NICE"의 음인 "나이스"로 쉽게 호칭, 관념될 것이다. 그 요부를 분리하여 관찰하여 대비, 판단할 것이 아니라 양 상표를 전체로서 관찰하여 그 외관, 호칭 및 관념을 대비하여 판단하건대 양 상표의 전체적인 호칭, 관념이 서로 동일하고, 상품의 품질이나 출처에 관하여 오인·혼동의 우려가 있다.

이건상표	인용상표	사건번호
 등록상표 제478487호 제16류: 문구류, 종이 등	 등록상표 제168039호 제16류: 문구류	2003허4559

상기 사건에서는 외관은 비유사하나 호칭, 관념이 유사하여 전체적으로 유

30) 특허청, 상표심사매뉴얼(2005. 11.), pp.250~255 재인용.

사하다고 판단하였다.

대법원 2002. 11. 26. 선고, 2001후3415 판결 	출원상표/서비스표 "SPRITZER"는 '스프리쩌'로 호칭되고, 인용상표 "≡SPRIT"는 '스프리트' 또는 '스프릿'으로 호칭되어('E'를 '≡'로 표기하거나 도형화하는 경우는 거의 없으므로 '≡'를 'E'로 이해하기는 어렵다 할 것이다) 첫 3음절의 발음이 동일하여 호칭에 있어서 일부 유사한 점이 있으나, 첫 3음절인 '스프리'는 강한 음이라고 할 수 없는 반면 출원상표/서비스표의 마지막 음절 '쩌'는 된소리로서 매우 강한 음이고, 인용상표의 마지막 음절 '트'는 '쩌'와는 계열을 달리 하는 거센소리인 차이가 있으며('트'가 어미에 오는 경우 '스프릿'과 같이 약하게 발음되는 경우도 많을 것이다), 출원상표/서비스표는 로마자로만 구성되어 있으나 인용상표들은 로마자 'SPRIT' 앞에 '≡'가 결합되어 있되, 그 형태가 마치 'SPRIT'와 일체로 결합된 로마자의 하나와 같은 독특한 형태를 취하고 있어 외관에 있어서 양 표장은 현저히 상이하고, 관념에 있어서도 유사성이 없어 일반 수요자나 거래자의 직관적 인식을 기준으로 외관·호칭·관념을 전체로 관찰하면 양 표장이 상품이나 서비스업 출처의 오인·혼동을 일으킬 우려가 있을 정도로 유사하다고 보기는 어렵다. **SPRITZER** ≡SPRIT
대법원 1993. 1. 15. 선고, 92후988 판결	출원상표 "JUMBOTRON"에 있어서 "JUMBO"와 "TRON"이 외관상 일체로서 결합되어 있을 뿐 아니라 관념에 있어서도 "JUMBO"가 크다는 의미를 지니고 있으나 "TRON"이 독립되어 사용되는 단어가 아니어서 양자는 결합되어 사용됨으로써 본래의 뜻을 떠난 새로운 조어가 되었다고 봄이 상당하므로 인용상표 'JUMBO 특선'과의 유사 여부를 판단함에 있어 출원상표를 분리관찰하는 것은 부당하다.
대법원 2001. 4. 27. 선고, 2000후2453 판결 	출원상표 "AceLink"는 그 구성부분인 'Ace'와 'Link'가 모두 독자적으로는 자타상품을 구별할 수 있는 식별력이 약하므로 다른 상표와 동일·유사를 판단함에 있어서 독자적으로 각각 요부가 될 수 없고, 5음절의 비교적 발음하기 쉬운 단어로 구성되어 있어 일반수요자들이 출원상표를 각각 식별력이 약한 'Ace'와 'Link'의 두 부분으로 분리하여 호칭하고 관념할 것으로 보기는 어려우므로 출원상표와 "Ace+에이스" 또는 "Link"를 전체적으로 관찰하여 그 외관, 칭호 및 관념을 비교하면 양 상표는 동일·유사하지 아니하다.

② **외적으로 요부관찰: 적절한 전체관찰을 유도하기 위한 보충 수단** 전체적으로 관찰하는 경우에도 그 중에서 일정한 부분이 특히 수요자의 주의를 끌고 그런 부분이 존재함으로써 비로소 그 상표의 식별기능이 인정될 때에는 전체적 관찰과 병행하여 상표를 기능적으로 관찰하고 그 중심적 식별력을 가진 요부를 추출하여 두 개의 상표를 대비함으로써 유사여부를 판단한다. 이는 적절한 전체관찰의 결론을 유도하기 위한 수단이다.

이에 있어 어디까지나 각 구성부분을 분리하여 관찰하는 것이 사회통념상 자연스러운 경우에 한하고 이를 분리하여 관찰하는 것이 자연스럽지 못하거나, 문자와 문자의 결합으로 독자적인 의미를 가지는 경우에는 이를 전체로서 관찰하여 그 유사여부를 판단하여야 할 것이다.

이건 서비스표	인용상표	사건번호
프뢰벨 FROEBEL 서비스표등록 제80620호 구41류: 교과서출판업, 서적출판업, 외국어학원경영업, 언어교정학원경영업, 육아학원경영업 등	(인용1) 상표등록 제112409호 FROEBEL 프뢰벨 (인용2) 상표등록 제368008호 프뢰벨 은물 구52류: 서적, 신문, 잡지, 그림엽서, 캘린더, 팸플릿, 일기장, 카탈로그, 학습지등	2003허6098

상기 사건에서는 "프뢰벨"부분도 식별력이 있다고 할 것이어서, 그 요부인 한글 "프뢰벨 또는 영문 "FROEBEL"의 호칭과 관념이 동일하여 전체적으로 유사하다고 판단하였다. 아울러 "교과서출판업, 서적출판업", "외국어학원경영업, 언어교정학원경영업, 육아학원경영업"은 선행상표의 "서적, 학습지", "서적, 녹음된 테이프(음악이 아닌 것), 학습지"와 거래 통념상 밀접한 관련성이있어서 유사하다고 판단하였다.

이건상표	인용상표	사건번호
WARPSTATION 제2001-55842호 제9류 콤팩트디스크플레이어, 비디오리코더, 텔레비전수신기, 노트북컴퓨터 등 제16류 공책, 핸드북, 팸플릿, 학습용 모형 등	WARP 제391936호, 제3119270호, 제339369호 제52류 냉장고, 세탁기, 휴대용통신기계기구, 티브이수신기, 비디오테이프리코더, 콤팩트디스크플레이어, 비디오테이프 등	2003원1551 2003허4962

상기 사건에서는 분리 관찰을 하면 거래상 자연스럽지 못하다고 여겨질 정도로 불가분하게 결합한 것이라고 볼 수 없어, 이 사건 출원상표는 “WARP” 부분과 “STATION” 부분으로 분리되어 인식될 수 있다 할 것인데, 우리나라의 영어보급수준 등에 비추어 일상 생활에서 널리 사용되는 “STATION” 보다는 어두 부분으로서 식별력이 강한 부분인 “WARP”에 의하여 호칭, 인식될 가능성이 크고, 이 사건 출원상표가 “WARP”만에 의하여 “워프” 또는 “와프”로 호칭 및 관념될 경우, 인용상표들과 호칭 및 관념이 동일 · 유사하다고 판단하였다.

이건상표	인용상표	사건번호
 제16류 공책, 그림물감통, 색종이조각, 스케치북, 크레용, 책받침 등	뚝딱이는 탐구대장 제16류 그림엽서, 서적, 잡지, 정기간행물, 핸드북, 학습용모형, 노트, 연필 등	2002원31196 2003허1055

본 사건에서는 “뚝딱이” 또는 “탐구대장”으로 분리되어 간략하게 호칭, 관념될 것인바, 만일 인용상표가 “뚝딱이”로만 호칭될 경우 이 사건 출원상표와 인용상표는 그 호칭 및 관념이 서로 동일하다고 판단하였다.

대법원 2002. 7. 12. 선고, 2000후2156

“대명비발디파크”와 “DAEMYUNG VIVALDI PARK”가 이단(二段)으로 병기되고 로고 형태의 DAEMYUNG 문자가 결합된 등록서비스표는 그 출원 전에 출원되어 그 출원 후에 등록된 "비발디"와 "VIVALDI"가 이단으로 병기된 인용서비스표와 그 일 요부인 "비발디/ VIVALDI"가 공통됨으로 인하여 전체적으로 서로 유사한 서비스표에 해당한다.

Daemyung 대명비발디파크 DAEMYUNG VIVALDI PARK　　　VIVALDI 비발디

대법원 2001. 7. 24. 선고, 2000후3920 판결[31)]

"이 사건 등록상표가 외관에 있어서 인용상표 BALL BASIC과 상이한 점은 있으나, 이 사건 등록상표에 있어서 'BASIC'은 글자는 흰색으로, 바탕은 검정색으로 처리하여 눈에 띄게 표시되어 있고, 다른 문자 및 도형부분과 분리하여 관찰하는 것이 부자연스러울 정도로 일련불가분적으로 결합되어 있다고 볼 수 없어, 'BASIC'은 이 건 등록상표의 요부를 구성한다고 보여지고, 인용상표 2에 있어서도 'BALL'과 'BASIC'이 일련불가분적으로 결합되어 있지 아니하여 'BASIC'이 분리 관찰이 가능한 일 요부를 구성하고 있으므로, 이와 같이 양 상표의 요부의 호칭과 관념이 동일한 이상, 실 거래사회에서 상표의 호칭과 관념만으로 상품의 출처가 기억되는 경우도 많음을 고려할 때 외관의 상이함에도 불구하고 이 사건 등록상표와 인용상표들이 동일·유사한 지정상품에 사용되는 경우 상품 출처의 오인·혼동을 일으킬 염려가 있다."

---

31) 이 사건 원심에서는 등록상표의 식별력에 대하여 판단하면서, 등록상표의 구성부분 중 'BASIC'은 '기초적인, 근본적인' 등의 사전적 의미를 가진 단어로서 청바지, 반바지 등의 지정상품에 사용될 경우 '일상생활에 누구나 쉽게 입을 수 있는' 등의 의미로 일반 소비자들에게 직감된다고 볼 수 없고, 'BASIC'이 포함된 인용상표들이 이 사건 등록상표와 같은 상품류 구분에 등록되어 있다는 사정만으로 'BASIC'이 식별력이 없다고 할 수 없고, 달리 'BASIC'이 위 지정상품의 성질을 표시한다고 인정할 수 없으므로, 비록 이 사건 등록상표의 구성부분 중 'V2'와 마름모 도형은 간단하고 흔한 표장에 해당하지만, 이 사건 등록상표 전체로는 식별력이 있다고 판단하고 있다. 그리고 이 사건 등록상표 전체로서의 식별력을 갖고 있음을 전제로 비록 식별력 있는 요부인 'BASIC'만으로 호칭·관념될 수 있고, 인용상표들 역시 'BASIC'만으로 분리하여 관찰될 수 있어 이 사건 등록상표와 인용상표들은 요부인 'BASIC'의 호칭과 관념이 동일하나, 이 사건 등록상표는 'BASIC'부분이 'V2', 'V TOO', 'CLUB SPECIAL JEA', 'BASIC THE CLASSIC WE', 'THE SUPER STONE DEN' 등의 문자부분뿐만 아니라 마름모 도형 등과 복합적으로 결합되어 있어서 'BASIC'에 간단한 문자 등을 결합한 인용상표들과 다른 독특한 인상을 주고 있어서, 전체적으로 관찰할 때 이 사건 등록상표와 인용상표들은 서로 유사하지 않다는 취지로 판단하고 있다. 그러나 대법원은 전체로서의 식별력은 인정하면서도, 'Basic'이라는 호칭과 관념의 동일성만을 이유로 유사성을 인정하고 있다.

③ 식별력이 없는 부분(지정상품의 보통명칭, 관용표장, 기술적 표장, 업종표시나 부기문자 등)을 제외한 나머지 부분을 요부로 파악하여 상표의 유사 여부를 비교

이건상표	인용상표	사건번호
DIGITAL MEDIA	digital	대법원 2001. 1. 5. 자 98후287 심결

출원상표 "DIGITAL MEDIA"에 포함되어 있는 'DIGITAL'은 '손가락(모양)의, 손가락이 있는, 숫자를 사용하는, 디지털 방식의(녹음 등)' 등의 뜻을 가지고 있는 영어단어로서, 이를 그 지정상품들인 인쇄물 등과 관련시켜 보면, 신문, 잡지, 그림엽서, 캘린더, 악보, 카탈로그, 포스터 등의 인쇄물과 사진이 디지털 기술을 사용하여 인쇄되거나 제작된 것, 또는 녹음된 테이프(음악이 아닌 것), 녹화된 테이프(음악이 아닌 것)가 디지털 방식으로 녹음, 또는 녹화된 것임을 직감하게 하여 지정상품의 성질을 직접적으로 표시한 기술적(記述的) 표장에 해당하므로, 위 상품들과의 관계에서 'DIGITAL'이라는 용어는 식별력을 인정하기 어렵다고 할 것이므로 출원상표 "DIGITAL MEDIA"에서 'DIGITAL' 부분이 상표의 요부가 된다고 보기는 어렵고, 따라서 일반 수요자나 거래자들이 출원상표 "DIGITAL MEDIA"를 'DIGITAL' 부분만으로 간략하게 호칭하거나 관념하지는 아니한다고 봄이 상당하므로, 출원상표 "DIGITAL MEDIA"와 인용상표 "digital"을 일반 수요자의 입장에서 전체적, 이격적으로 관찰하면 서로 유사하지 아니하다.

이건상표	인용상표	사건번호
대한수지침 D H A	수지침	99허5005

이 사건 등록서비스표와 인용서비스표 중 '수치침' 부분은 두 서비스표의 지정서비스업에 대한 성질을 표시하는 표장에 해당할 뿐만 아니라, '수지침'이 피고에 의하여 개발된 새로운 침술 또는 침술학으로 일반 수요자에게 널리 알려진 점은 인정되지만, 피고가 '수지침'이라는 용어를 자신이 하는 한방수지 침술강좌업이나 세미나업을 타인의 서비스업과 구별시키기 위한 식별표지로

사용한 결과 일반수요자들이 이를 그러한 서비스표로 인식하게 되었다는 점을 인정할 수 없으므로, 결국 이 사건 등록서비스표와 인용서비스표 중 '수지침' 부분은 식별력이 없어, 식별력 있는 나머지 문자와 도형부분을 가진 이 사건 등록서비스표는 식별력 없는 '수지침'만으로 구성된 인용서비스표와는 유사하지 않다.32)

대법원 2002. 6. 14. 선고, 2000후1078 판결	색채상표인 등록상표 "**PROK 2** PROK-2"가 색채의 차이에 의하여 'PRO'와 'K-2'로 분리하여 관찰되고 'PRO'는 식별력이 없으며 'K-2'는 영문자 1개와 아라비아 숫자 1개를 단순히 하이픈으로 연결한 것에 불과하여 간단하고 흔히 있는 표장에 해당하므로 'K-2' 또한 식별력이 없다고 해야 할 것이고, 등록상표의 'K-2' 및 인용상표들의 'K2', '케이투' 부분이 식별력이 없는 이상 양 상표의 호칭, 외관 및 관념을 전체적으로 관찰하더라도 서로 유사하다고 할 수 없다.
대법원 2000. 5. 30. 선고, 98후2955 판결	사용상표 1(K2), 2(K2)와 이 사건 등록상표(K)에서… 이 사건 등록상표는 'K2'의 식별력으로 인하여 등록되었다기보다는 그 도안의 특수성에 의하여 등록되었다고 봄이 상당하므로, 이 사건 등록상표와 도안의 형태를 현저히 달리하는 사용상표 1, 2는 이 사건 등록상표와 동일성의 범위 내에 들어간다고 보기 어렵다.
대법원 1991. 3. 27. 선고, 90후1222 판결	**[한글은 식별력이 없으므로 상호 비유사함]** 출원상표 "한글"과 선출원 의해 등록된 인용상표 "한글스타" 및 "HANGUL STAR"를 대비하여 볼 때, "한글"은 우리나라 글자의 이름에 불과하여 "출원상표"와 "인용상표"의 "한글"이라는 구성부분은 자타 상품을 일반수요자나 소비자로 하여금 식별하게 할 수 있는 상표로서의 기능을 갖춘 것이라고는 보기 어려우므로 상표의 요부 내지 특별현저 부분이라고는 볼 수 없어 "출원상표"와 "인용상표"의 "한글"이라는 구성 부분이 동일하다고 하더라도 그 부분 때문에 상품의 출처에 관하여 오인·혼동을 일으키게 할 우려 가 있다고는 할 수 없다.

32) 대법원 2001. 1. 30. 선고, 99후3023 판결.

④ 간단하고 흔한 표장(특히 영문자 2자 등)의 경우 상표의 구성부분 중 식별력이 없거나 미약한 부분은 그 부분만으로 요부가 된다고 할 수는 없으므로 일반 수요자나 거래자들이 대상상표를 그 식별력이 없거나 미약한 부분만으로 간략하게 호칭하거나 관념하지는 아니한다고 봄이 상당하고, 이는 일체불가분적으로 결합된 것이 아닌 한 그 부분이 다른 문자 등과 결합되어 있는 경우라도 마찬가지라 할 것이다.

이건상표	인용상표	사건번호
제16류 비자기식 크레디트카드, 비자기식 전철카드, 비자기식 버스카드	1: PLUS 제31302호 2: 플러스 제421932호 3: 엠플러스 제353142호 제52류 서적, 잡지, 그림엽서, 캘린다, 녹음된 테이프(음악이 아닌 것), 등	심판원: 유사하다 2003. 3. 6. 2002원4229 특허법원: 상품이 상이하다 2003. 8. 14.선고 2003허2089

본 사건에서 이건 상표의 문자 "M"부분은 영어 알파벳 한 글자로 된 간단하고 흔히 있는 표장, 영문자 "Plus"부분은 간단하고 흔히 사용되는 일반적인 용어여서 식별력이 없으므로 출원상표의 영문자 "M"과 "Plus"부분은 전체로서 관찰하여야 할 것이다. 따라서 출원상표의 호칭, 관념이 인용상표 1, 2와는 비유사, 인용상표 3과는 유사하여 출원상표와 인용상표 3은 전체적으로 유사하다고 판단하였다. 다만 지정상품은 상이하다.

특허법원 1999. 7. 15. 선고, 99허1744

[식별력 있는 부분만으로 분리, 판단]

본원상표 DVCPRO DATA와 인용상표 DVC의 동일유사여부 판단에 있어 "DVCPRO"는 비록 일련 불가분적으로 구성되어 있지만 "DVC"는 알파벳 자음만으로 구성되어 "디브이씨"로 호칭된다. "DVC"와 "PRO"가 결합되어 새로운 관념을 형성하는 것도 아니므로 일반수요자나 거래자는 "DVCPRO"를 보면 "DVC"와 "PRO"로 분리하여 관찰 가능하다. 따라서 양 상표는 출처에 관한 오인 혼동의 우려가 있다. 또한 "DVC"는 디지털비디오카세트Digital Video Cassette의 의미를 쓰이고 있으나 보통명칭으로 인식하고 있다 볼 수 없다.

2) 일반적 판단기준의 내용

상표는 기호, 문자, 도형, 색채, 홀로그램, 동작 또는 이들의 결합과 그 밖에 시각적으로 인식할 수 있는 것으로 결합하여 이루어지고, 이와 같은 구성요소들은 일반적으로 그것들이 가지는 외관, 호칭, 관념을 매개로 수요자에게 인식된다. 따라서 상표의 유사여부는 기본적으로 위 요소들이 유사한가의 여부에 의하여 결정된다.[33] 특히, 호칭 · 관념에 있어서 유사여부를 비교함에 있어서는 상표 그 자체로부터 객관적으로 발생하는 호칭 · 관념이 아니라 수요자 일반에게 거래상 발생하는 호칭 · 관념임을 유의할 필요가 있다.[34]

3) 일반적 판단기준의 적용

물론, 위 요소들의 '유사'는 상표 속성의 근사성만을 의미하는데 대하여, 상표의 '유사'는 위 요소들과 같은 상표의 속성뿐만 아니라 거래의 실정이나 상표사용에 수반하는 제반 사정을 종합적으로 고려한 결과 출처혼동의 우려가 있는 경우를 말한다. 따라서 위 요소들의 '유사' 그 자체가 상표의 '유사'와 그대로 등가관계에 있는 것은 아니다.[35] 위 요소들 중 어느 하나가 유사하여 거래상 상품출처의 오인이나 혼동의 염려가 있는 경우에 비로소 유사상표라고 볼 수 있는 것이다. 부연하자면, 상표의 유사여부 판단에 있어 외관, 호칭, 관념 각 요소는 일응의 기준일 뿐 그 속성 중 하나가 동일 또는 유사하거나 그 전부가 동일 또는 유사하더라도 상표의 본질적 기능인 출처혼동의 우려가 없다면 유사하다고 평가할 수 없는 것이고, 이런 의미에서 상표의 속성인 외관, 호칭, 관념은 상표의 유사여부를 판단하는 하나의 자료적 사실, 즉 증거방법에 불과하다 할 것이다.[36]

나아가 저명 상표에 있어서는 상표의 유사성을 전제로 유사하기만 하면 원칙적으로 혼동을 일으킬 염려가 있는 것으로 보고 특별한 사정이 있는 경우에 이를 부정하는가 하면,[37] 상표 자체가 저명상표와 유사하지 않더라도 그 구성이나 아이디어가 비슷하여 저명상표나 상품이 용이하게 연상되거나 그와

---

33) 이상경, 지적재산권소송법, 육법사(1998), p.427.

34) 송영식 · 황종환 · 김원오, 상표법, 한빛지적소유권센터(1994), p.232.

35) 渋谷達記, 商標法の理論, 東京大學出版会(1973), p.349

36) 이상경, 지적재산권소송법, 육법사(1998), p.428.

37) 大判 1984. 12. 11. 84후51; 1985. 4. 23. 82후16; 1986. 11. 25. 85후115; 1988. 1. 19. 86후61; 1988. 12. 27. 87후7; 1989. 6. 27. 88후219; 1990. 9. 29. 89후2281; 1990. 10. 10, 88후226 등.

밀접한 관련성이 있는 것으로 인정되어 상품 출처의 혼동을 일으키는 경우에는 혼동의 가능성이 인정되기도 한다.[38]

이러한 일반적 판단기준을 실제 적용함에 있어 현실적으로 문제가 되는 부분은 상표의 속성인 외관, 호칭, 관념 중 어느 것에 더 중점을 두어야 하는가, 이들은 등가(等價)의 것인가 등 일반적 판단기준의 상호관계를 어떻게 파악할 것인가 하는 점이다. 예를 들어, 외관은 유사하되 호칭이나 관념이 다른 경우, 외관은 비유사이되 호칭은 유사이고 관념은 모호한 경우 등 일부 유사, 일부 비유사의 경우 그 판단이 쉽지 않으며, 나아가 양 상표가 단순 문자상표인 경우보다 양 상표 모두 또는 한 쪽이 문자와 문자, 문자와 도형 또는 캐릭터의 결합상표인 경우가 더욱 어려운 문제이다.

이와 관련하여 우리나라의 지배적인 학설, 판례는 상표들의 위 세 가지 속성 중 어느 하나만이라도 유사하면 상품출처의 혼동 우려가 있어 유사상표로 보아야 한다는 입장이다.[39] 즉 외관, 호칭, 관념 중 어느 하나 이상이 유사하면 원칙적으로 유사상표로 보되, 어느 요소가 현저하게 달라 전체적으로 출처의 혼동을 피할 수 있는 경우에는 비유사상표라고 보아야 할 것이다. 그러나 판례의 태도는 이러한 태도를 견지한다고 하면서도 비유사성을 인정하는 것들을 보면, 이러한 작업이 부족한 듯하다. 즉 상표의 유사성을 인정하는 가운데 다만 혼동의 가능성이 없다는 이유로 상표의 비유사성을 인정하게 되는 결론에 이르는 경우가 많다. 즉 혼동 가능성이 상표의 유사성이라는 판단에 있어 상표의 외관, 호칭, 관념 등에 대한 판단을 전제로 그 유사성을 부정하는 과정에서 소극적인 의미로밖에 사용되지 않는 듯 보인다.

그러나 상표법의 기능이 상품출처기능의 보호에 있다는 것을 착안할 때, 혼동 가능성을 적극적으로 고려하여야 할 것이다. 즉 두 개의 상표를 비교하여 기억상 착각을 일으킨다든지 인상상 틀림이 없을 경우와 같이 외관, 호칭, 관념의 어디에도 해당하지 않는 경우가 있을 수 있으므로, 상표 유사의 태양을 위 세 가지 경우에만 국한시키는 것을 옳지 않다는 견해에 주목할 필요가 있다.[40] 그리고 이러한 태도 아래 상표의 유사성을 판단하여야 할 것이다. 즉

38) 大判 1987. 8. 18. 86후180, 181.

39) 송영식 · 황종환 · 김원오, 상표법, 한빛지적소유권센터(1994), p.608; 이정락, "상표의 유사", 법조 208호, p.92; 光石士朗, 商標法概說, 帝國行政学会(1970), p.118 등.

상표의 유사성은 상표 그 자체의 유사성에서 그 혼동가능성을 찾을 수 있지만, 그러한 판단에 있어 외관, 호칭, 관념 등의 속성에만 한정될 필요는 없으며, 궁극에 있어서는 혼동 가능성이라는 요소에 의하여 판단되어야 하고, 또한 혼동가능성은 상표 그 자체의 유사성 판단에 있어서도 함께 고려되어야 할 것이다.

일단 이러한 견지에서 구체적으로 상표의 유사성은 다음과 같이 판단할 수 있다. 상표는 다양한 형태로 구성되며, 그 유사성 역시도 다양하게 판단될 수 있다. 예컨대 외관에 의하여 현저한 식별력을 가지는 도형 또는 캐릭터 상표나 문자와 도형 또는 캐릭터의 결합상표가 있는가 하면 통상 호칭에 의하여 식별력을 획득하는 단순 문자상표도 있다. 상품의 거래실태 측면에서도 외관이나 관념이 주로 식별표시로서 기능하는 경우가 있는가 하면 호칭이 주된 식별표시가 되는 경우도 있다는 점을 고려할 때, 외관, 호칭, 관념 사이의 경중을 일률적으로 논할 것은 아니라고 본다. 해당 상품이나 거래실태에 비추어 위 요소들 중 어디에 중점을 두어야 할 것인지는 구별되어야 할 것이다.

나아가, 상표는 문자·도형 등이 전체로서 일체를 이루는 식별표지이므로, 유부판단에 있어서도 상표의 각 부분만을 따로 떼어서 해부하거나 분석하여서는 아니되고 전체적으로 관찰하여야 한다. 안이한 분리관찰은 거래실태와 멀어질 수밖에 없고, 자의적 해석의 우려가 크다는 점을 특히 주의하여야 한다.[41] 물론, 경우에 따라서는 요부관찰이나 분리관찰이 보충적으로 필요한 경우가 있으나 이는 어디까지나 예외적인 것이고, 전체적 관찰이 원칙이다. 판례 또한 "상표는 자타 상품을 식별시켜 상품출처의 오인, 혼동을 방지하기 위해 사용하는 것으로서, 그 기능은 통상 상표를 구성하는 전체가 일체로 되어 발휘하게 되는 것이므로 상표를 전체로서 관찰하여 그 외관, 호칭, 관념을 비교 검토함으로써 판단하여야 함이 원칙"이라고 전체적 관찰 원칙을 천명하고 있다.[42]

---

40) 江口俊夫(著), 정완섭(역), 新商標法概說, 법경출판사(1992), p.123.
41) 송영식·황종환·김원오, 상표법, 한빛지적소유권센터(1994), p.228.
42) 대법원 1994. 5. 24. 선고, 94후265 판결.

대법원 2001. 6. 26. 선고, 99후1485 판결

출원서비스표 "어머니가 차려주는 식탁"은 하나의 문장 형태로 구성되어 있어 원칙적으로 각 구성 부분이 분리 관찰되면 거래상 자연스럽지 못하고, 인용서비스표 "어머니도시락"과 공통되는 부분인 '어머니'는 그 지정서비스업인 한식점경영업 등과 관련하여 일반 수요자로 하여금 "정성과 사랑이 담긴 음식을 제공한다"는 관념을 떠올리게 하여 지정서비스업의 품질이나 효능을 암시하고, '어머니'라는 단어가 가지는 보편성 내지 친근감으로 인하여 다수의 거래자들이 한식점경영업 등의 서비스표로 사용하기를 의욕할 것으로 보여지며, 출원서비스표의 지정서비스업과 동일·유사한 서비스업과 관련하여 출원서비스표의 출원 전에 "어머니도시락", "엄마사랑", "엄마정성", "엄마손", "엄마랑 아빠랑", "MOTHER CARE" 등의 서비스표가 서로 다른 권리자에 의하여 등록되어 있음을 알 수 있으므로, 적어도 한식점경영업이나 요식업 등을 지정서비스업으로 하는 서비스표에 관한 한 '어머니'라는 단어는 서비스업 표지로서의 식별력이 부족하게 되었고, 결국 출원서비스표와 인용서비스표의 외관, 호칭 및 관념을 종합적으로 관찰하면 두 서비스표를 동일 또는 유사한 지정서비스업에 다 함께 사용하더라도 일반 수요자나 거래자들로 하여금 서비스업의 출처에 관하여 오인·혼동을 일으키게 할 염려가 없다.

(3) 상표법 제34조 상표의 유사여부 판단

상표법 제34조 상표의 유사여부 판단은 동종의 상품에 사용되는 두 개의 상표를 외관, 관념 및 칭호의 관점에서 전체적, 객관적, 이격적으로 관찰하여 상품의 출처에 대한 오인, 혼동을 가져올 염려가 있는지의 여부에 따라 결정한다. 이하에서는 외관, 칭호, 관념의 순서로 특허청에서 발간한 상표심사매뉴얼을 소개한다.43)

1) 외관 유사여부 판단

상표의 외관이 유사하는 것은 대비되는 상표의 문자, 기호, 도형, 입체적 형상, 색채 등 형상을 시각에 호소하여 관찰한 결과 서로 분간하기 어려운 것을 말한다. 상표의 외관을 비교할 때에는 색채, 구성문자의 수, 종류, 글자체, 도형의 유무, 배열방식 등을 종합적으로 검토하여야 한다. 따라서, 외관부분은

43) 특허청, 상표심사매뉴얼(2005. 11.), pp.429~183 재인용.

주로, 문자나 기호 보다는 도형상표의 비교시 활용되며 도형상표의 유사 여부는 외관 즉 형상을 직관적, 이격적으로 관찰하여 상품의 식별표지로서 서로 오인, 혼동할 우려가 있는지 여부에 의하여 판단한다. 다만, 문자의 경우에는 첫 글자가 동일하고 나머지 문자구성의 자음과 모음이 동일·유사하면 외관상 유사한 것으로 간주한다.

UBIQMAN *vs* QMAN	⇨ 외관 비유사(2004허7210)
	⇨ 외관 유사(2004허7050)
MYPROCEL *vs* MYPRODOL	⇨ 외관 유사 (2004허6484)
TOUS *vs* Tous les caleçons	⇨ 외관 비유사(2004허5849)
(주) 바 이 넥 스 BINEX CO., LTD. *vs* BINEXIS	⇨ 외관 비유사(2004허233)
핑크하트 PINKHEART *vs* Pinkheart 핑크하트	⇨ 외관 유사(2004허8145)

출처: 특허청, 상표심사매뉴얼(2005. 11.), p.180.

대법원 1996. 7. 12. 선고, 95후1630 판결

[외관이 비유사하다고 판단한 사례]

인용상표는 4개의 선(線)모양의 도형 아래쪽이 모두 동일한 위치의 바닥에서 출발하고 있고 위로 갈수록 좁아지는 모양으로서 전체적으로 긴 철도 레일을 교차시켜 옆에서 보는 형태인데 반하여, 본원상표의 왼쪽 위에서 오른쪽 아래로 배치된 선은 1개로써 위쪽이 굵고 아래쪽으로 내려가면서 좁아지는 역삼각형에 가까운 모양이고, 교차하는 다른 선도형을 끊어 내는 형태로 되어 있으며 선들은 모두 날카롭게 뻗어 있어 전체적으로 단순하고 명쾌하며 날카로운 느낌을 주는 것이어서 양 상표는 수요자에게 주는 전체적인 느낌이 서로 달라 외관상 서로 유사하지 않고, 관념이나 칭호에서도 서로 대비되지 아니하여 유사하지 않다.

 (인용상표)  (본원상표)

대법원 1993. 5. 27. 선고, 92후2144 판결

[외관이 유사하다고 판단한 사례]

상표의 유사 여부는 동일 또는 유사상품에 사용되는 두 개의 상표를 놓고 외관, 칭호, 관념 등을 객관적, 전체적, 이격적으로 관찰하여 거래상 상품 사이에 오인, 혼동의 우려가 있는지 여부에 의하여 판별하여야 하고, 상표 서로간에 다른 부분이 있더라

대법원
1993. 5. 27. 선고,
92후2144 판결

도 지정상품의 거래에서 일반수요자나 거래자가 상표에 대하여느끼는 직관적 인식을 기준으로 외관, 칭호나 관념이 유사하여 혼동하기 쉬운 경우에는 유사상표라고 보아야 한다.

출원상표는 지정상품을 상품구분 제52류의 서적, 신문, 잡지 등 10개 품목으로 하고 있고, [선등록인용상표 1]과 [선등록인용상표 2]는 각 지정상품을 상품구분 제52류의 신문, 잡지 등 9개 품목으로 하고 있는바, 출원상표와 인용상표들은 모두 나는 말 즉 천마(天馬)의 관념을 가진 것으로 인식되고 천마로 호칭되어질 것이므로 유사상표에 해당한다.

천마
天馬
(선등록인용상표1)

[출원상표]

(선등록인용상표2)

2) 칭호 유사여부 판단

오늘날 방송 등 광고선전매체나 전화 등의 광범위한 보급에 따라 상표를 음성매체 등으로 광고하거나 전화로 상품을 주문하는 일 등이 빈번한 점 등을 고려할 때 문자 부분을 포함하는 상표의 유사 여부의 판단에 있어서는 그 호칭의 유사 여부가 가장 중요한 요소라고 할 수 있다.[44][45]

44) 대법원 2000. 2. 25. 선고, 97후3050 판결 등.
45) 칭호가 유사한 상표로 판단한 사례

심판번호	인용상표	본원상표	판결내용
90후1659 '91.3.8	고우롱 KOULONG	KOLON	칭호유사
97후14120 '98.3.27	EVER-FIT	에버필 EVERPHIL	칭호유사
92후759 '92.9.25	윈스톤 WINSTON	해리윈스톤	칭호유사
97후3302 '98.11.27	DUO CELLACT	CELLACTIA	칭호(요부:CELLACT)유사
94후29 '94.11.18	AQUA NET	FINAL NET	칭호(요부:NET)유사
96후757 '97.1.20	아세르	피아세르 PIACERE	칭호유사
94후1862 '95.4.7	CHAMADE	CHARADE 샤레이드	칭호유사
95후64 '95.5.26	HYDRATANCE	HYDRANCE	칭호, 외관유사

칭호가 비유사한 상표로 판단한 사례

심판번호	인용상표	본원상표	판결내용
93후1919 '94.8.12	VITALIS	DULCIA VITAL	칭호, 관념비유사(요부: DULCIA)
94후1831 '95.3.10	STEEL GLO	MOP & GLO	전체적으로 칭호비유사 (GLO만으로 분리관찰 안 됨)

⇨ 호칭 유사(2004허8725)

⇨ 호칭 유사(2004허2246)

⇨ 호칭 비유사(2004허1137)

출처: 특허청, 상표심사매뉴얼(2005. 11.), p.181.

도형상표에 있어 특별한 관념이 직관이 될 때 연상되는 관념의 호칭으로 양 상표를 대비하되, 특별한 관념이 직관되지 않는 경우에는 외관에 의하여 유사여부를 판단한다. 그러나, 문자와 도형이 결합된 경우에는 도형이 특별한 관념이 직관되지 않은 경우 문자만으로 호칭·관념되므로 문자만으로 칭호를 대비한다.

문자상표의 경우에는 음절수(2~3)가 비교적 짧은 경우 강하게 발음되는 첫 음의 자음이 다른 경우에는 청감이 비유사하며, 1~2자가 같고 나머지 음이 약음인 경우 유사하다고 한다. 음절수가 긴 문자 상표의 경우 단 하나의 호칭만 첨가된 경우 유사한 것으로 보고 있다.

결합상표에 있어 형용사 등 수식어, 부기적 문자가 결합된 경우에는 그 부분이 없는 것으로 보고 요부를 대비하여 판단하고 있다. 반드시 그 구성 부분 전체에 의하여 호칭·관념되는 것이 아니라 각 구성 부분이 분리관찰되면 거래상 자연스럽지 못하다고 여겨질 정도로 불가분적으로 결합되어 있는 것이 아닌 한 그 구성 부분 중 일부만에 의하여 간략하게 호칭·관념될 수도 있는

98후2382 '99.7.23	ELIZABETH ARDEN VISIBLE DIFFERENCE	비져블 VISIBLE	전체적으로 보아야 하고 "VISIBEL" 만으로 분리관찰 안 됨
91후1250, 1267 '92.9.14	아모레 리도 코롱	KOLON 코오롱	"코롱"부분이 액체방향제를 뜻하는 관용표장으로 이 부분을 제외하며 칭호에서 비유사함
2000후30120 '01.4.24	모자이크 MOSAIQUE	AERY JO MOSAIC COMPACT POWDER	MOSAIC는 형상 등 성질표시에 해당하므로 비유사

출처: 특허청, 상표심사매뉴얼(2005. 11.), pp.93~55.

것이고, 또 하나의 상표에서 두 개 이상의 칭호나 관념을 생각할 수 있는 경우에 그 중 하나의 호칭·관념이 타인의 상표와 동일 또는 유사하다고 인정될 때에는 두 상표는 유사한 것으로 판단하고 있다. 결합상표를 일련불가분적으로 보는 경우에는 특별한 의미로 연결되어 있거나 이들의 결합에 의하여 새로운 관념을 낳는 경우에는 전체적으로 관찰하고 있다. 결합된 단어가 중·고등학교 수준의 친숙한 단어인 경우에는 일반적으로 분리관찰할 수 있으나, 두 단어가 생소한 언어로서 사전을 찾아보아야만 그 뜻을 알 수 있는 경우에는 전체적으로 관찰하는 것이 원칙이라고 한다.

싱 키 SINKY *vs* 팅키	⇨ 칭호 비유사(2002허7100)
NIKEA *vs* Nivea	⇨ 칭호 비유사(2002허7842)
BSE' *vs* BOSE	⇨ 칭호 비유사(2004허4495)
나나 *vs* 나나스	⇨ 칭호 유사(2004허6420)
FINALDBASE *vs* FINALE 피 날 레	⇨ 칭호 비유사(2002허5890)

출처: 특허청, 상표심사매뉴얼(2005. 11.), p.182.

대법원 1993. 6. 8. 선고, 92후1776 판결	**[칭호가 유사하다고 판단한 사례]** 출원서비스표 "ADVENTURE"와 선등록서비스표 "ADVENT" 애드번트는 외관이 다소 상이하고 관념도 상이하나 칭호가 유사하므로 전체적으로 관찰하여 보면 서로 유사한 서비스표이다.
대법원 2004. 7. 22. 선고, 2003후144 판결 	**[칭호유사여부를 판단]** 국내의 일반 수요자 사이에는 휴대전화와 휴대전화 충전기가 동일 출처를 가진다는 점에 대하여 강한 인식이 형성되어 있고, 한편 휴대전화는 거래 통념상 선출원상표 "yepp"의 지정상품들을 포함한 전자제품과 제조자, 유통경로, 판매자, 수요자 층 등이 일치하므로 결국, 등록상표 "YAP"의 지정상품인 휴대전화 충전기에 선출원상표의 지정상품들과 동일·유사한 상표가 사용될 경우, 구체적인 상품군의 동일 여부와는 관계없이 거래자나 일반 수요자들로 하여금 제품 출처에 관한 오인·혼동을 불러 일으킬 염려가 있다.

대법원 2001. 7. 27. 선고, 99후796 판결

[칭호 유사]

[1] 문자와 문자 등으로 구성된 상표가 분리 관찰되어 그 중 일부 문자만으로 약칭될 수 있는 경우에도 문자 전체로서 호칭되는 것을 배제하는 것은 아니고, 또한 하나의 상표에서 두 개 이상의 칭호나 관념을 생각할 수 있는 경우에 그 중 하나의 칭호·관념이 타인의 상표와 동일 또는 유사하다고 인정되면 양 상표가 유사하다고 보아야 한다.

[2] 인용상표 STARTECH은 특별한 요부가 없어 전체로만호칭될 것인 데 반하여, 출원상표 StarTAC은 'TAC' 부분만으로 약칭될 수도 있으나 전체로서도 호칭될 수 있으므로 출원상표와 인용상표가 각기 전체로서 호칭될 경우에는 호칭이 극히 유사하다는 이유로 양 상표를 서로 유사하다고 본 사례.

[3] 출원상표 StarTAC의 출원 전에 출원인이 다른 상표 MicroTAC를 사용하여 어느 정도 주지성을 획득하였다 하더라도, 그 상표와 동일하지도 않은 출원상표에 대하여서까지 그 주지성을 끌어들여 출원상표 StarTAC이 인용상표 STARTECH과 구체적 혼동이 일어나지 않는다고 단정할 수는 없다고 한 사례.

(4) 관념 유사여부 판단

관념의 유사여부 판단에 있어서는 상표가 가지고 있는 고유의 의미를 대비하되, 일반수요자가 상표를 보고 직감할 수 있어야 하며, 심사숙고하거나 사전을 찾아보고서 비로소 그 뜻을 알 수 있는 것은 고려대상에서 제외하고 있다. 대부분 중·고등학교 수준의 기본단어인 경우 직감되는 것으로 판단하고 있다. 그러나 특별한 뜻이 없는 조어 상표는 관념이 없으므로 관념 대신 다른 요소로 판단하고 있다.46)

46) 관념이 유사한 상표로 본 사례

심판번호	인용상표	본원상표	판결내용
98후1204, '99.4.23	DUO 듀오	DUO PERFECTION	칭호, 관념유사
2002후2112 '03.5.30	SPA 스파	L'OREAL HAIR SPA	칭호, 관념유사

관념이 비유사한 상표로 판단한 사례

심판번호	인용상표	본원상표	비고
94후647 '95.1.12	아슈레이 ASHLEY	LAURA ASHLEY	외관, 칭호, 관념비유사 (LAURA ASHLEY 전체로 비교)

출처: 특허청, 상표심사매뉴얼(2005. 11.), p.155.

북두칠성 *vs* the big Dipper, 마을 *vs* SATO(일어), ZEN *vs* 선(禪), 신선한 *vs* Frais(불어), 철 *vs* FERRO, Penta *vs* 다섯, 매끈한·반들반들한 *vs* LISSE(불어), 황후 *vs* Empress, ⇒ 비유사

출처: 특허청, 상표심사매뉴얼(2005. 11.), p.182.

대법원 1990. 10. 16. 선고, 90후687 판결

[관념이 유사하다고 판단한 사례]

본건상표 ""와 선등록상표인 인용상표 "

"는 그 외관에 있어서는 크게 다르나 본건상표는 나비의 형상이므로 "나비"로 호칭될 가능성이 높고 인용상표는 도안의 오른쪽 끝부분 ""를 영문자 "B"자로 인식할 수 있어 이를 영문자 표기부분과 합쳐 "BUTTERFLY"로 쉽게 읽을 수 있어 그 호칭에 있어 영어와 한글의 차이가 있을 뿐이며 양상표가 모두 나비로 인식되므로 관념이 동일하여 양상표는 외관의 차이에도 불구하고 오인, 혼동의 우려가 있다.

대법원 1997. 7. 11. 선고, 96후2197 판결

[관념이 유사하다고 판단한 사례]

출원서비스표  "삽살개 도형"은 도형만으로 구성되어 있고, 선출원된 인용서비스표 "삽사리"는 문자만으로 구성되어 있어 외관은 서로 다르다고 하겠으나, 출원서비스표는 그 모습이 '삽사리(삽살개)'로 쉽게 연상될 뿐만 아니라 일반 수요자나 거래자들이 "삽사리"는 털이 북슬북슬한 개로 쉽게 인식할 것이어서 출원서비스표와 인용서비스표는 그 관념과 칭호에 있어서 유사하다 할 것이고, 양 서비스표가 동일·유사한 지정서비스업에 다 함께 사용된다면 거래자나 일반 수요자로 하여금 서비스업의 출처에 관하여 오인·혼동을 불러 일으킬 염려가 있다.

대법원 1990. 5. 11. 선고, 89후1110 판결

[관념이 비유사하다고 판단한 사례]

인용상표 '일광'은 한글문자로만 되어 있는데 반하여 본원상표 "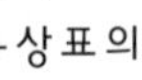

"은 영문자와 한글문자로 2단 병기된 것이어서 외관, 칭호에 있어 서로 유사한 것이라 할 수 없고, "sun shine"은 보편적으로 많이 쓰이는 "일광"의 뜻으로 인식된다고 하더라도 인용상표의 "일광"이 반드시 햇빛, 일광, 양지, 맑은 날씨 등을 의미하는 "sun shine"으로 일반에게 인식된다고 볼 수는 없으므로 두 상표가 관념에 있어서 반드시 유사하다고 할 수 없을 뿐만 아니라 "sun shine"이라는 말은 일반대중에 의하여 흔히

쓰이는 말도 아니므로 두 상표는 전체적으로 관찰할 때 서로 동일, 유사하다고 볼 수 없다.

대법원 1993. 9. 24. 선고, 93후336 판결

[관념이 비유사하다고 판단한 사례]

출원상표 ""는 도끼, 손, 이발소 표장의 도형이 결합된 것이고, 인용상표는 "AXE"라는 영문자로만 되어 있어서 외관, 칭호에 있어서 양 상표는 상이하며, 출원상표는 외관상 및 관념 상으로 볼 때 도끼 또는 도끼를 쥐고 있는 손을 분리 관찰하더라도 부자연스러운 것은 아니고, 인용상표의 "AXE"는 사전상 도끼라는 의미를 가지고 있으므로 양 상표가 지니고 있는 의미가 동일 또는 유사하다 할 수 있으나, 일반 수요자가 느끼는 상표의 의미내용은 그 상표를 보고 직관적으로 깨달을 수 있는 것이어야 하고 심사숙고하거나 사전을 찾아보고서 비로소 그 뜻을 알 수 있는 것은 고려 대상이 되지 아니한다 할 것인데, 영문자인 "AXE"라는 말의 의미는 일반 대중이 쉽게 알 수 있는 것이 아니고 흔히 사용하는 것도 아니어서 우리나라의 일반 소비자가 인용상표를 보고 지정상품과 관련하여 직관적으로 "도끼"라는 뜻으로 인식할 수 있다고 보이지는 아니하므로 양 상표는 그 관념이 반드시 동일하다고 볼 수 없어 양 상표는 외관, 칭호, 관념이 상이하여 각기 별개의 식별력을 가지고 있다.

(5) 결합상표의 유사성 판단

우리 상표법 제2조 제1항 제1호에서는 "상표라 함은 자기의 상품(지리적 표시가 사용되는 상품의 경우를 제외하고는 서비스 또는 서비스의 제공에 관련된 물건을 포함한다. 이하 같다)과 타인의 상품을 식별하기 위하여 사용하는 표장(標章)을 말한다."라고 정의하고 있다. 상표는 상품의 동일성을 표시하고, 나아가 타인의 상품과 구별하게 해 줄 뿐만 아니라 상품자체의 품질성능, 명성 등의 신용good will을 상징하는 한편, 소비자에 대하여는 일정한 상품은 일정한 품질을 갖는다고 하는 믿음을 갖게 한다. 또한, 상품을 극히 단순하게 형상화함으로써 쉽사리 대중의 의식에 침투하는 능력을 가져 그 자체가 광고적, 선전적 기능을 지니고 있다고 할 수 있다. 이와 같이 상표는 연혁적으로나 법이론적으로 식별기능, 출처표시기능, 품질보증기능을 가지고 있을 뿐만 아니라 최근에는 사회경제의 변천과 상품거래의 발전에 따라 광고선전기능까지 보유하게

되었다.[47]

한편, 상표법은 이상과 같은 상표의 기능적 요소를 인식하고 이를 보호하기 위하여 상표 사용에 관한 독점권, 즉 배타적 효력을 설정하고 그 보호범위를 유사상표에까지 미치는 것으로 규정하고 있다. 이것은 상표가 형식적으로 유사하면 당연히 혼동이 생길 수 있다는 일반적인 경험적 사실을 법적 구성으로 높여 상표권의 보호범위를 결정하는 기본개념으로 정한 것으로 이해된다.[48] 다시 말하면, 상표의 유사여부 판단은 상표의 보호범위를 결정하는 중요한 의미를 가지게 되는 것이다.

상표에 관한 분쟁 중 많은 부분은 상표 상호간의 보호범위에 관한 문제이고 이는 결국 상표의 유사여부 판단으로 귀결되는 점을 고려할 때, 그 판단의 구체적인 기준과 방법을 정립하는 작업은 상표를 둘러싼 법률관계를 타당성 있게 해결한다는 측면에서 이론적으로나 실무적으로 매우 중요한 의미를 가진다고 할 것이다. 나아가 보다 강조되어야 할 점은, 상품경제와 매스미디어 등 사회·경제적 여건이 하루가 다르게 급속도로 변화·발전하고 다양화되어 가는 상황 속에서 상표에 관한 분쟁 또한 갈수록 복잡해지고 있는 만큼, 상품 유사에 대한 판단기준과 방법 또한 법적 안정성을 유지하면서도 구체적 타당성 있는 결론에 도달하기 위하여 획일적, 형식적인 적용에 머무르지 않고 상황에 맞는 유연하고도 실질적인 적용이 필요하다는 것이다.

따라서, 여기서는 사회적 타당성 있는 상표제도를 위한 상표유사에 관한 판단방법론의 정립 차원에서, 상표의 유사에 관한 일반적 논의를 기초로 그 판단기준인 '외관, 호칭, 관념의 적용'과 판단방법의 하나인 '거래실정 등의 고려'에 관하여 살펴보며, 이를 위하여 관련 판례들에 나타난 의미나 한계점에 대하여 고찰하고자 한다. 특히 상표의 동일개념과 유사개념은 이를 구별하여 논할 실익이 없는 것은 아니나[상표의 독점적 사용권에 관한 규정(법 제89조), 부정사용이나 불사용에 의한 상표등록취소심판에 관한 규정(법 제119조 제1항 제1호, 제2호) 참조], 이하에서는 유사개념에 한정하여 논의하기로 한다.

---

47) 특허법원, 특허재판실무편람(2002), p.252.
48) 송영식·이상정·황종환, 지적소유권법(하), 육법사(1999), p.216.

(6) 일반적 판단기준의 상호 관계에 관한 판결

1) 원칙적 태도

판례는 비교 대상이 되는 상표들의 외관, 호칭, 관념 세 가지 속성 중 어느 하나에 있어서라도 유사하여 거래상 상품출처의 오인이나 혼동의 염려가 있는 경우에는 원칙적으로 유사상표라고 보아야 한다고 하면서도,[49] 다른 한편으로 상표의 유사 여부는 상품에 사용하는 경우에 출처의 오인이나 혼동의 염려가 있는가 하는 법률적인 평가의 문제에 귀속하는 것이므로 대비되는 양 상표가 외관·호칭·관념 중 어느 하나에 있어 유사하다 하더라도 다른 점도 고려할 때 전체로서 명확히 출처의 혼동을 피할 수 있는 경우에는 유사상표라고 할 수 없고,[50] 반대로 서로 다른 부분이 있어도 그 호칭이나 관념이 유사하여 일반 수요자가 오인·혼동하기 쉬운 경우에는 유사상표라고 보아야 한다고 하고 있다.[51][52]

이들 판례는 상호 모순된 것같이 보이지만, 결국 상표의 속성인 외관, 호칭, 관념 중 어느 하나 이상이 유사함으로 인해 출처 혼동의 우려가 있는 경우에만 유사상표로 보고, 그 외에는 비록 유사한 부분이 존재한다 하더라도 출처 혼동을 피할 수 있다면 유사상표가 아니라는 것으로서, 상표의 속성인 외관, 호칭, 관념은 상표의 유사여부를 판단함에 있어 출처 혼동의 염려가 존재한다는 것에 대한 자료적 사실에 불과한 것이라는 점에 비추어 볼 때 일응 타당한 것이라 할 것이다.

그런데, 실제적인 판단에 있어서 위 판례의 원칙이 일관성 있게 적용되고 있지는 않은 것으로 판단된다. 특히, 양 상표 모두 또는 한 쪽이 문자와 문자, 문자와 도형 또는 캐릭터의 결합상표인 경우에 더욱 그러하다. 그리하여 여기에서는 논의의 범위를 결합상표에 국한하여 먼저 이에 관한 몇 가지 판례 및 심결의 사안들을 살펴보기로 한다.

---

49) 대법원 1995. 9. 15. 선고, 95후811 판결 등.
50) 대법원 1999. 6. 11. 선고, 98후157 판결 등.
51) 대법원 2000. 2. 25. 선고, 97후3050 판결 등.
52) 특허법원, 특허재판실무편람(2002), p.355.

대법원
1999. 7. 27. 선고,
98후2238 판결

인용상표 "POPEYE+뽀빠이"는 상단의 영문자 'POPEYE'와 하단의 한글 '뽀빠이'의 결합상표로서 이를 분리하여 관찰하면 거래상 자연스럽지 못하다고 여겨질 정도로 일체불가분적으로 결합되어 있다고 보기 어려울뿐더러, 상단의 영문표기인 'POPEYE'의 우리 발음이 '팝아이' 또는 '폽아이'(드물게는 '포파이') 등으로 될 것이지 결코 '뽀빠이'가 될 수없으므로, 상단의 영문표기 부분인 'POPEYE'와 하단의 한글표기 부분인 '뽀빠이'가 각각 그 요부가 되는 것이고, 한편 상표가 영문자와 그 우리말 표기라고 보여지는 한글로 병기되어 있는 경우 일반 수요자나 거래자는 영문 표기 보다는 한글표기에 따라 이를 호칭하는 것이 일반적이겠지만, 한글 부분이 영문자 부분을 발음나는 대로 표기한 것이 아니고 또 영문자의 모양이 한글 못지 않게 쉽게 식별되며 그 문자의 구성이나 발음이 비교적 단순한 경우에는 영문표기에 의하여 호칭되는 것도 또한 자연스러운 것으로 여겨지므로, 인용상표는 그 요부의 하나인 상단의 영문표기 부분에 의하여 '팝아이' 또는 '폽아이' 등으로도 흔히 호칭될 것으로 등록상표 "팝아이"와 호칭에 있어 동일 · 유사하여 두 상표가 다 함께 동일 · 유사한 지정상품에 사용될 경우 일반 수요자나 거래자로 하여금 상품의 출처에 관하여 오인 · 혼동을 일으키게 할 우려가 있다.

대법원
1983. 3. 8. 선고,
82후2 판결

본원상표는 그 좌편 작은 마름모꼴안에 원형을 도시하고 그 우편의 호형의 테두리내에 영문자로 "NATIONAL"을 횡서하고 그 아래에 국문자로 "내쇼날"이라 횡서한 문자와 도형의 종합상표이고 제1의 인용상표는 국문자로 "나쇼날"이라 횡서표기한 문자상표이며 제2의 인용상표는 원형의 테두리 안에 영문자로 "National"이라고 횡서표기한 것으로 위 본원상표와 인용상표들은 "NATIONAL" 및 그 국문표기인 "내쇼날" 또는 "나쇼날"을 상표전체를 대표할 만한 구성상의 요부로 하고 있고 그 요부의 칭호와 관념이 동일하여 전체적으로 볼 때 유사상표에 해당한다.

2) 일부 유사임에도 전체 비유사라고 판단한 사례

대법원
1997. 7. 8. 선고,
95후935 판결

"이 사건 등록상표 GIANFRANCO LOTTI는 선출원에 의하여 등록된 인용상표 롯데+LOTTE 와 비교하여, "롯티, 로띠" 등으로 호칭될 경우 유사한 면이 없지 아니하나, 그 칭호가 동일한 것은 아닐 뿐만 아니라 이 사건 등록상표는 전체적으로 지안프랑코 로띠 등

대법원 1997. 7. 8. 선고, 95후935 판결

으로 호칭되거나 'GIANFRANCO' 부분만에 의하여 지안프랑코 등으로 호칭될 소지도 많은데다가, 외관에 있어서 이 사건 등록상표는 특징 있게 표현된 도형 부분과 2단으로 병기된 영문자 부분이 결합하여 구성된 것인 데 대하여 인용상표는 한글과 영문자가 병기된 구성으로 되어 있어 양 상표의 전체적인 외관이 현저히 다르고, 관념에 있어서도 양 상표 모두 특별한 관념을 생각하기 어려운 상표들로서 서로 대비될 수가 없어 전체적으로 볼 때에는 양 상표가 서로 유사하다고 할 수 없고, 따라서 양 상표를 동일 또는 유사한 지정상품에 다 같이 사용한다고 하더라도 일반 수요자들로 하여금 상품의 출처에 관하여 오인, 혼동을 일으키게 할 염려는 없다고 할 것이다."

대법원 1990. 8. 28. 선고, 90후397 판결

"여러 개의 상표가 동일 또는 유사한지 여부를 판단하려면 단순히 그 상표의 구성부분 중의 일부만을 대비하거나 호칭의 유사여부를 판단함에 그쳐서는 아니되고 전체로서의 상표를 전체적, 이격적으로 관찰하여 거래계와 수요자에게 줄 인식이 동일, 또는 유사한 지를 판별하여야 할 것인바, 이 사건에서 보면 본원상표 는 그 영문자의 표기에서 오는 호칭이 '하마'가 될 것은 사실이나, 그와 결합된 뿔도형 때문에 인용상표 가 형상하고 있는 바의 동물인 하마라는 관념은 생길 수 없으며 전체로서의 형상이 주는 인식이 인용상표와 전혀 달라 두 가지의 상표를 같은 지정상품에서와 같이 사용한다 해도 수요자들에게 상품의 출처에 관한 오인, 혼동을 일으킬 우려가 있다고 보이지는 아니한다."

대법원 1984. 3. 27. 선고, 82후5 판결53)

"본원상표는 半島機械株式會社 BANDO MACHINERY CO., LTD. 이고, 인용상표는 BANDO 반도 인데, 위 두 상표는 그 칭호 중에 '반도'라는 단어가 들어가 있어 일응 유사점이 있다고 하여도 그 외관이나 관념에 있어서는 현저히 차이가 있으므로 이를 전체로 관찰하면 위 두 상표는 쉽게 구별이 되어 상품의 출처에 대한 오인, 혼동을 일으킬 우려가 있다고는 보기 어려워 위 두 상표는 동일 내지 유사상표라 할 수 없다."

53) 이 판결에서는 상표의 유사성과 함께 상품의 동종 여부까지를 판단하고 있다. 즉 대비되는 두 상표의 외관, 칭호, 관념을 객관적, 전체적, 이격적으로 관찰하여 그 외관, 칭호, 관념 중에서 어느 하나가 유사하다 하여도 다른 점을 아울러 고찰할 때 전체로서는 명확히 출소의 혼동을 피할 수 있는 경우에는 동일 내지 유사상표라고 할 수 없으며, 또 동종상품인가의 여부는 그 품질, 형상, 용도, 거래의 실정 등에 비추어 거래의 통념에 따라 결정되어야 하고 상표법시행령에 의한 상품 구분표상의 동일 유별에 속하는 상품이라고 하여도 그것만으로는 동종 상품이라고 단정할 수는 없다고 판단하고 있다.

특허청 구 항고심판소 1983. 7. 30. 선고, 81항원882 심결	"본원상표 를 부분적으로 분리하여 볼 때, 'RITZ'라는 문자가 인용상표인 RITZ 와 비록 동일하다 하겠으나, 위에서 밝힌 바와 같이 본원상표가 도형과 'HOTEL RITZ 및 PARIS'라는 문자로 구성되어 있어 전체적으로 볼 때 양 자의 상표는 유사하지 않으며 이러한 사유로 인하여 외관, 관념 및 칭호상으로도 상이한 상표로 인식된다."
특허법원 2004. 8. 26. 선고, 2004허1137 판결	등록상표 "**A/X**"는 기호와 문자의 결합상표로서 문자와 도형의 결합상표인 선출원상표 " "와 그 외관이 현저히 다르고, 등록상표는 "에이 앤드 엑스" 또는 "에이 엑스" 등으로 호칭되어 "쌍도끼, 도끼" 또는 "액스"로 호칭되는 선출원상표와 호칭이 동일, 유사하다고 할 수 없으며, 등록상표는 특정한 관념을 나타내고 있지 않으나, 선출원상표는 그 도형 및 문자 부분으로부터 '쌍도끼' 또는 '도끼'라는 관념이 발생하여 양 상표의 관념이 다르므로 양 상표가 서로 유사하지 않다.

3) 일부 비유사임에도 전체 유사라고 판단한 사례

대법원 1998. 4. 14. 선고, 97후1863 판결 	"이 사건 등록상표 GAME CHAMP 와 인용상표 는 한글과 도형의 유무 및 글자의 수 등 외관은 다소 다르나, 호칭에 있어서 등록상표는 'GAME'과 'CHAMP'가 일련불가분적으로 결합된 것이라고 볼 수 없어 '챔프'로 간략하게 분리 호칭될 수 있고 그 경우 '챔피온'으로 호칭될 인용상표와 유사하고, 관념에 있어서도 등록상표는 '놀이, 오락, 경기, 운동회' 등의 뜻을 가진 'GAME'과 '선수권자, 우승자'의 뜻을 가진 'CHAMP'의 결합상표로서 두 개의 요부(要部) 중 하나인 'CHAMP'의 관념이 인용상표 'CHAMPION'의 그것과 동일·유사하므로 두 상표는 전체적으로 유사한 상표라 할 것이다."
대법원 1994. 8. 23. 선고, 94후418 판결	"본원서비스표 BEEF BOWL은 선등록 인용서비스표 와 외관은 상이하나, 본원서비스표는 '비이프 보울'로 호칭되고 '쇠고기 사발(그릇)'으로 인식될 것이고 인용서비스표는 '비이프 보울' 또는 '치킨 보울'만으로 호칭되고 인식될 수 있는바, 인용서비스표가 '비이프 보울'로 호칭되고 인식될 경우 본원서비스표와 칭호 및 관념이 동일하여 양 서비스표를 같은 종류의 서비스업에

사용하는 경우 일반수요자나 거래자에게 오인, 혼동을 불러일으킬 우려가 있다.”

대법원 1984. 3. 27. 선고, 82후5 판결

“본원상표 과 인용상표 **HUNT BOSTON** 는 그 외관과 관념은 상이하지만, 인용상표에 있어 두 단어는 불가분적으로 결합되어 있다고는 할 수 없어 간이신속을 존중하는 일반 거래계에서 간략하게 특징적인 부분만으로 호칭되는 통례에 따라 앞부분을 강조하여 ‘헌트’라고 호칭 될 것이어서 양 상표는 동일하고 ‘헌트 보스톤’이라고 호칭되더라도 호칭이 유사함을 배제할 수 없으므로, 객관적, 전체적, 이격적으로 관찰할 때에 오인, 혼동의 우려가 있다.”

대법원 2004. 10. 15. 선고, 2003후1871 판결

“거북이농방”으로 구성된 선등록상표는 거북이 도형과 ‘거북이 농방’이라는 한글이 결합한 상표이므로 어느 경우에나 ‘거북이 표’로 호칭될 것이고(‘농방’이라는 한글 부분은 성질표시의 표장으로서 식별력을 인정할 수 없는 부분이다), “ ”로 구성된 이 사건 등록상표는 ‘시골’이라는 한글과 거북이 모양의 도형 및 ‘장수촌 옥돌’이라는 한글이 3단으로 결합한 상표로서 각각의 구성 부분이 분리하여 관찰되면 거래상 자연스럽지 못하다고 여겨질 정도로 불가분하게 결합한 것이라고 할 수 없어, ‘시골’ 또는 ‘장수촌’이라는 한글 부분과 거북이 도형 부분으로 분리되어 관찰될 수 있다 할 것이므로, 이 사건 등록상표는 한글 부분만에 의하여 ‘시골’ 또는 ‘장수촌’으로 간략하게 호칭되거나(한글 부분 가운데 ‘옥돌’은 그 지정상품의 재질을 표시하는 표장으로서 식별력이 없는 부분이다), 거북이 도형에 의하여 ‘거북이 표’로 간략하게 호칭되고 관념될 수 있다고 한 다음, 이 사건 등록상표가 거북이 도형 부분에 의하여 ‘거북이 표’로 호칭되고 관념되는 경우에는 선등록상표와 그 호칭 및 관념이 동일·유사하므로 이 사건 등록상표와 선등록상표는 유사한 상표라고 한 원심의 태도를 지지하고 있다.[54)]

---

54) 나아가 원심은 거북이가 장수를 상징하는 십장생의 하나로서 다양한 형태로 변형되어 일부 전통가구의 장식이나 문양으로 사용되어 온 사정만으로는 거북이 도형이 가구의 상표로서 식별력을 상실할 정도에 이르렀다고까지는 할 수 없고, 일부 백화점의 광고전단지나 신문의 광고란에 원고의 상품을 ‘장수촌 옥돌’이라고 표현한 사정만으로는 일반 수요자들이 언제나 한글 문자 부분만으로 이 사건 등록상표를 호칭하고 관념할 것이라고 단정할 수는 없다는 취지로 판단하였다.

(7) 상표유사의 판단방법

1) 거래실정 등의 고려

상표의 유사여부에 대한 판단에 있어서는 "외관 · 호칭 · 관념을 객관적, 전체적, 이격적으로 관찰하여 그 각 지정상품의 거래에서 일반수요자가 두개의 상표에 대하여 느끼는 직관적 인식을 기준으로 그 지정상품의 출처에 대한 인식, 혼동의 우려가있는지" 여부를 결정하는 방법[55]이 사용된다. 즉, 객관적, 전체적, 이격적 관찰이 상표의 유사여부에 대한 판단방법으로 받아들여지고 있는데 이에 더하여 거래실정 등을 관찰하여 구체적 출처혼동의 염려를 고려할 것인지 문제된다.

상표의 등록을 통한 배타적 사용권을 인정하는 이유가 상표 그 자체로서 고유한 가치를 가지고 있다기보다는 상품의 식별표지로서의 기능에 주목하여 상표권자의 신용을 보호하고 수요자의 상품혼동 방지를 위한 것이고, 나아가 등록주의하에서도 상표는 종국적으로 사용됨으로써 그 기능을 하는 것이며, 유사여부 판단의 대상이 되는 양 상표 중에 실제 현 사회에서 사용되는 것이 있다면 그 구체적 사정까지 고려하는 것이 합리적이고도 타당한 것이란 점에서 현실의 거래실정 등을 관찰하여 구체적 출처혼동 가능성이 있는지 판단하는 것이 바람직하다. 특히, 주지상표의 경우에는 거래사회에 이미 공시된 것이므로 거래 관계자에게 뜻밖의 손해를 줄 염려가 적으므로 법적 안정성을 해칠 가능성이 낮고 오히려 권리자의 보호가 더욱 충실해질 수 있다.[56]

따라서, 상표의 유사여부는 항상 상표 자체의 문자, 도형, 기호, 형상만에 의할 것이 아니며, 구체적인 거래실정, 실제로 상표가 부착되는 위치나 크기 등과 함께 고려하여야 하고, 주지상표와의 유사여부가 문제되는 경우 등 구체적인 거래실정이 주장되는 경우에는 이를 참작하여야 하는 것이다.[57]

2) 거래실정 등의 고려에 관한 판결

대법원은 일찍부터 상표의 유사여부 판단에 있어 구체적인 거래실정 등을 고려해 왔다. 예를 들면 등록상표와 유사한 상표를 싱크대의 오른편에, 등록

---

55) 대법원 1989. 9. 29. 선고, 88후1410 판결 등.

56) 송영식 · 이상정 · 황종환, 지적소유권법(하), 육법사(1999), p.235.

57) 전효숙, "상표와 상품의 동일 · 유사", 특허소송연구(제1집), 특허법원(1999), pp.309~310.

상표와는 다른 상표와 상호를 그 왼편에 표기하여 함께 사용한 경우에는 전체로서 출처의 혼동을 피할 수 있으므로 유사하지 않고,[58] 과자류의 구매자가 제조업체를 주안으로 하여 상품을 선택, 구매하는 경향을 참작할 때 "정자표 고려당"이라는 상표의 요부는 '고려당'으로서 "주식회사 고려당"이라는 상표와 유사하며,[59] 사자도형과 '사자표(시대복장주식회사)'라는 문자의 결합상표가 한때 저명상표였던 사정까지 고려하면 사자도형과 '쌍사자표'라는 문자의 결합상표와는 외관이 쉽게 구별되어 출처혼동의 우려가 없다[60]는 등의 판결들이 그러하다.

이러한 판결만큼 주목할 만한 판결로는 대법원 1996. 7. 30. 선고, 95후1821 판결과 1997. 10. 10. 선고, 97후594 판결이 있다. 전자의 판결은 세계적인 고가 · 고품질 시계로서 유명한 "ROLEX" 상표가 선출원 · 등록된 상태에서 국내에서 주지저명성을 획득한 "Rolens" 상표가 후출원 · 등록된 사안에 관한 것인데, 대법원은 "양 상표는 외관 및 칭호에서 유사하나, 양 상표가 동일한 지정상품에 다 같이 사용될 경우라도, 거래자나 일반수요자에게 상품의 품질이나 출처에 대하여 오인 · 혼동을 일으키게 할 염려가 없다."라는 취지로 판결하였다. 또한, 후자의 판결은 주지성이 없는 "POLA" 상표가 선출원 · 등록되고 그 후 국내에서 주지저명한 "POLO" 상표가 후출원 · 등록된 사안에서 역시 '양 상표는 POLO 상표의 주지저명성으로 인해 거래자나 일반 수요자에게 상품의 품질이나 출처에 대하여 오인 · 혼동을 일으키게 할 염려가 없다'는 취지로 판단하였다.

위 판결들은 '양 상표가 상호 유사해 보인다 하더라도, 거래실정 즉, 시장의 성질, 고객층의 재력이나 지식정도, 전문가인지 여부, 연령 · 성별, 당해 상품의 속성과 거래 방법, 거래 장소, 고장수리 등 사후관리 여부, 상표의 현존 및 사용현황, 주지정도 및 당해 상품과의 관계, 수요자의 일상 언어생활 등을 종합적 · 전체적으로 고려하여, 거래사회에서 수요자들이 구체적 · 개별적으로는 상품의 품질이나 출처에 관하여 오인 · 혼동할 염려가 없을 경우에는 양

58) 대법원 1988. 1. 12. 선고, 86후77 판결.
59) 대법원 1984. 11. 13. 선고, 83후70 판결.
60) 대법원 1987. 4. 28. 선고, 84후21 판결.

상표가 공존하더라도 당해 상표권자나 수요자 및 거래자들의 보호에 아무런 지장이 없다 할 것이어서, 그러한 상표의 등록을 금지하거나 등록된 상표를 무효라고 할 수 없다'는 법리를 전제로 하고 있는데, 이는 곧 거래실정 등을 종합적으로 고려하여 구체적 타당성을 중시한 본격적인 사례로서 매우 의미 있는 판결이라 하지 않을 수 없다 이와 같은 판례의 취지는 대법원 2000. 1. 21. 선고, 99후2532 판결에서도 재확인되고 있다.[61]

다시 말하면, 등록주의 법제 하에서는 상표의 유사여부 판단이 자칫 형식적으로 흐를 위험성을 안고 있기 마련인데, 대법원은 구체적인 거래실정까지도 고려하여 상표법이 지향하는 가치기준, 즉 상품의 식별표지로서의 상표를 보호하여 상표권자의 신용을 보호하고 수요자의 혼동을 방지하고자 하는 목적에 부합하게 판단하고 있는 것이다.

한편, 이와 같이 상표의 유사성 판단에 있어 혼동 가능성이 작용하는 것을 판단하였다면, 혼동 가능성이 없다면 상표 자체의 유사만으로 그 등록이 부정되어서는 아니 될 것이다. 즉 '국내외적으로 널리 알려진 저명상표라 할지라도 상표법 제34조 제1항 제7호에 해당하는 경우에는 상표등록을 받지 못한다'는 취지의 판결[62]이 있었으나, 주지저명 상표의 경우에는 이미 동종업계 등에 널리 알려져 거래관계자나 일반 소비자들이 양 상표를 오인 · 혼동할 가능성이 거의 없다는 점에서 획일적으로 상표등록을 받지 못하는 것으로 판단한 것은 부당하다 하지 않을 수 없다. 따라서, 이들 판결은 최근의 위 구체적 타당성을 중시한 판결들과는 일응 모순된 결론에 이르고 있어 사실상 폐기된 것으로 보아야 할 것이고, 향후 이에 대한 대법원의 입장 정리가 주목된다.

---

61) 다만, 동 판결에서는 문제된 서비스표의 주지성이 증거 부족으로 인해 인정되지 않는다고 하였다.

62) 본원상표 **애 플**을 인용상표 APPLEBOX 애플박스와 비교하였을 때, 전체적으로 외관은 상이하지만, 인용 서비스표는 사과, 사과나무 등을 뜻하는 "APPLE 애 플"과 상자, 선물 등을 뜻하는 "BOX 박스"라는 두 개의 요소로 구성되어 있고, 이 두개의 요소를 분리 가능하다. 따라서 두 개의 호칭과 관념이 생길 수 있다고 할 것이고, 위 인용서비스표가 일반수요자나 거래자에게 "애플"로 인식될 경우에는 본원 서비스표와 호칭, 관념이 동일하다(대법원 1991. 3. 27. 선고, 90후1734 판결).

4. 상품의 동일(同一)

상표는 자타상품을 식별하기 위한 표지이므로 상품출처의 혼동이 생기는가의 여부를 단순히 상표가 동일 또는 유사한가만을 판단하는 것은 불가능하다. 그래서 상표의 동일·유사와 함께 또는 먼저 상품의 동일·유사를 판단하여야 한다.63) 상품의 동일이란 상품의 유사개념을 배제한 순수한 의미의 동일이며, 둘 이상의 상품을 비교할 때에 완전히 동일한 상품을 의미한다. 여기서 상품의 동일이라 하여 모든 분야에서 동일하다는 의미는 아니고 두 개 이상의 상품을 비교하는 데서 생기는 개념이다.64) 예컨대 두 개의 TV를 비교할 때에 그 형상·크기·품질·가격·재료·구조 등이 다를지라도 사회통념상으로 판단해서 동일상품임에는 틀림없다. 상품의 동일여부는 두 개 이상의 상품을 비교하여 상품의 품질, 형상, 용도, 거래의 상태 등 상거래의 통념에 따라 객관적으로 판단해야 하며 상품명(商品名)만으로 판단해서는 안 된다.

상품출처의 혼동에는 대비되는 2개의 상표가 붙은 상품이 시장에 유통된다고 가정할 때 거래계의 일반적인 경험칙에 비추어 동일한 생산자, 판매자에 의하여 생산·판매되는 것으로 인정되는 일반적 출처 혼동과 대비된 상표품이 현실로 시장에서 유통되고 있고 그들 상품에 대한 구체적인 거래실정에 비추어 양 상품이 모두 동일 출처에서 나온 것으로 인정되는 구체적 출처 혼동이 있다. 일반적 출처 혼동의 유무는 상표 그 자체의 유사성, 상품의 동종성 정도, 당해 상품의 거래실정 등에 비추어 추상적, 형식적 자료에 의하여 획일적으로 판단되고, 구체적 출처 혼동의 유무는 상표의 표지력의 크기, 주지·저명성의 정도 등 구체적인 거래실정까지 고려하여 결정된다.65)

상품출처의 혼동을 앞에서 살핀 상표유사의 개별적·상대적 개념성과 연

63) "상품심사"란 상품·서비스업의 특성에 맞게 유사범위(유사군코드)를 정하고, 상표등록출원된 상품·서비스업과 인용하고자 하는 상품·서비스업이 동일 또는 유사한지 등을 판단하는 과정을 말한다(유사상품·서비스업 심사기준 2014. 12. 31 개정 특허청예규 제80호 제2조 제2호).

64) 상품의 동일이란 상표법상 상품이 동일한 것을 의미하는 것이므로, 예를 들어 방한용장갑(25류 2-아)과 의료용장갑(10류 2-사), 가사용장갑(21류 2-소) 골프용장갑(28류 8군)이 상품학상은 동일한 상품일지 몰라도 상표법상으로는 동일상품으로 취급하지 않는다(최성우, 주제별 상표법, 한빛지적소유권센터(2000), p.212).

65) 특허법원, 특허재판실무편람(2002), p.119.

관지어 보면, 등록주의 법제 아래에서는 등록상표가 현실로 사용될 필요가 없으므로 불사용 등록상표에 기한 권리행사도 가능하고, 출원된 상표에 대하여도 사용을 예측함으로써 판단할 수밖에 없으므로 기등록상표와의 저촉유무를 판단함에 있어서의 상품출처의 혼동이란 통상 일반적 출처 혼동을 의미하게 된다. 그러나 상표가 지정상품에 사용된 실적이 있는 경우에는 그러한 구체적 사실에 기한 판단, 즉 구체적 출처 혼동이 일반거래에 있어서의 경험칙에 우선한다고 할 것이다.[66] 따라서 후자의 경우에는 일반적 · 추상적 · 정형적 기준만으로 유사여부를 결정할 것이 아니고, 기등록상표나 주지상표 등이 현실적으로 어떻게 호칭, 관념되며 거래자와 수요자에게 어떻게 인식되고 있는지도 판단의 재료로서 채택할 필요가 있다.

상표법에서 말하는 상품이 되기 위해서는 ⅰ) 유체물(有體物)일 것, ⅱ) 동산일 것, ⅲ) 유통성이 있을 것, ⅳ) 거래성이 있을 것, ⅴ) 양산(量産)이 가능할 것이 필요하고, 상품의 동일을 전제로 한 규정은 상표법 제33조 제2항의 사용에 의한 식별력 취득시 동일상품을 요하며, 제40조 제2항의 요지변경, 제46조의 우선권주장의 인정시, 제47조의 출원시의 특례의 인정시, 제84조의 존속기간갱신등록시, 제95조와 제97조의 사용권의 범위에서 사용범위의 동일, 제98조 제2항의 존속기간 만료 후 상표를 사용할 수 있는 범위, 제119조 제1항 제3호의 취소사유에서의 동일상품, 제222조와 제224조 제1항 제3호의 지정상품의 동일성, 제160조의 상표권의 효력제한, 제205조, 제206조에서 상품의 동일성을 전제로 한 것이다.

5. 상품의 유사(類似)

상품의 유사란 대비되는 두 상품이 동일하지는 않지만 거래사회에서 일반수요자(소비자)가 오인(誤認) · 혼동(混同)을 야기시킬 수 있는 정도의 상품의 품질, 형상이 일치하거나 원료 · 생산자가 일치하는 경우를 말한다. 상품유사 여부의 판단기준에 대해 상표법에는 정하고 있지 않으나, 상표법 제38조 제1

66) 전효숙, "상표와 상품의 동일 · 유사", 특허소송연구 1집, 특허법원(2000), p.292; 특허법원, 특허재판실무편람, 2002, p.119.

항에서 상품을 구분하고 있으며, 상품류 구분[67]은 특허청장이 고시(유사상품 심사기준<특허청예규 제98호, 2017. 12. 6. 일부 개정>)로 되어 있다.[68] 예컨대 무선호출기는 전화기, 보안기는 TV수신기로 되어있다. 『상품기준』에 따른 거절이유통지나 거절결정이 상품의 속성인 품질, 형상, 용도 및 생산·판매부문, 수요자층 등의 거래실정 또는 서비스의 성질이나 내용, 제공수단, 제공장소, 서비스업의 제공자 및 수요자의 범위 등의 거래실정을 종합적으로 고려할 때 불합리하다고 판단하는 경우 담당심사관은 상품분류정책사무관(서기관)과 협의를 거쳐 『상품기준』과 달리 지정상품 또는 지정서비스업의 유사여부를 판단할 수 있다. 다만, 동 기준과 달리 지정상품 또는 서비스업의 유사여부를 판단한 때에는 상품분류정책사무관(서기관)에게 통보하여야 한다.[69]

---

67) '류구분'이란 니스분류에서 정하는 기준에 따라 특허청장이 고시하는 상품 또는 서비스업의 류를 말한다.

68) 상품 및 서비스업의 명칭과 류 구분에 관한 고시(특허청고시 제2017-27호) 제3조 (상품 및 서비스업 분류의 일반원칙) ① 상품분류는 니스분류의 상품류 대표명칭(Class heading), 주석(Explanatory Notes) 및 구체적인 상품 리스트(Alphabetical List)에 따라 분류함을 원칙으로 한다. 다만, 니스분류의 원칙에 따라 분류할 수 없는 경우에는 다음 각 호에 따라 분류한다.

1. 상품 완제품은 그 기능 또는 용도에 따라 분류한다. 다만, 완제품의 기능 또는 용도가 대표명칭에 없는 경우에는 구체적인 상품리스트에 표시되어 있는 다른 비교 가능한 완제품과의 유사성에 의하여 분류하고, 어떠한 유사상품도 찾을 수 없다면, 상품의 재료나 작동방식 등을 고려하여 분류한다.

2. 다용도 복합기능의 완제품(예, 라디오가 부착된 시계)은 그 제품의 주된 기능이나 의도한 용도에 상응하는 상품 류로 분류한다.

3. 원자재, 가공되지 않았거나 부분적으로 가공된 것은 그들을 구성하는 재료에 따라 분류한다.

4. 다른 제품의 부품으로 사용되는 제품은 통상 다른 용도로 사용될 수 없는 경우에만 그 다른 제품과 같은 상품 류로 분류한다.

5. 다른 재료로 구성되어 있는 완제품 또는 완제품이 아닌 경우에는 그들을 구성하는 주된 재료에 의하여 분류한다.

6. 어떤 제품을 담기 위해 그 제품에 맞게 만들어진 용기는 그 제품에 따라 분류한다.

② 서비스업 분류는 서비스업류 대표명칭, 주석, 구체적인 서비스업 리스트에 따라 분류함을 원칙으로 한다. 다만, 니스분류 원칙에 따라 분류할 수 없는 경우에는 다음 각 호에 따라 분류한다.

1. 서비스업 명칭이 특정되지 않은 경우에는 구체적인 서비스업 리스트에 표시되어 있는 다른 유사한 서비스업에 따라 분류한다.

2. 임대서비스업(Rental services)은 임대 대상물을 사용하여 제공되는 서비스업과 같은 류로 구분하고, 리스업(Leasing services)은 임대업과 유사하므로 동일한 방식으로 분류한다. 다만, 임대 관련 금융업은 금융서비스업으로 분류한다.

3. 조언, 정보 및 상담 등을 제공하는 서비스업은 그 조언, 정보 및 상담의 대상에 상응하는 서비스업과 같은 류로 분류한다. 이 경우 전자기적 수단(예, 전화·컴퓨터)에 의한 조언, 정보 및 상담의 제공은 그러한 서비스업의 분류에 영향을 미치지 아니한다.

4. 가맹사업(프랜차이즈) 형태의 서비스업은 통상 가맹본부(프랜차이저)에 의해 제공되어지는 특정 서비스업과 동일한 서비스업류로 분류한다.

69) 상표심사기준 제5부 제7장 4.2.

대법원은 일관되게 "상품류 구분은 상표등록상의 편의상 구분한 것으로서 동종상품을 법정한 것이 아니므로 상품류 구분 중 같은 류별에 속해 있다고 하여 동종 · 유사상품이라고 단정할 수 없다."고 하여 사법적 구속력을 부인하고 있다.70) 판례는 상품의 속성인 원료 · 품질 · 형상의 일치, 용도의 일치, 생산자의 일치, 거래경로나 판매점의 일치, 수요층의 일치 등을 종합적으로 고려해서 판단하는 것으로 하고 있다.71)

한편, 우리 상표법에는 상품의 유사를 전제로 하여 상표법 제34조 제1항 제7호 내지 제9호, 제13호 및 제35조에 선출원 부등록사유에 상품의 유사여부, 제93조 제1항의 상표권은 그 지정상품마다 분할하여 이전시에 유사한 지정상품과 함께 이전하여야 하며, 제98조 제2항의 특허권 등의 존속기간 만료 후 상표를 사용하는 권리, 제119조의 취소심판사유 등에서 상품의 유사를 전제로 하여 한 규정들이다.

대법원 1999. 7. 9. 선고, 98후2887 판결

서비스 중에서 상품과 관계있는 서비스에 대해서는 어느 상품에 사용되는 표장과 동일 또는 유사한 표장을 그 상품과 밀접한 관련이 있는 서비스업에 사용할 경우 일반 수요자가 그 서비스의 제공자를 상품의 제조 · 판매자와 동일인인 것처럼 서비스의 출처에 대하여 혼동을 일으킬 우려가 있다 할 것이고, 특히 거래사회의 실정으로 보아 서비스의 제공과 상품의 제조 · 판매가 동일한 업자에 의하여 이루어지는 때가 많고 일반인들 또한 그렇게 생각하는 경향이 있는 경우에는 그와 같은 혼동의 우려는 더욱 많아진다 할 것이므로, 그 서비스표의 등록은 거절되어야 하고 일단 등록이 되었다 하더라도 무효로 된다고 할 것이다(등록서비스표의 지정서비스업인 고시학원경영업, 학원정보업과 인용상표의 지정상품인 서적, 학습지, 녹음된 테이프, 녹화된 테이프가 유사하다고 본 사례).

대법원 1998. 10. 20. 선고, 97후2835 판결

지정서비스업으로서의 '리조트업'이 대규모의 종합 휴양시설 관리운영업이라고 한다면, 그 제공하는 서비스의 범위가 반드시 명확한 것은 아니지만 휴양시설과 관련하여 다양한 서비스가 제공되는 오늘날의 거래실정에 비추어 휴양시설에 관련된 숙박업,

70) 대법원 1994. 11. 25. 선고, 94후1435 판결; 1994. 2. 22. 선고, 93후1506 판결; 1993. 5. 11. 선고, 92후2106 판결; 1996. 4. 26. 선고, 95후859 판결; 1997. 1. 10. 선고, 96후924 판결 등.

71) 최성우, 주제별 상표법, 한빛지적소유권센터(2000), p.214.

대법원 1998. 10. 20. 선고, 97후2835 판결

스포츠·오락서비스업, 시설임대·분양·관리업, 유흥업 등을 포괄하는 넓은 개념의 서비스업이라고 할 수 있고, 한편 역시 지정서비스업으로서의 '부동산임대업'이나 '부동산분양업'은 그 대상이 되는 부동산이 반드시 일반적인 주택이나 상가만이라고 단정할 수 없고, 또한 그 대상이 되는 부동산이 휴양시설 내에 있거나 휴양시설과 관련된 경우도 포함될 수 있다고 할 것이므로, 만일 '부동산임대업'이나 '부동산분양업'이 휴양시설과 관련된 건물 등에 관하여 이루어진다면 그것은 거래의 통념에 비추어 '리조트업'과 밀접하게 관련되어 '리조트업'과 유사한 서비스업이다.

대법원 2004. 7. 22. 선고, 2003후144 판결

지정상품의 유사 여부는 대비되는 상품에 동일 또는 유사한 상표를 사용할 경우 동일 업체에 의하여 제조 또는 판매되는 상품으로 오인될 우려가 있는가의 여부를 기준으로 하여 판단하되, 상품 자체의 속성인 품질, 형상, 용도와 생산 부문, 판매 부문, 수요자의 범위 등 거래의 실정 등을 종합적으로 고려하여 일반거래의 통념에 따라 판단하여야 한다.

대법원 2004. 5. 14. 선고, 2002후1256 판결

등록상표의 지정상품 중 '녹차, 과실액, 커피, 코코아, 사과주스, 오렌지주스'와 선출원상표의 지정상품 중 '두유'는 그 상품의 재료나 품질에 있어서는 일 차이가 있고, 상표법시행규칙 제6조 제1항에 의한 상품류 구분상 다른 상품류에 속하기는 하지만, 위 상품류 구분은 상표등록 사무의 편의를 위하여 구분한 것으로서 상품의 유사 범위를 정한 것이 아니므로 다른 상품류에 속한다고 하여 곧바로 유사한 상품이 아니라고 단정할 수는 없는 것이고, 위 상품들의 형상, 용도와 생산 부문, 판매 부문, 수요자의 범위 등을 종합하면, 위 상품들은 거래통념상 동일 유사한 상표를 위 상품들에 사용할 경우에 그 출처의 오인·혼동을 일으킬 염려가 있는 유사한 상품에 속한다고 할 것이나, 등록상표의 나머지 지정상품인 '광천수, 얼음'은 선출원상표의 지정상품 중 '두유'와 품질, 형상, 용도, 생산자 및 유통경로 등에서 거래통념상 유사한 상품이라고 볼 수 없다.

대법원 2004. 1. 27. 선고, 2002후1560 판결

등록상표 "丹花"의 지정상품은 구 상표법시행규칙(1998. 2. 23. 통상산업부령 제83호로 개정되기 전의 것) 제6조 제1항의 [별표 1] 상품류 구분 제12류 '향료·훈료와 다른 유에 속하지 아니하는 화장품'에 속하는 것으로, 선출원상표의 지정상품은 위 상품류 구분 제26류 '가구·침구·옥내외장치품 및 혼상제구'에 속하는 것으로 각 출원하여 등록된 것이고, 혼상제구에 속하는 '향, 향료'와 화장품 등의 향을 내는 재료나 가정 등에서 방향제

	로 쓰이는 '향'은 그 품질, 용도와 생산부문, 판매부문, 수요자의 범위 등에서 차이가 크다고 할 것이므로, 등록상표와 선출원상표의 지정상품이 유사하지 않다고 한 사례.
대법원 2002. 6. 25. 선고, 2000후2682 판결 	(가)호 표장이 사용된 '교자상'은 많은 사람들이 모여 바닥에 앉아서 식사를 할 때 사용하는 전통적 양식의 상(床)의 일종으로서 상표법시행규칙상의 상품류 구분 제21류 제8군의 비귀금속제 기타 주방용품에 속하는 물건인데 비하여, 등록상표의 지정상품인 '식탁'은 식사를 할 때 의자와 함께 사용되는 탁자를 말하는 것으로서 같은 상품류 구분 제20류 제42군의 가구에 속하는 별개의 물건이며, 또한 실제 거래계에서도 교자상은 소반이나 함지박 등과 함께 전통 목공예점에서 제작하여 판매하는 데 비하여 식탁은 장롱 등과 함께 현대식 가구점에서 판매하는 경향이 있으므로 양 상품은 거래사회의 통념상 서로 동일성이 있는 상품이라고 볼 수 없다.

part

05

상표등록출원절차

c·h·a·p·t·e·r

01 국내등록출원

상표를 등록하여 사용하려는 자는 선택한 표장을 상표등록출원 하기 전에 타인이 이미 등록하여 사용하고 있는지 여부를 먼저 조사한 후 선택한 표장과 동일·유사하지 않는 경우에 자기가 사용하고자 하는 상품 또는 서비스를 지정하여 등록출원을 하겠다는 의사표시를 하여야 한다. 이러한 등록출원은 등록을 받고자 하는 국가의 행정청(특허청)에 의사표시를 하면 된다. 그러나 자기가 생산한 상품의 판매가 한 나라에 그치지 않고 여러 나라에서 판매를 하려고 하는 경우에는 판매하고자 하는 국가별로 그 나라의 법규에 따라 등록출원절차를 행하는 것이 원칙이다. 최근 기술의 발달로 1국에서 생산된 상품이 1국에서만 소비되는 것이 아니라 세계 각국에서 판매·소비되고 있어, 등록을 받으려는 자가 세계 각국에 모두 출원하여야 하는 번거로움이 있고, 비용과 시간도 많이 소요된다. 이러한 문제점을 해결하기 위하여 각국이 모여 그 해결방안으로 파리조약을 비롯하여 마드리드협약 및 의정서, 상표법조약 등을 체결하여 절차를 간소하게 하기에 이르렀다.

상표등록을 받고자 하는 자는 상표법에 규정된 일정한 형식을 갖추어 일정한 절차를 이행함으로써 상표등록을 받을 수 있다. 즉 일정한 자격을 갖춘 자가 서면(출원서)으로 하나의 상표에 대하여 하나의 출원(상§38①, 1상표 1출원주의)을 하면, 특허청은 심사를 거쳐 식별력이 있다고 판단된 경우에는 독점 배타적인 권리를 부여한다. 이 때 제출하는 서류는 특허청이 정한 양식에 맞추어 우리말로 작성하여야 하고, 소정의 수수료를 납부하여야 한다.

상표등록을 받기 위해서 특허청에 제일 먼저 출원서를 제출하여야 한다. 즉 의사를 표시하는 것이 상표등록출원서이다. 상표등록출원을 하기 위해서는 먼저 등록출원서와 견본서 등을 첨부하여 제출하여야 한다. 상표법 제36조에 의해 상표등록을 받고자 하는 자는 ① 출원인의 성명 및 주소(법인인 경우에는 그 명칭 및 영업소의 소재지), ② 출원인의 대리인이 있는 경우에는 그 대리인의 성명 및 주소나 영업소의 소재지(대리인이 특허법인·특허법인(유한)인 경우에는 그 명칭, 사무소의 소재지 및 지정된 변리사의 성명), ③ 상표, ④ 지정상품 및 그 산업통상자원부령으로 정하는 상품류, ⑤ 제46조 제3항에 따른 사항(우선권을 주장하는 경우만 해당한다), ⑥ 그 밖의 산업통상자원부령이 정하는 사항을 기재한 상표등록출원서를 특허청장에게 제출하여야 한다.

상표출원 서류의 제출방법[1]은 이러한 서류를 서면으로 제출하는 방법(출원규정§5, §8)과 특허청 전자출원 시스템을 이용하여 온라인으로 전자문서를 전송하는 방법과 전자적 기록매체에 수록하여 제출하는 방법(출원규정§6)이 있다.[2]

상표에 관한 절차를 온라인으로 밟고자 하는 자는 특허청 또는 특허심판원에 자신의 고유번호(출원인코드)의 부여를 신청하여야 한다. 출원인 코드를 부여받은 자는 주소, 인감 등의 변경신고서를 제출하여 이를 변경할 수 있고, 또한 출원인코드를 이중으로 부여받았거나 잘못 부여받은 경우에도 이를 신청에 의하여 정정할 수 있다.

---

1) 출원관계사무취급규정(2016. 9. 1. 특허청 훈령 제852호) 제4조 제1항은 "출원과(고객지원실) 및 서울사무소 출원등록과(이하 "출원등록과"라 한다)는 서면서류 접수 전에 산업재산권관련서류전자화사무취급규정 제6조에 의한 전자화 적합 여부를 판단하여 당해 서류가 전자화에 적합하지 않다고 확인된 때에는 출원인에게 정정할 수 있는 기회를 부여하여야 한다."고 규정하고 있다.

2) 다만 비밀취급명령을 받은 발명의 경우에는 전자문서로 제출할 수 없다.

제1절 출원의 적법요건

상표등록을 받으려고 하는 자는 소정의 양식에 기재한 출원서를 특허청장에게 제출하여야 한다. 이처럼 등록을 받기 위해서는 필요한 절차와 요건을 갖추어야 한다. 그 요건으로는 i) 출원이 유효한 것일 것, 즉 출원인이 행위능력이 있어야 하고, 국내에 주소나 영업소를 가지지 않은 자가 직접 외국으로부터 출원한 것이 아니어야 한다. ii) 당사자적격이 있을 것, 즉 상표를 정당히 사용하려고 하는 자와 사용하고 있는 자만 출원할 수 있다. iii) 서류의 불수리(不受理)사유(상규칙 §25①)에 해당하지 않을 것 등이 있다.

1. 출원적격자의 공통적 사항

상표출원의 절차 중의 하나가 상표등록을 받을 수 있는 자의 문제이다. 즉 상표출원을 할 수 있는 자는 출원적격을 갖춘 자이어야 한다. 이에 상표법상의 출원적격자는 i) 권리능력이 있는 자로, ii) 상표등록을 받을 수 있는 권리자이며, iii) 출원절차를 밟을 수 있는 행위능력이 있거나 대리권이 있어야 한다. 이러한 출원적격을 갖추지 못한 자의 출원은 출원시 불수리처리, 보정(補正)명령(상§39) 및 거절결정의 대상(상§54)이 된다. 착오로 등록공고가 된 경우에는 이의신청(상§60) 및 직권심사의 대상(상§67)이 된다. 또한 착오로 상표가 된 경우에도 상표무효의 대상(상§117)이 된다.

여기서 "권리능력(權利能力)"은 상표등록을 받을 수 있는 권리 또는 상표권을 가질 수 있는 자격을 말하며, 민법의 일반원리에 따라 원칙적으로 자연인(민§3) 및 법인(민§34)에게 인정된다. 다만 외국인은 상표법에서 규정하는 일정한 경우를 제외하고는 상표권 또는 상표에 관한 권리를 향유할 수 없다(상§27). 즉 외국인은 일정한 경우에 한하여 권리능력이 인정된다.

"행위능력(行爲能力)"이란 독립하여 유효한 법률행위를 할 수 있는 법률상의 자격을 말한다. 상표법상 행위능력이란 자연인·법인이 독자적으로 상표를 비롯한 산업재산권에 관한 출원심사절차를 직접 행할 수 있는 것을 말한다. 이러한 행위능력을 가진 자는 자연인과 법인이다. 그러나 자연인이라고 모두 행위능력을 가지는 것은 아니라 미성년자・피한정후견인・피성년후견인(특§3①본)은 특정의 경우를 제외(상§4①단)하고는 행위능력이 없다. 한편 법인은 법인격이 있는 사단 및 재단법인은 행위능력을 가지나 법인이 아닌 사단 및 재단은 권리능력이 없으므로 권리의 주체가 될 수 없고 행위능력도 없다. 그러나 법인이 아닌 사단 또는 재단으로서 대표자 또는 관리인이 정해져 있는 경우에는 그 사단이나 재단의 이름으로 상표등록의 이의신청이나 재심의 당사자가 될 수 있다(상§5).

행위무능력자의 상표절차 능력과 관련하여 일본 상표제도와 한국의 상표제도는 약간의 차이점을 보인다. 일본 특허법 제7조에서는 미성년자 및 성년피후견인은 원칙적으로 법정대리인에 의하지 아니하면 절차를 밟을 수 없는 반면, 준금치산자는 보좌인(保佐人)의 동의를 얻으면 절차를 밟을 수 있도록 규정하고 있다. 특히 상대방이 청구한 심판 또는 재심의 절차를 밟는 경우에는 보좌인의 동의 없이도 준금치산자는 그 절차를 수행할 수 있다. 반면 한국의 특허 및 상표법은 일본법상의 준금치산자에 해당하는 피한정후견인의 절차능력을 규정함에 있어 다른 행위무능력자와 구별하지 않고 법정대리인에 의하지 아니하면 특허절차를 밟을 수 없도록 하고 있다.

그 외에 대리권의 범위와 증명, 그리고 불소멸(상§7,상§8,상§10), 행위능력 등의 흠결에 대한 추인은 상표법 제9조에서는 명문으로 추인의 효력이 행위시에 소급함을 밝히고 있다.

상표법은 상표절차를 수행할 수 있는 절차능력과 관련하여 '법인이 아닌 사단 등(상§5)'과 '재외자의 상표관리인(상§6)'의 규정을 두고 있다.

원칙적으로 법인이 아닌 사단 또는 재단은 그 권리능력이 인정되지 않으므로 상표권의 주체가 될 수 없다. 따라서 예외적으로 그 절차능력이 인정되는 범위는 특허법 제6조에서 명문으로 규정한 것에 한정된다. 반면 우리나라 상표법은 광범위하게 그 절차능력을 인정하고 있다. 즉 상표법 제4조 제2항에서 법정대리인은 후견감독인의 동의 없이 상대방이 청구한 상표등록이의신청・심판 또는 재심에 대한 절차를 밟을 수 있다고 규정하고 있다. 일본의 특허법에 의하면 특허무효심판, 존속기간연장등록무효심판의 신청인 및 그 재심의 신청인 · 피신청인이 될 수 있는데 반하여, 한국 상표법에 의하면 제한없이 일체의 심판의 청구인 및 피청구인이 될 수 있도록 규정하고 있다. 이외 상표법에서 대리인에 관하여 특별한 규정이 있는 것을 제외하고는 『민사소송법』 제1편 제2장 제4절을 준용한다(상§14).

상표절차와 관련한 절차능력을 판단함에 있어 판례는 민사소송법상의 당사자 규정을 전체적으로 준용하고 있다. 즉 국가기관의 절차능력을 판단함에 있어 '국립대학은 민사법상의 권리능력이나 당사자능력이 없음이 명백하므로 출원인 · 심판청구인 및 소송청구인이 될 수 없다'고 판시하고 있다.

대법원 **1976. 4. 27. 선고, 74후61 판결**	외국인은 우리나라에 주소나 영업소가 없을 때에는 원칙적으로 상표에 관한 권리능력을 인정하지 않지만 예외로서 조약이나 협정이 체결되거나 또는 그 외국인이 속하는 나라의 법률에 의하여 우리나라의 국민에게 그 나라안에 주소나 영업소가 없더라도 상표에 관한 권리를 허용하는 국가의 국민에 대하여는 우리나라도 상표에 관한 권리를 향유케 한다.
대법원 **1997. 9. 26. 선고, 96후825 판결**	**[국립대학의 권리능력]** 특허법에서 특허출원의 주체가 될 수 있는 자나 당사자 능력에 관한 규정을 따로 두고 있지 아니하므로, 특허권과 특허법의 성질에 비추어 민법과 민사소송법에 따라 거기에서 정하고 있는 권리능력과 당사자능력이 있는 자라야 특허출원이나 그 심판, 소송의 당사자가 될 수 있다고 할 것인 바, 이 사건 출원인(항고심판청구인, 상고인)인 경북대학교는 국립대학으로서 민사법상의 권리능력이나 당사자 능력이 없음이 명백하므로 특허출원인이나 항고심판청구인, 상고인이 될 수 없다 할 것이다.

2. 상표를 받을 수 없는 자

상기의 출원적격자의 공통적 사항에서 살펴본 바와 같이 상표를 사용하는 자 또는 사용하고자 하는 자는 상표법이 정하는 바에 따라 상표를 받을 수 있는 권리를 가지는 것이 원칙이다. 그러나 특허청에 대하여 적법하게 상표출원을 했다 하더라도 그 출원인이 상표를 받을 수 있는 권리에 대하여 무권리자라면 부적격한 출원으로 상표를 받을 수 없다. 이와 같이 상표등록을 받을 수 없는 자는 법률이 직접 그 권리를 인정하지 않는 자와 정당하게 상표를 받을 수 있는 자가 아닌 경우가 있다.

(1) 특허청 및 특허심판원 직원

특허청 직원 및 특허심판원 직원은 상속 또는 유증의 경우를 제외하고는 재직 중 상표를 받을 수 없다(상§3①단). 이는 일반 상표출원인의 표장의 보호와 상표등록출원 등의 심사·심판의 공정성을 보장하기 위한 규정이다. 즉 일반국민의 권익 보호와 공공업무의 공정성이란 사회 공공이익을 위하는 측면에서 상표법은 공무원인 특허청 및 특허심판원 직원의 권리를 제한하고 있다. 즉 특허청 직원은 업무상 상표관계 업무를 다루고 있으므로 타인의 출원내용을 모인(冒認)할 가능성이 있을 뿐더러, 심사관으로서의 직책을 수행하고 있는 직원은 자기가 출원을 하여 자기에게 상표를 허여할 가능성도 있으므로 이러한 폐해를 미연에 방지하기 위한 것이라고 본다. 이는 과거의 규정[3]이 특허청 등의 직원에 대하여 발명가 및 상표권자로서의 권리를 원천적으로 부정한다는 점에서 위헌적인 요소도 내포하고 있었다고 보여 진다.

(2) 무권리자

상표등록출원도 특허법과 같이 상표출원인 또는 그 승계인으로부터 상표를 받을 수 있는 권리를 적법하게 승계받지 아니한 자는 당해 상표에 대하여 무권리자로, 이러한 무권리자에는 상표를 받을 수 있는 권리를 정당하게 승계받지 못한 자가 마치 정당한 승계인처럼 주장하는 자인 "모인자(冒認者)"와 이러한 모인자로부터 상표를 받을 수 있는 권리를 양도받은 선의의 승계인인 "선의의 무권리자"가 있다. 무권리자의 출원이라 함은 진정한 상표등록출원인이 아닌 자로서 상표등록을 받을 수 있는 권리를 승계하지 아니한 자(이하 "무권리자"라 한다)가 정당한 권원없이 상표출원(이를 "모인출원"이라 한다)하는

3) 특허청직원 및 특허심판원직원은 상속 또는 유증의 경우를 제외하고는 재직중 특허를 받을 수 있는 권리를 가질 수 없다(구특§33①단).

형태를 말한다(상§48①).

주로 모방되는 상표사례[4]

등록상표	모방상표	등록상표	모방상표
〈등록권자:샤넬〉 제56978호 제304806호	제31147호 제40-2000-19387호 제40-2001-49868호 제40-2003-18486호 제40-2003-25784호 제40-2004-26626호 제40-2004-42252호 KINAM 제350542호 제40-2004-42523호	〈등록권자:구치오구치〉 제3119122호 제378443호 제72212호	제40-2001-23147호 제40-2002-42566호 제40-2001-23147호 제40-2003-45785호

4) 특허청, 상표심사매뉴얼(2005. 11.), pp.269~270.

등록상표	모방상표	등록상표	모방상표
〈등록권자:루이비통〉 (제109060호)	(제40-1998-1318호) (제40-1998-13637호) (제40-1998-34078호) (제40-1998-34080호) (제40-1999-26462호) (제40-1999-256120호) (제40-19993603호) (제40-2001-3819호)	〈등록권자:루이비통〉 (제118012호)	(제40-1999-946호) L.S.V (제40-1999-8023호) (제40-1998-131199호) OLV (제40-2000-10538호) (제40-2001-3820호) (제40-2001-14961호) (제40-2001-49981호)

모방대상 상표가 국내에서 주지·저명하지 않다는 이유로
모방상표의 등록이 허용된 대표적인 사례[5)]

사건번호	모방상표(출원상표)	모방대상상표(인용상표)
특허법원2001허2375[6)]	ZOM	ZOM SYSTEM
특허법원2002허505[7)]	PAGE UP	PAGE UP
특허법원2003허6265[8)]	CHIPPEWA	CHIPPEWA
특허법원2004허5870[9)]	HOOTERS	HOOTERS

제2절 상표출원의 서류

상표등록출원서는 상표출원의 본체(本體)라고 할 수 있는 것으로 상표등록출원의 주체 및 그 절차를 밟는 자를 명확히 하며 상표를 받고자 하는 취지의 의

5) 특허청, 상표법 및 디자인보호법 일부개정 추진-개정(안) 입안-(2006. 6.), p.8.

6) 인용상표가 국내에서 주지·저명하지 아니하다면 비록 인용상표가 창작성 있는 것이라고 하더라도 이를 모방하여 출원한 것 자체만으로는 상표법 제34조 제1항 제4호에 해당한다고 할 수 없다.

7) 주지·저명하지 아니한 인용상표를 모방하여 출원한 상표가 상표법 제34조 제1항 제4호에 해당하지 않으며 주지·저명의 판단은 국내를 기준으로 판단하였다.

8) 특허심판원은 위 심판청구에 대하여 선행상표들이 이 사건 등록상표의 등록결정시 내지는 출원시를 기준으로 국내 외에서 주지·저명하다거나 국내의 일반 거래에 있어서 수요자나 거래자에게 그 상품이나 상표라고 하면 특정인의 상품이나 상표라고 인식할 수 있을 정도로 알려져 있다고 볼 수 없어서 이 사건 등록상표가 상표법 제34조 제1항 제4호, 제12호 및 제13호에 해당하지 않는다는 이유로, 원고의 청구를 기각하는 청구취지 기재의 이 사건 심결을 하였다.

9) 상표법 제34조 제1항 제4호, 구상표법 제2조 제3항에서 규정한 '공공의 질서 또는 선량한 풍속을 문란하게 할 염려가 있는 서비스표'라 함은 서비스표의 구성 자체 또는 그 서비스표가 그 지정서비스업에 사용되는 경우에 일반 수요자에게 주는 의미나 내용이 사회공공의 질서에 위반하거나 사회 일반인의 통상적인 도덕관념인 선량한 풍속에 반하는 경우를 말하는 것이므로, 비교대상 서비스표가 국내에서 주지·저명하지 아니하다면 비록 비교대상 서비스표가 창작성 있는 것이라 하여도 이를 모방한 동일한 서비스표를 같은 지정서비스업에 출원한 것 자체만으로는 상표법 제34조 제1항 제4호에 해당하지 아니하고, 여기서 비교대상 서비스표가 주지·저명하다는 것은 국내에서 주지·저명한 것을 말한다.

사표시를 기재하는 서면이다. 상표등록출원서가 제출되면 특허청장은 출원인에게 출원번호를 부여하고, 제출된 날을 출원일로 인정하게 되지만, 출원료를 납부하지 않았다던가 출원의 방식이 규정에 위배된 경우에는 보정이 명해지고 보정이 되지 않으면 당해 출원은 무효가 된다. 출원일은 당해 출원에 관한 선출원요건 판단의 기준시가 되고, 선출원 판단의 기준이 될 뿐만 아니라, 상표법상 각종 기간의 기산일의 기준이 되므로 출원일을 확정하는 것은 대단히 중요하다.

출원서에는 상표등록을 받고자 하는 자의 i) 출원인의 성명 및 주소(법인의 경우에는 그 명칭·영업소의 소재지), ii) 출원인의 대리인이 있는 경우에는 그 대리인의 성명 및 주소나 영업소의 소재지, 단 대리인이 특허법인인 경우에는 그 명칭, 사무소의 소재지 및 지정된 변리사의 성명, iii) 상표, iv) 지정상품 및 그 류(類)구분, v) 우선권주장을 하고자 하는 경우에는 상표등록출원시 상표등록출원에 그 취지·최초로 출원한 국명(國名) 및 출원의 연월일, vi) 기타 산업통상자원부령이 정하는 사항 등을 기재한 상표등록출원서를 특허청장에게 제출하여야 한다(상 §36①). 이 때 첨부서류는 i) 상표견본1통, ii) 정관 및 단체표장의 사용에 관한 정관의 요약서 각1통, iii) 업무의 경영사실을 입증하는 서면(업무표장등록서에 한함), iv) 대리출원의 경우에는 대리권을 증명하는 서면 등을 각각 제출하여야 한다(상시규§2③). 이 외에도 상표등록을 받으려고 하는 상표가 입체적 형상·색채·홀로그램·동작 또는 그 밖에 시각적으로 인식할 수 있는 것으로 된 상표인 경우에는 산업통상자원부령이 정하는 바에 따라 그 표장에 관한 설명을 출원서에 기재하여야 하고(상§36②), 단체표장, 증명표장 및 업무표장등록 출원인 경우 상표법 제36조 제3항(상시령§3①)·제4항(상시령§4)·제5항(상시령§5)·제6항에 따라 단체표장등록출원서와 업무표장등록출원서를 제출하여야 한다.[10] 즉, 일반상표등록출원요건에 단체표장의 사용에

10) 상표심사기준 제2부 제3장 도표 재인용.

구분	상표견본	설명란 기재	시각적 표현	첨부자료
일반상표	상표견본 1개	임의	불필요	
색채가 결합된 상표	상표견본 1개	임의	불필요	
입체상표	특징을 충분히 나타내는 5장 이내의 도면 또는 입체 사진	임의	불필요	사용증거

관한 사항을 정한 정관(定款)을 첨부한 단체표장등록출원서를 제출하고, 증명표장은 사용에 관한 "정관 또는 규약"과 증명하려는 상품 또는 서비스업의 품질, 원산지, 생산방법이나 그 밖의 특성을 증명하고 관리할 수 있음을 입증하는 서류를 첨부한 증명표장등록출원서를 제출하여야 하고, 업무표장은 업무의 경영사실을 증명하는 서면을 첨부한 업무표장등록출원서를 제출하여야 한다. 그리고 상표권의 존속기간갱신등록을 받고자 하는 자는 상표권의 존속기간 만료 전 1년 내에 일정한 사항을 기재한 상표권의 존속기간갱신등록출원서를 특허청장에게 제출하여야 한다. 다만, 이 기간에 상표권의 존속기간갱신등록신청을 하지 아니한 자는 상표권의 존속기간이 끝난 후 6개월 이내에 상표권의 존속기간갱신등록신청을 할 수 있다(상§84①②).

1998년 3월 1일부터는 상표갱신출원 및 심사절차의 간소화를 위하여 실체심사 및 상표견본 제출의무를 폐지하였다. 상표법은 일반출원제도와 구분되는 특별한 출원제도를 두고 있는데, 이러한 것으로는 존속기간갱신등록신청(상§84), 지정상품추가등록출원[11](상§86) 등이 있다. 한편 2001년 개정에서는 출

구분	상표견본	설명란 기재	시각적 표현	첨부자료
색채만으로 된 상표	단일색채나 색채의 조합만으로 채색된 1장의 도면 또는 사진	필수	불필요	사용증거
홀로그램상표	특징을 충분히 나타내는 5장 이내의 도면 또는 사진	필수	불필요	동영상자료(임의)
동작상표	특징을 충분히 나타내는 5장 이내의 도면 또는 사진	필수	불필요	동영상자료(임의)
소리상표	불필요	필수	필수	사용증거(식별력 없는 소리인 경우) 소리파일, 악보(임의)
냄새상표	불필요	필수	필수	사용증거 냄새견본
기타 시각적 상표	특징을 충분히 나타내는 6장 이내의 도면 또는 사진	필수	불필요	사용증거 동영상자료(임의)
기타 비시각적 상표	불필요	필수	필수	사용증거 기타 자료(임의)

11) 지정상품 추가등록출원이란 상표권자 또는 상표등록출원인이 등록상표 또는 상표등록출원의 지정상품과 동일상품구분내의 상품을 추가로 지정하여 출원하는 제도이다. 이 제도는 출원 또는 등록후의 사정변경에 따라 지정상품의 범위를 확대할 필요가 있음을 고려하여 상표권의 권리범위를 확장할 수 있도록 함으로써 상표권자의 이익을 보호하고자 하는 취지에서 둔 것으로 볼 수 있다.

원일을 i) 상표등록을 받으려는 취지가 명확하게 표시되지 아니한 경우, ii) 출원인의 성명이나 명칭이 적혀 있지 아니하거나 명확하게 적혀 있지 아니하여 출원인을 특정할 수 없는 경우, iii) 상표등록출원서에 상표등록을 받으려는 상표가 적혀 있지 아니하거나 적힌 사항이 선명하지 아니하여 상표로 인식할 수 없는 경우, iv) 지정상품이 적혀 있지 아니한 경우, v) 한글로 적혀 있지 아니한 경우를 제외하고 출원서가 특허청장에 도달한 날로 보고, 특허청장으로부터 보완 명령을 받고 상당한 기간 내에 절차보완서를 제출하는 경우에는 절차보완서가 특허청에 도달한 날을 상표등록출원일로 인정한다(상§37①~⑤).

등록상표의 보호범위는 상표등록출원서에 적은 상표 및 기재사항에 따라 정하여 지고, 지정상품의 보호범위는 상표등록출원서 또는 상품분류전환등록신청서에 기재된 상품에 따라 정하여 진다(상§91).

제 3 절 상품의 지정

1. 의 의

상표등록출원을 하고자 하는 자는 산업통상자원부령이 정하는 상품류구분상 1류구분 이상의 상품을 지정하여 상표마다 출원하여야 한다(상§38). 상표는 자타상품의 식별력을 기본적 기능으로 하기에 상표출원을 하는 자는 반드시 상표에 사용하고자 하는 상품을 지정하여야 하며, 상표법은 상표가 사용될 상품(지정상품)을 상품류구분 내에서 지정하여 출원하도록 하고 있다.

2. 상품지정의 구체적 방법

(1) 동일류구분 내에서의 지정

상표등록출원을 하고자 하는 자는 산업통상자원부령이 정하는 상품류구분상 1류구분 이상의 상품을 지정하여 상표마다 출원하여야 한다. 이 경우 산업통상자원부령이 정하는 바에 따라 하나의 출원서에 상품과 서비스업을 동시에 지정할 수 있다. 상표법 시행규칙의 별표에서 구분하여 예시한 것은 편의상 1상표로 출원할 수 있는 상품의 범위를 정한 것으로 상품의 유사범위를 정한 것은 아니다[12](상§38③).

(2) 구체적 상품명을 기재할 것

지정상품은 구체적 명칭을 각각 기재하여야 한다. 지정상품은 한글로 기재함을 원칙으로 하되 한자나 외국어를 병기할 수도 있다.

(3) 상품류(商品類)구분표에 기재되어 있지 않은 상품

상표법 시행규칙은 상품류 구분에 명시되지 않은 상품은 니스NICE 협정 제1조에서 규정하는 국제분류의 일반주석에 따라 분류한다.

출원서에 기재된 지정상품과 상품류 구분이 니스분류와 맞지 않게 기재된 경우에는 정확한 상품류 구분을 제시하여 거절이유를 통지하고, 그에 따라 정확한 상품류 구분으로 보정하면 이를 인정한다.

3. 지정상품의 추가등록출원

(1) 의의 및 취지

상표권자 또는 상표등록출원인은 등록상표 또는 상표등록출원의 지정상품을 추가하는 지정상품의 추가등록을 받을 수 있는 것을 지정상품의 추가등록출원제도라고 한다(상§86①). 상표등록출원인은 하나 또는 둘 이상의 상품을 일시에 지정할 수 있으나, 이것이 상표등록출원 후 또는 등록 후에 지정상품을 추가할 필요가 있으면 별도로 지정상품의 추가등록출원서를 특허청장에 제출하여야 한다(상§86②). 이 제도는 상표등록출원시 지정상품을 누락한 경우 또는 등록 후의 사정변화에 따라 지정상품의 범위를 확대할 수 있도록 하기 위하여 도입한 제도이다.

12) 유사상품・서비스업 심사기준[시행 2015.1.1.] [특허청예규 제80호, 2014.12.31.]

(2) 요 건

요건은 출원분할이나 변경과 거의 같다. 즉 상표권자 또는 출원인은 등록상표 또는 상표등록출원의 지정상품을 추가하는 지정상품의 추가등록을 받을 수 있고, 지정상품의 추가등록을 받고자 하는 자는 ① 상표법 제36조 제1항 제1호·제2호·제5호 및 제6호의 사항, ② 등록상표의 등록번호 또는 상표등록 출원번호, ③ 추가로 지정할 상품 및 그 상품류의 사항을 기재한 지정상품의 추가등록출원서를 특허청장에게 제출하여야 한다(상§86②). 이렇게 지정상품추가등록을 하면 지정상품의 추가등록제도의 취지상 추가등록될 경우 원상표권과 합체되어 존속기간이 함께 진행된다고 본다. 따라서 원상표권이 소멸하면 추가등록된 지정상품도 함께 소멸하게 된다.[13]

대법원 1989. 8. 8. 선고, 88후509 판결

[등록상표의 지정상품과 상품구분이 다른 상품을 지정상품으로 추가등록하였다고 하여 그 추가등록의 효력을 부정한 사례]

인용상표가 상품구분 제10류에 속하는 풀, 인공감미료, 중수, 증류수, 연화수, 정수를 지정상품으로 출원등록하였다가 그 후 생수, 약수를 제10류에 속하는 지정상품이라 하여 추가등록하였더라도 생수와 약수는 제10류의 화학품 또는 약품류에 속한다고 할 수 없고 제5류의 상품구분에 속하므로 인용상표의 추가등록은 구 상표법 제28조의 규정에 의하여 허용할 수 없다.

(3) 효 과

효과는 지정상품이 추가등록이 되면 그 등록된 지정상품은 원상표권에 귀속되어 하나의 상표권이 된다. 한편 2 이상의 지정상품이 있는 상품등록출원에 대한 상표등록결정을 받은 자(지정상품의 추가등록출원에 대한 지정상품의 추가등록결정을 받은 자 또는 상표권의 존속기간갱신등록신청을 한 자) 등은 상표등록료를 납부하는 때에 지정상품별로 이를 포기할 수 있다(상§73).

13) 문삼섭, 상표법(제2판), 세창출판사(2004), p.727.

제4절 출원에 있어서의 여러 제도

1. 1상표 1출원의 원칙

(1) 의의 및 취지

상표법 제38조 제1항은 상표등록출원에 있어서는 상표사용을 하려고 하는 1 또는 2 이상의 상품을 지정하여 "상표마다" 출원하여야 한다고 규정하여 1 출원에 복수의 상표를 출원하는 것은 인정하지 않고 있다. 이는 특허법에서 1 군의 발명을 1출원할 수 있는 것과 다르며, 복수의 상표를 1출원하면 상표의 동일·유사범위와 상품의 동일·유사범위를 판단하는 것이 어려워진다.

우리나라는 상표법조약에 가입하기 위해 다류(多類) 1출원등록제도[14]를 도입함에 따라 1류 1출원 원칙을 수정하여 다류의 상품류구분에 속하는 상품에 대해서도 하나의 출원서에 기재할 수 있도록 하였다. 『1상표 1출원』 원칙은 동일인이 1개의 동일한 상표를 2 이상 중복출원하거나 2개의 다른(유사포함) 상표를 1개로 출원하는 것을 허용하지 않는다는 것으로, 상표의 실체적 등록요건은 아니지만 출원·등록관리 및 심사의 효율성 등 절차상 편의를 위하여 도입된 제도이다. 1997년 개정법 전에는 1개의 상품류마다 1개의 상표만 출원할 수 있도록 제한하였으나, 상표법조약 가입을 위해 다류출원제도를 도입하여 보호받고자 하는 상품이나 서비스업의 범위를 제한하지 않게 되었다. 따라서 하나의 상표에 1개의 상품류에 속하는 다수의 상품을 기재하여 출원하거나, 다수의 상품류에 각 류에 속하는 다수의 상품을 지정하여 출원할 수 있다.

상표등록출원을 하고자 하는 자는 산업통상자원부령이 정하는 상품류(商品類)구분상 1류구분 이상의 상품을 지정하여 상표마다 출원하여야 한다(상§38

14) 다류(多類) 1출원등록제도란 1개의 상표등록출원에 복수의 상품 및 서비스를 구분에 속하는 상품 또는 서비스를 지정하는 제도를 말한다. 이 경우에 상품 또는 서비스의 지정은 「상품 및 서비스의 구분」에 따라서 출원서의 「지정(서비스)상품」란에는 「제0류 000, 제0류 000, 제00류 000」과 같이 상품 및 서비스 구분마다 지정상품 또는 지정서비스를 구분하여야 한다.

①). 이를 1 상표 1출원의 원칙이라 한다. 여기서 “1상표”란 상표출원서에 상표견본을 1종류의 상표만을 첨부하는 것을 뜻하며, 2종류 이상의 상표를 첨부하는 것은 인정하지 않는다. 즉 결합상표인 경우에도 1상표에 해당하며, 결합상표중의 문자, 도형을 분리하여 상호, 서비스표 등으로도 등록할 수 있다. 이 제도는 절대적·보편적인 원칙은 아니지만 상표심사·등록절차상 업무취급의 편의 및 상표자료 조사를 용이하게 하고 상표권이 설정된 후 권리거래의 편의를 도모하기 위한 제도로 볼 수 있다.

(2) 요 건

상표법 제38조의 1상표 1출원의 원칙에 의해 상표등록을 받고자 하는 경우에는 산업통상자원부령이 정하는 상품류구분에 따라 상표를 사용할 지정상품을 지정하여 상표마다 출원하여야 한다.

1) 산업자원부령이 정하는 상품류구분 내일 것.

2) 상표를 사용할 상품을 지정하여 출원할 것.

3) 상표마다 출원할 것을 그 내용으로 한다.

1상표 1출원의 원칙에 위반하여 행해진 상표등록출원은 정보제공 이유(상§49, 상§54), 이의신청 이유(상§60)가 되며 거절된다(상§54iii). 그러나 이에 위반되어 잘못 등록되었다 하더라도 무효로 되는 것은 아니라고 본다(상§117).

(3) 1상표 1출원 위반 여부의 판단시점

1상표 1출원 위반 여부는 등록여부결정시를 기준으로 판단한다. 따라서 출원시 위반된 경우라 하더라도 보정이나 분할 등에 의하여 하자가 치유되면 등록이 가능하다.

대법원 1980. 9. 9. 선고, 79후94 판결	상품분류표는 동종의 상품을 법정한 것이 아니라 상표등록의 편의상의 구분으로서 상품의 동종여부는 그 품질용도 형상 거래의 실정 등에 비추어 거래의 통념에 따라 결정하여야 할 것이다.
	상표법상 상품의 동종여부는 그 품질, 용도, 형상, 거래의 실정 등에 비추어 거래의 통념에 따라 결정되어야 하고 상품이

대법원 1989. 2. 14. 선고, 87후91 판결

동종이 아닐 경우에 유사한 상표의 사용(등록)이 허용되는 이유는 거래하는 고객이 피차 혼동을 일으킬 염려가 없다는데 근거가 있고 상품이 동종일 경우 먼저 등록한 상표의 무단사용이 금지되는 것은 거래하는 고객이 혼동을 일으킬 염려가 있다는데 근거하고 있음에 비추어 판단하여야 한다.

대법원 1982. 12. 28. 선고, 82후8 판결

[상표 및 그 지정상품의 유사 여부 판정기준]

상표의 유사여부는 그 상표를 어떤 상품에 사용하는 경우에 상품의 출처에 관하여 오인, 혼동을 일으킬 우려가 있는가의 여부에 의하여 판정하고 그 지정상품의 유사여부는 그 상품이 통상 동일한 영업체에서 제조, 판매되고 있는 사정 등에서 그들의 상품에 동일 또는 유사한 상표를 사용할 때에는 동일업체의 제조 또는 판매하는 상품으로 오인될 우려가 있는가의 여부에 의하여 판정되어야 한다.

대법원 1986. 3. 25. 선고, 85후20 판결

서비스표(구 상표법상의 영업표)가 선출원에 의한 타인상표인 인용상표와 그 외관, 칭호 또는 관념등에서 유사하고 서비스표의 지정영업에 사용되는 재료가 인용상표의 지정상품과 동일하여 그 제품의 포장등에 서비스표를 붙이거나 그 서비스표에 의하여 광고를 하는 경우 일반수요자로 하여금 서비스표의 지정영업을 인용상표권리자의 영업으로 오인, 혼동시킬 우려가 있는 때에는 그 서비스표의 등록은 구 상표법 제7조 제1항 제7호에 의하여 거절되어야 하고 일단 등록이 되었다고 하더라도 동법 제46조 제1호에 의하여 무효로 된다.

(4) 출원계속의 효과

1) 선원의 지위

특허청에 계속 중인 출원은 동일·유사한 후출원에 대해 선원(先願)의 지위를 갖는다.

2) 절차적 권리의 발생

우리 법제하에서 등록주의를 취하므로 출원 이전의 권리에 대해서는 상표법상으로 보호되지 아니하며 따라서 출원에 의해 상표등록을 받을 절차적 권리를 지니게 된다.

3) 상표등록출원의 승계

상표법 제48조에서 상표등록출원의 승계(承繼)를 인정하고 있다. 이는 공법상의 청구권으로 볼 수 있으나 장차 발생할 상표권에 대한 기대권으로서 재산적 가치를 지닌 권리이다(상§48①).

(5) 1상표 1출원 원칙의 위반효과

상표법 제38조의 1상표 1출원의 원칙을 위반하여 출원하면 상표법 제54조 제1항 제3호의 위반으로 거절결정이 된다. 이 원칙에 위반하여 등록된 경우라도 상표등록의 무효사유(상§117①)에는 해당하지 않는다.

2. 선출원주의

(1) 의 의

선원주의(先願主義)란 동일 또는 유사한 상품에 사용할 동일 또는 유사한 상표에 관하여 다른 날에 2이상의 상표등록출원이 경합하는 경우에는 제일 먼저 출원한 자에게 한하여 등록을 허여하는 제도를 말한다(상§35①). 그리고 선사용주의(先使用主義)란, 제일 먼저 출원한 자에게 등록을 허여하는 것이 아니고, 제일 먼저 사용한 자에게 등록을 허여하는 것을 말한다. 즉 사용주의는 사회적 사실로써 현실에 사용되고 있는 상표 중에서 식별가능한 표식으로서 기능을 하고, 사회적 이익이 생기는 상표에 대하여 일정의 장해가 없는 한 권리로써 확인하고, 법률에 의해 독점배타권으로써 보호하는 권리이다.

우리나라의 상표법은 선원주의 채용하면서도 사용주의를 가미하고 있다. 예컨대 주지 및 저명상표의 보호(상§34①ix, xi), 사용에 의한 자타상품식별력의 인정(상§33②), 출원시 특례(상§47), 불사용에 의한 취소심판청구(상§119①iii) 등이 그 예이다. 한편, 2023년 상표법 일부개정에 따라 이른바 ‘상표 공존동의제도’가 도입되어, 유사범위 내에서는 먼저 출원한 자로부터 상표등록에 대한 동의를 받아 나중에 출원한 자도 상표를 등록받을 수 있게 되었다.[15]

---

15) 시행 2024. 5. 1., 법률 제19809호, 2023. 10. 31., 일부개정.

(2) 제도적 취지

우리나라를 비롯한 대부분의 국가가 권리관계가 명확하고 실무상 간편하다는 이유로 이 제도를 채택하고 있다. 선사용주의는 이론상으로는 선원주의보다 합리적이라고 생각되나 실제 운용에서는 선사용을 입증하는 데 있어 어려움이 존재한다.

(3) 선후출원간의 판단기준

1) 경합된 타인간의 동일(同日)출원의 처리

동일·유사 상표출원시 먼저 출원한 자만이 보호되고 같은 날(同日)에 출원이 경합된 경우 출원자의 협의에 의하여 정하며, 협의를 하지 못하거나 할 수 없는 경우에는 특허청장이 행하는 추첨으로 결정된다(상§35②).[16] 이 경우 특허청장은 경합되는 출원인에게 추첨할 날을 통지하고 추첨할 때에는 3인 이상의 심사관을 참석하게 하여 추첨결과를 각 경합자에게 서면으로 통지하고, 당첨되지 아니한 출원인에 대해서는 상표법 제35조 제2항 및 제4항의 규정에 의한 거절이유를 통지하며, 당첨된 출원인의 출원이 등록된 후에는 낙첨된 출원인의 출원에 대하여 거절결정을 하여야 한다. 다만 낙첨된 출원인의 후출원이 취하, 포기된 경우에는 별도로 거절결정을 할 필요는 없다.[17] 또한 협의 불성립시에는 선원(先願)의 지위가 없으므로 후의 제3자에 의해 출원된 것이 등록 가능하므로 추첨제도를 두는 것이라 할 수 있다.

특허법과 달리 상표법에서 추첨제도를 둔 것은 법의 목적에서 차이를 살펴볼 수 있다. 특허법은 새로운 발명을 발명자만 알고 있는 것은 산업발전에 도움이 되지 않기 때문에 공개를 유도하여 중복연구 및 중복투자를 하지 않고 기술발전을 이룩하기 위함이 목적인 반면, 상표제도의 목적은 새로운 창작에 의하여 만들어진 것이 아니고, 상표를 사용함으로써 상표로서의 가치를 높이는 것이기 때문에 추첨을 통하여 결정하여도 큰 문제가 되지 않기 때문으로 판단된다.

한편, 지리적 단체표장(① 동일하지 아니한 상품에 대하여 동일 또는 유사한 표

16) 특허청장이 명한 기간 내에 협의결과를 신고하지 아니한 경우에는 협의불성립으로 간주한다.
17) 특허청, 상표법해설(2004), p.103.

장으로 2 이상의 지리적 표시 단체표장등록출원 또는 지리적 표시 단체표장등록출원과 상표등록출원이 있는 경우, ② 서로 동음이의어 지리적 표시에 해당하는 표장으로 2 이상의 지리적 표시 단체 표장등록출원이 있는 경우)인 경우에는 동일에 2이상이 출원되더라도 적용하지 않는다(상§35⑤).

2) 출원인이 동일한 경우

상표법 제35조는 선후(先後)출원에서는 출원인이 다른 경우를 전제로 하고 있다. 따라서 출원인이 동일한 경우에는 선출원주의는 적용되지 않을 것이므로 만약 출원이 되면 선후출원 모두 등록이 가능하다고 본다. 이 경우에 동일상표이고 지정상품도 동일한 경우에는 후(後)출원의 상표는 상표법의 취지(1상표 1출원주의, 지정상품추가등록제도 등)에 반하므로 거절된다.

(4) 선출원주의 적용효과의 상실

상표등록출원한 선원상표와 후원의 상표가 특허청에 계속 중에 있어야 하나 그 출원인 중 한사람이 출원을 포기, 취하 등인 경우에는 선원의 효과가 없다. 즉 상표등록출원이 포기·취하 또는 무효가 된 때 또는 상표등록거절결정이나 심결이 확정된 때에는 그 상표등록출원은 상표법 제35조 제1항 및 제2항의 규정을 적용함에 있어서는 처음부터 없었던 것으로 본다(상§35③).

(5) 선원주의 위반의 효과

후출원(後出願)이 특허청 심사관의 착오로 출원공고가 된 경우에는 이의신청을 할 수 있고, 심사관은 공고 후라도 직권으로 거절결정을 하여야 하고(상§67①), 잘못되어 후출원이 등록되었을 때에는 무효심판의 사유가 된다(상§117①i).

(6) 선출원주의의 예외

선출원주의의 예외로서, ⓐ 먼저 출원한 자로부터 공존동의서를 받아 제출한 경우에는 유사범위 내에서 후출원 상표도 상표등록이 가능하고(상표 공존동의제도),[18] ⓑ 선사용(先使用)의 미등록주지저명상표(未登錄周知著名商標)가 있는

18) 시행 2024. 5. 1., 법률 제19809호, 2023. 10. 31., 상표법 일부개정법률은 상표법 제35조제1

경우에는 선출원 상표라 할지라도 상표등록을 받을 수 없으며(상§34①ix · xi), ⓒ 후출원에 소급효가 인정되는 경우[출원의 보정의 경우(상§40, §41), 출원변경의 경우(상§44②), 출원분할의 경우(상§45②), 조약에 따른 우선권주장의 경우[19](상§46), 박람회에 출품한 상품에 사용한 상표를 출원하는 경우[20](상§47) 등]에는 사실상 후출원이더라도 소급효에 따라 상표등록을 받을 수 있는 경우가 있다.

2023년 개정에서는 출원상표가 타인의 선등록상표와 동일 · 유사하여 상표등록의 거절이유가 있다 할지라도, 선등록상표의 상표권자가 출원상표의 상표등록에 동의를 하면 상표등록을 받을 수 있도록 하였다. 즉 법 제35조 제6항을 신설하여 "제1항 및 제2항에도 불구하고 먼저 출원한 자 또는 협의 · 추첨에 의하여 정하여지거나 결정된 출원인으로부터 상표등록에 대한 동의를 받은 경우(동일한 상표로서 그 지정상품과 동일한 상품에 사용하는 상표에 대하여 동의를 받은 경우는 제외한다)에는 나중에 출원한 자 또는 협의 · 추첨에 의하여 정

항 및 제2항에도 불구하고 먼저 출원한 자 또는 협의·추첨에 의하여 정해지거나 결정된 출원인으로부터 동의를 받은 경우(동일한 상표로서 그 지정상품과 동일한 상품에 사용하는 상표에 대하여 동의를 받은 경우는 제외한다)에도 나중에 출원한 자 또는 협의, 추첨에 의하여 정해지거나 결정된 출원인이 아닌 출원인도 상표등록을 받을 수 있다고 규정한다.

19) 우선권주장이란 한 나라에 상표출원한 자가 동일한 상표를 다른 나라에 상표출원을 하는 경우에 최초의 상표출원을 한 날로부터 6월 내에 한 우리나라의 출원은 최초의 상표출원일에 출원된 것과 동일하게 취급할 것을 주장할 수 있는 권리를 말한다(상§46①).

우선권주장의 요건은 i) 파리조약 동맹국이나 법률 또는 조약 및 호혜주의(互惠主義)의 원칙에 의해 우리 국민에게 우선권을 인정하는 국가에 출원하여야 한다. ii) 출원인이 동일하여야 한다. iii) 출원의 목적물이 동일하여야 한다. iv) 우선권기간 내에 출원하여야 한다. v) 소정의 상표출원서와 출원증명서를 제출해야 한다. vi) 국내에 주소나 영업소를 가지지 않은 자가 국내에 체재하지도 않은 경우에는 국내에 주소나 영업소를 가진 대리인을 통하여서만 상표의 출원 · 청구 및 기타의 절차나 상표권 또는 상표에 관한 주장을 할 수 있다.

절차는 상표출원에 대하여 우선권의 주장을 하고자 하는 자는 그 취지, 최초로 출원한 국명 및 출원의 연월일을 기재한 서면을 상표출원과 동시에 특허청장에게 제출하여야 한다(상§46②).

효과는 출원의 소급효가 발생한다.

20) 제47조(출원 시의 특례) ① 상표등록을 받을 수 있는 자가 다음 각 호의 어느 하나에 해당하는 박람회에 출품한 상품에 사용한 상표를 그 출품일부터 6개월 이내에 그 상품을 지정상품으로 하여 상표등록출원을 한 경우에는 그 상표등록출원은 그 출품을 한 때에 출원한 것으로 본다.

1. 정부 또는 지방자치단체가 개최하는 박람회
2. 정부 또는 지방자치단체의 승인을 받은 자가 개최하는 박람회
3. 정부의 승인을 받아 국외에서 개최하는 박람회
4. 조약당사국의 영역(領域)에서 그 정부나 그 정부로부터 승인을 받은 자가 개최하는 국제박람회

② 제1항을 적용받으려는 자는 그 취지를 적은 상표등록출원서를 특허청장에게 제출하고, 이를 증명할 수 있는 서류를 상표등록출원일부터 30일 이내에 특허청장에게 제출하여야 한다.

하여지거나 결정된 출원인이 아닌 출원인도 상표를 등록받을 수 있다"(상§35 ⑥).

대법원 2002. 1. 8. 선고, 99후925 판결	선출원의 상표가 등록된 후 그 상표에 대한 등록무효심결이 확정된 때에는 상표등록과 그로부터 발생한 상표권은 처음부터 존재하지 아니하였던 것이 되므로 선출원이 처음부터 등록에 이르지 못하고 소멸된 경우와 마찬가지로 선출원 상표로서의 선원의 지위는 소급적으로 상실된다고 보아야 할 것이다(대법원 1997. 9. 12. 선고 97재후58 판결 등 참조), 같은 취지에서 이 사건 출원상표보다 선출원된 인용상표가 그 후 등록에 이르렀다가 등록무효심결이 확정되어 소멸되었으므로 인용상표의 선원의 지위는 소급적으로 상실되었고 이 사건 출원상표는 적법하게 등록될 수 있다고 본 원심의 판단은 정당하다.
대법원 2000. 5. 16. 선고, 98후2023 판결	구 상표법 제8조 제1항에 의한 유사 여부 판단은 구 상표법 제7조 제1항 제7호와 달리 등록출원시가 아니고 그 '사정시'가 기준이 되는바, 이 사건에서 보면, 이 사건 출원서비스표는 1997. 5. 21. 거절사정되었고, 인용서비스표는 그 서비스표권자의 포기로 1997. 4. 2. 말소등록이 이루어져 위 거절사정 당시에는 이미 존재하지 않았으므로, 구 상표법 제8조 제1항을 적용할 경우 이 사건 출원서비스표가 인용서비스표와 유사하다는 이유로 그 등록이 거절될 수는 없다.
대법원 1992. 1. 21. 선고, 91후882 판결	가. 구 상표법 제8조 제1항 제2호 소정의 상품의 관용표장은 처음에는 특정인의 상표였던 것이 주지저명의 상표로 되었다가 상표권자가 상표관리를 허술히 함으로써 동업자들 사이에 자유롭고 관용적으로 사용하게 된 상표를 말하는 것이고, 같은 항 제1호 소정의 상품의 보통명칭은 그 동업자들만이 아니라 실제 거래에 있어서 일반 소비자들까지도 지정상품의 보통명칭으로서 그와 같은 명칭을 보통으로 사용하고 있는 것을 말한다. 나. '모시메리'라는 상표의 등록 및 사용경위에 비추어 '모시메리'가 동업자들 사이에 자유롭고 관용적으로 사용하게 된 상표라고 할 수 없고, 나아가 일간신문에 '모시메리'를 보통명칭으로 사용한 기사가 수 회 게재된 일이 있다 하더라도 이 점만으로 '모시메리'가 지정상품의 보통명칭화 되었다고 단정할 수 없으므로 '모시메리'는 상품의 보통명칭이나 관용표장이 되었다고 할 수 없다고 한 사례.

대법원 1992. 1. 21. 선고, 91후882 판결

다. 선후출원관계에 있는 상표에 관한 구 상표법 제13조에 있어서 보통명칭 또는 관용표장이거나 기술적 표장에 해당되어 도저히 등록될 수 없는 상표인 것이 객관적으로 명백히 확정된 경우에는 설령 출원상표에 선출원상표와 동일한 문자가 포함되어 있다 하더라도 저명한 상호나 상표 등 다른 문자로 인하여 자타 상품의 식별력이 명백하게 있는 출원상표는 선출원상표와는 일응 비유사한 상표에 해당된다 할 것이고, 이러한 출원상표에 대하여 구 상표법 제13조 제1항에 의하여 등록을 거절할 수는 없다.

라. 인용상표 '모시메리'를 출원함에 있어 그 지정상품을 속샤츠, 속팬티 중에서 의마사로 제조된 제품 또는 의마가공된 제품에 한정하여 표시하고 있어서 모시가 함유되어 있지 아니한 제품임이 명백하므로 인용상표 '모시메리'가 그 지정상품의 원재료를 표시하는 것이라고는 할 수 없어 지정상품과 관련하여 식별력이 없는 부분이라고는 할 수 없고, 한편 본건 등록상표는 그 지정상품을 제45류 아동복, 블라우스, 속샤츠, 속팬티 등으로 지정하고 있어서 그 중에는 의마사로 제조된 상품 또는 의마가공된 상품이 포함되어 있다고 볼 것이므로 양 상표는 그 지정상품에 모두 의마사로 된 것, 또는 의마가공된 속샤츠, 속팬티가 포함되어 있어서 그 지정상품이 동일하고 그 지정상품에 관한 한 모시메리부분은 식별력이 있는 부분이어서 상표의 요부가 될 수 있는 부분이니 양 상표는 모두 모시메리부분이 있어 서로 유사한 상표이고 따라서 인용상표 '모시메리'보다 후출원된 본건 등록상표 '쌍방울모시메리'는 구 상표법 제13조 제1항에 의하여 등록될 수 없는 것이라고 한 사례.

3. 등록주의 및 사용주의

우리나라 산업재산권법은 원칙적으로 모두 등록주의를 취하고 있으며, 상표법도 등록주의를 원칙으로 하나 사용주의를 가미하고 있다. 즉, 상표법은 국내에서 상표를 사용하는 자와 사용하려는 자는 상표등록을 받을 수 있고(상§3①), 상표는 설정등록에 의하여 권리가 발생한다(상§82①)고 규정하고 있다. 즉, 상표법 제3조에서는 사용주의를 규정하고 있으며, 상표법 제82조 제1항에서는 등록주의를 명시하고 있다.

우리 상표법은 먼저 출원하여 등록된 상표를 보호하는 것이 원칙이고, 특정의 경우에는 사용주의를 가미하고 있다. 이는 다음과 같은 경우이다.

첫째, 상표등록을 받을 수 있는 자는 현재 국내에서 상표를 사용하고 있는 자 또는 사용하고자 하는 자에 한정되는데, 이는 사용주의를 나타내는 것이다(상§3).

둘째, 자타상품식별력이 없는 상표라도 출원전 사용으로 인해 수요자(소비자)간에 인식가능한 정도로 되어 있으면 사용에 의한 자타상품식별력 취득을 인정하여 예외적으로 상표등록을 인정하고 있다(상§33②).

셋째, 타인(他人)의 미등록 주지(周知)상표와 동일·유사한 상표의 등록은 인정하지 않는다(상§34①ix).

넷째, 상표권자·전용사용권자·통상사용권자 중 어느 누구도 정당한 이유 없이 3년 이상 국내에서 계속 사용하지 않는 경우에는 이해관계인의 취소심판청구에 의해 상표등록이 취소된다(상§119①iii).

4. 보정제도

(1) 의 의

출원보정이란 상표등록출원 후 그 출원에 절차상의 흠결이나 미비가 있거나 또는 내용상의 불비가 있는 경우에 요지를 변경하지 않는 범위 내에서 출원인이 자발적으로 출원서에 기재한 상품이나 상표를 보완하도록 하는 제도를 말한다.

상표도 특허와 같이 절차보정(상§39)과 실체보정(상§40, §41)으로 나누어 볼 수 있고 실체보정은 다시 출원공고결정 전과 출원공고결정 후의 보정으로 나눌 수 있다. 즉 상표는 상표등록여부결정통지서 송달 전까지는 보정을 할 수 있다(상§41①). 다만 거절결정심판을 청구한 경우에는 그 심판청구일로부터 30일 내 또는 상표등록출원에 대한 거절이유 통지 및 의견서제출 기회 부여, 지정상품추가등록출원에 대한 거절이유통지 및 의견서제출기회 부여의 경우는 의견서제출기간, 재심사를 청구하는 경우에는 재심사의 청구기간 내에 보정이 인정된다(상§41①각호). 한편 특허법에서는 출원과정에서의 흠결이 있는 경우에는 보정에 의해 정정할 수 있으나, 설정등록 후에는 정정심판에 의해 정정을 할 수 있다. 그러나 상표법상에는 상표등록 후에는 정정할 수 없기 때문에 정정심판제도가 없다.

(2) 보정의 종류

보정에는 절차적 보정제도와 실체적 보정제도가 있고, 절차적 보정[21]에는 자진보정과 직권에 의한 보정으로 나눌 수 있고,[22] 실체적 보정은 지정상품 또는 지정서비스의 보정과 상표등록을 등록받으려고 하는 상표의 보정으로 나누어 볼 수도 있다. 실체보정이 요지변경에 해당하는 경우에는 심사관은 보정을 각하할 수도 있다(상§42①).

1) 절차보정

절차보정은 출원절차에 관한 형식적 요건에 하자(흠결)가 있는 경우에 출원서류 등의 방식에 대해 출원인 스스로 보정하거나 특허청장의 보정명령에 의해 절차적 흠결을 보정하는 것을 말한다(상§39). 즉 특허청장 또는 특허심판원장은 상표에 관한 출원·청구 기타의 절차가 ① 상표법 제4조 제1항(행위능력) 또는 동법 제7조(대리권의 범위)의 규정에 위반된 경우, ② 상표법 제78조(수수료)의 규정에 의하여 납부하여야 할 수수료를 납부하지 아니한 경우의 1에 해당하는 경우, ③ 절차가 상표법 또는 상표법에 의한 명령이 정하는 방식에 위반된 경우에는 기간(期間)을 정하여 보정을 명하여야 한다.

2) 실체적 보정

실체적 보정은 보정명령의 대상이 아니라 상표출원인이 자진하여 보정하

---

21) "절차의 보정"이란 기재사항에 흠이 있거나 구비서류가 미비한 경우 이를 보정하는 것으로 구체적인 대상은 다음과 같다.
(i) 행위능력이 없는 자가 밟은 경우
(ii) 대리권의 범위를 위반한 경우
(iii) 방식에 위반된 경우
(iv) 수수료를 납부하지 아니한 경우

22) 출원일이 인정되는 절차적 보정과 대비하여 '절차의 보완'이 있다. "절차의 보완"이란 출원일의 인정과 관련하여 중대한 하자가 있는 경우 이를 보완하는 것으로 구체적인 대상은 다음과 같다.
(i) 상표등록을 받고자 하는 취지의 표시가 명확하지 아니한 경우
(ii) 출원인의 성명이나 명칭의 기재가 없거나 그 기재가 출원인을 특정할 수 없을 정도로 명확하지 아니한 경우
(iii) 상표의 기재가 없거나 그 기재가 상표로서 인식할 수 없을 정도로 선명하지 아니한 경우
(iv) 지정상품의 기재가 없는 경우
(v) 국어로 기재되지 아니한 경우

는 것을 말한다. 출원공고결정 전이나 재심사의 청구기간의 보정(상§40)에 대해 상표등록출원인은 지정상품의 범위 감축, 오기의 정정, 불명료한 기재의 석명, 상표의 부기적 부분의 삭제(최초출원의 외관·칭호·관념·인상 등에 중요한 부분에 영향이 없는 부분의 삭제, 그 밖에 표장에 관한 설명 등 산업통상자원부령으로 정하는 사항) 등 요지변경(要旨變更)이 아닌 범위 내에서 보정이 가능하다(상§40②). 그러나 출원공고결정 후의 보정(상§41)은 원칙적으로 인정하지 않지만, 상표등록거절결정(상§54) 또는 지정상품의 추가등록거절결정(상§87①)의 거절이유에 나타난 사항에 대하여 거절결정에 대한 심판(상§116)을 청구한 경우 그 심판청구일부터 30일, 거절이유의 통지(상§55① 및 상§87②)를 받고 그 거절이유에 나타난 사항에 대하여 보정하려는 경우 해당 거절이유에 대한 의견서 제출기간, 재심사(상§55의2)를 청구하는 경우 그 재심사의 청구기간(상§41①ii의 ii), 이의신청이 있는 경우에 그 이의신청의 이유에 나타난 사항에 대하여 보정하려는 경우 답변서 제출기간(상§66①)에는 요지를 변경하지 않은 범위 내에서 지정상품 및 상표를 보정할 수 있다(상§41).

(3) 요건 및 절차

출원의 보정이 인정되기 위해서는 원출원이 적법하게 존재하여야 하는 것이 전제가 되고, ① 원출원인과 보정후의 출원인이 동일해야 하며, ② 법정으로 정한 기간내에 보정하여야 하며, ③ 보정내용이 요지를 변경하지 않고 보정범위 내에 해당되는 보정서가 제출되어야 한다.

(4) 보정의 효과

보정의 효과는 적법한 보정의 경우와 부적법한 보정인 경우, 그리고 보정각하로 나누어 볼 수 있다. 보정각하의 경우는 각하결정이 있는 때에는 제115조에 따른 보정각하결정에 대한 심판청구기간을 경과할 때까지는 당해 상표등록출원에 대한 상표등록여부결정을 하여서는 아니되며, 출원공고할 것을 결정하기 전에 각하결정이 있는 때에는 출원공고결정도 하여서는 아니된다(상§42②). 심사관은 출원인이 보정각하결정에 대한 심판을 청구한 때에는 그 심판의 심결이 확정될 때까지 그 상표등록출원의 심사를 중지하여야 하며, 요지를 변경하는 것인 때에는 결정으로 그 보정을 각하하여야 한다(상§42①③). 각하결정에 대하여는 불복할 수 없다. 다만, 상표법 제116조 규정에 의한 거절결정에 대한 심판을 청구하는 경우에는 그러하지 아니하다(상§42⑤).

1) 적법한 보정

보정한 내용으로 최초에 출원한 것과 동일하게 출원일의 소급효(遡及效)가 인정된다.

2) 부적법한 보정의 취급

보정기간을 경과하여 제출된 보정인 경우 반려처분하고(상시규§25①viii), 원출원을 기준으로 하여 심사를 속행한다. 한편 공고결정 후의 보정에 대하여 각하결정은 독립하여 불복을 신청할 수 없으나 거절결정불복심판시에는 함께 신청할 수 있다(상§42⑤). 단, 출원공고결정 전의 보정에 대하여 출원인은 보정각하결정에 불복하는 심판을 청구할 수 있다(상§115).

5. 요지변경

(1) 의 의

요지변경은 출원서·상표를 표시한 서면에 표시한 상표의 본질적 부분에 대하여 최초의 출원시와 다르게 변경하는 것으로 지정상품의 확대나 상표의 중요한 부분을 변경하는 것이 이에 해당된다.[23] 즉 최초출원의 내용과 보정한 내용을 비교한 결과 동일성을 인정할 수 없을 정도로 현저하게 변경된 경우이다.

(2) 요지변경의 범위

상표법 제40조 제2항 각호에서는 요지변경이 아닌 부분으로서는 i) 지정상품의 범위의 감축, ii) 오기의 정정, iii) 불명료한 기재의 석명, iv) 상표의 부기적(附記的) 부분의 삭제(단, 추가적 변경으로 본질과 차이가 있으면 요지변경으로 본다), v) 그 밖에 제36조 제2항에 따른 표장에 관한 설명 등 산업통상자원부령으로 정하는 사항을 규정하고 있다. 예컨대 상표 SUN를 SUN—A로, VICTORY를 빅토리로 정정하는 경우에는 요지변경이다.

23) 대법원 1976. 6. 8. 선고, 75후30 판결.

(3) 요지변경임이 간과되어 등록된 상표

요지변경에 해당되지만 심사관의 착오로 상표권이 설정등록된 경우의 등록상표에 대해서는 먼저 출원공고결정등본의 송달 전에 한 상표등록출원에 관한 상표 또는 지정상품의 보정이 요지를 변경하는 것으로 상표권의 설정등록이 있은 후에 인정된 때에는 그 상표등록출원은 그 보정서를 제출한 때에 상표등록출원한 것으로 본다(상§40③).

그리고 출원공고결정등본의 송달 후에 한 상표등록출원에 관한 상표 또는 지정상품의 보정이 상표법 제41조의 규정에 위반된 것으로 상표권의 설정등록이 있은 후에 인정된 때에는 그 상표등록출원은 그 보정을 하지 아니하였던 상표등록출원에 관하여 상표권이 설정등록된 것으로 본다(상§41③).

(4) 요지변경의 예외

심판청구서의 보정은 요지를 변경하지 못하나 청구이유에 대한 보정은 요지변경으로 보지 아니한다(상§125②, 상§126②).

(5) 요지변경의 효과

상표법은 보정이 요지를 변경한 것이라고 상표등록 전에 판단되면 그 보정을 각하하고(상§42①), 출원인이 보정각하에 대해 불복하여 보정각하결정심판을 청구한 때에는 그 심판의 심결이 확정될 때까지 상표등록출원심사를 중지하여야 한다(상§42③). 그러나 출원공고결정등본송달 후의 보정에 대한 각하결정의 경우에는 출원인은 보정각하결정에 대하여 불복할 수 없으며, 단지 거절결정에 대한 심판을 청구하는 경우에만 다툴 수 있다(상§42⑤).

(6) 출원의 변경

1) 의 의

출원의 변경이란 상표출원을 디자인・특허・실용신안출원으로 변경하는 것이 아니라 출원의 주체나 내용의 동일성을 유지하면서 동일법(同一法) 영역 내(상표법 내)에서의 상표출원의 형식만(종류)을 변경하는 것이다. 즉 출원인은 상표등록출원, 단체표장등록출원(단, 지리적 표시 단체표장등록출원은 제외한다),

증명표장등록출원(지리적 표시 증명표장등록출원은 제외한다)을 상호 다른 출원으로 변경할 수 있는 것을 말한다(상§44①). 아울러 지정상품의 추가등록출원의 상표등록출원으로의 변경출원도 인정한다. 하지만 변경출원제도가 남용되지 않도록 원등록상표권에 대하여 무효나 취소 심판이 청구되거나 원등록상표권이 무효나 취소심판으로 소멸된 경우에는 허용하지 아니한다(상§44②).

2) 변경출원의 요건 및 시기

출원변경은 원출원이 특허청에 계속 중이어야 하며, 출원에 대한 등록여부결정이나 심결확정 전에 하여야 한다. 즉 최초에 한 상표등록출원에 대한 상표등록여부결정 또는 심결이 확정된 후에는 할 수 없다(상§44④).

요건으로는 i) 당초의 출원이 존재해야 하며, ii) 출원의 목적물이 동일성을 가지고, iii) 원출원의 출원인과 변경출원의 출원인간에 동일성이 있어야 하며, iv) 상표등록출원에 대한 결정 또는 심결의 확정 전일 것(상§44④)이다.

3) 출원변경 절차

출원변경을 하기 위해서는 새로운 절차를 밟아야 한다. 따라서 상표법 시행규칙 제36조 제1항의 규정에 따라야 한다. 즉, 상표법 제44조에 따라 상표등록출원, 단체표장등록출원 및 증명표장등록출원(지리적 표시 증명표장등록출원은 제외한다)상호간에 다른 출원으로 변경하고자 하거나, 지정상품의 추가등록출원을 상표등록출원으로 변경하고자 하는 자는 별지 제3호서식의 상표등록출원서에 상표법시행규칙 제28조제2항제2호·제6호 및 제7호의 서류를 첨부하여 특허청장에게 제출하여야 한다.

4) 출원변경의 효과

출원변경이 있을 때에는 그 변경출원은 최초출원시 출원한 것으로 보며(상§44③), 최초에 한 출원은 취하(取下)한 것으로 본다(상§44⑤). 한편 조약에 의한 우선권주장 및 그 증명서류 제출의 경우(상§46③④)와 출원시의 특례적용취지의 제출 및 그 증명서류 제출의 경우(상§47②)에는 분할출원의 경우와 동일하게 출원의 소급효를 인정하지 않는 예외를 규정하고 있으며,[24] 변경출원의 기초가 된 상표등록출원 등에 조약에 따른 우선권 주장이나 출원 시의 특례

24) 한편, 2023. 10. 31. 상표법 일부개정법률(2024. 5. 1. 시행)은 변경출원의 기초가 된 상표등록출원에 우선권이나 출원 시의 특례 주장 및 관련 서류·서면의 제출이 있는 경우에는 변경출원에 대해서도 그 주장 및 서류의 제출이 있는 것으로 간주하는 규정을 신설하였다.

취지 및 관련 서류의 제출이 있는 경우에는, 변경출원에 대해서도 그 주장 및 서류의 제출이 있는 것으로 간주한다.[25)]

대법원 1983. 4. 26. 선고, 83후7 판결	**[상표등록출원을 변경한 경우 원래의 상표등록출원에 관한 심판청구의 적부]** 상표등록출원 거절사정에 대한 항고심판 계류중 연합상표등록으로 원래의 출원이 변경되었다면 최초의 출원은 변경된 것이므로 이에 대한 심판청구는 목적물이 없어진 부적법한 청구이므로 이를 각하한 조치는 정당하다.

(7) 출원의 분할

1) 의 의

상표출원의 분할이란 특허·실용신안과 같이 상표의 내용을 분할하는 것이 아니고 지정상품을 분할하는 것을 말한다. 즉 상표출원인은 2이상의 상품을 지정상품으로 하여 상표등록출원을 한 경우에 보정(補正)할 수 있는 기간 내에 둘 이상의 상표출원으로 분할할 수 있다(상§45).

2) 취 지

지정상품 일부에 거절이유가 있는 경우 출원을 분할하여 거절이유가 없는 지정상품을 신속하게 등록받을 수 있도록 하기 위함이다.

3) 상표출원분할의 요건

출원의 분할은 현재 출원이 계속 중에 있어야 하며, 상표법 제40조와 제41조의 보정가능한 기간 내에 분할할 것을 요한다. 따라서 원출원이 거절결정확정, 등록결정확정, 절차의 무효, 출원의 취하나 포기된 출원은 분할출원의 대상이 되지 아니하며, 상표등록출원의 등록결정 후 또는 심결확정 후에는 할 수 없다.

① **실체적 요건** i) 1상표 1출원의 요건에 반하여 2이상의 다른 상품류 구분 내의 상품을 지정상품으로 하였을 것, 원출원(原出願)의 범위 내에서의 분할일 것,

25) 분할출원처럼 출원변경에 있어서 우선권 주장이나 출원 시 특례 주장 간주 규정은 2023. 10. 31. 일부개정법률에서 도입된 것이다(시행 2024. 5. 1.).

ii) 원출원인(原出願人)과 분할후(分割後)의 출원인이 동일할 것,

iii) 절차보정기간 내에 분할하는 것일 것(상§40, §41)

② **절차적 요건** 절차적 요건은 원출원이 계속중이어야 하고 분할출원의 기간 내이어야 한다. 보정서 및 분할출원서를 제출하며 출원시의 소급이익을 향유할 것인지를 밝히고 최초의 출원서에 제출한 기타 사항의 증명서, 서류 중 원용 가능한 것에는 원용의 유무를 명기하여 제출을 생략할 수 있다.[26]

4) 출원분할의 효과

분할된 상표등록출원이 적법한 경우에는 원상표등록출원시(原商標登錄出願時)에 출원한 것으로 본다(상§45②). 분할의 기초가 된 상표등록출원이 법 제46조에 따른 조약우선권이나 법 47조에 다른 출원 시의 특례를 주장한 경우 그 분할출원에 대해서도 그 조약우선권이나 출원 시의 특례를 주장한 것으로 보면, 관련 제출된 서류 또는 서면이 있는 경우 그 분할출원에 대해서도 해당 서류 또는 서면이 제출된 것으로 본다(상§45③⑤).[27] 다만 상표법 제46조 제3항・제4항(조약우선권주장시 취지 등 기재 및 우선권증명서류 제출) 또는 제47조 제2항(출원시 특례규정 적용시 취지 및 증명서류 제출)의 규정을 적용함에 있어서는 분할출원한 날을 기준으로 적용한다(상§45②단).[28] 그러나 부적법한 분할출원은 출원일이 소급하지 아니하고 분할출원일이 상표등록출원일이 된다.

(8) 출원의 이전

상표등록출원인은 그 상표등록출원을 타인에게 이전할 수 있다(상§48). 상표등록출원은 상속 기타 일반승계 외에는 반드시 출원인변경신고를 요하며(상§48①), 분할이전이 가능하며(상§48②), 공유시 타공유자 전원의 동의시 이전이 가능하다(상§48④). 다만 업무표장과 단체표장, 그리고 증명표장의 경우 원칙

26) 상표법시행규칙 제17조.

27) 우선권 또는 출원 시의 특례 주장 간주 규정(상§45③⑤)은 분할출원 시 출원인의 실수 등으로 우선권이나 출원 시의 특례에 관한 취지의 기재 등이 누락될 수 있는 문제가 발생하는 것을 방지하여 출원인의 편의를 도모하고 2021. 10. 19. 상표법 개정(시행 2022. 4. 20.)에 도입된 것이다. 이 경우 출원인은 분할출원을 한 날부터 30일 이내에 그 우선권 또는 출원 시의 특례 주장의 전부 또는 일부를 취하할 수 있다(상§45④).

28) 2023. 10. 31. 상표법 일부개정법률(2024. 5. 1. 시행)은 법 제45조제2항 단서 규정에 의하여 조약우선권주장의 절차규정(상§46③④) 및 출원 시의 특례에 관한 절차규정(상§47②)을 적용함에 있어 출원일이 소급되지 않음을 명확히 하였다.

적으로 양도가 불가하나 전자는 사업과 함께, 후자는 법인의 합병의 경우 특허청장의 허가를 받은 경우에는 이전이 가능하다(상§48⑥⑦⑧).

(9) 존속기간 갱신 등록신청

1) 의의 및 취지

다른 산업재산권은 일정한 기간동안 국가가 독점배타적인 권리를 부여하고 그 기간이 지나면 누구나 사용하게 하는 것이 산업발전에 이바지한다고 보고 있으나, 상표는 다른 산업재산권과 달리 상품 및 서비스의 오인·혼동이 일어나지 않게 하는 것이 수요자를 위한다고 보기 때문에 이러한 갱신등록제도를 인정하는 것이다.

상표권의 존속기간이 만료되기 전에 소정의 요건(상§84)과 절차요건을 갖추어 상표권의 존속기간 갱신(更新)등록신청을 하면 상표권의 존속기간을 10년씩 갱신하여 주는 제도이다(상§83②).

2) 요건 및 절차

상표의 존속기간을 갱신하려면, 갱신신청인이 상표권자 또는 그 승계인이어야 하고, 지정상품이 일치하여야 하고, 상표권의 존속기간 만료 전 1년 이내에 갱신신청하여야 한다(상§84②본). 즉 상표권의 존속기간갱신등록을 받고자 하는 자는 ① 상표법 제36조(상표등록출원서) 제1항 제1호·제2호·제4호 및 제6호의 사항, ② 등록상표의 등록번호를 기재한 상표권의 존속기간갱신등록신청서를 특허청장에게 제출하여야 한다(상§84①).

대법원 1989. 1. 17. 선고, 86후187 판결	등록상표권이 기간만료로 소멸되고 그 후에 다시 갱신등록이 되었다고 하더라도 그 등록상표권 소멸 후 다시 갱신등록을 하기까지 사이에 다른 사람이 동일내용의 등록상표권을 취득하지 않은 한 그 갱신등록은 무효라고 할 수 없다.

상표권의 존속기간갱신등록신청은 상표권의 존속기간 만료전 1년 이내에 제출하여야 한다. 다만, 이 기간내에 상표권의 존속기간갱신등록신청을 하지 아니한 자는 상표권의 존속기간의 만료 후 6월 이내에 상표권의 존속기간갱

신등록신청을 할 수 있다(상§84②).

존속기간갱신등록신청 절차의 보정에 관하여는 제39조를 준용한다(상§88①).

대법원 1999. 8. 24. 선고, 99후963 판결

구 상표법(1986. 12. 31. 법률 제3892호로 개정되기 전의 것)상 상표권의 존속기간갱신등록을 통한 지정상품의 추가, 변경은 등록된 지정상품과 구 상표법시행규칙(1987. 7. 7. 상공부령 제720호로 개정되기 전의 것) 제10조 [별표 1] 상품구분표상으로 동일한 상품구분 내의 상품에 관하여만 가능하고, 그 상품구분을 달리하는 상품으로 변경하는 존속기간갱신등록은 허용되지 아니하나, 이 경우에 '동일한 상품구분 내의 상품'이라 함은 위 상품구분표상의 동일한 '상품류'에 속하는 상품을 말하고, '상품류'뿐만 아니라 그 소속 '상품군'까지 동일할 것을 요하는 것은 아니라 할 것이다.

3) 효 과

상표권의 존속기간갱신등록은 원등록의 효력이 끝나는 다음 날부터 효력이 발생하며, 존속기간은 이날을 기준으로 10년이다(상§85②).

대법원 1994. 5. 27. 선고, 93후1339 판결

상표등록무효심결이 확정된 때에는 상표등록취소심결이 확정된 때나 상표권이 말소등록된 때와는 달리 상표권은 처음부터 없었던 것으로 보게 되어 있고, 상표권 존속기간갱신등록무효심결이 확정된 때에는 상표권 존속기간갱신등록은 처음부터 없었던 것으로 보게 되어 있으므로, 출원상표의 출원 당시에 인용상표의 존속기간이 갱신등록되어 있었다고 하더라도 그 존속기간갱신등록의 무효심결이 확정된 이상 인용상표의 존속기간갱신등록은 소급하여 없었던 것으로 보게 되어 결국 인용상표는 출원상표의 출원 당시에는 존재하지 아니하였던 것이 되므로 구 상표법(1990. 1. 13. 법률 제4210호로 전문 개정되기 전의 것) 제9조 제1항 제7호 소정의 "선출원에 의한 타인의 등록상표"에 해당한다고 볼 수 없다.

대법원 2004. 5. 28. 선고, 2003후564 판결

[공유상표권의 지분과 존속기간 갱신등록출원권의 포기]

상표권의 존속기간갱신등록은 그 등록에 의하여 새로운 상표권이 발생하는 것이 아니라 존속기간이 만료하게 된 상표권이 상표권자와 지정상품의 동일성을 유지하면서 그 존속기간만을 연장하는 것이고, 구 상표법 제45조 제1항 제2호는 '상표권의 존속기간갱신등록출원인이 당해 등록상표의 상표권자가 아닌 경우'를 존속기간갱신등록의 거절이유로 삼고 있으며, 같은 법 제56조 제1항 제1호는 공유상표권자의 지분 포기에 의한 지분권의 소멸도 등록하지 아니하면 효력이 발생하지 않는 것으로 해석되므로, 상표권의 공유자 중 일부가 그 지분권을 포기하였다고 하더라도 그 포기가 등록되지 않은 상태에서 나머지 공유자들만이 한 상표권존속기간갱신등록출원은 같은 법 제45조 제1항 제2호에 의하여 그 등록이 거절되어야 하고, 상표등록원부에 공유상표권자로 등재되어 있는 상표권자 중 일부가 존속기간갱신등록출원 포기의 의사를 표시하고 존속기간갱신등록출원을 하지 아니하여 나머지 공유자들만이 존속기간갱신등록출원을 하더라도 그 등록이 거절되어야 함은 마찬가지이다.

대법원 2004. 5. 28. 선고, 2003후564 판결

기록에 의하면, ""로 구성된 이 사건 등록상표(등록번호 제219155호)의 존속기간 만료일인 2001. 8. 14.경 주식회사 모나리자(상표등록원부상 주소: 대전 대덕구 대화동 350, 원고 주식회사 모나리자와 구분하기 위하여 이하 '대전 모나리자'라 한다)와 원고 주식회사 모나리자, 원고 주식회사 쌍마 3인이 이 사건 등록상표의 공유상표권자로 상표등록원부에 등재되어 있던 사실, 대전 모나리자는 2001. 4. 18. 원고 주식회사 모나리자에 대하여 이 사건 등록상표의 갱신등록출원을 하지 않겠다는 취지의 의사를 표시한 바 있기는 하지만 상표권 자체를 포기하겠다는 의사를 표시한 바 없고, 위 존속기간 만료일까지 지분 포기를 원인으로 하는 말소등록을 한 바도 없는 사실, 이에 원고들만이 존속기간 만료 후인 2001. 9. 14. 특허청에 이 사건 등록상표의 존속기간갱신등록출원을 한 사실을 알 수 있고, 그렇다면 이 사건 등록상표의 존속기간 만료시의 상표권자는 여전히 원고들과 대전 모나리자의 3인인 데 비하여 실제 갱신등록출원을 한 당사자는 원고들 2인뿐으로서, 이는 존속기간갱신등록출원인과 당해 등록상표의 상표권자가 동일하지 아니한 경우에 해당하므로 원고들의 상표권존속기간갱신등록출원은 상표법 제45조 제1항 제2호에 의하여 그 등록이 거절되어야 한다.

(10) 상품분류전환등록제도

1) 의의 및 취지

1998년 2월 28일 이전의 상품류구분에 따라 상표권을 등록한 자는 당해 상표권의 존속기간 만료일 1년전부터 만료 후 6월 이내에 현행 상품류구분에 따라 상품분류전환등록을 하도록 하고, 동기간 내에 상품분류전환등록을 하지 아니한 때에는 당해 상표권의 존속기간 만료일부터 10년이 경과한 날에 상표권이 소멸되도록 하였다. 구법에서는 상표권의 존속기간갱신등록신청에 의하여 상품분류를 전환하였지만 2001년 개정법에서는 갱신절차와 독립된 『상품분류전환등록』절차를 신설하여 상품분류를 신 상품분류인 니스분류로 통일하기로 하였다(상§209~§211 등) 이렇게 개정하게 된 이유는 상표법조약 제13조 제4항에서 조약에 규정된 사항 이외의 것을 갱신과 관련하여 아무것도 요구할 수 없도록 규정하고 있어 현재의 갱신절차와 연계된 상품분류전환등록체제를 계속하여 존치할 수 없기 때문이다. 따라서 상표권의 갱신등록신청시 지정상품을 통상산업부령이 정하는 상품분류에 일치시키도록 하는 요건을 폐지하고 구 상품분류로 등록된 상표는 구 상품분류 그대로 갱신등록신청하여 등록하도록 한 것이다. 다만, 상품분류의 통일을 도모하기 위하여 갱신등록신청절차와 독립된 상품분류전환등록제도를 신설하여 갱신등록신청 기간 이내에 구 상품분류로 등록된 상표의 지정상품을 국제상품분류로 전환등록하게 함으로써 상품분류를 니스분류로 모두 전환하도록 하였다. 현재 일본은 갱신등록절차와 독립된 改書절차에 의해 구 상품분류로 등록된 상표의 지정상품을 신 상품분류인 니스분류로 전환하도록 규정하고 있다. 2001년 개정법이 시행되기 전에 한 상표권의 존속기간갱신등록신청에 대한 심사는 종전의 규정에 의하므로 2001년 7월 1일 전까지는 갱신 신청시 상품분류를 모두 니스상품분류로 전환하여야 갱신등록을 받을 수 있다(상§209, §211).

구체적으로 제도의 내용을 살펴보자면 상표권의 존속기간갱신등록신청만 하고 법정기간 내에 상품분류전환등록을 하지 않은 경우 또는 상품분류전환등록신청을 취하한 경우, 상품분류전환등록에 관한 절차가 무효가 된 경우, 상품분류전환등록거절결정이 확정된 경우 또는 상품분류전환등록을 무효로 한다는 심결이 확정된 경우에 상품분류전환등록신청기간의 종료일에 속하는 존속기간의 만료일에 상표권이 소멸하게 된다.

제209조 제2항에서는 상표권의 존속기간갱신등록신청절차와 상품분류전환등록절차를 완전히 분리할 경우 출원인이 두 개의 서로 독립된 서류를 신청하여야 하는 부담을 갖기 때문에 출원인이 원하는 경우 상표권의 존속기간갱

신등록 신청시 상품분류전환등록을 동시에 병합하여 신청할 수 있도록 규정하였다.

2) 요건 및 범위

상품분류전환등록을 하기 위해서는 i) 상표권자의 동일 즉, 주체가 동일하여야 한다. 상표권자와 상품분류전환등록신청자와 동일하여야 하며 그렇지 아니하면 전환등록 신청이 거절사유가 된다. ii) 상표가 동일하여야 한다. 등록된 상표와 상품분류 전환등록을 하고자 하는 상표는 동일하여야 한다. iii) 당해 상표권존속기간 이내는 물론 상표권존속기간 갱신등록출원시와 동시에 등록신청하여야 한다. iv) 상품은 현행 시행하고 있는 분류표에 해당 지정상품별로 상품분류 전환등록을 하여야 한다는 요건을 구비하여야한다.

심사관은 상품분류전환등록신청이 i) 상품분류전환등록신청의 지정상품을 당해 등록상표의 지정상품이 아닌 상품으로 하거나 지정상품의 범위를 실질적으로 확장한 경우, ii) 상품분류전환등록신청의 지정상품이 산업자원부령이 정하는 상품류구분에 일치하지 아니하는 경우, iii) 상품분류전환등록을 신청한 자가 당해 등록상표의 상표권자가 아닌 경우, iv) 제209조 제3항의 규정에 위반한 경우에 해당하는 경우 즉, 상표분류전환등록신청은 상표권존속기간 만료일전 1년 이내에 상표권존속기간 경과한 후 6월 이내에 기간에 하여야 하는데 이에 위반하여 출원할 경우, v) 상표권이 소멸하거나 상표권의 존속기간 갱신등록신청을 포기·취하하거나 존속기간 갱신등록 신청이 무효로 된 경우에는 그 신청에 대하여 상품분류전환등록거절결정을 하여야 한다(상§210①).

3) 효 과

특허청장은 심사관이 전환등록신청의 심사결과 상표법 제212조의 규정에 의하여 준용되는 제68조의 규정에 의한 상품분류전환등록결정이 있는 경우에는 지정상품의 분류를 전환하여 등록하여야 한다(상§211). 상품분류전환등록신청이 적법하면 전환등록이 되며, 전환등록된 상표는 당해 분류상품에 등록된 것으로 보고, 하나의 독립된 상표권으로 존재한다. 전환등록상표는 원 등록상표와 마찬가지로 새로이 존속기간이 설정되는 것이고, 분류전환등록 되기 전의 등록상표 등록일부터 10년간 존속하고, 존속기간 만료되기 전 1년 이내에 상표권 존속기간 갱신등록신청을 하여야 한다.

(11) 조약에 의한 우선권주장

상표법상의 우선권이란 파리협약 동맹국인 1국에 상표출원한 자가 동일한 상표를 다른 동맹국에 상표등록출원을 하는 경우에 최초의 상표출원을 한 날(제1국의 출원일)로부터 6월 이내에 하면 최초로 출원한 1국의 출원일과 동일하게 취급하여 주는 것을 말한다(상§46). 이 규정은 파리협약의 기본원칙인 내외국인 평등의 원칙과 상표독립의 원칙과 함께 우선권이 3대원칙이며, 이 협약 제4조에 의해 출원의 최우선과 정규성 그리고 파리협약상의 권리능력을 가진 자의 출원이어야 한다. 구체적인 것은 뒤의 파리협약편에서 상세히 설명하기로 한다.

c·h·a·p·t·e·r

02 국제등록출원

제1절 파리협약에 의한 출원

1. 개 설

공업소유권보호를 위한 파리협약에 의하면 각국은 상표 독립의 원칙을 취하고 있기 때문에 국내 특허청에 상표를 등록하는 경우 대한민국에서만 등록상표로서 보호되고 해외에서는 원칙적으로는 보호가 되지 않는다. 따라서 국내에서 출원 또는 등록한 상표를 해외에서 보호받고자 하는 경우에는 보호받고자 하는 외국의 특허청에 상표등록출원하여 상표등록을 받아야만 한다.

2. 파리협약에 의한 상표등록출원

"조약에 의한 우선권주장"이란 우리나라 국민에게 상표등록출원에 대한 우선권을 인정하는 당사국 국민이 그 당사국 또는 다른 당사국(제1국)에 상표출원을 한 후 동일한 상표를 우리나라(제2국)에 상표출원하여 우선권을 주장하는 경우, 출원순위의 판단기준(상§35)을 적용함에 있어서 그 당사국에 출원한 날을 우리나라에 출원한 날로 보는 것을 말한다. 오늘날 상품과 무역의 국제간 거래의 활성화로 여러 국가에서 상표등록을 받고자 하는 경우 출원인은 개별국마다 동시에 출원하여야 하나 이 경우 시간, 거리, 언어 및 각국의 상이한 제도 등으로 사실상 동시 출원이 불가능하므로 파리협약(제4조A(3))은 우선권주장 제도를 마련하여 내국민대우 원칙의 실효성을 보장하는 한편 상표의 국제적인 보호를 도모하고 있다.[1)]

출원인은 우리나라에 상표등록출원을 하고 6월 이내에 우리나라의 출원을 기본으로 하는 우선권을 주장하면서 외국에 출원하는 경우 출원일의 선후원 판단과 관련하여 6월 이내의 기간이 소급되는 이익을 향유할 수 있다.

또한 국내 상표등록출원 후 6월이 지난 후라도 외국에 상표등록출원을 할 수 있으며, 다만, 이 경우에는 우선권의 이익을 향유할 수 없다. 따라서 외국에 상표등록을 하고자 하는 경우에는 반드시 국내 출원후 6월 이내에 하여야 선후원관계에서 6월 이내의 기간의 이익을 누릴 수 있다.

통상의 국제출원은 출원인이 출원하고자 하는 각국에 그 나라의 고유언어로 출원서를 작성하여야 하며, 각국의 대리인에 의하여 각국의 고유화폐로 수수료를 납부하여야 하고, 각국별 절차에 의해 진행(1국가 1출원시스템)된다는 점에서 비용과 시간이 많이 소요되는 단점이 있다. 따라서 이러한 단점을 보완하여 출원인의 편의를 증진하고자 각국에서의 상표등록출원절차를 하나의 출원절차로 진행할 수 있는 시스템의 마련에 대한 논의가 국제적으로 전개되었는데 지역적인 측면에서의 유럽공동체상표제도와 국제적인 측면에서의 마드리드 체제(마드리드 협정과 마드리드 의정서)가 바로 그 논의의 결과로 탄생한 다국가 1출원시스템이라고 할 수 있다.

3. 우선권주장의 요건

① 우선권주장의 기초가 될 수 있는 출원은 동맹국에서 정식으로 수리되어 출원일이 부여된 출원 중에서 출원일이 가장 빠른 제1국 출원에 한한다.

1) 상표심사기준 제2부 제6장 재인용.

그리고 ② 우선권주장을 하기 위해서는 파리협약, WTO, 상표법조약 등 국제조약이나 우리나라와 조약체결을 통하여 대한민국 국민에게 우선권주장을 인정한 나라의 국민 또는 비동맹국의 국민으로서 동맹국 내에 주소 또는 영업소를 가진 자이어야 한다. 그 외에 ③ 우선권주장 대상인 상표 및 지정상품이 동일하여야 하고, ④ 우선권을 주장하기 위해서는 제1국 출원일로부터 6개월 이내에 우리나라에 출원하여야 하고, ⑤ 우선권주장 취지는 출원인이 출원시에 반드시 기재하여야 한다.[2)]

4. 파리협약에 의한 우선권주장 및 효과

상표법상의 우선권이란 파리협약 동맹국인 1국에 상표출원을 한 자가 동일한 상표를 다른 동맹국에 상표등록출원을 하는 경우에 최초의 상표출원을 한 날(1국에 출원일)로부터 6월 이내에 하면 최초로 출원한 1국의 출원일과 동일하게 취급하여 주는 것을 말한다(상§46). 이 규정은 파리협약의 기본원칙인 내외국인 평등의 원칙과 상표독립의 원칙과 함께 우선권이 3대원칙이며, 이 협약 제4조에 의해 출원의 최우선과 정규성 그리고 파리협약상의 권리능력을 가진 자의 출원이어야 한다.

이러한 우선권은 제1국에서의 정식으로 출원한 것이어야 하고 그것이 다른 국가(제2국)에서 우선권의 혜택을 받기 위해서는 제2국에서 상표등록출원을 하고 우선권주장이라는 별도의 절차를 밟아야 한다(파리협약§4D). 이때 정규의 출원이어야 하고 출원이 협약국 중에서 최초로 출원으로, 우선권 기간 내여야 한다. 또 출원인과 상표 및 지정상품도 동일하여야 한다.

---

2) 분할출원 시 출원인의 실수 등으로 우선권 주장 취지의 기재 등이 누락될 경우 우선권 주장 기간 이내에 출원된 다른 상표등록출원으로 인하여 당해 상표등록출원의 등록이 거절되는 문제가 발생하므로 이를 방지하여 출원인의 편의를 도모할 수 있게 2021년10월19일 일부개정(법률 제18502호)에서 상표법 제3항부터 제5항까지다음과 같이 신설하였다.

③ 분할의 기초가 된 상표등록출원이 제46조에 따라 우선권을 주장한 상표등록출원인 경우에는 제1항에 따라 분할출원을 한 때에 그 분할출원에 대해서도 우선권 주장을 한 것으로 보며, 분할의 기초가 된 상표등록출원에 대하여 제46조에 따라 제출된 서류 또는 서면이 있는 경우에는 그 분할출원에 대해서도 해당 서류 또는 서면이 제출된 것으로 본다.

④ 제3항에 따라 제46조에 따른 우선권 주장을 한 것으로 보는 분할출원에 대해서는 분할출원을 한 날부터 30일 이내에 그 우선권 주장의 전부 또는 일부를 취하할 수 있다.

⑤ 제47조에 따른 출원 시의 특례에 관하여는 제3항 및 제4항을 준용한다.

우선권 주장의 효과는 제2국의 출원이 제1국에서 출원일과 동일하게 취급한다(파리협약§4B, 상§46①). 만약 우선권의 요건과 절차에 흠결이 있는 경우에는 우선권의 효력이 상실된다(파리협약§4D④, 상§46⑤).

제 2 절 마드리드 의정서에 의한 출원

1. 총 설

(1) 의 의

마드리드 의정서란 상표에 관한 국제조약으로 본의정서에 가입한 국가 중 지정국을 지정한 국가에 대하여 단일의 출원절차로 동등한 효과를 얻는 제도이다. 본 의정서의 정식명칭은 『표장의 국제등록에 관한 마드리드 협정에 대한 의정서』(Protocol Relating to the Madrid Agreement Concerning the International Registration of Marks 이하 마드리드 의정서)로 1989년 6월 27일에 마드리드에서 채택된 의정서를 말한다. 본의정서는 불어 사용국가를 중심으로 체결된 마드리드협정의 문제점을 보완하여 영어권 국가에서 상표의 해외출원절차를 간소화하기 위하여 성립된 조약[3])으로서, 출원인이 의정서 가입국 중에서 표장을 보호받고자 하는 나라를

3) ※ 마드리드 의정서 체제에 의한 절차와 일반적인 출원절차의 비교(특허청 보도자료 재인용)

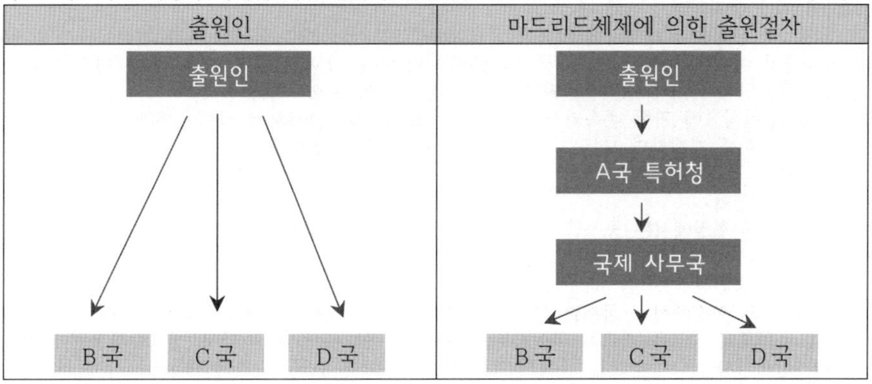

통상의 절차에서는 출원하고자하는 국가에서 대리인을 선임하고 해당국가의 언어로 각각의 출원서를 작성해야 하나 마드리드체제에 의한 출원은 하나의 출원서를 작성하여 본국관청에 제출하면 된다.

지정하여 영어, 불어 또는 스페인어로 작성한 국제출원서MM2를 자국 또는 주소지의 특허청(본국관청)을 통하여 세계지적재산권기구World Intellectual Property Organization: WIPO의 국제사무국에 제출하면, 국제사무국은 방식심사를 통하여 하자가 없으면 국제등록부에 등록을 한 후에 지정된 각 국가에 통지하고 지정국은 일정기간내에 자국의 국내절차를 통해 출원된 것과 동일하게 자국(自國)의 법령에 의한 심사를 하고 거절이유가 없는 한, 각 지정국(指定國)에서 상표가 보호될 수 있도록 하는 조약이다.

(2) 마드리드 의정서의 입법경위 및 우리나라의 마드리드 의정서 가입

마드리드 의정서는 1891년 4월 14일 성립하고 1892년 7월 15일 발효한 『표장의 국제등록에 관한 마드리드협정』(Madrid Agreement Concerning the International Registration of Marks 이하 마드리드 협정)[4]을 수정・보완하기 위하여 1989년 6월 27일 채택하

4) 마드리드 협정(특허청 보도자료 재인용)

1. 개요

마드리드 협정의 공식명칭은 표장의 국제등록에 관한 마드리드 협정(Madrid Agreement Concerning the International Registration of Marks)으로서, 산업재산권 보호를 위한 파리협약이 성립된 지 8년후 파리협약 제19조에 근거한 특별협정으로 마드리드에서 채택(1891년)되었다.

마드리드 협정에 의한 제도는 공통언어(불어)로 작성한 국제출원서를 본국관청에 제출하면서 보호를 원하는 국가를 지정하면 복수의 국가별로 직접출원한 것과 동일한 효과를 부여하는 제도이며, 가입국은 2003년 1월말 현재 총52개국이다.

2. 국제출원상표 처리절차

마드리드 협정에 의하면, 본국관청은 국제출원서를 WIPO 국제사무국에 송부하고, 국제사무국의 방식심사 결과 방식상에 하자가 없는 경우에는 국제사무국이 이를 국제등록부에 등록하고 각 지정국에 이를 통지한다.

지정국 관청은 국내법령에 의하여 국제등록상표를 심사하고 심사한 결과 거절이유가 발견되면 1년 6개월 이내에 이를 국제사무국에 통지하여야 하고, 1년 이내에 거절통지를 하지 않은 상표에 대하여는 당해 국가에 직접출원되고 등록된 것과 같이 보호하여야 한다.

국제등록상표에 관한 존속기간의 갱신 및 양도는 국제사무국에 하여야 하며 국제사무국이 국제등록부에 이를 기재하면 모든 지정국에 대하여 효력이 발생한다.

3. 마드리드 협정의 문제점

1) 공식언어

마드리드 협정에서는 공식언어를 불어로 제한함으로써 영어권 국가가 마드리드 의정서에 가입하기에는 공식언어가 부담요인으로 작용하였다.

2) 국제출원의 기초

마드리드 협정에서는 국제출원을 하기 위하여는 본국관청에 상표등록이 있어야만 하고, 본국관청에 출원중인 상표를 기초로 하여서는 국제출원을 할 수 없다. 따라서, 상표등록출원에 대하여 간단한 방식심사만으로 상표를 등록시키는 국가(즉 무심사주의 국가)의 경우에는 우선권 주장기간(6월)을 충분히 활용할 수 있으나, 실체심사를 거침으로 인하여 상표등록에 상당한 기간이 소요되는 심사주의 국가의 경우에는 국내에 등록되는 시점에 대부분 우선권 주장기간인 6월이 경과되므로 우선권주장을 할 수가 없다. 즉, 무심사주의 국가에 비하여 심사주의 국가의 국민에게 상당히 불리

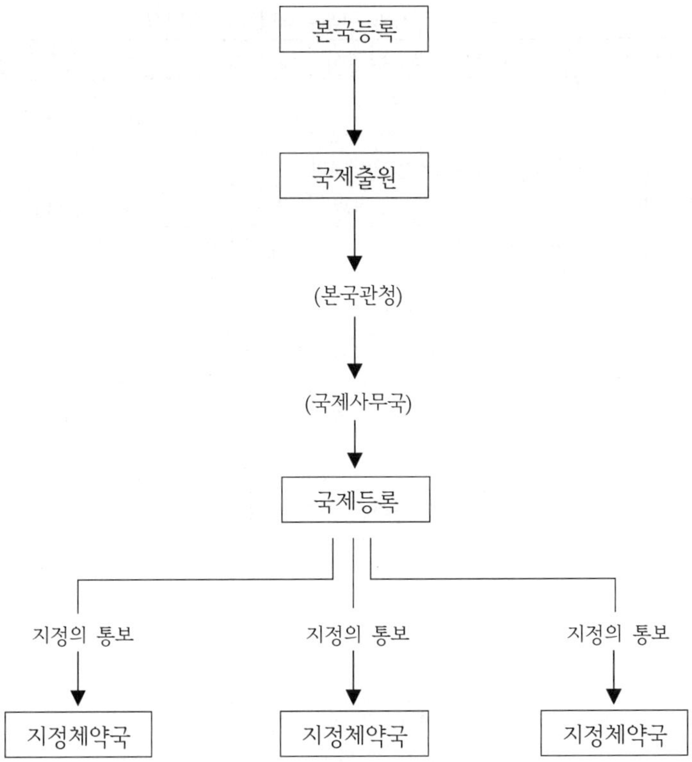

※ 각 지정관청이 18개월 이내에 거절의 통보를 하지 않는 한, 국제등록일로부터 국내등록과 동일한 보호를 받을 수 있다.

〈마드리드 의정서에 의한 출원 절차〉

여, 1995년 12월에 발효된 것이다. 마드리드 의정서는 본칙이 제1조부터 제16조까지(전부 20개 조문)와 규칙이 제1규칙부터 제30규칙(전부 40개 조문)까지 구성되어 있다.

우리나라는 마드리드협정에는 가입하지 않았지만, 우리 특허청Korean Intellectual Property Office: KIPO은 해외로 진출하는 우리기업과 개인의 상표권 보호를 위해

하다.

3) 거절이유 통지기한

지정국관청은 국제출원에 대하여 거절이유를 발견한 경우에는 국제출원일로부터 1년 6월 이내에 거절통지를 하여야 하고, 그 기간 이내에 거절통지를 하지 않는 경우에는 국제출원상표는 자동적으로 당해국가에서 보호된다. 따라서, 상표심사에 1년 이상 소요되는 심사주의 국가에 있어서는 1년 이내에 심사를 완료할 수 없는 한 마드리드 협정에 가입하는 것이 사실상 불가능하였다.

마드리드 의정서와 마드리드협정의 차이점

구 분	마드리드 의정서	마드리드협정
가입대상	국가 또는 정부간 기구	국가
사용언어	영어와 프랑스어, 스페인어 ※ 단, 우리나라는 영어로만 가능	프랑스어
국제출원의 기초	본국에서의 출원 또는 등록	본국에서의 등록
거절통보의 기간	국제사무국에 의한 지정통보일로부터 1년 또는 1년 6개월	국제사무국에 의한 지정통보일로부터 1년
국제등록의 존속기간	10년	20년(갱신 가능)
센트럴 어택(국제등록의 기초출원·기초등록에 대한 종속성의 대응조치)	국제등록일로부터 5년 이내에 본국에서의 기초출원·기초등록이 거절, 취하, 포기, 무효, 취소가 된 경우에는 국제등록도 취소되지만 국제등록을 각 지정국에 대한 국내출원으로 변경하는 것이 가능	국제등록일로부터 5년 이내에 본국에서의기초등록이 무효, 취소가 돈 경우에는 국제등록도 취소되며 그에 대응할 조치는 없다.
집중공격에 의한 소멸후 재출원	가 능	불가능
수수료	체약국은 추가수수료 및 부가수수료 대신 독자적으로 설정한 개별수수료를 징수할 수 있다.	체약국이 독자적으로 개별수수료를 설정하여 징수할 수 없다(일률수수료).
체결의 주체	파리협약의 동맹국 및 일정한 요건을 충족시키는 정부간 기구(예를 들면 EU)	파리협약의 동맹국

1995년부터 동 의정서 가입을 추진하여 2003년 1월 10일 가입하였다. 우리나라에서의 효력발생일은 가입 후 3개월이 경과한 2003년 4월 10일이며, 동 의정서 체약국은 2021년 1월 현재 영국, 독일, 중국, 일본, 미국, EC(EU)를 포함하여 총 107개국이다.5)

마드리드 의정서 출원의 장점으로는 첫째, 출원절차의 일원화로 각국별로 출원하는 것보다도 출원비용이 저렴하며 갱신비용도 저렴하고, 둘째 국제사무국으로부터 지정국에 대한 지정통보일로부터 1년 또는 18개월 이내에 거절이유 통지가 없으면 등록이 유지되어 권리화가 속히 이루어지며, 셋째 하나의 국제출원화에 의해 복수 체약국에 대한 권리취득이 가능한 절차의 간편성을

5) http://wipo.int/treaties/en/members/

들 수 있다.

반면 마드리드 의정서 출원의 단점으로는 첫째, 기초등록·기초출원과 동일할 것을 요하며 게다가 그 동일성은 엄격히 요구된다는 것, 둘째 국제등록이 되고 5년 이내에 본국의 기초등록·기초출원의 일부 또는 전부에 대하여 출원이 거절되거나 등록이 취소되면 등록취소나 무효이유가 그 지정국에서 존재하지 않더라도 국제등록이 일부 또는 전부가 취소된다. 그러나 국내출원에 대한 변경은 인정되므로 마드리드협정에 비해 종속성은 완화되어 있는 편이다. 셋째는 출원을 영어, 프랑스어 또는 스페인어로 표현해야만 하는 곤란함이 따른다는 점을 들 수 있다.

2. 마드리드 의정서에 의한 국제상표출원절차

국제출원을 하기 전에 출원인은 먼저 마드리드 의정서 회원국 내에 자신의 표장과 동일한 표장이 있는지 확인할 필요가 있다. 이것은 비용을 절감할 수 있는 필수적인 요건으로서 출원인은 국제사무국의 공보 및 마드리드 의정서 회원국의 상표공보를 검색하여야 한다.

현재 많은 나라의 특허청 웹사이트에서 출원중인 상표 및 이미 등록된 상표를 검색할 수 있으며, 일부 국가에서는 인터넷을 통해 유료로 검색서비스를 제공하고 있다.

만약 출원인이 마드리드시스템을 통해 출원되었거나 등록된 상표를 검색하고자 할 때는 WIPO의 웹사이트[6]를 통해 Madrid Express database를 유료로 이용할 수 있다. 특히 Madrid Express에서 WIPO의 국제표장의 공보에 기재되지 않은 국제출원중인 상표를 검색할 수 있다.

(1) 마드리드 의정서에 의한 국제출원

마드리드 의정서 제2조(1)의 규정에 의해 국제출원을 하여 등록을 받고자 하는 자는 ① 출원인의 적격자로서 ② 국제등록요건인 ⓐ 본인의 상표등록출원, ⓑ 본인의 상표등록, ⓒ 본인의 상표등록출원 및 본인의 상표등록의 1에

6) http://ipdl.wipo.int.

해당하는 상표등록출원 또는 상표등록을 기초로 하여 특허청장에게 국제출원을 하여야 한다(상§167). 즉 우리나라에서 국제출원을 하고자 하는 출원인(자연인 또는 법인)은 ① 대한민국 국민이거나, ② 대한민국안에 주소가 있거나, ③ 대한민국에 진정하고 실효적인 산업상 또는 상업상 영업소가 있어야 한다(상§168①, 마§2(1)). 또 2인(자연인 또는 법인) 이상이 공동으로 국제출원을 하고자 하는 경우에는 각각 대한민국 국민이거나 대한민국 내에 주소 또는 영업소를 가지고 있어야 한다(상§168②, 마§2(1)).

마드리드 의정서에 의한 국제출원은 특허청에 제출하는 하나의 출원서로, 다수의 의정서 체약국에서 상표권을 취득할 수 있고, 명의변경, 갱신 등과 관련하여 상표권의 유지·관리가 용이하다. 또한 각 체약국에서 거절이유를 통지받은 후 국내절차를 진행하지 않는 한 그 국가에서 대리인을 선임할 필요가 없으므로 대리인 비용이 절감되는 장점이 있다.

(2) 마드리드 의정서에 의한 출원보호대상

마드리드 의정서에 의한 출원보호대상은 "표장(標章)"이다(마§2(1)). 여기서 "표장(標章)"이란 상표 및 서비스표를 지칭한다(마§2(3)). 국제출원이 가능한 표장은 표장의 동일성과 지정상품 또는 서비스의 동일성이 있어야 한다. 표장의 동일성이란 국제출원의 표장이 기초출원 또는 기초등록의 표장과 엄격히 동일하여야 한다. 유사한 표장은 물론이고 불사용취소심판에서 사용으로 인정되는 사회통념상의 동일한 범위 내에서의 차이가 있는 표장 및 요지변경으로 인정되지 아니하고 보정이 인정되는 범위 내에서의 차이가 있는 표장의 경우에도 동일한 표장으로 보지 않는다.

지정상품 또는 서비스의 동일성이란 국제출원에 지정된 상품 또는 서비스가 기초출원 또는 기초등록의 상품 또는 서비스와 동일할 필요는 없으나, 기초출원 또는 기초등록의 상품 또는 서비스에 국제출원의 상품 또는 서비스가 포함되어야 한다.

또 복수의 기초출원 또는 기초등록은 2이상의 기초출원 및/또는 기초등록에 기초한 국제출원의 경우에도 국제출원의 표장과 엄격히 동일하여야 하며, 국제출원의 상품 또는 서비스가 2이상의 기초출원 및/또는 기초등록의 상품 또는 서비스에 포함되어야 한다.

그러나 지정국이 허용한다면 평면표장뿐만 아니라 입체표장, 음향표장도 보호대상이 되며, 단체표장, 증명표장, 보증표장도 대상이 될 수 있다.

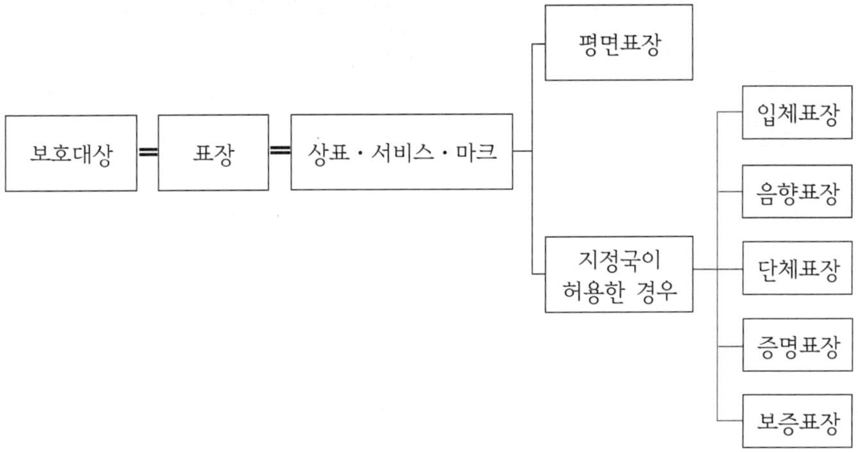

〈보호대상〉

(3) 마드리드 의정서에 의한 국제출원절차

마드리드 의정서에 의해 국제출원을 하고자 하는 자는 산업통상자원부령이 정하는 언어로 작성한 국제출원서 및 국제출원에 필요한 서류를 특허청장에게 제출하여야 한다(상§169①).[7] 즉 국제출원을 하기 위해서는 영어로 작성한 국제출원서$_{MM2}$를 국어로 작성한 국제출원서등 제출서에 첨부하여 특허청에 제출해야 한다. 국제출원서는 국제사무국에서 정하는 공식서식$_{MM2}$으로 작성하여야 한다.

7) 국제출원서의 제출은 반드시 본국관청(특허청)을 경유해야 한다. 출원인은 특허청의 전자출원시스템을 이용하거나, 특허청 출원과 또는 특허청 서울사무소에도 서류로 출원할 수 있다.

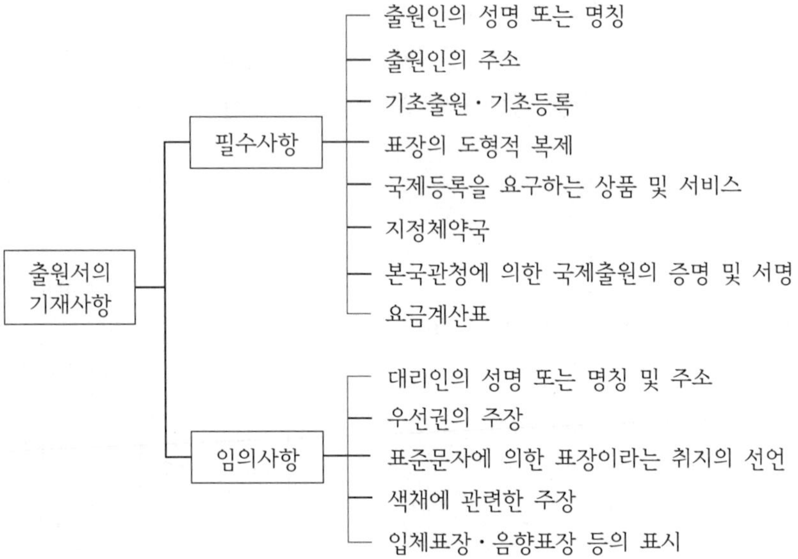

〈출원서의 기재사항〉

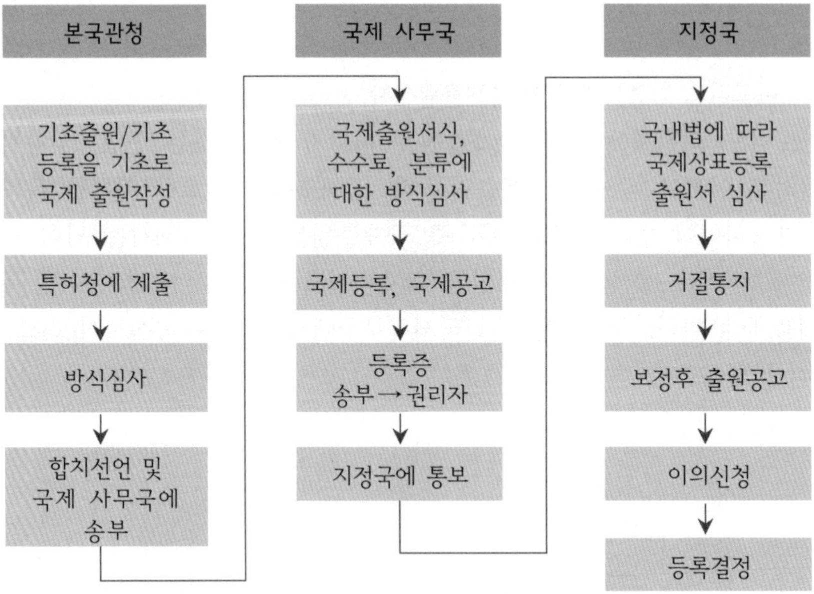

출처: 특허청 홈페이지에서 인용.

※ 방식심사에는 하자발견시 출원인 대리인에게 통지, 3개월 보정기간 부여

〈마드리드 의정서에 의한 국제상표출원절차도〉

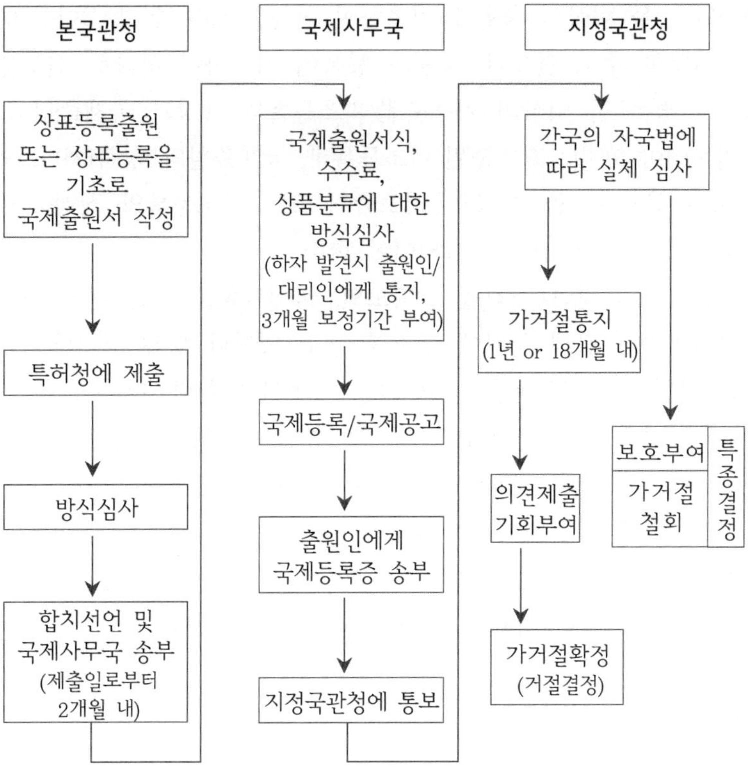

〈마드리드 국제출원 흐름도〉

3. 국제출원

(1) 국제출원절차 및 요건

마드리드 의정서에 의한 국제출원을 하려면, 본국관청에 이미 동일한 상표를 출원하였거나 등록된 동일한 상표가 있어야 한다. 국제출원의 기초가 되는 상표등록출원 또는 상표등록을 기초출원 또는 기초등록이라 하는데 국제출원은 다수의 출원 또는 등록을 기초로 제출할 수 있다. 이러한 본국관청의 상표등록출원 또는 상표등록은 국제등록의 모태가 되는 것으로서, 국제출원의 기초가 되는 상표등록출원을 "기초출원"이라고 하고, 국제출원의 기초가 되는 상표등록을 "기초등록"이라고 한다.

국제출원은 둘 이상의 출원에 기초하여 신청할 수도 있고, 2이상의 등록에 기초하여 신청할 수도 있으며, 출원과 등록에 기초하여 하나로 신청을 할 수도 있다. 이 경우 둘 이상의 기초출원/기초등록의 표장과 국제출원의 표장은 모두 동일하여야 하며, 기초출원/기초등록과 국제출원의 상품(서비스업)은 동일할 필요는 없으나, 둘 이상의 기초출원/또는 기초등록의 상품(서비스업)에 국제출원의 상품(서비스업)이 포함되어야 한다.

국제출원인의 출원인 적격을 살펴보면, 국제출원을 하는 본국관청이 속한 국가의 국민이거나 당해 국가에 주소를 두고 있거나 당해 국가에 진정한 산업상 또는 상업상의 영업소를 두고 있는 자이어야 한다. 따라서 대한민국 특허청을 본국관청으로 하여 국제출원을 할 수 있는 자는 대한민국 국민이거나, 대한민국 안에 주소 또는 영업소를 가진 자이어야 한다. 또한 2인 이상이 공동으로 국제출원을 하고자 하는 경우에는 모두가 대한민국 국민이거나 대한민국 안에 주소 또는 영업소를 가지고 있어야 하고, 기초출원을 공동으로 하였거나 기초등록에 관한 상표권을 공유하고 있어야 한다.

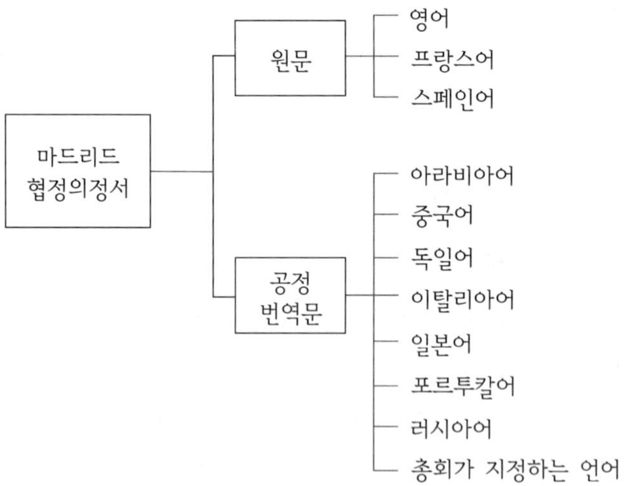

〈원문과 공정번역문〉

(2) 언 어

국제출원서 작성시 언어는 영어, 불어 또는 스페인어 중 본국관청이 선택한 언어를 사용해야 하며, 우리나라는 영어만을 인정하고 있다. 국제출원서는 본국관청의 합치여부 심사를 위하여 반드시 본국관청을 경유하여 국제사무국에 제출하도록 하고 있다.

(3) 우선권

한편 우선권을 주장하기 위해서는 우선권주장의 기초가 되는 선출원의 출원일로부터 6월 이내에 본국관청에 국제출원서를 제출해야 하며, 이때 최초출원을 한 국내 또는 지역관청의 이름과 출원인 및 출원번호를 표시하여야 한다. 다만, 파리협약 제4조 D에서 규정하는 형식적 요건(우선권 증명서류 제출)은 충족할 필요가 없다. 우선권 주장의 기초가 되는 출원이 둘 이상 있는 경우에는, 출원일이 최우선인 것을 국제출원서의 해당란에 기재하고 나머지는 연속용지에 기재한다. 선행하는 출원이 국제출원서에 열거된 상품과 서비스업 모두를 포함하지 아니할 경우 국제출원서 제6항목에 선행 출원에 포함된 상품과 서비스업을 표시하여야 한다.

(4) 수수료

국제사무국에 납부하여야 하는 수수료에는 기본수수료basic fee, 추가수수료supplemental fee, 보충수수료complementary fee가 있고, 지정국가가 개별수수료individual fee 징수선언을 한 경우에는 추가수수료와 보충수수료 대신 이를 납부해야 한다. 이들 수수료는 국제출원인이 본국관청 또는 지정국관청이 아닌 국제사무국에 직접 납부하여야 한다. 즉 국제출원인 또는 국제등록명의인이 국제출원서를 포함한 각종 신청서를 대한민국특허청을 통해서 제출하더라도 그 수수료는 스위스통화로 국제사무국에 직접 납부하여야 한다. 이밖에 국제출원인 또는 국제등록명의인은 국제사무국에 납부하는 수수료와 별개로 신청수수료handling fee를 대한민국 특허청에 납부하여야 한다.

(5) 국제등록일

국제등록일은 지정국에서 국제출원의 출원일자로 간주되며 국제출원의 등록 후 존속기간의 시점에 해당하는 날짜이다. 국제등록일은 원칙적으로 "본국관청이 국제출원서를 접수한 날"이지만, 본국관청이 국제출원서를 접수한 날부터 2월 이후에 국제사무국에 국제출원서가 도달하는 경우에는 "국제사무국이 실제로 접수한 날"이 국제등록일이 된다.

또한 국제출원서 기재사항 중 국제등록일에 영향을 미치는 ① 출원인 ② 지정체약당사자 ③ 표장의 견본 ④ 표장의 등록을 받고자 하는 상품 및 서비스업 사항 중 하나 이상이 누락되어 있는 경우에는, 그 마지막 누락사항이 국제사무국에 도달한 날이 국제등록일이 된다.

(6) 국제사무국에 의한 수리 및 심사

국제출원의 송부를 받은 국제사무국은 실체심사를 행하지 않고, 방식심사만을 행하고, 방식에 불비가 없으면 출원된 표장을 즉시 등록하여야 한다. 본국관청이 국제출원서를 수령한 날로부터 2월 이내에 국제사무국이 국제출원서를 수령한 경우, 본국관청이 국제출원서를 수령한 날이 국제등록일로 된다.

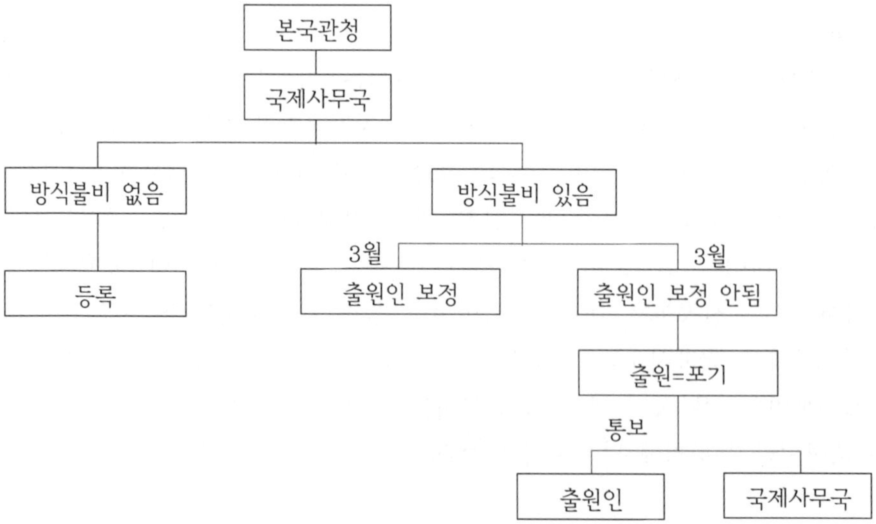

〈방식심사〉

상기 기간 내에 출원서를 수령하지 못한 경우 국제사무국이 국제출원을 수령한 날이 국제등록일로 된다. 국제사무국은 지체없이 그러한 국제등록을 관련 관청에 통보하여야 한다. 국제사무국은 국제출원에 기재된 사항을 기초로 하여 국제등록부에 등록된 표장을 정기공보에 게재하여 공고하여야 한다.

4. 국제등록의 존속기간 갱신 및 명의 변경

(1) 국제등록의 존속기간

마드리드 의정서에 의하면, 국제사무국에 등록된 표장은 10년간 유효하며 필요한 수수료를 납부함으로써 추가로 10년씩 갱신될 수 있다(마§7(1)). 보호기간이 만료하기 6월 전에 국제사무국은 국제등록의 권리자 및 (해당되는 경우) 그 대리인에게 정확한 만료일을 통지한다. 권리자는 WIPO의 비공식 서식인 국제등록갱신신청서MM11를 작성하여 ① 국제사무국에 직접 제출하거나, ② 국제출원서등제출서에 첨부하여 특허청에 제출할 수 있다. WIPO 국제사무국에 갱신수수료를 납부하면 국제등록부를 갱신할 수 있고 이를 통해 지정국 전체에 대한 일괄 갱신이 가능하다. 수수료는 국제사무국에 늦어도 만료일까지 납부하여야 한다. 수수료는 존속기간만료일 이후 6월 이내까지 납부할 수 있으나, 이 경우 부가수수료를 동시에 납부하여야 한다.

(2) 국제등록의 명의 변경

명의인(권리자)의 성명 또는 주소를 변경하고자 하는 경우, 공식서식인 명의인의 성명 또는 주소의 변경신청서MM9를 작성하여 국제사무국에 직접 제출하여야 한다.

국제등록부상의 명의변경만으로 전체 또는 일부 지정국에 대한 상표권 이전 효력이 발생한다. 국제등록의 명의변경은 공식서식인 명의인 변경신청서MM5를 ① 권리자(또는 대리인)가 국제사무국에 직접 제출하거나, ② 권리자의 체약당사자의 관청을 통하여 제출하거나, ③ 양수인이 될 자가 국제출원 할 수 있는 자격(국적, 주소 또는 영업소)을 갖추고 있는 경우에는 체약당사자의 관청을 통하여 제출할 수 있다. 따라서 양수인이 대한민국에 국제출원을 할 수 있는 자격을 갖추고 있는 경우 대한민국 특허청에 국제출원서 등 제출서를 첨부하여 제출할 수 있다.

5. 국제등록의 기초출원/기초등록의 종속성

국제등록의 효력은 국제등록일부터 5년간 기초출원/기초등록에 의존하게 되는데 이를 국제등록의 종속성Dependence이라 한다. 본국관청은 국제등록일부터 5년 이전에 기초출원(등록)이 실효되거나, 5년 이전에 실효의 원인이 되는 사실이 발생하여 5년 이후에 실효되면, 그 사실을 국제사무국에 통보하고, 국제사무국은 당해 국제등록을 취소한다.

이 경우 국제등록의 권리자는 각 지정국의 국내출원으로 전환transformation하여 출원할 수 있다. 국제등록일부터 5년이 경과하면 본국관청에서의 기초출원/기초등록의 효력과 상관없이 국제등록은 독자적인 효력을 유지하고 기초출원/기초등록으로부터 독립Independence한다.

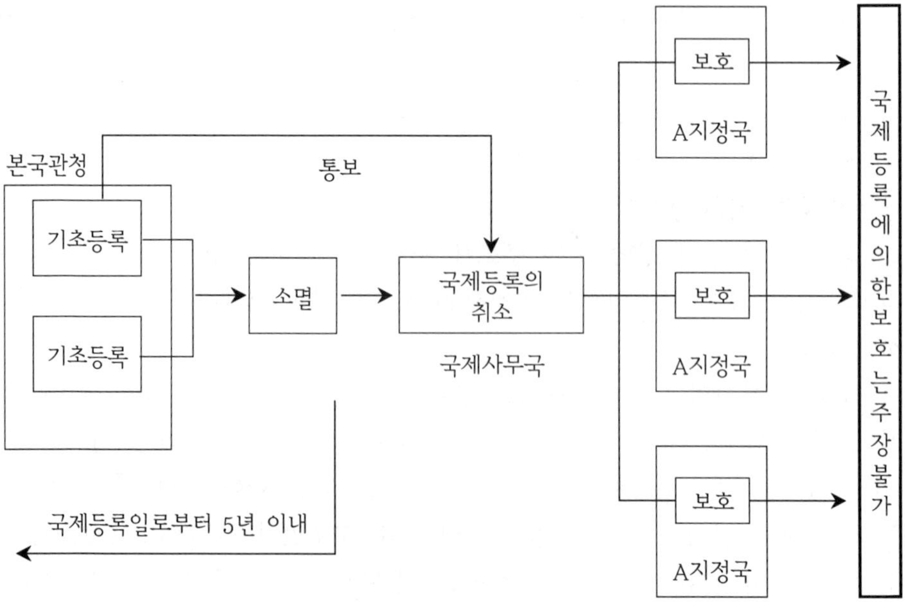

〈집중 공격Central Attack〉

6. 국제등록 이후의 절차

본국관청(특허청)을 경유하여 제출된 국제출원서에 대한 국제사무국의 방식심사 결과 특별한 하자가 발견되지 않으면, 국제사무국은 이를 국제등록부에 등재한 후에 지정된 각 국가에 통지하고 지정된 각국은 자국의 법령에 의한 심사를 통해 보호부여 혹은 거절통지를 한다.

(1) 지정국에서의 거절통지에 대한 대응

거절통지를 받은 권리자는 각 지정국 법이 정하는 절차에 따라 지정국관청에 대한 대리인을 선임하여 거절통지에 대응할 수 있다.

(2) 사후지정

국제출원시에 ① 마드리드 의정서 체약국이 아니었다가 이후에 가입한 당사자, ② 체약국이었으나 지정하지 않은 당사자 혹은 ③ 특정 지정체약당사자에서의 거절이유, 무효 또는 포기사유가 더 이상 존재하지 않게 된 경우, 이

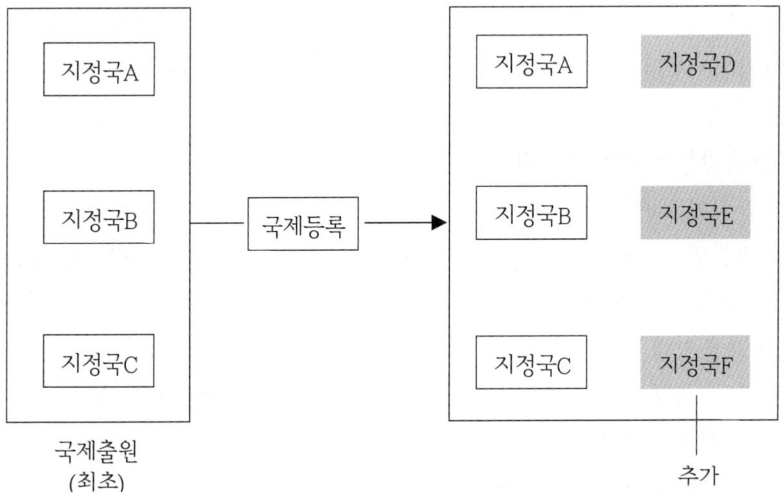

〈사후지정〉

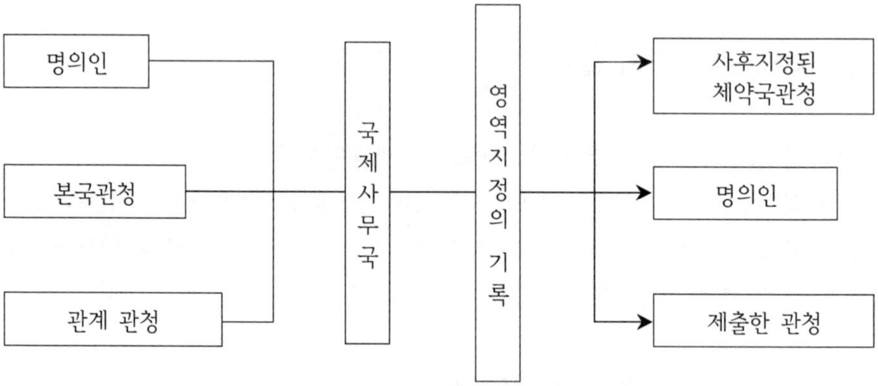

〈사후지정의 절차〉

러한 체약국을 국제등록 후에 추가 신청함으로써 보호영역을 확대할 수 있다.

사후지정의 신청은 WIPO의 공식서식인 사후지정서MM4를 작성하여 ① 국제사무국에 직접 제출하거나, ② 국제출원서 등 제출서에 첨부하여 특허청에 제출할 수 있다.

7. 대리인의 선임

국제출원의 경우 대리인은 편의상, 본국관청에 대한 대리인, 국제사무국에 대한 대리인, 지정국관청에 대한 대리인으로 구분할 수 있다.

(1) 본국관청에 대한 대리인

본국관청에 대한 대리인은 국제사무국에 대한 대리인과는 별개의 대리인으로서 대한민국특허청에 대한 대리인이다. 국제출원, 사후지정, 국제등록존속기간갱신신청, 국제등록명의변경신청을 할 수 있는 대리인으로서 신청에 대한 대체서류제출명령, 보정명령 등에 대하여 적정한 절차를 밟을 수 있다. 개별 대리인 경우 국제출원서 등 제출서 제출시 위임장을 제출하여야 한다.

참고로 본국관청에 대한 대리인과 국제사무국에 대한 대리인이 상이할 경우 출원절차에 혼동을 줄 우려가 있음을 유의해야 한다.

(2) 국제사무국에 대한 대리인

출원인이 국제사무국에 대한 대리인을 국제출원서 제출시에 선임하려면 국제출원서$_{MM2}$ 제4항목에 대리인의 성명, 주소, 전화번호, E-mail 주소 등을 기재하여야 한다. 또한 국제출원서에 국제사무국에 대한 대리인을 기재하지 않았더라도 추후에 대리인을 선임하기 위해 대리인 선임신고서$_{MM12}$를 직접 국제사무국에 제출할 수 있으며, 이때 대리인선임의 효력발생일은 국제사무국이 대리인 선임통지를 수령한 날이 된다.

(3) 지정국관청에 대한 대리인

지정국관청으로부터 거절예고통지를 받은 경우, 출원인은 해당 국가의 법이 정하는 절차에 따라 지정국 내에 주소를 둔 대리인을 선임하여 거절사유 해소를 위한 절차를 진행할 수 있다.

8. 기 타

(1) 상품 및 서비스 목록의 감축

권리자는 지정체약당사자 전체 또는 일부에 대하여 상품 및 서비스 목록의 감축을 신청 하고자 하는 경우, 공식서식인 상품 및 서비스 목록의 감축신청서$_{MM6}$를 작성하여 국제사무국에 직접 제출하여야 한다.

(2) 국제등록의 포기

권리자는 모든 상품 및 서비스와 관련하여 지정체약당사자 일부에 대해 보호의 포기를 신청하는 경우, 공식서식인 국제등록 포기신청서$_{MM7}$를 작성하여 국제사무국에 직접 제출하여야 한다.

(3) 국제등록의 취소

권리자는 모든 지정체약당사자와 관련하여 상품 및 서비스 전체 또는 일부의 국제등록을 취소하고자 하는 경우, 공식서식인 국제등록 취소신청서$_{MM8}$를 작성하여 국제사무국에 직접 제출하여야 한다.

제3절 유럽공동체상표제도를 이용한 상표등록출원

유럽의 각국은 유럽공동체EU를 형성하여 하나의 상표등록절차로 27개 회원국가에 상표권의 효력을 발휘할 수 있는 유럽공동체상표제도를 운영하고 있는데 이 제도를 활용하면 유럽 27개국에 개별적으로 상표등록을 하는 절차를 하나의 절차를 통해 할 수 있는 장점이 있다. 다만, 유럽공동체 국가는 유럽공동체 상표제도와 각국의 상표제도를 중첩적으로 운영하고 있기 때문에 유럽공동체 각국에서 통상의 상표등록절차도 밟을 수도 있다.[8)]

---

8) 보다 자세한 내용은 유럽공동체상표청 홈페이지(http://www.oami.eu.int)를 참고.

c·h·a·p·t·e·r

03 출원의 효과

출원이 수리되면 출원번호가 부여되며 출원번호통지서가 출원인에게 통지된다. 특허청에 계속되는 동안 그 출원일을 기준으로 하여 출원인은 선출원(先出願)의 지위가 생기고 이에 후출원배제의 효과가 생긴다.

상표등록출원에 대하여 거절결정 또는 심결이 확정되거나 상표권이 설정등록되면 출원계속의 효과는 소멸한다. 또한 출원의 취하나 포기가 있으면 출원의 출원계속의 효과도 소멸한다.

c·h·a·p·t·e·r

04 출원의 포기 및 취하

제1절 의　　의

출원인이 표장을 출원하면 등록결정이나 거절결정에 의해 출원절차가 종료되는 것이 원칙이나 출원인이 심사진행중에 어떠한 사정 등으로 심사진행중인 절차를 종료시킬 수도 있다. 이러한 행위는 출원인의 의사표시로서 출원을 취하하거나 포기할 수 있다. 이때 출원의 취하란 출원절차를 소급적으로 종료시키는 법률효과를 발생시키는 출원인의 자발적인 의사표시를 말하며, 출원의 포기란 출원절차를 장래를 향하여 종료시키는 법률효과를 발생시키는 출원인의 자발적인 의사표시를 말한다.

한편 상표법은 이와 같은 출원인, 청구인의 자발적인 의사에 의한 취하·포기 이외에 법률의 의제에 의한 취하·포기를 규정하고 있다. 예컨대 등록료를 일정한 기간 내에 납부하지 않는 경우에는 상표출원을 포기한 것으로 본다(상§75).

출원의 취하 등 상표에 관한 절차를 취하한 경우에는 그 절차는 처음부터 없었던 것으로 본다. 심판청구를 취하한 경우에도 후일 이와 동일한 청구취지로 다시 심판청구를 할 수 있다.

제 2 절 취하 · 포기를 할 수 있는 자와 시기

출원인은 법령에서 특별히 제한하고 있는 경우를 제외하고 그 출원이 계속중인 동안 언제든지 그 출원을 취하 · 포기할 수 있다. 상표관리인(상§6)을 비롯한 위임을 받은 대리인 역시 본인의 특별한 수권을 받은 경우에는 출원을 취하 · 포기할 수 있다.[1]

출원취하는 출원인의 자유로운 의사에 입각한 것이지만, 출원인이 특정한 절차를 밟거나 상표법이 요구하는 특정한 절차를 밟지 않음으로써 출원의 취하 · 포기가 의제되기도 한다. 즉 설정등록료 납부기간 내에 등록료를 납부하지 않은 경우에는 그 상표출원은 포기한 것으로 본다(상§75).

제 3 절 취하 · 포기의 절차

출원은 결정 또는 심결이 확정되기 전까지는 이를 취하 · 포기할 수 있는데 출원을 취하 또는 포기하고자 하는 자는 그 취지를 기재한 취하서 · 포기서를 특허청장에게 제출하여야 한다. 심판청구의 경우는 심결확정 전까지 취하할 수 있는데 상대방의 답변서 제출이 있는 경우에는 상대방의 동의서를 첨부하여야 한다. 한편 취하서는 특허심판원에 제출하여야 하며 그 사건이 특허법원 또는 대법원에 계류중일 때에는 심판청구서를 특허심판원에 제출하고 그 사실을 특허법원 또는 대법원에 주장하면 된다.

출원의 취하 · 포기나 심판청구의 취하는 그 취하서 · 포기서가 특허청에 도달되어 적법하게 된 때 취하 · 포기의 효과가 발생한다. 출원이 취하 · 포기되거나 심판청구가 취하되면 출원, 심판의 절차는 다 같이 종료된다.

---

1) 복수당사자의 대표에 관하여는 박희섭 · 김원오, 특허법원론, 세창출판사(2002), pp.298~300 참조.

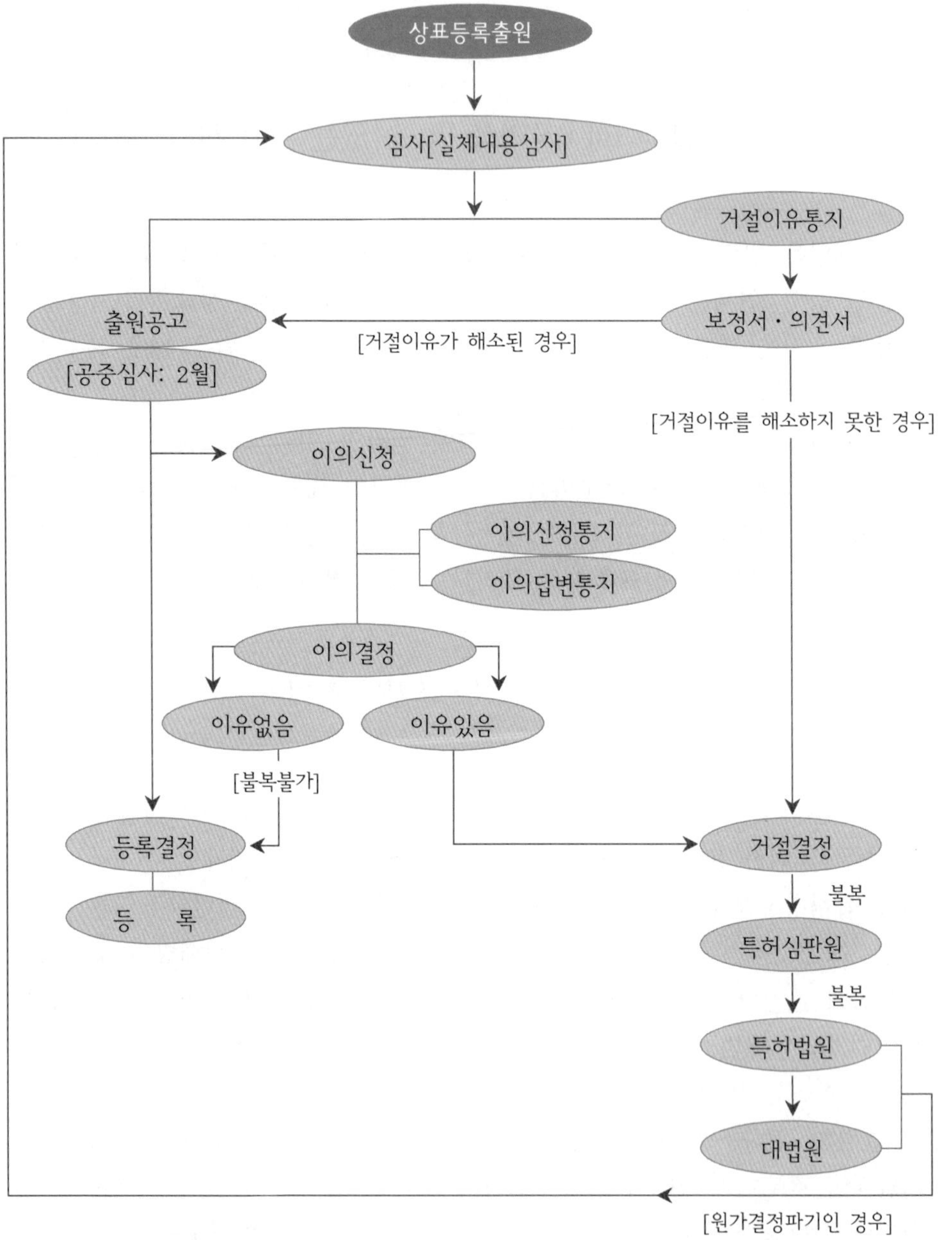

출처: 특허청 홈페이지 참조.

c·h·a·p·t·e·r

05 상표등록심사절차

우리나라는 심사주의를 채택하고 있어 상표등록출원을 하면 모두 심사하게 된다. 이 때 심사는 형식적인 구비서류(출원서 양식, 첨부서류 등)의 불비(不備)만을 체크하는 방식심사와 출원한 내용의 절차적 요건[1]과 실체적 요건[2]을 심사하는 실체심사로 나누어진다. 보통 심사라면 후자인 실체심사를 의미한다. 이러한 심사는 특허청 심사관이 한다(상§50①).

상표법은 상표등록출원에 대한 심사에 관하여 상표법이 특별히 규정한 i) 심사주의와 심사관에 관한 규정(상§50), ii) 상표등록 거절결정 및 거절이유통지(상§54, 상§55), iii) 출원공고(상§57), iv) 이의신청(상§60), v) 상표등록 출원공고 후의 직권에 의한 상표등록 거절결정(상§67), vi) 이의신청의 경합(상§65), vii) 상표등록결정(상§68), viii) 상표등록여부 결정의 방식(상§69) 등을 제외하고는 민사소송법 제143조(통역)·제299조(소명의 방법)·제367조(당사자신문)의 심사에 관한 규정을 준용한다(상§71).

---

1) 절차적 요건으로는 i) 선원(先願)주의(상§35), ii) 1상표 1출원주의(상§38), iii) 외국인의 권리능력(특§25), iv) 조약의 규정에 위반된 경우(상§54①ii), v) 기타 상표출원인 요건(상§54①iii) 등이 이에 해당한다.

2) 실체적 요건으로는 i) 명칭표장(상§33①i·ii), ii) 기술표장(記述標章)(상§33①iii), iii) 지리적 명칭 표장(상§33①iv), iv) 성(姓)(상§33①v), v) 식별력이 없는 표장(상§33①iii·vi·vii), vi) 공공적 표장(상§34①i·iii·v), vii) 공익적 표장(상§34①ii·iv·vi) 등이 이에 해당된다.

제1절 출원심사제도

상표출원인이 특허청에 상표를 출원하면 특허청이 당해 출원에 대하여 등록 여부를 심사하는데 크게 두 가지 제도가 있다.

이 제도가 심사주의제도와 무심사주의제도이고, 이를 심사방식에 따라 방식심사 또는 형식심사제도와 실체심사제도로 나누어 부르기도 한다. 즉 상표권부여에 있어 출원된 상표에 대하여 형식(방식)심사뿐만 아니라 등록을 받는데 필요한 모든 법정요건의 유무를 행정관청인 특허청이 심사한 후 특별현저성이 있는지 없는지를 심사하는 것을 심사주의라고 하며, 상표등록을 받는 데 필요한 형식적 요건만 완비되면 실체적 요건에 대하여는 심사하지 아니하고 상표권을 부여한 후 그 요건의 유무에 대하여 분쟁이 발생하였을 경우 심판이나 재판에서 권리의 유무를 심사하는 것을 무심사주의라고 한다.

심사주의하에 있어서는 권리의 유효성에 대하여 특허청의 심사를 거치므로 상표권의 신뢰성과 법적 안정성이 높고 부실권리를 예방할 수 있어 상표권의 유·무효를 둘러싸고 벌이는 분쟁을 사전에 방지할 수 있다. 또한 권리의 존재가 안정되고 재산적 가치를 높게 평가받을 수 있다. 또 권리를 행사하는데도 주저할 필요없는 등의 장점이 있으나, 심사에 많은 인력과 시간, 비용이 소요되며, 기술의 진보로 심사판단기관인 특허청 심사관의 혁신적인 기술에 대한 판단능력과 외국어 능력, 선행 상표 조사의 어려움 등과 출원급증으로 심사가 적체되므로 권리허여 결정이 지연되어 산업재산권제도의 목적인 산업발전에 역행할 수도 있다.

한편 무심사주의에서는 출원의 형식적인 사항이나 구비서류가 갖추어져 있는지 여부만을 심사하여 권리를 부여하므로 심사절차에 많은 시간이 들지 않아 신속하게 권리가 부여될 수도 있고, 실체심사를 행하지 않으므로 심사적체의 우려도 없어 심사에 많은 인력과 경비가 투입되지 않아도 된다는 장점이 있다. 그러나 권리의 법적 안정성과 신뢰성, 권리의 유·무효를 둘러싸고 다툼이 잦아질 수 있는 단점이 있다. 즉 실체심사를 하지 않고 권리를 부여하기 때문에 부실권리가 많아질 우려가 있으며 또한 권리를 둘러싼 유·무효의 분쟁이 많이 발생하여 권리의 안정성·신뢰성을 기하기 어려워 산업의 발전을 저해하는 결과까지 초래할 수 있다.

이러한 양 제도의 장·단점이 동시에 존재하므로 어떤 제도가 좋다라고 단정하기는 어렵다. 오늘날 대부분의 국가는 법정 안정성·신뢰성 등을 이유로 심사주의를 채택하고 있고, 우리나라 역시 상표에 있어서 심사주의를 채택하고 있으며, 사용주의를 가미하고 있다.

제 2 절 심사의 주·객체(대상)

출원인이 선택한 표장을 상표등록 받을 수 있다. 이 때 정당한 출원인이 출원한 경우, 특허청장은 심사관으로 하여금 상표등록출원 및 상표등록이의신청을 심사하게 한다(상§50①). 여기서 심사라 함은 특허청에서 출원을 심사하는 지위에 있는 심사관이 출원에 대하여 각각의 법령의 규정에 의하여 등록 여부를 결정하기 위하여 그 내용을 심리·판단하는 행위를 말한다. 즉 심사관은 상표출원에 대하여 실질적인 권한을 특허청장으로부터 위임받아 독립적으로 심사의 업무를 수행한다. 우리나라는 위에서 살펴 본 바와 같이 심사주의를 취하고 있기 때문에 심사관의 심사라 함은 방식심사와 실체심사를 말한다.

1. 심 사 관

심사관의 자격에 관하여 필요한 사항은 대통령령으로 정한다(상§50②). 시행령은 심사관을 특허청 또는 그 소속기관의 6급 이상의 일반직 국가공무원 또는 고위공무원단에 속하는 일반직 공무원으로서 국제지식재산연수원에서 소정의 심사관 연수과정을 수료한 자로 한정하고 있다(상령§9①). 이는 심사관의 직무의 중요성을 감안하여 자격을 법령으로 정하였다고 본다.

여기서 심사관이라 함은 특허청에서 특허·디자인·상표 등의 출원을 심사하는 지위에 있는 자가 출원인이 출원한 해당 상표 및 출원방식에 대하여 각각의 법령의 규정에 의하여 등록여부를 결정하기 위하여 그 내용을 심리·판단하는 행위를 하는 자를 말한다. 이러한 심사관은 방식심사와 실체심사를 행한다. 여기서는 실체심사를 중심으로 살펴본다.

실체심사는 출원된 상표에 대하여 권리허여여부, 등록이의신청, 갱신등록출원 등을 판단하는 것이므로 고도(高度)의 전문지식을 바탕으로 하여야 한다. 이러한 직무의 중요성을 감안하여 특허청장은 심사관으로 하여금 독립적으로 상표출원을 심사하게 한 것이다.

(1) 심사관의 제척

심사관이 심사하는 과정에서 외부의 간섭을 받는다면 심사의 공정을 기하기 어렵고 상표권에 대한 불신을 초래할 염려가 있으므로 상표법은 법관 또는 심판관에 준하여 심사관의 제척에 관한 준용규정[3])을 두고 있다(상§71).

(2) 제척의 사유(상§ 71, 상§ 134 각호)

심사관은 다음에 해당하는 경우에는 당해 출원에 대한 심사로부터 제척된다.

1) 심사관 또는 그 배우자[4])나 배우자이었던 자가 사건의 당사자 또는 참가인[5]) 인 경우

2) 심사관이 사건의 당사자·참가인의 친족[6])의 관계가 있거나 이러한 관계가 있었던 경우

3) 심사관이 사건의 당사자·참가인의 법정대리인 또는 이러한 관계가 있었던 경우

4) 심사관이 사건에 대한 증인·감정인[7])으로 된 경우 또는 감정인이었던

---

3) 심판과는 달리 심사촉진을 위한 심사관의 기피제도는 준용하지 않도록 개정되었다.

4) 배우자란 정식으로 혼인을 한 경우(민§812)를 말하므로 내연의 관계나 약혼관계에 있는 자는 해당하지 아니한다. 다만, 내연의 관계나 약혼관계는 특허법 제150조의 심판관의 기피의 이유로 될 수 있다.

5) 참가인이란 타인간의 계속 중인 심판에 자기의 법률상의 이익을 위하여 그 심판에 개입하여 일방 당사자를 보조하거나 또는 스스로 당사자가 되어 심판에 관여하는 제3자를 말한다.

6) 여기서 친족이란 8촌 이내의 혈족 및 4촌 이내의 인척(민§777)을 말한다.

7) 감정인이란 심판과정에서 특수한 사실의 판정이 필요할 때, 심판장의 의뢰에 따라 사물의 진위·양부·가치 등에 대한 판단을 진술할 수 있는 전문가를 말한다. 증인은 사실을 그대로 보고하는 자임에 대하여 감정인은 사실에 대한 판단을 보고하는 자인 점에서 차이가 난다.

경우

5) 심사관이 사건의 당사자·참가인의 대리인인 경우 또는 이러한 관계가 있었던 경우

6) 심사관이 사건에 관하여 특허여부결정 또는 심결에 관여한 경우

7) 심사관이 사건에 관하여 직접 이해관계를 가진 경우

위에서 6)의 "상표여부결정 또는 심결에 관여한 경우"란 최종 결정 또는 심결에 관여한 경우를 말하므로 결정 또는 심결이 되기 전단계의 심사, 심판절차에서만 관여한 경우에는 제척사유가 되지 않는다.

또 "이해관계"란 법률상의 권리·의무에 영향을 받을 관계에 있는 것을 말하고, 단순한 경제적인 이해관계는 해당하지 않는다.

2. 심사관의 보조기관 및 보조원

특허청장은 상표등록출원의 심사에 있어서 필요하다고 인정하는 경우에는 전문조사기관에 대하여 상표검색을 의뢰할 수 있으며, 또 출원의 심사를 촉진하고 심사의 질을 향상시키기 위하여 상표에 관한 지식과 경험이 풍부한 자(者) 또는 관계인에게 협조를 요청하거나 의견을 들을 수 있다(상§51). 이 경우 특허청장은 예산의 범위 안에서 수당 또는 비용을 지급할 수 있다.

3. 심사관의 결정

특허청의 심사착수 및 처리의 순서는 출원의 순위에 의한다(상§53①). 다만, 특허청장은 "① 상표등록출원 후 출원인이 아닌 자가 정당한 사유 없이 업으로서 상표등록출원된 상표와 동일 또는 유사한 상표를 동일 또는 유사한 지정상품에 사용하고 있다고 인정되는 경우, ② 출원인이 상표등록출원한 상표를 지정상품의 전부에 사용하고 있는 등 대통령령으로 정하는 상표등록출원으로서 긴급한 처리가 필요하다고 인정되는 경우"의 어느 하나에 해당하는 상표등록출원에 대하여는 제1항에도 불구하고 심사관이 다른 상표등록출원에 우선하여 심사하게 할 수 있다(상§53②).

c·h·a·p·t·e·r

06 심사절차상의 여러 제도

제1절 방식심사

상표등록을 받으려고 하는 자가 선택한 표장을 상표등록받으려고 특허청에 출원을 하면, 특허청은 출원의 주체, 법령이 정한 방식상의 요건 등의 절차의 흠결 유무를 심사하게 된다. 이처럼 상표법상 출원인·심사청구인 등이 상표에 관하여 제출하는 출원서, 견본 등이 법령에서 정한 소정의 요건에 적합한지 여부를 심사하는 것을 방식심사라고 말한다. 이와 같은 방식심사는 표장을 심사하는 실체심사와는 구분되는 절차로서 상표에 관한 모든 절차에서 행해지는데, 법령에서 이와 같이 출원인에게 상표에 관한 절차를 밟음에 있어 일정한 방식에 의할 것을 요구하는 것은 상표에 관한 방식과 절차를 통일함으로써 상표행정의 원활을 기하기 위함이다.

방식심사는 절차의 보정명령을 규정한 상표법 제39조(절차의 보정)와 서류의 반려 사항을 규정한 상표법시행규칙 제25조(부적법한 출원서류등의 반려)에 근거하고 있다.

상표에 관한 절차와 관련한 제출서류에 대한 방식심사결과 흠결이 있는 경우 그 흠결의 내용에 따라 다음과 같이 취급한다. 즉 그 흠결이 ① 상표법 시행규칙 제25조 제1항 각호의 1에 해당되는 경우에는 기간(1월)을 정하여 소명기회를 부여한 후 그 서류를 반려하고, ② 상표법 제39조(절차의 보정) 제1호 내지 제3호에 해당하는 경우에는 기간을 정하여 보정을 명한 후 기간 내 흠결을 해소하지 못한 경우 그 절차를 무효처분한다.[1)]

1. 방식심사의 대상

방식심사란 기재사항에 흠결의 유무나 구비서류가 갖추어져 있는지에 대한 심사를 뜻하며, 이와 같은 형식적인 문제를 벗어나서 외국인이 권리능력을 가지는가 또는 출원인이 상표를 등록받을 수 있는가 등의 실질적인 사항에 관한 것은 포함하지 아니한다. 따라서 그와 같은 실질적인 사항에 관한 것은 곧바로 수리하지 아니하는 처분을 할 수는 없고, 일단 수리한 다음 심사관으로 하여금 실질적인 심사를 하게 하여야 한다.[2)]

(1) 권리능력

상표에 관한 권리능력이 없는 외국인(상§27)이나 상표법 제3조(상표를 받을 수 있는 자)의 위반여부는 실체심사사항으로 방식심사에서 제외된다. 또한 법인격이 없는 사단·재단은 상표출원인 등이 될 수 없으나, 상표등록출원인의 권리능력여부는 방식심사의 대상이 된다. 다만 권리능력이 없는 자가 상표출원을 한 경우에 이에 대한 처리방식을 놓고 견해가 상반되고 있다.

(2) 행위능력 또는 대리권

미성년자 등 행위능력이 없는 자가 상표에 관한 절차를 직접 밟거나 대리

1) 제출서류에 흠결이 있는 경우의 취급
특허에 관한 절차와 관련하여 제출된 서류에 흠결이 있는 경우 서류를 최초로 접수한 부서(출원과 또는 등록과)에서는 특허청장 명의로 방식심사를 하여야 한다. 다만 서류를 최초로 접수한 부서에서 절차상 흠결에 대한 방식심사를 누락한 경우에는 서류를 보관하고 있는 부서(심사관)에서 특허청장 명의로 방식심사를 하여야 하며, 특허법 또는 특허법에서 정하는 명령과 본 심사지침서에서 심사의 주체를 실체심사관 등으로 특별히 정한 경우에는 실체심사관 등이 방식심사를 한다(특허청, 심사지침서, p.1403).

2) 대법원 1982. 9. 28. 선고, 80누414 판결.

인의 대리행위가 대리권의 범위를 넘은 경우 등 무권대리행위인 경우에는 보정의 대상이 된다.

(3) 출원서·청구서 등의 기재방식

상표출원서등 각종 청구서·신청서 등은 법에서 정한 소정의 방식에 맞도록 기재하여 제출하여야 하며 방식에 위반된 경우에는 보정이나 반려의 대상이 된다.

상표법 제36조 제1항의 규정에 의하여 상표등록출원을 하고자 하는 자는 출원서에 상표견본 1통, 정관 및 단체표장의 사용에 관한 사항을 기재한 정관의 요약서 각 1통(단체표장 및 지리적 표시 단체표장등록출원시에 한한다), 증명표장 또한 정관 및 입증하는 서류, 업무의 경영사실을 입증하는 서면(업무표장등록출원시에 한한다) 1통, 대리인에 의하여 절차를 밟는 경우에는 그 대리권을 증명하는 서류 1통 등의 구비서류를 첨부하여 특허청장에게 제출하여야 한다.

그 외에도 정관의 요약서, 위의 각호의 서류외에 색채상표·입체상표 또는 지정상품에 대한 설명서 또는 등록하고자 하는 상표를 국어로 번역하거나 음역한 설명서를 특허청장에게 제출할 수 있다.

출원인은 상표등록을 하고자 하는 상표가 상표법 제33조 제2항의 규정에 해당하는 경우에는 사용한 상표, 사용기간, 사용지역, 지정상품의 생산·가공·증명 또는 판매량 등, 사용방법 및 횟수, 그 외에 사용사실을 증명하는 사항과 그 사항을 증명하는 서류 및 증거물 각 1통을 특허청장에게 제출할 수 있다.

(4) 기 타

상표에 관한 절차를 밟는 자는 법령에서 정한 소정의 수수료를 접수번호를 부여받은 다음날까지 납부하여야 하는데(징수규칙§2), 수수료를 납부하지 아니하였거나 법령에서 정한 수수료보다 적게 납부한 경우에는 보정의 대상이 된다. 각종의 법정기간이나 지정기간을 경과하여 절차를 밟는 경우에는 반려의 대상이 되는 등 법률적 효과가 발생하지 아니한다. 또한 각종의 등록신청서가 등록령에서 정한 방식에 위반되는 경우에도 반려의 대상이 된다.

대법원 1982. 9. 28. 선고, 80누414 판결

[방식에 부적합한 경우]

서류가 방식에 적합하지 아니한 경우라 함은 서류의 기재사항에 흠결이 있거나 구비서류가 갖추어져 있지 아니하는 경우 등 서류가 법률상 요구되는 형식적인 방식에 적합하지 아니한 경우를 뜻하고, 형식적인 문제를 벗어나서 출원인이나 발명자가 본 조에 규정된 권리능력을 가지는지 또는 출원인 본법 제2조 제1항에 규정된 특허를 받을 수 있는 자인지 여부 등 실질적인 사건에 관한 것을 포함하지 아니하고, 출원서류가 그 같은 실질적인 사항을 포함하는 경우에는 위 시행규칙 제14조(현행 제11조) 제1항 제11호에 의하여 반려를 할 것이 아니라 일단 이를 수리하여 심사관으로 하여금 실질적인 심사를 하게 하여야 함이 상당하다.

2. 방식심사

출원이나 등록에 관한 서류의 방식심사를 할 수 있는 권리는 법령상 특허청장이 하도록 되어 있으나, 실제는 특허청장의 명을 받아 출원서비스팀과 각 심사본부 그리고 등록서비스팀의 공무원이 이를 행한다. 특허심판에 관한 서류의 방식심사는 특허심판원장이 이를 하도록 되어 있다. 즉 심판청구서, 심판신청서 등이 접수되면 특허심판원장은 당해 서류가 법령에서 정한 절차적 요건에 적합한지 여부를 심사한다.

상표가 출원되면 우선적으로 출원서류가 형식상의 요건을 충족시키고 있는지의 여부에 대한 심사가 이루어진다.[3] 방식심사의 결과 절차로서의 형태

3) 방식심사 사항
(1) 출원의 주체에 관한 사항
① 권리능력에 관한 사항
가. 법인격 유무(특히 법인격이 없는 단체 등)
나. 외국인의 권리능력(특§25)
② 절차능력에 관한 사항
가. 절차무능력자의 법정대리인에 의한 절차(특§3)
나. 법인격없는 단체의 절차 : 출원 외의 청구·심판 등(특§4)
다. 재외자의 직접출원(특§5)
라. 무권대리 또는 대리권의 범위를 넘는 절차대리(특§6·§7)
마. 우선권주장 등에 있어서 출원주체의 동일성 (특§33·§37·§38·§44·§93·§55)
(2) 법령에 정하는 방식에 관한 사항
가. 법령에서 정한 필수적 사항 기재여부

는 갖추었으나 절차의 본질적인 요건을 갖추지 못하여 그 법적 효과를 인정할 수 없는 하자를 가지고 있으며, 보정으로서도 그 하자를 치유할 수 없는 사항(부적법한 출원서류 등)은 반려한다(상시규§25).

또한 반려 사항에 해당되지는 아니하지만 절차상 하자가 있는 경우에는 그 하자의 치유를 위하여 기간을 정해 보정을 명한다.

이러한 반려에 대하여 특허법에 규정은 없으나, 하자가 큰 출원서를 수리한 후에 보정명령을 내리는 것은 불합리하므로 반려하는 것이 관행으로 인정되고 있었다. 그러나 이러한 반려는 출원인 등에게 변명의 기회조차도 주지 아니하고 절차를 밟을 기회를 박탈한다는 문제점을 갖고 있다. 이에 현행법 시행규칙(2021. 2. 1. 산업통상자원부령 제405호)에서는 특허청장 또는 특허심판원장이 관련서류를 반려하고자 하는 경우 당사자에게 출원서류를 반려하겠다는 취지의 통지를 하여 소명기회를 준 후 반려를 하도록 하고 있다(상시규§25②).[4]

수리된 출원에 대해서는 방식심사가 행하여지고 방식에 불비가 있을 때에는 절차를 진행한 자가 자발적으로 보정할 수도 있고, 특허청장 또는 특허심판원장은 기간을 정하여 보정을 명하여야 한다. 보정이 이루어지면 그 효과는 출원시에 소급하고 처음부터 하자가 없었던 것으로 취급된다. 반면 보정명령에 따르지 않을 경우에는 특허청장은 그 절차를 무효로 할 수 있다.

나. 인장(서명) 등의 의사표시 확인
다. 법령에서 정한 기간의 준수여부
라. 첨부서류와 출원서류의 관계
- 첨부서류와 출원서류의 불일치
- 첨부서류의 미첨부
마. 첨부서류(증명서)의 불비여부
(3) 수수료에 관한 사항
법정수수료의 기간내 적정납부여부

4) 출원서류의 방식심사권은 특허청장이 가지고 있으며, 방식심사의 법적 근거는 다음에서 그 근거를 찾을 수 있다.
① 절차보정 사항을 규정하고 있는 특허법 제46조(실§11 · 디§42 · 상§39)
② 서류의 구비여부를 점검하는 행정청의 권한에서 내재적으로 가지고 있는 근거
③ 법령에 명시된 반려규정(특규§11 · 실규§7 · 디규§2 · 상규§2)(방식심사지침서, 2000. 12, p.29).

3. 국제출원의 경우

국제출원을 하는 경우에도 일정한 형식에 따라 절차를 밟는 것을 필요로 한다.

제 2 절 불수리처분(반려처분)

1. 의 의

"반려"란 어떠한 행위를 할 권한이 있는 사인(私人)이 행정청에 대하여 행한 청구 또는 신청 등의 행위가 절차 또는 형식상으로 이를 보정하기 어려운 중대한 하자가 있을 경우 그 청구서·신청서 등을 수리하지 않기로 하는 행정청의 거부처분을 말한다. 반려는 서류·견본 등의 수리 자체를 거부하는 것으로서 보정으로 그 하자를 치유할 수 없는 사항인 경우를 그 대상으로 하고 있는데 출원인 등에게 보정의 기회를 준 후에 그 절차를 무효로 하는 절차의 무효와는 그 대상이나 절차에서 구별된다. 상표등록출원이 절차 또는 형식상으로 중대한 하자가 존재하여 상표법 제37조 제1항 각호의 어느 하나에 해당하는 경우 특허청장은 상표등록을 받으려는 자에게 적절한 기간을 정하여 보완할 것을 명하여야 한다(상§37②). 지정된 기간 내에 상표등록출원의 보완이 있는 경우 그 절차보완서가 특허청에 도달한 날을 상표등록출원일로 본다(상§37④). 그러나 지정된 기간 내에 보완을 하지 아니한 경우 특허청장은 그 상표등록출원을 부적합한 출원으로 보아 반려할 수 있다(상§37⑤). 이에 현행 상표법 시행규칙(상시규§25)은 출원 및 심판에 관한 서류·견본 등을 반려할 수 있는 경우를 명시하였으며, 특허청장 또는 특허심판원장이 상표관련서류를 반려를 하고자 하는 경우 당사자에게 소명의 기회를 주도록 하였다.

상표등록출원에 대한 심사는 그 출원서류가 특허청에 수리(受理)되는 것을 전제로 한다. 즉 특허청에 수리되지 않는 것은 다음과 같다(상시규§25①). i)

출원 또는 서류의 종류가 불명확한 것인 경우, ii) 상표등록에 관한 출원청구 기타의 절차를 밟는 자의 성명 또는 출원인 코드가 기재되지 아니한 경우, iii) 시행규칙 제15조(서류에 사용하는 언어 등) 제2항 후단에 따른 한글 번역문을 첨부하지 아니한 경우, iv) 상품분류전환등록신청서에 전환하여 등록받으려는 지정상품을 적지 아니한 경우, v) 국내에 주소 또는 영업소를 가지지 아니하는 자가 법 제6조 제1항에 따른 상표관리인에 의하지 아니하고 제출한 출원서류등인 경우 외에도 14가지의 경우가 더 있다(상시규§25①i 내지 xix).

특허청장은 이상과 같이 서류의 불비(不備)가 있을 때에는 그 서류를 제출자에게 반려한다(상시규§25②).

2. 반려사유

상표법은 출원 및 심판 등의 서류・견본에 대한 반려에 관한 사항을 직접 규정하지 않고, 상표법 시행규칙 제25조 제1항에 규정하고 있다.

(1) 출원에 관한 서류의 반려 사유(상시규§ 25)

특허청장 또는 특허심판원장은 상표에 관한 절차를 밟기 위하여 특허청 또는 특허심판원에 제출한 서류・견본 그 밖의 물건(이하 이 조에서 "출원서류등"이라 한다)이 다음 각 호의 어느 하나에 해당하는 경우에는 법령에 특별한 규정이 있는 경우를 제외하고는 반려한다(상시규§25①).

1. 출원 또는 서류의 종류가 불명확한 경우
2. 제13조에 따라 제출하여야 하는 서류를 정당한 소명 없이 소명기간 내에 제출하지 아니한 경우
3. 제14조를 위반하여 1건마다 서류를 작성하지 아니한 경우
4. 제15조제2항 후단에 따른 한글 번역문을 첨부하지 아니한 경우
5. 제21조제2항에 따라 제출하여야 하는 서류를 기간 내에 제출하지 아니한 경우
6. 법 제37조제2항에 따라 상표등록출원에 대한 보완명령을 받은 자가 지정기간 내에 보완하지 아니한 경우

7. 다음 각 목의 기간이 지나 제출된 기간연장 신청서인 경우
   가. 법 제61조에 따른 상표등록 이의신청 이유 등의 보정기간
   나. 법 제115조 또는 제116조에 따른 심판의 청구기간
   다. 특허청장 · 특허심판원장 · 심판장 또는 심사관이 지정한 기간
8. 법 제213조제1항에 따라 상표권이 소멸되는 상표에 대하여 상표권의 존속기간갱신등록신청을 하는 경우
9. 상표권의 존속기간갱신등록 또는 상품분류전환등록에 관한 신청, 상표등록에 관한 청구 또는 그 밖의 절차를 밟는 자의 성명(법인의 경우에는 명칭을 말한다) 또는 특허고객번호(특허고객번호가 없는 경우에는 성명과 주소를 말하며, 법인인 경우에는 그 명칭과 영업소의 소재지를 말한다)를 적지 아니한 경우
10. 시각적 표현을 적지 아니한 경우(영 제2조제3호에 해당하는 표장을 포함한 상표만 해당한다)
11. 상품분류전환등록신청서에 전환하여 등록받으려는 지정상품을 적지 아니한 경우
12. 국내에 주소 또는 영업소를 가지지 아니한 자가 법 제6조제1항에 따른 상표관리인에 의하지 아니하고 제출한 출원서류등인 경우
13. 법 또는 법에 따른 명령에서 정하는 기간 이내에 제출되지 아니한 서류인 경우
14. 법 또는 법에 따른 명령에서 정하는 기간 중 연장이 허용되지 아니하는 기간에 대한 기간연장 신청서인 경우
15. 상표에 관한 절차가 종료된 후 그 상표에 관한 절차와 관련하여 제출된 서류인 경우
16. 다음 각 목의 어느 하나에 해당하는 신고서 또는 신청서 등이 불명확하여 수리(受理)할 수 없는 경우
   가. 「특허법 시행규칙」 별지 제2호서식의 대리인에 관한 신고서(포괄위임 원용 제한의 경우만 해당한다)
   나. 「특허법 시행규칙」 별지 제3호서식의 포괄위임등록 신청서(변경신청서, 철회서)
   다. 「특허법 시행규칙」 별지 제4호서식의 특허고객번호 부여신청서
17. 전자문서로 제출된 서류가 다음 각 목의 어느 하나에 해당하는 경우
   가. 특허청에서 제공하는 소프트웨어 또는 특허청 홈페이지를 이용하여 작성되지 아니한 경우
   나. 전산정보처리조직에서 처리할 수 없는 상태로 접수된 경우

18. 해당 상표에 관한 절차를 밟을 권리가 없는 자가 그 절차와 관련하여 제출한 서류인 경우
19. 동일한 출원인 등이 이미 제출한 서류와 중복되는 서류를 제출한 경우

(2) 심판에 관한 서류 · 견본의 불수리사유

심판에 관한 서류 · 기타의 물건이 상표법 시행규칙 제25조에서 규정한 사유에 해당되는 경우에는 반려의 대상이 된다. 다만 심판청구서는 반려의 대상이 아닌 것으로 운용하고 있다. 심판청구서 이외의 중간서류가 절차를 밟기 위한 시 또는 기간이 정해져 있기 때문에 당해 서류를 반려하는 것이 현저하게 불합리한 결과로 되는 경우를 제외하고는 당해 서류를 심판청구인 또는 제출인에게 그 이유를 명시하여 반려할 수 있다. 다만, 반려를 하고자 할 때에는 반려이유를 통지하고 상당한 기간을 정하여 소명서를 제출할 수 있는 기회를 주어야 한다.[5]

3. 반려 및 효과

특허청장 · 특허심판원장은 출원서 · 신청서 · 청구서 등을 방식심사한 결과 반려사유에 해당되는 때는 그 서류 · 견본 기타의 물건은 그 사유를 명시하여 출원인 또는 신청인 등에게 반려하여야 한다. 즉 특허청장 또는 특허심판원장은 상표관련서류가 부적법한 것으로서 반려를 하고자 하는 경우에는 출원인 등에게 출원서류 등을 반려하겠다는 취지, 반려이유 및 소명기간을 기재한 서면을 송부하여야 한다. 다만 증명서류제출의 경우에는 반려이유를 고지하고 즉시 해당 서류를 반려한다. 이러한 반려이유통지를 받은 출원인 등은 소명기간 내에 소명서를 제출할 수 있다. 한편 출원인 등은 제출서류를 조기에 반환받고자 하는 경우에는 소명서 제출기간 내에 서류 등에 대한 반환요청을 하여 관련서류를 조기에 반환받을 수 있다(상시규§25②③). 또한 출원 또는 신청절차에서 반려해야 할 것을 간과하여 실체심사에서 발견한 경우에도 특허청장 · 특허심판원장 명의로 반려를 해야 한다.

---

5) 심판편람, 21.07.(특허심판원, 2004).

상표출원에 관한 서류·견본 기타의 물건이 상표법 시행규칙 제25조에서 규정한 불합리사유에 해당하여 반려한 경우에는 출원에 관한 서류·견본 기타의 물건으로 보지 아니한다. 만일 특허출원이 반려된 경우에는 당해 출원 자체가 처음부터 존재하지 않는 것이 되어 국내출원이 존재하지 않으므로 반려된 출원은 조약에 의한 우선권의 기초가 될 수 없다(파리협약§4A(3)).

4. 반려에 대한 구제(불복)

반려는 특허청장·특허심판원장이 한 행정처분이므로 상표법상 특허심판의 대상이 되지 않고 행정심판 또는 행정소송의 대상이 된다. 따라서 반려에 대하여 불복하고자 하는 자는 행정심판 또는 행정소송으로 그 당부를 다투어야 한다. 행정심판 또는 행정소송에서 불복이유가 인정되면 반려는 취소되며 그 제출서류의 효력은 처음 제출한 날에 제출된 것으로 하여 발생한다.

제 3 절 실체심사

특허청장은 먼저 출원절차에 관한 서류가 적법하게 작성된 것인가의 여부를 심사한 후, 이에 불비(不備)가 있는 경우에는 보정(補正)을 명할 수 있다. 그러나 불비(不備)가 발견되지 않을 때에는 심사관이 실질적 요건에 대하여 심사하여야 한다. 그 심사한 결과 상표등록출원이 후술하는 거절이유 중 어느 하나에 해당하는 때에는 그 지정상품에 대하여만 거절결정을 해야 하고(상§54①), 거절이유를 발견할 수 없을 때에는 출원공고를 할 것을 결정해야 한다(상§57①).

2007년 개정 이전 상표법에 의하면 심사관의 거절이유통지 시 지정상품별로 거절이유와 근거를 구체적으로 밝히지 않아 등록될 수 없는 일부 지정상품을 삭제보정하거나 분할출원하면 거절이유가 없는 나머지 지정상품에 대해서는 등록이 가능함에도 불구하고 적절히 대응하지 못하는 문제가 있었다.

따라서 2007년 상표법 개정법률은 2 이상의 지정상품의 일부 또는 전부에 거절이유가 있는 때에는 심사관은 그 해당 지정상품별로 거절이유와 근거를 구체적으로 밝히도록 법적 의무화하여, 일부 지정상품에 대한 거절사유로 인해 당해 출원 전체가 거절되지 않도록 출원인의 삭제보정 및 분할출원을 적극 유도함으로써 지정상품별 심사의 취지가 최대한으로 구현되도록 지정상품별 심사제도를 도입하였다.

나아가 2022년 상표법 개정법률(2023. 2. 4. 시행)은 지정상품 중 일부에 거절이유가 있는 경우 전부를 거절하는 '출원일체의 원칙'을 벗어나, 지정상품 중 일부에 대해서만 거절이유가 있는 경우 나머지 지정상품은 상표등록을 받을 수 있도록 하는 '부분거절제도'를 도입하여 출원인의 편의와 권리보호의 기회를 확대하였다.

상표등록여부결정의 방식은 서면으로 하여야 하며 그 이유를 붙여야 하고, 특허청장은 등록여부결정이 있는 경우에는 그 결정의 등본을 출원인에게 송달하여야 한다(상§69).

1. 거절이유

심사관은 출원된 내용이 등록요건을 충족하고 또 부(不)등록사유에 해당하지 않으면 출원공고결정을 하게 되나 그렇지 않고 상표법 제54조 제1항[6]에

6) 제54조(상표등록거절결정) 심사관은 상표등록출원이 다음 각 호의 어느 하나에 해당하는 경우에는 상표등록거절결정을 하여야 한다.

1. 제2조제1항에 따른 상표, 단체표장, 지리적 표시, 지리적 표시 단체표장, 증명표장, 지리적 표시 증명표장 또는 업무표장의 정의에 맞지 아니하는 경우

2. 조약에 위반된 경우

3. 제3조, 제27조, 제33조부터 제35조까지, 제38조제1항, 제48조제2항 후단, 같은 조 제4항 또는 제6항부터 제8항까지의 규정에 따라 상표등록을 할 수 없는 경우

4. 제3조에 따른 단체표장, 증명표장 및 업무표장의 등록을 받을 수 있는 자에 해당하지 아니한 경우

5. 지리적 표시 단체표장등록출원의 경우에 그 소속 단체원의 가입에 관하여 정관에 의하여 단체의 가입을 금지하거나 정관에 충족하기 어려운 가입조건을 규정하는 등 단체의 가입을 실질적으로 허용하지 아니한 경우

6. 제36조 제3항에 따른 정관에 대통령령으로 정하는 단체표장의 사용에 관한 사항의 전부 또는 일부를 적지 아니하였거나 같은 조 제4항에 따른 정관 또는 규약에 대통령령으로 정하는 증명표장의 사용에 관한 사항의 전부 또는 일부를 적지 아니한 경우

7. 증명표장등록출원의 경우에 그 증명표장을 사용할 수 있는 자에 대하여 정당한 사유 없이 정관 또는 규약으로 사용을 허락하지 아니하거나 정관 또는 규약에 충족하기 어려운 사용조건을 규정하는 등 실질적으로 사용을 허락하지 아니한 경우.

해당하는 경우 출원인에게 거절이유를 통지하고 산업통상자원부령으로 정하는 기간 내에 거절이유에 대한 의견서를 제출할 수 있다(상§55①).

이 경우 2 이상의 지정상품의 일부 또는 전부에 거절이유가 있는 때에는 심사관은 그 해당 지정상품별로 거절이유와 근거를 구체적으로 적어야 한다(상§55②).

특허법원 2002. 1. 24. 선고, 2001허4746 판결 	구 상표법 제23조 제2항 및 제81조 제3항은 심사관이나 심판관으로 하여금 출원인에게 거절의 이유를 예고함으로써 출원인에게는 거절의 이유에 대한 의견, 즉 변명이나 보정을 할 수 있는 기회를 부여함으로써 불이익을 스스로 구제할 수 있도록 하고 심사관이나 심판관에게도 혹시 있을지 모를 과오에 대한 재심사의 기회를 부여함으로써 심사 및 심판의 적정성을 확보하고 그 신용을 유지하기 위한 것으로 강행규정으로 해석된다. 따라서 출원인이 심사에 대한 의견을 제출하거나 보정을 할 수 없고 심사관도 새롭게 심리를 할 수 없는 거절결정불복심판에 대한 취소소송 절차에서 심결의 이유에서 내세운 거절의 이유와 다른 거절이유를 들어 거절결정을 지지한 심결을 유지하는 것은 결과적으로 강행규정인 위 상표법 규정에 위반하는 결과를 초래하게 되어 허용될 수 없는 것이라 할 것이다.
대법원 1996. 11. 22. 선고, 96후177 판결	거절사정에 대한 항고심판에서 종래의 거절사정의 이유와는 다른 새로운 거절이유를 들어 심결하면서 출원인에게 의견서 제출의 기회를 주지 아니하였다면 이는 위법한 것이나, 거절사정의 이유는 거절이유통지서의 기재 이유와 그 취지에 있어서 부합하면 족하고, 항고심판에서 그 거절사정의 이유와 다른 거절이유를 발견한 경우가 아니라면 그 거절이유의 통지는 필요하지 않다.
대법원 1993. 12. 21. 선고, 93후1360 판결	지정상품이 2 이상 여럿인 출원상표가 일부 지정상품에 관하여는 상표등록요건을 갖춘 것으로 인정되고, 나머지 지정상품에 관하여는 상표등록요건을 갖추지 못한 것으로 인정되는 경우에 우리 상표법상 상표등록요건을 갖춘 지정상품 부분에 관하여는 등록사정하고, 상표등록요건을 갖추지 못한 지정상품 부분에 관하여는 거절사정함과 같이 분리하여 사정하여야 할 근거는 없으므로 하나의 출원은 지정상품이 여럿이라 하더라도 일체불가분으로 취급할 수밖에 없어 일부 지정상품에 관하여 상표등록요건이 갖추어지지 아니한 경우 그것이 보정절차를 통하여 지정상품에서

	철회되는 등 보정되지 아니하는 한, 전체 지정상품에 대한 출원에 대하여 하나의 거절사정을 할 수밖에 없다.
대법원 1996. 11. 22. 선고, 96후177 판결	구 상표법 제23조 제2항과 제81조 제1항, 제3항은 심판의 적정을 기하고 심판제도의 신용을 유지하기 위하여 확보하지 아니하면 안된다는 공익상의 요구에 기인하는 이른바 강행규정으로서 거절사정에 대한 항고심판에서 종래의 거절사정의 이유와는 다른 새로운 거절이유를 들어 심결하면서 출원인에게 의견서 제출의 기회를 주지 아니하였다면 이는 위법한 것이나, 거절사정의 이유는 거절이유통지서의 기재이유와 그 주지에 있어서 부합하면 족하고, 항고심판에서 그 거절사정의 이유와 다른 거절이유를 발견한 경우가 아니라면 그 거절이유의 통지는 필요하지 않다.

2. 거절결정

심사관은 상표등록거절결정을 하려는 경우 출원인에게 미리 거절이유를 통지하여야 하고(상§55①), 출원인이 거절이유에 대한 의견서를 제출하면 심사관은 다시 심사하며, 다시 심사하여 상표등록출원의 지정상품 전부 또는 일부가 여전히 거절이유에 해당하는 경우에는 그 지정상품에 대하여만 상표등록거절결정을 하여야 한다(상§54).7) 심사관은 출원공고 후 거절이유를 발견한 경우에도 직권으로 의견서 제출기회를 부여하고 상표등록거절결정을 할 수 있다(상§67 · 상§55①). 이 거절결정은 심사의 종결을 의미한다.

한편, 심사관의 상표등록거절결정 이후 지정상품 범위의 감축 등으로 그 거절이유를 간단하게 해소할 수 있는 경우에는 반드시 심판절차를 거칠 필요없이 심사관에게 재심사를 청구할 수 있다.8) 즉 상표등록거절결정을 받은 자는 그 결정 등본을 송달받은 날부터 3개월(거절결정불복심판 청구기간이 연장된 경우에는 그 연장된 기간을 포함한다) 이내에 지정상품 또는 상표를 보

---

7) 거절이유 있는 지정상품에 대하여만 상표등록거절결정을 하고, 거절이유를 발견할 수 없는 상품에 대하여는 상표등록결정을 하는 이른바 '부분거절제도'는 2022. 2. 3. 상표법 일부개정 시 도입되었다.

8) 이른바 '재심사청구' 제도는 종래부터 특허법·실용신안법·디자인보호법에서 인정된 심사관의 거절결정에 대한 심판절차 외의 불복수단이다. 상표법은 출원인의 편의와 권리확보의 기회를 확대하고자 2022. 2. 3. 상표법 일부개정 시 본 제도를 도입하였다.

정하여 해당 상표등록출원에 관한 재심사를 청구할 수 있다.[9] 이 경우 출원인은 재심사의 청구와 함께 의견서를 제출할 수 있다(상§55의2②). 재심사가 청구된 경우 그 상표등록출원에 대하여 종전에 이루어진 상표등록거절결정은 취소된 것으로 본다. 다만, 재심사의 청구절차가 방식심사에서 무효로 된 경우에는 그러하지 아니하다(상§55의2③).

출원인은 심사관의 상표등록 거절결정 등본을 받으면 특허청 특허심판원에 상표등록 거절결정불복심판을 청구할 수 있으며, 이 청구는 상표등록 거절결정등본을 송달 받은 날로부터 3개월 이내에 거절결정된 지정상품의 전부 또는 일부에 관하여 심판을 청구 하여야 한다(상§116).

거절이유통지는

1. 제2조제1항에 따른 상표, 단체표장, 지리적 표시, 지리적 표시 단체표장, 증명표장, 지리적 표시 증명표장 또는 업무표장의 정의에 맞지 아니하는 경우
2. 조약에 위반된 경우
3. 제3조, 제27조, 제33조부터 제35조까지, 제38조제1항, 제48조제2항 후단, 같은 조 제4항 또는 제6항부터 제8항까지의 규정에 따라 상표등록을 할 수 없는 경우
4. 제3조에 따른 단체표장, 증명표장 및 업무표장의 등록을 받을 수 있는 자에 해당하지 아니한 경우
5. 지리적 표시 단체표장등록출원의 경우에 그 소속 단체원의 가입에 관하여 정관에 의하여 단체의 가입을 금지하거나 정관에 충족하기 어려운 가입조건을 규정하는 등 단체의 가입을 실질적으로 허용하지 아니한 경우
6. 제36조제3항에 따른 정관에 대통령령으로 정하는 단체표장의 사용에 관한 사항의 전부 또는 일부를 적지 아니하였거나 같은 조 제4항에 따른 정관 또는 규약에 대통령령으로 정하는 증명표장의 사용에 관한 사항의 전부 또는 일부를 적지 아니한 경우
7. 증명표장등록출원의 경우에 그 증명표장을 사용할 수 있는 자에 대하여 정당한 사유 없이 정관 또는 규약으로 사용을 허락하지 아니하거나 정관 또는 규약에 충족하기 어려운 사용조건을 규정하는 등 실질적으로 사용을 허락하지 아니한 경우

---

9) 다만, 재심사를 청구할 때 이미 재심사에 따른 거절결정이 있거나 제116조에 따른 심판청구가 있는 경우에는 그러하지 아니하다(상§55의2①但).

대법원 1996. 2. 13. 선고, 95후1241 판결 	구 상표법 제73조 제1항 제7호는 상표등록취소 심판사유의 하나로 구 상표법 "제23조 제1항 제3호 본문에 해당하는 상표가 등록된 경우에 그 상표에 관한 권리를 가진 자가 당해 상표등록일부터 5년 이내에 취소심판을 청구한 경우"를 들고 있고, 구 법 제23조 제1항 제3호 본문은 "조약당사국에 등록된 상표 또는 이와 유사한 상표로서 그 상표에 관한 권리를 가진 자의 대리인이나 대표자 또는 상표등록 출원일 전 1년 이내에 대리인이나 대표자이었던 자가 상표에 관한 권리를 가진 자의 동의를 받지 아니하는 등 정당한 이유 없이 그 상표의 지정상품과 동일 또는 유사한 상품을 지정상품으로 상표등록 출원한 경우"라고 규정하고 있는바, 위 규정의 입법취지에 비추어 볼 때 여기서 말하는 "대리인 또는 대표자"라 함은 대리점, 특약점, 위탁판매업자, 총대리점 등 널리 해외에 있는 수입선(輸入先)인 상표소유권자의 상품을 수입하여 판매, 광고하는 자를 가리킨다고 보아야 할 것이다.
대법원 2003. 8. 19. 선고, 2002후321 판결 	[1] 상표법 제34조 제1항 제12호 소정의 '수요자를 기만할 염려가 있는 상표'에 해당하는지 여부의 판단 기준 [2] 상품의 보통명칭의 의미 및 출원상표가 보통명칭을 보통으로 사용하는 방법으로 표시한 표장만으로 된 경우 '수요자를 기만할 염려가 있는 상표'라는 이유로 그 등록을 거절할 수 있는지 여부(소극) [3] '카페라테'와 'Caffè Latte'라는 표장들은 이탈리아식 에스프레소 커피에 우유를 넣은 커피를 가리키는 보통명칭의 식별력이 없는 표장으로서 '수요자를 기만할 염려가 있는 상표'에 해당하지 않는다고 한 사례

3. 상표 등록결정

등록결정은 심사관의 출원공고의 결정이 있고, 이를 상표공보에 2개월간 게재하는 동안 일반국민의 이의신청이 없는 경우나 또는 심사관의 거절이유의 발견으로 인한 직권에 의한 거절결정이 없는 경우[10)11)]에 취하여지는 것으

10) 일부 지정상품에 대하여 거절이유가 있는 경우에는 그 지정상품에 대한 거절결정이 확정된 경우를 말한다.

11) 심사관은 법률에 의하여 부여된 권한을 기초로 등록요건 구비 여부 내지는 거절이유에 해당되는지 여부를 적극적으로 탐지하여 심사에 반영할 수 있다. 이를 직권탐지주의라고 한다.

로서 심사의 마지막 절차이다(상§68). 상표등록결정은 서면으로 하여야 하며 그 이유를 붙여야 하고, 특허청장은 상표등록결정이 있는 경우에는 그 결정의 등본을 출원인에게 송달하여야 한다. 출원인은 등록결정통지를 받으면 2개월 이내에 등록료를 납부하여 등록을 하여야 한다(상§72). 한편, 상표등록결정 이후 등록료 납부 전까지 심사관이 상표등록결정을 받은 출원에 관하여 명백한 거절이유를 발견한 경우 직권으로 상표등록결정을 취소하고 그 출원에 대해 다시 심사할 수 있는 직권재심사 규정이 2021년 개정법(22. 4. 20.시행)으로 신설되었다(상§68조의2). 이는 하자 있는 출원상표의 등록을 방지하여 상표등록의 무효가능성을 사전에 차단하기 위함이다.

4. 상표출원보정각하

상표출원보정각하라 함은 출원인이 지정상품을 추가하거나 상표견본의 중요부분을 보정함으로써 출원서의 내용이 요지변경된 경우에 심사관이 그 보정을 부적법하다 하여 받아 주지 않겠다는 심사관의 행정처분이다.

보정각하의 대상은 상표·지정상품의 요지변경이나, 출원공고결정등본송달전의 보정은 출원공고결정등본송달후의 보정에 비하여 폭이 넓고 어느 정도는 자유로우나 등본송달후의 보정은 부득이한 경우에만 보정이 가능하다. 이 보정제도는 출원공고제도가 있던 구 특허법·실용신안법과 유사하다. 즉, 보정은 요지부분을 정정·변경할 수 없으며, 처음 출원된 내용의 범위 내에서만 해야 하고, 이를 위반하면 각하사유가 된다(상§42①). 이 보정각하는 출원서 전체를 각하하는 것이 아니고 출원서의 내용 중 보정한 내용, 즉 보정서를 이유 없다 하여 각하하는 것이다. 한편 심사관은 각하결정이 있는 때에는 제115조에 따른 보정각하결정에 대한 심판청구기간이 지나지 전까지는 당해 상표등록출원에 대한 상표등록여부결정을 하여서는 아니되며, 출원공고할 것을 결정하기 전에 각하결정이 있는 때에는 출원공고결정도 하여서는 아니 된다(상§42②). 또한 출원인이 각하결정에 대하여 보정각하결정에 대한 심판을 청구한 때에는 그 심판의 심결이 확정될 때까지 그 상표등록출원의 심사를 중지하여야 한다(상§42③). 각하결정(제41조에 따른 보정에 대한 각하결정으로 한정한다)에 대하여는 불복할 수 없다. 다만 제116조의 규정에 의한 거절결정에 대한 심판을 청구하는 경우에는 그러하지 아니하다(상§42⑤).

5. 출원공고

(1) 의의 및 취지

출원공고는 심사관이 등록출원에 대하여 심사한 결과 거절이유를 발견할 수 없는 경우에는 그 출원내용을 공고(공중에 공표(公表))하여 일반공중의 열람에 제공함으로써 심사의 공정성확보, 상표정보의 제공을 함과 동시에 그 내용에 이의가 있는 때에는 이의신청을 제기할 수 있도록 하여 심사관의 심사의 공정을 기함과 동시에 등록후에 있어서의 상표분쟁을 미연에 방지하고자 하는 제도이다(상§57).[12]

(2) 공고방법 및 절차

출원공고시 게재사항은 상표법 시행령 제19조 제2항의 규정에 따른다. 공고의 효과에 대해서는, 공고결정 전의 경우 요지변경을 하지 않는 범위 내에서 보정이 가능하나 공고결정등본 송달 후에는 보정의 범위 및 시기가 제한된다고 하는 점과 공고 후에는 이의신청의 대상이 된다는 점을 들 수 있다. 한편 상표법에서 출원이 공고가 되면, 출원인은 당해 상표등록출원 공고된 지정 상품과 동일하거나 이와 유사한 상품에 당해 상표등록출원 공고된 상표와 동일하거나 이와 유사한 상표를 사용하는 자에게 서면으로 경고할 수 있고, 당해 출원공고된 상표가 설정등록이 된 후에 당해 상표의 사용으로 인하여 입은 업무상 손실에 상당한 보상금의 지급을 청구할 수 있다(상§58②). 이를 손실보상 청구권이라 한다. 상표권 존속기간의 기산일은 등록일이 기준이 된다.

출원공고는 출원공고할 것을 결정한 후 출원인에게 공고결정등본을 송달

12) 출원공고제도는 상표분쟁을 미연에 방지하고 제3자의 불측의 손해를 방지하려는 데 그 취지가 있고, 또. 현실적으로 특허청의 자료가 방대하여 심사관이 심사에 적합한 자료를 찾아내어 이용한다는 것은 어느정도 한계가 있기 때문에 출원공고제도를 두었다고 보는 경우도 있다(최선배, "상표이의신청제도 고찰", 특허청 국제특허연수원(1989)).

하고 특허청장이 상표등록출원의 내용을 상표공보에 게재함으로써 출원공고가 개시된다. 심사관은 상표등록출원에 대하여 상표법에 규정된 상표등록요건과 부등록요건에 대한 심사를 한 후 거절이유를 발견할 수 없을 경우[13]는 출원공고할 것을 결정하여야 한다. 다만, 상§57① 각 호의 어느 하나에 해당하는 경우에는 출원공고결정을 생략할 수 있다(상§57① 단서). 특허청장은 출원공고결정이 있을 때에는 그 결정의 등본을 상표출원인에게 송달하고 상표공보에 게재하여 출원공고를 하여야 한다(상§57②). 상표등록출원의 공고일은 당해 상표등록출원이 공고된 취지를 게재한 상표등록공고용 상표공보가 발행된 날이다(상시규§100). 특허청장은 제2항에 따라 출원공고를 한 날부터 2개월간 상표등록출원 서류 및 그 부속 서류를 특허청에서 일반인이 열람할 수 있게 하여야 한다(상§57③).

산업통상자원부령이 정하는 바에 의하여 전자적 매체로 발행할 수 있다(상§221②). 전자적 매체로 상표공보를 발행하는 경우에는 특허청장은 정보통신망을 활용하여 상표공보의 발생 사실·주요목록 및 공시송달에 관한 사항을 알려야 한다(상§221③).

상표공보에 게재할 사항은 상표법 시행령 제19조 제2항에 규정되어 있다.

상표공보에 게재된 출원공고사항에 다음과 같은 흠결이 있는 경우에는 정정공고를 한다.[14] i) 상표 또는 지정된 상품의 전부가 누락 되었을 경우, ii) 공고된 상표가 출원서에 첨부된 상표와 상이한 경우, iii) 상표 또는 지정상품을 인터넷공보 상에서 판독할 수 없는 경우, iv) 해당 상품류구분이 변경되었을 경우, v) 출원공고된 시각적 표현이 출원서에 기재된 시각적 표현과 상이한 경우에는 정정공고를 하여야 한다. 정정공고가 있을 때에는 그 때에 출원공고한 것으로 취급하고 상기 사항 이외의 사항이 오기 또는 누락되는 경우에 그 부분이 심사에 본질적이 영향을 미치지 아니할 때에는 정정공고를 하지 않는다.[15]

---

13) 일부 지정상품에 대하여 거절이유가 있는 경우에는 그 지정상품에 대한 거절결정이 확정된 경우를 말한다.

14) 상표심사기준 제6부 제1장 4.2.(p.308).

15) 상표심사기준 제6부 제1장 4.2.(p.308).

(3) 출원공고 효과

출원공고의 효과는 다시 출원공고결정의 효과와 공고의 효과로 나눌 수 있다. 전자인 출원공고결정의 효과는 출원공고결정등본의 송달 후에는 보정의 시기와 대상범위가 제한되며(상§40, §41), 공고 후에의 보정에 대한 보정각하에 대해서는 그에 불복하는 설정등록 후에 발견되면 보정하지 않은 출원에 관하여 상표권이 설정등록된 것으로 간주된다(상§41③). 후자인 출원공고의 효과는 출원공고일로부터 2월 이내에 누구나 상표등록이의신청을 할 수 있으며, 또한 출원공고가 있은 후부터는 지정상품과 동일 유사한 상품 및 상표를 사용하는 자에게 서면으로 경고한 후 손실보상청구권을 청구할 수 있다(상§58).

대법원
1996. 8. 23. 선고,
96후23 판결

심사관의 출원공고란 심사관이 출원내용에 대하여 심사한 결과 거절할 만한 이유를 발견할 수 없거나 의견서 또는 보정서 제출에 의하여 거절이유가 극복된 경우, 그 출원내용을 공중에 공표하여 이의신청을 할 수 있도록 함으로써 심사의 협력을 구하도록 제도화한 것을 말하고, 심사관의 출원공고 결정에 대하여는 누구든지 30일 이내에 이의신청을 할 수 있고(구 상표법 제25조), 심사관도 출원공고 후에 거절이유가 발견된 경우 직권으로 거절사정을 할 수 있는 것이다.

(4) 직권보정

1) 의의 및 취지

심사관은 제57조에 따른 출원공고결정을 할 때에 상표등록출원서에 적힌 사항이 명백히 잘못된 경우에는 직권으로 보정을 할 수 있다(상§59①). 직권보정이란 지정상품과 관련하여 명백히 잘못 기재된 내용이 있는 경우 심사관이 직권으로 보정을 할 수 있도록 함으로써 출원인이 보정서를 제출해야 하는 불편함과 심사절차의 지연을 방지하기 위하여 2010년 개정법에서 도입되었다.

2) 시기 및 대상

직권보정은 원칙적으로 출원공고결정을 할 때에 가능하다. 그 대상은 지정상품 또는 그 유구분을 포함하여 출원서에 적힌 사항에 명백한 오기가 있는 경우에 할 수 있다. 따라서 심사관이 1차심사시 상표등록출원서에 적힌 사항의 명백한 오기 이외에 다른 거절이유가 없는 경우나, 거절이유를 통지한 후 보정서나 의견서 제출로 다른 거절이유는 모두 해소되었으나 여전히 상표등록출원서에 적힌 사항과 관련하여 명백한 오기가 있는 경우 심사관이 이를 직권보정하면서 출원공고할 수 있다.

3) 방식 및 절차

심사관이 직권보정을 하려면 제57조 제2항에 따른 출원공고결정 등본의 송달과 함께 그 직권보정 사항을 출원인에게 알려야 한다(상§59②). 이 경우 출원인은 직권보정사항 중 전부 또는 일부에 대하여 이의가 있는 경우 출원공고기간 내에 의견서를 제출할 수 있으며(상§59③), 출원인으로부터 의견서가 제출된 경우 해당 직권보정 사항의 전부 또는 일부는 처음부터 없었던 것으로 본다(상§59④).

이 경우 그 출원공고결정도 함께 취소된 것으로 보는데(상§59④), 출원인의 의견서가 직권보정에 대한 의견서임이 확인되면, 심사관은 출원공고결정 취소통지를 출원인과 이해관계인(정보제공인, 이의신청인 등)에게 하여야 하며, 해당 출원에 대해 직권보정 전의 내용으로 재심사를 한다.

6. 상표등록이의신청

(1) 의의 및 취지

상표의 등록출원이 되면 특허청장은 그 출원을 심사관으로 하여금 심사케 하고, 심사관은 심사한 결과 거절이유를 발견하지 못하면 등록결정을 하여야 하고, 그 출원한 상표(내용)를 일반에게 공표하여 공중으로 하여금 이의신청을 할 수 있게 함으로서 부실권리의 등록과 상표분쟁을 미연에 방지하고 심사의 적정성과 공정성을 제고하기 위하여 출원공고제도와 더불어 상표이의신청(商標異議申請)제도를 두고 있다. 이러한 이의신청제도는 심사관의 업무를 보조하여주는 성질을 가지고 있으며, 일반 공중이 누구나 신청할 수 있어 공중심사제도라고도 한다.

즉 상표등록이의신청이란 심사관의 심사 결과, 거절할 이유를 발견하지 못하여 출원공고된 상표등록출원에 대하여 거절이유가 있다고 생각하는 일반

공중으로 하여금 이의를 제기할 수 있는 기회를 부여하는 제도이다.

(2) 신청기간 및 청구권자

출원공고가 있는 때에는 누구든지[16)][17)] 출원공고일로부터 2월 이내에 그 이유를 기재한 상표등록 이의신청서와 필요한 증거를 첨부하여 특허청장에게 상표등록이의신청을 할 수 있다(상§60).[18)] 이의신청의 이유에는 상표법 제54조에 규정하는 거절이유와 제87조 제1항에 따른 추가등록거절결정의 거절이유가 있다.

상표등록이의신청이 있는 때에는 심사관은 상표등록 이의신청서 부본(副本)을 출원인에게 송달하고 기간을 정하여 답변서를 제출할 수 있는 기회를 주어야 한다(상§66①). 또 이의신청인은 상표등록이의신청 기간의 경과후 30일 이내에 상표등록이의신청서에 기재한 이유와 증거를 보정할 수 있다(상§61).[19)] 이의신청에 이유가 있다고 인정되면 출원상표는 거절된다. 이에 대하여 불복할 수 없고, 거절결정에 대한 심판으로 해결할 수밖에 없다(상§66⑥, 상§125). 그리고 이의신청에 이유가 없다고 하면 출원상표는 등록결정된다.

(3) 이의신청이유

상표법 제60조 제1항에 따라 출원공고가 있는 때에는 누구든지 출원공고일부터 2월 이내에 제54조 각호(상표등록출원의 거절이유) 및 제87조 제1항 제2호·제3호의 어느 하나에 해당한다는 것을 이유로 특허청장에게 상표등록이의신청을 할 수 있다.

16) 이의신청은 누구나 할 수 있으나 권리능력이 없는 사단법인명으로는 이의신청을 하지 못한다. 다만 그 대표나 관리인이 정해져 있으면 이의신청을 할 수 있다. 이의신청의 지위승계에 대해서는 긍정론과 부정론이 대립하고 있으나 심사실무관행은 부정론으로 지위의 승계를 인정하지 않는다.

17) 다만, 상표법 제54조 제3호를 이유로 하는 경우에는 정당한 권리자만이 이의신청인이 될 수 있다.

18) 이의신청은 이의신청의 기간 경과 후 30일 이내에 이유 및 증거를 보정할 수 있다(상§61).

19) 구 상표법 제77조, 특허법 제140조 제2항에 의하면 심판청구서를 보정함에 있어서는 그 요지를 변경할 수 없도록 규정하고 있으나 단순한 당사자표시의 보정은 이에 해당되지 않고, 이 경우 당사자표시의 보정은 심판청구서상 당사자표시만에 의하는 것이 아니라 청구의 취지 및 그 이유 등 심판청구서의 전취지를 합리적으로 해석하여 당사자를 확정한 연후에 확정된 당사자와 그 동일성이 인정되는 범위 내에서 심판청구서상 당사자의 표시를 정정하는 것을 의미한다(대법원 1995. 1. 12. 선고, 93후1414 판결).

(4) 방식 및 절차

상표등록이의신청을 하고자 하는 자는 다음 각호의 사항을 기재한 상표등록이의신청서에 필요한 증거를 첨부하여 특허청장에게 제출하여야 한다(상§60②).

① 상표등록이의신청인의 성명 및 주소(법인인 경우에는 그 명칭 및 영업소의 소재지)
② 대리인이 있는 경우에는 그 대리인의 성명 및 주소나 영업소의 소재지(대리인이 특허법인·특허법인(유한)인 경우에는 그 명칭, 사무소의 소재지 및 지정된 변리사의 성명)
③ 상표등록이의신청대상
④ 상표등록이의신청의 사항
⑤ 상표등록이의신청의 이유 및 필요한 증거의 표시

(5) 상표등록이의신청의 경합

상표의 이의신청이 있는 경우에 심판관이 아닌 심사관으로 하여금 해당 이의신청에 대하여 심사케 하며, 그 심사관은 2 이상의 상표등록이의신청에 대하여 심사 또는 결정을 병합하거나 분리할 수 있다.

심사관은 2 이상의 상표등록이의신청이 있는 경우에 그 중 어느 하나의 상표등록이의신청에 대하여 심사한 결과 그 이의신청의 이유가 있다고 인정한 때에는 다른 상표등록이의신청에 대하여는 결정을 하지 아니할 수 있고, 상표등록이의신청에 대한 결정을 하지 아니한 이의신청인에 대하여도 상표등록거절결정등본을 송달하여야 한다(상§65).

대법원 1982. 9. 14. 선고, 80후114 판결	특허청 항고심판소는 위와 같이 동일 당사자간의 한개의 심결에 대하여 제기된 이중의 항고심판 청구사건을 각 별개의 사건으로 오해하여 동일 당사자간의 2이상의 심판사건이라 하여 병합심결의 형식을 취하고 있으나 실용신안법 제29조에 의하여 준용되는 특허법 제120조 제1항에 의하면 심판관은 당사자 쌍방 또는 일방의 동일한 2이상의 심판에 대하여 그 심리 또는 심결의 병합을 할 수 있다고 규정하고 있는바, 여기서 병합할 수 있는 2이상의 심판이라 함은 실용신안등록권자 "갑"에 대한 "을"

의무효심판청구와 "갑"에 대한 "병"의 무효심판청구가 동시에 계속한 때 혹은 2개의 실용신안등록권자 "갑"에 대하여 "을"이 각각의 권리에 대한 무효심판청구를 이시에 제기하여 계속된 경우를 의미하는 것이지 이 사건과 같이 동일한 당사자 사이의 등록 제14277호 실용신안등록무효를 구하는 청구에 대한 1개의 심결에 대하여 중복된 2개의 항고심판청구가 제기된 경우까지 병합심리 또는 병합심결할 수 있다는 취지가 아니어서 원심결은 이점 병합심리 또는 병합심결의 법리를 오해하였다 할 것이다.

대법원 1989. 11. 28. 선고, 89후469 판결

동일한 당사자 사이에 어느 등록상표에 대한 등록무효심판청구사건과 그 사건에서 무효주장의 근거가 된 인용상표에 대한 등록무효청구사건이 때를 같이 하여 심판의 대상이 되어 있더라도 이들의 심리나 심결을 병합할 것인지 여부는 심판관의 재량에 맡겨진 것이고 반드시 병합심리하여야 하는 것은 아니다.

(6) 상표등록이의신청에 대한 결정

심사관은 상표등록이의신청이 있는 때에는 상표등록이의신청서 부본을 출원인에게 송달하고 기간을 정하여 답변서를 제출할 수 있는 기회를 주어야 하고, 심사관은 상표등록이의신청이유등의 보정에 의한 기간 및 답변서 제출기간 경과 후에 상표등록이의신청에 관하여 결정을 하여야 한다(상§66①②).

이의신청인이 그 이유나 증거를 제출하지 아니한 경우에는 상표법 제66조 제1항의 규정에 불구하고 제61조(상표등록이의신청이유등의 보정)의 규정에 의한 기간 경과 후에 결정으로 상표등록이의신청을 각하할 수 있다(상§66④).

이의신청비교표

대 상		공고방법	이의신청기간	조 문
디자인	심사	등록 후 등록공고	이의신청제도 없음	
	일부심사	등록 후 등록공고	공고 후 3월 이내	디§68
상표		출원공고	공고 후 2월 이내	상§60

(7) 이의신청의 효과

상표등록이의신청에 대한 결정은 서면으로 하여야 하며 그 이유를 붙여야 하고, 결정이 있는 때에는 그 결정의 등본을 출원인 및 이의신청인에게 송달하여야 한다(상§66③⑤). 즉 이의신청이 성립하는 경우에는 거절결정되며, 불성립시에는 등록결정이 된다. 등록이의신청에 대한 결정에 대하여는 이유가 있다고 결정하는 경우에는 상표등록출원인은 거절결정불복심판을 청구할 수 있고, 이의신청의 이유가 없다고 결정하는 경우에는 이의신청인은 상표등록후 무효심판에서 다시 다툴수가 있어 상표법에서는 이의신청의 결정에 대해서는 불복할 수 없도록 하고 있다(상§66⑥).

한편 결정이유를 붙임에 있어서 2 이상의 지정상품에 대한 결정이유가 다른 경우에는 상품마다 결정이유를 붙여야 한다(상§66③).

7. 정보의 제공

(1) 의의 및 취지

누구든지 상표등록출원된 상표가 제54조 각호의 어느 하나에 해당되어 상표등록될 수 없다는 취지의 정보를 증거와 함께 특허청장 또는 특허심판원장에게 제공할 수 있다(상§49). 이와 같은 정보제공은 상표등록출원에 거절이유가 있다고 인정되는 경우 그 같은 취지의 정보를 증거와 함께 특허청장에게 제공하여 심사관이 심사에 활용하도록 함으로써 상표심사의 공정성과 정확성을 확보하기 위한 제도이다.

(2) 기간 및 정보제공을 할 수 있는 자

정보제공은 상표등록출원의 등록여부결정 전까지 누구든지 가능하다. 따라서 출원공고 후에도 정보제공이 가능하며 이의신청과는 별개로 정보를 제공하는 것도 가능하다. 등록여부결정 후 제출된 정보는 반려한다.

(3) 방식 및 절차

정보제공은 상표등록출원이 법 제54조 각호의 1에 해당하는 거절이유가 있다는 것을 그 대상으로 한다. 따라서 상표등록출원에 대한 정보제공이 있는 경우 제공된 정보 및 증거를 법 제54조에 따른 거절결정의 이유로 활용할 수 있다. 출원공고 후에 이의신청과는 별개로 정보제공이 있는 경우 이의신청 이유뿐만 아니라 제공된 정보에 나타나 있는 거절이유도 같이 심사할 수 있다. 제공된 정보에 나타나 있는 거절이유로 거절결정을 할 경우에는 상표등록출원인에게 거절이유를 통지하고 의견을 제출할 수 있는 기회를 주어야 한다.

(4) 제공된 정보의 활용여부 통보

심사관은 해당 출원에 대해 정보를 제공받은 경우 출원공고를 할 때에 정보제공자에게 심사결과와 정보의 활용여부를 통지하여야 하며, 제공된 정보의 활용여부에 대해 등록여부결정 시까지 통지가 없었던 경우에는 등록여부결정을 할 때에 정보제공자에게 심사결과와 정보의 활용여부를 통지하여야 한다.

8. 심사절차의 종료

상표등록출원에서 절차의 종료는 심사의 결정으로 종료한다. 다만 출원의 포기나 취하 등으로도 종료될 수 있다. 일반적인 심사의 종료는 상표등록거절결정(상§54 §67)과 상표등록결정에 의하여 모든 심사절차는 종료한다(상§68). 상표등록결정에 의하지 않은 종료는 출원의 취하(取下), 포기, 무효 등으로 심사는 종료한다. 이러한 상표등록여부결정은 서면으로 하여야 한다(상§69).

9. 설정등록

상표등록결정이 끝나면 소정의 등록료(상§72)를 납부하고 특허청에 비치하는 상표등록원부(商標登錄原簿)에 소정사항을 기재(상§80)하는 절차를 총칭하여 상표권의 설정등록이라 한다. 상표등록료를 납부한 때에는 특허청장은 직권으로 설정등록을 해야 한다(상§82). 상표권은 설정등록에 의하여 발생한다(상§82①). 상표공보에 게재하는 등록공고 사항은 상표법 시행령 제14조 제1항에 규정되어있다.

설정등록은 행정청인 특허청이 행하는 설권행위로 특허청장이 직권으로 상표등록원부에 기재함으로서 발생하는 것이다.

10. 상표등록증

특허청장은 상표권의 설정등록을 하였을 경우에는 산업통상자원부령으로 정하는 바에 따라 상표권자에게 상표등록증을 발급하여야 한다(상§81①). 등록증에는 상표등록증, 업무표장 등록증 및 단체표장 등록증, 증명표장 등록증이 있다.

제 4 절 심사절차의 중지

상표법은 심사 또는 소송에 있어서 필요한 때에는 관련 있는 다른 사건의 절차가 완결될 때에까지 그 심사 또는 소송절차를 중지할 수 있도록 상표법 제70조에 규정하고 있다. 상표등록출원의 심사에 있어서 필요한 때에는 심결이 확정될 때까지 또는 소송절차가 완결될 때까지 당해 심사의 절차를 중지할 수 있다(상§70①). 즉 심사절차 중에 있는 당해 사건과 관련 있는 다른 사건이 심판 또는 소송에 계속 중인 경우에는 관련 있는 다른 사건이 완결될 때까지 당해 사건의 심사절차의 진행을 중지할 수 있다. 또한 법원은 소송에 있어서 필요한 경우에는 상표등록결정이 확정될 때까지 그 소송절차를 중지할 수 있다(상§70②). 즉 소송절차 중에 있는 당해 사건과 관련 있는 다른 사건이 출원의 계속 중인 경우에는 관련 있는 다른 사건이 완결될 때까지 당해 사건의 소송절차의 진행을 중지할 수 있다.

대법원 1992. 1. 15. 선고, 91마612 판결	**[소송절차의 중지]** 법원이 소송절차중지의 결정을 할 것인지의 여부는 법원이 합리적인 재량에 의하여 직권으로 정하는 것으로서 그 소송절차를 중지한다는 결정에 대하여는 당사자가 항고(재항고)에 의하여 불복할 수 없다.

대법원
1990. 3. 23.
선고, 89후2168
판결

[심사절차의 중지]

구 상표법(1990. 1. 13. 법률 제4210호로 개정되기 전) 제18조에 의하여 준용되는 특허법(1990. 1. 13. 법률 제4207호로 개정되기 전) 제96조 제1항에서 심사에 있어서 필요한 때에는 심결이 확정 또는 소송절차가 완결될 때까지 그 심사의 절차를 중지할 수 있다고 규정한 것은 임의규정으로서 심사절차를 꼭 중지하여야 하는 것은 아니므로 이 사건 상표와 유사하다고 한 인용상표에 대한 등록무효 심결이 대법원에 계속중인데도 이사건 심사절차를 중지하지 아니하고 심사 및 심리를 한 것이 위법하다고 할 수 없다.

제 5 절 심사절차의 진행

특허청장 또는 심사관은 당사자에게 심판 또는 재심에 관한 절차외의 절차를 처리하기 위하여 필요한 서류 기타 물건의 제출을 명할 수 있다(상§56)고 규정하고 있다.

이는 심사 등에 관한 절차를 신속·정확하게 처리하기 위하여 필요한 서류 등의 제출 등에 관한 규정이다.

part
06

상표에 관한 권리

c·h·a·p·t·e·r

01 상 표 권

제1절 개　　설

상표권은 특허권, 실용신안권, 디자인권과 함께 산업재산권의 하나이나, 특허권, 실용신안권, 디자인권 등은 새로운 창작에 대한 대가로서 법률로서 보호를 하여 주고 있으나, 상표권은 이와 달리 경업질서 유지를 통하여 산업발전에 이바지함을 목적으로 하고 있다.

상표법상 상표권은 상표의 구성요건과 상품으로서의 성립성, 그리고 출원등록요건과 실체심사에 의해 설정등록이 결정되고, 설정등록이 결정된 표장을 상표법 제82조에 의해 등록료를 납부하고 등록원부에 등록함으로서 권리가 발생한다. 이러한 절차를 마친 표장이 지정상품(서비스)에 관하여 독점배타적인 권리를 가진다. 그러나 독점적인 권리인 상표권에도 제한을 가할 수 있다. 이러한 상표권은 상품 또는 서비스에 관한 권리로서 창작성을 요하지 않으나, 영업상 자기의 상품이나 서비스와 타인의 상품이나 서비스와의 식별을 목적으로 하는 권리이므로 유통과정에서 식별력이 존재하여야 한다.

상표권은 설정등록에 의하여 새롭게 발생하는 창설적 권리이고, 권리를 유지하기 위해서는 존속요건이 필요하다. 또 등록받은 상표권은 상표권자가 직접 사용할 수도 있고 제3자에게 사용을 허락하고 사용료를 받을 수도 있다. 즉 상표권도 재산권이므로 권리의 이전 및 양도도 자유롭다.

제2절 상 표 권

1. 상표권의 의의

상표권이란 설정등록을 받은 상표를 법이 정한 범위 내에서 독점배타적으로 사용할 수 있는 권리를 말한다. '상표권[1]은 설정등록에 의하여 발생한다'(상§82)고 규정함으로써 상표권은 설정등록에 의하여 권리가 발생하며, 이는 상표권자만이 등록상표를 지정상품 또는 지정서비스에 독점적으로 사용할 수 있는 권리이다. 즉 우리 상표법은 등록주의를 취하고, 설정등록이 되지 않은 저명(著名)·주지(周知)상표는 상표법에 의해 보호받는 것이 아니라 부정경쟁방지 및 영업비밀에 관한 법률 등에 의해 보호를 받을 수 있다. 다시 말하면 우리 상표법은 먼저 출원(先出願主義)하여 등록된 상표를 보호하는 것이 원칙이고, 특정의 경우에는 사용주의를 가미하고 있다. 이러한 상표권 효력의 범위는 시간·지역·내용에 따라 다르나 상표출원서에 기재된 상표에 의하여 정하여지고, 지정상품의 보호범위는 상표등록출원서 또는 상품분류전환등록신청서에 기재된 상품에 의하여 정하여진다(상§91). 또한, 상표권의 효력이 제한을 받을 수도 있다(상§89, §90, §92~95, §102, §160).

2. 존속기간

상표권의 존속기간은 상표권의 설정등록이 있는 날부터 10년으로 한다(상§83①). 즉 상표권의 존속기간을 10년으로 한정한 것은 사용하지 않는 상표권

---

1) 우리나라의 상표권은 상표권과 서비스표권, 업무표장권과 단체표장권 그리고 증명표장, 단독상표권과 공동상표권, 자연인상표권과 법인상표권으로 분류할 수 있다.

이 자연스럽게 소멸하는 계기가 될 수 있고, 또 계속 사용하고자 하는 경우에는 갱신이 가능하도록 하고 있다. 상표법 제83조 제2항은 "상표권의 존속기간은 상표권의 존속기간갱신등록출원에 의하여 10년간씩 갱신할 수 있다.[2)]" 고 규정하여 상표권자의 의사에 의해 상표권을 반영구적으로 유지할 수 있어 상표의 2차적 기능인 품질보증기능 등으로 상표권자의 신용과 소비자의 신뢰가 축적되어 상표 그자체가 재산적 기능을 가지게 된다.

상표권에 존속기간을 10년을 부여하는 것은 특허권이나 저작권과 달리 창작의 공개의 대가로서 일정한 기간을 보호하는 것과는 본질적으로 차이가 있다. 즉 특허권 등은 창작한 기술을 공개한 대가로서 존속기간을 부여하는 것이지만 상표권은 자타상품 및 서비스의 식별을 기본적 기능으로 하고 있기 때문에 시장 유통질서의 확립이라는 차원에서 존속기간을 부여하는 것이다.

대법원 2005. 2. 18. 선고, 2002후505 판결	**[갱신등록무효(상)]** 구 상표권의 존속기간 갱신등록은 그 등록에 의하여 새로운 상표권이 발생하는 것이 아니라 존속기간이 만료하게 된 상표권이 상표권자와 지정상품의 동일성을 유지하면서 그 존속기간만을 연장하는 것이고, 만일 상표권의 존속기간 갱신등록을 무효로 하는 심결이 확정된 경우에는 설정등록에 의하여 발생한 상표권은 갱신되기 전의 상표권의 존속기간이 종료하였을 때 소멸하는 것으로 보아야 한다. 등록상표가 구 상표법(1990. 1. 13. 법률 제4210호로 전문개정되기 전의 것) 제9조 제1항 제11호 후단에 정한 수요자를 기만할 염려가 있는 상표인지의 여부는 그 등록상표에 대한 등록결정시를 기준으로 로 판단하여야 하는 점, 같은 법 제20조

2) 상표법 제84조 (존속기간갱신등록신청) ① 제83조제2항에 따라 존속기간갱신등록신청을 하고자 하는 자는 다음 각 호의 사항을 적은 존속기간갱신등록신청서를 특허청장에게 제출하여야 한다.
1. 제36조제1항제1호 · 제2호 · 제4호 및 제6호의 사항
2. 등록상표의 등록번호
② 존속기간갱신등록신청서는 상표권의 존속기간 만료 전 1년 이내에 제출하여야 한다. 다만, 이 기간에 존속기간갱신등록신청을 하지 아니한 자는 상표권의 존속기간이 끝난 후 6개월 이내에 할 수 있다.
③ 제1항 및 제2항에서 규정한 사항 외에 존속기간갱신등록신청에 필요한 사항은 산업통상자원부령으로 정한다.
대법원 1989. 1. 42. 선고, 86후187 판결(등록상표권이 기간만료로 소멸되고 그 후에 다시 갱신등록이 되었다고 하더라도 그 등록상표권 소멸 후 다시 갱신등록을 하기까지 사이에 다른 사람이 동일내용의 등록상표권을 취득하지 않은 한 그 갱신등록은 무효라고 할 수 없다).

대법원 2005. 2. 18. 선고, 2002후505 판결

제2항 단서 제1호의 규정에서 같은 법 제9조 제1항 제11호 후단에 해당하는 상표의 존속기간 갱신등록을 불허하는 취지는 비록 적법하게 등록되었던 상표라고 하더라도 그 존속기간 갱신등록 당시 이미 수요자나 거래자에게 특정인의 상표라고 인식될 정도로 알려진 다른 상표와의 사이에 일반 수요자로 하여금 상품의 출처에 관하여 오인·혼동을 일으키게 하여 수요자를 기만할 염려가 있는 경우 그 상표의 갱신등록을 불허하여 상품의 출처 등에 대한 일반 수요자의 신뢰를 보호하고자 하는 데 있는 점 등에 비추어 보면, 상표권의 존속기간 갱신등록에 구 상표법(1990. 1. 13. 법률 제4210호로 전문 개정되기 전의 것) 제9조 제1항 제11호 후단의 규정에 정한 무효사유가 있는지 여부는 그 갱신등록 결정시를 기준으로 하여 판단하여야 한다.

3. 상표권자의 의무

국가는 상표권자에게 독점적으로 사용할 수 있는 권리를 부여(상§89본)하는 대가로 등록료 납부의무(상§72) 및 수수료납부의무(상§78), 사용의무(상§2)와 정당하게 사용할 의무, 사용권자의 감독의무, 등록표시의 의무 등등이 있다.

(1) 상표의 사용의무

상표는 상품의 얼굴이기 때문에 사용으로 인하여 고객흡인력$_{\text{good will}}$을 가진다. 즉 상표는 그 사용에 의하여 자타상품의 식별기능·출처표시기능·품질보증기능 등의 상표의 기능이 형성되고, 이를 통하여 상품의 유통질서가 유지되는 것을 목적으로 하기 때문에 상표를 등록한 후에 이를 사용하지 않는 것은 상표법의 목적에 반하게 된다. 따라서 상표권자 및 사용권자가 정당한 이유없이 국내에서 등록상표를 그 지정상품에 계속하여 3년 이상 사용하지 않은 경우에는 누구든지[3] 취소심판청구에 의하여 상표등록이 취소되게 된다(상§119①iii). 그러므로 상표권자에게는 사용의 의무가 부과된다.

3) 개정법(2016.9.1 시행)에 의해 종래 이해관계인이 청구할 수 있었던 불사용에 의한 취소심판이 누구든지 청구할 수 있도록 개정되었다(상§119⑤).

대법원 1999. 8. 20. 선고, 98후119 판결 	등록상표의 사용사실을 입증하기 위하여 제출한 을 제1 내지 5호증, 을 제8호증은 모두 이 사건 심판청구와 관련이 없거나 상표사용사실의 입증자료로 채택할 수 없는 것들이고, 또 을 제6호증의 1 내지 4, 을 제7호증의 1 내지 31에 의하면, 1991. 2.경부터 1994. 2.경까지 당시 이 사건 등록상표의 등록권자였던 소외 김창식이 대표이사로 있던 청구외 주식회사 범창모산과 청구외 마우이상사 사이에 양말이 거래된 사실은 인정되나, 이 사건 등록상표가 부착되어 거래된 것인지의 여부를 알 수 없으므로, 결국 피심판청구인은 이 사건 등록상표를 그 지정상품에 대하여 이 사건 심판청구일 전 계속하여 3년 이상 국내에서 사용하였음을 증명하지 못하였고, 달리 이를 인정할 자료가 없을뿐더러, 그 불사용에 대한 정당한 이유도 증명하지 못하였으니, 이 사건 등록상표는 상표법 제119조 제1항 제3호 및 제4호(제4항의 오기로 보인다)의 규정에 의하여 그 등록이 취소되어야 한다는 취지로 판단하였다.

(2) 상표의 정당사용의 의무

상표권자는 고의로 지정상품에 대하여 등록상표와 유사한 상표를 사용하고 또는 지정상품과 유사한 상품에 대하여 등록상표 또는 이와 유사한 상표를 사용함으로써 상품의 품질의 오인(誤認)・혼동(混同), 출처의 오인(誤認)・혼동(混同)을 일으켜서는 안 된다. 이것을 상표권자의 정당사용의무라고 한다. 즉 지정상품에 대해 정당사용의무를 위반하였을 때에는 상표법 제119조 제1항 제1호로 취소할 수 있으며, 단체표장의 정관에 반하게 사용하는 경우에는 상표법 제119조 제1항 제7호 가목 및 나목, 증명표장의 정관이나 규약에 반하여 사용을 허락한 경우에는 상표법 제119조 제1항 제9호에 따라 취소할 수 있다.

대법원 2006. 5. 12. 선고, 2004후2529 판결	상표권자와 사이에 통상사용권 설정 권한을 갖는 마스터 라이센스 계약만 체결하고 전용사용권 설정등록을 마치지 않은 자로부터 상표사용 허락을 얻은 자가 상표를 사용한 것이 정당한 상표사용이 아니라고 한 사례.

(3) 표시의무

상표권자는 지정상품 또는 지정상품의 포장에 등록상표를 부착하여 판매할 때에는 등록상표(®, 등록상표 제0000호 등)를 명확하게 기재하여야 한다. 이 규정은 반드시 표시하여야 하는 것이 아니라 표시할 수 있다고 하여 훈시적 규정이다(상§222). 그리하여 위반하여도 무효나 형사벌과 같은 제재를 받지 않는다. 그러나 만약 허위로 등록표시를 할 경우에는 거짓표시죄에 해당된다(상§224, §233).

(4) 수수료 및 등록료의 납부의무[4)]

상표의 설정등록을 받기 위해서는 소정의 수수료(상§78①, §175)와 등록료를 납부하여야 한다(상§72①, §82②). 또 존속기간 갱신등록을 하고자 하는 경우에도 마찬가지이다(상§72). 한편, 상표등록료를 납부할 때에 일부 지정상품을 포기할 수 있다(상§73).

(5) 감독의무

상표권자 및 정당사용권자는 지정상품 또는 이와 유사한 상품에 등록상표 또는 이와 유사한 상표를 무권리자가 부당하게 사용함으로써 수요자로 하여금 상품의 품질오인 또는 타인의 업무에 관련된 상품과의 혼동을 일으키게 한 경우에는, 상표법상의 목적에 반하므로 상표권자에게 감독의무를 부과하고 있으며, 상표법 제119조 제1항 제2호(사용권자가 상품의 오인·혼동을 일으킨 경우), 제7호 다목(단체표장), 제8호 나목(지리적 단체표장), 제9호(증명표장)의 경우 상표권이 취소될 수 있다.

(6) 이전시 의무

상표법 제119조 제1항 제4호에서 상표법 제93조 제1항 후단(유사한 지정상품과 함께 이전) 및 제2항(공유와 질권의 문제), 제4항(업무표장), 제5항(공익), 제6항(단체표장), 제7항(증명표장)에 위반하여 이전시 이를 취소할 수 있다.

4) 등록결정서를 받은 날로부터 2월 이내에 납부해야 하나 30일 연장이 가능하며 이해관계인이 납부할 수도 있다. 이는 일시불이며 특허법에서의 감면제도는 채택하지 않고 있다(특허료 등의 징수규칙 제8조 제7항).

(7) 기 타

그 외에도 거짓표시를 하지 않을 의무(상§224), 거짓행위를 하지 않을 의무(상§234), 유사상표의 분리이전이나 동일상표의 분할 경우의 혼동방지의무(상§119①v) 등이 있다.

4. 상표권의 효력

상표법은 "상표권자는 지정상품에 관하여 그 등록상표를 사용할 권리를 독점한다. 다만, 그 상표권에 관하여 전용사용권을 설정한 때에는 제95조 제3항의 규정에 의하여 전용사용권자가 등록상표를 사용할 권리를 독점하는 범위 안에서는 그러하지 아니하다."고 규정하여 독점사용권인 상표권의 효력에 관하여 규정하고 있다. 이러한 상표권은 심사에 의하여 등록된 권리를 말하며, 존속기간은 대한민국에서 10년간(상§83①) 지정상품(상§91)에 대하여 독점적으로 사용할 수 있다.

상표권의 독점적 효력이 미치는 범위는 등록상표의 지정상품에 한정되며, 지역적 범위는 국내에 한하며, 등록상표와 유사하거나 지정상품과 유사한 상품에 대한 상표권의 효력은 타인의 사용 및 타인의 상표등록을 배제할 수 있는 것으로 해석되나, 이에 대한 상표권자의 독점적 사용권은 인정되지 않는 것으로 본다.5)

상표권의 효력은 적극적 효력과 소극적 효력으로 분류할 수 있다. 상표권의 적극적 효력이란 상표권자가 상표등록출원서에 기재된 상표·상품에 대하여(상§91) 국내에서 상표권의 존속기간 내에 그 상표를 독점적으로 사용할 수 있다는 것이고(상§91), 소극적 효력이란 제3자가 동일·유사상표를 지정상품과 동일·유사상품에 사용하는 것을 배제할 수 있다는 것이다(상§107, 상§108).

(1) 적극적 효력

상표권은 위에서 살펴본 바와 같이 동일성이 있는 범위 내의 지정상품 또는 지정서비스에 대하여, 등록상표를 독점적으로 사용할 있는 권리이고, 이것

---

5) 특허청, 상표법해설(2004), p.240.

이 상표사용권의 범위이며, 이를 적극적 효력이라고 칭한다.

사용권의 범위는 등록상표에 한정되지만, 등록상표와 동일성이 있는 것(사회통념상 동일이라고 볼 수 있는 것)의 범위로 해석하여야 할 것이다.[6]

상표권자는 등록상표의 지정상품에 등록상표와 등록상표에 유사한 상표를 사용하거나 지정상품의 유사한 상품에 등록상표와 이에 유사한 상표를 사용하는 제3자의 상표사용을 금지할 수 있다. 이러한 제3자의 사용을 배제하는 금지권은 소극적 효력이다.

상표가 일단 등록이 되면 다른 산업재산권과 같이 지정상품에 그 상표를 사용할 권리를 독점한다(상§89). 즉 상표권은 지정된 상품에 사용할 수 있는 권리를 독점하기 때문에 다른 상품에 사용하는 것은 권리남용에 해당하며, 사용도 상표법 제2조 제1항 제11호에 해당되는 것에 사용하여야 한다. 여기서 '지정상품'이란 상품 중에는 많은 상품이 있으므로 행정의 편의상 이를 동종(同種)의 상품끼리 분류하여 류구분표(類區分表)를 만들어 그 상표를 출원하고자 할 때는 이 류구분표(類區分表)에 있는 상품을 지정하는 것을 말한다(상규칙§28① 별표1 참조). '지정상품의 보호범위'는 상표등록출원서 또는 상품분류전환등록신청서에 기재된 상품에 의하여 정하여진다(상§91②).

'사용'이란 상표를 상품에 직접 사용하는 경우뿐만 아니라 상품과의 관계에서 사용하는 경우도 포함된다. 따라서 상표를 직접 상품에 부착시켜 사용하는 것만을 의미하지 않는다. 이에 상표법은 제2조 제1항 제11호에서는 다음과 같이 상표의 사용 형태를 예시하고 있다.

i) 상품 또는 상품의 포장에 상표를 표시하는 행위
ii) 상품 또는 상품의 포장에 상표를 표시한 것을 양도·인도하거나 전기통신회선을 통하여 제공하는 행위 또는 이를 목적으로 전시하거나 수출·수입하는 행위
iii) 상품에 관한 광고·정가표·거래서류 그 밖의 수단에 상표를 표시하고 전시하거나 널리 알리는 행위

이상의 사용형태 외에도 디지털 상품의 온라인 유통행위를 상표의 사용

6) 小野昌延, 商標法概說(第2版), 有斐閣(1999), p.161.

행위도 포함하며, TV, 라디오, 신문, 잡지, 팸플릿, 달력 등의 인쇄물에 상품명과 표장(標章)을 표시하는 행위 또는 영수증·납품서·주문서·샘플 등에 사용하는 것도 상표사용에 포함된다고 본다.

대법원 1998. 5. 22. 선고, 97다36262 판결

[저명상표와 유사한 상표를 저명상표의 지정상품이 아닌 상품에 사용하는 것이 부정경쟁행위에 해당하는지 여부(한정적극)]

한 기업이 여러 산업분야에 걸쳐 여러 종류의 상품을 생산·판매하는 것이 일반화된 현대의 산업구조하에서는 저명상표와 유사한 상표를 저명상표의 지정상품이 아닌 다른 상품에 사용하더라도 수요자들로서는 저명상표권자나 그와 특수관계에 있는 자에 의하여 그 상품이 생산·판매되는 것으로 인식하여 상품의 출처 등에 관하여 혼동을 일으킬 수가 있으므로 그러한 행위는 부정경쟁방지법 제2조 제1호 (가)목 소정의 부정경쟁행위에 해당하고, 다만 상품의 성질, 영업의 형태 기타 거래사정 등에 비추어 유사상표를 사용하는 상품이 저명상표의 저명도와 그 지정상품 등이 갖는 명성에 편승하여 수요자를 유인할 수 있을 정도로 서로 경업관계 내지 경제적 유연관계(類緣關係)가 있다고 보기 어려운 경우에는 상품의 출처에 대한 혼동을 일으킬 우려가 없다는 점에서 부정경쟁행위가 성립하기가 어렵다.

[저명상표 'POLO'를 지정상품인 의류 제품이 아니라 시계류 제품에 사용한 행위가 부정경쟁행위에 해당한다고 본 사례]

'POLO'라는 문자 및 도형 부분으로 구성된 등록상표는 의류분야에 있어 국내에 널리 인식되어 있는 상표이고, 최근 의류업계에서는 이른바 토털패션의 경향에 따라 단순히 의류의 생산에만 그치는 것이 아니라 같은 상표를 사용하여 가방, 구두, 액세서리, 시계 등의 제품을 동시에 생산·판매하는 추세에 있는 실정을 고려하면, 위 저명상표와 유사한 상표를 지정상품이 아닌 시계류 제품에 부착·사용하는 경우에도 일반 거래자나 수요자들은 그 상품의 주체가 저명상표의 상표권자와 일정한 관계에 있는 것이 아닌가 하는 인상을 받게 되어 결국 동일한 출처에서 나온 것으로 혼동하게 될 것이므로 부정경쟁행위에 해당한다고 본 사례.

그 외에도 상표법 제2조 제2항의 행위도 포함된다.

i) 표장의 형상이나 소리 또는 냄새로 상표를 표시하는 행위
ii) 전기통신회선을 통하여 제공되는 정보에 전자적 방법으로 표시하는 행위

(2) 소극적 효력

상표권은 상표권자 자신이 지정한 상품에 대하여 등록상표를 독점적으로 사용할 권리를 가짐과 동시에, 정당한 권리자가 아닌 자가 등록상표를 사용하는 것을 배제할 수 있는 권리도 함께 가진다. 이를 소극적 권리라고 한다.

상표권자는 자신의 상표권을 침해하는 행위를 배제하는 것은 당연한 것이다. 상표권자는 자신의 상표권을 직접적으로 침해하는 경우뿐만 아니라 간접적으로 침해를 하는 경우에도 그 침해를 배제할 수 있다. 상표권의 보호범위는 “상품 혹은 서비스의 동일 또는 유사” 및 “상표의 동일 또는 유사”의 범위에까지 그 효력이 미친다(이 부분에 대해서는 상표의 동일유사 및 상품의 동일유사에서 구체적으로 살펴보기로 한다).

이러한 침해에 대해 구제방법으로는 침해금지청구권(상§107), 손해배상청구권(상§109), 신용회복청구권(상§113), 손실보상금청구권(상§58), 부당이득반환청구권 등의 민사적 구제방법과 침해죄, 위증죄, 거짓표시죄, 거짓행위죄 등의 형사적인 처벌방법도 있다(상세한 것은 상표권 침해에 대한 구제 및 벌칙 부분에서 보기로 한다).

대법원 2001. 3. 23. 선고, 98후1914 판결

상표등록취소심판을 청구할 수 있는 이해관계인이라 함은 취소되어야 할 상표등록의 존속으로 인하여 상표권자로부터 상표권의 대항을 받아 그 등록상표와 동일 또는 유사한 상표를 사용할 수 없게 됨으로써 피해를 받을 염려가 있어 그 소멸에 직접적이고도 현실적인 이해관계가 있는 사람을 의미하는 것으로서, 상표법에 의하여 등록상표권에 주어지는 효력인 등록상표와 저촉되는 타인의 상표사용을 금지시킬 수 있는 효력(금지권)은 등록상표의 지정상품과 동일·유사한 상품에 사용되는 상표에 대하여만 인정되는 것이고 이종상품에 사용되는 상표에 대하여까지 그러한 효력이 미치는 것은 아니라고 할 것이며(구 상표법 제66조), 이는 저명상표의 경우에도 마찬가지이되, 다만 저명상표의 경우에는 구 상표법 제7조 제1항 제10호의 규정에 의하여 상품출처의 혼동이 생기는 경우 그 지정상품과 동일·유사하지 아니한 상품에 사용되는 동일·유사한 상표의 등록이 허용되지 아니할 뿐일 이치여서 저명상표의 상표권자로부터 그 저명상표의 지정상품과 동일·유사하지 아니한 상품에 사용되는 상표에 대한 사용금지의 경고나 등록무효 또는 등록취소의 심판을 청구당한 사실이 있다

고 하여, 그 피심판청구인에게도 자신의 상표와 지정상품이 다른 저명상표의 등록취소심판을 청구할 수 있는 이해관계가 있다고 할 수 없다.

대법원 1989. 3. 28. 선고, 87후139 판결, 1986. 7. 8. 선고, 86도277 판결

어느 상표가 등록되면 비록 등록무효사유가 있다 하더라도 심판에 의하여 그 등록이 무효로 선언되어 확정되기까지는 등록상표로서의 권리를 그대로 보유한다면, 상표법에 의하여 등록된 상표는 그것이 무효이거나 취소되기까지는 다같이 보호받아야 하는 것이므로, 후출원등록상표에 의한 선출원등록상표의 침해는 후출원등록상표가 적법한 절차에 따라 등록무효의 심결이 확정되었음에도 불구하고 그 후 후출원등록상표권자가 선출원등록상표와 동일 또는 유사한 상표를 그 지정상품과 동일 또는 유사한 상표에 사용한 때 성립한다고 할 것이다. 따라서 저촉하는 2이상의 상표에 대하여 상표권이 중복하여 존재한다 할지라도 어느 일방의 등록이 무효로 되기 전까지 각 상표권자는 자기의 등록상표를 사용할 권리를 갖는 것이고 타방의 상표권에 대한 침해로 인정되지 않는다.

5. 상표권의 효력제한

상표권은 일정한 심사절차에 의해 설정등록된 독점적인 권리이지만 상표출원 전에 이미 사용되고 있는 상호, 품질이나 효능을 보통으로 사용하는 방법으로 표시하는 상표 등 일정한 경우에는 상표권의 효력이 제한되도록 하고 있다. 즉 상표로서 등록을 받을 수 없는 상표임에도 불구하고 심사관의 과오로 잘못 등록된 상표, 상표의 구성요건에 문제가 있음에도 불구하고 상표등록이 된 경우 등등의 경우에는 상표권의 효력 중 일부를 제한함으로써 상표권의 안정적 보호와 더불어 공익과의 조화를 이루기 위하여 둔 규정이다.[7]

상표가 설정등록 되면 상표권자는 자기에게 주어진 권리의 범위 내에서 최대한도로 사용할 수 있다. 그러나 장소적 제한을 받는 것은 특허법과 같이 속지주의의 적용을 받는 것은 동일하나 보호기간과 내용적인 제한에 있어서는 약간의 차이가 있다. 여기서 내용적 제한을 중심으로 보기로 한다. i) 공익적 이유(상§90)에 의해 일정한 제한을 받는 경우, ii) 상표권자가 사용하는 것

7) 특허청, 상표법해설(2004), p.245.

보다 타인에게 사용하게 하여 로열티를 받는 것이 유리하다고 하여 사용허락을 하는 경우(상§89단, §95, §97), iii) 상표권이 타인의 특허권, 실용신안권, 디자인권, 저작권에 저촉될 경우(상§92), iv) 재심(再審)에 의하여 회복한 상표권의 효력이 제한되는 경우(상§160), v) 상표등록료 납부 또는 보전에 의한 상표등록출원의 회복한 경우의 상표권의 효력제한(상§77③), vi) 특허권 등의 존속기간 만료 후에 상표를 사용하는 자에 대한 효력제한(상§98), vii)상표권 포기의 제한(상§102①), viii) 상표는 이전하는 경우 유사한 지정상품과 함께 이전하지 않으면 안 되며(상§93①), ix) 공유인 경우에는 다른 공유자 전원의 승낙이 없으면 그 지분을 양도할 수 없다(상§93②). 그 외에도 권리남용금지 법리에 의한 제한,[8] 타법(他法)에 의해 제한을 받을 수 있다.

권리남용의 유형은 다양하지만 여기서는 몇 가지만 살펴보면, ① 상표등록 후 장기간 불사용의 상표권, ② 악의적인 출원으로 취득한 상표권, ③ 무효사유가 존재하는 경우, ④ 사용권을 취득한 자가 축척한 이익을 해할 목적으로 상표권자가 사용하는 경우 등등의 예를 들 수 있다.[9]

---

8) 원심판결 이유를 기록에 비추어 살펴보면, 원심이 원고 회사가 안정식으로부터 일시적으로 비제바노 시계를 납품받아 그 중 일부를 판매한 사실이 있으나, 그와 같은 사실만으로는 원고 회사가 안정식에 대하여 상표의 사용을 용인한 것으로 볼 수 없고, 또 안정식과 피고 회사가 그 등록상표를 사용하는 것을 권리남용으로 볼 수밖에 없는 이상 그 등록상표를 사용함에 기초한 안정식과 피고 회사의 영업활동은 보호받을 수 없다는 이유로, 원고의 이 사건 청구가 신의칙에 반하는 것으로서 허용될 수 없다는 취지의 피고의 항변을 배척한 조치는 수긍이 가고, 거기에 심리미진, 경험칙이나 논리칙에 어긋난 증거판단으로 인한 채증법칙 위배, 이유모순, 이유불비의 위법이 없다.

그리고 위에서 본 바와 같이 안정식과 피고 회사의 이 사건 상표 사용이 부정경쟁행위에 해당한다고 보아야 하는 이상, 안정식과 피고 회사의 "비제바노"라는 상표를 사용한 시계 제품의 생산, 광고, 판매, 투자 등 각종 영업활동은 모두 안정식 또는 피고 회사의 부정경쟁행위의 수단으로 이루어진 것에 불과하다고 할 것이므로, 그와 같은 각종 영업활동이 있었다고 하여 안정식의 위 상표 사용이 보호할 가치가 있는 점유상태에 이르렀다고 볼 수 없는 것이다. 그러므로 피고 회사에 대하여 이와 같은 부정경쟁행위의 중지와 이에 필요한 조치를 구하는 원고의 이 사건 청구가 권리남용에 해당하거나 피고 회사의 사업활동을 방해하는 것으로서 독점규제및공정거래에관한법률 제23조 제1항, 동법 시행령 제36조 제1항 [별표 1] 제8호의 (라)목 소정의 불공정거래행위에 해당한다고 할 수도 없는바, 원심이 안정식과 피고 회사의 그 등록상표를 사용함에 기초한 영업활동은 보호받을 수 없다는 이유로 피고 회사의 신의칙 위반의 점에 관한 항변을 배척한 데에는 안정식의 위 상표 사용이 보호할 가치가 있는 점유상태에 이르렀다고 볼 수 없는 것이어서 원고의 이 사건 청구가 권리남용 또는 불공정거래행위에 해당하지 아니한다는 취지의 판단이 포함되어 있다고 볼 수 있으므로, 원심판결에 권리남용 또는 독점규제및공정거래에관한법률 소정의 불공정거래행위에 관한 법리를 오해하거나 피고 회사의 주장에 대한 판단을 유탈한 위법이 있다고 할 수도 없다(대법원 2000. 5. 12. 선고, 98다49142 판결).

9) 渋谷達紀, 知的財産法講義III, 有斐閣(2005), pp.2119~276.

(1) 법률로 정한 제한

상표법 제90조는 공익적인 측면에서 상표권의 효력이 미치지 않는 범위를 규정하고 있다. 첫째, 상표법 제90조 제1항 제1호는 '자기의 성명·명칭 또는 상호(商號)·초상(肖像)·서명(署名)·인장(印章) 또는 저명한 아호(雅號)·예명(藝名)·필명(筆名)과 이들의 저명(著名)한 약칭을 상거래 관행에 따라 사용하는 상표에는 상표권의 효력이 미치지 아니한다'라고 규정하고 있다. 이 규정은 자기의 성명 또는 상호 등의 명칭 등은 그 者가 사용할 권리를 가진다는 것이 사회통념상 당연한 것이라 본다. 다만 상표권의 설정등록이 있은 후에 부정경쟁의 목적으로 그 상표를 사용하는 경우에는 적용하지 아니한다(상§90③).

대법원 2002. 11. 13. 선고, 2000후3807 판결

"옥류관"과 같이 구성된 등록서비스표와 "㈜평양옥류관"과 같이 구성된 (가)호 표장은 유사하고 등록서비스표의 지정서비스업과 (가)호 표장이 사용된 북한냉면음식점업도 유사하며, (가)호 표장의 문자부분은 그 글자체가 일반인의 주의를 끌만큼 특이하게 도안화된 것은 아니지만, 붓글씨체의 문자부분 중 '(주)평양'과 '옥류관'의 글자 크기를 다르게 함으로써 "옥류관"이 돋보이는 형태로 되어 있고, 평양옥류관은 광고전단지에 '유명한 ㈜평양옥류관랭면 드디어 대청역에 개점', '㈜평양옥류관「랭면전문 음식점」입니다.'라는 형태로 (가)호 표장을 사용하여 왔을 뿐 아니라 평양옥류관과 체인점 계약을 체결한 전국의 12개 북한냉면음식점이 (가)호 표장 외에 다른 표장을 북한냉면음식점업의 식별표지로 사용하지 않고 있는 점, (가)호 표장이 있는 광고전단지에 '이제는 랭면의 맛도 상표를 확인하고 먹는 시대입니다.'라는 문구가 사용되기도 한 점, 음식점업과 같은 서비스업에 있어서 광고나 간판 등에 상호만을 사용하는 경우에는 일반수요자에게 그 상호가 곧바로 서비스표로 인식되기 쉬운 점 등을 종합하여 (가)호 표장은 구 상표법 제51조 제1호 본문의 거래통념상 자기의 상호를 보통으로 사용하는 방법으로 표시한 경우에 해당하지 아니한다.

대법원 2001. 3. 23. 선고, 2000후3708 판결

확인대상표장 "하나로통신"은 법인인 회사의 상호인 "하나로통신 주식회사" 중 회사의 형태(종류) 표시인 "주식회사" 부분을 생략한 것으로서 '상호의 약칭'일 뿐 '상호' 그 자체를 표시하는 상표에 해당한다고 볼 수 없고, 또한 상호가 약칭으로 사용될 경우에는 그 상호의 저명성이 인정되지 않는 한 상표(서비스표)의

사용실태를 고려할 필요 없이 구 상표법 제51조 제1호 소정의 '상호를 보통으로 사용하는 방법으로 표시한 것'에 해당되지는 않는다는 이유로, 확인대상표장이 위 회사 자신의 상호 그 자체를 사용한 것으로 판단하여 상호 "하나로통신 주식회사"가 저명한 것인지 여부에 대하여 살펴보지 않은 채 확인대상표장이 구 상표법 제51조 제1호 소정의 '상호'를 보통으로 사용하는 방법으로 표시하는 표장에 해당한다고 판단한 원심은 위법하다고 하여 파기한 사례.

대법원 1993. 10. 8. 선고, 93후411 판결

'부정경쟁의 목적'이란 등록된 상표권자의 신용을 이용하여 부당한 이익을 얻을 목적을 말하고 단지 등록된 상표라는 것을 알고 있었다는 사실만으로 그와 같은 목적이 있다고 보기에는 부족하며(당원 1984.1.24. 선고 83후69 판결 참조), 상표권침해자측의 상표선정의 동기, 피침해상표를 알고 있었는지의 여부 등 주관적 사정과 상표의 유사성과 피침해상표의 신용상태, 영업목적의 유사성 및 영업활동의 지역적 인접성, 상표권침해자측의 현실의 사용상태 등의 객관적 사정을 고려하여 판단하여야 할 것이다.

그런데 이 사건의 경우 심판청구인이 이 사건 등록서비스표가 등록되기 전부터 (가)호 표장과 같은 간판을 달고 조명기구의 도, 소매업을 해 왔으므로 이에 대하여는 구 상표법 제26조 제1호의 본문의 규정에 의하여 등록서비스표의 효력이 미치지 아니한다 할 것이나 그후에 커텐, 벽지, 도,소매업을 추가하는 내용의 사업자등록을 하고 그 영업을 하고 있으므로 그 부분에 대하여는 부정경쟁의 목적이 인정된다면 이에 한하여 등록서비스표의 효력이 미친다고 해야 할 것인데, 기록에 의하면 심판청구인과 피심판청구인의 영업목적이 심판청구인측의 업종의 확대로 부분적으로 유사하게 된 점 및 영업장소가 심판청구인의 경우 서울 강남구 논현동이고 피심판청구인은 서울 강남구 신사동이어서 지역적으로 근접하여 있다는 점, 피심판청구인측의 영업이 그 지역신문에의 광고 등으로 어느 정도 알려져 있다는 점 등의 사정을 알 수 있으나 이와 같은 사정만으로는 심판청구인에게 등록된 피심판청구인의 서비스표의 신용을 이용하여 부당한 이익을 얻을 목적이 있었다고는 단정할 수 없다 할 것이고 그 외 심판청구인에게 부정경쟁의 목적으로 업종을 확장하여 (가)호 표장을 사용하였음을 인정할 자료는 없다.

대법원 1995. 11. 21. 선고, 95후804 판결

심판청구인회사는 피심판청구인의 레미콘 생산시설이 있는 제천시와 인접한 충북 단양에서는 단지 시멘트만을 생산하고 있고 이 사건 등록상표의 지정상품인 레미콘은 생산하고 있지 아니하는 점, "한일"이라는 상호는 피심판청구인회사의 대표사원이었

대법원
1995. 11. 21.
선고, 95후804
판결

던 한수원의 선친때부터 제천시 인근지역에서 사용해오던 상호로서 위 한수원이 이 사건 등록상표의 등록 이전인 1982. 11. 30.경부터 제천시에서 시멘트제품의 제조업 등에 "한일"이라는 상호를 사용하여 왔고, 이 사건 레미콘의 생산, 판매를 하면서도 그 표장에 자신의 상호인 "한일"을 사용하여 상품의 표장으로 사용하게 된 점, 피심판청구인은 레미콘 생산시설 등에 (가)호 표장과 함께 "현대시멘트"라는 표시를 하고 있어 피심판청구인회사의 제품이 심판청구인회사의 제품인 것으로 오인될 소지는 적다고 보이는 점 등을 알 수 있으므로, 단지 피심판청구인이 이 사건 등록상표의 설정등록이 있었던 1984. 6. 5.이후인 1989. 7. 6.부터 이 사건 등록상표와 유사한 (가)호 표장을 사용하여 심판청구인회사의 시멘트공장이 있는 인근지역에서 이 사건 등록상표의 지정상품인 레미콘생산 및 판매영업을 해 왔다는 사정만으로는 피심판청구인에게 등록된 심판청구인의 상표의 신용을 이용하여 부당한 이익을 얻을 목적이 있었다고 단정할 수 없다.

둘째, 상표법 제90조 제1항 제2호는 "등록상표의 지정상품과 동일 또는 유사한 상품의 보통명칭·산지·품질·원재료·효능·용도·수량·형상·가격 또는 생산방법·가공방법·사용방법 및 시기를 보통으로 사용하는 방법으로 표시하는 상표에는 상표권의 효력이 미치지 아니한다."라고 규정하고 있다. 즉 등록상표의 지정상품과 동일 또는 유사한 상품의 보통명칭이나 기술적 표장을 보통으로 사용하는 방법으로 표시한 상표에는 등록상표의 상표권의 효력이 미치지 아니하도록 한 규정이다.10)

셋째, 상표법 제90조 제1항 제3호는 '입체적 형상으로 된 등록상표의 경우에는 그 입체적 형상이 누구의 업무에 관련된 상품을 표시하는 것인지 식별할 수 없는 경우에 등록상표의 지정상품과 동일하거나 유사한 상품에 사용하는 등록상표의 입체적 형상과 동일하거나 유사한 형상으로 된 상표'도 그 효력이 미치지 아니한다고 규정하고 있다. 설사 타인이 이러한 것들에 대하여 상표권을 가진다 하더라도 그것을 보통 사용하는 방법으로 표시하여 사용하는 경우에는 이들에게 상표권의 효력을 미치게 할 수는 없는 것이다. 왜냐하면 이들에게 효력을 미치게 한다면 산업발전을 저해(沮害)할 뿐만 아니라 수

10) 특허청, 상표법해설(2004), p.246.

요자(소비자)에게 상품의 출처에 관하여 오인(誤認)을 일으키게 하는 등의 불이익만을 가져오기 때문이다.

대법원 2003. 1. 24. 선고, 2002다6876 판결

구 상표법 제51조 제2호가 상품의 보통명칭을 보통의 방법으로 사용하는 방법으로 표시한 표장만으로 된 상표의 효력을 제한한 것은 상품의 보통명칭은 특정 종류의 상품의 명칭으로서 일반적으로 사용되는 것이므로 본질적으로 자타상품의 식별력이 없어 특정인에게 이를 독점하게 하는 것은 부적당하고 누구라도 자유롭게 사용하게 할 필요가 있으므로 이러한 표장에 관하여는 특정인이 비록상표등록을 받았다 하더라도 이를 보통으로 사용하는 방법으로 표시하는 것에는 상표권의 효력이 미치지 않도록 함에 그 취지가 있다.

대법원 1987. 2. 24. 선고, 86후111 판결

구 상표법 제26조 제1호의 규정에 의하여, 자기의 상호 또는 이의 저명한 약칭을 보통으로 사용하는 방법으로 표시하는 상표에는 그것이 상표권설정의 등록이 있은 후에 부정경쟁의 목적으로 사용하는 경우가 아닌 이상, 등록 상표권의 효력이 미치지 않도록 되어 있는바, 여기에서 보통으로 사용하는 방법이라 함은 상품의 거래, 광고, 선전이나 상품 자체에 관하여 상품거래 사회에서 보통 행하여지는 방법으로 자기의 상호 또는 그 약칭을 사용하는 경우를 지칭하는 것이고, 상고인의 주장과 같이 그 상호 또는 약칭을 구 상표법 제2조 제4항에 규정한 이외의 경우, 즉 상표 또는 상품의 포장, 상품에 관한 광고, 정가표, 거래서류, 간판 또는 표찰에 붙여 사용하는 경우를 제외한 경우의 사용만을 지칭하는 것이라고 볼 아무런 법적 근거가 없다.

대법원 1990. 12. 11. 선고, 90후175 판결

구 상표법(1990. 1. 13. 법률 제4210호로 개정되기 전의 것) 제26조 제2호에 규정된 품질, 효능 등 표시에 해당하는 여부는 그 상표의 구성, 외관, 칭호, 관념, 지정상품과의 관계 및 거래사회의 실정 등을 감안하여 객관적으로 판단하여야 하며 그 상표가 상품의 품질이나 효능을 뜻하는 것이라고 하더라도 그것이 보통으로 사용하는 방법으로 표시되지 아니 하고 특수한 자체나 모양을 사용한 도안으로 표시하는 등 다른 상품과 구별되는 특별현저성을 갖는 정도의 것일 때에는 위 제26조 제2호에 해당하지 아니한다(당원 1977. 5. 10. 선고 76다4221 판결; 1984.1.24. 선고 83후69 판결 등 참조).

원심결이유에 비추어 보면 먼저 이 사건 등록상표 및 (가)호 표장의 각 상단부에 표시된 영문자 OK는 보통으로 사용되는 방법으로 표시된 것이 아니라 특수한 모양으로 도안을 사용하여 표시된 것으로서 특별현저성을 갖는다고 할 것이다.

대법원 1995. 4. 14. 선고, 94후227 판결

구 상표법 제8조 제1항 제3호의 규정에 의하면 상품의 산지, 품질, 원재료, 효능 등을 보통으로 사용하는 방법으로 표시한 표장만으로 된 이른바 기술적 상표는 상표로서 등록받을 수 없게 되어 있고 등록되더라도 같은 법 제26조 제2호에 의하여 "등록상표의 지정상품과 동일 또는 유사한 상품의 산지, 품질, 원재료, 효능 등을 보통으로 사용하는 방법으로 표시하는 상표"에 대하여는 등록상표의 상표권의 효력이 미치지 아니한다 할 것이다.

넷째, 상표법 제90조 제1항 제4호는 "등록상표의 지정상품과 동일 또는 유사한 상품에 대하여 관용(慣用)하는 상표와 현저한 지리적 명칭 및 그 약어(略語) 또는 지도로 된 상표에는 상표권의 효력이 미치지 아니한다"라고 규정하고 있다. 관용(慣用)상표는 본래 동업자(同業者)가 일반적으로 사용할 수 있는 것이므로 당해 지정상품에 이 관용(慣用)상표를 사용하는 경우 상표권의 효력이 미치지 않는다. 관용상표는 동종류(同種類)의 상품에 관하여 동업자간에 일반적으로 상용(常用)되기에 이르렀으므로 자타상품의 식별력이 없는 것이어서 등록을 받을 수 없는 것이나 설령 타인이 관용(慣用)상표에 대하여 상표권을 가지고 있다 하더라도 상표권의 효력은 미치지 않는다.

대법원 1994. 9. 27. 선고, 94다2213 판결

구 상표법 제51조는 상표권자가 상표법상 가지는 권리에 대하여 그 각호에 해당하는 경우에는 상표권자에게 그 권리를 독점적으로 부여하는 것이 적절하지 않다고 인정하여 상표권의 효력이 미치지 않도록 규정한 것이므로 그 상표의 등록이 무효인가의 여부에 관계없이 상표권의 효력이 다른 상표에 미칠 수 없고(당원 1981.3.10. 선고 80다938 판결, 1984.1.24. 선고 83후69 판결 참조), 이 법리는 상표법 제2조 제2항에 의하여 서비스표에도 동일하게 적용된다고 할 것이다.

원심이 도형과 문자가 결합된 이 사건 등록서비스표의 문자 부분인 "서울가든" 중 "서울"은 대한민국 수도의 명칭으로서 현저한 지리적 명칭이고 "가든"은 현재 일반적, 관용적으로 음식점 특히 갈비집, 불고기집 등에 사용되고 있는 표장이므로 이는 구 상표법 제51조 제3호의 규정에 의하여 피고가 사용하는 "석촌서울가든"이라

는 문자로 된 서비스표에 대하여는 그 효력이 미치지 아니한다고 판단한 것은 위 법리에 따른 것으로서 정당하고 거기에 상표법의법리를 오해한 위법은 없다. 논지는 이유 없다.

어느 서비스표가 상표법 구 제51조 제3호 소정의 관용표장, 현저한 지리적 명칭으로 이루어진 경우에는 비록 그 서비스표가 한편으로 구 제51조 제1호 본문 소정의 자기의 상호를 보통으로 사용하는 방법으로 표시하는 서비스표에 해당하더라도 부정경쟁의 목적으로 사용하는지 여부에 관계없이 등록서비스표권의 효력이 이에 미칠 수 없다.

다섯째, 상표법 제90조 제1항 제5호는 등록상표의 지정상품 또는 그 지정상품의 포장의 기능을 확보하는데 불가결한 형상, 색채, 색채의 조합, 소리 또는 냄새로 된 상표는 법률상으로 제한을 받는다고 규정하고 있다.

(2) 사용허락에 의한 제한

상표권자가 설정등록된 상표를 자기 자신이 직접 사용하지 아니하고 타인에게 사용하도록 하고 그 대신 상표권자는 전용사용권자 또는 통상사용권자로부터 일정의 로열티를 받는 경우에는 상표권자는 자기의 상표라도 그 사용에 제한을 받는다(상§95, §97).

(3) 선사용권자에 대한 효력의 제한

상표등록출원 전부터 국내에서 부정경쟁의 목적 없이 타인이 출원한 상표와 동일 또는 유사한 상표를 사용한 결과, 타인이 그 상표등록출원시에 그 상표가 자기의 업무에 관한 상품을 표시하는 것으로서 인식된 경우에는 그 상표를 사용하는 자는 그가 사용하고 있던 상품에 대하여 사용을 계속할 수 있다.

상표는 장기간 사용함으로써 상표가 주지·저명하게 되었을 경우에 이를 보호하기 위하여 상표법 제33조 제2항 및 제34조 제1항 제9호, 제11호 및 제12호에서 부등록사유를 규정하고 있다. 주지(周知)상표가 타인에 의해 등록되었다 하더라도 사용에 의해 특정인의 상품을 표시하는 것으로 인식된 사용자에게는 권리를 주장하지 못한다. 또 미(未)등록의 상표가 상품에 부착되어 일반사회에서 유통된 후, 타인이 후에 동일상표를 등록하였다 하더라도 이미 거래된 상품에는 효력이 미치지 않는다.

여기서 상표등록출원 전부터 사용이란 국내에서 사용된 것에 한하며, 사용에는 "상표의 사용"에서 살펴본 바와 같이 선전광고에서 사용이나 판매 등등이 상표의 사용에 해당된다고 본다.

(4) 상표권이 타인의 산업재산권과 저작권에 저촉되어 효력이 제한되는 경우

상표권자·전용사용권자 또는 통상사용권자는 그 등록상표를 사용할 경우에 그 사용상태에 따라 그 상표등록출원일 전에 출원된 타인의 특허권·실용신안권·디자인권 또는 그 상표등록출원일 전에 발생한 타인의 저작권과 저촉되는 경우에는 지정상품 중 저촉되는 지정상품에 대한 상표의 사용은 특허권자·실용신안권자·디자인권자 또는 저작권자의 동의를 얻지 아니하고는 그 등록상표를 사용할 수 없다(상§92).

상표권자 등이 등록상표를 사용할 경우에 그 등록상표의 출원일 전에 발생한 타인의 특허권 등에 저촉되는 경우에는 특허권자 등의 동의를 얻지 아니하고는 사용할 수 없다고 규정한 것이다.

타 권리와 저촉되는 자기권리의 실시 또는 사용과 관련하여 타 산업재산권의 경우에는 선원의 권리자가 통상실시권을 허여하지 않을 경우 저촉관계에 있는 후원의 권리자는 통상실시권허여심판을 청구할 수 있지만, 상표권자에게는 선출원된 특허권자 등이 사용을 동의하지 않더라도 법적으로 이를 청구하거나 강제할 수 있는 제도가 없다.[11]

1) 산업재산권과의 저촉관계

오늘날 선전광고에 있어서는 상표에 디자인의 심미적(審美的) 요소를 가능한 한 가미하여 상표를 통한 보다 많은 고객의 유인을 도모하려고 한다. 따라서 상표의 디자인화의 경향이 생기고 그 경향은 필연적으로 상표의 사용이 디자인과 저촉하는 결과를 낳게 된다. 즉 상표권과 디자인권의 저촉(抵觸)은 등록상표의 구성과 디자인의 구성이 동일 또는 유사한 경우 등록상표를 사용하는 모습 중 등록상표를 디자인에 관한 물품과 동일 또는 유사한 물품에 붙이는 경우에 발생한다. 즉 디자인권의 경우 그 상표의 출원일보다 먼저 출원

11) 특허청, 상표법해설(2004), p.293.

된 디자인권과 상표권이 저촉되면 디자인권자로부터 사용의 동의가 필요하다.

상표등록출원일 전 또는 상표등록출원일과 동일한 날에 출원되어 등록된 특허권이 그 사용권과 저촉되는 경우 그 특허권의 존속기간이 만료되는 때에는 그 원특허권자의 범위안에서 그 등록상표의 지정상품과 동일하거나 이와 유사한 상품에 대하여 그 등록상표와 동일하거나 이와 유사한 상표를 사용할 권리를 가진다. 다만 부정경쟁의 목적으로 그 상표를 사용하는 경우에는 그러하지 아니하다. 실용실안권과 디자인권의 경우에도 이와 동일하다(상§98① 내지 ⑥).

2) 저작권과의 저촉관계

저작권과 저촉되는 경우란 저작권의 효력이 미치는 회화, 모형 등을 상표로서 사용하는 경우를 말한다. 디즈니의 미키마우스 만화가 저작권으로 보호되는 경우에 이러한 만화의 캐릭터가 상표권으로 등록되어 있고, 이 만화의 캐릭터가 표현된 어린이용 피복류가 지정상품으로 되어 있는 경우에는 이런 등록상표를 어린이용 피복류에 사용할 때에는 저작권과 저촉된다. 이러한 선원(先願)의 저작권의 목적인 저작물에 대하여 저작권자의 허락을 받지 않고 이들과 저촉되는 상표를 자의로 사용하면 저작권의 침해가 생긴다. 따라서 이와 같은 저작권의 존재가 상표권의 효력을 제한하는 것이다.

대법원 2001. 4. 10. 선고, 2000다4487 판결

[저작권침해금지]

부정경쟁방지법 제15조는 상표법 등 다른 법률에 부정경쟁방지법과 다른 규정이 있는 경우에는 부정경쟁방지법의 규정을 적용하지 아니하고 다른 법률의 규정을 적용하도록 규정하고 있으나, 상표권의 등록이 자기의 상품을 타인의 상품과 식별시킬 목적으로 한 것이 아니고 국내에서 널리 인식되어 사용되고 있는 타인의 상표와 동일 또는 유사한 상표를 사용하여 일반 수요자로 하여금 타인의 상품과 혼동을 일으키게 하여 이익을 얻을 목적으로 형식상 상표권을 취득하는 것이라면 그 상표의 등록출원 자체가 부정경쟁행위를 목적으로 하는 것으로서, 가사 권리행사의 외형을 갖추었다 하더라도 이는 상표법을 악용하거나 남용한 것이 되어 상표법에 의한 적법한 권리의 행사라고 인정할 수 없으므로 이러한 경우에는 부정경쟁방지법 제15조의 적용이 배제된다고 할 것이다.

3) 부정경쟁행위에 의한 제한

정당한 권원이 없는 자의 상표선점행위 및 불사용 상표권의 행사 등 상표권 남용행위의 증가에 따라 2014년 6월 11일 신설하였다.

상표권자·전용사용권자 또는 통상사용권자는 그 등록상표의 사용이 『부정경쟁방지 및 영업비밀보호에 관한 법률』 제2조 제1호 파목("그 밖에 타인의 상당한 투자나 노력으로 만들어진 성과 등을 공정한 상거래 관행이나 경쟁질서에 반하는 방법으로 자신의 영업을 위하여 무단으로 사용함으로써 타인의 경제적 이익을 침해하는 행위")에 따른 부정경쟁행위에 해당할 경우에는 같은 목에 따른 타인의 동의를 받지 아니하고는 그 등록상표를 사용할 수 없다(상§92②).

(5) 재심에 의하여 회복한 상표권의 효력에 대한 제한

상표권에 관한 당해 심결(審決)이 확정된 후 재심청구의 등록 전에 선의(善意)로 당해 등록상표와 동일한 상표를 그 지정상품과 동일한 상품에 사용한 행위 및 유사한 상표를 그 지정상품과 동일 또는 유사한 상품에 사용하는 행위(상§108① 각호)에 해당하는 경우에는 상표권의 효력이 미치지 아니한다(상§160본). 이 규정은 등록상표가 무효나 취소로 되었으나 재심(再審)에 의하여 회복되었을 경우에 당해 심결(審決)이 확정된 후 재심(再審)청구의 등록 전에 이를 알지 못하고, 즉 선의로 상표를 동종(同種)의 상품에 사용한 자에게 상표권의 효력을 배제하여 선의(善意)의 사용자를 보호하자는 취지이다.

상표권의 효력이 제한[12]되는 것은(상§160 각호) i) 상표등록 또는 상표권의 존속기간 갱신등록이 무효로 된 후 재심(再審)에 의하여 그 효력이 회복된 경우, ii) 상표등록이 취소된 후 재심(再審)에 의하여 그 효력이 회복된 경우, iii) 상표권의 권리범위에 속하지 아니한다는 심결(審決)이 확정된 후 재심(再審)에 의하여 이와 상반(相反)되는 심결(審決)이 확정된 경우가 그 대상이 된다.

---

12) 요건은 i) 등록상표의 심결확정 후 재심청구에 대한 예고등록 전의 등록상표의 독점권의 범위에 속하는 사용일 것, ii) 등록상표의 심결확정 후 재심청구에 대한 예고등록 전의 등록상표의 금지권의 범위에 속하는 사용일 것, iii) 등록상표의 심결확정 후 재심청구에 대한 예고등록 전의 침해로 보는 행위에 해당하는 행위일 것, iv) 선의(善意)일 것이 요구된다.

(6) 기 타

상표는 영업과 함께 이전하지 않아도 되나, 상표권이 공유인 경우에는 각 공유자는 다른 공유자 전원의 동의를 얻지 아니하면 그 지분을 양도하거나 그 지분을 목적으로 하는 질권을 설정할 수 없다(상§93②). 또 상표권의 존속기간갱신등록출원인에게 등록료 납부기간 내에 본인이 책임질 수 없는 사유로 말미암아 상표법 제72조 제3항 또는 제74조의 규정에 의한 납부기간이 경과 한 후 상표등록출원·지정상품의 추가등록출원 또는 상표권이 회복되기 전에 그 상표와 동일하거나 이와 유사한 상표를 그 지정상품과 동일하거나 이와 유사한 상품에 사용한 행위에는 미치지 아니한다(상§77③)고 하여 제한하고 있으며, 업무표장과 단체표장, 증명표장은 이전할 수 없다(상§93④⑥⑦)고 하여 제한을 하고 있다.

6. 진정상품 병행수입의 문제

병행수입이라 함은 독점수입권자에 의해 당해 외국상품이 수입되는 경우 제3자가 다른 유통경로를 통하여 진정상품을 국내 독점수입권자의 허락 없이 수입하는 것을 말한다. 일반적으로 특정한 국가에서 상표권을 가지고 있는 상표권자로부터 권리를 부여받은 수입대리점 또는 상표권자로부터 권리를 부여받은 사용권자 이외의 제3자가 상표권 등의 허락 없이 외국에서 진정상표가 부착된 상품을 당해 국가로 수입하는 것을 의미한다. 이는 진정상표가 부착된 상품을 당해 국가로 수입하는 것을 의미하는 점에서 위조상품이나 밀수품 등과는 구별된다. 따라서 병행수입업자에 의하여 수입되는 상품도 위조물이 아닌 진짜라는 의미에서 수입된 상품을 진정상품이라고 하며 병행수입으로 인하여 형성되는 시장을 정규시장과 구별하는 의미에서 회색시장(gray market)이라고도 한다.

그런데 병행수입은 원 지적재산권 소유자나 국내의 전용사용권자의 사전동의 없이 상품을 수입하여 판매하는 것이므로 수입국내의 상표권 소유자 또는 전용사용권자의 상표권을 침해할 수 있다. 즉 병행수입으로 인하여 기존의 상표권 소유자 또는 상표권자가 독점적인 사용권을 이전한 전용사용권자에게 경제적 피해를 줄 수 있기 때문이다. 따라서 병행수입은 원 상표권 소유자와 전용사용권자의 독점판매권에 대해 경쟁을 유발하여 후자의 경제적 손실을 초래하게 된다. 반면 수요자들은 좀 더 저렴한 가격에 동일한 상품을 구매할 수 있으므로 이득을 볼 수 있다. 이에 병행수입 허용 여부의 문제는 병행수입이 상표권에 미치는 영향과 이로 인해 이해관계자들에게 어떤 경제적 영향을 미치는가로 귀결된다.

병행수입에 의해 기대할 수 있는 효과는 수입상품에 대한 가격조절이다. 병행수입의 불허는 수입유통단계의 불완전 경쟁 및 독점수입계약 등을 초래하여 수입개방효과를 반감시킬 수 있기 때문이다. 이에 병행수입을 허용함으로써 수입상품 간 경쟁을 촉진시켜 가격안정을 꾀할 수 있다. 따라서 우리나라는 병행수입에 대하여 제한적으로 허용하는 입장을 취하고, 그 허용기준을 관세청 고시로 명시하고 있다. 이에 따르면 국내외 상표권자가 동일인이거나 계열회사(주식의 30% 이상을 소유하면서 최다 출자자) 또는 수입대리점관계 등의 이유로 동일인으로 볼 수 있는 경우 및 이런 관계에 있는 국내 상표권자로부터 전용사용권을 설정 받은 경우에는 제3자가 병행수입을 할 수 있도록 하고 있다. 단, 전용사용권자가 수입을 하지 않고 국내에서 제조 및 판매만 하는 경우에는 병행수입을 금지하고 있다.[13] 또한 공정거래위원회는 상표권도입계약 및 수출입대리점계약 등 국제계약체결과정에서 병행수입을 부당하게 방해하는 행위가 발생하는 것을 막기 위하여 병행수입을 부당하게 방해하는 행위가 발생하는 것을 막기 위하여 불공정한 병행수입 방해행위[14]를 규정하고 있다. 이와 함께 상표권 보호를 이유로 금지되어온 진정상품의 병행수입이 허용되자 경쟁정책적인 입장에서 공정거래법(독점규제 및 공정거래에 관한 법률)상 병행수입의 부당저지에 해당하는 불공정거래행위의 대표적 유형을 구체적으로 예시[15]하여 병행수입업자에게 공정한 경쟁을 보장해 주고 있다.

---

13) 관세청고시 제2008-10호 제1-4조 제1항.

14) 공정거래위원회고시 제1997-23호.

15) 공정거래위원회고시 제1997-27호.

대법원 2002. 9. 24. 선고, 99다42322 판결

[표장등사용중지]

[1] 병행수입 그 자체는 위법성이 없는 정당한 행위로서 상표권 침해 등을 구성하지 아니하므로 병행수입업자가 상표권자의 상표가 부착된 상태에서 상품을 판매하는 행위는 당연히 허용될 것인바, 상표제도는 상표를 보호함으로써 상표사용자의 업무상의 신용유지를 도모하여 산업발전에 이바지함과 아울러 수요자의 이익을 보호함을 목적으로 하고(상표법 제1조 참조), 상표는 기본적으로 당해 상표가 부착된 상품의 출처가 특정한 영업주체임을 나타내는 상품출처표시기능과 이에 수반되는 품질보증기능이 주된 기능이라는 점 등에 비추어 볼 때, 병행수입업자가 위와 같이 소극적으로 상표를 사용하는 것에 그치지 아니하고 나아가 적극적으로 상표권자의 상표를 사용하여 광고·선전행위를 하더라도 그로 인하여 위와 같은 상표의 기능을 훼손할 우려가 없고 국내 일반 수요자들에게 상품의 출처나 품질에 관하여 오인·혼동을 불러일으킬 가능성도 없다면, 이러한 행위는 실질적으로 상표권 침해의 위법성이 있다고 볼 수 없을 것이므로, 상표권자는 상표권에 기하여 그 침해의 금지나 침해행위를 조성한 물건의 폐기 등을 청구할 수 없다고 봄이 상당하다.

[2] 병행수입업자가 적극적으로 상표권자의 상표를 사용하여 광고·선전행위를 한 것이 실질적으로 상표권 침해의 위법성이 있다고 볼 수 없어 상표권 침해가 성립하지 아니한다고 하더라도, 그 사용태양 등에 비추어 영업표지로서의 기능을 갖는 경우에는 일반 수요자들로 하여금 병행수입업자가 외국 본사의 국내 공인 대리점 등으로 오인하게 할 우려가 있으므로, 이러한 사용행위는 부정경쟁방지및영업비밀보호에관한법률 제2조 제1호 (나)목 소정의 영업주체혼동행위에 해당되어 허용될 수 없다.

제3절 상표권의 변동

1. 상표권의 이전

(1) 의 의

'상표권의 이전'이란 상표권이 동일성을 유지하면서 종전의 권리자로부터 새로운 권리자로 그 주체가 옮겨가는 것을 말한다. 상표권은 재산권의 일종으로서 다른 산업재산권과 마찬가지로 타인에게 양도할 수 있다. 그러나 상표권을 하나의 기업에 이전하지 않고 각각 분리하여 경쟁하는 여러 기업에 이전하는 경우(상표권을 영업과 분리하여 이전하거나 상표권을 분할하여 이전하는 경우)에는 수요자가 혼동을 초래할 수 있다. 이러한 경우에는 양수받은 자는 기존의 상표와 양수받은 상표를 병행하여 사용하여야 할 것이고, 부정한 목적을 가지고 사용하지 말아야 할 것이다. 만약 부정한 목적으로 사용하면 취소심판이 청구될 수 있을 것이다.

상표권은 상표권자의 자유의사에 의한 양도, 상속 기타 일반승계에 의하여 이전되고 강제집행에 의한 이전도 가능하다. 다만 상표법의 목적과 관련하여 일정한 제한이 따른다.

상표권 이전의 형태는 특정승계와 일반승계로 나누어지는데, 전자는 구법과 달리 영업과 분리하여 이전이 가능하며 지정상품이 둘 이상인 경우 지정상품을 분할하여 이전할 수도 있다(상§93①). 또 후자는 상속, 포괄승계, 법인의 합병에 의해 이루어지며 등록을 하지 않아도 효력이 발생한다.

(2) 상표권 이전의 제한

상표권은 영업과 분리하여 자유롭게 양도할 수 있으나, 공유상표 · 업무표장 · 단체표장, 증명표장 등 특수한 관계에 있는 상표의 이전에 대해서는 일정한 제한이 있다.

1) 공유상표의 경우

상표권이 공유인 경우에는 각 공유자는 다른 공유자 전원의 동의를 얻지 아니하면 그 지분을 양도하거나 그 지분을 목적으로 하는 질권(質權)을 설정할 수 없다(상§93②). 이 규정은 공유자 상호간에 신뢰관계와 자본능력 등을 고려하여 상표권의 양도시에는 공유자의 동의를 구하도록 한 것이다.

2) 업무표장의 경우

업무표장권은 비영리를 목적으로 하는 사업에만 사용하는 표장(標章)이라는 특수성 때문에 양도를 금지하고 있다(상§93④). 다만 그 업무와 함께 양도하는 경우에는 그러하지 아니하다.

3) 단체표장의 경우

단체표장권은 이전할 수 없다. 다만 법인의 합병의 경우에는 특허청장의 허가를 받아 이전할 수 있다(상§93⑥).

4) 증명표장의 경우

증명표장권은 이전할 수 없다. 다만, 해당 증명표장에 대하여 제3조 제3항에 따라 등록받을 수 있는 자에게 그 업무와 함께 이전할 경우에는 특허청장의 허가를 받아 이전할 수 있다(상§93⑦).

5) 특허·실용신안·디자인권의 권리 저촉의 경우

상표가 상표등록출원일전 또는 상표등록출원일과 동일한 날에 출원되어 등록된 특허권이 그 상표권과 저촉되는 경우 그 특허권의 존속기간이 만료되는 때에는 그 원특허권자는 원특허권의 범위안에서 그리고 만료되는 당시에 존재하는 특허권에 대한 전용실시권 또는 그 특허권이나 전용실시권에 대한 특허법 제118조 제1항의 효력을 가지는 통상실시권을 가지는 자는 원권리의 범위안에서 그 등록상표의 지정상품과 동일하거나 이와 유사한 상품에 대하여 그 등록상표와 동일하거나 이와 유사한 상표를 사용할 권리를 가지나, 해당 (특허·실용신안·디자인권의 권리가 만료되어 사용할 수 있는)권리를 이전하려는 경우에는 상표권자 또는 전용사용권자의 동의를 얻어야 한다(상§98⑤).

6) 국가·공공단체 등이 등록한 상표권의 경우

국가·공공단체 또는 이들의 기관과 공익법인의 영리를 목적으로 하지 아니하는 업무 또는 영리를 목적으로 하지 아니하는 공익사업을 표시하는 표장(標章)으로 저명한 것과 동일 또는 유사한 상표는 공공단체 등만이 상표등록을 받을 수 있고(상§34①iii), 이렇게 등록된 상표권은 양도할 수 없다(상§93⑤본). 그러나 본래의 업무와 함께 일괄하여 양도하는 것은 동규정의 입법취지에 어긋나지 아니하므로 이러한 경우에는 양도가 허용된다(상§93⑤단).

7) 유사지정상품을 분할하는 경우

상표법 제93조 제1항은 "상표권은 그 지정상품마다 분할하여 이전할 수 있다. 다만, 유사한 지정상품은 함께 이전하여야 한다."고 규정하여 분할이전의 대상이 되는 지정상품은 반드시 서로 다른 류구분에 속할 필요는 없으므로 동일류구분 내의 상품이라도 가능하다. 그러나 유사상품에 대하여 상표권을 분할하여 이전한 결과 유사상품에 동일한 상표를 사용함으로써 일반 수요자로 하여금 상품출처의 오인을 야기한 경우에는 상표등록의 취소사유(상§119①iv)가 될 수 있다.

(3) 상표권의 이전방법

상표권의 이전제한 규정에 반하는 경우 그 상표권에 대한 이해관계인은 상표등록 취소심판을 청구할 수 있다(상§119①iv). 그러나 상표법 제34조 제3항의 적용대상은 아니며 심판청구 후 당해 청구사유의 하자가 치유되면 심판청구 자체가 부적격하여 각하된다. 상표권의 이전에는 등록이 효력발생요건이므로 상속 기타 일반승계의 경우를 제외하고는 상표권의 이전·변경·포기에 의한 소멸·존속기간의 갱신·상품분류전환·지정상품의 추가 또는 처분의 제한 등을 등록하여야만 그 효력이 발생한다(상§96①i). 한편 일반승계는 승계사유의 발생시에 당연히 이전되나 상표권자의 사망 후 3년 내에 그 상속권자가 이전등록하지 않으면 사망일로부터 3년이 경과되는 날의 다음날에 소멸된다(상§106).

대법원 1995. 9. 26. 선고, 94도2196 판결	상표권을 양도받은 자는 그 이전등록을 한 때로부터 그 권리를 가지는데, 이 사건 공소사실은 고소인이 이 사건 상표에 대한 이전등록을 하기 이전의 행위인바, 그 당시로서는 고소인은 이 사건 상표의 권리자가 아니므로 피고인은 고소인의 상표권을 침해한 것이 아니라는 취지에서 피고인에 대하여 무죄를 선고하였다. 그러나 상표권을 이전등록 받은 승계인은 그 이전등록 이전에 발생한 침해에 대하여도 상표권의 성질상 그 권리의 주체로서 피해자인 지위를 승계한다고 한다.

(4) 상표권이전의 효과

상표권이 이전된 경우에는 특정승계의 경우에는 등록함으로써 효력이 발생하지만(상§96①i), 상속 기타 일반승계의 경우에는 그 사유가 발생하면 이전의 효력이 발생하나 상속이나 그 승계인은 지체없이 그 취지를 특허청장에게 신고하여야 한다(상§96②). 그리고 이전 제한규정을 위반하여 이전된 경우에는 상표등록취소심판의 대상이 된다(상§119①iv).

2. 상표권의 공유(共有)

상표권은 공유할 수 있다(상§93②③). 즉 상표권도 재산권의 하나이므로 일반 재산권과 마찬가지로 민법의 규정에 따라 2인 이상이 공유할 수 있으나, 상표권이 무체재산권이기 때문에 직접점유가 불가능한 특성으로 인하여 민법상의 공유규정에 대한 예외로 상표법에서 따로 규정하고 있다. 그러므로 민법상의 준(準)공유(民§278) 규정은 2차적으로 적용된다. 따라서 공유권의 지분에 대해 타인이 침해하였을 때에는 각자가 금지청구권을 행사할 수 있다. 그리고 공유인 상표권은 다른 공유자의 동의 없이 그 지분의 양도나 질권의 설정을 할 수 없으며(상§93②) 사용권도 설정할 수 없다(상§93③). 공유상표권에 있어서 공유자는 자기의 지분에 근거하여 상표제도의 목적 및 본질에 반하지 않는 한 원칙적으로 자유로이 상표를 사용할 수 있으나 제3자에게 그 지분을 양도나 사용허락하는 경우에는 새롭게 양수받는 자나 사용권을 설정받는 자의 사업규모나 영업능력 등에 의해 다른 공유자가 경제적 손실을 입을 수 있기 때문에 지분양도나 사용권 설정 등을 제한하는 것이다. 이를 위반하는 경우에는 등록취소심판의 대상이 된다(상§119①iv).

또한 심판청구시 전원이 심판의 청구인 또는 피청구인이 되어야 하며 위반시에 부적법한 심판청구에 해당되어 심결이 각하된다(상§124②③).

공유관계의 해소를 위하여 공유물의 분할을 청구할 수 있으나, 그 객체의 무체성(無體性)으로 인하여 현물(現物)분할은 불가능하므로 대금(代金)분할이나 가액배상의 방법에 의할 수밖에 없다. 다만 예외적으로 지정상품별로의 이전이나 사용권의 분할수단으로서의 이전이 가능하다고 본다. 또한 다른 무체재산권과 같은 자유사용의 여부에 대해 명문규정은 없으나 당연히 자유사용을 할 수 있다고 본다.

대법원
2004. 12. 9.
선고, 2002후567
판결

[상표권이 공유인 경우에 민법상의 공유의 규정을 적용할 수 있는지 여부(적극요건)]

상표권이 공유인 경우에 각 공유자는 다른 공유자의 동의를 얻지 아니하면 그 지분을 양도하거나 그 지분을 목적으로 하는 질권을 설정할 수 없고 그 상표권에 대하여 전용사용권 또는 통상사용권을 설정할 수도 없는 등 일정한 제약을 받아 그 범위에서 합유와 유사한 성질을 가지지만, 이러한 제약은 상표권이 무체재산권인 특수성에서 유래한 것으로 보일 뿐이고, 상표권의 공유자들이 반드시 공동목적이나 동업관계를 기초로 조합체를 형성하여 상표권을 소유한다고 볼 수 없을 뿐만 아니라 상표법에 상표권의 공유를 합유관계로 본다는 명문의 규정도 없는 이상, 상표권의 공유에도 상표법의 다른 규정이나 그 본질에 반하지 아니하는 범위 내에서는 민법상의 공유의 규정이 적용될 수 있다고 할 것이다.

[상표권의 공유자가 그 상표권의 효력에 관한 심판에서 패소한 경우에 제기할 심결취소소송이 고유필수적 공동소송인지 여부(소극요건)]

상표권의 공유자가 그 상표권의 효력에 관한 심판에서 패소한 경우에 제기할 심결취소소송은 공유자 전원이 공동으로 제기하여야만 하는 고유필수적 공동소송이라고 할 수 없고, 공유자의 1인이라도 당해 상표등록을 무효로 하거나 권리행사를 제한·방해하는 심결이 있는 때에는 그 권리의 소멸을 방지하거나 그 권리행사방해배제를 위하여 단독으로 그 심결의 취소를 구할 수 있다.

대법원
2004. 5. 28.
선고, 2003후564
판결

[상표권의 공유자 중 일부만이 한 존속기간갱신등록출원이 등록거절이유에 해당하는지 여부(적극)]

상표권의 존속기간갱신등록은 그 등록에 의하여 새로운 상표권이 발생하는 것이 아니라 존속기간이 만료하게 된 상표권이 상표권자와 지정상품의 동일성을 유지하면서 그 존속기간만을 연장하는 것이고, 구 상표법 제45조 제1항 제2호는 '상표권의 존속기간갱신등록출원인이 당해 등록상표의 상표권자가 아닌 경우'를 존속기간갱신등록의 거절이유로 삼고 있으며, 같은 법 제56조 제1항 제1호는 공유상표권자의 지분 포기에 의한 지분권의 소멸도 등록하지 아니하면 효력이 발생하지 않는 것으로 해석되므로, 상표권의 공유자 중 일부가 그 지분권을 포기하였다고 하더라도 그 포기가 등록되지 않은 상태에서 나머지 공유자들만이 한 상표권존속기간갱신등록출원은 같은 법 제45조 제1항 제2호에 의하여 그 등록이 거절되어야 하고, 상표등록원부에 공유상표권자로 등재되어 있는 상표권자 중 일부가 존속기간갱신등록출원 포기의 의사를 표시하고 존속기간갱신등록출원을 하지 아니하여 나머지 공유자들만이 존속기간갱신등록출원을 하더라도 그 등록이 거절되어야 함은 마찬가지이다.

대법원 2002. 12. 9. 선고, 2002후567 판결

상표권이 공유인 경우에 각 공유자는 다른 공유자의 동의를 얻지 아니하면 그 지분을 양도하거나 그 지분을 목적으로 하는 질권을 설정할 수 없고 그 상표권에 대하여 전용사용권 또는 통상사용권을 설정할 수도 없는 등 일정한 제약을 받아 그 범위에서 합유와 유사한 성질을 갖지만, 이러한 제약은 상표권이 무체재산권인 특수성에서 유래한 것으로 보일 뿐이고, 상표권의 공유자들이 반드시 공동목적이나 동업관계를 기초로 조합체를 형성하여 상표권을 소유한다고 볼 수 없을 뿐만 아니라 상표법에 상표권의 공유를 합유관계로 본다는 명문의 규정도 없는 이상, 상표권의 공유에도 상표법의 다른 규정이나 그 본질에 반하지 아니하는 범위내에서는 민법상의 공유의 규정이 적용될 수 있다.

상표권의 공유자가 그 상표권의 효력에 관한 심판에서 패소한 경우에 제기할 심결취소소송은 공유자 전원이 공동으로 제기하여야만 하는 고유필수적 공동소송이라고 할 수 없고, 공유자의 1인이라도 당해 상표등록을 무효로 하거나 권리행사를 제한·방해하는 심결이 있는 때에는 그 권리의 소멸을 방지하거나 그 권리행사방해배제를 위하여 단독으로 그 심결의 취소를 구할 수 있다고 할 것이고, 위와 같이 공유자 1인에 의한 심결취소소송의 제기를 인정하더라도 다른 공유자의 이익을 해한다거나 합일확정의 요청에 반하는 사태가 생긴다고 할 수 없다.

3. 상표권의 분할

상표권의 지정상품이 2이상인 경우에는 그 상표권을 지정상품별로 분할할 수 있다(상§94①). 분할요건은 상표권이 현재 존속중이어야 하고, 원상표권자와 분할된 상표권자는 동일하여야 하고, 등록된 지정상품이 2이상이 존재하여야 한다(상§45①). 이렇게 분할되면, 분할된 상표권은 원상표권의 설정등록일부터 권리가 존속하고 존속기간도 원상표권의 존속기간과 같다. 또한 분할된 상표권은 원상표권과는 무관하게 상표권이 독자적으로 존속된다. 이러한 상표권의 분할은 무효심판이 청구된 때에는 심결(審決)이 확정되기까지는 상표권이 소멸된 후에도 할 수 있다.

4. 상표권의 소멸

상표권의 소멸이란 일단 유효하게 설정등록된 상표권이 일정한 법정사유에 해당됨으로 인하여 그 효력이 상실되는 것을 말한다. 이러한 소멸사유에는 넓은 의미에서 무효와 취소를 포함하나, 협의의 소멸사유는 존속기간의 만료(상§83①), 상표권의 포기(상§101), 상속인의 부존재,[16] 상속인이 이전등록 절차를 밟지 않는 경우(상§106), 법인의 청산종결시[17] 등이다.

2007년 개정 이전에는 청산종결에 따른 법인의 소멸시 상표권의 소멸에 관한 규정이 없어, 심판시 당사자 적격, 갱신등록출원시 출원인 적격, 이전등록시 등록의무자 적합성 여부 등과 관련하여 실무상 문제가 많았고, 판례도 "법인이 소멸하는 것은 청산종결등기가 된 때가 아니라 청산사무가 사실상 종료된 때이며, 청산종결의 등기가 되었더라도 청산사무가 종결되지 않은 때에는 그 한도 내에서는 청산법인이 존속하는 것으로 보아야 하나"[18] 이렇게 할 경우, 상표권의 소멸여부가 장기간 불명확하게 되고 상표권의 활용 등이 사실상 불가능하게 되어, 상표권의 처분 내지 귀속관계를 명확화 하고, 또 이를 신속하게 처리하도록 유도하기 위해서 2007년 상표법 개정 시 법인의 청산종결시의 상표권의 소멸에 관한 규정을 도입하였다.[19]

'취소'란 일단 유효하게 성립한 상표권이 일정한 법정사유에 해당함을 이유로 심판에 의하여 그 등록의 효력을 상실시키는 것을 말한다.[20] '무효'란 일

16) 「특허법」 및 「디자인보호법」 등 타 지식재산권 법률과 달리 「상표법」은 상표권자가 상속인이 없이 사망한 경우의 상표권 소멸에 관한 사항을 규정하고 있지 않아 권리관계를 명확히 하고자, 2023. 10. 31. 일부개정 시(2024. 5. 1. 시행) 상표권의 상속이 개시된 때 상속인이 없는 경우 해당 상표권은 소멸되도록 하는 규정을 신설하였다(상§106②).

17) 상표법 제106조 제3항은 청산절차가 진행 중인 법인의 상표권은 법인의 청산종결등기일(청산종결등기가 되었더라도 청산사무가 사실상 끝나지 아니한 경우에는 청산사무가 사실상 끝난 날과 청산종결등기일부터 6개월이 지난 날 중 빠른 날로 한다. 이하 이 항에서 같다)까지 그 상표권의 이전등록을 하지 아니한 경우에는 청산종결등기일의 다음 날에 소멸된다고 규정한다.

18) 대법원 1980. 4. 8. 선고, 79다2036 판결 참조.

19) 특허청 상표디자인심사정책팀, 상표법 및 디자인보호법 일부개정 추진-개정(안) 입안-(2006. 6.), pp.28~29.

20) 관계 규정은 상표법 제119조로서, 후술하는 취소심판에서 상세히 보기로 한다.

단 유효하게 성립한 상표권이 일정한 법정사유에 해당함을 이유로 심판에 의하여 그 성립당초까지 소급하여 상표권을 상실시키는 것을 말한다.[21] '포기'란 상표권자의 일방적 단독행위로 자기의 상표권의 일부 또는 전부를 소멸시키는 처분행위로서 상표법 제101조에서 지정상품마다 상표권을 포기할 수 있으며, 다만 그 상표권에 대해 제3자의 권리가 있는 경우 포기가 제한된다.

상품분류전환 등록이 없는 경우 등의 상표권의 소멸은 상품분류전환등록의 대상이 되는 지정상품으로서 제209조 제2항의 규정에 의한 상품분류전환등록신청서에 기재되지 아니한 지정상품에 관한 상표권은 상품분류전환등록신청서에 기재된 지정상품이 제211조의 규정에 의하여 전환등록 되는 날에 소멸한다(상§213②).

이상에서 본 바와 같이 상표권이 소멸하면 그에 부수되는 권리인 사용권, 질권(質權), 손실보상금청구권 등도 함께 소멸하며, ① 상표법 제119조 제1항 제1호부터 제3호까지 및 제5호 부터 제9호까지의 규정에 해당한다는 것을 이유로 상표등록의 취소심판이 청구되고 그 청구일 이후에 ⓐ 존속기간의 만료로 인하여 상표권이 소멸한 경우, ⓑ 상표권자가 상표권 또는 지정상품의 일부를 포기한 경우 ⓒ 상표등록 취소의 심결이 확정된 경우의 1에 해당하게 된 때에는 상표권자 및 그 상표를 사용한 자는 그 해당하게 된 날부터 3년이 경과한 후에 상표등록출원을 하지 아니하면 소멸된 등록상표와 동일 또는 유사한 상표를 그 지정상품과 동일 또는 유사한 상품(지리적 표시 단체표장의 경우에는 동일한 상품에 한한다)에 대하여 상표등록을 받을 수 없다(상§34③). 또 ② 마드리드 의정서에 따른 국제등록의 국내출원으로의 전환 재출원[22]의 효

21) 이에 대해서는 무효심판에서 상세히 보기로 한다.

22) 상표법 제205조 (국제등록 소멸후의 상표등록출원의 특례) ① 대한민국을 지정(사후지정을 포함한다)한 국제등록의 대상인 상표가 지정상품의 전부 또는 일부에 관하여 의정서 제6조(4)의 규정에 따라 그 국제등록이 소멸된 경우에는 당해 국제등록의 명의인은 당해 상품의 전부 또는 일부에 관하여 특허청장에게 상표등록출원을 할 수 있다.

② 제1항의 규정에 의한 상표등록출원이 다음 각호의 요건을 갖춘 때에는 국제등록일(사후지정의 경우에는 사후지정일)에 출원된 것으로 본다.

1. 제1항의 규정에 의한 상표등록출원이 동항의 규정에 의한 국제등록소멸일부터 3월 이내에 출원될 것

2. 제1항의 규정에 의한 상표등록출원의 지정상품이 동항의 규정에 의한 국제등록의 지정상품에 모두 포함될 것

3. 상표등록을 받고자 하는 상표가 소멸된 국제등록의 대상인 상표와 동일할 것

③ 제1항의 규정에 의한 국제등록에 관한 국제상표등록출원에 대하여 조약에 의한 우선권이 인

과도 있다.

제4절 담보권

상표권은 위에서 살펴본 바와 같이 자타상품의 식별력에서 출발하여 출처표시기능, 품질보증기능, 그리고 최근에는 더 발전하여 상표 그 자체가 재산적기능 등을 하고 있다. 그러므로 이러한 상표는 재산권의 일종이라고 할 수 있다. 이러한 상표권은 질권이나 저당권, 양도담보의 대상이 된다.

질권은 채권자가 담보 물건을 채무의 변제가 있을 때까지 유치함으로써 채무의 변제를 간접적으로 강제하는 동시에, 변제가 없는 때에는 그 질물로부터 우선적으로 변제를 받는다. 이러한 질권은 저당권과 함께 약정담보물권으로서 금융을 얻는 수단으로 이용되고 있다. 질권을 설정할 수 있는 것은 동산과 양도할 수 있는 권리인 채권·주식·특허권·상표권 등이 있다.

우리 상표법은 상표권뿐만 아니라 전용사용권, 통상사용권도 질권의 설정 대상이 될 수 있으나, 업무표장권과 단체표장권, 증명표장권에는 질권을 설정할 수 없다(상§93⑥⑦⑧). 그 외에도 상표권이 공유인 경우에는 다른 공유자 전원의 동의를 요하며(상§93②), 전용사용권자가 질권 설정시에는 상표권자의 동의가 필요하며(상§95⑥), 통상사용권자가 질권을 설정하려고 하면 상표권자는 물론이고 전용사용권자의 동의도 받아야 한다(상§97④). 이때 상표권을 목적으로 하는 질권이 설정되었다고 하더라도 질권자는 그 상표를 사용할 수 없고, 상표권자만이 해당 상표를 계속 사용할 수 있다(상§104). 즉 이 경우의 질권은 유치적 효력은 없고 우선변제권만 있는 것이다.[23)]

정에는 그 우선권이 동항의 규정에 의한 상표등록출원에 인정된다.

제206조(마드리드 의정서 폐기 후의 상표등록출원의 특례) ① 대한민국을 지정국으로 지정(사후지정을 포함한다)한 국제등록의 명의인이 마드리드 의정서 제15조(5)(b)에 따라 출원인 자격을 잃게 되었을 경우에는 해당 국제등록의 명의인은 국제등록된 지정상품의 전부 또는 일부에 관하여 특허청장에게 상표등록출원을 할 수 있다.

② 제1항에 따른 상표등록출원에 관하여는 제205조제2항 및 제3항을 준용한다. 이 경우 제205조제2항제1호 중 "같은 항에 따른 국제등록 소멸일부터 3개월 이내"는 "마드리드 의정서 제15조(3)에 따라 폐기의 효력이 발생한 날부터 2년 이내"로 본다.

23) 사법연수원, 상표법, 2001, p.133.

상표권의 저당에 대해서는 상표권 단독으로 저당권이 설정되지 않지만, 기업의 설비 기타의 재산과 함께 저당권을 목적으로 하는 재단저당 제도하에서는 상표권도 다른 산업재산권과 더불어 재단을 구성하는 일부분으로서 저당권의 목적이 될 수 있다.[24)]

한편, 담보는 채무자의 채무불이행에 대비하여 채권자에게 채권의 확보를 위하여 제공되는 수단 또는 장차 타인이 입게 될 수 있는 불이익에 대하여 보전하는 제도이다. 민법상의 담보에는 크게 나누어 인적 담보와 물적 담보가 있다. 인적 담보는 채무자의 책임재산에 제3자의 책임재산을 추가하는 방법에 의한 담보이며 보증채무(保證債務)와 연대채무(連帶債務)가 이에 속한다. 물적 담보는 책임재산 중에서 특정의 재산을 가지고 채권의 담보에 충당하는 제도이며 유치권(留置權), 질권(質權), 저당권(抵當權) 등의 담보물권(擔保物權)이 이에 속한다. 특히 질권과 저당권은 당사자의 의사표시에 의해 발생하는 약정담보물권이다. 인적 담보는 절차가 간편하지만 불확실하고, 물적 담보는 절차가 복잡하지만 확실하다는 특징이 있다.

여기서는 약정담보물권 중 저당권은 민법상의 대상인 부동산, 지상권, 영세소작권에 한정되기 때문에 상표권은 대상이 되지 않는다.[25)] 그러므로 민법상에서의 상표권이 설정되는 것은 질권만이다. 그러나 민법 이외의 특별법에서 담보물권을 창설할 수 있다. 그리하여 특별법에서 창설되어 있는 담보물권 중에 직접 상표권을 대상으로 하는 것은 없지만, 기업담보법으로서 창설된 기업담보권과 같이 회사의 총재산을 대상으로 하는 담보물권이 있고, 상표권도 회사총재산의 일부로서 상표권이 담보물권이 될 수 있다.[26)] 상표권은 현실적으로 이전하지 않고 상표권자에게는 계속 사용할 수 있는 권리를 유보시킨 채 채권을 담보하기 위하여 상표권을 양도한다고 약정하는 상표권의 양도담보계약은 유효한 것으로 인정되고 있다.[27)]

---

24) 공장저당법 제15조 제5호; 사법연수원, 상표법, 2001, p.133; 문삼섭, 상표법(제2판), 세창출판사(2004), p.563.

25) 平尾正樹, 商標法, 學陽書房(2006), p.442.

26) 平尾正樹, 商標法, 學陽書房(2006), p.442.

27) 문삼섭, 상표법(제2판), 세창출판사(2004), p.563.

c·h·a·p·t·e·r

02 사 용 권

상표권은 상표권자가 설정등록된 상표를 직접 사용하려고 등록하였으나, 상표권자의 개인적 사정에 의해 사용을 할 수 없는 경우도 있다. 그렇다고 사용하지 않으면 불사용 취소심판에 의해 등록상표가 취소가 될 수 있다. 즉 상표권자는 설정등록된 상표를 자기 자신이 직접 사용할 수도 있고, 제3자에게 설정 등록된 상표의 사용을 허락할 수도 있다. 이는 상표법 제3조 제1항의 "국내에서 상표를 사용하는 자 또는 사용하고자 하는 자는 자기의 상표를 등록받을 수 있다."라고 하는 규정에 반한 규정으로 등록출원당시부터 상표권자가 자신이 직접 사용하지 않고 타인의 등록을 방해하기 위하거나 또는 제3자에게 사용하게 하고 사용료를 받기위한 경우에는 상표등록을 받을 수 없을 것이다. 다만 상표등록출원시에는 상표권자가 직접 사용하려고 하였으나 설정등록 후 개인적 사정에 의해 사용할 수 없는 경우 제3자에게 해당상표를 사용하게 하는 것이 상표법상 사용권제도를 도입한 취지라고 보인다.

이러한 상표사용권에는 전용사용권(상§95)과 통상사용권(상§97)이 있다.

제1절 전용사용권

1. 의 의

전용사용권이란 상표권자와의 계약에 의하여 설정행위로 정한 범위 내에서 등록상표를 독점적으로 사용할 수 있는 권리이다(상§95③). 그러므로 전용사용권을 허여한 범위 내에서는 지정상품에 있어서는 상표권자 자신도 상표를 사용할 수 없다. 이러한 전용사용권은 상표권의 범위를 넘어서 사용할 수 없으며, 어디까지나 상표권의 범위 내에서 사용되어야 하기 때문에 상표권에 부수하는 권리이다.

상표권자는 전용사용권을 설정한 후 동일범위 내에서는 다른 사람에게 전용사용권은 물론이고, 통상사용권도 설정할 수 없다. 다만 전용사용권을 설정하기 전 그 상표권에 통상실시권이 설정되어 있는 경우에는 후에 설정된 전용사용권에 대항할 수 있다.

2. 효력발생요건

상표권자는 그 상표권에 대하여 타인에게 전용사용권을 설정할 수 있다(상§95①). 그러나 업무표장권이나 단체표장권, 증명표장권은 전용사용권을 설정할 수 없다(상§95②). 전용사용권은 설정행위로서 원칙적으로 상표권자와 사용권을 설정받고자 하는 자 사이의 설정계약에 의하여 행하여지고 그 효력은 등록에 의하여 발생하였다. 전용사용권의 등록이 효력발생요건이었지만,[1] 2011년 개정시 삭제되어 전용사용권자가 상표권자와 전용사용권설정계약은 체결하고 등록을 하지 않아도 된다. 전용사용권에는 상표권자와 동일한 효력이 존재함으로 제3자가 허락을 받은 상표권을 침해하는 경우에는 상표권자를

1) 2007년 5월 25일 정부가 공개한 한미 자유무역협정(FTA) 협정문 등에 따르면 우리 정부는 현행 상표법상 전용사용권자의 경우 '등록'을 전제로 효력을 인정하는 상표사용권 등록 요건을 폐지하기로 미국과 합의한 것으로 나타났다(서울경제신문 2007년 5월 26일).

대신하여 침해금지청구권을 비롯하여 권리를 행사할 수 있으며, 또 상표권자의 동의를 받아 제3자에게 통상사용권도 허락할 수 있기 때문에 일종의 패키지(포괄)계약으로 본다면 전용사용권자가 통상사용권을 가진다고 해석함이 타당하다고 보나, 독점적 통상사용권을 가진다고 보기는 어려울 것이다.2) 우리 상표법 제97조의 통상사용권이라면 비독점적 통상사용권을 전제한 것이기 때문에 독점적 통상사용권은 우리 상표법상 존재하지 않으며 강학상의 개념이다. 이러한 독점적 통상사용권은 미국의 상표법에서 독점적 통상사용권과 비독점적 통상사용권으로 분류하여 사용하고 있으나 우리나라의 전용사용권과 같은 제도가 없고, 독점적 통상사용권제도가 있으며, 실무상에서는 존재하나 현행 우리 상표법상에서 해석하면 전용사용권으로 해석하여야 함이 타당할 것이다.

전용사용권의 설정·이전(상속 기타 일반승계의 경우는 제외)·변경·포기에 의한 소멸 또는 처분의 제한은 등록이 대항요건이다(상§100①). 다만 유언에 의해서도 설정할 수가 있다고 한다.3)

한편 상표권이 공유인 경우에는 각 공유자는 다른 공유자의 동의를 얻지 아니하면 그 상표권에 대하여 전용사용권을 설정할 수 없다(상§93③).

대법원 2006. 9. 8. 선고, 2006도1580 판결

상표권이나 서비스표권에 관하여 전용사용권이 설정된 경우 이로 인하여 상표권자나 서비스표권자의 상표 또는 서비스표의 사용권이 제한받게 되지만, 제3자가 그 상표 또는 서비스표를 정당한 법적 권한 없이 사용하는 경우에는 그 상표권자나 서비스표권자가 그 상표권이나 서비스표권에 기하여 제3자의 상표 또는 서비스표의 사용에 대한 금지를 청구할 수 있는 권리까지 상실하는 것은 아니고, 이러한 경우에 그 상표나 서비스표에 대한 전용사용권을 침해하는 상표법 위반죄가 성립함은 물론 상표권자나 서비스표권자의 상표권 또는 서비스표권을 침해하는 상표법 위반죄도 함께 성립한다.

---

2) 구 상표법(2011년)은 전용사용권 등록이 효력발생요건이었으나, 한·미 FTA로 타결로 인하여 전용사용권을 등록하지 않더라도 그 효력이 발생하도록 상표법 제56조 제1항 제2호를 삭제하여 등록을 제3자 대항요건으로 변경하였다.

3) 折田幸子·松村信夫, "專用實施權" 小野昌延編, 註解商標法(上卷)(新版), 青林書院, p.762 재인용.

대법원 2004. 9. 13. 선고, 2002후703 판결

[등록취소(상)]

전용사용권은 그 설정계약이 해지되면 등록 여부에 관계없이 그 효력을 상실하며, 종전과 동일한 내용으로 전용사용권설정계약을 부활하는 묵시적 합의가 있었다고 하더라도 새로이 설정등록을 하지 않고서는 상표법상의 전용사용권을 취득할 수 없다.

등록상표의 전용사용권자가 통상사용권을 가지고 있는 인용상표와 동일성의 범위 내에서 실사용상표를 사용한 것은 등록상표를 변형하여 이와 유사한 상표를 사용한 것이라고 할 수 없다고 한 사례.

3. 전용사용권의 범위

전용사용권의 설정범위는 지정상품 또는 서비스이고 지역, 수량, 사용기간, 거래처, 지정상품 등이다. 즉 전용사용권은 상표권 중 일정범위에 한정하여 설정할 수도 있고(상§95③), 상표권의 전범위에 걸쳐서 사용을 허락할 수도 있다. 이러한 제한을 가하면 독점규제 및 공정거래에 관한 법률에 저촉될 수 있고, 또 상표권의 권리범위는 국내에서만 효력이 발생하나 제3국(외국)까지 사용허락을 하는 경우에는 권리남용이 될 수도 있으나, 상표법에서는 이와 관계없이 전용사용권의 설정계약이 가능하다.

서울지법 1998. 5. 29. 선고, 97가합32678

[1] 오늘날 국제적인 추세는 상표권에 관한 속지주의의 예외를 인정하여 일정한 조건하에서 진정상품의 병행수입을 대부분 허용하고 있고, 우리나라의 경우에도 1995. 11. 3. 관세청고시 제1995-943호 '지적재산권보호를 위한 수출입통관사무처리규정'을 통하여 국내외 상표권자가 동일인이거나 계열회사 관계, 수입대리점 관계 등이 있어 동일인으로 볼 수 있는 경우 등에는 진정상품의 병행수입을 허용하도록 하고 있고, 통산산업부 고시 제1996-62호 '지적재산권관련 불공정 수출입행위의 유형' 및 공정거래위원회 1997. 7. 15. 고시 '병행수입에 있어서의 불공정거래행위 유형에 관한 고시' 등을 통하여 부당하게 병행수입을 저지하는 행위를 불공정거래행위의 하나로 규정하고 있으므로, 진정상품을 병행수입하여 이를 판매하는 행위 그 자체는 상표권자나

전용사용권자의 상표권을 침해하는 행위가 되지 않는 것으로 해석된다.

[2] 부정경쟁방지법상 금지청구를 할 수 있는 자는 '타인의 부정경쟁행위로 인하여 자신의 영업상의 이익이 침해되거나 침해될 우려가 있다고 인정되는 자'이므로, 국내의 독점적인 수입·판매대리점업자에게 비록 상표권이나 전용사용권이 없다고 하더라도, 상대방의 부정경쟁행위로 인하여 영업상의 이익을 침해당할 우려가 있는 경우에는 그 행위의 금지를 청구할 원고적격이 있다.

대법원 1997. 10. 10. 선고, 96도2191 판결

국내 전용사용권자로서 등록을 마친 후 폴로 상표가 부착된 의류를 국내에서 제조·판매하면서 많은 비용을 들여 그 제품에 대한 선전·광고 등의 활동을 하여 왔고, 국외에서 판매되는 같은 상표가 부착된 의류 중에는 미합중국 외에 인건비가 낮은 제3국에서 주문자 상표 부착 방식으로 제조되어 판매되는 상품들도 적지 않으며, 일경물산과 폴로 로렌사와의 사이에는 이 사건 국내 전용사용권 설정에 따른 계약관계 이외에 달리 동일인이라거나 같은 계열사라는 등의 특별한 관계는 없음을 알 수 있는바, 사실관계가 이러하다면 국외에서 제조·판매되는 상품과 국내 전용사용권자가 제조·판매하는 상품 사이에 품질상 아무런 차이가 없다거나 그 제조·판매의 출처가 동일한 것이라고 할 수 없고, 또한 국외 상표권자와 국내 전용사용권자가 공동의 지배통제 관계에서 상표권을 남용하여 부당하게 독점적인 이익을 꾀할 우려도 적다고 할 것이므로, 이러한 경우에는 이른바 진정상품의 병행수입이라고 하더라도 국내 전용사용권을 침해하는 것으로서 허용되지 않는다고 보아야 할 것이다.

따라서 상고이유로서 주장하는 바와 같이, 피고인이 이 사건 수입물품을 진정상품으로 오인하였고, 더 나아가 이 사건과 같은 경우에도 병행수입이 허용된다고 믿어 자신의 행위가 죄가 되지 아니하는 것으로 오인하였다고 하더라도, 기록에 의하면 피고인은 이 사건 수입행위가 국내 전용사용권을 침해하는 것인지 여부에 관하여 전문가의 자문을 구하는 등의 아무런 조처도 없이 임의로 그와 같이 믿은 것에 지나지 아니함을 알 수 있으므로, 거기에 정당한 이유가 있다고 보기는 어려우니, 그 주장과 같은 사정만으로 피고인의 행위가 상표권 침해행위에 해당하지 않는다거나 침해의 범의가 조각된다고 할 수 없다. 논지도 모두 이유 없다.

4. 전용사용권의 효력

전용사용권의 설정을 받은 전용사용권자는 그 설정행위로 정한 범위안에서 지정상품에 관하여 등록상표를 사용할 권리를 독점한다(상§95③). 이는 전용사용권이 설정되면 독점적 사용권이 발생하므로 제3자는 물론이고 상표권자도 사용허락한 범위내에서는 허락없이 등록상표에 대한 사용이나 수익행위를 할 수 없으며, 해당 상표권을 제3자에게 중복하여 사용허락을 할 수 없다.

또 전용사용권은 상표권의 부수적인 권리이기 때문에 상표권의 효력이 미치지 아니하는 범위에 대해서는 전용사용권의 효력도 미치지 않는다. 그러므로 상표권자가 자신의 상표권을 포기하려고 하면 전용사용권자의 승낙이 필요하다(§102①).

전용사용권이 공유인 경우에는 각 공유자는 다른 공유자의 동의를 얻지 아니하면 그 상표권에 대하여 제3자에게 사용을 허락할 수 없다. 이러한 전용사용권자는 상표권자로부터 사용허락을 받은 상표를 사용하여 경제적 이익을 얻을 수 있다.

그리고 전용사용권자는 그 상품에 자기의 성명 또는 명칭을 표시하여야 한다(상§95④).

5. 침해에 대한 구제 및 의무

전용사용권자는 설정된 범위 내에서 상표권자와 동일한 권리를 가지는 반면 전용사용권자는 상표권자에게 사용료를 지불할 의무도 있다. 따라서 상표권자와 같은 독점적 사용권(상§95③)과 배타적 금지권[4]을 가진다. 즉 금지청구권, 손해배상청구권, 신용회복청구권을 가지며, 또 전용사용권을 침해하였을 때는 침해죄로 고소할 수도 있다(상§230).

전용사용권의 권리침해의 경우에 이에 대한 보호에 따르는 전용권자의 의

4) 침해금지청구권(상§107①), 침해물의 제거청구권(상§107②), 손해배상청구권(상§109), 신용회복조치청구권(상§113), 서류제출 요구권(상§114) 등.

무도 있다. 즉 상표권의 범위 내에서의 권리행사, 타인의 특허권・디자인권・저작권과의 저촉에 의한 상표사용의 제한, 공유시의 제한,[5] 전용사용권에 대한 제3자의 권리설정에 대한 제한을 지켜야 하며, 전용사용권자는 상품에 자기의 성명 또는 명칭을 표시하여야 한다(상§95④). 이외에도 상표사용과 관련하여 수요자로 하여금 상품의 품질의 오인(誤認)・혼동(混同)을 생기게 하면 되지 않는다(상§119①ii). 즉 품질동일성 유지의무, 상표의 정당사용의무 등이 주어진다.

6. 전용사용권의 이전

상표권자는 전용사용권자가 누구이냐에 따라 그 상표의 신용유지를 위해 중요한 이해관계가 있다. 따라서 전용사용권자는 상표권의 승낙을 얻은 경우에 한하여 전용사용권을 이전할 수가 있다. 즉 전용사용권자는 상속 기타 일반승계의 경우를 제외하고는 상표권자의 동의를 얻지 아니하면 그 전용사용권을 이전할 수 없다(상§95⑤).

7. 전용사용권에 대한 질권・통상사용권

전용사용권자는 사용허락을 받은 상표에 질권자나 통상사용권자가 있는 경우에는 통상사용권자나 질권자 등의 손해가 발생하지 않도록 이러한 자들에게 승낙을 얻은 후에 권리를 포기하거나 이전을 하여야 할 것이다. 이와 반대로 상표권자에게 손해가 발생하지 않도록 하기 위해서는 그 전용사용권에 질권을 설정하거나 통상실시권을 허여하고자 하는 경우에는 상표권자에게 다시 승낙을 얻어야 한다. 즉 전용사용권에 대하여 질권을 설정하거나 통상사용권을 설정할 때는 상표권자의 동의가 필요하며(상§95⑥), 공유인 경우에는 다른 공유자의 동의가 필요하다.

---

5) 전용사용권이 공유일 때에는 그 지분의 이전이나 질권설정의 경우에는 타공유자의 동의가 필요하며, 전용사용권의 포기시에는 상표권자의 동의는 필요 없으나, 통상사용권자 또는 질권 등이 설정된 경우에는 각각의 이해관계인의 동의를 받지 않으면 안 된다(상§102②).

8. 전용사용권의 소멸

전용사용권은 설정기간의 만료, 설정계약의 해지 또는 해제, 권리의 포기, 혼동 등에 의해 소멸되며, 그 설정계약의 기초가 된 상표권이 소멸되었을 때도 소멸된다. 그러므로 상표권자가 상표권을 포기할 때는 전용사용권자의 동의를 얻지 아니하면 아니 된다(상§102①).

제2절 통상사용권

1. 의 의

상표제도는 업무상 신용유지로 상표권자의 이익과 혼동을 방지하여 수요자의 이익을 확보하기 위한 것이기 때문에 상표권자만이 사용하는 것이 상표제도의 본래의 모습이다. 그러나 많은 나라에서 상표권도 재산권의 일종으로 보고 제3자에게 사용을 허락하고 있다. 즉 상표권은 상표권자가 자신의 상품 또는 서비스를 지정한 상품 또는 서비스에 사용하거나 사용하려고 설정등록을 받은 것이다. 그러나 설정받은 상표를 직접사용하면서 제3자에게도 사용하게 할 수 있도록 법률로 정하고 있다. 즉 통상사용권[6]이란 상표권자 또는 전용사용자로부터 상표권에 관한 사용허락을 받은 자가 사용허락의 범위 내에서 사용할 수 있는 권리를 말한다(상§97②). 통상사용권은 상표권을 독점적으로 사용할 수 있는 권리가 아니라 상표권자·전용사용권자 및 다른 통상사용권자와 함께 사용할 수 있는 권리이다.

그러나, 상표권이 공유인 경우에는 각 공유자는 다른 공유자의 동의를 얻지 아니하면 그 상표권에 대하여 통상사용권을 설정할 수 없으며, 업무표장권 또는 단체표장권, 증명표장권에 관하여는 통상사용권을 설정할 수 없다(상§97⑤).

6) 독점적 통상사용권도 채권적 권리로 보며 또 통상사용권의 등록은 대항요건으로 본다.

2. 통상사용권의 범위

통상사용권도 전용사용권과 같이 상표권자와 계약에 의해 성립하는 것이므로 특허법상의 직무발명이나 선사용권과 같은 법정실시권과 강제실시권과 같은 사용권은 존재하지 않는다. 단 재심에 의하여 회복한 상표권 효력의 제한(상§160)과 특허권 등의 존속기간 만료 후에 상표를 사용하는 권리(상§98)는 존재한다. 상표권자가 통상사용권 계약을 체결할 때 사용권자 이외의 자와는 물론이고 상표권자 자신도 사용하지 않겠다는 계약을 체결할 수 있으며(독점적 통상사용권이라 한다) 이러한 계약을 체결하였다고 하여 그 등록을 받을 수는 없을 것이다. 왜냐하면 우리 상표법은 독점적 통상사용권제도가 없으며 이와 같은 내용의 계약은 전용사용권에 해당하기 때문에 불가능하다. 한편, 등록상표를 지정상품 중의 일부 또는 일정지역, 수량, 기간 등을 한정하여 사용권을 허락하는 경우도 있다(상§97②). 이것이 일반적인 통상사용권으로 상표권은 물론이고 전용사용권자, 그리고 다른 통상사용권자도 같이 사용할 수 있는 권리이다. 이러한 통상사용권의 범위는 어디까지나 상표권자와의 계약에 의해 통상사용권의 범위가 정해진다.

3. 선사용권

타인의 등록상표와 동일하거나 유사한 상표를 그 지정상품과 동일하거나 유사한 상품에 사용하는 자로서 i) 부정경쟁의 목적이 없이 타인의 상표등록출원 전부터 국내에서 계속하여 사용하고, ii) 이와 같이 상표를 사용한 결과 타인의 상표등록출원시에 국내 수요자 간에 그 상표가 특정인의 상품을 표시하는 것이라고 인식되어 있을 경우 해당상표를 그 사용하는 상품에 대하여 계속하여 사용할 권리를 가진다(상§99①). 또한 자기의 성명·상호 등 인격의 동일성을 표시하는 수단을 상거래 관행에 따라 상표로 사용하는 자로서 부정경쟁의 목적이 없이 타인의 상표등록출원 전부터 국내에서 계속하여 사용하고 있는 자는 해당 상표를 그 사용하는 상품에 대하여 계속 사용할 권리를 가진다(상§99②).

이 중 특히 '부정경쟁 목적'에 대한 입증 문제와 관련하여, 부정경쟁의 목적은 상호 사용자가 쉽게 입증할 수 있는 사항임에 따라 그 입증책임은 원칙적으로 상호 사용자가 부담한다. 다만 상호가 상표보다 먼저 사용된 경우에는 부정경쟁의 목적을 상표권자가 입증하도록 하여, 입증책임을 조화롭게 배분하고 있다. 따라서 상표권자나 전용사용권자는 제1항에 따라 상표를 사용할 권리를 가지는 자에게 그 자의 상품과 자기의 상품 간의 출처의 오인이나 혼동을 방지할 수 있는 적당한 표시를 할 것을 청구할 수 있다(상§99③). 이렇게 본 조는 부정경쟁의 목적을 상호 사용자가 입증하게 하여 상표권자를 보호하되, 상호가 상표보다 먼저 사용된 경우는 상표권자가 입증하도록 하여 상호의 선사용자 보호 측면도 고려하고 있다.

한편 영국 등 주요 국가에서는 "악의bad faith로 출원된 상표"나 사용할 의사가 없는 상표는 등록될 수 없다는 내용의 규정을 두고 있으며, 일본 및 유럽연합공동체상표제도에서는 모방상표 등록으로 인한 등록주의의 남용을 억제하기 위해서 무효심판제도와 병행하여 선사용에 따른 법정통상사용권제도를 인정하고 있다.

4. 통상사용권의 성립과 제한

(1) 통상사용권의 성립

상표법상 통상실시권은 상표권자와 사용하려고 하는 자와의 계약에 의해 성립하는 것이 일반적이다. 즉 통상사용권은 상표권자의 허락에 의해 성립하기 때문에 허락에 의한 통상사용권으로 칭하기도 한다. 허락에 의한 통상사용권이란 상표권자 또는 전용사용권자와 상표의 사용을 희망하는 자와의 계약에 의해 상표를 사용할 수 있는 권리를 취득하는 것을 말한다(상§95⑥, §97①). 상표권 등이 공유인 경우에는 다른 공유자의 동의를 요한다(상§93③, §95⑦). 또 업무표장권 또는 단체표장권, 증명표장권에 관하여는 통상사용권을 설정할 수 없다(상§97⑤).

(2) 통상사용권에 의한 제한

상표권은 일정한 경우에 그 권리가 제한될 수 있다. 즉 상표법 제160조(再審에 의하여 회복한 상표권 효력의 제한)와 상표법 제98조(특허권 등의 존속기간 만료 후에 상표를 사용하는 권리)에 의해 그 효력이 제한된다.

1) 재심에 의하여 회복한 상표권의 효력제한(상§160)

심결확정 후 재심청구 등록 전에 선의로 국내에서 그 상표를 사용하고 있는 자는 사업목적의 범위 내에서 그 상표를 사용한 경우에는 그 상표권이 제한을 받는다. 즉 상표법 제160조는 다음 각호의 ① 상표등록 또는 상표권의 존속기간갱신등록이 무효로 된 후 재심에 의하여 그 효력이 회복된 경우, ② 상표등록이 취소된 후 재심에 의하여 그 효력이 회복된 경우, ③ 상표권의 권리범위에 속하지 아니한다는 심결이 확정된 후 재심에 의하여 이와 상반되는 심결이 확정된 경우에 해당하는 경우에는 상표권의 효력은 당해 심결이 확정된 후 재심청구의 등록 전에 선의로 당해 등록상표와 동일한 상표를 그 지정상품과 동일한 상품에 사용한 행위는 상표권의 침해행위로 보지 않는다, 즉 상표법 제108조 제1항 각호의 1 또는 동조 제2항 각호의 1에 해당하는 행위에는 상표권의 효력이 미치지 아니한다.

2) 특허권 등의 존속기간 만료 후에 상표를 사용하는 권리(상§98)

상표등록출원일전 또는 상표등록출원일과 동일한 날에 출원되어 등록된 특허권이 그 상표권과 저촉되는 경우 그 특허권의 존속기간이 만료되는 때에는 그 원특허권자는 원특허권의 범위 안에서 그 등록상표의 지정상품과 동일하거나 이와 유사한 상품에 대하여 그 등록상표와 동일하거나 이와 유사한 상표를 사용할 권리를 가진다. 다만, 부정경쟁의 목적으로 그 상표를 사용하는 경우에는 그러하지 아니하다.

상표등록출원일전 또는 상표등록출원일과 동일한 날에 출원되어 등록된 특허권이 그 상표권과 저촉되는 경우 그 특허권의 존속기간이 만료되는 때에는 그 만료되는 당시에 존재하는 특허권에 대한 전용실시권 또는 그 특허권이나 전용실시권에 대한 특허법 제118조 제1항의 효력을 가지는 통상실시권을 가지는 자는 원권리의 범위안에서 그 등록상표의 지정상품과 동일하거나 이와 유사한 상품에 대하여 그 등록상표와 동일하거나 이와 유사한 상표를 사용할 권리를 가진다. 다만, 부정경쟁의 목적으로 그 상표를 사용하는 경우에는 그러하지 아니하다.

상표법 제98조 제3항의 규정에 의하여 상표를 사용할 권리를 가진 자는 상표권자 또는 전용사용권자에게 상당한 대가를 지급하여야 한다.

당해 상표권자 또는 전용사용권자는 상표법 제98조 제1항 또는 제2항의 규정에 의하여 상표를 사용할 권리를 가진 자에게 그 자의 업무에 관한 상품과 자기의 업무에 관한 상품간에 혼동을 방지하는데 필요한 표시를 하도록 청구할 수 있다.

상표법 제98조 제1항 및 제2항의 규정에 의한 상표를 사용할 권리를 이전(상속 기타 일반승계에 의한 경우를 제외한다)하고자 하는 때에는 상표권자 또는 전용사용권자의 동의를 얻어야 한다(§98⑤).

상표법 제98조 제1항 내지 제5항의 규정은 상표등록출원일전 또는 상표등록출원일과 동일한 날에 출원되어 등록된 실용신안권 또는 디자인권이 그 상표권과 저촉되는 경우 그 실용신안권 또는 디자인권의 존속기간이 만료되는 때에 이를 준용한다(상§98⑥).

3) 질권행사 등으로 인한 상표권의 이전에 따른 통상사용권(상§ 104조의2)

2022. 4. 20. 일부개정법률(2022. 4. 20. 시행)은 경매 등에 의해 상표권이 이전되거나 공유인 상표권이 이전되더라도 그 상표권자가 질권설정 또는 공유물의 분할청구 전에 지정상품에 관하여 그 등록상표를 사용하고 있는 경우에는 그 사용하고 있는 상품에 한정하여 통상사용권을 부여한다.

본 규정에 따라 본인의 의사와 상관없이 권리를 상실하여 사업을 포기해야 하는 상표권자를 보호하고, 상표권자가 등록상표를 사용해 사업을 계속하는 대신 이에 상당하는 사용료를 권리를 이전받은 사람에게 지급하도록 함으로써 권리를 이전받은 사람의 피해도 최소화할 수 있다.

5. 통상사용권 등의 등록 효력

통상사용권의 설정을 받은 통상사용권자는 그 설정행위로 정한 범위안에서 지정상품에 관하여 등록상표를 사용할 권리를 가진다(상§97②). 이는 통상사용권이 설정되면 사용할 권리가 발생하므로 사용허락을 받은 범위 내에서는 허락없이 등록상표에 대한 사용이나 수익행위를 할 수 있다.

통상사용권은 다음의 ① 통상사용권의 설정·이전(상속 기타 일반승계에 의한 경우를 제외한다)·변경·포기에 의한 소멸 또는 처분의 제한, ② 통상사용권을 목적으로 하는 질권의 설정·이전(상속 기타 일반승계에 의한 경우를 제외한다)·변경·포기에 의한 소멸 또는 처분의 제한에 해당하는 사항은 이를 등록하지 아니하면 제3자에게 대항할 수 없다. 통상사용권을 등록한 때에는 그 등록 후에 상표권 또는 전용사용권을 취득한 자에 대하여도 그 효력이 발생한다. 그리고 통상사용권 및 질권의 상속 기타 일반승계의 경우에는 지체없이 그 취지를 특허청장에게 신고하여야 한다(상§100).

이렇게 설정등록된 통상사용권은 후에 행하여지는 전용사용권에 대해서도 대항할 수 있고, 계속하여 사용할 수도 있다. 또 통상사용권은 상표권과 전용사용권의 부수적인 권리이기 때문에 상표권이나 전용사용권의 효력이 미치지 아니하는 범위에 대해서는 통상사용권의 효력도 미치지 않는다. 그러므로 상표권자가 자신의 상표권이나 전용사용권을 포기하려고 하면 통상사용권자의 승낙이 필요하다. 한편 통상사용권자의 의무로서 통상사용권자는 그 상품에 자기의 성명 또는 명칭을 표시하여야 한다(상§97⑤).

6. 침해에 대한 구제

통상사용권자는 계약에 의하여 정해진 범위 내에서 그 등록상표를 사용할 권리를 가지나 배타적 금지권과 소권(訴權)은 없다. 그러나 민법 제404조에 의거한 금지청구권의 대위(代位)행사는 가능하다고 보며, 통상사용권을 받은 상표권이 침해가 되는 경우에는 상표권자나 전용사용권자를 통하여 구제를 받을 수 있다.

그러나 상표권이 통상사용권을 설정 후에 무효가 된 경우에는 상표권자에게 지불한 사용료를 돌려받을 수 있을지에 대한 문제 등도 발생할 수 있다. 이러한 문제를 해결하기 위해서는 통상사용권의 계약을 체결시에 명확히 하는 것이 좋다.

7. 통상사용권의 이전

통상사용권의 이전은 상표권자와 전용사용권자의 동의를 받은 경우 및 상속 기타 일반승계의 경우에 한하여 이전할 수 있다(상§97③). 이는 상표권자나 전용사용권자에게 불측의 손해를 주지 않도록 하기 위해서 승낙을 필요하도록 하고 있는 것이다. 그 외에 이전시 제한사항은 전용사용권 이전의 경우와 같다.

8. 질 권

통상사용권에 질권을 설정할 경우에는 상표권자와 전용사용권자의 동의를 받은 경우에 한하여 질권(質權)을 설정할 수 있다(상§97④). 통상사용권이 공유인 경우에는 다른 공유자의 동의가 필요하다(상§97⑤).

9. 소 멸

통상사용권의 소멸원인도 전용사용권과 같이 설정기간의 만료, 설정계약의 해제, 권리의 포기, 그 설정계약의 기초가 된 상표권의 소멸 등의 사유로 소멸한다. 통상사용권이 설정된 경우 상표권이나 전용사용권의 포기는 제한되며(상§102①②), 통상사용권에 질권이 설정된 경우에는 통상사용권의 포기가 제한된다(상§102③).

제3절 사용권 허락과 제한

상표권의 사용허락은 상속이나 합병 등의 경우를 제외하고는 대부분이 계약자유의 원칙에 따라 당사자의 계약에 의하여 성립한다. 이러한 계약은 상표권자와 상표권을 사용하고자 하는 자와의 계약의 내용에 따른다. 즉 계약에 사용기간, 대가, 지역 등을 내용으로 구성하는 것이 일반적이다.

이러한 계약자유의 원칙에는 예외가 있다. 즉 공서양속을 위반하거나 공정한 자유경쟁을 유지하기 위하여 법정책적으로 계약의 자유원칙을 제한하는 경우도 있다. 예를 들면, 상표권 등의 산업재산권의 제3자에 대한 실시·이용·사용(이하 "실시"라 한다)허락계약, 상호실시허락계약Cross-Licensing, 공동실시허락계약Pooling-Arrangements 및 지적재산권의 양수 등 지적재산권과 관련된 거래[7]에 대하여는 독점규제 및 공정거래에 관한 법률(이하 "독점규제법 또는 공정거래법"이라 한다)이 적용된다. 또 동법 제23조(불공정거래행위의 금지) 제2항 및 동법 시행령 제36조(불공정거래행위의 지정) 제1항 및 제2항의 규정에 의하여 병행수입에 있어서의 불공정거래행위[8] 등은 법정책상의 문제로 계약자유의 원칙의 예외에 해당한다.

7) 지적재산권의 부당한 행사에 대한 심사지침(공정거래위원회 제정 2000. 8. 30).
8) 병행수입에 있어서의 불공정거래행위의유형고시(공정거래위원회고시 제1998-18호).

part
07

상표권침해에 대한 구제 및 벌칙

c·h·a·p·t·e·r

01 상표권의 침해

상표권은 설정등록에 의하여 지정상품에 대하여 독점적으로 사용할 수 있는 권리이므로 타인이 등록상표와 동일한 상표를 그 지정상품과 유사한 상품에 사용하거나 타인이 등록상표와 유사한 상표를 그 지정상품과 동일 또는 유사한 상품에 사용하는 행위를 하게 되면 그 행위는 침해행위가 되어 일정한 제재를 받게 된다. 즉 상표권자 이외의 제3자는 정당한 권원없이 상표권의 효력범위에 속하는 행위를 해서는 안 되며, 이를 위반하는 행위를 침해행위라 한다.

상표권은 독점적으로 사용할 수 있는 권리인 적극적 효력 외에 정당한 권리자가 아닌 자가 사용하는 경우에 그 사용을 금지할 수 있는 권리인 소극적 효력이 있다. 즉 상표권자가 자신의 권리를 침해받는 경우에 상표권자가 자기의 권리를 지킬 수 있는 방법은 여러 가지 방법이 있을 수 있으나, 상표법상 구제받을 수 있는 방법은 크게 민사적으로 구제를 받는 방법과 형사적으로 규제하는 방법으로 나누어 볼 수 있다.

민사적인 구제방법은 민법의 불법행위의 규정을 근거로 하여 구제를 받을 수는 있지만 민법의 규정만으로는 신용이 축적(蓄積)되어 재산적 가치를 가지는 상표권에 대하여 충분히 구제받기가 어렵다. 그래서 상표권을 비롯한 지적재산권의 보호를 위하여 민법의 보충적 규정으로서 침해금지청구권과 침해에 대한 간주규정 등을 별도로 두고 있다.

한편, 형사법적 규제도 형사법으로는 지적재산권에 대한 보호가 충분하지 않아서 상표법을 비롯한 지적재산권법에 형사법적인 규정을 별도로 두고 있다. 그 중에서도 상표권은 특허와 달리 쉽게 침해될 수 있어 형사소송법상 상표권 침해죄는 다른 산업재산권법과는 달리 비친고죄로서 상표권자의 고소를 불문하고 처벌할 수 있도록 하고 있다(상§230). 이는 상표법 제1조의 공익적 성격을 반영한 것이다.

제1절 상표권침해의 성립요건

권원이 없는 자가 상표권의 사용권이 미치는 범위에 속하는 행위를 행하면 상표권 또는 전용사용권의 침해가 된다. 이러한 침해행위가 전형적인 침해행위이며, 상표권의 가치를 해치는 행위를 행하는 것도 상표권의 침해에 해당된다.[1)]

상표권침해의 일반요건은 상표권이 유효하게 존재하고 상표권의 권리범위 내의 침해이며(유사상표, 속지주의) 정당한 권원 없이 위법적인 사용으로 상표법 제90조(상표권의 효력이 미치지 아니하는 범위) 및 제160조(재심에 의하여 회복한 상표권의 효력의 제한)의 효력제한범위 내의 사용이 아니고 업(業)으로서의 사용이면 1회 사용일지라도 침해요건으로 성립한다.

한편, 상표권의 침해여부에 대해서는 상표로서 일반적인 요건을 갖추어야 하지만 침해여부를 판단하는 것은 그리 쉬운 일이 아니다. 즉 침해사실의 입증, 입증책임, 증거조사 등등이 있다.

---

1) 小野昌延, 『商標法概說』(第2版), 有斐閣(2000), p.260.

제2절 상표권 침해유형

상표권의 침해행위는 상표법상 독점권(동일범위 내)에 대한 침해, 등록상표의 유사범위에 대한 침해, 독점권 및 등록상표의 유사범위에 대한 예비적 행위로 나누어 볼 수 있다.

그 외에도 상표기능을 저해(沮害)하는 행위, 상표를 시각·청각·후각적인 방법 이외의 방법으로 사용하는 행위, 그리고 상표권의 비침해행위는 어떻게 볼 것인가 등이 있다.[2)]

1. 독점권에 대한 침해

상표권자는 지정상품에 대하여 그 등록상표를 사용할 권리를 독점하는 독점배타적인 권리를 가지므로 제3자는 그 권리를 침해하지 못한다. 제3자가 정당한 이유 없이 등록상표를 지정상품과 동일한 상품에 사용하는 행위는 독점권을 침해하는 행위이므로 상표권 또는 전용사용권의 침해에 해당된다(상 §107). 이를 본래적 침해행위라고도 한다.

대법원 2014. 8. 20. 선고, 2012다6059 판결

어떤 상표가 정당하게 출원·등록된 이후에 등록상표와 동일·유사한 상표를 그 지정상품과 동일·유사한 상품에 정당한 이유 없이 사용한 결과 그 사용상표가 국내의 일반 수요자들에게 알려지게 되었다고 하더라도, 사용상표와 관련하여 얻은 신용과 고객흡인력은 등록상표의 상표권을 침해하는 행위에 의한 것으로서 보호받을 만한 가치가 없고 그러한 상표의 사용을 용인한다면 우리 상표법이 취하고 있는 등록주의 원칙의 근간을 훼손하게 되므로, 위와 같은 상표 사용으로 시장에서 형성된 일반 수요자들의 인식만을 근거로 하여 상표사용자를 상대로 한 등록상표의 상표권에 기초한 침해금지 또는 손해배상 등의 청구가 권리남용에 해당한다고 볼 수는 없다.

2) 小野昌延, 商標法概說(第2版), 有斐閣(2000), pp.259~260.

2. 등록상표의 유사범위에 대한 침해

제3자가 등록상표와 동일한 상표를 그 지정상품과 유사한 상품에 사용하거나 등록상표와 유사한 상표를 그 지정상품과 동일 또는 유사한 상품에 사용하는 행위도 상표권 또는 전용사용권을 침해한 것으로 본다(상§108①i).

3. 간접침해

상표권을 침해하는 것으로 보는 상표법 제108조의 각 행위가 있은 경우에는 사실입증이 필요없다. 이는 등록상표의 신용을 해할 우려가 있는 행위를 권리침해로 보고 침해하기 쉬운 상표권의 보호를 강화하기 위한 것이다. 즉 등록상표의 기능을 효과적으로 보호하기 위하여 그 독점권이나 유사범위를 침해하는 행위 외에 등록상표의 기능을 해칠 염려가 있는 침해의 예비적 행위에 대해서도 상표권을 침해하는 것으로 간주하여 이를 배제하기 위하여 일정한 예비적 행위를 침해로 간주하는 규정을 두고 있는바 이를 간접침해[3]라 한다.

간접침해로 되는 행위는 i) 타인의 등록상표와 동일 또는 유사한 상표를 그 지정상품과 동일 또는 유사한 상품에 사용할 목적이나 사용하게 할 목적으로 교부 또는 판매하거나 위조·모조 또는 소지하는 행위(상§108①ii), ii) 타인의 등록상표를 위조 또는 모조할 목적이나 위조 또는 모조하게 할 목적으로 그 용구를 제작·교부·판매 또는 소지하는 행위(상§108①iii), iii) 타인의 등록상표 또는 이와 유사한 상표가 표시된 지정상품과 동일 또는 유사한 상품을 양도 또는 인도하기 위하여 소지하는 행위(상§108①iv)를 말한다.

즉 간접침해는 상표권의 실효성을 실질적으로 확보하기 위하여 상표와 상품에 대한 판단기준을 유사상표와 유사상품에까지 확대하고, 현재 상표권이 직접적으로 침해되고 있지 아니하나 방치하면 직접침해로 이어질 개연성이 큰 예비적 행위를 침해행위로 간주하는 간접침해에 관한 규정을 설정한 것이라고 한다.[4]

---

3) 침해의 예비적인 행위(상§108①ii, iii).

대법원 2005. 6. 10. 선고, 2005도1637 판결	타인의 등록상표와 유사한 표장을 이용한 경우라고 하더라도 그것이 상표의 본질적인 기능이라고 할 수 있는 출처표시를 위한 것이 아니라 상품의 기능을 설명하거나 상품의 기능이 적용되는 기종을 밝히기 위한 것으로서 상표의 사용으로 인식될 수 없는 경우에는 등록상표의 상표권을 침해한 것이라고 할 수 없다.
대법원 2005. 6. 9. 선고, 2002다61965 판결	외국의 상표권자 내지 정당한 사용권자가 상표를 부착한 이후 거래 당사자 사이의 판매지 제한 약정에 위반하여 다른 지역으로 그 상품이 판매 내지 수출되었더라도 그러한 사정만으로 그 상품의 출처가 변하는 것은 아니라고 할 것이어서 그러한 약정 위반만으로 외국 상표권자가 정당하게 부착한 상표가 위법한 것으로 되는 것은 아니다.
대법원 2004. 9. 24. 선고, 2002다58594 판결 	구 상표법 제66조 제1호는 '타인의 등록상표와 동일한 상표를 그 지정상품과 유사한 상품에 사용하거나 타인의 등록상표와 유사한 상표를 그 지정상품과 동일 또는 유사한 상품에 사용하는 행위'를, 같은 조 제2호는 '타인의 등록상표와 동일 또는 유사한 상표를 그 지정상품과 동일 또는 유사한 상품에 사용할 목적이나 사용하게 할 목적으로 교부 또는 판매하거나 위조·모조 또는 소지하는 행위'를 상표권을 침해하는 행위로 보고 있는데, 상표권자의 승낙 없이 제3자에게 상표를 사용하게 하는 행위는 구 상표법 제2조 제1항 제6호에서 규정하고 있는 상표의 사용에 해당하지 아니하고, 구 상표법 제66조 제2호의 '교부 또는 판매'의 대상이 되는 것은 상표 그 자체가 아니라 상표를 표시한 물건을 의미한다고 봄이 상당하므로, 상표사용권자가 제3자에게 등록상표를 사용하게 한 행위는 구 상표법 제66조 제1호나 제2호 소정의 상표권 침해행위에 해당한다고 할 수 없다.
대법원 2001. 7. 13. 선고, 2001도1355 판결	자동차부품인 에어 클리너를 제조하면서 그 포장상자에 에어 클리너가 사용되는 적용차종을 밝히기 위하여 자동차 제작회사의 등록상표의 표시를 하였으나 제반 사정에 비추어 그 출처표시가 명백하고 부품 등의 용도설명 등을 위하여 사용한 것에 불과하다는 이유로 그 등록상표를 사용한 것으로 볼 수 없고, 그 에어 클리너는 자동차 제작회사에서 공급하는 정품과는 쉽게 구분되는 것이어서 타인의 상품과 혼동을 일으키게 하는 행위라고도 볼 수 없다고 한 사례.

4) 특허청, 상표법해설(2004), p.296.

대법원 2003. 6. 13. 선고, 2001다79068 판결 	[1] 방독마스크 제조, 판매 회사가 그 상호의 영문명칭의 첫 알파벳인 'S'와 방독마스크의 부품인 정화통을 의미하는 'CANISTER'의 약어인 'CA'를 합한 'SCA'라는 표시 옆에 농도별 등급표시에 해당하는 숫자를 병기하는 형식의 표장을 이용한 것은 방독마스크 정화통의 종류나 규격 내지 등급표시의 사용일 뿐 자타 상품의 식별표지로서 기능하는 상표의 사용으로 볼 수 없다고 판단한 사례. [2] 잡지사에 경쟁 회사에 관하여 타인이 작성한 자료를 제공한 행위만으로는 잡지사 및 기자와 공동으로 기사 게재에 의한 불법행위를 하였다고 보기 어렵다고 판단한 사례.
대법원 2005. 6. 10. 선고, 2005도1637 판결 [상표법위반]	피고인이 판매한 원격조정기(리모콘)의 내부회로기판 위에 표기된 "SONY" 표장을 상표로서 사용된 상표라고 할 수 없고, 나아가 피고인이 위 원격조정기의 표면에 '만능eZ 소니전용'이라는 표장을 표기한 것은 '여러 가지 기기에 손쉽게 사용될 수 있는 원격조정기로서 소니에서 나온 기기에 사용하기에 적합한 것'이라는 정도의 의미로 받아들여질 수 있어 위 원격조정기의 용도를 표시하는 것으로 보일 수 있을 뿐, 등록상표 "SONY"와 동일한 상표를 사용한 것으로 볼 수는 없다고 한 사례.

c·h·a·p·t·e·r

02 상표권침해에 대한 구제방법

상표권이나 전용사용권의 침해에 대하여 일반적인 구제방법은 민사적인 구제방법과 형사적인 규제방법이고, 행정적인 구제로서 과태료가 있다. 그 외에 대화에 의한 방법과 ADR 등에 의해서도 구제를 받을 수 있다.

제1절 민사적인 구제방법

상표권 또는 전용사용권의 침해의 경우, 그 침해자의 고의 또는 과실이 있으면 민법의 불법행위로 평가하여 침해를 받은 상표권자나 전용사용권자가 손해배상청구를 할 수 있고 또 침해자의 고의·과실을 불문하고 이득이 있거나 상표권자의 손실이 있으면 민법의 부당이득으로 평가하여 부당이득반환청구가 가능하다. 이러한 청구는 사후적 구제수단에 불과 하나 상표법은 이외에도 상표권을 침해할 우려가 있는 경우 사전적 수단으로 침해자의 고의·과실이나 침해자의 이득, 상표권자의 손실 등을 요건으로 하지 않고 침해금지를 청구할 수 있다.

1. 상표권 침해금지 및 예방청구권

(1) 의 의

상표권자 또는 전용사용권자가 자기의 권리를 침해한 자 또는 침해할 우려가 있는 자에 대하여 그 침해의 금지 또는 예방을 청구할 수 있는 권리이다(상§107①). 즉 상표권자나 전용사용권자 이외의 자가 정당한 권원없이 상표권의 내용에 해당하는 행위를 하는 것을 금지하고, 이에 따른 설비 등을 제거하여 권리의 침해를 원천적 제거하는 한편 침해행위로 인하여 발생한 손해를 청구할 수 있도록 규정한 조항이다. 이 규정은 사전적 구제수단이다.

(2) 요 건

상표권 침해금지청구권의 주체는 상표권자나 전용사용권자이고 권리자가 금지 및 예방청구권을 행사할 수 있는 경우는 위법이 현실적으로 침해되었거나 침해될 우려가 있어야 한다. 즉 (a) 상표권자 또는 전용사용권자의 청구가 있어야 하고, (b) 상표권이 현실로 침해되었거나 침해당할 우려가 있어야 한다. 그러나 (c) 고의, 과실, 책임능력을 요건으로 하지 않는다. 침해에 대한 "우려" 여부는 객관적 위법요소로서 침해사실이 현존하면 되고, 침해가 있은 후 일시적으로 중지된 경우에도 금지청구권을 행사할 수 있다. 그리고 상표법 제108조의 규정에 해당하는 사유가 발생한 경우에도 침해로 간주되므로 침해의 우려 유무를 불문하고 금지청구권이 당연히 인정된다.[1]

그리고 권리가 공유인 경우에는 각 공유자는 타 공유자의 동의없이 독립하여 금지청구권을 행사할 수 있다.

(3) 침해금지의 대상

상표법 제108조는 상표권의 침해로 보는 행위로서 ① 타인의 등록상표와 동일한 상표를 그 지정상품과 유사한 상품에 사용하거나 타인의 등록상표와 유사한 상표를 그 지정상품과 동일 또는 유사한 상품에 사용하는 행위, ② 타

1) 특허청, 상표법해설(2004), p.294.

인의 등록상표와 동일 또는 유사한 상표를 그 지정상품과 동일 또는 유사한 상품에 사용하거나 사용하게 할 목적으로 교부·판매·위조·모조 또는 소지하는 행위, ③ 타인의 등록상표를 위조 또는 모조하거나 위조 또는 모조하게 할 목적으로 그 용구를 제작·교부·판매 또는 소지하는 행위, ④ 타인의 등록상표 또는 이와 유사한 상표가 표시된 지정상품과 동일 또는 유사한 상품을 양도 또는 인도하기 위하여 소지하는 행위의 1에 해당하는 행위는 상표권(지리적 표시 단체표장권을 제외한다) 또는 전용사용권을 침해한 것으로 본다(상§108①).

그 외에도 ① 타인의 지리적 표시 등록단체표장과 유사한 상표(동음이의어 지리적 표시를 제외한다. 이하 이 항에서 같다)를 그 지정상품과 동일한 상품에 사용하는 행위, ② 타인의 지리적 표시 등록단체표장과 동일 또는 유사한 상표를 그 지정상품과 동일한 상품에 사용하거나 사용하게 할 목적으로 교부·판매·위조·모조 또는 소지하는 행위, ③ 타인의 지리적 표시 등록단체표장을 위조 또는 모조하거나 위조 또는 모조하게 할 목적으로 그 용구를 제작·교부·판매 또는 소지하는 행위, ④ 타인의 지리적 표시 등록단체표장과 동일 또는 유사한 상표가 표시된 지정상품과 동일한 상품을 양도 또는 인도하기 위하여 소지하는 행위의 1에 해당하는 행위는 지리적 표시 단체표장권을 침해한 것으로 본다(상§108②).

이상에서 소개한 것과 같이 우리 상표법은 상표권의 침해대상을 법률로써 열거하고 있다.

(4) 권리남용의 금지

상표권자는 자기의 권리범위를 넘어서 권리남용을 한 경우에는 오히려 법(法)의 제재(制裁)를 받음은 물론이고, 권리의 범위 내에서 상표권을 행사하여야 한다.

대법원 2007. 1. 25. 선고, 2005다67223 판결	**[등록상표권자의 상표권의 행사가 권리남용에 해당하기 위한 요건]** 상표권자가 당해 상표를 출원·등록하게 된 목적과 경위, 상표권을 행사하기에 이른 구체적·개별적 사정 등에 비추어, 상대

대법원 2007. 1. 25. 선고, 2005다67223 판결

방에 대한 상표권의 행사가 상표사용자의 업무상의 신용유지와수요자의 이익보호를 목적으로 하는 상표제도의 목적이나 기능을 일탈하여 공정한 경쟁질서와 상거래 질서를 어지럽히고 수요자 사이에 혼동을 초래하거나 상대방에 대한 관계에서 신의성실의 원칙에 위배되는 등 법적으로 보호받을 만한 가치가 없다고 인정되는 경우에는, 그 상표권의 행사는 비록 권리행사의 외형을 갖추었다 하더라도 등록상표에 관한 권리를 남용하는 것으로서 허용될 수 없고, 상표권의 행사를 제한하는 위와 같은 근거에 비추어 볼 때 상표권 행사의 목적이 오직 상대방에게 고통을 주고 손해를 입히려는 데 있을 뿐 이를 행사하는 사람에게는 아무런 이익이 없어야 한다는 주관적 요건을 반드시 필요로 하는 것은 아니다.

(5) 청구권행사방법

상표권이나 전용사용권이 침해된 경우에는 권리자는 그 침해를 중지시키고, 침해행위로 조성된 물건이나 침해행위에 사용되는 설비 등을 제거하여 재발의 침해에 대비하여야 한다. 그러기 위해서 상표권자 또는 전용사용권자는 침해행위를 조성(造成)한 물건의 폐기, 침해행위에 제공된 설비의 제거나 그 밖에 필요한 조치를 청구할 수 있다(상§107②). 침해금지청구권은 침해행위를 금지시키는 청구권이므로 상대편에게 부작위(不作爲)를 청구하는 것이 통례이다. 그러나 절차면에서는 등록상표를 일정한 상품에 사용해서는 안 된다는 가처분(假處分)명령을 법원에 청구하는 것에 의한다.

금지청구의 범위는 원칙적으로 침해상표의 전면적 사용금지를 청구할 수 있다. 침해자가 표시의 변경에 의해 침해를 계속하는 경우 그것이 사소한 것인 경우 집행기관의 판단에 의해야 할 것임은 특허의 경우와 같다고 한다.[2)]

한편 긴급을 요하는 경우에는 금지청구권을 행사하기 전에 침해금지가처분을 신청하는 것이 실무에서는 일반적이다.

2) 사법연수원, 상표법(2001), p.201.

수원지법 2000. 5. 26. 선고, 99가합17091, 20783 판결 	[1] 상표권의 침해행위를 한 회사의 대표이사가 법인등기부상 취임일자 훨씬 이전부터 회사의 실질적인 경영에 관여하여 오면서 상표권자에 대한 상표권 침해행위를 하여 온 경우, 상표권자는 회사 외에 대표이사 개인을 상대로도 그 독립적인 지위에 기한 상표권 침해행위의 금지 및 예방을 구할 수 있다고 한 사례. [2] 상표권 침해자가 제조·판매한 제품 중 상표권자의 상표권을 침해한 것 외에도 자신의 고유상표나 또 다른 상표권자의 상표를 부착한 제품도 있는 경우, 구 상표법 제67조 제1항에 의하여 상표권 침해자가 받은 이익의 액을 산정함에 있어 그 제품별 단가 및 판매액을 구분 계산하지 않은 재무회계의 방식에 따라 작성된 손익계산서에 의하여는 합리적인 이익률을 산출할 수 없다는 이유로, 국세청 표준소득률을 기초로 한 사례
대법원 1997. 2. 5. 선고, 96마364 판결	부정경쟁방지법 제2조 제1호 (가)목 및 (나)목 소정의 국내에 널리 인식된 상품표지 또는 영업표지에 관한 부정경쟁행위로 인하여 자신의 영업상의 이익이 침해되거나 침해될 우려가 있어 같은 법 제4조 제1항에 의하여 그 행위의 금지 또는 예방을 청구할 수 있는 자에는 그러한 표지의 소유자뿐만 아니라 그 사용권자 등 그 표지의 사용에 관하여 고유하고 정당한 이익을 가지고 있는 자도 포함된다.
대법원 2002. 9. 24. 선고, 99다42322 판결	[1] 병행수입 그 자체는 위법성이 없는 정당한 행위로서 상표권 침해 등을 구성하지 아니하므로 병행수입업자가 상표권자의 상표가 부착된 상태에서 상품을 판매하는 행위는 당연히 허용될 것인바, 상표제도는 상표를 보호함으로써 상표사용자의 업무상의 신용유지를 도모하여 산업발전에 이바지함과 아울러 수요자의 이익을 보호함을 목적으로 하고(구 상표법 제1조 참조), 상표는 기본적으로 당해 상표가 부착된 상품의 출처가 특정한 영업주체임을 나타내는 상품출처표시기능과 이에 수반되는 품질보증기능이 주된 기능이라는 점 등에 비추어 볼 때, 병행수입업자가 위와 같이 소극적으로 상표를 사용하는 것에 그치지 아니하고 나아가 적극적으로 상표권자의 상표를 사용하여 광고·선전행위를 하더라도 그로 인하여 위와 같은 상표의 기능을 훼손할 우려가 없고 국내 일반 수요자들에게 상품의 출처나 품질에 관하여 오인·혼동을 불러일으킬 가능성도 없다면, 이러한 행위는 실질적으로 상표권 침해의 위법성이 있다고 볼 수 없을 것이므로, 상표권자는 상표권에 기하여 그 침해의 금지나 침해행위를 조성한 물건의 폐기 등을 청구할 수 없다고 봄이 상당하다. [2] 병행수입업자가 적극적으로 상표권자의 상표를 사용하여 O

광고·선전행위를 한 것이 실질적으로 상표권 침해의 위법성이 있다고 볼 수 없어 상표권 침해가 성립하지 아니한다고 하더라도, 그 사용태양 등에 비추어 영업표지로서의 기능을 갖는 경우에는 일반 수요자들로 하여금 병행수입업자가 외국 본사의 국내 공인 대리점 등으로 오인하게 할 우려가 있으므로, 이러한 사용행위는 부정경쟁방지및영업비밀보호에관한법률 제2조 제1호 (나)목 소정의 영업주체혼동행위에 해당되어 허용될 수 없다.

2. 손해배상청구권

(1) 의 의

손해배상청구권이란 상표권 또는 전용사용권자가 자신이 독점적으로 사용할 수 있는 권리인 해당 상표권을 정당한 권원이 없는 제3자로 인하여 자신이 얻을 수 있는 이익을 침해당한 경우에 그 침해자에게 청구하는 권리이다. 즉 상표권자 또는 전용사용권자가 타인이 고의 또는 과실에 의하여 자기의 상표권 또는 전용사용권을 침해한 경우에 손해배상을 청구할 수 있는 권리를 말한다(상§109). 이 권리는 금지청구권과 달리 고의 또는 과실이 있어야만 청구가 가능하다.

(2) 성립요건

손해배상청구권의 주체는 상표권자나 전용사용권자이고 권리자가 금지 및 예방청구권의 행사 후에 고의·과실로 인해 생긴 손해에 대하여 청구하는 것이 일반적이다. 즉 (a) 손해배상을 청구하기 위해서는 침해자에게 고의 또는 과실이 있어야 하고, (b) 침해로 손해가 발생하여야 한다. 또 (c) 위법한 침해행위가 있어야 하고, (d) 침해행위와 손해와는 상당한 인과관계가 있어야 한다.

(3) 손해배상의 범위[3)]

배상할 손해는 손해행위와 상당한 인과관계가 있는 모든 손해이다. 손해에

3) 윤선희, 특허법(제7판), 법문사(2023), pp.762~771 참조.

는 재산적 손해와 정신적 손해가 있으며, 재산적 손해는 다시 적극적 손해와 소극적 손해로 나누어진다. 이러한 손해배상 방법은 금전배상에 한한다.

1) 손해액의 산정 및 추정

① 손해액의 산정

상표권자 또는 전용사용권자는 자기의 상표권 또는 전용사용권을 고의 또는 과실로 침해한 자에 대하여 침해에 의하여 자기가 받은 손해의 배상을 청구할 수 있다(상§109).

상표권자 또는 전용사용권자가 상표법 제109조에 따른 손해배상을 청구하는 경우 그 권리를 침해한 자가 그 침해행위를 하게 한 상품을 양도하였을 때에는 ⓐ 그 상품의 양도수량(상표권자 또는 전용사용권자가 그 침해행위 외의 사유로 판매할 수 없었던 사정이 있는 경우에는 그 침해행위 외의 사유로 판매할 수 없었던 수량을 뺀 수량) 중 상표권자 또는 전용사용권자가 생산할 수 있었던 상품의 수량에서 실제 판매한 상품의 수량을 뺀 수량을 넘지 아니하는 수량에 상표권자 또는 전용사용권자가 그 침해행위가 없었다면 판매할 수 있었던 상품의 단위수량당 이익액을 곱한 금액, ⓑ 그 상품의 양도수량 중 상표권자 또는 전용사용권자가 생산할 수 있었던 상품의 수량에서 실제 판매한 상품의 수량을 뺀 수량을 넘는 수량 또는 그 침해행위 외의 사유로 판매할 수 없었던 수량이 있는 경우 이들 수량(상표권자 또는 전용사용권자가 그 상표권자의 상표권에 대한 전용사용권의 설정, 통상사용권의 허락 또는 그 전용사용권자의 전용사용권에 대한 통상사용권의 허락을 할 수 있었다고 인정되지 아니하는 경우에는 해당 수량을 뺀 수량)에 대해서는 상표등록을 받은 상표의 사용에 대하여 합리적으로 받을 수 있는 금액에 해당하는 금액의 합계액을 상표권자 또는 전용사용권자가 입은 손해액으로 할 수 있다(상§110①).

즉 상표법 제110조 제1항 제1호는 i) 상표권자(전용사용자)의 생산능력 범위 내에서 침해자의 양도수량을 상표권자의 판매 감소량으로 간주하고, ii) 상표권자(전용사용권자)가 침해자의 양도수량만 확인하면 침해자의 단위수량당 이익액을 알 수 없다고 하더라도 상표권자 등의 단위수량당 이익액으로 이용한다. 다만, 상표권자 또는 전용사용권자가 그 침해행위 외의 사유로 판매할 수 없었던 사정이 있는 경우에는 그 침해행위 외의 사유로 판매할 수 없었던 수량은 빼야 한다.

동법 동조 동항 제2호는 침해자의 양도수량 중 상표권자(전용사용권자)의 생산능력 범위를 초과한 수량 또는 그 침해행위 외의 사유로 판매할 수 없었던 수량이 있는 경우에는 이들 수량에 대해 상표법 제110조 제4항의 등록상표의 사용에 대하여 합리적으로 받을 수 있는 금액을 손해액으로 인정한다. 다만, 상표권자 또는 전용사용권자가 그 상표권자의 상표권에 대한 전용사용권의 설정, 통상사용권의 허락 또는 그 전용사용권자의 전용사용권에 대한 통상사용권의 허락을 할 수 있었다고 인정되지 아니하는 경우에는 침해자가 입증하면 해당 수량은 초과수량에서 빼야 한다.

손해배상액 산정방식

손해 배상액=(상표권자의 생산능력×영업이익)+
(침해자가 초과판매한 제품수량×합리적인 로열티)

상표권자의 생산능력×단위당 이익액+초과분×합리적인 로열티율

* 기존에 상표권자의 생산능력 초과 판매부분은 손해배상 청구를 할 수 없었지만 2021년 6월 23일부터 손해배상 청구 가능.

② **손해액의 추정**

상표권자 또는 전용사용권자는 침해자에 대하여 손해배상을 청구하는 경우에 그 자가 침해행위에 의하여 이익을 받았을 때에는 이 이익의 액(額)을 상표권자 또는 전용사용권자가 받은 손해액으로 추정한다(상§110③). 상표권자 또는 전용사용권자가 손해액을 입증하는 경우에 자기가 입은 손해액의 입증보다 침해자가 얻은 이익의 입증이 더 용이하기 때문에 이같이 규정한 것이다.

2) 사용료 상당액

상표권자 또는 전용사용권자는 그 등록상표의 사용에 대하여 합리적으로 받을 수 있는 금액에 상당하는 액을 손해액으로 하여 그 손해배상을 청구할 수 있다(상§110④).

3) 초과금액의 청구

상표권자는 손해액이 합리적으로 받을 수 있는 금액을 초과하는 경우에는 그 초과금액에 대하여도 손해배상을 청구할 수 있다. 이 경우 상표권 또는 전용사용권을 침해한 자에게 고의 또는 중대한 과실이 없는 때에는 법원은 손해배상의 액을 정함에 있어서 이를 참작할 수 있다(상§110⑤).

4) 상당 손해액의 인정(상§ 110⑥)

법원은 상표권 또는 전용사용권의 침해행위에 관한 소송에 있어서 손해가 발생된 것은 인정되나 그 손해액을 입증하기 위하여 필요한 사실을 입증하는 것이 해당 사실의 성질상 극히 곤란한 경우에는 제1항 내지 제5항의 규정에 불구하고 변론 전체의 취지와 증거조사의 결과에 기초하여 상당한 손해액을 인정할 수 있다(상§110⑥).

5) 법정손해배상

이외에도 최근 한・미 FTA 타결로 인하여 우리나라는 법정손해배상제도도 도입되었다. 이 제도는 상표권 침해에 대해 손해액의 상하한을 미리 법령에 규정해 놓고 권리자가 선택할 수 있도록 하는 것이다. 이렇게 되면 상표권의 피해자가 좀 더 쉽게 손실을 보전 받을 수 있게 되었다.

상표법 제111조 제1항에서는 "상표권자 또는 전용사용권자는 자기가 사용하고 있는 등록상표와 같거나 동일성이 있는 상표를 그 지정상품과 같거나 동일성이 있는 상품에 사용하여 자기의 상표권 또는 전용사용권을 고의나 과실로 침해한 자에 대하여 제109조에 따른 손해배상을 청구하는 대신 1억원(고의적으로 침해한 경우에는 3억원) 이하의 범위에서 상당한 금액을 손해액으로 하여 배상을 청구할 수 있다. 이 경우 법원은 변론전체의 취지와 증거조사의 결과를 고려하여 상당한 손해액을 인정할 수 있다."고 규정하게 되었다.

6) 3배 손해배상제도

한편 2020년 10월 20일 일부 개정에서는 상표권 또는 전용사용권 침해행위에 대해 손해액의 3배의 범위에서 징벌적 손해배상제도가 도입되었다. 이와 관련하여 상표법 제110조에 제7항 및 제8항이 각각 신설되었다. 이에 따라 법원은 타인의 상표권 또는 전용사용권을 침해한 행위가 고의적인 것으로 인정될 때에는 제109조에도 불구하고 제1항부터 제6항까지의 규정에 따라 손해로 인정된 금액의 3배를 넘지 아니하는 범위에서 배상액을 정할 수 있다(상§110⑦). 즉 상표권 또는 전용사용권 침해행위가 고의적인 것으로 인정될 때에는 손해로 인정된 금액의 3배를 넘지 아니하는 범위에서 배상액을 인정할 수 있도록 하였다. 또한 상표법 제110조 제8항의 징벌적 손해배상제도를 적용함에 있어서 그 침해행위가 고의적인지 여부를 판단할 때에는 ㉠ 침해행위로 인하여 해당 상표의 식별력 또는 명성이 손상된 정도, ㉡ 고의 또는 손해발생의 우려를 인식한 정도, ㉢ 침해행위로 인하여 상표권자 또는 전용사용권자가 입은 피해 규모, ㉣ 침해행위로 인하여 침해한 자가 얻은 경제적 이익, ㉤ 침해행위의 기간 및 횟수, ㉥ 침해행위에 따른 벌금, ㉦ 침해행위를 한 자의 재산 상태, ㉧ 침해행위를 한 자의 피해구제 노력의 정도 등을 고려하도록 하여 상표권 또는 전용사용권 침해에 따른 피해구제를 강화하도록 규정하였다(상§110⑧).

(4) 손해배상청구권의 시효

손해배상청구권은 손해 및 가해자를 안 날로부터 3년 또는 침해행위가 있는 날로부터 10년이 경과하면 소멸된다.

대법원 2004. 7. 22. 선고, 2003다62910 판결

구 상표법 제67조 제2항, 제3항, 제5항은 같은 조 제1항과 마찬가지로 불법행위에 기한 손해배상청구에 있어서 손해에 관한 피해자의 주장·입증책임을 경감하는 취지의 규정이고, 손해의 발생이 없는 것이 분명한 경우까지 침해자에게 손해배상의무를 인정하는 취지는 아니라 할 것이므로 상표권의 침해행위에도 불구하고 상표권자에게 손해의 발생이 없다는 점이 밝혀지면 침해자는 그 손해배상책임을 면할 수 있는 것으로 해석함이 상당하다 할 것이고(대법원 1997. 9. 12. 선고 96다43119 판결, 2002. 10. 11. 선고 2002다33425 판결 등 참조), 위와 같이 상표권자에게 손해의 발생이 인정되지 아니하는 경우에는 민법 제750조에 기한 손해배상청구권 역시 인정될 수 없다 할 것이다.

대법원 2002. 10. 11. 선고, 2002다33175 판결

구 상표법(2001. 2. 3. 법률 제6414호로 개정되기 전의 것) 제67조 제2항은 같은 조 제1항과 마찬가지로 불법행위에 기한 손해배상청구에 있어서 손해에 관한 피해자의 주장·입증책임을 경감하는 취지의 규정이고 손해의 발생이 없는 것이 분명한 경우

까지 침해자에게 손해배상의무를 인정하는 취지는 아니라 할 것이므로, 같은 법 제67조 제2항의 규정에 의하여 상표권자 등이 상표권 등을 침해한 자에 대하여 침해에 의하여 받은 손해의 배상을 청구하는 경우에 상표권자 등은 손해의 발생사실에 관하여 구체적으로 주장·입증할 필요는 없고, 권리침해의 사실과 통상 받을 수 있는 금액을 주장·입증하면 족하다고 할 것이지만, 침해자도 손해의 발생이 있을 수 없다는 것을 주장·입증하여 손해배상책임을 면할 수 있는 것이라고 해석하는 것이 상당하다.

대법원 1997. 9. 12. 선고, 96다43119 판결

[상표권 침해로 인한 손해배상 청구에 있어 상표법 제67조 제1항의 규정에 의해 침해행위가 있은 경우 손해의 발생까지 추정되는지 여부(소극) 및 손해발생에 대한 입증의 정도]

구 상표법 제67조 제1항의 규정은 상표권자 등이 상표권 등의 침해로 인하여 입은 손해의 배상을 청구하는 경우에 그 손해의 액을 입증하는 것이 곤란한 점을 감안하여 권리를 침해한 자가 그 침해행위에 의하여 이익을 받은 때에는 그 이익의 액을 상표권자 등이 입은 손해의 액으로 추정하는 것일 뿐이고, 상표권 등의 침해가 있는 경우에 그로 인한 손해의 발생까지를 추정하는 취지라고 볼 수 없으므로, 상표권자가 위 규정의 적용을 받기 위하여는 스스로 업으로 등록상표를 사용하고 있고 또한 그 상표권에 대한 침해행위에 의하여 실제로 영업상의 손해를 입은 것을 주장·입증할 필요가 있으나, 위 규정의 취지에 비추어 보면, 위와 같은 손해의 발생에 관한 주장·입증의 정도에 있어서는 손해발생의 염려 내지 개연성의 존재를 주장·입증하는 것으로 족하다고 보아야 하고, 따라서 상표권자가 침해자와 동종의 영업을 하고 있는 것을 증명한 경우라면 특별한 사정이 없는 한 상표권 침해에 의하여 영업상의 손해를 입었음이 사실상 추정된다고 볼 수 있다.

[상표권 침해로 인한 손해배상 청구에 있어 침해자가 받은 이익액의 산출 방법 및 그것이 상표권자의 손해액으로 추정되는지 여부(적극)]

상표권자가 구 상표법 제67조 제1항에 의하여 상표권을 침해한 자에 대하여 손해배상을 청구하는 경우에, 침해자가 받은 이익의 액은 침해 제품의 총 판매액에 그 순이익률을 곱하거나 또는 그 제조판매수량에 그 제품 1개당 순이익액을 곱하는 등의 방법으로 산출함이 원칙이지만, 통상 상표권의 침해에 있어서 침해자는 상표권자와 동종의 영업을 영위하면서 한편으로 그 상표에 화체된 상표권자의 신용에 무상으로 편승하는 입장이어서, 위와 같은 신용을 획득하기 위하여 상표권자가 투여한 자본과 노력

등을 고려할 때, 특별한 사정이 없는 한 침해자의 위 순이익률은 상표권자의 해당 상표품 판매에 있어서의 순이익률보다는 작지 않다고 추인할 수 있으므로, 침해자의 판매액에 상표권자의 위 순이익률을 곱하는 방법으로도 침해자가 받은 이익의 액을 산출할 수 있고, 위와 같이 산출된 이익의 액은 침해자의 순이익액으로서, 그 중 상품의 품질, 기술, 의장, 상표 이외의 신용, 판매정책, 선전 등으로 인하여 상표의 사용과 무관하게 얻은 이익이 있다는 특별한 사정이 없는 이상 그것이 상표권자가 상표권 침해로 인하여 입은 손해액으로 추정된다고 보아야 한다.

3. 손실보상청구권

마드리드 의정서 가입과 관련하여 개정된 내용 중의 하나로 현행법에서는 출원인이 상표를 출원한 후 사용하는 경우 타인이 출원인의 출원상표와 동일하거나 이와 유사한 상표를 출원한 후 사용하는 경우 상표 등록 전에는 타인의 상표사용에 대하여 구제받을 수 있는 길이 없었으나 개정법에서는 원칙적으로 출원공고가 있은 후에는 출원인이 경고를 하고 업무상 손실에 상당하는 보상금을 청구할 수 있도록 하며, 출원공고 전에도 상표등록출원의 사본을 제시하고 경고하는 경우에는 보상금을 청구할 수 있도록 하였다(상§58①②). 다만, 손실보상청구권의 행사는 당해 상표등록출원에 대한 상표권의 설정등록이 있은 후에 가능하다(상§58③). 이렇게 개정하게 된 이유는 국제등록의 효력에 관한 마드리드 의정서 제4조(1)(a) 규정에 의하면 지정국 관청에서 국제사무국에 대하여 거절통지를 하지 않았거나 거절통지를 사후에 철회한 경우 당해 국제등록에 관한 상표는 국제등록일(또는 사후지정일)부터 소급하여 그 상표가 당해 지정국의 관청에 등록한 것과 동일한 것으로 보호를 하고 있다.

또한 국제상표등록출원에 대하여만 손실보상청구권을 인정하는 것은 국내상표등록출원과의 형평성을 해치므로 국내상표등록출원에 대하여도 손실보상청구권 제도를 인정하도록 하였다.

손실보상청구권은 원칙적으로 출원인에 대하여 공시의 의미를 가지는 출원공고가 있은 후에 경고를 하여야 발생되지만 상표등록출원의 사본(국제상표등록출원의 경우에는 국제출원의 사본)을 제시하고 경고를 하여 출원내용이 상대방에게 개별적으로 통지되는 경우에는 출원공고 전이라도 발생된다.

4. 신용회복청구권

(1) 의 의

타인이 상표권자 또는 전용사용권자의 권리를 침해한 경우 신용회복을 위해 필요한 조치를 청구할 수 있는 권리를 신용회복청구권이라 한다. 법원은 고의 또는 과실에 의하여 상표권 또는 전용사용권을 침해함으로써 상표권자 또는 전용사용권자의 업무상의 신용을 실추(失墜)하게 한 자에 대하여는 상표권자 또는 전용사용권자의 청구에 의해 손해배상에 갈음하거나 손해배상과 함께 상표권자 또는 전용사용권자의 업무상의 신용회복을 위해 필요한 조치를 명할 수 있다(상§113).

이 규정은 민법 제764조(명예훼손의 경우의 특칙)의 명예훼손의 경우 명예조치에 관한 규정과 부정경쟁방지 및 영업비밀에 관한 법률 제6조(부정경쟁행위로 실추된 신용의 회복)의 규정과 동일한 취지에서 마련한 것이다.[4]

(2) 성립요건

신용회복청구권의 주체는 상표권자나 전용사용권자이고 권리자가 금지 및 예방청구권의 행사 후에 고의·과실로 인해 생긴 손해배상청구에 갈음하거나 그와 병행하여 청구하는 것이 일반적이다. 즉 (a) 신용회복을 청구하기 위해서는 침해자에게 고의 또는 과실이 있어야 하고, (b) 위법한 침해행위가 있어야 한다. 또 (c) 업무상의 신용이 실추되어야 한다.

(3) 신용회복조치의 방법

신용회복조치의 방법은 침해자로부터 사죄각서, 신문 등의 언론매체에 의한 사죄광고 등이 있다. 부정경쟁방지 및 영업비밀에 관한 법률 제12조의 방법과 같이 신문지상에 사죄광고의 청구를 함에는 사죄광고의 문안 및 그 내

4) 특허청, 상표법해설(2004), p.303.

용을 게재하는 신문사명·게재장소·활자의 크기 등을 지정하여 사죄광고를 게재하게 할 수 있다. 그러나 신용회복의 조치는 상표권자나 전용사용권자의 청구에 의하여 법원이 명한다. 신용회복은 손해배상에 갈음하거나 그와 병행하여 청구할 수 있다. 사과문의 게재는 헌법상 보장된 양심의 자유에 반하는 것으로 위헌의 소지가 있지만, 침해가 있었다는 객관적 사실을 게재하도록 명하는 것은 가능하다.[5)]

헌법재판소 1991. 4. 1. 89헌마160

가. 민법(民法) 제764조가 사죄광고(謝罪廣告)를 포함하는 취지라면 그에 의한 기본권제한(基本權制限)에 있어서 그 선택(選擇)된 수단(手段)이 목적(目的)에 적합(適合)하지 않을 뿐만 아니라 그 정도(程度) 또한 과잉(過剩)하여 비례(比例)의 원칙(原則)이 정한 한계(限界)를 벗어난 것으로 헌법(憲法) 제37조 제2항에 의하여 정당화(正當化)될 수 없는 것으로서 헌법(憲法) 제19조에 위반(違反)되는 동시에 헌법상(憲法上) 보장(保障)되는 인격권(人格權)의 침해(侵害)에 이르게 된다.

나. 민법(民法) 제764조 "명예회복(名譽回復)에 적당(適當)한 처분(處分)"에 사죄광고(謝罪廣告)를 포함시키는 것은 헌법(憲法)에 위반(違反)된다는 것의 의미(意味)는, 동조(同條) 소정의 처분(處分)에 사죄광고(謝罪廣告)가 포함되지 않는다고 하여야 헌법(憲法)에 위반(違反)되지 아니한다는 것으로서, 이는 동조(同條)와 같이 불확정개념(不確定槪念)으로 되어 있거나 다의적(多義的)인 해석가능성(解釋可能性)이 있는 조문에 대하여 한정축소해석(限定縮小解釋)을 통하여 얻어진 일정한 합의적(合意的) 의미(意味)를 천명한 것이며, 그 의미(意味)를 넘어선 확대(擴大)는 바로 헌법(憲法)에 위반(違反)되어 채택할 수 없다는 뜻이다.

5. 기 타

(1) 부당이득 반환청구권

부당이득 반환청구권은 상표법상에는 명문의 규정은 없으나 민법 제741조의 규정이 적용된다. 부당이득의 제도는 누구도 정당한 이유 없이 타인의 손

5) 사법연수원, 상표법(2001), p.207.

실로 이득을 얻어서는 안 된다는 공평의 유지를 이론적 기초로 한다.

부당이득이 성립하기 위하여는 타인의 재산 또는 노무(勞務)로 인하여 이익을 얻고, 그에 의해 타인에게 손해를 주고, 이익과 손해 사이에 인과관계가 있고, 법률상 원인이 없어야 한다(민§741). 수익의 방법은 법률행위 또는 사실행위나 자연적 사실에 의한 것도 관계없다. 손해는 적극적으로 재산이 감소하는 경우와 소극적으로 재산의 증가가 저지되는 경우를 포함한다. 이익과 손해 사이의 인과관계는 직접적인 것에 한하지 않고 사회통념상 그 연락을 인정할 수 있는 것이면 충분하다고 본다. 법률상 원인의 존부는 이득이 손실자의 급부행위(給付行爲)에 의한 경우인가 그렇지 않은 경우인가에 따라 개별적·구체적으로 판단된다.

부당이득이 인정되면 손실자는 이득자에 대하여 부당이득반환청구권(不當利得返還請求權)을 갖게 된다. 수익자는 원물(原物)을 반환할 수 없는 때에는 가액(價額)을 반환하여야 하며, 수익자가 이익을 반환할 수 없는 경우에는 수익자로부터 무상(無償)으로 목적물을 양수한 악의(惡意)의 제3자가 그 반환책임이 있다(민§747). 이익의 반환은 손실액과 이득액을 한도로 한다.

(2) 가처분신청

가처분제도는 상표권침해금지 등의 소송에서 법원의 판결은 오랜 기간이 소요되므로 그 기간 중에 침해된 상표가 부착된 상품이 양도되는 것 등을 방지하기 위하여 가처분신청을 많이 이용하고 있다. 가처분에는 다툼의 대상 즉 계쟁물(係爭物)에 관한 가처분과 임시의 지위를 정하는 가처분이 있다. '계쟁물에 관한 가처분'은 채권자가 금전 이외의 물건이나 권리를 대상으로 하는 청구권을 가지고 있을 때 그 강제집행시까지 다툼의 대상이 처분·멸실되는 등 법률적·사실적 변경이 생기는 것을 방지하고자 다툼의 대상의 현상을 동결시키는 보전처분이다(민집§300①).

그리고 '임시의 지위를 정하는 가처분'은 당사자 사이에 현재 다툼이 있는 권리 또는 법률관계가 존재하고 그에 대한 확정판결이 있기까지 현상의 진행을 그대로 방치한다면 권리자에게 현저한 손해를 입게 하거나 급박한 위험에 처하는 등 소송의 목적을 달성하기 어려운 경우에 그로 인한 위험을 방지하기 위해 잠정적으로 하는 보전처분이다(민집§300②). 이 경우 보전하고자 하는 권리 또는 법률관계의 종류는 묻지 않는다. 이에는 본안판결을 통하여 얻고자 하는 내용과 실질적으로 동일한 내용의 권리 또는 법률관계를 형성하는 경우가 있다.

가처분 재판에 대한 관할은 본안(本案)의 관할법원이나 다툼의 대상이 있는 곳을 관할하는 지방법원(민집§303)이다. 가처분신청에는 ① 청구채권의 표시, ② 가처분의 이유가 될 사실의 표시를 기재해야 하며(민집§301, §279), 가처분신청에 대한 재판은 결정으로 한다(민집§301, §281①). 다툼이 있는 권리관계에 대하여 임시의 지위를 정하는 가처분의 재판에는 변론기일 또는 심문기일을 열어야 하며(민집§304), 특별한 사정이 있는 때에는 담보를 제공하게 하고 가처분을 취소할 수 있다(민집§307).

(3) 증거보전처분신청

상표권 침해에 대한 금지 등을 법원에 청구하기 전, 그 침해사건의 증거조사를 유예하면 상표권 침해사건관련 증인 등이 도주의 우려가 있거나 증거물이 멸실 또는 변경될 우려가 있는 경우에 증거방법을 사용하지 못할 우려가 있는 경우에는 상표권 침해금지청구외에 별도로 그 증거를 조사해 두는 제도이다.

민사소송법상 증거보전처분신청은 법원은 미리 증거조사를 하지 않으면 그 증거를 사용하기 곤란할 사정이 있다고 인정한 때에는 당사자의 신청에 따라 증거조사를 할 수 있다(민소§375). 증거보전의 신청은 소를 제기한 뒤에는 그 증거를 사용할 심급의 법원에 하고, 소를 제기하기 전에는 신문을 받을 사람이나 문서를 가진 사람의 거소 또는 검증하고자 하는 목적물이 있는 곳을 관할하는 지방법원에 한다(민소§376①). 신청할 때에는 상대방의 표시, 증명할 사실, 보전하고자 하는 증거, 사유를 밝혀야 한다(민소§377). 상대방을 지정할 수 없는 경우에도 증거보전 신청을 할 수 있으며, 이 경우 법원은 상대방이 될 사람을 위하여 특별대리인을 선임할 수 있다(민소§378). 법원은 소송이 계속된 중에 직권으로 증거보전을 결정할 수 있고(민소§379), 증거보전의 결정에 대하여는 불복할 수 없다(민소§380). 증거보전에 관한 비용은 소송비용의 일부로 한다(민소§383). 증거보전 절차에서 신문한 증인을 당사자가 변론에서 다시 신문하고자 신청한 때에는 법원은 그 증인을 신문하여야 한다(민소§384).

대법원 1991. 4. 30. 선고, 90마851 판결

상표제도는 상표등록에 의하여 지정상품이 상표권자의 상품임을 명백하게 표시함으로써, 업무상의 신용을 유지시키고 부정경쟁을 방지함과 아울러, 타인이 동일 또는 유사한 상표를 사용함으로 인하여 일반거래자나 수요자로 하여금 상품에 대한 혼동, 오인을 일으키게 하는 데 따르는 상표권자의 상품판매상의 손실을 방지하려는 제도로서, 상표권자 이외의 자가 동일 또는 유사한 상표를 사용하는 경우에는, 그로 인하여 상표권자에게 재산상 손해를 입히는데 그치는 것이 아니라, 업무상의 신용을 실추시키는 결과까지도 초래하게 되는 것인 바, 이와 같은 신용의 실추는 금전에 의한 보상을 받음으로써 반드시 완전하게 회복되는 것도 아니므로, 구 상표법(1990. 1. 13. 법률 제4210호로 전문 개정되기 전의 것, 이 뒤에는 "법"이라고 약칭한다) 제36조 각호 소정의 "상표권의 침해로 보는 행위"가 있는 경우에는, 상표권자는 "법" 제35조에 따라서 그 침해의 금지 또는 예방을 청구할 수 있음은 물론, 현저한 손해를 피하거나 급박한 강폭을 방지하기 위하여 또는 기타 필요한 이유가 있는 때에는, 민사소송법 제714조 제2항 소정의 임시의 지위를 정하는 가처분도 할 수 있는 것이다(당원 1981. 1. 13. 선고 80다1334 판결 참조).

제 2 절 형사적인 규제방법(刑罰)

상표권의 침해가 있을 때에는 상표법은 그 권리자에 대하여 손해배상청구권, 손실보상금청구권, 침해예방·금지청구권, 신용회복청구권 등의 민사적인 구제방법 외에도 형사적인 구제방법이 있다. 상표권을 형사적으로 구제하는 목적이 되는 상표권 침해의 보호법익은 사익(私益)과 공익(公益)이다. 즉 상표권을 제외한 산업재산권의 침해는 친고죄로 되어 있으나, 상표권의 침해는 상표권의 신용이나 재산권이라고 하는 사익적인 측면뿐만 아니라 상품출처의 오인·혼동을 초래함으로서 소비자의 이익이라고 하는 공익을 해할 수 있기 때문에 비친고죄로 하고 있다고 본다. 이러한 침해죄에는 상표권을 직접적 침해하는 경우에는 침해죄와 허위표시의 죄, 그리고 사위행위 죄가 적용되며, 침해행위를 간접적으로 돕는 경우는 간접적 침해로서 위증죄가 있고, 그 외에 과태료나 몰수, 그리고 양벌규정이 있다.

1. 침해죄(상§230)

(1) 의 의

상표권을 침해하는 자를 처벌하는 죄이다. 이 죄는 타인이 무단으로 상표권자·전용사용권자의 권리를 침해할 때에 민사상의 제재와 더불어 침해죄로 고소(告訴)할 수 있는 권리행사방법이다.

상표권은 상표사용자의 업무상 신용유지를 도모하고 아울러 일반수요자의 이익을 보호하기 위하여 국가가 설정한 권리이므로 권리자가 침해자에게 민형사상의 책임을 물을 수 있도록 한 것이다.

상표권 침해에는 직접침해뿐만 아니라 간접침해행위도 침해죄에 포함된다고 보는 것이 통설이며 판례의 입장이다.[6][7]

(2) 침해죄의 구성요건

침해죄가 성립하기 위해서는 상표권이 유효하게 존재하고 있는 것이 전제조건이다. 그 다음에 일반범죄의 성립요건으로 범죄구성요건에 해당하고, 범죄구성요건을 충족하는 위법성이 존재하여야 하며 그리고 범죄구성요건을 충족하는 위법·유책(有責)의 행위가 있어야 하고, 상표권의 침해죄가 성립하기 위해서는 상표법 제89조(상표권의 효력)에 저촉되거나 제108조(침해로 보는 행위)에서 규정하는 행위가 있어야 한다. 그리고 상표권의 침해행위에는 고의가 있어야 한다. 즉 일반형법상의 범죄는 과실범을 동시에 처벌하는 규정이 있으나, 산업재산권의 침해행위에는 고의가 존재하여야만 처벌할 수 있고, 과실범을 처벌하는 규정은 없다.

---

6) 小野昌延, 商標法概說(第2版), 有斐閣(2000), p.296.
7) 대법원 1993. 2. 23. 선고, 92도3350 판결.

(3) 처 벌

상표권 및 전용사용권의 침해행위를 한 자는 7년 이하의 징역 또는 1억 원 이하의 벌금에 처한다(상§230). 또 본죄는 비친고죄(非親告罪)이다.

대법원 1990. 9. 25. 선고, 90도1534 판결

상표로서 등록된 이상 비록 구 상표법(1990. 1. 13 법률 제4210호로 개정되기 전의 법률, 이하 같다) 제45조 제1항 제3호 본문에 정한 등록취소의 사유가 있다 하더라도 심판에 의하여 취소가 확정되기까지는 등록상표로서의 권리를 보유하고 있는 것이므로(당원 1989. 3. 28. 선고, 87후139 판결) 그 상표와 동일유사한 상표를 그 지정상품과 동일유사한 상품에 사용하는 행위는 구 상표법 제36조 제1호에 해당되어 같은 법 제60조에 의하여 처벌된다.

대법원 1996. 5. 16. 선고, 93도839 판결 전원합의체[8]

타인의 등록상표권을 침해하였다는 행위가 그 등록을 무효로 한다는 심결이 확정되기 이전에 이루어졌다고 하더라도, 그 후 상표등록을 무효로 한다는 심결이 확정되었다면 침해되었다는 상표권은 처음부터 존재하지 아니하였던 것이 되므로, 그와 같은 행위를 구 상표법 제93조 소정의 상표권 침해행위에 해당한다고 볼 수 없다고 할 것이다. 종전에 이와 견해를 달리하여 상표등록을 무효로 한다는 심결이 확정된 경우에도 상표등록 이후 등록무효심결이 확정되기까지 사이에 이루어진 행위는 상표권 침해행위에 해당된다는 취지로 판시한 당원 1991. 1. 29. 선고, 90도2636 판결은 이를 폐기하기로 한다.

대법원 1997. 3. 14. 선고, 96도1639 판결

백화점에서 바이어를 보조하여 특정매장에 관한 상품관리 및 고객들의 불만사항 확인 등의 업무를 담당하는 직원은 자신이 관리하는 특정매장의 점포에 가짜 상표가 새겨진 상품이 진열·판매되고 있는 사실을 발견하였다면 고객들이 이를 구매하도록 방치하여서는 아니되고 점주나 그 종업원에게 즉시 그 시정을 요구하고 바이어 등 상급자에게 보고하여 이를 시정하도록 할 근로계

---

8) 대법원 1991. 1. 29. 선고, 90도2636 판결.

등록상표가 상표등록의 출원 전에 그 상표와 유사한 수요자간에 주지된 상표이어서 등록무효의 사유가 있다하더라도 심판에 의하여 그 등록이 무효로 선언되어 확정되기까지는 등록상표로서의 권리를 그대로 보유하는 것이므로(대법원 1989. 3. 28. 선고, 87후139 판결; 대법원 1989. 11. 28. 선고, 89후469 판결 각 참조), 이 사건 공소사실 중 이 사건 상표등록 이후 판시와 같은 사유로 그 등록을 무효로 한다는 심결이 확정되기까지의 기간에 있어서는 피고인이 위 등록상표와 유사한 상표를 만들어 그 지정상품에 사용하였다면 이는 이 사건 상표권을 침해하였다고 보지 않을 수 없다.

약상·조리상의 의무가 있다고 할 것임에도 불구하고 이러한 사실을 알고서도 점주 등에게 시정조치를 요구하거나 상급자에게 이를 보고하지 아니함으로써 점주로 하여금 가짜 상표가 새겨진 상품들을 고객들에게 계속 판매하도록 방치한 것은 작위에 의하여 점주의 상표법위반 및 부정경쟁방지법위반 행위의 실행을 용이하게 하는 경우와 동등한 형법적 가치가 있는 것으로 볼 수 있으므로, 백화점 직원인 피고인은 부작위에 의하여 공동피고인인 점주의 상표법위반 및 부정경쟁방지법위반 행위를 방조하였다고 인정할 수 있다.

2. 위 증 죄

상표법에 의하여 선서한 증인·감정인 또는 통역인이 특허심판원에 대하여 허위의 진술·감정 또는 통역을 한 때에는 5년 이하의 징역 또는 5천만원 이하의 벌금에 처한다(상§232①). 그러나 죄를 범한 자가 그 사건의 결정 또는 심결의 확정 전에 자수한 때에는 그 형을 감경 또는 면제할 수 있다(상§232②). 이는 국가의 심사 및 심판기능을 보호하기 위한 규정이다.

3. 거짓행위의 죄

거짓행위의 죄는 거짓이나 그 밖의 부정한 행위로 상표등록, 지정상품의 추가등록, 상표권의 존속기간갱신등록·상품분류전환등록 또는 심결을 받은 경우에 성립하는 죄이다(상§234). 이 죄는 형법 제347조의 사기죄(他人을 기망하여 재물을 교부를 받게 하거나 재산상의 이익을 취득하게 한 때에는 10년 이하의 징역 또는 2천만원 이하의 벌금에 처한다)와 비슷한 내용이다. 즉 상표법의 거짓행위의 죄는 국가의 행정작용과 준사법작용을 보호하는 면이 강한 데 비하여 형법의 사기죄는 개인적 법익을 보호하는 면이 강하다. 또한 상표법의 거짓행위는 기수범을 대상으로 하며 미수범은 처벌되지 않는다. 즉 심판관·심사관 등을 기망하였으나 결과를 발생하지 않았을 때에는 상표등록이 되지 않기 때문이다. 그러나 형법의 사기죄는 기수범은 물론이고 미수범도 처벌한다. 본죄를 범한 자는 3년 이하의 징역 또는 3천만원의 벌금에 처한다. 그리고 비친고죄(非親告罪)이다.

4. 거짓표시의 죄

거짓표시죄는 등록을 하지 아니한 상표 또는 출원을 하지 아니한 상표를 등록상표 또는 등록출원 중인 것같이 상품이나 영업용 광고·간판·표찰·팸플릿 등에 사용하였거나 상표권 소멸 후에 등록표시 등을 사용한 자를 처벌하기 위한 규정이다. 예를 들면 등록상표, 등록상표 제○○호, Ⓡ, 등록출원 중, 등록출원 제○○호 등의 표시를 사용하는 것이다.

본죄를 범한 자는 3년 이하의 징역 또는 3천만원 이하의 벌금에 처한다(상§224). 그리고 비친고죄(非親告罪)이다.

5. 비밀유지명령 위반죄

비밀유지명령 위반죄는 국내외에서 정당한 사유 없이 제227조 제1항에 따른 비밀유지명령을 위반한 자는 5년 이하의 징역 또는 5천만원 이하의 벌금에 처한다. 그리고 이 죄는 비밀유지명령을 신청한 자의 고소가 없으면 공소를 제기할 수 없다(상§231).

6. 양벌규정

상표법 제235조는 침해죄, 거짓표시죄, 거짓행위죄에 해당하는 죄를 범한 때에는 그 위반행위를 한 행위자뿐만 아니라 행위자가 소속되어 있는 법인이나 사업주에게도 침해죄를 인정하여 3억원 이하의 벌금형, 거짓표시죄와 거짓행위죄는 6천만원 이하의 벌금형을 과한다(상§235). 그리고 몰수(상§236) 규정을 두고 있다.

제3절 과 태 료

1. 당사자의 허위진술에 대한 과태료

민사소송법 제299조 제2항[9] 또는 제367조[10]의 규정에 의하여 선서를 한 자가 특허심판원에 대하여 거짓진술한 때에는 행정질서벌인 과태료의 제재를 받는다(상§237①i). 이러한 과태료는 50만원 이하이며, 보다 구체적인 사항은 대통령령이 정하는 바에 의하여 특허청장이 부과·징수한다(상§237②).

2. 서류 등의 미제출에 대한 과태료

특허심판원으로부터 증거조사 또는 증거보전에 관하여 서류 기타 물건의 제출 또는 제시의 명령을 받은 자가 정당한 이유 없이 그 명령에 응하지 않을 경우에 행정상의 질서유지를 위하여 과하는 과태료의 제재를 받는다(상§237①ii). 과태료액과 절차 등은 '당사자의 허위진술에 대한 과태료'와 동일하다.

3. 불출석 등의 과태료

특허심판원으로부터 증인·감정인 또는 통역인으로 소환된 者가 정당한 이유 없이 소환에 응하지 아니하거나 또는 선서·진술·증언·감정이나 통역을 거부한 경우에 과태료의 제재를 받는다(상§237①iii). 과태료액과 절차 등은 '당사자의 허위진술에 대한 과태료'의 경우와 동일하다.

---

9) 민사소송법 제299조 제2항의 규정이란 소명(疏明)하는 대신에 당사자가 그 진실함을 선서하는 경우를 말한다.

10) 민사소송법 제367조의 규정이란 법원이 증거조사에 의하여 심증(心證)을 얻지 못한 때에 직권 또는 당사자의 신청에 의하여 당사자인 본인을 신문(訊問)할 경우에 당사자에게 선서시키는 것을 말한다.

제 4 절 기타의 방법에 의한 구제

1. 심판상의 구제

상표권자 또는 전용사용권자는 타인이 상표권 또는 전용사용권을 침해하는 경우 권리범위확인심판을 청구하여 그 상표권 또는 전용사용권의 보호범위를 확인하여 침해자를 승복시킴으로써 법원에서의 소송제기효과와 동일한 효과를 얻을 수 있다.

2. 화해·중재에 의한 구제

상표권자 등은 침해소송이 계속 중인 경우에 원만한 해결로서 화해·중재 제도를 이용할 수 있다. 화해에는 소송전 화해(민소§385)와 소송후 화해(민소§225①)가 있는데 화해조서가 작성되면 그 조서는 확정판결과 동일한 효력을 갖는다. 중재란 분쟁해결을 법원의 판결에 의하지 아니하고 당사자 합의로써 해결하는 것으로서 제3자인 중재인이 판정하며 중재인이 판정한 사건에 대해서는 법원의 확정판결과 동일한 효과를 갖는다.

3. 알선·조정에 의한 구제

상표권자 등은 타인이 자기의 상표권을 침해하는 경우 민사적·형사적 구제수단을 강구하기에 앞서 특허청장에 대하여 분쟁의 해결을 목적으로 하는 알선·조정을 요청할 수 있으며, 이 경우 특허청장은 대통령령이 정하는 바에 따라 알선·조정을 할 수 있다.[11] 이러한 특허청장의 알선·조정이 당사자를 구속하거나 대세적 효력이 있는 것은 아니나, 전문가로 구성된 산업재산권분

11) 심판장은 심판사건을 합리적으로 해결하기 위하여 필요하다고 인정되면 당사자의 동의를 받아 해당 심판사건의 절차를 중지하고 결정으로 해당 사건을 「발명진흥법」 제41조에 따른 산업재산권분쟁조정위원회(이하 "조정위원회"라 한다)에 회부할 수 있다(상§151의2).

쟁조정위원회에서 알선·조정을 담당하므로 보다 신속하고 적정한 분쟁해결을 도모할 수 있다 할 것이며, 당사자가 조정위원회의 판단을 존중하는 경우 효율적이고 적절한 분쟁해결수단이 될 것이다.

4. 침해주장에의 대응

상표권자 또는 전용사용권자로부터 상표권 침해의 주장을 받은 자는 먼저 그 침해주장의 내용이 무엇인지를 정확히 파악하여야 한다. 따라서 그 주장이 보상금청구권을 행사하겠다는 내용의 경고인지, 상표권침해에 대한 경고인지 또는 소송의 제기인지 여부를 확인하고 아울러 그 침해의 대상이 되는 상표권 및 그 권리의 내용은 무엇인지 파악하여야 한다. 그리고 침해주장에 대한 내용과 상표권의 내용을 파악하면 상대방의 침해주장이 정당한지의 여부에 대하여 우선 상대방이 정당한 권리자인지 여부 및 상표권이 현재 유효한 권리인지 등을 조사한다. 자기가 사용하는 상표가 타인이 사용하고 있는 상표와 동일한가 등을 관련문헌을 통하여 조사하고 관계법령을 숙지하여 적절한 대응책을 강구한다.

(1) 침해주장이 부당한 경우

침해주장을 받은 자는 그 침해주장이 부당함을 지적할 수 있다. 예컨대 i) 사용하고 있는 상표가 타인의 상표권의 권리범위에 포함되지 않는다는 것을 입증하거나, ii) 그 상표의 사용에 대하여 정당한 권한이 있다는 것을 입증하거나, iii) 상표권의 무효를 주장하거나, iv) 상표권자 또는 전용사용권자는 권리남용을 하고 있다는 것을 입증하거나, v) 권리가 실효되었다는 것을 주장하는 방법 등으로 상대방의 침해주장에 대응할 수 있다.

1) 권리범위에 포함하지 않는 주장

침해의 주장을 받은 자가 사용하고 있는 상표가 타인의 상표권과 별개의 상표이거나 다른 상품이라 상표권자 또는 전용사용권자의 권리범위에 속하지 않는다는 주장으로 그 침해의 주장을 방어할 수 있다. 법원에 소가 계속중인 경우에는 그와 같은 이유를 들어 항변하고 아울러 전문가인 변리사나 학자 등이 감정한 감정서를 법원에 제출할 수 있다. 또한 별도로 특허청 심판원에 권리범위확인심판을 청구하여 그 사용하는 상표가 상표권의 권리범위에 속하지 아니함을 구할 수 있으며, 이 심판의 결과를 법원에 제출할 경우 법원은 이를 재판에 참작할 수 있다.

2) 정당한 권한의 주장

침해주장의 대상이 된 상표권에 대하여 등록상표의 사용에 대한 정당한 권한이 있음을 입증함으로써 상대방의 침해주장을 유효하게 방어할 수 있다. 예컨대 침해주장을 받은 사용자가 본인이 당해 상표권에 대하여 선사용권이 있는지 등의 법정사용권이 존재함을 확인하여 침해주장에 대항할 수 있다.

3) 상표의 무효주장

상표침해의 주장을 받은 자는 당해 상표에 무효사유가 있는가를 면밀히 검토하여 그 상표에 무효사유가 있는 경우에 그 취지를 주장하여 침해성립을 부정할 수 있다. 다만 금지청구소송이나 손해배상청구소송 등에서는 이와 같은 무효주장을 해도 법원은 그 사실에 대하여 판단하지 않는 것이 일반이다. 즉 재판상 무효가 주장되어도 특허청의 심판에 의한 무효심결의 확정이 없는 한 법원은 상표를 유효하다는 전제로 심리하여 판단한다. 따라서 무효이유를 갖는 상표에 대한 침해소송이 제기된 경우에는 피고는 즉시 무효심판을 제기하고 그 취지를 법원에 진술하여야 한다.

4) 상표권자의 권리남용주장

상표권도 사권의 하나인 이상 권리의 행사는 신의성실의 원칙에 따라야 하며 그 권리는 남용하지 못한다. 또한 상표법은 유통질서를 통한 국가산업발전에의 기여를 목적으로 하므로 특히 권리의 공공성·사회성이 강조되고, 상표법상으로도 상표권의 권리 남용적 행사에 대하여 권리를 취소할 수 있는 제도를 마련하고 있다.

대법원 2008. 7. 24. 선고, 2006다40461 판결	상표권자가 당해 상표를 출원·등록하게 된 목적과 경위, 상표권을 행사하기에 이른 구체적·개별적 사정 등에 비추어, 상대방에 대한 상표권의 행사가 상표사용자의 업무상의 신용유지와 수요자의 이익보호를 목적으로 하는 상표제도의 목적이나 기능을 일탈하여 공정한 경쟁질서와 상거래질서를 어지럽히고 수요자 사

이에 혼동을 초래하거나 상대방에 대한 관계에서 신의성실의 원칙에 위배되는 등 법적으로 보호받을 만한 가치가 없다고 인정되는 때에는, 그 상표권의 행사는 비록 권리행사의 외형을 갖추었다 하더라도 등록상표에 관한 권리를 남용하는 것으로서 허용될 수 없고, 이 경우 상표권의 행사를 제한하는 위와 같은 근거에 비추어 볼 때 상표권 행사의 목적이 오직 상대방에게 고통을 주고 손해를 입히려는 데 있을 뿐 이를 행사하는 사람에게는 아무런 이익이 없어야 한다는 주관적 요건을 반드시 필요로 하는 것은 아니다.

대법원 2007. 1. 25. 선고, 2005다67223 판결

시리즈 편집음반의 "BLACK COFFEE 진한커피"라는 제명이 자타상품의 식별표지로서 기능하고 있음에도 불구하고 위 제명의 선사용자인 음반제작·판매자의 동의나 허락없이 "BLACK COFFEE 진한커피"와 같이 구성된 등록상표를 출원·등록한 다음 그 상표권에 기하여 위 음반제작·판매자가 '진한커피' 제명을 사용하여 출시한 음반의 제작·판매금지 등을 구하는 것은 신청인이 위 음반제작·판매자의 자본과 노력 등에 의하여 획득되어 '진한커피' 제명에 화체된 신용 등에 편승하여 이익을 얻을 목적으로 위 등록상표를 출원·등록한 것을 기화로 오히려 그 신용 등의 정당한 귀속 주체인 위 음반제작·판매자로부터 그 신용 등을 빼앗아 자신의 독점하에 두려는 행위이므로, 이러한 상표권 행사는 상표제도의 목적이나 기능을 일탈하고 법적으로 보호받을 만한 가치가 없고, 비록 상표권의 행사라는 외형을 갖추었다 하더라도 등록상표에 관한 권리를 남용하는 것으로서 허용될 수 없다고 본 사례.

5) 권리실효의 주장

권리자가 그 권리가 있음을 알면서도 이를 오랫동안 행사하지 않고 있거나 상대방이 이제 그 권리가 행사되지 아니하리라고 신뢰할 만한 정당한 사유가 있기 때문에 새삼스럽게 그 후 권리를 행사한 것이 신의성실의 원칙에 어긋난다고 인정할 수 있는 특별한 사정이 있는 경우에는 그 권리의 행사는 허용되지 아니한다.

(2) 침해주장이 정당한 경우

상표권자의 상표권침해주장에 대하여 관련자료를 검토한 결과 권리침해주장이 정당하고 권리에 흠결을 발견할 수 없을 때에는 그 물품의 제조·판매 등을 신속히 중지하거나 사용권을 설정한 후에 사용하여야 한다. 특히 상표권자로부터 경고를 받은 후에도 상표를 계속 사용하는 경우에는 민·형사소송에 있어 그 침해가 고의에 의한 침해로 간주될 여지가 많다.

part

08

심판 및 소송

c·h·a·p·t·e·r

01 심 판

상표법은 심사관의 결정에 불복하거나 상표권의 무효 및 취소를 요구할 수 있도록 민사소송이나 행정소송과는 다른 특별한 심판제도를 마련하고 있다.

상표법이 심판절차에 특별한 규정을 두고 있지 않은 사항에 관한 분쟁(서류의 반려처분(상시규§25), 출원 등의 절차의 무효처분(상§18) 등 특허청의 처분에 대한 불복)은 일반원칙에 따라 행정상의 쟁송절차(행정심판법, 행정소송법)에 의하여야 하고, 상표권침해에 대한 손해배상·침해금지·부당이득반환·신용회복 등의 청구는 민사소송에 의하여야 한다. 그리고 상표법상 심판절차에 관하여는 상표법 제124조에서부터 제156조까지 별도의 규정을 두고 있다(상§124-§156).

'심판'이란 특허청에 의하여 거절결정된 출원이나 부여된 상표권에 대하여 분쟁이 발생하면 그 문제를 해결하기 위해 특허청 특허심판원 심판관의 합의체에 의하여 분쟁을 심리결정하는 쟁송절차의 한 과정을 말한다. 이렇게 행하는 것을 준(準)사법적 절차라고 볼 수 있다.

상표에 관한 심판에서는 심판의 청구방식, 심판기관, 심리방식, 심판비용, 심판의 종료 등에 관하여 상표법 제124조에서부터 제156조(상§124-§156), 제133조(답변서 제출 등)제1항·제2항, 제142조(참가) 및 제143조(참가의 신청 및 결정)는 제115조에 따른 보정각하결정에 대한 심판 및 제116조에 따른 거절결정에 대한 심판에는 적용하지 아니한다(상§154).

제1절 심판개설

1. 의 의

상표법상의 심판이란, 행정기관인 특허심판원의 심판관[1]합의체가 대법원의 최종심을 전제(헌§107)로 출원에 대한 거절결정 등의 처분에 대한 쟁송을 심리 판단하는 준(準)사법적 절차를 말한다. 즉 심판은 출원에 대한 심사관의 최종처분에 흠이 있는 경우, 예컨대 부당한 거절결정·무효사유가 있는 상표권 및 상표에 관한 분쟁을 해결할 목적으로 행하는 준사법적 행정쟁송절차이다.

원칙적으로 법률상의 쟁송을 심판하는 권한은 법원에 속한다(법조§2①). 그러나 행정기관이 최종심으로 재판을 할 수 없지만(헌§107②) 전심(前審)으로서의 심판은 할 수 있다고 한다(법조§2②). 상표에 관한 쟁송의 처리에는 보호객체의 특수성에 의해 전문적 지식이 필요하기 때문에 그 심리판단이 특허심판원 심판관에 의해 심판하도록 하는 것이다. 이렇게 하여 심판한 행위를 사법행위로 볼 것인가 행정행위로 볼 것인가에 대해 논란이 있는데, 심판절차는 사법절차를 따르기 때문에 사법행위로 볼 수 있으나 삼권분립의 원칙에 따라 사법권은 법원에 속한다는(헌§101①) 사법국가주의에 반하고, 또 국민은 법관에 의해 재판을 받을 권리(헌§27①)에 반하여 이러한 자격이 없는 행정관청인 특허심판원 공무원에 의해 심판되기 때문에 행정행위로도 볼 수 있다. 이에 심판의 법적 성질에 대하여는 사법행위설, 행정행위설, 준사법적 행정행위설이 대립하고 있다.

심판제도는 대법원의 최종심을 전제로 행정관청이 그 전심으로서 상표법상의 쟁송을 심리·결정하는 절차이고, 일정한 청구에 의하여 상표권에 일정한 행정처분을 하게 하는 것을 목적으로 하는 특수한 행정소송으로 볼 수 있

1) 준사법기관에서 공권적 판단을 행하는 자를 말한다. 예) 국제심판, 해난심판, 특허심판 등.

으며, 행정행위이지만 심판관의 직무상 독립성과 사법절차에 유사한 절차, 심결의 효과로 보아 준사법적인 행정행위로 보아야 할 것이며, 이것이 통설적인 입장이다.

우리나라는 종래 법률심인 최종심만 법원에서 행하고 사실심인 1심과 2심은 특허청에서 행하고 있었다. 그러나 1998년 3월 1일부터 심판절차는 심판소와 항고심판소가 통폐합하여 신설한 특허심판원에서 행하고, 그 심판에 불복하는 경우에는 신설된 특허법원에서 다시 사실심리를 하게하고, 이에 불복하는 경우에는 대법원에 상고할 수 있도록 하고 있다.

2. 심판절차의 일반

(1) 심판의 청구인 및 심판청구서

심판을 청구하는 자는 심판청구서와 필요한 첨부서류를 특허심판원장에게 제출[2]하여야 하며(상§125①), 특허심판원장이 이를 수리하면 심판절차가 개시된다.

1) 심판을 청구할 수 있는 자

심판의 당사자[3]가 되기 위해서는 당사자적격이 있어야 한다. 즉 상표심판을 청구할 수 있는 자는 상표법은 각각의 심판에 따라 구체적으로 규정하고 있다. 거절결정불복심판은 거절결정을 받은 자 또는 그 승계인, 즉 출원인만이 청구할 수 있으며, 무효심판, 상표권존속기간갱신등록의 무효심판, 보정각하결정심판은 이해관계인 또는 심사관에 한하여 청구할 수 있으며, 취소심판, 권리범위확인심판은 상표권자 또는 이해관계인에 한한다.

2) 심판청구서

심판청구인이 심판을 청구하여 자신의 청구(本案)가 받아들여지도록 하기 위해서는 ① 심판청구서가 법정요건에 적합하게 기재되어야 하고 심판청구가 법적요건에 충족하여야 하며 청구인 자체가 정당성이 있어야 하고, ② 심판청

---

2) 심판사무취급규정(2023. 11. 1. 일부개정 특허청훈령 제1139호) 제4조(서류 등의 접수), 제5조(우편 등에 의한 서류 등의 접수)

3) 당사자란 심판 또는 재심을 청구하는 자와 청구를 당하는 자를 말하며, 각각 청구인 또는 재심청구인과 피청구인 또는 재심피청구인이라 한다.

구료를 납부하여야 한다.

이러한 경우 심판청구서의 기재사항은 당사자계와 결정계에 따라 약간의 차이가 있다. 즉 무효심판, 권리범위확인심판 등의 당사자계심판의 심판청구서에는 다음 사항을 기재하여야 한다(상§125①).

1. 당사자의 성명 및 주소(법인인 경우에는 그 명칭 및 영업소의 소재지)
2. 대리인이 있는 경우에는 그 대리인의 성명 및 주소나 영업소의 소재지(대리인이 특허법인인 경우에는 그 명칭, 사무소의 소재지 및 지정된 변리사의 성명)
3. 심판사건의 표시
4. 청구의 취지 및 그 이유

한편 거절결정 또는 보정각하결정에 대한 심판청구서에는 다음 사항을 기재하여야 한다(상§126①).

1. 청구인의 성명 및 주소(법인인 경우에는 그 명칭 및 영업소의 소재지)
2. 청구인의 대리인이 있는 경우에는 그 대리인의 성명 및 주소나 영업소의 소재지(대리인이 특허법인인 경우에는 그 명칭, 사무소의 소재지 및 지정된 변리사의 성명)
3. 출원일자 및 출원번호
4. 지정상품 및 그 류구분
5. 심사관의 거절결정일 또는 보정각하일
6. 심판사건의 표시
7. 청구의 취지 및 그 이유

3) 심판청구서의 제출과 보정

심판은 특허심판원이 이를 전담하므로 무효심판 등 심판을 청구하는 자는 그 심판청구서를 특허심판원에 제출하여야 한다.[4] 심판을 청구함에 있어서 법 소정의 방식에 맞도록 작성하여야 함이 원칙이나 일정한 경우에는 심판청구 후에 그 흠결을 보정할 수 있으며, 보정을 한 때에는 최초의 심판청구서를 제출한 날에 보정된 상태로 청구된 것으로 본다(상§127). 이때 심판서의 요지란 심판의 당사자와 심판의 대상물을 의미하므로, 당사자, 사건의 표시, 청구

4) 심판원장(심판정책과)이 심판청구서를 수리한 때에는 심판번호를 부여하고 합의체를 구성할 심판관을 지정한다(특시칙§58, 실시칙§17, 디시칙§72, 상시칙§62[2016년 전부개정 이후]).

의 취지의 동일성을 해치지 않는 범위 내에서만 허용된다. 그러나 심판청구의 이유의 변경은 요지변경으로 보지 않는다.5)

4) 심판청구의 취하

심판청구의 취하라 함은 청구인이 하는 일방적인 청구의 철회행위이다. 심판청구를 철회하면 그 청구가 없었던 것과 동일한 상태로 돌아가기 때문에 후일에 이르러 동일한 청구취지로 같은 피청구인에 대하여 다시 심판을 청구할 수 있다.

이러한 심판청구는 그 심결이 확정될 때까지는 이를 취하할 수 있다. 다만 상대방의 답변서 제출이 있을 때에는 상대방의 동의를 얻어야 한다. 또한 2이상의 청구항에 관하여 무효심판, 권리범위확인심판을 청구한 때에는 청구항마다 이를 취하할 수 있다. 한편 심판에서는 다른 소송절차에서와는 달리 직권주의가 적용되고 있으며, 또한 직권심리가 지배하는 법제하에서는 포기를 인정하지 않는 것이 일반적인 법의 태도이기 때문에 심판청구의 포기는 인정되지 않는다.6)

심판청구인은 심판청구 후에 그 심결이 확정될 때까지 해당 심판청구를 취하할 수 있다. 그러나 당사자계 심판의 경우 상대방의 답변서 제출이 있는 경우에는 상대방의 동의를 얻어야 하며, 상대방의 동의를 얻지 아니한 경우에는 그 효력이 발생하지 아니한다. 심판의 청구가 취하되면 그 심판청구는 처음부터 없었던 것으로 보며, 이 취하는 취소할 수 없다.7)

(2) 심판관의 방식심사

방식심사란 심판청구서 및 심판에 관한 절차가 법령에 정한 방식에 적합한지 여부를 심리8)하는 것을 말한다. 심판청구방식에 관한 사항, 행위능력 및

5) 특허청, 조문별 특허법해설(2002), p.358.

6) 심판에서는 민소§220의 청구의 포기에 관한 규정이 없고, 직권심리주의(특§159, 실§33, 디§147, 상§146)를 채택하고 있으며, 당사자의 자유로운 처분은 허용되지 아니하므로 청구를 포기하여도 심판은 종료하지 아니한다. 구체적인 것은 특허청, 심판편람(제11판), 제11편 제2장 p.345. 참조

7) 심판청구인에 의하여 적법하게 이루어진 심판청구 취하의 효력은 취하서가 제출되어 접수한 접수시에 발생하는 것이므로 취하는 취소할 수 없다(대법원 1970. 6. 30. 선고, 70후7 판결).

8) 심리에는 방식심리와 적법성 심리가 있다. 여기서 방식심리란 심판장이 심판청구서 등이 법령에 정한 방식에 적합한지 여부를 심리하는 것을 말하고, 적법성심리란 심판합의체가 심판청구 자

대리권에 관한 사항, 법령에서 정하는 방식에 위반된 사항 등을 심리한다.

심판청구가 있으면 특허심판원장은 그 심판청구서를 접수·수리하여 심판번호[9]를 부여한다. 각 심판사건을 심판할 심판관을 지정하여야 하며(상§130), 그 심판사건에 관한 사무를 총괄하기 위하여 지정된 심판관 중 1인을 심판장으로 지정하여야 한다(상§131①).

1) 방식심사의 대상

－심판청구서의 기재형식(청구인 및 피청구인, 심판사건의 표시, 청구취지 및 이유, 청구서부본의 부수)

－당사자(실재하는 당사자와의 일치여부, 당사자 적격유무)

－당사자능력

－대리권

－기간

－첨부서류의 구비여부

－수수료

심판장은 심판청구서가 법에서 정한 방식에 위반되는지 여부를 심사하여야 한다. 이 경우 당사자능력, 당사자적격 및 소송대리권의 존부 등은 청구인별로 심사한다.

2) 방식불비

① 심판청구서 기재형식을 위반한 경우 심판장은 심판청구서가 법령에서 정한 방식에 위반하거나 ② 소정의 수수료를 납부하지 아니한 경우, ③ 행위능력과 대리권범위에 위반한 경우, ④ 상표법 또는 상표법에 따른 명령에서 정하는 방식에 위반된 경우, 청구의 구체적 이유를 기재하지 아니한 경우에는 기간을 정하여 그 흠결을 보정할 것을 명하여야 한다(상§127). 다만, 보정할

체의 적법성 여부를 심리하는 것으로 심판청구가 적법해지기 위해 갖추어야 할 심판청구요건 내지 적법요건에 대한 심리를 말한다. 이러한 심판청구요건의 흠결이 있으면 심판합의체는 본안심리를 하지 않고 심결로써 각하한다(특§142,실§33, 디§129, 상§128).

당사자계 심판에 대해서는 심판청구서 부본을 송달하여 피청구인에게 송달하여 답변서 제출기회를 부여하여야 하나(특§147①), 심판청구요건에 흠결이 있고 그 흠결을 보정할 수 없는 경우에는 상대방에게 답변서를 제출할 기회를 부여하지 않고 각하할 수 있다.

9) 이는 심판청구서가 접수되면 접수와 동시에 부여되는데, 이때 심판번호는 사건마다 부여하여야 한다. 한편 심결불복소송사건에 대한 번호를 부여함에 있어 원심에서 병합하여 심리 심결한 사건은 항고소송에서도 별개의 사건으로 따라 사건번호를 부여하여야 한다.

사항이 경미하고 명확한 경우에는 직권으로 보정할 수 있다(상§127).[10] 이유를 들어 보정지시를 하였는데도 불구하고 기간 내에 보정을 하지 아니한 때에는 결정으로 심판청구서를 각하한다(상§127②). 기간경과 후에 보정한 경우에도 또한 같다. 한편 심판장은 심판청구서 기재사항, 출원번호 또는 권리번호표시, 당사자 표시에 잘못이 있어 보정지시를 하였으나 요지변경이 되어 그 보정을 인정할 수 없을 때에는 당해 심판청구는 심결로서 각하한다.

이 경우에도 그 흠결사유가 보정불능인 경우에는 보정지시 없이 피청구인에게 답변서 제출의 기회를 주지 아니하고 심결로서 각하할 수 있다(상§128).

대법원 2000. 11. 14. 선고, 98후2351 판결

[보정명령]

피고가 현수막에 관한 이 사건 등록고안에 대한 소극적 권리범위확인 심판을 청구하면서 심판청구서에 첨부한 (가)호 고안의 도면에서 부호 1을 일반천막이라고 표기한 것은 현수막 몸체의 재질을 나타내는 것이지, (가)호 고안의 대상물품 자체가 일반천막임을 표시하는 것은 아님이 분명하므로, 이 사건 권리범위확인 심판청구가 이 사건 등록고안과 대상물품을 달리하는 일반천막을 (가)호 고안으로 하여 심판을 청구한 것이어서 보정할 수 없는 흠결을 가진 부적법한 청구라고는 볼 수 없다. 따라서 이 사건 심판절차에서 심판청구를 심결로써 각하하지 아니하고 심판장이 보정을 명하여 (가)호 고안의 구성을 명확하게 한 후 그 보정된 (가)호 고안을 대상으로 심결을 한 것은 적법하다.

(3) 피청구인 등에게 부본송달 및 답변서제출

이 절차는 당사자계 심판사건에서만 행하여지며, 결정계 심판사건에서는 행하여지지 않는다. 심판장은 심판청구가 있고 그 청구서를 수리한 때에는 청구서 부본을 피청구인에게 송달하고, 기간을 정하여 답변서를 제출할 수 있는 기회를 주어야 하며(상§133①), 피청구인으로부터 제출된 답변서를 수리한 때에는 그 부본을 청구인에게 송달하여야 한다(상§133②). 또한 심판장은 심판청구가 있는 때에는 청구서의 부본을 피청구인(상표권자, 전용사용권자)에게 송달하고 기간을 정하여 답변서를 제출할 수 있는 기회를 주어야 한다. 이때 피청

10) 심판장의 직권보정은 2023. 9. 14. 일부개정 시 추가된 것이다(2024. 3. 15. 시행).

구인은 심판장으로부터 심판청구서 부본을 송달받은 경우 답변서 제출기간 내에 청구인의 주장을 변박하는 답변서를 증거와 함께 제출할 수 있다. 이때 피청구인은 답변서제출기간 내에 답변서를 제출하여야 하나, 그 기간을 경과하여 답변서를 제출하였다 하여 불수리되는 것은 아니다.

(4) 심 리

심판에 있어서 심결의 기초가 되는 심판자료의 수집을 목적으로 하는 제반 절차수행과 증거조사 등의 행위로 이루어지는 일련의 절차이다.

1) 적법성 심리

방식심사와 구별하여 당사자적격이나 일사부재리원칙에의 위반 여부 등 심판청구요건[11]의 충족 여부를 심리하게 된다. 즉 심판요건의 구비 여부에 대한 심리를 적법성 심리라 한다. 이를 심리하여 부적법한 청구로서 그 흠결을 보정할 수 없을 때에는 피청구인에게 답변서제출의 기회를 주지 아니하고 심결로서 이를 각하할 수 있다. 그러나 부적법한 심판청구라 하더라도 그것이 보정이 가능한 경우에는 심판청구인에게 보정을 명한 후가 아니면 각하할 수 없으며, 이에 대하여 불복이 있을 때에는 특허법원에 소를 제기하여 다툴 수 있다.

2) 본안 심리

심판은 서면심리 또는 구술심리에 의하여 진행된다. 다만 당사자가 구술심

---

11) 심판요건은 일반적으로 직권조사사항이므로 이에 관한 당사자의 주장은 직권조사를 촉구하는 의미로 해석된다. 그러나, 이해관계의 소멸, 부제소특약(不提訴特約) 등은 피청구인의 적극적인 항변이 있어야 고려된다. 적법심리사항은 다음과 같다. 당사자에 대한 심리, 고유필요적 공동심판인 경우 그 흠결이 없는지 여부(특§139), 대리인이 있는 경우 대리권 유무 및 그 범위(특§6, §7), 법정기간 내에 청구되었는지 여부(특§180), 동일사건이 계속중인지 여부(중복제소의 금지), 제척기간에 해당하는지 여부, 부제소특약(不提訴特約) 등이 있는지 여부 등.

심판요건 존부(存否)에 대한 판단의 기준시는 원칙적으로 심리종결시이다. 심판청구시에 존재하지 아니하였다 하더라도 심리종결시에 존재하면 족하고, 심판청구시에 존재하였더라도 심리종결시에 존재하지 아니하면 부적법한 청구가 된다.

심판요건에 대한 심사는 심판청구서의 심사 후 본안심리에 앞서 또는 본안심리와 동시에 행하나 불복기간 경과 후의 심판청구와 같이 심판요건의 위배가 명백한 경우 등에는 심판청구서의 심사와 함께 심리하여 곧바로 심판청구를 심결로 각하하거나 필요한 경우 보정명령 등을 행한다. 또 본안 심리 도중이라도 심판요건의 구비 여부 등에 대하여도 심리할 수 있고 그 결과에 따라 보정명령 또는 심판청구의 각하 등을 할 수 있다(특§142). 그러나, 부적법한 심판청구라 하더라도 보정이 가능한 경우에는 청구인에게 보정을 명한 후가 아니면 각하할 수 없다. 위의 심결각하에 불복하는 자는 특허법원에 소를 제기할 수 있다(특§186①)(정양섭, 특허심판, 대광서림(1999), pp. 110~111 인용).

리를 신청한 때에는 서면심리만으로 결정할 수 있다고 인정되는 경우 이외에는 구술심리로 하여야 한다(상§141①). 이때 구술심리란 심판사건을 처리함에 있어 진술, 변론 및 증거조사가 구술로서 행하여지는 것을 말하며, 서면심리란 이와 같은 절차가 서면에 의하여 행하여짐을 말한다. 특히 구술심리는 이를 공개하여야 한다. 다만, 공공의 질서 또는 선량한 풍속을 문란하게 할 염려가 있는 때에는 그러하지 아니하다(상§141②). 또한 구술심리에 의한 심판을 할 경우에 심판장은 그 기일 및 장소를 정하고 그 취지를 기재한 서면을 당사자 및 참가인에게 송달하여야 한다. 다만, 당해 사건에 출석한 당사자 및 참가인에게 알린 때에는 그러하지 아니하다(상§141③). 또한 심판장은 구술심리에 의한 심판을 할 경우에는 특허심판원장이 지정한 직원에게 기일마다 심리의 요지나 그 밖에 필요한 사항을 기재한 조서를 작성하게 하여야 한다(상§141④).

심판은 심판의 결과가 민사소송의 소송물처럼 사인(私人) 대 사인(私人)의 권리에 대한 것이 아니라 상표권이라는 대세적인 성격의 권리에 대해서 미치는 것이므로 심리 등의 과정을 당사자에게 의존하는 당사자처분주의를 택할 수 없다. 이에 심판은 당사자 또는 참가인이 신청하지 아니한 이유에 대해서도 이를 심리할 수 있는 직권심리주의를 취하고 있다. 다만 이 경우 당사자 또는 참가인에게 기간을 정하여 그 이유에 대하여 의견을 진술할 기회를 주어야 한다(상§146①). 그러나 심판관이 직권으로 심리할 수 있는 것은 심판청구의 이유 및 증거 등에 관한 것으로 한정된다. 즉 심판관은 심판청구인이 신청하지 아니한 청구의 취지에 대하여는 이를 직권으로 심리할 수 없다(상§146②).

특허법원 2000. 7. 14. 선고, 2000허2552 판결	**[처분권주의]** 민사소송법상의 당사자 처분권주의는 의장법상의 권리범위확인심판청구에도 적용되는 것이므로, 원고가 (가)호 의장이 등록의장의 권리범위에 속하지 않는다는 소극적 확인청구를 하였다면, (가)호 의장이 등록 의장의 권리범위에 속한다고 인정되더라도 이 경우는 심판청구를 기각하면 되는 것이지 더 나아가 (가)호 의장이 등록 의장의 권리범위에 속한다는 적극적 확인심결을 할 수는 없는 것이므로(대법원 1992. 6. 26. 선고 92후148 판결 참조), 이러한 당사자 처분권주의에 반하여 내려진 이 사건

심결은 다른 점에 대하여 더 나아가 볼 필요 없이 위법하다고 할 것이다.

(5) 심리의 병합과 분리

심판관합의체는 당사자 쌍방 또는 일방의 동일한 2이상의 심판청구에 대하여는 그 심리 또는 심결을 병합하거나 분리할 수 있다(상§147). 다만 심리나 심결의 병합은 동일 사건을 편의상 동일한 심판관이 동시에 심리한다는 편의를 위해서 인정되는 것이므로, 심리나 심결을 병합했다고 해서 2이상의 심판사건이 하나의 심판사건으로 되는 것은 아니다. 한편 이러한 심리의 병합은 편의상 취하여진 것이므로 심리과정에서 분리하는 것이 편리한 경우에는 다시 그 심판의 심리를 분리할 수 있다.[12]

(6) 심리의 종결

심판은 심판청구의 취하 등과 같은 특별한 경우를 제외하고는 심판청구에 대한 심판합의체의 최종적 판단을 의미하는 심결로서 종결하여야 하며, 그 심결은 법률로 규정한 방식에 의하여 서면으로 하여야 한다(상§149①②). 그리고 심판장은 사건이 심결을 함에 성숙한 것으로 판단되면 당해 심판사건에 대한 심리를 마치고, 심결을 하기에 앞서 당사자 및 참가인에게 심리종결통지를 하여야 한다(상§149③). 위 심결에 대한 통지가 있은 후에 특허심판원에 제출되는 심판 관련 서류 및 증거는 부적법한 서류로 인정하여 당해 심판의 심결 기초로 삼을 수 없으며, 심리종결통지를 발송한 날로부터 20일 이내에 사건의 심결을 한다(상§149⑤). 다만 심리종결 후에도 심판장은 필요한 경우 신청 또는 직권에 의하여 심리를 재개할 수 있다(상§149④). 이러한 심리의 재개는 심리의 완전을 기하기 위한 것이며, 중대한 증거조사를 간과한 경우 등에 필요하다.

여기서 "심결을 할 정도로 사건이 성숙한 때"란 심판에 필요한 사실이나 조사해야 할 증거를 조사·검토한 결과 심판을 내리기에 충분한 정도로 심증

12) 심리의 분리는 심리를 병합했던 경우에 한해서 할 수 있다.

을 얻었을 때를 말하는 것인데, 이때 심리의 종결을 통지하는 이유는 서면심리는 물론 구두심리에 있어서도 당사자가 출석하지 아니한 경우에도 심리는 진행될 수 있으므로 당사자는 심판의 진행상황에 대하여 명확히 인식하지 못하는 경우가 있고, 그러한 경우에 아무런 예고도 없이 심결을 한다는 것은 당사자에게 가혹하기 때문이다.

이러한 심결 또는 결정에 대하여 불복하는 때에는 그 심결 또는 결정등본을 송달받은 날로부터 30일 내에 특허법원에 소(訴)를 제기하여 그 당부를 다툴 수 있다. 이 기간은 불변기간이지만 심판장은 원격 또는 교통이 불편한 지역에 있는 자를 위하여 직권으로 그 소제기 기간에 대하여 부가기간을 정할 수 있는데, 실무적으로는 재외자에 한하여 신청이 있는 경우 30일 내에서 부가기간을 정해주고 있다(상§162③~⑤).

대법원 1995. 2. 24. 선고, 93후1841 판결

[심리종결]

구 특허법 제121조 제5항의 심리종결 통지규정은 당사자에게 자료의 추가제출이나 심리재개 신청의 기회를 주려는 취지가 아니고 심결을 할 수도 있는 정도로 사건이 성숙하였다고 인정되는 경우에는 그 심리종결을 당사자에게 통지하고 지체 없이 심결을 하도록 하기 위한 훈시적 규정에 불과하다 할 것이므로(당원 1979. 10. 10. 선고 79후35판결 참조). 원심이 이 사건 심리종결을 1993. 10. 28. 자로 하고 종결통지서와 심결정보를 동시에 1993. 10. 30. 자로 송달하였다 하여 이를 위법이라 할 수 없다 할 것이다.

(7) 심판비용

심판비용이란 특허청 심판부와 당사자 또는 참가인 등이 심판절차에서 지출한 비용을 말하며, 이러한 심판비용의 부담은 특별한 규정이 있는 경우를 제외하고는 심결 또는 결정으로 정한다.[13] 그러나 거절결정불복심판 및 보정

13) 산업재산권 심판비용액 결정에 관한 고시(일부개정 2020. 1. 10. 특허청고시 제2020-2호) 제8조(비용항목의 범위) 제7조에 의하여 결정되는 심판비용액의 비용항목 범위는 심판 또는 재심의 행위에 필요한 한도의 비용으로서 다음 각 호에 적은 사항으로 한다. 다만, 제2호에 의한 변리사의 보수가 포함된 경우에는 제3호에 의한 비용은 인정하지 아니한다.

1. 심판 또는 재심의 청구료

각하결정에 대한 심판은 청구인이 비용을 부담으로 한다(상§152③). 그 외 무효심판, 존속기간갱신등록무효심판, 전용사용권 또는 통상사용권 등록의 취소심판, 권리범위확인심판의 심판비용은 심결 또는 결정으로 그 부담자를 정한다(상§152①).

(8) 우선심판

1) 의 의

우선심판이란 긴급히 처리할 필요가 있다고 인정되는 심판사건에 대하여 심판청구 순서에 관계없이 다른 심판사건에 우선하여 처리하는 것을 말하며(심판사무취급규정§31①), 심판의 착수시기를 다른 사건에 비하여 앞당김으로써 심판을 조기에 종료시킬 것을 목적으로 하는 것이다. 원래 심판은 청구일 순으로 심리하는 것을 원칙으로 한다. 그런데 상표제도 운영과 관련하여 상표법상의 근거 규정은 없으나, 상표에 대한 분쟁이 당사자뿐만 아니라 제3자에게도 지대한 영향을 미치며, 또한 이와 같은 분쟁이 경쟁질서적 측면에서도 조기에 해결을 도모할 필요가 있다는 이유에서 내부지침[14]을 마련하여 우선심판제도를 운용하고 있다.

대법원 1995. 2. 24. 선고, 93후1841 판결

기록에 의하면 원심은 청구인의 우선심판신청을 받아들여 이 사건 원심심결에 이르고 있는 바, 특허청 심판편람 30.03에 규정된 심판사건 우선처리규정은 본안심리와는 무관한 심판의 순서에 관한 것으로서 공익상 특히 조속한 권리관계의 안정을 요하는 분쟁사건에 대하여 우선심판케 하는 행정청 내부의 사무처리지침으로서 위 직권심리규정과는 무관한 것이므로 이 사건을 우선심판 대상으로 보아 우선처리한 원심의 조치에 소론과 같은 구 특허법 제119조 위반의 위법이나 그 밖에 특허법상의 절차적 강행규정을 위반한 위법 등이 있다고 할 수 없다.

---

2. 심판의 대리를 한 변리사에게 당사자가 지급한 또는 지급할 보수
3. 심판 또는 재심의 청구서, 기타 서류 및 도면의 작성료
4. 출석통지에 의한 당사자, 증인, 감정인, 통역인 등의 운임, 일비, 숙박비 및 식비
5. 신청에 의하여 비용을 예납시키고 실시한 현장 검증에 소요된 여비

14) 심판편람, 제11판 제7편 제4장 우선심판, p.168. 우선심판제도가 특허심판에서 지배하고 있는 직권주의에 기초하여 마련된 것은 아니다.

2) 우선심판의 대상

① 신청에 의한 우선심판

ⓐ 지식재산권 분쟁으로 사회적인 물의를 일으키고 있는 사건으로서 당사자 또는 관련기관으로부터 우선심판요청이 있는 경우

ⓑ 지식재산권 분쟁으로 법원에 계류 중이거나 심판청구 후에 경찰 또는 검찰에 입건된 사건과 관련된 사건으로서 당사자 또는 관련기관으로부터 우선심판요청이 있는 경우

ⓒ 국제간에 지식재산권 분쟁이 야기된 사건으로 당사자가 속한 국가기관으로부터 우선심판의 요청이 있는 경우

ⓓ 국민경제상 긴급한 처리가 필요한 사건 및 군수품 등 전쟁수행에 필요한 심판으로서 당사자의 신청 또는 관련기관의 요청이 있는 경우

② 직권우선심판

ⓐ 보정각하결정에 대한 심판사건

ⓑ 심사관이 직권으로 무효심판을 청구한 경우

ⓒ 심결취소소송에서 취소된 사건

ⓓ 심판청구 후에 특허법 제164조 제3항의 규정에 의거 법원이 통보한 침해소송사건과 관련된 심판으로 심리종결되지 아니한 사건

ⓔ 심판청구 후에 무역위원회가 통보한 불공정무역행위조사사건과 관련된 심판으로 심리종결되지 아니한 사건

ⓕ 권리범위확인심판 사건 및 그 권리범위 확인심판사건과 함께 계류 중인 무효심판·정정심판 사건

ⓖ 우선심사한 출원에 대한 거절결정불복심판. 다만, 출원과 동시에 심사청구를 하고 그 출원 후 2개월 이내에 우선심사의 신청이 있는 실용신안등록출원, 자기 실시 중이거나 준비 중인 출원, 전문기관에 선행기술 ·디자인조사를 의뢰한 경우로서 그 조사결과를 특허청장에게 통지하도록 해당 전문기관에 요청한 출원에 대한 거절결정불복심판인 경우에는 그러하지 아니하다.

3) 우선심판의 절차

우선심판을 신청하고자 하는 자는 우선심판청구서에 그 사실을 증명하는 서류의 제출과 함께 특허심판원에 대하여 우선심판하여 줄 것을 신청하여야

한다. 그러나 당사자의 신청이 없는 경우에도 우선심판이 필요하다고 인정되는 때[15]에는 직권으로 우선심판을 할 수 있다. 이에 우선심판이 청구되면 상대방으로 하여금 우선심판에 대응할 수 있는 기회를 부여하기 위해 우선심판 신청서 부본을 상대방에게 송달하여야 한다.

우선심판을 할 것인지에 대한 적부는 심판장이 주심심판관과 합의하여 그 심판청구가 우선처리대상에 해당하는지 여부, 긴급처리의 필요성 여부 등을 심의하여 결정하며, 그 적부가 결정되면 지체없이 그 내용을 당사자에게 통보한다. 우선심판을 할 것이란 결정이 있으면 심판관은 그 사건에 대하여 다른 사건에 우선하여 심리에 착수하고 증거조사 등 사건을 신속히 진행해 우선심판결정일로부터 4개월 이내에 종결토록 한다. 한편 우선심판이 부적합 사건에 대하여는 일반절차에 따라 처리한다. 이러한 우선심판에 대한 결정은 전적으로 심판관의 직권사항인 바 당사자는 이를 다툴 수 없다.

(9) 신속심판

1) 의의

당사자계 심판 중 침해소송 관련 사건과 신속심판신청서가 제출된 사건, 초고속 심사에 의한 결정에 대한 거절결정불복심판 사건 등은 우선심판 사건보다 우선하여 심판할 수 있다. 다만, 우선심판의 절차가 이미 진행된 사건은 우선심판 처리절차에 의해 심판한다(심판사무취급규정§31의2).

2) 신속심판의 대상

신속심판의 대상은 신청에 의한 신속심판과 직권에 의한 신속심판이 있다.

3) 신속심판 신청 및 처리절차

신속심판신청에 대하여 심판사무취급규정 제31조의2 제1항에서 기간을 정

---

15) i) 지적재산권 분쟁으로 경찰·검찰·법원 등 관계기관으로부터 통보가 있는 사건
ii) 권리범위확인심판사건
iii) 심결취소소송에서 취소된 사건
iv) 처리하여야 할 사건과 관련되어 병합심리를 요하는 사건
v) 지적재산권 관계법에 의하여 심사관이 무효심판을 청구한 사건
vi) 3년 이상 불사용상표에 대한 취소심판청구사건 중 피심판청구인의 답변이 없는 사건으로서 심판청구일로부터 3개월이 경과된 사건.

하고 있는 경우에는 해당 기간 내에 신속심판신청서를 제출하여야 한다.

양 당사자가 신속심판에 합의한 경우에는 당사자 일방이 상대방 당사자의 동의서를 첨부하여 답변서 제출기간 내에 신속심판신청서를 제출하여야 한다.

제 2 절 심판의 주체

1. 특허심판원

상표에 관한 심판과 재심 및 이에 관한 조사·연구에 관한 사무를 관장하게 하기 위하여 특허청장 소속하에 특허심판원[16)]을 둔다. 특허심판원에는 원장과 심판관을 두며, 특허심판원의 조직과 정원 및 운영에 관하여 필요한 사항은 대통령령으로 정한다.

특허심판원장은 심판이 청구되면 당해 심판에 관여할 심판관의 합의체를 구성한다. 이 합의체는 심판관 3인 또는 5인으로 구성되며, 특허심판원장은 심판의 합의체 구성원 중에서 1인을 심판장으로 지정하여야 한다. 그 심판장은 그 심판사건에 관한 사무를 총괄한다. 심판에 대한 합의는 과반수로 결정하고, 그 합의의 내용은 공개하지 않는다.

2. 심 판 관

(1) 심판관

특허심판원장은 심판청구가 있는 때에는 심판관으로 하여금 이를 심판하게 한다(상§129①). 심판에 관여할 수 있는 심판관의 자격은 상표법 제129조 제2항(상표법 시행령 제16조)에서 규정하고 있다.

특허심판원의 심판관은 일반직 국가공무원으로, 공무원의 복무규정에 의해서 상급자에게 항명할 수 없는 신분이다. 따라서 심판관에게 직무상의 독립을 보장하지 않는다면 공정한 심판에 방해요인이 따를 수 있다. 이에 상표법은

16) 특허 외에도 실용신안, 디자인 및 상표에 관한 사항을 관장한다.

'심판관은 직무상 독립하여 심판한다(상§129③)'고 규정하고 있다.

대법원
1985. 4. 9. 선고,
83후85 판결

[심판관의 지정]

기록에 의하면 이 사건이 원심에 계속 중이던 1983. 9. 29. 특허청장이 소송당사자에게 항고심판관 G, P, L을 G, P, K로 변경한다는 내용의 통지를 한 사실은 인정이 되나 한편 특허청장은 1983. 12. 3. 위 변경통지는 착오로 인한 것으로서 진실에 부합하지 아니한다는 취지를 당원에 통지하고 있다. 그렇다면 위 변경통지와는 관계없이 종전에 3인이 적법하게 지정된 이 사건의 항고심판관이었다 할 것이니, 그 구성변경이 있었음을 전제로 원심 심판부 구성의 위법을 주장하는 논지는 이유 없다.

대법원
1996. 9. 24. 선고,
96후856 판결

[변경된 항소심판관의 성명을 통지하지 않은 채 내린 심결의 효력]

원심이 변경된 항소심판관의 성명을 출원인에게 통지하지 아니한 채 심결을 한 점은 잘못이라 할 것이나, 이 잘못이 심결 결과에 영향을 미치는 위법이라고 할 수는 없다 하겠다.

(2) 심판관의 제척 · 기피 및 회피

심판은 출원의 심사와는 달리 대부분 권리의 다툼에 관해서 일어나는 것이다. 즉 심판청구인과 피청구인이 권리의 무효를 다툰다거나 또는 어떤 등록상표의 권리범위에 속하는지에 대한 다툼이다. 따라서 심판의 공정성이 보장되어야 한다. 이에 심판관 자신 또는 심판관과 법률상의 신분관계가 있는 자가 심판에 영향을 미칠 사유가 있을 경우에는 당연히 그 심판관은 해당 심판에서 제척되는 것으로 하며, 필요한 경우에는 당사자 등의 제척신청에 의하여 제척시킬 수 있다. 또한 이러한 제척사유 이외에 심판의 심결에 불공정한 영향을 끼칠 수 있는 심판관에 대해서는 당사자 등은 그 심판관을 기피할 수 있도록 보장하고 있다. 또한 2001년 2월 3일 법률 제6411호에서는 심판의 공정성을 꾀하고 또한 민사소송법에서 법관의 회피에 대하여 규정하고 있음을 감안하여 심판관이 제척 · 기피 사유에 해당하는 경우에는 특허심판원장의 허가를 받아 해당 사건의 심판을 회피(상§134, 상§136, 상§140)할 수 있도록 하고 있다.

1) 심판관의 제척

'제척'이란 심판관이 특정사건을 심판함에 있어서 불공정·불합리한 판단을 할 염려가 있는 일정한 법정 사유가 있을 때에는 심판절차에 당연히 관여할 수 없도록 배제시키는 제도이다.

제척의 사유는 다음과 같다(상§134).

1. 심판관 또는 그 배우자나 배우자였던 사람이 사건의 당사자, 참가인 또는 이의신청인인 경우
2. 심판관이 사건의 당사자, 참가인 또는 이의신청인의 친족이거나 친족이었던 경우
3. 심판관이 사건의 당사자, 참가인 또는 이의신청인의 법정대리인이거나 법정대리인이었던 경우
4. 심판관이 사건에 대한 증인, 감정인이 된 경우 또는 감정인이었던 경우
5. 심판관이 사건의 당사자, 참가인 또는 이의신청인의 대리인이거나 대리인이었던 경우
6. 심판관이 사건에 대하여 심사관 또는 심판관으로서 상표등록여부결정이나 이의신청에 대한 결정 또는 심결에 관여한 경우
7. 심판관이 사건에 관하여 직접 이해관계를 가진 경우

심판관에게 제척원인이 있는 경우 심판관은 당연히 그 사건에 대하여 직무를 집행할 수 없는 것이므로 제척원인이 있는 심판관이 관여한 심판행위는 본질적인 절차상의 하자로서 무효이다.

대법원 1970. 9. 17. 선고, 68후28 판결	**[제척원인이 있는 심판관 직무수행에 관한 판결]** 제척원인이 있는 심판관은 제척신청 또는 제척심판을 기다릴 것 없이 법률상 당연히 그 사건에 관하여 일체의 직무수행을 할 수 없다.
특허법원 2000. 8. 12. 선고, 2000허1223 판결	**[심판관의 제척]** 심판관의 제척에 관하여 특허법 제148조는 "심판관은 다음 각호의 1에 해당하는 경우에는 그 심판관여로부터 제척된다"고 규정하면서 같은 조 제6호에 "심판관이 사건에 대하여 심사관 또는 심판관으로서 결정 또는 심결에 관여한 경우"를 제척사유로

특허법원 2000. 8. 12. 선고, 2000허1223 판결

규정하고 있는바, 위에서 본 증거 및 갑1호증의 각 기재에 변론의 전취지를 종합하면, 피고는 1997. 7. 22. 이 사건 등록의장의 등록을 출원하였는데 특허청이 1998. 5. 30. 이를 거절결정한 사실, 이에 피고가 위 거절결정에 불복하여 심판을 청구하였고, 특허심판원은 위 심판청구사건을 98원1945호로 심리하여 1998. 12. 28. '원결정을 취소하고 본건을 심사국에 환송한다'라는 심결을 하였고 1999. 2. 3.에는 이 사건 등록의장이 등록된 사실, 98원1945호 사건에 관여한 심판관은 "K, I, L"이었고, 이 사건 심결에 관여한 심판관은 "G, L, J"이었는데 소외 L은 이 사건 심결에서는 주심 심판관이었던 사실이 인정되므로, 이 사건 심결 이전에 이 사건 등록의장의 거절결정불복심판에 관여함으로써 위 특허법의 규정에 따라 직무집행에서 제척되어야 할 위 이 사건 심결에 관여한 것은 위법하다 할 것이고, 이와 같은 위법이 이 사건 심결의 결론에 영향을 미쳤음은 명백하므로, 이 사건 심결은 이 사건 등록의장과 인용의장들이 표현된 물품의 동일성 및 의장의 동일·유사 여부에 대하여는 나아가 판단할 것도 없이 위법하다.

2) 제척·기피의 신청

그 사건의 당사자 및 참가인은 심판관에 대하여 제척·기피신청을 할 수 있다. 당사자가 제척을 신청하는 경우 그 제척신청은 심결시까지 할 수 있는 것으로 해석된다. 제척사유가 심결 후 심결확정까지의 사이에 발생한 경우에는 그를 이유로 하여 상급심에 불복하여 다툴 수 있으며, 심결확정 후에는 재심사유로 할 수 있다. 반면 기피는 그 사건에 대하여 진술을 하기 전에는 언제든지 기피신청을 할 수 있으며 진술을 한 후에는 기피신청을 할 수 없다. 다만 기피의 원인이 있는 것을 알지 못하였을 때 또는 기피의 원인이 그 후에 발생한 때에는 진술을 한 후에도 신청을 할 수 있다.

제척·기피의 신청은 서면 또는 구술에 의하여 할 수 있다. 다만 구술에 의한 신청이 인정되는 것은 구술심리의 경우에 한한다. 제척 및 기피신청을 하고자 하는 자는 그 원인을 기재한 서면을 특허심판원장에게 제출하여야 한다. 제척·기피의 신청은 그 원인을 서면으로 소명하여야 하나 구술심리에 있어서는 구술로 할 수 있다. 이와 같은 제척·기피의 원인에 대한 소명은 신청한 날로부터 3일 내에 하여야 하나, 이 기간은 훈시적인 것으로서 3일 후라도 심판 전에 소명하면 그 효력이 인정된다.

제척·기피의 신청이 있는 때에는 제척·기피심판의 결정이 있을 때까지 당해 심판절차는 중지하여야 하며(상§139),[17] 특허심판원장은 제척·기피 신청을 처리할 심판관을 지정하여 합의체의 심판부를 구성하여야 한다. 제척·기피 신청을 당한 심판관은 그 제척·기피에 대한 심리에 관여할 수 없으며, 다만 의견만을 진술할 수 있다.

3) 제척·기피의 결정

제척 또는 기피신청이 있는 때에는 심판에 의하여 이를 결정하여야 하며, 이 결정은 즉시 확정된다. 제척에 대한 심판부의 결정은 확인행위에 불과하며 제척원인이 있는 심판관은 제척심판을 기다릴 필요없이 법률상 당연히 직무집행에서 제외되어야 한다. 제척 또는 기피의 신청을 당한 심판관은 그 제척 또는 기피에 대한 심판에 관여할 수 없다. 다만 의견을 진술할 수 있다. 이 결정은 서면으로 하여야 하며 그 이유를 붙여야 한다. 또한 이 결정에는 불복할 수 없다(상§138).

제척·기피를 심판하는 심판부는 제척·기피 신청을 조속히 처리하여야 하며, 제척·기피의 결정은 이유를 붙여 서면으로 한다. 제척·기피의 원인명시가 없거나 새로운 제척·기피 원인이 없는 데도 제척·기피신청을 반복하거나 심판장의 심판진행에 대한 불만을 이유로 하여 기피신청을 하는 등의 경우에는 제척·기피신청을 각하한다.

제척원인이 있는 심판관 및 기피결정이 있는 심판관은 당해 심판사건에 대하여 일체의 직무를 집행할 수 없으며, 그 심판관이나 당사자 등이 이를 아는지를 불문한다. 이 때 특허심판원장은 제척·기피 결정을 받은 심판관의 지정을 해제하고 다른 심판관을 새로이 지정한다. 한편 제척원인이나 기피원인이 있는 심판관이 관여한 심리는 절차상 무효가 되므로 심결 전이면 이를 다시 심리하여야 하며, 상급심에서는 파기이유가 되고 심결확정 후에는 재심사유가 된다.

4) 심판관의 회피

심판관이 심판관의 제척 또는 심판관의 기피의 규정에 해당하는 경우에는

17) 긴급을 요하는 행위에 대하여는 그러하지 아니하다.

특허심판원장의 허가를 받아 당해 사건에 대한 심판을 회피할 수 있다(상 §140). 제척·기피에서와 같이 회피원인의 소명 등은 필요없다. 또한 회피시기에 대하여 명시적 규정은 없으나 제도의 취지상 심리종결 전까지는 회피할 수 있다 할 것이다.

3. 청 구 인

거절결정 또는 상표권의 존속기간 갱신등록거절결정을 받은 자는 그에 대한 심판을 청구할 수 있다. 심사관은 무효심판, 취소심판, 상표권갱신등록 무효심판 등을 청구할 수 있다. 이해관계인은 무효심판, 상표권갱신등록 무효심판, 권리범위확인심판을 청구할 수 있다. 상표권자는 권리범위확인심판 등을 청구할 수 있다.

(1) 심사관

심판의 청구는 원칙적으로 이해관계인만이 할 수 있으나, 무효심판에 대해서는 이해관계인 이외에 심사관도 청구할 수 있도록 하고 있다. 그 취지는 무효심판은 위법하게 부여된 상표권의 효력을 둘러싼 다툼으로 그 권리의 효력은 직접적인 이해관계인만이 아니라 일반공중에게도 미치는 것으로, 무효심판의 청구를 이해당사자에게만 맡길 수 없거나 또는 당사자가 심판을 제기하지 않을 경우에는 공공의 이익을 해할 수 있으므로 공익의 대표자로서 심사관이 무효심판을 청구하여 위법하게 부여된 권리를 무효시킬 수 있도록 하는데 있다.

대법원 1989. 3. 14. 선고, 86후171 판결	**[무효심판청구인으로서의 심사관의 자격]** 구 실용신안법 제25조 제2항이 심사관으로 하여금 실용신안 등록의 무효심판을 청구할 수 있도록 규정한 것은 심사관 개인을 이해관계인으로 보아서가 아니라 실용신안제도의 원활한 목적달성을 위한 공익적 견지에서 나온 것이므로 그 심사관은 심판제기 당시 실용신안의 등록출원에 대한 심사를 담당하고 있는 자이면 되고 반

드시 당해 실용신안등록을 심사하여 등록사정한 심사관에 한하거나 심결당시에 그 심사관의 지위에 있어야만 하는 것은 아니다.

(2) 이해관계인

심판청구에 있어서는 청구인은 일반적으로 이해관계인이어야 하며, 이해관계가 없는 자의 심판청구는 심결로 각하된다.[18]

상표법은 심판청구의 남발로 인한 행정력의 낭비를 방지하고 상표권자의 법적 지위 안정을 꾀한다는 취지에서 심판을 청구할 수 있는 자를 제한적으로 규정하고 있다. 즉 상표법은 심판의 청구인 적격자로서 '이해관계인'을 규정하고 있다.

심판절차에 있어 이해관계인의 여부는 심판청구에 있어서의 당사자 적격의 문제로 심판청구에 따른 이익에 관계하느냐를 판단하게 된다. 이는 "이익 없으면 소권 없다."라고 하는 민사소송법의 기본원칙이 상표법에도 반영되어 심판청구를 이해관계인에 한정시킨 것이므로 심판청구의 이해관계는 대체로 민사소송법의 권리보호의 이익의 법리를 수용하면 될 것이다. 즉 심판절차에 있어서 이해관계인이란 상표권의 존재로 인하여 직간접적으로 손해를 입거나 입을 우려가 있는 자를 지칭한다 하겠다.[19] 이러한 이해관계인은 권리의무의 주체가 되는 자연인·법인에 한하며, 권리능력이 없는 법인이 아닌 사단·재단은 대표자나 관리인이 정해져 있는 경우에 그 이름으로 심판청구인 및 피청구인이 될 수 있다.

1) 법규정상의 이해관계인

상표법이 심판 절차에서 행위적격자로서 이해관계인으로 규정한 것을 살펴보면 다음과 같다.[20]

① 무효심판의 청구인

② 상표권갱신등록 무효심판의 청구인

③ 권리범위확인심판의 청구인

18) 대법원 1971. 4. 28. 선고, 70후68 판결.

19) 광의로는 상표권자, 전용실시권자, 통상실시권자 및 심사관도 심판절차에 있어서의 이해관계인이다.

20) 기타 다른 절차상의 행위적격자로서 규정된 것으로는 상표등록료 대납자 등이 있다.

④ 취소심판의 청구인

⑤ 참가신청인

⑥ 증거조사 및 증거보전의 신청인

2) 심판청구인으로서의 이해관계인

이해관계인에 대한 인용여부의 판단은 심판관의 직권조사사항이며, 당해 심판의 심결시를 기준으로 그 존부 여부를 판단하게 된다. 이때 이해관계인은 '권리자로부터 권리의 대항을 받거나 받을 염려가 있으므로 현재 업무상 손해를 받거나 또는 앞으로 손해를 받을 수 있는 자'로 볼 수 있으며, 그 구체적인 해석은 각각의 심판 종류별로 고찰해야 한다.

3) 이해관계의 판단

심판에 있어 이해관계는 청구인적격과 직결되는 것으로 이해관계존부에 대한 입증은 심판청구인이 하여야 한다. 이에 대한 이해관계의 존부 판단은 심판관의 직권사항으로서 전적으로 심판관의 판단에 맡겨지고 있다. 따라서 직권으로 심판청구인이 이해관계인인지 아닌지 여부에 대하여 심리판단하지 않은 것은 심리를 다하지 아니한 위법이 있다.[21] 이때 이해관계 존부의 판단 시점은 심결시이다. 따라서 심판청구당시에는 이해관계가 인정되지 않는 경우라도 심결시에 이해관계가 있다면 적법한 심판청구로 인정된다. 반면 심판청구시에는 일응 이해관계가 성립되었더라도 심판청구 후 심결시에 이해관계가 소멸된 경우에는 부적법한 심판청구로서 심결각하된다.

심판장은 심판청구가 이해관계가 없는 자에 의하여 청구된 경우에는 심판청구인에게 이해관계가 있음을 인정할 만한 구체적 자료를 제출할 것을 명한 후 지정기간 내에 보정을 하지 아니하거나 심판청구인이 제출한 서면을 검토한 결과 당해 심판청구서가 이해관계가 없는 자에 의한 청구로 인정될 때는 그 심판청구는 부적법한 심판청구이므로 심결로서 각하하여야 한다. 이때 심판청구인은 심결에 대한 불복의 소를 제기하여 그 당부를 다툴 수 있다.

---

21) 대법원 1970. 3. 24. 선고, 70후3 판결.

4. 공동심판

(1) 의 의

공동심판이란 하나의 심판사건에 심판 청구인 또는 심판 피청구인이 2인 이상인 심판을 말한다. 특허법은 제139조 제1항에서 동일한 특허권에 관하여 특허무효심판이나 권리범위확인심판을 청구하는 경우 그 심판을 청구하는 자가 2인 이상이 있는 때에는 2인 이상이 공동으로 심판을 청구할 수 있다고 규정하고 있고, 동조 제2·3항에서는 상표권이 공유인 경우에는 반드시 공유자 전원을 심판의 청구인 또는 피청구인으로 하여야 한다고 규정하고 있다(상 §124). 이와 같이 심판절차에서 공동심판을 인정하는 것은 공동으로 심판을 수행하게 하는 경우 다수당사자간의 관계되는 분쟁을 동일절차 내에서 동시에 처리함으로써 심판의 중복을 피하고 당사자와 특허심판원의 노력을 절약하게 하는 한편 분쟁의 통일적 해결을 기할 수 있기 때문이다.

공동심판여부는 소송수행자의 수가 아니라 당사자의 수를 기준으로 한다. 또한 필요적 공동심판에 있어서 청구인 또는 피청구인은 수인(數人)이지만 심판청구는 하나가 되므로 공동심판인은 심판의 결과에 있어 그 운명을 같이 한다.[22]

대법원 1987. 12. 8. 선고, 87후111 판결	**[공동심판]** 구 특허법 제93조 제2항, 제3항에 의하면 특허의 공유관계는 민법 제2119조에 규정된 합유에 준하는 것이라 할 것이므로 특허권이 공유인 때에는 그 특허권에 관한 심판사건에 있어서는 공유자 전원이 심판의 청구인 또는 피청구인이 되어야 하고 그 심판절차는 공유자 전원에게 합일적으로 확정되어야 할 필요에서 이른바 필요적 공동소송관계에 있다.

22) 특허무효심판이나 권리범위확인심판의 경우 2인 이상의 청구가 있어도 그 특허청구범위가 다르다면 공동심판이 되지 않는다(심판편람, 22.02).

(2) 공동심판의 종류

1) 유사필수적 공동심판

동일한 상표권에 관하여 무효심판, 취소심판 혹은 권리범위확인심판을 청구하는 자가 2인 이상이 있는 때에는 그 전원이 공동으로 심판을 청구할 수 있다(상§124①). 한편 동일한 상표권에 관하여 이해관계인이 2인 이상이 있을 경우 그 전원을 피청구인으로 할 수 있다.

2) 고유필수적 공동심판

공유인 상표권의 상표권자에 대하여 심판을 청구하는 때에는 공유자 전원을 피청구인으로 하여야 하며(상§124②), 상표권 또는 상표를 받을 수 있는 권리의 공유자가 그 공유인 상표권 또는 상표를 받을 수 있는 권리에 관하여 심판을 청구하는 때에도 공유자 전원이 공동으로 하여야 한다(상§124③). 따라서 상표권 또는 상표를 받을 수 있는 권리가 공유인 경우에는 반드시 공유자 전원이 청구인 또는 피청구인이 되어야 하며, 심결에 대한 소를 제기하거나 대법원에 상고하는 경우에도 이와 같다.

(3) 공동심판의 청구

1) 유사필수적 공동심판

상표권자로부터 권리의 대항을 받은 수인(數人)은 해당 상표권에 관하여 무효심판을 청구하고자 하는 경우 수인이 공동으로 청구할 수 있으며, 각각 별도의 심판을 청구할 수도 있다. 또한 상표권자가 상표를 실시하는 수인을 상대로 심판을 청구하는 경우에도 상표권자는 하나의 심판사건에 이들 모두를 피청구인으로 하여 청구할 수 있으며 각각 별도의 심판을 청구할 수도 있다.

2) 고유필수적 공동심판

상표권이 공유이거나 상표를 받을 수 있는 권리가 공유인 경우 상표권 또는 상표를 받을 수 있는 권리에 관한 심판을 청구하는 경우에는 그 공유자 전원을 청구인 또는 피청구인으로 하여야 한다. 심결에 대한 소의 제기나 상고를 하는 경우에도 공유자 전원을 청구인 또는 피청구인으로 하여야 한다. 다만 대법원 판례는 공유자 중 1인이 신청하는 경우에도 유효하다고 한다.

대법원 2004. 12. 9. 선고, 2002후567 판결

[당사자적격]

[1] 상표권이 공유인 경우에 각 공유자는 다른 공유자의 동의를 얻지 아니하면 그 지분을 양도하거나 그 지분을 목적으로 하는 질권을 설정할 수 없고 그 상표권에 대하여 전용사용권 또는 통상사용권을 설정할 수도 없는 등 일정한 제약을 받아 그 범위에서 합유와 유사한 성질을 가지지만, 이러한 제약은 상표권이 무체재산권인 특수성에서 유래한 것으로 보일 뿐이고, 상표권의 공유자들이 반드시 공동목적이나 동업관계를 기초로 조합체를 형성하여 상표권을 소유한다고 볼 수 없을 뿐만 아니라 상표법에 상표권의 공유를 합유관계로 본다는 명문의 규정도 없는 이상, 상표권의 공유에도 상표법의 다른 규정이나 그 본질에 반하지 아니하는 범위 내에서는 민법상의 공유의 규정이 적용될 수 있다고 할 것이다.

[2] 상표권의 공유자가 그 상표권의 효력에 관한 심판에서 패소한 경우에 제기할 심결취소소송은 공유자 전원이 공동으로 제기하여야만 하는 고유필수적 공동소송이라고 할 수 없고, 공유자의 1인이라도 당해 상표등록을 무효로 하거나 권리행사를 제한·방해하는 심결이 있는 때에는 그 권리의 소멸을 방지하거나 그 권리행사방해배제를 위하여 단독으로 그 심결의 취소를 구할 수 있다.

(4) 당사자의 보정 및 추가

1) 청구인 표시의 보정

심판청구서에 공동심판이라는 의사가 표시되어 있고, 그 기재가 누락되었다고 인정될 때에는 그 흠결의 보정을 명하고 기간 내에 보정이 있으면 적법한 것으로 하나, 기간 내에 보정하지 아니한 경우에는 심판청구서 기재위반으로 보아 심판청구서는 결정으로 각하한다. 반면 심판청구서상에 이러한 의사표시가 없고 흠결을 보정할 수 없는 경우에는 부적법한 심판청구로 보아 보정을 명하지 아니하고 곧바로 부적법한 청구를 이유로 심판청구를 각하한다.[23]

23) 심판편람(제11판), 제5편 제4장 제3절 공동심판청구사건을 위반한 사건의 처리, p.108.

2) 청구인 · 피청구인의 추가

심판청구인 또는 피청구인의 추가는 인정되지 않으며, 이를 추가하는 것은 심판청구서에 대한 요지변경이 된다. 이에 판례는 유사필요적 공동심판인 경우에는 청구인 또는 피청구인의 추가가 인정되지 아니하나, 고유필요적 공동심판인 경우에는 청구인 또는 피청구인의 추가가 인정되는 것으로 판시하고 있다. 그러나 실무적으로는 청구인 표시의 보정과 같이 심판청구서상에서 공동심판의 의사표시가 있는 경우에는 당사자에 관한 표시의 보정을 인정하는 것으로 하고, 그렇지 않은 경우에는 이를 부적법한 청구로 하여 심판청구를 각하하는 것으로 하고 있다.

5. 참 가

(1) 의 의

'참가'란 동일한 상표권에 관하여 이해관계가 있는 제3자가 심판계속 중에 그 심판의 한쪽 당사자로 심판절차를 수행하는 것을 말한다(상§142). 이러한 참가제도는 심판절차에 이해관계가 있는 제3자로 하여금 별도의 새로운 심판절차를 밟지 않고 자기의 명의로 자기의 이익을 위하여 주장할 수 있는 기회를 부여하고 심판의 공정을 기하려는 데 그 취지가 있다. 즉 상표심판에 대한 심결의 효력은 제3자에게 미치게 되어 있어 타인 간의 심판의 결과가 제3자의 법률상의 지위에 직·간접으로 영향을 미치게 된다. 이러한 경우에 그 심판을 당사자간의 심판절차에만 맡기고 방관하게 되면 결과에 따라서는 제3자가 불측의 손해를 입을 염려가 있다. 이에 상표법은 제3자가 자기의 법률상 이익을 보호하기 위하여 타인 간에 계속 중인 심판에 개입하여 일방당사자를 보조하여 승소하게 하거나 또는 자기 스스로 청구인으로서 일방의 당사자측에 참여하여 다른 당사자를 상대로 자기의 주장을 하여 심판절차를 수행할 수 있도록 하고 있다. 따라서 이러한 참가는 당사자계 심판에서만 인정되며, 결정계 심판에는 인정되지 않는다.

(2) 참가의 종류

참가에는 당사자참가(상§142①)와 보조참가(상§142③)가 있다. 당사자참가란 원래 당사자로서 심판을 청구할 수 있는 자가 하는 참가로서 동일한 상표권에 관하여 이해관계인 2인 이상 있을 경우와 같이 공동심판청구인의 지위를 가진 자가 이해관계인 중 1인의 심판청구에 참가하는 경우를 말하며(상§142①), 보조참가란 당사자의 일방을 보조하기 위한 참가로서 심판의 결과에 대하여 이해관계를 가진 자(예컨대 무효심판 대상으로 되어 있는 상표권에 대하여 사용권자 또는 질권 등을 갖는 자) 등이 상표권자에게 참가하는 경우를 말하는데 이 참가인은 피참가인에게 불리한 행위를 할 수 없다(상§142③).

당사자 참가의 경우 참가인은 피참가인이 그 심판의 청구를 취하한 후에도 심판절차를 속행할 수 있으며(상§142②), 보조참가의 참가인 역시 일체의 심판절차를 행할 수 있다(상§142④). 또한 참가인에 대하여 심판절차의 중단 또는 중지의 원인이 있는 때에는 그 중단 또는 중지는 피참가인에 대하여도 그 효력이 발생한다(상§142⑤).[24] 다만 보조참가는 청구인측이나 피청구인측 어느 쪽이나 참가할 수 있는 반면에 당사자 참가는 심판의 청구인측에 공동청구인으로 참가하는 경우에만 인정되며 피청구인측에는 참가할 수 없다.

(3) 참가의 요건

1) 심판의 계속

심판에 참가하기 위해서는 당해 심판이 특허심판원에 계속중이어야 하며, 심리 종결 전이어야 한다. 따라서 제1심에서는 참가하지 아니하였으나 제2심격인 소송이나 제3심격인 상고심에서 새로이 심판에 참가할 수 있다.[25] 또한 판결확정 후라도 재심의 청구와 동시에 참가신청을 할 수 있다.

2) 참가인

참가인은 당사자 능력이 있어야 한다. 당사자 참가의 경우에 참가인은 당사자 적격을 가져야 하며, 보조 참가의 경우에는 참가인이 심판의 결과에 이해관계를 가져야 한다. 여기에서 '심판의 결과'란 권리의 무효·유효 등 심결

24) 당사자 참가의 경우는 몰라도 보조참가에까지 그런 효력을 인정해야 할지는 의문이다.
25) 다만 상고심에서 참가하면 사실상의 주장이나 증거의 제출이 허용되지 않는다.

의 주문에서 판단되는 최종적인 결과를 말하며, 심결의 이유에서 나타난 판단이나 사실을 의미하지 않는다. 또한 '이해관계'란 법률상의 이해관계를 말하는 것으로 심판의 결과 여하에 따라 그 심판의 대상으로 되어 있는 상표권에 대한 법률적 지위 또는 참가인과 심판청구인·피청구인과의 사이에 법률관계의 변동이 생길 수 있는 가능성이 있는 경우를 말한다. 따라서 단지 사실상 또는 경제상의 이해관계만으로는 참가할 수 없다.

대법원 1997. 3. 25. 선고, 96후313, 320 판결

[특허관리인의 성격 및 무효심판에 있어서 특허관리인이 보조참가를 할 수 있는지 여부에 관한 판례]

위 보조참가인은 이 사건 등록상표들에 대하여 출원등록에 관한 대리를 하였고, 이 사건 항고심판에 이르기까지 피심판청구인의 대리인이었으며, 또한 이 사건 등록상표들의 상표관리인으로 선임되어 등록되어 있으므로 보조참가신청을 할 이유가 있다는 것이나, 상표관리인이란 재외자를 대리하는 포괄적인 대리권을 가지는 자로서 형식상은 임의대리인이지만 실질적으로는 법정대리인과 같은 기능을 하는 관계로 당사자 본인에 준하여 취급다고 볼 수 있으므로 위 보조참가인이 무효심판이 청구된 이 사건 등록상표들의 상표관리인이라는 사정만으로는 이 사건 소송의 결과에 제3자로서 법률상 이해관계가 있다고 할 수 없고, 그 주장하는 다른 사정들도 사실상, 경제상의 이해관계에 지나지 아니하는 것으로 보이므로, 결국 위 보조참가인의 이 사건 보조참가신청은 참가의 요건을 갖추지 못한 부적법한 것이라고 할 것이다.

(4) 참가절차

심판에 참가하고자 하는 자는 참가의 취지와 이유를 명시한 참가신청서를 현재 심판이 계속하는 심급의 심판장에게 제출한다. 이때 심판참가를 할 수 있는 자임을 소명하여야 하며 당사자 어느 쪽에 참가하는지를 표시하여야 한다. 이에 심판장은 참가신청서의 부본을 당사자 및 타참가인에게 송달하고 기간을 정하여 의견서를 제출할 수 있는 기회를 주어야 한다. 참가신청이 있는 경우에는 심판에 의하여 그 참가여부를 결정하여야 하며, 그 결정을 이유를 붙여 서면으로 하여야 한다.

참가의 신청은 심리가 종결될 때까지 할 수 있고(상§142①③), 어느 때나 참가신청을 취하할 수 있다. 참가신청의 취하는 그것에 의하여 피참가인 및 그 상대방의 이익을 해하는 것은 아니며, 심결의 효력은 취하한 참가신청인 또는 참가인에게 미치는 것이기 때문에 어느 당사자의 동의도 필요하지 않는다. 다만 당사자 참가의 경우에 심판청구인이 심판의 청구를 취하하였기 때문에 참가인만이 절차를 진행하고 있는 경우에는 상표법 제148조 제1항을 유추하여 참가인의 주장에 대하여 피청구인의 답변서를 제출한 후에는 피청구인의 동의를 필요로 한다.

참가신청서가 방식에 위배되거나 수수료를 납부하지 않은 경우에는 심판장은 기간을 지정하여 보정을 명하고, 그 기간을 경과하여도 신청인이 보정하지 아니한 때에는 심판장 명의의 결정으로 각하한다. 한편 당사자 등에 의해 제출된 의견서를 검토한 결과 심판청구인 적격이나 이해관계가 분명하지 않은 경우에는 심판장은 참가신청인에게 심문서를 보내어 참가이유에 대하여 석명하도록 한다. 당사자 등에 대한 의견서 제출 지정기간의 경과 후 참가여부를 결정한다. 참가인 또는 당해 심판이나 재심에 참가신청을 하였으나 그 신청이 거부된 자는 특허법원에 소를 제기할 수 있다(상§162).

(5) 참가의 효력

참가의 허부가 결정되지 아니한 상태일지라도 참가신청인은 참가신청과 동시에 심판절차를 수행할 수 있다. 당사자 참가의 경우 참가인은 공동심판청구인과 같은 지위·권한을 가지며, 일체의 심판절차를 밟을 수 있고 피참가인이 그 심판의 청구를 취하한 후에도 심판절차를 속행할 수 있다.

보조참가의 참가인 역시 피참가인의 승소를 위하여 심판에 관한 일체의 심판절차를 자기의 이름으로 행할 수 있고 피참가인 자신이 한 것과 동일한 효과를 발생하기 때문에 심판서류의 송달 등에 있어 똑같은 취급을 받는다. 다만 보조참가인은 당사자의 일방을 보조하기 위하여 노력하는 자이며 자기명의로 심결을 받는 자가 아니므로 진정한 의미의 당사자가 아니며, 따라서 제3자로서 증인이나 감정인 능력을 갖는다. 또한 참가인에 대하여 심판절차의 중단 또는 중지의 원인이 있는 때에는 그 중단 또는 중지는 피참가인에 대하여도 그 효력이 발생한다. 심판청구인이 심판청구를 취하하는 경우에는 보조 참가인은 공동심판청구인과는 달리 참가인의 지위를 상실하며 심판절차는 종료한다.

피참가인의 부적법한 심판청구에 적법한 당사자 참가가 있는 경우와 관련하여 논의가 있다. 실무에서는 먼저 심판청구를 심결각하한 후에 참가신청을 결정에 의하여 각하하고 있다. 반면 소송경제적인 면에서 일단 적법하게 참가한 참가인은 피참가인에 불구하고 계속해서 심판을 수행할 수 있다고 하는 견해가 있다. 즉 당사자 참가의 경우 참가가 심판청구인 적격을 갖춘 자가 별도의 심판을 청구하는 대신에 기왕의 타인의 계속중인 심판에 참가하여 피참가인과 공동심판청구인이 된 것이므로, 비록 피참가인의 부적법한 심판청구로 인해 일부각하의 사정이 있을지라도 참가인은 심판을 수행할 수 있다고 한다. 당사자 참가의 경우 참가인은 피참가인이 그 심판의 청구를 취하한 후에도 심판절차를 속행할 수 있다고 한 상표법의 규정이나 소송경제라는 측면에서 일면 수긍할 만한 견해이다.

참가인은 심판에 있어서 공격 및 방어방법의 제출 등 일체의 심판절차를 수행할 수 있다. 특히 당사자 참가의 경우 참가인은 심판청구 취지의 범위 내에서 피참가인의 행위와 모순되는 심판절차를 밟을 수도 있다. 다만 보조 참가의 경우 참가인이 피참가인의 심판절차수행과 저촉되는 행위를 할 수 있는지에 대하여는 의견이 대립한다. 즉 심결이 확정되면 일사부재리의 효력을 가지는 심판의 특성상 심결의 효력은 참가인에게도 미치므로 참가인도 피참가인의 행위와 저촉되는 행위를 할 수 있다고 보는 견해가 있다. 그러나 부정설은 민사소송법 제76조 제2항의 규정을 유추하여 보조참가인은 피참가인의 행위와 저촉되는 행위를 할 수 없다고 본다. 이에 긍정설은 직권주의가 적용되는 특허심판에서는 당사자 처분주의나 변론주의에 기인한 민사소송법이 적용될 여지가 없다고 지적한다. 하지만 보조참가의 경우 참가인은 청구인측에도 피청구인측에도 선택적으로 참가할 수 있다. 일단 이렇게 참가를 하였다면 그 피참가인에 저촉하는 행위는 할 수 없다고 보아야 할 것이다.

심결이 있는 때에는 심결의 효력은 참가인에게 미친다. 일사부재리의 효력을 갖는 심판의 효력상 당연하다. 특히 민사소송법상의 참가가 있는 소송사건에 대한 판결의 효력이 당사자에게만 미치고 보조참가인에게는 미치지 않는다는 것이 다수설인데 비하여, 심판은 판결의 대세적 효력이 인정되는 바, 소송에 보조참가한 경우에도 예외적으로 판결의 효력이 보조참가인에게 미친다 할 것이다.

제 3 절 심판절차

1. 심판의 청구

(1) 심판청구서 및 청구방식

심판을 청구하는 자는 i) 당사자의 성명과 주소(법인인 경우에는 그 명칭 및 영업소의 소재지), ii) 당사자의 대리인의 성명 및 주소나 영업소의 소재지(특허법인인 경우 그 명칭, 사무소의 소재지 및 지정된 변리사의 성명), iii) 심판사건의 표시, iv) 청구의 취지 및 그 이유 등을 기재한 심판청구서를 특허심판원장에게 제출하여야 한다(상§125①).

심판의 종류에 따라 필요적 기재사항 외에도 견본 등이 요구된다.

(2) 거절결정 등에 대한 심판청구서 및 청구방식

거절결정에 대한 심판 또는 보정각하결정에 대한 심판을 청구하고자 하는 자는 다음 각호의 사항을 기재한 심판청구서를 특허심판원장에게 제출하여야 한다(상§126).

1. 청구인의 성명 및 주소(법인인 경우에는 그 명칭 및 영업소의 소재지)
2. 대리인이 있는 경우에는 그 대리인의 성명 및 주소나 영업소의 소재지(대리인이 특허법인인 경우에는 그 명칭, 사무소의 소재지 및 지정된 변리사의 성명)
3. 출원일 및 출원번호
4. 지정상품 및 그 류구분
5. 심사관의 거절결정일 또는 보정각하결정일

6. 심판사건의 표시
7. 청구의 취지 및 그 이유

(3) 심판청구서의 보정

심판을 청구할 때 요지변경은 할 수 없으나 청구의 이유는 보정할 수 있다(상§125②). 이는 요지의 변경을 함부로 인정하면 심판사무가 복잡·지연되어 심판의 안정성이 상실될 우려가 있기 때문이라고 할 수 있다. 심판청구서의 요지란 심판청구사건의 당사자, 심판사건의 표시, 청구의 취지 및 그 이유를 말하는데, 이 중 청구의 이유에 대해서만 그 이유의 변경이나 추가가 인정되므로 이유의 보충에 있어서는 신청, 청구의 취지를 변경하지 아니하는 한 최초 신청한 이유의 일부 또는 전부를 정정하고 새로운 이유를 추가할 수 있다.

대법원 1987. 1. 20. 선고, 85후119 판결

[심판청구서의 요지변경]

심판청구서의 보정에 있어서는 청구의 이유를 제외하고는 그 요지를 변경할 수 없게 되어 있는 바, 여기에서 '청구의 요지'라 함은 심판청구인이 특허청에 어떠한 심결을 구하는가를 특정하여 요구하는 것을 말한다 하겠으므로, 이를 변경하게 되면 청구 자체를 변경하는 것이 되어 그 변경은 허용될 수 없는 것이고, 한편 변경할 수 없는 '요지'라 함은 청구의 취지 및 이유 등 심판청구서 전체의 취지를 살펴보아 등록된 권리를 중심으로 하여 적어도 그 동일성을 해하지 아니하는 범위 내의 것을 말한다 하겠다.

1) 당사자 및 심판사건의 표시

심판청구서에 기재되는 심판사건의 표시는 심판청구의 대상과 심판의 종류를 표시한다. 즉 청구하고 있는 심판이 무효심판인지 또는 권리범위확인심판인지에 대해서 심판청구서에 표시해야 한다. 심판청구서에 표시된 권리번호, 출원번호 또는 당사자 표시를 보정하는 것이 단순한 오기를 바로잡는 것으로 인정될 때에는 그 보정이 인정되나, 그 보정이 요지변경으로 인정될 때에는 그 보정은 인정되지 않는다.

공유상표권에 대한 심판에 있어서는 그 당사자 일부가 착오로 누락된 경우에는 그 당사자의 추가가 인정되는 것으로 해석함이 일반적이며, 심리종결시까지 당사자 추가가 있는 경우에는 적법한 청구로 인정된다 할 것이다. 이에 대하여 반대 견해가 있으나 민사소송법 및 소송경제적으로 미루어 볼 때 인정해야 한다는 견해가 다수이다.

2) 심판청구의 취지

심판청구의 취지는 심판청구인이 어떠한 심결을 구하는가를 특정하여 요구하는 것을 의미한다. 이에 일반적으로 심판을 통한 심판의 대상 상표권의 취급과 그 심판에 소요된 비용의 부담에 대한 사항으로 압축된다. 이 심판청구의 취지도 심판청구서의 요지이므로 그 청구취지의 보정은 인정되지 아니함이 원칙이나 단순한 오기는 바로잡을 수 있다.

한편 심판청구서 이외의 보충서류의 경우에도 심판번호와 심판사건의 표시가 불일치하는 등 그 심판번호 또는 심판사건의 표시가 불명확하거나 잘못 기재되어 심판사건을 특정할 수 없을 때에는 당사자에게 보정을 명하거나 심문을 하는 등 당사자에게 소명의 기회를 주어야 한다.

대법원 1981. 9. 8. 선고, 80다2904 판결	**[청구취지의 특정여부]** 청구취지의 특정여부는 직권조사사항이라고 할 것이므로 청구취지가 특정되지 않은 경우에는 법원은 피고의 이의 여부에 불구하고 직권으로 그 보정을 명하고 그 보정명령에 응하지 않을 때에는 소를 각하하여야 한다.
대법원 2002. 3. 15. 선고, 2001후1051 판결	**[청구의 이유]** 원심은 나아가, 원고가 그 등록의장의 무효확인을 구한 심판청구서에서 적용법조로서 의장법 제5조 제1항 및 제2항만을 기재하였다고 하더라도 원고의 이 사건 사실 주장 중에는 이 사건 등록의장이 선출원된 인용의장과 동일 또는 유사하여 의장법 제16조 제1항에 위배된다는 주장이 포함되어 있다고 봄이 상당하므로, 당초의 심결에서는 이 사건 등록의장과 이에 대하여 선원의 지위를 갖는 인용의장과의 유사 여부를 대비판단하여 이 사건 등록의장이 의장법 제16조 제1항의 규정에 의하여 무효로 될 수 있는지를 나아가 판단하였어야 함에도 불구하고, 원고의 주장 내용을 제대로

살피지 아니하고 인용 의장이 이 사건 등록의장의 출원일 이후에 공지되었다는 것만을 이유로 원고의 심판청구를 기각하였으니 그 심결에는 판단유탈의 위법이 있다는 요지로 판단하였다. 기록상 이 사건 등록의장과 인용의장은 극히 유사하다고 판단되는 이 사건에서 원심의 위와 같은 판단은 옳고, 그 판단에 의장법 제5조 및 제16조에 관한 법리를 오해하였거나 심리를 다하지 아니하였다거나 증거법칙을 위배하였다거나 판단을 유탈하였다는 등으로 판결에 영향을 끼친 위법사유가 없다.

(4) 심판을 청구할 수 있는 자

심판을 청구할 수 있는 자는 심판의 종류에 따라 다르다. 공유인 상표권의 상표권자에 대하여 심판을 청구하는 때에는 공유자 전원을 피청구인으로 하여 청구하여야 하며(상§124②), 상표권 또는 상표를 받을 수 있는 권리의 공유자가 그 공유인 권리에 관하여 심판을 청구하는 때에는 공유자 전원이 공동으로 청구하여야 한다(상§124③). 또한 동일한 상표권에 이해관계인이 2인 이상이 있는 경우에는 각자 또는 그 전원이 공동으로 심판을 청구할 수 있다(상§124①). 이때 공동심판 청구인 및 공동피청구인 중 1인에 관하여 심판절차의 중단 또는 중지의 원인이 있는 때에는 전원에 관하여 그 효력이 발생한다(상§124④).

2. 형식 심사

(1) 방식심리

심판장은 심판청구자가 심판청구방식(상§125①)에 위반한 경우 또는 소정의 수수료를 납부하지 아니하거나 절차적 행위능력의 흠결과 특허관리인의 부존재, 법령에 의한 방식에 위반된 경우에는 상당한 기간을 정하여 그 흠결을 보정할 것을 명하여야 한다(상§127①). 다만, 보정할 사항이 경미하고 명확한 경우에는 직권으로 보정할 수 있다.

보정명령을 받은 자가 지정된 기간 내에 보정하지 않으면 심판장의 결정으로 심판청구서를 각하하여야 한다(상§127②). 이 결정은 서면으로 하여야 하며 반드시 결정의 이유를 붙여야 하는 바(상§127③) 이는 민사소송법상 재판장의 소장(訴狀)심사권(민소§254)과 같은 규정이다. 심판장은 제1항 단서에 따라 직권보정을 하려면 그 직권보정 사항을 청구인에게 통지하여야 하고(상§127④). 청구인은 제1항 단서에 따른 직권보정 사항을 받아들일 수 없으면 직권보정 사항의 통지를 받은 날부터 7일 이내에 그 직권보정 사항에 대한 의견서를 심판장에게 제출하여야 한다(상§127⑤). 다만, 청구인이 제5항에 따라 의견서를 제출한 경우에는 해당 직권보정 사항은 처음부터 없었던 것으로 본다(상§127⑥). 제1항 단서에 따른 직권보정이 명백히 잘못된 경우 그 직권보정은 처음부터 없었던 것으로 본다(상§127⑦).

대법원 1982. 9. 28. 선고, 80누414 판결

[방식에 부적합한 경우]

구 특허법시행규칙(1980. 12. 31. 상공부령 제616호로 개정되기 전의 것) 제14조 제1항 제11호 소정의 "서류가 방식에 적합하지 아니한 경우"라 함은 서류의 기재사항에 흠결이 있거나 구비서류가 갖추어져 있지 아니하는 경우 등 서류가 법령상 요구되는 형식적인 방식에 적합하지 아니한 경우를 뜻하고, 형식적인 문제를 벗어나서 출원인이나 발명자가 구 특허법 제40조에 규정된 권리능력을 가지는지 또는 출원인이 발명자가 특허법 제40조에 규정된 권리능력을 가지는지 또는 출원인이 동법 제2조 제1항에 규정된 특허를 받을 수 있는 자인지 여부등 실질적인 사항에 관한 것을 포함하지아니 하고, 출원서류가 그같은 실질적인 사항을 포함하는 경우에는 위 시행규칙 제14조 제1항 제11호에 의하여 불수리처분을 할 것이 아니라 일단 이를 수리하여 심사관으로 하여금 실질적인 심사를 하게 하여야 함이 상당하다.

(2) 적법성 심리

심판청구서에 일정한 형식적 사항을 갖추고 있으면 부적법한 경우라도 수리하여 심리하여야 한다. 그러나 심판청구가 부적법하고 그 흠결을 보정할 수 없는 때(청구기간 경과 후에 한 심판청구 등)에는 피청구인에게 답변서 제출의 기회를 주지 아니하고 심결로써 이를 각하할 수 있다(상§128). 이 심결에 대하여 불복이 있을 때에는 송달받은 날로부터 30일 내에 소를 제기할 수 있다.

대법원 1997. 6. 27. 선고, 97후235 판결	**[적법성 심리]** 소송(심판)요건에 흠결 등이 있어서 본안에 들어가 판단을 할 수 없는 경우에 있어서는 그 소송(심판)은 부적법하다 하여 각하하여야 하고 본안에 대하여는 판단을 할 수 없으므로, 이러한 경우에 본안에 대한 판단이 없다 하여 이를 판결(심결)결과에 영향이 있는 판단유탈이라고 할 수 없다.

(3) 심판청구서 부본의 송달과 답변서의 제출

심판장은 심판청구서를 수리한 때 그 부본(副本)을 피청구인에게 송달하고(당사자계 심판의 경우) 기간을 정하여 답변서를 제출할 수 있는 기회를 주어야 한다(상§133①②). 또한 심판장은 심리에 필요한 경우에는 구두나 서면으로 당사자를 심문할 수 있다(상§133③). 그러나 피청구인은 청구서의 송달을 받은 경우 반드시 답변서를 제출할 의무가 있는 것이 아니고, 답변서의 제출여부는 피청구인의 임의이다. 그러므로 심판장은 답변서 제출여부에 관계없이 직권으로써 심판절차를 진행할 수 있다.

특허법원 2001. 1. 5. 선고, 2000허600 판결 	**[답변서제출기회]** 구 특허법 제105조의 규정은 흠결을 보정할 수 없는 부적법한 심판청구에 관하여 심리절차를 진행하지 아니하고 각하할 수 있다는 취지의 재량규정일 뿐이므로, 심판청구에 흠결이 있더라도 일정한 경우에는 그 보정의 기회를 주고 심리절차를 진행시킬 수도 있는 것이므로 심판을 각하하지 아니한 채 피고에게 답변서 제출기회를 부여하고 절차를 진행시켰다고 하여 (가)호 설명서가 특정된 것이라고 볼 수는 없으며, 나아가 이 사건 심결이 "(가)호 발명의 방수피막층에 '나머지 성분'이 없다는 원고의 주장을 받아들인다고 하더라도 이는 이 사건 심판청구서의 요지를 변경하는 것이다"고 판단하였음은 앞서 본 바와 같으나, 이는 (가)호 발명의 방수피막층에 '나머지 성분'이 없다는 원고의 주장이 근거가 없는 것이지만 가사 이를 위해서는 적법한 보정이 이루어져야 하는데 원고가 주장하는 (가)호 발명의 해석에 의하면 이는 요지변경에 해당하게 될 것이라는 가정적 판단을 부가적으로 설시한 것에 불과하므로 원고의 위 주장은 이유 없다.

(4) 결정각하

결정각하란 심판청구서가 법령에서 정한 방식에 위반되거나, 수수료를 납부하지 아니하거나 법령에서 정한 금액보다 적게 납부되는 등의 경우에 심판장이 그 심판청구서를 결정으로서 각하하는 것을 말한다.[26] 이와 같은 심판청구서의 결정각하는 심판청구인에게 보정을 명한 후가 아니면 각하할 수 없으며 심판장이 단독으로 행한다.

1) 각하사유

－심판청구서가 방식에 위반된 경우

－수수료를 납부하지 아니한 경우

－행위능력 또는 대리권의 범위에 위반된 경우

2) 각하절차

심판청구서가 법령에서 정한 방식에 위반된 경우에는 기간을 정하여 보정을 명하여야 한다. 기간을 정하여 그 흠결을 보정할 것을 명하였으나 기간 내에 보정을 하지 아니한 경우, 보정을 하였으나 그 흠결을 치유하지 못한 경우에는 심판장은 그 심판청구서를 단독으로 결정으로서 각하한다. 한편 방식심사과정에서 간과하여 본안심리과정에서 심판청구서 기재방식위반, 수수료 불납 등의 사실을 발견한 경우에는 보정지시를 한 후에 그 흠결을 치유하지 못하는 경우에는 당해 심판청구를 심결로서 각하한다.[27]

3) 불 복

심판장의 심판청구서에 대한 각하결정에 대하여 불복이 있는 자는 각하결정문 등본을 송달받은 날로부터 불변기간인 30일 내에 특허법원에 소를 제기하여 그 당부를 다툴 수 있다.

(5) 심결각하

심결각하란 심판청구가 부적법한 청구로서 그 흠결을 보정할 수 없을 때 심판청구를 심결로서 각하하는 것을 말한다. 이와 같은 심결각하는 심판청구를 각하한다는 점에서 심판청구서 자체를 각하하는 결정각하와 구별된다. 이

26) 민사소송법상 재판장의 소장각하명령과 같다(민소§254②).

27) 대법원 1995. 1. 14. 선고, 95후3 판결.

러한 심결각하는 보정불능인 경우를 제외하고는 보정을 명한 후가 아니면 할 수 없으며, 심판관 합의체에서 행한다.

1) 각하사유

심판청구서의 결정각하사유는 상표법 제125조에서 정한 심판청구서 방식에 위반된 경우에 한한다 하겠으나, 심판청구의 심결각하는 그 이외의 경우로서 심판청구서가 요지변경되거나 이해관계가 없는 자에 의한 청구 등 심판청구가 부적법한 경우에 한한다.

－심판청구가 이해관계 없는 자에 의하여 청구된 경우

－일사부재리 원칙에 위반된 경우

－심판청구서가 요지변경된 경우

－출원이 취하・포기된 경우

－특허권이 소멸된 경우

－화해 등의 경우

－심판이 중복하여 청구된 경우

－기간을 경과하여 심판청구된 경우

－심결확정 전에 재심을 청구하였거나 재심이 제척기간 경과 후에 청구된 경우, 재심사유에 해당되지 않는 것을 이유로 하여 재심을 청구한 경우 그 재심청구는 심결각하의 대상이 된다.

2) 각하절차

심판청구가 부적법한 청구로서 심결각하 사유에 해당되는 경우에는 기간을 정하여 그 흠결을 보정할 것을 명한다. 기간을 정하여 그 흠결을 보정할 것을 명하였으나, 기간 내에 보정을 하지 아니한 경우, 기간 내에 보정은 하였으나 그 흠결을 치유하지 못한 경우에는 당해 심판청구는 심판관 3인의 합의체에 의한 심결로써 각하한다. 또한 보정불능인 심판청구의 경우에는 보정을 명하지 아니하고 곧바로 심결각하할 수 있다.

3) 불 복

심판청구가 부적법하여 심결각하된 경우 심판청구인은 각하심결문등본을 받은 날로부터 30일 내에 특허법원에 소를 제기하여 그 당부를 다툴 수 있다.

3. 심　리

(1) 구술심리와 서면심리

심판은 기존의 권리를 소급해서 효력을 상실시키는 등으로 인하여 심판의 결과는 당사자에게 중대한 영향을 미칠 뿐만 아니라 대세적 효력으로 인한 파급효과도 막대하다. 따라서 심판에 있어서 심리는 그 절차와 방식에 있어서 신중하고 정확을 기할 필요가 있을 뿐만 아니라 공정성·신속성도 아울러 요구된다. 이와 같은 심리의 정확성과 공정성·신속성을 어떻게 조화시키느냐가 심판에 있어서 주요한 당면과제라 할 것이다. 이에 상표법은 심리에 관하여 구술심리와 서면심리를 조화하여 활용함으로써 특허심판의 본래 기능을 효율적으로 달성할 수 있다 할 것이다.

심판의 심리는 구술심리 또는 서면심리로 한다. 다만 당사자가 구술심리를 신청한 때에는 서면심리만으로 결정할 수 있다고 인정되는 경우 외에는 구술심리를 하여야 한다(상§141①). 구술심리로 행한 경우에는 그 심리를 원칙적으로 공개하여야 하나, 공공의 질서 또는 선량한 풍속을 문란케 할 염려가 있는 때에는 그러하지 아니하다(상§141②). 심리는 당사자계 심판은 구술심리를 원칙으로 하고 결정계 심판은 서면심리를 원칙으로 하던 것을 2001년 개정시에 운영상의 문제점이던 것을 개정하였다. 실무상으로는 서면심리를 원칙으로 하고 있다.

1) 구술심리

구술심리란 당사자 및 심판관의 심판사건에 대한 심판행위, 즉 변론 및 증거조사가 구술로서 진행되는 것을 말한다. 이러한 구술심리는 당사자나 심판관이 심판사건의 심리에 임하여 그에 따른 변론이나 증거조사를 구술로 하는 것을 의미하나, 심판의 청구나 청구 취하, 심결 등 주요한 심판절차에서 구술심리는 배제된다.

구술심리는 그 진술이 신선하고 당사자가 직접 석명할 수 있어 기술내용이나 사건내용의 이해가 빠르며 심판관은 당사자가 제출한 서면이나 진술, 증인의 증언이 불투명한 경우 보충심문 등을 통하여 석명권을 행사함으로써 그 전부를 정확히 판단할 수 있다. 또한 구술심리는 증거조사가 용이하고 그 절차와 내용을 공개하기 때문에 양 당사자는 그 심판내용을 직접 확인할 수 있어 심판에 대한 의혹과 불신을 제거하여 심판의 신뢰성 확보는 물론 심판에 대한 승복률도 높일 수 있는 장점이 있다. 그러나 이는 그 형식과 절차가 번거롭고 복잡하며 사건의 종결을 지연시킬 우려가 있으며 청취결과를 망각하기 쉽고 상급심에서 하급심의 심결을 재심사하는 데 어려움이 있다.

심판장은 심판 사건을 심리함에 있어 당사자 또는 참가인의 신청에 의하여 또는 직권으로 그 사건을 구술심리로 할 수 있다. 이에 심판장은 구술심리에 의한 심판을 할 경우에는 그 기일 및 장소를 정하고 그 취지를 기재한 서면을 당사자 및 참가인에게 송달하여야 한다. 기일지정통지서는 특별한 경우를 제외하고는 기일의 3주 전에 송달하고 구술심리진술요지서를 구술심리기일 1주일 전까지 제출하도록 구술심리기일지정통지서에 기재한다.[28] 다만 당해 사건에 출석한 당사자 및 참가인에게 알린 때에는 그러하지 아니한다. 또한 구술심리기일은 사정이 있는 경우 당사자 참가인의 청구나 직권에 의하여 이를 변경할 수 있다.[29]

구술심리에 의한 심판을 할 경우에는 특허심판원장이 지정한 직원에게 기일마다 심리의 요지와 기타 필요한 사항을 기재한 조서를 작성하게 하여야 하며(상§141④), 그 조서에는 심판의 심판장 및 조서를 작성한 직원이 기명날인하여야 한다(상§141⑤). 구술심리기일에 당사자 쌍방이 출석하지 아니한 경우에는 구술심리를 할 수 없고 구술심리조서만을 작성하며 당사자 일방만이 출석하지 아니한 경우에는 원칙적으로 구술심리를 행한다.[30]

변론 또는 증거조사를 구술에 의할 경우 심판장 및 관여 심판관은 당사자 참가 등에게 그 내용을 구술로서 진술케 하며 당사자의 진술이 불명확하거나 당사자가 진술한 사항이 불명료하여 사실규명을 위하여 필요하다고 판단되는 경우에는 증인신문, 보충신문 등을 할 수 있다. 또한 심판장은 필요하다고 인정되는 경우 신청 또는 직권에 의하여 녹음장치를 사용하여 진술의 일부 또

---

28) 특허청, 심판편람(제11판), 제10편 제1장 p.294.

29) 심판사무취급규정§41①②.

30) 특허청, 심판편람(제11판), 제10편 제3장 제3절 1. p.321.

는 전부를 녹취할 수 있다. 이와 같이 심리를 구술심리로 하는 경우 당사자는 심판관의 면전에서만 구술로 변론하여야 하며, 구술로 진술한 증거자료만을 심결의 기초로 한다.

2) 서면심리

서면심리는 당사자가 제출한 서면만으로 심리함을 의미한다. 이러한 서면심리는 진술을 서면으로 하기 때문에 내용을 빠뜨리지 않고 정확히 진술할 수 있으며 당사자나 증인 등이 심판정에 직접 출정하는 번거로움이 없다. 또한 그 진술한 서면을 언제라도 열람할 수 있고, 재확보할 수 있으며 상급심에서 이를 토대로 진술할 수 있으며 미비점 등을 보완할 수 있다. 그러나 당사자가 서면을 작성하는 데 많은 시간이 들고 심판기록이 비대해져 변론이 집중되지 못하며, 심판관이 그 기술을 이해하고 판단하는 데 많은 시간이 걸린다는 어려움이 있다. 또한 사건의 진행은 주심이 전담하므로 배심이 이에 관여할 기회가 적게 되는 등 합의제의 장점을 반감시킬 우려가 있다.

이와 같은 서면심리는 심판청구인이 제출한 청구서와 보충서, 피심판 청구인이 제출한 답변서 등이 중심으로 하여 심리하되, 양당사자가 주장한 내용에 불분명하거나 불완전한 점이 있으면 심판장은 석명권을 행사하여 보충지시를 명하여 이를 명백히 하며, 심판관은 사건이 어느 정도 성숙되었다고 판단할 때는 심리를 종결하고 심결문에 의한 심결을 한다.

(2) 심판절차에 있어서의 직권주의

심판에 있어서는 심판절차에 관한 주도권을 심판관에게 인정하는 직권주의가 채택되고 있다. 즉 심판의 심리나 진행을 당사자에게 맡기는 당사자주의가 있는데 심판에 있어서는 직권주의가 적용되고 당사자주의는 적용되지 않는다. 이와 같이 심판에서 직권주의를 채택하고 있는 것은 심판은 당사자간의 분쟁뿐만 아니라 널리 제3자의 이해에 관한 문제의 해결을 목적으로 하는 것으로서 공익적 국가산업정책적인 측면에서 대세적 효력을 꾀할 필요가 있기 때문이다. 이러한 직권주의에는 직권탐지주의와 직권진행주의가 있다.

1) 직권탐지주의(심판자료수집에 대한 직권주의)

직권탐지주의란 민사소송에서의 변론주의에 대응하는 개념으로 심판을 함에 있어 당사자의 주장을 기다리거나 또는 이에 구애되지 않고 심판관이 적극적으로 사건에 개입하여 필요한 사실을 탐지하고 증거조사를 실시하는 것을 말한다.

심판은 민사소송법상의 원칙인 변론주의와 달리 직권탐지주의를 채택하고 있다. 즉 심판에 있어서 당사자의 주장에 구속되지 않고 심판관이 적극적으로 직권에 의해서 심결에 이르는 데 필요한 사실의 탐지 및 증거조사나 증거보전을 할 수 있다. 이에 i) 당사자 또는 참가인이 신청하지 않은 이유에 대해서도 심리할 수 있고, 이 경우 당사자 및 참가인에게 기간을 정하여 그 이유에 대하여 의견을 진술할 수 있는 기회를 주어야 하고(상§143②), ii) 증거조사 및 증거보전은 당사자의 신청에 의한 것 외에 직권으로도 할 수 있다(상§144①).

대법원 1979. 11. 13. 선고, 79후26 판결; 대법원 1985. 11. 12. 선고, 84후44 판결	**[신청 또는 취하의 이유에 관한 판례]** 구 특허법 제119조에 심판에 있어서 당사자 또는 참가인이 신청하지 아니한 이유 또는 취하한 이유에 대하여도 이를 심리할 수 있으나 이 경우에는 당사자 또는 참가인에게 의견을 진술할 기회를 주어야 하고 이러한 기회를 주지 아니한 심판절차는 위법하다.
대법원 2006. 6. 27. 선고, 2004후387 판결	**[취소결정(특)]** 특허심판원이 심판절차에서 직권으로 특허발명의 명세서의 기재불비 여부를 심리하면서 형식적으로는 직권심리이유에 대하여 원고에게 의견진술의 기회를 주지 아니하였더라도 실질적으로는 의견진술의 기회가 주어졌다고 보아야 한다는 이유로, 심판절차에 절차위반의 위법이 없다고 한 사례

심판에서 심판관이 직권심리할 수 있는 것은 심판청구의 이유에 관해서이다. 그러나 청구인이 신청하지 아니한 청구의 취지에 대하여는 심리할 수 없다(상§146②). 또한 심판관이 당사자 또는 참가인이 신청하지 않은 청구의 이유를 직권심리할 경우에는 그 당사자 또는 참가인에게 기간을 정하여 그 이유에 대하여 의견을 진술할 기회를 주어야 한다.

심판에서는 당사자·참가인 또는 이해관계인의 신청에 의하여 또는 직권으로 증거조사나 증거보전을 할 수 있다. 직권으로 증거조사나 증거보전을 한 때에는 그 결과를 당사자·참가인 또는 이해관계인에게 송달하고 기간을 정하여 의견서를 제출할 수 있는 기회를 주어야 한다. 심판의 청구 전후에 관계없이 미리 증거조사를 해두지 않으면 그 증거를 사용할 수 없는 사정이 인정될 때에는 당사자·참가인 또는 이해관계인은 증거보전을 신청할 수 있다. 심판의 청구 전에는 특허심판원장에게, 심판 진행중에는 그 사건의 심판장에게 증거보전신청을 한다(상§144).

2) 직권진행주의(심판절차진행에서의 직권주의)

심판장은 당사자 또는 참가인이 법정기간 또는 지정기간 내에 절차를 밟지 아니하거나 구술심리 지정기일 및 장소에 출석하지 아니하여도 심판을 진행할 수 있다(상§145).[31] 즉 상표법은 심판절차에 진행에 관한 주도권을 심판관에게 인정하고 있다. 이는 심판처리의 능률화를 위해 채택된 제도라 하겠다.

또한 심판장은 구두심리 기일의 지정 및 변경을 직권으로 행할 수 있고, 기간의 연장도 가능하다. 일정한 경우에는 심판절차의 중지를 명하고, 중단·중지한 절차의 수계를 명하여야 한다. 또한 심판관은 당사자 쌍방 또는 일방의 동일한 2이상의 심판에 대하여 심리 또는 심결을 병합하거나 병합한 심판을 분리할 수 있다(상§146,147).

대법원 1982. 9. 14. 선고, 80후114 판결

[병합할 수 있는 심판]

구 특허법 제120조 제1항에서 병합할 수 있는 2이상 심판이라 함은 실용신안등록권자 '갑'에 대한 '을'의 무효심판청구와 '갑'에 대한 '병'의 무효심판청구가 동시에 계속한 때 혹은 두개의 실용신안등록권자 '갑'에 대하여 '을'이 각각의 권리에 대한 무효심판청구를 이시에 제기하여 계속된 경우를 의미하는 것이지 이 사건과 같이 동일한 당사자 사이에 등록 제14277호 실용신안 등록무효를 구하는 청구에 대한 1개의 심결에 대하여 중복된 2개의 항고심판청구가 제기된 경우까지 병합심리 또는 병합심결할 수 있다는 취지가 아니다.

31) 심리방식의 선택(특§154), 심판의 진행(특§158)/(디§146).

3) 당사자주의의 제한

심판에서는 직권주의가 적용되기 때문에 당사자주의가 제한을 받는다. 따라서 당사자는 신청한 이유를 취하할 수 없으며 취하한다고 하더라고 심리의 대상이 된다. 또한 당사자의 자백은 심판관을 구속할 수 없고 증거자료에 그칠 뿐이며, 당사자의 심판청구의 포기가 인정되지 아니하며 당사자간의 합의나 화해에 의하여는 심판절차가 종료되지 않는다.

대법원 1965. 7. 7. 선고, 63후3 판결	심결에 대세적 효력이 인정되는 관계로 구 실용신안법 제28조에서 준용하는 구 특허법 제108조, 제109조, 제111조의 규정에 의하여 직권심리가 채택되고 있는 실용신안심판에 있어서 당사자의 일방이 상대방의 주장을 자인하였다고 하여 그것만으로는 심결에 영향을 줄 수는 없다.

(3) 일사부재리의 원칙

1) 의 의

상표법상 일사부재리의 원칙이란 심판의 심결이 확정된 때에는 누구든지 동일사실·동일증거에 의하여 그 심판을 다시 청구할 수 없으며 특허심판원도 그와 저촉되거나 모순되는 판단을 해서는 안 되는 원칙을 말한다. 심판은 사인(私人)의 청구에 의해서 진행되므로 그 외양이 사인 대 사인의 권리다툼처럼 보이나 그 기판력의 효력은 대세적이기 때문에 심판결과의 신뢰성은 상당히 중요하다고 본다. 또한 민사소송의 소송물처럼 시간의 흐름에 따라 동일성의 변모를 기대할 수 없으므로 확정된 심결은 불가변적이다. 그러므로 필요 없는 심판청구의 남발을 막으며 심판의 신뢰성을 유지하기 위해 심판에 관하여는 일사부재리의 원칙이 적용된다. 이에 상표법 제150조에는 '이 법에 의한 심판의 심결이 확정등록되거나 판결이 확정된 때에는 누구든지 동일사실 및 동일증거에 의하여 그 심판을 청구할 수 없다'라고 규정하고 있다.

2) 적용요건

일사부재리의 원칙이 적용되는 것은 심판청구가 이미 확정등록된 심결의 사건과 동일사실·동일증거에 의해서 제기된 경우이다. 일사부재리의 원칙은 전심이 확정된 것을 전제로 하기 때문에 전심이 아직 계속중일 때에는 후에 청구된 심판사건에 대한 일사부재리원칙은 적용되지 않는다. 또한 여기서의 심결의 확정은 본안심결의 확정만을 의미하며 심결이 각하심결인 경우에는 일사부재리의 원칙이 적용되지 않는다.

일사부재리의 원칙은 동일사실 및 동일증거에 의하여 심판청구된 경우에 한하며 동일사실이라 하더라도 그 증거가 다른 경우에는 이 원칙이 적용되지 않는다. 이때 동일사실이란 사건의 동일을 의미한다. 즉 심판청구의 대상물이 동일하고, 심판의 종류가 동일한 것을 의미한다. 한편 동일사건이라 하더라도 동일증거가 아니면 일사부재리의 적용이 없다. 여기서 증거는 사실을 뒷받침하는 문헌 등을 말하는데, 동일증거란 동일성이 있는 증거를 뜻하며 비록 증거의 표시가 다르더라도 그 내용이 실질적으로 동일한 경우에는 동일증거이다. 한편 동일문헌이라도 인용부분을 달리하고 그 입증하고자 하는 기술내용이 다른 경우에는 동일증거라 할 수 없으나, 전에 확정등록된 심결을 번복할 수 있을 정도로 유력하지 아니한 증거들을 부가한 것은 동일증거라 하겠다.[32)]

한편 이러한 일사부재리의 원칙은 심판청구인의 동일여부를 묻지 않는다.

특허법원 2000. 4. 28. 선고, 99허550 판결

[일사부재리]

특허법 제163조의 규정에 의한 일사부재리의 원칙은 확정된 심결 또는 판결에 대하여 동일사실 및 동일증거에 의한 재심판청구를 금지하는 것인데, 청구원인이 동일한 심판사건에서 확정된 심결의 증거와 동일한 증거만이 아니라 위 심결의 결론에 영향을 미칠 수 있는 새로운 증거를 부가한 경우에는 일부 동일증거가 있다고 하여도 일사부재리의 원칙에 저촉되지 아니하고, 따라서 후에 청구된 심판사건 및 그에 대한 심결취소소송에서는 확정된 심결의 증거와 동일한 일부 증거도 제한없이 증거로서 사용될 수 있다.

대법원 2012. 1. 19 선고, 2009후2234 전원합의체 판결

[일사부재리 판단 기준시점]

종래 대법원은 구 특허법(2001. 2. 3. 법률 제6411호로 개정되기 전의 것, 이하 같다) 제163조에서 정한 일사부재리의 원칙에 해당하는지는 심판의 청구시가 아니라 심결시를 기준으로

32) 대법원 1978. 3. 28. 선고, 77후28 판결.

대법원 2012. 1. 19 선고, 2009후2234 전원합의체 판결

판단해야 한다고 해석하였다. 이와 같은 종래의 대법원판례에 따르면, 동일특허에 대하여 동일사실 및 동일증거에 의한 복수의 심판청구가 각각 있은 경우에 어느 심판의 심결(이를 '제1차 심결'이라고 한다)에 대한 심결취소소송이 계속하는 동안 다른 심판의 심결이 확정 등록된다면, 법원이 당해 심판에 대한 심결취소의 청구가 이유 있다고 하여 제1차 심결을 취소하더라도 특허심판원이 그 심판청구에 대하여 특허법 제189조 제1항 및 제2항에 의하여 다시 심결을 하는 때에는 일사부재리의 원칙에 의하여 그 심판청구를 각하할 수밖에 없다. 그러나 이는 관련 확정심결의 등록이라는 우연한 사정에 의하여 심판청구인이 자신의 고유한 이익을 위하여 진행하던 절차가 소급적으로 부적법하게 되는 것으로 헌법상 보장된 국민의 재판청구권을 과도하게 침해할 우려가 있고, 그 심판에 대한 특허심판원 심결을 취소한 법원판결을 무의미하게 하는 불합리가 발생하게 된다. 나아가 구 특허법 제163조는 일사부재리의 효력이 미치는 인적 범위에 관하여 "누구든지"라고 정하고 있어서 확정 등록된 심결의 당사자나 그 승계인 이외의 사람이라도 동일사실 및 동일증거에 의하여 동일심판을 청구할 수 없으므로, 함부로 그 적용의 범위를 넓히는 것은 위와 같이 국민의 재판청구권의 행사를 제한하는 결과가 될 것이다. 그런데 구 특허법 제163조는 '그 심판을 청구할 수 없다'라고 규정하고 있어서, 위 규정의 문언에 따르면 심판의 심결이 확정 등록된 후에는 앞선 심판청구와 동일사실 및 동일증거에 기초하여 새로운 심판을 청구하는 것이 허용되지 않는다고 해석될 뿐이다. 그러함에도 이를 넘어서 심판청구를 제기하던 당시에 다른 심판의 심결이 확정 등록되지 아니하였는데 그 심판청구에 관한 심결을 할 때에 다른 심판의 심결이 확정 등록된 경우에까지 그 심판청구가 일사부재리의 원칙에 의하여 소급적으로 부적법하게 될 수 있다고 하는 것은 합리적인 해석이라고 할 수 없다. 그렇다면 일사부재리의 원칙에 따라 심판청구가 부적법하게 되는지 여부를 판단하는 기준시점은 심판청구를 제기하던 당시로 보아야 할 것이고, 심판청구 후에 비로소 동일사실 및 동일증거에 의한 다른 심판의 심결이 확정 등록된 경우에는 당해 심판청구를 일사부재리의 원칙에 의하여 부적법하다고 할 수 없다.

대법원 2005. 3. 11. 선고, 2004후42 판결

[등록무효(특)]

[1] 일사부재리의 원칙을 정한 구 특허법(1990. 1. 13. 법률 제4207호로 개정되기 전의 것) 제147조에 규정된 동일 증거에는 전에 확정된 심결의 증거와 동일한 증거만이 아니라 그 심결을 번복할 수 있을 정도로 유력하지 아니한 증거가 부가되는

것도 포함하는 것이므로 확정된 심결의 결론을 번복할 만한 유력한 증거가 새로 제출된 경우에는 일사부재리의 원칙에 저촉된다고 할 수 없다.

[2] 복원성 밀봉제품에 대한 특허발명 무효심판청구는 심판절차에서 새로 제출된 증거들이 확정된 무효심판청구기각 심결의 결론을 번복하기에 충분한 증거에 해당하므로, 일사부재리의 원칙에 저촉되지 않는다고 한 사례.

3) 일사부재리 원칙의 위반

심결의 확정등록이나 판결이 확정된 바 있는 상표권에 대하여 동일사실·동일증거로 다시 심판이 청구된 때에는 그 흠결을 보정할 수 없는 부적법한 청구이므로 본안심리를 하지 않고 일사부재리 원칙을 이유로 심결각하하며, 각하심결에 대한 재심을 청구한 경우에도 마찬가지로 심결각하하여야 할 것이다. 그러나 전심에 대한 확정심결의 등록이 아직 되지 아니한 경우에는 후에 청구된 사건을 일사부재리의 원칙을 적용하여 각하할 수는 없다. 이때 일사부재리 원칙의 적용은 심판청구시를 기준으로 하여 판단하여야 한다.

4. 증　거

(1) 의　의

심판은 법의 해석 적용이라는 형식으로서 상표권의 분쟁을 해결하고자 한다. 이에 법규를 해석하거나 적용하기 위하여 사실관계를 먼저 확정하게 되며, 이와 같은 사실관계를 확정짓는 구체적 자료가 증거가 된다. 심판절차에서의 주장이나 증거의 제출에 관하여는 「민사소송법」 제146조, 제147조 및 제149조를 준용한다(상§145의2). 이러한 증거는 증거방법, 증거자료, 증거원인 등 여러 의미가 포함된다.[33] 한편 심판은 민사소송법 중 증거조사 및 증거보전에 관한 규정이 준용된다.[34]

33) 증거방법이란 법관의 오관 작용에 의하여 조사할 수 있는 유형물을 말한다. 특히 증인, 감정인, 당사자본인은 인적증거이고, 문서, 검증물은 물적증거이다. 증거자료란 법관이 증거방법의 조사에 의하여 감득한 자료를 말하며, 증언, 당사자의 진술, 감정의견, 검증결과 등이다. 증거원인이란 법원이 확신을 얻게 된 자료나 상황을 말하며, 증거자료와 변론의 전취지가 이에 해당된다.

(2) 증거의 종류

1) 직접증거와 간접증거

직접증거란 상표분쟁사실의 진위를 직접적으로 증명하는 증거를 말하며 상표권침해사실을 목격한 증인이나 침해를 조성한 물건 등을 말한다. 간접증거는 상표분쟁사실의 존부를 추인할 수 있는 사실 또는 어느 증거방법의 증거력에 관계있는 사실의 존부에 관한 증거를 말하며, 상표권침해사실을 전해들은 증인, 제출된 증거로부터 상표권침해사실을 확인 내지 추정할 수 있는 증거를 말한다.

2) 본증과 반증

본증이란 입증책임을 부담하는 당사자가 자기에게 입증책임있는 사실을 증명하기 위하여 제출하는 증거를 말하며, 반증이란 상대방이 본증에 의하여 주장하는 사실을 부정하기 위하여 제출하는 증거를 말한다. 예컨대 상표권침해임을 입증하기 위하여 상대방이 제출한 사실에 대하여 침해사실이 아님을 입증하는 증거이다.

3) 증명과 소명

증명은 심판관 등으로 하여금 확신을 가지게 하기 위하여 제출하는 증거를 말하며, 소명은 심판관 등에게 확신을 가지게 하지는 못하지만 일응 그럴 것이라는 추측을 가지게 하는 것으로서 증명보다 낮은 개연성을 지닌 것을 말한다.

4) 완전증거와 불완전증거

심판관의 심증을 얻는 데 충분한 증거는 완전증거이며, 그 증거력이 부족한 것은 불완전 증거이다.

(3) 증거조사

증거조사란 심판관의 심증형성을 위하여 소정의 절차에 따라 인적·물적 증거의 내용을 오관의 작용에 의해 지각하는 심판관의 심판행위를 말하며, 증거조사와 관련하여 행해지는 특허청 및 당사자의 행위를 합쳐서 증거조사절

---

34) 다만 심판관은 과태료의 결정을 하거나 구인을 명하거나 또는 보증금을 공탁하게 하지 못한다.

차[35]라고 한다.

1) 증거조사의 신청

증거조사는 당사자·참가인 또는 이해관계인의 신청에 의하여 또는 직권으로 할 수 있다. 당사자는 특허청에 대하여 증거조사를 요구할 수 있다. 신청의 방식은 증거방법 및 이에 의하여 증명할 사항을 표시하여야 하며 심리종결시까지 할 수 있다. 이러한 증거신청은 그 증거방법의 조사 전에는 임의로 철회할 수 있으나, 이미 조사가 들어간 후에는 상대방의 동의를 필요로 한다.

당사자로부터 증거신청이 있으면 심판장은 이를 상대방에게 통지하여 그 신청에 대하여 진술할 기회를 주어야 하고, 심판관은 그에 대한 채택여부를 결정하여야 한다. 증거의 채택여부는 심판관의 자유재량에 맡겨져 있지만 그것이 당사자의 주장사실에 대한 유일한 증거인 경우에는 반드시 이를 채택하여 조사하여야 한다. 그러나 유일한 증거라 할지라도 이것이 반증인 경우에는 조사하지 아니할 수 있으며, 당사자가 비용을 예납하지 아니하는 등의 경우에도 이를 조사하지 아니할 수 있다.

2) 직권에 의한 증거조사

변론주의 하에서의 증거조사는 당사자의 신청에 의함을 원칙으로 하나 현행 상표법은 필요하다고 인정되는 경우 직권으로 증거조사를 할 수 있도록 규정하고 있다. 즉 심판장은 당사자가 신청한 증거를 조사하여도 심증을 얻을 수 없거나 기타 필요하다고 인정할 때에는 직권으로 증거조사를 할 수 있다. 이때 심판장은 그 결과를 당사자·참가인 또는 이해관계인에게 송달하고 기간을 정하여 의견서제출의 기회를 주어야 한다.

대법원 1992. 3. 31. 선고, 91후1595 판결	**[직권증거조사]** 구 특허법(1990. 1. 13. 법률 제4207호로 개정되기 전의 것) 제116조 제3항에 의하면 민사소송법 중 증거조사에 관한 규정은 의장등록무효심판에서의 증거조사에 준용하도록 되어 있으므로 당사자가 제출하는 서증의 진정성립에 대하여 상대방이 다

35) 증거조사 자체뿐만 아니라 증거방법의 신청, 증거방법에 관한 진술, 증거결정, 증거조사 및 그 결과에 대한 진술을 총칭하는데 협의로서 증거조사 자체만을 의미한다.

투지 아니하면 그 증거능력이 인정되는 것이나, 상대방이 이를 다툴 때에는 제출자가 이를 입증하여야 하는 것이고 함께 준용되는 구 특허법 제116조 제1항에 의하면 심판에서는 신청에 의하여 또는 직권으로써 증거조사를 할 수 있다고 되어 있으나 이는 모든 경우에 반드시 직권에 의하여 증거조사를 하여야 한다는 취지는 아니다.

3) 증거조사의 시행

증거조사는 당사자의 변론기일과 동일한 기일에 특허청 내에서 함을 원칙으로 한다. 그러나 특별한 사정이 있는 경우에는 특허청 외에서 심판관에 의하여 행하여진다. 당사자·참가인 및 이해관계인은 증거조사에 참여할 권한이 있으므로 증거조사의 기일, 장소를 당사자 등에게 통지하여 출석의 기회를 주어야 한다. 증거조사의 그 절차 및 결과는 변론기일에 실시된 경우에는 변론조서에, 그렇지 아니한 때에는 증거조사기일의 조서에 기재하여야 한다.

4) 증거조사의 내용

증거조사의 내용으로는 증인신문, 감정, 서증, 검증 및 당사자신문 등이 있다.

증인신문이라 심판관이 증인을 신문하여 증거조사를 하는 것을 말한다. 이때 증인은 제3자이어야 한다. 따라서 당해 소송의 당사자나 그 법정대리인 등은 증인이 될 수 없으나, 위임대리인, 보조참가인, 탈퇴한 당사자 등은 모두 증인능력이 있다. 반면 당사자신문이란 당사자 또는 그 법정대리인으로 하여금 증인과 동일한 증거방법으로 사실을 진술케 하여 증거자료를 수집하는 것으로, 다른 증거조사에 의하여 심증을 얻지 못하였을 때에 한하여 허용되는 보충적 증거조사 방법이다.

감정이란 특별한 학식과 경험을 가진 자에게 그 전문지식이나 학식, 경험을 이용하여 법규, 내용, 경험칙 등에 관한 자기의 의견을 보고시켜 심판관의 판단능력을 보충하기 위한 증거조사를 말한다.

서증이란 문자 또는 기타의 부호로서 사상을 표시한 문서의 기재내용을 증거로 하는 것을 말한다. 이때 문서의 증거력을 인정하기 위해서는 문서가 작성명의인의 의사에 기초하여 진정하게 작성된 것이라는 형식적 증거력과 문서가 요증사실을 증명하기에 적합한 가치를 가져야 한다는 실질적 증거력을 갖고 있어야 한다. 이때 문서의 진정성립과 관련하여 공문서는 상대방이 반증하여야 하나, 사문서의 경우에는 거증자 측이 그 성립의 진정을 증명하여야 하며, 그 문서에 있는 본인 또는 대리인의 서명이나 날인이 진정한 것임을 증명하면 진정한 문서로서 추정을 받는다.

검증이란 심판관이 오관의 작용에 의하여 직접적으로 사물의 형상, 현상을 검사하여 그 결과를 증거자료로 하는 증거조사이다. 그 대상을 검증물이라 하며, 토지, 가옥, 건물 등이 그 예이다. 검증에 특별히 학식경험을 필요로 할 때에는 감정인을 입회시킬 수 있다(민소§365).

(4) 증거보전

증거보전이란 심판에 있어서의 통상의 증거조사시까지 기다리면 그 조사가 불능 또는 곤란하게 될 염려가 있는 특정의 증거에 대하여 사전에 조사하여 그 결과를 보전하여 두기 위한 심판절차를 말한다(상§144, 민소§375-384).

1) 요　건

증거보전을 함에는 증거보전의 필요성이 있어야 한다. 미리 증거조사를 하지 아니하면 증거가 멸실하여 조사가 불가능하거나 시간이 경과함에 따라 조사가 더 곤란하게 되거나 현상이 변경되어버릴 염려가 있는 경우여야 한다. 이때 증거보전의 대상이 되는 것은 모든 종류의 증거방법, 즉 증인신문, 감정, 서증, 검증과 당사자 신문이다.

2) 증거보전절차

증거보전신청은 이미 심판이 계속중인 경우는 그 사건의 심판장에게, 심판청구전에는 심판원장[36]에게 당사자, 참가인 또는 이해관계인, 증명할 사실, 보존하고자 하는 증거, 증거보전의 사유를 명시한 증거보전신청서를 제출하고 아울러 증거보전의 사유를 소명하여야 한다(상§144③, 민소§377). 심판장은 증거보전신청이 이유가 있고 그 사유가 소명되었다고 판단될 때에는 증거보전절차의 개시를 결정한다. 이 결정에는 불복신청을 하지 못한다.

36) 이에 특허심판원장은 증거보전에 관여할 심판관을 지정한다.

(5) 입증책임

입증책임이란 소송상 사실관계가 불명확한 때에 불리한 법률판단을 받도록 되어 있는 당사자 일방의 위험 또는 불이익을 말한다. 이때 입증책임은 법률상 효과의 존재를 주장하는 신청인(당사자)이 그 효과발생의 요건이 되는 사실을 입증하여야 함이 원칙이다.

1) 입증책임의 분배와 전환

입증책임의 분배는 요증사실이 진위가 불명한 경우에 누구에게 불이익을 돌릴 것인가 하는 문제로, 그 기준에 관하여는 입증책임의 분배를 법규의 구조에서 찾아야 하는 법률요건 분류설 내지 규범설이 통설·판례이다. 한편 법률은 입증책임의 전환이라 하여 특별한 경우 입증책임의 분배를 처음부터 규정하여 입증책임에 수정을 하고 있다.[37]

2) 입증책임의 완화

입증이 곤란한 경우에 형평의 이념을 살리기 위하여 입증책임의 일반원칙을 완화한 경우가 있는데, 법률상의 추정규정과 일응의 추정이 그 예이다. 법률상의 추정이란 법규인 추정규정을 적용하여 행하는 추정으로 손해액 추정 등이 여기에 해당한다. 한편 일응의 추정이란 고도의 개연성이 있는 경험칙을 이용하여 어느 사실로부터 다른 사실을 추정하는 경우를 말하는데, 이와 같은 일응의 추정이 성립하는 경우에는 그 추론이 잘못되었거나 별개의 사실을 증명하지 않는 한 그대로 추정사실이 인정된다.

3) 입증의 대상

입증의 대상으로는 사실, 경험법칙, 법규 등이 된다. 전문적·학문적 경험칙이나 외국법이나 지방의 조례, 관습법, 실효된 법률 등의 법규는 반드시 이를 증명할 필요는 없다 하겠으나, 반드시 심판관에게 알려졌다고 할 수는 없으므로 당사자가 이를 증명하여야 한다.

(6) 증거보전의 결정

증거보전의 신청이 방식에 맞고 그 요건을 구비하고 있는 것으로써 증거가 신청인 또는 제출의무자의 관리하에 있고 증거보전의 사유가 소명되어 있

37) 예컨대 특허법 제129조의 생산방법의 추정 규정이 이러한 것이라 하겠다.

어 증거보전을 하여야 할 것으로 판단한 때에는 증거보전을 한다는 취지의 결정을 한다. 증거보전의 결정에 대하여는 불복할수 없다(민소§380).

(7) 비용의 예납

증거조사, 증거보전에 비용이 소요되는 경우에는 소요비용을 산출하여 신청인에게 그 비용의 예납을 명할 수 있으며, 이러한 비용의 예납명령은 거절결정불복심판에 있어서도 할 수 있다. 직권에 의한 증거조사의 경우에는 그 증거조사로 이익을 받을 당사자가 그 비용을 부담하되, 어느 당사자가 이익을 받을지 불분명한 때에는 원고가 이를 부담하여야 한다. 증거조사를 신청한 자는 위 명령이 있기 전에도 필요한 비용을 예납할 수 있다.

5. 심리의 병합·분리

(1) 의 의

심판사건은 그 성질상 청구된 심판사건들 사이에 관련성이 많은 경우가 있다. 이럴 경우 관련성이 많은 사건에 대한 심판절차를 각각 별도의 절차로 진행하기보다는 병합하여 심리·심결하는 것이 심판절차의 신속을 기할 수 있음은 물론 상호모순, 저촉되는 심결을 피할 수 있음으로서 심판의 신뢰성을 확보할 수 있다. 또한 일단 병합하여 심리·심결한 사건이라 하더라도 사안이 복잡하면 분리하여 심리·심결할 수 있도록 함으로써 심판절차의 편리성과 능률성을 기할 수 있다 할 것이다. 이에 상표법 제147조는 당사자 쌍방 또는 일방이 동일한 2이상의 심판에 대하여 심리 또는 심결을 병합하거나 분리할 수 있다고 규정하고 있다.

심리의 병합이란 2이상의 심판사건을 동일한 심판절차로 심리하는 것을 말한다. 심리의 분리라 함은 2이상의 심판사건을 동일의 심판절차에 의해 심리하는 것으로 한 것을 분리하는 것을 말한다. 특히 현재 심판사건이 다른 심판사건과 관련성이 없다고 인정되어 동일한 절차로 심판할 필요가 없을 뿐 아니라 도리어 심리의 복잡화 및 지연의 원인이 되고 있다고 인정될 때에는 심리를 분리하여 각각 별개의 절차에 의해 심리하여, 절차의 간명과 촉진을 도모하는 것이다.

(2) 요 건

1) 병합의 요건

상표법 제147조에서는 당사자 쌍방 또는 일방의 동일한 2이상의 심판에 대하여 심리 또는 심결을 병합하거나 분리할 수 있다고 규정하고 있다. 따라서 심리·심결의 병합은 심판청구인·피심판청구인이 다같이 동일하거나 그 중 어느 한쪽이 동일한 경우에 할 수 있다. 또한 심판은 동일한 심판이어야 한다. 이에 심판은 같은 종류의 것이어야 하고 권리도 동일한 것이어야 한다. 따라서 그 권리가 상표권과 같이 다른 경우에는 원칙적으로 이를 병합하여 심리·심결할 수 없다.

청구된 심판사건에 대한 심리·심결을 병합하기 위하여는 사건이 동일심급에 계속되어 있어야 한다. 또한 해당 심판사건을 담당하는 심판관이 동일하여야 한다. 따라서 심판관 중 1인이라도 다를 경우에는 병합하여 심리·심결할 수 없다.

2) 분리의 요건

병합하여 심리중이거나 심결한 사건의 사안이 복잡하여, 병합하여 처리함이 부적절하든지 상호관련성이 없다고 인정될 때에는 수시로 이를 분리하여 심리·심결하며, 이러한 심리·심결하기 위한 특단의 요건은 필요치 않다.

3) 병합한 사건의 심리·심결

청구된 심판사건을 병합하여 심리·심결하고자 하는 경우 먼저 병합요건을 충족시키는가를 직권으로 조사하여야 하며, 심판장은 심리를 병합하는 경우 그 취지를 당사자에게 통지한다. 병합한 사건의 심리 및 증거조사 등은 이를 공통적으로 함이 원칙이며, 그 심결은 병합한 사건의 심판번호를 상하로 병기하여 하나의 심결로 한다. 이때 병합심리·심결한 취지를 심결이유 항목 모두(冒頭)에 기재한다. 병합심리·심결 사건에 대한 불복을 하는 경우에는 하나의 사건으로 항소나 상고를 하여야 하며, 수개의 사건으로 항소나 상고를 한 경우에는 부적법한 청구로서 訴각하 판결을 한다.

대법원
1985. 7. 23. 선고,
85후2 판결

구 상표법 제51조, 제56조에 의하여 준용되는 특허법 제120조, 제121조, 제144조의 규정에 의하면 심판관은 당사자 쌍방 또는 일방이 동일한 2이상의 심판에 대하여 그 심리 또는 심결의 병합을 할 수 있고, 심판은 특별한 규정이 있는 경우를 제외하고는 심결로써 이를 종결하며 항고심판의 심결을 받은 자가 불복이 있을 때에는 소정기간 내에 민사소송법의 규정에 의한 상고절차에 따라 대법원에 상고할 수 있다고 규정하고 있으므로 항고심이 수개의 사건을 위 법 제121조에 의하여 하나의 병합심결로 종결한 경우 불복이 있는 당사자가 그 심결에 대하여 상고를 제기하면 위 심결에 병합된 각 사건에 대하여 상고의 효력이 모두 생기는 것이고 병합된 각개의 사건을 풀어서 사건마다 따로 따로 상고를 제기할 수 없는 것이다.

(3) 병합·분리에 위반한 경우

심리를 병합하느냐 분리하느냐의 판단은 심판관의 재량에 의한다. 즉 심판절차에 있어 심리·심결의 병합·분리는 전적으로 심판관의 직권사항으로서 당사자가 신청한 병합심리·심결을 심판관이 배척하거나, 병합요건을 충족하지 못한 수개의 사건을 병합하여 심리·심결하였다 하여 이를 불복하여 소를 제기하거나 상고할 수 없다.

6. 심판절차의 정지

(1) 의　의

절차의 정지이라 함은 일정한 사유가 발생하여 그 일체의 절차가 법률상 진행되지 않는 상태를 말한다. 정지는 법률상의 효과를 수반하며, 정지 중에 행하여진 특허청·특허심판원 및 당사자의 절차는 당사자 쌍방 또는 상대방과의 관계에서 무효임을 원칙으로 하고 기간의 진행도 정지된다. 정지에는 중단과 중지가 있다.[38]

38) 소송절차의 정지(법원실무제요 민사소송Ⅱ, pp.520~521 참조)
1) 의의
소송절차의 정지라 함은 소송이 계속된 후 그 종료 전에 소송절차가 법률상 진행되지 않는 상태를 말한다. 그 사유는 법령에 개별적으로 규정되어 있으며, 따라서 관련사건 또는감정결과의 대

(2) 중 단

중단이라 함은 당사자 중 어느 한쪽 당사자의 사망 또는 소멸, 기타 절차를 밟는 자의 교체필요성이 생긴 경우에 당사자보호를 위한 정지를 말한다(상§22).

다음의 경우 절차를 중단한다. 다만, 절차를 밟을 것을 위임받은 대리인이 있는 경우에는 그러하지 아니하다(상§22단).

1) 사망에 의한 중단

ⓐ 당사자가 사망한 경우에는 상속인, 상속재산관리인 기타 법령에 의하여 절차를 계속 중인 절차는 중단한다(상§22 i ; 상§22, 23).

ⓑ 상속인은 상속을 포기할 수 있을 때까지는 그 절차를 수계할 수 없다(상§23).

ⓒ 심판참가인(보조참가인)에 대하여도 중단의 원인이 있을 때는 중단한다(상§142⑤).

2) 법인의 합병에 의한 중단

당사자인 법인이 합병에 의하여 소멸한 경우에는 합병에 의하여 설립한 법인 또는 합병 후 존속하는 법인이 그 절차를 수계할 때까지 중단한다(상§22,23).

3) 법정대리인의 사망, 법정대리권의 소멸에 의한 중단

당사자가 절차를 밟을 능력을 상실 또는 법정대리인이 사망하거나 혹은 그 대리권이 소멸한 때는 능력을 회복한 당사자 또는 법정대리인이 그 절차

기 등으로 인하여 소송절차가 사실상 정지된 경우와 구별된다.

소송절차의 정지는 쌍방심리주의가 적용되어 양쪽 당사자의 계속적인 소송관여를 필요로 하는 판결절차 또는 이에 준하는 절차(독촉절차, 제소전화해절차, 항고절차, 소송비용확정절차 등)에 관하여 인정된다. 강제집행절차(대법원 1998. 10. 27. 선고, 97다39131 판결 등), 가압류・가처분절차(대법원 1993. 7. 27. 선고, 92다48017 판결), 증거보전절차 등에는 이와 같은 소송절차의 정지가 인정되지 아니한다.

2) 종류

소송절차의 정지에는 중단과 중지 두 가지가 있다.

"중단"이라 함은 당사자나 소송수행자에게 소송수행이 불가능한 사유가 생겼을 때 새로운 당사자나 소송수행자가 나타나 소송을 수행할 때까지 법률상 당연히 절차의 진행이 정지되는 것을 말한다. 당사자에 의한 소송절차의 수계나 법원의 속행명령에 의하여 해소된다.

"중지"라 함은 법원이나 당사자에게 소송을 진행할 수 없는 사유가 생겼거나 진행에 부적당한 사유가 생겼을 때 법률상 당연히 또는 법원의 결정에 의하여 절차의 진행이 정지되는 것을 말한다. 당사자 또는 소송수행자의 교체와 수계가 없는 점에서 중단과 다르다.

를 수계할 때까지 중단한다(상§22, 23).

4) 신탁임무종료에 의한 중단

당사자의 신탁에 의한 수탁자의 임무가 종료한 때는 새로운 수탁자가 그 절차를 수계할 때까지 중단한다(상§22, 23).

5) 자격상실 등에 의한 중단

상표법 제13조 제1항 각호 외의 부분 단서 규정에 의한 대표자가 사망하거나 그 자격을 상실한 경우에는 새로운 대표자 또는 각 당사자가 그 절차를 수계할 때까지 중단한다. 또한 파산관재인 등 일정한 자격에 의하여 자기 이름으로 남을 위하여 당사자가 된 자가 그 자격을 잃거나 사망한 경우에도 새롭게 같은 자격을 가진 자가 그 절차를 수계할 때까지 중단한다(상§22, 23).

(3) 중 지

중지라 함은 천재·지변 기타 불가피한 사유로 인하여 특허청·특허심판원 또는 당사자가 절차의 속행이 불가능 또는 부적당하게 된 경우에 법률상 당연히 또는 특허청장이나 심판관의 결정에 의하여 일어나는 정지를 말한다(상§25).

1) 심판관이 천재·지변 기타 불가피한 사유로 인하여 그 직무를 행할 수 없는 때에는 특허심판원에 계속중인 절차는 그 사유가 소멸될 때까지 중지된다(상§25①).

2) 심판관은 당사자가 부정(不定)기간의 장애로 심판원에 계속 중인 절차를 속행할 수 없는 때에는 결정으로 그 중지를 명할 수 있다(상§25②).

3) 다른 심판 또는 소송에 의한 중지[39]

심판에 있어서 필요할 때는 당해심판사건과 관련되는 다른 심판의 심결이 확정되거나 소송절차가 완결될 때까지 그 절차를 중지할 수 있다(상§151①).

---

39) 상표법 제124조, 제154조에 의하여 각 준용되는 특허법 제164조 제1항에서 심판에서 필요한 때에는 타 심판의 심결이나 타 항고심판의 심결이 확정될 때까지 또는 소송절차가 완결될 때까지 그 절차를 중지할 수 있다고 규정한 것은 임의규정으로서 심판절차를 꼭 중지하여야 하는 것은 아니므로, 원심이 인용상표에 대한 갱신등록무효심판이 계속중임에도 이 사건 심판절차를 중지하지 아니하고 항고심결에 이른 조치를 위법하다고 할 수 없다(대법원 1995. 4. 25. 선고, 94후2094 판결; 대법원 1998. 2. 13. 선고, 97후1832 판결 참조).

4) 제척 · 기피에 의한 중지[40)]

제척 또는 기피의 신청이 있을 때는 그 신청에 대한 결정이 있을 때까지 심판절차를 중지하여야 한다. 다만, 긴급을 요할 때는 그러하지 아니하다(상 §139).

5) 공동심판 등에 있어서 절차의 중단 · 중지

공동심판에 있어서 청구인이나 피청구인 중 1인에 관하여 심판절차의 중단 또는 중지의 원인이 있는 때에는 전원에 관하여 그 효력이 발생한다(상 §124④).

(4) 중단, 중지의 효력

1) 기간진행의 정지, 개시

특허에 관한 절차가 중단 또는 중지된 경우에는 그 기간의 진행은 정지되고 그 절차의 수계통지를 하거나 그 절차를 속행한 때부터 다시 모든 기간이 진행된다(상§26).

2) 속행금지

심판관 또는 당사자는 중지하는 동안 그 사건에 관한 절차를 속행할 수 없다.

3) 중단 또는 중지 중에 행하여진 절차

수계 또는 속행의 신청자가 그 신청(명의변경신고에 의하여 수계신청을 하는 경우도 포함)을 할 때 중단 또는 중지 중에 당사자, 특허청 또는 특허심판원이 행한 절차(이하 "중단 중의 절차"라 한다)의 효력에 대하여 다툼이 없을 때는 중단 중의 절차의 무효 또는 취소를 주장하는 것은 인정하지 않는 것으로 한다.[41)]

---

40) 법원이 소송절차중지의 결정을 할 것인지의 여부는 법원이 합리적인 재량에 의하여 직권으로 정하는 것으로서 그 소송절차를 중지한다는 결정에 대하여는 당사자가 항고(재항고)에 의하여 불복할 수 없다(대법원 1992. 1. 15. 선고, 91마612 결정).

41) 소송절차 정지의 효과(법원실무제요 민사소송Ⅱ, pp.532~533 참조)

소송절차의 정지기간 중에 행하여진 당사자나 법원의 소송행위는 원칙적으로 무효이다. 그러나 무효라 하여도 상대방이 아무런 이의를 하지 아니함으로써 민사소송법 제151조의 이의권이 상실되면 유효하게 된다. 또한 정지제도는 공익적 제도가 아니라 당사자를 보호하기 위한 제도이기 때문에 정지중의 소송행위라도 추인하면 유효하게 된다. 상소도 마찬가지이다.

그러나 중단사유를 간과하고 소송절차가 진행되어 종국판결이 선고되었다면 그 판결을 함부로

소송절차가 중단 또는 중지된 때에는 기간의 진행이 정지되고, 소송절차의 수계사실을 통지한 때 또는 소송절차를 다시 진행한 때부터 전체기간이 새로이 진행된다(민소§247②).

4) 공동심판 등에 있어서 절차의 중단 · 중지

공동심판에 있어서 청구인이나 피청구인 중 1인에 관하여 심판절차의 중단 또는 중지의 원인이 있는 때에는 전원에 관하여 그 효력이 발생한다(상§124④).

(5) 참가인의 중단 · 중지의 효력

피참가인에게 중단 · 중지의 사유가 발생하였을 경우 참가인은 심판에 있어서 공격, 방어 방법의 제출 및 기타 일체의 심판절차를 밟을 수 있다(상§142④).

참가인에 대하여 심판절차의 중단 또는 중지의 원인이 있으면 그 중단 또는 중지는 피참가인에 대하여도 그 효력이 발생한다(상§142⑤).

무효라고 할 수 없다. 판례는 이러한 경우에 그 판결은 당연무효라 할 수 없고, 그 판결은 대리인에 의하여 적법하게 대리되지 않았던 경우와 마찬가지로 대리권 흠결을 이유로 상소(확정전) 또는 재심(확정후)에 의하여 그 취소를 구할 수 있을 뿐이다. 따라서 사망자의 승계인에 관한 승계집행문의 부여도 가능하다. 한편, 위와 같은 중단사유를 간과한 판결선고 후 그 상속인들이 수계신청을 하여 판결을 송달받아 상고하거나 또는 적법한 상속인들이 사실상 송달을 받아 상고장을 제출하고 상고심에서 수계절차를 밟은 경우에는 그 수계와 상고는 적법한 것이라고 보아야 하며 또한 당사자가 판결 후 명시적 또는 묵시적으로 원심의 절차를 적법한 것으로 추인하면 그 상소사유 또는 재심사유는 소멸한다고 하였다(대법원 1995. 5. 23. 선고, 94다28444 전원합의체 판결; 1998. 5. 30.자 98그7 결정).

c·h·a·p·t·e·r

02 심판의 종류

우리 상표법에는 심판을 행정청인 특허청의 결정에 대한 불복심판과 상표권 자체의 유효성여부에 관한 심판으로 나눌 수 있다.

제1절 상표등록무효심판

1. 의 의

상표등록의 무효란 일단 유효하게 설정등록된 상표를 일정한 법정사유에 해당함을 이유로 심판절차에 의하여 성립 당초부터 그 등록이 없었던 것으로 하여 효력을 소멸시키는 제도를 말한다. 이와 같은 무효는 지정상품의 추가등록(상§86)과 상표권의 존속기간갱신등록(상§83②), 그리고 상품분류전환등록(상§211)에도 같이 적용된다. 따라서 상표권에 무효사유가 있다고 해서 자연적으로 무효가 되는 것이 아니고 특허심판원의 심결에 의하지 아니하고는 그 상표권이 무효가 되지 않는다. 이 규정의 취지는 설정등록된 상표가 무효사유가 있었으나 심사관의 과오로 등록되었을 경우, 이를 방치하면 타상표권자 등에 대한 권리의 제한이 생기거나 본래 누구나 자유로이 사용할 수 있는 상표사용을 제한하게 되므로 상표제도의 목적에 반하게 된다. 이러한 취지로 이 규정을 두었다고 보며, 이는 권리에 무효사유가 있는 것을 확인하는 것에 지나지 않으므로 확인적 행위로 볼 수 있고, 또 무효사유를 단순히 확인하는 것에 그치지 않고 그 권리를 소급하여 무효로 시키기 때문에 형성적인 행위로도 볼 수도 있다.

2. 등록무효의 청구

이해관계인 또는 심사관은 상표등록 또는 지정상품의 추가등록이 상표법 제117조 제1항 각 호의 어느 하나에 해당하는 경우에는 무효심판을 청구할 수 있으며, 이 경우 등록상표의 지정상품이 2이상 있는 경우에는 지정상품마다 청구할 수 있다(상§117①).

(1) 청구인

불필요하고 무모한 심판의 청구를 억제함으로써 권리의 안정과 행정의 효율화를 위하여 청구권자를 심사관[1] 또는 이해관계인으로 한정[2)3)]하고 있으며 (상§117①), 피청구인은 현재의 상표권자가 된다.

대법원 2004. 5. 14. 선고, 2002후1256 판결	상표등록의 무효심판을 청구할 수 있는 '이해관계인'이라 함은 등록상표와 동일 또는 유사한 상표를 사용한 바 있거나 현재 사용하고 있음으로써 등록상표의 소멸에 직접적인 이해관계가 있는 자를 말한다.

1) 구 실용신안법 제25조 제2항이 심사관으로 하여금 실용신안등록의 무효심판을 청구할 수 있도록 규정한 것은 심사관 개인을 이해관계인으로 보아서가 아니라 실용신안제도의 원활한 목적달성을 위한 공익적 견지에서 나온 것이므로 그 심사관은 심판제기 당시 실용신안의 등록출원에 대한 심사를 담당하고 있는 자이면 되고 반드시 당해 실용신안등록을 심사하여 등록사정한 심사관에 한하거나 심결당시에 그 심사관의 지위에 있어야만 하는 것은 아니다(대법원 1989. 3. 14. 선고, 86후171 판결).

2) 대법원 1970. 3. 24. 선고, 70후3 판결.

3) 이해관계가 없을 경우에는 그 청구는 부적법한 것으로서 각하되며, 이해관계에 대한 판단기준은 심결시이다.

원고가 “SPEED 스피드”로 구성된 피고의 이 사건 등록상표(등록번호 제3120247호)와 유사한 “스피드 SPEED”로 구성된 상표(등록번호 제394439호)를 등록, 사용하다가 그 상표의 등록이 무효로 확정되었다 하더라도 피고로부터 상표권 침해로 인한 손해배상 청구 등을 당할 수 있어 이 사건 등록상표의 유·무효를 다툴 법률상의 이해관계는 여전히 남아 있으므로, 이 사건 심결취소소송의 당사자적격이 있다.

대법원 1981. 1. 13. 선고, 80후72 판결

[영업을 폐지한 자도 실용신안무효심판청구의 이해관계인이 될 수 있는지 여부]

실용신안의 무효심판을 청구할 수 있는 이해관계인이라 함은 당해 실용신안권자로 부터 그 권리의 대항을 받을 염려가 있으므로 말미암아 현재업무상 손해를 받거나 후일 손해를 받을 염려있는 자를 포함한다 할 것인바(대법원 1963. 2. 28. 선고, 62후14 판결 및 19120. 3. 12. 선고, 119후37 판결 참조), 이 사건 무효심판을 청구함에 있어서 다른 특별한 사정이 없는 한 위와 같은 영업의 폐지 사실만으로는 이해관계인이 됨에 방해가 될 수는 없다고 할 것이므로 같은 취지에서 심판청구인을 이해관계 있는 자로 본 원심결은 정당하고, 거기에 어떤 위법사유가 있다고 할 수 없으므로 논지 이유없다.

대법원 1974. 3. 26. 선고, 73후16 판결

상표법상 심판청구의 이해관계인 되려면 등록상표와 동일 또는 유사한 상표를 사용한 바 있었거나 현재 사용하고 있으므로써 등록상표의 소멸에 직접적인 이해관계가 있어야 한다.

대법원 1989. 4. 25. 선고, 87후131 판결

행정관청인 도지사는 권리의무의 주체가 아니므로 실용신안권의 권리범위확인심판을 청구할 수 있는 구 실용신안법 제25조 제3항 소정의 이해관계인이라고 볼 수 없다.

대법원 1997. 9. 5. 선고, 96후1743 판결

[심판청구를 취하하기로 합의한 경우]

특허권의 권리범위 확인의 심판청구를 제기한 이후에 당사자 사이에 심판을 취하하기로 한다는 내용의 합의가 이루어졌다면 그 취하서를 심판부(또는 기록이 있는 대법원)에 제출하지 아니한 이상 심판청구취하로 인하여 사건이 종결되지는 아니하나, 당사자 사이에 심판을 취하하기로 하는 합의를 함으로써 특별한 사정이 없는 한 심판이나 소송을 계속 유지할 법률상의 이익은 소멸되었다 할 것이다(대법원 1989. 9. 12. 선고, 88후1281 판결 참조).

대법원
1996. 3. 12. 선고,
95후1401 판결

무효심판을 청구할 수 있는 이해관계인이라 함은 그 등록상표와 동일 또는 유사한 상표를 사용한 바 있거나 현재 사용하고 있는 자, 또는 등록된 상표가 지정하는 상품과 동종의 상품을 판매하고 있음으로써 피청구인의 상표 소멸에 직접적인 이해관계가 있는 자를 말한다 할 것이다(당원 1988. 3. 22. 선고, 85후59 판결 및 1995. 8. 25. 선고, 95후149 판결 각 참조). 기록에 의하면 피심판청구인은 심판청구인이 자신의 등록상표와 유사한 상표를 사용한다는 이유로 심판청구인에게 이에 대한 사용중지를 요구하는 경고장을 보낸 데 대하여 "루비나 부띠크"란 상호로 패션디자이너 겸 의류제조 판매업 등에 종사하고 있는 심판청구인은 위 상표권 침해 주장을 반박하면서 피심판청구인의 등록상표에 대하여 등록무효심판을 청구할 것을 밝히고 있으므로 심판청구인은 이 사건 등록상표의 소멸에 직접적인 이해관계가 있다.

대법원
1998. 7. 24. 선고,
97후2309 판결

서비스표등록의 무효심판을 청구할 수 있는 이해관계인이라 함은 그 등록서비스표와 동일 또는 유사한 서비스표를 사용한 바 있거나 현재 사용하고 있는 자, 또는 등록된 서비스표가 지정하는 서비스와 동종의 서비스를 제공하고 있음으로써 피심판청구인의 등록서비스표 소멸에 직접적인 이해관계가 있는 자를 말하는바, 심판청구인은 금, 은, 시계 등 귀금속류를 취급하는 소매상이고, 무효심판을 구하는 등록단체표장의 지정서비스업이 귀금속 및 보석을 대상으로 하는 디자인업, 감정업 등이라면, 심판청구인이 취급하는 금, 은, 시계 등 귀금속류는 위 등록단체표장의 지정서비스업의 취급대상 물품이 된다는 점에서 위 지정서비스업과 밀접한 관련이 있다고 할 것이므로 심판청구인은 위 등록단체표장이 지정하는 서비스와 유사한 서비스를 제공하고 있는 자와 마찬가지로 위 등록단체표장의 소멸에 직접적인 이해관계가 있다.

(2) 상표등록 · 지정상품 추가등록 · 상표권 존속기간갱신등록 · 상품분류전환의 무효사유

한편 상표등록의 무효사유에는 원시적 무효사유와 후발적 무효사유가 있다.

우리 상표법은 상표법 제117조 제1항에 무효사유를 열거하고 있어 이 사유에 해당하는 경우에만 무효심판을 청구할 수 있다. 이는 한정열거주의를 택하고 있으며, 그 사유는 다음과 같다.[4)]

4) 심판편람 제13판(2021) 제18편 제2장 3. 무효사유(재인용).

(a) 상표법 제3조 제1항 단서(재직 중인 특허청직원이 상표등록을 받은 경우), 제27조(권리능력이 없는 외국인에 대하여 상표등록이 된 경우), 제33조(상표등록요건을 위반한 경우), 제34조(상표등록을 받을 수 없는 상표가 등록된 경우), 제35조(선원주의에 위반된 경우), 제48조 제2항 후단(출원중 유사한 지정상품을 함께 이전하지 않은 경우), 제48조 제5항(공유인 상표등록출원이 타공유자의 동의 없이 지분권을 양도한 경우), 제48조 제7항(업무표장 등록출원이 그 업무와 함께 양도되지 않은 경우), 제48조 제8항(공익단체 등의 상표등록출원이 그 업무와 함께 양도되지 않은 경우), 제48조 제9항(단체표장 등록출원이 특허청장의 허가 없이 이전된 경우), 제48조 제10항(증명표장 등록출원이 특허청장의 허가 없이 이전된 경우), 제54조 제1항 제4호 부터 제8호(표장의 정의규정에 위배된 경우)의 규정에 위반된 경우(상§117①i).

(b) 상표등록 또는 지정상품의 추가등록이 그 상표등록출원에 의하여 발생한 권리를 승계하지 아니한 자에 의한 경우(상§117①ii).

(c) 상표등록 또는 지정상품의 추가등록이 조약에 위반된 경우(상§117①iv).

구분	무효사유
통상의 상표등록 및 지정상품 추가등록	가. 상표등록 또는 지정상품의 추가등록이 제3조(상표등록을 받을 수 있는 자), 제27조(외국인의 권리능력), 제33조부터 제35조까지(자타상품 식별력, 부등록사유, 선출원), 제48조(출원의 승계 및 분할이전 등) 제2항 후단, 같은 조 제4항 및 제6항부터 제8항까지, 제54조(상표의 정의, 조약 위반 등) 제1호·제2호 및 제4호부터 제7호까지의 규정에 위반된 경우 나. 상표등록 또는 지정상품의 추가등록이 그 상표등록출원에 의하여 발생한 권리를 승계하지 아니한 자가 한 것인 경우 다. 지정상품의 추가등록이 제87조 제1항 제3호에 위반된 경우 라. 상표등록 또는 지정상품의 추가등록이 조약에 위반된 경우 마. 상표등록된 후 그 상표권자가 제27조에 따라 상표권을 누릴 수 없는 자로 되거나 그 등록상표가 조약에 위반된 경우 바. 상표등록된 후 그 등록상표가 제33조 제1항 각 호의 어느 하나에 해당하게 된 경우(제33조 제2항에 해당하게 된 경우는 제외) 사. 제82조에 따라 지리적 표시 단체표장등록이 된 후 그 등록단체표장을 구성하는 지리적 표시가 원산지 국가에서 보호가 중단되거나 사용되지 아니하게 된 경우
존속기간 갱신등록	가. 상표권의 존속기간갱신등록이 제84조 제2항(갱신등록신청기간)에 위반된 경우 나. 해당 상표권자가 아닌 자가 상표권의 존속기간갱신등록신청을 한 경우
상품분류 전환등록	가. 상품분류전환등록이 해당 등록상표의 지정상품이 아닌 상품으로 되거나 지정상품의 범위가 실질적으로 확장된 경우 나. 상품분류전환등록이 해당 등록상표의 상표권자가 아닌 자의 신청에 의하여 이루어진 경우 다. 상품분류전환등록이 제209조 제3항(전환등록출원 기간)에 위반되는 경우

(d) 지정 상품의 추가등록이 제87조 제1항 제3호에 위반된 경우(상§117①iii).

(e) 상표등록 후 그 상표권자가 제27조(외국인의 권리능력흠결)에 따라 상표권을 향유할 수 없는 者로 되거나 그 등록상표가 조약에 위반된 경우(상§117①v).[5]

(f) 상표등록이 된 후에 그 등록상표가 제33조 제1항(상표가 등록된 후 사후적으로 식별력을 상실한 경우<존속기간 갱신 등록출원에 대한 실체심사 폐지에 대한 보완>) 각호의 1호에 해당하게 된 경우(제33조 제2항<사용에 의한 식별력 취득>에 해당하게 된 경우를 제외한다)(상§117①vi).

(g) 제82조의 규정에 따라 지리적 표시 단체표장등록이 된 후에 그 등록단체표장을 구성하는 지리적 표시가 원산지 국가에서 보호가 중단되거나 사용되지 아니하게 된 경우(상§117①vii).

(3) 청구기간 및 제척기간[6]

상표등록 무효심판의 청구기간은 상표권이 존속기간 중에 청구하는 것이 일반적이나 상표권이 소멸된 후에도 이를 청구할 수 있도록 하고 있다(상§117②).

제척기간은 상표법 제122조 제1항에 의해 상표등록의 무효사유가 상표법 제34조 제1항 제6호(저명한 他人의 성명 등), 제7호(선출원(先出願)에 의한 타인의 등록상표), 제8호(상표권이 소멸한 날로부터 1년을 경과하지 아니한 타인의 등록상표), 제9호(주지상표), 제10호 및 제16호(포도주·증류주의 산지에 관한 지리적 표시), 제35조(선원), 제118조 제1항 제1호(상표권 존속기간 갱신등록 신청기간 위배), 제214조 제1항 제3호(상품분류전환등록이 상품분류전환신청기간<존속기간 만료일 1년 전부터 존속기간 만료 후 6월 이내> 및 상품분류전환신청의 절차 추완)에 해당하는 것을 사유로 하는 상표등록 무효심판, 상표권의 존속기간 갱신등록의 무효심판 및 상품분류전환등록의 무효심판은 상표등록일, 상표권의 존속기간 갱신등록일 및 상품분류 전환 등록일로부터 5년이 경과한 후에는 이를 청

---

5) 이는 후발적 무효사유로서 처음부터 그 권리를 상실케 하는 것이 아니라 사후적으로 권리를 소멸시키는 것이다.

6) 특허의 무효심판과는 달리 상표법상에 제척(除斥)기간을 두는 이유는 이익보호적인 무효사유에 대해서 권리의 안정화를 도모하기 위함이다. 무효심판의 청구는 권리가 소멸한 후라도 가능하다(상§117②, §118②).

구할 수 없다(상§122①). 이는 사실상태를 존중하고 불안정한 권리관계를 조속히 확정시켜 권리의 안정을 도모하기 위해 5년이 지나면 다툴 수 없게 한 것인데, 이를 무효심판의 제척(除斥)기간이라 한다.

(4) 무효사유의 판단기준

상표등록의 무효사유에는 원시적 무효사유와 후발적 무효사유가 있고 설정등록시에 원시적인 무효사유가 존재하는 경우에는 설정등록 자체에 하자가 있는 경우이기 때문에 무효판단기준시점은 상표등록여부 결정시이다. 다만, 상표등록 후에 후발적 무효사유(상§117①ⅳ, ⅴ, ⅵ, ⅶ)에 해당하는 것을 사유로 하는 무효심판의 경우에는 당해 사유의 발생시를 기준으로 판단한다. 이 경우 그 해당하게 된 때를 특정할 수 없을 때는 무효심판이 청구되어 그 청구내용이 등록원부에 공시된 때부터 당해 상표권은 없었던 것으로 본다(상§117④). 이는 무효사유가 발생하여 존재하였지만 그 후 소멸한 경우에는 원칙적으로 하자가 치유된 것으로 볼 수 있지만, 결국은 심결시점에서 그 존재여부가 문제된다.[7]

(5) 이해관계자에 통지

심판장은 무효심판이 청구되면 그 취지를 전용사용권자 등의 등록권리자에게 통지하여야 한다(상§117⑤). 등록권리자는 그 상표권에 대하여 이해관계가 있기 때문에 심판청구의 참가하는 기회를 주는 등 상표권이 무효가 될 경우를 대비하게 하기 위한 뜻도 포함된다. 그러나 설정등록을 하지 않은 통상사용권자 등의 이해관계인에게는 통지할 의무가 없다고 본다.

3. 등록무효의 효과

상표를 무효로 할 지 여부는 행정권의 행사로서, 오로지 특허심판원의 심판합의체가 심판에 의해서만 할 수 있다(상§117). 이러한 무효심결은 행정처분으로서 설정등록된 등록상표에 무효사유가 있는 것을 확인하는 행위뿐만 아

7) 平尾正樹, 商標法, 學陽書房(2006), p.472.

니라 확인된 것을 근거로 하여 해당 상표권을 소급하여 소멸시키는 형성적 행위이기도 하다. 단 후발적 무효사유에 의해 무효심결을 받은 경우에는 그 후발적 무효사유에 해당된 때부터 상표권이 존재하지 않는 것으로 본다. 그렇기 때문에 처음부터 상표권의 효력이 없어지는 것이 아니라 그 해당사항에 해당된 때까지는 그 상표권이 유효하다.

즉 상표등록을 무효로 한다는 심결이 확정된 때에는 그 상표권은 처음부터 없었던 것으로 본다. 다만 적법하게 설정된 상표등록이 그 후에 그 상표권자인 외국인이 권리능력을 상실하거나 조약의 개폐 등으로 인하여 상표등록이 조약에 위반됨을 이유로 그 등록을 무효로 하는 심결(審決)이 확정된 경우에는 그 무효사유에 해당하게 된 때부터 상표권은 그 효력을 상실한다(상§117③). 특정할 수 없는 경우에는, 무효심판이 청구되어 그 청구내용이 등록원부에 공시된 때부터 당해 상표권이 없었던 것으로 본다(상§117④). 무효심판의 심결(審決)이 확정등록 되거나 판결이 확정된 때에는 누구든지 동일사실·동일증거에 의하여 무효심판을 청구할 수 없다(상§150).

대법원 1996. 7. 30. 선고, 95후1821 판결

구 상표법 제71조 제1항의 규정 취지는 특정의 지정상품에 관한 부분에 대하여만 무효사유가 있는데도 적법하게 상표등록을 받을 수 있는 나머지 지정상품에 대하여까지 전부 무효로 하는 것은 불필요하고 가혹하며 불합리하므로 이러한 과잉조치를 피하게 하고자 하는 것인바, 어느 상표가 2 이상의 상품을 지정상품으로 하여 등록이 되어 있는 경우에 심판청구인이 상표등록 전부의 무효심판을 청구하는 경우라도 지정상품 중 일부에만 무효원인이 있고 다른 지정상품에는 무효사유가 없음이 명백한 때에는 무효원인이 있는 지정상품에 한하여 등록무효의 심판을 하여 그 부분만 말소하게 함이 상당할 것이고, 이러한 해석은 구 상표법(1990.1.13. 법률 제4210호로 전문 개정되기 전의 것)하에서도 같이 하여야 하며, 이와 같은 이치는 3 이상의 상품을 지정상품으로 하여 등록된 경우 2 이상의 지정상품에 관하여 무효심판을 청구하는 경우에도 같다.

피심판청구인이 이 사건 심판계속 중 지정상품 중 일부에 대한 상표권을 포기하여 그 말소등록이 되었다고 하여도 그 상표권 포기의 효력은 그 등록의 말소가 있을 때에 발생하고 소급효가 있는 것은 아니므로, 상표권을 포기한 이들 상품에 대한 상표등록의 무효여부도 심판의 대상이 된다.

제2절 상표권의 존속기간갱신등록의 무효심판

상표권의 존속기간갱신등록의 무효심판은 상표등록무효심판과 거의 동일하므로 여기서는 무효사유와 효과만 보기로 한다.

1. 갱신등록무효의 청구

이해관계인 또는 심사관은 상표권의 존속기간갱신등록이 상표법 제118조 제1항 각호의 1(상표권 존속기간갱신등록의 무효사유)에 해당할 경우에는 상표권의 소멸(消滅)의 전후를 불문하고 심판에 의하여 그 갱신등록을 무효로 할 수 있다. 이 경우 갱신(更新)등록된 등록상표의 지정상품이 2이상 있는 경우에는 지정상품마다 청구할 수 있다(상§118).

(1) 청구인

심판청구를 할 수 있는 자는 이해관계인 또는 심사관이다. 또 상표법 제118조 제1항 제2호의 경우 5년의 제척(除斥)기간이 있고 그 밖의 경우는 소멸 후에도 무효심판을 청구할 수 있다.

(2) 청구사유

(a) 상표권의 존속기간갱신등록이 상표법 제84조 제2항의 규정에 위반하여 등록이 되었을 경우(상§118①i)

상표권의 존속기간갱신등록신청은 존속기간 만료 전 1년 이내에 신청해야 하며 이 기간 내에 신청하지 아니한 자는 기간만료 후 6월 이내에 신청하여야 함에도 불구하고 그 기간경과 후에 갱신(更新)등록절차를 밟은 것이 등록되었거나 갱신(更新)등록신청이 없는 것이 등록된 것을 말한다.

(b) **상표권의 존속기간갱신등록이 당해 상표권자가 아닌 자에 의하여 상표권의 존속기간갱신(更新)등록이 행하여진 경우**(상§118①ii)

상표권의 갱신(更新)등록은 권리주체의 동일성이 요구되기 때문에 상표권자 자신이나 그 상속인, 상표권을 양도받은 승계인이 아니면 상표권의 갱신등록절차를 밟을 수 없는 것이다.

대법원 1999. 5. 28. 선고, 98후1280 판결

[상표권의 존속기간갱신등록이 된 경우, 갱신등록 출원시로부터 그 이전 3년 이내의 상표사용 사실이 추정되는지 여부(적극)]

상표권의 존속기간갱신등록에 관하여 적용되는 구 상표법(1993. 12. 10. 법률 제4597호로 개정되기 전의 것) 제42조 제2항 제2호는 상표권의 존속기간갱신등록시 그 출원일 전 3년 이내에 국내에서 그 등록상표를 어느 지정상품에도 사용하지 아니한 경우를 갱신등록 거절사유로 들고 있고, 같은 법 제43조 제1항 제3호는 갱신등록시에 위 경우에 해당하지 아니함을 증명하는 사항을 기재한 서류를 제출하도록 규정하고 있으므로, 상표권의 존속기간갱신등록이 된 경우에는 갱신등록 출원시로부터 그 이전 3년 이내의 상표사용사실이 추정된다.

대법원 1994. 4. 26. 선고, 93후2028 판결

구 상표법(1990. 1. 13. 법률 제4210호로 전문 개정되기 전의 것) 제47조와 제48조 제3항에 비추어 보면, 상표권의 존속기간 갱신등록을 무효로 한다는 심결 또는 판결이 확정된 때에는 설정등록에 의하여 발생한 상표권은 갱신되기 전의 상표권의 존속기간이 종료하였을 때에 소멸하는 것으로 보아야 한다.

출원상표의 출원 당시 상표등록이 되어 있던 인용상표에 대한 상표권이 나중에 존속기간 갱신등록의 무효심결이 확정되어 출원상표의 출원 전으로 소급하여 소멸함으로써 출원상표에 대한 선등록 유사상표가 존재하지 아니하였던 것으로 보아야 한다고 한 사례.

(3) 청구시기

추가등록, 갱신등록, 전환등록의 무효심판은 상표권의 존속 중에는 물론 권리의 소멸 후에도 청구할 수 있다(상§117, 상§118, §214).

한편, 상표법 제34조 제1항 제6호 내지 제10호 및 제16호와 제35조 및 제118조 제1항 제1호와 제214조 제1항 제3호에 해당하는 것을 사유로 하는 상표등록의 무효심판, 상표권의 존속기간갱신등록의 무효심판 및 상품분류전환등록의 무효심판은 상표등록일 및 상표권의 존속기간갱신등록일 및 상품분류전환등록일부터 5년이 경과한 후에는 이를 청구할 수 없다(상§122). 상표의 지정상품이 2 이상 있는 경우, 지정상품마다 추가등록무효, 갱신등록무효, 전환등록의 무효심판을 청구할 수 있다(상§117, §118, §214).

2. 갱신등록무효의 효과

상표권의 존속기간갱신등록을 무효로 한다는 심결이 확정된 때에는 상표권의 존속기간 갱신등록은 처음부터 없었던 것으로 본다(상§118③). 다만, 지정상품의 추가등록 무효심판의 경우 상표법 제117조 제1항 제5호 내지 제7호의 규정에 의한 사유에 의하여 무효로 된 때에는 상표권은 그 사유에 해당하게 된 때부터 없었던 것으로 본다(상§117③).

제3절 상품분류전환등록의 무효심판

이해관계인[8]또는 심사관은 상표등록 또는 지정상품의 추가등록에 대하여

---

8) 상표법 제209조 (상품분류전환등록의 신청) ① 종전의 법(법률 제5355호 상표법중개정법률로 개정되기 전의 것을 말한다) 제10조제1항에 따른 통상산업부령으로 정하는 상품류의 구분에 따라 상품을 지정하여 상표권의 설정등록, 지정상품의 추가등록 또는 존속기간갱신등록을 받은 상표권자는 해당 지정상품을 상품류의 구분에 따라 전환하여 등록을 받아야 한다. 다만, 법률 제5355호 상표법중개정법률 제10조제1항에 따른 통상산업부령으로 정하는 상품류의 구분에 따라 상품을 지정하여 존속기간갱신등록을 받은 자는 그러하지 아니하다.

② 제1항에 따른 상품분류전환등록을 받으려는 자는 다음 각 호의 사항을 적은 상품분류전환등록신청서를 특허청장에게 제출하여야 한다.

1. 신청인의 성명 및 주소(법인인 경우에는 그 명칭 및 영업소의 소재지를 말한다)
2. 신청인의 대리인이 있는 경우에는 그 대리인의 성명 및 주소나 영업소의 소재지[대리인이 특허법인·특허법인(유한)인 경우에는 그 명칭, 사무소의 소재지 및 지정된 변리사의 성명을 말한다]
3. 등록상표의 등록번호
4. 전환하여 등록받으려는 지정상품 및 그 상품류

일정한 경우 무효심판을 청구할 수 있도록 한 것과 동일한 취지로 상품분류전환등록에 대하여 상품분류전환등록이 당해 등록상표의 지정상품이 아닌 상품으로 되거나 지정상품의 범위가 실질적으로 확장된 경우, 상품분류전환등록이 당해 등록상표의 상표권자가 아닌 자의 신청에 의하여 행하여진 경우, 상품분류전환등록이 상표법 제209조 제3항(공유인 상표권의 상품분류전환등록의 신청)의 규정에 위반되는 경우에 무효심판을 청구할 수 있다(상§214①).

이 규정은 1998년 3월 1일 전의 상품류구분에 따라 상표권을 등록한 자는 당해 상표권의 존속기간 만료일 1년 전부터 만료후 6월까지 현행 상품류구분(니스분류)에 따라 상품분류전환등록을 하도록 하고, 동 기간 내에 상품분류전환등록을 하지 아니한 때에는 당해 상표권의 존속기간 만료일부터 10년이 경과한 날에 상표권이 소멸되도록 제209조 및 제213조(상품분류전환등록이 없는 경우 등의 상표권의 소멸)[9]가 신설됨에 따라 상표권의 존속기간 갱신등록시에는

---

③ 상품분류전환등록신청은 상표권의 존속기간이 만료되기 1년 전부터 존속기간이 만료된 후 6개월 이내의 기간에 하여야 한다.

④ 상표권이 공유인 경우에는 공유자 전원이 공동으로 상품분류전환등록을 신청하여야 한다.

상표법 제210조 (상품분류전환등록거절결정 및 거절이유의 통지)

① 심사관은 상품분류전환등록신청이 다음 각 호의 어느 하나에 해당하는 경우에는 그 신청에 대하여 상품분류전환등록거절결정을 하여야 한다.

1. 상품분류전환등록신청의 지정상품을 해당 등록상표의 지정상품이 아닌 상품으로 하거나 지정상품의 범위를 실질적으로 확장한 경우
2. 상품분류전환등록신청의 지정상품이 상품류 구분과 일치하지 아니하는 경우
3. 상품분류전환등록을 신청한 자가 해당 등록상표의 상표권자가 아닌 경우
4. 제209조에 따른 상품분류전환등록신청의 요건을 갖추지 못한 경우
5. 상표권이 소멸하거나 존속기간갱신등록신청을 포기·취하하거나 존속기간갱신등록신청이 무효로 된 경우

② 심사관은 제1항에 따라 상품분류전환등록거절결정을 하려는 경우에는 신청인에게 거절이유를 통지하여야 한다. 이 경우 신청인은 산업통상자원부령으로 정하는 기간 내에 거절이유에 대한 의견서를 제출할 수 있다.

③ 제2항 후단에 따른 기간 내에 의견서를 제출하지 아니한 신청인은 그 기간이 만료된 후 2개월 이내에 상품분류전환등록에 관한 절차를 계속 진행할 것을 신청하고, 그 기간 내에 거절이유에 대한 의견서를 제출할 수 있다.

상표법 제211조 (상품분류전환등록) 특허청장은 제212조에 따라 준용되는 제68조에 따른 상표등록결정이 있는 경우에는 지정상품의 분류를 전환하여 등록하여야 한다.

9) 상표법 제213조 (상품분류전환등록이 없는 경우 등의 상표권의 소멸) ① 다음 각 호의 어느 하나에 해당하는 경우 상품분류전환등록의 대상이 되는 지정상품에 관한 상표권은 제209조제3항에 따른 상품분류전환등록신청기간의 만료일이 속하는 존속기간의 만료일 다음 날에 소멸한다.

1. 상품분류전환등록을 받아야 하는 자가 제209조제3항에 따른 기간 내에 상품분류전환등록을 신청하지 아니하는 경우
2. 상품분류전환등록신청이 취하된 경우
3. 제18조제1항에 따라 상품분류전환에 관한 절차가 무효로 된 경우

상품분류전환등록을 함께 하여야 계속해서 상표권을 갱신등록할 수 있다. 따라서 이러한 상품분류전환등록의 하자가 있는 경우에는 이해관계인이나 심사관은 이러한 상품분류전환등록을 무효로 다툴 수 있는 심판제도를 신설한 것이라고 한다.[10]

제 4 절 상표등록의 취소심판

상표법의 목적은 상표를 보호함과 아울러 소비자를 보호하는 것이므로 일단 유효하게 설정등록된 상표권이라도 거래자나 소비자를 보호하기 위하여 사후적으로 발생한 법정 취소사유에 해당함을 이유로 심판절차를 통하여 그 등록의 효력을 장래를 향하여 소멸시킴으로서 건전한 상거래 질서를 확립하여 산업발전과 함께 수요자의 이익을 보호하려는 것이다.[11]

1. 의 의

상표등록의 취소라 함은 일단 유효하게 상표등록이 된 후에 일정한 법정(法定) 취소사유에 해당됨을 이유로 등록취소의 심판청구가 있는 경우 심판절차를 거쳐 그 등록의 효력을 장래에 향하여 소멸시키는 행정처분을 말한다. 상표권에 취소사유가 있다고 하더라도 심판에 의하지 아니하고는 그 상표권을 취소시킬 수 없다. 상표권이 취소심판에 의하여 취소가 확정되면 대세적 효력이 발생한다. 취소심판은 무효심판과는 달리 소급효는 발생하지 않는다.

---

4. 상품분류전환등록거절결정이 확정된 경우
5. 제214조에 따라 상품분류전환등록을 무효로 한다는 심결이 확정된 경우

② 상품분류전환등록의 대상이 되는 지정상품으로서 제209조제2항에 따른 상품분류전환등록신청서에 적지 아니한 지정상품에 관한 상표권은 상품분류전환등록신청서에 적은 지정상품이 제211조에 따라 전환등록되는 날에 소멸한다. 다만, 상품분류전환등록이 상표권의 존속기간만료일 이전에 이루어지는 경우에는 상표권의 존속기간만료일의 다음 날에 소멸한다.

10) 특허청, 상표법해설(2004), p.321 재인용.

11) 특허청, 상표법해설(2004), p.325 재인용.

2. 취소요건

상표법 제119조 제1항 제1호의 취소요건은 ① 상표권자에 의한 상표의 부정사용일 것,[12] ② 지정상품에 등록상표와 유사한 상표를 사용하거나 지정상품과 유사한 상품에 등록상표 또는 이와 유사한 상표를 사용하였을 것,[13] ③ 품질의 오인·타인의 상품과의 혼동을 초래하였을 것,[14] ④ 고의에 의한 사용일 것을 요건으로 하고 있다. 제2호 내지 제9호의 취소요건은 다음의 각호에서 살펴본다.

3. 상표등록의 취소사유

상표법 제119조 제1항 제1호에서부터 제9호까지 취소심판 사유를 열거하고 있다.

---

12) 상§119①1호는 상표권자의 부정사용의 경우에 적용하고, 사용권자에 의한 부정사용은 상§119①2또는 상§120를 적용한다.

13) 다만, 등록상표와 유사한 상표로서 색채만을 달리하는 상표의 사용은 등록상표의 사용으로 보아 부정사용에 해당하지 아니한다(상§225②).

14) 상§119① i 가 적용되기 위해서는 변형사용된 상표와 유사한 타인의 대상상표 간에 품질오인·출처혼동이 발생하여야 한다. 따라서, 상표권자가 변형사용하더라도 변형사용된 상표와 유사한 타인의 대상상표가 없거나 수요자가 상품출처의 오인·혼동을 일으킬 우려가 없는 경우에는 상§119①1에 해당되지 않는다 할 것이다. 또한 타인의 상표는 주지·저명함을 필요로 하는지, 등록상표·미등록상표를 불문하는지에 관해 논란이 있다. 여기서 타인의 상표에는 등록상표·미등록상표 모두를 포함한다.

이와 관련 대법원 전원합의체는 2005. 6. 16. 선고 2002후1225 사건에서 "상표법 제119조 제1항 제1호에 정한 실사용 상표와 타인의 상표 사이의 혼동 유무는 당해 실사용 상표의 사용으로 인하여 수요자로 하여금 그 타인의 상표의 상품과의 사이에 상품 출처의 혼동을 생기게 할 우려가 객관적으로 존재하는가의 여부에 따라 결정하면 충분하므로, 그 타인의 상표가 당해 등록상표의 권리범위에 속하거나 상표법상의 등록상표가 아니라고 하더라도 그 혼동의 대상이 되는 상표로 삼을 수 있다."고 판시하였다.

상표권자가 부기·변경하여 사용하는 상표가 자기의 등록상표와 동일 또는 유사하지 아니한 경우에는 §119① i 에는 해당되지 않는다. 다만, 자기의 등록상표와 유사하지는 아니하나 타인의 등록상표와 동일 또는 유사한 경우에는 §119① i 에 의한 등록상표의 취소사유는 되지 않고 타인의 상표권 침해여부가 문제될 뿐이다.

(1) 상표권자의 부정사용에 의한 경우

1) 의 의

상표의 부정사용에 의한 상표등록취소심판은 상표권자가 고의로 부정 사용하는 경우(상§119① i)와 사용권자가 고의로 부정사용하는 경우(상§119① ii)로 나누어 볼 수 있다(상§120①).

상표법 제119조 제1항 제1호는 상표권자가 고의로 지정상품에 등록상표와 유사한 상표를 사용하거나 지정상품과 유사한 상품에 등록상표 또는 이와 유사한 상표를 사용함으로써 수요자로 하여금 상품의 품질의 오인(誤認) 또는 타인의 업무에 관련된 상품과의 혼동(混同)을 생기게 한 경우에는 취소의 대상이 된다(상§119① i).

상표의 부정사용은 고의성이 있어야 한다.[15] 이러한 행위는 일반공중의 이익과 상거래의 안전을 위협하므로 아무리 상표권자라도 계속 보호하는 것이 도리어 상표법의 목적에 반하기 때문에 상표등록 취소의 사유가 된다. 또한 '상표권의 이전으로 인하여 유사한 등록상표가 각각 다른 상표권자에게 속하게 되고 그 중 1인이 자기의 등록상표의 지정상품과 동일 또는 유사한 상품에 부정경쟁을 목적으로 자기의 등록상표를 사용함으로써 수요자로 하여금 상품의 품질의 오인 또는 타인의 업무에 관련된 상품과의 혼동을 생기게 한 경우'도 취소사유가 된다(상§119①iv). 이는 등록상표의 부정사용을 방지하기 위한 제재로서 규정된 것이라 할 것이다.

이 규정에 의한 취소는 상표 및 상품간에 어느 것이나 각각 유사관계가 존재할 것을 필요로 하며, 그 범위에 한정되는 것이다. 유사범위의 사용은 모두 취소심판대상이 된다고 할 것이다. 그러나 상표권자가 부기·변경하여 사용하는 상표가 자기의 등록상표와 동일 또는 유사하지 아니한 경우에는 제119조 제1항 제1호에 해당되지 않는다. 다만 자기의 등록상표와 유사하지는 아니하나 타인의 등록상표와 동일 또는 유사한 경우에는 제119조 제1항 제1호에 의한 등록상표의 취소사유는 되지 않고 타인의 상표권침해 여부가 문제

15) 상표사용은 피심판청구인의 상품과 심판청구인의 상품과의 사이에 출처의 오인, 혼동을 일으킬 염려가 있는 것으로서 피심판청구인에게 위 인용상표의 존재를 알고 인용상표와 상품의 출처의 오인을 일으키게 할 의도가 있었던 것으로 추정되므로 이 사건 등록상표는 그 등록이 취소되어야 한다(대법원 1990. 9. 11. 선고, 89후2304 판결).

될 뿐이다.

또 부정사용은 상표권자만이 아니고 전용사용권자 또는 통상사용권자에 의한 행위도 규제하도록 하고 있다(상§119①ii). 상표법 제119조 제1항 제2호의 규정은 상표권자로부터 사용허락을 받은 전용사용권자, 통상사용권자도 사용권의 범위 내에서 정당하게 사용할 의무가 있고 또 상표권자는 그 행사가 상표법의 목적에 위배되지 않도록 사용권자를 감독할 의무가 있다는 취지이다.

사용자가 여러 사람인 경우 그 중 한 사람이 오인·혼동행위를 하였더라도 등록상표는 취소될 수 있을 것이고, 이 경우 다른 사용권자가 손해를 보는 불합리한 점이 있기는 하나 상호간의 감독의무를 인정하고 있다고 해석된다.

대법원 1987. 6. 9. 선고, 86후51, 52 판결

상표권자로 하여금 등록상표를 상표제도의 본래의 목적에 반하여 부정하게 사용하지 못하도록 규제함으로써 상품거래의 안전을 도모하고 부정경쟁을 방지하여 거래자와 수요자의 이익보호는 물론 다른 상표권자의 영업상의 신용과 권익도 아울러 보호하려는 데 그 목적이 있으므로 상표등록을 취소하기 위한 요건으로서는 첫째로 상표권자가 자기의 등록상표의 지정상품에 그 등록상표와 유사한 상표를 사용하거나 그 지정상품과 유사한 상품에 등록상표나 이와 유사한 상표를 사용하여야 하고, 둘째로 그 결과 자기의 상품과 타인의 상품과의 간에 출처의 혼동이나 상품의 품질의 오인이 생길 염려가 있어야 하며, 셋째로 위와 같은 등록상표의 부정사용이 상표권자의 고의 즉 그와 같은 사용의 결과상품의 출처의 혼동이나 품질의 오인을 일으키게 할 염려가 있다는 것을 인식하면서 사용할 것을 요한다.

구 상표법 제73조 제1항 제2호에서 말하는 상품의 출처나 품질의 오인, 혼동은 현실적으로 오인, 혼동이 생긴 경우뿐만 아니라 혼동이 생길 염려가 객관적으로 존재하면 족하고 또 그것은 등록상표에 의하여 표장되는 상품과 타인의 상호 또는 상표에 의하여 표장되는 상품이 반드시 동종품이거나 유사품종인 경우뿐만 아니라 이종의 상품인 경우에도 있을 수 있으며 또한 타인의 상품에 사용되고 있는 상표가 반드시 주지 서명한 것임을 요하는 것은 아니다.

대법원 1988. 5. 10. 선고, 87후87, 87후88 판결

상표권자가 등록상표의 유사범위에 속하는 실사용상표를 사용함으로써 대상상표의 표장상품과의 사이에 상품출처의 오인, 혼동을 일으킬 우려가 있는 여부를 판단함에 있어서는 그 대상상

표가 상표법상 유효한 상표인 것으로 족하고 그것이 반드시 주지, 저명상표이거나 등록상표(실사용상표)보다 선등록된 것임을 요하지 않으며, 다만 대상상표가 등록상표의 권리범위에 속하는 것으로서 미등록이거나 등록상표보다 후에 등록된 것이라면 그 상표는 등록상표의 권리범위확인심판으로 사용이 금지되어야 할 것이기 때문에 위의 오인, 혼동판단의 대상상표로 삼을 수 없음에 그친다.

대법원 1990. 1. 25. 선고, 88후1328 판결

등록상표 "노엘"의 상표권자가 사용한 실사용상표 "NEUER" 노엘 또는 "노엘 NEUER"가 선출원되어 등록된 타인의 상표인 대상상표 "노이에루(NEUER)"와 로마문자의 표기가 동일, 유사하더라도 대상상표인 "노이에루" NEUER 중 한글 부분인 "노이에루"는 로마문자인 "NEUER"의 독일어 발음의 한글표기에 불과하고, "NEUER"는 독일어로 "더욱 새로운"의 뜻을 가진 형용사이어서, 이를 그 지정상품인 소화성 궤양치료제에 사용할 경우 일반 수요자나 소비자에게 "더욱 새로와진 소화제" 등의 뜻으로 인식될 것이므로 이는 지정상품의 품질이나 효능을 보통으로 사용하는 방법으로 표시한 이른바 기술적 표장에 불과할 뿐 상표로서의 특별현저성을 갖춘 것이라고는 보기 어려우므로, 실사용 상표와 대상상표가 유사하더라도 상품의 출처의 혼동이나 품질의 오인을 일으키게 할 염려가 있다고 할 수 없다.

2) 적용요건 및 청구기간

① **청구자 및 청구기간** 본 호(부정사용에 의한 등록상표의 취소)는 수요자를 보호하기 위한 규정으로 요건에 해당하면 이해관계인뿐만 아니라 누구나 심판청구를 할 수 있고, 심판청구기간은 무효심판과 달리 상표권이 소멸한 후에는 청구할 수 없으며 취소사유에 해당하는 사실이 없어진 날로부터 3년이 경과하면 심판을 청구할 수 없다(상§122②).

② **적용요건** 심판장은 취소심판이 청구되면 무효심판과 같이 그 취지를 전용사용권자 등의 등록권리자에게 통지하여야 한다(상§119⑦).

상표권자의 부정사용에 의한 등록상표의 취소심판의 일반적인 요건은 해당상표가 존재하는 것이 전제되고, 그 ① 상표권자가 ② 고의로 ③ 지정상품(서비스)의 동일성을 벗어난 유사범위 내의 사용으로 ④ 수요자로 하여금 품질의 오인 또는 출처의 혼동을 일으키게 하였을 경우에 적용이 된다.[16]

대법원
1999. 9. 17. 선고, 98후423 판결

[취소요건]

[1] 상표법 제119조 제1항 제1호 규정의 취지는 상표법에 의한 등록상표권자는 그 등록상표를 지정상품에 독점적으로 사용할 권리를 가지나, 그 등록상표를 동일성을 잃지 않는 범위 내에서 성실히 사용할 의무가 있으므로 상표권자로 하여금 등록상표를 상표 제도의 본래의 목적에 반하여 자신의 등록상표의 사용권의 범위를 넘어 부정하게 사용하지 못하도록 규제함으로써 상품거래의 안전을 도모하고, 타인의 상표의 신용이나 명성에 편승하려는 부정경쟁행위를 방지하여 거래자와 수요자의 이익보호는 물론 다른 상표권자의 영업상의 신용과 권익을 아울러 보호하려는 데 그 목적이 있다.

[2] 상표권자가 자신의 등록상표가 타인의 상표와 동일·유사하게 변형사용되는 것을 적극적으로 희망하여 의도적으로 그 변형이 용이하도록 상표를 제작·부착하고, 그 상표가 부착된 상품의 판매자나 수요자에게 그 상표의 변형 방법을 주지시키고, 이로 말미암아 실제로 등록상표가 상표권자의 의도대로 상품의 판매자나 수요자들에 의하여 인용상표들과 동일·유사하게 변형되어 유통·사용되었다면, 이는 상표권자가 직접 등록상표에 변형을 가한 경우와 마찬가지로 타인의 상표의 신용이나 명성에 편승하려는 부정경쟁의 목적으로 등록상표의 사용권의 범위를 넘어 등록상표를 부정하게 사용한 경우로서 상표법 제119조 제1항 제1호 소정의 상표권자가 고의로 지정상품에 등록상표와 유사한 상표를 사용함으로써 수요자로 하여금 상품의 품질의 오인 또는 타인의 업무에 관련된 상품과의 혼동을 생기게 한 경우에 해당한다고 봄이 상당하다.

[3] 상표권자가 오인·혼동을 일으킬 만한 대상상표의 존재를 알면서 그 대상상표와 동일·유사한 실사용상표를 사용하는 한 상표 부정사용의 고의가 있다 할 것이고, 특히 그 대상상표가 주지·저명 상표인 경우에는 그 대상상표나 그 표장상품의 존재를 인식하지 못하는 등의 특단의 사정이 없는 한 고의의 존재가 추정된다.

[4] 상표법 제119조 제1항 제1호에서 말하는 상품의 품질의 오인이나 타인의 업무에 관계되는 상품과의 혼동은 현실적으로 그러한 오인·혼동이 생긴 경우뿐만 아니라 오인·혼동이 생길 염려가 객관적으로 존재하면 족하다.

---

16) 강동세, "상표등록취소심판제도의 제문제"; 문삼섭, 상표법(제2판), 세창출판사(2004), pp.947~958 인용.

본 호에서는 상표권자에 한하여 적용이 되고, 전용사용권자 또는 통상사용권자에 의한 행위는 본조 본 항 제2호에 적용을 받는다(상§119①ii). 그리고 “상품의 품질의 오인을 일으키게 하는 경우”라 함은 상표권자가 실제로 사용하는 상표로 인하여 ① 혼동의 대상이 되는 상표를 부착한 타인의 상품의 품질과 오인을 일으키게 하는 경우 또는 ② 그 실사용상표의 구성 등으로부터 그 지정상품이 본래적으로 가지고 있는 성질과 다른 성질을 갖는 것으로 수요자를 오인하게 할 염려가 있는 경우를 말한다.[17]

3) 취소심판의 효과

취소심결의 확정에 의해 상표권은 소멸한다. 즉 어떤 상표가 취소사유에 해당되어 이를 취소하는 심결이 확정되면 그 상표권은 ① 장래를 향하여 소멸되고, ② 상표권자는 그 취소심결확정일로부터 3년 이내에는 소멸된 등록상표와 동일 또는 유사한 상표를 그 지정상품과 동일 또는 유사한 상품에 출원하지 못한다(상§34③).

상표권의 취소는 일부 지정상품만을 취소한다는 심결을 할 수 없고 전부 취소만이 가능하다. 일부에 관하여 부정사용한 사실이 있으면 지정상품 전부에 관한 상표권을 취소한다.[18]

(2) 사용권자가 상품의 오인·혼동을 일으킨 경우

1) 의 의

상표법 제119조 제1항 제2호는 상표권자가 등록상표를 자유롭게 제3자에게 사용을 허락할 수 있도록 인정하는 대신 사용권자에게 해당 등록상표의 사용에 대하여 정당하게 사용하도록 하여야 한다. 즉 전용사용권자 또는 통상사용권자가 지정상품 또는 이와 유사한 상품에 등록상표 또는 이와 유사한 상표를 사용함으로써 수요자로 하여금 상품의 품질의 오인(誤認) 또는 타인의 업무에 관련된 상품과의 혼동(混同)을 생기게 한 경우에는 취소의 대상이 된다. 다만 상표권자가 상당한 주의를 한 경우에는 그러하지 아니하다(상§119①ii). 이 규정은 상표사용권제도를 인정하는 대신에 상표권자의 사용권자에 대

17) 특허청, 상표법해설(2004), p.327.
18) 특허청, 상표법해설(2004), p.327.

한 감독의무를 철저히 하여 거래질서의 교란과 일반수요자(소비자)의 피해 등을 방지하기 위하여 둔 조항이라 본다.

2) **적용요건 및 청구기간**

① **청구자 및 청구기간** 본 호(부정사용에 의한 등록상표의 취소)는 수요자를 보호하기 위한 규정으로 요건에 해당하면 이해관계인뿐만 아니라 누구나 심판청구를 할 수 있고(상§119⑤, 상§120③), 심판청구기간은 무효심판과 달리 상표권이 소멸한 후에는 청구할 수 없으며 취소사유에 해당하는 사실이 없어진 날로부터 3년이 경과하면 심판을 청구할 수 없다(상§122②).

② **적용요건** 사용권자의 부정사용에 의한 등록상표의 취소심판의 일반적인 요건은 해당상표가 존재하는 것이 전제되고, ① 사용권자에 의한 상표의 부정사용일 것, ② 사용권자가 부기 · 변경하여 사용한 상표는 그 상표가 등록상표와 동일 또는 유사할 것. ③ 사용권자가 부기 · 변경한 상표를 사용한 상품은 등록상표의 지정상품과 동일 또는 유사한 상품일 것, ④ 사용권자가 등록상표를 부기 · 변경하여 사용한 상표 및 상품은 타인의 상표 또는 상품과 동일하거나 유사할 것, ⑤ 등록상표를 부기 · 변경하여 사용함으로써 수요자에게 상품의 품질의 오인 또는 타인의 업무에 관련된 상품과의 혼동을 생기게 할 것, ⑥ 상표등록취소(상§119①ii)의 경우에는, 상표권자가 상당한 주의를 기울이지 않았을 경우에 적용된다. 여기서 "상당한 주의의무"란 사용권자가 오인 · 혼동행위를 하지 않도록 주의 · 경고하는 것만으로는 부족하며, 정기적으로 상표의 사용상태에 대한 보고를 받거나 상품의 품질을 검사하는 등 실질적으로 사용권자를 그 지배하에 두고 있는 것과 같은 관계를 유지하는 것을 말한다. 그러나 상당한 주의를 기울인 경우에는 상표법 제120조의 사용권등록의 취소만이 문제가 된다.[19]

3) **취소심판의 효과**

취소심결의 확정에 의해 상표권은 소멸한다(상§120④). 즉 취소심결은 소급효가 없으며, 상표권자 또는 전용사용권자 그리고 통상사용권자는 그 취소심결확정일로부터 3년간은 출원하여 등록을 받을 수 없다(상§34③).

---

19) 특허청, 상표법해설(2004), p.332.

(3) 상표불사용에 의한 경우

1) 의 의

우리나라는 등록주의를 원칙으로 하기 때문에 상표등록을 받는 것은 사용을 전제로 하여 등록을 받는다.[20] 즉 상표는 성실하게 사용할 목적으로 등록을 받는다. 그러나 사용주의를 채택하고 있는 국가에서는 이러한 불사용에 의한 취소심판제도는 필요없다. 왜냐하면 상표는 사용에 의해 신용이 축적되어 재산적 가치도 발생하기 때문에 등록주의하에서도 사용하지 않으면 아무런 가치도 발생하지 않는다. 상표는 사용에 의해 사회적 가치가 생기고, 상표법도 사용하는 상표를 보호하여 주고 있다.

즉 상표권자·전용사용권자 또는 통상사용권자 중 어느 누구도 정당한 이유[21] 없이 등록상표를 그 지정상품에 대하여 취소심판청구일전 계속하여 3년 이상 국내에서 사용하고 있지 아니한 경우에는 취소의 대상이 된다(상§119① iii).[22] 이 규정은 상표권의 권리남용의 방지와 타인의 상표선택의 자유 등을 보장하기 위해서 등록주의하에서 사용주의를 가미한 제도라고 할 수 있다. 여기에서 '사용의 정도'에 대해서는 해석이 나누어진다.

대법원 1982. 2. 23. 선고, 80후70 판결	상표법이 등록주의를 취하고 있고, 등록주의하에서는 상표의 등록에 그 사용을 요건으로 하지 아니함은 소론과 같으나 등록에 의한 상표권으로 보호되고 있는 상표가 전혀 사용되지 않는다는 것은 상표의 유통과정에 있어서 상표로서의 적극적인 역할을 하지 않음을 의미함은 물론 오히려 타인에 의한 동일 상표의 사용에 의한 상품유통을 방해하는 것으로 되기 때문에 상표법... 에서는 상표권자가 정당한 이유 없이 국내에서 등록된 상표를 지정상품에 계속하여 ... 년 이상 사용하지 아니한 경우에, 이를 적

20) 同旨는 小野昌延, 商標法概說(第2版), 有斐閣(2000), pp.422~423.

21) '정당한 이유'에 대하여 특별히 규정한 바 없으므로 법령의 해석이나 판례 등에 따를 수밖에 없다. 즉, 등록상표의 지정상품이 수입금지 품목이거나 상표권자·사용권자의 질병, 기타 천재지변 등 불가피한 사유 등이 여기에 해당된다(대법원 1990. 6. 26. 선고, 89후599 판결; 대법원 1991. 12. 27. 선고, 91후684 판결 등 참조). 또한 상품의 생산·판매가 관계당국의 허가를 받아야 하는 허가품목인 경우에는 받은 사실이 있어야 상표의 사용으로 인정되며(대법원 1990. 7. 10. 선고, 89후1240, 1257 판결), 단순히 허가를 받지 않았다 하여 상표를 사용하지 아니한 것으로 단정할 수는 없을 것이다(대법원 1993. 1. 12. 선고, 92후612 판결).

22) 심판청구 후의 사용은 취소심판에 영향을 미치지 아니하고 취소심판청구시 사용이 계속 중이면 심판의 청구는 부적격한 것이 된다.

극적으로 제재하여 취소하지는 않는다 하더라도 이해관계인의 청구를 기다려 심판에 의하여 그 상표등록을 취소하여야 하도록 규정하고 있으며, 이는 상표의 사용을 촉진하는 한편 아울러 불사용 상표에 대한 제재적 의미도 포함하는 것이라 해석된다.

대법원 2003. 12. 26. 선고, 2002후2020 판결

상표권자가 외국에서 자신의 등록상표(Manhattan Passage)를 상품에 표시하였을 뿐 우리나라에서 직접 또는 대리인을 통하여 등록상표를 표시한 상품을 양도하거나 상품에 관한 광고에 상표를 표시하는 등의 행위를 한 바 없다고 하더라도, 그 상품이 제3자에 의하여 우리나라로 수입되어 상표권자가 등록상표를 표시한 그대로 국내의 정상적인 거래에서 양도, 전시되는 등의 방법으로 유통됨에 따라 사회통념상 국내의 거래자나 수요자에게 그 상표가 그 상표를 표시한 상표권자의 업무에 관련된 상품을 표시하는 것으로 인식되는 경우에는 특단의 사정이 없는 한 그 상표를 표시한 상표권자가 국내에서 상표를 사용한 것으로 보아야 한다.

대법원 2003. 7. 11. 선고, 2002후2457 판결

상표법 제119조 제1항 제2호에서는 전용사용권자 또는 통상사용권자가 지정상품 또는 이와 유사한 상품에 등록상표 또는 이와 유사한 상표를 사용하여 상품의 품질의 오인 또는 타인의 업무에 관련된 상품과의 혼동을 생기게 한 경우에는 그 등록상표를 취소하도록 규정하고 있는바, 상표등록취소에 관한 그 요건들 중의 하나인, '상품의 품질의 오인을 생기게 한 경우'라 함은 전용사용권자 또는 통상사용권자가 실제로 사용하는 상표로 인하여 혼동의 대상이 되는 상표를 부착한 타인의 상품의 품질과 오인을 생기게 하는 경우 외에도 그 실사용상표의 구성 등으로부터 그 지정상품이 본래적으로 가지고 있는 성질과 다른 성질을 갖는 것으로 수요자를 오인하게 할 염려가 있는 경우도 포함한다고 할 것이고, 여기에는 상품의 품질, 원재료, 효능, 용도 등의 오인뿐만 아니라 상품의 산지의 오인도 포함된다.

대법원 1999. 6. 25. 선고, 98후58 판결

상표법상 '상표의 사용'이라고 함은 상품 또는 상품의 포장에 상표를 표시하는 행위 등을 의미하고(상표법 제2조 제11호 각목 참조), 여기에서 말하는 '상품'은 그 자체가 교환가치를 가지고 독립된 상거래의 목적물이 되는 물품을 의미한다 할 것이므로, 상품의 선전광고나 판매촉진 또는 고객에 대한 서비스 제공 등의 목적으로 그 상품과 함께 또는 이와 별도로 고객에게 무상으로 배부되어 거래시장에서 유통될 가능성이 없는 이른바 '광고매체가 되는 물품'은 비록 그 물품에 상표가 표시되어 있다고 하더라도, 물품에 표시된 상표 이외의 다른 문자나 도형 등에 의하

여 광고하고자 하는 상품의 출처표시로 사용된 것으로 인식할 수 있는 등의 특별한 사정이 없는 한, 그 자체가 교환가치를 가지고 독립된 상거래의 목적물이 되는 물품이라고 볼 수 없고, 따라서 이러한 물품에 상표를 표시한 것은 상표의 사용이라고 할 수 없다.(WINK사건)

대법원 1991. 12. 13. 선고, 91후356 판결

[외국간행물에 게재된 상표의 상표사용여부]

구 상표법(1990. 1. 13. 법률 제4210호 개정되기 전의 것) 제2조 제4항 제3호에 의하여 상표의 사용행위에 포함되는 '상품에 관한 광고에 상표를 붙이고 전시 또는 반포하는 행위' 즉, 상표의 선전광고는 국내에서 이루어질 것을 요한다고 할 것이나, 간행물을 통한 선전광고의 방법에 있어서는 반드시 우리나라에서 발행된 간행물에 한정되는 것이 아니라 외국에서 발행된 간행물이라 하더라도 우리나라에 수입, 반포되고 있다면 이러한 외국에서 발행된 간행물을 통한 국내에서의 상표의 선전광고 행위는 위 같은 법조 소정의 상표의 사용에 포함된다.

2) 적용요건 및 청구범위

① **청구자 및 청구범위** 불사용에 의한 취소심판은 누구든지 청구할 수 있다(상§119⑤). 피청구인은 심판청구 당시 상표등록원부에 기재된 상표권자가 되며, 상표권이 공유인 경우에는 공유자 전원을 피청구인으로 하여야 한다.

심판청구범위는 불사용을 이유로 취소심판을 청구하는 경우에는 다른 취소심판과는 달리 지정상품의 전부는 물론이고, 지정상품이 2 이상 있는 경우에는 일부 지정상품에 관하여도 취소심판을 청구할 수 있다(상§119②).

취소심판이 청구된 경우에는 피청구인이 당해 등록상표를 취소심판청구에 관계되는 지정상품중 1 이상에 대하여 그 심판청구일전 3年 이내에 국내에서 정당하게 사용하였음을 증명하지 아니하는 한 상표권자는 취소심판청구와 관계되는 지정상품에 관한 상표등록의 취소를 면할 수 없다. 즉 불사용에 대한 입증책임은 상표권자나 사용권자에 있다. 다만, 피청구인이 사용하지 아니한 데 대한 정당한 이유를 증명한 때에는 그러하지 아니하다(상§119③). 여기서 정당한 이유란 피청구인이 사용하지 아니한 것에 대한 정당한 이유가 있는 경우에는 불사용취소심판의 대상이 되지 않는다. 그러나 법에서 특별히 규정하고 있지 않기 때문에 등록상표의 지정상품이 수입금지품목이거나 태풍이나 화재 등의 천재지변 등 불가피한 사유가 있거나 상품의 생산 및 판매가 관계 당국의 허가를 받아야 하는 경우 등의 제3자의 고의 또는 과실에 의한 경우를 생각할 수 있다. 그러나 상표권자나 사용권자의 질병, 경제적 능력 등의 경우에는 여기에 해당하지 않는 것으로 본다.

② **적용요건** 불사용취소심판의 일반적인 요건은 해당상표가 존재하는 것이 전제되고, 그 ① 상표권자 및 사용권자 어느 누구도 ② 등록상표[23]를 지정상품에 ③ 정당한 이유[24]없이 ④ 심판청구일 전 계속하여 3년이상 국내에서 사용하지 않는 경우에 본 호가 적용이 된다.[25]

취소심판을 청구한 후에 취소사유에 해당하는 사실이 없어져도 취소를 면하지 못한다(상§119④). 따라서, 심판청구 후에 상표권자가 상표의 사용을 개시하더라도 취소된다.

③ **청구기간 및 청구대상** 상표권이 유효하게 존속중인 경우에만 청구할 수 있고, 청구대상은 당해 상표권의 지정상품이 2 이상인 경우에는 전부 또는 일부에 대한 취소심판 청구도 가능하다(상§119②). 이는 지정상품 중 어느 하나라도 사용하면 나머지 상품에 대한 사용의제효과로 인해 취소를 면할 수 있으므로, 지정상품 각각에 대한 취소심판을 청구할 수 있도록 한 것이다.

④ **증명(입증)책임 등** 구법에서 등록상표의 불사용사실의 증명을 용이하게 하기 위한 취지로 특정지역에서의 불사용사실을 증명하면 그 상표를 사

---

23) 상표법 제119조 제1항 제1호에서 규정하는 '등록상표의 사용'이라 함은 등록상표와 동일한 상표를 사용한 경우를 말하고, 동일한 상표라고 함은 등록상표 그 자체뿐만 아니라 거래 사회통념상 등록상표와 동일하게 볼 수 있는 형태의 상표를 포함하나, 유사상표를 사용한 경우는 포함되지 않으며, 등록상표가 결합상표이고 결합상표를 이루는 기호나 문자 또는 도형들이 각기 상표의 요부를 구성하고 있는 경우에는 그 중 어느 한 부분만을 상표로 사용하였다 하더라도 이를 들어 등록상표를 정당하게 사용한 것이라고는 할 수 없다(대법원 1996. 4. 26. 선고, 95후1555 판결).

24) 단순히 등록상표의 지정상품과 유사한 상품에 대하여 등록상표와 유사한 상표를 사용한 사실에 있다는 사유만으로써는 상표권자가 상표사용을 묵인하였다고는 볼 수 없다.

구 상표법 제45조 제1항 제3호의 정당한 이유라 함은 질병 기타 천재 등의 불가항력에 의하여 영업을 할 수 없는 경우뿐만 아니라 법률에 의한 규제, 판매금지, 또는 국가의 수입제한 조치 등에 의하여 부득이 등록상표의 지정 상품이 국내에서 일반적 정상적으로 거래할 수 없는 경우와 같이 상표권자의 귀책사유로 인하지 아니한 상표 불사용의 경우도 포함된다(대법원 1987. 7. 7. 선고, 86후14 판결).

25) 남충우, 상표판례연구, 특허청, 2001, p.212 이하; 문삼섭, 상표법(제2판), 세창출판사(2004), pp.960~984 참조.

용하지 아니한 것으로 인정하는 심판청구인의 증명책임의 일부전환을 도모하였다. 상표법§119④에서는 이를 개정하여 증명책임을 전환함으로써 심판청구인이 등록상표의 불사용사실을 주장할 경우, 상표권자(피심판청구인)가 등록상표를 정당하게 사용하였음을 증명하도록 하였다.

대법원 1999. 6. 25. 선고, 98후58 판결	상표법상 '상표의 사용'이라고 함은 상품 또는 상품의 포장에 상표를 표시하는 행위 등을 의미하고(상표법 제2조 제11호 각 목 참조), 여기에서 말하는 '상품'은 그 자체가 교환가치를 가지고 독립된 상거래의 목적물이 되는 물품을 의미한다 할 것이므로, 상품의 선전광고나 판매촉진 또는 고객에 대한 서비스 제공 등의 목적으로 그 상품과 함께 또는 이와 별도로 고객에게 무상으로 배부되어 거래시장에서 유통될 가능성이 없는 이른바 '광고매체가 되는 물품'은 비록 그 물품에 상표가 표시되어 있다고 하더라도, 물품에 표시된 상표 이외의 다른 문자나 도형 등에 의하여 광고하고자 하는 상품의 출처표시로 사용된 것으로 인식할 수 있는 등의 특별한 사정이 없는 한, 그 자체가 교환가치를 가지고 독립된 상거래의 목적물이 되는 물품이라고 볼 수 없고, 따라서 이러한 물품에 상표를 표시한 것은 상표의 사용이라고 할 수 없다.
대법원 2001. 4. 24. 선고, 2001후188 판결	상표법 제119조 제1항 제3호, 제4항은 불사용으로 인한 상표등록취소심판에 관하여 규정하고 있는바, 여기에서 '상표의 사용'이라 함은 같은 법 제2조 제1항 제11호 각 목 소정의 행위를 의미하는 것이고, 또 상표불사용에 대한 '정당한 이유'라 함은 질병 기타 천재 등의 불가항력에 의하여 영업을 할 수 없는 경우뿐만 아니라, 법률에 의한 규제, 판매금지, 또는 국가의 수입제한조치 등에 의하여 부득이 등록상표의 지정상품이 국내에서 일반적·정상적으로 거래될 수 없는 경우와 같이 상표권자의 귀책사유로 인하지 아니한 상표 불사용의 경우도 포함된다.
대법원 2001. 4. 24. 선고, 98후959 판결	**[동일성 범위 내의 사용]** 구 상표법(1997. 8. 22. 법률 제5355호로 개정되기 전의 것) 제73조 제1항 제3호, 제4항에 의하면, 상표권자·전용사용권자 또는 통상사용권자 중 어느 누구도 정당한 이유 없이 등록상표를 그 지정상품에 대하여 취소심판청구일 전 계속하여 3년 이상 국내에서 사용하지 아니하였을 때에는 심판에 의하여 그 상표등록을 취소하도록 규정되어 있는바, 여기에서 등록상표를 그 지정상품에 사용하는 경우라 함은 등록상표와 동일한 상표를 사용한

경우를 말하고, 동일한 상표라고 함은 등록상표 그 자체뿐만 아니라 거래 사회통념상 등록상표와 동일하게 볼 수 있는 형태의 상표를 포함하나, 유사상표를 사용한 경우는 포함되지 않는다.

대법원 1990. 7. 10. 선고, 89후1240 판결, 선고, 89후1257 판결

[국내에서 현실적으로 유통]

상표권자가 정당한 이유없이 국내에서 등록된 상표를 지정상품에 사용하지 아니한 경우에 그 상표등록을 취소하여야 하도록 규정한 구 상표법(1990.1.13. 법률 제4210호로 개정되기 전의 것) 제45조 제1항 제3호의 규정은 상표의 사용을 촉진하는 한편 불사용상표에 대한 제재적 의미도 포함되는 것으로 해석된다고 할 것인바, 이와 같은 취지에 비추어 볼 때 상표에 대한 선전, 광고행위가 있었다고 하더라도 그 지정상품이 국내에서 일반적, 정상적으로 유통되는 것을 전제로 하여(현실적으로 유통되고 있거나 적어도 유통을 예정, 준비하고 있어야 한다) 선전, 광고행위가 있어야 상표의 사용이 있었던 것으로 볼 수 있는 것이고, 또한 지정상품이 의약품인 경우 그 등록상표를 지정상품에 법률상 정당히 사용하기 위하여는 그 제조나 수입에 관하여 보건사회부장관의 품목별 허가를 받아야하므로 그러한 허가를 받지 아니하였다면 신문지상을 통하여 1년 못미처에 한 차례씩 그 상표를 광고하였다거나 국내의 일부 특정지역에서 그 등록상표를 부착한 지정상품이 판매되었다고 하더라도 상표의 정당한 사용이 있었다고 볼 수 없다.

대법원 2000. 4. 25. 선고, 97후3920 판결

[상표의 불사용에 대한 정당한 이유]

구 상표법 제73조 제1항 제3호에 의한 등록취소심판은 등록상표가 계속하여 3년 이상 정당한 이유 없이 사용되지 않음으로써 그 취소의 요건은 충족되고, 상표의 이전이 있는 경우라도 이전등록시부터 불사용의 기간을 계산하여야 하는 것이 아니라 할 것이며, 또 위 규정의 '정당한 이유'라 함은 질병 기타 천재 등의 불가항력에 의하여 영업을 할 수 없는 경우뿐만 아니라 법률에 의한 규제, 판매금지, 또는 국가의 수입제한조치 등에 의하여 부득이 등록상표의 지정상품이 국내에서 일반적, 정상적으로 거래할 수 없는 경우와 같이 상표권자의 귀책사유로 인하지 아니한 상표 불사용의 경우도 포함된다.

3) 취소심판의 효과

취소심결의 확정에 의해 상표권은 소멸한다. 즉 불사용취소심결이 확정되면 그 상표권은 2016년 전부개정법에서는 심판청구일로 소급소멸한다고 개정되었다(상§119⑥ 단서). 상표권자 및 그 사용권자는 취소심결이 확정된 날로부터 3년 이내에는 소멸된 등록상표와 동일 또는 유사한 상표를 그 지정상품과 동일 또는 유사한 상품에 출원하지 못한다(상§34③).

(4) 상표권 이전요건에 위반한 경우

상표권의 이전은 상표권의 이전에서 살펴본 바와 같이 상표권의 내용의 동일성을 유지한 채 소유주체만이 변경되는 것을 말하는 것으로 상표권도 재산권의 일종으로 이전은 가능하나 이전으로 인하여 상품의 품질의 오인·혼동을 초래하는 경우에는 그 상표권을 취소할 수 있다. 즉 상표법 제93조에 규정된 상표권의 이전의 제한 규정을 위반한 경우 상표등록을 취소하기 위하여 청구하는 심판을 말한다. 그 취소사유는 다음과 같다.

상표를 이전함에 있어서 유사한 지정상품과 함께 이전하지 않은 경우(상§93①후), 공유인 경우 공유자의 동의를 얻지 아니한 경우(상§93②), 업무와 분리하여 업무표장을 양도한 경우(상§93④), 국가·공공기관 등의 표장(標章)(상§34①iii단)의 규정에 의하여 등록된 저명한 업무표장과 동일·유사한 상표를 업무와 분리하여 양도한 경우(상§93⑤), 단체표장을 법인의 합병에 의하지 아니하고, 또 특허청장의 허가를 받아야 함에도 불구하고 그 허가를 받지 않고 양도한 경우(상§93⑥), 증명표장을 해당 증명표장에 대하여 등록받을 수 있는 자(상§3⑤)에게 그 업무와 함께 이전하지 아니하고, 또 특허청장의 허가를 받아야 함에도 불구하고 그 허가를 받지 않고 이전한 경우(상§93⑦) 등의 사실이 드러났을 때에는 취소의 대상이 된다(상§119①iv).

이외에도 유사상표를 분리이전하는 경우와 동일상표를 분리이전하는 경우에도 출처의 혼동이 일어날 수 있다.

(5) 등록상표의 분리이전에 따른 혼동방지의 경우

상표법 제119조 제1항 제5호에는 “상표권의 이전으로 인하여 유사한 등록상표가 각각 다른 상표권자에게 속하게 되고 그 중 1人이 자기의 등록상표의 지정상품과 동일 또는 유사한 상품에 부정경쟁을 목적으로 자기의 등록상표를 사용함으로써 수요자로 하여금 상품의 품질의 오인 또는 타인의 업무에 관련된 상품과의 혼동을 생기게 한 경우"를 취소사유로 하고 있다.

상표권의 분리이전으로 인하여 유사한 등록상표가 각각 다른 상표권자에게 속하게 되고, 그 중 1인이 자기의 등록상표의 지정상품과 동일·유사한 상품에 부정경쟁을 목적으로 자기의 등록상표를 사용함으로써 수요자로 하여금 오인·혼동을 생기게 한 경우에 청구하는 취소심판이다.

2 이상의 유사한 상표가 동일·유사한 상품에 함께 사용되면 수요자가 품질오인·출처혼동을 초래할 수 있으므로 상표법은 분리이전에 따른 폐해를 사후적으로 방지하고자 한 것이다. 그러나 2023년 10월31일(법률제19809호)에는 상표법 제119조 제1항 5의2을 신설하여 출원상표가 타인의 선등록상표와 동일·유사하여 상표등록의 거절이유가 있다 할지라도, 선등록상표의 상표권자가 출원상표의 상표등록에 동의를 하면 상표등록을 받을 수 있도록 하였다.

취소사유는 ① 동일인에 속하는 유사한 등록상표가 이전에 의하여 서로 다른 자에게 속하게 되었을 것, ② 이전 후의 상표권자 중 1인에 의한 등록상표의 사용일 것, ③ 등록상표를 그 지정상품과 동일·유사한 상품에 사용할 것, ④ 부정경쟁의 목적으로 사용했을 것, ⑤ 수요자로 하여금 오인·혼동을 생기게 한 경우이어야 한다.

청구기간은 상표권의 존속기간 이내여야 하며, 취소사유에 해당하는 사실이 없어진 날로부터 3년 이내에 청구하여야 한다(상§122②).

취소심결이 확정된 때에는 그 상표권은 그때부터 장래를 향하여 소멸한다(상§119⑥).

(6) 상표 공존동의제도에 따라 유사범위 등록상표가 공존하는 경우

제34조제1항제7호 단서 또는 제35조제6항에 따라 등록된 상표의 권리자 또는 그 상표등록에 대한 동의를 한 자 중 1인이 자기의 등록상표의 지정상품과 동일·유사한 상품에 부정경쟁을 목적으로 자기의 등록상표를 사용함으로써 수요자에게 상품의 품질을 오인하게 하거나 타인의 업무와 관련된 상품과 혼동을 불러일으키게 한 경우 상표등록 취소사유에 해당한다.

이는 2023. 10. 31. 일부개정 시 도입된 상표 공존동의제도에 따른 유사상표의 공존으로 소비자의 오인·혼동 가능성이 있는바, 상표 공존동의제도 도입 시 본 상표등록취소사유를 함께 도입하였다(2024. 5. 1. 시행).

(7) 부정경쟁방지법 제2조 제1호 파목에 의한 주지·저명한 상표가 등록된 경우

상표법 제92조 제2항은 "상표권자·전용사용권자 또는 통상사용권자는 그 등록상표의 사용이 「부정경쟁방지 및 영업비밀보호에 관한 법률」 제2조 제1호 파목에 따른 부정경쟁행위에 해당하는 경우에는 같은 목에 따른 타인의 동의를 받지 아니하고는 그 등록상표를 사용할 수 없다."라고 규정하여, 부정경쟁방지법과의 조화를 위하여 타인의 상당한 투자나 노력으로 만들어진 성과 등을 무단으로 사용하기 위해 상표등록을 한 경우 이를 사용할 수 없도록 하는 규정을 2014년 개정 시에 신설하였다.

등록상표의 사용이 부정경쟁방지법 제2조 제1호 파목의 부정경쟁행위, 즉 "타인의 상당한 투자나 노력으로 만들어진 성과 등을 공정한 상거래 관행이나 경쟁질서에 반하는 방법으로 자신의 영업을 위하여 무단으로 사용함으로써 타인의 경제적 이익을 침해하는 행위"에 해당할 경우에는 상표권자등은 그 타인의 동의를 받지 않으면 등록상표를 사용할 수 없다. 이 규정을 상표법에서도 실효성을 확보하기 위하여 상표등록이 된 경우에는 취소사유로 규정하게 된 것이다(상§119①vi). 즉 상표법 제92조제2항에 해당하는 상표가 등록된 경우에 그 상표에 관한 권리를 가진 자가 해당 상표등록일부터 5년 이내에 취소심판을 청구할 수 있도록 하고 있다. 이 경우의 취소심판 청구인은 이해관계인만이 청구할 수 있고(상§119⑤단), 피청구인은 취소심판 청구당시의 상표권자이다.

취소심결이 확정되면, 그 상표권은 그때부터 소멸되고(상§119⑥본), 그 부수적 권리인 전용사용권이나 통상사용권도 소멸한다.

(8) 단체표장을 타인에게 사용케 한 경우

단체표장에 있어서 소속단체원이 정관(定款)의 규정에 위반하여 단체표장을 타인에게 사용하게 한 경우에도 취소의 대상이 된다(상§119①vii가목). 즉 "소속 단체원이 그 단체의 정관을 위반하여 단체표장을 타인에게 사용하게 한 경우나 소속 단체원이 그 단체의 정관을 위반하여 단체표장을 사용함으로써 수요자에게 상품의 품질 또는 지리적 출처를 오인하게 하거나 타인의 업무와 관련된 상품과 혼동을 불러일으키게 한 경우. 다만, 단체표장권자가 소속 단체원의 감독에 상당한 주의를 한 경우는 제외한다". 이 규정은 단체표장 제도의 목적에 반하기 때문이다. 즉 공익적인 이유에 의한 취소이다.

취소사유는 ① 단체표장을 소속단체원이 정관의 규정을 위반하여 타인에게 사용하게 한 경우, ② 소속단체원이 단체의 정관에 위반하여 단체표장을 사용함으로써 수요자로 하여금 품질·지리적 출처에 관하여 오인을 초래하거나 타인의 업무에 관련된 상품과 혼동을 생기게 한 경우, ③ 단체표장권자가 소속단체원의 감독에 상당한 주의를 하지 않은 경우이다.

그리고 상표법 제119조 제1항 제7호 가목의 취소심판은 누구든지 청구할 수 있다(상§119⑤). 피청구인은 상표등록원부에 상표권자로 등록된 자이다.

청구기간은 상표법 제119조 제1항 제7호의 취소사유에 해당하는 사실이 없어진 날로부터 3년이 경과한 후에는 그 사실을 이유로 취소심판을 청구할 수 없다(상§122②). 또한, 상표권이 유효하게 존속 중인 경우에만 청구할 수 있다는 것이 대법원 판례의 태도이다.

취소심결이 확정된 때에는 그 상표권은 그때부터 장래를 향하여 소멸한다(상§119⑥).

(9) 단체표장의 정관을 변경하여 수요자를 오인·혼동케 한 경우

단체표장은 동종업자 또는 동종업자 및 이와 밀접한 관계가 있는 업자가 설립한 법인이 그 감독하에 있는 단체원의 영업에 관한 상품 또는 서비스업에 사용하게 하기 위한 표장이므로, 출원시에 정관을 제출하여야 한다. 정관에는 단체표장을 사용하는 자의 범위에 관한 사항과 사용조건, 위반자에 대한 제재에 관한 사항 등을 기재하여야 한다.

상표법은 단체표장설정등록후 그 정관(定款)을 변경함으로써 수요자로 하여금 상품의 품질의 오인(誤認) 또는 타인의 업무에 관련된 상품과의 혼동(混同)을 생기게 할 염려가 있는 경우에 취소의 대상이 된다. 즉 "단체표장의 설정등록 후 제36조제3항에 따른 정관을 변경함으로써 수요자에게 상품의 품질을 오인하게 하거나 타인의 업무와 관련된 상품과 혼동을 불러일으키게 할 염려가 있는 경우"(상§119①ⅶ나목).

취소사유는 단체표장의 설정등록을 한 후 그 정관을 변경함으로써 수요자로 하여금 상품의 품질의 오인 또는 타인의 업무에 관련된 상품과의 혼동을 생기게 할 염려가 있는 경우이다.

그 외에도 "제3자가 단체표장을 사용하여 수요자에게 상품의 품질이나 지리적 출처를 오인하게 하거나 타인의 업무와 관련된 상품과 혼동을 불러일으키게 하였음에도 단체표장권자가 고의로 적절한 조치를 하지 아니한 경우"에도 취소사유가 된다(상§119①ⅶ다목).

확정된 심결의 효력은 취소심결이 확정된 때에는 그 상표권은 그때부터 장래를 향하여 소멸한다(상§119⑥).

(10) 지리적 표시단체에 가입을 저지하는 경우

상표법 제119조 제1항 제8호 가목에는 "지리적 표시 단체표장등록출원의 경우에 그 소속 단체원의 가입에 관하여 정관에 의하여 단체의 가입을 금지하거나 정관에 충족하기 어려운 가입조건을 규정하는 등 단체의 가입을 실질적으로 허용하지 아니하거나 그 지리적 표시를 사용할 수 없는 자에게 단체의 가입을 허용한 경우"를 취소사유로 하고 있다.

(11) 지리적 표시 단체표장권을 위반하여 사용하는 경우

상표법 제119조 제1항 제8호 나목에는 "지리적 표시 단체표장권자나 그 소속 단체원이 제223조를 위반하여 단체표장을 사용함으로써 수요자에게 상품의 품질을 오인하게 하거나 지리적 출처에 대한 혼동을 불러일으키게 한 경우"를 취소사유로 하고 있다.

(12) 증명표장권을 위반하여 사용하는 경우

상표법 제119조 제1항 제9호에는 증명표장권을 위반하여 사용하는 경우를 취소사유로 하고 있다.

증명표장과 관련하여 다음 각 목의 어느 하나에 해당하는 경우

가. 증명표장권자가 제36조제4항에 따라 제출된 정관 또는 규약을 위반하여 증명표장의 사용을 허락한 경우

나. 증명표장권자가 제3조제3항 단서를 위반하여 증명표장을 자기의 상품에 대하여 사용하는 경우

다. 증명표장의 사용허락을 받은 자가 정관 또는 규약을 위반하여 타인에게 사용하게 한 경우 또는 사용을 허락받은 자가 정관 또는 규약을 위반하여 증명표장을 사용함으로써 수요자에게 상품의 품질, 원산지, 생산방법이나 그 밖의 특성에 관하여 혼동을 불러일으키게 한 경우. 다만, 증명표장권자가 사용을 허락받은 자에 대한 감독에 상당한 주의를 한 경우는 제외한다.

라. 증명표장권자가 증명표장의 사용허락을 받지 아니한 제3자가 증명표장을 사용하여 수요자에게 상품의 품질, 원산지, 생산방법이나 그 밖의 상품의 특성에 관한 혼동을 불러일으키게 하였음을 알면서도 적절한 조치를 하지 아니한 경우

마. 증명표장권자가 그 증명표장을 사용할 수 있는 자에 대하여 정당한 사유 없이 정관 또는 규약으로 사용을 허락하지 아니하거나 정관 또는 규약에 충족하기 어려운 사용조건을 규정하는 등 실질적으로 사용을 허락하지 아니한 경우

4. 취소심판의 청구

(1) 심판청구인

상표등록의 취소심판은 누구나 청구할 수 있다(상§119⑤본). 그러나 상표법 제119조 제1항 제4호 및 제6호의 경우에는 이해관계인만이 취소심판을 청구할 수 있다(상§119⑤단). 상표권의 취소심판은 상표권존속기간 중에만 청구할 수 있다.

(2) 입증책임

상표법 제119조 제1항 제1호(상표권자의 부정사용), 제2호(사용권자가 오인(誤認)·혼동(混同)행위를 한 경우), 제4호(상표권 이전요건에 위반한 경우), 제6호(부정

경쟁방지법 제2조 제1호 파목에 의한 주지·저명한 상표가 등록된 경우), 제7호(단체표장을 타인에게 사용케 한 경우, 단체표장을 오인(誤認)·혼동(混同)케 한 경우)의 규정에 의한 취소심판에 대한 입증책임은 심판청구인에게 있고, 상표법 제119조 제1항 제3호(불사용에 의한 취소사유)의 규정에 대한 취소심판의 입증책임은 피심판청구인인 상표권자에게 있다(상§119③본). 다만 피청구인이 사용하지 아니한 것에 대한 정당한 이유를 증명한 경우에는 그러하지 아니하다(상§119③ 단서).

(3) 제척기간

취소심판 청구기간에는 제척기간이 인정되고 있다. 즉 상표법 제119조 제1항 제1호(상표권자의 부정사용), 제2호(사용권자가 오인(誤認)·혼동(混同)행위를 한 경우), 제5호(부정경쟁 목적으로 상표권자의 상표권 이전) 및 제5호의2, 제7호(단체표장을 오인(誤認)·혼동(混同)케 한 경우), 제8호, 제9호 및 제120조 제1항(전용사용권 또는 통상사용권 등록의 취소심판)을 사유로 하는 상표등록의 취소심판은 취소사유에 해당하는 사실이 없어진 날로부터 3년이 경과한 후에는 취소심판을 청구할 수 없다(상§122②). 또 상표법 제92조 제2항에 해당하는 상표가 등록된 경우에 그 상표에 관한 권리를 가진 자가 해당 등록상표일로부터 5년이 경과된 후에는 취소심판을 청구할 수 없다(상§119①vi).

대법원 1991. 1. 29. 선고, 90후1406 판결

구 상표법 제43조(현행 제119조) 제1항 제1호에 의한 상표등록취소심판청구는 취소의 대상이 되는 상표등록을 심판으로써 취소할 현실적인 필요가 있는 것을 전제로 하는 것이므로, 심판청구 계속 중에 취소의 대상이 되는 등록상표의 상표권자가 상표권을 포기함으로써 상표등록이 말소되어 버리면 그 상표등록의 취소심판청구는 이미 효력이 없어진 상표등록의 취소를 청구하는 것이 되어 그 취소를 구할 법률상 이익이 없게 되므로 부적법하여 각하될 수밖에 없는 것이고, 상표등록의 취소를 구할 법률상 이익의 존재여부는 항고심의 심리종결시를 기준으로 판단해야 한다.

5. 상표등록취소의 효과

상표등록을 취소한다는 심결이 확정되었을 경우에는 그 상표권은 그때부터 소멸된다. 다만, 제1항 제3호에 해당하는 것을 사유로 취소한다는 심결이 확정된 경우에는 그 심판청구일에 소멸하는 것으로 본다(상§119⑥). 또한 취소심결이 확정된 때에는 누구든지 동일사실, 동일증거에 의하여 그 심판을 다시 청구할 수 없다(상§150).

상표권자 또는 그 사용권자는 상표법 제119조 제1항 제1호부터 제3호까지 및 제5호부터 제9호까지의 규정에 해당하는 것을 이유로 하는 상표등록의 취소심판이 청구되고 그 청구일 이후에 상표권자가 ① 상표권 또는 지정상품의 일부를 포기하거나 ② 상표등록취소의 심결이 확정된 경우, ③ 존속기간이 만료로 인하여 상표권이 소멸한 경우에는 상표권자 및 그 상표를 사용한 타인은 포기한 날 또는 그 심결이 확정된 날로부터 3년이 경과한 후가 아니면 소멸된 등록상표와 同一 또는 유사한 상표를 그 지정상품과 동일 또는 유사한 상품에 대하여 상표등록을 받을 수 없다(상§34③). 즉 일정기간 동안 상표의 재등록을 금지케 하는 규정이다.

제5절 사용권등록의 취소심판

1. 의 의

사용권등록의 취소라 함은 상표권자와의 계약에 의하여 설정된 전용 또는 통상사용권이 일정한 법정사유에 해당함을 이유로 장래를 향하여 그 효력이 상실되는 것을 말한다. 즉 전용 또는 통상사용권에 취소사유가 있다고 하더라도 심판에 의하지 아니하고는 그 사용권을 취소시킬 수 없다. 이를 전용 또는 통상사용권등록의 취소심판이라고 한다. 이는 전용사용권자나 통상사용권자에게도 상표사용에 대한 정당사용을 강제함으로써 건전한 상거래질서를 확립하고자 하는 데 의의가 있다. 또한 이 심판은 전용사용권 또는 통상사용권의 등록만을 취소시킨다는 점에서 상표법 제119조 제1항 제2호의 규정의 상표등록의 취소심판과 구별된다. 전용사용권 또는 통상사용권 등록의 취소심판을 청구한 후 그 심판청구사유에 해당하는 사실이 없어진 경우에도 취소에는 영향을 미치지 않는다(상§120②).

2. 취소사유

전용사용권자 또는 통상사용권자가 지정상품 또는 이와 유사한 상품에 등록상표 또는 이와 유사한 상표를 사용함으로써 수요자로 하여금 상품의 품질의 오인(誤認) 또는 타인의 업무에 관련된 상품과의 혼동(混同)을 생기게 한 경우에 취소의 대상이 된다(상§120①).

3. 취소의 요건

① 사용권자에 의한 상표의 부정사용일 것, ② 사용권자가 부기·변경하여 사용한 상표는 그 상표가 등록상표와 동일 또는 유사할 것. ③ 사용권자가 부기·변경한 상표를 사용한 상품은 등록상표의 지정상품과 동일 또는 유사한 상품일 것, ④ 사용권자가 등록상표를 부기·변경하여 사용한 상표 및 상품은 타인의 상표 또는 상품과 동일하거나 유사할 것, ⑤ 등록상표를 부기·변경하여 사용함으로써 수요자에게 상품의 품질의 오인 또는 타인의 업무에 관련된 상품과의 혼동을 생기게 할 것, ⑥ 상표등록취소(상§119①ⅱ)의 경우에는, 상표권자가 상당한 주의를 기울이지 않았을 경우에 적용된다.

4. 청구자 및 청구기간

상표법 제120조도 상표법 제119조 제1항 제2호(부정사용에 의한 등록상표의 취소)와 같이 수요자를 보호하기 위한 규정으로 상표법 제119조 제1항 제2호의 요건에 해당하면 이해관계인뿐만 아니라 누구나 심판청구를 할 수 있고(상

§120③), 취소사유에 해당하는 사실이 없어진 경우에도 신의칙의 위반사항이므로 취소심판을 청구할 수 있다(상§120②).

5. 취소심판의 청구 및 효과

상표법 제120조 제4항에는 전용사용권 또는 통상사용권 등록을 취소한다는 심결이 확정된 때에는 그 전용사용권 또는 통상사용권은 그때부터 소멸된다. 한편, 심판장은 제120조 제1항의 심판이 청구되었을 경우에는 그 취지를 해당 전용사용권의 통상사용권자와 그 밖에 전용사용권에 관하여 등록을 한 권리자 또는 해당 통상사용권에 관하여 등록을 한 권리자에게 알려야 한다(상§120⑤).

이 규정은 상표법 제119조의 규정과 동일하나 별도로 규정하고 있다. 즉 양 규정은 사용권자가 상표권자로부터 사용허락을 받은 후 부정사용하여 타인의 주지저명상표와 오인·혼동을 초래함으로써 소비자에게 불이익을 주기 때문에 심판에 의하여 취소를 하도록 규정한 것이다. 양 규정은 장래에 대하여 사용허락을 받은 상표를 사용하지 못하게 하는 것이 기본적 취지로 보이므로 양 규정을 별도로 독립하여 둘 필요없이 통합하여 운영하거나 피해를 보는 것은 타 상표권자나 소비자뿐만 아니라 해당 상표권자도 피해를 받을 수 있어 청구권자를 상표권자만이 한다거나 효과를 달리하지 않으면 양 규정 중 하나는 별도로 둘 필요가 없다.[26)]

제 6 절 상표권의 권리범위확인심판

1. 의 의

권리범위확인심판이란 설정등록된 상표권의 권리침해가 발생되었을 경우 그 상표권의 범위에 속하는지 아니한지의 여부를 확인하는 심판을 말한다. 권

26) 同旨로 특허청, 상표법해설(2004), p.122.

리범위확인심판은 적극적 권리범위확인심판과 소극적 권리범위확인심판으로 대별된다. 이 심판은 무효심판과 달리 상표권의 존부와는 관계없고, 단지 상표권의 권리범위를 확인하는 심판에 지나지 않는다.[27)]

권리범위확인심판은 행정청인 특허청이 권리를 창설하여 준 것을 다시 확인하여 주는 행위이므로 확인적 행정행위로 볼 수 있을 것이다.[28)] 왜냐하면 권리범위확인심판의 심결에 의하여 권리가 확인 내지 다시 확정되었다고 하여 바로 권리침해가 확정되는 것이 아니라 권리침해여부에 대해서는 법원이 별도로 판단하는 것이다. 어디까지나 권리범위확인심판의 판단은 특허청의 행정행위에 대한 보조적인 판정에 불과하다고 보인다.

대법원 1982. 10. 26. 선고, 82후24 판결

구 상표법 제43조 제1항 제3호에 규정된 상표권의 권리범위 확인청구는 단순히 그 상표자체의 기술적 범위를 확인하는 사실인정을 목적으로 한 것이 아니라 그 기술적 범위를 기초로 하여 구체적으로 문제가 된 상대방의 사용상표와의 관계에 있어서 그 상표에 대하여 등록상표권의 효력이 미치는 여부를 확인하는 권리확정을 목적으로 하는 것이므로, 상대방의 사용상표가 상표법 제26조 각 호에 규정된 자기의 성명·명칭·상호 등 상표권의 효력이 미치지 아니하는 상표에 해당하는 경우에는 이는 등록상표의 권리범위에 속하지 아니한다고 볼수 밖에 없으며, 상표권의 효력은 미치나 별도로 설정된 사용권에 의하여 상표권자에게 그 상표의 사용을 주장할 수 있는 경우와 같이 볼 수는 없는 것이다. 따라서 이 사건 권리범위확인 심판절차에서 피심판청구인이 (가)호 표장은 본건 등록상표 출원 전에 동종상품에 사용되어 널리 주지된 피심판청구인의 명칭 내지는 저명한 약칭을 보통으로 사용하는 방법으로 표시한 것이어서 이는 상표법 제26조 제1호의 규정에 해당하여 등록상표권의 효력이 미치지 아니하는 것이라는 주장을 한 이상 원심으로서는 위 (가)호 표장이 과연 상표법 제26조 제1호 소정의 상표에 해당하는지의 여부를 증거에 의하여 심리판단해야 할 것이다.

대법원 1987. 8. 25. 선고, 84후49 판결

구 상표법 제43조 제1항 제3호에 규정된 상표권의 권리범위 확인청구는 단순히 그 상표자체의 기술적 범위를 확인하는 사실확정을 목적으로 한 것이 아니라 그 기술적 범위를 기초로 하여

27) 따라서 권리범위를 공적(公的)으로 확인하는 사실판단이며 상표권의 효력에 대한 침해여부는 법원이 판단할 사안이다.

28) 문삼섭, 상표법(제2판), 세창출판사(2004), p.1012.

	구체적으로 문제가 된 상대방의 사용상표와의 관계에 있어서 그 상표에 대하여 등록상표권의 효력이 미치는 여부를 확인하는 권리확정을 목적으로 한 것이므로, 상대방의 사용상표가 상표법 제26조 각호에 규정된 상표권의 효력이 미치지 아니하는 상표에 해당하는 경우에는 이는 등록상표의 권리범위에 속하지 아니한다.
대법원 1987. 4. 28. 선고, 84후21 판결	구 상표법 제43조에 규정된 상표권의 권리범위 확인청구는 단순히 그 상표자체의 기술적 범위를 확인하는 사실확정을 목적으로 한 것이 아니라 그 기술적 범위를 기초로 하여 구체적으로 문제가 된 상대방의 사용상표와의 관계에 있어서 그 상표에 대하여 등록상표권의 효력이 미치는 여부를 확인하는 권리확정을 목적으로 하는 것이다.

2. 청구기간 및 청구권자

권리범위확인심판의 청구기간은 상표권 존속기간 중에는 언제든지 상표권자, 전용사용권자 또는 이해관계인이 청구할 수 있다(상§121). 즉 적극적 권리범위확인심판은 상표권자가 청구인이 되며, 반대로 소극적 권리범위확인심판은 확인대상표장을 사용하고 있는 자 또는 사용하고자 하는 자가 청구할 수 있다. 피청구인은 청구인의 반대자이다.

청구기간은 원칙적으로 상표권의 존속기간 중에 할 수 있다. 그러나 권리범위의 확인을 구할 소의 이익이 존재하는 경우에는 상표권 소멸 후에도 심판청구가 가능한 것으로 보아야 할 것이나,[29] 대법원 판례는 반대의 입장을 취하고 있다.

대법원 2006. 2. 9. 선고, 2003후2690 판결	상표권의 권리범위확인심판의 청구는 현존하는 상표권의 범위를 확정하려는 데에 그 목적이 있으므로, 일단 적법하게 발생한 상표권이라 할지라도 그 상표권이 소멸된 이후에는 그에 대한 권리범위확인을 구할 이익은 없어진다.

29) 특허청, 상표법해설(2004), p.348.

3. 심리대상

확인대상표장은 실제 사용하고 있는 표장 또는 사용하고자 하는 표장과 동일한 것이어야 한다. 이는 단순히 그 상표 자체의 기술적 범위를 확인하는 사실확정을 목적으로 한 것이 아니라 그 기술적인 범위를 기초로 하여 구체적으로 문제가 된 상대방의 확인대상표장에 상표권의 효력이 미치는지 여부를 확인하는 권리확정을 목적으로 하는 것이므로 상대방의 사용상표가 제90조 각호에 규정된 상표권의 효력이 미치지 않는 상표에 해당하는지 여부까지도 판단하여야 한다.[30] 확인대상표장이 실제 사용하고 있는 표장 또는 사용하고자 하는 표장과 동일한 것이 아니고 유사한 것일 때에는 사용표장과 유사한 확인대상표장에 대한 심판을 하는 결과가 되어 심결이 확정되어도 그 효력은 확인대상표장에만 미치는 것이므로 소의 이익이 없는 것으로 되어 그 심판청구는 각하되어야 한다.[31] 또한 권리범위확인심판의 대상인 상표가 사용되지 않은 경우 확인대상표장은 심판의 이익이 없어 각하되어야 한다.

4. 효　과

권리범위확인심판의 효력은 등록상표의 권리범위를 확인하기 위한 것이므로 당사자만을 구속하고 제3자에게는 효력이 미치지 않으므로 대세적 효력은 없다. 또 권리범위확인심결에 의해 상표권의 침해여부를 알 수 있으나, 권리범위확인심결은 어디까지나 권리범위를 확정하는데 그치고 그 상표권 침해여부는 소송을 통하여 법원이 최종확정하는 것이다. 또한 심결이 확정되면 일사부재리의 효력이 인정되어 누구든지 동일사실 및 동일증거방법에 의해 권리범위확인심판을 청구할 수 없으며 이를 위반하면 심판청구는 각하된다(상§150).

---

30) 대법원 1987. 8. 25. 선고 84후49 판결.
31) 특허청, 상표법해설(2004), p.349 인용.

대법원 1992. 10. 27. 선고, 92후605 판결

가. 상표권자가 등록상표의 동일성을 해하지 아니하는 범위 내에서 색상이나 글자꼴을 변경한다든가 그 상표에 기호 등을 부기 변경하여 사용한다 하더라도 이는 동일한 상표에 대한 권리행사이다.

나. (가)호 표장 “포스틱”이 후등록상표 “포스틱”과 색상이나 글자꼴만 다를 뿐 칭호와 관념에 있어서 동일하므로 (가)호 표장에는 후등록상표의 상표권의 효력이 미친다고 한 사례.

다. 상표권의 권리범위확인은 등록된 상표를 중심으로 어떠한 미등록상표가 적극적으로 등록상표의 권리범위에 속한다거나 소극적으로 이에 속하지 아니함을 확인하는 것이므로 상대방의 상표가 등록상표인 경우에는 설사 그것이 청구인의 선등록상표와 동일 또는 유사한 것이라 하더라도 상대방의 상표 내용이 자기의 등록상표의 권리범위에 속한다는 확인을 구하는 것은 상대방의 등록이 상표법 소정의 절차에 따라 무효심결이 확정되기까지는 그 무효를 주장할 수 없는 것임에도 그에 의하지 아니하고 곧 상대방의 등록상표의 효력을 부인하는 결과가 되므로 상대방의 등록상표가 자신의 등록상표의 권리범위에 속한다는 확인을 구하는 심판청구는 부적법하다.

제7절 거절결정에 대한 불복심판

1. 의의 및 종류

거절결정에 대한 불복심판이란 등록출원한 상표에 대해 특허청의 심사관이 실체심사를 함에 있어서 해당 상표가 거절사유에 해당함을 이유로 등록결정을 하여 주지 않는 것에 대해 불복하여 특허심판원에 특허청이 행한 그 거절결정을 취소하고 등록결정을 하여 줄 것을 청구하는 심판을 말한다. 이를 결정계심판이라고도 한다.

이러한 거절결정에 대한 불복심판은 상표등록거절결정, 지정상품의 추가등록거절결정 및 상품분류전환등록거절결정이 있고, 그 결정을 받은 자가 불복이 있을 때에는 거절결정등본의 송달을 받은 날로부터 3개월 이내에 거절결정된 지정상품의 전부 또는 일부에 관하여 심판을 청구할 수 있다(상§116). 이를 모두 포함하여 광의의 거절결정에 대한 불복심판이라 한다.

2. 심판청구대상

2001. 2. 3. 상표법 개정으로 상품분류전환등록신청 거절결정이 추가되었고, 2010. 1. 27. 상표법 개정으로 갱신등록출원제도를 폐지하고 갱신등록신청제도를 도입함에 따라 삭제되었다. 현행 상표법상 거절결정심판은 상표등록거절결정(상§54), 지정상품의 추가등록거절결정(상§87), 상품분류전환등록거절결정(상§210)이 있다.

3. 청구기간 및 청구권자

심판의 청구기간은 거절결정등본의 송달을 받은 날로부터 3개월 이내에 심판을 청구할 수 있고(상§116), 교통이 불편한 지역에 있는 자 등을 위하여 청구 또는 직권에 의해 연장할 수도 있다(상§17①iii). 청구권자는 상표등록거절결정, 지정상품의 추가등록거절결정 및 상품분류전환등록거절결정을 받은 자이며, 공동출원인 경우에는 전원이 청구인이 되어야 한다(상§124③).

상표등록거절결정에 대한 심판을 청구하는 경우 그 청구일로부터 30일 이내에 보정이 가능하다(상§40①, §41①ⅰ).

심판청구 후의 보정이 출원서에 기재된 지정상품(지정서비스 포함) 또는 상표등록을 받고자하는 상표에 대해서 행해진 보정이 요지를 변경하는 것으로 된 때는 당해 보정을 각하한다(상§123, §42①). 보정을 각하한 경우에는 보정각하결정에 대한 심판청구기간이 지나기 전까지는 그 상표등록출원에 대한 상표등록여부결정을 해서는 아니 되며, 출원공고할 것을 결정하기 전에 제42조 제1항에 따른 각하결정을 한 경우에는 출원공고결정도 해서는 아니 된다(상§123, §42②). 심판청구인이 보정각하결정에 대해 결정의 취소를 구하는 소를 제기한 때에는 당해 소송이 확정될 때까지는 그 상표등록출원의 심사 및 심리를 중지하여야 한다(상§123, §42③).

심판에서 행하여진 보정각하결정에 대해서는 특허법원에 소를 제기하는 것이 가능하다(상§162, §42①).

4. 상표출원의 거절이유[32)]

제3조(상표등록을 받을 수 없는 자), 제27조(외국인의 권리능력), 제33조 내지 제35조(상표등록의 요건, 상표등록을 받을 수 없는 상표, 선출원), 제38조 제1항, 제48조 제2항 후단, 제4항, 제6항 내지 제8항 규정에 의하여 상표등록을 할 수 없는 경우

(1) 제2조 제1항에 따른 상표, 단체표장, 지리적 표시, 지리적 표시 단체표장, 증명표장, 지리적 표시 증명표장 또는 업무표장의 정의에 맞지 아니하는 경우

(2) 조약에 위반된 경우

(3) 제3조, 제27조, 제33조부터 제35조까지, 제38조 제1항, 제48조 제2항 후단, 같은 조 제4항 또는 제6항부터 제8항까지의 규정에 따라 상표등록을 할 수 없는 경우

(4) 제3조에 따른 단체표장, 증명표장 및 업무표장의 등록을 받을 수 있는 자에 해당하지 아니한 경우

(5) 지리적 표시 단체표장등록출원의 경우에 그 소속 단체원의 가입에 관하여 정관에 의하여 단체의 가입을 금지하거나 정관에 충족하기 어려운 가입조건을 규정하는 등 단체의 가입을 실질적으로 허용하지 아니한 경우

(6) 제36조 제3항에 따른 정관에 대통령령으로 정하는 단체표장의 사용에 관한 사항의 전부 또는 일부를 적지 아니하였거나 같은 조 제4항에 따른 정

---

32) <상품분류 전환등록 신청의 거절이유(상§210)>

1. 상품분류전환등록신청의 지정상품을 당해 등록상표의 지정상품이 아닌 상품으로 하거나 지정상품의 범위를 실질적으로 확장한 경우
2. 상품분류전환등록신청의 지정상품이 산업통상자원부령이 정하는 상품류구분에 일치하지 아니하는 경우
3. 상품분류전환등록을 신청한 자가 당해 등록상표의 상표권자가 아닌 경우
4. 제209조의 규정에 따른 상품분류전환등록신청 요건을 갖추지 못한 경우
5. 상표권이 소멸하거나 상표권의 존속기간갱신등록신청을 포기·취하하거나 존속기간갱신등록신청이 무효로 된 경우

관 또는 규약에 대통령령으로 정하는 증명표장의 사용에 관한 사항의 전부 또는 일부를 적지 아니한 경우

(7) 증명표장등록출원의 경우에 그 증명표장을 사용할 수 있는 자에 대하여 정당한 사유 없이 정관 또는 규약으로 사용을 허락하지 아니하거나 정관 또는 규약에 충족하기 어려운 사용조건을 규정하는 등 실질적으로 사용을 허락하지 아니한 경우

5. 심판청구방식 및 심리범위

거절결정불복심판을 청구하는 자는 상표법 제126조에서 정한 방식 요건을 만족하도록 심판청구서를 제출하여야 한다(상시칙§71①).

거절결정심판에 있어서 심리의 범위는 당해 거절결정의 당부에만 한정되지 않고 다른 거절결정이유는 물론이고, 당해 출원상표의 등록여부까지 심리의 범위가 된다. 따라서 심결은 원결정을 취소하고 당해 출원을 심사국으로 환송하라는 심결을 할 수 있을 뿐만 아니라 심판원의 자판으로 등록심결 또는 원거절결정이유와 다른 거절이유로 기각심결을 할 수도 있다.[33)]

심판에 있어서 거절결정에서 등록거절한 이유와 다른 이유(새로운 거절이유를 발견한 경우)를 들어 기각하고자 할 때는 그 이유를 심판청구인에게 통지하고 의견서제출의 기회를 주어야 한다(상§123③, §55, §87). 또한 거절결정에 대한 심판청구가 이유 있다고 인정될 때에는 소정의 절차를 거쳐 최종적으로 등록결정을 하거나 파기환송하여 심사관으로 하여금 다시 심사하게 한다. 이 심판은 출원인을 보호하는 제도이므로 일반심판제도와 같이 서면심리를 원칙으로 한다.

대법원 1994. 2. 8. 선고, 93후1582 판결	심사관은 실용신안등록출원이 제1항 각호의 1에 해당하는 거절이유가 있다고 인정하여 거절사정을 하고자 할 때에는 출원인에게 거절이유를 통지하고 기간을 정하여 의견서 제출의 기회를 주어야 한다고 규정되어 있으므로 심사관이 출원인에게 거절이유

33) 특허청, 상표법해설(2004), p.307.

를 통지하여 의견서를 제출할 기회를 주지 않고 거절사정을 하는 것은 일반적으로는 위 조항에 위반되어 위법하다.

거절결정에 대한 심판청구방식에 있어서 심판을 청구하는 자는 ① 청구인의 성명과 주소(법인인 경우에는 그 명칭 및 영업소의 소재지), ② 대리인이 있는 경우에는 그 대리인의 성명 및 주소나 영업소의 소재지(대리인이 특허법인인 경우에는 그 명칭, 사무소의 소재지 및 지정된 변리사의 성명), ③ 출원일자 및 출원번호, ④ 지정상품 및 그 류구분, ⑤ 심사관의 거절결정일자 또는 보정각하결정일자, ⑥ 심판사건의 표시, ⑦ 청구의 취지 및 그 이유의 사항을 기재한 심판청구서를 특허심판원장에게 제출하여야 한다(상§126①). 그리고 특허심판원장은 제116조의 규정에 의한 거절결정에 대한 심판이 청구된 경우 당해 거절결정이 상표등록이의신청에 의한 것인 때에는 그 취지를 이의신청인에게 알려야 한다(상§126③).

6. 효　과

거절결정불복심판이 청구되면 그 결정은 확정되지 않으며, 거절결정불복심판의 심결이 확정되면 그 심결에 따라 효력이 발생한다(상§155). 심결에 있어서 취소의 기본이 된 이유는 그 사건에 대하여 심사관을 기속한다(상§156).

한편 거절결정불복심판의 심결에도 불복하는 경우에는 심결 또는 결정의 등본을 송달받은 날부터 30일 이내에 특허법원에 제기하여야 한다.

제8절　보정각하결정에 대한 심판

1. 의　의

출원서에 첨부한 출원서의 기재사항, 지정상품 및 상표 등에 대하여 출원공고결정등본 또는 등록결정통지서의 송달이 있기까지는 일정한 제한 하에서 그것을 보정[34]할 수 있으나, 그 보정이 요지를 변경하는 것인 때에는 결정으로서 각하된다(상§42).

보정각하결정에 대한 불복심판도 거절결정불복심판과 함께 결정계심판으로 권리를 부여하는 행정청인 특허청을 대상으로 그 결정을 취소하여 달라고 하는 심판이다.

보정각하결정에 대한 불복심판이란 출원이 상표나 지정상품을 보정한 것을 이유없다 하여 각하결정한 경우 이에 대한 불복심판을 청구하는 제도를 말한다. 즉 출원인은 보정기간 내에 상표나 지정상품을 요지변경되지 아니하는 범위 내에서 보정할 수 있으나 그렇지 아니하고 요지변경인 경우에는 심사관의 결정으로 보정을 각하하며, 출원인은 출원공고결정 전의 보정에 대한 보정각하결정에 대하여 불복심판을 청구할 수 있다(상§115). 그러나 출원공고결정 후의 보정이 있는 경우에는 이를 심사관이 각하결정하여도 이에 불복할 수 없고 당해 출원이 거절결정된 경우에 한하여 거절결정불복심판을 청구하여 보정각하결정에 대한 정당성 여부를 다툴 수 있다.

이 제도는 심사관의 보정각하결정에 대한 불복신청제도이기 때문에 각하된 보정(補正)에 대한 구제방법으로서 출원인을 보호하기 위한 제도이다.

2. 심판의 청구기간 및 청구권자

보정각하결정에 대한 심판청구인은 출원인이고, 청구기간은 보정(補正)각하결정등본을 송달받은 날로부터 3개월 이내에 심판을 청구하여야 한다(상§115).

34) 가. 출원공고결정전의 보정

출원공고결정 전의 보정이 출원의 요지를 변경하는 것으로 인정되어 보정각하 되었을 경우, 출원인은 보정각하결정등본을 송달받은 날로부터 3개월 내에 불복심판을 청구할 수 있다(상§115).

나. 출원공고결정후의 보정

출원공고결정 후에 한 보정에 대하여 이루어진 보정각하(상§115③)에 대해서는 심판으로서

독립해서 청구할 수 없다(상§42⑤). 다만, 공고결정등본송달후의 보정에 대한 각하결정에 불복하는 경우에는 거절결정에 대한 불복심판을 청구한 때 함께 신청할 수 있다(상§42⑤). 보정각하결정과 상표등록결정이 동시에 이루어진 경우에는 각하결정에 대한 불복신청의 길은 없다.

다. 국제상표출원의 보정각하불복심판

① 국제사무국을 통하여 통지된 감축에 대한 불인정에 대하여는 특허심판원에 대한 불복절차를 인정하지 아니한다(국제상표등록출원 심사사무취급규정 제28조).

② 상표에 대한 보정은 불가능하고 출원의 요지를 변경하지 아니하는 "상표의 부기적 부분의 삭제"도 인정되지 않는다(상§185②).

그러나 교통이 불편한 지역에 있는 자 등을 위하여 청구 또는 직권에 의해 연장할 수도 있다(상§17①ii).

3. 심판청구방식

보정각하결정에 대한 심판청구방식에 있어서 심판을 청구하는 자는 ① 청구인의 성명과 주소(법인인 경우에는 그 명칭 및 영업소의 소재지), ② 대리인이 있는 경우에는 그 대리인의 성명 및 주소나 영업소의 소재지(대리인이 특허법인인 경우에는 그 명칭, 사무소의 소재지 및 지정된 변리사의 성명), ③ 출원일자 및 출원번호, ④ 지정상품 및 그 류구분, ⑤ 심사관의 거절결정일자 또는 보정각하결정일자, ⑥ 심판사건의 표시, ⑦ 청구의 취지 및 그 이유의 사항을 기재한 심판청구서를 특허심판원장에게 제출하여야 한다(상§126①). 그리고 특허심판원장은 제115조의 규정에 의한 보정각하결정에 대한 심판이 청구된 경우 당해 보정각하결정이 상표등록이의신청에 의한 것인 때에는 그 취지를 이의신청인에게 통지하여야 한다(상§126③).

4. 심결의 효과

보정각하결정불복심판이 청구되면 그 결정은 확정되지 않으며, 보정각하결정불복심판의 심결이 확정되면 그 심결에 따라 효력이 발생한다(상§155). 심결에 있어서 취소의 기본이 된 이유는 그 사건에 대하여 심사관을 기속한다(상§156).

보정각하결정불복심판의 심결에도 불복하는 경우에는 심결 또는 결정의 등본을 송달받은 날부터 30일 이내에 특허법원에 소를 제기하여야 한다(상§162①③). 심판은 심결로 종결하며, 보정각하결정에 대한 심판의 심결에는 취소심결과 기각심결이 있다.

(1) 취소심결

심판관이 보정(補正)각하결정을 취소한다는 심결을 하면 그 사건은 특허청 심사국으로 환송(還送)되어 다시 심사하게 되고 특별한 사유가 없는 한 그 보정(補正)은 요지변경이 아니다.

(2) 기각심결

심판관은 심판청구내용을 심리한 결과 보정(補正)각하결정이 적법하다면 심판청구는 이유 없다는 심결을 내린다. 그러면 심판청구인은 심결등본을 받은 날로부터 30일 이내에 특허법원에 소(訴)를 제기할 수 있다.

c·h·a·p·t·e·r

03 심판의 종결

심판은 특별한 규정이 있는 경우를 제외하고는 심결(상§149①)로서 종결됨이 원칙이며, 심판청구의 취하(상§148), 출원의 취하·포기(거절불복심판의 경우) 등에 의하여 종결된다.

1. 심 결

(1) 의 의

심결은 심판사건을 해결하기 위하여 특허심판원이 심판관 3인 또는 5인을 지정하여 구성한 합의체의 판단이며, 재판에 있어서 종국판결에 해당한다. 이는 서면으로 하여야 하며, 심결한 심판관은 심결문에 기명날인하여야 한다(상§149).

(2) 심결의 종류

심결에는 부적법한 심판청구의 심결각하(상§128)와 본안심리를 거친 심결(상§149③⑤)이 있다. 즉 심결에는 i) 심판의 청구를 부적법한 것으로 각하하는 심결, 즉 청구각하의 심결(상§128)과, ii) 원결정 파기(破棄)·환송(還送), iii) 청구이유가 없으므로 청구가 성립할 수 없다는 청구의 기각심결, iv) 심판청구를 인용하는 인용심결 등이 있다.

(3) 심리종결의 통지(결심통지)

심판은 특별한 규정이 있는 경우를 제외하고는 심결로서 종결한다(상§149①). 심판장은 사건이 심결할 정도로 성숙한 것으로 판단되면 심리를 마치고 당사자 및 참가인에게 심리종결의 통지를 하여야 한다(상§149③). 심결은 심리종결통지를 받은 날로부터 20일 이내에 하여야 한다(상§149⑤). 이 규정은 심판의 지연을 피하려는 훈시적 규정이다.[1] 심리의 종결통지 후에도 심판장이 필요하다고 인정할 때에는 당사자 또는 참가인의 신청 또는 직권에 의하여 심리를 재개할 수 있다(상§146). 심판장은 심결 또는 결정이 있는 때에는 그 등본을 당사자, 참가인 및 심판에 참가신청을 하였으나 그 신청이 거부된 자에게 송달하여야 한다(상§149⑥).

대법원 1979. 10. 10. 선고, 79후35 판결

[심리종결의 법적 성격]

심리종결 통지의 규정은 당사자에게 자료의 추가제출이나 심리재개신청의 기회를 주려는 취지가 아니고, 심결을 할 수 있는 정도로 사건이 성숙하였다고 인정되는 경우에는 그 심리종결을 당사자에게 통지하고, 지체없이 심결을 하도록 하기 위한 훈시적 규정에 불과하다 할 것이므로 심리종결을 발한 날과 같은 날에 심결을 하였거나, 심리종결통지서와 심결정본을 동시에 송달하였다고 하여도 그 심결을 위법이라 할 수 없다.

대법원 1976. 9. 14. 선고, 76후6 판결 등

[심리종결통지의 효력]

심리종결 통지의 규정은 당사자에게 자료의 추가제출이나 심리재개신청의 기회를 주려는 취지가 아니고 심결을 할 수 있을 정도로 사건이 성숙되었다고 인정된 경우에는 그 심리종결을 당사자에게 통지하고 지체없이 심결하도록 하기 위한 훈시규정에 불과하다.

1) 양승두, 工業所有權法, 법경출판사(1984), p.120; 대법원 1964. 6. 23. 선고, 63후25 판결; 대법원 1967. 5. 16. 선고, 67후6 판결; 대법원 1976. 9. 14. 선고, 76후6 판결.

(4) 심결의 효력

심결은 심결(審決)문의 송달이 있는 날로부터 그 효력이 발생하며 심결에 대하여 불복이 있는 자는 법정기간 내에 특허법원에 소송을 제기할 수 있고 여기에 불복이 있는 자는 대법원에 상고를 제기할 수 있다.

법정기간 내에 불복절차를 밟지 않거나 불복절차를 밟았으나 심결(審決)이 종국적으로 지지를 받아 더 이상 다툴 수 없게 되면 해당 심결은 확정된다. 심결이 확정되면 대세적 효력과 일사부재리의 효력, 심결의 확정력이 생긴다.

1) 심결의 구속력(대세적 효력)

심결의 구속력이란, 심판당사자뿐만 아니라 일반 제3자 및 법원에게도 대세적으로 미치는 효력을 말한다. 예컨대 등록 후의 심판[2]인 경우에는 소급효가 있다.

2) 일사부재리의 효력

심결이 확정되면 누구든지 동일사실 및 동일증거[3]에 의하여 다시 심판을 청구할 수 없다. 다만, 확정심결이 각하심결인 경우에는 그러하지 아니하다(상 §150). 예를 들면 특허무효와 정정무효의 심판에 있어서 동일사실 및 동일증거에 의거해서 그 심판을 다시 다툴 필요가 없기 때문에 이를 피하기 위하여 판결의 기판력에 유사한 효력을 인정한 것이다.

대법원 1986. 9. 9. 선고, 85후12 판결	**[일사부재리의 원칙이 적용되는 심결의 종류]** 심결이 아닌 참가의 허여의 결정 등은 심결이 아니므로 일사부재리에 해당되지 않는다.
특허법원 2002. 3. 29. 선고, 2000허6400 판결	**[심 결]** 원고가 이 사건에서 주장하는 이 사건 특허 무효사유는(아울러서 확대된 선원주의 위반 주장도) 이미 확정 등록된 97당1360 심결과 같은 내용의 심판을 다시 청구하는 것이어서 위 일사부재리의 원칙에 위반되어 부적법하므로 각하하여야 할 것인데, 이 사건 심결은 이에 대하여 실체 판단을 한 잘못이 있으나, 원고는 앞서 본 바와 같이 이 사건 심결에서 이 사건 특허에 대한 우선권 불인정 주장을 유지하고 있었고, 우선권 불인정 무효사유에

2) 정정심판, 특허의 무효심판, 정정무효심판.

3) 대법원 1991. 11. 26. 선고, 90후1840 판결.

	대한 특허청 특허심판소 96당1659 심결과 이 법원 98허8120 판결이 확정되어 일사부재리의 효과가 발생한 것은 앞서 본 바와 같이 2001. 6. 14.로서 이 사건 심결 이후이므로, 특허심판원에서는 원고 주장의 이 사건 특허 무효사유에 대하여 형식 판단을 하더라도 나머지 무효사유에 대하여는 실체 판단을 하지 않을 수 없고, 그 결과 나머지 무효사유에 관한 주장이 이유 없어 이를 기각하는 경우 이 사건 심판청구 전체를 기각할 수밖에 없으므로, 결국 이 사건 심결은 결론에 있어서 정당하다.
대법원 1976. 12. 28. 선고, 76후4 판결	**[동일사안에 관한 판례]** 등록실용신안이 출원 전 공지라는 지난번 확정심결의 사안과 달리 이번의 청구에서는 용이고안이라는 이유를 추가로 들고 나온 것은 소송물이 서로 다르므로 일사부재리의 원칙이 적용될 수 없다.

3) 심결의 확정력

특허심판의 심결을 받은 자가 그 심결에 불복이 있을 때에는 그 심결의 등본을 송달받은 날로부터 30일 이내에 특허법원에 취소소송을 청구할 수 있다. 따라서 심결에 대하여 이 기간 내에 특허법원에 취소소송을 청구하지 않거나 청구를 취하함으로써 불복을 신청할 방법이 없어지면 심결은 확정되며, 재심사유가 없는 한 심결은 취소·변경되지 아니한다.

4) 심결의 기속력

심판사건에 대하여 법적 안정성과 심판의 신뢰성을 유지하기 위하여 심결이 있으면, 이를 심결한 심판원도 이에 구속되어 스스로 이 심결을 철회하거나 변경하는 것이 허용되지 않는다. 즉 특허심판의 기속력은 심결이라는 공권력 판단의 법적 안정성을 확보하고 심결에 대한 일반공중의 신뢰를 유지하기 위하여 인정되고 있다.

5) 심결의 기판력

확정적 종국심결의 판단은 이후에 당사자간의 관계를 규율하는 기준으로서 구속력을 가지고, 후에 동일사항이 문제화되면 당사자는 이에 반하는 주장을 해서 판단을 다툴 수 없고, 심판원은 이와 모순·저촉되는 판단을 할 수 없다.

(5) 심결에 의한 종료시점

심판이 심결에 의하여 종결되는 경우에는 심판의 종료시점은 심결확정시가 되므로, 심판이 상급심에 의하여 종국적으로 지지된 때, 소 제기기간 또는 상고기간의 만료시가 심판의 종료시가 된다. 한편 대법원에서 상고기각 판결이 있는 경우에는 판결에 대하여 더 이상의 불복수단이 없으므로 그 선고와 동시에 심판은 종료된다.

(6) 심결에 대한 불복

심결 또는 결정에 대하여 불복하는 때에는 그 심결 또는 결정등본을 송달받은 날로부터 30일 내에 특허법원에 소를 제기하여 그 당부를 다툴 수 있다. 이 기간은 불변기간이지만 심판장은 원격 또는 교통이 불편한 지역에 있는 자를 위하여 직권으로 위의 소제기 기간에 대하여 부가기간을 정할 수 있는데, 실무적으로는 재외자에 한하여 신청이 있는 경우 30일 내에 부가기간을 정해주고 있다.

(7) 심결의 경정

상표법상 이에 대한 명문의 규정은 없으나, 심결에 오기·기재누락 등 오류가 있는 것이 명백한 때에는 심판장은 직권 또는 당사자의 신청에 의하여 그 심결을 경정할 수 있다. 판례도 일관하여 이를 할 수 있는 것으로 하고 있을 뿐만 아니라 실무상으로도 심결의 경정을 인용하고 있다. 한편 경정의 시기에 대하여는 심결이 확정된 후에도 가능하다 할 것이다.

대법원 1996. 10. 16. 선고, 96그49 결정

[판결경정제도의 취지]

판결의 위산, 오기 기타 이에 유사한 오류가 있는 것이 명백한 때 행하여지는 판결의 경정은 일단 선고된 판결에 대하여 그 내용을 실질적으로 변경하지 않는 범위 내에서 판결의 표현상의 기재 잘못이나 계산의 착오 또는 이와 유사한 오류를 법원 스스로가 결정으로써 경정 또는 보충하여 강제집행이나 호적의 정정 또는 등기의 기재 등 이른바 광의의 집행에 지장이 없도록 하자는 데 그 취지가 있다.

2. 심판청구의 취하

심판청구는 심결이 확정될 때까지 이를 취하할 수 있다. 그러나 당사자계 심판에서 답변서의 제출이 있는 경우에는 상대방의 동의를 얻어야 하고(상 §148①) 동의가 없을 때에는 취하의 효력은 발생하지 아니한다. 또 2이상의 지정상품에 관하여 거절결정에 대한 심판이나 무효심판 또는 권리범위확인심판을 청구한 때에는 지정상품마다 이를 취하할 수 있다(상§148②).

심판청구를 취하한 때에는 그 심판청구 또는 그 지정상품에 대한 심판청구는 처음부터 없었던 것으로 본다(상§148③).

대법원 1970. 6. 30. 선고, 70후7 판결	**[심판청구의 취하 취소]** 심판청구인에 의하여 적법하게 이루어진 심판청구의 취하의 효력은 취하서가 제출되어 접수한 접수시에 발생하는 것이므로 그 취하는 취소할 수 없다.

심판청구를 취하하는 취하서가 적법한 것으로 인정이 되면 그 취하의 효과는 그 취하서가 특허심판원에 도달함과 동시에 발생하는 것이 되므로, 심판청구취하서가 특허심판원에 도달한 때 심판은 종료하는 것으로 된다.[4] 심결이 있은 후 심결확정 전에 심판청구를 취하하거나, 특허법원에 사건이 계속중에 심판청구를 취하하는 경우에도 이와 마찬가지이다.

3. 결　정

심판에 있어서의 결정은 심판청구의 본안이 아닌 심판의 절차적인 문제에 대하여 심판장 또는 심판합의체가 그 당부를 심리판단하여 내리는 결론으로

4) 취하서가 적법한 경우에는 합의체의 결재를 받고 취하통지서를 당사자에게 통지하는 등 취하에 따른 일련의 행정조치가 뒤따르고 있고, 취하서 접수일자와 취하가 유효한 것으로 확정된 일자 사이에 상당한 시간적 간격이 있는 경우에도 취하일이 확정일이 되는 등 취하의 효력은 취하서 제출시에 발생하는 것이다(심판편람, 43.02).

서 심결이 아닌 결정의 형식으로 표시되는 것을 의미한다. 상표법상의 절차가 결정으로 종료되는 사안은 다음과 같다.

1) 방식에 위반한 심판청구서의 결정각하

2) 심판관의 제척 또는 기피신청에 대한 결정

3) 심판 참가의 신청에 대한 허부의 결정

4) 증거조사 또는 증거보전신청에 대한 결정

5) 심결의 경정결정

심판청구서에 대한 각하결정에 대하여도 특허법원에 소를 제기하여 그 당부를 다툴 수 있으므로 그 각하결정이 상급심에 의하여 지지된 때, 불복할 수 있는 기간이 도과한 때 심판은 종결된다.

4. 심판비용

(1) 의 의

심판비용이란 특허심판원, 당사자 및 참가인이 심판절차에서 당해 심판을 위하여 지출한 비용을 말한다. 이와 관련하여 상표법은 '심판비용의 부담은 심판이 심결에 의하여 종결할 때에는 그 심결로써, 심판이 심결에 의하지 아니하고 종결할 때에는 결정으로써 정하여야 한다(상§152①)'고 규정하고 있으며, 그 이외에 민사소송법 중 소송비용에 관한 규정을 준용하고 있다(상§152④).

(2) 심판비용의 부담

1) 패소자 부담의 원칙

심판비용은 상표법에서 특별히 정한 경우를 제외하고는 패소자부담을 원칙으로 하며, 2인 이상의 청구인·피청구인 또는 신청인이 공동으로 심판절차를 밟은 경우에는 평등 또는 연대하여 심판비용을 부담한다. 심판청구가 각하 또는 취하되거나 심판청구서를 각하하는 경우에도 패소자부담을 원칙으로 한다(심판편람 제8판 나. 패소자부담의 원칙, p.880). 그러나 다음의 경우에는 패소자부담의 원칙의 예외가 적용된다.

① 재심청구가 화해, 권리이전, 실시권설정을 이유로 심결로서 각하된 경우에는 심판비용은 각자부담으로 할 수 있다.

② 소극적 권리범위확인심판에 있어 피청구인이 경고 등 권리행사가 없고 방어도 하지 아니한 때에는 청구인이 승소한 경우에도 승소자가 부담한다.

2) 법에서 그 부담자를 정하고 있는 심판

거절결정에 대한 심판 등에 관한 비용은 청구인 또는 이의신청인의 부담으로 한다.

3) 심결 또는 결정으로 그 부담자를 정하는 심판

무효심판, 상표권갱신등록무효심판, 권리범위확인심판은 심결 또는 결정으로서 그 부담자를 정하여야 한다.

(3) 심판비용의 범위 및 심판

1) 심판비용의 범위

심판비용의 범위·금액·납부 및 비용의 지급에 관하여는 민사소송법 중 해당 규정에 의한다. 심판의 대리를 한 변리사에게 당사자가 지급하였거나 지급할 보수는 특허심판원장이 정하는 금액의 범위 안에서 이를 심판비용으로 보며, 수인의 변리사가 심판의 대리를 한 경우라도 1인의 변리사가 심판대리를 한 것으로 간주하여 심판비용액을 정한다. 변리사의 보수를 심판비용에 산입토록 한 것은 남소와 심판지연을 방지할 목적으로 규정된 것으로, 지급할 변리사의 보수는 특허청장이 정하는 금액의 범위 안에서 심판비용으로 계산된다(상§152⑦).

2) 심판비용의 심판

심판비용은 사건을 완결하는 각 심급에서 그 심급의 심판비용 전부에 대하여 심판하는데, 그 비용을 정함에 있어서는 특허심판원에서는 심판비용을 정하고 특허법원 및 대법원은 소송비용의 부담을 별도로 정한다. 한편 원심결을 파기하고 환송하는 경우에는 그 사건의 완결심에서 심판비용 전부에 대하여 심판한다.

(4) 심판비용의 예납

심판비용의 예납에 관하여는 민사소송법 제98조부터 제103조까지, 제107조 제1항 · 제2항, 제108조, 제111조, 제112조 및 제116조를 규정을 준용하고 있다(상§152②). 따라서 심판 또는 재심에 있어서 비용을 요하는 행위에 필요한 비용은 이를 당사자에게 예납하게 할 수 있으며, 비용을 예납하지 아니할 때에는 심판 등에서 그 행위를 하지 아니할 수 있다. 예납한 비용에 과부족 있을 경우에는 반환 또는 추납 등의 조치를 취하여야 한다.

(5) 심판비용액의 결정

심판비용액은 심결 또는 결정이 확정된 후에 특허심판원장이 이를 결정한다. 이와 같은 심판비용액은 당사자의 청구가 있어야 비로소 결정되며 당사자의 청구가 없는 경우에는 심판비용액을 결정하지 아니한다.

c·h·a·p·t·e·r

04 재 심

제1절 서 설

1. 의의 및 취지

재심이란 원래 민사소송법상의 개념으로 확정된 종국판결에 재심사유에 해당하는 중대한 하자가 있는 경우에 그 판결의 취소와 사건의 재심판을 구하는 비상의 불복신청방법이나, 이 제도를 상표법에도 도입한 것이다.[1] 즉 특허심판원이나 특허법원 등의 확정심결 또는 판결에 재심 사유에 해당하는 중대한 하자가 있는 경우에 그 심결 등의 취소(파기)와 사건의 재심판을 구하는 비상의 불복신청의 방법을 말한다. 심결이 확정된 후에 단순히 그 판단이 부당하다거나 새로운 증거가 발견되었다는 이유로 모두 재심을 청구한다면 법적 안정성을 해칠 수 있다. 그러나 중대한 하자가 있음에도 불구하고도 그냥 둔다면 심결의 신뢰성이 없어질 수 있으며, 또 사회공평성, 당사자 권리의 구

1) 재심이란 확정된 종국판결에 재심사유에 해당하는 중대한 하자가 있는 경우에 그 판결의 취소와 이미 종결된 소송을 부활시켜 재심판을 구하는 비상의 불복신청방법으로서 확정된 종국판결이 갖는 기판력, 형성력, 집행력 등 판결의 효력의 배제를 주된 목적으로 하는 것이다(대법원 1995. 2. 14. 선고, 93재다27 전원합의체 판결).

제에도 문제가 발생할 수도 있으므로 이를 시정키 위해 재심을 허용하고 있다. 그러므로 상표법 제157조 제1항은 확정된 심결에 대하여 재심의 청구를 할 수 있도록 규정하고 있다. 여기서 "확정된 심결"이란 심판의 확정심결만을 말하는 것이 아니라 재심의 확정심결도 포함하는 것이다.

이러한 재심은 확정된 심결을 취소시키고 다시 심판을 구한다는 점에서 소송법상 형성의 소이며, 심판의 형식을 취하면서 일단 종결된 심판에 대하여 재결을 구한다는 점에서 부수적 심판이다.

대법원 1995. 2. 14. 선고, 93재다27, 34 판결	**[재심의 목적]** 재심이란 확정된 종국판결에 재심사유에 해당하는 중대한 하자가 있는 경우에 그 판결의 취소와 이미 종결된 소송을 부활시켜 재 심판을 구하는 비상의 불복신청방법으로서 확정된 종국판결이 갖는 기판력, 형성력, 집행력 등 판결의 효력의 배제를 주된 목적으로 하는 것이다.

2. 청구의 당사자

재심 청구인은 재심의 대상으로 하는 심판이나 재판의 패소자가 되고 피청구인은 승소자가 된다. 그리고 심판의 당사자가 공모하여 제3자의 권리나 이익을 해할 목적으로 심결을 하게 한 때에는 제3자도 그 확정된 심결에 대하여 재심을 청구할 수 있다(상§158).

(1) 일반재심의 당사자

민사소송법상 재심은 확정판결을 취소하고 그 기판력을 배제할 것을 구하는 것이므로, 확정판결의 기판력에 의하여 불이익을 받는 자가 재심을 청구할 수 있고, 구체적으로는 민사소송법 제218조에 의하여 확정판결의 효력을 받는 자, 즉 당사자, 변론종결 후의 승계인 또는 그를 위하여 청구의 목적물을 소지한 자 등이 청구할 수 있다.

그러나 상표법에서는 원칙적으로 확정심결의 당사자가 청구할 수 있는 것으로 규정되어 있고, 따라서 결정계 심판의 확정심결에 대한 재심청구인은 당해 심판의 청구인 또는 그 승계인만이 재심의 당사자가 되며, 당사자계 심판의 확정심결에 대한 재심청구에 있어서는 당해 심판의 청구인 또는 피청구인 및 그 승계인이 재심의 청구인이 되고, 각각의 상대방이 재심의 피청구인이 된다.

(2) 사해심결의 당사자

사해심결은 심판의 당사자가 공모함으로써 이루어진 것이므로 그 재심은 심판의 당사자를 공동피청구인으로 하도록 한 것이다(상§158②).

제 2 절 재심사유

재심사유를 둘로 나누어 보면, 일반재심사유(상§157②)와 사해(詐害)심결에 관한 재심사유(상§158)가 있다. 기타 청구적격, 관할기관, 재심청구기간, 재심의 심리에 관하여는 상표법 제8장에 규정하고 있다.

민사소송법 제451조 제1항은 11가지의 일반 재심사유를 열거하고 있다. 상표법 역시 이 규정을 준용하고 있다.

재심은 위 재심사유를 상소로써 주장할 수 없었던 경우에 한하여 청구할 수 있다. 따라서 당사자가 재심사유에 해당하는 사실을 상소(통상의 불복절차)로서 주장하였으나 기각되었거나, 이를 알면서도 상소로서 주장하지 아니한 경우에는 같은 사유로 재심을 청구할 수 없다(민소§451①단).

재심관할법원에 관한 민사소송법 제453조의 규정을 상표법에 적용하면 재심은 재심을 청구할 심결을 한 기관의 전속관할이므로 확정된 특허심판의 심결에 대한 재심청구는 특허심판원에 하여야 한다.

대법원 1997. 9. 12. 선고, 97재후58 판결

인용상표의 선출원을 이유로 등록상표의 등록무효심판이 확정된 후 피심판청구인이 심판청구인을 상대로 인용상표에 대하여 상표등록무효심판을 청구한 사건의 항고심인 특허청 항고심판소

에서 인용상표를 무효로 한 심결이 내려지고 대법원에서 그에 대한 심판청구인의 상고가 기각되었다면, 인용상표는 구 상표법(1990. 1. 13. 법률 제4210호로 개정되기 전의 것) 제13조 제3항, 제48조 제2항에 의하여 위 등록상표에 대한 관계에서 처음부터 없었던 것으로 보아야 할 것이고, 인용상표가 소급적으로 없었던 것이 되었음에도 불구하고 선출원되어 유효하게 등록되었음을 기초로 한 위 등록상표의 등록무효심판의 확정판결에는 민사소송법 제422조 제1항 제8호 소정의 재심사유가 있다.

대법원 1998. 2. 24. 선고, 97재다278 판결

구 민사소송법 제422조 제1항 제9호가 정하는 재심사유인 '판결에 영향을 미친 중요한 사항에 관하여 판단을 유탈한 때'라고 함은 당사자가 소송상 제출한 공격방어방법으로서 판결에 영향이 있는 것에 대하여 판결 이유 중에 판단을 명시하지 아니한 경우를 말하고, 판단이 있는 이상 그 판단에 이르는 이유가 소상하게 설시되어 있지 아니하거나 당사자의 주장을 배척하는 근거를 일일이 개별적으로 설명하지 아니하더라도 이를 위 법조에서 말하는 판단유탈이라고 할 수 없다.

사해심결에 관한 재심사유(상§158)는 심판의 당사자가 제3자의 권리 또는 이익을 사해하기 위하여 공모함으로써 심결이 이루어져 확정된 경우 그 제3자는 부당하게 자신의 권리 또는 이익이 침해당하므로 이를 구제하기 위한 수단으로서 확정된 사해심결에 대하여 재심을 청구할 수 있도록 하고 있다(상§158①). 즉 상표법 제158조 제1항은 확정된 사해심결에 대하여 제3자가 재심을 청구할 수 있도록 한 규정이다. 확정된 사해심결에 대한 재심의 청구도 재심의 일종이므로 재심의 관할, 청구의 기간 등도 일반적인 재심과 다를 바 없다. 다만, 확정된 사해심결에 대한 재심은 제3자의 권리 또는 이익의 침해를 구제하기 위한 것이므로 그 제3자가 청구인이 된다.

제3절　재심의 절차

재심은 확정심결이나 판결의 당사자가 청구하고, 피청구인은 승소자가 된다. 그러므로 심판에 대한 재심의 절차는 그 성질에 반하지 아니하는 한 당해 심판절차에 관한 규정을 준용하도록 하고 있다. 즉 재심을 청구하고자 하는 자는 법령이 정하는 필요적 사항을 기재한 재심청구서를 특허심판원장에게 제출하여야 하며, 특허심판원장은 재심청구가 있을 때에는 심판관을 지정하여야 한다. 재심을 심리함에 있어서는 먼저 재심청구가 적법한지 여부(당사자, 재심청구기간, 방식요건 등)를 심리하고, 그 후 본안심리를 하게 된다. 재심의 심리방식 및 절차는 재심의 대상이 되는 심판의 종류에 따라 통상의 심판의 경우와 같이 심리한다.

재심은 당사자가 심결확정 후 재심의 사유를 안 날로부터 30일 이내에 청구해야 한다(상§159①). 재심사유가 확정 후에 발생한 경우에는 그 사유가 발생한 날로부터 기간이 기산된다. 대리권의 흠결을 이유로 하여 재심을 청구하는 경우에는 위 30일의 기간은 청구인 또는 법정대리인이 심결등본의 송달에 의하여 심결이 있는 것을 안 날의 다음날부터 기산한다.

한편 심결이 확정된 날로부터 3년이 경과한 때에는 법적 안정성의 견지에서 재심을 청구할 수 없다(상§159③). 단 재심의 사유가 심결확정 후에 생긴 때에는 위의 3년의 기산일은 그 사유가 발생한 날의 다음 날부터 이를 기산한다(상§159④). 그러나 당해 심결 이전에 행하여진 확정심결과 저촉한다는 이유로 재심을 청구하는 경우에는 기간의 제한이 없다(상§159⑤).

대법원 1987. 7. 21. 선고, 87후55 판결

[재심청구기간의 기산일]

심결이 대리인에게 송달되었을 때에는 그 대리인은 특별한 사정이 없는 한 그 송달을 받을 당시에 그 심결을 판단유탈이 있는 여부를 알았다고 할 것이고, 그 대리인이 판단유탈 유무를 안 경우에는 특별한 사정이 없는 한 당사자도 그 판단유탈의 유무를 알았던 것이라고 보아야 할 것이므로 확정심결에 대하여 판단유탈이 있음을 이유로 한 재심청구의 제기기간은 대리인이 판결의 송달을 받은 때에 안 것으로 계산하여야 한다.[2]

2) [재심청구기간]

○ 심결에 판단유탈이 있는 이유는 당사자가 그 심결이 대리인에게 송달된 때 알았다고 볼 것이다(대법원 1968. 11. 26. 선고, 67후37 판결).

○ 심결이 대리인에게 송달되었을 때에는 그 대리인은 특별한 사정이 없는 한 그 송달을 받을 당시에 그 심결에 판단유탈이 있는 여부를 알았다고 할 것이고, 그 대리인이 판단유탈 유무를 안 경우에는 특별한 사정이 없는 한 당사자도 그 판단유탈의 유무를 알았던 것이라고 보아야 할 것이

대법원 2001. 10. 12. 선고, 99후11197 판결

[재심청구기간]

특허법 제180조 제5항의 1에 규정된 '당해심결 이전에 행하여진 에 관하여 저촉되는 확정심결이 있는 경우를 말하는 것인바(대법원 1998. 3. 24. 선고, 97다32833 판결 참조), 이 사건 재심의 대상심결은 그 심결 전에 확정된 특허청 심판소 88당797호 심결과는 동일한 당사자간의 심결사건이 아니고, 그 내용도 동일하지 아니하여 확정심결과 저촉되는 때에 해당하지 아니하므로, 재심 제기의 기간 제한을 받지 아니한다고 볼 수는 없으니 같은 전제에서 이 사건 재심청구를 각하한 원심의 처리는 원고(재심원고)만이 상고한 이 사건에서 결과적으로 정당하다.

다(대법원 1982. 8. 24. 선고, 81사11 판결).

ㅇ판단유탈과 같은 재심사유는 심결 이유를 읽어봄으로써 쉽게 알 수 있는 것이므로 당사자는 특별한 사정이 없는 한 심결 정본의 송달에 의하여 이를 알은 것이라고 봄이 상당하다(대법원 1985. 10. 22. 선고, 84후68 판결).

ㅇ특허법 제180조 제1항에 의하면, 재심은 당사자가 심결확정 후 재심의 사유를 안 날로부터 30일 이내에 청구하여야 한다고 규정하고 있고, 같은 조 제3항에 의하면, 심결확정 후 3년을 경과한 때에는 재심을 청구할 수 없다고 규정하고 있는 바, 원고가 이 사건 재심대상 심결(90항당18)의 등본을 심결일인 1991. 7. 25.로부터 약 12주일 후에 송달받았음을 자인하고 있으므로 특별한 사정이 없는 한 원고는 이 당시에 이 사건 소에서 주장하는 재심사유인 재심대상 심결의 판단유탈을 알았다고 볼 것이고, 또 갑 제4, 8호증의 각 기재에 의하면, 이 사건 재심대상 심결에 대한 상고심 판결(91후1229)이 1992. 1. 21. 선고된 사실을 인정할 수 있어 그 때 재심대상 심결이 확정되었다 할 것이므로, 이 사건 재심의 소는 원고가 재심사유를 안 날 이후로서 위 상고심 판결 선고일로부터 30일의 재심제기기간이 훨씬 경과한 후인 1997. 7. 5. 제기되었음이 기록상 분명할 뿐더러 재심대상 심결확정 후 3년의 제척기간이 경과한 후에 제기되었으니 어느모로 보나 부적법하다 할 것이다(특허법원 1998. 6. 18. 선고, 98재허10 판결).

ㅇ구 상표법(1990. 1. 13. 법률 제4210호로 전문 개정되기 전의 것, 이하 같다) 제55조에 의하여 준용되는 구 특허법(1990. 1. 13. 법률 제4207호로 전문 개정되기 전의 것) 제137조 제1항은 심결확정 후 재심의 사유를 안 날로부터 30일 이내에 재심을 청구하여야 한다고 규정하고, 같은 조 제3항은 심결확정 후 3년을 경과한 때에는 재심을 청구할 수 없도록 규정하고 있다. 그런데 갑 제2호증 및 을 제1호증의 각 기재에 의하면 이건 재심대상 심결은 1993. 3. 3. 확정되고 원고는 늦어도 1997. 6. 11.경 원고가 주장하는 재심사유를 알고 있었던 사실을 인정할 수 있는 바, 심결확정후 3년이 경과한 1996. 3. 3. 이 건 재심청구기간이 도과하였다 할 것이므로(재심의 사유를 안 날로부터 30일이 경과한 날은 그 보다 뒤이다) 1997. 8. 18. 청구된 이건 재심청구는 부적법함이 명백하다. 그렇다면 재심사유의 존부에 관한 판단을 하기에 앞서 이건 재심청구가 재심청구기간을 도과하여 부적법하다는 이유로 각하하였어야 함에도 불구하고 이를 간과하고 재심사유의 존부에 관하여 판단하여 재심청구를 기각한 이 건 심결은 그 자체로 위법하다(특허법원 1998. 8. 20. 선고, 98허4036 판결).

제 4 절 재심의 관할

민사소송법 제453조 제1항은 “재심은 재심을 제기할 판결을 한 법원의 전속관할로 한다.”고 규정하여, 재심의 청구는 이를 재심사유가 발생한 심급에 맞추어 청구하여야 한다. 즉 재심은 재심을 제기할 심·판결을 한 심급의 전속관할이다(상§157②). 따라서 재심사유가 심판 또는 소송절차에서 발생한 경우에는 각각 특허심판원 또는 특허법원에 재심을 청구하여야 하며, 재심사유가 상고심에 있다면 대법원에 재심을 청구하여야 한다.

대법원
1982. 12. 14.
선고, 81후53 판결

[재심의 관할]

재심사유가 대법원 판결에 있다면 재심의 소는 대법원 판결을 재심대상 판결로 하여 민사소송법 제424조 제1항에 의하여 그 전속관할법원인 대법원에 제기하였어야 옳다. 그러함에도 불구하고 대법원 판결을 재심대상으로 하여 대법원에 소를 제기하지 아니하고 대법원 판결에 재심사유가 있음을 이유로 재심대상으로 삼을 수 없는 원심심결을 재심대상으로 하여 원심에 한 재심청구는 부적법하여 각하하여야 옳다.

상표법 제157조 제2항은 재심관할법원에 관한 민사소송법 제453조의 규정을 상표법에 적용하면 재심은 재심을 청구할 심결을 한 기관의 전속관할이므로 확정된 특허심판의 심결에 대한 재심청구는 특허심판원에 하여야 한다. 만약 관할을 잘못하여 청구된 재심사건에 대하여는 관할심급에 이송함이 타당하다 할 것이다.[3)]

---

3) [재심의 관할]

ㅇ특허법 제178조, 민사소송법 제453조 등에 의하면 당사자는 확정된 심결에 대하여 재심을 청구할 수 있고 재심은 재심을 제기할 심결을 한 심판소의 전속관할에 속하므로, 재심 대상인 항고심 심결의 관할 심판소인 특허청 항고심판소에 제기하여야 할 재심의 소를 대법원에 잘못 기재한 경우, 특허법 제8장 재심에 관한 규정에는 민사소송법 제34조가 준용되어 있지 않을 뿐 아니라, 특허법상의 심판제도는 대법원의 최종심을 전제로 행정관청이 그 전심으로서 특허상의 쟁송을 심리 결정하는 제도로서 특허청 심판소는 외연상은 특허사건에 관한 특별법원에 해당하는 것처럼 보이지만 그 기관의 조직 및 심판의 성질상 어디까지나 행정부에 속하는 행정기관이라 할 것이므로 법

제5절 재심의 심리

재심청구가 있을 때에는 그 재심청구서가 형식적인 기재요건 등 법령이 정한 방식에 적합하고 소정의 수수료를 납부하였는지 여부를 심사하고, 재심청구의 요건을 구비하였는지를 심리한 후, 본안심리에 들어간다. 물론 경우에 따라서는 본안심리에 들어가지 않고 결정 또는 심결로 각하한다. 그리고 재심은 그 대상인 심판의 종류와 심급절차에 준하여 심리한다.

재심의 청구는 확정심결에 대해 그 취소와 함께 그 확정심결을 대신할 만한 심결을 구하는 복합적인 성격의 것이다. 즉 무효의 심결에 대한 재심에 있어서는 무효의 심판과 같은 심리를 하고 거절심결에 대한 재심에 있어서는 거절결정 불복심판과 같은 심리를 해야 한다. 그러므로 이에 관한 심판절차도 각 해당 심판의 절차에 관한 규정을 준용한다(상§161).

재심의 심리는 재심청구이유의 범위 내에서 하여야 한다(상§157②, 민소§459①). 따라서 심판관은 당사자가 주장한 사항에 대해서만 심리하여야 하며, 그 외 청구인이 주장하지 아니한 재심사유에 대해서는 이를 심리할 수가 없는 등 직권심리가 배제된다. 그러나 재심은 전심판에 이어서 심판을 계속하는 것이므로 당사자는 재심청구이유의 범위 내에서는 종전의 주장에 이어 새로운 공격방법의 제출이나 새로운 증거의 제출이 가능하며, 심판관도 적극적으로 자료를 수집할 수 있다.4)

민사소송절차에서는 재심의 이유를 변경할 수 있다고 규정(민소§459②)하고 있고 판례도 재심의 이유는 추가변경할 수 있다고 판시하고 있다.

원간의 이송을 전제로 한 민사소송법상의 이송규정을 유추 적용할 수도 없어 결국 그 재심의 소는 부적법하여 각하를 면치 못한다(대법원 1994. 10. 21. 선고, 94재후57 판결).

ㅇ대법원 판결에 재심사유 있음을 이유로 재심 대상으로 삼을 수 없는 원심 심결을 재심대상으로 하여 원심에 한 이 사건 재심청구는 부적법하여 각하하였어야 할 것이다(대법원 1996. 10. 25. 선고, 96다30229 판결).

4) 대법원 2001. 6. 15. 선고, 2000두2952 판결.

제6절 재심에 의하여 회복한 상표권의 효력제한

아래의 1에 해당하는 경우에는 상표권의 효력은 당해 심결이 확정된 후 재심청구의 등록전에 선의로 당해 등록상표와 동일한 상표를 그 지정상품과 동일한 상품에 사용한 행위, 상표법 제108조 제1항 각호의 1 또는 동조 제2항 각호의 1에 해당하는 행위에는 미치지 아니한다(상§160).

① 상표등록 또는 상표권의 존속기간 갱신등록이 무효로 된 후 재심에 의하여 그 효력이 회복된 경우

② 상표등록이 취소된 후 재심에 의하여 그 효력이 회복된 경우

③ 상표권의 권리범위에 속하지 아니한다는 심결이 확정된 후 재심에 의하여 이와 상반되는 심결이 확정된 경우

제7절 심결(재심의 효과)

재심의 심결이 확정되면 형식적 확정력과 실체적 확정력이 발생하고 일사부재리(一事不再理)의 원칙이 적용되는 점은 일반심판에서 심결이 확정되는 경우와 같다. 다만 상표법은 재심의 특수한 효과로서 재심에 의하여 회복한 상표권의 효력이 제한되는 경우를 규정하고 있다. 즉 무효나 취소된 상표등록 또는 무효로 된 존속기간갱신등록에 관한 상표권이 재심에 의하여 회복되었을 경우에 당해 심결이 확정된 후 재심청구의 등록 전에 선의로 한 '침해로 보는 행위'(상§160 각호)에는 회복된 상표권의 효력이 미치지 않는다. 이것은 재심에 의하여 회복된 상표권의 효력이 제한되는 경우이다. 기타 상표에 관한 재심에서는 재심청구기간(상§159), 재심에 있어서 각 심급규정의 준용(상§162) 및 민사소송 제459조 제1항의 규정은 재심의 절차 및 재심의 청구에 관하여 준용한다(상§157②).

즉 심리한 결과 재심을 할 이유가 없을 때에는 재심청구를 기각하는 심결

을 한다. 재심청구가 이유가 있을 때에는 원심결을 취소하고 확정심결과 같은 결론을 유지할 수 있는지 여부를 심리하며, 확정심결을 유지할 수 없을 때에는 새로운 심결을 하여야 하고, 확정심결을 유지할 수 있을 때에는 원심결과 같은 내용의 심결을 한다. 즉 재심사유가 있다고 인정되는 이상 재심의 대상이 되는 원심결을 파기하고 다시 심결을 하여야 하며, 원심결의 결과가 정당하더라도 바로 재심청구를 기각하는 취지의 심결을 하여서는 안 된다.

c·h·a·p·t·e·r

05 소 송

제1절 서 설

1. 상표소송의 의의 및 성질

상표소송이란 상표권과 그 외의 상표에 관한 소송사건 전부를 말한다. 이러한 상표소송은 행정소송과 민사소송, 그리고 형사소송을 합하여 말하나, 협의로는 상표법 제8장(상§157~§166)에서 규정한 심결취소소송을 의미한다. 즉 심결취소소송은 실정법상의 용어가 아니고 강학상으로도 정립된 개념은 아니나 일반적으로는 상표소송의 일종(협의의 상표소송)으로서 상표법 제162조의 '심결에 대한 소(訴)와 심판청구서나 재심청구서의 각하결정에 대한 소(訴)'를 의미하며, 또한 광의의 상표소송에는 심결취소소송을 비롯하여 민사소송으로서의 침해소송(침해금지청구소송, 침해에 의한 손해배상청구소송, 신용회복조치청구소송), 특허청이 한 행정상 처분에 관한 소송, 상표권의 귀속(상표권자의 특정, 상속, 양도 등의 승계)에 관한 소송 등을 들 수 있다.[1)]

상표법 제162조에서 특허심판원의 심결에 대한 소 및 심판청구서와 재심

1) 법원행정처, 특허소송실무(1998). 2, p.2.

청구서의 각하결정에 대한 소는 특허법원의 전속관할로 한다고 규정하고 있고, 또 상표법 제162조 제7항에서 특허법원의 판결에 대하여는 대법원에 상고할 수 있다고 규정하고 있어 특허심판원의 전속관할로 하고 있는 심판에 대한 2심 및 3심은 특허법원과 대법원이 이를 전담한다.[2)]

2. 상표소송의 성격

상표소송은 행정기관인 특허심판원이 행한 결정 또는 심결에 대한 불복소송이라는 관점에서 볼 때에는 행정소송으로 볼 수도 있다. 그러나 심판은 일정한 자격이 있는 심판관에 의하여 직무상 독립하여 심판하며 그 절차는 일반행정심판절차에 의하지 않고 민사소송절차가 준용되고 있으며 또한 특허심판원의 심결에 대한 불복을 행정법원이 아닌 특허법원이 전담토록 한 점 등으로 미루어볼 때 특허법원이 전담하는 심결에 대한 불복소송은 행정소송의 특수소송으로서의 상표소송이라고 할 수 있다.

한편 상표소송은 행정소송의 일종으로 보는 것이 통설이라 하겠으나, 그 구체적인 내용에 있어서는 견해가 나뉜다. 즉 상표소송 중 특허청장을 피고로 하는 결정계 사건을 행정소송법 제3조 제1호 소정의 항고소송이라 하겠으나, 당사자계 사건에 관하여는 항고소송으로 보는 견해[3)]와 당사자 소송으로 보는 견해가 나뉜다.[4)]

3. 상표소송과 민사소송 · 행정소송의 관계

(1) 상표소송사건과 민사소송 · 행정소송 사건의 구분

상표법상의 심결취소소송은 상표소송사건으로 특허법원이 관할하고 있다. 그리고 상표침해소송의 경우에는 민사소송사건으로 일반법원이 관할하였으나

---

2) 1998년 3월 1일 이전에는 항고심결까지 특허청 항고심판소에서 다루고 법률심만 대법원에서 다루어 왔다.

3) 小室直人, "審判節次と審決取消訴訟との関係", 石黑馬瀨還曆記念論文集, 工業所有權法の諸問題, p.300 이하.

4) 이상경, 지적재산권소송법, 육법사(1998), pp.47~48.

특허권, 실용신안권, 디자인권, 상표권 등에 관한 소가 증가함에 따라 침해소송에 대한 권리 보호의 실효성제고와 전문성 확보 및 신속한 분쟁해결의 필요성이 대두됨에 따라 법원조직법의 개정(2015. 12. 1, 일부개정, 법률 제13522호)을 통하여 상표권 등의 침해소송 1심 관할이 전국 5개 지방법원으로 집중되고, 그 항소심 관할도 특허법원으로 일원화되었다.[5] 그 외 서류불수리, 절차의 무효 등은 행정소송사건으로 행정법원이 관할하고 있다.

(2) 행정소송 · 민사소송 절차의 준용

상표에 관한 분쟁은 제일 먼저 상표법이 적용되고, 상표법에 규정이 없는 경우에는 행정소송적인 성질을 가진 행정소송법이 준용된다. 행정소송법에도 특별한 규정이 없는 경우에는 행정소송법 제8조에 따라 민사소송법이 준용될 것이다.[6]

상표법 → 행정소송법 → 민사소송법(행소법§8)

4. 상표소송의 종류

특허법원에서는 특허법 제186조 제1항, 실용신안법 제33조, 디자인보호법 제166조 제1항, 상표법 제85조의2 제1항이 정하는 사건과 다른 법률에 의하여 특허법원의 권한에 속하는 사건(예: 식물신품종보호법 제103조 제1항에서 그 소정의 사건을 특허법원의 전속관할로 규정하고 있다)의 제1심 재판을 담당한다.

이러한 사건들은 대체로 거절결정 또는 보정각하결정에 대한 취소청구, 특허 · 실용신안 · 디자인 · 상표의 무효청구 및 권리범위확인청구, 상표등록취소청구 등의 사건으로 상표(특허)권 등의 성립이나 그 효력을 다투는 것들이고,

5)

	상표 소송	침해 소송
1심	특허청 특허심판원	전국 5개 지방법원
2심	특허법원	
3심	대법원	

다만, 특허법원 관할집중 적용대상은 특허법 · 실용신안법 · 디자인보호법 · 상표법 · 품종보호법의 민사본안사건이며, 민사 가처분사건과 형사사건은 담당하지 않는다.

6) 법원행정처, 특허소송실무(1998. 2.), p.4; 이상경, 지적재산권소송법, 육법사(1998), p.51.

이에 반하여 일반적으로 상표(특허)침해소송이라고 불리는 특허, 실용신안, 디자인, 상표에 관한 권리침해금지청구소송, 손해배상청구소송, 신용회복조치청구소송 등의 민사소송은 특허법원의 관할에 속하지 아니하며, 일반법원에서 이를 심리·재판하고 있다.

5. 상표소송과 특허심판과의 관계

(1) 심결전치주의

상표법 제162조 제5항에서는 '심판을 청구할 수 있는 사항에 관한 소는 심결에 대한 것이 아니면 이를 제기할 수 없다'고 규정하고 있다. 즉 상표(특허)소송이 고등법원·대법원의 2심제적인 심급구조를 가지는 것과 관련하여 심판을 청구할 수 있는 사항에 관한 소는 반드시 심판절차를 경유하도록 하고 있다. 이는 특허심판원에서의 심판이 고도의 전문적 기술지식을 가진 특허전문가에 의하여 준사법적 절차에 따라 이루어지기 때문에 1심으로서의 역할을 사실상 부여하는 것이다. 따라서 심판을 거치지 아니하고 곧바로 특허법원에 소를 제기하는 경우에는 이 규정을 위반하는 것이 되어 각하된다.

(2) 진행의 조정

상표법은 필요가 있을 때에 심판절차를 중지할 수 있는 규정과 소송절차를 중지할 수 있는 규정을 두고 있다(상§139; 상§151). 이유는 관련사건이 병존하는 경우 모순을 방지하기 위함이다. 이는 각종 심판절차와 소송절차는 상호 연관되는 경우가 많으므로 이들 절차의 합리적인 해결과 조정을 위하여 그 중 하나의 절차를 중지할 있도록 하기 위하여 상표법 제151조(소송과의 관계)에 규정한 것이다.[7]

상표에 관한 절차를 중지할 것인지 여부는 담당심판관 또는 법관의 재량에 의하여 결정된다.

---

7) 심사에 있어도 동일한 취지의 규정을 두고 있다(특§78).

(3) 심판 및 소송기록의 송부

심판절차와 특허법원 소송절차 사이에는 그 절차의 연속성을 인정할 수 없으므로 심결원본 및 기타 일건 기록서류는 특허법원에 소가 제기된다 하더라도 특허심판원에서 특허법원으로 당연히 송부되는 것이 아니고 특허법원으로서는 심리의 편의상 필요하다고 인정할 경우 특허청장 또는 특허심판원장에게 심사·심판·등록서류 등본의 송부를 촉탁하거나 당사자에게 그 등본을 제출하게 할 수 있을 것이다.

제2절 특허법원

1994년 7월 14일 임시국회에서 법원조직법을 개정하여 특허청 항고심판소를 폐지하고, 1998년 3월 1일부터 고등법원급의 특허법원을 설치하였다. 이로써 구법에서의 당사자계 심판은 특허청 심판소→항고심판소→대법원이고, 결정계 심판은 특허청 항고심판소→대법원이었으나, 1998년 개정에서는 당사자계, 결정계 구별 없이 특허심판원→특허법원→대법원으로 체계가 바뀌었다.

특허법원은 특허심판원의 심결에 불복하여 소를 제기하는 경우에 이에 대한 재판을 담당(이 외에도 식물신품종보호법에 따라 농림수산부 품종보호심판위원회의 심결에 대한 불복소송을 담당함)하고, 2016년의 법원조직법의 개정으로 침해소송의 2심도 특허법원이 담당한다. 대법원에서 파기환송되는 사건을 담당한다. 또한 특허법원은 특허법원장(고등법원장급), 부장판사, 배석판사로 구성된 5개의 합의부와 기술심리관사무국으로 구성되고, 이곳의 심판은 4인(상표의 경우 3인)의 합의부를 거치게 하였고, 사실심과 법률심을 다루며 심결취소소송만을 관할하는 성격을 가진다.

이러한 특허법원은 일반 법원과 달리 전국을 관할하고 있다(민소§24, §36). 특허법원은 i) 특허법 제186조 제1항, 실용신안법 제33조, 디자인보호법 제166조 제1항, 상표법 제85조의2 제1항이 정하는 제1심 사건과 ii) 다른 법률에 의하여 특허법원의 권한에 속하는 사건을 담당한다.

제 3 절　상표소송절차도

상표소송절차의 흐름은 아래 그림과 같다.

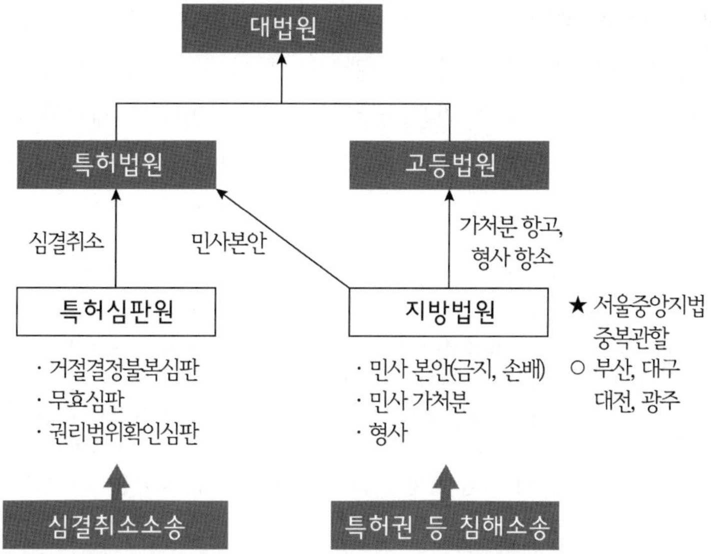

출처: 특허법원 홈페이지.

제 4 절　심결취소소송

1. 의　　의

심결취소소송이란 특허심판원의 심판의 심결 또는 각하결정을 받은 자가 불복이 있을 때에는 그 심결이나 결정이 법령에 위반된 것을 이유로 하는 경우에 한하여 심결 또는 결정 등본을 받은 날로부터 30일 이내에 특허법원에 그 취소를 요구하는 것을 말한다(상표법§162③).

상표사건은 전문적이고 특수하기 때문에 당사자간의 분쟁이 있거나 거절결정에 불복이 있을 때에는 먼저 행정기관인 특허청 심판소에서 사실심을 판단하고, 그 심결에 불복이 있으면 다시 특허청 항고심판소에서 2심을 받을 수 있었다. 그러나 1998년 3월 1일부터는 1심에 해당하는 사실에 관한 판단을 특허청 특허심판원에서 판단하고, 그 심결(판단)에 불복이 있으면 특허법원에 소를 다시 제기하여 판단을 구할 수 있다.[8)]

상표법 제162조 제1항은 심결에 대한 소와 심판청구서나 재심청구서의 각하결정에 대한 소는 특허법원의 전속관할로 한다. 특허법원에 소를 제기하려면 심결 또는 결정의 등본을 받은 날로부터 30일 이내에 제기하여야 하며 2심격인 특허법원의 판결에 불복이 있으면 대법원에 상고할 수 있도록 하고 있다(상§162⑦).

특허법원 2000. 11. 3. 선고, 2000허2620 판결	**[소송의 대상]** 거절결정에 대하여 불복하는 경우에는 특허심판원에 거절결정에 대한 심판을 청구한 후 그 심결에 대하여 특허법원에 그 취소를 구하는 소를 제기할 수 있을 뿐, 특허법원에 직접 출원발명의 특허를 구하는 소를 제기할 수 없다 할 것이므로, 이 사건 소 중 이 사건 출원발명의 특허를 구하는 부분은 부적법하여 각하를 면할 수 없다 할 것이다.

2. 심결취소소송의 성질

특허법원이 행하는 심결취소소송은 사법기관이 처음으로 행하는 재판으로서 소송적 측면에서는 시심(始審)으로서 제1심에 해당된다고 할 수 있다. 그러나 상표소송은 준사법적 행정기관인 심판의 심결을 전제로 하여 그에 대한 취소·변경을 구하는 불복신청을 다룬다는 점에서 실질적으로는 항소심이라 할 수 있다.[9)]

8) 이상경, 지적재산권소송법, 육법사(1998), pp.49~50에 의하면 "특허심판원의 심판에서의 심결과 특허법원의 소송과는 심급적 연결이 단절되고 있는 것이고, 오직 특허법원과 대법원의 심급적 연결이 되어 있을 뿐이고 일반 민사·행정소송사건이 3심제를 취하는 것과는 달리 2심제를 취하고 있다."라고 하여 심결취소소송은 사실심으로서 1심에 한정된 소송이라고 보고 있다.

특허법원이 행하는 심결취소소송은 소송으로서는 제1심이라 할 수 있으나, 당사자는 원심결의 최소 변경을 구하면서 법령위반은 물론 실체 판단의 잘못을 주장할 수 있고, 또 심결취소소송의 심리에서 구술심리주의, 변론주의가 적용되며 특허법원은 필요한 경우 사실관계의 확정을 위하여 직권심리할 수 있는 것으로 해석되고 있는 점 등으로 미루어 볼 때 소송은 사실심이라 할 수 있다. 따라서 특허법원은 제출된 소송자료를 기초로 하여 원심결의 당부를 검토할 수 있다.

법원은 상표소송을 복심제로 운용하고 있다. 따라서 당사자는 소송을 위한 모든 소송자료를 새로이 제출하여야 하며 또한 특허법원은 특허심판원에서의 심판자료와는 관계없이 독자적으로 소송자료를 수집하여 이를 기초로 하여 재판을 할 수 있다. 따라서 당사자는 원심결의 당부를 심판함에 필요한 범위 내에서 소송에서 새로운 공격 또는 방어의 방법을 주장할 수도 있고, 원심에서 주장한 공격 또는 방어의 방법에 대한 진술을 재차 할 수도 있다.

이러한 심결취소소송의 성질을 심판절차의 성질에 의하여 분류하는 학설은 준사법적 절차설과 비준사법적 절차설로 나누며, 소송심리의 범위로 분류하는 학설과 그 외에 행정처분취소설, 사후심설(事後審說), 속심설(續審說) 등이 있다.[10]

3. 심결취소소송의 심리[11]

심결취소소송의 본안심리에 있어서 특허심판원이 행한 심결 처분의 위법성 여부에 대한 판단기준시점을 어느 때로 할 것인지가 문제된다. 항고소송에 있어서 소송의 대상인 처분의 위법성을 어느 시점의 법규와 사실 상태를 기준으로 할 것인지에 관하여 종래 처분시설과 변론종결시설이 있으나 통설과 판례[12]는 처분시說을 취하고 있다.[13]

---

9) 이상경, 지적재산권소송법, 육법사(1998), p.50.

10) 村林隆一, 審決取消訴訟實務, 經濟産業調査會(2001), pp.94~100.

11) 김원준, 특허법, 박영사(2003), pp.1208~1209.

12) 대법원 1987. 8. 18. 선고, 87누235 판결; 同 1996. 12. 20. 선고, 96누9799 판결; 同 2002. 10. 25. 선고, 2002두4464 판결 등.

13) 특허법원 지적재산소송실무연구회, 지적재산소송실무, 박영사(2006), pp.32~33.

(1) 심리의 원칙

소장이 접수되면 재판부는 변론기일 이전에 준비절차를 거쳐 쟁점을 정리함으로써 집중심리[14]를 통한 재판의 효율화를 도모한다. 또한 준비절차의 활성화를 기하며, 심리는 변론주의 및 공개심리를 원칙으로 하되 공익적 측면에서 직권탐지주의가 적용된다.[15]

(2) 심리의 대상

소송에서의 심리는 심결의 실체상의 적법성, 절차상의 적법성, 판단유탈의 유무가 그 대상이 된다.

1) 실체상의 적법성

소송의 핵심인 ① 상표의 구성요건파악, ② 상품의 구성요건, ③ 상표로서 사용, 현저성 판단 등 심결의 실체적 판단이 적법한지의 여부를 심리의 대상으로 한다.

2) 절차상의 적법성

절차상의 하자가 심결 또는 심사의 결과에 영향을 미쳤는지의 여부를 판단한다. 예를 들어 거절이유 통지시 출원인에게 충분한 의견서 제출기회를 주지 않고 특허거절결정한 경우는 절차상의 하자에 해당한다.

3) 판단유탈의 유무

판단유탈이라 함은 심결의 결론에 영향을 주는 중요한 쟁점 또는 증거물에 대하여 판단을 미진하였거나 중요한 당사자의 주장 및 반박에 대하여 판단을 하지 아니한 경우를 말한다. 판단유탈은 심결의 취소사유가 된다.

(3) 심리범위

특허법원의 심리범위를 어느 한도로 인정할 것인지는 중요한 사항이나 법에 명시된 바도 없으며 학설도 대립되고 있다.[16][17]

14) 집중심리란 심판사건에 대해 당사자로부터 주장 및 증거를 한꺼번에 적시에 제출받아 집중하여 심리함으로써 사건을 조속히 종결하기 위한 제도이다.

15) 대법원 1992. 3. 10. 선고, 91누6030 판결은 직권심리에 관한 행정소송법 제26조의 법의(法意)와 법원의 석명권의 한계에 관한 판례로서 직권탐지주의의 한계를 판시하고 있다.

16) 법원행정처, 특허소송실무(1998), p.210 참고.

17) 우리나라 소송실무에서는 정당하고 신속하게 재판을 받을 권리를 보장하고, 재판 과정에서

1) 무제한설

특허법원은 소송상의 제1심이고 시심(始審)이므로 어떠한 주장과 입증도 제한하지 않아야 한다는 설이다.

2) 제한설

특허법원은 실질적으로 특허심판의 심결에 대한 항소심적인 불복절차에 해당하므로 특허심판에서 심리판단하지 아니한 새로운 주장 및 증거제출을 무제한적으로 허용할 수 없다는 견해이다.

대법원 2003. 2. 11. 선고, 2002후2303 판결

[심결취소소송의 심리범위]

심결취소소송에 있어서 심리판단의 대상이 되는 것은 심결의 위법성 일반으로서 실체상의 판단의 위법과 심판절차상의 위법이 이에 포함될 것인바, 출원발명의 특허청구범위 제1항 발명이 당업자가 인용발명으로부터 용이하게 발명할 수 있어 진보성이 없다는 거절결정이 정당하다고 하여 심판 청구를 기각하고, 이에 대하여 출원발명자는 출원발명이 진보성이 있어 심결이 위법하다는 이유로 심결취소소송을 제기한 경우, 그 심결취소소송에서는 출원발명이 진보성이 없다고 한 심결의 위법 여부만을 심리판단할 수 있을 뿐이고, 비록 출원발명의 명세서 기재가 특허법상 기재요건에 위배되는 것으로 인정된다 하더라도 진보성 판단에 앞서 명세서 기재요건에 대한 거절이유를 통지하지 않았다는 이유로 심결을 위법하다고 판단할 수는 없다(원심판결: 특허법원 2002. 9. 13. 선고, 2001허997 판결).

대법원 2003. 2. 26. 선고, 2001후1617 판결

[심결취소소송의 심리범위]

거절결정불복심판청구를 기각하는 심결의 취소소송단계에서 특허청은 심결에서 판단되지 않은 것이라고 하더라도 거절결정의 이유와 다른 새로운 거절이유에 해당하지 않는 한 심결의 결론을 정당하게 하는 사유를 주장·입증할 수 있고, 심결취소소송의 법원은 달리 볼 만한 특별한 사정이 없는 한, 제한 없이 이를 심리판단하여 판결의 기초로 삼을 수 있다(원심판결: 특허법원 2001. 4. 20. 선고, 2000허5056 판결).

기술심리관이 관여할 수 있다는 점을 들어 무제한설의 입장을 취하고 있다. 다만, 결정계 심판에 있어서 피고인 행정청(특허청장)은 새로운 주장이나 증거의 제출은 허용되지 않는다고 한다(김연환, "상표불사용 취소심판제도 개성방안에 관한 소고", 지식재산21, 2002. 3., 특허청, pp.102~103 참고).

대법원 2001. 7. 27. 선고, 2001후8120 판결

[적법성 심리]

기록에 의하면, 이 사건 특허발명(등록번호 제155195호, 원심판결에는 제49770호라고 표시하였으나, 오기임이 명백하다)의 등록무효를 구하는 이 사건 심판(99당1551)의 청구는 그 심결의 취소를 구하는 이 사건 소송이 이 법원에 계속 중인 2001. 5. 19. 취하되었음이 분명하다. 그렇다면 이 사건 소는 그 취소를 구할 대상이 존재하지 않게 되어 부적법하게 되었으므로, 원심판결은 이 점에서 그대로 유지될 수 없어 이를 파기하고, 이 법원이 직접 심판하기로 하여 이 사건 소를 각하한다.

대법원 2002. 6. 25. 선고, 2000후1290 판결

[심결취소소송의 심리범위]]

심판은 특허심판원에서의 행정절차이며 심결은 행정처분에 해당하고, 그에 대한 불복의 소송인 심결취소소송은 항고소송에 해당하여 그 소송물은 심결의 실체적, 절차적 위법성 여부라 할 것이므로 당사자는 심결에서 판단되지 않은 처분의 위법사유도 심결취소소송단계에서 주장·입증할 수 있고 심결취소소송의 법원은 특별한 사정이 없는 한 제한 없이 이를 심리·판단하여 판결의 기초로 삼을 수 있는 것이며 이와 같이 본다고 하여 심급의 이익을 해한다거나 당사자에게 예측하지 못한 불의의 손해를 입히는 것이 아니다.

4. 심결취소사유와 입증책임

상표출원인이 상표권 설정등록을 받은 후 상표법에 의해 보호를 받고자 하면, 상표법이 정한 일정한 출원절차와 심사절차를 거쳐 등록을 받게 된다. 그러나 심사에서 거절결정을 받는다든가 등록결정에 의해 등록받은 권리에 대해 제3자가 무효를 주장하는 경우에는 특허심판원에 심판을 청구하여 권리의 유·무효를 다툴 수 있다.

특허심판원은 심판청구서를 결정 또는 심결로 각하하거나 일정한 절차에 따라 심리 후 심판을 종결하는 결정인 심결을 하는데, 그 심결 또는 결정에 대하여 불복하는 자는 특허법원에 그 심결 등의 취소를 구하는 소송을 제기할 수 있다.

특허법원은 심리 후 심결 등에 실체적(실질적) 또는 절차적인 하자가 있는 경우 일정한 경우에는 이를 취소하게 되는데, 그 중 절차적인 하자가 문제되는 경우를 보면, ① 적법요건을 갖추지 못한 출원에 대하여 권리 등을 부여하였거나, 심사절차상의 하자가 치유할 수 없는 것이거나 치유할 수 있는 것이라 하더라도 심판절차에서 시정되지 않음에도, 그에 대한 판단을 그르쳤거나 간과하고 심결을 한 경우, ② 심판청구의 당사자나 청구기간, 청구의 이익 등 심판청구의 적법요건에 관한 판단을 그르쳤거나 간과하고 심결을 한 경우, ③ 심판청구는 적법하나 심결에 이르게 된 심리절차에 하자가 있는 경우뿐 아니라 ④ 심결 자체에 형식적 하자가 있는 경우 등이 있다.[18] 그런데 위 유형 중 출원의 적법요건 불비로 인한 심결의 취소사유는 그 요건에 관한 설명으로 충분하므로 여기서는 절차적 심결취소사유와 실질적 심결취소사유로 나누어 간단히 살펴보기로 한다.

대법원 2002. 4. 12. 선고, 99후2211 판결

[소의 이익]

원심은 (가)호 발명이 이 사건 소의 계속 중인 1998. 11. 19. 특허등록되었으므로 결과적으로 피고가 청구한 이 사건 권리범위확인심판의 청구는 후등록 특허권자를 상대로 한 적극적 권리범위확인심판이 되어 부적법하게 되었고, 따라서 이 사건 심판의 청구를 각하하지 아니하고 실체 판단에 나아가 심판의 청구를 인용한 이 사건 심결은 위법하다고 판단하였다. 그러나 특허심판의 심결의 취소소송에서 심결의 위법 여부는 심결 당시의 법령과 사실상태를 기준으로 판단하여야 하고, 원칙적으로 심결이 있은 이후 비로소 발생한 사실을 고려하여 판단의 근거로 삼을 수 없다 할 것이며(대법원 1995. 11. 10. 선고, 95누8461 판결 등 참조), 이 사건의 경우 심결시 이후에 발생한 (가)호 발명의 특허등록사실을 고려하여 심결의 위법 여부를 판단하여야 할 아무런 사정이 없다. 그럼에도 불구하고 원심이 이 사건 심결시 이후에 발생한 (가)호 발명의 특허등록사실을 고려하여 이 사건 권리범위확인심판의 청구가 결과적으로 부적법하게 되었다는 이유로 이 사건 심결을 취소한 것은 심결취소소송의 위법성 판단의 기준시에 관한 법리를 오해하여 결론에 영향을 미친 위법이 있고, 이에 관한 상고는 이유가 있다.

18) 법원행정처, 특허소송실무(1998. 2.), pp.246~247.

(1) 절차적 심결취소 사유

1) 심판청구서의 방식에 관한 하자

심판청구서에는 상표법 제125조(상표등록 무효심판 등에 대한 심판청구방식), 제126조(보정각하 결정 등에 대한 심판청구방식)에 의거하여 당사자 및 대리인의 성명과 주소, 심판사건의 표시, 청구의 취지 및 이유를 기재하여야 한다. 그 외에도 심판의 종류에 따라 약간의 차이가 있다. 예를 들면 권리범위확인심판을 청구할 때에는 등록상표와 대비될 수 있는 상표견본 및 사용상품목록을 첨부하여야 한다(상§125③).

2) 심판청구의 적법요건에 관한 하자

심판청구서에 관한 방식심사를 마친 후에는 청구의 적법요건에 관하여 심리하게 되는데, 심판청구를 한 자가 청구인적격이 없다거나 그 상대방이 피청구인적격이 없는 경우, 심판청구의 기간이 도과된 경우, 심판청구의 이익이 없는 경우, 심판청구가 일사부재리의 효력에 반하는 경우 등 그 흠결을 보정할 수 없는 때에는 피청구인에게 답변서 제출의 기회를 주지 아니하고 심결로서 이를 각하할 수 있다(상§128).

3) 심판 절차상의 하자

심판 절차에서 절차상의 하자가 있는 심결은 심결취소사유가 될 수 있으나, 그것이 심결의 결과에 영향을 미치지 아니한 경우에는 그와 같은 하자를 이유로 심결을 취소할 수는 없다고 할 것이다.[19] 즉 심결의 결론에 중대한 영향을 미친 경우에는 심결취소사유가 될 것이다.

4)심결자체의 하자

① 심결서의 형식적 하자 상표법 제149조는 심결에는 1. 심판의 번호, 2. 당사자와 참가인의 성명 및 주소(법인인 경우에는 그 명칭 및 영업소의 소재지), 3. 당사자와 참가인의 대리인이 있는 경우에는 그 대리인의 성명 및 주소나 영업소의 소재지(대리인이 특허법인인 경우에는 그 명칭, 사무소의 소재지 및 지정된 변리사의 성명), 4. 심판사건의 표시, 5. 심결의 주문(제138조의 심판에 있어서는 통상실시권의 범위·기간 및 대가를 포함한다), 6. 심결의 이유(청구의 취지 및 그 이유의 요지를 포함한다), 7. 심결연월일을 기재한 서면으로 하여야 하며 심

19) 법원행정처, 특허소송실무(1998. 2.), pp.260~270.

결한 심판관은 이에 기명날인하도록 하고 있다. 예를 들면 주문이 특정이 안 된 경우 등이 있다.

심결에 이유를 기재하는 취지는 심판관으로 하여금 신중하고 합리성이 있는 심판을 하도록 하고, 심결의 적부에 관한 법원의 심사대상을 명확히 하는 것이므로, 심결서의 이유는 그에 부합하도록 기재되어야 한다.[20]

② **판단유탈**　　심결에 영향을 미치는 중요한 공격·방어 방법에 대한 판단을 유탈하는 경우에는 심결의 취소사유가 될 뿐 아니라 그 심결이 확정되어도 재심(再審)사유가 된다(특§178②).

(2) 실질적 심결취소 사유

심결취소소송에서의 사실심리의 대상은 상표의 구성요건 그리고 상표등록요건의 충족여부, 선후원과의 관계 등과 본안판단에 관한 심결의 실체상 하자 및 심리미진, 채증법칙위반, 판단유탈 등이 실질적 심결취소의 사유가 된다.

(3) 입증책임의 문제

대법원 1984. 7. 24. 선고, 84누124 판결

민사소송법의 규정이 준용되는 행정소송에 있어서 입증책임은 원칙적으로 민사소송의 일반원칙에 따라 당사자간에 분배되고 항고소송의 경우에는 그 특성에 따라 당해 처분의 적법을 주장하는 피고에게 그 적법사유에 대한 입증책임이 있다 할 것인바 피고가 주장하는 당해 처분의 적법성이 합리적으로 수긍할 수 있는 일응의 입증이 있는 경우에는 그 처분은 정당하다 할 것이며 이와 상반되는 주장과 입증은 그 상대방인 원고에게 그 책임이 돌아간다고 할 것이다.

거절결정 심결취소소송 또는 무효심판 기각심결의 취소소송과 주장·입증책임은 무효심판 청구인, 상표권자이며, 거절이유통지 등을 결여한 때에는 통지가 있었음을 주장하는 측이 된다. 그리고 판단유탈 등 심결 자체에 나타나 있지 않은 위법에서는 원고가 주장책임, 피고가 입증책임이 있다고 본다.[21]

20) 법원행정처, 특허소송실무(1998. 2.), p.270.
21) 특허법원 지적재산소송실무연구회, 지적재산소송실무, 박영사(2006), pp.427~446 참조.

5. 상표소송의 준비절차

(1) 준비절차를 통한 집중심리

상표사건은 준비절차에 회부할 수 있으나, 이들 사건은 특허 및 실용신안사건에 비하여 상대적으로 그 내용이나 쟁점이 간단한 경우가 많으므로, 대개는 준비절차를 거치지 아니하고 바로 변론기일을 지정하고 있다.

준비절차에서는 당사자로 하여금 필요한 주장을 하게하고, 관련된 증거를 제출하게 하며, 때로는 직접 실물, 모형 또는 영상을 사용하여 기술내용을 상세히 설명하도록 함으로써 쟁점과 증거를 정리한다. 이 절차에서 기술내용에 관한 폭넓고 심도 있는 심리를 할 수 있게 된다.

준비절차를 종료하면 바로 변론기일을 지정하며, 이 변론기일에는 당사자로 하여금 준비절차의 결과를 정리하여 진술하게 하고, 또한 준비절차에서 할 수 없었던 주장이나 서증 제출, 증인신문 등 증거조사를 실시한 다음 신속히 변론을 종결한다.

(2) 직권심리주의

특허법원 소송절차에 있어서도 민사소송의 경우와 마찬가지로 공개심리주의, 구술심리주의와 변론주의가 적용된다. 다만, 상표소송은 행정소송의 일종이므로 재판부가 당사자의 입증이 불충분하여 심증을 얻기 어려운 경우 등 필요하다고 인정할 때에는 당사자의 증거신청이 없어도 직권으로 증거조사를 할 수 있다.

6. 소제기의 기간 및 통지

행정소송법에서는 민사소송의 경우와는 달리 제소기간을 제한하고 있는데, 그것은 행정법관계는 공익과 밀접하게 관련되어 있으므로 오랫동안 불확정상태에 둘 수 없고, 행정작용과 그로 인한 권리관계를 조속히 안정시킬 필요가 있기 때문이다.

행정소송법 제20조는 "취소소송은 처분 등이 있음을 안 날로부터 90일 이내에 제기하여야 한다."고 규정하고 있으나 상당수의 행정 관련법에서는 행정처분의 효과를 신속히 확정시키기 위하여 제소기간을 특별히 단축하여 규정하고 있다. 이 상표법 제162조 제3항의 규정도 그와 같은 취지하에서 특허법원에 소[22]를 제기하려는 자는 심결 또는 결정의 등본을 송달 받은 날부터 30일 이내에 소를 제기하도록 규정한 것이다(상§162③). 소를 제기하는 경우 특허심판원에 제출하지 않은 증거는 특허법원에서는 증거가 되지 아니하므로 처음부터 모든 증거를 제출하여야 한다. 한편 소의 제기가 있을 때 또 그 상고가 있을 때에는 법원은 지체없이 그 취지를 특허심판원장에게 통지하여야 하고(상§164①), 이러한 소송절차가 완결된 때에는 지체없이 그 사건에 각 심급의 재판서 정본을 특허심판원장에게 송부하여야 한다(상§164②).

특허법원 2000. 12. 19. 선고, 2000허7618 판결

[제소기간]

원고가 이 사건 소에서 취소를 구하는 특허심판원 2000당902호 사건의 심결등본을 2000. 10. 9.에 송달받고 그로부터 제소기간 30일이 도과된 이후인 같은 해 11. 9.에 이르러 이 사건 소를 제기한 사실은 기록상 명백하므로(제소기간은 심결등본 송달일의 다음날인 2000. 10. 10.부터 기산하여 30일이 되는 같은 해 11. 8.까지이다), 이 사건 소는 그 제소기간이 도과된 이후에 제기된 것으로서 부적법하다고 할 것이다. 따라서 민사소송법 제205조 제1항의 규정에 의하여 변론 없이 이 사건 소를 각하하기로 하여 주문과 같이 판결한다.

7. 당사자적격

상표법 제162조 제2항은 원고적격에 관한 규정이다.[23] 즉 소송절차에 있

22) 소(訴)라 함은 법원에 대하여 판결의 형식으로 권리보호를 해달라는 당사자의 신청이다. 즉, 원고가 피고를 상대방으로 하여 법원에 대하여 특정의 청구의 당부에 관한 심판을 요구하는 소송행위이다. 소의 종류에는 이행의 소, 확인의 소, 형성의 소의 세 가지가 있고, 특허소송은 심결을 취소하는 것이어서 그 중 형성의 소, 즉 형성요건의 존재를 확정하는 동시에 새로운 법률관계를 발생케 하고, 기존의 법률관계를 변동·소멸케 하는 판결을 목적으로 하는 소송으로 보아야 한다고 생각된다(정대훈, "특허소송의 諸問題", 변리사 민사소송실무연수자료(1996), p.20).

23) 행정소송법 제12조에서는 원고적격이 있는 자로 처분 등의 취소를 구할 법률적 이익이 있

어서도 민사소송에서와 같이 민법 기타 법률에서와 같이 권리능력을 가진 자가 당사자능력을 가진다.

(1) 원고적격

행정소송에 있어서는 행정청의 위반처분으로 말미암아 권리를 침해받은 자, 당사자계 행정소송에 있어서는 권리보호의 이익 또는 법률상 이익이 있는 자는 누구나 이의를 제기할 수 있으나, 상표에 관한 심판에 대한 소송에 있어서는 그 심결을 받은 자 또는 심판청구서나 재심청구서의 각하결정을 받은 자, 참가인 또는 당해 심판이나 재심에 참가신청을 하였으나 그 신청이 거부된 자에 한하여 소를 제기할 수 있다.

상표권이 공유인 경우 공유상표권에 관한 상표소송은 공유자 전원에게 합일적으로 확정되어야 하는 고유필요적 공동소송이라고 보아야 하므로, 공유자 전원이 원고 또는 피고로 되어야 하며 제소시에 전원이 원고로 되어 있지 아니한 경우에는 변론 종결시까지 누락된 공유자를 보정하여야 한다.[24] 원심에서 공유자 중 1인이 한 심판청구가 각하심결된 경우 각하심결에 대한 상표소송에서 다른 공유자가 심결명의인과 공동심판 청구인의 지위를 갖는 자임을 주장하면서 공동소송을 제기한 경우 원고적격을 갖는가에 대하여 법원실무는 적법한 것으로 해석하고 있다. 또한 타인의 심판절차에 참가한 자도 참가인으

는 자로 규정하고 있으므로 행정처분에 의하여 권리를 침해당한 자라면 행정처분의 직접적 당사자가 아니더라도 소를 제기할 수 있다. 이는 일반 행정처분의 경우 법률상의 이해관계가 있는 자는 그 수가 극히 한정되기 때문에 그렇게 하여도 특별한 문제가 없기 때문이다.

그러나 특허권과 같이 대세적인 권리에 관계되는 특허소송에 있어서는 이해관계가 있는 제3자는 그 범위가 매우 넓으므로 이를 모두에 대하여 원고적격을 인정하는 것은 재판의 적체를 야기할 수 있다. 반면에 원고적격이 있는 자로 당사자만을 한정하여 심결에 의하여 권리를 침해당한 자에 대하여 그 구제를 거부하는 것은 "모든 국민은 헌법과 법률이 정한 법관에 의하여 법률에 의한 재판을 받을 권리를 가진다."고 한 헌법 제24조와 저촉될 소지가 있다. 따라서 제2항에서는 당사자 및 참가자 이외에도 심판 또는 재심에 참가를 신청하였으나 그 신청이 거부된 자에 대하여도 소를 제기할 수 있도록 한 것이다.

특허법 제156조 제5항에서는 참가신청의 결정에 관하여 불복할 수 없도록 규정하고 있으나 참가신청이 거부된 자가 심판의 결과에 대하여 불만이 있을 때에는 이 조의 규정에 의하여 소를 제기할 수 있도록 함으로써 이해관계가 있음을 인정받는 경우에는 본안에 대해서까지 다툴 수 있게 하여 결과적으로 참가신청의 거절에 대하여 불복할 수 있도록 하고 있다. 질권자·전용실시권자·통상실시권자 등은 참가신청을 하여 참가가 허락되었다면 참가인으로서 소를 제기할 수 있고, 참가가 허락되지 않았다면 제3자로서도 소를 제기할 수 있다.

24) 공동출원인 경우도 마찬가지다. 그러나 대법원 판결은 반대의 입장을 취하고 있다(대법원 2004. 12. 9. 선고, 2002후567 판결).

로서 원고적격을 갖는다. 나아가 상표법 제162조 제2항에서 심판에 참가신청을 하였으나 그 참가신청이 거부된 자도 독립하여 상표소송을 제기할 수 있는 원고적격을 가진다고 규정하고 있다.[25]

대법원
1993. 9. 28. 선고, 93다32095 판결

[공동소송인 일부의 탈루로 인한 당사자 적격의 흠결여부 판단]

고유필요적 공동소송에서 공동소송인으로 될 자를 일부 빠트림으로써 당사자적격에 흠결이 생긴 경우 추가할 수 있으나 유사필요적 공동소송 및 통상 공동소송에서는 공동소송인을 일부 빠트려도 당사자 적격의 흠결의 문제가 생기지 않으므로 입법 취지상 이 경우는 추가의 대상이 되지 않는다고 할 것이다.

특허법원
1999. 7. 15. 선고, 99허4705 판결

[원고적격]

특허법 제186조 제2항은 심결에 대한 소는 당사자, 참가인 또는 당해 심판이나 재심에 참가신청을 하였으나 그 신청이 거부된 자에 한하여 이를 제기할 수 있다고 규정하여 심결취소소송의 원고적격을 한정하고 있다. 그런데 앞에서 본 바와 같이 원고 공인수는 위 거결결정에 불복하는 이 건심판청구를 한 바 없어서 이 건 심결의 당사자가 아니었으므로, 이 건 심결의 취소를 구하는 이 사건 소를 제기할 원고적격이 인정되지 아니한다(원고 공인수가 이 건 심판에서 당사자로 되어야 할 자였음을 이유로 하여 위 제186조 제2항 소정의 "당사자"에 준하는 원고적격을 가진다고 해석할 수는 없다). 따라서 원고 공인수가 제기한 소는 원고적격이 없는 사람이 제기한 소로서 부적법하다.

(2) 피고적격

상표법 제163조는 심결 및 결정에 대한 소의 피고적격에 관한 규정이다. 소송에서 피고적격을 가지는 자는 원칙적으로 특허청장이지만, 상표등록 무효심판, 존속기간 갱신등록의 무효심판, 상표등록의 취소심판, 전용사용권 또는 통상사용권 등록의 취소심판, 권리범위 확인심판, 공동심판의 청구에 따른 심판 또는 그 재심의 심결에 대한 소는 그 심판 또는 재심의 청구인이나 피청구인이 피고적격을 가진다는 것을 규정하고 있다.

25) 입법상의 과오라고 본다(법원행정처, 특허소송실무(1998. 2.), p.38).

행정소송법 제13조에 의하면 취소소송은 처분 또는 재결을 한 행정청을 피고로 한다고 규정하고 있고, 소송에 있어서도 취소의 대상인 심결은 특허심판원의 심판관 합의체에 의하여 된 것이며, 심판관은 독립된 기관으로 해석되기 때문에 행정소송법의 일반 원칙에 따르면 소송의 피고는 심판관이 되어야 할 것이다. 그러나 결정계 심판의 심결취소를 구하는 소송 및 청구서의 각하결정의 취소를 구하는 소송에 있어서는 심결을 한 심판관 합의체를 피고로 하지 않고 특허청장에게 피고적격을 인정하고 있는바, 이는 행정청 내부의 사정을 고려할 때 특허청장을 피고로 하는 것이 편리할 뿐 아니라 각각의 소송에서 심판관 합의체를 피고로 표시하는 것이 너무 번잡하므로 소송을 적정하고 능률적으로 운영하기 위한 합목적적인 고려에서 특허청의 대표자인 특허청장을 피고로 하기로 한 것이다.

상표법 제163조의 단서규정에서는 무효심판 등과 그 재심의 심결에 대한 소의 제기는 그 청구인 또는 피청구인을 피고로 하여야 한다고 규정하고 있다. 이와 같이 심판의 청구인 또는 피청구인을 피고로 정한 이유는 이해에 상반하는 당사자 사이의 문제로서 다투게 하는 것이 현실에 부합하는 것이고, 또 입증활동의 적정하고 효율적인 운영을 기대할 수 있을 뿐 아니라 심결의 결과가 직접 관계당사자의 이해와 관계되어 있는 점 등을 고려한 입법정책에 따른 것이다.

따라서 소제기에 있어서는 특허청장을 피고로 하여야 한다. 다만 당사자계 심판에 있어서는 청구인 또는 피청구인을 피고로 하여야 한다(상§163). 이때 특허청장은 소송수행자(지정대리인)를 지정하여 그 자로 하여금 특허소송을 수행하게 할 수 있으며, 소송수행자는 그 소송에 관하여는 대리인의 선임외의 모든 재판상의 행위를 할 수 있다.26)

8. 소　장

상표소송에서는 특허심판원의 심결에 불복하는 자는 소장(訴狀)을 작성하

26) 법원행정처, 특허소송실무(1998. 2.), pp.24~50; 이상경, 지적재산권소송법, 육법사(1998), pp.53~70 참조.

여 특허법원에 제출하면 된다(민소§248, 상§162).

(1) 소장의 제출

소의 제기는 특허법원에 대하여 해야 하므로 소장의 제출도 특허법원에 제출하여야 한다. 특허심판원은 법원으로 볼 수 없으므로 특허심판원에 소장을 제출하는 것은 인정되지 않는다.

(2) 소장의 기재사항

소장의 필요적 기재사항은 당사자와 법정대리인, 그리고 청구의 취지와 원인을 기재하여야 하고(민소§249①), 그리고 소장에는 준비서면적 기재사항도 기재하여야 한다(민소§249②). 그 외에도 소장에 기재할 사항으로는 관행적으로 형성된 기재사항인 표제(標題) 및 입증방법의 기재 등의 것도 기재하여야 한다.[27]

(3) 소장심사

소장이 제출되면 재판장은 그 소장에 필요적 기재사항인 당사자, 법정대리인, 청구의 취지와 원인이 기재되어 있는지를 심사하고, 기재되어 있지 아니한 경우에는 상당한 기간을 정하여 그 기간 내에 흠결을 보정할 것을 명하고, 원고가 이를 보정하지 아니한 때에는 명령으로 소장을 각하한다. 소장에 인지를 붙이지 아니한 경우도 마찬가지다. 제소기간을 경과한 소에 대하여는 부적법한 소로서 변론없이 명령으로 소장을 각하하여야 한다(민소§254①②).

9. 소송대리인

소송대리인이란 소송당사자 또는 참가인의 이름으로 이러한 자의 대리인임을 표시하고 그들을 대신하여 자신의 의사에 기하여 소송행위를 하고, 또는 소송행위를 받는 자이다. 상표소송에서도 행정소송이나 민사소송의 경우와 마

---

27) 사법연수원, 변호사실무(민사)(1996), p.14; 법원행정처, 특허소송실무(1998. 2.), pp.102~111 참조.

찬가지로 당사자의 소송대리인이 인정될 것인데, 행정소송법에는 소송대리인에 관한 특별한 규정이 없으므로 상표소송의 소송대리인에 관하여는 원칙적으로 민사소송법상의 소송대리인에 관한 규정이 준용될 것이다.

소송대리인에는 법령에 의한 소송대리인과 소송위임에 의한 소송대리인이 있다. 후자는 특정한 소송사건의 처리를 위임받고 이로 인하여 대리권이 주어진 대리인이다. 현행법은 변호사강제주의를 채택하고 있지 않으므로 본인은 소송대리인을 선임하지 않고 스스로 법정에 나와서 소송수행을 할 수 있다. 그러나 본인이 소송수행을 위하여 임의로 소송대리인을 선임하려고 하는 경우에는 변호사 또는 변호사의 업무를 행하는 법인 이외의 자에게 위임할 수 없다. 다만 상표소송에서의 소송대리인에 관한 특칙으로 변리사법 제8조에 의하면 변리사는 산업재산권소송에서 위임에 의한 소송대리인으로 될 수 있다.

그리고 소송대리인의 대리권의 존재는 반드시 서면으로 증명하여야 할 것인데(민소§89①) 보통 소송위임장을 제출하여 증명할 것이다. 심판 등 심판단계의 절차에서 위임을 받은 경우에도 특허청에서의 절차와 특허법원에서의 절차는 전혀 별개의 절차이므로 당사자가 특허법원에 소를 제기하려면 다시 위임장을 작성하여 제출하여야 한다. 여기서 소송대리인에 대해 살펴본다.

(1) 변호사 및 변리사

소송대리에 관하여 상표법은 특별히 규정을 두고 있지 아니하므로 민사소송법의 일반원칙에 의한다. 민사소송법 제87조는 '법률에 따라 재판상 행위를 할 수 있는 대리인 외에는 변호사가 아니면 소송대리인이 될 수 없다'고 규정하여 변호사의 대리를 원칙으로 하고 있다.

그러나 변리사법 제8조는 변리사도 '특허, 실용신안, 디자인 또는 상표에 관한 사항에 관하여 소송대리인이 될 수 있다'라고 규정하고 있다. 또한 변리사법 제2조에 의하면 '변리사는 특허, 실용신안, 디자인 또는 상표에 관하여 특허청 또는 법원에 대하여 하여야 할 사항의 대리 및 그 사항에 관한 감정 기타의 사무를 행함을 업으로 한다'고 규정하여 변리사가 특허청에서의 당사자의 대리를 한 경우에도 심급대리의 원칙에 비추어 법원에서의 대리에는 새로운 위임장을 제출하여야 할 것이다.[28]

(2) 상표관리인 및 소송수행자

재외자의 상표관리인은 소송대리인은 아니지만 상표법 제6조에 의하여 재판상의 행위를 할 수 있고 실체상의 대리인이다.[29] 또한 결정계심판에 있어서 특허청장이 피고로 되는 경우 특허청의 직원 또는 법무부의 직원이 소송수행자로 지정되어 소송을 대리할 수 있으며(국가를 당사자로 하는 소송에 관한 법률 §3~§8) 이 또한 법률에 의한 소송대리인이다. 그 밖에 회사가 당사자인 경우 지배인(상법§11) 또한 같다.

대법원
1997. 3. 25. 선고,
96후313, 320
판결

[특허관리인의 성격 및 무효심판에 있어서
특허관리인이 보조참가를 할 수 있는지 여부]

위 보조참가인은 이 사건 등록상표들에 대하여 출원등록에 관한 대리를 하였고, 이 사건 항고심판에 이르기까지 피심판청구인의 대리인이었으며, 또한 이 사건 등록상표들의 상표관리인으로 선임되어 등록되어 있으므로 보조참가신청을 할 이유가 있다는 것이나, 상표관리인이란 재외자를 대리하는 포괄적인 대리권을 가지는 자로서 형식상은 임의대리인이지만 실질적으로는 법정대리인과 같은 기능을 하는 관계로 당사자 본인에 준하여 취급다고 볼 수 있으므로 위 보조참가인이 무효심판이 청구된 이 사건 등록상표들의 상표관리인이라는 사정만으로는 이 사건 소송의 결과에 제3자로서 법률상 이해관계가 있다고 할 수 없고, 그 주장하는 다른 사정들도 사실상, 경제상의 이해관계에 지나지 아니하는 것으로 보이므로, 결국 위 보조참가인의 이 사건 보조참가신청은 참가의 요건을 갖추지 못한 부적법한 것이라고 할 것이다.

---

28) 이상경, 지적재산권소송법, 육법사(1998), p.76.

29) 특허관리인의 권한(특§5②): 종전에는 재외자의 특허관리인은 특별히 수여된 권한 외에 일체의 절차 및 행정청이 한 처분에 관한 소송에 있어서도 대리권을 가지도록 규정되어 재외자가 특히 수여하지 아니한 권한에 대하여도 대리할 수 있었다. 2001. 2. 3. 특허법개정시 재외자의 특허관리인도 통상의 위임대리인과 같이 수여된 권한에 한하여 대리권을 행사할 수 있도록 함으로써 대리권의 범위에 있어서 재외자의 의견이 반영할 수 있게 되었다.

종전에는 특허관리인이 위임대리인임에도 당사자에 수여한 권한 외에 일체의 권한을 부여한 것은 그렇지 않을 경우 수여된 권한 외의 사항에 관하여는 대리인이 없게 되어 제1항의 특허관리인 선임강제주의가 무의미하게 될 수 있기 때문이다.

10. 판 결

특허법원의 재판대상은 특허심판원의 심결 또는 결정이다. 따라서 특허법원의 판결은 특허심판원의 심결 또는 결정의 취소를 구하는 청구로서 원고의 청구가 이유 없으면 이를 기각하고, 반대로 원고의 청구가 이유 있으면 심결 또는 결정을 취소하는 형식을 취하고 있다(상§165①).

원고의 청구를 인용하는 취소판결이 확정된 때에는 특허심판원이 다시 심리를 하여 심결 또는 결정을 하여야 하는데(상§165②), 위 취소판결에서 취소의 기본이 된 이유는 그 사건에 대하여 특허심판원을 기속하므로(상§165③), 특허심판원은 확정판결의 취소 이유와 저촉되는 심결 또는 결정을 할 수 없다.

특허법원 2000. 12. 14. 선고, 2000허976 판결

[변론주의]

특허청 항고심판소에서 행한 심결에 대한 대법원의 파기환송 판결이 특허청 항고심판소의 폐지 후에 내려지고, 그 결과 특허법원이 특허청 항고심판소가 종전에 심판하였어서야 할 사건을 심결취소소송으로 취급하여 판결을 함에 있어서는 변론주의가 적용되는 결과 당사자가 증거로 제출하지 아니한 증거에 대하여는 판단을 할 수 없는 것이고, 항고심판소 단계에까지 제출되어 기록에 편철되어 있고, 위 기록이 파기환송 후의 특허법원에 그대로 송부되었다고 하여 당사자의 소송행위를 거치지 않고 기록에 편철되어 있는 서류들이 당연히 증거로 제출된 것으로 취급되는 것은 아니므로 을2내지 5호증이 항고심판소의 심판단계에까지 제출되었던 증거이기 때문에 특허법원의 소송절차에서도 당연히 증거로 채택, 조사된 것이라는 원고의 주장은 그 이유가 없다.

특허법원 2001. 4. 6. 선고, 2000허5643 판결

[심리범위]

특허법 및 이를 준용하는 의장법에는 그 구제절차로서 심판절차와 심결취소소송으로 구별하여 규정하고 있으나 심판과 심결취소소송의 관계 및 법원의 심리범위에 관하여는 아무른 규정을 두지 아니하고 있으므로 이를 해석에 의하여 보완할 수밖에 없다 할 것인데, 소송단계에서 소송관계인으로 하여금 새로운 공격방어방법을 제출하지 못하도록 제한하는 것은 국민이 정당하고 신속한 재판을 받을 권리를 침해하는 결과가 된다 할 것이고, 또한

심결에 대한 불복소송인 심결취소소송은 행정소송에 해당하여 그 소송물은 행정처분인 심결의 위법성 일반이라 할 것이어서 법원은 그 사실심리에 아무런 제한 없이 스스로 심리하여 판결할 수 있다 할 것이며, 나아가 이 사건과 같은 의장권등록무효심판은 사실상 당사자간에 의장권의 효력을 둘러싼 민사분쟁의 성격을 띠고 있다 할 것이므로 특허법원에서의 사실심리에 어떠한 제한을 가할 합리적인 이유가 없다 할 것이어서 당사자는 심판절차에서의 주장 입증과는 관계없이 이 사건 소송에서 이 사건 등록의장에 대한 새로운 무효사유의 주장과 그에 대한 입증자료를 제출할 수 있다고 할 것이므로 이를 탓하는 피고들의 주장은 이유 없다.

(1) 판결의 종류

판결에는 중간판결과 종국판결, 전부판결과 일부판결, 소송판결[30]과 본안판결[31]로 나눈다.

먼저 중간판결이란 소송의 진행 중 독립한 공격 또는 방어의 방법, 중간의 쟁의(예컨대 소송요건에 관한 다툼), 청구의 원인과 액수에 관한 쟁의와 같은 당사자 사이에 쟁점으로 된 사항에 관하여 미리 판단하는 판결이다(민소§201).[32] 실무상 예가 드물 것으로 보인다.[33] 중간판결을 함에 있어서는 그 쟁점에 대하여 변론을 제한하여야 할 것이고, 중간판결에 대하여는 독립한 상소가 허용되지 아니함은 행정소송이나 민사소송의 경우와 같다.

한편 종국판결은 특허소송의 전부나 일부를 종료시키는 판결이다. 보통 판결이라고 하는 것은 종국판결을 칭한다.

수개의 청구가 병합되어 제기되거나 변론이 병합되는 경우에 그 전부를 판결할 정도로 심리가 진행되었을 때에는 전부판결을 하여야 하나 그 일부의 심리를 완료한 때에는 일부판결을 할 수 있다(민소§200). 일부판결을 할 것인지 여부는 법원의 재량사항이나, 선택적 병합, 예비적 병합 또는 필요적 공동

30) 소송요건의 불비를 이유로 하여 소 또는 상고를 각하하여 그 심급에서 그 사건의 심리를 중단하는 종국판결이 소송판결이다.

31) 본안판결은 민사소송에서 소에 따른 원고의 주장이 온당한가 온당하지 않은가를 판단하는 판결로서 소송판결에 대응하는 것이다.

32) 환송판결은 중간판결이 아니라 종국판결이다(대법원 1981. 9. 8. 선고, 80다3271 전원합의체 판결).

33) 東京地裁 平成14. 9. 19. 平成13年(ワ) 第42772号 判決(青色LED事件).

소송의 경우에는 일부판결을 할 수 없다. 일부판결을 하는 때에는 그 부분의 변론을 분리하여 재판하고 나머지 청구에 관하여는 심리를 속행하여 잔부(殘部)판결을 한다. 일부판결은 종국판결이므로 독립하여 상고할 수 있고 이 경우에는 기록을 대법원에 송부하고 특허법원에 계속중인 사건은 원기록의 등본을 만들어 재판한다. 다만 상고된 사건에 관련되는 부분이 소송기록 중 극히 일부분에 불과한 때에는 원기록에 의하여 특허법원에 계속중인 사건을 재판하고, 그 등본을 대법원으로 송부한다.

상표소송에서 판결은 소의 각하판결, 소의 기각판결, 소의 인용판결(취소판결) 등의 태양을 갖는다.

1) 소의 각하판결

소가 소송요건을 흠결한 경우로서 부적법한 경우에는 특허법원은 판결로서 소를 각하한다. 특히 그 흠결을 보정할 수 없을 때에는 변론없이 소를 각하할 수 있다.

2) 소(청구)의 기각판결

이는 원고의 청구가 이유 없다고 인정되어 원심결을 유지하는 경우에 하는 판결로서 특허법원은 소(청구) 기각 판결을 한다. 소(청구)의 기각 판결은 제1심 심결이 상당하거나 또는 원심결이 이유는 부당하지만 다른 이유로 보아 정당하다고 인정될 때에 한다.

3) 소(청구)의 인용판결

인용판결은 형성판결(심결 또는 결정의 취소판결)과 일부취소판결,[34] 그리고 확인판결[35]로 나눌 수 있다.

그러나 상표심결취소송의 인용판결은 상표법 제165조와 같이 대부분 형성판결이다. 형성판결(심결 또는 결정의 취소판결)은 원고의 심결(결정)취소청구가 이유 있다고 인정하여 그 전부 또는 일부를 인용하는 판결이다. 즉 특허법원은 소의 제기가 이유 있다고 인정되는 때에는 제1심 심결 또는 결정을 판결로서 취소하여야 하며, 특허법원은 스스로 상표권을 부여하거나 또는 스스로

34) 심결의 일부를 취소할 수 있는가 하는 문제가 있다.

35) 특허소송에서 확인판결은 가능하지 않다고 할 것이다. 행정소송의 경우 당사자소송에서 확인판결을 주로 찾아볼 수 있고, 항고소송 중 무효 등 확인소송과 부작위위법확인소송의 인용판결은 확인판결이다.

상표를 무효로 하는 등의 판결을 할 수 없고 사건처리를 특허청측에 맡겨야 한다. 한편 특허법원은 특허심판원의 심결을 취소하는 판결을 함에 있어 당해 사건을 특허심판원에 환송한다는 환송판결을 할 수 없고, 심결을 취소하는 판결만을 하여야 한다(상§165). 예를 들면, 상표를 무효로 하는 취지의 청구를 기각한 심결에 대한 소송에서 심결의 잘못이 발견된 경우, 법원은 상표를 무효로 하는 판결을 할 수는 없고, 심결을 취소한다는 형성판결만을 할 수 있을 뿐이다.

특허법원 1999. 7. 8. 선고, 98허6452 판결	**[일부인용]** 이 건 심판은 (가)호 발명이 이 건 특허권의 권리범위에 속한다는 확인을 구한 것으로서 (가)호 발명이 여러 개의 청구항 중 어느 한 항에만 속한다고 하더라도 심판청구를 인용하여야 할 것이고, 심판청구인이 (가)호 발명은 특허청구의 범위의 청구항 모두에 속한다는 취지의 확인을 구하지 아니하는 이상 청구항 별로 심판청구를 인용하거나 기각하여야 할 것은 아니므로 이건 심결은 이 건 특허발명 3, 5, 6에 대한 판단에 있어서는 위법하나 이 건 특허발명 2에 대한 판단에 있어서는 적법하여 이와 같은 위법이 심판청구를 인용한 심결의 결론에는 영향을 미치지 아니한다 할 것이다.

(2) 판결의 효력

판결의 효력으로는 취소판결의 기속력(羈束力), 판결의 형성력,[36] 기판력[37]

36) 판결의 형성력이란 판결의 취지에 따라 기존의 법률관계 또는 법률상태를 변동시키는 힘을 말한다. 심결 또는 결정을 취소하는 취지의 판결이 확정되면 취소된 심결이나 결정은 특허심판원의 별도의 행위를 기다릴 것도 없이 그 효력을 잃는다.

행정소송법 제29조 제1항은 처분 등을 취소하는 판결은 제3자에 대하여도 효력이 있다고 하여 취소판결의 형성력이 제3자에게도 미친다는 것을 규정하고 있다. 제3자라고 하더라도 그 취소판결의 존재와 그 취소판결에 의하여 형성되는 법률관계를 용인하여야 한다(대법원 1986. 8. 19. 선고, 83다카2022 판결 참조).

판결의 제3자에 대한 효력으로 인하여 제3자의 이익의 보호가 문제되고 현행법은 이를 위하여 제3자의 소송참가(행소법§16)와 재심제도(행소법§31)를 마련하고 있다.

37) 기판력은 일단 재판이 확정된 때에는 동일한 사항이 문제가 되었을 때에 당사자는 이에 저촉되는 주장을 할 수 없고 법원도 이에 저촉되는 판단을 할 수 없는 구속력을 의미한다(대법원 1987. 6. 9. 선고, 86다카2756 판결 참조). 행정소송법 제8조 제2항에서 이 법에 특별한 규정이 없는 사항에 대하여는 법원조직법과 민사소송법을 준용한다고 하므로 특허소송 판결에 대하여도 기판력이 있음은 의문의 여지가 없다.

이 있다. 우리 상표법 제165조 제3항은 취소판결의 기속력에 관한 규정이다. 행정소송법 제30조 제1항에서도, "처분 등을 취소하는 확정판결은 그 사건에 관하여 당사자인 행정청과 그 밖의 관계행정청을 기속한다"고 규정하고 있다.

1) 취소판결의 기속력의 내용

취소판결이 확정되면 특허심판원은 동일 사실관계 아래서 동일 당사자에 대하여 동일한 내용의 심결 또는 결정을 반복하여서는 아니된다. 즉 이를 "반복금지효"라고 한다.

2) 기속력의 범위

기속력의 범위는 주관적 범위와 객관적 범위로 나눌 수 있다. 주관적 범위란 "취소판결은 특허심판원을 기속한다"라는 규정이고, 객관적 범위는 "기속력은 취소판결의 실효성을 도모하기 위하여 인정된 효력이므로 판결 주문 및 그 전제로 된 요건사실의 인정과 효력의 판단에만 미치는 판결의 결론과 직접 관계없는 방론이나 간접사실의 판단에는 미치지 아니 한다."

심결 또는 결정의 취소판결에 있어서 취소의 기본이 된 이유는 그 사건에 대하여 특허심판원은 기속되지만, 판결에 의하여 취소된 심결 또는 결정의 이유와 다른 새로이 발견한 이유에 의하여 취소판결과 다른 심결 또는 결정을 할 수 있다. 이 경우 불리한 심결을 받은 당사자는 다시 취소소송을 제기할 수 있음은 물론이다.

기속력은 심결 또는 결정의 개개의 위법원인에 대하여 생기고 위법성일반에 대하여 생기는 것은 아니므로 판결에 표시된 위법사유와 다른 이유에 의하여 동일한 심결 또는 결정을 하는 것은 무방하다. 예컨대, 신규성이 없다고 하여 심사관의 거절결정을 유지한 심결이 취소된 경우 신규성이 없다고 하여

ㅇ기판력의 범위

1. 주관적 범위

당사자 및 당사자와 동일시할 수 있는 승계인이다. 다만 결정계 심결취소소송의 피고는 특허청장이므로 특허청장을 피고로 하는 심결취소소송에 있어서는 판결의 기판력은 특허청장에 미친다.

2. 객관적 범위

일반적으로 기판력은 소송물에 관한 판단에 미치고 심결취소송의 소송물은 특허심판원의 심결 또는 결정의 위법성이므로 공격방어방법에 불과한 개개의 위법사유에 대하여는 미치지 아니하며 심결이 적법하다는 것 또는 위법하다는 것에 관하여 생긴다.

심결취소청구를 기각하는 판결이 확정되면 그 심결이 적법하다는 점에 관하여 기판력이 발생하므로 다시 취소청구를 할 수 없다.

청구를 기각한다는 취지의 새로운 심결을 하는 것도 가능하다.[38]

또한 취소된 종전의 거절심결·무효심결의 기본이 된 거절·무효사유와 다른 새로운 공지사항·선출원 등의 거절·무효사유에 의하여 거절이유통지·의견서제출 기회 부여 등 소정의 절차를 거친 이상, 다시 거절심결·무효심결을 할 수 있다. 그리고 판결에서 취소된 전심결의 인용례와는 다른 인용례에 의하여 현저성을 부정하여 또다시 심판청구기각의 심결을 할 수 있으며, 그 상표소송의 사실심 변론종결 이후 발생한 새로운 사유를 내세워 다시 종전과 같은 심결 등을 할 수 있다.

3) 위반행위의 효력

취소판결이 확정된 후에 그 기속력에 위반하여 한 동일 내용의 심결 등은 위법하다. 즉, 특허법원판결에서 취소의 기본이 된 이유는 그 사건에 대하여 특허심판원을 기속한다(상§165③). 즉 심결취소소송에 이유가 있으면 당해 심결 또는 결정을 취소하여야 하고(상§165①), 심판관은 다시 심리하여 심결 또는 결정을 하여야 한다(상§165②).

대법원 2002. 12. 26. 선고, 2001후96 판결

[심결취소판결의 특허심판원에 대한 기속력 및 심결취소 후 제출된 새로운 증거의 의미]

심결을 취소하는 판결이 확정된 경우, 그 취소의 기본이 된 이유는 그 사건에 대하여 특허심판원을 기속하는 것인바, 이 경우의 기속력은 취소의 이유가 된 심결의 사실상 및 법률상 판단이 정당하지 않다는 점에 있어서 발생하는 것이므로, 취소 후의 심리과정에서 새로운 증거가 제출되어 기속적 판단의 기초가 되는 증거관계에 변동이 생기는 등의 특단의 사정이 없는 한, 특허심판원은 위 확정된 취소판결에서 위법이라고 판단된 이유와 동일한 이유로 종전의 심결과 동일한 결론의 심결을 할 수 없고, 여기에서 새로운 증거라 함은 적어도 취소된 심결이 행하여진 심판절차 내지는 그 심결의 취소소송에서 채택, 조사되지 않은 것으로서 심결취소판결의 결론을 번복하기에 족한 증명력을 가지는 증거라고 보아야 한다.

38) 법원행정처, 특허소송실무(1998), pp.339~340.

11. 불　　복

상표법 제162조 제7항은 특허법원에 대하여는 최종심으로 대법원에 상고할 수 있도록 한 규정이다. 특허법원은 법원조직법상 대법원의 하급심이므로 상고의 제기는 판결이 송달된 날로부터 2주일 이내에 상고장을 원심법원인 특허법원에 제출해야 한다.

12. 특허심판원장에 대한 소 제기 통지와 판결서 정본 송부

상표법 제164조 제1항의 규정에 의한 소의 제기(당사자계 및 결정계 사건)가 있는 때에는, 특허법원은 지체없이 그 취지를 특허심판원장에게 통지하고(상 §164①), 소송절차가 완결된 때에도 지체없이 그 사건에 대한 각 심급의 재판서 정본 기타 소송종료 사유를 기재한 서면을 특허심판원장에게 송부한다(상 §164②).

13. 소의 취하

수개의 청구항에 대한 심결에 대한 취소소송에서 그 일부 청구항에 대하여 소의 취하를 할 수 있다. 또한 소의 취하는 원고의 소제기 후 판결이 확정되기 전에는 언제라도 할 수 있으며, 다만 피고가 본안에 대하여 준비서면을 제출하거나 준비절차에서 변론을 한 후에는 피고의 동의를 받아야만 한다.

대법원 1997. 6. 27. 선고, 97다6124 판결	**[소의 취하]** 소의 취하는 원고가 제기한 소를 철회하여 소송계속을 소멸시키는 원고의 법원에 대한 소송행위이고 소송행위는 일반사법상의 행위와는 달리 내심의 의사보다 그 표시를 기준으로 하여 그 효력 유무를 판정할 수밖에 없는 것인 바, 원고들 소송대리인으로부터 원고 중 1인에 대한 소 취하를 지시받은 사무원의 착오로 원고들

소송대리인의 의사에 반하여 원고들 전원의 소를 취하하였다 하더라도 이를 무효라 볼 수는 없다.

제5절 상고(上告)

1. 의 의

상고는 미확정의 종국판결에 대하여 패소 당사자가 법령위반을 이유로 법률심인 상고법원에 그 취소변경을 구하는 불복신청이다. 상고는 보통 제2심법원의 미확정판결에 대하여 불복을 하는 것이지만 고등법원이 제1심인 경우나 비약적 상고의 합의가 있는 경우와 같이 제1심 법원의 종국판결에 대한 불복신청인 경우도 있다(민소§433).

상고심은 법률심인 까닭에 상고심을 이용하기 위하여는 법령위반이 상고이유가 되지 않으면 안된다. 상고심은 원심이 적절히 확정한 사실을 전제로 하여 사후적으로 법령의 해석적용의 당부를 판단한다. 따라서 상고심에서는 새로운 주장이나 증거제출은 허용되지 않는다.

즉 특허법원의 판결을 받은 자가 그 판결에 대하여 불복이 있는 때에는 판결등본을 송달받은 날로부터 2주일 이내에 민사소송법의 규정에 의한 상고절차에 따라 대법원에 상고할 수 있다. 상고는 원판결의 당부를 법률적인 측면에서만 재심할 것을 구하는 불복신청으로서 이와 같은 상고제도는 법령해석의 통일과 당사자의 권리구제를 그 목적으로 하고 있으며, 대법원이 이를 전담하고 있다.

2. 법적 성격

특허법원의 판결에 대하여는 대법원에 상고할 수 있다(상§162⑦). 따라서 법령의 위반만이 상고이유가 되며 사실인정의 과오는 인정되지 않는다. 따라서 상고심은 원판결의 당부를 법률적인 측면에서만 심사하며 사실인정은 새로이 하지 아니하고 원심의 사실인정을 전제하므로 상고심은 법률심이며 사후심이다.

이때 대법원은 원판결을 파기하는 경우 형성적 판단을 하게 되며, 특허법원의 판결이 정당할 경우 상고를 기각하는 판결을 하는 바 상고는 형성소송 및 확인소송이라 하겠다.

3. 상고이유 및 대상

(1) 상고이유

대법원에의 상고[39]는 원심판결이 헌법·법률·명령 또는 규칙에 위반되고(민소§423), 대법원판례와 상반되게 해석하는 등의 경우에 한하여 인정된다. 따라서 원심판결에 헌법·법률위반이나 대법원 판례에 위반되고 그것이 원심판결에 영향을 미쳤을 경우에 한하여 통상의 방법에 의하여 심리판결을 하며, 그렇지 않은 경우에는 심리를 속행하지 않고 상고기각 판결을 하게 된다. 이에 상표의 상품성과 상표의 사용 등의 쟁점에 대하여는 특허법원의 판단이 최종적이며, 이를 이유로 대법원에 상고하더라도 심리불속행에 의한 상고기각 판결을 받게 될 것이며, 특허법원의 결정·명령에 불복하여 즉시 항고하는 경우에도 동일하게 적용된다.

---

39) 상고심절차에관한특례법(일부개정 2002. 1. 26. 법률 제6626호)

제4조(심리의 불이행) ① 대법원은 상고이유에 관한 주장이 다음 각호의 1의 사유를 포함하지 아니한다고 인정되는 때에는 더 나아가 심리를 하지 아니하고 판결로 상고를 기각한다.

1. 원심판결이 헌법에 위반하거나 헌법을 부당하게 해석한 때
2. 원심판결이 명령·규칙 또는 처분의 법률위반 여부에 대하여 부당하게 판단한 때
3. 원심판결이 법률·명령·규칙 또는 처분에 대하여 대법원 판례와 상반되게 해석한 때
4. 법률·명령·규칙 또는 처분에 대한 해석에 관하여 대법원 판례가 없거나 대법원 판례를 변경할 필요가 있는 때
5. 제1호 내지 제4호 외에 중대한 법령위반에 관한 사항이 있는 때
6. 민사소송법 제424조 제1항 제1호 내지 제5호의 사유가 있는 때.

대법원 2001. 12. 24. 선고, 99후2181 판결	**[상고사유]** 상고이유는 이 사건 특허발명의 특허청구범위 제2항에 "열경화성용제를 진공함침시켜 절연에 절연피막을 형성한다"는 내용이 기재되어 있는데, 위 "열경화성용제"는 존재하지 않는 물질이므로, 이 사건 제2항 발명은 실시할 수 없어 자연법칙에 위배된다는 것이나, 이는 상고심에 이르러 비로소 주장한 것으로 적법한 상고사유로 삼을 수 없다.

(2) 상고대상

심판사건 중 특허법원의 판결이나 특허법원의 결정·명령에 대하여 불복이 있는 때에는 대법원에 상고하여 그 당부를 다툴 수 있다. 즉시 항고가 인정되는 경우로는 i) 피고경정 신청각하결정, ii) 제3자의 소송참가신청 각하결정, iii) 소의 변경허가결정 등이 있다.

4. 상고절차

(1) 당사자

특허법원의 판결을 받은 당사자는 그 판결에 대하여 불복하고자 하는 경우 대법원에 상고할 수 있다. 결정계 심판사건의 경우 특허청장이 피상고인이 되고, 당사자계 심판사건에 있어서는 상대방이 피상고인이 된다.

(2) 상고장의 제출

상고는 특허법원의 판결등본을 송달받은 날로부터 2주일 이내에 이를 제기하여야 하는데, 이 기간은 불변기간이다. 다만 판결송달 전에도 상고를 제기할 수 있다.

상고장은 원심법원인 특허법원에 제출해야 한다. 당사자를 착각하여 상고장을 대법원에 제출하였을 경우에 대법원은 상고장을 원심법원에 송부하여 당사자의 편리를 보아주고 있으며, 이때 상소기간의 준수여부 역시 원심법원에 상고장이 회부된 때를 기준으로 삼는다.

(3) 상고장 심사

상고장이 방식에 위배되거나 법률에서 규정한 소정의 인지를 붙이지 아니한 때에는 재판장은 기간을 정하여 보정을 명하고, 그 기간 내에 보정이 없는 경우에는 명령으로 상고장을 각하하여야 한다. 그러나 기간이 경과한 후라도 각하명령 전에 보정되면 각하명령을 할 수 없다.

(4) 상고이유서 및 답변서의 제출

상고이유서는 대법원으로부터 원심인 특허법원으로부터 소송기록이 왔다는 통지를 받은 날의 다음날부터 기산하여 20일 이내에 대법원에 제출하여야 한다. 이 기간 내에 상고이유서를 제출하지 아니하면 변론을 거치지 않고 판결로서 상고를 기각할 수 있다. 한편 상고이유서의 송달을 받은 피상고인은 그 송달을 받은 날로부터 10일 내에 답변서를 제출할 수 있으며, 상고이유서를 송달받기 전에 답변서를 제출하여도 무방하다.

대법원 1981. 1. 28. 선고, 81사2 판결	**[상고이유서 제출기간은 불변기간이 아니므로 추완대상이 될 수 없다고 한 판례]** 준재심 청구인은 위 당원 80마550 사건에 있어서 소정기간 내에 재항고이유서를 제출한 바 없고 재항고장에도 그 재항고이유의 기재가 없어 결국 소정기간 내에 그 재항고 이유를 개진한 바 없음이 명백하고 또 소론과 같은 추완신청을 한 바도 없거니와 상고이유서 제출기간은 불변기간이라 할 수 없어 제160조의 추완신청의 대상이 되지 아니한다 할 것이다.

5. 상고제기의 효과

상고가 제기되면 확정차단의 효력과 이심의 효력이 생긴다. 확정차단의 효력이란 심결의 확정이 차단되는 것을 말하며, 이심의 효력이란 그 심판사건이 원심을 떠나 상고심에 계속 중임을 말한다.

6. 상고의 재판

상고심에 대한 심리는 원칙적으로 상고이유로서 주장한 사항에 한하며, 불복신청의 범위 내에서만 조사한다. 또한 상고심은 법률심이므로 새로운 자료의 수집과 사실확정을 할 수 없으며 원심이 적법하게 확정한 사실은 상고법원을 기속하기 때문에 사실의 인정은 심판관·재판관의 전권사항이라 할 것이다. 상고심에서의 심리절차와 방식은 민사소송법에서의 상고와 동일하며, 서면심리만으로 판결할 수 있다.

7. 판　　결

(1) 판결의 종류

상고심의 판결은 상고장 각하명령, 상고기각판결, 상고인용판결의 예를 취한다. 상고장 각하명령은 상고장이 방식에 위배되거나 법률에서 규정한 소정의 인지를 붙이지 아니한 때, 상고가 기간을 경과하여 제기된 때에는 재판장이 명령으로 상고장을 각하한다. 상고가 이유없다고 인정될 때에는 상고기각의 판결을 하여야 한다. 또한 상고인이 상고이유서를 기간 내에 제출하지 아니한 경우에도 상고기각판결을 한다. 상고가 이유있으면 원판결을 파기하고 사건을 다시 심판하도록 원심으로 환송하는 판결을 한다(상고인용판결).

(2) 판결의 효과

법원은 심리의 결과 청구가 이유 있다고 인정한 때에는 판결로써 그 심결 또는 결정을 취소하여야 한다(특§189①, 실§33, 디§169①, 상§165①).

또 법원은 청구가 이유 없다고 인정한 때에는 그 청구를 기각한다. 심결 또는 결정의 취소 판결이 확정된 때에는 다시 심리를 하여 심결 또는 결정을 하여야한다(특§189②, 실§33, 디§169②, 상§165②). 판결에 있어서 취소의 기본이 된 이유는 그 사건에 대하여 심판원을 기속한다(특§189③, 실§33, 디§169③, 상§165③).

상고심에서 환송판결이 있으면 그 사건은 특허법원에 계속되며 특허법원은 판결전의 상태에서 새로이 재판하여야 한다. 이때 상고심판결의 기본이 된 이유는 그 사건에 대하여 특허법원을 기속한다. 한편 특허법원은 사건이 대법원으로부터 환송된 경우 그 사건을 다시 심리하여 판결을 해야 하는데, 판결로서 원심결을 취소하는 특허법원의 판결이 확정된 때에는 특허심판원은 그 사건에 대하여 다시 심판하여야 한다.

대법원 2004. 5. 14. 선고, 2002후1256 판결

심결취소소송은 특허심판원의 심결을 대상으로 하는 것이어서 별개의 심결에 대하여 각각 제기된 취소소송이 중복제소에 해당한다거나, 각각 제기된 심결취소소송의 당사자가 동일하다는 이유만을 들어 어느 하나의 심결취소소송에서 먼저 확정된 판결의 기판력이 소송의 대상이 된 심결이 동일하지 않은 사건에까지 미친다고 할 수 없을 뿐더러, 별개의 등록상표에 대한 각각의 무효심판청구에 있어서 어느 하나의 심결이 먼저 확정된 경우에 그 확정 후에 제기된 심판청구에서 이미 확정된 심결에서와 동일한 주장이나 증거를 제출한다고 하더라도 일사부재리의 원칙이 적용되지 않는다.

대법원 2002. 12. 26. 선고, 2001후96 판결

심결을 취소하는 판결이 확정된 경우, 그 취소의 기본이 된 이유는 그 사건에 대하여 특허심판원을 기속하는 것인바, 이 경우의 기속력은 취소의 이유가 된 심결의 사실상 및 법률상 판단이 정당하지 않다는 점에 있어서 발생하는 것이므로, 취소 후의 심리과정에서 새로운 증거가 제출되어 기속적 판단의 기초가 되는 증거관계에 변동이 생기는 등의 특단의 사정이 없는 한, 특허심판원은 위 확정된 취소판결에서 위법이라고 판단된 이유와 동일한 이유로 종전의 심결과 동일한 결론의 심결을 할 수 없고, 여기에서 새로운 증거라 함은 적어도 취소된 심결이 행하여진 심판절차 내지는 그 심결의 취소소송에서 채택, 조사되지 않은 것으로서 심결취소판결의 결론을 번복하기에 족한 증명력을 가지는 증거라고 보아야 한다.

등록취소심판청구에 대하여 상표권자가 심판청구일 전 3년 이내에 등록상표를 정당하게 사용한 바 있고(제119조 제1항 제1호) 소정의 이유가 없다는 이유로 심판청구가 기각되었고, 항고심판청구 역시 기각되었으나, 상고심에서 당사자 부적격을 이유로 특허법원에 환송되어 위 심결을 취소하는 판결이 선고·확정된 후 재심리과정에서 위 심결의 심판단계에서는 제출되었으나 위 심결취소소송에서는 제출되지 않은 등록상표의 사용증거를 다시 제출하는 것은 새로운 증거의 제출이라고 보기 어렵고, 또 직권탐지주의를 이유로 취소 전 심판단계에서 제출되어 재심리하는 심판기록에 그대로 편철되어 있는 증거를 다시 원용하여 취소 전 심결과 같은 결론에 이르는 것은 심결취소판결의 기속력에 반하는 것으로서 위법하다.

대법원 2002. 11. 26. 선고, 2000후2590 판결

심결을 취소하는 판결이 확정된 경우, 그 취소의 기본이 된 이유는 그 사건에 대하여 특허심판원을 기속하는 것인바, 이 경우의 기속력은 취소의 이유가 된 심결의 사실상 및 법률상 판단이 정당하지 않다는 점에 있어서 발생하는 것이므로, 취소 후의 심리과정에서 새로운 증거가 제출되어 기속적 판단의 기초가 되는 증거관계에 변동이 생기는 등의 특단의 사정이 없는 한, 특허심판원은 위 확정된 취소판결에서 위법이라고 판단된 이유와 동일한 이유로 종전의 심결과 동일한 결론의 심결을 할 수 없다.

등록상표 "PLENITUDE HYDRAMATT"의 요부를 'PLENITUDE'와 'HYDRAMATT'로 인정하고 그 중 'HYDRAMATT'가 인용상표 "MATT"와 동일·유사하다고 할 수 없다는 이유로 종전의 등록무효심결을 취소하는 판결이 확정된 후 다시 진행된 심판절차에서 등록상표의 요부가 'MATT'라는 주장과 그에 관한 증거제출은 위 확정된 심결취소판결에서 인정한 사실을 번복하기에 족한 정도의 새로운 주장이나 증거제출이라고 할 수 없다. **PLENITUDE HYDRAMATT**

• 찾아보기 •

ㅂ

ㅅ

ㅇ

ㅈ

ㅊ

[저자 소개]

일본 東京大學 大學院 法學政治學研究科 客員教授, 일본 大阪大學, 연세대학교 법과대학 및 법무대학원, 고려대학교 법무대학원, 한국외국어대학교 법과대학, 특허청 국제특허연수원 등 강사 및 상지대학교 법학과 교수, 한양대학교 법과대학 및 법학전문대학원 교수 역임

(사)한국중재학회 회장, (사)한국산업보안연구학회 회장, (사)한국산업재산권법학회 회장, (사)한국지식재산학회 회장, (사)지식재산포럼 회장, (사)문화콘텐츠와 법연구회 회장, 국회입법지원위원 역임

일본특허청 특허제도연구회 위원, 특허법·실용신안법·상표법·의장법 개정위원, 저작권법 개정위원, 대한상사중재원 국제중재인 및 중재인, 산업재산권 분쟁조정위원회 조정위원, 인터넷분쟁조정위원회 조정위원, 사법시험·군법무관시험·행정고시·입법고시 위원, 변리사, 변호사, 5급 공무원 특채 시험위원, 산업통상자원부 산업기술보호전문위원회 위원장, 국무총리 산업기술보호위원회 민간위원 등 역임

현 한국특허기술진흥원 이사장

지재&정보연구소 대표

한양대학교 법학전문대학원 명예교수

〈주요 저서〉

대조식 공업소유권법령집(편저), 법경출판사(1986)
무체재산권법 개설(역저), 법경출판사(1991)
영업비밀개설(저), 법경출판사(1991)
주해 특허법(공역), 한빛지적소유권센터(1994)
지적소유권법(공저), 한빛지적소유권센터(1996)
국제계약법 이론과 실무(저), 법률출판사(1997)
특허법(공역), 법문사(2001)
산업재산권법원론(저), 법문사(2002)
신특허법론(공저), 법영사(2005)
로스쿨 지적재산권법(공저), 법문사(2010)
부정경쟁방지법(공저), 법문사(2012)
기술이전계약론(공저), 법문사(2013)
로스쿨 특허법(제2판)(저), 세창출판사(2015)
디자인보호법의 이해(저), 박영사(2018)
영업비밀보호법(제3판)(공저), 법문사(2019)
지적재산권법의 이해(저), 세창출판사(2020)
특허의 이해(제5판)(저), 법문사(2022)
특허법(제7판)(저), 법문사(2023)
상표법의 이해(공저), 도서출판 자운(2023)
지적재산권법(20정판)(저), 세창출판사(2023)

상 표 법 [제7판]

2007년 9월 12일 초판 발행
2014년 3월 20일 제2판 발행
2015년 8월 30일 제3판 발행
2016년 9월 5일 제4판 발행
2018년 7월 20일 제5판 발행
2021년 2월 25일 제6판 발행
2024년 2월 10일 제7판 1쇄발행

저 자 윤 선 희
발행인 배 효 선

발행처 도서출판 法 文 社

주 소 10881 경기도 파주시 회동길 37-29
등 록 1957년 12월 12일/제2-76호(윤)
전 화 (031)955-6500~6 FAX (031)955-6525
E-mail (영업) bms@bobmunsa.co.kr
(편집) edit66@bobmunsa.co.kr
홈페이지 http://www.bobmunsa.co.kr

조 판 (주) 성 지 이 디 피

정가 40,000원 ISBN 978-89-18-91457-2